이필찬 교수의 주해와 설교 시리즈 **2**

에덴 회복의 관점에서 읽는

요한계시록

12-22장 : 만물을 새롭게 하노라

이필찬 지음

에스카톤

에덴 회복의 관점에서 읽는

요한계시록

12-22장 : 만물을 새롭게 하노라

초판 2쇄 발행 2024년 11월

지은이 이필찬
펴낸이 구경희
펴낸곳 에스카톤
등록일 2007. 9. 11
등록번호 251002007000023
주소 경기도 용인시 기흥구 구성로 105-15
홈페이지 www.jeschaton.com/48

디자인 토라디자인(010-9492-3951)

ISBN 979-11-973446-9-5 03230
가격 65,000 원

이필찬

총신대학교와 합동신학대학원대학교(M.Div)를 졸업하고, 미국 칼빈신학교(Th.M)를 거쳐 영국 스코틀랜드의 세인트앤드류스 대학교에서 세계적인 학자인 리처드 보컴의 지도로 박사학위(Ph.D)를 취득했으며, 박사학위 논문은 독일 튀빙겐의 Mohr Siebeck에서 *The New Jerusalem in the Book of Revelation* 이란 제목으로 단행본으로 출간되었다. 15년간 웨스트민스터신학대학원대학교에서 신약학 교수를 역임하였고, 현재 이필찬요한계시록연구소 소장이며 성경적종말론전문가과정 책임 교수로 교수 사역을 계속하고 있다.
저서로는 『에덴회복의 관점에서 읽는 요한계시록 1-11장: 때가 가까우니라』(에스카톤), 『에덴회복 관점에서 읽는 종말론(구약편)』(에스카톤), 『요한계시록 어떻게 읽을 것인가』(성서유니온), 『신천지 요한계시록 해석 무엇이 문제인가』, 『백투예루살렘 무엇이 문제인가』(이상 새물결 플러스) 등이 있다.

이필찬 교수의 주해와 설교 시리즈 **2**

에덴 회복의 관점에서 읽는

요한계시록

12-22장 : 만물을 새롭게 하노라

일러두기

새예루살렘, 새에덴, 새성전, 새창조와 같은 문구는 국어 문법적으로는 새 예루살렘, 새 에덴, 새성전, 새 창조로 띄어쓰기를 하여 표현하는 것이 원칙이지만 이것들이 하나의 단어로서 성경 안에서 고유한 신학적 개념을 가지고 있다고 판단하여 이 책에서는 붙여쓰기로 하였습니다.

저자 이메일 주소

pclee21@gmail.com

표지 설명

표지는 이 책을 관통하는 관점인 에덴을 이미지로 표현한 것이다. 에덴은 하나님의 임재로 질서가 있고 생명이 충만한 곳이다. 그곳에는 비옥한 땅이 있고 강이 흐르며 정원에는 풀과 나무와 꽃이 넘쳐난다. 하나님의 임재는 책 위쪽에 얼룩처럼 보이는 구름의 이미지로 표현했다. 그리고 비옥한 땅은 황토색으로, 초원과 나무는 초록색으로, 꽃은 노란색과 주황색으로, 강은 푸른색으로 표현하였다.

추천의 글 1

요한계시록은 많은 그리스도인들이 생각하는 것과는 달리 단지 미래에 대한 책이 아니다. 그것은 세상의 마지막 미래가 어떻게 현재에 영향을 주는지에 대한 책이다. 그것은 모든 시대의 교회에 대한 책이기 때문에 모든 시대의 교회를 위한 책이다. 그러나 많은 그리스도인들에게 요한계시록은 여전히 봉인된 책으로 남아 있다. 그들은 고도로 상징적인 이 환상들이 자신들의 삶과 어떻게 연관되는지를 알지 못한다.

이필찬의 책은 많은 사람들로 하여금 이 환상들 속으로 들어가 그것들이 지금 여기에서 교회의 삶을 어떻게 조명해 주는지를 보게 할 것이다. 이 책에서 이필찬은 그가 박사 논문에서 수행했던 의미 있는 작업을 발판으로 삼아 목회자들이나 다른 기독교인들과 같은 폭넓은 독자층이 그의 통찰을 활용하게 해 줄 것이다. 그는 특별히 요한계시록이 말하는 지상적이며 천상적인 교회의 정체성에 초점을 맞추고 있다. 이런 교회의 정체성은 전통적으로 "전투하는 교회"와 "승리한 교회"로 불린다. 그러한 용어들은 요한계시록이 지상에 있는 교회의 역할을 특징짓기 위해 사용하는 압도적인 전쟁 이미지의 관점에서 보면 매우 적절하다.

이필찬은 요한계시록의 이미지와 상징주의에 대해 매우 많이 설명해 주는 유대적 배경을 잘 숙지하고 있다. 그는 또한 최근의 학문적 경향에도 정통하다. 그는 요한계시록을 읽고 설교할 수 있게 이끄는 신뢰할 만하고 통찰력 있는 안내자이며, 나는 이 책이 많은 사람들로 하여금 요한계시록 안에 담긴 풍성한 의미들을 스스로 탐구하도록 이끄는 좋은 안내서가 되기를 바란다.

리처드 보컴(세인트 앤드루스 대학교, 명예교수)

Foreword

The book of Revelation is not just, as many christians think, a book about the future. It is a book about how the final future of the world impacts the present. It is a book for the church in every age because it is a book about the church in every age. Yet for many christians it remains a sealed book. They do not see how these highly symbolic visions can be relevant to their lives.

Pilchan Lee's book will help many to enter into these visions and see how they illuminate the life of the church here and now. In this book he builds on the significant work he did in his doctoral thesis and makes his insights available to a wider audience of pastors and other Christian readers. He focuses especially on the earthly and heavenly identities of the church in Revelation. These have traditionally been called the 'church militant' and the 'church triumphant,' and those terms are very apt in view of the dominant image of warfare that Revelation uses to characterize the role of the church on earth.

Pilchan Lee knows well the Jewish background that explains so much of the imagery and symbolism of Revelation, and he is also well acquainted with recent scholarship. He is a reliable and insightful guide to reading and preaching on Revelation, and I hope this book will guide many their own explorations of the wealth of meaning in the book of Revelation.

Richard Bauckham

(University of St. Andrews, an emeritus Professor)

추천의 글 2

요한계시록은 22장으로 구성된 성경의 마지막 책입니다. 50장으로 구성된 성경의 첫 책인 창세기와 짝을 이루어 우뚝 서 있습니다. 세상 창조와 인류 역사를 시작하신 하나님께서 죄와 악으로 더럽혀진 세상과 인류를 구속하시기 위해 십자가 위에서 사단의 권세를 무력화하시고 구경거리로 삼으시고 최후의 승리를 거머쥐시며 마침내 장차 새 하늘과 새 땅을 창조하실 것입니다. 시작과 끝, 알파와 오메가의 하나님이십니다. 그뿐 아니라 시작과 끝 사이, 알파와 오메가 사이에 있는 모든 것을 자신의 원대한 구속 경륜에 따라 이끌어가시며 이루어가시는 하나님이십니다. 하나님은 정말 끝내주시는 분이십니다! 이것이 창세기와 요한계시록 사이에 있는 "모든 일"의 주권자가 삼위일체 하나님이라는 뜻입니다. 이런 의미에서 신자들은 창세기를 종말론적 전망에서 읽어야 하며, 계시록 역시 창세기의 조망 아래 읽어야 합니다. 이러한 거시적 안목으로 요한계시록 본문을 세밀하게 주석하고 해설한 책이 한국 최고의 요한계시록 전문가 이필찬 박사의 손끝에서 나왔습니다. 책 제목인《에덴 회복의 관점에서 읽는 요한계시록》이 그의 성경 신학적 입장을 명쾌하게 보여줍니다. "에덴 회복의 관점에서 요한계시록을 읽는다!"

요한계시록은 이른바 "인간의 역사"(과거와 현재와 미래)를 움직여가는 실제적인 힘이 제국이나 황제나 영웅들이나 종교적 천재들이나 정치제도에 있지 않다는 확고한 신앙에서 출발하는 책입니다. 역사의 주인은 하늘과 땅을 창조하신 하나님이라는 엄중한 신앙에서 시작하는 책이 요한계시록입니다. 이미 사단과의 전쟁에서 결정적 승리를 하시고 하늘 보좌에 올라 만왕의 왕, 만주의 주님으로 등극하신 예수 그리스도가 지상교회의 주님이시며, 인봉(印封)된 역사의 두루마리를 펼치실 유일한 분임을 증언하는 책입니다. 자신의 절대주권 행사로 과거에도 그랬고 지금도 그러하시고 미래도 그러하실 그분이시기에 지상교회는 온갖 박해와 유혹과 미천함에도 그분과 그분의 나라의 궁극적 도래를 믿고 끝까지 신앙의 길을 걸어가라고 격려하는 책이기도 합니다. 이 책은 일세기의 교회들뿐 아니라 이십 일세기의 교회들에도 똑같은 목소리로 외칩니다. “시저(Caesar)가 아니라 그리스도(Christ)다!” “땅을 보지 말고 하늘에 소망을 두라!” “좌로나 우로나 치우치지 말고 한 길로만 걸어라!” “하나님의 구원 경륜을 가슴에 품으라!” “역사의 심판은 그리스도가 완전하게 하실 것이다!” “짐승의 땅은 반드시 하늘의 인자(人子)에 굴복하리라!” “고난의 시절을 인내하고 견디라!” “끝까지 견디는 자는 구원을 얻을 것이다!”

성경에는 다양한 종류의 글들이 있습니다. 역사, 시, 잠언, 예언, 비유, 서신, 이야기, 설교, 기도 등 다양한 문학적 장르들입니다. 여기에 매우 유별난 장르 하나가 더 있습니다. “묵시 문헌”(Apocalypic Literature)이라는 글입니다. 유대 묵시 문헌 가운데 구약 다니엘서(7-12장)가 대표적이고, 신약에는 마가 13:5-37의 소위 “소 묵시록”도 있지만, 무엇보다 요한계시록이 있습니다. 묵시 문헌은 이야기체의 프레임 안에서 저-세상적 존재가 이 지상의 인간 수납자에게 특정한 계시를 전해주는 계시적 문헌 장르입니다. 달리 말해 현재 이 세상의 환경과 처지들을 초자연적 세계와 미래의 빛 아래 해석하여 청중/독자들에게 어떻게 현실을 이해하고 어떻게 행동해야 할지를 결정하도록 영향을 끼치게 하는 목적이 있습니다.

묵시적 계시들은 신적 신비들을 꿈이나 환상, 천사나 하늘 여행을 통해 전달합니다. 묵시 문헌에선 현재에서 미래로의 이동, 땅에서 하늘로의 이동과 같은 “시간과 공간의 이동”이 가능합니다. 따라서 신비로운 환상, 신화적 이미지들, 상징주의, 초월주의 등이 특징입니다. 좁혀 말하자면, 요한계시록은 소아시아의 로마 지배 지역에 있는 일곱 교회에 보낸 편지를 서론으로 시작하여 “묵시적 예언”을 담고 있는 책입니다. 이러다 보니 요한계시록은 기독교 종말론의 중심적 자리를 차지하게 된 것입니다.

이필찬 박사는 기독교 종말론의 인봉된 책을 학문적 정밀성과 목회적 온유함으로 조심스레 풀어헤칩니다. 그의 손을 거치지 않은 어느 글자와 문장도 없습니다. 그의 요한계시록 주석은 몇 가지 특징이 있습니다. 첫째, 2천 페이지가 넘는 방대한 주석입니다. 본문의 글자 하나도 지나치는 법이 없다는 뜻입니다. 모든 헬라어 원문을 정확하게 한국어로 번역하였습니다. 여러분도 아시다시피 번역은 본문의 뜻을 정확하게 파악하는 첫째 단계입니다. 정확한 번역을 하기 위해 저자는 헬라어 구문을 분석했습니다. 이른바 언어학적 분석(linguistic analysis)으로 본문 주석을 시작합니다. 헬라어 문장 구조를 살피면 정확한 의미 파악을 하게 되기 때문입니다. 의미 파악한 것을 그에 상응하는 한국어로 번역합니다. 한국어 번역문을 꼼꼼하게 읽어도 어느 정도 의미의 파악이 가능합니다. 둘째, 헬라어 구문과 내용을 파악하기 위해서 이 박사는 구약과 유대 문헌과 동시대적 문서를 연구해야만 했습니다. 요한계시록 문헌의 언어, 사회, 문화, 종교적 배경을 알아야만 했기 때문입니다. 이 점이 이 책이 얼마나 고된 학문적 연구의 땀을 흘린 열매인지를 잘 보여줍니다. 예를 들어, 하늘 성전 환상을 다루고 있는 요한계시록 4~5장과 구약 다니엘서 7장과의 비교 연구 및 초기 유대 문헌 배경 비교가 그렇습니다. 셋째, 저자는 이 방대한 주석이 한국교회와 목회자를 위한 주석임을 염두에 두고, 구조분석을 통해 설정한 단락(pericope)이 말하려는 메시지를 요약하여 "핵심 메시지"를, 한 걸음 더 나가 "설교 포인트"와 "설교 요약"까지 제공하고 있습니다. 이 점은 이 책이 학문적이면서도 목회적이라는 생각을 하게 합니다. 마지막으로, 다양한 도표들을 적재적소에 삽입해서 독자 친화적 이해를 돕고 있습니다.

이 주석을 통해 한국교회 안에 퍼져있는 "들떠 있는 종말론" "뿌리도 없는 종말론" "흥분하는 종말론" "덮어놓고 믿는 종말론"이 얼마나 헛것이고 반기독교적인지를 적나라하게 드러내리라 믿습니다. 그러나 이런 변증의 태도를 넘어 이 책은 요한요한계시록이 전투하는 지상교회에 하시는 주님의 말씀을 듣게 하는 확성기 역할을 하고 있다고 생각합니다.

요한계시록이 보여주듯이 하늘에 있는 것이나 땅에 있는 것이 다 그리스도 안에서 온전히 통일되는 날이 올 것입니다. 십자가로 최후의 승리를 쟁취하신 주 하나님이 다스리는 나라의 도래는 온 피조 세계와 구속받은 하나님의 백성에게 큰 기쁨과 즐거움(에덴)을 회복시켜 줄 것입니다. 아주 오래전 예언자 이사야는 환상적인 시어로 이렇게 노래한 적이 있었습니다. "거기에는 대로(大路, Highway)가 있어 그 길을 '거룩한 길'이라 불리리니 오직 구속함을 입은 자, 여호와의 속량함을 받는 자들이 그 길로 걸어 시온산에 이르게 될 것이다."(사 35:8~10).

그렇습니다. 요한계시록은 지상교회, 전투하는 교회에 격려와 위로와 소망의 말씀입니다. 이필찬 교수의 요한계시록은 이 목적을 위해 심혈을 기울여 육필로 쓴 주석입니다. 전 세계 학계에 내어놓아도 손색이 없는 학문적 업적입니다. 무엇보다 한국교회를 위한 하늘의 선물이라고 생각합니다. 이단과 사이비의 헛된 종말론으로 혼탁해진 한국교회에, 요한계시록을 인봉된 책으로 여겨 괜스레 멀리하는 한국교회 목회자들에게, 성경의 진수를 맛보기를 간절히 바라는 신실한 설교자들과 그리스도인들에게 이필찬 박사의 주석은 요한계시록에 담긴 하나님의 오묘하고 장대한 구원 경륜을 정확하게 올바르게 배울 수 있는 훌륭한 학문적 목회적 안내서가 되리라 믿습니다.

류호준

백석대학교 신학대학원 은퇴 교수

추천의 글 3

이 책은 구약과 유대 문헌을 배경으로 하여 요한계시록 심층 해석의 새로운 세계로 독자를 안내한다. 헬라어 본문에 관한 자세한 분석과 치밀한 문맥 관찰은 요한계시록을 오용하는 각종 이단들로부터 독자들을 보호하는 강력한 백신도 제공할 것이다. 이 주석은 탁월한 요한계시록 전문가가 평생 피땀 흘려 연구한 풍성한 성과를 모아 담은 진한 주해의 향유를 아낌없이 독자에게 전부 부어주어 온몸을 적시게 해줄 것이다. 또한 요한계시록를 읽는 설교자들과 성도들이 난해 구절의 미로에 빠질 때마다 이 책은 친절한 길벗으로서 어려운 고비마다 필요한 도움을 줄 것이라고 확신한다.

(신현우, 총신대학교 신약학 교수)

나는 신학연구나 목회 설교를 위하여 주석을 많이 사용한다. 나에게 유익한 주석은 세 종류이다. 첫째는 본문의 내용을 간결하게 정리해 놓은 것이며 둘째는 본문에 관련된 논의들을 총망라한 것이며 셋째는 본문을 통하여 삶에 필요한 메시지를 발견하게 하는 인사이트(insignt)가 담긴 것이다. 이필찬 교수의 『요한계시록』은 언뜻 보아도 두 번째 타입의 주석이다. 한국어로 저술된 주석 중에서 그 책을 총망라하는 연구가 담긴 주석은 매우 드문데, 요한계시록에 관련하여서 이런 주석이 출간된 것에 박수를 보낸다. 그런데 이 주석에는 긴 논의들이 분명하며 일관성있는 입장을 제시함으로 내용과 메시지가 명쾌하게 드러나는 놀라운 완성도가 나타난다. 뿐만아니라 목회나 설교를 위하여 직접 간접으로 도움이 되는 농익어 우러나는 필자의 해설이 담겨 있다. 가히 매스터피스(masterpiece)라 할 수 있다.

(한규삼 목사, 충현 교회 담임)

이필찬 교수님 필생의 역작인 만큼, 책의 부피가 좀 크지만, 사실은 그 많은 페이지 하나하나마다 주옥같은 통찰이 새벽이슬처럼 맑게 깔려 있는 아주 보배로운 책입니다. 이 책을 꼼꼼히 살펴 읽다보면, 아주 자연스럽게, 요한계시록이 그동안 사람들이 오해했던 것처럼 어려운 책이 결코 아니며, 오히려 성경 66권 가운데 그 어떤 책보다도 사랑스럽고 따스한 책이라는 것을 누구나 실감할 수 있을 것입니다. 이 책은, 우리 하나님 아버지께서 우리 조국교회와 세상의 모든 성도들을 지극히 사랑하셔서 이필찬 교수님을 통해 우리에게 주신 정말 보배로운 하나님의 선물이기 때문입니다. 그러기에 이 책은, 목회자들과 성도들이 모두 다 한 권씩 반드시 곁에 두고 틈틈이 읽고 꾸준히 묵상해야 할 정말 귀한 생명의 만나이자, 영원한 진리의 구도자들이 대대로 가보로 삼을 만한 아주 귀한 보배입니다.

(이광우 목사, 전주열린문 교회 담임)

교회가 타락하고, 신학이 타락한 교회의 신하 역할을 할 때 하나님께서는 시대가 필요로 하는 걸출한 목회자와 신학자들을 늘 남겨두셨다. 그들을 통해 교회를 개혁하셨고 정화해 주셨다. 요한계시록을 연구하여 학위 받고 오랜 기간 한국교회에 올바른 종말론을 가르치기 위해 헌신하신 이필찬 교수님이 그 중에 한 분임을 확신한다. 요한계시록 관련하여 여러 책을 집필하셨지만, 이번에는 그동안의 연구를 총정리 하여 방대한 내용을 담은 책을 출간했다. 그것은 바로 〈에덴 회복의 관점에서 읽는 요한계시록〉의 제2권이다. 요한계시록의 단락 별로 원어 분석과 번역을 해 놓았고, 각 장마다 그 장의 핵심 메시지, 설교 포인트, 그리고 설교 요약 몇 편씩을 담고 있어 요한계시록 설교 시리즈나, 강해 설교를 준비하는 목회자에게는 없어서는 안 될 책이다. 나는 개인적으로 이 책(제1권)을 아침 개인 묵상에 활용하는데, 그 만큼 전문 신학 책이면서도 은혜로운 책이다. 아침마다 가슴이 벅차고 눈가가 촉촉이 적셔질 정도로 요한계시록이 담고 있는 소망과 악의 심판과 정의의 메시지가 감동적이다. 한국교회에 이필찬 교수님 같은 요한계시록의 대학자를 허락하신 하나님을 찬양한다. 교수님께서 수고하여 펴내신 이 책을 통해 한국교회가 새로워지며, 교회들마다 올바른 종말론 교리를 사수하여 성도들이 건강한 신앙생활 하게 되는 은혜가 있기를 기도한다.

(노승환, 미국 뉴욕 찬양 교회 담임)

삶과 신앙의 일치라는 주제에 이끌려 신학교에 들어간 나는 저자에게서 요한계시록을 통하여 학문적 진지함과 성실함을 배울 수 있었다. 누구든 요한계시록이 말하는 영원한 생명의 회복을 맛본다면, 삶의 무게가 끌어당기는 중력을 뛰어넘는 변혁적 전환을 맞이하고 마침내 삶의 현장에서 예배를 완성하게 될 것이라고 나는 믿는다. 이 책은 '구문분석'과 '본문 주해'를 통해 증거 기반의 사고력을 제공할 뿐만 아니라, 진수성찬이 눈요기로 그치지 않도록 '핵심 메시지'와 '설교 포인트'라는 도시락으로 포장해 준다. 모양내는 누룩과 사람들 입맛만 자극하는 꿀을 빼고, 저자의 모든 것을 고운 가루로 갈아 빚어낸 이 책은 한국교회에 바치는 일종의 소제물이다. 화덕에 굽든 번철에 부치든 하나님께 삶의 제사로 올려드릴 일은 이제 한국교회의 과제로 남겨졌다.

(이철규 원장, 이철규이대경치과의원)

이필찬 교수님이 저술하신 이 주석책은 저희 같은 평신도들에게 늘 부담스러운 요한계시록을 오히려 가장 친숙한 책으로 이끌어 준다. 구문 분석과 번역 그리고 본문 주해의 빈틈없고 철저한 논증 전개는 마치 탁월한 판결문이나 법률주석서 같은 느낌을 받는다. 요한계시록의 세계적 권위자가 한국어로 이 책을 집필하고 출간한 것에 매우 감사하게 된다. 나는 책장 손이 가장 잘 가는 곳에 이 책을 두고 요한계시록과 관련된 의문이 있을 때마다 수시로 해당 부분을 탐독한다. 요한계시록을 깊이 있게 연구하기를 원하는 평신도들에게 이 책을 권하고 싶다

(전재중 변호사, 법무법인 소명 대표변호사)

감사의 글

마침내 첫 번째 요한계시록 주석인, 『요한계시록 1-11장: 때가 가깝다』에 이어 두 번째 주석, 『요한계시록 12-22장: 만물을 새롭게 하노라』를 출간하게 되었다. 이 책을 출간하는 데 가장 감사드릴 분은 당연히 하나님이시다. 하나님은 이 책을 써야 될 이유이시며 목적이시다. 책을 저술하다 보면 불현듯 피로감이 찾아올 때가 있다. 그러나 하나님은 성경 본문을 연구할 때마다 마음에 시원함을 주시고 때로는 연구하는 본문의 의미를 깨달으면서 기쁨을 만끽할 수 있는 경험을 허락해 주신다. 그럴 때마다 다시 저술 작업을 지속해 갈 수 있는 새 힘이 생겨나게 되는 것을 무수히 경험했다.

이런 저술 작업에는 하나님의 도움도 있었지만 1권 때와 마찬가지로 팀웍이 잘 이루어져 진행되었다. 먼저 나의 집필 원고는 우리말 어법을 중심으로 교정을 봐 주시는 이광우 목사님(전주열린문교회)의 1차 교정 작업을 거쳐가게 된다. 대학과 대학원에서 국어국문학을 전공하시고 오랫동안 출판사에서 의뢰받은 출판 도서들을 교정해 오신 전문가답게 첫 번째 책에 이어 두 번째의 책의 1,000쪽이 넘는 원고를 꼼꼼하게 살피시며 영어식 구문으로 어색하게 표현한 것들을 비롯하여 부자연스런 표현과 오탈자를 찾아내어 매끄럽게 바로 잡아 주셨다. 이 교정 작업에서 수정되어야 할 부분들이 적지 않게 지적된다. 따라서 그것을 수정하는 작업도 상당한 시간이 걸릴 수 밖에 없다. 이 수정 작업은 나의 몫이었다.

방대한 수정 작업 후에 나는 수정된 원고를 장규성 목사님에게 넘기게 된다. 장규성 목사님은 현재 미국 트리니티 신학대학원에서 요한계시록을 주제로 박사학위 논문을 쓰고 있다. 그의 역할은 표절이 의심되는 부분을 집중적으로 찾아내는 것이다. 많은 자료를 다루다보면 의도적이지 않게 자료에 대한 출처 표시를 누락하거나 인용 표시를 하지 않아 표절의 의혹을 살 수 있는 경우가 발생하기도 한다. 따라서 그러한 실수를 미연에 방지할 수 있는 작업이 필요하다고 생각하여 그 역할을 장규성 목사님에게 부탁한 것이다. 학업으로 분주한 가운데에도 이 역할이 꼭 필요하다는 나의 요청에 기꺼이 참여해 주었다. 그는 적지 않은 분량의 글을 꼼꼼하게 읽으며 성심을 다해 자신의 역할을 감당해 주었다. 덕분에 부주의하여 표절 의혹을 받을 가능성이 있는 부분들을 피할 수 있게 도와주었다.

표절 검사로 지적된 내용을 수정한 후에, 원고는 편집 디자이너에게 넘겨진다. 편집 디자인을 맡은 김진우 형제님은 여러 가지 까다로운 요청에도 늘 기꺼운 마음으로 응해주어서 책을 만드는 일에 크게 기여해 주었다. 특별히 김진우 형제님은 멋진 표지 디자인을 창작해 주었다. 이 표지는 에덴을 모티브로 한 것이다. 위쪽 부분에 얼룩은 구름 이미지로서 에덴에서 하나님의 임재를 나타내 주고 있다. 그리고 황토색 무늬는 에덴에서 땅을, 주황색은 꽃 이미지를, 그리고 초록색은 초원 이미지를 그리고 하늘색은 강의 이미지를 나타내주고 있다. 이런 구성은 에덴을 나타내 주는 이 책의 전체적인 모티브와도 잘 조화를 이루고 있다. 보는 이들로 하여금 아주 편안한 마음을 가져다 주기에 충분하다고 생각한다. 이광우 목사님, 장규성 목사님, 그리고 김진우 편집 디자이너 모두의 수고에 진심으로 감사한다.

그리고 마지막이지만 가장 크게 감사해야 할 분들이 있다. 그것은 바로 이 책의 저술과 출판을 위해 기금 조성(크라우드 펀딩)에 기쁨으로 참여해 주신 190여명의 후원자 분들이다. 첫 번째 책에 이어 두 번째 책도 이분들의 후원이 있었기 때문에 책을 출간할 용기를 낼 수 있었다. 그분들을 찾아가 일일이 감사 인사를 드리고 싶지만 우선 이 지면을 통해 감사한 마음을 전해 드린다. 모쪼록 이 책이, 후원자 한 분 한 분께 아주 만족스런 열매로 받아들여지면 참 좋겠다. 그것이 저자로서 그분들에게 드리는 최고의 보답이라 생각하기 때문이다. 여기에 한 가지 더 덧붙이고 싶은 것은 오랫동안 이 책의 출간을 인내심을 가지고 기다리며 응원해 주었던 이름도 소속도 알 수 없는 수많은 독자들에게도 감사하고 싶다.

그리고 이 감사의 글을 마치기 전에 꼭 기억해야 할 분이 있다. 그분은 바로 나의 박사 학위 논문 지도 교수였던 리처드 보쿰이다. 지금까지도 나는 보쿰 교수님의 사려 깊은 지도를 잊을 수가 없다. 왜냐하면 20여 년이 지났어도 나의 연구의 모든 길목마다 보쿰 교수님의 흔적들이 느껴지기 때문이다. 특별히 유대 문헌 연구 방법론은 내가 보쿰 교수님께 배운 가장 큰 자산 중 하나다. 그래서 지금도 내가 보쿰 교수님의 제자였다는 것이 얼마나 감사한 일인지 새삼 생각하게 된다. 이 책을 저술하는 데 직접적인 참여는 없었지만 이러한 연구의 기초를 마련하는 데 지대한 영향을 주었다는 점을 감사하는 마음으로 꼭 밝혀 두고 싶다.

하나님의 은혜 안에서 이토록 많은 분들의 헌신적 참여와 협력으로 이 책이 탄생하였다. 그런 만큼 이 책이 많은 목회자, 신학생, 그리고 성도들 모두의 삶 속에 "에덴 회복의 놀라운 역사"가 일어나는 데 튼튼한 디딤돌이 될 수 있기를 바라며 기도한다.

저자 서문

『에덴 회복의 관점에서 읽는 요한계시록 12-22장: 만물을 새롭게 하노라』를 펴내면서

드디어 요한계시록 주석 두 번째 책이 출간됨으로써 요한계시록 주석의 완전체가 되었다. 이 주석은 성경 전체를 아우르는 "에덴 회복"이라는 관점에서 요한계시록을 읽는다. "에덴 회복"이라는 관점은 창세기부터 요한계시록까지 성경 66권을 관통하는 큰 그림이다. 왜냐하면 성경의 시작인 창세기에서 창조와 에덴 모티브로 시작하고, 성경의 마지막인 요한계시록의 절정이라고 할 수 있는 22장 1-5절에서 또한 에덴 모티브로 마무리 되기 때문이다. 이러한 구성을 통해 성경 전체가 에덴 모티브를 중심으로 엮여져 있다는 것을 통찰할 수 있어야 할 것이다. 따라서 이런 관점에서 요한계시록을 조명해야 하는 것은 지극히 당연하다. 책의 분량이 많은 까닭에 어쩔 수 없이 책을 두 권으로 나눠 출간하게 되었는데 상권에서는 1-11장을 다루고 하권에서는 12-22장을 다룬다. 상권의 부제인 "때가 가까우니라"는 요한계시록 1장 3절 말씀인데 이것은 "때가 왔다!"는 의미이며 예수님의 초림으로 인한 은혜로운 결과를 가리키는 것이다. 1-11장은 이 초림 사건과 관련된 내용이 지배적이기 때문에 이 말씀을 부제로 정했다. 12-22장을 다룬 하권의 부제는 21장 5절 말씀을 따서 "만물을 새롭게 하노라"로 정하였다. 12-22장은 예수님의 재림과 관련된 분량이 상대적으로 많기 때문이다.

상권을 비롯해서 이번에 출간하는 하권도 2006년에 초판 출간된 『내가 속히 오리라』를 모태로 하지만, 그저 단순한 개정이나 개정증보 수준이 아닌 거의 완벽한 신간 수준으로 처음부터 다시 쓴 것이다. 이렇게 말할 수 있는 것은, 이번에 내는 책이 양적으로 두 배에 가까운 2천 페이지가 넘기 때문이고, 책의 내용 또한 예전의 책에 비해 훨씬 많은 변화와 발전이 있었다고 생각하기 때문이다. 지난 시간 동안 나는, 여러 새로운 정보와 자료들을 알게 되고, 그것들을 자세히 살피면서 이전보다 훨씬 더 정리된 생각을 가지게 되었고, 다소 불분명했던 것들이 좀 더 명확해지게 되었으며, 문제가 아닌 것 같았던 점들이 문제로 보이게 되어 그것을 해결하려고 노력했고, 또 어떤 경우에는 이전에 가지고 있었던 입장의 문제점이 드러나 그것을 정직하게 수정해야만 했다. 그리고 전통적인 입장과는 배치되는, 기존에 가지고 있던 나의 논지를 더욱 보강할 수 있는 기회도 가질 수 있었다. 이런 과정에서 더욱 큰 그림을 그릴 수 있게 되었고 또 세부적인 면에서 훨씬 더 견고한 학술적 근거를 제시할 수 있게 되었다. 특별히 본인이 디렉터로 운영하는 〈종말론전문가과정〉에서 요한계시록 전체를 여러 차례 한 절 한 절 반복 강의하는 동안, 요한계시록의 다양한 세부 의미를 파악하는 데 상당한 진보가 있었다. 그래서 당연히 이전 책보다는 훨씬 더 진보된 내용을 참신하게 담을 수 있게 되었다.

책의 완성도를 높이기 위해 자료를 많이 이용하다 보니 책의 분량이 대충 2천 페이지가 넘어가게 되었다. 책의 방대한 분량 때문에 여러 출판사에서 출판을 주저하는 모습이 보였다. 책 판매에 문제가 있기 때문이라는 것이었다. 그러나 나는 판매가 오히려 더 잘 될 것이라 생각하고 설득했지만 별 소용이 없었다. 그렇지만 나는 평생 요한계시록을 연구한 학자로서 책(연구 결과)의 분량을 줄이고 싶은 생각이 추호도 없었다. 그래서 나는 또 다른 출판사의 문을 두드렸고, 마침내 유명 출판사에서 출판해 주기로 했다. 그런데, 코로나19가 발생하면서 그 출판사가 경제적으로 큰 타격을 받게 되어 내 책을 출간할 수 없겠다고 통고해 왔다. 위기는 기회인가? 이런 일을 겪으면서 나는, 내 남은 생애에 공들여 저술한 책들을 출판사의 상업적인 요구에 맞추지 않고 내가 저술한 책을 마음껏 출간하기 위해 독자적인 출판사를 만들어야겠다는 결심을 하게 되었다. 많이 기도한 끝에, "종말"을 의미하는 '에스카톤'이라는 이름의 출판사를 출범시키게 되었다. 여기에 덧붙여서 크라우드 펀딩 플랫폼을 사용하여 초기 출간 비용을 마련하는 길도 찾을 수 있었다. 그 결과 지금 요한계시록 주석 두 권의 책이 이렇게 빛을 보게 된 것이다.

1999년 2월 요한계시록 연구로 박사학위를 받은 지 이제 22년이 지나가고 있다. 처음 귀국했을 때만 해도 한국 교회는 요한계시록 연구에 관한 한 불모지나 다름없어 보였다. 앞서 언급한 것처럼 귀국 직후 2000년 12월에 성서유니온을 통해『요한계시록 어떻게 읽을 것인가』를 펴냈다. 이 책은, 성서유니온의 "어떻게 읽을 것인가" 시리즈 최초의 책으로서 그 이후에 나온 책들의 표본이 되기도 하였으며, 하나님의 은혜로 지금까지 스테디셀러로 자리 잡고 있다. 이어서 2006년에『내가 속히 오리라』를 펴냈다. 이 책은 적지 않은 분량에도 불구하고 예상을 깨고 적지 않은 독자들의 사랑을 듬뿍 받아 10쇄에 이르기 까지 하였다. 이 책을 읽은 많은 목회자들이 자신감을 얻어 요한계시록을 설교할 수 있게 되었다고 고백하였고, 그때 이후로 설교 강단에서 요한계시록 메시지가 유행처럼(?) 울려 퍼지게 된 것은 요한계시록 연구자로서 큰 기쁨과 보람이 아닐 수 없었다. 이제 15여년이 더 지난 2021년 3월에 상권이 출간되고 그리고 2022년 10월에 출간되는 상권과 함께 이 두 권의 요한계시록 주석이 한국 교회에 어떤 역할을 할 것인지 다시 한 번 기대가 크다.

안타까운 것은, 내가 학위를 마치고 한국에서 활동하기 시작한 1999년 2월이나 지금이나 한국 교회의 근본주의적이며 세대주의적인 체질은 크게 달라지지 않았다는 점이다. 아니 오히려 백투예루살렘 운동이나 창조과학과 같이 성경적 가르침에서 빗겨간 교훈들이 더욱 큰 세력을 형성해서, 교회 울타리를 넘어 사회적으로도 꽤 심각한 악영향을 끼치고 있는 현실이다. 코로나19 시국에 문제를 일으킨 적 있는 경상북도 상주의 인터콥 열방센터는 그런 준동의 한 조각 파편에 불과하다. 이러한 비성경적 운동에 대해 비판하고 대안을 제시하고 건전한 종말론을 선도해야 할 신학교의 담이 너무 높아 늘 목회 현장과 괴리되어 있어 보여 안타깝다. 도리어 신학교 교수들 중에서도 세대주의 신학을 옹호하며 비성경적인 흐름에 편승하는 경우도 존재한다. 또한 "보수주의 신학이냐 자유주의 신학이냐"라는 신앙도 신학도 아닌 종교적 이데올로기 논쟁에 사로잡혀 신앙인의 삶의 현장과는 동떨어진 무모한 소모전이 오랫동안 계속되어 왔다. 그리고 교단 정치 세력이나 재단과 그 정치 세력에 영합하는 일부 정치 교수들에 의해, 자유롭고 진취적인 기백을 가지고 순수하게 신학 작업을 하고자 하는 올곧은 신학자들은 그들의 학문 연구에 상당한 방해를 받을 뿐 아니라 그 생존에도 위협을 받는 경우도 있다. 또한 목회 현장을 보면, 많은 중소 교회들이 몇몇 대형 교회가 주창하는 세대주의적 종말론을 유행처럼 무비판적으로 받아들이는 실정이다. 그러다 보니 적어도 요한계시록을 포함한 종말론에 관한 한, 신학은 목회 현장과 삶의 현장에 그 어떤 변화도 가져오기에 역부족인 것 같다. 그 결과, 목회 현장과 신앙생활 현장은 우리가 생각하는 것보다 훨씬 신학적으로 낙후되고 신앙적으로 피폐한 상태에 머물러 있는 것을, 슬프고 안타깝고 부끄럽지만, 솔직히 인정하지 않을 수 없다. 이런 한국 교회의 허약한 실상이 코로나19에 의한 팬데믹 시대를 맞으면서 낯뜨거울 정도로 적나라하게 드러나고 있고, 앞으로 어떤 시대적 사회적 위기에 직면하여 그 나약한 실체를 어떻게 드러내게 될 것인가에 대한 우려가 있다.

여기에 한마디 덧붙이면, 얼마 전에 뉴포트(Newport)의 Apocalypse & Millennium (2000)이라는 책과 Apocalyptic in History and Tradition (2003)이란 책에 수록된 롤런드(Rowland)의 "The Apocalypse in History"라는 제목의 소논문을 읽을 기회가 있었다. 나는 여기에서 매우 새로운 사실을 발견할 수 있었다. 소위 종교개혁 시대에 일부 극단적인 재세례파는 로마 카톨릭의 수장인 교황의 횡포라는 사회적 정황에서 요한계시록 13장의 짐승을 적그리스도로서 로마 교황으로 해석하고 그 짐승이 마침내 멸망하는 종말의 시점을 구체적으로 제시하고 있다(Newport, 24–47). 이것은 오늘날 시한부 종말론과 맞닿아 있다고 보지 않을 수 없다. 또한 롤런드는 초기 칼빈주의 전통의 요한계시록 해석에 대한 놀라운 해석들이 제네바 성경에 의해 제공되고 있는데 이는 "역사화하는 해석"(historicizing interpretation)의 전형적 예를 보여주고 있다고 증언한다(Rowland, 161). 여기에서 "역사화하는 해석"이란 역사적으로 일어나는 사건들을 요한계시록 본문에서 일대일 대응식으로 연결시켜 해석하는 방법이라 할 수 있다. 이것은 곧 요한계시록의 모든 본문을 역사 속에서 그 의미들을 찾으려는 시도이다. 이 "역사화하는 해석"에서는 로마와 적그리스도를 동일시하고 로마 교황을 "로마 제국 권력의 계승자"로 간주한다(Rowland, 161). 이러한 해석은 요한계시록을 곡해하게 되는 가장 대표적인 경우이다. 나는 이러한 글을 읽고 충격을 받지 않을 수 없다. 오늘날 가장 건전한 성경 해석의 전통을 이어받은 것으로 간주되는 칼빈주의 전통에 이러한 성경 해석의 역사가 있었다는 사실을 발견했기 때문이다. 이러한 사실을 어떻게 받아들여야 하는가? 먼저 칼빈주의 혹은 개혁주의 전통을 이어받는다고 하여 모든 사안에 있어서 자동적으로 정당화될 수 없다는 사실을 인식할 필요가 있다. 그리고 이제는 이러한 실수를 더 이상 반복하지 않도록 노력해야 할 것이다. 그러나 슬프게도 우리의 주변에 소위 개혁주의를 표방하는 학자나 목회자들이 여전히 이러한 오류에서 헤어나지 못하고 있는 것은 안타까운 일이 아닐 수 없다.

이 책은 바로 이처럼 답답한 현실에 대한 도전이라고 할 수 있다. 목회자들은 물론이고 평신도들도 이 책을 통해 필요한 지식을 얻고 성경 해석 방법을 훈련하는 통로로 삼아 종말론에 대한 왜곡이 난무하는 목회 현장과 삶의 현장에서 방황하는 그리스도인 이웃들에게 적절한 대안을 제시해 주면 참 좋겠다. 이런 목적에서 일차적으로 목회자들과 장래 목회자가 되기 위해 신학 훈련을 하는 신학생들을 대상으로 이 책을 저술했다. 따라서 논지를 전개해 가는 데 있어서 할 수 있는 한 전문성을 기울이려고 노력했다. 그러나 전문성의 영역은 끝이 없다. 연구하면 할수록 다뤄야 할 것들이 많아지기 때문이다. 그러므로 적절히 한계를 정하고 적절한 선에서 절제해야만 했다. 그 전문적 영역의 한계는 목회자들에 맞추어 설정했다. 학자들의 논쟁을 위한 논쟁이 아닌, 과연 목회에 도움이 될 것인지에 초점을 맞추고자 하였다. 이것은 아주 기초적인 것에서부터 '목회자라면 적어도 이 정도는 알고 있어야 한다'는 내용까지 포함한다. 그러나 동시에 전문적 신학 훈련을 받지 않은 신자들을 위한 배려도 잊지 않았다. 예를 들면 모든 헬라어와 히브리어를 음역하여 성경원어를 모르는 분들도 쉽게 접근할 수 있는 발판을 놓아 드리고자 하였다. 오늘날 평신도들도 기독교계에 편만해 있는 반지성주의를 극복하여 스스로 진리를 찾아갈 수 있는 자생력을 키울 수 있으면 좋겠다고 생각하기 때문이다.

이 책의 가장 중요한 특징 중 하나는 요한계시록 본문 전체를 원문에 근거하여 번역하였을 뿐만 아니라 쟁점이 될 만한 특정 본문에 대해서는 번역에 대한 근거를 충실하게 제시하였다는 점이다. 번역은 곧 해석이다. 올바른 번역은 올바른 해석을 위해 필수적이다. 그러나 아쉽게도 요한계시록에 대한 기존의 우리말 번역은 그렇게 만족스럽지 못했다. 번역자가 세대주의적 신학을 가지고 있으면 그런 관점에서 번역할 수밖에 없는 것이기 때문이다. 앞으로 어떤 개선된 번역이 나올지 모르나 지금의 개역한글판이나 개역개정판은 그런 한계를 벗어나지 못했다. 사실, 요한계시록 본문을 다루는 과정에서, 번역에 따라 본문의 의미가 전혀 다르게 파악되는 경우가 꽤 많다. 그러므로 번역은 매우 중요하다. 따라서 독자들께서 이 책을 읽을 때 이 부분을 소홀히 넘기지 말고 번역 부분을 주의 깊게 읽으시기를 권한다. 또한 이 책은 모든 논점을 성경 원문에서 출발한다. 이것은 성경을 해석하는 해석자의 기본적인 자세이다. 원문을 논의하는 대목에서 독자들은 홑화살괄호(>)를 자주 보게 될 것이다. 이 표시는, 문장에 사용된 동사의 기본형을 표시하기 위해 기록해 둔 것이다. 그러므로, 이 기호의 왼쪽은 성경 원어 문장에 사용된 단어 형태이고, 기호의 오른쪽은 그 단어의 기본형 표기임을 알고 책을 읽으시기 바란다. 그리고 이 책의 또 한 가지 특징은, 소제목을 중간 중간에 제공하여 독자들의 편의를 도모하였다는 점이다. 따라서 소제목을 해당 내용의 핵심 주제(키워드)로 보아도 좋다.

이 책은 다음과 같은 내용으로 구성되었다. 첫째로, 구문 분석과 번역이다. 구문 분석과 번역은 서로 밀접한 관계가 있다. 왜냐하면 올바른 번역을 위해서는 구문 분석이 필수적이기 때문이다. 따라서 이 두 작업을 제목에서 서로 연결해 놓았다. 그리고 본문 주해이다. 이 주해 부분이 이 책의 가장 중요한 부분이라고 할 수 있다. 이 책의 주해 작업에서 출발점은 원문을 번역하는 것이지만 아무래도 주해 과정의 핵심 요소는 구약과 유대 문헌 그리고 동시대적 배경 연구라 할 수 있다. 구약의 흐름 속 유대 문헌과 저자들의 동시대적 세계관 속에서 신약 성경이 기록된 것은 틀림없는 사실이기 때문이다. 요한계시록도 예외는 아니다. 아니 그 이상이다. 구약과 유대 문헌의 배경에 대한 지식 없이 요한계시록을 해석하는 것은 불가능하거나 자칫 그 내용을 엉뚱하게 오해할 수 있다. 역사적으로 일어나는 사건에 대한 시나리오 정도로 요한계시록 본문을 해석하려는 경우에 대부분 이러한 배경의 해석적 가치를 무시하곤 하는데, 본문의 주해 작업에서 배경 연구는 필수적이다. 주해 작업이 마무리된 후에는 그 단락의 핵심 메시지와 설교 포인트를 제공한다. 전자는 해당되는 단락에서 기억해야 하는 중요한 논점을 정리한 것이고, 후자는 바로 이어지는 설교 요약을 위한 작업이다. 설교 포인트에는 해당 본문을 설교할 때 반드시 포함되어야 하는 필수 요소들을 정리해 두었다. 이어지는 설교 요약은 설교자들이 해당 본문 설교를 준비할 때 안내자 역할을 하도록 제공된 것이다. 한 가지 아쉬운 것은, 이 설교 요약 부분을 좀 더 자세하게 구체적으로 정리하고 싶었지만 지면이 너무 부족하여 그러지 못했다는 점이다. 이 부분은 다음 과제로 넘겨 따로 책을 만들려고 한다.

요한계시록은 다음과 같은 내용으로 구성되어 있다.[1] 먼저, 프롤로그(1:1–8)는 인사말을 소개할 뿐 아니라 요한계시록이 어떤 종류의 책인지를 소개하기도 한다. 즉, 요한계시록이 예언의 말씀이며 서신서이고 묵시문헌이라는 것이다. 그리고 서론부(1:9–3:22)는 요한계시록 메시지 전체에 대한 토대를 제공한다. 이 서론부는 두 부분으로 나뉜다. 1장 9 – 20절에서는 승귀하신 예수님의 모습을 소개하고, 2 – 3장에서는 그 승귀하신 예수님이 일곱 교회에게 말씀하시는 내용이 소개된다. 이러한 일곱 교회에게 주어지는 메시지는 요한계시록 메시지 전체를 매우 구체적인 정황에 묶어 놓는 역할을 하게 된다.

서론부에 이어 4 – 16장은 본론부로 구성된다. 이 부분 역시 4 – 5장과 6 – 16장으로 나뉜다. 전자는 후자에 대한 도입 부분이라 할 수 있다. 전자에서는 창조주 하나님과 구속주 예수님을 소개하고 구속주 예수님으로 말미암아 종말이 왔다는 것을 소개한다. 후자에서는 그 종말로 말미암아 구속과 심판이 도래했음을 밝히고 있다. 그러므로 6 – 16장에서는 예수님의 초림으로 말미암은 종말적 현상으로서 구속과 심판에 대한 내용을 담고 있음을 알 수 있다. 그렇다면 6 – 16장은 4 – 5장과의 관계에 기초하여 읽혀져야 할 것이다.

본론부의 주요 부분인 6 – 16장은 다시 6 – 8장과 9 – 11장 그리고 12 – 14장과 15 – 16장으로 나뉠 수 있다. 6 – 8장은 일곱 인 심판 시리즈, 9 – 11장은 일곱 나팔 심판 시리즈 그리고 15 – 16장은 일곱 대접 심판 시리즈를 기록하고 있다. 그리고 7장과 10 – 11장 그리고 12 – 14장은 삽입 부분으로서 역할한다. 그리고 17–22장은 결론부이다. 결론부는 이중 결론으로서 두 부분으로 나누어진다. 첫번째 결론은 17–20장이고 두 번째 결론은 21장 1절–22장 5절이다. 전자의 중심 주제는 바벨론 심판이고 후자의 중심 주제는 새창조와 새예루살렘의 영광이다. 그리고 22장 6–20절은 요한계시록 전체를 마무리하는 에필로그이다.

상권에서는 1장부터 11장까지 포함하고, 하권은 12장부터 22장까지 포함하게 될 것이다. 구조의 각 부분에 대한 자세한 내용은 본문 주해 과정에서 논의하게 될 것이다.

---

1 이 구조는 보쿰의 견해에 근거한다(R. Bauckham, The Climax of Prophecy: Studies on the Book of Revelation [Edinburgh: T & T Clark, 1993], 3-7). 요한계시록의 구조에 대한 자세한 논의는 이필찬, 『요한계시록 어떻게 읽을 것인가』개정 2판 (서울: 성서유니온선교회, 2019), 27-38을 참고하라.

끝으로 이 책의 분량이 적지 않다. 이제 두 번째 책(12-22장)까지 포함해서 거의 2천 쪽 분량을 넘는다. 많은 분량의 책을 읽는 독서 습관이 잘 갖추어져 있는 독자들은 통독할 수도 있지만 그렇지 않은 경우에 설교를 준비하거나 성경 공부를 하면서 필요할 때마다 찾아볼 수 있는 백과사전 같은 역할을 이 책이 감당할 수 있으면 좋겠다. 그래서 이 책이, 궁금한 부분이 있어 찾아볼 때마다 항상 친절히 답변해 줄 수 있는 지혜로운 친구 같은 책이 될 수 있다면 더할 나위 없겠다.

2022년 10월

용인 언남동에서

이필찬

약어 소개

AB	Anchor Bible
ABD	*Anchor Bible Dictionary.* Edited by David Noel Freedman. 6 vols. New York: Doubleday, 1992
ANF	*The Ante-Nicene Fathers: Translations of the Writings of the Fathers Down to A.D.* 325. Edited by Alexander Roberts and James Donaldson. 10 vols. 1885–1887. Repr., PLACE: PUBLISHER, DATE.
ANTC	Abingdon New Testament Commentaries
AUSS	*Andrews University Seminary Studies*
BA	*Biblical Archaeologist*
BBR	*Bulletin for Biblical Research*
BDAG	Bauer, Walter, William F. Arndt, F. Wilbur Gingrich, and Frederick W. Danker. *Greek-English Lexicon of the New Testament and Other Early Christian Literature.* 2nd ed. Chicago: University of Chicago Press, 1979 (Bauer-Arndt-Gingrich-Danker)
BDF	Blass, Friedrich, Albert Debrunner, and Robert Walter Funk. *A Greek Grammar of the New Testament and Other Early Christian Literature.* Chicago: University of Chicago Press, 1961.
BECNT	Baker Exegetical Commentary on the New Testament
BETL	Bibliotheca Ephemeridum Theologicarum Lovaniensium
BibInt	*Biblical Interpretation*
BNTC	Black's New Testament Commentaries
BSac	*Bibliotheca Sacra*
BTB	*Biblical Theology Bulletin*
CBQ	*Catholic Biblical Quarterly*
CCGNT	Classic Commentaries on the Greek New Testament

CPNC	College Press NIV Commentary
CRINT	Compendia Rerum Iudaicarum ad Novum Testamentum
CTJ	*Calvin Theological Journal*
De Abr.	*De Abrahamo* (Philo)
Dem. ev.	*Demonstratio evangelica* (Eusebius)
EDNT	Balz, Horst Robert, and Gerhard Schneider. *Exegetical Dictionary of the New Testament.* Grand Rapids, Mich.: Eerdmans, 1990–.
EPSC	EP Study Commentary
ExpTim	*Expository Times*
GKC	*Gesenius' Hebrew Grammar.* Edited by Emil Kautzsch. Translated by Arther E. Cowley. 2nd ed. Oxford: Clarendon, 1910
HALOT	*The Hebrew and Aramaic Lexicon of the Old Testament.* Ludwig Koehler, Walter Baumgartner, and Johann J. Stamm. Translated and edited under the supervision of Mervyn E. J. Richardson. 4 vols. Leiden: Brill, 1994–1999
HNT	Handbuch zum Neuen Testament
HTR	*Harvard Theological Review*
IBC	Interpretation: A Bible Commentary for Teaching and Preaching
ICC	International Critical Commentary
IGRR	*Inscriptiones Graecae ad Res Romanas Pertinentes.*
ISBE	*International Standard Bible Encyclopedia.* Edited by Geoffrey W.Bromiley. 4 vols. Grand Rapids: Eerdmans, 1979–1988.
IOS	*Israel Oriental Studies*
ITC	International Theological Commentary
JR	*Journal of Religion*
JSPSup	Journal for the Study of the Pseudepigrapha Supplement Series
KEK	Kritisch-exegetischer Kommentar über das Neue Testament (Meyer- Kommentar)
LAB	Liber antiquitatum biblicarum (Pseudo-Philo)
L&N	Louw, Johannes P., and Eugene A. Nida, eds. *Greek-English Lexicon of the New Testament: Based on Semantic Domains.* 2nd ed. New York: United Bible Societies, 1989.

MHT	J. H. Moulton, W. F. Howard, and M. Turner, *A Grammar of New Testament Greek* I–IV. Edinburgh: Clark, 1906–76
MM	Moulton, James H., and George Milligan. *The Vocabulary of the Greek Testament.* London, 1930. Repr. Peabody, MA: Hendrickson, 1997
MNTC	Moffatt New Testament Commentary Series
MSJ	*The Master's Seminary Journal*
NCB	New Century Bible
NCBC	New Cambridge Bible Commentary
NCC	New Covenant Commentary
NIBCNT	New International Biblical Commentary on the New Testament
NICNT	New International Commentary on the New Testament
NICOT	New International Commentary on the Old Testament
NIVAC	NIV Application Commentary
NovT	*Novum Testamentum*
NovTSup	Supplements to Novum Testamentum
NSBT	New Studies of Biblical Theology
NTL	New Testament Library
OTL	Old Testament Library
OTP	*Old Testament Pseudepigrapha.* Edited by James H. Charlesworth. 2 vols. New York: Doubleday, 1983, 1985
PNTC	Pillar New Testament Commentary
P.Ryl.	*Catalogue of the Greek Papyri in the John Rylands Library.* Edited by Colin H. Roberts, John de Monins Johnson, and Arthur S. Hunt. Manchester: Manchester University Press, 1911–.
P.Fay.	*Fayum Towns and Their Papyri.* Edited by Bernard P. Grenfell, Arthur S. Hunt, and D. G. Hogarth. London and Boston: Egypt Exploration Fund, 1900.
P.Lond.	*Greek Papyri in the British Museum.* Edited by Frederic G. Kenyon, H. Idris Bell, and W. E. Krum. London: British Museum, 1893–.
RA	*Revue d'assyriologie et d'archéologie orientale*

RMP	*Rheinisches Museum für Philologie*
RV	*Revue biblique*
SHBC	Smyth & Helwys Bible Commentary
SJT	*Scottish Journal of Theology*
SNTSMS	Society for New Testament Studies Monograph Series
SP	Sacra Pagina
TDNT	*Theological Dictionary of the New Testament.* Edited by Gerhard Kittel and Gerhard Friedrich. Translated by Geoffrey W. Bromiley. 10 vols. Grand Rapids: Eerdmans, 1964–1976
TDNTA	*Theological Dictionary of the New Testament Abridged in One Volume.* Edited by Gerhard Kittel, Gerhard Friedrich, and Geoffrey William Bromiley. Grand Rapids: W.B. Eerdmans, 1985.
TJ	*Trinity Journal*
TNTC	Tyndale New Testament Commentaries
TOTC	Tyndale Old Testament Commentaries
UBC	Understanding the Bible Commentary Series
UBSHS	UBS Handbook Series
WBC	Word Biblical Commentary
WJT	*Westminster Theological Journal*
WPC	Westminster Pelican Commentary
WUNT	Wissenschaftliche Untersuchungen zum Neuen Testament
ZECNT	Zondervan Exegetical Commentary on the New Testament

본론부 2

교회 공동체와 악의 세력과의 적대적 대립 관계(12-14장)와
대접 심판 시리즈(15-16장)

V. 요한계시록 12-14장: 교회 공동체와 악의 세력과의 적대적 대립 관계

서론적 고찰: 문맥관찰

12-14장의 각 본문을 살펴 보기 전에 12-14장의 문맥적 관계를 살펴 볼 필요가 있다. 12-14장은 전후 관계를 연결시켜 주는 언급 없이 갑작스럽게 시작되기 때문에 전후 문맥의 관계를 규명하기가 쉽지 않다.[1] 보쿰에 의하면 12장에서 이처럼 갑작스런 시작이 불가피한 것은 12장의 중요한 주제인 여자와 용 사이의 대립관계가 시간적으로 한참 이른 시기인 창세기 3장에서 출발한 것으로 간주할 수 있기 때문이라고 주장한다.[2] 따라서 이야기의 맥락이 서로 연결되지 않아 보이며 도리어 나팔 심판과 대접 심판을 단절시켜 요한계시록의 흐름을 방해하는 것처럼 보일 수도 있다.

그럼에도 불구하고 분명한 것은 12-14장이 전 문맥인 8-11장의 나팔 심판(7장과 10-11장의 삽입 포함)과 이어지는 15-16장의 대접 심판 사이에 삽입된 내용으로서 서로 유기적 관계가 있다는 사실이다. 이런 사실은 이 본문들의 유기적 연결고리와 비교하면 좀 더 분명하게 드러난다. 이런 사실을 다음 도표로 통해 정리할 수 있다.

주제	12-14장	8-11장	15-16장
짐승 및 짐승의 표 짐승의 이름	13:1-10 첫째 짐승 13:17 짐승의 이름과 이름의 수	11:7 무저갱으로부터 올라오는 짐승	15:2 짐승과 짐승의 이름의 수를 이기고 벗어난 자들
	14:11 짐승과 그의 우상에게 경배하고 그의 이름 표를 받는 자는 누구든지 밤낮 쉼을 얻지 못하리라 하더라		16:2 짐승의 표를 받은 자들

1 보쿰은 12-14장이 요한계시록 전체와 어떻게 연결되는지 규명하는 것에 대해 대부분의 학자들이 어려움을 겪고 있다는 사실을 지적한다 (R. Bauckham, The Climax of Prophecy, 15).

2 앞의 책.

1,260	12장 여자의 광야 생활 기간	11:1-2: 성전 밖 마당이 짓밟히는 기간; 11:3-4 두 증인의 증거 기간	
용	12장 사탄을 의미 13:4 용이 짐승에게 권세를 주므로 용에게 경배하며		16:13 용의 입과 짐승의 입과 거짓 선지자의 입에서 나오니
교회론	12장: 여자; 14장 144,000	7:1-8의 144,000; 11장 두 증인	15:2-4 이긴 자들
적대적 대립 관계	12장 여자와 용 13장 짐승과 성도 (7, 10절)	11:1-2 42달 동안 짓밟힘; 11:7 짐승이 두 증인을 죽임	15:2-4 짐승을 이긴 자들

이 도표에 의하면 12-14장이, 8-11장, 15-16장과 짐승, 1,260, 용, 교회론적 주제 그리고 적대적 대립 관계라는 다섯 가지 주제에 의해 밀접한 관계를 이루고 있음을 알 수 있다.

먼저 짐승이라는 주제와 관련하여, 11장 7절에서 무저갱으로부터 올라 오는 짐승은 13장 1-10절의 첫째 짐승과 동일한 짐승이고, 14장 11절의 '짐승과 그의 우상'과 '그의 이름'과 15장 2절의 '짐승과 짐승의 이름의 수'라는 문구는 13장 17절의 '짐승의 이름'과 16장 2절에서 대접 심판의 대상인 "짐승의 표를 받은 자들"이라는 문구와 관련된다. 13장의 첫째 짐승에 대한 소개는 11장 7절에서 간단하게 언급했던 것을 13장에서 자세하게 설명하고 이 내용에 근거하여 15정 2절과 16장 2절에서 다시 한 번 그 자료를 사용한다. 정리하면, 12-14장은 두 개의 삽입(7:1-17; 10:1-11:13)을 좀 더 자세히 설명하고 있으며 또한 15-16장은 또한 12-14장에서 사용된 용어들을 사용하여 하나님에 맞서는 악의 세력을 표현하고 있다.[3]

그리고 1,260일의 주제와 관련하여서도 12장 6절에서 여자가 광야 생활하는 기간은 11장 1-2절에서는 성전 밖 마당이 이방인들에 의해 짓밟히는 기간이고, 11:3-4에서는 두 증인의 사역 기간이다. 다만 이 기간은 15-16장에서는 나타나지 않는다. 그리고 용이라는 주제는 12장에서 사탄을 의미하는 것

3 앞의 책, 16.

으로 해석되고 13:4에서는 용이 짐승에게 권세를 주는 관계를 보여준다. 이런 용과 짐승은 16장 13절에서 다시 한 번 함께 등장하고 있다.

또한 12장의 여자와 14장의 144,000에 나타난 교회론적 주제는 7장 1-8절의 144,000과 11장의 두 증인 그리고 15장 2-4절의 승리한 자들에서도 나타나고 있다. 곧 이 몇몇 본문에 나타나는 주제들은 모두 교회 공동체를 의미한다. 특별히 7장 1-8절의 144,000이 14장에 재등장하고 있는 것은 이 두 부분 사이에 긴밀한 연결고리가 존재하고 있음을 강력하게 드러낸다. 7장에서 적대적 세력으로부터 승리하여 하늘에 앉아 있는 144,000은 지상에서 전투하는 14장의 144,000의 문맥에 의해 그 의미가 더욱 발전된다.

마지막으로 적대적 대립 관계라는 주제도 세 부분에서 공통적으로 나타나고 있다. 12장에서는 여자와 용 그리고 미가엘과 용 사이에 벌어지는 전쟁 상황을 보여주고 있고, 13장에서는 짐승과 성도 사이에 적대적 관계가 소개되고, 11장 1-2절에서 마흔두 달 동안 이방인들이 성전 밖 마당을 짓밟으며, 11장 7절에서는 짐승이 두 증인을 죽이는 적대적 긴장관계가 발생하고, 15장 2-4절에서 승리자들은 짐승을 상대하여 이긴 자들이다.

이상에서 요한계시록 12-14장은 8-11장, 15-16장과 다섯 가지 주제에 의해 서로 긴밀하게 연결되고 있음을 확인하였다. 12-14장도 독립적인 단위로 존재하는 듯 보이지만, 앞으로는 8-11장의 일곱 나팔 심판, 뒤로는 15-16장의 대접 심판과 함께 이 두 부분 사이에 12-14장이라는 연결 고리가 분명하게 존재한다는 것을 알 수 있다. 12-14장은 앞 부분을 정리, 보완하면서 앞으로 전개될 내용들을 예시하는 역할을 함으로써 따로 존재하지 않고 앞뒤 문맥에 영향을 주고 받는다. 따라서 12-14장을 읽을 때 이런 문맥적 관계를 충분히 고려해야만 한다.

A. 영적 전쟁의 현장(12장)

12장을 크게 세 단락으로 나눌 수 있다: 1-6절과 7-12절 그리고 13-17절. 이 세 부분은 A-B-A′의 구조로 되어있다. 이 본문의 내용과 구조를 다음과 같이 정리할 수 있다.

구절	등장 인물	적대적 관계	발생 장소
1-6절(A)	여자, 용 그리고 여자가 낳은 아들	용과 아들	지상
7-12절(B)	용(+그의 추종자들)과 미가엘(+그의 추종자들)	용과 미가엘	하늘
13-17절(A′)	용과 여자	용과 여자	지상

A에는 여자와 용 그리고 여자가 낳은 아들(남아)이 등장하고 B에는 용과 미가엘이 등장하며 A′는 용과 여자가 등장한다. 이 세 부분의 공통점은 갈등과 대립의 관계라는 것이며 이런 대립관계는 이 세 부분에서 빠짐 없이 등장하는 용을 중심으로 그 대상이 바뀌면서 발생한다. A와 A′는 지상에서 발생하는 사건으로서 용과 여자가 동시에 등장하고 있다는 점에서 평행관계다. 그러나 단순 반복하는 것이 아니라 중간에 삽입된 B에 의해 상당한 발전이 이루어진다. B에서 발생한 전쟁에 의해 용은 능력과 권세를 상실한 상태에서 A′에서 여자를 공격하게 된다.

12장은 서로 관련되고 있는 '전쟁'과 '출산'이라는 두 개의 주제로 형성되어 있다. 전자는 다니엘 7장 7-8절, 21절에 기록된 이스라엘과 짐승과의 전쟁을 배경으로 하고, 후자는 이사야 7장 14절, 54장 1-3절과 66장 7-9절 그리고 미가서 4장 9-10절과 5장 2절에 기록된 시온의 출산을 통한 새 이스라엘의 탄생을 배경으로 하고 있다. 여기에서 그리스도의 탄생은 곧 새 이스라엘의 탄생을 불러온다. 이 두 주제를 종합하여 말하면, 아들의 탄생으로 사탄과의 적대적 관계가 필연적으로 발생할 수 밖에 없다는 것이다.

1. 여자가 낳은 아들과 용의 전쟁(12:1-6)

1-6절에서 1-2절은 여자에 대한 소개로 시작하여 3-4절은 용에 대해 언급하고 5절은 여자가 낳은 아들, 6절은 여자의 거취를 설명한다.

구문분석 및 번역

1절 a) Καὶ σημεῖον μέγα ὤφθη ἐν τῷ οὐρανῷ,
그리고 하늘에 큰 표적이 나타났다.

b) γυνὴ περιβεβλημένη τὸν ἥλιον,
해로 입혀진 한 여자가 있다.

c) καὶ ἡ σελήνη ὑποκάτω τῶν ποδῶν αὐτῆς
그리고 달이 그녀의 발 아래 있다.

d) καὶ ἐπὶ τῆς κεφαλῆς αὐτῆς στέφανος ἀστέρων δώδεκα,
그리고 그녀의 머리 위에 열 두 별의 면류관이 있다.

2절 a) καὶ ἐν γαστρὶ ἔχουσα,
그리고 그녀는 잉태하였다.

b) καὶ κράζει ὠδίνουσα
그리고 그녀는 해산의 고통으로 인하여 부르짖는다.

c) καὶ βασανιζομένη τεκεῖν.
그리고 그녀는 출산하기 위하여 고통을 받는다.

3절 a) καὶ ὤφθη ἄλλο σημεῖον ἐν τῷ οὐρανῷ,
그리고 하늘에 다른 표적이 나타났다.

b) καὶ ἰδοὺ δράκων μέγας πυρρὸς
보라 큰 붉은 용이 있다.

c) ἔχων κεφαλὰς ἑπτὰ καὶ κέρατα δέκα
그 용은 일곱 머리와 열 뿔을 가지고 있다.

d) καὶ ἐπὶ τὰς κεφαλὰς αὐτοῦ ἑπτὰ διαδήματα,
그리고 그의 머리 위에 일곱 면류관을

4절 a) καὶ ἡ οὐρὰ αὐτοῦ σύρει τὸ τρίτον τῶν ἀστέρων τοῦ οὐρανοῦ
그리고 그 용의 뿌리는 하늘의 별들의 삼분의 일을 끌어 당긴다.

b) καὶ ἔβαλεν αὐτοὺς εἰς τὴν γῆν.
그리고 그것들을 땅으로 던졌다.

c) Καὶ ὁ δράκων ἕστηκεν ἐνώπιον τῆς γυναικὸς τῆς μελλούσης τεκεῖν,
그리고 그 용은 출산하려는 여자 앞에 나타났다.

d) ἵνα ὅταν τέκῃ τὸ τέκνον αὐτῆς καταφάγῃ.
그 여자가 그녀의 자녀를 출산할 때 삼키기 위하여

5절 a) καὶ ἔτεκεν υἱὸν ἄρσεν,
그 때 그 여자가 아들 곧 남아를 낳았다.
b) ὃς μέλλει ποιμαίνειν πάντα τὰ ἔθνη ἐν ῥάβδῳ σιδηρᾷ.
철로 만든 막대기로 모든 나라를 깨뜨리게 될
c) καὶ ἡρπάσθη τὸ τέκνον αὐτῆς πρὸς τὸν θεὸν καὶ πρὸς τὸν θρόνον αὐτοῦ.
그리고 그 여자의 아이는 하나님께로 그리고 그의 보좌로 취하여졌다.

6절 a) καὶ ἡ γυνὴ ἔφυγεν εἰς τὴν ἔρημον,
그러자 그 여자는 광야로 도망갔다.
b) ὅπου ἔχει ἐκεῖ τόπον ἡτοιμασμένον ἀπὸ τοῦ θεοῦ,
거기에서 그녀가 하나님으로부터 준비된 장소를 가지게 된
c) ἵνα ἐκεῖ τρέφωσιν αὐτὴν ἡμέρας χιλίας διακοσίας ἑξήκοντα
거기에서 그들이 그녀를 1,260일 동안 양육하도록

먼저 1a절과 3a절의 '오프데'(ὤφθη)는 '호라오'(ὁράω)의 수동태 동사이지만 "나타나다"(appear)라는 능동형 의미를 갖는다.[4] 또한 1b절부터는 1a절에서 언급한 '큰 표적'의 구체적인 내용을 열거한다. 그 첫번째 내용은 '해로 입혀진 한 여자'이다. 여기에서 '페리베블레메네'(περιβεβλημένη>περιβάλλω, 페리발로)는 완료분사 형태로서 형용사적 용법으로 '귀네'(γυνή)를 수식한다. 그런데 여기에 목적격으로 '헬리온'(ἥλιον)이 사용된다. 이 목적격 단어를 수동태 분사와 자연스럽게 연결시키는 것이 쉽지 않다. 그러나 이 목적격 단어를 "부사적 목적격"(adverbial accusative) 용법으로 본다면 문제가 간단히 해결될 수 있다.[5] 곧 이런 부사적 용법을 적용해서 번역하면 "해로 입혀진 여자'라고 자연스럽게 번역할 수 있다.[6] 그리고 목적격으로 사용된 1b절의 해와는 달리, 1c절의 달과 1d절의 별은 모두 주격으로 사용되었다. 이런 구문적 특징으로 인하여 달과 별이 강조된다. 그리고 여기에서 해와 달 앞에 정관사가 사용되어 독자들이 이미 잘 알고 있는 대상으로 부각된다. 이런 인식의 내용은 구약 배경에 대한 연구를 통해 드러나게 될 것이다.

또한 2절은 세 개의 분사(ἔχουσα, 에쿠사; ὠδίνουσα, 오디누사; βασανιζομένη, 바사니조메네)로 구성된다. 두 번째 분사는 직설법 동사와 연결되어 있지만 처음과 세

4 BDAG, 719.
5 목적격의 부사적 용법에 대해서는 Daniel B. Wallace, *Greek Grammar Beyond the Basics: An Exegetical Syntax of the New Testament with Scripture, Subject, and Greek Word Indexes* (Grand Rapids: Zondervan, 1996), 200. 이하를 참조하라.
6 이런 맥락에서 NRSV와 ESV 그리고 NKJV는 이 문구를 "a woman clothed with the sun"라고 하고 번역한다.

번째 분사는 직설법 동사 없이 독립적으로 사용된다. 분사는 직설법 동사에 부속되어 사용되는 것이 일반적이지만 어떤 경우에는 직설법 동사처럼 독립적으로 사용되기도 한다.[7] 먼저 2a에서 '엔 가스트리 에쿠사'(εν γαστρὶ ἔχουσα) 라는 문구는 "그 여자는 자궁 안에(ἐν γαστρί, 엔 가스트리) 가지고 있다(ἔχουσα, 에쿠사)" 라고 직역할 수 있다. 앞서 언급한 것처럼 분사인 '에쿠사'(ἔχουσα>ἔχω, 에코) 는 직설법 동사처럼 번역할 수 있다. 그리고 여기에서 자궁 안에 가지고 있는 것이 무엇인지 언급되어 있지 않지만 이 문구는 숙어처럼 "잉태했다"(be pregnant) 는 의미를 가진다.[8] 저윅(Zerwick)은 이 문구를 "자녀와 함께 있다"(be with child) 로 번역한다.[9] 그리고 2b절에서 '부르짖다'는 직설법 동사에 부속하여 분사인 '오디누사'(ωδίνουσα>ωδίνω, 오디노) 가 사용된다. 이 문장은 직설법 동사를 가지고 있으므로 직설법으로 사용된 주동사에 부속하여 분사를 번역한다. 그리고 2c절에서 다시 2a절의 경우처럼 직설법 동사 없이 문장이 구성된다. 이 문장은 앞에 접속사 '카이'(καί) 가 사용되어 2b절에 종속되지 않은 독립적인 문장으로 간주할 수 있다. 그렇다면 분사인 '바사니조메네'(βασανιζομένη>βασανίζω, 바사니조) 도 역시 직설법 동사처럼 번역할 수 있다. 이 분사는 수동형이므로 "고통을 받다"라고 번역한다. 2a절이 잉태에 대한 일반적인 언급이라면 2bc절은 그 잉태로 인한 고통의 정황을 두 번 반복 강조해서 표현하고 있다.

3c절에 직설법 동사가 아닌 '에콘'(ἔχων)이라는 분사가 사용되었지만 우리말 번역의 자연스런 연결을 위해 이 분사를 직설법처럼 '… 가지고 있다'라고 번역하였다. 그리고 4a절에서 동사(σύρει, 쉬레이)만 현재형으로 사용되고 나머지 4b절에서부터 6절까지 주동사들은 모두 부정과거 시제를 사용하여 내러티브적인 특징을 보여준다. 그런데 왜 유독 4a절에서만 현재형 동사를 사용하고 있는 것일까? 여기에서 주목할 것은, 2b절에서 해산의 고통으로 인하여 부르짖는 행위를 현재 시제 동사인 '크라제이'(κράζει)를 사용하여 표현한 것과 밀접한 관계를 갖는다는 점이다. 좀 더 구체적으로 말하면 2b절의 여자의 연약함과 4a의 용의 강력한 능력과 대조 관계를 부각시키기 위해 이 두 본문에서 같

---

7 월러스는 이런 경우를 "독립적 동사적 분사"(independent verbal participles)라고 호칭한다(Wallace, *Greek Grammar Beyond the Basics,* 650).

8 BDAG, 190.

9 M. Zerwick and M. Grosvenor, *A Grammatical Analysis of the Greek New Testament* (Rome: Biblical Institue Press, 1963), 760.

은 현재 시제 동사를 사용하고 있다는 것이다.[10] 그러므로 이 두 동사는 시제적 차원보다는 시상(aspect) 차원에서 이해할 필요가 있으며 따라서 번역도 현재 시제가 아니라 문맥의 흐름에 충실하게 과거시제로 번역한다. 이 두 동사를 부정과거로 번역하지만 강조의 의미가 있다는 사실을 기억해야 한다.

4c절에서 ἕστηκεν(에스테켄)은 ἐνώπιον(에노피온)과 함께 사용되어서 "… 앞에 나타나다"(appear)라는 의 의미를 지닌다.[11] 이 동사는 12장 17d절에서도 동일한 의미로 사용된다. 이런 의미로 사용될 때 공격 의도를 더욱 역동적으로 나타내 수 있다.[12]

5a절의 υἱὸν ἄρσεν (휘온 아르센)은 서로 동격의 관계이다.[13] 따라서 이 두 단어를 "아들 곧 남아"라고 번역한다.[14] 그리고 이 두 단어는 동일하게 5b절의 관계 대명사절의 선행사이다. 따라서 이 두 명사를 관계대명사의 수식을 받는 관계로 번역해야 할 것이다. 우리말 개역 개정 번역(여자가 아들을 낳으니 이는 장차 철장으로 만국을 다스릴 남자라)은 문제가 있다. 문제의 핵심은 바로 아들과 남아를 5b절의 관계대명사로 분리해 놓아서 원문의 의도를 퇴색시켰다는 데에 있다. 곧 5b절 관계대명사절의 선행사를 '남아'에만 적용한 것이다. 그러나 이 두 단어가 모두 관계대명사절의 선행사이어야만 한다. 그리고 특별히 5b절에서 '포이마이네인'(ποιμαίνειν)은 시편 2편 9절을 배경으로 '깨뜨리다'로 번역한다. 이에 대한 자세한 설명은 주해 부분에서 하겠다.

그리고 6절에 다소 어색한 표현들이 사용된다. 번역에서 그러한 어색함을 굳이 피할 필요가 없다. 왜냐하면 어색함을 부드럽게 만들려고 하다 보면 그 어색함 속에서 드러내고자 하는 저자의 의도가 드러나지 못할 수 있기 때문이다. 이 본문에서 '에케이'(ἐκεῖ)라는 동사가 6b절와 6c절에서 두 번 반복 사용되고 장소를 의미하는 관계부사인 '오푸'(ὅπου)와 그리고 '장소'(τόπον, 토폰)라는 단어와도 중복된다. 이것은 여자가 피해 간 광야라는 장소를 강조하기 위한 것

10 D. Mathewson, *Verbal Aspect in the Book of Revelation: The Function of Greek Verb Tenses in John's Apocalypse,* Linguistic Biblical Studies 4 (Leiden: Brill, 2010), 84. 매튜슨은 이 외에도 현재형은 내러티브의 흐름 속에서 강조를 위해 사용되었다는 사실을 보여주는 구절들을 제시한다: 12:6, 14; 13:12-13; 16:14, 21; 19:15-16 (앞의 책).

11 BDAG, 482 (B. 2)

12 이에 대한 좀 더 자세한 설명은 12장 7c절에서 제시할 것이다.

13 D. E. Aune, *Revelation. 6-16,* WBC 52B (Dallas: Word, 1998), 687.

14 아르센(ἄρσεν)을 왜 '남아'로 번역했는지에 대해서는 주해적 작업과 겹치는 부분이 많이 있기 때문에 여기에서 논의하기 보다는 주해 과정에서 자세하게 논의하기로 한다.

이다. 따라서 비록 어색할 수는 있으나 문장의 이런 특징을 충분히 살리기 위해 생략 없이 번역하도록 한다.

그리고 6b에서 ἀπὸ τοῦ θεοῦ(아포 투 데우) 라는 문구의 전치사인 ἀπό(아포)는, "수단적으로"(instrumentally) 번역하는 것이 최선이나 또한 "하나님으로부터 기원된"이란 의미도 포함한다.[15] 찰스도 이 전치사가 요한계시록에서 수동태 동사와 함께 자주 사용되며(신약에서는 매우 드문 경우이지만) 수단의 의미를 갖는 '휘포'(ὑπό)와 동일한 의미로 간주한다.[16] 따라서 이 전치사를 수단의 의미로 간주하여 "하나님에 의하여"라고 번역하도록 한다. 6c절에서 동사로 사용된 '트레포신'(τρέφωσιν)의 주어는 3인칭 복수인데 이 문맥에서 이 주어가 가리키는 대상이 무엇인지 결정하기가 쉽지 않다. 여기에서 왜 3인칭 복수를 사용했는지에 대해서는 주해의 과정을 밝혀지겠지만 번역문에 이런 사실을 그대로 반영하여 '그들'이라는 주어를 사용한다.

이상의 내용을 근거로 우리말 어순에 맞추어 번역하면 다음과 같다.

1a 그리고 하늘에 큰 표적이 나타났다.
1b 해로 입혀진 한 여자가 있다.
1c 그리고 달이 그녀의 발 아래 있다.
1d 그리고 그녀의 머리 위에 열 두 별의 면류관이 있다.
2a 그리고 그녀는 잉태하였다.
2b 그리고 그녀는 해산의 고통으로 인하여 부르짖었다.
2c 그리고 그녀는 출산하기 위하여 고통을 받았다.
3a 그리고 하늘에 다른 표적이 나타났다.
3b 보라 큰 붉은 용이 있다.
3c 그 용은 일곱 머리와 열 뿔과
3d 그리고 그의 머리 위에 일곱 면류관을 가지고 있다.
4a 그리고 그 용의 뿌리는 하늘의 별들의 삼분의 일을 끌어 당겼다.
4b 그리고 그것들을 땅으로 던졌다.
4c 그리고 그 용은
4d 그 여자가 그녀의 자녀를 출산할 때 삼키기 위하여
4c 출산하려는 여자 앞에 나타났다.

15 G. K. Beale, *The Book of Revelation: A Commentary on the Greek Text,* NIGTC (Grand Rapids: Eerdmans, 1999), 642. BDAG에 의하면 이 전치사의 의미는 대부분 기원을 나타내 주는 의미를 가지나, 동시에 "원인, 수단"의 의미를 갖기도 한다(BDAG, 106[5]).

16 R. H. Charles, *A Critical and Exegetical Commentary on the Revelation of St. John* (Edinburgh: T & T Clark, 1920), 1:321.

5a 그 때 그 여자가
5b 철로 만든 막대기로 모든 나라를 깨뜨리게 될
5a 아들 곧 남아를 낳았다.
5c 그리고 그 여자의 아이는 하나님께로 그리고 그의 보좌로 취하여졌다.
6a 그러자 그 여자는
6c 거기에서 그들이 그녀를 1,260일 동안 양육하도록
6b 거기에서 그녀가 하나님에 의하여 준비된 장소를 가지게 된
6a 광야로 도망갔다.

본문 주해

[12:1–2] 여자에 대하여: 해와 달과 열두 별의 면류관

여자와 관련하여 '하늘에 큰 표적'(1a절)과 '해와 달과 열두 별'(1bcd절) 그리고 '면류관'(1d절)과 '출산'(2절)이라는 주제를 중심으로 논의하고자 한다.

하늘에 큰 표적(1a절) 먼저 1a절의 '표적'(σημεῖον, 세메이온)이란 단어는 요한계시록에 단수로는 세 번(12:1, 3; 15:1) 복수로는 네 번(13:3[x2]; 16:14; 19:20) 등장한다.[17] 이 표적의 기능은 "상징적 형태로 의사소통"(communication in symbolic form)하는 것이라고 할 수 있다.[18] 1장 1e절에서 같은 어근을 가지는 '에세마넨'(ἐσήμανεν>σημαίνω, 세마이노)라는 동사에 의해 요한계시록은 전체적으로 상징적 이미지를 통해 소통할 것이라는 사실을 시사한 바 있다.[19] 이런 점에서 "표적"은 상징적 표현과 매우 유사한 기능을 갖는다. 그러므로 이 문맥에서 표적이란 단어가 사용되고 있는 것은 여기에 표현된 내용이 상징적 표현으로서 어떤 사실을 알려 주기 위한 목적이 있음을 시사하고 있다. 따라서 이하의 본문을 이런 상징적 의미로 이해할 필요가 있다.

또 다른 측면에서 "표적"이란 단어는 "새로운 환상"(new vision)이 시작되었다는 것을 알려주는 표시로서 역할을 한다.[20] 실제로 12장은 새로운 환상의 시작을 보여준다. 그런데 70인역에서 '세메이온'은 히브리어의 '오트'(אות)를 번역한 것으로서 "천상적 현상"(예를 들면 창 1:14의 천체들이나 창 9:12의 무지개)이나 "땅

17 Aune, *Revelation 6-16*, 679.
18 C. R. Koester, *Revelation: A New Translation with Introduction and Commentary*, AB 38A (New Haven: Yale University Press, 2014), 541.
19 쾨스터가 이런 입장을 지지한다(위의 책).
20 W. J. Harrington, *Revelation*, SP (Collegeville, MN: Liturgical Press, 1993), 128.

에 주어진 하나님의 임재와 목적의 표시들(tokens)" (예를 들면 "애굽에서의 기적들"[출 7:3 등])을 나타낼 때 사용된다.[21] 요한계시록의 본문에서는 '하늘에'(ἐν τῷ οὐρανῷ, 엔 토 우라노)라는 문구에 의해 표적이 천상적 현상으로 나타나고 있다. 또한 이런 표적의 내용은 하나님의 목적을 나타내기 위해 주어지기도 한다. 유사한 맥락에서 "표적"이란 단어는 12:3과 15:1의 경우처럼 "절정을 향한 위대한 광경"(a great spectacle that points to the consummation)을 의미하기도 한다(참조 21:11, 25; 행 2:19).[22] 이와는 다른 측면에서 표적이란 단어는 사탄의 대리자들에 의해 시행된 "거짓된 기적들"(deceptive miracles)을 가리키기도 한다(13:13, 14; 16:14; 19:20).[23]

이런 의미 외에도 표적 앞에 "큰"(μέγα, 메가)이라는 형용사가 있어서 표적의 의미를 좀 더 숙고하게 한다. 왜 표적을 "큰 표적"이라고 표현했을까? 그것은 표적의 중요성을 강조하는 것으로 이해될 수 있다. 12장 3절과 15장 1절에서도 "표적"이란 단어가 사용되었는데 "표적"(σημεῖον, 세메이온)이란 문구에 의해 12장 1절의 표적과 관련될 뿐만 아니라, "다른"이란 단어에 의해 12장 3절과 15장 1절은 12장 1절과 서로 "연결되어"(connected) 있다.[24] 12장 1절은 "다른"이란 형용사를 사용한 12장 3절과 15장 1절과는 달리 "큰"이라는 형용사를 사용한다. 결국 12장 1절의 "큰 표적"이 상징적 표현을 통해 하나님의 뜻과 계획을 나타내는 데 결정적 역할을 하는 것으로 볼 수 있다.

해와 달과 열두 별(1bcd절) 1b절과 1c절 그리고 1d절은 서로 긴밀한 관계가 있다. 해를 입은 그 여자는 발 아래 달이 있고 그 머리에는 열 두 별의 면류관을 쓰고 있다. 먼저 해와 달과 별이 이 여자의 머리에서 발 끝까지 몸 전체를 둘러 싸고 있다. 아가서 6장 10절(아침 빛 같이 뚜렷하고 달같이 아름답고 해같이 맑고 깃발을 세운 군대 같이 당당한 여자가 누구인가')에서 한 여자의 아름다운 자태를 표현하는 데 해와 달이 사용된 것과 같은 패턴이 드러나 있다.[25] 그러나 이런 구성에서 단순히 여자의 아름다움을 표현하는 그 자체를 넘어서 좀 더 의미있는 저자의

21 H. B. Swete, *The Apocalypse of St John: The Greek Text with Introduction Notes and Indices*, CCGNT (New York: Macmillan, 1906), 144.
22 R. H. Mounce, *The Book of Revelation*, Rev. ed., NICNT (Grand Rapids: Eerdmans, 1997), 231.
23 앞의 책.
24 Aune, *Revelation 6-16*, 679. 이런 연결관계에 대해서는 마지막 본문인 15장 1절을 주해할 때 자세하게 논의할 것이다.
25 Beale, *The Book of Revelation*, 625.

의도가 감지된다.

(1)찬란한 여자의 모습이 의미하는 바는 무엇인가?
1b절에서 큰 표적의 첫 내용으로 '해로 입혀진 여자'를 소개한다. 그리고 1c절에서 여자의 발 아래 달이 있고 그리고 1d절에 머리 위에 열 두 별의 면류관이 있는 것으로 표현된다. 이런 모습의 여자가 의미하는 바는 무엇인가? 당연히 이것을 파악하는 것이 본문의 의미를 파악하는데 매우 중요하다. 먼저 여기에서 힌트를 얻을 수 있는 것은 면류관의 "열 둘"이라는 숫자이다. 성경에서 '열 둘'이란 숫자는 구약의 열두 지파와 신약의 열 두 사도를 연상시켜 주는 숫자이다. 구약의 열두 지파는 이스라엘을 구성하는 기초이고 신약의 열 두 사도는 신약의 교회 공동체를 구성하는 기초가 된다. 이런 관련성에 의해 "열둘"이란 숫자는 구약의 이스라엘이든 신약의 교회이든 하나님의 백성과 관련된 숫자임을 알 수 있다. 그런데 단지 이 본문에서 여자가 구약의 열 두 지파를 가리키는 것인지 아니면 신약의 열두 사도를 의미하는 것인지 이 문맥 안에서 결정하기는 쉽지 않다. 이것을 결정하기 위해 구약과 유대 문헌의 배경을 살펴 볼 필요가 있다.

(2)구약 및 유대적 배경(1)
구약 배경으로 창세기 37장 9-10절과 시편 104장 2절을 중심으로 살펴 보고, 유대 문헌 배경으로 필론의 꿈들에 대하여 2:113와 납달리의 유언서(Testament of Naphtali) 5:4-5 그리고 아브라함의 유언서(Testaments of Abraham B) 7:4-16를 중심으로 살펴 보겠다.[26] 이런 유대 문헌은 특별히 창세기 37장 9-10절과 밀접하게 관련되어 있으므로 창세기 37장 본문도 함께 논의한다.

먼저 살펴 볼 구약 배경으로서 창 37:9-10은 다음과 같다.

> [9]요셉이 다시 꿈을 꾸고 그의 형들에게 말하여 이르되 내가 또 꿈을 꾼즉 해와 달과 열한 별이 내게 절하더이다 하니라 [10]그가 그의 꿈을 아버지와 형들에게 말하매 아버지가 그를 꾸짖고 그에게 이르되 네가 꾼 꿈이 무엇이냐 나와 네 어머니와 네 형들이 참으로 가서 땅에 엎드려 네게 절하겠느냐

26 이 구약 및 유대 문헌들은 앞의 책(Beale, *The Book of Revelation*, 625)에서 참고하였다.

위의 창세기 본문에서 요셉은 해와 달과 열한 개의 별이 자신에게 절하는 꿈을 꾼다. 여기에서 해와 달과 열한 개의 별(좀 더 정확하게 말하면 열두 개의 별이라는 것이 조금 후에 밝혀진다)의 구성은 요한계시록 본문과 평행 관계다. 요셉의 꿈을 야곱이 해석하는 과정에서 해와 달과 열 두개의 별이 의미하는 것이 무엇인지 분명하게 밝혀진다. 여기에서 해는 요셉의 아버지 야곱을 의미하고 달은 어머니 라헬(레아)을 의미하며 열한 개의 별은 아버지 야곱과 그의 아내 사이에서 테어난, 요셉을 제외한 열한 명의 형제들을 의미한다.

요셉은 열한 명의 형제들에 속해 있으므로 요셉을 포함시키면 열두 개의 별이 된다. 이런 과정은 필론의 꿈들에 대하여(on Dreams) 2:113에 잘 나타나 있다.[27] 이 본문에 의하면 열한 개 별들의 경배를 받으면서 요셉은 자신을 열 두 번째 별로 등극시켜 열두 아들에 속한 자가 되게 한다.[28] 여기에서 열두 개의 별이 열두 명의 아들을 상징하는 것이 분명하다. 납달리의 유언서(Testament of Naphtali) 5:4-5에 의하면 레위가 해처럼 빛나게 되었을 때 열 두개의 종려 가지를 받고 유다가 달처럼 빛을 발하자 열 두 개의 빛이 그의 발 아래 머물게 되었다.[29] 여기에서 열두 개의 빛은 열두 개의 별을 가리키고 그리고 그 열두 개의 별은 열두 지파를 상징한다.[30] 이런 점에서 이 유대 문헌은 분명히 창 37:9-10을 연상시키고 있는 것이다.[31]

아브라함의 유언서(Testaments of Abraham B) 7:4-16도 이런 관점을 제공한다. 이 문헌에 의하면 이삭이 꿈을 꾸는데 그의 꿈의 내용을 아브라함에게 말한다. 이것은 창 37:9-10에서 요셉이 꾼 꿈을 아버지 야곱에게 말한 것과 같다. 이삭은 꿈에서 해와 달을 본다(아브라함의 유언서 B 7:4). 그리고 갑자기 등장한 거대한 사람이 이삭의 머리로부터 해를 취하고자 하였을 때, 이삭은 "나의 머리의 영광과 나의 집의 빛 그리고 모든 나의 영광을 없애지 말아 주십시오"라고 간청한다. 그리고 해와 달과 별들(여기에 처음으로 별들이 등장)도 슬퍼하며 말하기

---

27 앞의 책.

28 이 본문에서 필론은 요셉이 자신을 열두 아들에 속하도록 한 것은 "황도 십이궁(zodiac)의 온전한 원을 완성하기 위함"이라고 언급한다. 이에 대해 비일은 황도 십이궁이 "증가하는 행복의 원천(the source of increased welfare"인 것처럼 그렇게 별들과 이스라엘의 동일시하는 것은 그들이 "해로움으로부터 안전하며 완전하고 연합되었다"(보상과 징벌에 대하여 [*On Rewards and Punishments*], 65)는 것을 의미한다고 설명한다(Beale, *The Book of Revelation,* 625).

29 Charles, *A Critical and Exegetical Commentary on the Revelation of St. John,* 1:316.

30 앞의 책.

31 앞의 책.

를 "우리 능력의 영광을 없애지 말아 주십시오"라고 한다(아브라함의 유언서 B 7:8). 이런 일련의 대화에서 비일은 아브라함과 사라 그리고 그들의 자손을 해와 달과 별들로 묘사하고 있다는 사실을 발견한다.[32]

이상에서, 이스라엘 역사에서 야곱의 열두 아들이 가지는 신학적 의미가 적지 않다는 것을 알 수 있다. 바로 열두 아들은 이스라엘의 열두 지파의 시조가 되며 열두 지파는 이스라엘을 구성하는 근간이 된다. 그렇다면 창세기 37장 본문에서 해와 달과 열두 개의 별은 야곱과 그의 아내 사이에서 태어난 열두 명의 아들을 가리키고 이들은 구약의 이스라엘을 이루는 기초가 된다. 이런 사실을 요한계시록 본문에 적용하면 요한계시록 본문에서 여자의 머리에 있는 열두 별은 구약의 이스라엘을 가리키는 것이 분명하다. 이런 사실에 의해 그 열두 별의 면류관을 쓰고 있는 여자 역시 구약의 이스라엘을 의미하는 것으로 볼 수 있다.

(3)구약배경(2)

먼저 시편 104편 2절이 요한계시록 본문의 여자의 모습을 이해하는 데 도움을 준다.[33] 이 본문에서 "주께서 옷을 입음 같이 빛을 입으시며"라고 하는데 여기에서 '빛'은 '해'와 동일시 될 수 있으며 따라서 하나님을 해로 옷입은 이미지로 묘사하는 것으로 간주할 수 있다.[34] 이런 모습의 하나님은 "창조주이시며 왕"으로서[35] "위대함을 외부적으로 발산하신다(radiate) (딤전 6:16)."[36] 이것은 요한계시록 12장 1절의 여자의 모습을 연상시켜 주기에 충분하다.[37] 이런 하나님의 영광스런 모습은 하나님의 백성들과 공유된다.

이런 공유 관계를 잘 보여주고 있는 본문은 바로 이사야 60장 19–20절이다. 이사야 본문은 이런 빛의 의미를 좀 더 적극적으로 응용하여 하나님의 백성들에게 적용시키고 있다.[38]

---

32 Beale, *The Book of Revelation*, 625.
33 Koester, *Revelation*, 543.
34 M. J. Dahood, *Psalms III: 101-150*, AB 17A (New York: Doubleday, 1970), 34.
35 이 시편 본문은 2절 후반부의 "하늘을 휘장같이 치시며"라는 문구를 통해 창조주 하나님을 묘사하고 있다(F. Hossfeld and E. Zenger, *Psalms 3: A commentary on Psalms 101-150*, ed. Baltzer, K., trans. L. M. Maloney, Hermeneia [Minneapolis: Fortress, 2011], 49).
36 H. Kraus, *Psalms 60-150: A Commentary*, trans. H. C. Oswald (Minneapolis: Fortress, 1993), 299.
37 Dahood, *Psalms III*, 34.
38 Beale, *The Book of Revelation*, 626

> [19]다시는 낮에 해가 네 빛이 되지 아니하며 달도 네게 빛을 비취지 않을 것이요 오직 여호와가 네게 영영한 빛이 되며 네 하나님이 네 영광이 되리니 [20]다시는 네 해가 지지 아니하며 네 달이 물러가지 아니할 것은 여호와가 네 영영한 빛이 되고 네 슬픔의 날이 마칠 것임이니라

위 본문에서 '낮의 해'와 '밤의 달'의 빛에 비유되면서 동시에 그 영광을 능가하는 하나님의 영광이 하나님의 백성들에게 비춰질 것임을 말씀한다. 곧 영원히 빛나는 해와 달처럼 하나님의 영광은 하나님의 백성들에게 영원히 함께 하실 것이다. 이로써 요한계시록 12장 1절에 기록된 여자의 모습은 하나님의 영광이 충만히 반영된 모습이라는 것을 알 수 있다.

(4)정리

지금까지 논의한 사실에 근거해서 1bcd절의 해를 입고 발 아래 달이 있으며 열두 별의 면류관을 머리에 쓰고 있는 여자의 모습은 하나님의 영광스러움을 반영한 구약 이스라엘 백성을 상징하는 이미지라고 결론지을 수 있다.

면류관의 의미(1d절) 특별히 1d절에서 여자의 머리 위에 '열두 별'이 '면류관'과 함께 등장하고 있다는 점이 주목할 만하다. 여기에서 면류관은 '디아데마'와 구별되는 '스테파노스'로 나타난다. 6장 2절의 흰말 탄 자는 승리의 이미지로 '스테파노스'를 쓰고 있고 19장 11절의 흰 말 탄자는 통치의 이미지로 '디아데마'를 쓰고 있다.[39] 이 두 면류관을 표현하는 단어가 분명히 차이가 있지만 동시에 그 의미가 공유되는 경우도 있다. 그러나 이 두 본문에서 흰말 탄 자를 비교하는 맥락에서 제시된 것이기 때문에 이런 공통된 부분을 의도적으로 간과한 이유가 있다. 요한계시록 14장 14절에서 그리스도께서 스테파노스를 가지고 있는데 이 경우에 승리의 의미도 있지만 "그리스도의 통치"(14:14)를 나타내기도 하며 4장 4절과 10절에서 24장로가 머리에 '스테파노스'를 쓰고 있는데 보좌에 앉아 있는 24장로의 통치의 이미지로도 사용되기 때문이다.[40] 이것을 12장 1d의 스테파노스에 적용한다면 이 여자는 통치와 승리의 이미지를 동시에 보여주고 있다고 할 수 있다.

반면 구약 배경으로서 70인역 이사야 62장 3절, 5절에서 '스테파노스'가

39 이 비교에 대한 자세한 내용에 대해서는 본서 1권의 632-634쪽을 참조하라.
40 G. R. Osborne, *Revelation*, BECNT (Grand Rapids: Baker, 2002), 457.

사용되는데 이 이사야 본문은 하나님의 백성의 아름다움을 묘사하는 데 이 낱말을 사용한다.

> [3]너는 또 여호와의 손의 아름다운 면류관(στέφανος, 스테파노스), 네 하나님의 손의 왕관(διάδημα, 디아데마)이 될 것이라… [5]마치 청년이 처녀와 결혼함같이 네 아들들이 너를 취하겠고 신랑이 신부를 기뻐함같이 네 하나님이 너를 기뻐하시리라(사 62:3, 5)

이 이사야 본문의 3절은 이스라엘을 '여호와의 손의 아름다운 면류관(스테파노스)'과 '하나님의 손의 왕관'(디아데마)에 비유한다. 여기에 '스테파노스'와 '디아데마'가 함께 사용되고 있는 것이 특이하다. 앞에서 언급한 의미를 적용하면 승리와 통치의 특징을 지니는 것으로 간주할 수 있다. 그런데 여기에서 이 면류관을 머리에 가지고 있는 것이 아니라 "하나님의 손" 안에 있는 것으로 묘사하는 것은 "기쁨과 영광 그리고 아름다움의 대상"으로서 "값진 소유"라는 의미라는 것을 보여주기 위한 목적이 있는 것으로 보인다.[41] 덧붙여서 모든 위협으로부터 보호하신다는 의미도 있다.[42] 그리고 5절은 신랑이 기뻐하는 신부의 모습에 이스라엘을 비유한다. 이상에서 하나님의 손 안의 면류관이란 바로, 하나님의 백성의 아름다운 모습을 가진, 하나님의 소유로서 하나님의 보호를 받는다는 의미이다. 이런 의미를 요한계시록의 여자의 머리에 있는 면류관에 적용하면, 하나님의 아름다운 신부로서 아름다운 이스라엘이라는 의미로 볼 수 있다.

출산 모티브(2절) 다음 2절은 이 여자에 대해 좀 더 진전된 내용을 소개하는데, 그것은 바로 이 여자가 아이를 잉태하여 해산하게 되어 고통스럽게 부르짖고 있는 모습이다. 구약의 이스라엘 백성을 상징하는 이 여자가 아이를 잉태하고 해산하게 되었다는 정황은 매우 흥미로운 관점을 제공하고 있다. 2절은 출산이라는 한 가지 상황을 '잉태하고' '해산하는 것'과 그리고 '아파서 부르짖는' 세 개 행위로 나누어 표현한다. 이 세 행위는 구문상으로는 주절인 2b를 중심으로 2a와 2c가 분사 구문으로 구성되어 있다. 문장의 형태로는 2b에서 아파서 애써 부르짖는 모습이 중심 행위로 강조되고 있다고 볼 수 있다. 이를

41 J. N. Oswalt, *The Book of Isaiah, Chapters 40-66*, NICOT (Grand Rapids: Eerdmans, 1998), 580.
42 G. V. Smith, *Isaiah 40-66*, NAC 15B (Nashville: Broadman & Holman, 2009), 647.

통해 아이의 잉태와 해산이 고통 중에 이루어지고 있음을 알 수 있다. 그렇다면 이 해산 고통의 의미는 무엇인가?

이것을 이해하려면 구약을 배경으로 접근할 필요가 있다. 구약 배경으로 이사야 26장 17-18절을 들 수 있다. 이사야 26장 17절을 요한계시록 본문과 비교하면 다음과 같다.

계 12:2	사 26:17
2) a)그리고 그녀는 잉태하였다. b)그리고 그녀는 해산의 고통(ὠδίνουσα)으로 인하여 부르짖었다(κράζει). c)그리고 그녀는 출산하기(τεκεῖν) 위하여 고통을 받는다.	17)여호와여 잉태한 여인이 산기가(ὠδίνουσα … τεκεῖν) 임박하여 산고를(ὠδῖνι) 겪으며 부르짖음(ἐκέκραξεν) 같이 우리가 주의 앞에서 그와 같으니이다

이 표에서 먼저 사용된 언어를 중심으로 볼 때 이사야 26장 17절과 요한계시록 12장 2절과의 관련성이 명백해진다. 곧 '출산하다'(τίκτω, 티크토), "산고를 겪다"(ὠδίνω, 오디노) 그리고 "부르짖다"(κράζω, 크라조)라는 동사들이 공통적으로 쓰이고 있다. 먼저 이사야 본문은 잉태와 출산의 비유를 통해 당시 바벨론 포로와 같은 하나님의 여러가지 심판으로 말미암아 초토화된 이스라엘의 상황을 표현한다.[43] 곧 사 26:17의 전반부는 출산하는 여인의 고통을 묘사하고 후반부는 '우리가 주의 앞에 이러하니이다'라고 하여 바로 잉태하여 부르짖는 여자의 처절한 모습을 이스라엘 백성 자신들이 놓여 있는 곤란한 처지에 적용하고 있다. 이사야 본문은 또한 그러한 산기가 임박하여 구로하며 부르짖는 여인으로부터 태어날 아이를 통해 하나님의 심판 중에 태어날 새로운 이스라엘의 탄생을 기대한다. 이 사실이 요한계시록 본문에 적용되고 있다. 그것은 여자가 낳은 아이를 통해 새로운 이스라엘이 탄생할 것이라는 것이다.

그러나 이사야 26장 18절에 의하면 "잉태하고 산고를 당하였을지라도 바람을 낳은 것 같아서 땅에 구원을 베풀지 못하였다"고 한다. 여기에서 이사야 시대의 이스라엘 백성들은 온전한 성취 없이 새로운 출생을 위한 고통과 고뇌만 경험하고 있을 뿐이다.[44] "새로운 시대와 이스라엘에 의한 세상의 변혁에 대한 하나님의 모든 약속들"이 실현되지 않은 채 남아 있게 되는 것이다.[45] 이런 정황은 이스라엘에게 좌절스런 상황이 아닐 수 없다. 요한은 이사야의 시

43 J. N. Oswalt, *The Book of Isaiah, Chapters 1-39*, NICOT (Grand Rapids: Eerdmans, 1998), 484.
44 Smith, *Isaiah 40-66*, 647.
45 B. S. Childs, *Isaiah: A Commentary*, OTL (Louisville: Westminster John Knox, 2001), 191.

대의 바로 이런 절망에 반응한다. 성취되지 않은 채 남아 있는 있는 이사야 약속의 성취로서 요한계시록 12장에서는 출산이라는 주제를 통해 바람이 아닌 실제적인 성취의 결과를 설파하고자 한다. 곧 요한계시록 12장은 심판과 구원을 이루는 '아들'의 출생으로 이사야 시대가 경험했던 좌절과 긴장이 해소되었음을 선언한다.[46] 아들의 출생에 대한 구체적 내용은 5절에서 논의하겠다.

[12:3-4] 용에 대하여: 용이 아들을 삼키려고 하다

이처럼 여자와 관련되어 소개되는 큰 표적은 역시 그 반대 세력인 용에 대한 설명에도 적용되고 있다. 용에 대한 설명은 바로 이어지는 3-4절에서 주어진다. 먼저 요한은 1a절과 3a절에서 '하늘에 표적'이라는 문구를 반복 사용함으로써 여자와 용 사이에 평행적 관계를 설정하는데, 이런 관계에 의해 용은 여자에 "대응되는 표적"(countersign)으로 간주될 수 있다.[47] 3-4절에서 용에 대한 소개는 3-4a절과 4cd절로 나누어진다. 전자는 용의 능력과 권세에 대한 내용이고, 후자는 그러한 능력과 권세를 용이 행사하는 것을 기록한 내용이다.

용의 능력과 권세(3-4ab절) 용의 능력과 권세와 관련해서 먼저 구약 배경을 소개하고 그리고 '일곱 머리와 열 뿔'(3c절)과 하늘의 별 삼분의 일을 땅으로 던지는 행위(4ab절)에 대해 살펴 보고자 한다.

(1)용에 대한 구약 용례

살펴 볼 구약 본문은 시편 74장 13-14절, 이사야 51장 9-10절 그리고 에스겔 29장과 3절과 32장 2절이다.

(ㄱ)시편 74장 13-14절(이사야 27장 1절)

먼저 살펴 볼 구약 본문은 시편 74편 13-14절이다.[48]

> 13)주께서 주의 능력으로 바다를 나누시고 물 가운데(עַל־הַמָּיִם, 알 하마임; 직역하면 '물 위에') 용들('(תַּנִּינִים, 타니님>תַּנִּין, 타닌)의 머리를 깨뜨리셨으

---

46 J. Fekkes, *Isaiah and Prophetic Traditions in the Book of Revelation: Visionary Antecedents and Their Development*, JSNTSup 93 (Sheffield: Sheffield Academic, 1994), 182.

47 B. K. Blount, *Revelation: A Commentary*, NTL (Louisville: Westminster John Knox, 2013), 228.

48 Koester, *Revelation*, 544.

며 [14]리워야단(לִוְיָתָן)의 머리를 부수시고 그것을 사막에 사는 자에게 음식 물로 주셨으며

본문은 과거시제 동사로 과거의 사건을 서술하는 내용임을 알 수 있다. 그 과거 사건으로 두 가지를 생각해 볼 수 있는데 그것은 창조 사건과 출애굽의 홍해 사건이다.[49] 먼저 창조 사건과 관련하여 생각해 본다. 본문의 13절의 '타니님'(תַּנִּינִים, 타니님>תַּנִּין, 타닌)과 14절의 '리워야탄'(לִוְיָתָן)을 70인역에서 모두 '용'이라는 의미의 '드라콘'(δράκων)이라고 번역한다. 여기에서 '리워야탄'은 "창조의 시작 때에 여호와에 의해 제압된 원시적 용들(primeval dragons)의 이름들 중의 하나"이다.[50]

이런 맥락에서 창 1:2에서 "하나님의 영이 물 위에(עַל־פְּנֵי הַמָּיִם, 알 프네 하마임) 운행하시다"는 시편 7장 13절의 '물 위에'(עַל־הַמָּיִם, 알-하마임)와 평행되고 이런 평행관계에 의해 시편 74장 13절은 창세기 1장 2절의 정황을 좀 더 구체적으로 재해석 설명하고 있다고 볼 수 있다. 곧 창세기 1장 2절에서 하나님의 영이 물 위를 운행하실 때 '타니님'을 제압한 것으로 이해할 수 있는 것이다. 그리고 "주의 능력으로 바다(יָם, 얌)를 나누셨다"는 문구는 창조의 두 번째 날(창 1:6-8)에 궁창 위의 물과 궁창 아래의 물로 나누게 되는 정황을 표현해 주고 있으며[51] 그리고 "용들(타니님)의 머리를 깨뜨리셨다"는 것은 다섯 째 날(창 1:20-23)에 궁창 아래의 물을 한 곳으로 모아 바다를 만들어 그곳에 '타니님'(הַתַּנִּינִם)을 가두어 질서의 상태를 조성하게 되는 것을 의미할 수 있다(참조 창 1:15a).[52] 따라서 용들은 "신적 통제를 필요로 하는 혼돈의 세력"(욥 7:12; 26:13; 41:1; 겔 32:2 [70인역])이라고 규정할 수 있으며[53] 결국 위의 시편 말씀에 의하면 이런 혼돈 세력의 근원을 하나님께서 패퇴시키신 것이다.

또한 역사적 사건과 관련하여 생각해 보면 "주의 능력으로 바다를 나누시고"라는 문구를 출애굽 때에 홍해 사건을 가리키는 것으로 볼 수도 있다.[54] 그렇다면 "용들의 머리를 깨뜨리신 것"은 "여호와와 바로 왕 사이"의 전쟁의 정

49 호스펠트와 젱거는 이것을 "창조 신학"(Creation theology)과 "역사의 신학"(theology of history)으로 구분한다. F. Hossfeld and E. Zenger, *Psalms 2: a commentary on Psalms 51-100,* ed. K. Baltzer, trans. L. M Maloney, Hermeneia (Minneapolis: Fortress, 2011), 248.

50 M. J. Dahood, *Psalms II: 51-100*, AB 17 (New York: Doubleday, 1970), 206.

51 Hossfeld and Zenger, *Psalms 3*, 248.

52 앞의 책.

53 Koester, *Revelation*, 544.

54 Hossfeld and Zenger, *Psalms 3*, 248; Oswalt, *The Book of Isaiah 1-39*, 491.

황으로서[55] 애굽 병사들을 홍해 바다가에 수장시켜 심판하신 현장에 대한 극적 표현이라고 할 수 있다. 따라서 창조 때에 원시적 용들을 제압하신 그 능력으로 홍해 사건에서 애굽 군대를 멸절시킴으로 창조 회복의 역사를 일으킨 것을 같은 맥락에서 볼 수 있다.

이와 유사한 장면은 이사야 27:1에도 나타난다.

> 그 날에 여호와께서 그의 견고하고 크고 강한 칼로 날랜 뱀 리워야단 곧 꼬불꼬불한 뱀 리워야단을 벌하시며 바다에 있는 용을 죽이시리라

이 인용문의 "종말적 형식"(eschatological formula)을 나타내는 "그 날에"(τῇ ἡμέρᾳ ἐκείνῃ, 테 메라 에케이네)라는 문구에[56] 의해 이 인용문은 출애굽과 같은 과거의 역사를 재해석하는 시편 74장 13–14절과는 달리, 미래적 종말의 시대에 일어날 내용을 서술한다는 것을 알 수 있다.[57] 좀 더 구체적으로 말하면 종말에 "신적 통치의 새로운 시대의 묵시적 약속"은 원시적 뱀 리워야단을 벌하시고 용을 죽임으로 성취될 것이다.[58] 시편 74편의 본문처럼 용(뱀)과 리워야단이 하나의 짝으로 등장하고 하나님은 이 두 대상을 철저하게 심판하시는 장면이 연출된다. 시편 74장 13–14절과 차이는 창초 때와 홍해에서 제압 당했던 용이 종말 성취의 시대에 다시 등장하여 최종적인 심판을 받을 것이라는 점이다.

이처럼 용과 리워야단이 재등장하는 의미가 무엇인가? 이 문제를 해결하는 것이 이 요한계시록 본문을 이해하는 데 매우 중요하다.

(ㄴ)이사야 51장 9-10절

두 번째로 살펴 볼 구약 본문은 이사야 51장 9–10절인데 여기에서 용은 일차적으로 애굽 혹은 애굽 왕 바로를 가리킨다.[59]

> [9]여호와의 팔이여 깨소서 깨소서 능력을 베푸소서 옛날 옛시대에(처럼, ὡς, 호스) 깨신 것같이 하소서 라합을 저미시고 용(תַּנִּין, 타닌)을 찌르신 이가 어찌 주가 아니시며 [10]바다를, 넓고 깊은 물을 말리시고 바다 깊은 곳에 길을 내어 구속 받은 자들을 건너게 하신 이가 어찌 주가 아니시니이까(사 51:9–10)

---

55 Oswalt, *The Book of Isaiah 1-39*, 491.
56 Childs, *Isaiah*, 196.
57 Oswalt, *The Book of Isaiah 1-39*, 491.
58 Childs, *Isaiah*, 197.
59 Beale, *The Book of Revelation*, 632

먼저 위 인용문의 9절에서 두 가지 등장 인물을 주목할 필요가 있다. 첫째는 라합이고 둘째는 용이다. 먼저 라합은 구약의 시편 89장 11절과 욥기 9장 13절 그리고 26장 12절에 등장하는 "신화적 이름"(mythological name)으로서[60] "얌(יָם), 바다 그리고 바다 뱀(Sea Serpent)과 관련된 위험한 물, 대양적인 요소(oceanic element)"(욥 26:12-13; 시 89:11)를 나타낸다.[61] 그리고 용은 '타닌'으로서 시 74:13의 용과 동일한 단어이며 "원시적 바다에서 부지런히 활동했던 신화적 괴물의 구현"으로 이해할 수 있다.[62] 이런 이해는 앞서 논의한 시 74:13의 용의 경우와 비슷하다. 이처럼 원시적 바다에서 혼돈의 정황을 야기했던 용(혹은 용들)은 다섯째 날에 바다에 갇히게 되어 창조 질서를 방해하지 못하게 된다.[63] 이런 점에서 창조는 "혼돈의 세력"을 극복한 사건으로 이해할 수 있다.[64] 이런 이미지들은 단순히 "신화적"이거나 "시적"인 표현의 차원이 아니라 시편과 같은 곳에서 시인들의 일상의 삶에 깊이 관여하여 창조 질서를 파괴하는 적대적 세력을 표현하는 데 사용된다는 점에서 매우 중요하게 다룰 필요가 있다.[65] 이런 원시적 바다에서 활동하다가 다섯 째 날에 바다에 갇히게 된 두 개의 괴물은 타락 이후에 재등장하면서 넓게는 인간의 삶에 좁게는 성도의 삶에 갈등과 긴장을 야기하는 세력으로 활동하는 것으로 묘사되고 있다.

위의 인용문에서 이사야는 여호와 하나님께 라합과 용을 심판하여 멸망시켜 주실 것을 간구한다. 그런데 그 간구의 근거는 51장 9절에서 "옛날 옛시대에처럼(ὡς, 호스)"이라고 하여 원시적 바다에서 무질서를 야기했던 신화적 괴물로서 "용" 혹은 "라합"을 다섯째 날에 바다에 가두었던 사건과 출애굽의 홍해 사건을 떠올리고 있다. 여기에서 창조 때에 혼돈과 공허의 무질서를 통제

60 J. L. McKenzie, *Second Isaiah: Introduction, Translation, and Notes*, AB 20 (New Haven: Yale University Press, 2008), 123.

61 J. Blenkinsopp, *Isaiah 40-55: A New Translation with Introduction and Commentary*, AB 19A (New Haven: Yale University Press, 2008), 332.

62 앞의 책.

63 블렌킨솝은 이렇게 존재하는 용을 "히브리적 용"(Hebrew dragon)이라고 규정하고 다섯째 날에 하나님에 의해 창조되었다고 설명한다(앞의 책). 그러나 원시적 바다에서 활동했다면 다섯째 날에 새롭게 창조되었다기 보다는 바다 위를 운행하시는 하나님의 신에 의해 제압되어 다섯째 날에 바다에 갇히도록 했다고 보는 것이 자연스러울 것이다. 블렌킨솝은 같은 책 333쪽에서 다섯 째 날에 용에 의해 야기되는 "무질서의 제거"(annihilation)가 아니라 그 용을 "가둠(confining)"을 통해 창조의 질서를 세워가신다고 서술하기도 한다(앞의 책, 333).

64 Childs, *Isaiah*, 403.

65 Blenkinsopp, *Isaiah 40–55*, 332-333.

하는 갈등과 긴장이 "정치적 영역"에 적용되어 쓰이는 양상을 보여준다.[66] 14절에 의하면 바다(יָם, 얌)를 '넓고 깊은 물'(מֵי תְּהוֹם רַבָּה, 메 테홈 라바)로 표현하고 하나님께서 이 물을 말리셨을 뿐만 아니라 길을 내어 구속받은 자들을 건너게 하셨다고 한다. 이것은 창세기 1장 2절의 원시적 바다(깊음)에서 야기되었던 혼돈과 공허의 세력을 제압하시고 창조 질서를 이루어 내셨던 창조 사건이 출애굽의 홍해 사건의 맥락에서 재해석 되고 있는 것이다.[67] 여기에서 '넓고 깊은 물'은 히브리어 본문을 직역하면 "넓은 깊음의 물"이라 할 수 있고 70인 역 본문을 직역하면 "깊음의 넓은 물"(ὕδωρ ἀβύσσου πλῆθος)이라고 할 수 있다. 전자는 깊음이 넓은 것이고 후자는 물이 넓은 것이다. 여기에서 '깊음'이란 단어가 히브리어로는 '테홈'이고 70인역에는 '아뷔쏘스'가 사용되었다. 이 두 단어는 모두 창세기 1장 2절에서 히브리어 본문과 70인역에서 사용되고 있다. 이런 사실에 의해 출애굽의 홍해 사건과 창세기 1장 2절의 혼돈과 공허의 원시적 상태가 교차하고 있다는 것을 알 수 있다. 이런 관계는 원시적 바다에서 활동했던 혼돈과 공허라는 무질서를 야기했던 라합과 용이 이스라엘을 핍박하는 애굽의 바로 왕으로 재현된 것으로 볼 수 있다.

이상의 내용은 이사야의 시점에서 보면 "옛날 옛시대"(사 51:9)의 사건이다. 이사야는 바로 "옛날 옛시대"의 사건에 근거하여 새출애굽이라고 할 수 있는 바벨론 포로 해방을 노래한다(사 51:11). 여기에서 창조와 출애굽 사건과 그리고 바벨론 포로 해방을 의미하는 새출애굽 사건이 서로 분리되지 않고 연결되어 창조(에덴) 회복이라는 하나의 목적을 향하여 나아간다.[68] 그리고 용과 라합은 하나님의 창조 회복을 반대하는 악의 세력으로서 바벨론 포로 해방을 위해서 반드시 제압되어야 하는 악의 세력에 대한 전형으로 등장한다.

(ㄷ)에스겔 29장 3절과 32장 2절

다음은 에스겔 29장과 3절과 32장 2절을 통해 지금까지 말한 내용들을 좀 다른 각도에서 살펴보고자 한다.[69]

---

66 앞의 책, 333.
67 Childs, *Isaiah*, 403.
68 앞의 책.
69 Beale, *The Book of Revelation*, 632.

> [3]너는 말하여 이르기를 주 여호와의 말씀에 애굽 왕 바로야 내가 너를 대적하노라 너는 자기의 강들 중에 누운 큰 악어(הַתַּנִּים, 하타님: 70인역 δράκων [드라콘])이라 스스로 이르기를 내 이 강은 내 것이라 내가 나를 위하여 만들었다 하는도다(겔 29:3)

> [2]인자야 너는 애굽 왕 바로에 대하여 슬픈 노래를 불러 그에게 이르라 너를 여러나라에서 사자로 생각하였더니 실상은 바다 가운데의 큰 악어(כַּתַּנִּים, 카타님, 직역하면 '용같다'; 70인역, δράκων [드라콘])라 강에서 튀어 일어나 발로 물을 휘저어 그 강을 더럽혔도다(겔 32:2)

위 본문에서 우리말 번역의 악어는 '타님'으로서 시편 74장 13절과 이사야 51장 9절의 경우와 동일한 단어이므로 '용'으로 번역되어야 한다. 위 두 본문의 공통점은 '용'을 애굽의 바로 왕과 동일시하고 있다는 것이다. 여기에서 타님은 앞서 살펴 본 본문에서 라합이나 리워야단(혹은 리바이어단)과 함께 바다 괴물로서 원시적 바다에서 혼돈과 공허의 무질서를 야기했고 창조 질서 안에서 바다에 갇혀 있게 되었다가 타락 후에 깨진 질서의 틈을 타서 인간과 성도를 괴롭히는 악의 세력의 근원으로 언급된다. 위의 에스겔 본문에 의하면 원시적 바다에서부터 있어 왔던 이런 무질서의 세력은 애굽의 바로 왕을 통해 구현되고 있다. 이런 점에서 애굽의 바로 왕은 하나님의 창조 질서 회복을 반대하는 "혼돈의 신화적 능력이라는 특징"을 공유하며 그 세력의 역할을 이어가고 있는 것이라고 할 수 있다.[70]

(ㄹ)정리 및 구약 배경의 요한계시록 적용

앞서 시 74:13-14과 이사야 51장 9-10절 그리고 에스겔 29장과 3절과 32장 2절을 살펴 보았다. 이 본문들에서 용은, 원시적 바다에서 혼돈과 공허의 무질서를 야기하는 활동을 하다가, 창조의 다섯 째 날에 바다에 갇히었다가, 인간의 타락 후 이 세상에서 혼돈과 공허를 통해 하나님의 백성에게 고통을 가져다 주는 대적 세력으로 다시 등장한다. 특별히 출애굽 시대 애굽의 바로 왕을 통해, 그리고 종말의 시대에 사탄을 상징하는 용의 형태로 등장하여 혼돈과 공허의 무질서를 야기하는 행위를 일삼는다. 그것이 구체적으로 무엇인지 이어지는 내용에서 좀 더 자세하게 알 수 있을 것이다.

용의 모습에 대한 이러한 묘사의 출처를 고대 근동의 여러 신화적 기록으

---

70 W. Eichrodt, *Ezekiel: A Commentary*, trans. C. Quin, OTL (Philadelphia: Westminster, 1970), 403.

로 이해하려는 시도가 있지만, 이런 묘사의 가장 강력한 배경이 되는 것은 바로 구약 성경과 유대적 전승이라고 할 수 있다. 설사 성경 외적인, 고대 근동의 신화적인 요소가 영향을 미쳤다고 하더라도 구약 성경과 유대적 전승이 그 자료들을 거르거나 적절하게 조합하는 일종의 "필터"(filter) 역할을 했을 것이라고 생각할 수 있다.[71] 또한 하나의 신화적 자료에만 의존하지 않고 여러 가지 자료를 조합하여 결국에는 요한의 독특한 상징적 이미지를 만들어 내고 있다고 볼 수 있다.[72] 그러므로 용의 이미지는 구약 본문의 등장 인물을 설정하여 "그의 독자들이 처한 환경 속에서의 핵심적인 상징주의"를 활용하여 "새로운 상상의 세계"(new imaginative life)를 창출하는 요한의 능력을 보여 주는 대표적인 예라고 할 수 있다.[73]

(2)일곱 머리와 열 뿔(3c)

3b에 의하면 이 용을 묘사하기를 '큰 붉은 용'이라고 하고 '일곱 머리'와 '열 뿔'을 가지고 있다고 한다. 먼저 용이 일곱 머리를 가지고 있다는 것은 시편 74편 13-14절에서 용 혹은 리바이어단(개역 개정에는 '악어'라고 번역)이 머리의 숫자는 명시하지 않은채 여러 머리를 가지고 있다고 언급한 것과 관련된다.[74] 반면 유대 문헌과 영지주의적 문헌에서는 용이 아니라 뱀이 일곱의 머리를 가지고 있다고 기록하는 경우도 있다(b. Kidd. 29b; Pistis Sophia 66; 67; ApocrJn[CG 2,2] 11:30-31; 참조 아브라함의 유언 A 17:14; 19:5, 7).[75] 이것을 참조로 하여 시 74편 13-14절의 리워야단이나 용도 일곱 머리를 가지고 있는 것으로 간주되었을 가능성이 충분히 있다.[76] 바로 요한계시록에서 용이 시편 74장 13-14절을 배경으로 한다면 일곱 머리를 가지고 있다는 것도 또한 이 시편 본문을 배경으로 한다고 볼 수 있다.

더 나아가서 일곱 머리와 열개의 뿔이라는 표현은 다니엘 7장 6-7절,

71 Beale, *The Book of Revelation, 634.* 보쿰은 어떠한 신화적 자료도 "구약 본문의 주해"와 독립적으로 존재하는 것이 거의 없다고 단언한다. 곧 중간기 시대의 유대 문헌에서 리바이어단도 "구약 본문의 해석"으로 이해될 수 있다(Bauckham, *The Climax of Prophecy,* 189).

72 Bauckham, *The Climax of Prophecy*, 198.

73 앞의 책.

74 앞의 책, 188.

75 앞의 책.

76 앞의 책.

19–20절의 네 짐승을 배경으로 한다.[77] 먼저 7장 7절과 19–20절에 의하면 네째 짐승이 열 개의 뿔을 가지고 있다고 한다.

> 내가 밤 환상 가운데에 그 다음에 본 넷째 짐승은 무섭고 놀라우며 또 매우 강하며 또 쇠로 된 큰 이가 있어서 먹고 부서뜨리고 그 나머지를 발로 밟았으며 이 짐승은 전의 모든 짐승과 다르고 또 열 뿔이 있더라(단 7:7)
>
> 19)이에 내가 넷째 짐승에 관하여 확실히 알고자 하였으니 곧 그것은 모든 짐승과 달라서 심히 무섭더라 그 이는 쇠요 그 발톱은 놋이니 먹고 부서뜨리고 나머지는 발로 밟았으며 20)또 그것의 머리에는 열 뿔이 있고 그 외에 또 다른 뿔이 나오매 세 뿔이 그 앞에서 빠졌으며 그 뿔에는 눈도 있고 큰 말을 하는 입도 있고 그 모양이 그의 동류보다 커 보이더라(단 7:19–20)

이 본문에 의하면 매우 공포스런 모습을 가지고 있는 넷째 짐승이 열 개의 뿔을 가지고 있는 모습이 나타난다. 다른 나머지 세 짐승은 뿔을 가지고 있다는 언급이 없으므로 네 짐승의 뿔을 모두 합하면 열 개의 뿔이 된다. 또한 다니엘서 7:6에서는 네 짐승 중에 셋째 짐승이 네 개의 머리를 가지고 있다고 하여 각각 머리를 하나씩 가지고 있는 나머지 세 짐승의 머리의 수를 합하면 일곱 머리가 된다.[78] 그러므로 일곱 머리와 열 개의 뿔은 다니엘서 7장에 등장하는 네 마리 짐승을 연상시키기 위한 의사소통의 한 방법이라고 볼 수 있다.

다니엘 7장 3절에서 바다로부터 올라오는 네 짐승은 "궁극적으로는" 가나안 전승에 기원을 두고 있지만 앞서 언급한 시편 74편 13–14절과 이사야 27장 1절 그리고 51장 9–11절과 같은 성경적 전승에서 재해석되어 등장하는 용들 혹은 바다의 괴물들과의 관련성에 의해 재조명될 필요가 있다.[79] 다니엘 7장에 등장하는 네 생물은 성도들을 핍박하는 악의 세력이다. 그 악의 세력은 창조 때와 출애굽의 홍해 사건에서처럼 심판을 받아 멸절되어야 하는 대상이다. 요한은 일곱 머리와 열 뿔 이미지를 통해 다니엘 7장의 네 생물을 요한계시록 12장 1절의 용에 적용하여 성도를 핍박하는 악의 세력으로 심판의 대상이며 패배할 수 밖에 없는 존재임을 확고하게 한다.

이 외에도 고대 사회에서 '뿔'은 권세와 능력을 나타내고 있다는 것을 주목

77 Koester, *Revelation*, 545.
78 앞의 책.
79 J. J. Collins, *Daniel: A Commentary on the Book of Daniel*, Hermeneia, ed. F. M. Cross (Minneapolis: Fortress, 1993), 331.

할 필요가 있다.[80] 그러므로 이 용이 가지고 있는 열 뿔은 바로 이 용이 큰 권세와 능력을 가지고 있음을 상징한다.[81] 용의 일곱 머리에 일곱 면류관(디아데마)은 하나님의 주권에 대한 모방으로서 "권세와 통치"를 의미한다.[82] 또한 이 일곱 면류관은 19장 12절에서 그리스도에게 주어진 면류관(디아데마)에 대한 모방이며 이것도 역시 일곱 머리의 상징적 의미와 맥을 같이 하고 있다. 곧 사탄의 역량은 철저하게 하나님과 그리스도의 그것을 모방하고 있을 뿐이다.

(3)하늘의 별들 삼분의 일을 땅으로 던지다(4ab)

이 문구는 용이 '하늘의 별들'을 대한 공격하는 내용을 서술한다. 이 문구를 이해하기 위해서는 구약 배경을 관찰할 것이 필요가 있다. 그러므로 먼저 구약 배경을 간단하게 관찰한 후에, 그것을 요한계시록 본문에 적용해 보도록 한다.

(ㄱ)구약 배경

4a절에서 용의 꼬리로 별 삼분의 일을 끌어다가 땅에 던지는 모습이 나타난다. 이것은 바로 3bc절에서 용이 가지고 있는 큰 능력을 가시적으로 보여 주는 역할을 한다. 그러나 이런 내용은 단순히 용의 능력을 과시하는 차원에 머물지 않는다. 이 말씀은 다니엘 8장 10을 배경으로 한다.[83]

> 그것이 하늘 군대에 미칠 만큼 커져서 그 군대와 별 중에 몇을 땅에 떨어뜨리고 그것들을 짓밟고(단 8:10)

이 다니엘 본문에서 주어인 '그것'은 다니엘 8장 9절의 '작은 뿔'을 가리키는데, 이 작은 뿔은 다니엘 7장의 작은 뿔에서 연유한 것이다.[84] 다니엘 7장에서 네 짐승 중 네 째 짐승의 열 뿔 사이에 작은 뿔이 나오는데 바로 이 작은 뿔이 안티오쿠스 4세를 가리킨다.[85] 따라서 다니엘 8장 10절은 안티오쿠스 4세의

---

80 Osborne, *Revelation*, 460.

81 M. G. Reddish, *Revelation*, SHBC (Macon, GA: Smyth & Helwys, 2001), 234.

82 앞의 책.

83 Blount, *Revelation*, 230.

84 Collins, *Daniel*, 331.

85 L. F. Hartman and A. A. Di Lella, The Book of Daniel, AB 23 (Garden City, NY: Doubleday, 1978), 235; C. A. Newsom, *Daniel: A Commentary,* OTL (Louisville: Westminster John Knox, 2014), 225. 뉴썸에 의하면 다니엘 7장에서 작은 뿔에 의해 한 때 두 때 반 때 동안 자행되는 "지극히 높으신 이를 말로 대적하며 또 지극히 높으신 이의 성도들을 괴롭게 하고 또 때와 법을 고치는 행위들"(7:25)과 같은 내용은 모두 기원전 167-164년에 안티오쿠스 4세에 의해 벌어졌던 핍박의 시대를 가리키고 있다(앞의 책).

적대적 행위를 묘사하는 내용이라고 할 수 있다.

위 본문에서 "하늘 군대"(צְבָא הַשָּׁמַיִם, 체바 하샤마임)는 "별과 천상적 존재"(heavenly beings)를 포함한다.[86] 그러므로 하늘 군대는 좀 더 큰 범위이고 그 범위 안에 '별'이 포함되는 것이다. 이런 하늘 군대와 별들은 인간의 무리와 대조되는 것으로서 "영적 존재"(spiritual beings)가 아니라 지상의 이스라엘 성도들에 상응하는 "천상적 존재들"(heavenly beings)"이라고 할 수 있다.[87] 이런 하늘과 지상의 유기적 관계에 의해 이 본문에서 특별히 별 중 몇을 땅에 떨어 뜨리는 행위는 안티오쿠스 4세가 지상에 존재하는 성도를 핍박하는 행위에 대한 천상적 관점의 표현이라고 할 수 있다.[88] 반대로 말하면 안티오쿠스 4세가 지상 곧 예루살렘에서 성전을 더럽히고 이스라엘 백성을 핍박하는 행위는 하늘의 군대와 별들을 땅에 떨어 뜨리는 양상으로 인식된다는 것이다.[89]

다니엘 8장 10절에서 하늘의 별들이 땅에 떨어져 짓밟히는 장면은 바로 대적자에 의해 고난 당하는 이스라엘 백성들을 상징적으로 보여 주고 있는데 이런 내용은 다니엘 11장 35절을 통해 좀 더 잘 이해될 수 있다.

> 또 그들 중 지혜로운 자 몇 사람이 쇠패하여 무리로 연단되며 정결케 되며 희게 되어 마지막 때까지 이르게 하리니 이는 작정된 기한이 있음이니라(단 11:35)

이 본문에서 지혜로운 자 몇 사람은 단 8:10의 '별 중에 몇'과 평행을 이루며 바로 이러한 한 무리의 의인들이 쇠패하여 연단되고 정결케 될 것을 말한다. 여기에서 성도들의 고난은 결국 연단과 정결이라는 결과를 초래한다는 것을 말하고 있다.

다니엘 7장에 나오는 네 짐승의 일곱 머리와 열 뿔은 요한계시록 12장의 용의 일곱 머리와 열 뿔의 배경이라고 언급한 바 있다. 이런 점에서 다니엘 7장의 네 짐승 중 네째 짐승의 작은 뿔에서 연유된 다니엘 8장 10절의 작은 뿔,

---

86 Collins, *Daniel*, 331.

87 A. Lacocque, *The Book of Daniel,* trans. D. Pellauer (Atlanta: John Knox, 1979), 161. 비일은 다니엘 12장 3절에 근거하여 별들이 성도들 자체를 의미할 수도 있다고 주장하는데(Beale, *The Book of Revelation,* 635), 골딩게이는 12장 3절에서 성도들을 별에 비유한 것은 단순히 비유일 뿐 그 별들이 성도들을 의미하는 것이 아니라고 반박한다(J. Goldingay, *Daniel,* WBC 30 [Dallas: Word Books, 1989], 308). 요한계시록 내에서도 별은 성도를 가리키는 것이 아니라 천사를 가리키는 것으로 나타난다(참조 1:20)(Koester, *Revelation,* 546).

88 Lacocque, *The Book of Daniel*, 162.

89 Newsom, *Daniel*, 263.

안티오쿠스 4세가 하늘의 별들 중에 얼마를 땅에 떨어 뜨린 것은 요한계시록 12장 4절에서 용이 하늘의 별 삼분의 일을 땅에 떨어 뜨린 것의 배경으로 이해하기에 충분하다.

(ㄴ)요한계시록 본문에 적용

요한은 이런 다니엘서의 관점을 12장 본문에 적용한다. 먼저 다니엘서를 배경으로 볼 때 4a절에서 용의 꼬리로 하늘의 별 삼분의 일을 땅에 던졌다는 것을 사탄이 천사의 타락을 주도하여 하나님을 대적한 사건으로 이해하는 것은 적절하지 않다.[90] 왜냐하면 4a절과 4b절에서 '끌어다가'와 '던지다'라는 동사가 사용되는데 이 두 동사는 사탄의 동류인 타락한 천사들에게 사용될 수 있는 성격의 동사가 아니며 도리어 사탄에 적대적인 상대를 향하여 행사될 수 있는 적대 행위를 나타내기 때문이다. 곧 끌어다가 던지는 용의 행위는 그의 적대적 세력인 교회 공동체에 대한 적대적 행위인 것이다. 다니엘서의 안티오쿠스 4세가 사탄을 상징하는 용으로 대체되어 나타나는 것이다. 이 두 캐릭터는 무질서의 화신이라는 점에서 공통점이 있다. 그렇다면 결국 이러한 행위는 바로 용과 하나님의 백성간에 영적 전쟁이 발생함을 암시한다. 물론 이러한 상황은 이 본문의 문맥 안에서 직접적으로 발생하지는 않고 나중에 13-17절에서 발생하는 것으로 기록되고 있다. 따라서 이 본문의 이러한 갈등과 긴장은 본격적인 사건의 진행이 아니라 일종의 예고편이라고 할 수 있다. 그러므로 이 문구는 용과 여자 곧 사탄과 하나님의 백성 사이의 영전 전투를 예고하고 있다. 이어지는 본문에서 좀 더 구체적인 행위들이 밝혀질 것이다.

(ㄷ)꼬리와 삼분의 일(4ab)

끝으로 용이 그의 꼬리로 별들의 삼분의 일을 땅으로 던진다(4ab). 먼저 꼬리와 관련하여 9장 10절의 황충들이 가지고 있는 마귀적 속성의 전갈과 같은 꼬리와, 9장 19절의 말들의 뱀같은 꼬리, 전갈과 뱀같은 꼬리에서 언급된 바 있는데, 이런 특징을 용의 꼬리에도 적용할 수 있을 것이다.[91] 또한 여기에서 사용

---

90 Mounce, *The Book of Revelation*, 233. 스웻은 초기 해석자들이 이 정황을 천사들의 타락 사건으로 해석했다는 것을 지적한다(Swete, *The Apocalypse of St. John*, 147).

91 S. S. Smalley, *The Revelation to John: A Commentary on the Greek Text of the Apocalypse* (Downers Grove, IL: InterVarsity, 2005), 318. 오즈번은 고대문헌에서 꼬리가 용의 무기로 사용되었다는 내용

된 '삼분의 일'이라는 숫자의 단위는 단순히 큰 숫자라는 의미가 아니라[92] 8장 7절부터 9장 19절까지의 일곱 나팔 심판 시리즈에서, 피조물에 대한 심판의 대상으로 반복해서 언급되는 삼분의 일이라는 단위와 대응되는 관계로 추정할 수 있다.[93] 곧 악의 세력의 심판에 대한 보복으로 악의 세력으로부터 공격받는 성도의 모습을 보여주는 것이다.

여자가 출산할 아들에 대한 용의 적대 행위(4cd) 3절에서 용의 강력한 능력을 보여준 것은 그 능력을 행사할 대상의 존재를 전제하고 그 대상을 향한 공격의 시도를 암시한다. 이런 암시는 4c에서 하나님의 백성들과의 영적 전투에 대한 예고와 연동되어 위기의 국면을 매우 극적으로 조장한다. 이런 극적 위기 상황에서 용과 여자의 후손과의 적대적 대립 상태는 더욱 돋보이고 있다. 여기 4d절에서는 용의 공격 대상이 여자가 아니라 여자가 낳으려는 아이이다. 왜 그런가? 용은 바로 그 아이가 누구인지를 알고 있기 때문이다. 그리고 그 아이가 태어나면 용 자신에게 치명적인 결과가 초래될 것임을 잘 알고 있기 때문이다.

용이 이런 인식 작용을 일으킨 과정과 방법에 대해서 알려고 하는 것은 문맥의 본질을 벗어난다. 등장 인물들에게 초월적인 인식 능력을 부여하는 것은 다만 묵시문학적 특징으로 이해할 수 있다. 그럼에도 불구하고 이런 묘사들은 역사적 사건들을 반영한다. 실제로 예수님의 탄생 이후에 헤롯이 두 살 이하의 어린 아이를 모두 학살하였을 때에 예수님의 생명이 위태로웠던 적이 있었다. 요한계시록의 본문의 관점에서 볼 때 이것은 메시아 예수님의 탄생을 저지하려는 사탄의 공격이라고 하지 않을 수 없다. 그러나 복음서에 나타난 이런 역사적 사건과 요한계시록 본문은 정확하게 맞아 떨어지지 않는다. 후자의 경우에 용은 아이가 태어나기 전에 공격하려고 했었고 그리고 태어나자 마자 하늘로 올려 간다. 용은 아이에 대해 공격할 기회를 전혀 갖지 못한다. 그러나 복음서에서 사탄은 예수님의 탄생의 순간부터 죽으심에 이르기까지 줄곧 공격의 고삐를 늦추지 않았다. 요한계시록은 복음서의 역사를 좀 더 묵시문학적

을 제시한다(Osborne, *Revelation,* 460).

92 마운스는 삼분의 일이라는 수가 "매우 큰 수"(a great number)에 대한 상징적 의미라고 주장한다(Mounce, *The Book of Revelation,* 233).

93 Smalley, *The Revelation to John*, 318.

으로 표현하는 기술을 발휘한다. 여기에서 본질적으로는 요한계시록의 본문과 복음서가 서로 평행 관계를 갖지만 요한이 복음서의 역사적 사실들에 일치시키려 하지 않고 자신의 방법대로 묵시문학적 특징을 살려 기술하고 있다는 것을 알 수 있다.[94]

[12:5] 아들에 대하여: 아들의 탄생과 승천

5절은 아들 탄생의 이야기를 소개한다. 이 아들 탄생 이야기는 2절에 있는 출산 모티브의 연속이라고 할 수 있다. 그 사이 3-4절에서 용을 소개하는 내용이 삽입되어 있다. 4cd절에서 용은 아이의 탄생을 저지하려는 의지를 드러내고 있다. 과연 여자는 용의 방해에도 불구하고 그녀의 자녀를 무사히 출산할 수 있을까?

아들 곧 남아(5ab) 5a절에서 이 여자가 아들 곧 남아를 낳는다. 구문분석과 번역에서 언급했던 것처럼 아들과 남아는 동격이다. 왜 두 단어가 동격으로 사용되고 있는가? 먼저 이 두 단어의 병치는 "히브리적 관용어"(Hebrew idiom)라고 할 수 있다.[95] 그럼에도 불구하고 '남아'(ἄρσεν, 아르센>ἄρσην, 아르센)는 아들과 구별된 단어로서 분명한 독립적 의미로 존재한다. 이 두 단어에 대한 좀 더 정확히 이해하기 위해 구약 배경을 고찰할 필요가 있다. 아들에 대한 구약 배경으로는 시편 2편 7절과 9절을 중심으로 살펴 보고, 남아에 대한 구약 배경으로는 이사야 66장 7-8절을 중심으로 살펴 보겠다.

(1)아들에 대한 구약배경: 시편 2편 7절, 9절

먼저 이 아들은 '철의 막대기'라는 문구가 들어 있는 5b절에 있는 관계대명사절의 선행사이다. 이 관계대명사절과 '아들'(υἱὸν, 휘온>υἱός, 휘오스)은 "다윗의 시에 대한 메시아 입문서"[96]로 불리는 시편 2편 7절과 9절을 배경으로 서로 밀

---

94 칼킨스(Calkins)도 요한계시록 본문과 복음서 역사를 시간적으로 일치시키려는 시도를 경계하면서 요한계시록 본문에서 "메시아-남아에 대한 묘사 전체가 시간적이며 역사적인 차원이 아니라 영적이며 영원한 영역"에 대한 것이라고 주장한다(R. Calkins, *The Social Message of the Book of Revelation* [New York: The Womans Press, 1920], 121). 그러나 역사성을 부정하고 영적인 차원을 주장하는 이런 입장이 적절하지 않은 것은 요한계시록에서 여자가 출산하게 되는 아이에 대한 기록은 복음서 역사를 배경으로 하는 역사성을 분명히 가지고 있기 때문이다.

95 Koester, *Revelaiton*, 546.

96 C. A. Briggs, *A Critical and Exegetical Commentary on the Book of Psalms*, ICC (Edinburgh: T & T

접하게 연결된다.[97]

> [7]내가 여호와의 명령을 전하노라 여호와께서 내게 이르시되 너는 내 아들이라 오늘 내가 너를 낳았도다(시 2:7)
>
> [9]네가 철장으로 그들을 깨뜨림이여 질그릇 같이 부수리라 하시도다(시 2:9)

이 시편 말씀에서 시편 2편 7절의 '아들'과 2편 9절의 '철장'을 조합하여 요한계시록 본문의 5a절의 '아들'과 5b절 말씀을 구성하고 있다. 여기에서 '철장으로'라는 문구는 ἐν ῥάβδῳ σιδηρᾷ (엔 라브도 시데라, 70인역)로서 요한계시록 본문에서 동일한 문구로 사용되어 '철의 막대기'로 번역되고 있다.

시편 2편은 다윗과 그의 후손을 하나님의 영원한 나라로 삼아 주시겠다는, 하나님께서 다윗과 맺은 언약을 연상케 한다.[98] 이런 내용은 삼하 7장 13-14절과 시편 89편 27-28절에 잘 나타나 있다.[99]

> [13]그는 내 이름을 위하여 집을 건축할 것이요 나는 그의 나라 왕위를 영원히 견고하게 하리라 [14]나는 그에게 아버지가 되고 그는 내게 아들이 되리니 그가 만일 죄를 범하면 내가 사람의 매와 인생의 채찍으로 징계하려니와(삼하 7:13-14)
>
> [27]내가 또 그를 장자로 삼고 세상 왕들에게 지존자가 되게 하며 [28]그를 위하여 나의 인자함을 영원히 지키고 그와 맺은 나의 언약을 굳게 세우며(시편 89:27-28)

이 인용문에서 중요한 단어는 서로 관련된 '아들'(삼하 7:14) 혹은 '장자'(시 89:27)이다. 이런 아들이라는 단어를 사용함으로써 위 본문들은 시편 2편과 관련된다. 사무엘하 7장 14절에서 아들은 다윗의 아들인 솔로몬을 직접적으로 가리킬 수도 있지만 "집합적으로"(collectively) 다윗의 후손들을 가리키는 것으로 간주할 수 있고[100] 시편 89편 27절에서 장자는 다윗을[101] 가리킨다. 그리고 시편 2편 7절에서 아들 역시 하나님의 아들로서 이스라엘의 왕 다윗을 가리킨다.[102]

Clark, 1906), 1:11.

97 Beale, *The Book of Revelation*, 639-640.

98 Briggs, *A Critical and Exegetical Commentary on the Book of Psalms*, 1:15.

99 Dahood, *Psalms I*, 11.

100 P. K. McCarter Jr., *II Samuel: A New Translation with Introduction, Notes, and Commentary*, AB 9 (New Haven: Yale University Press, 2008), 206.

101 Hossfeld and Zenger, *Psalms 2*, 410.

102 T. Longman III, *Psalms: An Introduction and Commentary*, TOTC 15-16 (Downers Grove, IL: IVP Academic, 2014), 62.

여기에서 하나님이 다윗 왕을 하나님의 아들로 삼아주심에 있어서 표현되는 "낳다"라는 행위는 당연히 신체적 출산이 아니라 "양자"로 삼으신 과정을 보여준다.[103] 이상에서 아들의 역할과 기능이 분명해진다. 왕은 양자됨에 의해 하나님의 아들로 세움받고 "하나님의 대리통치자(vicegerent)" 로서[104] 하나님의 왕권을 위임받아 하나님의 나라를 이 세상에 구현하도록 부름받은 언약의 파트너인 것이다. 이것은 메시아 사역의 본질을 특징짓는다.

고대 근동에서 일국의 왕은 신의 아들로서 신과 동일시되어 신으로부터 권세를 위임받아 그것을 대리하는 존재라는 사회적 통념이 있었다.[105] 이런 점에서 다윗이 하나님의 아들이라는 사실은 당시의 통념을 공유한다. 그렇다고 그러한 공유가 성경이 고대 근동의 사상을 무비판적으로 수용했다는 의미는 아니다. 둘 사이에는 분명한 차이가 있다. 고대 근동 국가에서 왕이 자신을 신의 아들이라 한 것은 그를 백성들이 거역할 수 없는 존재로 만들어 그들을 착취하기 위한 목적이었다. 반면 성경에서 하나님의 '아들'은 에덴에서 아담의 왕적 역할과 기능을 회복하기 위해 자비로우신 하나님의 통치를 위임받아 왕권을 대행하는 존재를 의미한다. 전자는 인본주의적이지만 후자는 신본주의적이다.

그 기원은 에덴에서 아담이 하나님의 형상대로 지음을 받았다는 데 있다. 그리고 그 때에 하나님은 자신의 형상대로 지으신 아담을 자신의 아들로 삼아주셨다. 타락한 후에 하나님은 에덴에서 아담의 역할과 기능을 회복하기 위해 이스라엘을 하나님의 아들로 삼으셨다. 출애굽기 4장 22절에서 하나님은 이스라엘을 "내 아들 내 장자"라고 하고 신명기 14장 1절에서 하나님은 이스라엘을 '아들들'(υἱοί, 휘오이)이라고 하셨다.[106] 이런 칭호는 하나님의 아들로서 왕적 지위를 가지고 있다는 것을 의미한다. 그렇다면 왕은 백성들을 대표하는 존재이다. 그리고 다윗은 이런 역할을 감당하는 왕들의 모델이다. 이런 특징을 갖는 다윗은 선지자들에 의해 종말적으로 등장하는 메시아적 인물의 전형이 된다. 이런 맥락에서 메시아 역할의 본질이 에덴에서 아담이 누렸던 왕적

---

103 H. Kraus, *Psalms 1-59: A Commetary*, trans. Hilton C. Oswald (Minneapolis: Fortress, 1993), 131.

104 W. L. Watkins, *The Preacher's Complete Homiletic Commentary: On the Books of Psalms* (New York: Funk & Wagnalls, 1899), 1:8.

105 Kraus, *Psalms 1–59,* 130-31. 다후드(Dahood)는 고대 근동이란 지역 대신 "가나안 문화"라고 달리 표현한다(Dahood, *Psalms I,* 11-12).

106 Kraus, *Psalms 1–59*, 132.

지위를 하나님의 백성 중에서 회복하는 것임을 알 수 있다.

요한계시록 12장 5b절에서 '철의 막대기로 모든 나라를 깨뜨리다'(ποιμαίνειν, 포이마이네인) 라는 문구의 구약 배경으로서 시편 2편 9절의 '철장으로(정확하게 번역하면 요한계시록 본문과 동일하게 '철 막대기로') 그들을 깨뜨리고(תְּרֹעֵם, 테로암>רעע, 라아; 70인역, ποιμανεῖς, 포이마네이스>ποιμαίνω, 포이마이노) 질그릇 같이 부수리라'라는 문구와 비교하면 흥미로운 사실을 발견할 수 있다. 좀 더 구체적으로 설명하기 전에 먼저 표를 통해 이 동사들의 관계를 간단하게 정리해 보고자 한다.

시 2:9		계 12:5
MT	תְּרֹעֵם, 테로암〉רעע, 라아	ποιμαίνειν
LXX	ποιμανεῖς, 포이마네이스〉ποιμαίνω, 포이마이노	

시편 2편 9절에서 마소라 본문은 '깨뜨리다'라는 의미를 가지는 '라아' 동사를 사용하고 70인역에서는 이 동사를 '포이마이노'라는 동사로 번역한다. 여기에서 '포이마이노'는 대체적으로 "목양하다"(shepherd)라는 의미이다.[107] 그런데 이 동사에 대해 BDAG는 "목자로서 행위는 파괴적 결과를 낳는다"[108]라고 하면서 '부숴뜨리다'라는 의미인 '라아'의 의미를 내포하고 있음을 시사한다. 예레미야 22장 22절도 이와 유사한 문형을 가지고 있다.[109] 이 예레미야 본문에서 마소라 본문의 '라아'라는 동사는 70인역에서 '포이마이노'로 번역되고 '(바람으로) 흩어 버리다'라는 심판의 파괴적 의미로 사용된다. 여기에서 '포이마이노'는 "목양하다"보다는 "부숴뜨리다"라는 심판의 파괴적 의미로 사용되고 있음이 확인된다. 특별히 시편 2편 9절의 "깨뜨리고 질그릇같이 부수는" 장면은 고대 이집트에서 왕의 대관식에서, 왕이 세계에 대한 자신의 왕권을 과시하기 위해 주변 나라들의 이름을 새긴 토기들을 깨뜨리는 의식을 행했던 것을 연상시킨다.[110]

그러므로 시편 2편 9절과 예레미야 22장 22절의 '포이마이노'의 용례를 요한계시록 12장 5b절에도 적용해 볼 수 있다. 곧 이 본문에서 '포이마이노'가

107 BDAG, 842, 1.
108 BDAG, 842, 2aγ.
109 이 구약 본문은 BDAG, 842, 2aγ에서 참고하였다.
110 Kraus, *Psalms 1–59*, 132.

사용된 것은 시편 2편 9절의 70인역 동사를 그대로 사용하면서 맛소라 본문의 '라아'라는 동사에 담긴 심판의 파괴적 의미를 표현하고자 했다고 볼 수 있다. 시편 2편 9절이 열방들에 대한 심판의 메시지로 사용되고 있는 것처럼 동일한 동사를 사용하는 요한계시록 12장 5b절도 세상의 모든 나라들에 대한 심판의 의미를 담고 있다. 그렇다면 5b절에 있는 관계대명사절의 선행사 역할을 하는 5a절의 '아들'은 세상의 모든 나라를 심판하는 메시아적 통치의 특징을 나타내 주고 있는 것이다.

(2)남아에 대한 구약 배경: 이사야 66장 7절

요한계시록 12장 본문은 '남아'(ἄρσην, 아르센)라는 단어에 의해 다시 사 66:7-8과 관련되고 있다.[111] 이 두 본문을 비교하면 다음과 같다.

계 12:5	사 66:7-8
5a)여자가 <u>아들, 남아를 낳으니</u>	7)시온은 진통을 하기 전에 해산하며 고통을 당하기 전에 <u>남아를 낳았으니</u> 8)이런 일을 들은 자가 누구이며 이런 일을 본 자가 누구이뇨 나라가 어찌 하루에 생기겠으며 민족이 어찌 한 순간에 태어나겠느냐 그러나 시온은 진통하는 즉시 그 아들(들)을 순산하였도다(사 66:7-8)

위의 비교에서 요한계시록의 '여자'는 이사야 66장 7절의 '시온'이 여성형이므로 일치하고, 전자의 "남아를 낳다"라는 문구는 후자의 "남아(ἄρσεν, 아르센>αρσην, 아르센)를 낳다"와 평행을 이룬다. 이런 관계에 의해 요한계시록 12장 5절은 이사야 66장 7-8절을 배경으로 하고 있음을 알 수 있다. 그렇다면 요한계시록 본문을 좀 더 잘 이해하기 위해서 이사야 말씀을 자세히 살펴 볼 필요가 있다.

먼저 이사야 66장 7절의 '아르센'은 히브리어의 '자카르'(זָכָר)를 70인역으로 번역한 단어이다. 이 두 단어는 모두 여성과 대비되는 "남성"을 의미한다.[112] 곧 창세기 1장 27절에서 '하나님이 인간을 남자와 여자로 지으셨다'고 할 때 '남자'에 해당하는 단어에 맛소라 본문에는 '자카르'가 70인역에는 '아르센'이 사용된다.[113] '자카르'와 '아르센'은 나이가 많든 적든 남성 일반을 의미한다.

111 Koester, *Revelation*, 546.
112 *HALOT*, 271; BDAG, 135.
113 BDAG, 135.

창세기 34장 24절에서 할례를 받아야 하는 대상으로서 모든 남자(아르센)에게 할례를 행할 것을 명령하신 것이 그 예이다. 이 때 모든 남자는 모든 연령을 총 망라한다. 그러므로 그 연령대는 문맥에 의해 결정될 수 있다. 이 문맥에서 출산이라는 주제가 지배적이므로 남자의 연령대는 어린 아이가 될 수 있다. 따라서 개역개정은 NKJV의 male child를 따라 '남아'로 번역한다.[114)]

차일즈(Childs)는 7절의 본문을 "수수께끼를 닮은 문학 형식"으로 규정한다. 왜냐하면 "진통을 하기 전에" 혹은 "고통을 당하기 전에" 시온이 남아를 출산한다고 말하기 때문이다.[115)] 그러나 여기에서 "진통을 하기 전에" 혹은 "고통을 당하기 전에"라는 문구는 단순히 문자 그대로 이해할 것이 아니라 "출산의 속도"와 그 출산에 있어서 "어떤 고통의 완전한 결여"를 보여주는 것으로서[116)] "사건의 급박성(suddennesss)과[117)] "하나님의 능력에 의해서만 초래될 급진적이고 급박한 새로움(newness)"을[118)] 강조하기 위한 은유적 표현이라고 할 수 있다.

왜 이처럼 출산이 급박스럽게 그리고 어떤 고통도 없이 이루어져야 하는 것일까? 그것은 남아의 출생이 바로 하나님의 구원을 이루는 것이므로 필연적으로 일어나야 하는 것이고 그 어떤 방해도 이런 하나님의 역사를 거슬릴 수 없다는 것을 보여주려하기 때문이다. 곧 이사야 본문은 이런 특징을 갖는 출생 이미지를 통해 누구도 거스릴수 없이 도도하게 흐르는 "구원 시대의 도래"를 표현하고자 하는 것이다.[119)] 이사야 본문에서 시온은 이스라엘을 의미하고 '남아'는 메시아를 의미한다. 시온이 남자를 낳는 것은 이스라엘을 통해 메시아가 나타나게 될 것이라는 것을 보여준다. 흥미로운 것은, 탈굼 번역은 이사야 66장 7절에 "יִתְגְּלֵי מַלְכָּא"(이트겔레이 말카; 왕이 나타날 것이다 the king will be revealed)이라는 문구를 덧붙인다는 점이다. 이 문구를 통해 탈굼이 이사야 본문에서 출생한 남자를 메시아로 해석하고 있음을 알 수 있다.[120)] 이런 메시아의 탄생은 필연적으로 메시아 왕국과 그 왕국 백성의 탄생을 수반한다.

---

114 NRSV; ESV; NIV가 이 단어를 '아들'(son)이라고 번역한 것은 다소 의역일 듯 싶다.

115 Childs, *Isaiah*, 541.

116 Smith, *Isaiah 40-66*, 739.

117 J. D. W. Watts, *Isaiah 34-66*, rev. ed., WBC 25 (Nashville: Thomas Nelson, 2005), 938.

118 W. Brueggemann, *Isaiah 40-66* (Louisville: Westminster John Knox, 1998), 255-56.

119 C. Westermann, *Isaiah 40-66: A Commentary, trans.* D. M. G. Stalker, OTL (Philadelphia: Westminster, 1969), 419. 여기에서 출생 이미지는 사 54:1의 "불임"(barrenness) 주제에 대한 반전으로 주어진다(Brueggemann, *Isaiah 44-66,* 256).

120 J. Goldingay, *Isaiah 56-66*, ICC (London: T & T Clark, 2014), 495.

이런 사실은 다음 이사야 66장 8절에서 더욱 분명해진다. 먼저 8절 전반부의 첫번째 '이런 일'은 '카조트'(כָּזֹאת, 이같은 것)이고 두번째는 '카알레' (כָּאֵלֶּה, 이것들 같은 것)으로서 이 둘 모두 7절 내용을 가리킨다.[121] 그러므로 8절은 7절의 내용을 이어간다. 8절의 전반부는 수사 의문문 형식으로 구성된다.[122] 이 의문문의 주제는 '땅'(אֶרֶץ, 에레쯔; 70인역, γῆ, 게)과 '나라'(גּוֹי, 고이; 70인역, ἔθνος, 에드노스)발생이다.[123] 이 의문문이 제기하는 질문은 '땅과 나라가 하루에 혹은 순식간에 발생하는 것이 가능한가?'이다.[124] 이 질문의 의미는 불가능하다는 것이다. 그러나 이 질문의 의도는 하나님이 하시면 얼마든지 가능하다는 것을 말하고자 한다. 7절에서 시온이 그녀의 자녀를 갑작스럽고도 아무 방해 없이 낳을 수 있다는 사실을 천명하는데, 이것은 곧 시온이 의미하는 이스라엘이 새로운 이스라엘로서 당시 세계를 지배하던 사이러스나 다리우스의 방해나 간섭 없이, 오직 하나님의 신적 능력을 통해서만 땅과 나라를 회복하게 되는 구원의 시대를 맞이하게 될 것을 약속하는 내용이다.[125] 세상적인 관점에서 보면 도저히 불가능한 일이지만 하나님이 하시면 얼마든지 가능하다는 것이다. 이것은 마태복음 19장 26절의 "사람으로는 할 수 없으나 하나님으로서는 다 하실 수 있느니라"라는 말씀을 연상케한다.

이사야 66장 8절의 후반부에서 시온은 진통하는 즉시 그녀의 아들들을 출산하였다고 말한다. 여기에서 '그녀의 아들들'은 마소라 본문의 "בָּנֶיהָ"(베네하)을 번역한 것이고, 70인역은 이 단어를 '그녀의 자녀들'이란 의미를 가지는 '타 파이디아 아우테스'(τὰ παιδία αὐτῆς)로 번역한다. 그리고 탈굼은 '그의 백성'(עַמָּה, 아마)이라고 번역한다. 탈굼은 시온이 출산한 아들들을 하나님 나라의 새 이스라엘 백성으로 해석하고 있는 것이다. 여기에서 7절과 비교할 때 확인할 수 있는 분명한 변화는 '남자'라는 단수의 단어가 '아들들' 혹은 '아이들'과 같이 복수로 바뀌었다는 사실이다. 이런 변화가 주는 의미는 무엇일까? 이것은 바로 직전에 언급한 땅과 나라를 가지게 된 새로운 이스라엘 공동체의 출생을 의미한

121 Smith, *Isaiah 40-66*, 739 no. 654.

122 앞의 책.

123 우리말 개역 개정역에는 '나라'와 '민족'이라고 되어 있는데 원문에는 '땅'과 '나라'로 되어 있다.

124 여기 사용된 동사(70인역, ὤδινεν, 오디넨〉ὠδίνω, 오디노; ἐτέχθη, 에테크데〉τίκτω, 티크토) 역시 7절에서 사용된 출산 모티브를 함의하는 단어를 사용한다.

125 J. Blenkinsopp, *Isaiah 56-66: A New Translation with Introduction and Commentary,* AB 19A (New Haven: Yale University Press, 2008), 305. 이런 정황은 아브라함에게 하신 약속을 떠올리게 한다. 왜냐하면 아브라함에게 하신 약속의 핵심이 바로 땅과 나라이기 때문이다(앞의 책).

다.[126] 이런 내용은 미래에 일어날 사건으로서 종말적 약속이지만 그 약속의 필연적 성취를 담보하면서 종말적 관점에서 이미 일어난 것으로 간주하여 과거시제 동사로 표현한다.[127]

이상의 내용을 정리하면 요한계시록 12장 5절의 구약 배경인 이사야 66장 7-8절은 메시아의 출현에 의한 하나님의 백성을 포함하는 하나님 나라 회복에 대한 종말적 약속을 선포하는 내용을 담고 있다.

(3)구약 배경의 요한계시록 적용

요한은 이런 구약 배경을 요한계시록 12장에서 활용한다. 곧 여자가 남자 아이를 낳은 것은 메시아인 예수님의 탄생을 의미하며[128] 또한 메시아 예수님의 탄생으로 말미암아 교회 공동체를 의미하는 새로운 이스라엘이 출현하게 되었다. 새로운 이스라엘의 탄생은 또한 지상에서 필연적으로 하나님의 통치를 구현한다. 이런 일련의 정황은 여자의 정체성을 새로운 차원으로 끌어 올린다. 곧 구약 이스라엘을 의미했던 여자는 메시아 아들 곧 남자의 탄생으로 새로운 이스라엘 곧 신약의 교회 공동체로 등장하게 되는 것이다. 그것은 바로 신약과 구약의 모든 하나님의 백성을 아우르는 우주적인 교회 공동체의 탄생을 의미한다. 이런 변화의 핵심에는 바로 아들의 탄생이 있다. 여기에서 여자를 통한 아들의 출생은 갈 4:4에서 "때가 차매 하나님이 그 아들을 보내사 여자에게서 나게 하시고"라고 하신 말씀과 맥을 같이한다.

그리고 이 여자가 1절에서 그토록 찬란한 모습을 가지는 것으로 묘사되고 있는 것도 바로 이 아들의 탄생과 관련이 있다. 아들 곧 구속의 획기적 전환점을 마련한 이 아들을 탄생케 한 여자는 그 자체로 해와 달과 별과 같은 찬란한 빛을 발하지 않을 수 없는 것이다.

이런 점에서 요한계시록 12장 5절은 이사야 26장 17-18절의 상황과 대조된다. 그 대조적 관계를 다음과 같은 표로 정리해 보았다.

126 구약에서 이스라엘을 하나님의 아들이라고 칭하는 경우가 많다(사 1:2; 출 4:22-23; 신 8:5; 렘 31:20; 호 11:1)(Watt, *Isaiah 34-66,* 938).

127 Smith, *Isaiah 40-66,* 739. 스미스는 이와같은 수많은 자녀 출생에 대한 약속은 이사야 49장 16-26절과 54장 1-8절 그리고 60장 4절의 경우와 유사하다는 점을 지적한다(앞의 책). 이런 수많은 자녀의 출생은 에덴에서 아담에게 '생육하고 번성하라'고 하신 하나님의 축복과 명령 뿐만 아니라 아브라함에게 큰 민족을 이루어 주시겠다는 하나님의 약속과 같은 연속 선상에 있는 것으로 볼 수 있다.

128 쾨스터는 요한계시록 12장 5절의 아들, 남자의 출생 장면을 "예수님 탄생에 대한 묘사"로 간주하는 것이 최선이고 다른 해석의 대안은 없다고 주장한다(Koester, *Revelation,* 546).

	사 26:17-18	계 12:5
자녀출산	산고의 심판 고통 중에 출산하고자 하였으나 실패	아들을 출산
종말적 의미	자녀의 출산 →새로운 이스라엘의 기대	메시아 탄생을 통한 새이스라엘의 출현

이 표를 보면 이사야 26장 본문에서는 산고의 고통에도 불구하고 아이 출산에 실패하였으나, 이와는 대조적으로 요한계시록 12장 본문에서는 아이의 성공적 출생을 통한 새이스라엘의 출현을 보게 된다. 따라서 이사야 66장 7-8절은 요한계시록에서 긍정적으로 성취되었지만 이사야 26장 17-18절에서는 반전된다.

하나님께로 취하여지다(5c절) 5c절은 이런 용의 공격이 여자의 아이에게 미쳤을 때 그에게 어떠한 일이 일어났는가를 소개한다. 그것은 바로 그 아이가 "하나님 앞과 그 보좌 앞으로 취하여졌다"는 것이다. 이런 표현은 예수님의 승천을 의미한다.[129] 여기에서 "취하여지다"(ἡρπάσθη, 헤르파스데>ἁρπάζω, 하르파조)라는 동사는 수동형인데 사도행전 1장 9절(참조 행 2:33-35)에 기록된 예수님의 승천 장면도 역시 수동형 동사(ἐπήρθη, 에페르데, 올려지다>ἐπαίρω, 에파이로)를 사용한다.[130] 이 동사(하르파조)는 사도행전 8장 39절에서 성령이 빌립을 이끌어 가시는 과정에 사용되고 고린도후서 12장 2절과 4절에서 바울이 하늘을 경험하게 되는 정황에 대한 표현에서 사용되고 데살로니가전서 4장 17절에서 예수님의 성도들이 구름에 의해 끌어 올려가는 장면에서 사용된다.[131] 이 모든 용례들은 같은 의미로 사용된다.[132] 그리고 이 표현들에서 사도행전 8장 39절을 제외하고(이 경우도 성령의 주도적 역할이 부각) 한결같이 수동형으로 사용되어 신적 행위가 강조된다. 여기에서 아들이 취하여지는 방향을 표현하기 위해 '프로스'(πρός)라는 전치사를 사용한다. 이 전치사의 사용에 의해 여자가 낳은 아들이 "하나님"과 그의 보좌를 향하여 취해지고 있음을 알 수 있다.[133]

129 Harrington, *Revelation*, 129.
130 앞의 책.
131 Swete, *The Apocalypse of St. John*, 148.
132 Charles, *A Critical and Exegetical Commentary on the Revelation of St. John, 1:321.*
133 Swete, *The Apocalypse of St. John*, 148.

흥미로운 것은 5a와 5c에서 아들에 의해 상징되는 예수님께서 죽음의 과정에 대한 언급은 생략 된 채 예수님의 사역의 출발로서 탄생과 그 마지막인 승천만을 기술하고 있다는 점이다.[134] 이런 표현의 형식은 복음서에 나타난 예수님의 공생애 사역을 "축약해서"(foreshorten) 보여준다.[135] 이 두 가지 사건을 이 문맥에서 적절하다고 판단하여 중요하게 취급하고 있기 때문이다.[136] 출산의 주제는 직전에 언급된 바 있고, 승천의 주제는 4b절에서 언급된 용 곧 사탄이 여자의 아이를 삼키려고 했던 시도가 실패하고 말았다는 것을 확증한다.[137] 그리고 이런 승리는 여자 곧 교회 공동체에게도 승리를 확증해 주고 있다. 그러므로 7절부터 이어지는 하늘에서의 전쟁을 예고한다.

[12:6] 결말: 여자가 광야로 도망가다

이 부분은 '광야'와 '양육' 그리고 1,260일이라는 주제로 구성된다.

광야와 하늘(6ab) 6a절에서 여자가 광야로 도망가고 있다. 여기에서 여자가 도망가는 행위는, 용이 공격 타깃을 상실하고 분노하자 여자가 취하는 본능적 반응이라고 할 수 있다. 그러나 여자가 도망칠 광야를 하나님이 준비하시고 여자가 낳은 아들이 하늘로 취하여지고, 여자가 광야로 가는 것은 서로 밀접한 상관 관계를 갖는다. 광야와 하늘의 이런 관계는 구약을 배경으로 볼 때 분명해진다. 광야라는 단어를 사용하여 통해 저자는, 이 여자를 구약에서 출애굽 하여 광야 여행을 했던 이스라엘 백성과 연관시키고 있다. 출애굽을 체험한 이스라엘 백성들에게 '광야'란 척박한 환경이기도 하지만 애굽의 위협이 미칠 수 없는 안전한 장소로서 하나님의 철저한 보호와 양육과 인도, 구름기둥과 불기둥에 의해 하나님의 임재가 충만했던 곳이었다. 적어도 이스라엘 백성이 하나님을 신뢰하고 그의 말씀에 순종하는 한에 있어서는 광야는 하늘과 맞

---

134 Koester, *Revelation*, 546.

135 Swete, *The Apocalypse of St. John*, 148.

136 찰스는 예수님의 구속 사역 활동이 "무시되었다"(ignored)고 주장하는데(Charles, *A Critical and Exegetical Commentary on the Revelation of St. John*, 1:320) 이것은 사실과 다르다. 이런 점을 의식해서 쾨스터는 저자가 "시작과 끝에 초점을 맞춤으로써 예수님의 이야기를 요약한다(encapsulate)"고 주장한다. 예수님의 죽음과 관련한 주제를 저자가 소홀히 하는 것은 아니다. 실제로 12:11에서 "어린 양의 피"라는 문구로 예수님의 죽으심이라는 주제를 언급하고 있기 때문이다 (Koester, *Revelation*, 547).

137 Swete, *The Apocalypse of St. John*, 148.

닿아 있는 에덴과 같은 곳이다. 하나님은 이스라엘 백성을 애굽에서 건져 내실 때 가나안으로 가는 광야 여행 기간 동안 이런 과정을 계획하셨다.

이런 배경에서 보면 아들이 올려간 하늘과 여자가 도망간 광야는 지평선에서 하늘과 땅이 만나듯 서로 만나게 된다. 이렇게 천상적 속성을 공유하는 광야로 여자가 도망간 것은 하나님께서 이미 계획하신 것이다. 왜냐하면 6b에서 이 광야를 하나님으로부터 준비된 장소로 묘사하고 있기 때문이다. 여기에서 '하나님으로부터'(ἀπὸ τοῦ θεοῦ)라는 문구는 그 준비된 장소의 근원 하나님이시라는 것을 분명하게 밝혀주고 있다.[138] 출애굽 때에도 하나님은 애굽에서 살았던 이스라엘 백성을 위해 광야를 예비하셨다. 출 5:3에 의하면 광야는 이스라엘 백성들이 여호와 하나님께 희생 제사를 드리는 장소이다(참조 출 8:27). 하나님은 이스라엘을 위해 그들의 여호와 하나님을 예배하는 장소로 광야를 예비하신 것이다. 물론 최초의 예배 장소는 에덴 정원이다.[139] 그러므로 광야에서의 예배 행위는 에덴 회복의 현장이라고 할 수 있다. 여자에게, 하나님께서 예비하신 삶의 장소로서 이와 같은 광야가 예비되어 있다. 이런 광야라는 환경에 여자를 둠으로써 교회 공동체의 정체성을 다시 한 번 새롭게 규명하고 있다. 그것은 교회 공동체가 구약에서 광야 여행을 하던 이스라엘 백성처럼 하나님의 보호를 받는 천상적 존재라는 것이다.

양육(6c절) 6c절에서 이 광야는 하나님으로부터 양육 받기 위한 장소로 소개되고 있다. 6c절의 '히나'(ἵνα)는 목적절이다. 바로 이 광야라는 장소가 목적하는 바를 소개하려는 것이다. 그 광야가 준비된 목적은 그 여자를 양육하기 위함이다. 여기에서 흥미로운 것은 '양육하다'(τρέφωσιν, 트레포신>τρέφω, 트레포)라는 동사의 주어가 3인칭 복수라는 것이다. 그렇다면 그 여자를 양육하는 주체는 '그들'이라고 해야 하는데, 그렇다면 여기에서 "그들"은 누구를 가리키는 것일까? 스웨테는 이 이슈와 관련하여 열왕기상 17장 4절의 발생한 엘리야 사건을 그 배경으로 제시한다.[140] 이 본문에 의하면 하나님은 "까마귀들"에게 명령

138 '아포'(ἀπό)는 "수단"을 의미하기도 한다(BDAG, 106[5]). 이경우에 광야는 하나님에 의해서 준비된 양육의 장소라는 의미이다. 이런 내용은 14절에서 다시 한 번 다루게 될 것이다.

139 G. K. Beale and M. Kim, *God Dwells among Us Expanding Eden to the Ends of the Earth* (Downers Grove, IL: InterVarsity Press, 2014), 27.

140 Swete, The Apocalypse of St. John, 149. 열왕기상 17장 4절의 70인역 동사도 요한계시록 본문과 같은 어근의 단어인 διατρέφειν(디아트레페인)이다.

하시어 엘리야에게 먹을 양식을 제공하신다. 여기에서 복수로 표현된 까마귀들이 이 본문의 복수 주어에 그대로 적용되었을 가능성이 크다고 할 수 있다.

더 나아가서 '양육하다'라는 표현은 '광야'와 함께 출애굽 모티브를 함축하고 있다. 곧 이스라엘 백성들을 광야에서 양육하셨던 정황을 연상시키는 것이다. 이런 정황은 신명기 8장 2–4절에 잘 나타나 있다.[141]

> [2]네 하나님 여호와께서 이 사십년 동안에 너로 광야의 길을 걷게 하신 것을 기억하라 이는 너를 낮추시며 너를 시험하사 네 마음이 어떠한지 그 명령을 지키는지 아니 지키는지 알려 하심이라 [3]너를 낮추시며 너로 주리게 하시며 또 너도 알지 못하며 네 열조도 알지 못하던 만나를 네게 먹이신 것은 사람이 떡으로만 사는 것이 아니요 여호와의 입에서 나오는 모든 말씀으로 사는 줄을 너로 알게 하려 하심이니라 [4]이 사십년 동안에 네 의복이 해어지지 아니하였고 네 발이 부릍지 아니하였느니라(신 8:2–4)

이 신명기 말씀의 핵심은 하나님이 이스라엘을 시험하시기 위해 광야 길을 걷게 하셨다는 것이다. 누군가를 효과적으로 시험하기 위해 시험 대상이 되는 사람의 "반응과 태도"(reaction and behavior)를 검증하기 위해 열악한 환경에 몰아넣을 필요가 있다.[142] 광야가 바로 그런 곳이다. 그 광야의 열악한 환경 속에서 말씀으로 사는 법을 가르치기 위해 만나를 제공해 주신다. 곧 하나님은 만나와 함께 하나님의 말씀을 공급하심으로써 이스라엘 백성을 단지 육적으로만 양육한 것이 아니라 영적으로도 양육하였음을 보여 준다.[143]

요한계시록은 이런 정황을 광야로 도망한 여자에게 적용한다. 그러나 요한계시록에서 광야에 있는 여자는 광야에 살았던 이스라엘과는 달리 "시험"보다는 "양육"에 좀 더 초점이 맞추어져 있다. 그럼에도 불구하고 여자가 절박해 보인다. 왜냐하면 하늘 별들의 삼분의 일을 땅에 던질 수 있을 정도로 힘이 세고 아이를 삼키려고 기다리는 살기 등등한 용을 피하여 광야로 도망쳤기 때문이다. 이런 점에서 절박한 상황 속에서 여자에게 제공되는 하나님의 양육은 여자에게 더욱 은혜로 다가 오는 것이다.

1,260일(6c) 이 여자가 양육 받는 기간이 1,260일이라고 적시한다. 이 기간

---

141 앞의 책.
142 R. D. Nelson, *Deuteronomy: A Commentary*, OTL (Louisville: Westminster John Knox, 2004), 111.
143 G. H. Hall, *Deuteronomy*, The College Press NIV Commentary (Joplin, Mo: College Press, 2000), 166.

은 11장 2절에서 성전 밖 마당이 이방인에 의해 짓밟히는 마흔 두 달 동안의 기간과 동일하고 11장 3절에서 두 증인이 예언 곧 증거의 사역을 감당하는 기간(1,260일)과 동일하다. 이 두 본문에서 마흔 두 달 그리고 1,260일의 기간은 초림부터 재림까지 기간이라는 사실을 확증한 바 있다. 이 문맥에서도 여자의 아들이 하늘로 올라가고 그리고 여자가 광야로 도망가고 나서 그 때부터 1,260일이므로 1,260일의 시작은 예수님의 승천이 되고 여자에 의해 상징되는 교회 공동체가 광야와 같은 이 세상에서 양육을 받는 기간은 재림 때까지 지속되므로 1,260일의 끝은 재림이 된다. 그러므로 이 본문에서도 1,260일은 시작은 승천이고 그 마지막은 재림이라는 사실이 확인된다. 그러므로 쾨스터가 이 기간을 "그리스도의 승귀(exaltation)부터 그의 재림까지의 시간을 상징한다"고 한 것은 적절하다.[144] 그리고 그 기간의 끝이 예수님의 재림이라는 것은 바로 이 여자에 의해 상징되는 교회 공동체가 하나님의 보호를 받는 기간이 예수님의 재림 때까지라고 할 수 있기 때문이다. 그렇다!! 바로 교회 공동체는 예수님의 초림 이후로 재림 때까지 하나님에 의해 예비된 광야와 같은 이 세상에서 하나님의 보호와 인도와 임재를 경험하면서 동시에 영육 간에 하나님의 양육을 받는 은혜를 경험한다. 여기에서 여자는 구약 교회라는 의미로 시작했지만 결국 신약 교회 공동체로 그 의미가 발전한다. 이런 발전이 발생하게 된 것은 바로 '아들의 탄생' 사건이라고 할 수 있을 것이다.

이상의 내용을 다음과 같이 도표로 정리할 수 있다.

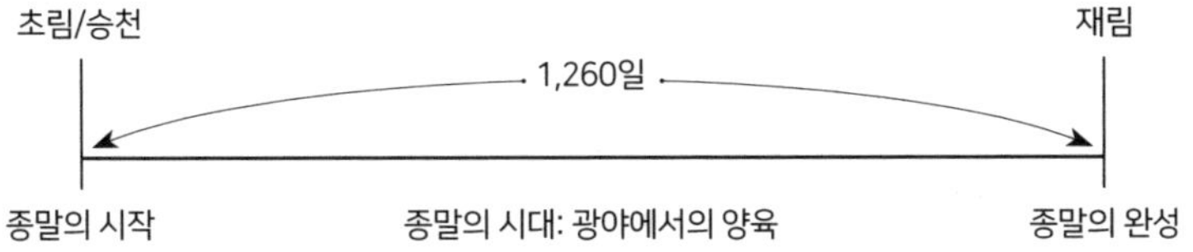

[정리] 여자는 용의 위협을 피하여 광야로 도망가 1,260일 동안 하나님으로부터 양육을 받는다. 이 내용은 오늘날 교회 공동체가 존재하는 정황을 단적으로 보여준다. 인정하든 인정하지 않든, 교회 공동체는 광야와 같은 열악한 환

144 Koester, *Revelation*, 547.

경 속에 존재한다. 성도로서 이런 광야와 같은 세상에서 생존할 수 있는 유일한 방법은 하나님으로부터 주어지는 양육을 받는 것이다. 이스라엘 백성들은 만나와 말씀으로 양육을 받았다면, 종말의 시대에 교회 공동체는 말씀과 성령을 통해 양육을 받는다.

2. 미가엘과 용의 전쟁(12:7-12)[145]

7-12절에서 잠시 하늘로 그 장면이 바뀌게 된다. 이런 장면의 변화는 왜 발생하게 되었는가? 그것은 바로 1-6절의 문맥, 특별히 5c에서 기록하고 있는 것처럼 예수님의 승천 사건으로 말미암은 것이라고 할 수 있다. 7-12절은 두 부분으로 나눌 수 있는데 7-9절은 전쟁의 정황을, 10-12절은 전쟁에서의 승리를 축하하는 내용을 기록하고 있다.

1)미가엘과 용이 전쟁하다(12:7-9)

먼저 7-9절을 살펴 보기로 한다. 이 부분은 용이 미가엘과의 전쟁에서 패배하여 하늘로부터 쫓겨나는 과정과 이에 대한 반응으로 하나님께 찬양과 경배를 드리는 장면을 소개한다.

구문분석 및 번역

7절 a) Καὶ ἐγένετο πόλεμος ἐν τῷ οὐρανῷ,
그리고 하늘에 전쟁이 있었다.

b) ὁ Μιχαὴλ καὶ οἱ ἄγγελοι αὐτοῦ τοῦ πολεμῆσαι μετὰ τοῦ δράκοντος.
미가엘과 그의 천사들은 그 용과 더불어 전쟁해야만 했다.

c) καὶ ὁ δράκων ἐπολέμησεν καὶ οἱ ἄγγελοι αὐτοῦ,
그리고 그 용은 그의 천사들과 함께 싸웠다.

8절 καὶ οὐκ ἴσχυσεν οὐδὲ τόπος εὑρέθη αὐτῶν ἔτι ἐν τῷ οὐρανῷ.
그리고 그(용)는 이기지 않았고 하늘에 그들의 장소가 발견되지 않았다.

9절 a) καὶ ἐβλήθη ὁ δράκων ὁ μέγας, ὁ ὄφις ὁ ἀρχαῖος, ὁ καλούμενος Διάβολος καὶ ὁ Σατανᾶς, ὁ πλανῶν τὴν οἰκουμένην ὅλην,
그리고 그 큰 용 곧 옛 뱀, 마귀 그리고 사탄이라고 불리우는 자, 온 세상을 미혹하는 자가 던져졌다.

b) ἐβλήθη εἰς τὴν γῆν,
그가 땅으로 던져졌다.

c) καὶ οἱ ἄγγελοι αὐτοῦ μετ' αὐτοῦ ἐβλήθησαν.
그리고 그의 천사들도 그와 함께 던져졌다.

---

145) 고든 피(G. Fee)는 이런 제목이 자칫 독자들의 오해를 불러 일으킬 수 있다는 점을 지적한다. 왜냐하면 이 본문의 중심추는 전쟁에 있지 않고 "용의 패배"(그의 이탤릭-아마도 강조를 위한 목적)에 있기 때문이다(G. D. Fee, *Revelation*, NCCS 18 [Eugene, Or: Cascade, 2011], 168). 그의 우려를 충분히 고려할 필요가 있지만 그러나 이 제목이 전체적인 흐름을 잡아 주는데 도움을 주기 때문에 그대로 사용한다.

이 본문에서 모든 동사들(ἐπολέμησεν, ἴσχυσεν, ἐβλήθη, ἐβλήθησαν)이 부정과거 시제로 사용되었다. 이것은 이 본문이 내러티브적인 특징이 있다는 것을 보여준다. 이 본문의 번역에서 가장 쟁점이 되는 것은 바로 7b에서 '투 포레메사이'(τοῦ πολεμῆσαι)이다. 이 문구는 무엇인가 부족해 보이는 듯하며 **ἐξῆλθον**(에크셀돈, 나가다) 혹은 **ἀνέστησαν**(아네스테산, 일어나다)와 같은 동사를 필요로 한다.[146] 먼저 정관사 '투'(τοῦ)와 부정사의 조합은 '… 위해서'라는 목적을 의미한다.[147] 그러나 이 문구를 그런 의미로 해석할 경우 문맥의 흐름에 전혀 맞지 않는다. 그리고 이 부정사구의 주어로서 역할하는 것처럼 보이는 **ὁ Μιχαὴλ καὶ οἱ ἄγγελοι αὐτοῦ** (호 미카엘 카이 호이 앙겔로이 아우투)는 주격이므로 부정사의 주어로는 부적절하다. 왜냐하면 부정사의 주어는 목적격이어야 하기 때문이다.

사도행전 10장 25절이 이 문장과 유사한 형태를 가지고 있는 듯하다: **Ὡς δὲ ἐγένετο τοῦ εἰσελθεῖν τὸν Πέτρον** (호스 데 에게네토 투 에이셀데인 톤 페트론).[148] 여기에서 '투 에이셀데인'(τοῦ εἰσελθεῖν)의 주어로 목적격(τὸν Πέτρον)이 사용되었다는 점에서 요한계시록의 구문과는 차이가 있다.[149] 뒤스터딕(Duesterdieck)은 이 문제와 관련하여 세 가지를 제안한다:[150] (1)본래의 본문이 부정사 형태가 아니라 직설법 동사인 '에폴레메산'(ἐπολέμησαν >πολεμέω, 폴레메오, 싸우다)이 사용되고 '투'(τοῦ)는 '아우투'(αὐτοῦ)를 잘못 중복해서 필사한 것; (2)'투 폴레메사이'(τοῦ πολεμῆσαι) 앞에 '아니스테산' (ἀνέστησαν>ἀνίστημι, 아니스테미, 일어나다) 혹은 '엘돈'(ἦλθον>ἔρχομαι, 에르코마이)과 같은 동사가 사라짐; (3)7a의 **πόλεμος ἐν τῷ οὐρανῷ** (폴레모스 엔 토 우라노)를 삭제하여 난외주로 넣는 것. 이 세 가지 제안은 나름대로 합리적일 수 있으나 주어진 본문을 파괴하는 방식으로 접근하기 때문에 받아들이기가 쉽지 않다. 불트만(Bultmann)은, 7b절(ὁ Μιχαὴλ καὶ οἱ ἄγγελοι αὐτοῦ τοῦ πολεμῆσαι)를 7a절(ἐγένετο πόλεμος ἐν τῷ οὐρανῷ)의 종속구로 간주할 것을 제안하는데 이 제안 역시 7b의 문구에서 부정사의 주어는 주격이 아니라 목적격이어야 하는데 주격으로 사용되어 있어서 난해한 점을 해결할 수 없다.[151]

---

146 Swete, *The Apocalypse of St. John*, 150.

147 BDF, § 400.

148 Charles, *A Critical and Exegetical Commentary on the Revelation of St. John, 1:321.*

149 앞의 책. 이 때에 이 부정사구는 '호스 데 에게네토'(Ὡς δὲ ἐγένετο)와 함께 "베드로가 들어 올 때"라는 의미이다.

150 아래에 등장하는 그의 논지는 앞의 책, 321-22에서 재인용했다.

151 앞의 책, 322에서 재인용.

또한 7b의 '투 폴레메사이'를 중심으로하는 부정사구를 7a의 '폴레모스'(πόλεμος, 전쟁)에 대한 "설명적 부정사"(explanatory infinitive)의 "극단적 사례"(extreme case)라고 함으로써 문제를 해결하려 하기도 한다.[152] 그러나 이런 입장은 70인역에 어떤 용례도 없다는 이유로 찰스의 비판을 받는다.[153] 이런 약점으로 인해 다른 대안을 생각해 볼 수 있는데 그것은 부정사 용법을 의미하는 "명령적(imperative) ל (레)"를 번역한 것일 가능성이 더 크다는 것이다.[154]

찰스는 에발트(Ewald), 블릭(Bleek) 그리고 췰리히(Zuellig)의 의견을 빌려서 **τοῦ πολεμῆσαι**(투 폴레메사이)를 히브리어 문구인 לְהִלָּחֵם(레히라헴, 그들은 싸워야만 했다[they had to fight])에 대한 번역으로 볼 것을 제안한다.[155] 이 제안에 의하면 70인역에서 이 문구는 히브리어 문구를 문자적으로 번역한 결과로 나타나고 있다는 것이다. 예를들면 70인역 호세아 9장 13절은 **Εφραιμ τοῦ ἐξαγαγεῖν** (에프라임 투 에크사가게인)으로 되어 있는데 이것은 히브리어 문구인 וְאֶפְרַיִם לְהוֹצִיא (베에프림 레호찌아)를 직역한 것이라고 한다.[156] 곧 호세아 9장 3절의 70인역인 **τοῦ ἐξαγαγεῖν** (투 에크싸가게인)은 부정사구로서 לְהוֹצִיא(레호찌)에 대한 문자적 번역이고, 주어도 히브리어의 주격을 그대로 주격으로 번역되어 부정사의 주어로 사용된다. 이 때 이 문장을 "에브라임은 …끌어 내야야만 한다"라고 당위성을 가지는 뜻으로 번역한다.[157] 역대상 9장 25절에서도 **ἀδελφοὶ αὐτῶν … τοῦ εἰσπορεύεσθαι κατὰ ἑπτὰ ἡμέρας** (아델포이 아우톤 … 투 에이스포류에스다이 카타 에프타 헤메라스)라는 문장에서 **τοῦ εἰσπορεύεσθαι** (투 에이스포류에스다이, 오다)는 히브리어의 לָבוֹא(레보트)를 번역한 결과이다.[158] 여기에서 헬라어 부정사의 주어는 목적격이 아니라 주격으로 사용되는데 그것은 히브리어의 주어(אֲחֵיהֶם), 아헤헴, 그들의 형제들)를 주격으로 그대로 번역하기 때문이다. 이것을 우리말로는 "그들의 형제들이 7일 안에 와야만 했다"라고 번역할 수 있다.[159]

152 J. H. Moulton, *A Grammar of New Testament Greek* (Edinburgh: T & T Clark, 1908), 1:218. 이후로 이 자료는 약어인 MHT로 표기하도록 한다.
153 Charles, *A Critical and Exegetical Commentary on the Revelation of St. John,* 1:322; MHT, 2:449.
154 MHT, 3:141.
155 Charles, *A Critical and Exegetical Commentary on the Revelation of St. John, 1:322.*
156 앞의 책.
157 앞의 책.
158 MHT, 2:449.
159 앞의 책. ESV, NRSV는 이 문장을 "were obligated to come"(… 하지 않을 수 없게 되었다)으로 번역하고 NKJV는 "… had to come"(와야만 했다)로 번역한다.

이런 내용을 요한계시록에 적용하면 7b에서 부정사구인 τοῦ πολεμῆσαι(투폴레사이)는 구약 히브리어를 70인역에서 번역하는 용례의 패턴에 따라 당위적이며 필연적 의미로서 "싸워야만 했다"로 번역하고 이 부정사구의 주어는 목적격이 아니라 주격인 ὁ Μιχαὴλ καὶ οἱ ἄγγελοι αὐτοῦ (호 미카엘 카이 호이 앙겔로이 아우투)으로서 "그 미가엘과 그의 천사들"로 번역할 수 있다.

그리고 9a절의 ὁ δράκων ὁ μέγας, ὁ ὄφις ὁ ἀρχαῖος, ὁ καλούμενος Διάβολος καὶ ὁ Σατανᾶς, ὁ πλανῶν τὴν οἰκουμένην ὅλην(호 드라콘 호 메가스, 호 오피스 호 아르카이오스, 호 카루메노스 디아볼로스 카이 호 사타나스, 호 플라논 텐 호이쿠메넨 홀렌)이라는 문구를 섬세하게 번역할 필요가 있다. 먼저 ὁ δράκων ὁ μέγας(호 드라콘)과 ὁ ὄφις ὁ ἀρχαῖος(호 오피스 호 아르카이오스)는 동격 관계로 볼 수 있다. 이 둘 사이의 동격 관계는 후자로 전자를 설명해 주는 설명적 동격관계로 볼 수 있다. 곧 옛뱀은 큰용을 설명해 주는 기능을 갖는다. 큰 용에 대한 이해를 옛뱀에 의해 더 심도있게 해 준다. 그리고 다음에 ὁ καλούμενος Διάβολος καὶ ὁ Σατανᾶς(호 칼루메노스 디아볼로스 카이 호 사타나스)에서 Διάβολος(디아볼로스, 마귀)는 정관사를 가지고 있는 '불리워지다'라는 분사와 함께 형용사적 용법으로 사용되어 앞서 언급된 "옛뱀"을 수식한다. 그래서 "마귀라고 불리우는 옛뱀"이라고 번역할 수 있다.[160] 여기에서 옛뱀은 마귀와 동일시된다. 이어 나오는 Σατανᾶς(사타나스, 사탄)도 정관사를 가지고 있다. 이것은 직전에 사용된 마귀와 구문적으로 구별되고 그 다음에 나오는 'ὁ πλανῶν τὴν οἰκουμένην ὅλην'(호 플라논 텐 호이쿠메넨 홀렌, 온 세상을 미혹하는 자)와 연결된다고 볼 수 있다. 여기에서 마귀와 사탄의 구별은 구문적인 것일 뿐 의미상의 구별은 없다.

9a절과 9b절 그리고 9c절의 구문적 관계에 있어서 흥미로운 구조적 특징이 존재한다. 9a절에서는 용의 정체성을 설명하는데 집중하고 용에게 주어진 결과에 대해서는 단순히 "던져졌다"라고만 막연하게 표현한다. 9b절에서는 "땅으로"라는 구체적 방향을 적시하여 "던져졌다"라는 동사와 함께 사용된다. 그리고 9c절에서는 용만이 아니고 함께 땅으로 던져진 그의 천사들을 언급한다. 일종의 점층적 표현 기법이라고 할 수 있다. 독자들이 이 본문을 읽을 때 이런 구문적 특징을 잘 파악하는 것은 흥미를 더 크게 할 수 있을 것이다.

160 이런 번역은 NRSV, NIV, ESV, NKJV의 지지를 받는다.

이상의 내용을 정리해서 우리말 순서대로 번역하면 다음과 같다.

7a 그리고 하늘에 전쟁이 있었다.
7b 그 미가엘과 그의 천사들은 그 용과 더불어 전쟁해야만 했다.
7c 그리고 그 용은 그의 천사들과 함께 싸웠다.
8 그리고 그(용)는 이기지 않았고 하늘에 그들의 장소가 발견되지 않았다.
9a 그리고 그 큰 용, 마귀라고 불리우는 옛 뱀, 곧 온 세상을 미혹하는 자, 사탄이 던져졌다.
9b 그가 땅으로 던져졌다.
9c 그리고 그의 천사들도 그와 함께 던져졌다.

본문 주해

문맥 관찰 및 본문의 구조 7절은 '하늘'에 의해 5절과 연결된다. 곧 5절에서 여자의 아들이 하늘로 올라간 것과 7절에서 하늘에서 전쟁이 일어나게 된 것의 상관관계가 분명히 있다. 그것은 바로 예수님의 승천에 의해 하늘에 전쟁이 발생하게 되었다는 것이다. 이런 관계에 의해 전쟁은 필연적이라고 할 수 있다. 이 주제에 대해서는 다음 단락에서 자세하게 다루게 될 것이다. 독자들은 이런 문맥의 흐름을 인지하는 것이 본문을 이해하는데 필요하다.

7-9절의 구조는 처음부터 뒤로 갈수록 점층적으로 발전한다. 7a절에서 먼저 하늘에 전쟁이 발생했다는 것을 총체적으로 밝 힌다. 그리고 7b절에서는 전쟁의 상대가 누구이며 이 전쟁이 어떤 특징을 가지고 있는가를 소개한다. 특징으로서 중요한 것은 그것이 피할 수 없는 전쟁이라는 것이다. 그리고 그것은 미가엘과 용과의 전쟁이다. 특별히 7b절에서는 전쟁의 주체로서 미가엘에 초점을 맞춘다. 그리고 7c절에서는 전쟁의 주체로서 용에 초점을 맞추고 있다. 그래서 7b절와는 달리 미가엘에 대한 언급 없이 "용은 그의 천사들과 함께 싸웠다"고 한다. 이것은 7b절에서 미가엘과 그의 천사들이 용에 대해 싸워야만 했던 것에 대한 반응이다. 곧 용과 그의 천사들도 그 싸움에 대응하는 모습을 보여주고 있는 것이다.[161] 양 진영이 강렬하게 맞붙은 형국이다. 그리고 8절에서는 7절에서 발생한 전쟁의 결과로서 하늘에서 용이 자신의 자리를 더 이상 발견할 수 없다는 사실을 서술한다. 이상에서 7-8절은 용과 미가엘의 전쟁의 상황을 묘사하고 있다. 그리고 다음 9절은 또한 그 결과의 진전

161 따라서 쾨스터는 7c의 정황을 "fight back"이라고 표현한다(Koester, *Revelation,* 548).

된 내용을 좀 더 구체적으로 밝혀준다. 먼저 9a절은 용이 상징하는 실체를 옛 뱀, 마귀, 사탄이라고 밝혀주면서 그가 던져졌다고 하고 그리고 9b절은 "땅으로" 던져졌다고 던져진 방향을 구체적 밝혀주고 있다. 마지막으로 9c는 용과 함게 동반 퇴출 당한 대상으로 "그의 천사들"을 소개한다.

[12:7] 미가엘과 용의 전쟁의 필연성

미가엘(7절) 7-9절에서 필연적으로 발생하게 되는 전쟁 당사자는 미가엘과 용이다. 용에 대해서는 앞 단락에서 충분히 논의했기 때문에서 여기에서는 미가엘에 집중해서 논의하기로 한다. 미가엘을 정확히 이해하기 위해서는 구약 배경을 살펴 볼 필요가 있다. 따라서 구약 배경을 살펴 보고 그 배경적 내용이 어떻게 요한계시록의 정황에 적용될 수 있을지 살펴 보고자 한다.

(1)구약 배경

구약 배경으로 먼저 살펴 볼 말씀은 다니엘 10장 13절, 20-21절 그리고 12장 1절이다.[162]

> [a]그런데 바사 왕국의 군주가 이십일 일 동안 나를 막았으므로 [b]내가 거기 바사 왕국의 왕들과 함께 머물러 있더니 [c]가장 높은 군주 중 하나인 미가엘이 와서 나를 도와 주므로(단 10:13)
>
> [20]그가 이르되 내가 어찌하여 네게 왔는지 네가 아느냐 이제 내가 돌아가서 바사 군주와 싸우려니와 내가 나간 후에는 헬라의 군주가 이를 것이라 [21]오직 내가 먼저 진리의 글에 기록된 것으로 네게 보이리라 나를 도와서 그들을 대항할 자는 너희의 군주 미가엘뿐이니라(단 10:20-21)
>
> 그 때에 네 민족을 호위하는 큰 군주 미가엘이 일어날 것이요 또 환난이 있으리니 이는 개국 이래로 그 때까지 없던 환난일 것이며 그 때에 네 백성 중 책에 기록된 모든 자가 구원을 받을 것이라(12:1)

(ㄱ) 단 10:13-군주의 의미에 대해서

먼저 구약 배경으로서 다니엘 10장 13절을 중심으로 미가엘의 특징과 역할을 묘사하고 있는 군주의 의미에 대해 살펴 보고자 한다. 13절에서 13a의 '바사 왕국의 군주'와 13c의 '가장 높은 군주(들) 중 하나(εἷς τῶν ἀρχόντων τῶν πρώτων, 에이

162 Beale, *The Book of Revelation*, 651.

스 톤 아르콘토 톤 프로톤)인 미가엘'이 서로 대립되는 관계로 묘사되고 있다. 여기에서 미가엘을 '군주 중 가장 높은 군주'라고 묘사하였으므로 이것은 '군주'가 천사를 의미하는 것으로 볼 수 있다. 이런 군주의 구약 전승은 신명기 32장 8-9절에서 그 근원을 찾아 볼 수 있다.[163)]

> [8)]지극히 높으신 자가 민족들에게 기업을 주실 때에, 인종을 나누실 때에 이스라엘 자손의 수효대로 백성들의 경계를 정하셨도다 [9)]여호와의 분깃은 자기 백성이라 야곱은 그가 택하신 기업이로다

이 신명기 본문에서 '이스라엘 자손의 수효대로'라는 문구는 맛소라 본문에서 '레 미스파르 브네 이스라엘'(לְמִסְפַּר בְּנֵי יִשְׂרָאֵל 이스라엘의 아들들의 수효대로)라고 되어 있는 것을 70인역에서는 '카타 아리드몬 앙겔론 데우'(κατὰ ἀριθμὸν ἀγγέλων θεοῦ, 하나님의 천사들의 수효대로)로 번역한다.[164)] 여기에서 맛소라 본문의 '아들들'을 70인역이 '하나님의 천사들'이라고 번역한 것에 주목해야 한다. 이 번역에 의하면, 하나님은 민족이나 인종을 나누실 때 천사들의 수효대로 그 일을 시행하셨다는 것이다. 이것을 거꾸로 말하면 각기 다양한 민족들이나 인종들은 그에 할당된 일정한 숫자의 다양한 천사들을 가지고 있다는 것이다.[165)]

이런 개념은 왕하 18:33, 35에서도 엿볼 수 있다.[166)]

> [33)] 민족의 신들 중에 어느 한 신이 그의 땅을 앗수르 왕의 손에서 건진 자가 있느냐
>
> [35)]민족(땅들의)의 모든 신들 중에 누가 그의 땅 을 내 손에서 건졌기에

이 인용문의 33절에서 '민족의 신들'(אֱלֹהֵי הַגּוֹיִם, 엘로헤 하고임)과 35절에서 '(그) 땅들의 모든 신들 중에'(בְּכָל־אֱלֹהֵי הָאֲרָצוֹת, 베콜 엘로헤 하아라쪼트)라는 문구는 모든 민족과 국가에 할당된 신들이 있음을 알려 주고 있다.

이런 내용을 단 10장 13절에 적용하면 가장 높은 군주인 미가엘은 곧 이스라엘에 할당된 이스라엘을 책임지는 군주라고 할 수 있고 페르시아의 군

---

163 Collins, *Daniel*, 374.

164 콜린스는 이런 70인역의 번역은 쿰란 문헌인 4QDeutj (Fragments of Deuteronomy from Qumran Cave 4)에서 בְּנֵי אֱלֹהִים(브네 엘로힘, 신들의 아들들)라는 문구의 지지를 받는다고 주장한다(앞의 책, 374, n 39).

165 앞의 책. 콜린스는 고대 사회에서 이런 개념이 널리 유포되어 있다고 주장한다(앞의 책).

166 Collins, *Daniel*, 374. 콜린스는 같은 페이지 각주 41에서 열왕기하 18장 35절과 이사야 36장 20절이 동일한 내용을 담고 있는 것으로 간주한다.

주 역시 페르시아 국가를 책임지는 인간이 아닌 천사라고 할 수 있다.[167] 군주라는 단어는 영어로 'prince'라고 번역되고 있는데 히브리어로는 '사르'(שַׂר)라고 하고 70인역에서는 "그리스 로마 시대 최고 관리"를 의미하는 '스트라테고스'(στρατηγός)로 번역하였다.[168] 단 8:11에서는 하나님을 '사르 하짜바'(שַׂר־הַצָּבָא; 개역개정은 이것을 '군대의 주재'라고 번역; ESV는 'Prince of host'[만군의 군주]; NIV는 "Commander of the army of the Lord [주의 군대의 지휘관])라고 묘사하고[169] 70인역에서 '스트라테고스'의 최고 우두머리를 의미하는 '아르키스트라테고스'(ἀρχιστράτηγος)로 번역하여 단순한 군주가 아닌 군주의 최고 우두머리임을 명시한다. 이런 호칭은 13c절에서 미가엘에 대해 표현한 '에이스 톤 아르콘토 톤 프로톤'(가장 높은 군주들 중 하나)과 구별된다 이런 점에서 군주 미가엘을, 군주의 리더인 하나님의 역할을 대행하여 그 명령을 수행하는 존재로 이해할 수 있다.

(ㄴ)단 10:20-21; 12:1-미가엘에 대해서

미가엘은 "유대 사상과 초기 기독교에서 가장 잘 알려진 천사들 중 하나"로 유다서 9절에서는 "천사장"이라고 불리워지기도 하고 그리고 에녹 1서 20장 1-7절에서는 수루엘, 라파엘, 라구엘, 사라카엘 그리고 가브리엘과 함께 중요한 천사로 분류된다.[170] 이런 현상은 다니엘서 등과 같은 중요한 구약 본문에서 미가엘을 언급하고 있는 것과 밀접한 관계가 있다. 구약 배경으로 다니엘서 10장 20-21절을 중심으로 미가엘에 대해 좀 더 집중해서 살펴 보고자 한다. 미가엘이 이스라엘의 군주라는 사상이 성경에 등장하는 것은 이 다니엘서 본문이 처음이다.[171] 이 본문은 10장 13절보다 바사 군주 뿐만 아니라 헬라 군주와 이스라엘의 군주 미가엘 사이에 대립이 더욱 격화되는 장면을 보여준다.

이 다니엘서 본문에서 미가엘은 이스라엘의 군주로서 앞서 바사 군주와 헬라 군주와 싸우는 가브리엘을[172] 도와 바사 군주와 헬라 군주와 싸우는 역할을 감당한다. 곧 헬라 군주가 바사 군주를 돕기 위해 이 대립에 참여하는

167 Newsom, *Daniel*, 332.
168 BDAG, 947.
169 Collins, *Daniel*, 375.
170 Koester, *Revelation*, 547-8.
171 Collins, *Daniel*, 376.
172 뉴썸은 이 천사를 가브리엘로 간주한다(C. A. Newsom, "Gabriel," *ABD* 2:863).

것처럼 미가엘은 가브리엘을 돕기 위해 이 싸움에 참여한다.[173] 10장 13절에서 미가엘에 대해 '가장 높은 군주 중 하나'라고 호칭했던 것이 10장 21절에서는 '너희의 군주'로 표현하면서 그가 이스라엘에게 할당된 천사임을 분명히 한다. 가브리엘에게는 '군주'라는 호칭을 부여하지 않지만, 미가엘에게는 '이스라엘의 군주'라는 호칭을 붙인다. 따라서 가브리엘의 발언처럼 이스라엘을 위해 가브리엘을 도와서 바사와 헬라의 군주를 대적하여 싸울 상대는 미가엘 외에는 존재하지 않는다. 이런 사실을 강조하기 위해 맛소라 본문은 '아인 에하드'(אֵין אֶחָד)이라는 문구를 사용하고 70인역은 '우데이스'(οὐθείς)란 단어를 문장의 맨 앞에 배치한다.[174]

이상에서 미가엘은 바사와 헬라의 제국주의적 압제에 대항하여 이스라엘을 해방시키고 보호할 수 있는 유일한 존재임을 강조한다. 그러므로 가브리엘과 이스라엘의 군주 미가엘과 바사와 헬라 군주와의 싸움은, 지상에서 이스라엘과 바사와 헬라와의 싸움에 대한 "천상적 대응"(heavenly correspondence)의 관계라고 할 수 있다.[175] 미가엘과 가브리엘의 공통된 관심사는 바사와 헬라와 같은 세상 세력으로부터 이스라엘 백성을 보호하고 구원하는 것이다.

다니엘 12장 1절은 이에 대한 결과를 예견한다. "그 때에"(בָּעֵת הַהִיא, 바에트 하히)라는 시점은 11장 40절에서 언급하고 있는 것처럼 "마지막 때"(בְּעֵת קֵץ, 베에트 케츠, '때의 마지막')를 가리킬 뿐만 아니라 11장 45절에 기록된 안티오쿠스 4세의 "종말"(קִצּוֹ, 케쪼, 그의 종말)을 이어받는다.[176] 이런 점에서 이어지는 내용은 종말적 사건으로서 그 시점은 "결정적인 천상적 개입의 시간"(the time of the decisive heavenly intervention)임을 시사한다.[177] 이 본문에서도 미가엘은 이스라엘 백성을 "보호하는"[178] '큰 군주'(70인역은 '큰 천사'[ὁ ἄγγελος ὁ μέγας]로 번역)로 등장한다. 이것은 10장의 사건과 연속성이 있음을 암시하면서 이스라엘을 실제적으로 구원

---

173 앞의 책, 335.

174 "There is no one"이라고 번역한 ESV나 NRSV와는 다르게NKJV은 이런 원문의 의도를 반영하여 "No one…"이란 문구를 문장의 맨 앞에 놓아 번역한다.

175 Goldingay, *Daniel*, 292.

176 Collins, *Daniel*, 390.

177 앞의 책.

178 개역 개정은 이 단어를 '호위하다'로 번역하는데 이런 '보호하다'라는 동사에 해당하는 히브리어 동사 '아마드'(עָמַד)는 '알'(עַל)이라는 전치사와 함께 사용될 때 문자적으로 "… 위에 서다"(stand over)로 번역할 수 있지만 이 문구는 "보호하다" 혹은 "방어하다" 라는 의미를 갖는다(Di Lella and Hartman, *The Book of Daniel,* 273).

하는 종말적 사역을 예시한다. 구체적으로 말하면 이스라엘을 핍박하는 안티오쿠스 4세에 대한 천상적 대응체인 헬라 군주를 패퇴시킴으로써 지상의 "책에 기록된 모든" 이스라엘을 미가엘이 구원할 것이다.[179] 이스라엘에게는 구원이지만 안티오쿠스 4세에게는 개국 이래로 없던 환란으로 말미암은 심판이 될 것이다. 11장 45절에서 언급하고 있는 것처럼 안티오쿠스의 "종말" 이 이르게 될 때는 그를 돕는 자가 아무도 없을 것이다.[180]

쿰란 공동체는 이런 다니엘서에서의 용례를 자신들에게 탁월하게 적용한다.[181] 곧 미가엘을, 하나님으로부터 구속함을 받아 "빛의 몫안에"(בגורל אור, 베가돌 오르)태어나게 된 자신들을 도울 "빛의 군주"(שר מאור, 사르 마오르)로 간주한다(War Scroll [1QM] 13:9-10). 여기에서 "정의의 천사들이 그(미가엘)의 손 안에 있으며 모든 진리의 영들이 그(미가엘)의 지배 아래 있다"(War Scroll [1QM] 13:10).[182] 이런 빛의 군주로서 미가엘은 "오늘"이라는 "정해진 시간"에 보냄을 받아 어둠에 속한 "악의 통치 영역의 군주"(שר ממשלת רשעה, 사르 메므샬라 리쉐아)를 "복종시키고 굴욕시킴" (להכניע ולהשפיל, 레하흐니아 베레하슈필)으로 하나님의 언약 백성을 돕는 역할을 한다(War Scroll [1QM] 17:6).[183]

(2)구약 배경의 요한계시록 본문에 적용

이스라엘의 종말적 구원자 군주 미가엘의 도움으로 하늘에서는 바사 군주를 비롯한 헬라 군주와 싸워 이기고 지상에서는 안티오쿠스 4세의 만행을 중단시키는 결과를 가져 오게 되었다고 한다. 그런데 문제는 역사적으로 볼 때 이스라엘은 페르시아와 그리스를 이기기는커녕 오히려 계속하여 식민 지배를 받게 되고 로마 제국의 지배를 받을 수 밖에 없는 상황이 되었다는 것이다. 그렇다면 10장 13절, 20-21절과 12장 1절과 같은 다니엘서의 말씀은 어떤 의미와 목적을 갖는가? 좀 더 구체적으로 말해서 바사 군주와 헬라 군주를 압도하

179 Newsom, *Daniel: A Commentary*, 360-61; Goldingay, *Daniel*, 306.

180 Newsom, *Daniel: A Commentary,* 360. 이 본문에서 안티오쿠스 4세의 죽음과 관련하여 콜린스는 다니엘 8장 25절에서 그의 갑작스런 죽음과 비교하면서 폴리비우스가 그의 죽음에 대해 묘사한 내용을 소개한다(Collins, *Daniel: A Commentary of the Book of Daniel,* 389).

181 쿰란 문헌의 출처는 Reddish, *Revelation,* 235로부터 참고했으나 직접 쿰란 문헌의 본문을 찾아서 좀 더 확장된 내용을 다루게 되었다.

182 영문 번역은 F. G. Martinez and E. Tigchelaar, eds., *The Dead Sea Scrolls Study Edition* (Leiden: Brill, 1997), 1:136을 참조하였다.

183 히브리어 본문은 M. G. Abegg, Jr. *Qumran Sectarian Manuscripts* (Bellingham, WA: Logos Bible Software, 2003)의 것을 사용하였다.

는 이스라엘의 군주 미가엘의 존재와 역할은 역사적으로 어떻게 구현되었는가? 그것은 역사적 정황을 근거로 종말적 성취를 내다 보고 있는 것으로 볼 수 있다. 요한은 바로 이 미가엘을 상징적으로 이미지화 하여 상징적 이미지인 용과의 전쟁을 통해 다니엘서의 정황을 재해석함으로써 종말적 전쟁의 성취의 현장을 재구성한다. 이번에는 바사 군주와 헬라 군주 그리고 그들의 군대 대신에 용과 그의 사자들이 그 대적으로 등장한다. 따라서 용과 그의 사자들은 패퇴시켜야 하고 패퇴할 수 밖에 없는 종말적 적대 세력이라고 할 수 있을 것이다. 이 때에 미가엘은 종말적으로 구원을 성취하시는 예수님의 사역을 상징적으로 보여주는 종말적 구원자로서의 역할과 기능을 지닌다. 이런 점에서 미가엘은 "그리스도께서 지상에서 하신 사역에 대한 천상적 반영"이라고 할 수 있다.[184]

또한 쿰란 문헌을 배경으로 볼 때, 요한계시록에 등장하는 미가엘은 미래가 아닌 종말적 성취의 관점에서, 현재에 하나님의 언약 백성을 돕기 위해 종말적 성취의 시점에 용으로 상징되는 사탄에게 굴욕을 안겨 주면서 하나님의 백성에게는 구원을 가져다 주는 종말적 구원자로서의 역할을 보여준다.

전쟁의 필연성 앞서 7c절의 번역과 관련해서 "전쟁해야만 했다"로 번역하는 것이 적절한 것으로 논의한 바 있다. 이것은 전쟁의 필연적이며 당위적 상황을 드러내고 있다. 곧 이 전쟁은 피할 수 없는 특징을 가지고 있다는 것이다. 그 이유는 무엇인가? 이것은 서로 연결되어 있는 두 가지로 나누어 생각해 볼 수 있다. 첫째로, 이런 필연성은 5절에서 여자의 아들이 탄생하고 하늘로 올라가게 된 결과라고 추정할 수 있다. 5절에서 아들이 하늘로 올리워 간 사건은 아들의 승귀를 의미하는 것으로서 하늘에서 활동하는 용과의 일전을 충분히 예고한 것이라고 할 수 있다. 이런 흐름과 관련하여 고든 피는, "메시아가 하늘로 승귀"하게 된 사실을 묘사하는 5절에 대해 7절의 말씀이 "직접적으로 반응하고 있는 것"이라고 보았다.[185] 결국 아들과 용은 원수가 피할 수 없이 외나무 다리에서 만나듯 하늘에서 만나게 된 것이다. 용은 아들의 주권 앞에 순응하는 것이 아니라 반항할 수 밖에 없는 속성을 갖는다. 이것은 아담과 이브의

184 Beale, *The Book of Revelation*, 657.
185 앞의 책, 168.

일생(Life of Adam and Eve) 12-16장에서 아담에게 절하라는 천사장(ἀρχάγγελος) 미가엘의 명령을 받아들이지 않고 끝까지 저항하는 사탄의 행위에서 잘 나타나 있다.[186] 그리고 그 사탄이 하늘로부터 쫓겨나게 되었던 것도 요한계시록의 본문과 평행을 이룬다.[187] 이것이 바로 전쟁이 필연적으로 발생할 수 밖에 없는 정황이다.

둘째로, 다니엘서의 패턴대로 하늘에서의 전쟁이 지상에서의 전쟁에 상응되는 관계로 비추어 볼 때 그 전쟁은 피할 수 없는 필연적 특징을 갖는다. 곧 13-16절의 지상에서 벌어지는 전쟁은 그에 상응하는 하늘에서의 전쟁으로서 미가엘과 용의 전쟁에 의해 결정된 것으로 볼 수 있다. 따라서 이런 하늘에서의 전쟁은 지상에서의 전쟁에 철저한 영향을 끼치려는 의도를 지닌다. 곧 다니엘서에서 지상에 존재하는 하나님의 백성을 핍박하는 안티오쿠스 4세에 대한 심판을 확증하시기 위해 군주 미가엘이 하늘에서 헬라 군주와 바사 군주를 패퇴시켰던 것처럼, 미가엘은 하나님의 백성을 핍박하는 용을 하늘로부터 쫓아 내어 지상에 존재하는 하나님의 백성(교회 공동체)에 대한 보호와 승리를 확증하신다. 이런 승리의 확증이 하나님의 신적 계획이기 때문에 미가엘과 용의 전쟁은 필연적이다. 이것은 기독론적이고 종말적인 성취에 의해 초래된 결과이다. 이런 내용은 다음에 이어지는 전쟁의 결과에 대한 이야기에서 계속 이어지게 된다.

[12:8-9] 전쟁의 결과

이 단락에서는 하늘 전쟁의 필연성에 촛점을 맞추어 논의했다면 다음 단락에서는 전쟁의 결과에 촛점을 맞추어 논의하게 될 것이다. 전쟁의 결과와 관련하여 먼저 구약 배경으로서 다니엘서의 패턴을 적용하여 전쟁의 결과를 예측해 보고 이에 근거하여 용이 패배하는 과정의 두 단계를 관찰해 보고자 한다. 그리고 용이 땅으로 던져지는 주제와 용에 대한 해석으로서 옛뱀과 마귀, 사탄에 대해 생각해 보겠다.

---

186 *OTP*, 2:562-563.

187 이처럼 평행적 관계라고 해서 12장에서 용이 하늘로부터 쫓겨나게 된 것을 "태고의 하늘로부터의 사탄의 퇴출"(Satan's primeval expulsion from heaven)로 간주하는 것은 적절하지 않다. 왜냐하면 요한계시록의 문맥에서 사탄의 패배는 예수님의 십자가 죽음에 의해 발생한 것으로 간주되기 때문이다(Reddish, *Revelation,* 235).

다니엘서 패턴의 적용 다니엘서를 배경으로 볼 때 전쟁의 결과는 쉽게 예견될 수 있다. 다니엘서에 의하면 이스라엘의 군주 미가엘은 바사와 헬라의 군주를 하늘 전쟁에서 격퇴시킴으로써 지상에서 이스라엘을 핍박하고 성전을 유린하던 안티오쿠스 4세에 대한 심판을 결정짓는다. 요한은 이 패턴을 미가엘과 용의 전쟁에 적용한다. 따라서 군주 미가엘의 재등장으로 하늘 전쟁의 승리를 통한 지상에서의 승리를 확증한다. 그런데 하늘 전쟁에서 미가엘의 승리는 지상에서 예수님의 십자가의 승리에 의해 초래된다는 것을 기억해야 한다. 이런 이슈와 관련하여 케어드는 다음과 같이 서술한다: "승리가 하늘에서 쟁취될 때, 그리스도는 땅에서 십자가 위에 계신다."[188] 미가엘과 용 사이에서 벌어지는 하늘에서의 전쟁의 결과는 이미 십자가에서 결정된 것이라고 할 수 있다(참조 5:5-6; 9-10). 이런 점에서 케어드는 하늘에서 미가엘의 승리는 "십자가의 지상적 실체의 천상적이고 상징적 대응체(counterpart)"라고 표현한다.[189]

하늘에서의 전쟁이 지상에서의 전쟁의 결과를 결정짓는 것이지만 또한 지상에서 아들의 탄생과 십자가의 승리와 승천이 하늘에서의 전쟁의 결과를 결정 짓기도 한다. 그러므로 하늘의 전쟁과 땅의 전쟁은 상호적이며 유기적으로 관계된다. 특별히 지상의 승리가 하늘의 전쟁에 영향을 끼치는 이런 패턴은 다니엘서나 쿰란 문헌이 제시하지 못한, 종말을 성취하는 그리스도의 지상 사역을 근거로 서술하는 요한계시록만의 독특한 특징이다. 이런 측면에서 볼 때 하늘에서 미가엘의 승리는 이 땅에서 이루어진 예수님의 십자가 승리를 우주적으로 확증한다.[190] 이런 하늘에서의 승리는 또한 13-16절에서 하늘에서 쫓겨난 용과 여자와의 전쟁 결과에도 영향을 끼친다.

용의 패배의 두 단계 하늘에서 미가엘은 용과의 전쟁에서 패배하는데 이런 용의 패배는 두 단계로 드러난다. 첫 번째는 용과 그의 천사들은 하늘에 그들의 장소를 찾을 수 없게 되었다(8절). 달리 말하면 그 용이 하늘로부터 쫓겨나기 전에 하늘에서 "자기의 자리"(proper place)를 가지고 있었다고 할 수 있다.[191] 그 천상의 자리를 상실하게 되었다는 것이다. 이것은 단순히 공간적인 문제

188 G. B. Caird, *The Revelation of Saint John*, BNTC (Peabody, MA: Hendrickson, 1999), 153.
189 위의 책, 154.
190 Reddish, *Revelation*, 237.
191 Harrington, *Revelation*, 132.

가 아니라 용의 존재론적 문제이다. 곧 그동안 용의 활동 무대였던 하늘과 더 이상 관계가 없는 존재가 되어 버렸다는 것이다. 하늘에서 용의 활동과 관련하여 10절에 의하면 용은 쫓겨나기 전에 하늘에서 참소하는 행위를 자행해 왔다.[192] 그러므로 하늘에서 있을 곳을 발견하지 못하고 땅으로 쫓겨나게 된다는 것은 하늘에서 용이 참소하는 권세를 더 이상 행사할 수 없게 되었다는 것을 의미한다. 이것은 세력 판도가 바뀌는 획기적 변화가 하늘에서 발생했다는 것을 의미한다.

두 번째 단계로는 하늘의 전쟁에서 패배하여 자신의 자리를 상실한 용이 땅으로 던져지게 되었다는 것이다(9절). 흥미로운 것은 이 결과가 그 어떠한 지난한 전쟁의 과정 없이 일어나고 있다는 사실이다. 이것은 하나님의 주권을 강조한다. 이런 하나님의 주권은 "던져지다"(ἐβλήθη, 에블레데>βάλλω, 발로)라는 동사가 9a절과 9b절 두 번 모두 신적 수동형으로 사용되었다는 점에서 더욱 두드러지게 드러난다. 이 단어는 신약 성경에서 주로 심판과 관련하여 사용되며(마 3:10; 13:42; 요 15:6) 요한계시록에서도 28회 사용되는데 대부분이 심판과 관련된 문맥에서 사용된다.[193] 이 본문에서도 역시 용을 심판하는 상황이 발생한다. 결국 용이 하늘에 있을 곳을 발견하지 못하고 그 하늘로부터 던져졌다는 것은 하나님의 주권에 의해 용이 철저히 패배했음을 의미한다.

땅으로 던져지다(9abc절) 앞에서 언급한 것처럼 용이 하늘로부터 쫓겨나게 되는 정황이 "던져지다"라는 수동형 동사로 표현되었다. 그리고 구문 분석에서 언급했던 것처럼 9a절과 9b절 그리고 9c절 사이에 점층적 기법에 의해 문장의 흐름이 구성되고 있다. 하늘로부터 땅으로 던져지는 주제와 관련된 초기 유대 문헌의 기록들이 있다. 요한계시록 본문과 다소 차이가 있더라도, 이런 자료들을 배경으로 이 주제를 고려할 필요가 있다. 곧 에녹 1서 12장 4절에서 수호자들(Watchers)은 자신들을 더럽힘으로 스스로 "거룩한 영원한 장소"(the holy eternal place)인 하늘을 버리고 떠나가게 된다.[194] 여기에서 자신을 더럽힌 수호자들은 쫓겨난 것이 아니라 스스로 하늘을 버린 점이 차이가 있다.

192 이에 대한 좀 더 자세한 내용은 10절을 다룰 때 살펴 보기로 한다.
193 R. L. Thomas, *Revelation 8-22: An Exegetical Commentary* (Chicago: Moody Press, 1995), 131. 토마스는 요한계시록에서 사용회수가 26회라고 했는데 확인해본 바 28회이다.
194 *OTP*, 1:20(번역은 E. Isaac의 것).

에녹 2서 29장 3절에서 창조의 셋 째 날에 하나님은 천사들에게 각자의 위치를 잘 지킬 것을 명령하신다.[195] 그러나 사타나일(Satanail)은 하나님과 동등해지기 위해 그의 보좌를 있어야 할 그 자리보다 더 높은 곳에 두려고 했다(에녹 2서 29:4). 그래서 하나님은 창조의 둘째 날에 그와 그의 수하에 있는 천사들을 높은 하늘로부터 던지신다(에녹 2서 29:5).[196] 왜냐하면 유지했어야 하는 그 질서(order)로부터 이탈했기 때문이다. 하늘로부터 던져진 사타나일은 아뷔쏘스 위에 공중에서 끊임 없이 날아 다닐 뿐이다(에녹 2서 29:5). 또 다른 유대 문헌으로는 앞서 언급했던 아담과 이브의 일생 12-16장에서 마귀는 자신이 하늘로부터 쫓겨났다는 표현을 7회 사용한다.[197] 이러한 내용들은 분명 요한계시록 12장 9절에서 하늘로부터 땅으로 던져진 용의 모습과 평행 관계가 있음을 시사한다. 특별히 아담과 이브의 일생 16:1에서 "우리의 거주처(하늘)로부터 … 땅으로 쫓겨났다"는 기록은 요한계시록 본문과 아주 유사한 패턴을 보여준다.

그러나 평행적 관계라고 해서 이런 "태고에 하늘로부터 사탄의 퇴출"(Satan's primeval expulsion from heaven)은 12장에서 용이 하늘로부터 쫓겨나게 된 것과 동일시될 수는 없다. 왜냐하면 요한계시록의 문맥에서 사탄의 패배는 예수님의 십자가 죽음에 의해 발생한 것이기 때문이다.[198] 다만 시점 상에서 분명한 차이가 있지만 요한은 용이 하늘로부터 땅으로 던져지는 장면을 묘사하는 데 있어서 이런 태고에 일어났던 것으로 묘사된 문헌들의 표현을 기독론적 관점에서 재해석하여 이 본문에 반영했을 가능성이 크다.

한편 용이 하늘에 있을 곳을 발견하지 못하고 땅으로 던져져 쫓겨나게 된 것은 그의 위치가 더 이상 하늘이 아닌 땅이 되고 말았다는 것을 의미한다. 던져진 방향을 '땅으로'(εἰς τὴν γῆν, 에이스 텐 겐)라고 적시함으로써 그의 위치 변화를 분명하게 밝히고 있다. 여기에 위치 변화의 절묘한 대조가 나타난다. 곧 예수님은 승천으로 말미암아 하늘로 올라가신 반면, 용은 하늘로부터 땅으로 던져

195 I. Boxall, *The Revelation of Saint John*, BNTC 19 (Peabody, MA: Hendrickson, 2009), 182.

196 Aune, *Revelation 6-16*, 698.

197 *OTP* 2:262-263. M. D. Johnson의 번역에 의하면 다음과 같은 표현들이 사용된다: "I am expelled"(12:1); "I was cast out onto the earth"(12:2); "I have been thrown out of there"(13:1); "I was cast out from the presence of God and was sent out from the fellowship of the angels"(13:2); we were expelled into this world from our dwellings and have been cast onto the earth(16:1); I have been expelled from my glory(16:3). 이런 표현들은 사탄에 대한 유대적 해석일 뿐이지 이것이 사실을 표사하고 있는 것은 아니라는 것을 알아야 한다. 사탄이 어떻게 존재했고 어떤 정황 속에 있었는지 성경이 자세하고 분명하게 기록하고 있지 않으므로 이 영역은 미지의 상태로 남겨 놓는 것이 좋다.

198 Reddish, *Revelation*, 235.

진다. 이것을 "예수님의 오르심은 사탄의 떨어짐이다"(Jesus's rise is Satan's fall)로 요약해서 표현할 수 있다.[199] 이러한 위치 변화는 권세와 능력에 현저한 변화가 발생하게 되었다는 것을 의미한다. 그것은 곧 하늘에서 용의 활동이 중단되었다는 것을 의미하며 하늘에서 행사했을 권세가 상실되었음을 의미한다. 용이 땅으로 던져지기 전에 강력한 권세를 가지고 있었다는 사실은 9절에서 이 용을 "큰 용"(ὁ δράκων ὁ μέγας, 호 드라콘 호 메가스)이라고 표현한 데에 잘 드러나 있다. 그럼에도 불구하고 이처럼 큰 용은 무기력하게 땅으로 던져지는 비참한 처지를 맞이하게 된 것이다.

땅으로 던져짐으로 하늘로부터 제거된 용으로 상징되는 사탄은 땅이 새롭게 되는 새하늘과 새땅에서 다시 땅에서 제거되어 "불과 유황의 호수"에 던져지게 될 것이다(20:10).[200] 이 때 사용된 동사가 9ab절과 동일하게 '던져지다'라는 의미의 ἐβλήθη (에블레데)이고 함께 사용된 전치사 역시 9ab절의 경우와 동일하게 'εἰς'(에이스)이다. 다만 전치사 '에이스' 직후에 나오는 지점이 '땅'이 아니라 "불과 유황의 호수"이다. 여기에서 하늘로부터 제거된 것은 구속의 성취라고 한다면 땅으로부터 제거된 것이 구속의 완성이라고 할 수 있다.

이런 용의 처지는 9장 1절에서 '하늘로부터 땅으로 떨어져 있는 별'에서 이미 암시된 바 있다.[201] 그리고 누가복음 10장 17-18절에서도 72인의 제자들이 돌아와서 예수님께 귀신들이 항복했던 경험을 보고하는 중에 예수님은 "사탄이 하늘로부터 번개같이 떨어지는 것을 보았다"고 말씀하신다.[202] 이런 말씀 역시 요한계시록 본문에서 용이 하늘로부터 땅으로 던져지는 경우와 유사한 내용이다.[203] 그리고 요한복음 12장 31절에서 예수님이 "이제 이 세상에 대한 심판이 이르렀으니 이 세상의 임금이 쫓겨나리라"고 말씀하신 것과도 밀접한

---

199 R. Jamieson, A. R. Fausset, and D. Brown, *A Commentary, Critical, Experimental and Practical, on the Old and New Testaments: Acts–Revelation* (Grand Rapids: Eerdmans, 1945), 695.

200 쾨스터는 20장에서 땅에서 제거되는 단계를 두 단계로 제시하면서 20장 10절 이전에 20장 1-3절의 "아뷔쏘스"를 덧붙인다(Koester, *Revelation,* 548). 그러나 20장 1-3절에 대한 주해에서 자세하게 논의할 것이지만 20장 1-3절에서 무저갱에 용이 갇히게 된 것을 12장 7-10절에서 용이 하늘로부터 쫓겨난 것과 동일한 사건으로 보는 것이 적절하다. 그러므로 사탄이 땅으로부터 최종적이고 영원히 퇴출되는 것은 20장 1-3절의 무저갱이라는 단계를 거치지 않고 예수님의 재림 때에 20장 10절에서 일어나게 된다.

201 J. P. M. Sweet, *Revelation* (Philadelphia: Westminster, 1979), 201.

202 위의 책.

203 Fee, *Revelation*, 170.

관련이 있다.[204]

이런 일련의 신약 성경 본문을 통해 새창조를 성취하는 예수님의 죽음과 부활을 통해 종말적 심판을 받은 사탄은 하늘로부터 쫓겨난 존재가 되어버린다. 이 모습은 첫창조 때 사탄이 하늘로부터 쫓겨난 정황과 평행을 이룬다.[205] 그리고 종말의 완성의 때에 사탄은 다시 한 번 불과 유황의 호수에 던져진다(계 20:10). 이 사실을 통해, 사탄의 던져짐에 의해 첫창조와 새창조의 성취와 완성이 서로 평행적 특징을 가지고 있음을 알 수 있다.

전쟁의 결과로서 큰 용에 대한 심판의 의미 큰 용에 대한 심판은 두 가지 의미가 있다. 첫째로, 앞서 3-4절에서 용에 대한 구약 용례로서 시편 74편 13-14절과 이사야 27장 1절 그리고 이사야 51장 9-10절에서 살펴 본 것처럼, 원시적 바다에서 혼돈과 무질서를 야기했던 용이 다섯 째 날에 바다에 갇히게 되어 창조 질서를 드러내게 되었는데, 타락으로 인하여 이 용은 다시 이 세상에 혼돈과 공허를 야기하는데 주도적 역할을 하게 된다. 구체적인 표적은 바로 하나님의 백성들이다. 바로 큰 용에 대한 심판은, 이러한 혼돈과 무질서를 야기했던 용의 활동이 더 이상 진행될 수 없게 되었으며 새창조의 질서를 가져오게 되었다는 것을 뜻한다.

둘째로, 에스겔 29장 3절과 32장 2절에서 확인한 것처럼 용은 애굽의 바로 왕으로 구현된다. 따라서 애굽의 바로 왕은 하나님의 백성을 핍박하는 대표적 세상 세력이다. 이런 사실을 배경으로 요한계시록 본문에서 용 이미지로 용에 대한 심판을 기록한 것은 바로에 대한 심판으로 말미암아 이스라엘 백성이 출애굽한 것처럼, 이제 교회 공동체를 마귀 사탄으로부터 해방하시는 예수 그리스도의 새출애굽 역사를 보여 주고자 함이다.

새창조 질서를 가져 오게된 것과 새출애굽의 성취가 일어나게 된 것이 바로 용이 하늘로부터 던져지는 사건의 의미라고 할 수 있다. 또한 이 두 주제는 유기적 관계가 있는데, 새출애굽의 성취는 새창조의 질서를 가져오는 결정적 사건이 되는 것이다.

---

204 Sweet, *Revelation*, 201; J. Roloff, *The Revelation of John*, CC (Minneapolis: Fortress, 1993), 149.

205 Beale, *The Book of Revelation*, 658. 비일은 첫창조 때에 사탄이 하늘로부터 쫓겨난 사건을 기록한 문헌들을 다음과 같이 소개한다: 사 14:11-16; 겔. 28:12-19 [?]; 벧후 2:4; 유다서 6; 에녹1서9-10; 86; 에녹2서 7; 18; 29:4-5; 아담과 이브의 일생 12:1; 16:1; *Pirke de Rabbi Eliezer* 13).

용에 대한 해석: 옛뱀, 마귀, 사탄(9a) 9a절에서 용의 상징적 의미를 해석하고 있다. 이전에는 용이라는 상징적 표현을 사용하다가 드디어 9a에서 그 용이 옛뱀이요, 마귀 그리고 사탄을 의미한다는 것을 밝혀 준다. 그렇다면 이 각각의 이름은 무엇을 의미하는가? 이에 대해 옛뱀과 마귀/사탄 두 항목으로 나누어 살펴보고자 한다.

(1)옛뱀(ὁ ὄφις ὁ ἀρχαῖος)

여기에서 용을 옛뱀이라고 설명하는 것은 시사하는 바가 많다. 옛뱀은 바로 에덴에서 아담과 이브에게 거짓으로 속여 선악과를 먹게 하고 타락하게 했던 그 뱀이다.[206] 이처럼 옛뱀이란 호칭에 의해 용은 창 3장 1절의 뱀과 동일시된다.[207] 이어지는 부분에서 용은 마귀, 사탄을 의미하는 것으로 설명되고 있다. 에덴의 옛 뱀이 마귀를 의미한다는 사실은 요한계시록 본문 이전에 유대 묵시 전승(솔로몬의 지혜서 2:24; 모세의 묵시록 16장; 아브라함의 묵시록 23:1-11)에 이미 언급된 바 있다.[208] 이런 묵시 문헌과의 관련성에 의해, 요한계시록 본문의 옛뱀과 관련된 내용들이 "창세기 3장 사건들에 대한 묵시적 표현"(apocalyptic description)의 특징을 잘 나타내 주고 있음이 분명해진다.[209]

유대 묵시 문헌 중에 이런 내용을 가장 분명하게 보여 주고 있는 것은 솔로몬의 지혜서 2장 24절이다. 이 본문에 의하면 "마귀의 질투 때문에 세상에 죽음이 들어왔다"고 한다. 그리고 모세의 묵시록(Apocalypse of Moses) 16장에는 마귀가 뱀과 함께 아담과 이브에게 선악과를 먹게 하여 에덴에서 쫓겨 나가게 하기 위한 모의를 시도하는 내용이 나온다.[210] 여기에서 마귀와 뱀은 구별된 존재로 표현 되지만 동일한 목적을 가지고 동일체가 되어 활동한다. 그리

206 Caird, *The Revelation of Saint John*, 156.

207 Swete, *The Apocalypse of St. John,* 151. 그러나 여기에서 주의해야 할 것은 창세기 3장 1절은 뱀을 "하나님이 지으신 들짐승들 중의 하나"로서 "가장 간교하다"라고 할 뿐 사탄과의 관계성에 대해서는 침묵한다. 우리는 이런 창세기 본문의 설명을 존중하여 성급하게 창세기 3장 1절에서 뱀을 초월적 존재나 신적능력을 가진 존재로 사탄과 연결짓는 데에는 신중할 필요가 있다(V. P. Hamilton, *The Book of Genesis, Chapters 1-17*., NICOT [Grand Rapids: Eerdmans, 1990], 88). 다만 요한계시록 12장 9절에서 용을 옛뱀이라고 표현하는 것은 해석적 전승에 영향을 받아 종말론적이며 기독론적 관점에 의해 요한이 용을 해석한 것으로 받아들여야 할 것이다.

208 Koester, *Revelation*, 549.

209 피는 이런 "묵시적 표현"이 어려운 상황 가운데 있는 독자들을 격려하기 위해 사용되었다고 본다 (Fee, *Revelation,* 169).

210 이 유대문헌에 대한 정보는 Koester, *Revelation,* 549에서 가져왔다.

고 에녹 1서 69장 6절에서 사탄을 의미하는 개드릴(Gadreel)이 이브를 유혹하는 것으로 기록되어 있다.[211] 이런 본문들이 "뱀과 사탄의 동일시"에 대한 요한의 해석에 상당한 근거를 제공한다.[212]

한편 아브라함의 묵시록 23장 7절에서는 "나무 뒤에 형태에 있어서 용같은 형태의 (어떤) 것"([something] like a dragon in form)이 있다고 하여 에덴의 뱀을 용 같은 존재로 표현한다.[213] 여기에서 이런 표현에서 용과 옛뱀이 서로 긴밀한 관계임을 알 수 있다. 이런 배경에 의해 요한계시록 본문에서 용을 에덴에서 활동했던 옛뱀이라고 표현한 것은 그다지 새로운 것이 아니다. 더 나아가서 옛뱀은 에덴에서 아담과 이브의 실패한 역사를 연상케 한다.[214] 흥미로운 점은, 에덴에서 아담을 공격했던 그 옛뱀이 이제 용으로 나타나 여자가 낳은 아들을 다시 공격하는 정황을 연출한다는 것이다. 그러나 에덴에서와는 달리 아들에 대한 용의 공격은 실패한다. 여자의 아들에 의해, 에덴에서의 아담의 실패가 회복되고 반전되는 것을 확인할 수 있다. 요한은 자기가 사는 시대의 사탄의 활동을, 역사의 시작점인 에덴에 있던 뱀과의 관련성을 설정하는 큰 그림을 가지고 본문을 써 내려가고 있는 것이다.

이처럼 뱀 이미지는 에덴적 모티브를 갖고 있는 것이 사실이지만 이 이미지에는 동시에 요한의 동시대적 문화와 정치 그리고 종교적 정황의 반영도 포함되어 있다. 당시 소아시아에서 뱀은 "이교적 신성의 상징"(symbol of pagan divinity)이었다.[215] 요한은 뱀의 이미지를 사용함으로써 용이 가지고 있는 성경적 배경에 "의미있는 지역적 특성"을 덧붙이고 있는 것이다.[216] 따라서 뱀의 이미지는 창 3장의 옛뱀과 동시대적 배경으로서 이교적 종교의 이미지를 동시에 포함하고 있다. 그렇게 함으로써 당시 일곱 교회 성도들이 황제 숭배를 비롯한 이교적 우상 숭배를 강요당함으로써 겪는 고난으로부터의 승리에 대한 확신을 담아내고자 한다.

211 Charles, *A Critical and Exegetical Commentary on the Revelation of St. John*, 1:326.
212 앞의 책.
213 이 유대문헌에 대한 정보는 Koester, *Revelation*, 549에서 가져왔다.
214 J. R. Michaels, *Revelation*, IVPNTC 20 (Downers Grove, IL: InterVarsity Press, 1997), 150.
215 Bauckham, *The Climax of Prophecy*, 196.
216 앞의 책.

(2)마귀, 사탄

여기에서 마귀와 사탄은 동의어로 쓰였다.[217] 먼저 '사탄'(שָׂטָן, 사탄)은 본래 고유명사가 아니라 단순히 "대적자"라는 의미로 사용되었다. 예를 들면 민수기 22장 22절에서 여호와의 사자가 발람의 길을 막기 위한 '대적자'(שָׂטָן)의 역할을 하고 있다(참조 삼상 29:4; 왕상 5:4; 11:14, 23)[218] 또한 "인간 반대자"(human opponents)를 의미하기도 하고(시 71:13) 후기 전승에서는 "마귀적 존재"(demonic being)를 의미하는 것으로 발전하며(쥬빌리 23:29; 마 4:10; 고후 2:11; 욥의 유언서 3:6; 단의 유언서 3:6)[219] 또한 천상 회의의 하나님 앞에서 하나님의 백성을 정죄하는 "고발자"로도 활동한다(욥 1:6-11; 슥 3:1-10).[220] 70인역에서는 "사탄"이란 단어를 "중상하는 자" 혹은 "마귀"를 의미하는 "디아볼로스"(διάβολος)로 번역한다(대상 21:1; 욥 1:6; 슥 3:1; 참조 지혜서 4:1; 납달리의 유언 8:4).[221] 여기에서 "사탄"은 히브리어 표현이고 "마귀"는 70인역의 헬라어 표현이라는 것을 알 수 있다. 그리고 유대 전승에서는 사탄과 마귀라는 두 이름이 "하나님의 주요한 천사적 대적자"라는 의미로 사용되며 "벨리알"로도 알려져 있고(1QS 1, 18; 1QM 1, 1) 그리고 마태복음 12장 24절과 마가복음 3장 22절에서는 "바알세블"로 표현되기도 한다.[222]

요한은 이 사탄을 "온 세상을 미혹하는 자"라고 설명한다. 여기에서 '세상'은 '오이쿠메네'(οἰκουμένη)라는 단어로서 "문명화되고 헬라화된 세계"를 가리키는 "헬라적 용어"(Hellenistic term)이다.[223] 그러므로 이 용어는 사탄의 미혹의 대상으로 단순히 하나님의 모든 백성만을 가리키기 보다는 일반적인 세상 자체를 가리키는 것으로 볼 수 있다.[224] 보쿰은 한 발자국 더 나아가 "모든 세상"이 "땅에 사는 자들"(the inhabitants of the earth)과 그리고 짐승을 따르는 "모든 땅"(ὅλη ἡ γῆ, 홀레 헤 게)(13:3)과 동일하게 부정적 의미를 갖는 것으로 본다.[225]

"미혹하다"는 거짓을 말하는 행위를 의미한다. 사탄은 신자들은 물론이고 세상 전체를 향하여 거짓을 일삼는다. 요한계시록 20장 8절에서 사탄이 "땅

217 Charles, *A Critical and Exegetical Commentary on the Revelation of St. John*, 1:325.
218 Mounce, *The Book of Revelation*, 237.
219 Koester, *Revelation*, 549.
220 Mounce, *The Book of Revelation*, 237.
221 Koester, *Revelation*, 549.
222 앞의 책.
223 B. Witherington, *Revelation*, NCBC (Cambridge: Cambridge University Press, 2003), 171.
224 앞의 책.
225 Bauckham, *The Climax of Prophecy*, 239.

의 네 모퉁이에 있는 나라들"을 미혹하는 구체적 행위를 지적한다. 이런 미혹의 최초 사건은 에덴에서 이브를 거짓으로 속여 선악과를 먹게한 사건이다.[226] 이 때 이후로 마귀 사탄은 "술수의 왕자"로서(시므온의 유언서 3:5; 유다의 유언서 19:4), 거짓말로 하나님의 백성들을 범죄에 빠뜨리는 활동을 자행해 왔다(대상 21:6; 마 4:1-11; 고전 7:5; 욥의 유언 3:3, 6).[227] 이 때문에 요한복음 8장 44절에서 예수님은 마귀를 "거짓의 아비"라고 하셨다. 세상에 악이 들어오게 되는 그 출발점에 바로 마귀의 "거짓"이 있었던 것이다.[228]

요한계시록에서는 악의 세력의 대표적 특징을 바로 이런 거짓으로 진단한다. 이것이 용을 설명하기 위해 옛뱀을 동원하고 용이 상징하는 바를 마귀 사탄으로 규정하며 바로 그 사탄을 미혹하는 자로 표현하는 이유이다. 이런 사실을 요한 당대의 정황에 적용하면 사탄은 미혹하는 자로서 로마 제국과 그 제국의 황제에게 권세를 허락하여[229] 교회 공동체를 핍박하는데, 사탄 자신이 바로 거짓의 아비이므로 사탄이 준 로마제국과 황제의 권세는 거짓된 것임이 분명하다. 그러므로 요한 당시의 독자들이 이런 사실을 통찰하고 로마 제국의 핍박에 굴복하지 말라고 도전하고 있다.

---

226 Caird, *The Revelation of Saint John*, 156.

227 Koester, *Revelation*, 549.

228 Caird, *The Revelation of Saint John*, 156.

229 이 주제는 13:4에서 좀 더 자세하게 다루게 될 것이다.

2)용이 쫓겨난 것에 대한 반응(12:10-12)

다음 10-12절은 12장의 중심 부분으로서[230] 용이 땅으로 던져진 사건(7-9절)에 대한 반응이며 찬양과 경배이다. 이 찬양과 경배 형식은 "제의적 찬양"(liturgical hymn)의 성격을 띠는 것으로 볼 수 있다.[231] 본문은 승리에 대한 축하의 분위기를 자아내고 있다. 이처럼 하나님의 구속 사건이 소개되고 그에 대한 반응으로 찬양과 경배가 울려퍼지는 패턴이 요한계시록에 자주 등장한다(4:8, 11; 5:9-10, 12, 13; 7:10, 12; 11:15, 17-18; 15:3-4; 19:1-2, 4, 6-8).[232] 또한 10-12절은 7-9절에 대한 반응으로서 찬양과 경배의 내용이기도 하지만 이런 과정에서 7-9절의 내용에 대한 부가적 설명 혹은 해석의 내용을 제시하기도 한다.[233] 이런 관계를 스윗은 "요한이 들은 것(10-12절)은 그가 본 것(7-9절)의 내적 의미(inner meaning)를 제공한다"고 설명한다.[234] 10-12절은 세 부분으로 나누어진다: (1)구원의 찬양(10절); (2)성도의 승리(11절); (3)즐거워하라(12절).

구문분석 및 번역

10절 a) καὶ ἤκουσα φωνὴν μεγάλην ἐν τῷ οὐρανῷ λέγουσαν·
그리고 그 때 나는 하늘에서 큰 음성이 말하는 것을 들었다.

b) ἄρτι ἐγένετο ἡ σωτηρία καὶ ἡ δύναμις καὶ ἡ βασιλεία τοῦ θεοῦ ἡμῶν καὶ ἡ ἐξουσία τοῦ χριστοῦ αὐτοῦ,
지금 우리 하나님의 구원과 능력과 나라와 그의 그리스도의 권세가 일어났다.

c) ὅτι ἐβλήθη ὁ κατήγωρ τῶν ἀδελφῶν ἡμῶν,
왜냐하면 우리 형제들의 참소자가 던져졌기 때문이다.

d) ὁ κατηγορῶν αὐτοὺς ἐνώπιον τοῦ θεοῦ ἡμῶν ἡμέρας καὶ νυκτός.
우리 하나님 앞에서 밤낮 그들을 참소하는

11절 a) καὶ αὐτοὶ ἐνίκησαν αὐτὸν
그리고 그들 자신은 그를 이겼다.

b) διὰ τὸ αἷμα τοῦ ἀρνίου
어린 양의 피로 말미암아

c) καὶ διὰ τὸν λόγον τῆς μαρτυρίας αὐτῶν
그리고 그들의 증거의 말씀으로 말미암아

---

230 Blount, *Revelation,* 235.

231 위의 책.

232 Mounce, *The Book of Revelation,* 238 (언급된 참고 본문은 각주 10을 참조). 마운스는 이런 패턴을 "찬양의 갑작스런 분출"(the sudden burst of praise)이라고 표현하지만 이것은 갑작스런 분출이 아니라 하나님의 구속 사역에 대해 예견된 반응이라고 할 수 있다.

233 Beale, *The Book of Revelation,* 656-657.

234 Sweet, *Revelation,* 198.

d) καὶ οὐκ ἠγάπησαν τὴν ψυχὴν αὐτῶν ἄχρι θανάτου.
그리고 그들은 죽음까지 그들의 생명을 사랑하지 않았다.

12절 a) διὰ τοῦτο εὐφραίνεσθε, [οἱ] οὐρανοὶ
그러므로 [그] 하늘들이여 너희들은 기뻐하라.

b) καὶ οἱ ἐν αὐτοῖς σκηνοῦντες.
그리고 그것들 안에 거하는 자들이여

c) οὐαὶ τὴν γῆν καὶ τὴν θάλασσαν,
땅과 바다에게 화 있다

d) ὅτι κατέβη ὁ διάβολος πρὸς ὑμᾶς
왜냐하면 그 마귀가 너희에게로 내려갔기 때문이다.

e) ἔχων θυμὸν μέγαν,
큰 분노를 가지고

f) εἰδὼς ὅτι ὀλίγον καιρὸν ἔχει.
그가 짧은 시간을 가지고 있다는 것을 알고 있기 때문에

먼저 생각해 볼 번역의 이슈는 10a절에서 '카이'(καί) 접속사를 단순히 '그리고'로 번역하기 보다는 "선행된 것으로부터 연유된 결과를 소개하는 것"으로서 "그리고 그 때"(and then)로 번역하는 것이 좀 더 자연스러울 수 있다.[235] 다음 10b절에서 사용된 동사인 '에게네토'(ἐγένετο>γίνομαι, 기노마이)에는 다양한 사전적 의미가 있으므로 이 문맥에 맞는 적절한 의미를 찾을 필요가 있다. 그 사전적 의미로 "결과나 과정으로서 일어나다"라는 의미를 적용해 볼 수 있다.[236] 그리고 이어지는 문구인 ἡ σωτηρία καὶ ἡ δύναμις καὶ ἡ βασιλεία τοῦ θεοῦ ἡμῶν (헤 소테리아 카이 헤 뒤나미스 카이 헤 바실레이아 투 데우 헤몬)에서 '투 데우 헤몬'(τοῦ θεοῦ ἡμῶν, 우리 하나님의)은 앞의 세 단어인 '헤 소테리아'(ἡ σωτηρία, 구원)와 '헤 뒤나미스'(ἡ δύναμις, 능력) 그리고 '헤 바실레이아'(ἡ βασιλεία, 나라)를 모두 수식하고 있다.[237] 이 점을 감안하여 번역하면 '우리 하나님의 구원과 능력과 나라'라고 할 수 있다.

10d절에서 정관사와 분사의 결합 형태인 '호 카테고론'(ὁ κατηγορῶν)은 명사적 용법이 아니라 형용사적 용법으로서 그 수식의 대상은 10c절의 '호 카테고르'(ὁ κατήγωρ)이다. 이 두 단어는 각각 동사의 분사(참소하다)와 명사(참소자)형태로서 "참소하는 참소자"로 번역되어 "참소"라는 기본 단어가 중복 강조되

235 BDAG, 494(1bζ)
236 BDAG, 197(4).
237 Smalley, *The Revelation to John*, 327; Mounce, *The Book of Revelation*, 238.

고 있다. 10d절에서 '그들을'(αὐτούς, 아우투스)은 10e절의 '우리들의 형제들'을 이어받는 인칭대명사이다. 이것을 헬라어 순서대로 우리말로 번역하면 인칭 대명사가 먼저 나오게 되어 어색해지기 때문에 '그들을' '우리 형제들을'이라고 명시하도록 한다. 그리고 11a절에서 '아우토이'(αὐτοί)는 주동사인 '에니케산'(ἐνίκησαν)의 주어를 강조하기 위해 사용된다.[238] 따라서 이러한 강조를 명확하게 하기 위해 "그들 자신이"로 번역한다.

11d절에서 접속사 '카이'(καί)는, 영어번역본 중 ESV와 NRSV는 이유를 나타내는 'for'로 번역한다. 이런 번역의 근거로서 "원인이나 결과를 소개하는 표현과 함께" 사용되어 이유를 나타내는 의미로 사용되는 용례를 생각해 볼 수 있으나, 11d는 그러한 문구가 없이 '카이' 접속사로만 사용된다. 그럼에도 불구하고 문맥상 이유를 밝히고 있는 것으로 번역하는 것도 자연스러울 수 있기 때문에 여기에 "왜냐하면"이라는 이유를 의미하는 접속사를 넣어서 번역하겠다. 이런 번역으로 인하여 발생하는 여러가지 주해적 문제는 본문 주해 과정에서 충분히 논의하겠다. 그리고 11d절에서 '아르키 다나투'(ἄχρι θανάτου)를 우리말 개역개정은 "죽기까지"라는 동사 형태로 번역하지만, '다나투'(θανάτου)의 명사적 의미를 유지하려면 "죽음까지"라고 번역해야 한다. 다만 이 번역이 우리말로는 부자연스럽기에 그냥 동사 형태인 "죽기까지"로 번역한다.

그리고 12a절과 12b절의 "하늘들"과 "그것들 안에 거하는 자들"은 주격으로도 볼 수 있지만 호격으로 간주하는 것이 좀 더 문맥에 적절하여 "하늘들과 그것들 안에 거하는 자들이여"라고 번역한다. 또한 12c절에 등장하는 '우아이'(οὐαί)는 바로 뒤에는 지배적으로 여격과 목적격 명사가 따라온다. 여격인 경우에는 이어 나오는 명사가 사물과 사람 모두에 해당되나 목적격인 경우에는 항상 인격적 존재를 가리킨다.[239] 그러나 이 본문에서 땅과 바다는 목적격으로 사용되어 인격적 존재이어야 하는데 이 두 대상이 인격적 존재와는 거리가 멀다. 따라서 땅과 바다를 그 자체보다는 그 안에 사는 사람을 가리키고 있는 것으로 추정할 수 있다. 그러다면 12b절의 경우처럼 "그것들 안에 사는 자들"이 생략되었다고 볼 수 있다. 또 다른 대안은 이 문구가 의인화된 것으로 볼 수도 있다. 이 두 단어가 목적격이지만 우리말 문장의 자연스런 흐름을 위

238 BDAG, 153(2a).
239 BDAG, 734(1c).

해 여격처럼 번역한다.

그리고 12f절에서 분사 형태의 동사인 '에이도스'(εἰδὼς >οἶδα, 오이다)는 분사 구문으로서 앞에 언급된 12de절에서 "큰 분노를 가지고 내려간 것"에 대한 이유를 제시해주는 용법으로 이해할 수 있다.[240] 그런데 12d에 다시 한 번 "왜냐하면"(ὅτι, 호티)이란 접속사가 사용되었기 때문에 두 번 연속 반복하면 어색하여 12e의 경우에는 괄호 안에 앞의 내용을 간단하게 언급하여 부자연스런 번역을 피할 수 있도록 하였다.

이상의 내용을 근거로 우리말 어순에 맞추어 번역하면 다음과 같다.

10a 그리고 그 때 나는 하늘에서 큰 음성이 말하는 것을 들었다.
10b 지금 우리 하나님의 구원과 능력과 나라 그리고 그의 그리스도의 권세가 일어났다.
10c 왜냐하면
10d 우리 하나님 앞에서 밤낮 우리 형제들을 참소하는
10c 우리 형제들의 참소자가 던져졌기 때문이다.
11a 그리고 그들 자신은
11b 　　어린 양의 피로 말미암아
11c 　　그리고 그들의 증거의 말씀으로 말미암아
11a 그를 이겼다.
11d 왜냐하면 그들은 죽기까지 그들의 생명을 사랑하지 않았기 때문이다.
12a 그러므로 [그] 하늘들과
12b 그리고 그것들 안에 거하는 자들이여
12a 너희들은 기뻐하라.
12c 땅과 바다에게 화 있다.
12d 왜냐하면 그 마귀가
12e 　　큰 분노를 가지고
12d 너희에게로 내려갔기 때문이다.
12f (그가 큰 분노를 가지게 된 이유는) 그가 짧은 시간을 가지고 있다는 것을 알고 있기 때문이다.

본문 주해

[12:10] 구원의 찬양

10절의 "그리고 그 때"는 7-9절 사건의 결과로 주어지고 있음을 잘 드러내고

240 대부분의 영어 번역본들(NRSV; ESV; NIV: NKJV)도 "because"라는 접속사를 사용하여 이유를 나타내는 용법으로 번역한다. 그러므로 이 책의 번역에서도 이런 영어번역본들의 번역을 참고한다.

있다. 그 결과로서 찬양과 경배의 내용이 소개된다.

하늘의 큰 음성(10a) 번역에서 밝히고 있는 것처럼 10a절은 "그리고 그 때"로 시작한다. 바로 7-9절에서 용이 땅으로 던져진 그 때를 가리킨다. 이것은 10절이 7-9절과 밀접한 관계를 가지고 있음을 시사한다. 그리고 10a절은 "하늘에서 큰 음성"이 울려 퍼지는 것으로 시작한다. 여기에서 "하늘에서"(ἐν τῷ οὐρανῷ, 엔 토 우라노)란 문구는 12장에서 1절과 3절 그리고 7절에 이어 네 번째 등장하고 있다. 이 본문에서 "하늘의 큰 음성"은 "공식적인 해석 기능"(formal interpretive function)을 지니고 있다.[241] 곧 이 음성은 다음에 이어지는 발언에서 앞에 언급된 내용들을 해석하는 역할을 하고 있다는 것이다. 그러므로 이어지는 내용에서 어떻게 이런 해석적 기능이 나타나게 되는가를 관찰할 필요가 있다.

그리고 "큰 음성"은 단수로 되어 있어 어떤 이가 소리내는 것으로 볼 수 있다. 여기의 "큰 음성"이란 문구는 1:10; 5:2; 7:2; 8:13; 10:3; 11:12; 14:7, 9, 15, 18; 16:1, 17; 18:2; 19:17; 21:3에 등장하고 있다.[242] 큰 음성의 주체에 따라 이 목록을 분류하면 다음과 같다.

천사	정체불명(예수님 혹은 하나님)	기타
5:2 힘센천사 7:2 다른 천사 10:3 힘센 다른 천사 14:7 공중 나는 다른 천사(14:6) 14:15 다른 천사 14:9 셋째 천사 14:18 불을 다스리는 다른 천사 19:17 한 천사 18:2 다른 천사	1:10 나팔 소리같은 큰음성 11:12 하늘로부터 큰 음성 16:1 성전에서 큰 음성 16:17 성전으로부터 큰 음성 21:3 보좌에서 큰음성	8:13 큰 독수리

"큰 음성"은 중요한 메시지를 선포할 때 사용되는 문구로서 주로 천사들의 음성으로 간주된다.[243] 그러나 이 도표에서 볼 수 있듯이 천사들 외에 명시하지

241 Beale, *The Book of Revelation*, 657. 비일은 이에 덧붙여 말하기를, 이 문구는 "찬양이 내러티브와 환상을 해석하거나 요약하는" 요한계시록 본문에서 "환상-해석의 패턴"(vision-interpretation pattern)을 뒤따른다고 한다(참조 4:1-7과 4:8-10; 5:5과 5:6-14; 14:1과 14:2-5; 15:2과 15:3-4; 17:1-6과 17:7-18)(앞의 책).

242 Beale, *The Book of Revelation*, 657.

243 Smalley, *The Revelation to John*, 326; G. R. Beasley-Murray, *The Book of Revelation*, rev. ed., NCB

않았지만 예수님이나 하나님의 음성으로 추정되기도 하고, 그리고 8장 13절에는 독수리의 큰 음성이 나온다. 따라서 이 큰 음성의 주체에 대해 여러가지 가능성이 존재한다는 것을 알 수 있다.

이 도표에서 많은 수를 차지하는 천사에 대하여 먼저 살펴 보고자 한다. 스몰리는 큰 음성의 출처를 "신적(divine) 혹은 천사적 혹은 두 경우 모두의 초자연적 존재"로 간주하고[244] 비즐리 머레이는 "천사 계열 중 하나"로 간주한다.[245] 그러나 이 큰 음성이 하나님을 호칭할 때 "우리의"(ἡμῶν)라는 소유격 인칭대명사가 반복 사용(10b절와 10d절)되는 점은 그 음성의 주인공을 천사로 간주하는 것을 주저하게 한다. 왜냐하면 천사가 하나님을 향하여 "우리 하나님"이라고 부르는 것이 자연스럽게 보이지 않을 수도 있기 때문이다. 그러나 요한계시록의 다른 본문에서 천사가 하나님을 "우리 하나님"이라고 호칭한 경우가 존재한다. 예를 들면 7장 3절에서 "다른 천사"가 네 천사에게 "우리 하나님의 종들의 이마에 …"라고 하고 7장 12절에서도 "모든 천사"가 "우리 하나님께…"라고 발언하는 장면이 있다. 그리고 19장 1절에서는 천사가 포함되는 "큰 무리"가 "큰 음성"으로 "… 우리 하나님"이라고 말한다. 이런 용례들을 참고할 때 "큰 음성"을 천사로 간주하더라도 "우리 하나님"이라고 발언한 것이 큰 문제가 되지 않는다.

그런데 여기에 또 다른 문제가 있다. 10c절에서 이 "큰 음성"은 사탄의 참소 대상을 "우리 형제들"로 표현한다. 여기에서 참소 대상인 "우리 형제들"은 분명히 성도들을 가리키고 있다. 왜냐하면 사탄이 천사를 참소할 가능성은 없기 때문이다. 그렇다면 여기에서 "큰 음성"의 주인공이 천사 그룹의 일원이라면 '천사가 성도들을 향하여 형제라고 칭할 수 있는가?'라는 의문이 남는다. 19장 10절에서 천사는 요한에게 "나는 너와 너의 형제들의 동료인 종"이라고 소개한다. 여기에서 천사는 요한과 요한의 형제들과 형제 관계가 아니라 하나님의 종으로서 동료 관계로 관계를 설정한다. 그러므로 천사가 성도들을 향하여 형제라고 말하는 것은 성립되기 어렵다.

이런 문제를 해결하기 위해 오우니는 이 큰 음성의 주인공을 천사로 간주

(Grand Rapids: Eerdmans, 1987), 203.

244 Smalley, *The Revelation to John*, 326.

245 Beasley-Murray, *The Book of Revelation*, 203.

하지 않고 찰스의 의견을 따라 성도의 한 부분인 순교자들의 음성으로 간주하여 6장 9-11절에 등장하는 하늘 성전 제단 아래에서 들려오는 순교자들의 음성과 동일시한다.[246] 이 경우에 "우리 형제들"은 그 순교자들을 제외한 다른 성도들을 가리키는 것으로 간주할 수 있다. 그러나 마운스는 두 본문 사이에 내용이나 형식면에서 다른 특징을 보여준다는 점을 들어 오우니의 주장을 반대한다.[247] 이런 마운스의 반대 의견이 설득력을 얻는 것은 6장 9-11절의 순교자들의 기도와 12장의 제의적 찬양 사이에 합리적 연결고리를 찾기가 쉽지 않기 때문이다. 이에 대한 대안으로 마운스는 이 음성의 주인공이 24장로들 중 하나일 수 있다고 주장한다.[248]

특별히 24장로들은 4장 11절, 7장 12절 그리고 11장 17절에서 제사장의 제의적 역할을 감당하는 천사의 그룹임과 동시에 교회 공동체를 대표하는[249] 상징적 이미지로 등장한다.[250] 곧 24장로는 천사 그룹이지만 하나님의 백성을 상징하는 상징적 이미지로 사용되고 있는 것이다. 또한 24장로들은 제사장의 제의적 역할 뿐만 아니라 요한에게 질문과 답을 주고 받으면서 어떤 부분에 대한 해석을 제시하는 역할도 하고 있다(참조 5:5; 7:13-14). 그렇다면 24장로야말로 천사로서의 지위와 하나님의 백성으로서의 특징을 공유하는 "큰 음성"의 주인공에 최적화된 존재라고 할 수 있다. 요한계시록에서 천사 그룹과 교회 공동체는 성도들의 천상적 정체성을 강조하기 위해 서로 유기적 연합 관계로 설정되기 때문이다. 곧 천사 그룹은 지상에 있는 교회 공동체의 천상적 대응체로 역할을 하고 있다. 2-3장에서 각각의 교회 공동체에 대한 선지적 메시지를 천사에게 전달하는 형식을 보여주는 점도 이런 패턴의 중요한 실례라고 할 수 있다.

이상에서 큰 음성의 소유자는 천사적 그룹에 속해 있으면서 동시에 하나님의 백성을 대표하는 제의적 제사장 역할 뿐만 아니라 해석적 기능을 가지는

246 Aune, *Revelation 6-16*, 701; Charles, *A Critical and Exegetical Commentary on the Revelation of St. John*, 1:327.
247 마운스에 의하면 6장 9-11절은 순교자들이 신원(vindication)을 청구하는 기도의 음성인 반면, 12장 10절의 이 큰 음성은 하나님의 구속 사역에 대한 찬양을 올려 드리는 내용이라는 차이가 있다는 점을 들어 반대한다(Mounce, *The Book of Revelation*, 238).
248 Mounce, *The Book of Revelation*, 238.
249 Swete, *The Apocalypse of St. John*, 152. 스웨테는 이 큰 음성의 주체로서 천사들과 네 생물들을 배제한다.
250 24장로의 상징적 이미지에 대한 자세한 논의는 첫번째 책, 479쪽 이하를 참고하라.

24장로 중 하나로 볼 수 있다.[251] 이 본문에서 큰 음성의 소유자인 장로는 이번에도 마찬가지로 제의적 찬양의 현장을 인도한다.

한편 10a절에 언급된 '큰 음성'의 내용은 앞서 언급된 7-9절을 해석해주는 "해석적 열쇠"를 제공해 준다.[252] 곧 10-12절은 7-9절에서 소개되는 용에 대한 미가엘의 승리가 하나님의 구속 사역에 어떤 의미가 있는지를 실제적으로 설명해 준다.

지금(ἄρτι)(10b) '지금'의 의미를 파악하는 문제에 두 가지 방법으로 접근이 가능하다. 첫째, 이 문맥에서 '지금'이란 순간은 7-9절에서 용이 땅으로 던져지게 된 시점을 가리키는 것으로 볼 수 있다. 곧 용이 하늘로부터 땅으로 내어 쫓긴 시점을 가리킨다. 이 단어를, 미래에 일어날 일을 이미 일어난 과거의 사건처럼 표현하는 예변적(proleptic) 용법으로서 무언가가 이미 일어난 것으로 보여주려는 목적을 갖는 것으로 보는 것은 적절하지 않다.[253] 왜냐하면 환상적 계시 현장을 기록하는 내러티브의 구조 안에서 용이 쫓겨난 순간에 요한이 즉각적으로 승리를 선포하고 있기 때문이다. 따라서 '지금'이란 단어는 환상적 계시의 현장성을 강하게 부각시키고 있다.

두 번째로, 스윗은 '지금'을 "기록의 시점"이 아니라 "세계 역사의 전환점으로서 십자가 사건-하나님의 '직접적인 통치'가 사탄의 남용된 능력을 대체하는 오랜기간 기다려왔던 순간"을 가리키는 것이라고 지적한다.[254] 이에 대해 바울 서신의 용례에서 힌트를 얻을 수 있다. 곧 바울의 저술에 자주 사용되는 "지금"(νυνί, 뉘니; νῦν, 뉜)이란 단어와 "시간적인 의미"에서 동의어로 간주할 수 있는 것이다.[255] 대표적인 용례는 골로새서 1장 21-22절이다. 이 본문에 의하면 "그 때"(ποτε, 포테)와 "지금"(νυνί, 뉘니)은 대조적 관계로서 이 두 시점의 대조는 과거와는 달리 현재 발생한 "하나님과의 새로운 관계"를 의미한다.[256]

---

251 24장로 중 하나로 간주하면서도 24장로 중 하나가 등장할 때마다 "장로 중 하나"라는 문구가 등장하는데 10a절에서는 이 문구가 생략되고 있다는 점에서 불확실성은 여전히 남는다.

252 Boxall, *The Revelation of Saint John*, 183.

253 토마스는 블링어(Bullinger)의 주장을 소개하면서 그 주장에 동의한다(Thomas, *Revelation 8-22*, 132).

254 Sweet, *Revelation*, 201.

255 G. Stählin, "νῦν (ἄρτι)," *TDNT* 4:1106-7. 신약성경에 '아르티'는 '뉘니'에 비해서 드물게 사용된다(앞의 책).

256 앞의 책, 1117.

또한 로마서 3장 21절에서 이 단어는 율법 없이 하나님의 의가 주어지는 새로운 시대를 표현한다.[257] 이 외에도 "지금"이란 단어는 "주의 날"이 도래한 것을 보여주고 "이미 실현된 종말론의 확실성"을 표현하기 위해 사용된다(고후 6:2; 요 12:31; 딤후 1:10).[258] 이런 의미를 적용한다면 요한계시록에서 "지금"은 바로 예수님의 십자가 사건으로 발생한 새시대의 출발을 알리는 표시라고 볼 수 있다.

이와 관련하여 좀 더 발전된 형태로 롤로프는 '지금'이라는 단어가 "부활절(Easter)과 파루시아 사이에 존재하는 구속 역사적 정황"이라는 구체적인 가리키는 것으로 "신화의 무시간성(timelessness of myth)을 뛰어 넘는" 개념이라고 설명한다.[259] 곧 지금이란 순간은 현실과 궤리된 추상적이며 관념적인 개념이 아니라 초림부터 재림 사이에 십자가 사건의 결과로 역사 속에서 구체적으로 발생하는 구속 사건이라는 것이다. 따라서 이어지는 찬양의 내용은 이런 시기에 발생하는 시대적 특징을 서술하게 된다.

우리 하나님의 구원과 능력과 나라와 그의 그리스도의 권세(10b) 앞서 번역에서 논의한 것처럼 구원과 능력과 나라의 세 항목은 "우리 하나님의"의 수식을 받는다. 그렇다면 이 문구는 "우리 하나님의 구원과 능력과 나라"와 "그의 그리스도의 권세" 두 부분으로 나뉘어지게 된다. 여기에서 이 두 부분은 서로 밀접한 관계를 가진다. 하나님의 구원 사역은 필연적으로 그리스도의 권세에 의해 온전히 이루어지게 되기 때문이다. 이런 관계를 좀 더 자세하게 이해하기 위해 각 항목에 대한 해석을 제시하고자 한다.

(1)구원과 능력

먼저 '구원' (σωτηρία, 소테리아)과 관련하여, 요한계시록에서 이 단어는 세 번 사용되는데(7:10; 12:10; 19:1) '구출' 혹은 '승리'를 의미한다.[260] 이런 승리는 7-9절의 천상적 전쟁에서 종말적 구원자로서 군주 미가엘에 의해 쟁취된 것으로 묘사한다. 여기에서 종말적 구원자로서 미가엘의 승리는 예수 그리스도의 사역

257 앞의 책.
258 앞의 책, 1118-9.
259 Roloff, *The Revelation of John,* 149. 롤로프는 다른 곳에서 이와 유사하게 한 번 더 서술한다: "그래서 그 "지금"은 십자가의 사건과 부활에 의해 계시되고 그리고 교회 공동체가 살아가는 그리스도의 주권의 구속 역사적 기간을 묘사한다"(앞의 책).
260 Osborne, *Revelation*, 473.

을 상징적으로 묘사한다. 결국 이런 구원 사건은 그리스도의 사역에 의해 발생한 것이다. 또한 이어 등장하는 능력은 구원이라는 주제와 밀접한 관계를 가진다. 곧 하나님의 능력은 하나님의 구원을 이루시기에 부족함이 없다는 것을 강조한다. 예수님은 마 23장 25절에서 "누가 구원을 얻을 수 있으리이까" 라는 제자들의 질문에 "사람으로는 할 수 없으나 하나님으로서는 다 하실 수 있느니라"(마 23:26)라고 하시면서 구원을 이루시는 하나님의 능력을 강조하신 바 있다. 이런 사실은 또한 그리스도의 죽음이 하나님의 무능을 의미하는 것이 아니라 도리어 구원을 이루시는 하나님의 능력이 나타난 것이라는 것을 확증한다.

(2)나라

다음에 "나라"라는 단어가 등장한다. 하나님의 구원과 능력에 이어지는 하나님의 나라는 하나님의 "왕적 통치"(royal rule)를 의미한다.[261] 하나님 나라의 통치는 구원과 능력의 목적이며 결과이다. 구원과 능력은 하나님의 통치 목적을 위해 주어진다. 곧 구원은 그 자체가 목적이 아니라 바로 하나님의 통치를 드러내기 위한 목적이 있는 것이다. 왜냐하면 구원과 그 구원을 위한 능력이 주어지게 될 때 비로소 하나님의 통치는 그 구원을 얻은 자들을 통해 드러나게 되기 때문이다. 구원이 이루어지기 전에 하나님의 통치는 추상적이고 초월적인 상태에 머문다. 또한 하나님 나라는 구원과 능력의 결과이기도 하다. 우주를 다스리시는 하나님은 필연적으로 하나님의 백성을 위한 구원을 베풀어 주신다. 이것을 요한계시록 정황에 적용하면, 일곱 교회 성도들이 로마 제국 황제의 핍박 아래에서 멸망하는 것이 하나님의 뜻이 아니다. 온 우주를 다스리시는 하나님은 미가엘이 용을 하늘에서 쫓아내는 사건이라는 이미지를 통해 그 일곱 교회 성도들을 구원해 주심으로 하나님의 통치를 온 우주 가운데 널리 드러내실 것에 대한 강력한 메시지를 전달하고 있다. 결국 하나님 나라의 주권적 통치는 참소자가 땅으로 쫓겨남으로써 "현재적 실체"(present reality)가 되었다.[262]

---

261 Boxall, *The Revelatioin of Saint John,* 183. 박스얼은 "구원과 능력과 나라"의 세 가지가 나열되는 것은 하나님의 "삼중적"(threefold) 속성이라는 개념에서 유래한 신적인 숫자를 반영한다고 지적한다(앞의 책).

262 Mounce, *The Book of Revelation*, 238.

(3)그리스도의 권세

그리고 "하나님의 구원과 능력과 나라"라는 문구 직후에 "그의 그리스도의 권세"가 나온다. 이 두 문구의 병치는 두 문구 사이에 밀접한 관련성을 전제한다. 여기에서 "그의 그리스도" (τοῦ χριστοῦ αὐτοῦ, 투 크리스투 아우투)라는 문구의 "그의"(αὐτοῦ, 아우투)라는 소유격 인칭대명사는 하나님을 가리킨다. 따라서 '그의 그리스도'는 풀어서 말하면 '하나님의 메시아'라고 할 수 있으며 이는 예수님을 가리킨다. 예수님은 하나님의 메시아로 세움받아 하나님의 구속 계획을 성취하셨다. 곧 예수님은 하나님의 구원과 능력과 통치를 구체적으로 실행하는 메시아의 사역을 감당하신 것이다. 이런 점에서 "요한의 구원론은 철저하게 기독론적이다."[263] "그의 그리스도의 권세"란 하나님의 메시아로서 예수님에게 주어진 권세라고 할 수 있다. 여기에서 하나님의 메시아로서 예수님이 하나님의 통치권을 공유하고 있음을 시사한다.[264] 이런 공유는 자동적으로 된 것이 아니라, 5절에서 탄생과 함께 죽음과 부활 그리고 하늘로 올려가게 되었을 때, 7-9절에서 종말적 구원자인 미가엘이 용을 이김으로써 투영된 그리스도의 구속 사역의 결과로 가능했다.[265] 여기에서 특별히 10b절의 이런 사건의 원인은 '왜냐하면'이라는 접속사로 시작하는 10cd절에서 밝혀지고 있다. 다음 단락에서 이 내용을 논의하기 전에 11장 15절과 비교해 봄으로써 그의 나라와 그리스도의 권세에 대한 좀 더 구체적 의미를 살펴보고자 한다.

(4)11장 15절과의 비교

10b절의 문구는 11:15과 유사하다.[266] 이 두 본문을 비교해 볼 필요가 있다.

12:10	11:15
우리 하나님의 구원과 능력과 나라 그리고 그의 그리스도의 권세가 일어났다.	세상 나라가 우리의 주와 그의 그리스도의 나라가 되었다. 그래서 그가 영원토록 통치하실 것이다.

263 Reddish, *Revelation*, 236.

264 Mounce, *The Book of Revelation*, 238.

265 마운스는 5장 9절과 12장 11절을 근거로 예수님의 죽음에 의해 사탄이 패배하였음을 지적한다(위의 책).

266 Reddish, *Revelation,* 236. 블라운트는 이 본문의 찬양을 11장 15-18절의 "교송적 찬양"(antiphonal hymn)과 같다고 함으로써 두 본문 사이의 밀접한 관계를 상정한다(Blount, *Revelation,* 236).

이 두 본문은 '하나님의 나라와 통치'가 일어났다는 점에서 유사하다. 그러나 이런 유사점만 가지고 이 두 본문이 동일한 시점에 발생하는 것으로 간주할 수 없다.[267] 그 찬양이 적용되는 시점에는 차이가 존재한다. 11장 15절은 일곱 나팔을 불고 난 후에 주어진 찬양으로서 재림의 때를 가리키고 있는 반면, 12장 10절은 예수님의 초림으로 말미암은 결과로 주어지는 내용이다. 이런 연속성은 예수님의 초림과 재림 사건이 서로 밀접한 관계로 연동되어 있다는 사실에 근거한다. 곧 예수님의 초림으로 시작된 하나님의 구속 성취는 예수님의 재림을 통해 완성된다. 특별히 10b에서 '지금'이라는 단어가 이 사건의 현재성을 더욱 강조하고 있다.

하나님 앞에서 밤 낮 우리 형제들 참소(10cd) 여기에서 두 가지 중요한 주제를 다루게 될 것이다. 곧 "우리 형제들"은 누구이며 '마귀들의 참소 행위'를 살펴보고자 한다.

(1)우리 형제들은 누구?

이 문맥에서 "우리 형제들"은 누구를 가리키는가? 이것은 10a에서 논의했던 "큰 음성"의 주인공에 대한 문제와 연결된다. 왜냐하면 그 큰 음성의 제의적 경배의 찬양이 이 본문까지 계속 이어지고 있기 때문이고 '우리'라는 인칭대명사를 10a의 '큰 음성'의 소유자가 집합적으로 사용해 오고 있기 때문이다. 앞서 "우리 형제들"이라고 말하는 "큰 음성"의 주체가 24장로 중 하나라고 추정한 바 있다. 그렇다면 24장로 중 하나가 "우리 형제"라고 부르는 그 대상은 누구일까?

먼저 여기에서 형제들을 6장 11절에서 이미 "영화롭게 된 몸"을 허락받은 순교자들로 간주하는 경우와,[268] 그리고 24장로를 가리키는 경우,[269] 구속받은 전체 공동체라고 주장하는 경우도 있다.[270] 여기에서 10a의 "큰 음성"의 소

267 키들(Kiddle)은 이 두 본문을 동일한 시점으로 간주하면서 12장 10절의 경우를 "예변적"(proleptic) 용법으로 간주한다(Thomas, *Revelation 8-22: An Exegetical Commentary,* 133에서 재인용). 베위드는 사탄이 여전히 활동하고 있으므로 하나님 나라와 메시아적 사역이 아직 이루어지지 않았기 때문에 12장 10절의 찬양 내용을 "예기적"(anticipatory)이라고 평가하면서 11장 15절과 같은 시점으로 보고자 한다(Beckwith, *The Apocalypse of John,* 625).

268 Charles, *A Critical and Exegetical Commentary on the Revelation of St. John*, 1:328.

269 Mounce, *The Book of Revelation*, 238.

270 쾨스터는 이 주장을 하는 학자로 K. Jörns, *Das hymnische Evangelium: Untersuchungen zu Aufbau,*

유자로서 24장로 중 하나가 "우리 형제"라고 부를 수 있는 대상은 누구일까? 가장 적합한 것은 앞에서 열거된 세 가지 중에서 세 번째인 "구속받은 전체 공동체"라고 할 수 있다. 이들은 사탄의 참소 대상자로도 적절하다.

(2)마귀 사탄의 참소 행위

이 본문에서 우리 형제들은 10d절에서 하늘로부터 땅으로 쫓겨난 용으로 상징되는 마귀 사탄이 하늘에서 어떤 역할을 했는지에 대해 정확하게 지적한다. 그것은 바로 하나님 앞에서 형제들을 밤낮 참소했다는 것이다. 여기에서 '밤낮'이란 문구는 "중언법"(hendiadys)으로서 "지속적으로"(continually)라는 의미를 가지며[271] 사탄의 참소 사역이 얼마나 집요했는가를 보여준다. 또한 용으로 상징되는 마귀 사탄이 "하나님 앞에서" 형제들을 참소했다는 것은 사탄이 천상의 어전 회의의 회원으로 인정되었음을 시사한다.[272] 물론 성경 본문에서 사탄이 천상적 회원이 되는 과정에 대한 언급이 없기 때문에 그 전후 사정을 알 수 있는 방법은 없다.

이러한 천상적 어전 회의 장면은 구약에서 왕상 22장 19절; 시편 82편 1절; 89편 5-7절 예레미야 23장 18, 22절에 나타나고 있고, 특별히 스가랴 3장 1절의 법적 회의 장면에서, 천사는 여호수아를 사탄의 참소로부터 변호하기 위해 옆에 서 있고 하나님께서는 참소자 사탄을 책망하신다. 그리고 이런 사탄의 참소 사역은 역시 욥기 1장 6-12절과 2장 1-6절에도 나타난다. 또한 랍비들도 하나님께서 "천상적 법정 회의"(heavenly law court)를 주재하신다고 생각하였다.[273] 에녹 1서 40장 1-10절에서 하나님의 어전 회의 장면을 묘사하고 있는 중에 7절에 의하면 마귀(שטנים, 사타님)를 쫓아 내어 "땅에 거하는 자들을 정죄하기 위해" 하나님께로 오는 것을 금지한다.[274] 그리고 스바냐의 묵시 3장 8-9절에서 참소자의 천사들은 사람들의 죄를 적어 하늘의 문 앞에 앉아서 참조자에게 전달하여 참소자로 하여금 세상으로부터 나아오는 사람들을

Funktion und Herkunft der hymnischen Stücke in der Johannesoffenbarung, SNT 5 (Gutersloh: Gerd Mohn, 1971), 110; H. Giesen, "Das Gottesbild in der Johannesoffenbarung," in *Der Gott Israels im Zeugnis des Neuen Testaments,* ed. Ulrich Busse (Freiburg: Herder, 2003), 162-92을 꼽는다(Koester, *Revelation,* 551).

271 Aune, *Revelation 6-16*, 702.

272 앞의 책, 701.

273 앞의 책.

274 *OTP,* 1:32(E. Isaac 의 번역을 사용하였다).

정죄하도록 하였다. 그러나 4장 8-10절에서 스바냐는 하나님의 천사에게 간구하여 그 참소자와 그의 천사들이 그에게 오는 것을 금지해 달라고 간구한다(4:8). 그러자 천사는 스바냐의 간구에 응답하여 참소자들이 접근하는 것을 허락하지 않는다(4:9a). 왜냐하면 전능하신 하나님이 순전한 믿음을 가진 스바냐를 보호하라고 그 천사를 보내셨기 때문이다(4:9b). 이 때 그 천사는 그 참소자 무리들을 꾸짖었고 마침내 그들은 스바냐로부터 떠나가게 되었다(4:10)(참조 6장 17절).[275]

그리고 또한 에녹 3서 26:12에 의하면 사탄은 매일 로마의 왕자 삼마'엘(Samma'el)과 페르시아의 왕자 두비'엘(Dubbi'el)과 앉아 돌판에 이스라엘의 모든 죄를 써서 영광스러운 모습의 천사 그룹인 세라핌(Seraphim)에게 주어, 거룩하신 하나님 앞에 그것들을 가져가 거룩하신 하나님이 그 적혀진 죄 목록을 보고 이스라엘을 심판하도록 하였다. 그러면 세라핌은 어떻게 했을까? 세라핌은 이스라엘이 멸망하는 것을 원치 않았기 때문에 이스라엘의 죄를 기록한 돌판을 사탄의 손으로부터 매일 취하여 불에 태워 버렸다. 그래서 이스라엘 백성들은 온 세상을 심판하는 그 자리에 오지 않게 되었다.[276]

이상의 유대 전승에서 볼 수 있는 것은 사탄은 하늘의 어전회의에서 인간을 참소하는 "사법적 역할"(judicial role)을 해오고 있었다는 사실이다.[277] 이런 참소 행위는 이스라엘에게 하나님의 심판을 초래할 수 있는 가장 강력하고 치명적인 공격으로서, 사탄이 이스라엘을 공격하기 위해 사용하는 가장 일상적인 방법이다. 그런데 그런 공격 앞에 이스라엘은 항상 하나님 편에서 사역하는 천사들의 보호를 받으며 따라서 사탄의 공격은 언제나 실패하고 만다.

이런 해석적 전승을 요한계시록에 적용하면 마귀 사탄이 하나님의 천상 회원 자격을 가지고 참소 사역을 감행해 왔다는 것은 그의 참소의 영향력이 얼마나 치명적인가를 알 수 있다. 이런 특징 때문에 그에게 "참소자"(κατήγωρ, 카데고르)라는 호칭이 따라 붙는다(10c).[278] 그러므로 하나님 백성의 진정한 구원

---

275 이상의 내용은 OTP, 1:511. O. S. Wintermure의 번역을 사용하였다. 이 정보의 출처는 Aune, *Revelation 6-16,* 701이다.

276 *OTP,* 1:281. 이 본문을 관찰하는데 P. Alexander의 번역을 사용하였다. 이 정보의 출처는 Aune, *Revelation 6-16,* 701이다.

277 Blount, *Revelation*, 237.

278 '참소자'를 의미하는 카데고르(κατήγωρ)는 알렉산드리아 사본에 등장하는 것으로서 신약성경에 단 한 번 밖에 안 나오는 단어(hapax legomenon) 이다(B. M. Metzger, *A Textual Commentary on the Greek New Testament* (Stuttgart: Deutsche Biblegesellschaft, 1994), 673). 다른 사본들($\mathfrak{P}^{47}$ ℵ C P

과 회복을 위해 이런 치명적 능력을 가진 참소자는 필연적으로 제거되어야 하는 당위성을 갖는다.[279] 유대 배경에 의하면, 마귀 사탄이 치명적 참소자임에도 불구하고 그의 패배는 이미 예고된 것이라고 할 수 있다. 따라서 본문에서 참소자, 그 패배의 당위성은 필연적으로 그에 합당한 결과를 초래하게 될 것이다.

결국 용이 상징하는 사탄의 참소할 권리를 박탈시킨 것은 예수님의 십자가 사건이며, 그 사탄을 하늘로부터 땅으로 쫓아낸 것은 하늘로 올려간 아들이 상징하는 예수님의 승천이다. 사탄이 참소할 수 있는 권리를 박탈당하게 된 것은, 표면적으로 보면 미가엘과 용의 전쟁 결과로 볼 수 있지만, 내용적으로 보면 정죄하는 '참소'라는 주제와 관련하여 서로 치열하게 격돌하는, 패배자는 영원히 자격을 박탈당하는 법정 안 "법적 싸움"(legal battle)에서의 패배라고 할 수 있다.[280]

바울은 로마서 7장에서 사탄의 참소를 율법의 참소로 바꾸어 표현하면서 그 영향력이 이스라엘의 삶에 매우 치명적이라는 것을 밝히고 있다. 그러나 그리스도는 이런 치명적인 사탄의 "정죄 역할"(accusatory role)을 끝내 버리고 만 것이다.[281] 그러므로 그리스도인들이 매일 생활에서 직면하는 개별적인 소소한 전투에서 고통을 당할 수 있지만 전쟁의 승리는 이미 결정적으로 결판이 난 것이다.[282]

정리 큰 음성이 누구의 음성인가를 규명하고자 하였다. 그 큰 음성의 주인공은 지상적 교회의 천상적 대응체이며 제사장의 제의적 역할을 감당하는 24장로 중 하나라고 보는 것이 가장 합리적임을 밝혔다. 이것은 우리 형제들의 신분을 이해하는 데 큰 도움을 준다. 그것은 바로 24장로의 지상적 대응체가 교회 공동체이기 때문이다. 용 곧 마귀 사탄은 법적 다툼에서 설 자리를 이미 잃어 버리고 말았다. 하나님의 백성들은 법적으로 완전히 승리하였다.

---

046)은 '카테고로스'(κατήγορος)라는 단어를 사용한다.

279 Blount, *Revelation*, 237.

280 Mounce, *The Book of Revelation,* 238. 박스얼은 이것을 "법적 소송 절차"(legal precess)로 표현하기도 한다(Boxall, *The Revelation of Saint John,* 183).

281 Boxall, *The Revelation of Saint John*, 183.

282 앞의 책.

[12:11] 성도의 승리

성도들의 승리를 하늘의 공중전과 땅의 지상전 두 영역으로 나누고 살펴 보고자 한다. 그리고 이 두 영역의 전쟁이 어떻게 상관관계를 가지는가도 중요한 관전 포인트이다.

이김의 주제. 11절은 '그들 자신'이란 주어로 시작한다. 여기에서 '그들'이라는 주어는 '아우토이'라는 인칭대명사에 의해 강조된다. 여기에서 '그들'이라는 주어는 직전의 10cd절에서 언급한 '우리 형제들"을 가리키고 그 우리 형제들은 구속받은 교회 공동체 전체를 의미한다. 따라서 이 본문은 구속받은 성도들의 "이김"에 대한 내용이다. 11절의 주동사는 11a절의 "이기다"(ἐνίκησαν, 에니케산 >νικάω, 니카오)라는 단어이다. 이 단어는 요한계시록 전체에서 17회 사용되지만 12장에서 한 번 등장한다. 이전까지 분명 예수님의 승리를 논하고 있었음에도 불구하고 '이기다'라는 단어를 직접 사용하지 않다가 이 지점에 와서 마침내 사용하게 된다. 예상되기는 했었지만 무엇인가 갑작스럽다는 느낌을 준다. 지금까지 표출하고 싶은 것이 있었는데 억누르고 있다가 갑자기 분출시킨다는 느낌이다. 바로 그리스도의 승리의 절정을 알려주기 위함이다.

2-3장의 일곱 메시지마다 이기는 자에게 주어지는 종말적 약속을 기록하고 있다(2:7, 11, 17, 26; 3:5, 12, 21).[283] 이김이라는 주제라는 점에서 공통점이 있다. 차이점이 있다면 2-3장에서 이기는 시점이 미래 종말적이라면 12장 11a절의 이김은 현재적 시점이다. 전자는 이김의 대상이 악의 세력에 대한 전반적인 언급인 반면 후자의 경우에 그 이김의 대상은 사탄으로 분명하게 밝혀지게 된다.[284] 이 둘의 관계를 설정한다면 12장 11a절에서 현재 획득한 승리는2-3장에서 제시되었던 종말적 승리의 전망을 확고하게 해준 것이다. 이미(already) 승리했지만 아직 승리는 완성된 것이 아니다(not yet).

공중전 승리과 지상전 승리의 상호관계(11a절). 이 문맥에서 실제로 승리한 주인공은 10b절에서 언급하고 있는 것처럼 구원과 능력과 나라를 이루신 하나님이시며 메시아적 사역을 성공적으로 감당하신 예수님이시다. 이런 승리는 미

283 K. H. Easley, *Revelation*, HNTC 12 (Nashville: Broadman & Holman, 1999), 212.
284 이런 과정에 대해 이즐리(Easley)는 "사탄으로서 가면을 벗었다(unmask)"라고 표현한다(앞의 책).

가엘이 용을 던져버리는 상징적 이미지를 통해 묘사되었다. 그러나 이 승리의 목적은 여기에 머물지 않는다. 이 승리는 궁극적으로 지상의 성도들이 공유하는 것이어야 한다. 그렇지 않다면 앞에서 언급된 하늘에서의 전쟁은 피안의 세계에서 벌어지는 추상적이고 관념적이며 신화적 얘기거리로 남을 수 밖에 없다. 이것은 하늘에서 이스라엘의 군주 미가엘이 바사 군주와 헬라 군주를 쳐서 물리침으로 지상의 이스라엘을 구원하고 안티오쿠스 4세를 심판하게 된다는 구약의 이야기를 배경으로 한다. 다니엘서에서 이스라엘의 군주로 활동하는 미가엘이 종말적 구원자로서 종말의 시대에 재등장하여 헬라 군주 대신 용과의 필연적 전쟁을 치루고 용을 하늘로부터 땅으로 던져버린다. 요한은 이런 용의 패배를 성도들의 승리와 연결하려 한다. 이런 연결을 통해 하늘 전쟁에서의 승리가 지상 성도들의 영적 전투에서의 승리를 결정한다는 것을 알 수 있다.

지상전 승리의 원인(11bcd절). 이런 하늘 전쟁의 승리는 필연적으로 지상에서 성도들의 승리를 보장한다. 그러나 성도들의 승리는 자동적으로 주어지지 않는다. 이에 상응하는 삶의 태도가 수반되어야 한다. 이에 대해서 본문은 세 가지를 제시한다. 처음 두 가지가 원인이라고 할 수 있는 것은 두 문구 모두 원인을 나타내는 전치사 '디아'(διά)를 사용하기 때문이다. 여기에서 하나의 '디아'에 이 두 문구를 넣을 수도 있었지만 각각에 강조점을 두고자 하는 목적으로 분리해서 사용하고 있다. 그리고 세 번째는 '왜냐하면'이란 접속사를 사용하여 그 원인의 근거를 제시한다.

(1)승리의 원인1: 어린 양의 피(11b절)

첫 번째 승리의 원인은 바로 어린 양의 피라고 할 수 있다. 어린 양의 피는 십자가 사건과 직결된다. 그렇다면 지상에 있는 성도들의 승리는 어린 양의 피 곧 십자가에서 흘리신 피로 말미암는다고 할 수 있다. 사실상 어린 양의 피와 직결된 십자가 사건은 탄생과 승천에 집중된 이전 본문에서 함축되어 있는 상태에 있다가 마침내 11b절에 이르러 그 실체를 드러내고 있다. 성도들의 승리가 바로 예수님의 십자가 죽음에서 비롯되었다는 것이다. 어린 양의 피는 하늘 전쟁의 승리를 지상 전쟁의 승리로 이어주는 매개 역할을 한다.

여기에서 이런 어린 양의 피는 두 가지 기능을 갖는다. 첫째로, 그것은 구속적 기능을 갖는다. 곧 1장 5절의 '그의 피로 우리들의 죄들로부터 우리를 해방 시키신 분'과 5장 9절의 어린 양의 '피로 사다'라는 문구에서 '어린 양의 피'를 통해 "출애굽의 유월절 이미지"(Passover-Exodus imagery)를 사용하여 구속의 의미를 분명하게 드러내 주었다.[285] 따라서 일차적으로 이 어린 양의 피로 말미암아 성도들은 대속의 은혜를 입게 된다. 대속을 받은 은혜가 승리를 제공한다.

둘째로, 어린 양의 피는 예수님에 의해 쟁취된 승리의 모델을 보여주는 기능을 갖는다. 그 이유는 어린 양의 피가 신실한 증인으로서 십자가의 죽음을 통해 사탄을 정복하는 예수님의 사역을 특징짓고 있기 때문이다(참조 골 2:15).[286] 곧 예수님께서 십자가에 죽으심으로써 사탄을 정복하신 것이다. 본문에서 성도들이 어린 양의 피로 말미암아 승리했다는 것은 바로 신실한 증인이신 어린 양의 피에 의해 주어지는 승리의 모델을 따라 성도들도 죽음의 순간까지 신실한 증거의 사역을 통해 그리스도의 죽음에 동참하고 있다는 것을 의미한다.[287] 말하자면 그리스도인들의 순교적 삶은 곧 예수님의 죽음을 통한 승리에 동참하는 것이다.[288] 이런 순교적 삶은 11장의 두증인 이야기가 보여주고 있는 것처럼 필연적으로 증거 사역을 동반하며 반대로 증거 사역 또한 순교적 삶을 동반한다. 다음 단락에서 이 주제를 다루게 된다.

(2)승리의 원인2: 그들의 증거의 말씀(11b절)

이 문구에서 "그들의"는 주격적 소유격이다. 그러므로 "그들의 증거의 말씀"은 "그들이 증거하는 말씀"이라고 할 수 있다. 이런 용례는 요한계시록에 본문을 포함해서 모두 다섯 번 사용되는데 비교하여 나열하면 다음과 같다.

1:2	하나님의 말씀과 예수 그리스도의 증거
1:9	하나님의 말씀과 예수의 증거
6:9	하나님의 말씀과 그들이 가지고 있었던 증거

285 Bauckham, *The Climax of Prophecy,* 228. 이와 관련하여 보큼은 그리스도인들이 "전적으로 수동적인 구속의 수혜자"(purely passive receipients of redemption)라고 말한다(앞의 책).

286 Boxall, *The The Revelation of Saint John*, 183.

287 Bauckham, *The Climax of Prophecy*, 228.

288 앞의 책.

12:11	그들의 증거의 말씀
20:4	예수의 증거와 하나님의 말씀

이 도표에 의하면 각 항목마다 '말씀'과 '증거'라는 단어가 빠짐 없이 들어 있다. 다만 1장 2절과 1장 9절은 요한계시록 자체를 가리키는 것이고 나머지 세 개 중 12장 11절은 구속받은 성도들 전체가 가지고 있다고 하고, 6장 9절과 20장 4절은 순교자들이 순교를 당한 이유로 말씀과 증거가 사용된다.

1장 2절과 1장 9절 그리고 20장 4절에서 하나님과 관련해서는 '말씀'(λόγος, 로고스)이라는 단어가 사용되고 예수님과 관련해서는 '증거'(μαρτυρία, 마르튀리아)라는 단어가 사용된다. 이것은 1장 2절의 이 문구에 대한 주해에서 충분히 설명한 바 있다.[289] 여기에서 하나님의 말씀과 그리스도의 증거를 설명적 관계로 간주하여 하나님의 말씀이 구약의 율법과 선지자들을 통해 진행되어 온 하나님의 뜻과 계획을 담고 있는 것이라면 그리스도의 증거는 예수 그리스도의 사역을 통해 하나님의 말씀을 성취하고 그 의미를 온전히 드러나게 하는 기능을 갖는다. 또한 두 문구를 10d절의 "밤낮"처럼 "중언법"(hendiadys)적 관계로 보아서 "예수 그리스도에 의해 증거된 것으로서의 하나님의 말씀"이란 의미를 갖는다고 할 수 있다.[290]

그런데 6장 9절에 "그들이 가지고 있는 증거"나 12장 11절에 "그들의 증거의 말씀"은 예수 대신에 "그들"로 대체되어 예수의 역할을 "그들"이 대신하고 있음을 알려준다. 여기에서 단순히 대신 하는 것이 아니라, 하나님의 말씀을 성취하는 사역을 이제 구속받은 성도들이 계승하여 계속 이어가고 있다는 의미를 가진다. 이 말씀 증거 사역은 예수님이 그러하셨던 것처럼 마귀 사탄을 궤멸시키는 중요한 원인이 된다. 따라서 "그들의 증거의 말씀"은 승리의 두 번째 원인이 되는 것이다.

이상의 내용을 세 가지로 요약해서 정리하면 다음과 같다. 첫째로, 구약에서 약속하고 준비하시면서 계시하신 하나님의 말씀이 예수님의 십자가 사건을 통해 확실하게 성취되어 증거되며 확증된다. 에덴(창조)의 회복이 이루어졌

289 1권의 47쪽 참조
290 J. M. Ford, *Revelation: Introduction, Translation, and Commentary*, AB 38 (New Haven: Yale University Press, 2008), 374.

으며 하나님의 통치가 우주적으로 공표되어 하나님의 나라가 온 세상에 그 실체를 드러내었다. 둘째로, 이런 예수님의 새창조 사역은 사탄 세력의 궤멸을 의미하며 신실한 증인으로서의 예수님 사역은 사탄의 세력에 대한 승리를 가져온다. 셋째로, 구속받은 성도들은 예수님께서 감당하신 증거의 사역을 계승하여 예수님이 승리하신 모델을 따라 순교적 정신으로 하나님의 말씀을 온 우주에 증거하며 예수님이 쟁취하신 승리에 동참한다.

(3)승리의 원인3: 그들은 죽기까지 생명을 사랑하지 않았다(11d절)

11d절은 "왜냐하면"(ὅτι, 호티)이란 접속사로 시작하여 11abc절에서 언급한 승리의 두 가지 원인에 대한 이유를 제시한다. 이런 인과 관계로 인하여 11d절은 11abc절과 밀접하게 연동시키면서 살펴야 하는 구문적 구조를 이루고 있다. 앞서 두 개의 단락에서 지상에 존재하는 성도들이 승리하는 원인으로서 "어린 양의 피"와 "그들의 증거하는 말씀"에 대해 살펴 보았다. "어린 양의 피"는 구속적 기능 뿐만 아니라 죽음을 통해 쟁취하는 승리의 수단의 기능을 가지고 있으며, "그들의 증거의 말씀"은 신실한 증인으로서 하나님 말씀의 성취를 보여주는 예수님의 증거 사역을 동일한 패턴으로 계승하는 성도들의 사역을 나타내고 있다. 이 두 가지 원인에 대한 이유로서 죽기까지 생명을 사랑하지 않았다는 사실을 지적한다. 이런 이유로, 이것을 승리의 세 번째 원인으로 본다.

그들이 자기 생명을 사랑하지 않았다는 것에 대해, 비일은 그리스도의 증거 사역에 참여하여 끝까지 잘 견뎌냈다는 것을 "부정적 방법"으로 표현하는 것이라고 말한다.[291] 곧 그들은 자기들의 생명을 사랑하지 않을 정도로 그리스도의 증거 사역을 잘 감당함으로써 승리를 쟁취하게 되었다. 이는 요한계시록 2장 10절에서 서머나 교회에게 권면하신 말씀으로서, "죽기까지(ἄχρι θανάτου) 신실하라"라는 문구를 떠올리게 한다. 두 본문 사이에 "죽기까지"라는 문구가 동일하게 사용되기 때문이다. 12장 11d절에서 2장 10절의 문구를 재사용했다고 볼 수 있다.[292] 2장 10절에서 하나님 앞에 신실한 삶을 사는 것은 황제 숭배를 요구하는 당시에 죽임을 당할 수도 있다는 것을 함의한다. 이런 의미가 12장 11d절에서 다른 방식으로 표현된 것이다. 곧 12장 11d절은 자기 생

291 Beale, *The Book of Revelation*, 665.
292 Sweet, *Revelation*, 202.

명을 사랑하지 않는 신실한 자세가 "어린 양의 피"와 "그들의 증거의 말씀"으로 말미암아 쟁취한 승리를 성도들의 삶 속에서 유효하게 한다는 것을 의미한다. 이것이 바로 12장 11d절의 내용이 승리의 중요한 원인이 되는 이유이다. 바꿔 말하면 죽음에 대한 각오 없이 "어린 양의 피"와 "그들의 증거의 말씀" 자체만 가지고는 성도들이 승리할 수 없다는 것이다. 아울러 이것은 그리스도의 구속사역에 성도들이 기여했다는 것을 의미하지 않는다.[293] 다만 그것이 효과를 가져오기 위해서는 자기 생명을 사랑하지 않는 실제적인 믿음의 신실한 행위가 요구된다는 것이다. 왜냐하면 행함이 없는 믿음은 그 자체가 죽은 것이기 때문이다(약 2:17).

그런데 여기에서 한가지 분명해지는 것은 하늘에서 사탄(용)이 쫓겨남으로 참소하는 권세를 상실하여 하늘에서 승리가 선포되고 땅에서도 성도들의 승리가 확증되었음에도 불구하고 그들은 여전히 죽음을 무릅쓰고 생명을 사랑하지 않아야만 승리를 쟁취할 수 있는 위협적인 환경에서 살고 있다는 것이다. 이것은 성도들이 이미 그리스도의 죽음과 부활을 통해 쟁취된 승리 안에 들어와 있지만 이런 승리가 실재적이고 지속적인 흐름으로 구현되기 위해서는, 그들이 예수님이 승리하신 모델을 따라 죽음을 무릅쓰고 증거 사역을 잘 감당할 필요가 있음을 알려준다.[294] 이런 점에서 그들의 승리는 이미(already) 확증되었지만 아직 완성되지 않은 것이다(not yet).

여기에서 "죽기까지"(ἄχρι θανάτου, 아크리 다나투)는 "시간"과 "양"(extent)의 의미를 동시에 내포하는데 전자는 "죽음의 순간까지"(until the time of death)라고 할 수 있고 후자는 "죽을 만큼" (up to the point of death)의 의미를 갖는다고 할 수 있다.[295] 시간의 관점에서 보면 '죽음의 순간'을 의미하는 것으로서 순교의 순간을 상정하는 반면 양적인 관점에서 보면 '죽을 만큼'의 의미로서 순교가 아니더라도 겪을 수 있는 극대화된 고통의 정도를 의미할 수 있다.[296] 이 두 가지 모두 이

293 Beasley-Murray, *The Book of Revelation*, 204.

294 성도들의 증거 사역은 양날의 칼이라고 할 수 있다. 왜냐하면 이 사역은 승리를 확보하는 데 결정적이지만 또한 이런 증거의 사역은 필연적으로 핍박을 초래할 수 밖에 없기 때문이다. 이런 점에서 블라운트는 "핍박이 그리스도의 주재권에 대한 신자들의 증거의 직접적 결과"라고 언급한다(Blount, *Revelatoin*, 236).

295 Beale, *The Book of Revelation*, 665.

296 앞의 책. 비일은 이 외에도 세 가지 이유를 더 제시하는데, 그 중에 하나를 언급하면 이 문맥에서 중요한 주제 중의 하나인 사탄의 공격 방법으로서 참소의 대상은 순교자들만을 대상으로 하지 않고 모든 성도들을 대상으로 하기 때문에 "죽기까지"라는 문구를 순교의 의미로 이해하기 보다는 성도들이 당하는 고난의 극단적 상태를 표현하는 것으로 보는 것이 적절하다(앞의 책).

문맥에 적용하는 것이 타당할 수 있지만 이 문맥을 보면 단순히 순교자만을 승리의 주인공으로 취급하지 않고 모든 성도들의 승리를 말하고 있으므로 후자가 좀 더 적절해 보인다.[297] 이런 태도가 바로 어린 양의 피와 그들이 가지고 있는 증거의 말씀으로 말미암는 성도들의 승리를 실재화하는 원인인 것이다. 앞서 언급한 것처럼 죽음의 순간에서 자신의 생명을 사랑하지 않는 자세가 없으면 어린 양의 피나 그들이 가지고 있는 증거의 말씀도 아무런 효과를 나타내지 못한다.

이것은 요한복음 12장 25절의 "자기의 생명을 사랑하는 자는 잃어버릴 것이요 이 세상에서 자기의 생명을 미워하는 자는 영생하도록 보전하리라"라는 예수님의 말씀을 연상케 한다(막 8:35; 마 10:39; 16:25; 눅 9:24; 17:33).[298] 어린 양의 피와 예수의 증거의 말씀은 성도들의 승리의 외적 수단이라고 한다면, 그런 외적 원인을 실재화하는 승리의 내적 원인은 그들이 자기 생명을 사랑하지 아니한 것이다. 성도들의 고난은 사탄의 승리의 표시가 아니라 도리어 성도들의 사탄에 대한 승리의 표시인 것이다.

이런 내용을 다음과 같이 도표로 표현할 수 있다.

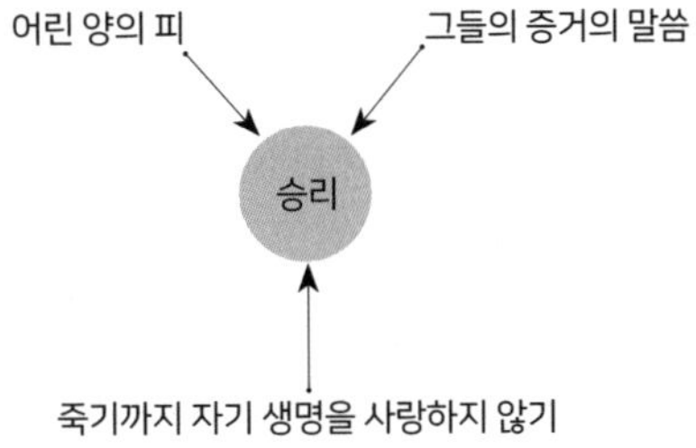

(4)정리

승리의 수단으로 세 가지를 살펴 보았는데 처음 두 개를 외적 원인이라고 할 수 있는 반면에 마지막 세 번째는 내적 원인이라고 할 수 있다. 이 세 개의 원인이 서로 결합될 때 승리라는 달콤한 열매를 따 먹을 수 있다.

297 앞의 책.
298 Charles, *A Critical and Exegetical Commentary on the Revelation of St. John*, 1:329.

[12:12] 승리에 대한 반응

다음 12절은 복을 받아 즐거워하는 자들과 화를 입어 슬퍼해야 하는 자들을 구분하고 있다. 이 두 부류를 나누어 살펴 보고자 한다.

즐거워하라(12ab). 먼저 12a절은 '그러므로'(διὰ τοῦτο, 디아 투토)라는 접속사로 시작한다. 이것은 앞 부분의 내용에 대한 결과를 말하고 있다는 뜻이다. 7–9절의 전쟁 결과에 대해 10–11절에서는 찬양과 경배로 반응하면서 승리의 이유를 확정하여 제시한다. 12절은 바로 이런 내용들에 대한 종합적인 결과를 소개하고 있다. 앞 부분의 핵심은 참소하던 사탄은 하늘로부터 쫓겨났고 참소당하던 하나님의 백성은 승리하였다는 것이다. 이 결과에 대한 반응은 무엇이어야 하겠는가? 그것은 한 마디로 "즐거워하라"(εὐφραίνεσθε, 유프라이네스데)는 것이다. 요한은 즐거워하도록 부름받은 대상으로 "하늘과 하늘에 거하는 자들"을 소환한다. 여기에서 주목을 끄는 것은 바로 즐거워하는 행위가 공간적으로는 하늘, 시간적으로는 현재에 발생한다는 사실이다.[299] 이것은 10a절에서 "지금"이란 단어가 보여주는 현재적 시점과 잘 조화되고 있다. 지금 사탄은 패배하고 하나님의 구원과 능력과 나라가 이루어졌으니 바로 지금 즉각적으로 즐거워하는 것이 당연하다. 그리고 "하늘"이란 공간은 그리스도의 승천으로 말미암아 사탄이 쫓겨나고 따라서 하나님의 구원과 능력과 나라과 그리스도의 권세가 선포된 바로 그곳이다.[300]

이 하늘에 이어 나오는 "하늘에 거하는 자들"(οἱ ἐν αὐτοῖς σκηνοῦντες, 호이 엔 아우토이스 스케눈테스)은 바로 하나님의 백성들 곧 교회 공동체를 가리킨다.[301] 이들은 12b에서 생략된 것으로[302] 여겨지는 '땅에 사는 자들'과 대조를 이루고 있다. 이런 대조는 13장 6절, 8절에 잘 나타나고 있는데 '하늘에 거하는 자들'은 하나님의 인침을 받고 하나님을 예배하는 교회 공동체를 가리키는 반면, "땅에 사는 자들"(οἱ κατοικοῦντες ἐπὶ τῆς γῆς, 호이 카토이쿤테스 에피 테스 게스)은 사탄에

299 이런 사고는 바로 롤로프의 "즐거움은 현재에 하늘에 한정된다(confined)"라는 문구에서 힌트를 얻게 되었다(Roloff, *The Revelation of John,* 150).

300 이런 점에서 12절의 하늘은 다시 10a절에서 큰 음성의 출처로서 '하늘'을 가리키는 것으로 볼 수 있다(Mounce, *The Book of Revelation,* 239).

301 마운스는 이것을 "천사적 존재들(angelic beings)"이라고 주장하는데 이에 동의할 수 없다(Mounce, *The Book of Revelation,* 239).

302 여기에서 '생략'과 관련된 주제에 대해서는 다음 단락에서 좀 더 자세하게 다루게 될 것이다.

게 속하여 짐승을 추종하는 자들이다.[303] 특별히 흥미로운 것은 이 두 존재의 양태를 묘사하기 위해 각기 다른 동사를 사용하고 있다는 점이다. 하늘에 거하는 자들을 묘사할 때의 '거하다'라는 동사는 '스케노오'(σκηνόω)를 사용하고 땅에 사는 자들을 묘사할 때 "살다"에 대한 동사는 '카토이케오'(κατοικέω)라는 동사를 사용한다.[304] 우리말 개역개정 성경도 이런 차이를 의식하여 이를 달리 번역하고 있다.[305] 그러므로 "하늘에 거하는 자들"은 사탄의 참소로부터 자유로워지고 승리하였으므로 즐거워해야 할 것이다. 여기에 그들이 거하는 "하늘"이라는 장소도 의인화하여 즐거워 할 것을 권하고 있다. 동시에 여기에서 이 "하늘"이라는 단어는 그 다음에 표현되는 "그 가운데 거하는 자들"의 삶의 정황을 규정해 주기 위해 사용되고 있다고 할 수 있다.

그리고 '즐거워한다'(εὐφραίνεσθε, 유프라이네스데>εὐφραίνω, 유프라이노)라는 단어는 "축제"(festivity) 때에 축하하는 상황과 관련된다.[306] 이 단어의 의미를 요한계시록 본문에 적용하면 "하늘에 거하는 자들"은 용이 하늘로부터 쫓겨난 것애 대해 축제처럼 즐거워하고 있다고 볼 수 있다. 이처럼 기쁨에로의 초대에 있어서 유사한 패턴을 보여주고 있는 구약 본문에는 이사야 44장 23절과 시편 96편 11절이 있다.[307]

> 여호와께서 이 일을 행하셨으니 하늘아 노래할지어다 땅의 깊은 곳들아 높이 부를지어다 산들아 숲과 그 가운데의 모든 나무들아 소리내어 노래할지어다 여호와께서 야곱을 구속하셨으니 이스라엘 중에 자기의 영광을 나타내실 것임이로다(사 44:23)
>
> 하늘은 기뻐하고 땅은 즐거워하며 바다와 거기에 충만한 것이 외치고(시 96:11)

이 두 본문은 하나님의 구속 사역을 찬양하는 내용으로 하늘과 땅으로 하여금 즐거워하고 기뻐할 것을 요청하는 내용이다. 이것은 요한계시록에서 하늘과 땅(바다를 포함)을 구별하여 전자에게는 기쁨이, 후자에게는 화가 있게 될 것을

303 롤로프는 "땅에 사는 자들"은 요한계시록(3:10; 6:10; 8:13; 11:10; 13:8, 12, 14; 17:7, 8)에서 일관성 있게 "하나님의 대적자들"을 묘사하는 문구로 사용된다고 주장한다(Roloff, *The Revelation of John,* 150).

304 스웨테는 이 본문에서 '카토이케오'가 아니라 '스케노오'를 사용한 것은 전자가 주로 이방 세상을 언급할 때 사용되기 때문이라고 한다. 따라서 신적 임재를 나타내주는 '스케노오'를 사용하는 것이 하늘의 정황을 설명하는데 적절하다고 주장한다(Swete, *The Apocalypse of St. John,* 154).

305 그러나 개역개정에서 이 부분을 번역할 때 일관성이 없는 것이 아쉽다.

306 BDAG, 415(3).

307 Roloff, *The Revelation of John*, 150.

말하는 것과 차이가 있다. 이런 차이는 요한계시록이 하늘과 땅의 개념에 대해 가지고 있는 독특한 관점 때문에 발생한다. 곧 요한계시록에서 하늘은 이 세상과 분리되지 않고 연결되는 통합적 의미를 갖는다. 그러므로 "하늘에 거하는 자들"에게 즐거하라고 하는 것은 단지 죽어서 하늘에 존재하는 자들만이 아니라 이 세상에 현존하는 그리스도인들도 포함된다. 왜냐하면 그들은 이 땅에 존재하지만 동시에 하늘에 거하는 자들로 간주되기 때문이다.[308] 특별히 12장 17절에서 용은 바다 모래 위에 서 있고, 13장 1절과 11절에서 악의 세력의 한 축이라고 할 수 있는 두 짐승이 각각 바다와 땅으로부터 올라 온다고 기록한다. 이런 구별 때문에 즐거운 축제에로 초대하는 대상에서 땅과 바다가 배제되는 것은 당연하다.

그리고 또한 구약 배경으로 신 32장 43절도 주목할 만하다.[309] 이 구약 본문은 히브리어 맛소라 본문과 70인역을 비교해서 살펴볼 필요가 있다.

MT	LXX[310]
הַרְנִינוּ גוֹיִם עַמּוֹ כִּי דַם־עֲבָדָיו יִקּוֹם	43) a) εὐφράνθητε, οὐρανοί, ἅμα αὐτῷ, b) καὶ προσκυνησάτωσαν αὐτῷ πάντες ἄγγελοι θεοῦ· c) εὐφράνθητε, ἔθνη, μετὰ τοῦ λαοῦ αὐτοῦ, d) καὶ ἐνισχυσάτωσαν αὐτῷ πάντες υἱοὶ Θεοῦ, e) ὅτι τὸ αἷμα τῶν υἱῶν αὐτοῦ ἐκδικᾶται·
나라들이여, 나의 백성과 함께 즐거워하라. 왜냐하면 그가 그의 종들의 피를 보응해 주실 것이기 때문이다. (나의 번역)	a) 하늘이여, 그와 함께 즐거워하라 b) 그리고 하나님의 천사들이여, 모든 자들로 그에게 경배하도록 하라 c) 열방들이여, 그의 백성과 함께 즐거워하라 d) 그리고 하나님의 아들이여 모든 자로 자신들을 강하게 하라. e) 왜냐하면 그의 아들들의 피가 보응될 것이기 때문이다 (나의 번역)

이 인용문은 땅에 대한 언급 없이 하늘을 즐거움에로 초대한다. 이런 점에서 요한계시록 본문과 좀 더 가깝게 보여진다. 맛소라 본문은 매우 간단하게 되어 있는 문장이 70인역에서는 상당히 많은 내용이 덧붙여진다. 예를 들면 위

308 이 주제에 대한 좀 더 자세한 내용은 1권 698쪽 이하에서 지상의 144,000과 하늘에 있는 "아무도 셀 수 없는 큰 무리"에 대한 논의를 참조하라.

309 Aune, *Revelation 6-16*, 703.

310 이 70인역은 L. C. L. Brenton, *The Septuagint Version: Greek* (London: Samuel Bagster & Sons, 1851)의 것을 사용하였다.

의 70인역 본문의 43a절에서 '하늘이여'라는 문구는 맛소라 본문에 없는 문구이고 43b절에서 천사들의 경배와 43c절의 열방들에게 즐거워하라고 하는 것과 그리고 43d절에서 하나님의 아들들로 하여금 자신들을 강하게 하도록 권면하는 것들은 70인역에서 덧붙여진 내용이다. 맛소라 본문과 70인역이 공통적으로 언급하는 내용 중에 중요한 것은 바로 이런 축제와 같은 기쁨과 즐거움이 하나님의 아들(맛소라 본문은 '종들'이라고 한다)의 피를 보응하실 것에 대한 기대 때문이라는 것이다. 이러한 배경으로 볼 때 요한계시록 본문에서 성도들의 대적 원수인 마귀 사탄이 하늘로부터 쫓겨나게 된 것을 보응 사건으로 간주할 수 있고, 이런 이유로 하늘과 하늘의 성도들을 즐거움에로 초대하는 것이라고 할 수 있다.

화있는 자들(12cde). 그러나 반대로 12b에 의하면 땅과 바다는 화가 있을 것이다. 여기에서 "땅과 바다"라는 문구에는 앞서 언급된 "하늘들과 그것들 안에 거하는 자들"이라는 문구와 대응되는 것이지만, 거기에서 '그것들 안에 사는 자들'이라는 문구가 생략되었다고 보는 것이 합리적이다. 12b절 12a절과 평행되고 있어 생략된 이 문구를 예측할 수 있고 그리고 "땅과 바다"만을 "화"의 대상으로 설정하는 것은 무엇인가가 결여되어 있다는 느낌을 준다. 여기에서 "그것들 안에 사는 자들"이란 바로 사탄에게 속하여 짐승을 경배하는 자들이고 그들은 화가 있을 것이므로 슬퍼해야 할 일이다. 여기에서 '바다'는 땅과 함께 악의 근원을 의미하기 때문에(참조 13:1; 21:1) 함께 사용되고 있는 것으로 이해할 수 있다.

그렇다면 왜 12b절에서 "땅과 바다와 그 가운데 사는 자들"은 화가 있게 되는가? 두 가지로 요약해서 답을 제시할 수 있다. 첫째로, 이들은 용을 추종하는 자들이라고 할 수 있다. "땅에 사는 자들"은 사탄에게 속한 하나님의 대적자들이기 때문에 용의 심판은 곧 그들에 대한 심판을 의미하는 것으로 간주할 수 있다. 그러므로 용에 대한 심판은 바로 그들에 대한 심판을 초래하게 되어 화가 있게 되는 것이다. 둘째로, 12de절은 '왜냐하면'(ὅτι)이라는 접속사로 시작한다. 그것은 바로 12de절이 앞의 내용에 대한 이유를 설명하기 위한 것임을 보여 준다. 따라서 12de절은 "땅에 사는 자들"에게 왜 화가 미치게 되는지를 설명한다. 12de절에 의하면 "마귀가 큰 분노를 가지고" 땅에 사는 자들에게 내려 갔기 때문이다. 용은 하늘로부터 쫓겨난 상태가 되었기 때문에 이런 분노는 더 이상 하늘에 사는 자들을 향해 쏟아낼 수 없는 상황이 되어 버리고 말았다. 그의 분노는 오직 땅에 사는 자들만을 향한다. 이것이 땅과 바다와 그 가운데 사는 자들에게 화가 있게 되는 이유이다.

용이 화가 난 이유를 파악하는 것은 이 문맥을 통해 볼 때 그리 어려운 일이 아니다. 그것은 하늘에서 쫓겨나서 자신의 무기이자 능력인 참소할 수 있는 권리를 박탈 당했기 때문이라고 추정할 수 있다. 이런 상황에서 용은 패배의식에 사로잡히고 그의 상한 감정은 분노를 일으키는 기제로 자리잡게 된 것이다. 그런데 분사구문으로 되어있는 12f절은 예상과는 다르게 의외의 이야기를 내놓는다. 그것은 바로 용이 짧은 시간을 가지고 있다는 것을 알게 되었다는 것이다. 여기에서 "짧은 시간"(ὀλίγος καιρός)은 상징적인 의미로서[311] 6절의 1,260일이 상징하는 초림부터 재림까지의 기간이며[312] 시간의 양이라기 보다는 시간의 질을 의미한다고 할 수 있다. 짧고 긴 시간의 양적 의미와는 상관없이 심판을 받아 하늘로부터 쫓겨나 자신이 가지고 있는 핵심 권세를 박탈당한 사탄이 느끼는 위기감을 "짧은 시간"으로 표현하고 있는 것이라고 할 수 있다. 이런 위기감은 초림부터 재림까지 기간동안 지속된다.

번역에서도 언급했던 것처럼, 12f절에서 분사구문으로 사용된 "알다"라는 동사는 이유를 나타내고 있는 것으로 볼 수 있다. 이런 인식은 하늘로부터 쫓겨나게 되는 사건으로 말미암아 주어졌다고 할 수 있다. 이미 심판을 받은 사탄이 이제 마지막으로 자신의 최종적인 심판의 순간을 직감하고 있는 것이다. 이런 구도는 20장 1-3절에서는 용이 심판을 받아 초림부터 재림까지 기간인 천 년 동안 무저갱에 갇혀 있다가 7-10절에서는 영원한 심판을 받게 된다는 것과 같은 패턴이다. 전자는 용이 하늘로부터 쫓겨난 후에 짧게 지내게 되는 기간이고, 후자는 용이 느끼는 짧은 시간이 지난 후에 발생하는 최종적인 심판을 의미한다.

---

311 비일은 이 문구가 6절의 1,260일과 14절의 "한 때 두 때 반 때"처럼 "상징적인"(figurative) 의미를 갖는 것으로 접근할 필요가 있음을 지적한다(Beale, *The Book of Revelation,* 667). 같은 맥락에서 쾨스터는 이것을 "시간적 의미가 아니라 좀 더 신학적인 의미를 갖는다"고 주장한다(Koester, *Revelation,* 552).

312 Koester, *Revelation,* 552. 비일도 바로 이런 입장을 지지한다. 비일은 "하늘에서 죽은 신자들이, 지상에서 고난을 당하는 나머지 신자들을 기다리는 기간이며, 절정에 이르게 되는 역사를 기다리는 기간"이며 또한 20장 1-3절에서 용이 무저갱에 갇혀 있는 기간이라고 한다(Beale, *The Book of Revelation,* 668).

이런 위기감 때문에 자신에게 속한 "땅에 사는 자들"을 분노 표출의 대상으로 삼게 만들 수 있다. 마귀는 본질적으로 자기에게 속한 자들을 도적질하고 죽이고 착취하고 괴롭히는 속성이 있기 때문이다(참조 요 10:10a). 이것은 예수님께서 제자들에게 평안을 주시고 자신의 양들에게 생명을 얻게 하되 더 풍성하게 얻게 하시는 것과 대조적이다(10:10b). 다섯 번째 나팔 심판에서 마귀적 능력의 표현으로서 황충과 말들을 탄 자들에 의해 이마에 하나님의 인침을 받지 않은 사람들(9:4)을 괴롭게 하는 것과 똑같은 패턴이라고 할 수 있다. 그러므로 땅에 사는 자들은 하나님의 심판과 사탄의 분노의 대상으로 이중적인 화를 당하게 되는 것이다.

정리

10-12절은 7-9절에서 발생한 사건에 대한 반응이면서 그것을 해석하는 내용이다. 하늘에서의 큰 음성이 이 본문의 내용을 말하고 있는데 그 음성의 주인공은 명시적으로 밝혀져 있지 않지만 구속받은 성도들의 천상적 대응체로서 24장로 중 하나로 추정할 수 있다. 먼저 그 음성은 7-9절에서 상징적 이미지로서 미가엘을 통해 드러난 하나님의 구원사건과 그리스도의 권세를 선포한다. 하늘에서의 승리가 지상에 있는 성도들의 승리에 결정적이다. 그러나 이것은 자동적으로 발생되는 것이 아니다. 지상에서의 승리는 어린 양의 피와 그들의 증거하는 말씀을 통해 쟁취된다. 더 나아가서 이런 승리가 실제적으로 효과를 거두기 위해서는 성도들의 고난을 통한 말씀의 증거 사역이 필연적이다. 이런 승리의 현장 때문에 즐거워할 것을 명령한다. 축제의 즐거움은 하늘에 거하는 성도들의 것이요 화로 인한 슬픔은 땅에 사는 사탄에게 속한 자들의 것이다.

3. 여자와 용의 전쟁(12:13-17)

13-17절은 장면이 다시 하늘에서 광야로 옮겨져 여자와 용의 대립 드라마를 소개한다.

구문 분석 및 번역

13절 a) Καὶ ὅτε εἶδεν ὁ δράκων ὅτι ἐβλήθη εἰς τὴν γῆν,
그리고 그 용이 땅으로 던져졌다는 것을 알았을 때,

b) ἐδίωξεν τὴν γυναῖκα ἥτις ἔτεκεν τὸν ἄρσενα.
남아를 낳은 그 여자를 핍박하기 시작했다.

14절 a) καὶ ἐδόθησαν τῇ γυναικὶ αἱ δύο πτέρυγες τοῦ ἀετοῦ τοῦ μεγάλου,
그리고 그 여자에게 큰 독수리의 두 날개가 주어졌다.

b) ἵνα πέτηται εἰς τὴν ἔρημον εἰς τὸν τόπον αὐτῆς,
그녀가 광야 곧 그녀의 장소로 날아가도록,

c) ὅπου τρέφεται᾽ ἐκεῖ καιρὸν καὶ καιροὺς καὶ ἥμισυ καιροῦ
그녀가 한 때 두 때 반 때 동안 거기에서 양육을 받는 곳

d) ἀπὸ προσώπου τοῦ ὄφεως.
뱀의 얼굴으로부터 (피하여)

15절 a) καὶ ἔβαλεν ὁ ὄφις ἐκ τοῦ στόματος αὐτοῦ ὀπίσω τῆς γυναικὸς ὕδωρ ὡς ποταμόν,
뱀은 강같이 물을 그의 입으로부터 그 여자 뒤에서 던졌다

b) ἵνα αὐτὴν ποταμοφόρητον ποιήσῃ.
그녀를 물에 떠내려가게 하도록

16절 a) καὶ ἐβοήθησεν ἡ γῆ τῇ γυναικὶ
그리고 땅이 여자를 도왔다.

b) καὶ ἤνοιξεν ἡ γῆ τὸ στόμα αὐτῆς
그리고 그 땅은 그것의 입을 열었다.

c) καὶ κατέπιεν τὸν ποταμὸν ὃν ἔβαλεν ὁ δράκων ἐκ τοῦ στόματος αὐτοῦ.
그리고 그 용이 그의 입으로부터 던진 물을 삼켜버렸다.

17절 a) καὶ ὠργίσθη ὁ δράκων ἐπὶ τῇ γυναικὶ
그리고 그 용은 그 여자에게 분노하였다.

b) καὶ ἀπῆλθεν ποιῆσαι πόλεμον μετὰ τῶν λοιπῶν τοῦ σπέρματος αὐτῆς
그리고 그는 그녀의 후손의 남은자들과 전쟁을 하기 위해 가버렸다.

c) τῶν τηρούντων τὰς ἐντολὰς τοῦ θεοῦ
하나님의 계명을 지키는

καὶ ἐχόντων τὴν μαρτυρίαν Ἰησοῦ.
그리고 예수의 증거를 가진

d) Καὶ ἐστάθη ἐπὶ τὴν ἄμμον τῆς θαλάσσης.
그리고 그는 바다의 모래 나타났다.

위 본문의 구문적 특징은, 시작하는 13절부터 끝나는 18절까지 모든 동사가 한결같이 부정과거시제로 되어 있다는 점이다. 이 부정과거시제 동사는 단순히 과거의 사건을 묘사하려는 목적으로 쓰인 것이 아니다. 요한계시록에서 부정과거 시제 동사를 사용하는 세 가지 목적 혹은 이유가 있다. 첫째, 부정과거 시제 동사를 일관되게 쓰는 것은 이 내용이 기승전결로 구성된 내러티브 형식을 취하고 있음을 보여주기 위한 목적을 갖는다. 이런 내러티브 형식에서 부정과거 시제 동사는 가장 기본적인 "뼈대"(backbone)를 이룬다.[313] 둘째, 이 부정과거시제 동사의 사용은 서신적 과거의 기능을 나타내 주기 위한 목적일 수 있다.[314] 셋째, 이런 서신적 과거 용법과는 조금 다르게 환상 경험을 기록하는 요한계시록에 독특하게 나타날 수 있는 현상으로서, 환상 경험의 시점과 그것을 기록하는 시점이 다르기 때문에 기록하는 시점에서 환상 경험을 기술할 때 부정과거 시제를 사용하게 된다.[315] 곧 요한이 기록하는 시점에서 보면 요한의 환상 경험은 과거에 일어난 사건이기 때문에 부정과거 시제로 표현한다는 것이다. 이 세가지를 모두 요한계시록 본문에 적용할 수 있다.

13b절의 '에디오크센'(ἐδίωξεν>διώκω, 디오코)라는 단어는 "좇아가다"와 "핍박하다"라는 의미를 가지고 있다. 비일은 이 두 가지 의미가 모두 해당된다고 한다.[316] 그러나 BDAG는 이 두 가지 의미 중에 후자를 요한계시록 본문에 해당하는 것으로 명시한다. BDAG에 따라 여기서는 "핍박하다"로 번역한다. 물론 이런 번역을 채택한다고 하여 비일이 주장한 것처럼 "좇아가다"라는 의미를 완전히 배제하는 것은 아니다. 아울러 이 동사는 부정과거로서 "행동의 시작"이나 "어떤 상태로로의 진입"을 의미하는 "동기(ingressive) 용법"으로 보는 것이 좋다.[317] 왜냐하면 13b절이 핍박 행위 자체 묘사하고 있는 것이 아니라

313 Mathewson, Verbal Aspect in the Book of Revelation, 45. 이와 관련된 내용에 대해 1권의 555쪽과 같은쪽의 각주 73번에서 언급한 바 있다.
314 서신적 과거의 용례에 대해서는 1권 182-184쪽의 1장 19절 "네가 본 것들"에 대한 설명에서 1장 11절의 현재형시제로 사용된 "네가 보는 것"과 비교해서 설명 한 바 있다.
315 이런 부정과거 시제 용법에 대해서는 1권 569-570쪽의 5장 8-10절에 대한 구문분석에서 설명 한 바 있다.
316 Beale, *The Book of Revelation*, 668.
317 Wallace, *Greek Grammar Beyond the Basic*, 753.

이어지는 내용에서 핍박의 구체적 내용이 소개되기 때문이다. 이런 용법에 따라 이 본문을 번역하면 "핍박하기 시작했다"고 할 수 있다.

14b절에서 '에이스 텐 에레몬'(εἰς τὴν ἔρημον)과 '에이스 톤 토폰 아우테스'(εἰς τὸν τόπον αὐτῆς)는 구문적 관점에서 동격으로서 설명적 관계로 볼 수 있다. 후자는 전자를 설명해주는 역할을 한다. 그러므로 두 문구 사이에 "곧"이라는 단어를 넣어 번역하도록 한다. 14d절에서 ἀπὸ προσώπου τοῦ ὄφεως(아포 프로소푸 투 오페오스)를 직역하면 "뱀의 얼굴로부터"라고 할 수 있다. 그러나 그대로 번역하면 문장의 흐름이 어색해지기 때문에 문맥에 자연스럽게 하기 위하여 괄호 안에 "피하여"라는 단어를 넣어서 번역한다. 그리고 15a절의 "ὀπίσω"(오피소)는 "어떤 것의 뒤에 위치한다는 표시"로서 "뒤에"(behind)라는 부사로 사용되거나 혹은 소유격과 함께 전치사로 사용되기도 한다.[318] 그러므로 소유격 명사로서 "그 여자"(τῆς γυναικὸς)는 이 전치사와 함께 사용된 "그 여자 뒤에서"로 번역한다.

16a절은 직전의 내용에 반전되는 상황을 묘사하는 것이므로 "그리고" 보다는 문맥에 맞게 "그러나"로 번역한다.[319] 그리고 16b절의 주동사인 "열다"는 부정과거형으로 "열었다"라고 번역할 수 있으나 다음에 이어지는 16c절의 "삼키다"와의 연결을 자연스럽게 하기 위해 "열어서"라고 번역한다. 또한 16c절에서 'κατέπιεν'(카테피엔>καταπίνω, 카타피노)라는 동사는 '피노'(πίνω)라는 동사에 '카타'(κατά)가 덧붙여져 강조하는 의미가 있다.[320] 이런 의미를 드러내도록 하기 위해 "삼켜버리다"로 번역한다.

17a절은 16절에 대한 결과를 나타내는 내용이므로 여기의 '카이'접속사를 "그러자"로 번역한다. 그리고 17d절에서[321] '에스타데'(ἐστάθη>ἵστημι, 히스테미)는, "서다"라는 의미이지만 동시에 "나타나다"(appear) 혹은 "올라오다"(come up)라는 동적인 의미도 있다.[322] BDAG는 이런 후자의 의미 범주에 요한계시록 본문

318 BDAG, 716.

319 대부분의 영어 번역본(NRSV; ESV; NKJV; NIV)이 '그러나'(But)로 번역한다.

320 이와 동일한 패턴이 10장 8절에서 "게걸스럽게 먹다"(eat up, devour)라는 의미의 κατεσθίω(카테스디오)라는 동사가 ἐσθίω (에스디오)의 강조형으로 사용되는 부분에 잘 나타나 있다.

321 17d절은 UBS4와 NA28판은 모두 12장 18절로 표기하지만, 영어번역본들은 모두 17절에 귀속시킨다. 17d절은 17c절과 밀접한 관계를 가지고 있으므로 따로 구절을 구별하지 않고 17절 안에 속하는 것으로 본다.

322 BDAG, 482.

을 포함시킨다.[323] "올라오다"라는 단어는 13장 1절에서 짐승이 "바다로부터 올라오다"라는 문구에서 다른 동사(ἀναβαῖνον, 아나바이논>ἀναβαίνω, 아나바이노)가 쓰였기 때문에 대신에 "나타났다"라는 단어로 번역하도록 한다. 이렇게 번역하면 17b절의 "가버렸다"(ἀπῆλθεν, 아펠덴>ἀπέρχομαι, 아페르코마이)와 조화를 이루게 된다. 곧 가버렸다가 나타나게 된 것이다. 단순히 "서다"라고 하면 "가버리다"와 부조화가 발생한다.

이상의 내용을 근거로 우리말 어순에 맞추어 번역하면 다음과 같다.

13a 그리고 그 용이 땅으로 던져졌다는 것을 알았을 때,
13b 남아를 낳은 그 여자를 핍박하기 시작했다.
14a 그리고
14b 그 여자가
14d 뱀의 얼굴으로부터 (피하여)
14c 한 때 두 때 반 때 동안 거기에서 양육을 받는
14b 광야 곧 그녀의 장소로 날아가도록,
14a 그 여자에게 큰 독수리의 두 날개가 주어졌다.
15b 그녀를 물에 떠내려가게 하도록
15a 뱀은 강같이 물을 그의 입으로부터 그 여자 뒤에서 던졌다.
16a 그러나 땅이 여자를 도왔다.
16b 그리고 그 땅은 그것의 입을 열어서
16c 용이 그의 입으로부터 던진 물을 삼켜버렸다.
17a 그러자 그 용은 그 여자에게 분노하였다.
17b 그리고 그는
17c 하나님의 계명을 지키고 그리고 예수의 증거를 가진
17b 그녀의 후손의 남은 자들과 전쟁을 하기위해 가버렸다.
17d 그리고 그는 바다의 모래 위에 나타났다.

본문 주해

13-17절은 일종의 내러티브로서 기승전결로 구성된다. 따라서 이 본문의 주해는 이런 전개 과정에 따라 진행하도록 한다. 곧 13절의 도입(기)이고 14절은 전개(승)이며 15-16절은 절정(전)이고 17절은 결말(결)이다. 특별히 이 부분들을 관찰하면서 13-16절이 이스라엘 역사 이야기에 대한 "묵시적 개작"(apocalyptic

---

323 BDAG, 482(B.2).

retelling)이라는 사실을 면밀하게 살펴볼 필요가 있다.[324]

[12:13] 도입: 용의 자기 인식

13절은 앞 부분의 내용을 정리하면서 앞으로 전개될 내용의 도입 부분 역할을 한다. 먼저 13a절의 "그 용이 땅으로 던져졌을 때"는 용이 미가엘과의 전쟁에서 패배하여 하늘로부터 땅으로 던져진 사건을 기록하는 7-12절의 내용을 요약하고 있다. 이런 언급은 13절 이하의 사건이, 용이 하늘로부터 던져진 상태에서 전개된다는 것을 보여준다. 13b절에 의하면 용은 이런 자신의 처지를 분명하게 인식하고 있다. 이런 인식의 과정은 12e절에서 용이 자신에게 시간이 얼마 남지 않았다는 것을 알게 되었다는 것과 같은 맥락이다. 여기에서 이런 용의 인식 작용에 대한 언급으로 진행되는 상황에 대한 분명한 정보가 독자들에게 제공된다. 그러나 그러한 인식에도 불구하고 용은 뱀처럼 "매우 교활해서 하늘로부터의 축출이 최종적(final)이며 만회할 가망이 없다는(irretrievable) 사실을 무시하면서"[325] 여자를 공격하기 시작한다. 이런 공격의 동기는 용의 힘이 강해서가 아니라, 하늘로부터 쫓겨나게 된 "좌절감으로 인한 격분"(frustrated outrage)이 이성적 인식 작용을 압도했기 때문이다.[326]

용이 이런 사실을 인식했을 때(여기에서 시간을 나타내는 'ὅτε'가 사용되고 있다), 용은 바로 '아들, 남아를 낳은 여자'를 핍박하기 시작한다. 여기에서 용 자신의 처지에 대한 용의 인식과 여자에 대한 핍박 행위는 인과관계를 가지고 있다. 이것은 여자가 아들, 남아를 낳고자 할 때 그러했던 것처럼 여자를 공격하기 위해 쫓기 시작한 것이다. 여기에서 두 가지를 생각해 볼 수 있다. 첫째로, 공격의 대상이 여자라는 사실이다. 본래 용의 공격 대상은 4-5절에 의하면 아들, 남아였다. 그러나 공격 대상인 아들은 하늘로 올라가고 자신은 하늘에서 떨어진 상태에서 어쩔 수 없이 공격 대상이 아들을 낳은 여자로 바뀌게 된 것이다. 다시 말하면 아들의 메시아적 사역으로 탄생한 교회 공동체를 공격하기 시작한 것이다.[327] 이것은 7-12절에서 보여주고 있는 것처럼, 하늘로 올라간

324 Fee, *Revelation*, 175.
325 Swete, *The Apocalypse of John*, 154.
326 Koester, *Revelation*, 553.
327 이런 점에서 용은 여자와 여자가 낳은 아들, 남아와 동일한 교회가 동일한 존재라는 생각을 하게 되었다고 볼 수 있 (Beale, *The Book of Revelation*, 668).

아들이 이미 승리를 쟁취했지만 그러나 그 전쟁이 완전히 끝나지는 않았음을 알려준다. 둘째로, 번역에서 보여주고 있는 것처럼 13b절의 "핍박했다"라는 동사는 "핍박하기 시작했다"로 번역하는 것이 적절하다.[328] 그렇다면 핍박은 시작 단계로서 본격적인 공격을 예고한 것이고 그 구체적인 전개 과정은 이어지는 15-16절에 기록되어 있다.

여기에서 용이 여자를 공격하기 시작한 것은, 용이 여자가 낳으려고 하는 아들, 남아를 공격하려고 하는 장면을 기록하고 있는 4절이 포함된 1-6절과 관련된다. 그러므로 13절은 도입부분으로서 1-6절과 7-12절을 종합 요약하여 서술하고 있는 것이다. 이 도입 부분에서 한 가지 기억할 것은 여자의 의미이다. 1절에서 여자는 구약의 이스라엘 백성을 의미하는 것으로 시작하였다. 그런데 5절에서 메시아이신 아들 예수 그리스도의 탄생으로 말미암아 구약의 이스라엘을 의미하는 여자는 신약의 교회 공동체를 의미하는 것으로 발전한다. 왜냐하면 예수님의 탄생은 구약 이스라엘이 새로운 이스라엘로서 교회 공동체를 통해 종말적 성취를 이루는 결과를 가져왔기 때문이다. 그러므로 5절에서 예수님의 탄생 이후에 여자는 교회 공동체를 의미하는 것으로 해석된다. 6절에서 여자가 광야로 도망갔을 때 그 여자는 종말적 공동체인 교회 를 의미하게 된다.

[12:14] 전개: 여자의 변화된 모습

전개 부분에서는 6절과 14절을 비교함으로써 두 본문 사이의 변화로 사건의 흐름을 파악함과 동시에 "큰 독수리 두 날개"의 의미를 구약을 배경으로 살펴보고자 한다. 특별히 14c절에서는 '용' 대신 '뱀'이라는 표현이 사용된다. 이것은 9b에서 용을 '옛 뱀'이라고 하여 용과의 싸움의 뿌리를 창 3:15에 두고 있는 것과 맥을 같이 하고 있다. 그러므로 용은 마귀 그리고 뱀이라는 말로 이 본문에서 번갈아 가며 사용되고 있음을 알 수 있다.

6절과 14절의 비교 14a절에서 큰 독수리의 두 날개가 여자에게 주어진다. 14b

328 여기에서 "좇아가다(좇아가기 시작하다)"라고 번역할 경우에 출애굽기 14장 4절 8-9절에서 바로가 이스라엘 백성을 광야까지 좇아간 정황과의 평행 관계를 떠올릴 수 있다(P. J. Leithart, *Revelation 12-22,* ITC [London: Bloomsbury T & T Clark, 2018], 36). 이 때 사용된 동사는 70인역의 '카타디오코'(καταδιώκω)라는 단어로서 요한계시록 본문에 사용된 '디오코'에 '카타'가 덧붙여진 형태이다(앞의 책).

절은 '히나'(ἵνα) 목적절로서 14a에 대한 목적을 나타낸다. 곧 이 두 날개가 여자에게 주어진 것은 광야로 날아가도록 하기 위한 것이다. 그리고 그 광야에서 한 때 두 때 반 때 동안 양육을 받는다(14c).[329] 이 내용이 흥미롭게도 6절과 유사한 내용임을 알 수 있다.[330] 이 두 본문을 비교하면 다음과 같다.

6절	14절
광야로 도망가다	큰 독수리의 두 날개를 가지고 광야로 날아가다
1,260일	한 때 두 때 반 때
양육	양육
하나님으로부터 준비된 장소	그녀의 장소

6절과 14절의 공통점은 광야로 가서 1,260일/한 때 두 때 반 때 동안 양육을 받는다는 것이고[331] 차이점은 6절은 광야로 이동한 것을 "도망갔다"고 한 반면 14절은 큰 독수리의 두 날개를 가지고 광야로 우아하게 날아갔다고 표현한다. 여기에서 쟁점은 이런 변화가 발생한 이유이다.

그 이유는 6절이, 아직 하늘로부터 쫓겨 나지 않은 채 매우 강력한 힘을 가진 용과의 관계에서 여자를 묘사하고 있는 반면, 14절은 7-12절에서 이미 밝혀진 바대로 하늘에서 쫓겨난 용과의 관계에서 여자를 묘사하고 있으므로 여자의 입장에서는 쫓길 이유가 없기 때문이다.

큰 독수리 두 날개(14a) 더 나아가서 '큰 독수리의 두 날개를 받아 광야로 날아갔다'는 것은 출 19:4과 신 32:11-12의 말씀을 배경으로 하고 있다.[332]

> 4)나의 애굽 사람에게 어떻게 행하였음과 내가 어떻게 독수리 날개로 너희를 업어 내게로 인도하였음을 너희가 보았느니라(출 19:4)

329 고든 피는 이런 내용을, 출애굽기 12장 31절부터 15장 21절까지 기록된 이스라엘의 실제적 역사적 사건을 배경으로 "묵시적인 개작 이야기"(apocalyptic retelling)로서 이해한다(Fee, *Revelation,* 175).

330 롤로프는 이 두 본문의 관계에 대해 "요약하고(recapitulate) 좀 더 발전시킨다(develop further)"라고 설명한다(Roloff, *The Revelation of John,* 151). 또한 비일은 6절의 "핵심을 재진술한다"고 묘사한다(Beale, *The Book of Revelaiton,* 668).

331 "한 때 두 때 반 때"는 "삼년 반"의 기간을 의미하며 이것은 1,260일과 동일한 기간이다(Beale, *The Book of Revelation,* 669).

332 찰스는 스피타(Spitta)의 것을 인용하여 이 두 구약 본문(출 19:4; 신 32:11)을 제시한다(Charles, *A Critical and Exegetical Commentary on the Revelation of St John,* 1:330).

> [11]마치 독수리가 그 보금자리를 어지럽게 하며 그 새끼 위에 너풀거리며 그 날개를 펴서 새끼를 받으며 그 날개 위에 그것을 업는 것같이 [12]여호와께서 홀로 그들을 인도하셨고 함께 한 다른 신이 없었도다(신 32:11-12)

이 말씀들은 하나님이 이스라엘 백성을 애굽으로부터 해방시켜 광야로 인도하신 출애굽 사건을 어미 독수리가 새끼 독수리들을 날개로 업어 공중을 날아 안전한 곳으로 옮기는 여정에 비유한다. 요한계시록 본문에서 이 과정이 여자에게 적용된다. 하나님께서 교회 공동체를 사탄의 참소로 인한 억압으로부터 구속하시고 안전하게 새창조 안으로 인도하신다는 의미를 내포한다.[333] 그런데 요한계시록 본문에서는 출애굽기 19장 4절이 '독수리 날개'라는 말을 '큰 독수리의 두 날개'라고 덧붙여 표현함으로써 구속과 안전의 의미를 더욱 강화시키고 있다. 또한 출 19장 4절이 애굽과 바로로부터 피하는 내용이라면, 요한계시록 본문(14c절)은 "뱀의 얼굴로부터"(ἀπὸ προσώπου τοῦ ὄφεως, 아포 프로소푸 투 오페오스) 피하는 내용이다.

더 나아가서 출애굽기 19장 4절과 신명기 32장 11-12절에서는 독수리 날개로 업었다고 한 반면에 요한계시록 12장 14절에서는 여자에게 독수리의 두 날개가 주어져 그 여자가 날아 간 것으로 묘사한다. 이 두 본문의 차이는 분명하다. 전자는, 이스라엘 백성이 하나님으로 비유된 어미 독수리에 업힌 새끼 독수리에 비유된 반면, 후자는, 여자에게 직접 큰 독수리의 두 날개가 주어지게 되어 여자가 큰 독수리가 되는 상황이다. 왜냐하면 날개는 새의 대표적 부속기관으로서 새와 동의어로 사용되기도 하기 때문이다(참조 창 7:14).[334] 독수리가 크다면 그 두 날개도 클 것이다. 큰 두 날개를 가진 큰 독수리의 이미지는 엄청난 에너지를 느끼게 한다. 이처럼 여자가 큰 힘을 가진 독수리로 비유되는 것은 사탄이 하늘로부터 쫓겨나게 된 결과로서 교회 공동체가 강력한 능력과 권세를 가지게 되어 역동적이며 진취적인 모임이 되었다는 사실을 잘 알려준다.

역동적이고 진취적인 성도들의 이미지를 잘 보여 주고 있는 구약 말씀은

333 해링턴은 큰 독수리의 두 날개의 의미를 "신적 도움이 지닌 속도와 효과성의 상징"으로 설명한다(Harrington, *Revelation,* 136).

334 Leithart, *Revelation 12-22,* 40. 여기에서 날개라는 한 부분으로 독수리 전체를 표현하는 기법을 "제유법"이라고 한다.

이사야 40장 31절이다.[335]

> 오직 여호와를 앙망하는 자는 새 힘을 얻으리니 독수리의 날개치며 올라감 같을 것이요 달음박질하여도 곤비치 아니하겠고 걸어가도 피곤치 아니하리로다(사 40:31)

위의 이사야 본문은 바벨론 포로로부터 해방된 새이스라엘의 역동적인 모습을 새힘을 얻어 날개를 치며 비상하는 독수리에 비유하여 묘사하고 있다.[336] 여기에서 독수리는, 하나님에 비유된 출애굽기 19장 4절과 신명기 32장 11-12절의 경우와는 달리, 새이스라엘을 독수리가 날개 치며 올라가는 진취적이며 역동적인 모습에 비유하고 있다. 바로 이런 새출애굽의 결과로 탄생한 새이스라엘은 큰 독수리의 두 날개를 받아 큰 독수리가 된 것으로 묘사되는 여자를 통해 성취되는 것으로 볼 수 있다.

이제 여자는 큰 독수리의 두 날개를 받아 직접 큰 독수리가 되어 뱀으로부터 피하여 광야로 날아가게 되었다. 이처럼 뱀의 얼굴로부터 피하여 광야로 날아가는 장면은 7-9절에서 미가엘이 용과 맞서서 치열하게 전쟁을 치루었던 정황과는 큰 차이를 보인다. 여기에서 여자가 뱀의 얼굴로부터 피하는 행위는 에덴에서 여자 이브가 뱀의 얼굴을 피하지 않고 대면하여 대화를 섞는 장면과 대조적인 특징을 드러낸다. 곧 에덴에서 이브의 실수를 반복하지 않는 여자의 태도를 부각시켜 주고 있는 것이다. 이런 과정은 용의 분노를 더욱 자극하여 용이 공격을 퍼붓게 만든다. 그래서 이어지는 15-16절에서 뱀으로 표현된 용은 여자를 공격하기 시작한다. 이런 공격은 용에게 또 한 번의 실패를 가져다 주게 된다.

광야와 양육(14b절) 여자가 큰 독수리의 두 날개를 받아 독수리가 되어 날아간 곳은 광야이다. 6절에서 용의 공격을 피하여 도망한 곳도 광야이다.[337] 그러나 6절과 14절은 그 정황의 차이가 있다. 6절의 정황은 용이 여자 자신이

---

335 찰스는 홀츰(Holtzm)의 것을 인용하여 이 본문을 제시한다(Charles, *A Critical and Exegetical Commentary on the Revelation of St John,* 1:330); 비일은 찰스로부터 인용 표시 없이 이 본문을 요한계시록 본문에 대한 배경으로 제시한다(Beale, *The Book of Revelation,* 670). 그러나 여자 자신이 독수리라는 개념을 제시하지 않는다. 다만 여자가 "능력"(strength)을 가진 존재로 보여주는 구약 배경으로 간주하고 있다.

336 이런 해방 사건을 일컬어 "제2의 출애굽"(the second Exodus)이라고 부른다(참조 Beale, *The Book of Revelation,* 670).

337 '광야'와 '양육'의 주제에 대한 좀 더 구체적인 논의는 6절을 참조하라.

아니라 여자가 낳은 아들, 남아를 공격하는 것이다. 반면 14절에서 용의 공격의 타깃은 바로 여자 자신이다. 그래서 이 문맥에서 그 용의 공격을 직접 받는 여자가 양육의 장소로 날아간 것은 6절과 비교해서 보호와 안식의 장소로서 광야의 의미를 더욱 부각시켜 주고 있다. 이런 점에서 광야는 6b절의 "하나님에 의하여 준비된 장소"를 이 문맥에 맞게 "그녀의 장소"(εἰς τὸν τόπον αὐτῆς)로 재해석하고 있다. 광야는 그녀가 있어야 할 그녀의 장소인 것이다. 이런 광야는 여자가 양육받도록 하나님에 의해 준비된 곳으로서 "그녀의 장소"인 것이다. 6절에서 "양육하다"라는 동사의 주어가 3인칭 복수로 사용된 반면, 14절에서 이 동사의 주어는 3인칭 단수이며 동사는 신적 수동태이다. 그러므로 6절에 비해서 14절은 신적 수동태를 통해 여자가 하나님에 의해 양육받았다는 것을 좀 더 강조한다.

[12:15-16] 절정: 뱀의 공격과 여자의 승리

15절, 여자를 향한 뱀의 공격으로 말미암아 사건은 절정에 이르게 된다. 앞의 내용 보다 좀 더 진전된 내용을 소개한다. 곧 아들 대신 그 아들을 낳은 여자를 좇던 용이 드디어 예상했던 공격을 그 여자에게 가하기 시작한다.[338]

뱀과 여자 독수리의 두 날개를 가지고 광야로 날아간 여자를 용이 공격하는 것으로 표현할 것으로 예상했는데, 용 대신 뱀이 여자를 공격하는 것으로 표현한다. 그렇다면 왜 용 대신 뱀이라는 용어를 사용하게 되었을까? 이것은 9절에서 이미 용을 옛뱀이라고 해석한 바 있고 14c절에 "뱀의 얼굴로부터"라는 문구가 나온 적 있으므로 새로운 것은 아닐 수 있다. 그러나 문제는 왜 이 시점에서 여자를 공격하는 주체로 용이 뱀이라는 이미지로 등장하는가이다. 그것은 바로 여자와 공수의 짝을 이루는 대상으로 용보다는 뱀이 좀 더 조화를 이룰 수 있기 때문이다. 이것은 옛뱀이 암시하듯이 에덴에서 여자를 공격했던 장본인이 바로 뱀이었기 때문에 요한은 다시 한 번 종말적 정황에서 에덴에서의 갈등 구조를 재현시키고자 하는 의도를 갖고 있는 것이다. 이 갈등 구조

338 롤로프는 15-16절이 "구약 예표론"(typology)과 "신화적 모티브들"(mythological motifs)이 혼합된 형태라고 주장한다(Roloff, *The Revelation of John,* 151). 이 부분을 살펴 볼 때 이런 문학적 특징을 잘 고려할 필요가 있다.

는 창세기 3장 15절에서 여자와 뱀의 갈등에 대한 말씀이 성취되는 현장을 그려낸다. 그런 재현을 통해 에덴에서의 실패를 반전시켜 종말적 회복의 정황을 분명하게 보여주고자 하는 의도가 함축되어 있다.

뱀이 여자를 뒤에서 공격하다(15절) 본문에서 뱀이 여자를 공격하는 방법은 여자의 뒤에서 물을 강 같이 토해 물에 떠내려 가게 하여 수장시키는 것이다. 여기에서 뱀의 공격 방법으로서 두 가지를 생각할 수 있다. 첫째로, 뱀은 여자를 뒤에서(ὀπίσω, 오피소) 공격한다는 것이다(15a절). 이런 공격은 야비하고 간교한 방법이 아닐 수 없다. 이런 뱀의 간교함은 창세기 3장 1절에서 하나님이 창조하신 뱀이 지으신 들짐승 중에 가장 간교한 존재로 묘사되고 있는 것과 관련되며 그리고 에덴에서 이브에게 거짓말로 휴혹하여 공격했던 상황의 데자뷔이다. 따라서 요한계시록 본문에서 뱀의 공격은 창세기 3장의 뱀과 여자 사이에서 시작된 대립관계를 배경으로 하고 있음을 알 수 있다. 이것을 바꾸어 말하면 요한계시록에서의 대립관계가 창세기 3장의 에덴 정원에 그 뿌리를 두고 있음을 시사한다. 이런 사실은, 앞에서 언급한 것처럼, 용이 뱀으로 바뀌어 등장하고 있다는 사실에 대한 이유를 아주 잘 설명해 주고 있다.

둘째로, 뱀의 이런 공격 방법은 출애굽 모티브를 함의한다. 이 출애굽 모티브는 두 가지 방법으로 나타난다. 첫번째 방법은 에스겔 29장 3절와 연동하여 생각해 볼 수 있다. 이 본문에서 애굽의 바로 왕은 원시적 바다 생물인 "타닌"(תנין)에 비유되는데 이 타닌은 70인역에서 용을 의미하는 "드라콘"(δράκων)으로 번역된다.[339] 그렇다면 애굽의 바로 왕이 용으로 표현되었다고 할 수 있다. 출애굽기 14장에서 타닌으로서 바로 왕은 홍해 바닷가를 뒤로 한 이스라엘을 쫓아가 바다에 수장시키고자 한다. 이와같은 맥락에서 요한계시록 본문의 뱀(용)도 그의 입으로부터 물을 쏟아 여자를 수장시키고자 한다.[340] 이 두 장면은 서로 평행 관계를 가지며 모두 다 출애굽 모티브를 보여준다.

두번째 방법은 첫째 경우와 관점을 달리해서 홍해 사건의 정황을 요한계시록 본문(15절)에 역으로 적용해 보는 것이다. 역사적으로 하나님의 백성과 악의 세력과의 대립에서 물로 승부가 결정 난 사건이 있다면 그것은 바로 홍해

339 이에 대한 자세한 논의는 3-4a절의 용에 대한 구약 용례를 참조하라.
340 Leithart, *Revelation 12-22*, 42.

사건이다. 이 홍해 사건에서 하나님은 이스라엘 백성으로 하여금 홍해 바다의 한 복판을 통과하게 하여 애굽과의 관계를 단절하도록 하셨다. 그러나 애굽의 바로 왕은 분노에 휩싸여 하나님의 역사에 도전하여 그의 군대를 이스라엘 백성들을 쫓아서 하나님의 능력으로 걸어 갈 수 있었던 홍해의 한 복판으로 내몰게 된다. 바로 그 때 하나님은 세워졌던 홍해 물을 바람으로 흩으셔서 애굽 군대를 수장 시켜 떠내려 가게 하셨다(출 15:10). 이 과정에서 아무도 애굽 군대를 도울 수 없었고 그들은 무기력 하게 물에 떠내려 갈 수 밖에 없었다.

요한계시록 본문은 공격의 주체를 하나님으로부터 사탄을 상징하는 용으로, 그리고 공격 받는 대상을 애굽 군대로부터 교회 공동체를 상징하는 여자로 변경한다. 그러나 공통된 점이 하나 있는데 그것은 바로 공격의 수단이 '물'이라는 것이다. 물론 여기에서 결과는 역시 정반대로 나타나게 된다. 곧 홍해 사건에서는 하나님의 심판 앞에 속수무책으로 물에 떠내려 갈 수 밖에 없었지만, 이제 요한계시록 본문의 전쟁 상황에서는 용 곧 뱀이 물로 여자를 떠내려 가게 하려 하는 가운데 하나님이 여자를 도우셔서 용의 공격은 실패로 끝나게 된다. 공수 역할이 바뀌고 결과도 정반대로 나타난다. 이런 특징을 가진 출애굽 모티브를 역(逆)출애굽 모티브라고 명명해 본다.[341] 이런 장면을 읽었을 독자들은 홍해 사건에서 애굽 군대의 위협과 홍해 바다물로부터 이스라엘을 구원하신 하나님의 역사를 기억하게 되었을 뿐만 아니라[342] 이 홍해 사건을 배경으로 요한계시록에서 하나님께서 여자를 뱀의 공격으로부터 구원하신 사역을 극적으로 묘사하고 있다.

이상에서 뱀이 여자를 공격하는 정황을 다양한 방법으로 정리해 보았다. 여기에서 에덴 모티브와 출애굽 모티브 그리고 역출애굽 모티브가 함께 결합되면서 하나님의 구원 사역이 극대화되어 표현되고 있다. 이처럼 에덴에서 뱀의 공격과 출애굽에서의 바로 왕의 공격의 정황을 로마 제국과 그 제국의 황제가 "하나님의 새로운 언약백성"인 교회 공동체를 멸망시키려는 정황으로 "재현"(replay)시키고 있다.[343] 따라서 요한계시록의 독자들은 용의 공격을 관찰

341 비즐리-머레이는 땅이 "출애굽-예표론"(exodus-typology)을 함의한다고 하면서 이 장면은 홍해가 마르게 되어 홍해를 건너게 되었던 이스라엘 백성들을 떠올리게 한다고 주장한다(Beasley-Murray, *The Book of Revelation,* 206).

342 Roloff, *The Revelation of John*, 151.

343 Fee, *Revelation,* 176. 고든 피는 그의 설명에서 에덴에서 뱀의 공격에 대한 언급은 생략하고 있다.

하면서 이런 복합적 배경들을 입체적으로 조화시켜 살펴보아야 한다.

땅이 여자를 돕다(16절) 본문 16a절에서는, "땅이 여자를 도왔다"고 하고 16bc절에서는 땅이 입을 열어서 용의 입으로부터 던져진 물을 삼켜 버렸다고 한다. 여기에서 "용의 입"과 "땅의 입"이 대비된다. 두 경우 모두 입에 해당하는 동일한 단어인 '스토마'(στόμα)를 사용함으로 이 대비의 관계를 강조하고 있다. 전자는 여자를 공격하기 위한 것이고 후자는 여자를 보호하기 위한 것이다. 입은 본래 말(씀)이 나오는 통로이다. 예수님은 그의 입으로부터 양쪽이 날카로운 칼이 나온다(1:16; 2:16; 19:15, 21).[344] 곧 입에서 나오는 하나님의 진리의 말씀으로 심판하시며 통치하신다(참조 19:13). 반면 용과 연합을 이루는 짐승은[345] 모독하는 말로 하나님과 성도들을 공격하며(13:6-7)[346] 거짓으로 미혹한다(참조 창 3장). 16장 13-14절에서는 세 더러운 영이 용의 입과 짐승의 입과 거짓 선지자의 입으로부터 나와서 성도들과 전쟁을 위해 온세상의 왕들을 미혹한다.

본문에서 사탄을 상징하는 용은 성도를 상징하는 여자를 말 대신 물로 공격하지만 땅은 그 물을 삼켜 버리고 만다. 스윗은 물을 삼켜 버리는 땅의 행위를 "거짓말을 삼키다"(to swallow his lies, 그의 이탤릭)라고 하여 용이 쏟은 물을 "거짓말"로 이해한다.[347] 땅의 입이 용의 입에서 나온 물을 삼키는 행위를 매우 강조하고 있다.[348] 용의 공격이 치열한 만큼 땅의 도움도 절실하게 반응한다. 물이라는 자연의 힘에 대응하여 땅이라는 또 다른 자연의 요소로 여자를 돕는다.[349] 이처럼 피조물이 하나님의 백성을 도움으로서 창조주 하나님을 섬기는 기능을 발휘하는 것은 요한계시록의 중요한 특징 중의 하나이다.[350]

물과 땅이 서로 반응하는 이런 메카니즘은 창조 질서와 밀접한 관계를 가진다. 곧 창조 과정에서 원시적 바다를 궁창 위의 물과 궁창 아래의 물로 나누고 또 궁창 아래의 물을 한 곳에 모아 바다를 이루게 하시고 땅을 드러나게 하

344 이에 대한 좀 더 자세한 내용은 1장 16b절을 참조하라.
345 용과 짐승의 연합 관계는 13장 4절에서 용이 짐승에게 권세를 주는 장면에서 잘 나타나 있다. 이 주제에 대한 좀 더 자세한 내용은 13장에서 다루도록 할 것이다.
346 블라운트는 입과 관련하여 예수님과 용과의 대조적 관계를 소개한다(Blount, *Revelation*, 241).
347 Sweet, *Revelation*, 205.
348 이런 강조의 의도는 동사를 단순히 '피노'라는 동사가 아니라 '카타피노'라는 동사를 사용한 데서 잘 드러나고 있다. 이 이슈와 관련하여 16c절에 대한 번역을 참조하라.
349 Easley, *Revelation*, 214.
350 Koester, *Revelation*, 554.

셨을 때, 땅과 바다는 서로 질서를 유지하는 경계선을 가지고 있었다. 이 경계선을 유지하는 것이 창조 질서의 본질이다. 그런데 용이 입으로부터 물을 쏟아 여자를 물에 떠내려 가게 하기 위해 공격하는 것은, 원시적 바다 생물 '타닌'(תַּנִּין)으로서[351] 물과 땅의 경계를 무너뜨려 혼돈과 무질서를 초래한다.[352] 이런 패턴은 하나님의 심판 행위에 대한 모방이다. 이런 창조 질서의 와해나 창조 질서의 수립은 하나님의 주권에 속한 행위이다. 무질서의 화신이라고 할 수 있는 용이 다시 한 번 자신의 속성을 드러내는 순간이라고 할 수 있다. 그러나 땅이 물을 삼키게 하여 혼돈과 무질서 상태를 잠재우게 된다. 첫 창조에서 땅과 물의 경계의 긴장을 유지함으로 질서를 세우신 것처럼 혼돈의 화신이라고 할 수 있는 타닌의 공격을 무력화시키고 있는 것이다. 이것은 시편 74편 13절의 "주의 능력으로 바다를 나누시고"라고 한 것이나 77편 16절의 "물들이 주를 보고 두려워하며 깊음(תְּהוֹם, 테홈=원시적 바다)도 진동하였고"라는 내용에서 하나님이 물들을 통제하고 길들이고 계신 것과 같은 맥락이라고 할 수 있다.[353]

이처럼 피조물을 통해 하나님의 백성을 도우시는 패턴은 지혜서 16장 17, 24절과 19장 6절의 내용을 연상케 한다.[354]

> 우주는 의인들의 편에 서 있는 용사다(16:17)
>
> 주님의 백성들을 안전하게 보호하기 위해서 만물이 주님의 명령에 복종하여 다시 한 번 그 본성을 바꿨다(16:24)
>
> 피조물들은 창조주이신 주님께 순종하여 악인들을 벌하는 데 힘을 다하고 한편 주님을 믿는 사람들에게 잘해 주기 위해서는 그 힘이 부드러워진다(19:6)

이상의 내용은 본문에 명시적으로 언급되어 있지 않지만 질서의 하나님께서 용이 자행하는 무질서의 정황에 개입하고 있는 것으로 볼 수 있다.

이런 정황의 의미를 해석하면 하나님이 사탄의 공격으로부터 여자가 상징하는 교회 공동체를 도우셨음을 의미한다. 이것은 과거 홍해 사건에서 아무도

---

351 용의 히브리적 표현인 타닌에 대한 충분한 논의는 3-4ab절의 '용에 대한 구약 용례들'을 참고하라.

352 블라운트도 이와같은 맥락에서 물을 이용한 용의 공격은 하나님의 창조질서를 무질서의 상태로 되돌리려는 시도라는 사실을 적시한다(Blount, *Revelation*, 241).

353 Blount, *Revelation*, 241.

354 Koester, Revelation, 554. 이 번역은 *The Holy Bible: New Revised Standard Version* (Nashville: Thomas Nelson, 1989)을 우리말로 번역한 것이다.

물에 떠내려 가는 애굽 군대를 도울 수 없었던 것과 극명한 대조를 이루고 있다. 앞서 출애굽 모티브를 역으로 적용하고 있다고 하여 '역(逆)출애굽 모티브'라고 명명한 바 있다. 이런 방법으로 하나님께서 교회 공동체를 사탄의 공격에서 어떻게 보호해 주시고 승리케 하시는가를 매우 극적으로 전달하는 효과를 드러내고 있다. 15-16절에 드러난 공격과 방어의 과정은 초림과 재림 사이의 기간을 상징하는 삼년 반(혹은 1,260일)과 동일한, 광야에서 하나님으로부터 양육을 받는 동안 반복해서 일어나는 성격을 가진다. 비록 이 본문에서는 한 번의 사건처럼 기록되고 있지만 이런 상황은 초림과 재림 사이 성도들의 삶 속에서 반복해서 일어난다고 볼 수 있다.

[12:17] 결말: 미래 종말적 전쟁의 예고

마지막으로 17절은 12장의 내용을 전체적으로 정리하면서 또한 13장과의 연결고리를 형성한다. 곧 17절의 마지막 부분인 17d는 13장과 밀접하게 연결된다.[355]

흥분하는 용 17절은 세 부분으로 나뉘어 지는데 그 첫 째 부분으로서 17a는 앞의 내용을 배경으로서 여자를 향한 용의 공격이 무위로 끝나자 그 여자에 대해 분노를 표출한다. 여기에서 용은 두 번의 분노를 나타내고 있다. 첫 번째는 12절에서 하늘로부터 땅으로 쫓겨난 것과 함께 자신의 시간이 얼마 남지 않았다는 것에 대해 분노하고, 두 번째는 17절에서 그의 공격이 무위로 끝나자 분노하고 있다. 전자의 경우는 땅에 사는 자들에게 화가 미치게 되지만, 후자의 경우에는 하나님의 백성들을 향하여 일어나고 있다. 그러나 어쨌든 이 두 번에 걸친 분노 상황에서 요한계시록 저자가 보여주는 사실은 용 곧 사탄이 여자 곧 하나님의 교회 공동체에 대해 엄청난 적대감을 가지게 되었다는 것이다.

여자의 후손의 남은자들 17b절에 의하면 그런 분노의 감정은 용이 전쟁을 일으키게 만들었다. 12장 에서는 이 전쟁 자체가 중요한 주제가 아니기 때문에 이 전쟁에 대한 구체적인 내용이나 그 결과가 언급되지 않은 채, 다만 암시만을

355 고든 피는 17절이 13장에 대한 서론의 역할을 함과 동시에 14장과도 연결되는 것으로 간주한다(Fee, *Revelation*, 174).

제시하면서 독자들로 하여금 다른 부분과의 관련성을 파악하도록 유도하고 있을 뿐이다. 이 전쟁의 성격은, 앞 부분에서 용이 여자에게 물을 쏟아 떠내려 가게 함으로써 보여 주고 있는 용과 여자와의 대립 관계와는 또 다른 성격임이 분명하다. 그 근거는, 17b절에서 전쟁의 대상이 바뀌고 있다는 것이다. 곧 용이 전쟁을 일으키는 대상은, 여자가 아니라 "그녀(여자)의 후손의 남은자들과 함께"(μετὰ τῶν λοιπῶν τοῦ σπέρματος αὐτῆς, 메타 톤 로이폰 투 스페르마토스 아우테스)로 표현되어 "여자의 후손의 남은자들"로 밝혀지고 있다.

여기에서 이 문구는 두 가지 개념을 포함한다. 첫째, 17b의 "그녀의 후손"(σπέρματος αὐτῆς, 스페르마토스 아우테스)이라는 문구는 달리 표현하면 "여자의 후손"이고 둘째, "남은자들"(τῶν λοιπῶν, 톤 로이폰)이다. 먼저 "여자의 후손"이라는 표현은 창세기 3장 15절의 "그녀의 후손"(τοῦ σπέρματος αὐτῆς, 투 스페르마토스 아우테스)이 의미하는 "여자의 후손"(σπέρμα γυναικός, 스페르마 귀나이코스)과 동일한 표현이다.[356] 여기에 이런 문구가 쓰인 것은, 12장 9절의 "옛뱀"을 통해서 시사한 바 있고 그리고 12장 15절의 용을 뱀으로 묘사했던 것을 통해 시사했던 것처럼, 이 전쟁이 그 뿌리를 창세기 3장 15절에 두고 있다는 사실을 제시하기 위함이다.[357]

더 나아가서 창세기 3장 15절의 여자의 후손 약속이 예수 그리스도를 통해 성취되는 관계라면, 요한계시록의 '여자의 후손'도 이처럼 성취된 예수님을 가리키고 있는 것으로 이해할 수 있고, 따라서 "여자의 후손의 남은자들"은 그리스도인 전체를 가리키는 것으로 간주할 수 있다.[358] 곧 5절에서 여자의 후손은 "메시아적 아이"(messianic child)를 가리키는 반면, 이 본문에서 "여자의 후손의 남은자들"은 그 "메시아적 아이"의 사역의 산물인 교회 공동체를 의미하고 있는 것이다.[359] 그렇다면 "남은자들"을 앞에서 등장한 '여자'와 동일한 개념으로 이해할 수 있다. 다만 "여자"는 단수로서 교회 공동체를 "집

---

356 Harrington, *Revelaiton,* 135. 이 두 문구 모두 "σπέρματος αὐτῆς"(스페르마토스 아우테스)를 사용하는데 αὐτῆς(아우테스)는 직전의 γυναικός(귀나이코스)를 이어받는다.

357 Aune, *Revelation 6-16,* 708. 이런 점에서 칼킨스는 "저자 요한이 창세기 스토리를 의식적으로 마음에 두고 있었다"라고 서술한다(Calkins, *The Social Message of the Book of Revelation,* 121-22).

358 I. T. Beckwith, *The Apocalypse of John: Studies in Introduction with a Critical and Exegetical Commentary* (Grand Rapids: Baker, 1967), 629-30. 찰스는 이 문구를 "이방 그리스도인들"이라고 하면서도 "로마 시대에 걸쳐 존재하는 일반적인 교회(공동체)"로 해석한다(Charles, *A Critical and Exegetical Commentary on the Revelation of St John,* 1:332).

359 Koester, *Revelation,* 554.

합적으로"(collectively) 표현하고 있는 반면 "남은자들"은 복수로서 교회 공동체를 개인적 차원에서 접근하고 있는 것으로 볼 수 있다.[360] 그런데 이 문맥에서 이 문구를 사용한 것은, 여자의 후손인 그리스도에게 속한 "남은자들"과 용과의 대립관계를 창세기 3장 15절을 배경으로 드러내기 위함이라고 할 수 있다. 14-15절에서 여자에 대한 뱀의 공격 실패는 아직 최종적인 패배가 아니다. 최종적인 패배를 위한 또 한 번의 전쟁이 남아 있다.

하나님의 계명과 예수의 증거(17c) 17b절에서 "여자의 씨의 남은 자들"을 "하나님의 계명을 지키고 그리고 예수의 증거를 가진 자들"로 묘사한다. 먼저 "하나님의 말씀(λόγος, 로고스)" 대신에 "하나님의 계명(ἐντολή, 엔톨레)"이란 단어가 쓰인 점이 인상적이다. 이 문구는 구약에서 "우상 숭배와 모독의 말들, 술수, 도적질, 살인 등과 요한계시록의 다른 본문들(2:15, 20; 9:20-21; 13:6, 12; 14:7)에서 언급된 다른 죄들에 대한 경계를 포함한다.[361] 이런 계명들을 지킨다는 것은 거룩한 백성으로서의 정체성을 유지한다는 것이다. 이 문맥에서 "하나님의 계명"이라는 문구를 쓴 것은 "지킨다"라는 동사와 함께, 하나님께 "순종"하는 의미를 강조하고 있는 것으로 볼 수 있다.[362] 이 문맥에서 "순종"이라는 주제는 11d절에서 승리의 세번째 원인으로서 "죽기까지 그들의 생명을 사랑하지 않았다"는 내용과 잘 어울린다. 후자는 역으로 표현하면 "죽기까지 하나님을 사랑하였다"라고 할 수 있고 이것은 순종의 극치라고 할 수 있다. 이러한 순종은 하나님께서 그들의 편이라는 사실을 증거하며 따라서 승리를 담보한다.

그리고 "예수의 증거"는 앞서 11c절에서 언급한 "그들의 증거의 말씀"과 차이가 있다. 후자는 그들이 예수님의 증거 사역을 계승하여 증거의 사역을 감당하는 것으로 보는 것과는 달리, 전자는 "예수의"를 주격적 소유격으로 간주하여 예수께서 구약의 하나님의 말씀을 성취하신 증거로 이해할 수 있다.[363] 그렇다면 남은자들은 예수께서 하나님의 말씀을 성취하시는 증거의 말씀을 가지고 있는 것이다. 이 증거의 말씀 역시 남은자들이 예고되는 용과의

360 Easley, *Revelation*, 214.

361 Koester, *Revelation*, 554.

362 Aune, *Revelation 6-16*, 709; Koester, *Revelation*, 554. 그러나 스웨테는 "예수의"를 목적격적 소유격으로 이해하여 "그들이 예수를 증거하는 것"으로 본다(Swete, *The Apocalypse of St. John*, 157).

363 Mounce, *The Book of Revelation*, 242.

전쟁에서 넉넉하게 승리할 수 있는 근거가 된다.

또한 '증거'(μαρτυρία, 마르튀리아)라는 단어는, 교회 공동체가 붙들고 있는 11c절의 "그들의 증거의 말씀"(τὸν λόγον τῆς μαρτυρίας, 톤 로곤 테스 마르튀리아스)에서 "증거"(μαρτυρία, 마르튀리아)와 동일한 단어이다. 동일한 증거의 소유자로서 여자의 후손의 남은 자들은 교회 공동체로서 여자 자신과 (별개의 존재가 아니라) 동일한 존재라는 사실을 알 수 있다. 왜냐하면 예수의 증거와 관련하여 교회 공동체 외에 그 증거를 가진 자들이 없기 때문이다. 또한 11a절에서 증거의 말씀으로 하나님의 백성들이 사탄을 이길 수 있었던 것처럼, 여자의 후손의 남은 자손 역시 이 전쟁에서 승리할 수 있다는 근거를 제공한다. 그러므로 이런 문구를 사용함으로써 그 대립 관계가 여자의 후손인 예수님과 사탄과의 사이에서 뿐만 아니라, '여자의 후손의 남은 자들' 곧 교회 공동체와의 관계에서도 존재하지만, 마침내 그 대립 관계에서 승리한다는 사실을 확증해 준다.

미래 종말적 전쟁(17d절) 12장에서 용과 여자의 대립 관계에서 보면 세 번에 걸쳐 그 변화가 일어난다: (1)용과 여자가 낳은 아들 사이(여자의 후손)(1-6절); (2)용과 여자 자신과의 사이(13-16절); (3) 용과 여자의 후손의 남은 자들과의 사이(17절). 이 세 과정에 공통적으로 창세기 3장 15절이 그 배경으로 드러나고 있다. 창세기 3장 15절에 의하면 여자와 뱀 사이에 삼중적 대립 관계가 언급된다: (1)여자와 뱀; (2)여자의 후손과 뱀의 후손; (3)여자의 후손과 뱀. 창세기와 요한계시록에서 여자와 뱀 사이의 대립관계를 비교하면 다음과 같다.

요한계시록 12장	창 3:15
용과 여자의 아들(씨/후손)(1–6절)	뱀과 여자의 후손
뱀과 여자(13–16절)	뱀과 여자
용(뱀)과 여자의 후손의 남은 자손	뱀의 후손과 여자의 후손

이 비교에서 처음 두 개가 정확하게 일치하고 세 번째의 경우에 창세기의 뱀의 후손과 여자의 후손의 대립관계는, 요한계시록에서는 언급 없이 대신에 용 자신과 여자의 후손의 남은 자손과의 대립 관계에 대해서만 언급한다. 이런 차이를 감안할 때, 요한계시록 12장에서 용(뱀)과 여자와의 관계를 근간으로

하는 대립관계는 다양한 방식으로 표현되고 있음을 알 수 있다.

요한계시록에서 대립관계가 세 단계로 발전하고 있음을 확인했다. 먼저 용과 아들(여자의 후손)의 관계에서 대립 관계가 시작된다. 용은, 여자의 아들이 태어나면 잡아 먹으려 하였으나 여자의 아들은 태어나자 마자 하늘로 올라 가게 된다. 이런 아들의 승천이, 용이 하늘에서 쫓겨 나는 결정적 패배의 근거가 된다. 하늘로부터 쫓겨난 용은 여자를 공격 목표로 삼는다. 그리고 용은 여자의 후손의 남은자들과 전쟁하려고 바다 모래 위에 나타난다. 먼저 "바다 모래 위에"라는 문구는, 이사야 27장 1절의 "바다에 있는 용"이라는 문구가 보여주고 있는 것처럼 용의 근원이 바로 바다라는 사실을 시사한다. 용은 자신의 자리에 서 있는 것이다.

이 때 "나타나다"(ἐστάθη, 에스타데 >ἵστημι, 히스테미)라는 동사는 12장 4절에서 용이 여자가 낳은 아들을 먹어버리려고 나타나는 장면을 묘사하는 동사와 동일한 단어를 사용함으로써 평행 관계를 보여준다. 이러한 평행 관계에 의해 "나타나다"라는 동사가 갈등과 대립의 상황을 표현하기 위한 목적으로 사용되고 있음을 알 수 있다. 번역에서도 언급했던 것처럼 이 단어가 "서다"라는 의미이지만 "나타나다"라는 의미로 사용되어, 단순히 서 있는 정적인 동작이 아니라 직전의 17b의 "가버렸다"와 한 짝으로 연속되는 행위를 나타내면서 전쟁의 긴장을 고조시키는 역동적 장면을 돋보이게 한다. 말하자면 용은 전쟁을 위하여 "가버렸다"(17b)가 일전을 준비하여 다시 "나타난 것"(17c)이다.

여자와 뱀 사이에 일어난 세 번의 전쟁 중에서(하늘에서 미가엘과 용 사이의 전쟁을 포함하면 네 번) 처음 두 개(하늘 전쟁을 포함하면 세 개)는 이미 발생했지만 마지막 세 번째만은 아직 발생하지 않은 것으로 그려지고 있다. 그것은 미래에 재림의 때에 일어날 종말적 전쟁이다. 아직 결말이 나타나 있지 않지만 앞의 두 경우로 미루어 볼 때 마지막 세번째도 하나님의 개입으로 일관성 있게 용의 패배로 끝나게 될 것을 암시한다. 이것은 구약의 교회 공동체의 성취로서 교회 공동체가 시작된 이후로 예수님의 재림 때까지 사탄의 치열한 공격에도 불구하고 건재하게 될 것을 의미한다. 이런 공격의 지속적인 실패 때문에 사탄이 마지막 결전을 시도할 것임을 예고한다. 이것이 바로 세 번째 단계, 예수님의 재림의 때에 일어나게 되는 미래 종말적 영적 전쟁이다. 이 종말적 전쟁은 요한계시록의 여러 곳에서 언급되고 있다(16:14; 19:19-20; 20:7-10). 12장 17절 말씀은 이 종말적 전쟁 기록과 평행을 이루고 있다.

17절 말씀은 어찌보면 16절까지 주어진 말씀에 사족처럼 느껴질 수도 있다. 왜냐하면 17절이 앞의 내용과는 다른 패턴을 가지고 있기 때문이다. 곧 1–6절과 7–12절 그리고 13–16절은 각각 결말이 명백하게 드러나는 내용으로 구성되는데, 유독 17절만 명백한 언급이 없다. 그러나 문맥의 흐름에 근거하여 독자들의 합리적 추론을 통해 그 결말을 충분히 알 수 있다.

[정리]

13–17절의 내용은 용이 심판을 받아 하늘로부터 던져지게 된 상황에서 출발한다. 용은 하늘로부터 쫓겨난 신세임에도 불구하고 1–6절에서 아들을 향했던 공격의 대상을 바꾸어 여자를 향해 공격의 고삐를 다잡는다. 이 때 여자는 6절에서처럼 용을 피하여 광야로 도망가는 궁색한 모습이 더 이상 아니고 큰 독수리의 두 날개를 받아 독수리가 되어 창공을 나는 강력한 힘을 가진 모습으로 표현된다. 이 변화는 7–12절에서 용이 하늘로부터 쫓겨난 사건의 결과로 발생한 것이다. 그러나 사탄은 정죄하는 권세를 더 이상 가지고 있지 않음에도 불구하고 여전히 거짓된 모습으로 성도들을 공격한다. 그러나 그 공격은 실패로 끝나고 말 것이다. 왜냐하면 하나님께서 성도들을 도울 것이며 사탄은 근본적으로 성도를 공격할 수 있는 능력을 상실했기 때문이다. 이런 용에 의한 공격의 양상은 역출애굽 모티브로 구성된다. 이처럼 연속적으로 패배를 경험한 용은 이제 최후 심판을 받기 위해 여자의 후손의 남은 자손 곧 성도들과의 마지막 전쟁을 준비하는 것을 끝으로 12장의 이야기가 막을 내린다.

핵심 메시지

12장은 1-6절과 7-12절 그리고 13-17절로 나누어질 수 있다. 이 세 부분에 '용'이 공통적으로 등장하여 세 종류의 파트너(아이, 미가엘, 여자)와 번갈아 가면서 적대 관계를 형성하고 있다. 12장은 서로 관련이 있는 '전쟁'과 '출산'이라는 두 개의 주제로 형성되어 있다. 여기에서 그리스도의 탄생은 곧 새 이스라엘의 탄생을 불러온다. 이 두 주제를 종합하여 말하면 아들의 탄생으로 사탄과의 적대적 관계가 필연적으로 발생할 수 밖에 없다는 것이다.

1-6절에서 교회 공동체는 예수님의 초림 이후 재림 때까지 하나님이 예비하신 광야와 같은 이 세상에서 하나님의 보호와 인도와 임재를 경험하면서 동시에 하나님의 양육을 영육 간에 받는 은혜를 경험한다. 여기에서 여자는 구약 교회라는 의미로 시작했지만 결국 신약 교회 공동체로 그 의미가 발전한다. 이러한 발전이 이루어지게 된 계기는 바로 5절에 기록된 "아들의 탄생" 사건이라고 할 수 있다.

7-12절에서 하늘로 그 장면이 바뀌게 된다. 이런 장면의 변화는 왜 발생하게 되었는가? 그것은 바로 명시적으로는(5절에서 언급하고 있다는 점에서) 예수님의 승천 사건으로 말미암은 것이며 암시적으로는(본문에 기록되지 않았다는 점에서) 예수님의 십자가 죽음으로 말임암은 것이다. 7-9절은 전쟁 상황을, 10-12절은 전쟁에서의 승리를 축하하는 내용을 전달한다. 여기에서 사탄은 하늘에서 하나님의 백성들을 참소하는 일을 해왔으나 예수님의 탄생과 구속 사역을 완수하시고 승천하신 사건으로 하늘에서의 사탄의 사역이 무너지고 만 것이다. 예수님의 구속 사역의 성취를 근거로 여러 형제가 사탄을 이겼다고 선포한다.

여기에서 승리의 수단은 외적 수단과 내적 수단으로 나누어지는데 전자는 어린 양의 피와 증거의 말씀이고 후자는 자신의 목숨을 사랑하지 않는 순교적 정신이다. 후자가 있을 때 전자는 효과적으로 작용한다. 하늘에서 쫓겨난 사탄과 그의 사자들은 땅과 바다에 분노를 퍼붓는다. 그러므로 하늘에 거하는 하나님의 백성과 땅에 거하는 자들 사이에 대조적 상황을 묘사한다.

13-17절은 다시 하늘에서의 장면에서 광야로 옮겨와 여자와 용과의 대립을 보여준다. 여기에서 뱀으로 표현된 용은 여자에 대해 적대감을 가지고 공격하나 실패한다. 곧 사탄은 교회 공동체의 삶의 현장에서 성도들을 공격하지만 결국 실패로 끝나고 말 것이다. 뱀은 물을 쏟아서 물에 떠내려 가게 하여 수장시키는 방법을 사용하지만 땅이 물을 다 흡수하게 되어 뱀의 여자를 향한 공격은 실패로 끝나게 된다. 이것을 역출애굽 모티브라고 할 수 있을 것이다. 그러자 용은 그 분노를 여자의 남은 자손에게 쏟고자 최종적 전쟁을 준비한다.

설교 포인트

12장을 설교할 때 유념해야 할 점은, 교회 공동체와 사탄 세력 간의 대립구도일 것이다. 요한은 아이와 용/ 미가엘과 용/ 여자와 용의 대립 구도를 통해 영적 전쟁의 내용을 흥미 있게 묘사한다. 이런 그림은, 11장에서 두 증인으로 묘사된 교회 공동체의 사역과 그 대적 세력들에 대한 설명을 우화적으로 흥미진진하게 묘사한 것이다. 마치스포츠 경기의 현장감 있는 중계를 보고 있는 느낌이다. 설교자는 '여자'의 해석학적 의미를 잘 전달해야 할 것이다. 1–6절에서 아이 해산 과정에서의 산고의 구약 배경을 바탕으로 구약의 이스라엘 역사에서 실현되지 못한 것이 메시아 탄생으로 어떻게 영광스럽게 성취되었는가를 보여주어야 한다. 아울러 아들의 탄생으로 구약 교회가 신약 교회로 의미의 발전을 이룬 것을 청중들에게 이해시키는 데 주의를 기울여야 한다. 왜냐하면 이것은, 본문이 분명하게 명시하지 않기 때문에 설교자나 청중들이 놓치기 쉬운 내용이기 때문이다.

이것은 이 본문을 이해하기 위한 핵심적 조건이다. 여자와 관련된 이런 의미를 명확하게 이해하지 못하면, 아들의 탄생을 통한 새이스라엘인 교회 공동체의 성취를 간과하게 되며 이런 몰이해는 이 본문이 전달하고자 하는 교회의 영광스러운 정체성에 대한 소중한 개념을 놓칠 수 있다.

더 나아가서 설교자는 아들의 탄생과 승귀를 통한 구속사역의 성취로, 참소자 사탄이 추방된 것과 교회 공동체가 승리의 즐거움에 참여하게 되었다는 것(11-12절)을 청중이 깨닫도록 도와야 한다. 곧 7–12절에서 미가엘의 세력이 용의 세력과의 싸움에서 승리하고 아울러 여러 형제들이 승리할 수 있는 근거는 오로지 아들의 탄생과 승천으로 이어지는 그의 구속사역이다. 그리고 교회와 성도들이 승리를 쟁취하는 수단은 어린 양의 피와 그들의 증거의 말씀을 통해서라는 사실을 정교하게 전달할 전략을 설교자가 고안할 필요가 있다. 또한설교자가 간과하지 말아야 하는 사실은, 그러한 외적 원인이 효과를 나타내기 위해서 성도는 죽기까지 자기 생명을 아끼지 않는 내적 믿음의 싸움과 헌신이 전제되어야 한다는 점이다. 설교자는 목회적 관점에서 이 두 가지 요소가 어떻게 역동적 관계를 가질 수 있는가를 설명할 수 있는 방법을 깊이 고심해야 할 것이다.

그리스도의 탄생과 승천을 통한 구속 사역의 성취에 의해 사탄은 이미 패배했다. 그런데도 교회 공동체는 역설적이게도 하늘로부터 쫓겨난 사탄과의 영적 전쟁에 직면하게 되는데 이 전쟁에서도 교회 공동체는 승리하게 된다. 설교자는 바로 이런 정황에 대한 설득력있는 설명을 해줄 필요가 있다. 특히 설교자는, 여자(교회)의 광야 기간은 하나님이 교회를 양육하시는 기간이며 동시에 원수의 핍박을 경험하며 영적 전쟁을 수행하는 기간임을 이해시킴으로써, 청중으로 하여금 세상과 타협하거나 믿음의 싸움을 포기하지 않고 영광스러운 전쟁을 삶 가운데서 지속적으로 수행할 수 있도록 격려해야 한다. 설교자는 천상의 영광스런 성취를 즐거워하며 동시에 지상적 싸움을 수행하는 성도의 이중적 정체성을 주지시켜야 한다. 하늘의 전쟁과 지상의 전쟁의 연관성이 청중들에게는 다소 생소할 수도 있으나, 다니엘서에서 군주 미가엘이 바사와 헬라의 군주를 물리치므로 지상에서 이스라엘 백성의 승리를 결정짓는 패턴을 잘 설명할 수 있도록 설교자가 잘 준비되어 있어야 할 것이다. 끝으로 설교자는 매일의 삶 가운데 천상의 영광을 맛보지 못하면 지상적 싸움을 수행할 수 있는 전투력을 갖추지 못할 것이라는 사실을 강조하여 성도들의 영적 무장에 대한 각오를 새롭게 하도록 도와주어야 한다.

설교 요약

◆ **제목:** 새 이스라엘의 탄생과 전쟁

◆ **본문:** 계12:1-18

◆ **서론**

모든 싸움에는 승자와 패자가 있다. 승자는 승리의 영광과 기쁨을 누리지만 패자는 설욕을 다짐한다. 본문에서 승자는 하나님의 백성이요 패자는 용의 세력이다. 하늘의 전쟁에서 패한 용의 세력은 분노 가운데 설욕하기 위해 교회를 핍박하며 전쟁을 도모한다. 그러므로 교회는 항시 전투적이어야 한다. 무슨 말인가? 교회는 주님의 재림까지 영적 전쟁 상태에 놓여 있다는 것이다. 예수 그리스도의 초림으로 이루어진 구속사역으로 성취된 승리를 재림까지 실현시켜야 할 사명이 교회에 있기 때문이다. 본문을 통해서 우리는 종말의 시대에 사는 교회와 적대 세력의 대립구도를 보며 교회가 처한 영적 전쟁의 판도와 성도의 마땅한 자세를 확인하게 된다.

◆ **구조 분석:**

본문은 다음과 같이 세 문단으로 나누어진다.

1) 아들의 탄생과 새 이스라엘, 그리고 용과의 전쟁(1-6절)

2) 하늘에서 미가엘과 용과의 전쟁(7-12절)

3) 여자와 용과의 전쟁(13-18절)

◆ **본론:**

1) 아들의 탄생과 새 이스라엘, 그리고 용과의 전쟁(1-6절)

(1) 하늘의 큰 표적: 여자와 출산(1-2절)

(ㄱ) 여자와 해, 달, 열두 별의 면류관: 영광스러운 하나님 백성의 묘사(1절)

(ㄴ) 해산의 고통과 위대한 탄생(2절)

(2) 하늘의 또 다른 표적: 큰 붉은 용의 대적 행위(3-4절)

(ㄱ) 하늘의 별 삼분의 일을 끌어다가 땅에 던짐

(ㄴ) 여자가 낳은 아이를 삼키고자 함

(3) 아이의 정체(5절)

(ㄱ) 장차 철장으로 만국을 다스릴 남자

(ㄴ) 승귀하신 메시아

(4) 아이를 낳은 여자의 도피(6절): 1,260일(초림과 재림 사이) 동안 하나님의 양육을 받기 위해 광야에 거함

2) 하늘에서 미가엘과 용과의 전쟁(7-12절)

(1) 하늘에서 미가엘과 용과의 전쟁(7절)

(2) 전쟁에서 패한 용의 세력이 땅으로 내어 쫓김(8-9절)

(3) 하늘의 큰 음성의 선포(10-12절)

(ㄱ) 참소하던 자가 쫓겨났다(10절): 하나님의 구원, 능력, 나라와 그리스도의 권세가 이루어짐

(ㄴ) 여러 형제가 어린 양의 피와 그들의 증거의 말로 용을 이겼다—죽기까지 자신의 생명을 사랑하지 않다(11절)

(ㄷ) 즐거움과 슬픔

(a) 즐거워하는 자들(하늘에 거하는 자들)

(b) 슬퍼하는 자들(땅과 바다와 그 가운데 거하는 자들)

3)여자와 용과의 전쟁(13-18절)

(1) 용이 땅으로 내어 쫓긴 결과는 무엇인가?

여자를 핍박(13절)

(2) 광야에서 양육의 때(14절)

(3) 뱀의 공격: 물을 강같이 토하여 여자로 떠내려가게 함(15절)

(4) 공격의 실패: 땅이 여자를 도와 물을 삼켜 버림(16절)

(5) 이에 분노한 용의 전쟁 준비(17절)

용의 전쟁 상대: 용과 여자의 후손의 남은 자손=하나님의 계명을 지키는 자들/ 예수의 증거를 가진 자들

◆ **결론:**

아들로 표현된 그리스도의 구속 사역으로 교회 공동체는 승귀하신 그리스도와 함께 승리와 영광을 공유하고 있는 천상적 정체성을 소유하게 되었다. 반면 우리의 대적자 사탄은 하늘로부터 쫓겨나 더 이상 하나님의 백성들을 참소할 수 없게 되었다. 그러므로 하나님의 백성들은 그리스도의 구속을 통한 궁극적 승리의 기쁨에 동참할 수 있게 되었다. 그러나 동시에 적대 세력의 핍박과 전쟁을 감수해야 한다. 왜냐하면 하늘로 쫓겨난 사탄은 아직 완전히 멸망하지 않았으며 그 거짓된 능력으로 하나님의 교회를 끊임없이 핍박하기 때문이다. 우리의 원수는 자신의 때가 얼마 남지 않았음을 알고 전력을 다해 전쟁에 임한다. 그러므로 성도는 날마다 천상의 승리를 즐거워하면서 동시에 지상에서 악의세력과의 영적 전쟁을 치열하게 수행해야 한다. 그렇게 할 때 그리스도의 승리가 우리를 통해 재림의 때까지 지속적으로 드러날 수 있다.

B. 두 짐승 이야기(13장)

13장의 두 짐승 이야기는 12장의 연속이다. 이 점은 12:17의 마지막 부분이 13:1과 연결되어 있다는 점에서 잘 드러난다. 12장은 용에 대해서 소개하는 반면, 13장은 용에게서 권세를 받은 첫째 짐승과 그리고 그 첫째 짐승을 위해 활동하는 둘째 짐승을 소개한다. 여기에서 12장과 13장의 문맥적 관계를 엿볼 수 있고 또한 용과 두 짐승 사이의 밀접한 관계를 발견한다. 13장은 1-10절에서 첫 번째 짐승을 소개하고 11-18절에서는 두 번째 짐승을 소개한다. 두 부분으로 나누어 살펴 보고자 한다.

1. 첫째 짐승(13:1-10)

12:17은 13장에 대한 서론이며 그리고 13:1-10절에서 첫 번째 짐승에 대한 소개는 두 부분으로 나뉘는데 1-4절은 짐승의 일반적 특징을, 5-10절은 짐승의 사역을 설명한다.

구문분석 및 번역

1절 a) Καὶ εἶδον ἐκ τῆς θαλάσσης θηρίον ἀναβαῖνον,
그리고 나는 바다로부터 짐승이 올라오는 것을 보았다.

b) ἔχον κέρατα δέκα καὶ κεφαλὰς ἑπτὰ
열 뿔과 일곱 머리를 가지고

c) καὶ ἐπὶ τῶν κεράτων αὐτοῦ δέκα διαδήματα
그리고 그의 뿔들에 열 면류관을

d) καὶ ἐπὶ τὰς κεφαλὰς αὐτοῦ ὀνόμα[τα] βλασφημίας.
그리고 그의 머리들 위에 신성모독의 이름[들]을

2절 a) καὶ τὸ θηρίον ὃ εἶδον ἦν ὅμοιον παρδάλει
그리고 내가 본 그 짐승은 표범같고

b) καὶ οἱ πόδες αὐτοῦ ὡς ἄρκου
그리고 그의 발은 곰(발)같고

c) καὶ τὸ στόμα αὐτοῦ ὡς στόμα λέοντος.
그리고 그의 입은 사자의 입 같았다.

d) καὶ ἔδωκεν αὐτῷ ὁ δράκων τὴν δύναμιν αὐτοῦ καὶ τὸν θρόνον αὐτοῦ καὶ ἐξουσίαν μεγάλην.

그리고 그 용이 그에게 그의 능력과 그의 보좌와 큰 권세를 주었다.

3절 a) καὶ μίαν ἐκ τῶν κεφαλῶν αὐτοῦ ὡς ἐσφαγμένην εἰς θάνατον,
그리고 그의 머리들 중 하나는 치명적 상처를 입어 죽임을 당한 것 같다.

b) καὶ ἡ πληγὴ τοῦ θανάτου αὐτοῦ ἐθεραπεύθη.
그러나 그의 죽음의 상처가 치료되었다.

c) Καὶ ἐθαυμάσθη ὅλη ἡ γῆ ὀπίσω τοῦ θηρίου
그 때 모든 땅이 (그 짐승에 대해) 놀래 그 짐승을 따랐다.

4절 a) καὶ προσεκύνησαν τῷ δράκοντι,
그리고 그들은 용에게 경배하였다.

b) ὅτι ἔδωκεν τὴν ἐξουσίαν τῷ θηρίῳ,
왜냐하면 그 용이 그 짐승에게 권세를 주었기 때문이다.

c) καὶ προσεκύνησαν τῷ θηρίῳ λέγοντες·
그리고 그들은 다음과 같이 말하면서 그 짐승에게 경배하였다:

d) τίς ὅμοιος τῷ θηρίῳ καὶ τίς δύναται πολεμῆσαι μετ' αὐτοῦ;
누가 그 짐승과 같은가? 그리고 누가 그와 전쟁할 수 있는가?

5절 a) Καὶ ἐδόθη αὐτῷ στόμα λαλοῦν μεγάλα καὶ βλασφημίας
그리고 그에게 교만한 것들과 신성모독(들)을 말하는 입이 주어졌다.

b) καὶ ἐδόθη αὐτῷ ἐξουσία ποιῆσαι μῆνας τεσσεράκοντα [καὶ] δύο.
그리고 그에게 마흔 두 달 동안 활동할 권세가 주어졌다.

6절 a) καὶ ἤνοιξεν τὸ στόμα αὐτοῦ
그리고 그는 그의 입을 열었다.

b) εἰς βλασφημίας πρὸς τὸν θεὸν
하나님을 향한 신성모독(들)을 위하여

c) βλασφημῆσαι τὸ ὄνομα αὐτοῦ καὶ τὴν σκηνὴν αὐτοῦ, τοὺς ἐν τῷ οὐρανῷ σκηνοῦντας.
그의 이름과 그의 장막 곧 하늘에 거하는 자들을 신성모독하기 위하여

7절 a) καὶ ἐδόθη αὐτῷ ποιῆσαι πόλεμον μετὰ τῶν ἁγίων καὶ νικῆσαι αὐτούς,
그리고 성도들과 전쟁을 일으켜 그들을 이기는 것이 그에게 허락되었다

b) καὶ ἐδόθη αὐτῷ ἐξουσία ἐπὶ πᾶσαν φυλὴν καὶ λαὸν καὶ γλῶσσαν καὶ ἔθνος.
그리고 모든 족속과 백성과 언어와 나라에 대한 권세가 그에게 주어졌다.

8절 a) καὶ προσκυνήσουσιν αὐτὸν πάντες οἱ κατοικοῦντες ἐπὶ τῆς γῆς,
그리고 땅에 사는 모든 자들이 그를 경배할 것이다.

b) οὗ οὐ γέγραπται τὸ ὄνομα αὐτοῦ
그의 이름이 기록되지 않은

c) ἐν τῷ βιβλίῳ τῆς ζωῆς τοῦ ἀρνίου τοῦ ἐσφαγμένου
죽임당한 어린 양의 생명의 책에

d) ἀπὸ καταβολῆς κόσμου.
세상의 창조로부터

9절 Εἴ τις ἔχει οὖς ἀκουσάτω.

누가 귀를 가지고 있다면 그로 듣게 하라.

10절 a) εἴ τις εἰς αἰχμαλωσίαν,
누가 포로로 가는 것이 정해진다면,

b) εἰς αἰχμαλωσίαν ὑπάγει·
그는 포로로 간다.

c) εἴ τις ἐν μαχαίρῃ ἀποκτανθῆναι
누가 칼로 죽임당하도록 정해진다면,

d) αὐτὸν ἐν μαχαίρῃ ἀποκτανθῆναι.
그가 칼로 죽임당하도록 하라.

e) Ὧδέ ἐστιν ἡ ὑπομονὴ καὶ ἡ πίστις τῶν ἁγίων.
성도들의 인내와 믿음이 여기에 있다.

1a절에서 짐승이 바다로부터 나오며, 1bcd절에서는 그 짐승의 모습을 소개한다. 1b절의 분사형태 '에콘'(ἔχον>ἔχω, 에코)은 이 두 부분을 이어주고 있다. 이 분사는 부대상황 용법으로, 짐승이 바다로부터 올라올 때 발생하는 상황을 설명해준다. 이런 관계를 반영하여 번역하는 것이 좋다. 1d절의 "이름"(ὄνομα, 오노마)에 대해 복수와 단수 표기에 대한 사본적 다툼이 있다. 곧 단수인 '오노마'(ὄνομα)는 시내산 사본(א)을 비롯하여 $\mathfrak{P}^{47}$ C P와 같은 사본들이 지지하고, 복수인 '오노마타'(ὀνόματα)는 알렉산드리아 사본(A)을 비롯하여 051 1611 1854 2053 2344 2351 등이 지지한다. NA28과 UBS4는 후자의 입장을 받아들이지만 끝 부분을 ὀνόμα[τα]의 형식으로 괄호 처리한다. 괄호는 둘 중 하나로 결정하기 쉽지 않다는 것을 뜻한다. 두 경우 모두 합당한 이유가 있다. 곧 단수일 경우에는 집합적 의미로 사용되었을 것이라 볼 수 있고, 복수인 경우에는 일곱 머리들에 상응하여 이름도 복수로 기록했을 가능성이 있기 때문이다. 따라서 NIV는 이러한 두 가지 가능성을 모두 반영하여 일곱 머리를 각각 분리하여 각 머리마다 신성모독의 이름(단수)을 가지고 있는 것으로 번역한다. 이 단수의 머리를 모두 합하면 복수가 될 것이다.[1] 본서는 이 점을 고려해 NA28과 USB4의 방식대로 끝 부분을 괄호처리하여 번역한다.

그리고 2a에서 '엔'(ἦν)이라는 be동사가 있는데 이것은 '에이미'(εἰμί)의 미완료과거시제형이다. '에이미'는 부정과거 시제형이 존재하지 않기 때문

1 이것은 마운스의 설명과 같은 맥락이다. 마운스에 의하면 NIV성경은 번역에 있어서 단수를 사용했지만, 문구에 있어서 전체적으로 보면 결국 복수의 개념을 가지게 되는 방식으로 번역했다고 주장한다(Mounce, *The Book of Revelation,* 245, n. 7).

에 이 미완료시제 형태는 부정과거 시제를 대체할 수 있다. 왜 '에이미'를 부정과거 시제를 대체하는 미완료과거 시제형으로 사용하는가? 1절부터 10절까지에서 사용된 동사 중 8a의 '프로스퀴네수신'(προσκυνήσουσιν)을 제외한 모든 직설법 동사는 다 부정과거 시제 동사이다: 2d의 '에도켄(ἔδωκεν); 3b의 '에데라퓨데'(ἐθεραπεύθη); 3c의 '에다우마스데'(ἐθαυμάσθη); 4a의 '프로스큐네산'(προσεκύνησαν); 5ab와 7a의 '에도데'(ἐδόθη); 6a의 '에노이크센'(ἤνοιξεν). 그러므로 '엔'은 부정과거 시제로 번역한다. 이처럼 부정과거 시제 동사를 전체적으로 사용한 것은 이 본문이 내러티브의 형식을 가지고 있음을 시사한다.

3a는 구문상 난해하다. 왜냐하면 이 본문의 '에스파그메넨 에이스 다나톤'(ἐσφαγμένην εἰς θάνατον)는 오늘날 우리말의 구조와 전혀 다르기 때문이다. 이 문구에서 두 단어는 모두 '죽음'이라는 개념을 내포한다. '에스파그메넨'(ἐσφαγμένην>σφάζω, 스파조)은 "도살하다"(slaughter)라는 의미를 가지기도 하고[2] 좀 더 구체적으로 "죽이기 위해 상처를 입히다(wound in order to kill)"라는 의미로 이해할 수 있다.[3] 곧 상처를 입히는 것이 죽이기 위한 목적이라는 것이다. 이것은 다음에 나오는 '에이스 다나톤'(εἰς μετάνοιαν)과 하나의 표현 단위를 이루고 있으므로, 이 두 부분을 함께 묶어서 번역할 필요가 있다. 이러한 묶음을 자연스럽게 연결하여 번역하기 위해 "죽이기 위해"라는 문구를 "치명적 상처를 입다"로 번역한다.

'에이스 다나톤'의 전치사 '에이스'(εἰς)는 BDAG에 의하면 "행위의 결과"를 함의하는 "… 으로(into), 그래서(so that)"라는 의미를 제시한다.[4] 예를 들면 에베소서 2장 2절에서 '위크사네인 에이스 나온'(ὑξάνειν εἰς ναόν)은 "우리가 자라 성전이 되다"라고 번역할 수 있고 또한 에베소서 3장 19절의 '뤼페데나이 에이스 메타노이안'(λυπηθῆναι εἰς μετάνοιαν)을 "염려되어 그래서 회개가 일어난다"라고 번역할 수 있다.[5] BDAG는 요한계시록 13장 3절도 이 용법에 포함시킨다. 이러한 결과적 용법에 근거하여 '에이스 다나톤'(εἰς θάνατον)을 직전의 '에스파그메넨'(ἐσφαγμένην>σφάζω, 스파조)과 함께 묶어서 번역하면 "그의 머리들 중 하나가 죽이기 위한 상처를 입어 죽게 되다"로 번역할 수 있다. 여기에서 "죽이

2 BDAG, 979.
3 Zerwick and Grosvenor, *A Grammatical Analysis of the Greek New Testament*, 2:762.
4 BDAG, 290 (4e).
5 앞의 책.

기 위해"를 뒤 부분과 자연스럽게 연결시키기 위해 "죽이기 위한"으로 바꾸었는데 이것을 다시 영어 번역본(NRSV; ESV; NKJV는 "deadly wound"라고 번역)을 참고하여 "치명적인"(mortal)으로 바꾸어 번역한다. 그렇다면 "치명적인 상처"(mortal wound)라고 할 수 있다. 여기에 '호스'(ὡς)가 함께 사용되어 '… 죽게 된 것 같다'라는 문구를 덧붙일 수 있다. 이런 표현은 죽게되었지만 3b에서처럼 다시 살아날 것에 대한 여지를 남겨놓으려는 표현이라고 할 수 있다.[6] 그리고 3b절은 3a절과 내용이 반전되므로 접속사 '카이'(καί)는 "그러나"로 번역한다.[7]

3c절에서 접속사 '카이'는 앞의 내용의 결과적 상황으로 간주하여 '그 때'라고 번역하는 것이 문맥에 자연스럽다.[8] 그리고 전치사 '오피소'(ὀπίσω)는 '에르케스다이'(ἔρχεσθαι)라는 동사와 함께 "어떤 사람을 따르다"(follow someone)라는 의미를 갖는다.[9] "뒤에서"라는 의미를 가지며 "따르다"라는 동사와 함께 "누구의 뒤를 따르다"라는 의미를 가진다. 그런데 '오피소'는 보통은 "놀래다"(ἐθαυμάσθη, 에다우마데>θαυμάζω, 다우마조)라는 동사 뒤에 오지 않는다. 이 동사는 주로 "ἐπί(에피) +여격(dative)" 혹은 "περί (페리) + 목적격"과 함께 쓰인다.[10] 따라서 이러한 부자연스런 문장 구조(ἐθαύμασεν ὀπίσω τοῦ θηρίου, 에다우마센 오피소 투 데리우)는[11] ἐθαύμασεν ἐπὶ τῷ θηρίου καὶ ἐπορεύθη ὀπίσω αὐτοῦ (에다우마센 에피 토 데리우 카이 에포류데 오피소 아우투)의 "함축적 구조"(pregnant construction)로 보는 것이 적절하다.[12] 여기에서 '에다우마센'(ἐθαύμασεν>θαυμάζω, 다우마조)이란 동사는 굉장히 놀라는 행위로서 "숭배" (worship)라는 의미를 내포한다.[13] 이러한 논의를 바탕으로 이 문장을 "온 땅이 그 짐승에 놀라 그를 따랐다"로 번역한다.

5a절에서 '메갈라'(μεγάλα> μέγας, 메가스)는 본래 "큰"이라는 의미의 형용사이지만 이 문맥에서는 명사적 용법으로서 이 문맥에 맞게 "교만한 것들"로 번역한다. BDAG에서는 이 본문을 지정하여 "교만한 말"(proud words)라고 번역할

6 Charles, *A Critical and Exegetical Commentary on the Revelation of St. John*, 1:349.

7 Zerwick and Grosvenor, *A Grammatical Analysis of the Greek New Testament,* 2:762. BDF, § 442(1)에서 '카이'를 "실제적인 대조"를 나타내주는 "그러나"로 번역할 가능성을 제시한다(참조 마 6:26; 12:12 요 14:30; 행 10:28b; 고전 16:12b).

8 BDAG, 495 (1bζ).

9 BDAG, 716 (2a).

10 Aune, *Revelation 6-16*, 737.

11 이 문장이 어색하다는 것을 쾨스터도 지적한다(Koester, Revelation, 571).

12 BDF, § 196. BDF에서는 요한계시록 본문의 수동태 동사인 εθαυμάσθη(에다우마데)를 능동태 동사(ἐθαύμασεν, 에다우마센)로 변형시켜 사용한다.

13 BDAG, 445 (2).

것을 제안한다.[14] 이러한 제안은 기본적으로 인정하지만 "말"이라는 단어가 이어나오는 동사인 "말하는"이라는 의미를 가지는 '랄룬'(λαλοῦν>λαλέω, 랄레오)과 중복되어 "말"은 생략하여 "교만한 것들"로 번역한다. 그리고 '블라스페미아스'(βλασφημίας)는 '블라스페미아'(βλασφημία)의 복수형이다. 이 복수형을 직역하면 우리말에서 복수형을 자주 사용되지 않기 때문에 부자연스런 느낌을 줄 수 있다. 그러나 원문의 복수형은 다양한 형태의 신성모독의 발언들을 암시할수 있기에, 자연스러움을 위해 단수로 번역하면 원문이 담고 있는 의미와 의도를 훼손시킬 수 있다. 따라서 이 단어는 원문 그대로 복수로 번역하되 복수 표시를 괄호 안에 두도록 한다. 이러한 원칙은 직전의 "교만한 것들"과 6a의 경우에도 똑같이 적용된다.

6절은 "신성모독"이라는 단어가 명사와 동사의 부정사 형태로 두 번 사용된다. 6b절에서 사용되는 명사는 전치사 '에이스'(εἰς)와 함께 "모독을 위하여"(εἰς βλασφημίας, 에이스 블라스페미아스>βλασφημία, 블라스페미아) 라는 목적을 나타내는 의미로 사용된다. 6c절에서 부정사는 '블라스페메사이'(βλασφημῆσαι>βλασφημέω, 블라스페메오)로서 명사형인 '블라스페미아' (βλασφημία)와 동일한 어근이다. 부정사구로서 6c절은 "하나님의 이름과 그의 장막을 모독하기 위해"라는 의미이다. 6b절과 6c절은 평행 관계인데 후자에서 전자를 좀 더 자세하게 설명해 준다. 6c절에서 "그의 장막"(τὴν σκηνὴν αὐτοῦ, 텐 스케넨 아우투)과 "하늘에 거하는 자들"은 동격관계이므로 둘 사이에 "곧"이라는 접속사를 써서 이러한 동격 관계의 특징을 번역에 반영하도록 한다.

7a절에서 '에도데'(ἐδόθη)는 본래 '주다'(δίδωμι, 디도미)의 수동형 동사이나 이 문맥에서는 신적 수동으로서 "주어지다"라고 할 수 있으나 문맥과 자연스럽게 연결될 수 있도록 하기 위해 "허락되다"로 번역한다. 구문상 8절은 네 부분으로 나눌 수 있다. 먼저 8a절은 주절이고 8b절은 그 주절의 종속절로서 '후'(οὗ)로 시작하는 관계대명사절이다. 여기에서 구문 및 번역과 관련하여 논쟁이 되는 것은 8d의 "세상의 창조로부터"가[15] 8b의 '그의 이름이 기록되지

14 BDAG, 624 (4b).

15 여기에서 "… 로부터"는 전치사 '아포'(ἀπό)를 문자적으로 번역한 것이다. 같은 맥락에서 스몰리는 이 것을 "세상의 창조 이후로"(since the creation of the world)로 번역하였다(Smalley, *The Revelation to John,* 300).

않은'에 연결되는가?[16] 아니면 8c의 "죽임을 당한 어린 양"에 연결되는가?이다.[17] 후자의 경우 우리말 개역 성경에는 관계가 없어 보이지만, 원문에서는 이 두 문구가 서로 앞 뒤로 놓여 있어 이 두 가지 가능성이 제기된다. 먼저 후자의 경우는 어린 양의 죽음이 예수님의 역사적 죽음 이전인 창세로부터 유효한 것으로 간주된다. 그러나 예수님의 죽으심에 대한 이러한 초월적 의미는 "논리적으로"(logically)나 "신학적으로"(theologically) 성립될 수 없다.[18] 그렇다면 전자가 타당한 것으로 간주된다. 이렇게 번역하면 "세상의 창조로부터 그의 이름이 기록되지 않은…" 이라고 할 수 있다. 그러므로 짐승에게 경배하는 자들은 창세로부터 존재했던 생명책에 이름이 기록되지 않은 자들이기에 당연히 짐승을 경배하게 된다는 것이다. 이 부분에 대한 좀 더 충분한 논의는 주해 과정에서 하게될 것이다.

그리고 8b는 관계대명사 '후'(οὗ)로 시작한다. 이 관계대명사는 인칭대명사 '아우투'(αὐτοῦ)로 반복된다. 이 문형은 히브리적 표현 방식이다.[19] 따라서 번역할 때 하나만 번역하면 될 것이다. 또한 이 관계대명사는 단수인 반면 그 선행사는 '판테스 호이 카토이쿤테스 에피 테스 게스'(πάντες οἱ κατοικοῦντες ἐπὶ τῆς γῆς, 땅에 사는 자들)로서 복수 형태다. 이러한 차이로 몇몇 사본들(P47 a C P 046 etc)은 이를 복수 (ὧν)로 바꾸어 놓으려는 시도를 하고 있다. 실제로 동일한 문구가 사용되는 17장 8절에서는 복수 관계대명사(ὧν)를 사용하고 있다. 그러나 이런 변화를 시도한 사본은 진정성이 떨어진다. 왜냐하면 더 이해하기 어려운 표현을 가진 사본이 그 진실성에 더 가깝다는 원리 때문이다.[20] 따라서 번역은 단

---

16 이 입장은 Swete, *The Apocalypse of St. John,* 164; Caird, *A Commentary on the Revelation of St. John the Divine, 168; Sweet, Revelation, 212; Aune, Revelation 6-16*, 747-748; Smalley, *The Revelation to John,* 343 등의 지지를 받고 있다.

17 이 입장은 Charles, *A Critical and Exegetical Commentary on the Revelation of St. John,* 1:354; Beasley-Murray, *The book of Revelation,* 213-4; Mounce, *The Book of Revelation,* 252; Beale, *The Book of Revelation,* 702 등의 지지를 받는다.

18 Aune, *Revelation 6-16,* 748. 찰스는 사도행전 2장 23절과 베드로전서 1장 19-20절에서 "창세전부터 미리 알리신 바 되신" "어린 양 같은 그리스도의 보배로운 피"라는 문구에 근거하여 8c절과 8d절과의 연결을 지지한다(Charles, *A Critical and Exegetical Commentary on the Revelation of St. John,* 1:354). 그러나 오우니는 이러한 주장을 반박하면서 "그리스도가 세상의 죄를 위해 죽도록 정해진 것"과 "그가 창세 이전에 죽임당했다"는 것은 전혀 같은 의미가 아니라고 말한다(앞의 책). 이 외에도 비일은 8c와 8d 사이에 12개의 단어가 존재하기 때문에 이 둘 사이의 연결을 지지하지 않는데(Beale, *The Book of Revelation,* 702) 이것은 큰 이유가 될 수 없다.

19 M. Zerwick, *Biblical Greek: Illustrated by Examples*, trans. Joseph Smith, Scripta Pontificii Instituti Biblici 114 (Rome: Pontificio Instituto Bíblico, 1963), 196 (§201).

20 Beale, *The Book of Revelation*, 703.

수와 복수를 원문 그대로 번역하도록 한다. 이 주제 역시 주해 과정에서 좀 더 자세하게 논의될 것이다.

그리고 8c에서 "죽임당한"(ἐσφαγμένου, 에스파그메누)는 완료시제 분사 형태이다. 똑같은 단어가 5장 6c절에서도 사용된 바 있다. 5장 6c절에서 완료분사는 완료시제 자체를 나타내기 위해서가 아니라 관련된 내용을 부각시키고 강조하기 위한 목적이라고 설명한 바 있다.[21] 따라서 이 단어를 굳이 완료시제를 드러내기 위해 번역할 필요는 없다. 아쉬운 것은 이러한 의도를 우리말로 표현할 방법이 없다는 점이다. 다만 이런 특징에 근거해 이 문구와 관련된 대상들을 좀 더 주의깊게 읽을 필요가 있다.

또한 10절을 정확하게 번역하기 위해 문장 구조를 매우 주의 깊게 살펴 볼 필요가 있다. 10ab절과 10cd절은 평행 관계이다. 10a절은 조건절이고 10b절은 그 결과를 나타내는 주절이다. 조건절(10a절)의 경우에 동사가 없다. 이것은 이 본문이 구약 배경으로 삼고 있는 예레미야 15장 2절의 70인역 영향 때문이라고 할 수 있다.[22] 이 예레미야 본문의 70인역이, '호소이 에이스 아이크마로시안, 에이스 아이크마로시안'(ὅσοι εἰς αἰχμαλωσίαν, εἰς αἰχμαλωσίαν)라고 되어 있어 요한계시록 본문과 매우 유사하게 동사는 전혀 없다. 다만, 주절의 경우에 예레미야 본문에 동사가 없는 것을 요한계시록에서 동사인 '휘파게이'(ὑπάγει)를 첨가했다.

필사자들은 요한계시록 본문 문장의 완성도를 높이기 위해 여러가지를 시도한다.[23] 예를 들면 616 1828 1854 1862 1888 2322 it$^{gig. (ar)}$ vg^{mss} syr^{ph} *al*^{23}의 경우에는 "이끌다"라는 의미를 가지는 ἀπάγει(아파게이)를 덧붙인다. 이 경우에 오즈번에 의하면 "어떤자(핍박자)가 성도들을 포로로 이끌다"는 의미를 지니게 되어 하나님의 주권보다는 핍박자에게 초점이 맞추어진다.[24] 여기에서 "누구"(τις, 티스)는 핍박자들을 가리킨다. 그렇다면 성도들을 포로로 이끌었던 핍박자가 포로로 잡혀가게 됨으로 보응 받는다는 의미가 된다.[25] 본문 주해에서 논의할 것이지만 이런 해석은 본문의 의도를 벗어난다. 반면 94 104 459

21 1권 530쪽과 554쪽을 참조하라.
22 Aune, *Revelation 6-16*, 749.
23 Metzger, *A Textual Commentary on the Greek New Testament*, 674-675.
24 Osborne, *Revelation*, 509.
25 NKJV이 이런 의미로 번역한다: He who leads into captivity shall go into captivity.

2019은 "포로" 라는 의미의 명사인 '아이크마로시안'(αἰχμαλωσίαν)를 동사 형태인 '아이크마로티제이'(αἰχμαλωτίζει, 포로로 잡아가다)으로 변경시킨다.[26] 이러한 다양한 사본적 변형들은 이 본문 자체가 원본의 구성에 있어서 여러가지 가능성이 있다는 것을 의미한다. 그러나 문장 구성이 어렵기 때문에 그것을 자연스럽게 만들기 위한 필사자들의 조치들은 원래의 문장을 훼손시킬 가능성이 많다. 그러므로 원본을 분별하는 방법으로 쉬운 문장이 아니라 어려운 문장을 진본으로 간주한다. 따라서 이러한 사본적 제안들은 받아들이기 어렵다.

그렇다면 대안으로 두 가지가 있다. 첫째로, 10a절이 10b절의 동사인 ὑπάγει (휘파게이)을 공유하고 있는 것으로 볼 수 있다. 그렇다면 10a절은 이 동사를 "가다"로 번역할 수 있다. 이렇게 번역하면 "누가 포로로 간다면"이라고 할 수 있다. 둘째로, 체르빅의 견해에 근거하여 동사 없이 '에이스'(εἰς)를 "… 으로 정해진"(is [destined] for)라는 의미로 이해할 수 있다.[27] 이렇게 번역하면 "누가 포로로 정해진다면"이라고 할 수 있다. 이 두 가지를 조합해서 번역하면 "누가 포로로 가는 것이 정해진다면…"이라고 할 수 있다. 10b절의 동사 '휘파게이'(ὑπάγει)는 현재시제인데 이것을 단순히 현재 발생하는 사건으로 보는 것은 일단 문맥과 거리가 멀다. 여기에 두 가지 가능성이 있다. 첫번째 가능성은 이 현재시제를 "격언적 현재"(Gnomic Present)로 간주하여 "어떤 것이 일어나고 있는 것이 아니라(something is happening) 어떤 것이 일어나는 것(something does happen)"으로 이해하는 것이다.[28] 이 경우, "항상 일어나는 것에 대한 격언적인 진술이나 일반적인 금언(maxims)"과 같은 내용을 함의한다.[29] 이것을 본문에 적용하면 포로로 가게 되어 있는 자들은 저자의 시대적 상황에서 언제든 당연히 그렇게 된다는 것으로 해석할 수 있다.[30] 두 번째 가능성은 "미래적 현재"(the present for the future) 용법으로 간주하여 조건절에 대한 결과로서 미래에 필

26 이외에도 그리고 051* 𝔐ᴷ에는 εχει αιχμαλωσιαν (에케이 아이크마로시안, 포로를 가지다)이란 문구가 들어 있다.

27 Zerwick and Grosvenor, *A Grammatical Analysis of the Greek New Testament*, 2:762.

28 P. R. Williams, *Grammar Notes on the Noun and the Verb and Certain Other Items,* rev. ed. (Tacoma, WA: Northwest Baptists Seminary, 1988), 27 (Wallace, *Greek Grammar Beyond the Basics,* 523, n22에서 재인용).

29 B. M. Fanning, *Verbal aspect in New Testament Greek* (Oxford: Clarendon, 1990), 523 (Wallace, *Greek Grammar Beyond the Basics,* 523, n. 23에서 재인용).

30 이 동사를 현재로 번역한 NRSV와 ESV는 첫번째 가능성을 지지하는 것으로 추정된다.

연적으로 일어나게 될 것으로 해석하는 것이다.[31] 이 두 경우 모두 고려할만 하지만 아무래도 미래 시점을 염두해 둔 것보다는 언제든 발생하는 사건으로 간주하는 것이 좀 더 본문의 의도에 적절할 것으로 판단되어 전자를 채택하도록 한다.

10cd도 10ab절처럼 번역하기에 매우 난해한 구조이다. 난해한 이 문장에 대하여 오우니는 "불가능한 헬라어"(impossible Greek)라고 묘사한다.[32] 찰스는 10c절과 관련하여 이 본문의 사본적 입장에 따른 두 가지 가능성을 제시한다.[33] 첫번째 가능성은 A $vg^{ww,st}$ 의 지지를 받는 NA28과 UBS4 가 취하고 있는 본문(εἴ τις ἐν μαχαίρῃ ἀποκτανθῆναι, 에이 티스 엔 마카이레 아포크탄데나이)이다. 그런데 10c절은 직설법의 주동사가 없이 부정사(ἀποκτανθῆναι, 아포크탄데나이)로만 되어 있다. 이 부정사를 어떻게 번역하느냐가 관건이다. 찰스는 요한계시록 12장 7절(ὁ Μιχαὴλ καὶ οἱ ἄγγελοι αὐτοῦ τοῦ πολεμῆσαι, 호 미카엘 카이 호이 앙겔로이 아우투 투 폴레메싸이)처럼 히브리의 관용적 표현으로 보려고 한다.[34] 그러나 여기에 두 가지 문제가 있다. 첫째로, 12장 7절은 '폴레메싸이'(πολεμῆσαι)의 주어로 주격 명사인 '호 미카엘'과 '호이 앙겔로이'가 사용된 반면에, 13장 10c절의 '아포크탄데나이' (ἀποκτανθῆναι)는 주격이 아닌 목적격 '아우톤'(αὐτόν)이 주어이기 때문이다. 찰스는 이것을 해결하기 위해 '아우톤'이 오염되어 있었고 본래는 '아우토스'(αὐτός)였다고 주장하지만 이 주장은 근거가 없다.[35] 둘째로, 12장 7절에서 '폴레메사이' 앞에 정관사 '투'(τοῦ)가 있는데, 13장 10c절에서는 이 정관사가 없다. 이 두 가지 문제로 인하여 찰스의 제안은 받아들일 수 없다.

이 본문은 문맥에 맞게 10a절에 근거하여 번역하는 것이 타당하다. 왜냐하면 약간의 변형은 있지만 10a절/10b절는 10c절/10d절와 평행 구조를 이루고 있기 때문이다. 곧 10a절=10c절 그리고 10b절=10d절의 관계가 성립된다. 따라서 10a절에 근거하여 10c절을 번역하면 "누가 칼로 죽임당하도록 정해진다면"이라고 할 수 있다. 그럴 경우 10d절은 그러한 조건에 대한 결과로 간주된다. 여기에 사용된 부정사, '아포크탄데나이'(ἀποκτανθῆναι)는 "명령적 부정사"

---

31 NIV가 이 동사를 미래로 번역하여 두 번째 가능성을 지지한다.
32 Aune, *Revelation 6-16*, 750.
33 Charles, *A Critical and Exegetical Commentary on the Revelation of St. John*, 1:355-6.
34 앞의 책.
35 앞의 책.

로 기능할 수 있다.[36] 이 용법을 적용하며 10d절을 번역하면 "그가 칼로 죽임 당하도록 하라" 라고 할 수 있다.

두 번째는 10c절의 동사가 부정사인 '아포크탄데나이'(ἀποκτανθῆναι) 대신에 직설법 능동태 동사 '아포크테네이'(ἀποκτενεῖ)로 보는 입장이다.[37] 이 동사를 바탕으로 번역하면 ≪누가 칼로 죽인다면≫이라고 할 수 있다. 이 때 주어인 '티스'(τις, 누가)는 칼로 죽이는 핍박자가 된다. 그리고 10d는 '아포크탄데나이'(ἀποκτανθῆναι>ἀποκτείνω, 아포크테이노)라는 부정사와 함께 '데이'(δεῖ)가 사용되어 "그는 죽임을 당해야만 한다"라는 의미가 된다. 여기 죽임 당하는 대상은 10c절에서 칼로 성도들을 죽인 핍박자이다. 이것은 "복수법"(jus talionis)에 해당된다.[38] 그러므로 10d절은 10c절의 행위에 대해 보응하는 성격을 띤다. ℵ 046 1006 1611 1841 1854 2344 2351 eth Irenaeus[arm] NKJV가 이 문장을 지지한다.

다음의 세가지 이유 때문에 전자가 적절해 보인다. 첫째로, 그 해석이 핍박자에 대한 보응이 아니라 핍박받는 성도의 현실을 말하는 10ab절 뿐만 아니라, 요한계시록 전체의 흐름과도 조화를 이루기 때문이다.[39] 둘째로, 이 해석은 구약 배경인 예레미야 15장 2절과 43장 2절의 지지를 받는다.[40] 셋째로, 후자의 경우에는 마태복음 26장 52절과의 조화를 고려해 불확실한 것을 "명확하게"(at clarification) 하기 위한 "필사자들의 시도"(scribal attempts)가 있었을 가능성을 부정할 수 없으므로 원문으로 인정하기 어렵다.[41] 따라서 10cd절은 "누가 칼로 죽임당하도록 정해진다면, 그가 칼로 죽임당하도록 하라"고 번역한다. 지금까지 10절의 구문적 논점과 번역 문제를 논의하였다. 이런 결론을 바탕으로 주해 작업을 진행하겠다.

우리말 어순에 맞추어 본문 번역하면 다음과 같다.

---

36 MHT, 4:78; BDF, § 389. 오우니가 이 견해를 지지한다(Aune, *Revelation 6-16*, 750). BDF는 이 용법이 호머(Homer)의 작품에 많이 사용된 매우 오래된 용법으로 신약에는 단 두 번, 로마서 12장 15절과 빌립보서 3장 16절에 사용되고 있다고 지적한다. 그러나 요한계시록 13장 10d절에서도 이 용법을 적용할 수 있다.

37 Charles, *A Critical and Exegetical Commentary on the Revelation of St. John,* 1:356. 찰스는 이러한 변형이 마태복음 26장 52절(칼을 가지는 자는 다 칼로 망하느니라) 때문이라고 평가한다(앞의 책, 1:357).

38 Charles, *A Critical and Exegetical Commentary on the Revelation of St. John*, 1:357.

39 앞의 책, 1:355

40 앞의 책.

41 Boxall, *The Revelation of St. John*, 192.

1a 그리고 나는 바다로부터 짐승이
1b 열 뿔과 일곱 머리,
1c 그리고 그의 뿔들에 열 면류관과
1d 그의 머리들에 신성모독의 이름[들]을
1b 가지고
1a 올라오는 것을 보았다.
2a 그리고 내가 본 그 짐승은 표범같고
2b 그리고 그의 발은 곰(발)같고
2c 그리고 그의 입은 사자의 입 같았다.
2d 그리고 그 용이 그에게 그의 능력과 그의 보좌와 큰 권세를 주었다.
3a 그리고 그의 머리들 중 하나가 치명적으로 상처를 입어 죽임을 당한 것 같다.
3b 그러나 그의 죽음의 상처가 치료되었다.
3c 그 때 온 땅이 그 짐승에 대해 놀래 그를 따랐다.
4a 그리고 그들은 용에게 경배하였다.
4b 왜냐하면 그 용이 그 짐승에게 권세를 주었기 때문이다.
4c 그리고 그들은 다음과 같이 말하면서 그 짐승에게 경배하였다:
4d "누가 그 짐승과 같은가? 그리고 누가 그와 전쟁할 수 있는가?"
5a 그리고 그에게 교만한 것들과 모독들을 말하는 입이 주어졌다.
5b 그리고 그에게 마흔 두 달 동안 활동할 권세가 주어졌다.
6a 그리고 그는
6b 하나님을 향한 신성모독(들)을 위하여,
6c 그의 이름과 그의 장막 곧 하늘에 거하는 자들을 신성모독하기 위하여
6a 그의 입을 열었다.
7a 그리고 성도들과 전쟁을 일으켜 그들을 이기는 것이 그에게 허락되었다.
7b 그리고 모든 족속과 백성과 언어와 나라들에 대한 권세가 그에게 주어졌다.
8a 그리고
8c 죽임당한 어린 양의 생명의 책에
8d 세상의 창조로부터
8b 그의 이름이 기록되지 않은
8a 땅에 사는 모든 자들이 그를 경배할 것이다.
9절 누가 귀를 가지고 있다면 그로 듣게 하라.
10a 누가 포로로 가는 것이 정해진다면
10b 그는 포로로 간다.
10c 누가 칼로 죽임당하는 것이 정해진다면,
10d 그로 칼로 죽임당하도록 하라.
10e 성도들의 인내와 믿음이 여기에 있다.

본문주해

[문맥관찰]

본문 주해를 진행하기 전에 문맥과 관련하여 두 가지 작업이 더 필요하다. 첫째, 13장 1절과 12장 17d절과의 관계를 영어번역본과 NA 28과 USB 등을 중심으로 좀 더 정확하게 설정할 필요가 있다. USB4와 NA 28에서는 12장 17d절을 17절의 나머지 부분과 구별하여 독립적으로 간주하여 12장 18절로 표기한다. 영어 번역본의 경우, ESV는 이 본문을 17절에 병합시키고, NRSV는 ESV와 동일하되 이 부분을 12:17과는 간격을 두어 13:1에 가깝게 위치시킨다. NIV와 NKJV[42]는 13:1에 속해 있는 것으로 구분한다. 이상에서 12장 7d절이 13장 1절에 속해 있는 것도 일부 있으나 대부분이 13장과 구별되는 위치에 두고 있는 것을 확인할 수 있다.

둘째로, 12장과 13장의 밀접한 관계는 두 본문에서 동일하게 "바다"라는 단어가 사용되었다는 사실로 확인된다. 용과 짐승이 같은 출처에서 나왔다는 사실은 이들 사이의 연대를 보여준다. 12장 17d에서 용이 바다 모래 위에 나타난 것은 자신과 동역할 대리인을 부르기 위한 것으로 보인다. 그러나 12장 15-16절에서 용이 여자를 공격하는 현장에 두 짐승의 활동도 이미 있다고 볼 수 있다. 왜냐하면 13장에서 두 짐승은 12장의 용과 동일하게 교회 공동체를 핍박하는 악의 세력으로 묘사되기 때문이다. 이렇게 본다면12장에서 용의 상태를 먼저 소개하는 것은 13장을 위한 준비로 볼 수 있고, 따라서 12장과 13장은 시간적 순서가 아니라 논리적, 문학적 순서라고 할 수 있다. 이런 맥락에서 시점의 문제를 세부적으로 규정하면, 12장 17절은 재림 시점이고 13장 1절부터 전개되는 내용은 현재 시점이다. 그러나 이 두 본문의 시점 차이는 사실 큰 문제가 되지 않는다. 두 장의 시점이 반드시 시간적으로 배열된 것으로 이해할 필요가 없기 때문이다. 다만 여기에서 우선 고려해야 할 점은 짐승과 용이 같은 출처에서 나왔다는 점이다.

[13:1-4] **첫째 짐승의 특징**

다음 1-4절에서는 첫째 짐승이 어떤 특징을 가지고 있는지 소개한다. 먼저 1a

42 NKJV는 여기에서 NIV와 다르게 번역하는데 용이 바다 모래 위에 서 있는 것이 아니라 "내가" 바다 모래 위에 서 있는 것으로 묘사한다.

절에서 짐승자체에 대한 것과 아울러 그 짐승이 바다로부터 올라오는 장면과 1b절에서 열뿔과 일곱 머리를 가진 모습, 그리고 2abc절에서 표범같고 곰의 발같고 사자의 입같은 특징들, 3절에서 죽게 되었던 상처가 나은 신비한 능력(3a)으로 온 땅이 그를 따르게 된다는 것(3c)과, 마지막으로 4절에서 짐은 용과 함께 온 땅이 경배하는 대상이라는 사실에 대해 논의하게 될 것이다.

짐승 (1a절) 여기에서 짐승이 바다로부터 올라온다. 먼저 성경에서 짐승은 중립적 의미로 사용되는 경우도 있지만(창 1:24; 시 104:11), 동시에 "사납고 위험한 짐승"으로 등장하기도 한다(레 26:6-7; 지혜서 12:9; 막 1:13).[43] 이 짐승은 사람들을 "죽이기도 하고"(계 6:8; 참조 신 32:24; 솔로몬의 시편 13:3) 그리고 "불결하며"(계 18:2) 때로는 "여러 머리를 가진 바다 뱀" 같은 "괴물"을 가리키기도 한다.[44] 그리고 그리스-로마 시대의 저술가들은 종종 독재자들을 짐승에 빗대어 말하곤 하였다.[45] 이런 맥락에서 독재자로 알려진 네로 황제에 대해서 필로스트라투스(Philostratus)는 다음과 같이 묘사한다.[46]

> 일반적으로 독재자로 불리워진 이 짐승에 대하여, 나는 그것이 얼마나 많은 머리들을 가졌는지 모른다. (그러나) 그것의 속성은 산(들)이나 혹은 숲속(들)에 있는 짐승들보다 더 사납다 (왜냐하면) … 이 짐승은 그것을 치는 자들에 의해 분노를 일으키기 때문이다.

이렇듯, 필로스트라투스는 네로 황제를 독재적 전제군주로 간주하여 짐승으로 묘사한다. 독재자를 짐승에 빗대어 말하는 당대의 통념을 반영한 것이다. 이 짐승은 보통 들짐승과는 다르게 훨씬 더 사납게 묘사된다. 그러한 사나움은 분노를 쉽게 일으키기 때문이다. 여기에서 두 가지를 확인하게 된다. 첫째로, 네로는 쉽게 폭발하는 분노로 짐승이라고 불리웠다는 것이다.[47] 그러므로 짐승은 기본적으로 폭력성과 밀접한 관계를 갖는다. 둘째로, 이러한 짐승의 폭력성이 요한계시록 본문의 짐승이란 표현에 반영될 수 있다는 것이다. 2abc절에서 이런 폭력성을 구체적으로 언급한다.

---

43 Koester, *Revelation*, 568.
44 Pausanias, *Description of Greece,* 2.37.4 (Koester, *Revelation,* 568에서 재인용).
45 Plutarch, *Moralia,* 147B (Koester, *Revelation,* 568에서 재인용).
46 *Vita Apollonii,* 4.38.3 (Koester, *Revelation,* 568-69에서 재인용).
47 실제로 시빌의 신탁(Sibylline Oracles) 5장 343절과 8장 157절에 의하면 네로 자신을 짐승으로 표현한 용례를 보여주고 있다(Aune, *Revelation 6-16,* 771).

바다로부터 올라오다(1a절) 이 장면은 12장 17d절에서 바다 모래 위에 나타난 용의 모습과 조화를 이룬다. 용이 바다 모래 위에 나타는 것은 바로 바다로부터 올라오는 짐승을 맞이하는 그림을 보여준다. 이 점은 12장과 13장을 함께 읽어야 한다는 사실을 시사한다. 12장에서 용은 아들과 미가엘 그리고 여자와의 싸움에서 패배하고 말았다. 용은 이제 여자의 남은 자손과 최후의 일전을 준비한다. 논리적으로 보면 이를 위해서 동역자가 필요하다. 따라서 용이 바다 모래 위에 서 있게 된 것은 바로 동역할 대리인의 등장을 예고한다. 문맥의 논리적 관계를 볼 때 13장에서 소개될 두 짐승의 출현은 용이 여자에게 패배한 이후에 일어나는 것으로 보인다. 그러나 앞서 말했듯이, 실제적으로는 13장의 두 짐승이 12장의 용과 마찬가지로 교회 공동체를 핍박하는 주체로 묘사되기에, 용이 여자를 공격하는 현장에 두 짐승의 활동도 이미 존재했다고 볼 수 있다.

바다에서 첫째 짐승이 출현하는 것은 직접적으로는 다니엘 7장 3절의 바다에서 나온 네 큰 짐승의 출현을 배경으로 하지만[48] 좀 더 근본적인 배경은 혼돈의 짐승인 "바다 괴물"(sea-monster) "리바이어단"(Leviathan)을 배경으로 한다고 볼 수 있다.[49] 또한 첫째 짐승이 "바다로부터 올라오는 것"은 11절에서 둘째 짐승이 "땅으로부터 올라오는 것"과 짝을 이루고 있으며, 이것은 욥기 40-41장과 에녹 1서 60장 7-8절 그리고 에즈라 4서 6장 49-52절에서 보여주고 있는 것처럼, 바다와 관련된 "리바이어단"이라고 불리우는 여성 괴물과 땅과 관련된 "베헤모스"(Behemoth)라고 불리우는 남성 괴물을 모델로 구성되어 있다고 볼 수 있다.[50]

또한 에즈라 4서 11장 1절에서 열 두 개의 날개와 세 개의 머리를 가진 독수리가 "바다로부터" 올라오는 장면이 소개되는데 이 독수리는 다니엘 7장 7-8절과 19-27절에서 로마 제국을 의미하는 네째 짐승을 가리킨다.[51] 다니엘서 본문에 독수리를 암시할 수 있는 근거가 전혀 존재하지 않으나 독수리가

48 Koester, *Revelation*, 568.

49 Beckwith, *The Apocalypse of John,* 633. 바다로부터 올라오는 장면과 관련하여 케어드는 로마의 총독이 매년마다 "소아시아 지역의 에베소 지역의 총독본부에 이르기 위해" 바다로부터 올라오는 장면을 이미지화 한 것으로 본다(Caird, *Revelation,* 162). 그러나 쾨스터는 여기에 반대하면서 이 이미지가 그런 구체적인 행위를 가리키는 것으로 볼 필요는 없다고 말한다(Koester, *Revelation,* 569).

50 Boxall, *The Revelation of St. John*, 186.

51 Aune, *Revelation*, 734.

로마 제국의 상징이라는 점에서 네째 짐승에 독수리 이미지를 사용한 것으로 추정해 볼 수 있다.[52] 요한계시록 본문과 에즈라 4서 사이의 연결고리를 찾아볼 수 없으나 두 본문은 모두 다니엘 7장 7-8, 19-27절을 재해석하면서 모두 "바다로부터 올라온다"는 표현을 똑같이 사용하고 있다는 점이 주목할 만하다. 다만 차이가 있다면 요한계시록에서 짐승은 로마 제국이 아니라 로마 제국의 황제를 의미한다는 점이다.

이상에서 짐승은 독재자 네로 황제 뿐만 아니라 로마제국을 이중적으로 의미한다는 것을 확인할 수 있다. 이러한 현상은 다소 혼란을 가져 올 수 있다. 그럼에도 불구하고 이러한 이중적 의미가 발생하는 것은 초대 교회 전통에서도 나타나고 있듯이,[53] 로마의 제국주의적 권위를 네로 황제와 동일시하는 경향 때문이라고 말할 수 있다. 그러나 요한계시록에서, 짐승은 네로 황제로 대표되는 로마제국의 황제를 의미하고, 바벨론은 로마제국을 의미하는 것으로 명확하게 구분된다.

열 뿔과 일곱 머리(1b절) 열뿔과 일곱머리는 짐승의 중요한 특징이다. 이 특징과 관련하여 네 가지 주제를 살펴보고자 한다. 첫째로, 앞에서 언급한 열 뿔과 일곱 머리특징과 관련하여 용과 유사성을 갖지만 동일하지는 않다. 이러한 유사성의 주제에 대해 생각해 보도록 한다. 둘째로, 열 뿔에 대한 의미를 살펴보고자 한다. 셋째로, 일곱 머리의 의미에 대해 살펴 보고 네째로, 유대적 동시대적 배경에 대해 살펴보게 될 것이다.

(1)용과 짐승의 유사성과 차이점

그리고 1b절에서 바다에서 나온 첫째 짐승은 열 뿔과 일곱 머리를 가지고 있다. 이 짐승의 모습은 이미 12장 3절에서 용의 모습으로 동일하게 묘사된 바 있다. 이러한 일치는 용과 짐승이 동일체임을 의미한다. 그러나 용과 짐승은 차이점도 있다. 그 첫번째 차이점은 열 뿔과 일곱 머리가 언급되는 순서가 바뀌어 있다는 것이고, 두번째는 용이 일곱 머리에 일곱 면류관을 가지고 있는

52 앞의 책.
53 디모데후서 4장 17절에서 바울은 "사자의 입에서 건짐을 받았다"고 했는데 이것은 네로 황제와 동일시되는 로마제국의 권세를 의미하는 것으로 볼 수 있다(Aune, *Revelation 6-16,* 735).

반면, 짐승은 열 뿔에 열 면류관을 가지고 있고 일곱 머리에 "모독적인 이름들"(blasphemous names)을 가지고 있다는 점이다.[54] 이러한 차이점은 두 대상이 동일한 존재가 아니라 다른 존재로서 그 역할이 구별되어 있음을 시사한다.[55] 특별히 용에게는 없지만, 짐승에게 일곱 뿔에 "모독적인 이름들"이 있다는 점은 짐승이 좀 더 직접적으로 하나님과 하나님의 백성을 공격하고 있다는 사실을 보여준다.

(2)열 뿔

먼저 열 뿔은 구약 배경을 통해 좀 더 정확하게 이해할 수 있다. 이 구약 배경은 12장에서 다루었던 용의 특징으로 열 개의 뿔과 일곱 머리의 구약배경과 중복되는 부분은 생략하도록 할 것이다. 본문에서는 먼저 열 뿔에 대한 구약 배경으로서 단 7장 7-8절, 21-23절 그리고 24-25절에서 소개되는 네 짐승의 이미지를 조합하고 있다. 먼저 열 개의 뿔은 네 짐승 중에서 가장 강력한 힘을 가진 네 번째 짐승과 동일한 모습이다. 네 번째 짐승의 모습을 묘사한 내용은 다음과 같다.

> [7]내가 밤 이상 가운데 그 다음에 본 넷째 짐승은 무섭고 놀라우며 또 매우 강하며 또 쇠로 된 이가 있어서 먹고 부숴뜨리고 그 나머지를 발로 밟았으며 이 짐승은 전의 모든 짐승과 다르고 또 열 뿔이 있더라 [8]내가 그 뿔을 유심히 보는 중에 다른 작은 뿔이 그 사이에서 나더니 첫번째 뿔 중의 셋이 그 앞에서 뿌리까지 뽑혔으며 이 작은 뿔에는 사람의 눈 같은 눈들이 있고 또 입이 있어 큰 말을(교만하게, NRSV) 하였더라(단 7:7-8)
>
> [20]또 그것의 머리에는 열 뿔이 있고 그 외에 또 다른 뿔이 나오매 세 뿔이 그 앞에 빠졌으며 그 뿔에는 눈도 있고 큰 말하는 입도 있고 그 모양이 동류보다 강하여 보인 것이라 [21]내가 본즉 이 뿔이 성도들로 더불어 싸워 이기었더니 … [23]모신 자가 이처럼 이르되 네 째 짐승은 곧 땅의 네 째 나라인데 이는 모든 나라보다 달라서 천하를 삼키고 밟아 부숴뜨릴 것이며 (단 7:21-23)
>
> [24]그 열 뿔은 이 나라에서 일어날 열 왕이요 그 후에 또 하나가 일어나리니 그는 먼저 있던 자들과 다르고 또 세 왕을 복종시킬 것이며 [25]그가 장차 말로 지극히 높으신 자를 대적하며 또 지극히 높으신 자의 성도를 괴

54 Roloff, *The Revelation of John*, 156.

55 벡위드는 이런 순서의 차이를 둔 목적은 표현의 "변화"(variation)에 있다는 것을 지적한다(Beckwith, *Revelation*, 634). 마운스도 이러한 차이점에 큰 의미 부여를 하지 않으나 "변화"라는 점에 있어서는 같은 입장을 보인다(Mounce, *The Book of Revelation*, 245).

롭게 할 것이며 그가 또 때와 법을 변개코자 할 것이며 성도는 그의 손에 붙인바 되어 한 때와 두 때와 반 때를 지내리라(단 7:24-25)

이 인용문에서 열 뿔을 가진 넷째 짐승이 강력한 힘을 가진 모습으로 묘사되고 있다. 그 큰 능력을 가진 네 째 짐승은 큰 왕국을 의미하고(단 7:23) 그 짐승이 가지고 있는 열 뿔은 그 왕국에서 일어날 열 왕들을 가리킨다(단 7:24). 다니엘 7장 17절에서 네 짐승이 세상에 일어날 네 왕이라고 하지만, 다니엘 7장 23절에서 넷째 짐승을 왕이라고 하는 대신 땅의 넷째 나라라고 바꾸어 말한다. 이것은 넷째 짐승이 그 나라를 다스리는 열 왕을 의미하는 열 뿔을 가지고 있기 때문이다(단 7:24). 여기에서 네째 짐승의 열 뿔이 상징하는 열 왕이 누구인지 규명하려는 시도는 적절하지 않다. 왜냐하면 열 뿔에 나오는 작은 뿔은 안티오쿠스 4세를 가리키는데,[56] 안티오쿠스 4세 이전에 셀류시드 왕조의 왕들은 모두 합쳐 일곱 왕에 불과하여 열왕이라는 숫자와 일치하지 않기 때문이다.[57] 그러므로 "열 뿔"을 열명의 왕에 대한 신분을 확인하려는 시도는 무의미하다. 다만 "열"이라는 숫자와 관련하여 "전체"(totality)를 의미하고[58] "뿔"은 "능력"을 의미한다는[59] 점에 주목하여 세상 세력 전체의 강력한 능력을 나타내고자 하는 의도를 잘 파악할 필요가 있다. 이 능력이 파괴적이고 폭력적이어서 대항하는 세력을 압도한다.[60]

열 왕 후에 열 한 번째 왕이 일어 나는데(단 7:24) 이것은 다니엘 7장 8절의 열 뿔 중에서 나오는 '다른 작은 뿔'이며 다니엘 7장 20절에서는 "열 뿔 외에 또 다른 뿔'로서 "그 모양이 동류보다 강하여 보인다"로 묘사된다. 다니엘 7장 24절에서는 이에 대해 설명하기를 "먼저 있던 자들(왕들)과 다르고 또 세 왕을 복종시킬 것이다"라고 한다. 이 작은 뿔은 앞서 언급한 것처럼 안티오쿠스 4세를 가리킨다. 그리고 이 열한 번째 왕은 네 째 짐승으로 상징되는 큰 왕국을 강력한 나라로 부강하게 하며 하나님을 대적하고 성도들을 괴롭게 한다(단

---

56 Collins, *Daniel*, 299.

57 Newsom, *Daniel,* 225. 몽고메리(Montgomery)는 일곱 왕을 다음과 같이 나열한다: Seleucus I Nicator, Antiochus I Soter, Antiochus II Theos, Seleucus II Callinicus, Seleucus III Ceraunus, Antiochus III Magnus, Seleucus IV Philopator (J. A. Montgomery, *A Critical and Exegetical Commentary on the Book of Daniel* [New York: Charles Scribner's Sons, 1927), 293).

58 Newsom, *Daniel*, 225.

59 Collins, *Daniel*, 299.

60 이 내용은 콜린스가 짐승의 열 뿔을 언급하면서 "폭력적 능력"(violent power)이라는 표현을 사용한 데에서 힌트를 얻었다(Collins, *Daniel,* 299).

7:25). 이 기간은 3년 반 동안 지속된다(단 7:25). 이 기간은 5b절에서 설명하게 될 내용으로서 마흔 두 달 동안 성도들을 핍박하는 기간과 일치한다. 요한계시록 본문에서는 이 열 한 번째 뿔 곧 왕에 대해서는 직접적으로 언급하지는 않는다. 다만 열한 번째 왕의 존재를 네 째 짐승의 역할에 포함시키면서 그 네 째 짐승이 가지고 있는 열 뿔을 요한계시록 13장의 첫 째 짐승이 가지고 있는 열 뿔에 적용하고 있다. 결국 요한계시록의 첫째 짐승의 열 뿔은 다니엘서 네 짐승의 네 번째 짐승과 그 네 번째 짐승에서 나온 열 한 번째 왕의 능력과 폭력성을 모두 함축한다.

따라서 요한이 13장 1절의 첫째 짐승이 열 뿔을 가지고 있는 것으로 묘사한 것은, 다니엘서에서 폭력적인 강력한 힘을 가진 네째 짐승과 그 짐승으로부터 나온 열 뿔과 그 외에 성도들의 핍박자 안티오쿠스 4세를 상징하는 "다른 작은 뿔"을 종합적으로 짐승에 적용한 결과이다. 다니엘서의 네 짐승의 열 뿔과 열 한 번째 작은 뿔(안티오쿠스 4세)은 하나님의 나라에 대적하는 입장에 서 있다는 점에서 요한계시록의 첫째 짐승과 평행된다. 이런 방식으로 요한은 계시록의 짐승이 다니엘서의 네 짐승의 특징을 공유한 매우 폭력적인 강력한 힘을 가진 존재임을 인식시킨다. 이를 통해 이 첫째 짐승이 용과 함께 하나님의 나라와 그 백성을 대적하는 세상의 세력이나 혹은 이 세력을 사용하는 존재를 의미한다는 것을 암시한다. 다만 열 뿔의 의미와 관련하여 다니엘서의 경우와는 차이가 있다. 다니엘서의 열 뿔은 네째 짐승이 의미하는 네째 나라로부터 나오는 열 왕을 가리키고 있는 반면, 요한계시록에서 열 뿔은 요한계시록 17장 12절(짐승과 더불어 임금처럼 한 동안 권세를 받으리라)에 의하면 짐승과 더불어 통치하는 "봉신 왕"(vassal kings)을 가리키는 것으로 볼 수 있다.[61]

그러나 다니엘 7장의 본문에서는 이러한 세상 세력의 공격에도 불구하고 하나님의 나라는 흔들림 없이 견고하게 영존할 것임을 천명한다. 이러한 사실은 다음 몇 구절에 잘 나타나 있다.

> [13]내가 또 밤 환상 중에 보았는데 인자 같은이가 하늘 구름을 타고 와서 옛적부터 항상 계신 이에게 나아가 그 앞으로 인도되매 [14]그에게 권세와 영광과 나라를 주고 모든 백성과 나라들과 다른 언어를 말하는 모든 자들이 그를 섬기게 하였으니 그의 권세는 소멸되지 아니하는 영원한 권세

---

61 Koester, *Revelation*, 569.

요 그의 나라는 멸망하지 아니할 것이니라(단 7:13-14)

18)지극히 높으신 이의 성도들이 나라를 얻으리니 그 누림이 영원하고 영원하고 영원하리라(단 7:18)

22)옛적부터 항상 계신 이가 와서 지극히 높으신 자의 성도를 위하여 원한을 풀어 주셨고 때가 이르매 성도들이 나라를 얻었더라(단 7:22)

26)그러나 심판이 시작되면 그는 권세를 빼앗기고 완전히 멸망할 것이요 27)나라와 권세와 온 천하 나라들의 위세가 지극히 높으신 이의 거룩한 백성에게 붙인 바 되리니 그의 나라는 영원한 나라이라 모든 권세 있는 자들이 다 그를 섬기며 복종하리라(단 7:26-27)

이 다니엘서 본문 중에서 7장 13절의 "인자 같은 이"는[62] 7장 18절과 22절 그리고 26절에서 "성도들" 혹은 "거룩한 백성"으로 재해석되고 있다.[63] 이 몇 구절에서 보여 주고 있는 바와 같이 메시야와 성도들은 영원히 폐하지 않는 하나님의 나라를 얻게 될 것이다. 이러한 다니엘 7장의 전체적인 내용을 짐승을 소개하는 요한계시록 13장의 본문을 읽을 때 그 배경으로 인식하고 읽을 필요가 있다. 곧 짐승이 아무리 강력한 힘을 가지고 성도를 핍박해도 성도들은 도리어 하나님의 나라를 얻게 될 것이다.

또한 열 뿔 위에 열 개의 면류관(διαδήματα, 디아데마타>διάδημα, 디아데마)을 가지고 있다. 여기에서 면류관은 '스테파노스'가 아니라 '디아데마'라는 점이 주목할만 하다.[64] 6장 2절에서 흰말 탄 자가 쓰고 있는 것은 '스테파노스'이고 19장 11-16절의 흰말 위에 탄 자가 쓰고 있는 것은 '디아데마'이다. 전자는 전쟁이나 경기에서 승리한 자들에게 주어지는 것이요 후자는 "주권의 증표"로서[65] "왕적 지위의 상징"[66]으로 기능한다. 짐승이 가지고 있는 열 뿔 위에 '디아데마'가 있다는 것은 짐승의 주권과 왕적 지위를 강조하는 의미이다. 이것은 열 뿔이 왕들을 의미한다는 것과 조화된다. 이러한 모습은 하나님의 왕적 주권에

62 여기에서 "같은"에 해당하는 전치사 '케'(כְּ)는 환상의 환경에서 환상을 보는자가 인식하는 방식을 나타내는 기능을 한다. 따라서 "인자같은 이"(케-바르 에나쉬)는 "종종 간주되는 것처럼, 인간의 특징을 가진 천상적 존재가 아니라 환상중에 보여진 인간의 모습(a human figure seen in vision)"을 의미한다 (Bs Lindars, *Jesus, Son of Man: A Fresh Examination of the Son of Man Sayings in the Gospels in the Light of Recent Research* (Grand Rapids: Eerdmans, 1984), 10). 여기에서 그 인물은 "인간과 다른 어떤 것을 나타낼 수도 있고 그렇지 않을 수도 있다"고 할 수 있다(Collins, *Daniel,* 305).

63 Collins, *Daniel*, 305.

64 '스테파노스'와 '디아데마'의 용례에 대해서는 1권 633쪽에서 충분히 논의한 바 있다.

65 W. D. Mounce and R. D. Bennett, Jr. eds., *Mounce Concise Greek-English Dictionary of the New Testament* (Accordance edition, 2011).

66 BDAG, 227.

대한 저항이요 도전으로서 "신성 모독적"(blasphemous)인 의미를 갖는다.[67] 레위기 24장 16절에서 신성 모독을 하는 자들에게 즉각 죽음의 형벌을 내리신 바 있다.[68] 이처럼 신성 모독하는 자들에 대한 죽음의 심판은 불가피하다. 따라서 이러한 특징을 갖는 짐승에 대한 심판은 필연적일 수 밖에 없다. 이 특징은 다음 단락에 등장하는 일곱 머리에 신성 모독의 이름들이 있는 것과 밀접한 관계를 가진다.

(3)일곱 머리

짐승의 머리가 일곱이라는 것은 다니엘 7장에 나오는 네 짐승의 머리 수를 모두 합한 숫자이다. 세 번째 짐승은 네 개의 머리를 가지고 있고(단 7:6) 나머지 세 짐승의 머리를 합하면 일곱 머리가 된다. 마운스는 이러한 추론에 동의하지 않으면서 묵시문헌에서 일곱 숫자가 "완전"(completeness)을 의미한다는 사실을 지적한다.[69] 그러나 이것은 하나는 배제하고 하나는 선택하는 문제가 아니라 이 두 경우 모두 고려할 수 있는 문제이다. 요한은 짐승이 다니엘 7장의 네 짐승을 배경으로 묘사하고자 하는 의도가 분명하므로 머리의 수인 일곱이란 숫자의 출처를 다니엘서의 네 짐승의 머리의 총합에서 찾는 것은 불합리 하지 않다. 더 나아가서 묵시 문헌에서 "완전"의 의미를 가지는 일곱이란 숫자를 사용하여 "열"이라는 숫자와 함께 짐승의 폭력적 능력을 극대화하여 표현하고 있다고 보는 것도 적절하다. 열 뿔처럼 일곱 머리의 숫자도 역시 요한계시록의 첫째 짐승이 다니엘 7장을 배경으로 한 악의 세력으로, 철저히 준비된 힘을 가지고 하나님의 나라에 대적하는 존재임을 드러내려는 목적으로 사용된다. 이 일곱 머리는 요한계시록 17장 9-14절에서 로마 제국의 황제를 의미하는 것으로 해석된다.

짐승은 그의 일곱 머리에 신성모독의 이름들을 가지고 있다(1d). 여기에서 "신성모독의 이름"을 달리 표현하면 '하나님을 모독하는 이름'이라고 할 수 있다. 이름이 존재의 본질을 나타내 주는 것이라면, 짐승의 존재 자체가 하나님을 모독하는 속성을 가지고 있음을 의미한다. 또한 이러한 신성모독의 속성

67 Koester, *Revelation*, 569.
68 앞의 책.
69 Mounce, *The Book of Revelation*, 245.

은 로마 제국의 황제가 가지고 있는 "신"(god)이나 "신의 아들"(son of god) 그리고 "주"(κύριος) 혹은 "구원자"(σωτήρ)와 같은 호칭이나, 그러한 호칭을 동반하는 동전에 새겨진 황제의 이미지로 더욱 극대화된다.[70] 황제의 이미지를 새긴 동전은 매일의 일상 속에서 사용하게 되기 때문에 황제에 의한 신성모독의 도전은 시민들의 생활 속에서 일상화된다. 반면 13장에서는 언급하고 있지 않지만[71] 17장 9-10절에서 짐승의 일곱 머리들은 로마제국의 왕들을 의미하는 것으로 묘사되고 있다. 이러한 맥락에서 보면, 일곱 머리에 의해 상징되는 로마제국 황제들의 존재 자체가 집단적으로 하나님을 모독하는 속성을 가지고 있다는 것을 알 수 있다.

이처럼 하나님을 신성모독하는 행위는 하나님에 대한 도전으로서 다니엘 7장 25절에서 '지극히 높으신 자를 대적하며'라는 문구를 배경으로 주어진다. 다니엘서의 이 문구를 좀 더 정확하게 표현하면 '지극히 높으신 자를 대적하여 말한다'라고 할 수 있으며 이것은 곧 하나님을 신성모독하는 언행을 가리키고 있다. 하나님의 거룩한 이름을 모독하는 행위는 입에서 나오는 말로 확인된다. 더 나아가서 이 문구는 요한계시록 7장 1-8절에서 144,000의 이마에 있는 "하나님의 인"과 14장 1절의 144,000의 이마에 기록된 "어린 양의 이름과 그의 아버지의 이름"과 대조된다.

(4)동시대적 유대 배경

요한은, 짐승의 열뿔과 일곱 머리에 대한 묘사를 전개해 가는데 있어서 다니엘 7장의 짐승에 대한 유대적 해석을 공유한다. 요한계시록과 비슷한 시기에 기록된 유대 묵시 문헌인 에즈라 4서 12장 10-12절과[72] 바룩 2서 39장 3-7절

---

70 Blount, *Revelation*, 246; Aune, *Revelation 6-16*, 734.

71 13장에서는 일곱 머리보다는 그 일곱 머리를 가진 짐승 자체에 더 주목한다. 그러므로 13장에서는 일곱 머리가 로마 제국의 일곱 왕을 가리킨다는 사실에 대한 자세한 논의는 진행하지 않고 17장에서 필요한 만큼만 논의하도록 할 것이다.

72 이 본문에서 짐승대신 "독수리"가 바다로부터 올라오는 것으로 묘사되고, 그 독수리를 다니엘이 환상 중에 본 "네째 왕국"으로 묘사하는데 이 "네째 왕국"이 바로 로마 제국을 의미하는 것으로 본다. 에즈라 4서를 번역한 메쯔거(Metzger)는 이 "네째 왕국"에 대한 각주에서 "네째 왕국"이 다니엘 7장 7절에서는 그리스 혹은 마케도니아 제국을 상징하는 것으로 사용되었으나 에즈라 4서의 본문에서 이것이 재해석되어 "로마제국"을 상징하는 것으로 사용된다고 지적한다(*OTP*, 1:550[b]). 곧 다니엘서 본문의 문맥에서 네째 짐승은 그리스설이 적절하지만 1세기 말의 정황에서는 그것을 로마제국이라고 재해석할 수 있게 되었다는 것이다.

에[73] 의하면 단 7장의 네 번째 짐승을 네째 왕국으로서 로마 제국을 의미하는 것으로서 해석하고, 이 로마 제국은 다니엘 7장 9-14절에 언급되는 다윗적 메시아의 출현에 의해 멸망 당할 것으로 이해한다.[74] 랍비 문헌이나 요세푸스의 저술(『고대사』[Antiquities] 10:276-277)에서도 다니엘 7장의 네째 짐승을 당시에 로마 제국으로 "규칙적으로"(regularly) 해석한 근거들을 제시한다.[75] 특별히 요세푸스의 『고대사』10장 275절에서 이스라엘을 정복하고 성전을 더럽히고 이스라엘의 율법을 폐하기까지 하는 "한 왕"(a certain king)이 등장하는데 『고대사』10장 276절에서는 그 왕을 바로 안티오쿠스 에피파네스(4세)라고 해석한다.[76] 그리고 같은 본문에서 요셉푸스는 이러한 안티오쿠스 에피파네스와 로마제국과의 평행 관계를 설정한다. 곧 요세푸스는 다니엘서에서 이스라엘 백성이 안티오쿠스 4세에 의해 핍박받는 것과 같은 형태로 이스라엘이 로마 제국에 의해 멸망당하게 될 것(ἐρημωθήσεται> ἐρημόω)[77]이다. 여기에서 멸망당하게 될 것이라는 표현은 성전 파괴를 의미하는 것으로 추정된다. 이러한 평행 관계를 통해, 요셉푸스는 다니엘서의 네째 짐승이 분명히 헬라 황제인 안티오쿠스 4세를 가리킨다는 것을 알고 있었음에도 불구하고, 네째 짐승을 자신의 시대에 비슷한 역할을 보여주는 로마 제국으로 재해석하고 있다는 것을 알 수 있다. 이상에서 1세기에 다니엘서 7장의 네째 짐승에 대한 해석의 경향이 뚜렷하게 나타난다. 곧 다니엘서에서 헬라 제국을 의미했던 네째 짐승이 당시에 현존하는 로마제국으로 재해석되고 있는 것이다.[78]

로마 제국에 대한 이러한 부정적 인식은 로마 제국이 예루살렘에 있는 성전을 파괴시켰기 때문이다. 이를 통해 하나님의 나라를 대적하는 종말적 적대적 세력으로서 다니엘 7장의 짐승이 당시의 유대인들에게는 "일반적으로"(in general) 말하면 "로마 제국"과 좀 더 "구체적으로"(in particular) 말하면 그 로마 제

73 이 본문을 번역한 클리진(Klijin)도 바룩2서 5절에 대한 각주(a)에서 네 짐승을 네번째 왕국으로서 바벨론, 페르시아 그리고 그리스에 이어지는 로마제국으로 간주한다(*OTP*, 1:633[a]).

74 Bauckham, *The Climax of Prophecy*, 423.

75 D. Flusser, "The Four Empires in the Fourth Sibyl and in the Book of Daniel," IOS 2 (1972): 158-9; A. Y. Collins, *The Combat Myth in the Book of Revelation* (Missoula, MT: Scholars, 1976), 173에서 재인용.

76 이 자료는 위스톤(Whiston)의 번역을 사용하였다.

77 이 헬라어 원문은 F. Josephus and B. Niese, *Flavii Iosephi Opera* (Berolini: Apud Weidmannos, 1888)의 것을 사용하였다.

78 따라서 네 짐승이 바벨론, 페르시야, 마케도니아(그리스) 그리고 로마 제국을 의미하는 것으로 볼 수 있다.

국을 통치하는 황제를 대표하는 "네로"를 가리키는 것으로 이해하는 공감대가 형성되어 있다는 사실을 발견할 수 있다.[79] 요한도 바로 이러한 공감대를 공유한다. 그러므로 요한계시록 13장은 다니엘 7장의 종말적인 적대 세력인 짐승의 존재를 당시에 교회 공동체를 대적하는 로마 제국과 로마 제국의 황제를 설명하는 데 사용하고 있음이 분명하다.[80] 특별히 짐승이 로마 제국을 통치하는 네로 황제를 모델로 묘사하고 있다는 사실은 13장 18절에서 짐승의 표를 네로 황제의 이름의 수인 666으로 규정한 데서 더욱 분명해진다[81]

(5)유대적 동시대적 배경과의 차이

그러나 '짐승'에 대한 유대적 이해와 요한계시록에서의 이해에 차이점이 있다. 이러한 차이점으로 인하여 보쿰은 짐승에 대한 요한의 환상을 "새로운 환상"(new vision)이라고 특징짓는다.[82] 요한계시록 본문의 짐승에 대한 해석은 다니엘서를 배경으로 하고 있음에도 불구하고, 다니엘서와 그리고 다니엘서에 대한 유대문헌과 요셉푸스의 해석과 차이점이 있다. 곧 이 네 짐승에 대해 적대적 나라와 그 왕들을 혼합하여 서술하는 다니엘 7장과는 달리 요한계시록 13장에서는 이 짐승을 로마 제국과 구별하여 로마 제국의 황제를 대표하는 '네로 황제'로 규정한다.

다니엘 7장 17절은 네 짐승을 "세상에 일어날 왕"이라고 하고, 7장 23절은 "넷째 짐승은 넷째 나라"라고 해석한다. 여기에서 왕과 나라가 서로 교체 사용되고 있다. 이것은 네째 짐승이 가지고 있는 열 뿔이 네째 나라에서 일어날 열 왕을 의미한다는 것을 알리기 위한 의도적인 변형으로 볼 수 있다. 에즈라 4서 12장 10-12절이나 바룩 2서 39장 3-7절과 요세푸스도 이러한 사실에 근거해 네 짐승을 나라들로 간주하여 첫째 짐승은 바벨론, 둘째 짐승은 페르시야, 세째 짐승은 마케도니아(그리스) 그리고 네째 짐승은 로마 제국으로 재해석하게 되는 것이다.

반면 요한계시록 본문에서 소개되는 이 첫째 짐승은 로마 제국 자체보다

79 Collins, *The Combat Myth in the Book of Revelation*, 184.
80 Bauckham, *The Climax of Prophecy*, 424.
81 보쿰은 666을 "네로의 숫자"라고 규정한다(앞의 책, 396). 666이 네로 황제의 이름의 수를 가리키고 있다는 것은 18절에 대한 연구에서 자세히 소개할 것이다.
82 앞의 책, 424.

는 로마 제국을 다스리는 황제들 중 가장 난폭한 황제로 알려져 있는 네로 황제를 모델로 하여 황제의 폭력적 특징을 잘 나타내고 있다. 한편 로마 제국을 가리킬 때는 17-18장에 등장하는'바벨론'이라는 구별된 상징적 표현을 사용한다. 따라서 요한계시록은 로마 제국과 로마 제국 황제를 면밀하게 구별하여 사용하고 있다. 그리고 다니엘서에 등장한 네 짐승의 폭력적 특징을 종합하여 짐승의 폭력성을 묘사하는 데 초점을 모으고 있다.

이상의 내용을 중심으로 다니엘 7장의 내용과 이에 대한 요세푸스와 에즈라 4서 그리고 바룩2서의 해석의 입장과 요한계시록에서의 해석을 다음과 같이 도표로 정리해 볼 수 있다.

주제	다니엘 7장	요세푸스/바룩2서/에즈라 4서	요한계시록 13장
네 짐승	네 왕; 네 나라	바벨론 – 페르시야 – 마케도니아 – 로마제국	하나의 짐승 – 네로 황제를 대표로 하는 로마제국 황제 로마제국은 바벨론으로 표현 (17–18장)
네째짐승	마케도니아/헬라제국	안티오쿠스 4세; 로마제국(황제)	
작은뿔	안티오쿠스 에피파네스		

이 도표에서 요한계시록 13장에서 짐승은, 구약 배경으로서 다니엘 7장과 요세푸스와 두 개의 유대 문헌에서 안티오쿠스 4세와 로마제국 그리고 네로 황제등의 적대적 세력의 총합을 배경으로 한다고 할 수 있다.

표범 같고 곰의 발 같고 사자의 입 같다(2abc절) 2a절에서 짐승의 모습에 대한 묘사는 계속된다. 짐승은 표범과 비슷하고 그의 발은 곰의 발 같고 그의 입은 사자 입 같다고 한다. 여기 표범과 곰과 사자의 모습이 짐승의 형상에 적용 되고 있는데 이것은 역시 다니엘 7장 4-7절에서 네 짐승의 모습을 조합한 형태이다.[83] 다니엘 7장 4-7절에 의하면 첫 째 짐승은 사자와 같고 둘째 짐승은 곰과 같고 셋째 짐승은 표범과 같다고 한다. 요한계시록 13장에서 표범은 어느 특정한 부위를 지적하지 않은 채 전체적인 모습에서 혐오스런 이미지를 나타

83 Aune, *Revelation 6-16*, 734. 오우니에 의하면 바나바의 편지 4장 4-5절에서 다니엘 7장 24과 7장 7-8절을 로마 제국의 황제들과 관련한 본문에서 인용한다고 한다(앞의 책). 이것은 요한계시록 본문에서 로마 제국 황제들의 대표로서 네로 황제와 관련하여 다니엘 7장 4-7절을 사용하고 있는 것과 같은 패턴이다.

내며, 곰은 "발"을 특정하여 표현하고 사자는 "입"을 특정한다. 여기에서 곰의 "발"은 곰의 가장 강력한 부위라고 할 수 있고 사자의 "입"도 사자의 강력한 폭력성을 드러내는 부위다.

여기에서 표범과 곰과 사자의 목록은 이사야 11장 6-9절의 메시아 왕국의 환상에서 등장하는 짐승 목록과 일치한다.

> [6]그 때에 이리가 어린 양과 함께 살며 표범이 어린 염소와 함께 누우며 송아지와 어린 사자와 살진 짐승이 함께 있어 어린 아이에게 끌리며 [7]암소와 곰이 함께 먹으며 그것들의 새끼가 함께 엎드리며 사자가 소처럼 풀을 먹을 것이며 [8]젖 먹는 아이가 독사의 구멍에서 장난하며 젖 뗀 어린 아이가 독사의 굴에 손을 넣을 것이라 [9]내 거룩한 산 모든 곳에서 해 됨도 없고 상함도 없을 것이니 이는 물이 바다를 덮음 같이 여호와를 아는 지식이 세상에 충만할 것임이니라

이 이사야 본문의 표범, 곰 그리고 사자(어린 사자)의 목록은 다니엘서의 목록 그대로다. 그런데 이 짐승들과 한 짝을 이루는 짐승들은 각각 어린 염소, 암소 그리고 살진 짐승 등이 있다. 여기에서 이 두 부류의 짐승들은 함께 눕고 함께 먹고 함께 눕는 모습을 보여준다. 이 외에 젖 먹는 아이가 독사의 구멍에서 장난치며 젖뗀 어린 아이가 독사의 굴에 손은 넣으며 놀고 있다. 이 장면은 에덴의 정황을 재해석하여 종말적 에덴 회복의 비전을 제시한다. 다니엘서 7장 4-7절에 등장하는 네 짐승의 폭력성과는 대조적인 모습이 연출된다. 다니엘서에 등장하는짐승들의 폭력적 모습은 에덴의 평화로운 모습이 타락으로 인해 변형된 결과라고 할 수 있다. 따라서 에덴의 회복이라는 하나님의 창조 회복의 목적이 온전히 이루어지기 위해서는 이러한 짐승의 폭력성이 심판 받아 제거되어야만 한다.

아래 인용하는 레위기 말씀은 이런 회복의 정황을 짐승의 폭력성에 대한 하나님의 조치와 관련하여 잘 설명하고 있다.

> [6]내가 그 땅에 평화를 줄 것인즉 너희가 누울 때 너희를 두렵게 할 자가 없을 것이며 내가 무섭게 사나운 짐승을 그 땅에서 제할 것이요 칼이 너희의 땅에 두루 행하지 아니할 것이며 [7]너희의 원수들을 쫓으리니 그들이 너희 앞에서 칼에 엎드러질 것이라 (레 26:6-7)

이 레위기 본문의 6절에서 하나님께서 허락하시는 가나안 땅에서 사나운 짐승을 제거하실 것인데 이것은 7절에서 원수들을 쫓아내는 것과 평행 관계다. 이러한 평행 관계에 의해 사나운 짐승을 쫓아 내는 것은 곧 땅을 더럽히는 원

수를 쫓아내는 것과 같은 의미이다. 따라서 사나운 짐승의 제거는 에덴 회복의 중요한 요건이다.

용이 짐승에게 능력과 권세를 주다(2d절) 2d절에서 사탄을 의미하는 용이 로마 제국의 황제를 상징하는 짐승에게 능력과 권세를 주는 관계로 묘사되고 있다. 즉, 앞에서 언급한 엄청난 위용을 가진 첫째 짐승의 "능력과 보좌와 큰 권세"는 용이 주었다는 것이다.[84] 용, 곧 사탄은 교회 공동체를 상징하는 여자 혹은 여자의 남은 자손을 대적하게 만들기 위해 첫째 짐승을 불러내어 능력을 제공하는데, 이는 결국 교회 공동체를 핍박하는 로마 제국과 황제들의 배후에는 사탄이 활동하고 있다는 것을 의미한다. 12장에서 용의 이미지를 통해 보여주었던 사탄의 교회 공동체를 향한 호전적이고 적대적 속성이 짐승에게 전가되고 공유된다. 용은 하늘로부터 쫓겨났음에도 불구하고 여전히 자신의 능력과 권세를 짐승과 공유할 수 있는 힘이 남아 있다.[85] 그러나 동시에 하늘로부터 쫓겨났기 때문에 이러한 힘의 공유는 그 자체로 한계를 가지고 있다. 이렇게 요한이 용과 짐승의 관계를 힘의 공유관계로 규명한 것은, 표면적으로 화려하고 영광스러워 보이는 권력 체계의 본질을 꿰뚫어 보는 날카로운 영적 통찰력의 결과가 아닐 수 없다.

또한 이러한 용과 짐승의 능력과 권세의 공유 관계는 마치 예수님께서 그의 아버지 하나님과 능력과 권세를 위임받아 아버지의 뜻을 지상에서 대행하는 관계와 일치한다.[86] 이런 점에서 용은 첫째 짐승을 "대행자"로 사용하여 교회를 핍박하는 일을 시키고 있는 것이다.[87] 하나님의 뜻을 온전히 따르고 이루는 것이 예수님의 지상 사역의 최대 목적인 것처럼, 첫째 짐승도 용의 뜻을 이루는 것이 지상 최대의 과제이다. 따라서 첫째 짐승의 일곱 머리와 열 뿔을 가진 모양도 용과 일치를 이루게 되는 것이다. 이것은 예수님께서 하나님의 형상을 지니고 있는 것과 동일한 패턴이다(참조 골 1:15; 히 1:3). 이런 대립적 관계를 갖는 두 진영 사이의 대조적 평행 관계는 다음 단락에서 논의하게 되는 기

---

84 스몰리는 짐승이 용으로부터 수여받은 "능력과 보좌와 큰 권세"조차도 용 자체에서 나오는 것이 아니라 하나님이 허락하신 것이라는 것을 잊지 않고 지적한다(Smalley, *The Revelation to John,* 337).

85 Caird, *The Revelation of St. John,* 163. 이와 관련하여 케어드는 용이 "권세"(rights)를 상실한 것이지 "능력" (power)을 상실한 것은 아니라고 지적한다(앞의 책).

86 Sweet, *Revelation*, 209.

87 Swete, *The Apocalypse of St. John*, 160.

독론적 패러디에서 좀 더 자세하게 밝혀지게 될 것이다.

죽음의 상처가 치료되다(3a절) 다음 3-4절은 용에 의해서 능력과 권세를 부여 받은 이 첫째 짐승의 능력이 얼마나 큰가를 보여주고 있다. 그 중에서 3a절은 '그의 머리들 중 하나가 치명적으로 상처를 입어 죽임을 당한 것 같다'라고 하는데 이것은 짐승의 신비한 능력을 드러낸다. 여기에서 머리 하나라고 한 것과 관련하여 머리 자체에 집중하는 것보다는 머리를 가진 짐승에 초점을 맞출 필요가 있다. 곧 머리들 중 하나라고 하여 나머지 머리가 있기 때문에 생명에는 지장이 없다고 말할 수 없다는 것이다. 머리들 중 하나가 죽을 정도로 상처를 입은 것은 짐승의 생명에 큰 영향을 준다. 그러므로 12c절에서는 "머리들 중 하나" 대신 "죽음의 상처"라고 표현하며, 14d절에서는 "칼의 상처"라고 표현한다.

죽게 되었던 상처가 치료되는 사건은 두 가지 주제와 관련된다. 첫째로, 당시에 죽었다고 생각했던 네로 황제가 다시 살아 돌아 왔다고 생각하는 네로의 귀환이고 둘째로, 어린 양 예수님과 유사하게 죽음과 부활을 모방하여 표현한 것으로 간주하는 기독론적 패러디이다. 이 두가지 주제를 먼저 살펴 보고 이 내용을 배경으로 요한계시록 본문에서 그것이 어떤 의미가 있는지 살펴 볼 것이다.

(1)네로의 귀환

3a절에서 죽임을 당한 것 같다가 살아나게 되는 정황의 배경에는 죽은 줄 알았던 네로가 다시 돌아 온다는 내용의 "네로의 귀환"이라는 전설에 대한 인식이 깔려있다.[88] 시빌의 신탁(Sibylline Oracles) 4장 119-122절, 137-139절; 5장 93-110절, 137-154절, 214-227절 그리고 361-380절은 당시에 유행했던 '네로 황제의 귀환'(Nero's return)에 대한 내용을 기록한다.[89] 곧 "네로의 귀환"이란 한 때 로마 제국을 호령했던 네로가 그 로마 제국의 일부 엘리트 정치인들에

88 "네로 귀환" 전승은 짐승이 다시 살아난 것에 대한 "피상적 차원"의 배경이고, 좀 더 본질적인 배경은 창세기 3장 15절이라고 스윗은 주장한다(Sweet, *Revelatoin,* 210). 반면 오우니는 이 요한계시록 본문에서 네로 황제의 귀환 이야기의 사용을 "인유"(allusioin)라고 규정한다(Aune, *Revelation 6-16*, 737).

89 Aune, *Revelation 6-16*, 738. 네로의 귀환에 대한 연구로는 Bauckham, *The Climax of Prophecy*, 407-423을 참조하라.

의해 공공의 적으로 취급 받아 죽은 줄 알았는데[90] 그가 다시 살아 그와 우호적이었던 파르티아로[91] 피신하여 와신상담 끝에 파르티아 제국의 군대와 함께 돌아 와서 로마 제국을 멸망시키게 된다는 내용이다(시빌의 신탁 5:365).[92] 이러한 내용의 네로 귀환에 대한 이야기는 "그의 죽음에 대한 소문을 진실로 받아들이는 것에 대한 폭넓은 거부감"에 근거하고 있을 뿐만 아니라 그가 죽었지만 다시 살아날 수 있다는 신화적 요소로서 "네로 환생"(Nero redivivus, living again)의 기대감에 근거한다고 할 수 있다.[93] 이러한 정황은 요한계시록의 첫째 짐승이 "죽게 되었던 상처가 치료되었다"(3a절)(14d절에서는 "칼의 상처를 가지고 있다가 살아나다"로 표현)는 표현에서 반영된다.

네로의 귀환 이야기를 최초로 전달했던 수에토니우스(Suetonius)에 의하면 "때때로 그들은 그(네로)의 형상을 연단 위에 위엄스런 옷을 입혀 세우기도 하고 또 어떨 때는 마치 네로가 살아 있으며 로마로 곧 돌아와 그의 대적들에게 복수를 취할 것처럼, 그들은 그의 이름으로 성명서를 발표하기도 한다"고 기록한다.[94] 그리고 디오 크리소스톰(Dio Chrysostom, AD 40-112이후)은 "지금조차도 모든 사람들은 네로가 살아있기를 바라고 대부분의 사람들은 그것을 믿는다"라고 말하기도 한다.[95] 이처럼 네로의 죽음을 인정하지 않으려는 분위기와 그가 살아있기를 바라는 기대감이 역설적으로 로마 제국을 증오했던 유대인들 안에 자리잡고 있었다. 왜냐하면 '돌아온 네로'가 유대인들의 성전을 파괴하여 그들의 민족적 정체성을 송두리째 앗아간 로마인들에 대한 원한을 갚아 줄 수 있는 존재로 여겨졌기 때문이다. 완전히 긍정적 이미지는 아니지만 로마 제국을 의미하는 음녀 바벨론을 불살라 죽이는 장면을 언급하는 요한계시록 17장 16절은 바로 이러한 특징을 반영하는 흔적으로 보는 것이 가능하다. 그럼에도 불구하고 요한계시록에서 짐승과 로마제국은 함께 협력하여 교회 공동체를 핍박하는 존재로 등장하는 것이 기본적인 패턴이다.

---

90 실제로 네로 황제는 AD 68년 6월 9일에 자살한 것으로 알려져 있다(Aune, *Revelation 6-16*, 738).

91 파르티아 제국은 네로 황제가 아르메니아에 대한 평화를 매듭짓는 공로로 네로 황제와 매우 우호적인 관계를 가지게 되었다(Bauckham, The Climax of Prophecy, 409).

92 Aune, *Revelation 6-16*, 738.

93 앞의 책

94 C. Suetonius Tranquillus, *The Lives of the Twelve Caesars: To Which Are Added His Lives of the Grammarians, Rhetoricians and Poets*, trans. A. Thomson (London: G. Bell, 1911), ch. 57.

95 Dio Chrysostom, *Oration* 12.10 (Aune, *Revelation 6-16*, 738에서 재인용).

(2)네로의 귀환과 기독론적 패러디

앞에서 언급한 네로 귀환 이야기는 요한계시록에서 기독론적 패러디의 근간으로 사용된다. 3a절의 "죽음의 상처가 치료되었다"라는 문구는 네로 귀환 이야기를 배경으로하는 동시에, 5장 6절에 묘사된 어린 양의 모습을 모방한 것이다. 5장 6절 에서 어린 양은 죽임을 당한 모습으로 소개되는데 여기에 사용된 문구가 바로 "죽임당한 것 같은"(ὡς ἐσφαγμένον, 호스 에스파그메논)이다. 이 문구는 3a절에서 '에이스 다나톤'(εἰς θάνατον)과 함께 '치명적 상처를 입어 죽임을 당한 것 같다'라는 문구에서 짐승을 묘사하는데 재사용된다.[96] 이 두 문구는 죽음과 관련하여 어린 양과 짐승의 평행 관계를 보여준다. 또한 13장 14절에서 "살았다"(ἔζησεν, 에제센>ζάω, 자오)라는 표현은 네로의 귀환과 관련된 내용으로 그리스도의 부활과 대조적인 평행 관계를 드러낸다. 이러한 평행 관계를 통해 짐승의 모습을 어린 양에 풍자(parody)하여 표현한다.[97] 이런 표현 방식을 "기독론적 패러디"(Christological parody) 라고 부른다.[98] 그러나 이런 패러디의 관계에도 불구하고 짐승의 죽음과 부활은 그리스도의 죽음과 부활과 정확하게 일치하지 않는다.[99] 곧 예수님은 완전히 죽었지만 짐승은 죽은 것 같을 뿐이다. 따라서 이러한 패러디의 목적은 신비한 능력 뒤에 숨겨진 "거짓된 모방"(deceitful imitation)을 노출시킬 뿐만 아니라[100] 짐승과 그리스도 사이의 대비되는 관계를 설정하려는 것이다. 이러한 대립적 설정으로 악의 세력과의 전선을 명확하게 하여 독자들에게 영적 통찰력을 제공하려는 의도이다.

요한계시록 13장에서 네로 귀환의 이야기는 독립적 자료로서 무분별하게 사용된 것이 아니라 기독론적 패러디를 효과적으로 구성하고 전달하기 위해 적절하게 조정된 형태로 사용되었다.[101] 좀 더 구체적으로 말하면 네로가 죽은 줄 알았는데 다시 살아 돌아 온다는 네로 귀환 이야기 그 자체에 관심이 있다기 보다는, 죽음으로부터 부활하신 어린 양 예수님과의 대조적 평행 관계에 최적화시키는 데 좀 더 초점을 맞추고 있다. 즉, 네로 귀환 주제는 기독론적 패러디에 종속되어 그것을 보조하기 위한 역할을 하고 있는 것이다.

96 Bauckham, *The Climax of Prophecy*, 432.
97 앞의 책, 432.
98 앞의 책, 431.
99 앞의 책, 433.
100 앞의 책, 433.
101 앞의 책, 437.

이러한 기독론적 패러디는 어린 양과 첫째 짐승과의 대립 구도를 세우기 위한 목적 뿐만 아니라 13장 전체에서 의도하는 짐승의 신비로운 능력을 묘사하기 위한 목적으로도 동원된다. 곧 네로 귀환 전설의 기독론적 패러디는 짐승의 능력을 극대화하는 역할을 하며, 이를 통해 그의 능력이 그리스도에 필적할 만큼 매우 위협적이라는 점을 드러낸다. 따라서 3c절과 4cd절 그리고 8a절에서 언급하고 있는 것처럼, 이러한 큰 능력을 가진 짐승에 대해 모든 땅과 땅에 사는 모든 사람이 경이롭게 생각하며 그 짐승을 따르고 그를 경배한다. 이러한 현상은 짐승의 우주적 통제권을 드러내고 있는 것으로, 5장 8-14절에서 어린 양 예수께 드려지는 우주적 예배와 대조적인 평행 관계를 보여준다.[102] 이러한 주제도 역시 기독론적 패러디의 한 요소이다.

그런데 그를 따르는 자들에게 구원과 사랑을 베푸시는 어린 양의 능력과는 달리, 짐승은 어린 양에 필적할 만한 그의 신비한 능력을 성도를 포악하게 핍박하는 수단으로 사용한다. 이러한 폭력적 특징을 강조하기 위해 본문은 이 짐승이 다니엘서 7장의 네 짐승과 연결될 뿐 아니라,기독론적 패러디의 방식을 통해서 폭력의 대명사라고 할 수 있는 네로 황제를 모델로 하고 있는 존재로 묘사한다. 죽음의 상처에서 치료된 짐승이 성도들에게 행하는 폭력적 억압은 그를 따르는 "땅에 사는 자들"에 의해 정당화되고, 심지어는 칭송을 받으며, 그들의 동참과 지지를 받는다. 이 폭력성이 6-7절과 9-10절에 잘 나타나 있다.

(3)요한계시록 13장에서 네로 귀환 이야기 사용의 적절성

앞에서 살펴 보았듯이 요한계시록 13장에서는 이러한 '네로 귀환 이야기'를 기독론적 패러디에 최적화하여 로마 황제의 폭력성을 폭로하는 방식으로 부정적 측면에서 접근하고 있다. 곧 요한계시록에서는, 네로 황제를 성도를 핍박하는 로마 제국 황제를 대표하는 통치자로서 설정하여, 그의 폭력적 행위를 다니엘 7장의 네 짐승을 배경삼아 상징적으로 이미지화 하여 짐승을 묘사하기 위한 모델로 사용한다. 따라서 13장에서 짐승의 폭력적 이미지는 다니엘 7장의 네 짐승과, 당시의 폭군으로 알려져 있는 네로 황제를 모델로 조합하여

102 앞의 책, 434.

구성되고 있음을 알 수 있다. 이렇듯 짐승이 여러가지 측면에서 네로 황제를 상징적 모델 혹은 배경으로 묘사하는 것은 한가지 질문을 던지게 해준다: 왜 요한은 현 로마 제국 황제인 도미티안이 통치하고 있는 와중에, 이미 죽어 존재하지 않는 네로 황제를 소환하고 있는 것일까? 그것은 독자들의 입장에서 볼 때 네로 황제가 기독교를 공식적으로 잔인하게 핍박한 최초의 황제로서 로마제국의 황제들을 대표할 수 있는 인물이라는 공감을 불러일으키기에 적절한 캐릭터이기 때문이다.[103] 이러한 사실은, 도미티안 황제의 통치 중에도 네로 황제의 잔인한 폭력성은 지속적으로 반복되고 있다는 것을 의미하며, 도미티안 황제의 전후로 존재하는 어떠한 로마 제국의 황제들도 황제 숭배와 교회 공동체를 핍박하는 하는 한 "네로 황제의 재현"(reappearance of Nero)으로 볼 수 있다는 것을 시사한다.[104]

이상에서 분명한 것은 요한계시록에서 네로 귀환 이야기를 배경으로 사용하는 것은 어디까지나 로마 제국 황제의 폭력성과 능력을 극대화해서 표현하기 위한 문학적 차원이지 실제로 네로가 귀환할 것이라고 저자 요한이 믿은 것은 아니다. 곧 그것을 문학적으로 사용하여 상징적 메시지를 만들어낸 것이다. 결국 저자 요한이 네로의 귀환이라는 전설에 근거하여 네로 황제를 등장시킨 것은, 네로 황제를 폭력으로 로마를 통치하고 교회 공동체를 핍박하는 로마 황제 전체를 포괄하는 대표자로 제시하기 위해서이다.

온 땅이 짐승을 따르다(3c절) 3c절은 직전의 3b의 죽게 되었던 상처가 치료된 것에 대한 반응을 기록한다. 그것은 "온 땅"이 짐승에 대해 놀라서 그 짐승을 따르게 되었다는 것이다. 여기에서 먼저 살펴 볼 문구는 "온 땅"(ὅλη ἡ γῆ, 홀레 헤 게)이라는 표현이다. 이 "온 땅"이란 표현은 성도를 제외한 "세상의 모든 사람"에 대한 "은유적 표현"이다.[105] 따라서4a에서 이 문구를 이어받는 인칭대명사는 "그들"이다. 이것은 17장 8절에서 "땅에 사는 자들은 놀랄 것이다"와 평행관계이다.[106] 그리고 13장 12b절과 14a절에서도 역시 "땅에 사는 자들"이 첫째 짐승을 경배한다. 여기에서 "땅에 사는 자들"은 짐승에게 속한 자들이다.

---

103 Reddish, *Revelation*, 262.
104 앞의 책.
105 Aune, *Revelation 6-16*, 737.
106 앞의 책.

"온 땅"은 "땅에 사는 자들"의 우주적 특징을 나타내 주고 있다. 곧 "온"(ὅλη, 홀레)이란 단어는 우주적 의미를 부여하기 위해 사용된 것이다. 우주적 의미로서 "온"이란 단어는, 다른 본문에서는 유사한 의미의 "모든" (πᾶς, 파스)이란 단어가 성도들을 수식하며 사용된다. 예를 들면 천상적 교회 공동체를 표현하는 7장 9절에서 "모든"(πᾶς, 파스)이란 형용사가 사용된다. 이와같이 요한계시록에서는 우주적 세력을 차지하는 두 세력 사이의 긴장상태를 보여주고 있다. 그리고 하나님의 우주적 통치가 어떻게 우주를 꽉 채우고 있는 악의 세력의 우주적 영역에 침투하여 판세를 완전히 뒤집어 놓는가를 보여주고자 한다.

온 땅이 짐승을 따르게 된 것은 직전의 본문에서 짐승이 치명적 상처에서 치료되어 다시 살아났기 때문이다. 번역에서도 언급했던 것처럼 본문에서 "놀라다"(ἐθαύμασεν, 에다우마센>θαυμάζω, 다우마조)라는 동사는 죽을 것 같았던 상태에서 다시 살아난 짐승에 대한 경이로운 생각으로 말미암아 짐승을 숭배하는 행위를 내포한다. 그러나 이러한 짐승의 환생은 거짓이며 단지예수님의 죽음과 부활을 모방한 것에 불과하므로, 그를 따르는 행위는 진리가 아닌 거짓에 미혹된 결과일 뿐이다. 반면 교회 공동체는 오직 진리의 하나님의 역사에 대해서만 놀라며 따라서 그 분만 경배한다.[107]

온 땅이 짐승을 따르게 되는 정황은 요한이 목격한 당시 분위기를 잘 반영한다. 곧 황제 숭배를 위한 다양한 활동이 곳곳에서 널리 시행되고 있었다. 도시의 많은 장소에 세워진 황제의 동상이나 모든 경제 활동마다에 접하게 되는 황제의 얼굴을 신적 이미지를 반영하여 새긴 동전들은 황제 숭배의 대표적 사례이다.[108] 그리고 전쟁 승리를 축하하거나 황제의 생일과 황제와 그의 가족들의 중요한 일들을 기념하기 위해 며칠씩 지속적으로 축제를 벌이는 일들도 황제를 숭배하는 제의적 문화로 자리잡고 있었다.[109] 또한 "운동경기들이나 시가행렬 그리고 신들에게 드리는 희생제사들" 모두 황제 숭배를 위한 목적에 최적화 되어 있었다. 따라서 소아시아에서 도시민으로 살아간다는 것은 황제 숭배에 동참한다는 것을 의미하며 황제 숭배는 시민의 당연한 의무가 되어 버린 것이다.[110] 이러한 사실은 2-3장에서 일곱 교회가 위치한 일곱 도시에 정

107 Koester, *Revelation*, 571.
108 Reddish, *Revelation*, 252.
109 앞의 책
110 앞의 책

도의 차이는 황제 숭배를 위한 기반시설이 체계적이고 경쟁적으로 갖추어져 있다는 사실을 통해 확인한 바 있다.

용과 짐승에게 경배(4절) 다음 4절에서는 용과 짐승과의 관계를 소개하고 있다. 먼저 4a의 주어는 "그들"로서 3인칭 복수 형태다. 이것은 3c의 "온 땅"에 존재하는 자들을 개별적으로 표현하고 있다. 여기에서 그들은 두 개의 대상을 향하여 경배한다. 첫째로, 그들은 용에게 경배한다(4a절). 그 이유를 4b에서 제시하고 있다. 4b는 '왜냐하면'이라는 접속사로 시작하여 이 구절이 4a에 대한 이유를 말하고 있음을 분명하게 보여 준다. 왜 사람들이 용에게 경배하는가? 그것은 바로 그 용이 능력을 큰 짐승에게 권세를 주었기 때문이다. 이런 인과 관계는 3c에서 짐승의 신비한 능력을 보고 놀라 추종했던 세상 사람들이 그 배후에 용이 존재한다는 것을 인지고는 짐승에게 쏠렸던 경이로운 감정을 용에게로 향하는 모습 속에서 발견된다. 이를 통해 짐승은 용의 대리인 역할을 감당하고 있으며, 따라서 그리스도께서 하나님을 예배하도록 보냄받은 메시아의 역할과의 대조적인 평행을 이룬다는 점을 알 수 있다. 여기에서 용과 짐승의 연대가 더욱 실제적으로 드러난다.

4cd절은 다시 짐승에 대한 경배에 초점을 맞춘다. 이 내용은 3c절의 연속이라고 볼 수 있다. 그 사이에 4ab절에서 용에 대한 내용이 살짝 삽입된 것으로 볼 수 있다. 이 삽입으로 용과 짐승의 일체감이 더욱 고조된다. 따라서 짐승에 대한 경배는 곧 용에 대한 경배를 의미하는다. 또한 용에 대한 경배는 당연히 짐승에 대한 경배를 의미하기도 한다. 4cd절은 3c절보다 좀 더 발전된 내용을 보여준다. 그것은 바로 경배하는 자들의 발언이다. 곧 이 발언은 경배 행위를 좀 더 구체적으로 표현하고 있다. 그 발언은 질문 형식으로 강조하려는 의도를 보인다: 누가 그 짐승과 같은가? 누가 그와 전쟁할 수 있는가? 이러한 질문은 수사 의문문으로서 아무도 짐승과 같은 존재가 없으며 아무도 짐승에 저항할 수 없다는 것을 인상깊게 드러낸다. 이것은 구약에서 하나님을 언급된 출애굽기 15장 11절(여호와여 신 중에 주와 같은 자가 누구니이까 주와 같이 거룩함으로 영광스러우며 찬송할 만한 위엄이 있으며 기이한 일을 행하는 자가 누구니이까)을 패러디한

것으로 볼 수 있다.[111] 이 문구는 하나님께만 사용할 수 있는 것이다. 그러나 사람들이 이것을 짐승에게 적용함으로써 일곱 머리에 신성모독의 이름을 가지고 있는 짐승과 함께 신성모독에 가담하고 있다. 사람들의 이런 반응은 3c절에서 죽음에서 살아난 것 같은 짐승의 신비로운 모습에 놀랬기 때문이다. 짐승의 환생에 대한 경이로움으로 그를 좇았던 소극적 태도에서 이제 그 짐승의 능력에 아무도 필적할 만한 존재가 없다는 사실을 공표하는 적극적 태도로 바뀐 것이다.

이상의 내용을 통해 알 수 있는 것은 로마 제국의 황제 숭배가 당시 사람들의 의식속에 폭넓게 자리잡고 있었으며 그 배후에는 사탄이 존재한다는 것이다. 그러므로 황제를 숭배하는 것은 곧 사탄을 숭배하는 것이다. 레디쉬는 황제 숭배에 대해 다음과 같이 서술한다.

> 황제 숭배는 그것이 어떻게 설명되든 혹은 합리화되든 하나님의 유일한 주권에 대한 부정이다. 제국의 의식(imperial cult)에 참여하는 것은 하나님께만 속해 있는 예배와 충성을 인간에게 돌리는 것이다. 설상가상으로 요한은 짐승(황제)을 예배하는 것은 실제로 하나님의 대표적 대적인 용(사탄)을 예배하는 것이라고 말한 것이다. 왜냐하면 짐승이 지닌 권세의 참된 출처는 용이기 때문이다.[112]

[13:5-10] 첫째 짐승의 사역

1-4절에서 첫째 짐승의 특징을 소개하고 난 후에 5-10절은 짐승의 구체적인 사역을 기록하고 있다. 특별히 이 본문에서 짐승은 강력한 모독 발언으로 하나님과 그의 백성들을 공격하여 승리를 거두는 내용을 전개한다.

교만한 것과 모독들을 말하는 입(5a절) 첫째 짐승의 첫번째 활동은 "교만한 것들과 신성모독들"(μεγάλα καὶ βλασφημίας)을 말하는 입을 허락 받았다는 것이다. 여기에서 "신성모독"(βλασφημία, 블라스페미아)은 명사형으로 사용되기도 하고 6a절에서는 동사형(βλασφημέω, 블라스페메오)으로 사용된다. 요한계시록에서 명사형으로는 4회(13:1; 13:5x2; 17:3) 사용되고 부정사를 포함하여 동사형으로도 4회

---

111 Mounce, *The Book of Revelation,* 249. 이외에도 미가 7장 18절 이사야 40장 25절과 44장 7절 그리고 시편 89장 8절 등과 같은 본문에서 이러한 질문이 나오고 있다.

112 Reddish, *Revelation*, 252-3.

(13:6; 16:9, 11, 21) 사용된다.

여기에서 다니엘 7장 8절과 20절에서 안티오쿠스 4세를 의미하는, 짐승의 머리에서 나온 "작은 뿔"에 대한 표현인 '스토마 랄룬 메갈라'(στόμα λαλοῦν μεγάλα)라는 문구를 사용하고 있고, 7장 25절의 "지극히 높으신 이를 말로 대적하는" 그 작은 뿔의 행위를 배경으로 한다.[113] 그리고 "주어졌다"라는 의미를 갖는 '에도데'(ἐδόθη>δίδωμι, 디도미)는 5-7절에 4회 사용되는데 이 형태의 동사는 신적수동태로서 짐승의 활동은 "일시적이며"(temporary)[114] 하나님의 주권 가운데 있다는 것을 알려준다.[115]

이 문구는 1d절에서 짐승이 가지고 있는 일곱 머리에 있는 신성모독하는 이름들을 가지고 있는 모습과 밀접한 관계를 가진다. 차이점이 있다면 1d절에서 짐승의 일곱 머리에 신성모독의 이름이 있고 신성모독이 단수로 사용된 반면, 이 본문에서는 "신성모독들"로 복수로 사용하고 그리고 그것들을 말하는 입에 초점을 맞춘다. 여기에서 단수가 복수로 발전한 것은 강조와 더불어 다양한 신성모독의 행태들이 자행되고 있음을 암시한다. 또한 1d절의 머리에 있는 신성모독의 이름이 눈으로 보이는 대상이라면, 신성모독을 말하는 입은 귀로 들리는 음성과 관련된다. 짐승은 시각과 청각을 통해 신성모독하는 행위에 집중한다. 여기에 "교만한 것들"이 덧붙여져서 신성모독의 행위가 더욱 강조된다. 교만한 것들과 신성모독은 서로 보완적인 관계를 가진다.

마흔 두달(5b절) 5b절은 첫째짐승의 사역 기간을 마흔 두 달로 규정한다. 여기에서 마흔 두 달이라는 기간은 12장 6절에서 1260일과 14절의 한 때 두 때 반 때 그리고 11장 2절의 마흔 두 달과 3절의 1260일과 동일한 기간이다. 여기에서 12장 6절과 11장 3절의 1260일과 12장 14절의 한 때 두 때 반 때는 교회 공동체에 긍정적 의미가 적용되고 있는 반면, 11장 2절의 마흔 두달은 교회 공동체가 이방 세력에 의해 짓밟히는 부정적 의미의 기간이다. 그런데 공교롭게도 13장 5b절의 마흔 두 달 역시 짐승의 활동 기간으로서 교회 공동체를 공격하는 기간으로 묘사된다. 교회 공동체에 부정적 영향을 주는 마흔 두 달이라는

113 Swete, *The Apocalypse of St.* John, 162; Charles, *A Critical and Exegetical Commentary on the Revelation of St. John,* 1:352; Beckwith, *The Apocalypse of John,* 637.

114 Smalley, *The Revelation to John,* 340.

115 Swete, *The Apocalypse of St. John,* 162.

기간을 통해 11장 2절과 13장 5b절은 평행 관계를 이룬다. 이를 통해 마흔 두 달이 의미하는 초림부터 재림 사이의 기간은 교회 공동체에게 고난과 핍박의 기간일 수도 있다는 점을 알려준다. 5b절에서 짐승의 이러한 짐승의 활동은 다니엘 7장 25절에서 네 번째 짐승이 한 때 두 때 반 때 동안 하나님의 나라와 그 백성들을 핍박하는 행위가 그 배경이 되고 있다. 여기에서 핍박의 주체는 안티오쿠스 4세이고 그 대상은 하나님의 백성인 이스라엘이다.

그리고 5b절에서 동사 '주어지다'(ἐδόθη, 에도데>δίδωμι, 디도미)가 두 번 사용된다. 이 수동태 동사는 신적 수동형으로서 하나님의 신적 행위를 함의한다.[116] 다시 말하면 짐승의 활동은 하나님의 통제 하에 있다는 것이다. 2d절에서 용이 짐승에게 권세를 주었다고 한 바 있으나 이것은 표면적인 차원에서 그렇게 언급하는 것뿐이요 실제적으로는 하나님의 주권 하에서 제한적인 권세만 주어진 것이다.[117] 마흔 두 달 동안의 기간이 짐승의 활동 기간으로 주어지는 것도 하나님의 통제 하에서 제한된 기간 동안만 활동하도록 허락받았다는 의미이다.[118] 그러므로 아무리 강력한 능력과 권세를 가지고 하나님을 신성모독하는 행위를 할지라도 정해진 시간이 지나면 그들에 대한 심판의 순간이 오게 될 것이다.

신성모독들을 위해 짐승이 입을 열다(6ab절) 5a절에서 교만한 것들과 신성모독을 말하는 입이 주어졌다는 것에 이어 6ab절에서는 실제로 짐승이 하나님을 향하여 신성모독 하기 위하여 입을 열었다고 한다. 이것은 다니엘 7장 25절과 11장 36절이 배경이다.[119]

> 그가 장차 지극히 높으신 이를 말로 대적하며 또 지극히 높으신 이의 성도를 괴롭게 할 것이며 그가 또 때와 법을 고치고자 할 것이며 성도들은 그의 손에 붙인 바 되어 한 때와 두 때와 반 때를 지내리라(단 7:25)

> 그 왕은 자기 마음대로 행하며 스스로 높여 모든 신보다 크다 하며 비상한 말로 신들의 신을 대적하며 형통하기를 분노하심이 그칠 때까지 하리니 이는 그 작정된 일을 반드시 이룰 것임이라(단 11:36)

116 Smalley, *The Revelation to John*, 340.
117 Osborne, *Revelation*, 499.
118 Smalley, *The Revelation to John*, 340.
119 Blount, *Revelation*, 250.

먼저 단 7장 25절에서 대적자로서 안티오쿠스 4세가 "지극히 높으신 이"인 하나님을 향하여 "말로 대적하는 장면을 보여준다. 여기에 덧붙여서 성도들을 핍박한다. 하나님을 향한 대적이 성도들에 대한 핍박으로 이어지는 패턴을 보여준다. 이러한 패턴은 요한계시록 본문에도 적용되어 6a절에서 짐승이 입을 열어 하나님을 향한 신성모독의 말로 대적하고, 6bc절에서 하나님의 장막으로 하늘에 거하는 자들에 대한 공격이 이어진다. 또한 두 본문 중 두 번째인 다니엘 11장 36절에서 안티오쿠스 4세는 "비상한 말"로 신들의 신이신 하나님을 신성모독하여 대적한다. 그런데 다니엘서가 아니더라도 일반적으로 말해서 성도들에 대한 대적들의 공격은 입과 말과 혀로 감행된다. 이와 관련해 시편 5편 9절은 원수들의 활동의 특징을 표현하면서 "그들의 입에 신실함이 없고 그들의 심중이 심히 악하며 그들의 목구멍은 열린 무덤같고 그들의 혀로는 아첨하나이다"라고 한다.

그의 이름과 하나님의 장막, 하늘에 거하는 자들(6c절) 먼저 6절의 구조는 6a절이 주절에 속하고, 6b절과 6c절은 각각 목적을 나타내는 '에이스'(εἰς) 전치사구가 사용되는 부정사구로 구성된다. 구문 분석과 번역에서 언급한 것처럼 6b절의 "신성모독(들)을 위하여"와 6c절의 "그의 이름을 … 신성모독하기 위하여"는 동격 관계이다. 이것은 6b의 "신성모독(들)을 위하여"(εἰς βλασφημίας)와 6c의 "신성모독하기 위하여"(βλασφημῆσαι, 블라스페메사이> βλασφημέω, 블라스페메오)가 같은 어근을 가지고 있으면서 평행 관계를 이루고 있기 때문이다.[120] 이러한 동격관계는 6c절이 6b절의 발전된 내용으로 그것을 좀 더 구체적으로 설명하고 있음을 보여준다. 곧 6b절은 신성모독의 대상을 하나님만을 설정하고 있으나 6c절은 그 대상을 하나님의 이름과 그의 장막 곧 하늘에 거하는 자들을 확대해서 포함한다. 짐승은 6b절에서 하나님을 향하여 "신성모독(들)을 위하여" 그의 입을 열고, 6c절과 6b절에서 하나님과 그의 장막, 하늘에 거하는 자들을 향하여 신성모독하기 위해 입을 연다.

6c절에서 먼저 "그의 이름을 모독한다"는 것은 바로 앞의 6b절에서 하나님을 향하여 모독하는 말을 한다는 것과 동일한 행위이다. 그리고 다음에 덧

120 이에 대한 좀 더 자세한 내용은 구문분석 및 번역을 참조하라.

붙여지는 "그의 장막" 은 "하나님의 장막"으로서 출애굽 이후에 광야 생활 가운데 하나님의 처소로 사용된 '장막' 혹은 '성막'을 연상케 한다. 이러한 '그의 장막'은 "장소가 아니라 사람"을 가리키는 것으로서 '하늘에 거하는 자들'과 동격이다.[121] '하늘에 거하는 자들'이란 '땅에 사는 자들'과 대조적 의미로서 요한계시록에서 하나님의 교회 공동체를 의미한다.[122] 그렇다면 '그의 장막'이란 교회 공동체를 가리키고 있으며 광야 시대의 '장막' 혹은 '성막'과 관련하여 하나님께서 교회 공동체 가운데 임재하신다는 것을 의미한다.

'하늘에 거하는 자들'이라는 문구에서 '거하다'(σκηνοῦντας, 스케눈타스>σκηνόω, 스케노오)라는 동사는 '장막을 치다'라는 의미를 가지며(참조 요 1:14) '그의 장막'에서 '장막'(σκηνὴν, 스케넨>σκηνή, 스케네)이라는 명사와 동일한 어근을 가지고 있다는 점이 흥미롭다. 이 단어를 사용함으로써 성도들이 하나님의 거처인 하늘에 거하고 하나님은 바로 그들을 거처 삼으시는 상호 관계를 잘 표현하고 있다. 그렇다면 여기에서 그의 장막을 모독하는 것은 그것은 바로 하나님을 모독하던 자들이 교회 공동체를 모독하는 하는 행위를 동시에 하고 있다는 것을 의미한다. 5-6절에서 주로 사용되는 단어는 '모독' 혹은 '모독하다'라는 명사나 동사인데 이것은 짐승이 하나님과 교회 공동체를 향하여 공격을 가하는 방법을 묘사하고 있다.

짐승이 성도들과 싸워 이기다(7a절) 7a절과 7b절에서 공통적으로 사용되는 동사는 '주어지다'(ἐδόθη, 에도데>δίδωμι, 디도미)라는 단어이다. 이 동사 형태는 5절에서 사용되는 것과 동일한 신적 수동형태로 사용되고 있다. 이것도 역시 5절에서와 같이 그 권세가 하나님의 주권하에 있다는 것을 시사한다. 여기에서 짐승은 두 가지 종류의 권세를 위임 받는다. 첫째는 바로 성도들과 싸워 이길 수 있는 권세이다. 이것은 앞의 6절 말씀에서 "그의 장막 곧 하늘에 거하는 자들"에 대한 모독의 좀 더 실제적이고 적극적인 공격의 양상을 드러내고 있다. 곧 7a절의 상황은 6절에 비해 매우 극적인 발전을 이루고 있다. 6절에서는 짐승이 "하늘에 거하는 자들"을 모독하는데 7a절에서는 전쟁을 일으켜서 그들을 이기는 것으로 묘사된다. 이러한 전쟁에 대한 표현(ποιῆσαι πόλεμον μετὰ τῶν ἁγίων,

121 Harrington, *Revelation*, 139.
122 이 주제에 대해서는 12장 12ab절에서 논의한 것을 참조하라.

포이에사이 폴레몬 메타 톤 하기온)은 다니엘 7장 8절의 70인역(ἐποίει πόλεμον πρὸς τοὺς ἁγίους, 에포이에이 폴레몬 프로스 투스 하기우스)과[123] 21절(πόλεμον συνιστάμενον πρὸς τοὺς ἁγίους, 폴레몬 쉬니스타메논 프로스 투스 하기우스)을 연상시킨다.[124] 이 다니엘서 본문들은 모두 안티오쿠스 4세를 의미하는 "작은 뿔"로 성도들이 핍박당하는 것을 묘사하는 내용으로서 안티오쿠스 4세는 이스라엘 백성과의 전쟁에서 압도적으로 승리한다.[125]

어떻게 하늘에 거하는 자들을 공격하는데 그들이 짐승에 의해 패배를 당할 수 있다고 하는가? 이처럼 모순되어 보이는 정황은 11장 내용을 통해 이해될수 있다. 11장 7절은 '그들(두 증인)이 그들의 증거를 완성할 때에 아뷔쏘스로부터 올라오는 그 짐승이 그들과 전쟁을 일으킬 것이다. 그리고 그 짐승이 그들을 이길 것이다. 그리고 그들을 죽일 것이다'고 증거한다. 그러나 11장의 본문에서 짐승이 두 증인 곧 교회 공동체와의 전쟁에서 승리했다는 것은 표면적인 승리일 뿐이다. 그들이 그 두 증인을 죽였지만 그러나 마침내 그 두 증인은 그 죽음에서 부활하여 궁극적 승리를 쟁취한다. 이러한 관점에서 본다면 13장 7a절에서 짐승이 성도들과 싸워 이기게 되는 것은 궁극적 승리가 아니라 일시적 승리만을 쟁취한 것이라고 할 수 있다. 이것은 성도들이 하늘에 거하는 자들이지만 동시에 이 땅에 존재하므로 적대적인 짐승과의 관계에서 고난이 필연적이라는 사실을 단적으로 보여 준다.

모든 족속과 백성과 언어와 나라에 대한 권세(7b절) 7a절에서 짐승은 성도들과의 전쟁에서 승리했을 뿐만 아니라 7b절에서는 그 짐승에게 "모든 족속과 백성과 언어와 나라"에 대한 권세가 주어진다. 물론 이것은 하나님께서 일시적으로 허락하신 권세일 뿐이다.[126] 7a절에서 성도들과의 전쟁에서 승리한 짐승이 이처럼 우주적 대상을 향하여 권세를 가지는 것은 자연스런 결과라고 할 수 있다. 그리고 이 일련의 문맥은 짐승의 능력을 강조하기 위한 목적을 수행한다. 오늘날 독자들은 짐승의 권세와 능력의 극대화에 대해 혼란스러울 수도 있지만 이러한 내용에는 저자에 의한 특별한 의도가 있다. 바로 당시의 독자

123 맛소라 본문은 70인역에서 사용된 이 문구를 가지고 있지 않다.
124 Smalley, *The Revelation to John*, 342.
125 앞의 책.
126 앞의 책.

들에게 그들이 처해 있는 현실이 녹록치 않다는 사실을 직시하도록 하기 위한 것이다.

요한계시록에서는 이러한 패턴의 문구들이 다양한 형태로 사용되는데,[127] 이 문구의 순서가 모두 다르게 사용되고 있다. 5:9("모든 족속과 언어와 백성과 나라로부터…")과 7장 9절("모든 나라와 족속들과 백성들과 언어들로부터")은, 이 문구를 구속받은 자들의 출처를 우주적 대상으로 설정하는 데 사용된다. 그리고 10장 11절의 "많은 백성들과 나라들과 언어들과 왕들"과 14장 6절의 "모든 나라와 족속과 언어와 백성"은, 구속의 복음이 선포되는 중립적 대상으로 사용된다. 그리고 11장 9절의 "백성들과 족속들과 언어들과 나라들"과 13장 7절의 "모든 족속과 백성과 언어와 나라"와 17장 15절의 "백성들과 무리들과 나라들과 언어들"은, 부정적 의미로서 짐승의 추종자이며 짐승의 통치가 미치는 대상이며 바벨론에 속한 자들이다.

이상에서 긍정적 의미로서 구속의 대상으로 사용된 경우는 2회(5:9; 7:9)이고 짐승이나 바벨론에 속한 자들로서 부정적 의미로 사용된 경우는 3회(11:9; 13:7; 17:15)이고 중립적 대상을 가리키는 것은 2회(10:11; 14:6)이다. 여기에서 이런 문구를 다양하게 사용한 점으로 알 수 있는 것은 결국 사단과 하나님이 '각 족속과 백성과 방언과 나라'에 대한 주도권 다툼을 하고 있다는 사실이다. 그러나 궁극적으로 11:15의 말씀대로 '세상 나라가 우리 주와 그리스도의 나라가 되어 그가 세세토록 왕노릇 하시는 때'가 반드시 오게 될 것이다.

땅에 사는 모든 자들이 짐승을 경배하다(8a절) 다음 8절 말씀은 7b에서 짐승이 "모든 족속과 백성과 언어와 나라"에 대한 권세를 받은 결과를 서술하고 있다. 그 결과로 8a절에 의하면 "땅에 사는 모든 자들이 그(짐승)를 경배할 것이다"라고 한다. 여기에서 "경배할것이다" (προσκυνήσουσιν, 프로스퀴네수신>προσκυνέω, 프로스퀴네오)라는 동사는 미래시제인데 이 시제는 단순히 미래의 어느 시점에 발생할 것을 가리키기 위해 사용된 것이 아니다. 미래시제의 용법 중에 "격언적 미래"(gnomic future) 용법이 있는데 이 용법은 "어떤 조건들 하에서 기대되는

127 이 외에도 5장 9절과 10장 11절, 11장 9절 그리고 14장 6절과 17장 15절에 사용된다. 5장 9절에 대한 해석을 제시하는 1권 581-582쪽에서 이 본문에 등장하는 여러 문구에 대한 비교와 자세한 논의를 소개하고 있기 때문에 여기에서는 간단하게 정리하도록 한다.

것을 표현"하는 것이다.[128] 격언적 미래에서 표현된 행위는 어떤 시점에서든 진실된 것으로 받아들여진다.[129] 이러한 용법을 8a의 문구에 적용하면 "땅에 사는 자들"은 당연히 필연적으로 짐승을 경배하게 될 것이라는 것이다. 이것은 그 반대의 경우도 성립된다. 곧 짐승을 경배하는 자들은 땅에 사는 자들이다. 저자는 격언적 미래를 통해 독자들에게 그 내용이 변할 수 없는 진리로 여겨지도록 하려는 의도를 보인다.

"땅에 사는 모든 자들"은 6c절에서 "하늘에 거하는 자들"과 대조되는 것으로서 짐승에게 속한 불신자들이다. 이 문구는 3장 10절에서 심판 대상으로 처음 사용되고,[130] 6장 10절에는 순교자들의 기도에서 심판받는 대상으로 사용되고,[131] 8장 13절에서는 "땅에 사는 자들"에게 삼중적 화가 임하며,[132] 11장 10절에서는 "땅에 사는 자들이" 두 증인의 죽음을 즐거워하고 기뻐하며 선물을 주고 받지만,[133] 11장 11c절에서는 "땅에 사는 자들"에게 두 증인의 죽음에 대한 설욕으로 주어지는 심판에 대한 큰 두려움이 엄습한다.[134] 여기 열거된 "땅에 사는 자들"과 관련된 본문들은 일관성 있게 불신자들과 관련된 내용들이다. 13장 본문에서 "땅에 사는 자들"이 짐승을 경배하는 행위는 당연하다. 왜냐하면 그들은 용과 짐승에게 속한 자들이기 때문이다. 이 문구에 "모든"이란 단어가 덧붙여져 그들이 예외 없이 이러한 경배 행위에 동참하게 된다는 것을 강조한다. 이는 황제 숭배의 우주적 특징을 보여준다.

세상의 창조로부터 생명의 책에 이름이 기록되지 않은 자들(8bcd절) 이 문구를 연구하기 위해 먼저 살펴 볼 것은 첫째로 8a절과 8b절을 연결하는 관계대명사와 관련된 문제, 둘째로 소유격인 "생명의"와 "어린 양의"가 "책"과 어떠한 관계인지를 살펴 보게 될 것이다, 그리고 셋째로 "죽임당한"이라는 문구의 기능

---

128 BDF, § 349. 월러스는 이 용법을 "일반적 진리를 나타내는 것"이라고 하였다(Wallace, *Greek Grammar Beyond Basic,* 571)

129 A. T. Robertson, *A Grammar of the Greek New Testament in the Light of Historical Research*, 5th ed. (Nashville: Broadman, 1934), 876.

130 3장 10절에 사용된 이 문구에 대해서는 1권(1-11장: 때가 가까우니라)의 368와 384쪽에서 자세하게 설명한 바 있다.

131 1권(1-11장: 때가 가까우니라)의 645-646, 655쪽을 참조하라.

132 1권(1-11장: 때가 가까우니라)의 788쪽 참조하라.

133 이에 대한 자세한 설명은 1권(1-11장: 때가 가까우니라)의 979-981쪽을 참조하라.

134 1권(1-11장: 때가 가까우니라)의 985쪽 참조하라.

에 대한 것이다. 그리고 마지막으로, "세상의 창조로부터"라는 문구의 의미를 연구하게 될 것이다.

(1)관계대명사(οὗ, 후)(8b절)

8b절은 관계대명사(οὗ, 후)에 의해 8a와 연결된다. 이 연결로 8b절은 8a의 "땅에 사는 자들"이 어떤 특징을 가지고 있는지 부가적으로 설명한다. 번역에서 언급한 것처럼 단수인 관계대명사절과는 달리 그 선행사는 복수형태 이다. 이러한 부조화는 저자의 특별한 의도를 반영한다. 두 가지 해석이 가능하다. 첫째로, 관계대명사, '후'(οὗ)가 단수로 사용된 것은 "짐승을 경배하는 각 사람의 개인적 책임(individual accountability)"에 초점을 맞추고 있기 때문이라는 것이다.[135] 여기에서 요한은 구원이든 유기(遺棄)이든 하나님의 주권에 의해 발생하는 것이기도 하지만 또한 동시에 인간의 책임도 똑같은 비중으로 다루고 있음을 알 수 있다.[136] 둘째로, 그 관계대명사가 단수로 사용된 것은 '땅에 사는 자들'로서 짐승을 경배하는 자들 가운데 "단 한 사람"(not one single person)도 어린 양의 생명 책에 그의 이름이 기록된 자가 없다는 사실을 강조하기 위함이라는 것이다.[137] 이 두 가지 중에 어느 하나를 선택하는 문제가 아니라 상호 보완 관계로 볼 필요가 있다. 전자는 조건론적이라면 후자는 결정론적이다. 곧 짐승을 경배하는데 있어서 각 개인의 의지에 의한 것이므로 각 개인이 책임을 질 뿐만 아니라, 땅에 사는 자들이라면 예외없이 결정론적으로 짐승을 경배하게 되어 있다는 것이다.

(2)생명의 책, 어린 양의 책(8c절)

"생명의 책"이라는 주제는 3장 5b절에서 살펴 본 바대로, 하나님의 백성으로 인정되는 것을 의미하는 상징적 이미지라고 할 수 있다.[138] 생명의 책에 이름이 기록된 자들에 대해 언급하는 3장 5b절과는 달리, 이 본문에서는 그 반대의 경우인 생명의 책에 이름이 기록되지 않은 자들을 소개한다. 그럼에도 불구하고 이러한 부정적 의미를 잠시 재워두고 이 문구의 각 의미들을 살펴 볼

135 Beale, *The Book of Revelation*, 703.
136 Caird, *A Commentary on the Revelation of St. John the Divine*, 168.
137 Osborne, *Revelation*, 502.
138 이에 대한 자세한 논의는 1권(1-11장: 때가 가까우니라)의 360-362쪽을 참조하라.

필요가 있다.

먼저 "생명의"(ζωῆς, 조에스)라는 소유격은 "설명적(epexegetical) 소유격"으로서[139] "책의 성격 혹은 목적"을 나타낸다.[140] 이 사실은 책의 성격 혹은 목적이 "생명"과 밀접한 관계가 있다는 것을 시사한다. 따라서 생명의 책에 이름이 기록되지 않은 자들은, 생명이 없는 자들로서 땅에 사는 자들이며 생명있는 하나님의 백성과 구별되는 자들이다. 이러한 책의 특징은 이 단어의 직후에 등장하는 "죽임을 당한 어린 양의"이란 문구로 더욱 강화된다. 이 문구는 "생명의"와 동일하게 "책"을 수식해 주는 것인데 이 역시 책의 특징을 드러내고 있다. "생명의"와 "어린 양의"는 동격으로 보완 관계라고 할 수있다. 21장 27절에서는 "어린 양의, 생명의 책"(ἐν τῷ βιβλίῳ τῆς ζωῆς τοῦ ἀρνίου)이라고 하여 "생명의 책"을 "어린 양의 책"이라고 부르기도 한다.[141] 이상에서 생명의 책, 곧 어린 양의 책에 이름이 기록되는 것은 어린 양 예수의 사역으로 말미암은 결과로 생명을 얻게된다는 것을 의미한다. 이것은 신약의 기독론적 관점에서 생명의 책을 조명하고 있는 것이라고 할 수 있다.

여기에서 흥미롭게도 "어린 양의"의 직후에 "죽임당한"(ἐσφαγμένου, 에스파그메넨> σφάζω, 스파조)이란 단어가 덧붙여진다. 이 단어는 완료분사 형태로서 시제 자체에 의미를 두기 보다는 관련된 대상을 강조하는 목적이 있다.[142] 따라서 이 문구를 읽을 때 번역에서 언급했던 것처럼 관련된 "어린 양의"와 함께 좀 더 주의 깊게 읽을 필요가 있다. 또 한편으로 이 단어가 "어린 양의" 뒤에 위치하면서 "책"의 주제와 함께 사용된 것은 요한계시록 문맥에서 매우 드문 경우로서 이 본문에서 특별한 목적을 드러낸다.[143] 그 목적은 바로 진리를 위해 죽임 당한 어린 양 예수님처럼, 생명의 책에 이름이 지워지지 않도록(참조 3장 5절) 진리를 위해 죽기까지 고난을 견디며 짐승을 경배하기를 거부하고 하나님만을 섬길 것을 강조하기 위한 것이다.[144] 사실상 이 문맥의 초점이 생명의 책에 이름이 기록되지 않은 자들에 맞추어져 있음에도 불구하고 이 문맥에서 독

139 Osborne, *Revelation*, 502, n.12.
140 Beale, *The Book of Revelation*, 702.
141 Beckwith, *The Apocalypse of John*, .637.
142 이것은 "동사의 상"에 대한 문제로서 이에 대한 좀 더 자세한 내용에 대해서는 1권의 530쪽(각주 3)과 554쪽에 5장 1절과 5장 6절의 분사에 대한 용법을 참조하라.
143 Beckwith, *The Apocalypse of John*, .637.
144 앞의 책.

특하게 "생명의 책"과 더불어 "죽임당한 어린 양의"라는 문구를 덧붙임으로서 그 이상의 의미를 전달하려한다. 어린 양의 책 곧 생명의 책에 이름이 기록되는 것과 그 이름이 기록되지 않는 것은 하나님의 주권에 의해 결정된다고 할 수 있지만, 동시에 인간의 입장에서 인간의 의지에 의한 책임도 따르게 되는 것이다.

(3)세상의 창조로부터(8d절)

8d절의 "세상의 창조로부터"라는 문구는 생명의 책에 이름이 기록되는 것의 기간을 세상 창조 때부터 시작되어 현재에까지 이르는 기간으로 설정한다. 여기에서 "세상의 창조"와 함께 사용된, "… 로부터"라는 의미의 전치사 '아포'(ἀπό)는 "어떤 것이 시작하는 지점을 지적"(to indicate the point from which something begins)하는 의미이다.[145] 이러한 의미를 근거로 "세상의 창조 전에"라는 어떤 정해진 시점을 의도하기 위해 "전에"라는 의미의 전치사 '프로'(πρό)를 사용하지 않고, 대신에 기간의 시작을 의미하는 "… 로부터"라는 의미의 전치사 '아포'(ἀπό)를 사용한 것은 생명의 책에 이름이 기록되지 않은 고정된 시점으로서의 "창조 전"에 대해 말하려고 하는 것이 아님을 알 수 있다. 도리어 생명의 책에 기록된 기간을 "세상의 창조로부터" 요한의 시점까지의 기간을 설정한 것은 생명책에 이름이 기록되지 않은 자들의 집단적 포괄성을 나타내고자 한 것이다. 따라서 7b절의 "모든 족속과 백성과 언어와 나라"가 공시적 포괄성을 나타내고 있다면 "세상의 창조로부터"는 통시적 포괄성을 나타내고 있다고 볼 수 있다.

이런 의미의 '아포'를 통해 "세상의 창조 전에" 기록되었는지의 여부를 이슈로 삼는 것이 아니라 "세상의 창조로부터" 존재했던 생명책에 이름이 기록되지 않은 "땅에 사는 모든 자들"의 총합에 대해 말하고 있는 것이다. 그리고 더 나아가서 이러한 범위의 설정은 또한 미래에 태어날 자들까지 포함할 가능성을 열어 놓는다. 따라서 공시적으로 짐승은 "모든 족속과 백성과 언어와 나라에 대한 권세"를 가지고 있을 뿐만 아니라 통시적으로 세상의 창조로부터 생명의 책에 이름이 기록되지 않은 땅에 사는 모든 자들(8bcd절)의 경배를 받는

145 BDAG, 105 (2)

다. 따라서 이 문맥에서 이 문구를 단순히 모든 인간이 창세로부터 생명책에 녹명된 자들과 녹명되지 못한 자들로 구분하는 것으로서 그 구원의 은혜를 입을 자들과 그렇지 못한 자들이 창세 전에 이미 결정된 것으로 보는 것은 적절하지 않다.[146]

(4)정리

8bcd에서 "세상의 창조로부터 어린 양의 생명의 책에 이름이 기록되지 않은 자들"이란 문구는 창조 때부터 누적되어온 죽임당한 어린 양의 책 곧 생명의 책에 기록되지 않은 자들이 있다. 그들은 어린 양의 죽음으로 말미암아 주어지는 생명에 동참하지 못하는 자들이다. 도리어 그들은 한 사람도 예외 없이 짐승을 경배하며 땅에 사는 자들이다. 반면 어린 양의 죽음으로 말미암아 주어진 생명에 동참한 자들이 있다. 그들은 짐승의 핍박에도 불구하고 죽음을 무릎쓰고 하나님만을 경배하는 자들이다.

들음의 공식(9절) 9–10절은 1–8절에 나오는 첫째 짐승 소개의 결론이다. 먼저 9절(누가 귀를 가지고 있다면 그로 듣게 하다)은 2–3장의 일곱 개의 선지적 메시지의 각 끝 부분에서 사용되었던 들음의 공식이다(2:7, 11, 17, 29; 3:6, 13, 22). 이 문구는 이 글을 읽는 일차 독자를 대상으로 일곱 교회 공동체를 권면하는 내용이다. 따라서 1–8절이 앞으로 미래에 일어날 일이 아니라 일차적으로 당시의 독자들에게 적용되어야 할 내용임을 알 수 있다. 여기에서 9절과 같은 권면에는 언제나 이중적 측면이 있다. 곧 어떤 자들을 일깨우는 결과를 가져 오는 한편, 어떤 자들에게는 그 마음을 강퍅케 하여 그 권면을 거부하는 자세를 좀 더 분명하게 해주는 결과를 가져 온다.[147] 전자는 하늘에 거하는 성도들을 가리키고, 후자는 이 땅에 사는 자들이 보이는 반응이다. 이것을 8절의 언어로 말한다면 전자는 어린 양의 생명의 책에 그 이름이 기록된 자들이고 후자는 그 이름이 기록되지 않은 자들이다.

---

146 케어드는 "세상의 창조로부터"라는 문구를 "죽임당한 어린양"과 연결되는 것으로 간주하여 결정론적 구원론을 주장하면서도 "요한의 예정 교리를 그(저자)가 의도한 것보다 더 많이 읽어서는 안된다"고 경계한다(Caird, *A Commentary on the Revelation of St. John the Divine*, 168; 참조 Osborne, *Revelation*, 503).

147 Beale, *The Book of Revelation*, 704.

포로와 죽음(10abcd절) 9절에 있는 들음의 공식은 1-8절을 정리하는 목적으로 주어지지만 동시에 10abcd절을 가리키기도 한다. 구문분석 및 번역에서 논의했던 것처럼 10ab절과 10cd절은 서로 평행 관계다. 이 두 본문은 A(10a절) B(10b절)–A′(10c절)B′(10d절)의 구조를 이루고 있다. 여기에서 A와 A′는 조건절로서 모두 주어가 "누가"(τις)로 되어 있고 문형은 동일하게 "… 정해진다면"이라고 번역한 바 있다. 그리고 B와 B′는 결과절로서 당위적 내용을 나타내는 내용이다. 구문분석 및 번역 부분에서 구문적인 번역상의 문제들에 대해 자세하게 살펴 본 바 있다. 여기에서는 그 결론을 주해적 차원에서 접근하고자 한다. 먼저 10a절과 10c절에서 "누가"라고 하여 다소 그 대상에 있어서 개연성을 두고 있는 듯해 보이지만, 핍박자가 아니라 핍박 받는 그리스도인을 가리키는 것이 분명하다. 따라서 10절 말씀은 핍박을 받는 그리스도인들에게 해당된다. 그리고 10a절과 10c절의 조건절에 "정해진다면"이라는 문구가 반복되는데 이것은 그리스도인들이 어떤 상황에 정해진 경로가 있다는 것을 가정한다. 그것은 무엇일까? 그것은 바로 "포로"와 "죽음"이다. 10b절과 10d절에서는 포로와 죽음의 경로가 정해져 있다면 그것을 거부하지 말고 그 길로 가라고 권면한다. 10b절의 '휘파게이'(ὑπάγει)는 "가다"라는 의미이며 "격언적 현재"로서 일상적으로 일어나는 사건을 서술하는 용법이다. 곧 10a절에서 포로로 잡혀가는 것이 정해졌으나 포로로 잡혀 가는 것을 피할 곳이 없는 일상인 것이다.

또한 10d절은 10b절과 다르게 현재 직설법 동사(ὑπάγει, 휘파게이) 대신 부정사(ἀποκτανθῆναι, 아포크탄데나이)를 사용한다. 10d절의 부정사 '아포크탄데나이'는 "명령적 부정사" 용법으로서 명령으로번역해야 한다는 것을 번역 문제에서 논의한 바 있다. 곧 10b절의 "격언적 현재" 용법과는 달리 10d저의 '아포크타데나이'는 명령적 부정사 용법으로 사용되어 좀 더 강한 어조로 권한다. 곧 죽음이 정해져 있다면 피할 일이 아니며 "칼로 죽임당하도록 하라"는 명령이다. 하나님의 주권 앞에 그것이 투옥과 죽음의 길일지라도 의연하게 순종하는 마음으로 그 고난의 상황을 수용하는 것이 필요하다는 것이다.

구약 배경을 살펴 볼 때, 이런 내용은 더욱 분명해진다. 10ab절과 10cd절은 예레미야 15장 2절과 예레미야 43장 11절을 조합하여 사용하고 있다.[148]

---

148 Boxall, *The Revelation of St. John*, 192.

그들이 만일 네게 말하기를 우리가 어디로 나아가리요 하거든 너는 그들에게 이르기를 여호와의 말씀에 1)사망할 자는 사망으로 나아가고 2)칼을 받을 자는 칼로 나아가고 3)기근을 당할 자는 기근으로 나아가고 4)포로 될 자는 포로 됨으로 나아갈지니라 하셨다 하라(렘 15:2)

그가 와서 애굽 땅을 치고 1)죽일 자는 죽이고 2)사로잡을 자는 사로 잡고 3)칼로 칠 자는 칼로 칠 것이라(렘 43:11)

인용된 예레미야의 말씀은 불순종한 이스라엘이 하나님으로부터 심판을 받아 바벨론의 포로로 잡혀가 고난을 당하게 될 것에 대한 기록이다. 이 본문의 문맥은 예레미야의 중보기도(14:19-22)에도 불구하고 , 모세나 사무엘의 경우와는 달리 이스라엘을 심판하시겠다는 하나님의 신적 의지를 꺾지 않으시고 그 분의 단호한 뜻을 피력하는 내용이다.[149] 이런 심판으로 인한 고난을 표현하는 방법으로 예레미야 15장 2절에서는 사중 표현을, 예레미야 43장 11절에서는 삼중 표현을 사용한다.[150] 요한계시록 13장 10abcd절은 이중 표현을 사용한다. 비교해 보면 다음과 같다.

요한계시록 13장	예레미야 15장 2절	예레미야 43장 11절
10a)누가 포로로 가는 것이 정해진다면 10b) 그는 포로로 간다. (εἴ τις εἰς αἰχμαλωσίαν, εἰς αἰχμαλωσίαν ὑπάγει)	4)포로 될 자는 포로 됨으로 나아갈지니라 (ὅσοι εἰς αἰχμαλωσίαν, εἰς αἰχμαλωσίαν)	2)사로잡을 자는 사로 잡고 (οὓς εἰς ἀποικισμόν, εἰς ἀποικισμόν)
10c)누가 칼로 죽임당하도록 정해진다면 10d)그가 칼로 죽임당하도록 하라 (εἴ τις ἐν μαχαίρῃ ἀποκτανθῆναι αὐτὸν ἐν μαχαίρῃ ἀποκτανθῆναι)	2)칼을 받을 자는 칼로 나아가고 (ὅσοι εἰς μάχαιραν, εἰς μάχαιραν)	3)칼로 칠 자는 칼로 칠 것이라 (οὓς εἰς ῥομφαίαν, εἰς ῥομφαίαν)
	1)사망할 자는 사망으로 나아가고 (Ὅσοι εἰς θάνατον, εἰς θάνατον)	1)죽일 자는 죽이고 (οὓς εἰς θάνατον, εἰς θάνατον)
	3)기근을 당할 자는 기근으로 나아가고 (ὅσοι εἰς λιμόν, εἰς λιμόν·)	

149 P. C. Craigie, *Jeremiah 1-25,* WBC 26 (Dallas: Word, 1999), 204.
150 고대 전승에서 4와 3이라는 숫자에 "특별한 중요성" 부여하는 경향이 있다 (J. R. Lundbom, *Jeremiah 1-20: A New Translation with Introduction and Commentary,* AB 21A [New Haven: Yale University Press, 2009], 721).

이 도표를 보면, 요한 요한계시록 13장 10abcd절은 예레미야 15장 2절과 43장 11절의 문구를 사용하고 있음을 알 수 있다. 전체적으로 10abcd절은 조건절과 결과절을 사용하고 있다는 점에서 구약 본문과 차이가 있다. 좀 더 세부적으로 10ab절은 '에이스 아이크마로시안'(εἰς αἰχμαλωσίαν)이라는 구약 본문의 패턴을 충실하게 사용한다. 반면 10cd절은 부정사를 사용하여 구약 본문을 변형시킨다.

이제 요한이 어떠한 관점에서 이 구약 본문을 사용하고 있는가를 살펴 볼 필요가 있다. 앞에서 언급한 두개의 예레미야 본문은 불순종한 이스라엘에 대한 심판이 필연적으로 임할 것을 선포한다. 특별히 이 구약 본문은 하나님의 심판을 피할 자가 하나도 없음을 강조한다. 한편 요한계시록 13장 본문은 교회의 불순종에 의한 심판이 아니라 황제 숭배를 거부하는 대가로 짐승이 내리는 고난을 카리킨다. 이런 점에서 비즐리 머레이는 구약 배경과 요한계시록 13장 본문을 비교하면서 차이점이 매우 크다는 것을 지적한다.[151] 반면 비일은 비즐리 머레이의 입장을 비판하면서 두 부분 사이에 차이점이 있다는 것을 부정한다. 곧 비일은 예레미야의 본문에서 남은 자, 곧 의인들이 고난 당하고 있다는 점을 지적한다.[152] 불순종한 이스라엘 가운데 엄연히 존재하는 신실한 남은 자들은 배도한 이스라엘 대한 심판 중에 무고하게 고난을 받은 것이다. 바로 요한은 이 남은 자들이 받는 피할 수 없는 고난의 당위성을 교회 공동체가 짐승의 활동 때문에 필연적으로 당하는 고난과 연관시키고 있다는 것이다.

이상에서 비즐리 머레이와 비일의 상반된 입장을 살펴 보았는데 이 두 견해가 모두 참고할 만한 부분이 있다. 비즐리 머레이의 견해처럼, 구약 배경으로서 예레미야 본문과 요한계시록 본문 사이에 차이점이 분명히 존재하는 것을 부정할 수 없다. 이러한 차이점에도 불구하고 요한은 짐승의 강력한 활동 아래서 성도가 당하는 고난의 필연성을 강조하기 위해 심판의 문맥에서 주어지는 예레미야 본문을 사용하고 있다는 점이 있다. 또한 앞서 언급한 비일의 견해처럼 예레미야 시대에 존재하는 남은자들이 무고하게 필연적으로 당하는 고난은 요한 당시 성도들의 정황에 대한 배경으로 보는 것이 적절할 듯하다.

결국 10abcd절은 용으로부터 권세와 능력을 부여받은 짐승의 강력한 활동

151 Beasley-Murray, *The book of Revelation*, 214.
152 Beale, *The Book of Revelation*, 704.

으로 말미암아 성도들은 필연적으로 고난 받을 수 밖에 없으며 성도들은 그런 환경을 받아들여야 한다는 사실을 예레미야 15장 2절과 예레미야 43장 11절을 배경으로 기록한 것이다. 이러한 고난의 필연성과 순종적 수용은 성도들의 입장에서 보면 매우 암울한 현실임을 일깨워준다.

성도들의 인내와 믿음(10f절) 성도들의 암울한 현실에서 요구되는 필요한 모습은 무엇일까? 그것은 바로 "인내와 믿음"(ἡ ὑπομονὴ καὶ ἡ πίστις, 헤 휘포모네 카이 헤 피스티스)이다. 이것은 불순종한 이스라엘이 아니라 짐승의 폭력적 핍박 가운데 신실하게 주님을 따르는 자들에게 주어지는 요구이다. 이러한 10c절의 문구는 14장 12절과 유사하다.

> [12]하나님의 계명과 예수의 믿음을 지키는 자들인, 성도들의 인내가 여기 있다

이 본문에서 성도들을 "하나님의 계명과 예수의 믿음을 지키는 자들"이라고 규정한다. 여기에서 하나님의 계명과 예수님에 대한 믿음을 지키는데 고난이 필연적으로 존재하게 되며, 따라서 이 고난 가운데 성도들의 인내가 요구된다는 것이다.

여기에서 "믿음"과 "인내"를 이어주는 접속사 '카이'(καί)는 "설명적"(epexegetical) 기능을 가지고 있는 것으로 볼 수 있다.[153] 이러한 관계에 의해 믿음은 인내에 의해 좀 더 의미가 분명해진다. 실제 상황에서 믿음은 다소 추상적일 수 있는데 인내에 의해 그 추상적 의미가 구체화 된다. 곧 인내는 하나님에 대한 신뢰를 표현하는 최선의 방식이다. 따라서 인내가 없다면 믿음은 공허한 것이 되어 그 열매를 기대할 수 없다. 역으로 믿음 없는 인내는 단순히 의미 없이 참는 것일 뿐이다. 믿음이 하나님을 신뢰하는 것이라면, 인내는 용과 짐승의 권세를 능가하는 하나님의 주권에 대한 신뢰의 "척도"가 될 수 있다.[154]

이러한 인내와 믿음의 요구가 1-10절에서 소개된 첫째 짐승과 그 짐승이 성도들의 삶의 환경에 가져올 고난에 대한 마지막 권면으로 주어진다. 여기에서 인내와 믿음은 단순히 미래에 대한 보장 없이 고통스럽게 견디어야 하는

153 Blount, *Revelation*, 254.
154 앞의 책.

희망고문이 아니다. 우주를 통치하시는 신실한 하나님은, 인내를 통해 그 신실한 하나님에 대한 믿음을 가진 신실한 자들을 위해, 그들을 핍박한 대적자들을 향하여 반드시 보응하시고 새창조의 축복을 예비하신다. 그러나 인내와 믿음을 가지라는 요구에 부응할 수 있는 근거는 이러한 희망 때문 뿐만 아니라 이미 쟁취한 승리에 대한 확신 때문이기도 하다.

[1-10절] 정리

1-10절의 짐승에 대한 묘사는 세가지 배경과 자료로 구성된다. 바다로부터 올라온다는 점에서 리바이어단을 배경으로 하고, 다니엘 7장의 네 짐승들의 폭력성 그리고 네로 황제의 귀환 이야기의 자료들을 사용한다. 이러한 자료 사용의 공통된 목적은 짐승의 능력과 폭력성을 극대화하는 것이다. 짐승의 폭력적 능력과 권세는 용이 부여한 것으로서 하나님과 하나님의 백성을 향하여 공격을 감행한다. 또한 기독론적 패러디를 통해 짐승의 능력을 극대화하려는 목적을 이룬다. 짐승은 이 강력한 능력과 권세를 가지고 성도들과 싸워 이기지만, 성도들은 이러한 고난의 환경 속에서 인내와 믿음으로 승리하도록 부르심을 받는다.

2. 둘째 짐승(13:11-18)

11-18절은 둘째 짐승을 소개한다. 11절에서는 짐승의 모습을 소개하고, 12-18절에서는 둘째 짐승의 사역을 설명하며, 마지막 18절에서는 짐승의 정체성을 밝히는 짐승의 수를 언급하고 있다.

구문분석 및 번역

11절 a Καὶ εἶδον ἄλλο θηρίον ἀναβαῖνον ἐκ τῆς γῆς,
그리고 나는 다른 짐승이 땅으로부터 올라오는 것을 보았다.

b καὶ εἶχεν κέρατα δύο ὅμοια ἀρνίῳ
그 짐승은 양처럼 두개의 뿔을 가지고 있었다.

c καὶ ἐλάλει ὡς δράκων.
그리고 그는 용처럼 말하고 있었다.

12절 a καὶ τὴν ἐξουσίαν τοῦ πρώτου θηρίου πᾶσαν ποιεῖ ἐνώπιον αὐτοῦ,
그리고 그는 첫째 짐승의 모든 권세를 그 앞에서 행한다.

b καὶ ποιεῖ τὴν γῆν καὶ τοὺς ἐν αὐτῇ κατοικοῦντας
그리고 그는 땅과 그것 안에 사는 자들을… 하게한다.

c ἵνα προσκυνήσουσιν τὸ θηρίον τὸ πρῶτον,
그들이 처음 짐승을 경배하는 것을

d οὗ ἐθεραπεύθη ἡ πληγὴ τοῦ θανάτου αὐτοῦ.
그의 죽음의 상처가 치료된

13절 a καὶ ποιεῖ σημεῖα μεγάλα,
그는 큰 표적들을 행한다:

b ἵνα καὶ πῦρ ποιῇ ἐκ τοῦ οὐρανοῦ καταβαίνειν εἰς τὴν γῆν ἐνώπιον τῶν ἀνθρώπων,
곧 불이 사람들 앞에서 하늘로부터 땅으로 내려 오도록 한다

14절 a καὶ πλανᾷ τοὺς κατοικοῦντας ἐπὶ τῆς γῆς διὰ τὰ σημεῖα
그리고 그는 그 표적들로 말미암아 땅에 사는 자들을 미혹한다.

b ἃ ἐδόθη αὐτῷ ποιῆσαι ἐνώπιον τοῦ θηρίου,
그 짐승 앞에서 행하도록 그에게 허락된

c λέγων τοῖς κατοικοῦσιν ἐπὶ τῆς γῆς ποιῆσαι εἰκόνα τῷ θηρίῳ,
땅에 사는 자들에게 짐승을 위하여 형상을 만들것을 명령한다.

d ὃς ἔχει τὴν πληγὴν τῆς μαχαίρης καὶ ἔζησεν.
칼의 상처를 가지고 있다가 살아난

15절 a Καὶ ἐδόθη αὐτῷ δοῦναι πνεῦμα τῇ εἰκόνι τοῦ θηρίου,
그리고 그에게 짐승의 형상에게 생기를 주는 것이 허락되었다.

b ἵνα καὶ λαλήσῃ ἡ εἰκὼν τοῦ θηρίου καὶ

그래서 짐승의 형상이 말도 하고

c ποιήσῃ [ἵνα] ὅσοι ἐὰν μὴ προσκυνήσωσιν τῇ εἰκόνι τοῦ θηρίου ἀποκτανθῶσιν.
짐승의 형상에게 경배하지 않는 자들은 죽임당하도록 하였다.

16절 a καὶ ποιεῖ πάντας, τοὺς μικροὺς καὶ τοὺς μεγάλους,
그리고 그는 모든 자 곧 작은 자들과 큰 자들을… 강제한다.

b καὶ τοὺς πλουσίους καὶ τοὺς πτωχούς, καὶ τοὺς ἐλευθέρους καὶ τοὺς δούλους,
그리고 부자들과 가난한 자들, 그리고 자유자들이나 종들을

c ἵνα δῶσιν αὐτοῖς χάραγμα ἐπὶ τῆς χειρὸς αὐτῶν τῆς δεξιᾶς ἢ ἐπὶ τὸ μέτωπον αὐτῶν
그들이 그들에게 그들의 오른손에 혹은 그들의 이마에 표를 주도록

17절 a καὶ ἵνα μή τις δύνηται ἀγοράσαι ἢ πωλῆσαι
그리고 누가 사거나 팔 수 없도록

b εἰ μὴ ὁ ἔχων τὸ χάραγμα τὸ ὄνομα τοῦ θηρίου ἢ τὸν ἀριθμὸν τοῦ ὀνόματος αὐτοῦ.
그 표 곧 짐승의 이름 혹은 그의 이름의 숫를 가진 자 외에는

18절 a Ὧδε ἡ σοφία ἐστίν.
지혜가 여기 있다.

b ὁ ἔχων νοῦν ψηφισάτω τὸν ἀριθμὸν τοῦ θηρίου,
지각을 가진 자로 짐승의 수를 세게 하라.

c ἀριθμὸς γὰρ ἀνθρώπου ἐστίν,
왜냐하면 그것은 한 사람의 수이고,

d καὶ ὁ ἀριθμὸς αὐτοῦ ἑξακόσιοι ἑξήκοντα ἕξ.
그리고 그의 수는 육백육십육이기 때문이다.

11a절에서 "보았다"(εἶδον 에이돈>ὁράω, 오라오)라는 부정과거시제 동사로 시작하는데 11b절(εἶχεν, 에이켄)과 11c절(ἐλάλει, 엘랄레이)에서는 미완료과거 시제를 사용하고 있다. 그리고 다시 12a절부터는 '포이에이'(ποιεῖ, 포이에이), '플라나'(πλανᾷ, 플라나)와 같은 현재형 시제 동사가 사용된다. 먼저 "미완료과거 시제는 과거에 진행중인 행위나 상태를 표현하기 위해 사용"하는 것으로서 "생동감"(vividness)을 나타낸다.[155] 이것을 요한계시록 본문에 적용하면 환상 속에서 과거에 경험한 것을 회상하면서 생동감 있게 표현하고자 하는 의도를 드러낸다. 그리고 이와 혼합된 현재시제 동사를 사용한 것은 과거 회상에서 환상의 현장으로 전

155 Wallace, *Greek Grammar beyond the Basics*. 543.

환시키는 것으로 볼 수 있다. 반면 15a절은 '에도데'(ἐδόθη)가 부정과거로 사용되었으나 이것은 5a절과 5b절 그리고 7a절과 7b절에서처럼 하나님의 주권을 표현하기 위한 신적 수동의 숙어적 표현이므로 예외적인 것으로 간주한다.

먼저 11a절에서 '에이돈'이라는 부정과거 시제 동사는 앞의 단락과 "계속되는 내러티브"의 전개 과정에서 새로운 단락을 표시해주는 기능을 한다(참조 7:2; 8:3; 10:1; 15:1; 18:1; 20:12).[156] 그리고 이어지는 내용에 대한 환상적 계시의 환경을 표시하며, 그 보는 내용에 대한 서술을 현재시제와 미완료 시제를 섞어 가며 생생하게 묘사하려고 한다.

12b절은 문장 구조가 간단하지 않다. 먼저 주동사인 '포이에이'(ποιεῖ>ποιέω)는 '텐 겐 카이 투스 엔 아우테 카토이쿤타스'(τὴν γῆν καὶ τοὺς ἐν αὐτῇ κατοικοῦντας, 땅과 그것 안에 사는 자들을)를 목적어로 삼는다. 그런데 주동사와 목적어만 가지고는 매우 어색한 문장이 된다. 따라서 12c절의 '히나'(ἵνα)절과 연결해서 읽어야 문장이 완성된다. 여기에서 이 문장에 대한 올바른 번역은 이 두 개의 문장을 어떻게 연결시키느냐에 의해 결정된다. 이러한 문형은 13ab절과 16-17절에서 반복해서 등장한다.

먼저 주동사인 '포이에이'는 이 문맥에서 "… 하게 하다"(cause)라는 의미를 가지며,[157] 이러한 의미의 동사가 '히나'절과 결합할 때 '히나'절은 목적의 의미를 상실하고 영어의 "that"절과 같은 목적격 기능을 하는 명사절 역할을 한다.[158] 이 때 '히나'절은 "주동사를 보조하는 부정사(infinitive)" 역할을 대신한다.[159] 따라서 이 문구를 "…하는 것을 하게 하다"(cause to)라고 번역할 수 있다.[160] 여기에서 '포이에이'는 두 개의 목적격(하나는 목적어, 다른 하나는 목적절)을 갖는데 그 목적어 중 하나인 '텐 겐 카이 투스 엔 아우테 카토이쿤타스' (τὴν γῆν καὶ τοὺς ἐν αὐτῇ κατοικοῦντας, 땅과 그것 안에 사는 자들을)가 동시에 '히나'절의 주어이기도 하다. 이 사실에 근거하여 이 문장을 번역하면 "그는 땅과 그것 안에 사는 자들이 그 첫째 짐승을 경배하는 것을 하게한다"라고 할 수 있다.

13ab절은 12ab절의 경우처럼 '포이에이'와 '히나'절의 조합으로 되어 있는

156 Blount, *Revelation*, 245.
157 BDAG, 839(2).
158 BDAG, 476(2).
159 BDAG, 476(2).
160 Swete, *The Apocalypse of St. John*, 167.

데, 한 가지 차이는 '포이에이'의 목적어와 '히나'절의 주어가 동일한 12ab절의 경우와는 달리 13a의 '포이에이'의 목적어와 13b절의 '히나'절의 주어가 다르다. 곧 12a의 '포이에이'의 목적어와 12b 히나절의 주어는 모두 "땅에 사는 자들"인 반면 13a절의 목적어는 "큰 표적들"이고 13b히나절의 주어는 '퓌르'(πῦρ, 불)이다. 이런 차이 때문에 13절을 12절처럼 번역하는 것은 어색하다. 이 때 '히나'의 용법을 "설명적 부정사(explanatory infinitive) 용법을 대신하는 것"으로 간주하여[161] '히나'절을 직전의 "큰 표적들"을 설명하는 것으로 볼 수 있다. 이 용법을 적용하여 번역하면 "그는 큰 표적들을 행한다. 곧 불이 사람들 앞에서 하늘로부터 땅으로 내려 오도록 한다"라고 할 수 있다. 이것은 13b의 '히나'절을 목적이 아니라 "결과적 의미"(consecutive sense)로 보는 경우와도 잘 어울린다.[162]

그리고 14b절에서 '에도데'(ἐδόθη)는 본래 "주다"의 수동형으로서 "주어지다"라고 직역할 수 있으나 문맥에서 어떤 행위를 하는 것이 "허락되다"로 번역하는 것이 좀 더 자연스러울 듯하다. 그리고 14c절의 '레곤'(λέγων)과 관련하여 일반적으로 부정사와 함께 사용될 경우 "명령하다" (κελεύων)의 의미가 된다.[163] 14c절의 '레곤'도 여격 명사와 부정사인 '포이에사이'(ποιῆσαι)와 함께 사용되는데 이 용법을 적용하여 명령의 의미로 해석한다.[164] 문맥상 명령의 의미가 충분히 가능하기 때문에 이 경우에 "명령하다"라고 번역할 수 있다. 이와같은 용법이 적용되는 또 다른 요한계시록 본문이 바로 10장 9절이다.

14d절에서 '플레게'는 3b절에서 동일한 단어를 "상처"로 번역한 것과 마찬가지로 "상처"로 번역한다. 그리고 두 개의 동사가 사용되는데 첫번째 동사인 '에케이'(ἔχει>ἔχω, 에코)는 현재이고 '에제센'(ἔζησεν>ζάω, 자오)은 부정과거 시제이다. 이러한 시제 변화 이슈와 관련하여 톰슨(Thompson)은 뮤지스의 견해를 빌어서 요한이 요한계시록을 기록할 당시에 과거에 경험했던 환상을 회상하면서 신속하게 현재로 전환하여 생생하게 현재의 느낌을 전달하고자 하기 때문

161 BDAG, 476(2e).

162 Zerwick and Grosvenor, *A Grammatical Analysis of the Greek New Testament*, 2:763; Zerwick, *Biblical Greek*, 122 (§352).

163 F. Blass, *Grammar of New Testament Greek*, trans. Henry J. Thackery, rev. and enl. (London: Macmillan, 1911), 240; Swete, *The Apocalypse of John*, 168.

164 이러한 용법을 찰스가 지지한다(Charles, *A Critical and Exegetical Commentary on the Revelation of St. John*, 1:267; 1:360. 또한 벡위드도 이러한 번역을 지지한다(Beckwith, *The Apocalypse of John*, 640).

이라고 주장한다.[165] 이것이 맞다면 그 반대의 경우도 성립될 수 있다. 곧 현재에 일어나는 것으로 생생하게 묘사하려고 하다가 과거 경험의 시점을 회상하는 것으로 전환하여 과거시제를 사용하게 되는 것으로 간주할 수도 있다.[166] 그러므로 이 시제 변화의 문구를 번역할 때에 굳이 현재와 과거시제를 현재 발생한 사건과 과거에 발생한 사건으로 구분하지 말고 자연스럽게 "칼의 상처를 가지고 있다가 살아난"이라고 번역한다.

15a절에서 '프뉴마'(πνεῦμα)가 사용되는데 이 단어는 바울서신에서 주로 "성령"을 가리켜서 사용되고 있지만 본문에서는 그와는 전혀 다른 의미로 사용되는 것은 분명하다. 이 단어는 BDAG에서 "몸에 생명을 주는 것"으로서 "생기"(breath)라는 의미를 가진다.[167] 동일한 단어가 에스겔 37장 6절에서 "생기"라는 의미로 사용되기도 한다. 15c절에서 'ποιήσῃ'(포이에세)라는 동사는 가정법 형태로서[168] 15b절의 '히나'절에 함께 속해 있는데 그 주어는 15b절의 "짐승의 형상"이라고 할 수 있다. 그러므로 "짐승의 형상이 … 하게 하다"라고 번역할 수 있다. 이 동사는 직후에 이어지는 또 다른 '히나'절과 연결하여 '하게 하다'는 동사의 행위를 언급한다.

15b절의 '히나'(ἵνα)절은 본래 목적절로 주로 사용되고 있으나 오즈번은 이 문맥에서 아주 드문 경우이지만 "결과"를 의미하는 것으로 사용되었다고 볼 수 있음을 지적한다.[169] 곧 15b절은 15a절의 결과로서 짐승의 형상이 말도 하고 경배하지 않는 자들을 죽임당하게 한다는 것이다. 그러므로 15bc절을 결과절로 번역하면, "그래서 짐승의 형상이 말도 하고 그리고 … 죽임당하도록 하였다"라고 할 수 있다. 반면 15c절의 '히나'절은 목적을 나타내는 것으로 볼 수 있다.

16abc절의 문형은 주동사인 '포이에이'(ποιεῖ)와 목적어군 그리고 '히나'절의 조합이라는 점에서 12bc절과 유사해 보인다. 그러나 12bc절은 목적어군이 '히

165 S. Thompson, *The Apocalypse and Semitic Syntax* (Cambridge: Cambridge University Press, 1985), 47.

166 이와 유사한 본문이 바로 요한계시록 7장 14절이다.

167 BDAG, 832(2). 대부분의 영어 번역본(ESV, NRSV, NIV, NKJV)도 이 단어를 사용한다.

168 시내산 사본(א 2329. 2351)등은 이 동사를 미래시제(ποιησει)로 표현한다.

169 오즈번은 '히나'절이 결과의 의미로 사용될 수 있다는 월러스의 의견(Wallace, *Greek Grammar Beyond the Basics*, 473)을 이 본문에 적용한다(Osborne, *Revelation*, 515). 월러스는 이러한 '결과'를 나타내는 '히나'절에 대한 다른 신약 성경의 실례로서 요한복음 9장 2절과 로마서 11장 11절을 제시한다.

나'절 동사의 주어와 동일시되지만 16abc절는 목적어와 '히나'절 동사의 주어가 다르게 사용된다. 특별히 16a절에서 동사 '포이에이'와 관련하여 오우니는 "강제하다"(force)라는 의미를 갖는 것으로 해석한다.[170] 반면 ESV와 NRSV는 이 동사를 'cause'(유발하다)로 번역한다. 전자는 문맥과 관련한 해석의 차원이 강하게 작용한 것인 반면, 후자의 경우는 단어의 의미에 충실한 것이라고 볼 수 있다. 여기에서는 오우니의 제안을 반영하여 "강제하다"로 번역한다.

그리고 16c절에서 16ab절의 목적어 군을 인칭대명사인 '아우토이스'(αὐτοῖς, 그들에게)를 사용하여 표현한다. 그리고 '히나'절에 주동사인 '도신'(δῶσιν>δίδωμι, 디도미)은 3인칭 복수, 부정과거 가정법 동사로 사용된다. 3인칭 복수로 사용된 이 동사의 주어는 누구를 가리키는 것인지 결정하기가 쉽지 않다. 16a절의 '포이에이'의 주어는 분명 3인칭 단수로서 둘째 짐승을 가리키고 있는데 '히나'절의 주어는 3인칭 복수로 사용된 것으로 보아서 둘째 짐승을 가리키지 않는 것은 분명하다. 그렇다고 16ab절의 목적어군이 주어로 사용되었다고 볼 수도 없다. 왜냐하면 표를 받는 대상이 표를 주는 주체가 될 수 없기 때문이다. 스웨테와 찰스도 이러한 구문상의 문제점을 인식하고 있다. 그들의 공통된 의견은 이 동사가 3인칭 복수로 사용되는 것은 "비인격적 복수"(impersonal plural)[171]이거나 "부정 복수"(indefinite plural)[172]라는 것이다. 이것은 10장 11절의 '레구신'(λέγουσιν)과 16장 15절의 '블레포신'(βλέπωσιν)과 같은 경우라고 할 수 있다.[173] 이 '도신' (δῶσιν)이라는 동사의 주어가 "비인격적 복수" 혹은 "부정 복수"로 사용된 것은 둘째 짐승의 하수인들의 존재를 가리키고 그들이 둘째 짐승을 도와서 사역하고 있음을 시사한다.[174]

17a절은 또 다른 '히나'절로 시작한다. 이 '히나'절은 16a절의 '포이에이'와 연결되어, 16c절의 '히나'절에 귀속되는 것이 아니라 등위적으로 연속되는 관계로서 함께 "목적"의 의미를 갖는다. 어떤 사본(ℵ* C 1611 al vgmss sy co Irlat Prim)에는17a절이 16c절의 'δῶσιν'(도신)에 귀속되는 것으로 이해하여 17a의 '카이'(καί)를 불필요한 것으로 간주하여 의 간주하는 경우도 있다(ESV; NRSV; NIV).[175] 그

170 Aune, *Revelation 6-16*, 765.
171 Charles, *A Critical and Exegetical Commentary on the Revelation of St. John*, 1:362.
172 Swete, *The Apocalypse of St. John*, 170.
173 앞의 책.
174 앞의 책.
175 Beale, *The Book of Revelation*, 717. 흥미롭게도 NKJV을 제외한 ESV, NRSV, NIV은 이런 사본의

러나 더 어려운 본문이 더 원문에 가깝다는 사본학적 원칙에 따라 '카이'를 생략된 것으로 간주하지 않는다. 이 경우가 외적 증거로 봐도 더 우세하다. 곧 다음과 같은 사본들도 이런 입장을 지지한다: $\mathfrak{P}^{47}$ $\aleph^{c}$ A^{vid} P 046 051 1006 1854 2344 $it^{gid, ar}$ vg arm eth *al.*[176] 이 경우에 접속사 '카이'는 17a절와 16c절은 서로 등위적 관계로 연결해 주고 17a절의 ἵνα μη(히나 메)는 16c절과 함께16a 절의 '포이에이'(ποιεῖ)의 지배를 받는다(NKJV; NASB).[177] 그렇다면 16c절의 이마에 짐승의 표를 받게 하는 것과 17ab절의 짐승의 표를 받은 자 외에는 사고 팔 수 없게 하는 것은 서로 밀접하게 연결되는 둘째 짐승의 두 개의 사역을 평행적으로 묘사하는 것이라고 할 수 있다.

17b절의 '에이 메'(εἰ μή)는 "… 외에는"(except) 혹은 "… 아니라면"(if not)의 의미를 갖는다.[178] 17a절와 17b절은 서로 연결되는 절로서 각각 부정의 의미를 가지며 부정의 부정을 구성하여 강력한 긍정의 의미를 도출한다. 여기에서 강조되는 것은 짐승의 이름 혹은 그의 이름의 수를 가진자 외에는 누구도 사거나 팔 수 없도록 한다는 것이다. 다시 말하면 짐승의 이름 혹은 그의 이름의 수를 가져야 사거나 팔 수 있다.

끝으로 18절은 두 가지 중요하게 주목할 점이 있다. 첫째로, 18b절의 동사는 3인칭 명령형으로 되어 있다는 것이고 둘째로, 18cd절이 '가르'(γάρ)라는 접속사에 의해 이유를 의미하는 접속사로 시작한다는 점이다. 그러므로 18b절의 문장을 3인칭 명령형에 맞게 번역하고, 18c절은 '왜냐하면'이란 접속사로 시작하도록 한다. 또한 18b절에서 '눈'(νοῦν>νοῦς, 누스)은 "지적 인식 능력"(faculty of intellectual perception)을 의미한다. 이에 어울리는 우리말을 찾는 것이 쉽지는 않다.[179] 영어번역에서는 대부분 "understanding"으로 번역한다. 이것을 우리말 "지적 감각"의 준말인 "지각"으로 번역한다.

이상의 내용을 바탕으로 우리말 어순에 맞추어 번역하면 다음과 같다.

입장을 수용하여 17a절을 16c절에 종속되는 것으로 번역했다.

176 Metzger, *A Textual Commentary on the Greek New Testament*, 676.

177 Beale, *The Book of Revelation*, 717. 메츠거도 이 입장을 지지한다(Metzger, *A Textual Commentary on the Greek New Testament*, 676).

178 BDAG, 278(6i).

179 BDAG, 680(1).

11a 그리고 나는 다른 짐승이 땅으로부터 올라오는 것을 보았다.
11b 그 짐승은 양처럼 두개의 뿔을 가지고 있었다.
11c 그리고 그는 용처럼 말하고 있었다.
12a 그리고 그는 첫째 짐승의 모든 권세를 그의 앞에서 행한다.
12b 그리고 그는 땅과 그것 안에 사는 자들이
12d 그의 죽음의 상처가 치료된
12c 처음 짐승을 경배하는 것을
12a 하게한다.
13a 그는 큰 표적들을 행한다
13b 곧 불이 사람들 앞에서 하늘로부터 땅으로 내려 오도록 한다
14a 그리고 그는
14b 그 짐승 앞에서 행하도록 그에게 허락된
14a 그 표적들로 말미암아 땅에 사는 자들을 미혹한다.
14d 그리고 칼의 상처를 가지고 있다가 살아난
14c 짐승을 위하여 땅에 사는 자들에게 형상을 만들것을 명령한다.
15a 그리고 그에게 짐승의 형상에게 생기를 주는 것이 허락되었다.
15b 그래서 짐승의 형상이 말도 하고
15c 짐승의 형상에게 경배하지 않는 자들은 죽임당하도록 하였다.
16a 그리고 그는 모든 자 곧 작은 자들과 큰 자들과
16b 그리고 부자들과 가난한 자들, 그리고 자유자들이나 종들을
16c 그들이 그들에게 그들의 오른손에 혹은 그들의 이마에 표를 주도록
17b 그리고 그 표 곧 짐승의 이름 혹은 그의 이름의 수를 가진 자 외에는
17a 누가 사거나 팔 수 없도록
16a 강제한다.
18a 지혜가 여기 있다.
18b 지각을 가진 자로 짐승의 수를 세게 하라.
18c 왜냐하면 그것은 한 사람의 수이고,
18d 그리고 그의 수는 육백육십육이기 때문이다.

본문주해

본문을 11절의 둘째 짐승의 특징과 12-17절의 둘째 짐승의 활동으로 나누어 살펴 보고자 한다.

[13:11] 둘째 짐승의 특징

11절은 "내가 보았다"(εἶδον, 에이돈>ὁράω, 오라오)는 단어로 시작한다. 이 본문에 의하면 둘째 짐승은 세 가지 특징을 가지고 있다. 첫째, "땅으로부터 올라 오는 것이고, 둘째, 양처럼 두 개의 뿔을 가지고 있으며 셋째, 용처럼 말한다는 것

이다. 이 세 가지 특징을 차근차근 살펴 보고자 한다.

땅으로부터(11a절) 11절에서 다니엘 7장에 대한 "새로워진 초점"(renewed focus)이 있다는 비일의 주장에[180] 대해 보쿰은 다니엘 7장에 대한 명백한 인유(allusions)를 제시하지 못하고 있다고 지적하면서 잘못 이해한 것으로 본다.[181] 13장 11절에서 두 번째 짐승이 땅으로부터 올라온다는 것은 다니엘 7장 17절의 영향을 받은 것이 아니라 13장 1절에서 바다로부터 올라온 짐승과의 "유추와 대조"(analogy and contrast)에 의해 구성된 것으로 추정한다.[182] 같은 맥락에서 찰스는 7장 17절에서 네 짐승이 "땅으로부터 올라온다"라는 문구와의 일치를 "단순한 우연"(mere accident)이라고 평가한다.[183]

반면 스윗은 욥기 41장 1절의 리워야단과 40장 15절의 베헤못과 관련되는 것으로 본다.[184] 좀 더 구체적으로 찰스는 에녹 1서 60장 7-8절과 에즈라 4서 6장 49-52절 그리고 바룩 2서 29장 4절에서[185] 각각 바다와 땅에 존재하는 리바이어단과 베헤못을 13장의 첫째 짐승과 둘째 짐승에 대한 배경으로 제시한다.[186] 특별히 에즈라 4서 6장 49-52절에 의하면 창조의 셋째 날에 물을 한 곳으로 모으고 땅이 드러나도록 할 때 이 두 짐승을 물에 모두 담아 둘 수 없어서 여성 괴물인 리바이어단은 물에 있고 남성 괴물인 베헤모스는 땅에 존재하도록 분리했다고 한다. 이 때에 원시적 베헤못은 창조의 다섯째 날에 여성 괴물인 리바이어단과 분리되어 땅에 살도록 하고 리바이어단은 바다에 갇히게 된다.[187] 이것을 배경으로 바다에 있는 리바이어단은 바다로부터 올라오는 첫째 짐승, 땅에 존재하는 베헤모스는 땅으로부터 올라오는 둘째 짐승의 배경

---

180 G. K. Beale, *The Use of Daniel in Jewish Apocalyptic Literature and in the Revelation of St. John* (Lanham, MD: University Press of America, 1984; repr., Eugene, OR: Wipf & Stock, 2010), 241.

181 Bauckham, *The Climax of Prophecy*, 425.

182 Bauckham, *The Climax of Prophecy*, 425, n.88.

183 Charles, *A Critical and Exegetical Commentary on the Revelation of St. John*, 1:357.

184 Sweet, *Revelation*, 215.

185 바룩2서 29장 4절에서 베헤모스와 리바이어단의 창조 시점을 다섯째 날로 명시한다.

186 Charles, *A Critical and Exegetical Commentary on the Revelation of St. John*, 1:358.

187 고대근동에서 우주적 바다에 질서를 깨뜨리는 생물들이 살고 있다는 통념이 있는데 창세기 저자는 다섯째 날에 바다에 사는 생물들을 부각시키고 있다. 그러한 존재가 하나님의 창조 질서 속에서 하나님의 통제 안에 들어와 있다는 것을 나타내고 있다(J. H. Walton, *The Lost World of Genesis One: Ancient Cosmology and the Origins Debate* [Downers Grove, IL: IVP Academic, 2009], 40). *** 65 페이지에는 이런 내용이 없고, 40페이지에 나옵니다.

이 되는 것으로 간주할 수 있다는 것이다.[188]

특별히 바룩2서 29:8에서 이 두 괴물의 존재를 종말을 의미하는 "시간의 정점"(the consummation of time)과 관련시키고 있는데 이 시점에 만나가 회복의 징표로서 하나님의 백성들에게 내려질 것이라고 언급한다.[189] 창조와 종말의 연결점의 형성은 요한이 무질서를 유발시키는 속성을 가진 이 두 괴물을 요한 당시의 악의세력과 연결시키는 배경의 정당성을 제공한다.[190] 이러한 관계를 다음과 같이 도표로 간단하게 정리해 볼 수 있다.

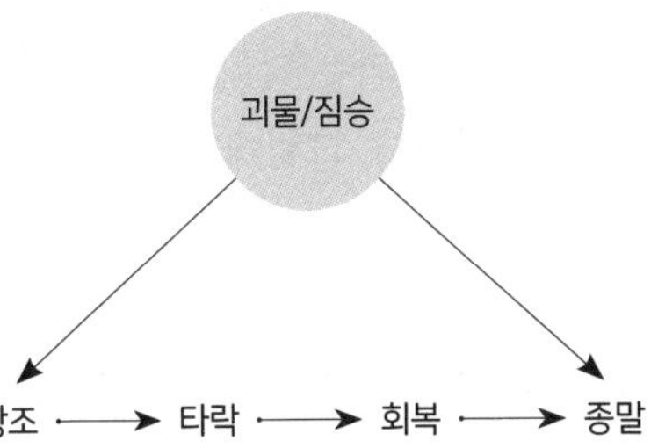

이상의 유대적 배경을 충분히 인정하더라도, 그리고 보쿰의 부정에도 불구하고, 13장 1절의 바다와 13장 11절의 땅은 다니엘서 7장 3절의 "바다"와 과 그것을 해석하는 7장 17절의 "땅"이 "바다와 땅"의 조합에 의해 평행 관계를 가지고 있는 것을 부정하기 어렵다.[191] 곧 다니엘 7장 3절에서 네 짐승이 "바다로부터" 올라온다고 한 것을 다니엘 7장 17절에서 "그 네 큰 짐승은 땅으로부터[192] 일어날 네 왕이라"라고 한다. 여기에서 네 짐승을 "네 왕"이라고 해석하고 "바다"를 "땅"이라고 해석한다. 이러한 관계에 대해 밀러(Miller)는 "바다는 땅을 상징하는 것"이라고 지적한다.[193] 여기에서 다니엘 7장의 "바다와 땅"은 지정학적으로 다르게 존재하는 영역을 가리키는 것이 아니라 상징과 상징에 대한 해석의 관계로 볼 수 있다. 곧 땅이라고 하는 곳은 혼돈과 공허를 함

188 이 내용은 1절에 대한 주해에서도 동일하게 제시한 바 있다.
189 Beasley-Murray, *The book of Revelation*, 215–16.
190 Beasley-Murray, *The book of Revelation*, 216.
191 Smalley, *The Revelation to John*, 345; Koester, *Revelation*, 589.
192 개역개정은 "땅으로부터"를 "세상에"라고 번역하는데 오역이다. "땅으로부터"라는 단어는 아람어로는 'מִן־אַרְעָא'(민 아레아, 〉אֲרַע, 아라)이며 70인역에서 ἀπὸ τῆς γῆς (아포 테스 게스)이다.
193 S. R. Miller, *Daniel* (Nashville: Broadman & Holman, 1994), 211.

의하는 바다에 의해 상징되는 곳이다.[194] 따라서 네 왕들의 존재의 근원인 땅은 바다와 같이 혼돈과 공허의 특징을 자아내는 존재라는 것으로 이해할 수 있다. 같은 맥락에서 네 왕의 존재의 근원으로서 "땅"은 "지극히 높으신 이의 성도들의 천상적 연합체(heavenly association)"와 대조적 표현이라고 볼 수 있다.[195]

다니엘서에서 확인된 "바다와 땅"의 관계를 요한계시록 본문에 적용하면, 11절에서 땅으로부터 둘째 짐승이 출현한 것은 첫째 짐승과 둘째 짐승이 바다와 땅의 관계만큼 일체된 관계임을 시사한다. 다니엘 7장에서는 동일한 대상을 향하여 바다와 땅을 적용한 것과는 달리, 요한계시록에서는 두 개의 다른 개체가 각각 바다와 땅과 연결된다. 그럼에도 불구하고 다니엘서에서 바다와 땅이 동일시된 배경을 볼 때 첫째 짐승과 둘째 짐승은 다른 개체이지만 일체된 관계로 볼 수 있다. 또한 두 짐승이 각각 바다와 땅으로부터 올라오는 것은 하늘에 거하는 성도들과의 대조적이면서 대립적 관계를 드러낸다고 할 수 있다.

그러나 이런 배경적 관계에도 불구하고 요한계시록에서 둘째 짐승과 첫째 짐승의 관계는 다니엘 7장의 네 짐승을 해석하는 네 왕의 관계와 정확하게 동일하지는 않다. 곧 요한계시록에서 이 두 짐승의 관계는 다니엘서의 네 짐승과 네 왕의 관계처럼 상징적 환상과 그 해석의 관계가 아니다. 다만 다니엘서의 네 짐승과 네 왕의 행적을 근거로 첫째 짐승은 바다에서 나왔다고 하는 반면 둘째 짐승은 땅에서 나왔다고 말하고 있는 것으로 이해할 수 있다. 이러한 점에서 둘째 짐승도 역시 첫째 짐승처럼 하나님과 하나님의 교회를 대적하는 악한 세력으로서 일체적 관계임을 알 수 있다. 둘째 짐승은 첫째 짐승을 위해 존재한다. 이 내용은 다음 12절에서 구체적으로 언급되고 있다.

어린 양같은 두개의 뿔(11b절) 둘째 짐승의 두번째 특징은 "어린 양 같은 두개의 뿔"을 가지고 있다는 점이다. 첫째 짐승과 비교해 볼 때 이것은 흥미로운 모습을 연출한다. 먼저 "어린 양 같은"이라는 표현은 폭력적인 모습을 보여주는 첫째 짐승과 대비를 이룬다. 또한 열개의 뿔을 가지고 있는 첫째 짐승과 비

194 "바다"에 대한 주제는 12장 3-4a절의 <용에 대한 구약 용례>와 13장 1절의 "바다"에 대한 설명에서 충분히 다룬 바 있다.

195 Newsom, *Daniel*, 237.

교해서 두개의 뿔을 가진 모습은 첫째 짐승에 종속적인 역할을 하고 있음을 시사한다.[196)]

11b의 '어린 양 같은 두 뿔'은 다니엘 8장 3절에서 메데와 바사를 상징하는 "두 뿔 가진 숫양"에 대한 "인유"(allusion)로 볼 수 있다.[197)]

> 내가 눈을 들어 본즉 강 가에 두 뿔 가진 숫양이 섰는데 그 두 뿔이 다 길었으며 한 뿔은 다른 뿔보다도 길었고 그 긴 것은 나중에 난 것이더라(단 8:3)

다니엘 8장 3절의 두 뿔을 가진 수 양은 메데와 바사(페르시아)를 의미하는 것으로 비록 다니엘 8장 5절 이하에 등장하는 염소(헬라 나라를 상징)에 의해 점령되기는 하지만 다니엘 8장 4절에 의하면 강력한 능력을 가진 나라로 묘사되고 있다.

> 내가 본즉 그 숫양이 서와 북과 남을 향하여 받으나 그것을 당할 짐승이 하나도 없고 그 손에서 구할 자가 없으므로 그것이 원하는 대로행하고 강하여졌더라(단 8:4)

이 말씀에서 두 뿔을 가진 수양은 "당할 짐승이 하나도 없고 그 손에서 구할 자가 없는" 절대 강자로 묘사된다. 바로 이러한 측면이 요한계시록 13장 11b절의 둘째 짐승에게 적용될 수 있는지 의문이 들 수 있다. 왜냐하면 요한계시록 본문에서는 다니엘서의 숫양(κριός, 크리오스) 대신 "어린 양"(ἀρνίον, 아르니온)이란 단어를 사용하여 유약한 이미지를 보여주고 있기 때문이다. "어린 양" 이미지는 예수님에게 적용된 바 있는 5장 6절의 경우처럼 "취약성과 희생"을 나타내는 것이 분명하다.[198)] 이러한 모습은 다니엘서의 숫양의 강력한 이미지와 모순되어 보인다.

그럼에도 불구하고 수양을 어린 양 이미지로 변경하여 짐승을 표현하고 있는 것에는 두 가지 이유가 있다. 첫째로, 이것은 5장 6절의 어린 양을 의식하여 기독론적 패러디를 구성하기 위한 목적 때문이다.[199)] 이것은 3ab절에서 죽게 될 정도로 치명적 상처를 입었다가 치료된 모습과 함께 기독론적 패러디의 중요한 요소를 차지한다. 둘째로, 짐승이 실제로는 용처럼 말하는 능력

196 Aune, *Revelation 6-16*, 757. 스몰리가 이러한 입장을 따른다(Smalley, *The Revelation to John*, 345).
197 Aune, *Revelation 6-16*, 757.
198 Koester, *Revelation*, 590.
199 Beasley-Murray, *The book of Revelation*, 216.

을 발휘하는 존재이며, 다니엘 8장 3절의 두 뿔을 가진 숫 양처럼 강력한 힘을 가진 존재이지만 예수님의 모습을 모방한 어린 양의 이미지는 상대를 속이기 위해 위장된 것이라고 할 수 있다.[200] 이러한 양상은 요한계시록 2-3장에서 에베소 교회를 혼란에 빠뜨리려 했던 거짓 사도들이나 버가모 교회를 공격했던 니골라당, 그리고 두아디라 교회의 자칭 선지자라 하는 이세벨과 같은 세력의 존재로 잘 나타난다.[201] 마태복음 7장 15절에서 거짓선지자를 경계하시면서 양의 옷을 입고 오지만 실제로는 포악한 늑대와 같다고 하신 예수님의 말씀과 유사하다.[202]

또한 "어린 양"의 이미지는 어린 양 예수님과 둘째 짐승 사이에 사역과 기능의 평행 관계를 엿볼 수 있게 해준다. 다시 말해서 성도들에게 어린 양은 하나님을 향한 "신앙에 대해 동기부여하는 요소"(motivating factor for faith)를 제공하는 것처럼, 둘째 짐승 역시 거짓선지자로서 용과 첫째 짐승의 주권에 대한 "대응적 믿음(counterbelief)의 롤모델(role model)"로서 등장한다.[203] 이러한 점에서 죽임 당하신 어린 양에 빗댄 또 다른 "사탄적 패러디"(satanic parody)라고 할 수 있다.[204] 그러나 용과 첫째 짐승 그리고 둘째 짐승의 전체적인 구도에서 둘째 짐승의 역할은 거짓선지자로서(16:13; 19:20; 20:10) 삼위 하나님 중에 성령의 사역과 대조적 평행을 이룬다. 첫째 짐승은 예수님을 패러디하고 용은 하나님과 대응되는 관계라고 볼 수 있다.[205]

이상 내용을 정리하면 11b절의 "어린 양 같은 두개의 뿔"을 가진 둘째 짐승은 어린 양처럼 약한 모습으로 보이도록 위장했지만 실제로는 다니엘 8장 3절을의 두뿔 가진 숫염소처럼 강한 능력을 가진 존재이다. 성도들은 이렇게 위장한 거짓 선지자인 둘째 짐승의 속임수에 미혹되지 않도록 조심해야 할 것이다.

---

200 Koester, *Revelation*, 590.
201 여기에서 니골라당의 경우는 스윗으로부터 힌트를 얻었다(Sweet, *Revelation,* 214-5).
202 Sweet, *Revelation*, 214.
203 Blount, *Revelation*, 257.
204 Sweet, *Revelation*, 214; Boxall, *The Revelation of St. John*, 193.
205 Sweet, *Revelation*, 214. 이 외에도 죽음과 부활 그리고 교회 공동체의 우주적 범위 등이 사탄적 패러디의 대상으로 사용되고 있다는 점을 프레스톤(Preston)과 핸슨(Hanson)의 입장을 빌어서 주장한다(R. Preston and A. T. Hanson, *The Revelation of St. John the Divine* (London: SCM, 1949), 214; Sweet, *Revelation,* 214에서 재인용).

용처럼 말하다(11c절) 흥미롭게도 앞서 바다와 땅의 조합에 의해 첫째 짐승과 관련되었던 둘째 짐승은 11c절에서 용처럼 말한다고 하면서 용과의 관계가 제시된다. 이미 4b절에서 첫째 짐승은 용에게서 권세를 부여받고, 용은 첫째 짐승을 통해 사람들로부터 경배 받음으로써 용과의 밀접한 상호관계를 보여준 바 있다. 이제 11c에서 둘째 짐승은 용처럼 말한다. 위장된 둘째 짐승의 본색이 말을 통해 드러난다. 첫째 짐승이 입의 말로 하나님을 대적하는 것처럼 둘째 짐승도 이러한 도구를 사용한다. 여기에서 "용처럼" 말하는 행위는 용의 의도를 충분히 반영하여 말한다는 것이다. 12장 9절에서 용은 사탄이며 옛뱀으로 해석된 바 있다. 용은 옛뱀으로서 창세기 3장 1-5절에서 아담과 하와에게 거짓말로 치명적 상처를 입힌 전력을 가지고 있다.[206] 이제 이러한 용의 의도대로 둘째 짐승은 사람들을 미혹하여 멸망으로 빠져들게 할 것이며, 그들은 용의 조종을 받게 될 것이다. 이러한 점에서 둘째 짐승은 하나님의 말씀을 대언하는 선지적 사역을 대조적으로 모방하고 있다고 볼 수 있다. 따라서 16장 13절, 19장 20절 그리고 20장 10절과 같은 본문에서 둘째 짐승을 "거짓 선지자"로 호칭하는 이유가 바로 여기에 있다. 이처럼 미혹케 하는 둘째 짐승의 사역에 대한 구체적 언급이 이어지는 12-18절에서 제시된다.

여기에서 "말하다"는 미완료 시제이다. 미완료과거 시제의 용법 중에 "습관의 미완료(Customary 혹은Habitual Imperfect)를 적용해 볼 수 있다.[207] 곧 둘째 짐승의 모든 말들은 습관적으로 용처럼 말하는 속성을 갖는다는 것이다. 이것은 용을 대신하는 대리자로서의 역할을 암시하고 또한 용의 속성과 의도를 온전히 드러내 주고 있다는 것이다.

[13:12-18] 둘째 짐승의 사역

다음 12-18절에서는 거짓선지자 둘째 짐승의 사역에 대해 소개하고 있다. 여기에서 둘째 짐승의 사역의 초점은 사람들로 하여금 첫째 짐승에 대해 경배하도록 하는 데 맞추어져 있다.

---

206 찰스 역시 이러한 창세기 3장 1-5절에서 뱀의 거짓된 발언을 배경으로 한다는 것을 지지한다 (Charles, *A Critical and Exegetical Commentary on the Revelation of St. John,* 1:358).

207 Wallace, *Greek Grammar beyond the Basics*, 540.

첫째 짐승의 모든 권세를 행하다(12a절) 여기에서 "첫째 짐승"(πρῶτον θηρίον, 프로톤 데리온)이란 1-10절에서 언급되었던 짐승을 가리키고 있다. 이 표현 때문에 이 본문에 등장하는 짐승은 둘째 짐승이라고 할 수 있다. 12a절에 의하면 이 둘째 짐승이 첫째 짐승의 권세를 행하는 데 있어서 두 가지 특징을 보여준다. 첫번째 특징은 둘째 짐승이 첫째 짐승의 "모든 권세를"(ἐξουσίαν ... πᾶσαν, 에크쑤시안… 파싼) 공유한다는 것이다. 여기에서 첫째 짐승의 모든 권세는 용으로부터 나온다(참조 13:2). 따라서 둘째 짐승이 첫째 짐승의 모든 권세를 사용한다는 것은 첫째 짐승과의 완전한 일체감을 나타낸다. 이러한 연대의 고리는 용이 첫째 짐승에게 권세를 위임하고 첫째 짐승은 또한 용으로부터 위임받은 모든 권세를 둘째 짐승에게 위임하는 형식으로 이루어진다. 이것은 로마제국의 황제를 상징하는 첫째 짐승과 거짓선지자를 상징하는 둘째 짐승의 모든 활동의 배후에는 용으로 상징되는 사탄이 있다는 것을 의미한다. 이런 연대의 목적은 분명하다. 사탄은 자신의 모든 권세를 로마제국의 황제와 거짓선지자와 공유함으로써 그들을 통해 공동의 대적인 교회 공동체를 멸절시키려는 목적을 갖고 있는 것이다.

두 번째 특징은 둘째 짐승이 "그 앞에서"(ἐνώπιον αὐτοῦ, 에노피온 아우투) 행한다는 것이다. 여기에서 "에노피온 아우투"라는 문구는 구약에서 천사들이 하나님 앞에서 수종드는 장면을 묘사할 때 사용된다(참조 겔 23:17. ἐνώπιον κυρίου τοῦ θεοῦ σου, 에노피온 퀴리우 투 데우 수, 너의 주 하나님 앞에서). 그리고 요한계시록 11장 4절에서 선지자인 두 증인이 "땅의 주 앞에(ἐνώπιον, 에노피온)" 서 있는 경우와 대조, 평행 관계를 나타내고 있다.[208] 이러한 패턴으로 둘째 짐승은 첫째 짐승을 수종드는 역할을 하고 있음을 알 수 있다. 따라서 둘째 짐승이 첫째 짐승과의 일체감을 가지고 있음에도 불구하고 확실한 종속 관계임을 보여준다. 다음 12bc절은 둘째 짐승의 이러한 두 가지 특징을 좀 더 구체적으로 보여준다.

땅과 그것 안에 사는 자들(12b절) 둘째 짐승의 두 번째 사역은 "땅과 그것 안에 사는 자들"로 첫째 짐승을 경배하도록 하는 것이다. 여기에서 "그것(땅) 안에

---

208 Bauckham, *The Climax of Prophecy*, 434-35. 둘째 짐승과 두 증인과의 대조적 평행 관계는 둘째 짐승이 14장 13b절에서 불을 하늘로부터 내려오도록 하는 것이라든지 14a절에서 표적들을 행사하는 것과, 두 증인의 입에서 불이 나오는 것(11:5)과 권세를 가지고 표적들을 행사하는 것(11:6) 사이에서 엿볼 수 있다(앞의 책).

사는 자들"은 하늘과 대조되는 "땅"이라는 단어와 함께 사용되는데 여기에서 "땅"은 "땅에 사는 자들"이 존재하는 영역으로서 "땅에 사는 자들"에 부수적으로 덧붙여진다. 따라서 14a절에서는 "땅"은 생략되고 "땅에 사는 자들"이란 문구만 사용된다. "땅"과 "땅에 사는 자들"이란 문구의 조합으로 이 문구는 "하나님에 대적하는 인류 전체를 의미하는 종합적 표현"이라고 할 수 있다.[209] 이러한 점에서 이 문구는 3c절의 "온 땅"과 같은 의미로 이해할 수 있다. 따라서 3c절에서 "온 땅이… 짐승을 따랐다"고 하고 12b절에서 "땅과 그것 안에 사는 자들"이 짐승을 경배하게 된 것은 동일한 현상이라고 할 수 있다. 그리고 "땅에 사는 자들"은 6b절에서 사용된 바 있는 "하늘에 거하는 자들"과 대조되는 대상으로서 용에 속하여 짐승을 추종하는 자들이며 8절의 "그의 이름이 어린 양의 생명책에 기록되지 않은 모든 자들"이다(참조 3:10; 6:10; 8:13; 11:10; 13:8, 12). 실제로 8a절에서 "땅에 사는 자들"은 세상의 창조로부터 생명책에 그들의 이름이 기록되지 않은 자들로서 짐승을 경배할 것이라고 천명한다. 이것을 반대로 말하면 짐승을 경배하는 자들은 "땅에 사는 자들"로 규정된다고 할 수 있다. 이 밀접한 관계로 인하여 "땅에 사는 자들"이 짐승을 경배하는 것은 당연하다.

짐승을 경배하게 하다(12c절) 둘째 짐승은 12b절과 12c절에 의하면 땅에 사는 자들이 처음 짐승을 경배하도록 "강제"(compel)하려는 목적으로 12a절에서 언급한 첫째 짐승의 모든 권세를 위임받아 그 앞에서 행사한다.[210] 첫째 짐승을 경배하도록 하기 위한 이런 일련의 정황은 둘째 짐승이 황제 숭배 제의를 수행하는 "제국의 제사장직분"(imperial priesthood)을 가지고 있음을 시사한다.[211] 그렇다면 이렇게 볼 때, 둘째 짐승은 황제 숭배를 촉진시키는 이교적 제사장의 역할을 수행한다고 볼 수 있다.

여기에서 "땅에 사는 자들"은 필연적으로 첫째 짐승을 숭배하도록 되어 있다. 3c절은 "온 땅이 짐승을 따른다"고 하고, 4c절은 "그들이 짐승을 경배하였다"라고 하며, 8a절은 "땅에 사는 모든 자들이 첫째 짐승을 경배할 것이다"라

209 Smalley, *The Revelation to John,* 346. 또한 스윗은 이 문구가 사도행전 2장 5절 이하에서 소개되는 "오순절의 우주적 범주"를 연상시켜 준다는 것을 지적한다(Sweet, *Revelation,* 216).

210 Aune, *Revelation 6-16*, 758.

211 Bauckham, *The Climax of Prophecy*, 446.

고 말한다. 그렇다면 굳이 둘째 짐승이 이들에게 첫째 짐승을 경배하도록 강제하거나 힘쓸 필요가 있을까? 여기에서 이러한 숭배의 행위가 더욱 온전하게 이루어질 수 있도록 이들을 강제하는 거짓 선지자와 같은 발언 뿐만 아니라 제의적 행위를 집요하게 수행하는 둘째 짐승의 역할이 돋보인다. 그 목적은 악의 세력인 첫째 짐승과 둘째 짐승의 결속 관계를 과시하기 위해서일 뿐만 아니라, 이 땅에 사는 자들로 하여금 첫째 짐승을 경배하는 행위를 강화하고 심화시키기 위해서라 할 수 있다. 결국 "땅에 사는 자들"은 첫째 짐승을 경배하지 않을 수 없다는 사실이 강조된다. 이러한 이유로 인하여 짐승을 경배하기로 되어 있는 "땅에 사는 자들"과 하나님과 어린 양만을 예배하기로 되어 있는 "하늘에 거하는 자들"의 대립관계는 더욱 심각해질 수 밖에 없는 구조를 가지고 있다. 이 사실을 인식할 때, 독자들은 혹독한 현실을 통찰하고 이러한 현실에 대해 좀 더 경각심을 갖게 될 것이다.

죽음의 상처가 치료받은 첫째 짐승 (12d절) 12d절은 관계대명사 '후'(οὗ)로 12c절과 연결된다. 12c절은 둘째 짐승이 경배하도록 하는 대상으로서 첫째 짐승의 신비한 능력에 대한 정보를 제공한다. 이것은 그 첫째 짐승을 경배해야 하는 근거를 공고히 한다. 그 신비한 능력이란 죽음의 상처가 치료되었다는 것이다. 이와 동일한 문구가 3b절에서 사용되었으며 그 내용은 죽음의 상처가 치료되어서 모든 땅이 그 짐승에 대해 놀라고 그 짐승을 추종하게 되었다는 것이다. 12d절에서 이러한 내용을 한 번 더 언급하는 것은, 둘째 짐승이 장려하는 첫째 짐승에 대한 경배의 당위성을 강조하기 위해서이다. 3b절에서도 이러한 죽음의 상처가 치유된 것이 첫째 짐승을 경배하게 되는 동기로 등장한다. 이 패턴은 앞서 설명한 것처럼 기독론적 패러디로서 어린 양 예수께서 경배받게 되는 근거가 바로 죽음의 사건이라는 사실을 연상시킨다. 이러한 사역을 수행하는 둘째 짐승의 정체는 무엇인가? 앞서 거짓 선지자라는 별명을 붙인 바 있지만 이것은 구체적으로 요한 당시 로마 제국의 정치적 종교적 시스템 속에서 정확한 직분에 대한 호칭은 아니다. 다만 앞에서 언급한 것처럼 둘째 짐승은 로마 제국의 제사장을 가리키는 것으로 볼 수 있다. 왜냐하면 이러한 이교적 제사장직은 로마 황제 숭배를 종교적 차원에서 선도하는 위치이기 때문이다. 첫째 짐승이 로마 황제의 대표적 존재인 네로 황제를 모델로 하고 있다면, 둘째 짐승은 그 황제 숭배를 촉진하는 로마제국의 제사장직을 모델로 하고 있다. 이러한 시대적 배경을 통해 교회 공동체를 대적하는 악의 세력의 구도가 어떻게 구성되어 있는가를 알 수 있다. 그리고 이러한 악의 구조에 사단의 영향력이 미치고 있다는 사실도 확인된다. 요한이 이러한 표현 방법을 쓴 것은 요한이 살고 있었던 1세기의 시대적 정황이 요한계시록에 잘 반영되어 있다는 사실을 보여준다.

큰 표적을 행하다(13절) 이 황제 숭배를 촉진하는 제국의 제사장직을 수행하는 둘째 짐승은 13절에서는 좀 더 강력한 힘을 가진 존재로 묘사된다. 먼저 13a절에서 둘째 짐승은 '큰 표적'을 행한다고 기록되어 있다. 12장 1절과 3절에서도 동일한 문구가 사용되는데 이 본문에서 '표적'이란 "상징적 형태로 의사소통"하는 것으로 해석할 수 있다고 말한 바 있다.[212] 그러나 13장 13a절에서 표적이란 "하나님의 백성을 미혹케 하고 도전하기 위해 사탄에 의해 이루어지는 기적"(참조 마 24:24; 막 13:22)을 의미하는 것이다.[213] 본래 이러한 표적들은 유대 전승과 초기 기독교 문헌에 의하면 모세(출 4:8-9; 신 34:11)과 사도들 (행 2:34; 4:16) 그리고 바울(고후 12:12), 빌립(행 8:6)과 같은 인물들이 행했던 사역의 특징이다.[214] 이러한 표적들은 그들의 사역이 하나님으로부터 합법적으로 말미암았음을 입증해준다.[215] 따라서 둘째 짐승이 이러한 표적들을 행한다는 것은 "진정한 선지자적 권위"를 가지고 있는 것과 같은 착시 현상을 불러 일으킬 수도 있다.[216]

13b절의 '히나'(ἵνα)절은 12b절의 경우와 동일한 문형을 가지고 있으며 목적이나 결과를 의미하는 것이 아니라 13a절을 구체적으로 설명해 주는 역할을 하고 있다.[217] 그렇다면 둘째 짐승이 행하는 큰 표적이란 무엇인가? 그것은 13b절에서 바로 사람들 앞에서 불을 하늘로부터 땅으로 내려 오게 하는 능력을 행사하는 것이다. 이 행위는 "표적들"이란 복수형에 의해 한 번 발생하

212 Koester, *Revelation*, 541.
213 BDAG, 920(2aβ).
214 Koester, *Revelation*, 591–92.
215 앞의 책, 592. 그리스-로마 시대의 정황에서도 경탄할 만한 마법과 같은 현상을 일으키면 통치자의 권위를 정당화 해주는 통념이 있었다(앞의 책).
216 앞의 책, 592.
217 번역에서 언급한 것처럼 13b절의 '히나'절은 13a절의 "큰 표적들"을 설명해 주는 관계이다.

는 것이 아니라 반복해서 일어나는 것으로 추정할 수 있다. 또한 이러한 능력은 11장 4절에서 입에서 불을 내어 대적하는 자들을 소멸케 했던 두 증인의 능력과 대비되고 있다. 또한 열왕기상 18장 38절의 무능한 바알의 선지자들과 대조되는 선지자 엘리야를 모방하고 있다고 할 수 있다. 이 이미지들은 증거하는 공동체로서 하나님으로부터 주어진 강력한 능력을 가진 교회 공동체에게는 또한 이에 대응하는 강력한 힘을 행사하는 적대적 세력이 있음을 시사한다.

13b절에서 둘째 짐승은 큰 표적들을 행하는데, 12a절에서 "첫째 짐승 앞에서" 모든 권세를 행사한 것과는 달리, "사람들 앞에서" 하는 것이 흥미롭다. 여기에서 "사람들"은 14a절에서 "땅에 사는 자들"을 가리키는 것으로 보는 것이 적절하다. 12a절이 첫째 짐승과의 종속 관계를 나타내 준다면, 13b절은 "땅에 사는 자들"을 미혹하기 위한 목적으로 행하는 것이라 볼 수 있다. 이 주제에 대해서는 다음 14ab절에서 좀 더 자세하게 살펴 볼 것이다.

땅에 사는 자들을 미혹하다(14ab절) 다음 14절은 12절부터 시작된 둘째 짐승의 활동에 대한 서술을 이어간다. 그것은 바로 "미혹"하는 행위이다. 여기에서 "미혹하다"(πλανάω, 플라나오)는 "특정한 길로부터 벗어나서 잘못된 길로 가게 하다" 혹은 "속이다"(deceive)라는 의미이다.[218] 여기에서도 그 대상은 "땅에 사는 자들"이다. 14a절에서 땅에 사는 자들을 미혹 대상으로 삼은 것은 12b절에서 "땅에 사는 자들"이 짐승을 경배하도록 한 것과 평행 관계이다. 곧 짐승을 경배하는 것은 미혹된 결과로서 잘못된 대상에게 경배하고 있다는 의미를 내포한다. 첫째 짐승 곧 로마 제국의 황제는 사람의 경배 대상이 될 수 없다. 진정으로 경배를 받아야 할 대상은 하나님 뿐이시다. 그러므로 둘째 짐승이 첫째 짐승을 경배하도록 하는 것은 땅에 사는 자들을 속이는 미혹 행위이다. 이것은 마치 에덴에서 뱀이 아담과 이브를 속이는 것을 연상시킨다. 그런데 둘째 짐승은 단순히 말이 아니라 13a절에서 언급한 "큰 표적들"을 가리켜 사용되는 "그 표적들로 말미암아"(διὰ τὰ σημεῖα, 디아 타 세메이아) 땅에 사는 자들을 미혹한다.

다음 14b절은 관계대명사 '하'(ἃ)로 시작하는 문장으로, 그 선행사인 14a절

218 BDAG, 821(1).

의 “표적들”에 대한 부연 설명을 담고 있다. 그 부연 설명의 내용은 “그 짐승 앞에서 행하도록 허락받은”이다. 이 내용에 의하면 둘째 짐승이 행하는 표적들은 바로 첫째 짐승 앞에서 행하도록 허락받은 것이다. 누구에게 허락받은 것일까? 이 질문에 대한 적절한 답을 얻기 위해, 12a절의 “그(둘째 짐승)는 첫째 짐승의 모든 권세를 그 앞에서 행한다”라는 문구와의 관련성을 살펴 볼 필요가 있다. 14b절과 12a절은 “첫째 짐승 앞에서(ἐνώπιον, 에노피온)”라는 문구와 평행 관계를 가진다. 이 평행 관계를 통해 14b절에서 허락된 것이 바로 첫째 짐승의 권세라는 것을 알 수 있다. 둘째 짐승의 모든 권세는 첫째 짐승의 것이며 따라서 첫째 짐승으로부터 허락받은 것이다. 따라서 12a절에서 둘째 짐승이 행하는 첫째 짐승의 “모든 권세”가 13a절과 14a절에서 둘째 짐승이 행하는 “표적들”로 드러나는 것으로 볼 수 있다. 그리고 보통 “허락되다”(ἐδόθη, 에도데 >δίδωμι, 디도미)라는 단어는 하나님이 허락하는 것으로서 하나님의 주권과 관련하여 사용되었으나, 이 문맥에서는 그런 의미보다는 첫째 짐승이 둘째 짐승에게 허락하는 것으로 사용된다.

짐승을 위하여 형상을 만들라(14c절) 14절은 주절인 14b절은 관계대명사절에 의해 14a절과 연결되고 14c절은 “말하다”라는 의미를 갖는 ‘레곤’(λέγων>λέγω, 레고)으로 시작하는 분사 구문으로서 역시 주절인 14a의 의미를 더욱 분명하게 도와준다. 곧 14c절의 내용은 14a절에서 말하는 미혹 행위의 연속이라고 할 수 있다. 미혹 행위는 기본적으로 “표적들로 말미암아” 이루어졌지만 14c절에서는 ‘레곤’이란 분사를 통해 이 미혹 행위가 “말”을 통해 자행된다. 이미 입의 “말”을 통한 공격은 5a절과 6ab절에서 시도된 바 있다. 곧 5a절에서 “신성모독을 말하는 입”이 주어졌고 6ab절에서는 실제로 그 입을 열어 하나님과 그의 장막 곧 하늘에 거하는 자들을 신성모독하는 말을 쏟아내어 공격한다. 둘째 짐승도 첫째 짐승처럼 표적 뿐만 아니라 말을 통해 미혹한다. 다만 차이점이 있다면 첫째 짐승은 하나님과 하늘에 거하는 자들을 향하여 공격을 하지만 둘째 짐승은 “땅에 사는 자들”을 미혹하는데 초점을 맞춘다. 둘째 짐승의 말에 미혹당한 “땅에 사는 자들”은 8b에서 언급하고 있는 것처럼14c에서 둘째 짐승이 ‘땅에 사는 자들에게’ 명령하는 내용에 대해 매우 적극적으로 반응할 것이라 예상된다.

특별히 주목할 것은 번역에서도 언급했던 것처럼14c절의 '레곤'(λέγων)이 단순히 "말"의 의미를 넘어서 "명령하다"라는 뜻으로 사용되고 있다는 점이다. 둘째 짐승이 행하는 표적들은 땅에 사는 자들에게 그의 말이 강제성을 함의하는 명령으로 들려졌을 법하다.[219] 이것이 명령이라고 한다면 첫째 짐승의 형상을 만드는 것은 강제성을 띠고 있다고 할 수 있다. 물론 이러한 강제성은 폭력을 유발하지 않는다. 왜냐하면 "땅에 사는 자들"은 둘째 짐승의 미혹에 영합할 준비가 되어 있기 때문이다. 다만 이러한 강제성은 첫째 짐승에 대한 둘째 짐승의 강한 충성도를 보여준다. 여기에서 명령의 내용은 "땅에 사는 자들"로 하여금 첫째 짐승을 위하여 형상을 만들라는 것이다. 형상에 해당되는 헬라어는 명사 '에이콘'(εἰκών)이다. 형상은 짐승의 분신이라고 할 수 있다. 이것은 마치 아담이 하나님의 형상(εἰκών)대로 지음 받은 것과 대조적이면서 평행관계를 가진다. 하나님은 하나님의 형상인 아담을 통해 임재를 나타내고 아담을 통해 영광을 받으신다. 그리고 하나님의 형상을 가진 아담을 모든 천사들을 비롯한 피조물들이 경배하도록 되어 있다. 특별히 아담과 이브의 일생(Life of Adam and Eve) 13-14장에서 미가엘은 하나님의 형상대로 지음받은 아담을 경배하도록 모든 천사들에게 명령하였고 그것을 거부한 사탄은 하늘로부터 쫓겨나게 되었다(12:1-2) . 마찬가지로 짐승은 그 형상을 통해 존재감을 나타내고 그 형상을 통해 경배 받게 된다. 여기에서 형상을 만들도록 명령한 목적은 바로 첫째 짐승을 경배하도록 하기 위한 것임이 분명하다.

첫째 짐승은 네로 황제를 대표로 하는 로마 제국의 황제를 의미하고[220] 둘째 짐승은 11c절에서 언급했던 것처럼 거짓선지자를 의미하기도 하지만 12bc절과 같이 로마 황제 숭배를 촉진하는 제사장을 상징하기도 한다. 따라서 둘째 짐승이 첫째 짐승을 위해 우상을 만들도록 촉구하는 것은 매우 자연스러운 일이라 할 수 있다. 요한 당시 로마 제국 황제의 형상들의 제작은 로마 제국 정부의 지도자들에 의해 주도된 것이 아니라 개인이나 여러 도시들에 속한 엘리트 그룹에 의해 주도되었고 황제 숭배를 주관하는 제사장들 역시 그들에 의해 선출되거나 그들이 직접 그런 역할을 맡기도 한 것으로 알려져 있다.[221] 쾨

219 Beckwith, *The Apocalypse of John*, 640.
220 3절에서 이에 대해 자세하게 논의한 바 있다.
221 Koester, *Revelation*, 592. 당시에 황제의 형상과 관련된 어떤 비문에 "도시가 그 형상들을 제공한다"라는 문구가 쓰여 있다고 한다(*Rom. Civ.* 2:521)(앞의 책).

스터는 로마 시대에 "영향력 있는 시민들과 후원자들이 시골과 도시에 황제를 위해 신전들을 세웠다… 거기에 황제의 형상이 두드러지게 드러나 있었다"고 말한다.[222] 그리고 쾨스터는 당시 로마제국 황제의 형상과 관련하여 몇 가지 중요한 자료를 제공한다. 곧 에베소에는 티투스의 형상이 있었고 버가모에는 아우구스투스, 그리고 라오디게아에서는 도미티안, 서머나에는 티베리우스의 형상이 세워져 있고 그리고 그 형상들은 대부분이 군복을 입은 모습이고 서머나의 티베리우스 형상은 제사장의 복장을 하고 있으며 어떤 형상들은 올림피아 신들의 모습을 하고 있기도 하다.[223] 이 형상들은 숭배를 위한 목적도 있지만 단순히 황제들의 명예를 기리기 위한 목적으로 세워지기도 했다.[224]

칼의 상처(14d절) 14d절의 "칼의 상처를 가지고 있다가 살아난"이란 문구는 14c절에서 언급한 첫째 짐승을 부연설명한다. 이 문구는 이는 3ab절에서 "그의 머리들 중 하나가 치명적으로 상처를 입어 죽임을 당한 것 같다. 그러나 죽음의 상처가 치료되었다"고 한 것을 축약해서 표현한 것이다. 이것은 13장 전체에서 첫째 짐승의 특징을 대표하는 표현이다. 그러나 14d절의 '칼의 상처'라는 문구에서 "칼"(μαχαίρης, 마카이레스>μάχαιρα, 마카이라; 길이가 짧은 검)이라는 단어는 3ab절에서는 사용되지 않은 단어인데, 이 "칼의 상처"라는 문구는 첫째 짐승의 모델로 사용되는 네로 황제가 칼을 목에 찌름으로써 스스로 목숨을 끊은 사건을 배경으로 묘사한 것이라 할 수 있다(Suetonius, Nero 49).[225] 또한 "칼"이란 단어는 "그리스도의 입으로부터 나오는 하나님의 법정적 말씀인… 신적 심판"(1:16; 2:12, 16; 19:15, 21)을 시사한다.[226] "칼의 상처"(πληγὴν τῆς μαχαίρης)의 '상처'(πληγὴν, 플레겐 >πληγή, 플레게)라는 단어는 요한계시록의 다른 부분에서 하나님의 "신적인 심판"(divine judgment)의 시행을 가리킬 때 사용되기도 한다(9:18, 20; 11:6; 15:1, 6, 8; 16:9, 21; 18:4, 8; 21:9; 22:18).[227] 그러므로 짐승에 사용된 "칼의 상처"라는 문구는 네로 황제의 몰락은 곧 하나님의 심판에 의한 것이라는 사실을 암시하

222 앞의책, 593.
223 앞의 책.
224 앞의 책.
225 Bauckham, *The Climax of Prophecy*, 433; Osborne, *Revelation*, 515.
226 Bauckham, *The Climax of Prophecy*, 433.
227 앞의 책.

며,[228] 같은 맥락에서 13장 본문에서 첫째 짐승이 칼에 의해 상처를 입었다 말할 때 그것은 하나님이 내리시는 신적 심판이라는 의미로 볼 수 있다.

살아나다(14d절) 첫째 짐승은 칼의 상처를 가지고 있다가 다시 살아난다. '플레게'가 하나님의 심판을 나타내는 표현이라고 한다면 그 '플레게'에서 살아난 첫째 짐승은 하나님의 심판에도 불구하고 치명적인 상태에서 살아나는 신비한 능력의 소유자로 인식되어 "땅에 사는 자들"을 압도하고 그들로부터 경배할 마음을 이끌어 내기에 충분한 이미지를 쌓는다. 이러한 이미지는14d절에서 언급된 첫째 짐승에 대한 부연설명과 함께 첫째 짐승의 형상을 만들어야 하는 당위성을 제공한다. 이러한 당위성 때문에 둘째 짐승이 땅에 사는 자들로 하여금 첫째 짐승을 경배하도록 하는 사역은 정당성을 갖게 된다.

또한 14d절의 "살아나다"(ἔζησεν, 에제센>ζάω, 자오)라는 동사는 3b절의 "치료되다" (ἐθεραπεύθη, 에데라퓨데>θεραπεύω, 데라퓨오)라는 동사 대신 사용된다. 여기에서 "살아나다"는 "치료되다"보다 훨씬 더 강력한 언어이다. "살아나다"라는 동사를 사용한 중요한 이유는 죽은 자 가운데서 살아나신 그리스도와의 대립적 관계에 의한 기독론적 패러디(Chrsitological parody)를 위한 것이다.[229] 3절이 "죽임을 당한 것 같다"라는 문구의 "죽음"과 관련하여 기독론적 패러디를 시도하고 있다면 14d절에서는 "살아나다"라는 문구를 통해 기독론적 패러디를 사용한다. 여기에서 다시 한 번 첫째 짐승의 중요한 특징에 대한 소개는 언제나 그리스도와의 비교가 그 배경에 깔려 있음을 보여 준다. 바로 로마 정부에 의해 십자가에 못 박히신 그리스도께서 부활하심으로서 그 사역의 진정성이 확인된 것처럼, 첫째 짐승도 하나님의 심판에 의해 죽게 되었으나 다시 살아 남으로써 그 초월적인 능력을 인정 받는다(13:3 참조). 이러한 기독론적 풍자는 바로 첫째 짐승과 그리스도와의 적대 관계를 더욱 명확하게 하기 위한 목적으로서13장을 기록하는 데 중심축 역할을 한다.[230]

그리고 14d에서 '(첫째) 짐승을 위하여 형상을 만들라'는 것은 12절에서 '땅에 사는 모든 자들'로 하여금 첫째 짐승에게 경배하게 만드는 하는 수단으로

228 앞의 책.
229 기독론적 패러디에 대해서는 3a절에 대한 설명을 참조하라.
230 Bauckham, *The Climax of Prophecy*, 437.

묘사된다. 실제로 이 당시에 여신인 "로마"(Roma) 신상이 소아시아 전 지역에 걸쳐 세워져 숭배되어졌을 뿐만 아니라[231] 소아시아의 각 도시에 황제 숭배를 위한 신전이 세워져 있어 그 황제 숭배를 촉진하는 환경이 조성되어 있었다.[232] 실제로 황제 숭배의 흔적은 곳곳에서 확인할 수 있다. 특별히 황제의 얼굴을 새겨 놓은 동전이나, 황제 생일을 기념하거나 전쟁 승리자들을 축하하거나, 황제 가족들의 경사를 기념하기 위한 각종 축제에서 황제 숭배의 흔적들을 발견할 수 있다.[233] 그러므로 이 문구는 여신의 신상을 세우고 로마 황제 숭배를 주도하는 로마 제국의 이교적 제사장을 염두에 두고 기록하고 있다고 볼 수 있다. 요한은 바로 이러한 역사적 정황을 배경으로 하여 요한계시록 내에서 악의 세력의 판도를 그려 나가고 있는 것이다.

짐승의 형상에게 영을 주는 것이 허락되다(15절) 둘째 짐승의 사역은 15절에서 좀 더 진전된 내용을 제시한다. 먼저 15a절에서 둘째 짐승이 짐승의 형상에게 "영"을 주는 것이 허락된다. 여기에서 "허락되다"라는 동사에 해당하는 단어는 '에도데'(ἐδόθη)로서 5절과 7절에서도 사용된 바 있다. 이것은 신적 수동으로서 하나님의 주권을 나타내고 있다. 13장에서 이 동사의 빈번한 사용은 짐승의 신비한 능력에도 불구하고 이 모든 것 위에 하나님의 주권이 있다는 사실을 시사한다. 또한 "허락되다"라는 동사를 사용하는 15a절은 5절, 7절과 동일한 의미이다. 곧 여기에서도 둘째 짐승은 표면적으로는 첫째 짐승으로부터 권세를 공급받는 것처럼 보이나 하나님으로부터 그 활동을 허용받음과 동시에 제한을 받고 있음을 보여 준다. 이 권세를 받는 것은 바로 그 짐승의 우상에게 생기를 주기 위함이다. 이러한 권세는 12-13절에서 표적을 행하는 권세와는 또 다른 측면의 권세이다.

또한 15a절에 의하면 허락되는 내용은 짐승의 형상에게 생기를 주는 것이다. 벅스얼은 짐승의 형상에게 영이 들어가는 정황을 11장 11절에서 "하나님으로부터 생명의 영"(πνεῦμα ζωῆς ἐκ τοῦ θεοῦ, 프뉴마 조에스 에크 투 데우)이 두 증인 안으로 들어가는 하나님의 "신적 행위"에 대한 "놀라운 패러디"(shocking parody)로 본

231 Witherington III, *Revelation*, 184.
232 Reddish, *Revelation*, 252. 이에 대한 구체적인 논의는 2-3장의 일곱 교회가 위치한 일곱 도시를 소개할 때 충분히 다룬 바 있다.
233 Reddish, *Revelation*, 252.

다.[234] 또한 요한계시록 11장 11절의 이러한 내용은, 창세기 2장 8절에서 진흙에 생기를 불어 넣어 살아 있는 존재로 만드셨던 경우와 에스겔 37장 6-9절에서 무덤 속에 죽어있는 마른 뼈에 생기를 불어 넣어 살아 있는 하나님의 군대가 되었던 경우를 연상케 하는 사건이다. 기독론적 패러디에서 보여주고 있듯이, 여기에서도 악한 세력의 활동이 하나님의 역사를 모방하고 있는 패턴을 재현하고 있다.

다음 15bc절은 15a절에서 짐승의 형상에게 영이 주어진 결과를 나타낸다. 15bc절에 따르면 짐승의 형상이 말도 하고, 짐승의 형상에게 경배하지 않는 자들은 죽임을 당하기도 한다. 15b절에서 짐승의 형상이 말을 하게 되는 것은 "신들의 형상들에게 주어지는 생동감이 신탁(oracles)을 확보하기 위한 중요한 수단"으로 여기던 "고대 마법의 세계"를 반영한다.[235] 헬라 세계에서 일반적 통념은 신들의 형상들을 "실제적인 신들"(actual gods)이라고 생각하지 않았으며 단지 그 신들을 떠올리게 하는 수단으로 생각하였다.[236] 이와 관련하여 플라톤도 자신의 견해를 제시한 바 있다: "우리는 형상으로서 동상을 세운다. 그리고 우리가 이것들을 숭배할 때, 그것들은 생명이 없지만, 저편에 있는 살아있는 신들이 우리를 향하여 큰 호의와 감사를 베푸는 것을 느낀다."[237] 또 한편으로 그리스-로마 시대에 유력했던 견해는 신들이 그들의 동상들 안에 거주했다고 생각하는 것이었다.[238] 그리고 고대 세계에서 동상들이 "돌아보기도 하고"(turning; Dio Cassius 41.61; 54.7), "땀을 흘리기도 하고"(sweating)(Cicero, *De div.* 1.43.98; Plutarch Cor. 38.1; *Anton.* 60) 그리고 "울기도하며"(weeping) 혹은 "말하기도"(speaking; Dionysius of Halicarnassus, *Ant. Rom.* 8.56.2) 한다는 많은 기록들이 있다.[239] 이처럼 고대 사회에서 우상 숭배를 위해 세워진 형상들이 "말을 하고 기적을 행하는 것에 대한 믿음"은 통상적으로 널리 퍼져 있었다.[240] 이러한 믿음에 근거해 우상 숭배자들은 우상의 형상을 매개로하여 신들이나 마귀들과 영적 교

234 Boxall, *The Revelation of St. John*, 195.
235 Aune, *Revelation 6-16*, 762.
236 앞의 책.
237 Aune, *Revelation 6-16,* 762에서 플라톤의 *Laws* 11.931A (Loeb Classical Library번역)을 재인용.
238 Plutarch, *Is. Os.*379C-D; R. MacMullen, *Paganism in the Roman Empire* (New Haven: Yale University Press, 1983), 59-60(Aune, *Revelation 6-16,* 762에서 재인용).
239 Aune, *Revelation 6-16*, 763.
240 Charles, *A Critical and Exegetical Commentary on the Revelation of St. John*, 1:361.

감을 가지는 행위를 가지곤 하였다.[241] 이러한 배경에서 짐승의 형상이 말을 하는 모습은 자연스럽게 이해될 수 있을 것이다. 한편 그리스도인들은 이러한 행위를 "마귀적 능력의 출현"의 현장으로 보았다.[242]

영이 주어지는 짐승의 형상은 당시의 로마-그리스 시대에 횡행했던 신들의 형상들에 대한 통념을 반영하지만 경배하지 않는 자들이 죽임을 당하게 되는 것은 요한계시록의 황제 숭배라는 논점과 연관되어 독특하게 덧붙여진다. 짐승의 형상이 영을 받아 말을 하는 것과 짐승의 형상에게 경배하지 않는 자들을 죽도록 하게 하는 것과는 밀접한 상관 관계가 있다. 곧 첫째 짐승의 형상이 말을 하게 된다는 것은 그 형상이 인격화되어 마치 로마 제국 황제의 행위 자체를 투영해주고 있는 것과 같다고 할 수 있다. 이처럼 짐승의 형상이 숭배를 거부하는 자들을 죽이도록 만드는 폭력적 행위는 고대 사회의 정황과는 큰 차이를 보인다.

여기에서 우상이 말하게 되는 것은 매우 신기한 일이다. 이것은 특별히 우상의 무익함과 그 우상을 섬기는 자들의 우매함을 말하는 이사야 44장 9절과 44장 18-19절의 말씀과 대조적이다.

> 우상을 만드는 자는 다 허망하도다 그들의 기뻐하는 우상은 무익한 것이어늘 그것의 증인들은 보지도 못하며 알지도 못하니 그러므로 수치를 당하리라(사 44:9)
>
> 그들이 알지도 못하고 깨닫지도 못함은 그 눈이 가리워져서 보지 못하며 그 마음이 어두워져서 깨닫지 못함이라 19)마음에 생각도 없고 지식도 없고 총명도 없으므로 내가 그 나무의 얼마로 불을 사르고 그 숯불 위에 떡도 굽고 고기도 구워 먹었거늘 내가 어찌 그 나머지로 가증한 물건을 만들겠으며 내가 어찌 그 나무토막 앞에 굴복하리요 말하지 아니하니(사 44:18-19)

이 말씀에서 보여 주고 있는 것처럼 우상은 아무런 기능도 하지 못한다. 그러므로 그것을 섬기는 자들은 알지도 못하고 깨닫지도 못하는 자들이다. 그러나 요한계시록에서 둘째 짐승은 바로 첫째 짐승의 형상을 만들어 그 형상에 생기를 집어 넣어 말하게 한다. 다시 말하면 이사야 44장의 말씀처럼 우상이 아무런 효과도 내지 못하는 무능한 존재가 아니라 어떤 효과를 나타내는 존재로

241 앞의 책.
242 Beckwith, *The Apocalypse of John*, 641.

본질적인 반전을 일으키는 것이 둘째 짐승의 사역이다. 첫째 짐승을 경배의 대상으로 만들어 가는 둘째 짐승의 사역은 이처럼 매우 효과적으로 펼쳐지고 있다.

둘째 짐승이 첫째 짐승의 형상을 경배하도록 강제하는 사역은 우상 숭배를 거부하도록 부르심 받은 교회 공동체에게 고난이 주어질 것을 예상케 한다. 15c절은 이러한 사실을 좀 더 분명하게 나타낸다. 여기에서 형상을 세워 그 형상으로 말하게 하고 그 우상에 경배하지 않는 자들은 모두 죽이는 것은 다니엘 3장에서 느부갓네살 왕의 신상을 세운 사건과 매우 유사하다.[243] 그곳에서 그 신상 앞에 절하지 않는 자들은 모두 죽임을 당하게 된다. 다니엘, 사드락, 메삭 그리고 아벳느고는 이 신상에 절하지 아니하였다가 풀무 불에 죽임을 당할 위기에서 하나님의 도우심으로 건져냄을 받았다. 다니엘서에서 느부갓네살이 세운 신상은 요한계시록 13장에서 짐승의 형상으로 재현된다. 곧 요한은 다니엘서 3장의 정황을 거울 삼아 요한계시록에서의 적대적 세력의 판도가 그리스도인들에게 얼마나 위협적인가를 그려 내고 있는 것이다. 이러한 기록 방법으로 통해 요한은 독자들로 하여금 자신들이 처한 상황이 얼마나 위협적인가를 인식하도록 돕는다. 그러므로 그리스도인들은 이러한 적대적 세력의 도전에 대해 적절하게 준비할 수 있어야 할 것이다. 이러한 내용은 이미 2-3장의 일곱 교회 공동체에게 실제적 상황에서 논의된 바 있다.

표를 받게 하다(16절) 다음 16절은 둘째 짐승이 사람들로 하여금 첫째 짐승을 경배하도록 하는 맥락의 또 다른 측면을 소개하고 있다. 그것은 모든 사람들로 하여금 표를 받게 하는 것이다.

16a절의 "모든 자"는 16a절에서 "작은 자들과 큰 자들"[244] 그리고 16b절의 "부자들과 가난한 자들," 그리고 "자유자들과 종들"로 구체화된다. 이러한 인적 구성은 각 "사회 계층의 양 극단"을 망라함으로써 모든 자가 포함된다는 것을 보여 주려는 의도이다.[245] 16c절에 의하면 이러한 자들에게 오른손이나 이

243 Beale, *The Book of Revelation*, 712.

244 오우니는 이 문구가 "사회적 포괄성"(social inclusivity)을 의미하는 것으로서 구약성경에서 자주 사용된다고 한다(창 19:11; 신 1:17; 왕상 22:31; 왕하 23:2; 25:26; 대상 12:14; 25:8; 26:13; 대하 18:30; 34:30; 욥 3:19; 지혜서 6:7; 쥬디스 13:4, 13; 렘 6:13; 31:34[LXX 38:34]; 마카비1서 5:45; 행 8:10; 26:22; 히 8:11[렘 38:34 인용]) (Aune, *Revelation 6-16*, 766).

245 Smalley, *The Revelation to John*, 349. 오우니는 이것을 "전체성"(tatality)으로 표현한다(Aune, *Reve-*

마에 표를 받게 한다. 16c절의 '히나'절 주어는 3인칭 복수인데, 번역 및 구문 분석에서 언급했듯이 "비인격적 복수" 혹은 "부정복수"로 이 주어의 정체는 분명하게 드러나고 있지 않으나 추정하건대 둘째 짐승을 도와서 사역하는 둘째 짐승의 하수인일 가능성이 크다.[246)]

여기에서 '카라그마'(χάραγμα, 카라그마)는 "새겨진 표시"(mark that is engraved)를 의미한다.[247)] 이 단어와 관련하여 여러가지 배경이 존재한다. 먼저 찰스는 다이스만(Deissmann)의 의견을 인용하면서, 당시에 '카라그마'라는 단어는 "제국의 인장"(imperial stamp)에 대한 "전문적 명칭"(technical designation)이라는 사실을 지적한다.[248)] 그리고 마카비 3서 2장 29절에 의하면 프톨레미 필로파토르 1세(Ptolemy Philopator I; BC 217)는 인두세를 의무적으로 납부하고 노예 신분을 표시하기 위해 유대인들에게 불로 달구어진 도구로 "디오니수스의 담쟁이 나뭇잎 상징"을 노예의 몸에 강제로 낙인을 새겨 넣도록 하였다.[249)] 여기에서 "디오니수스의 담쟁이 나뭇잎 상징"을 낙인 찍는 것은 바로 디오니수스 숭배자라는 의미를 함축한다.[250)] 당시에 종들이나 전쟁 포로들이 어떤 소유자에게 속해 있는 신분이라는 사실을 드러내주는 문신과 같은 것을 표시하는 경우가 있었다고 한다.[251)] 또한 이 "표"는 솔로몬의 시편 15장 8-10절에서 "하나님의 표지(sign: τὸ φημεῖον τοῦ θεοῦ)는 구원을 위해 의인들에게 있다 … 멸망의 표지(τὸ γὰρ σημεῖον τῆς ἀπωλείας)는 죄인들의 이마(μετώπου)에 있다"라는 문장과 부분적이기는 하지만 평행 부분을 보여주고 있다. [252)]

당시 정통 유대인들은 악한 영에 대한 보호의 표시로서 부적처럼 왼손과 이마에 "성구함"(tephillin)을 달고 다녔는데(마 23:5에서는 이것을 우리말로 "경문"이라고 번역)[253)] 짐승의 숭배자들이 오른 손이나 이마에 표를 받는 모습은 이러한 유대

lation 6-16, 765).

246 Swete, *The Apocalypse of St. John*, 170.

247 BDAG, 1077.

248 Charles, *A Critical and Exegetical Commentary on the Revelation of St. John,* 1:362, 각주 1번. 이러한 인장이 사람에게도 사용되었는가에 대한 구체적 예증은 아직 발견되지 않았다(Swete, *The Apocalypse of St. John,* 170).

249 Swete, *The Apocalypse of St. John*, 170.

250 앞의 책.

251 Boxall, *The Revelation of St. John,* 196. 벅스얼은 이러헌 배경적 역할을 일종의 "인유"(allusion)로 규정한다.

252 Swete, *The Apocalypse of St. John*, 171.

253 Charles, *A Critical and Exegetical Commentary on the Revelation of St. John*, 1:362.

인의 전통을 희화한 것일 수 있다.[254] 벅스얼은 이러한 짐승 숭배자들의 행위를 "마귀적 패러디"(demonic parody)로 규정한다.[255] 이상에서 '표'는 당시에 여러 가지 경우를 배경으로 표를 가진 자들이 짐승에게 소속되어 있다는 것을 보여주는 장치로 사용된다. 이것은 7장 2-4절에서 144,000의 이마에 찍혀진 '하나님의 인'과 대조를 이룬다. 그러므로 하나님의 인은 그리스도께 속하였다는 표시이고 짐승의 표는 짐승에게 속하였다는 것을 의미한다. 그런데 여기에서 한 가지 꼭 기억해야 할 것은 짐승의 표이든 하나님의 인이든 이것들은 배경적 상황에 있어서는 '물리적 의미'를 가지고 있을지는 모르나 그것들이 성경에 사용되었을 때는 모두 물리적 표시를 의미하지 않고 '상징적 의미'를 가지고 있다는 사실이다.[256]

16a절에서 이러한 짐승의 표를 받는 대상이 "모든 자들"이라는 것을 주목할 필요가 있다. 이것은 8a절에서 "땅에 사는 모든 자들"이 짐승을 경배한 것과 같은 의미를 가진다. 이 두 경우에서 모두 "모든"(πάντες>πᾶς[모든]의 복수형)이란 단어가 사용된다. 이러한 평행 관계에 의해 16a절에서 짐승의 표를 받은 "모든 자"가 누구인지를 알 수 있다. 그들은 곧 "땅에 사는 모든 자들"을 가리킨다. 원칙적으로 말하면 "하나님의 인"을 받은 자들이 "짐승의 표"를 받을 수 없다. 따라서 16a절의 "모든 자"는 불특정 다수의 사람들이 아니라 "땅에 사는 사람들" 전체를 대상으로 하는 말이다. 그리고 이어서 나오는 내용은 이러한 사람들의 구체적 대상을 소개한다. 곧 그들은 작은 자들과 큰 자들, 부자와 가난한 자들 그리고 자유자들이나 종들이다. 여기에서 짝을 이루고 있는 것은 양 극단에 있는 그룹을 하나로 묶었다는 것이다. 이것은 짐승을 경배하는 자들 곧 땅에 사는 자들의 포괄적 성격을 잘 드러내 준다.

이상의 내용을 정리하면, 둘째 짐승이 모든 자들에게 이러한 '표'를 받도록 하는 것은 12절에서 '땅에 사는 자들로 처음 짐승에게 경배'하게 하는 행위에 대한 좀 더 구체적인 사역의 내용이라고 할 수 있다. 왜냐하면 짐승의 표를 받게 하는 것은 짐승의 소유로 확증하는 것이며 짐승에게 속한 자는 짐승을 그들의 주로 경배하지 않을 수 없는 것이기 때문이다. 더 나아가서 이 짐승의 표

---

254 Charles, *A Critical and Exegetical Commentary on the Revelation of St. John*, 1:362.
255 Boxall, *The Revelation of St. John*, 196.
256 앞의 책.

를 모든 자들에게 받게 하려는 시도는 짐승의 폭력과 탐욕스러움을 드러내는 단면으로 보여 질 수 있고, 그 만큼 그리스도인들에게 고난이 필연적으로 발생할 수 밖에 없음을 의미한다.

사고 팔 수 없다(17ab절) 구문분석에서 살펴 본 것처럼, 17절은 16c절과 동일하게 '히나'(ἵνα)절로 시작하여 16c절과 접속사 '카이'(καί)로 연결되어 16c절에서 말하는 '표'에 대한 설명을 계속 이어가고 있다. 곧 16c절과 17a절은 '카이' 접속사로 연결되어 등위 관계를 가진다. 곧 16c절의 이마에 "짐승의 표"를 받는 것과 17a절의 "사고 팔 수 없다"는 것은 밀접한 평행 관계를 갖는다. 이 관계의 구체적 내용은 주해 과정에서 밝힐 것이다.

먼저 17ab절의 문장을 분석해 보면, 17a에서는 "아무도 사고 팔 수 없다"라는 부정적인 내용이 등장하고 이후에 17b에서도 '외에는'(εἰ μή, 에이 메)이라는 부정적 문구를 사용하는 이중 부정의 형태로, 누가 '사고 팔 수 있는가'를 강조한다. 이 문형은 짐승의 표를 갖지 않은 자들은 매매할 수 없는 반면 표를 가진 자들만이 매매할 수 있다는 사실을 강조한다. 로마 정부는 그리스도인들에게 로마 황제 숭배를 거부하는 대가로 경제적 제재를 가한 적은 없으므로, 이는 각 지방에서 일어난 핍박을 배경으로 말하는 것으로 추정할 수 있다.[257] 실제로 요한계시록 2-3장은 일곱 교회가 경제적 제약 때문에 빈곤에 처하게 된 상황을 기록하고 있다. 3장 8절에서 빌라델비아 교회가 "적은 능력"을 가지고 있다고 한 것도 바로 이런 경제적 제재로 빈곤에 처한 정황을 함의하는 것으로 추정된다.[258]

이러한 정황을 정확하게 파악하기 위해서는 당시의 경제 시스템을 잘 이해하는 것이 필요하다. 당시에는 이교적 우상숭배와 황제 숭배에 앞장서던 길드를 중심으로 경제 시스템이 구축되어 있었다. 이 시스템이 당시 사람들에게 커다란 부요를 가져다 주었기에 부를 획득하고 유지하기 위해서 사람들은 황제 숭배에 더욱 적극적으로 참여하고자 했다.[259] 여기에서 길드에 가입한다는

257 W. M. Ramsay, *The Letters to the Seven Churches of Asia* (London: Hodder & Stoughton, 1904), 105; Caird, *A Commentary on the Revelation of St. John the Divine*, 173; A. F. Johnson, "Revelation," in *The Expositor's Bible Commentary: Hebrews through Revelation*, ed. F. E. Gaebelein (Grand Rapids: Zondervan, 1982), 532–33.

258 Osborne, *Revelation*, 518.

259 Blount, *Revelation*, 260.

것은 우상 숭배와 더불어서 황제 숭배에 참여한다는 것을 의미한다. 실제로 길드 가입자들에게 황제 숭배와 이교적 우상 숭배를 요구하였다.[260] 당시에 황제 숭배를 거부하는 자들을 "반역자 그리고 불법자"로 로마 제국의 법이 규정하고 있기 때문에 황제에게 충성스런 길드 조직의 생리상 그들을 받아들일 수 없는 것은 당연하다.[261] 설사 가입되어 있더라도 황제 숭배를 거부할 경우 스스로 탈퇴하게 되거나 강제로 탈퇴 당하게 되는 것이다. "무역상들"(traders)과 "소매상인들"(shopkeepers)도 황제 숭배에 대한 충성도가 증명되지 않으면 거래 행위가 금지되기도 하였다.[262]

여기에서 핵심은 길드에 참여하지 않으면 물건을 사고 파는 정상적인 경제생활이 불가능하다는 데 있다. 그러므로 황제 숭배를 거부할 때, 생기는 결과는 경제적 빈곤이다. 그 대표적인 예가 바로 서머나 교회이다. 그들에 대한 예수님의 칭찬 중에 예수님은 서머나 교회를 향하여 "환란과 가난을 안다"고 하신다(2:9). 여기에서 위더링턴은 "가난"이 바로 황제 숭배를 거부한 탓에 길드와의 단절로 인하여 발생한 결과라고 해석한다.[263] 해링턴 역시 17ab절에서 살고 팔 수 없는 정황을 2장 13-16절에서 버가모 교회 역시 "길드 멤버쉽의 문제"로 인한 경제적 불이익이 발생한 바 있다는 것과 관련시키고 있다.[264] 벅스얼 또한 두아디라에 "무역 길드"(trade-guild) 조직이 만연해 있었으며, 우상에게 바쳐진 음식을 먹는 것이 상업의 번창을 위해 그 길드의 수호신(patron god)을 경배하는 데 필수적 절차였을 것이고 이러한 과정에 참여하지 않는 것은 그 길드의 조직의 멤버쉽을 포기하는 것을 의미했을 것이라고 제안한다.[265] 17ab절에서 "짐승의 표를 받지 않은 자들은 사고 팔 수 없다"는 것은 바로 이런 정황을 배경으로 황제 숭배에 참여하기를 거부하는 자들은 정상적인 경제생활을 할 수 없다는 것을 의미한다.

---

260 Witherington III, *Revelation*, 98.

261 Ramsay, *The Letters to the Seven Churches of Asia*, 105.

262 앞의 책. 램지는 무역상들과 소매상들이 길드 조직과 관련되고 있다는 사실에 대해 구체적으로 언급하고 있지는 않으나, 그렇다고 둘 사이에 관련이 없다고 말할 수는 없다.

263 Witherington III, *Revelation*, 98.

264 Harrington, *Revelation*, 143.

265 Boxall, *The Revelation of St. John,* 64. 이에 대한 좀 더 자세한 내용은 1권의 304-305쪽을 참조하라. 특별히 찰스도 길드와 관련하여 다음과 같이 서술한다: "도시 무역 협동조합들 안에서의 사업과 그 회원들이 누리게 되는 사회적 이익 때문에 그들의 회원 자격을 정당화해 주는 어떤 원칙이든 수용할 수 있는 준비가 매우 잘 되어 있었다"(Charles, *A Critical and Exegetical Commentary on the Revelation of St. John,* 1:70).

이러한 논점은 편지의 발신자인 요한과 수신자인 일곱 교회 성도들 사이에 주고 받는 의사소통 주제와 관련된다. 곧 17ab절의 666을 베리칩으로 해석하고 "사고 팔 수 없다"는 문구를 오늘날 베리칩을 받지 않으면 사고 팔 수 없다는 방식으로 이해하는 것은 본문의 의도와 전혀 관계 없는 "자기해석"(eisegesis)이라고 할 수 있다.[266]

짐승의 이름, 이름의 수(17b절) 17b절에서 이 표가 "짐승의 이름" 혹은 "이름의 수"라는 사실을 밝히고 있다. 여기에서 짐승의 표가 짐승의 이름이라고 함으로써 표의 의미를 잘 설명해 준다. 이름이란 그 이름의 소유자의 인격을 내포한다. 특별히 구약 성경에서 여러 인물의 이름이 그들의 인격을 나타내주는 경우를 빈번하게 발견한다. 따라서 그 이름을 이마나 손에 가진자는 그 이름에 의해 그의 정체성이 결정된다. 곧 "하나님의 이름" 혹은 "어린 양의 이름"의 이름을 가진자는 하나님과 어린 양에게 속한 자들이고(14:1; 22:4), 짐승의 표 곧 짐승의 이름을 가진자는 짐승의 인격에 연합하여 짐승에 속해 있다는 것을 의미한다.

또한 "짐승의 이름"은 동격관계인 '이름의 수'라는 말로 다시 표현된다. "이름의 수"란 "이름을 숫자로 표현한 것이라고 할 수 있다. 짐승의 표는 짐승의 이름이며 이름의 수로서 그 이름을 숫자로 표현할 수 있다는 것을 의미한다. 이처럼 이름을 숫자로 표현하는 것을 '게마트리아'(gematria)라고 한다.[267] 이러한 게마트리아는 히브리어나 헬라어가 각 알파벳마다 숫자가 부여되어 있기에 가능하다. 곧 헬라어나 히브리어의 알파벳마다 숫자값을 가지고 있다는 사실에 근거하여 이름에 포함된 알파벳에 해당되는 모든 숫자를 더한 결과를 이름 대신 사용한다. 예를 들면 폼페이 벽에 '나는 그의 이름이 545인 그녀를 사랑한다'라는 낙서가 발견된 바 있다.[268] 여기에서 545라는 숫자는 이 낙

266 K. G. C. 뉴포트(Newport)는 *Apocalypse and Millennium* (Cambridge: Cambridge University Press, 2000) 이라는 책을 저술하면서 부제를 "Studies in Biblical Eisegesis"라고 하였다. "Biblical Eisegesis"라는 문구가 주목을 끈다. 여기에서 'eisegesis'란 단어는 우리말로 번역하면 "자기해석"이라고 할 수 있다. 이것은 본문으로부터 본문의 의미를 추출해 내는 'exegesis'와는 반대로 자기가 찾고자 하는 것을 본문에서 찾고자 하고, 의도하는 바를 본문에 덮어씌어 본문의 의미를 규정하려는 해석 태도라고 할 수 있다.

267 Reddish, *Revelation*, 261.

268 A. Deissmann, *Light from the Ancient East: The New Testament Illustrated by Recently Descovered Texts of the Graeco-Roman World,* trans. L. R. M. Strachan, rev. ed. (Grand Rapids: Baker, 1966), 277 (Mounce, *The Book of Revelation,* 260 에서 재인용).

서를 기록한 사람이 사랑하는 사람의 이름이라는 것을 알 수 있다. 그러므로 17b절에서 '이름의 수'는 바로 '짐승의 이름'을 숫자로 표현하는 게마트리아 기법을 나타내는 것이라고 할 수 있다. 따라서 이름의 숫자는 짐승의 이름 그 자체이다.[269]

지혜와 지각(18ab절) 다음 18절에서 이러한 짐승의 수에 대한 설명을 이어가고 있다. 요한은 이러한 짐승의 수와 관련하여 독자들에게 지혜(σοφία, 소피아)와 지각(νοῦν, 눈>νοῦς, 누스)을 요구한다. 곧 숫자의 의미를 이해하는 데 지혜와 지각이 필요하다는 것이다. 이러한 내용을 이해하는 데 있어서 상당한 주의가 필요함을 의미하고 있다. 먼저 "지혜"는 본래 어린 양(5:12)과 하나님(7:12)께 속한 것으로서 창조와 구속의 실행에 적용된 바 있다. 또한 지혜는 "계시의 제공에 응답하는 영적 은사"(엡 1:17, "지혜와 계시의 영")로서 "비밀들을 이해하고 해석하는 능력"이다.[270] 이처럼 지혜는 어린 양과 하나님께 속한 속성으로서 하나님의 뜻을 깨닫는 데 필요하지만, 또한 악의 세력의 본질을 파악하는 데도 필요하다. 이 두 영역은 분리되지 않고 서로 밀접하게 연결되어 있다. 곧 지혜는 악의 본질을 분별하면서 창조의 회복과 여호와를 경배하는 행위를 가져온다. 이제 짐승의 수와 관련하여 이러한 지혜를 발휘할 기회가 주어지고 있는 것이다.[271]

그리고 "지각"이라는 말은 다니엘 12장 10절에서 '오직 지혜 있는 자는 깨달으리라'는 문구를 배경으로 한다.[272] 여기에서 "지혜있는자"에 해당하는 70인역의 헬라어 단어는 '디아누우메노이'(διανοούμενοι>διανοέομαι, 디아노에오마이)인데, 그 어근은 '누스'(νοῦς)로 요한계시록 본문의 '지각'과 같은 어군에 속한다. 다니엘 12장 10절의 이 말씀은 하나님께서 그의 백성에게 주실 종말에 대한 지식을 언급하고 있다. 바로 종말적 적대 세력으로 소개되는 짐승에 대한 이해에 있어서도 이러한 지각이 필요하다는 것이다. 곧 지혜와 지각은 악의 세력의 본질과 그 배후 세력에 대한 분별을 위해 필수적 요소이다.[273] 지혜와 이

---

269 Swete, *The Apocalypse of St. John*, 171.
270 앞의 책.
271 앞의 책.
272 앞의 책, 172; Aune, Revelation 6-16, 769.
273 Smalley, *The Revelation to John*, 350.

해를 갖지 못한 자들은 본질을 모른 채 황제 숭배에 빠져 들게 된다.

끝으로 이러한 지혜와 지각은 하나의 짝을 이루고 있다. 이러한 점에서 본문은 지혜와 지각이 함께 등장하는 17장 9절과도 평행 관계이다.[274]

짐승의 수를 세게 하라(18bcd절) 18b에서 "지각을 가진 자로 짐승의 수를 세게 하라"는 것은 단순히 숫자 계산을 하라는 것이 아니라 게마트리아 방식에 근거해서 짐승의 이름이 누구를 가리키고 무슨 의미가 있는지 잘 파악해 보라는 것이다. 먼저 구조적인 측면에서 "세게 하라"라는 3인칭 명령형은 13장의 전반부를 정리하는 9절에서 역시 3인칭 명령형인 "듣게 하라"(ἀκουσάτω, 아쿠사토)라고 한 것과 같은 패턴이다. 9절에서는 "누가 귀를 가지고 있다면"이라고 하여 귀를 가진 자로 듣게 하라는 것이요 18b절에서는 "지각을 가진 자로 짐승의 수를 세게 하라"는 것이다. 여기에서 "귀를 가진 자"와 "지각을 가진 자"는 같은 의미로 볼 수 있다. 이러한 측면에서 1-8절을 정리하는 9-10절과, 11-17절을 정리하는 18절은 서로 같은 기능을 가지고 있는 것으로 볼 수 있다.

여기에서 "짐승의 수"란 17b에서 "짐승의 이름"과 "이름의 수"를 축약한 표현이다. 그러므로 "짐승의 수"란 짐승의 이름을 숫자로 표현한 것이다. 여기에서 "짐승의 수를 세게 하라"는 것은 그 숫자에 해당하는 이름을 가진 인물을 추적해 보라는 것으로 이해할 수 있다. 18c절에서 그 숫자는 '한 사람의 수'(ἀριθμὸς… ἀνθρώπου, 아리드모스 … 안드로푸)라고 하여 어떤 인물을 가리키고 있음을 시사하면서 18d절에서 그 이름에 해당하는 숫자를 "육백 육십 육"이라고 구체적으로 제시한다. 여기에서 게마트리아 원리에 의해 666이라는 숫자를 역추적하여 그 "한 사람"이 누구인지 파악할 수 있다는 사실을 전제한다. 여기에서 그 이름을 숫자로 환산해서 666이라는 숫자가 나올 수 있는 인물을 추적하기 위해 필요한 조건은 당시에 유력한 인물로서 짐승의 역할과 속성에 부합한 존재이어야 할 것이다. 이러한 조건을 충족시킬 수 있는 인물로 '네로 황제'가 적합하다고 할 수 있다. 왜냐하면 네로 케사르 라는 헬라어 이름을 히브리어 'נרון קסר'로 음역한 것을 그 철자에 부여된 숫자를 합하면 정확하게 666이라는 숫자가 나오기 때문이다.

274 Blount, *Revelation*, 261.

네로 황제의 이름을 히브리어로 음역한 'נרון קסר'의 철자에 부여된 숫자와 그 합은 다음과 같다: (נ=50)+(ר=200)+(ו=6)+(ן=50)+(ק=100)+(ס=60)+(ר=200)=666.[275] 이 숫자의 조합을 통해 짐승의 수, 666은 네로 황제의 이름의 수라는 것이 분명해진다. 여기에서 네로의 귀환 이야기와 함께 다시 한 번 네로 황제가 짐승의 모델로 사용되고 있음을 알려 준다.[276] 시빌의 신탁(Sibylline Oracles) 5장 343절과 8장 157절은 네로 자신을 짐승으로 표현한 용례를 보여주고 있으며,[277] 비록 요한계시록 기록 당시 로마 황제는 도미티안(Domitian)이었지만 기독교를 최초로 공식적으로 핍박한 황제가 네로였다는 점 또한 이런 해석을 뒷받침해준다.[278] 이런 점에서 기독교를 핍박하는 어떠한 로마 제국의 어떠한 황제도 "네로 황제의 재현(reappearance)"라고 할 수 있다.[279]

결국 짐승의 이름이란 네로 황제의 이름을 의미하고 666은 네로 황제의 이름을 숫자로 표현한 게마트리아의 예라고 할 수 있다. 그렇다면 666이라는 짐승의 표를 받는다는 것은 네로 황제를 대표로 하는 로마 제국 황제의 이름을 받는다는 것을 의미한다. 네로 황제가 기독교를 공식적으로 핍박한 최초의 황제로서 로마 제국 황제의 대표로 등장하는 것이고, 이름을 무엇인가에 쓰는 것이 소유권을 의미한다면 네로 황제의 이름을 받는다는 것은 곧 로마 제국 황제의 소유가 되는 것을 의미한다. 그렇다면 짐승의 표를 받는다는 것은 로마제국의 황제 숭배를 받아들여 그의 소유로 존재하는 것을 인정한다는 것이다. 저자인 요한은 그의 독자들에게 로마 제국의 황제 숭배를 의미하는 짐승의 표를 받지 말고 하나님의 인을 맞은 자로서 하나님을 예배하는 삶을 살 것을 촉구하기 위해 666이란 숫자를 사용하고 있는 것이다. 지혜와 지각을 가지고 짐승의 수를 세도록 명령하고 있는 것은 바로 666과 관련된 이러한 저자의 의도를 파악하도록 촉구하고 있는 것이라고 할 수 있다.

[11–18절] 정리

1–10절에서 첫째 짐승의 특징과 활동의 내용을 기록하고 있는 반면, 11–18절

275 Reddish, *Revelation*, 261.
276 Bauckham, *The Climax of Prophecy*, 389–90.
277 Aune, *Revelation 6-16*, 771.
278 Reddish, *Revelation*, 262.
279 앞의 책.

에서는 둘째 짐승의 사역을 소개한다. 둘째 짐승의 사역은 사람들로 하여금 첫째 짐승을 숭배하도록 하는 데 초점을 맞춘다. 특별히 첫째 짐승의 표 혹은 그의 이름의 수를 받도록 하는 것이 둘째 짐승이 하는 사역의 핵심 요소이다. 둘째 짐승은 첫째 짐승의 표를 받게 함으로써 첫째 짐승의 소유권과 통치권을 확증하고자 노력한다. 이 목적을 이루기 위해 둘째 짐승은 거짓 선지자로 미혹하고 큰 표적들을 행하며 따르지 않는 자들을 살인하고, 경제적 제재 수단을 사용하기도 한다. 이 짐승의 마귀적 행위들에 미혹되지 않고 그 실체와 본질을 파악하기 위해서는 지혜와 지각이 필요하다.

핵심 메시지

13장은 12장의 연장선상에서 진행된다. 12장에서 아이, 미가엘, 여자와의 싸움에서 패한 용의 세력은 분노 가운데 여자의 남은 자손과 전쟁을 하려고 대치한다. 이런 배경에서 13장에서 요한은, 용과 함께 연합체를 구성하는 첫째 짐승과 둘째 짐승을 등장시켜 이 전쟁을 구체화시킨다. 네로 황제를 모델로 하여 로마 제국 황제를 상징하는 첫째 짐승은 용의 능력과 보좌와 권세를 받아 하나님과 그의 백성을 대적하는 용의 전쟁을 대행한다. 용의 권세를 받은 짐승은 하나님과 하늘에 거하는 이들, 즉 성도들을 모욕하고 그들과 싸워 이기며 만국을 다스릴 권세를 받는다. 둘째 짐승은 첫째 짐승을 경배하게 할 목적으로 사역한다. 둘째 짐승은 표적을 통해 땅에 사는 자들을 미혹하여 첫째 짐승의 형상에게 경배하도록 할 뿐만 아니라 그 형상에게 경배하지 않는 자들을 죽인다. 여기에서 이 짐승의 이미지는 다니엘 7장에서 등장하는 짐승들의 모습과 연결된다. 요한계시록 본문의 짐승은 다니엘 7장의 짐승들과 유사하면서도 약간 다르지만, 동일한 것은 하나님과 그의 백성을 대적하는 악의 세력으로 설정된다는 점이다. 다니엘 7장에서 짐승들의 세력의 공격에도 불구하고 하나님 나라는 견고하며 영존할 것임을 천명한다(단 7:13-14, 25-27). 이처럼 짐승의 이미지와 연관된 구약 배경을 이해할 때 계시록 본문의 의도가 더욱 선명하게 이해될 것이다.

이 짐승의 활동 기간은 마흔 두 달로서 요한계시록 12장에서 여자가 광야에서 양육 받는 기간(12:6, 14), 11장에서 성전 밖 마당이 이방인에게 짓밟히는 기간(11:2)이나 두 증인이 사역하는 기간(11:3)과 동일하다. 이것은 주님의 초림과 재림 사이에 하늘에 속해 있으면서 땅에서 영적 전쟁을 수행하는 교회 공동체의 이중적 모습을 잘 드러낸다. 특히 이 기간이 13장에서는 짐승의 활동 기간으로 설명되기에 교회가 필연적으로 고난을 받아야 한다는 것을 보여준다. 이처럼 짐승에게 고난

받는 하늘에 거하는 자들, 즉 교회 공동체와는 대조적으로 땅에 거하는 자들은 짐승을 따르면서 그 우상에 경배하는 자들이며, 이마와 오른 손에 짐승의 표를 받는 것을 통해 짐승에게 속한 존재임을 드러낸다. 여기에서 교회 공동체가 직면한 것은 바로 큰 권세와 표적으로 미혹하고 핍박을 가하는 짐승의 공격이다. 그러므로 이와 같은 상황에서 성도들에게 요구되는 것은 "들을 수 있는 귀"(9절)와 "인내와 믿음"(10절)이고 "지혜와 지각"(18절)이다. 짐승의 세력이 겉보기에 큰 권세를 가지고 성도들과 싸워 이기고, 각 족속과 백성과 방언과 나라를 다스리는 권세를 받아 땅에 거하는 자들이 그 권세에 굴복하는 대세를 보이지만 이 전쟁이 12장에서 성취된 승리의 연장 선상에 있다는 것을 잊지 말아야 한다. 13장에 이어 14장에서는 승리한 교회의 영광스러운 천상적 정체성과 본질을 극적으로 묘사하여 13장과 대조시킨다. 이는 13장에 흐르는 위기와 긴장감이, 12장의 승리와 14장의 교회의 천상의 영광스러운 모습 사이에서 성도들의 '인내와 믿음'에 대한 충분한 당위성과 기대감을 두드러지게 한다는 사실을 알게 해준다.

설교 포인트

13장은 청중들의 삶의 현실 가운데 왜 인내와 믿음이 필요한지를 전할 수 있는 매우 적절한 설교 본문이다. 13장은 왜 믿음의 가치가 세상의 가치와 세력에 의해 압도되는 현실에서 작고 초라해 보일 수 있는지를 설명할 수 있는 좋은 근거가 된다. 여기에서 설교자는 용의 권세를 받아 성도들과 싸워 이기게 되고 만국을 다스리는 압도적인 짐승의 권세가 현실임을 상기시켜 기복신앙과 물질주의 신앙 가운데 성공과 만사형통만을 신앙의 전부로 오해하면서 악의 세력과 싸우는 영적 전쟁의 실재를 간과하는 신앙 자세에 대한 교정을 시도할 수 있다. 또 다른 측면에서 이 본문은 믿음대로 살고자 하는 성도의 삶에 왜 핍박과 어려움이 따르는지에 대한 해답을 제시할 수도 있다. 특히 믿음으로 인해 어려움 당하는 성도나 극심한 핍박 가운데 있는 해외 선교지의 성도들에게 매우 귀한 메시지를 끌어낼 수 있는 본문이다.

설교자는 이 본문에서 짐승의 세력을 설명하면서 6회나 반복 강조된 대적 세력의 권세에 주목할 필요가 있다. 이것은 우리가 감당해야 할 영적 전쟁과 그 대상이 만만치 않다는 것을 보여주는 것이다. 때로는 세상을 압도하는 것처럼 보일 수 있는 악의 세력을 묘사한다. 이 권세와 세력은 겉보기에 성도들을 이기는 것처럼 보이고 만국을 지배하며 큰 표적을 행하여 사람들을 미혹하며 우상 숭배를 거부하는 자들을 핍박하는 상황을 조성한다. 이는 성도들이 악의 세력이 현실이며 영광스러운 싸움을 수행하는 하늘의 용사로서 영적 긴장감을 늦출 수 없음을 일깨워준다. 동시에 설교자는 짐승의 이미지에 대한 배경을 제공하는 다니엘 7장의 문맥과 연결시켜서 이러한 악의 세력의 일시적 권세가 영존하는 하나님의 권세와 그 나라에 비교될 수 없음을 선명하게 드러내는 작업이 필요하다. 13장 본문은 이러한 다니엘서 7장의 문맥적 배경에서 더 깊게 이해될 수 있다.

그러므로 설교자는 이 본문을 통해 청중에게 본문의 내용을 통해 큰 권세와 능력으로 세상을 압도하는 것처럼 보이는 세력과 대적하는 상황에서 절망하거나 그 권세에 굴복할 것이 아니라 "인내와 믿음"과 "지혜와 지각"을 가지고 싸워야 함을 분명히 각인시켜야 한다. 이러한 근거와 당위성은 12장에서 이미 성취된 승리와 14장에서 영광스러운 천상적 모습과 연결해서 더욱 분명하게 드러내야 할 것이다.

설교 요약

◆ **제목**: 악한 세력의 실상

◆ **본문**: 계13:1-18

◆ **서론**

성도로서 하나님 나라의 가치를 실현하며 믿음을 따르는 삶에는 많은 불이익과 어려움과 핍박이 따른다. 이런 이유 때문에 세상의 가치와 타협하거나 믿음의 길을 포기하기도 한다. 이처럼 우리가 사는 세상은 하나님과 그의 나라를 대적하며 성도들을 핍박하는 원수 세력이 포진해 있다. 오늘 본문에서 이러한 적대 세력이 어떠한 특징을 가지고 있는가를 살펴 봄으로써 우리가 어떠한 마음 자세를 가지고 있어야 하는가를 정리해 보고자 한다.

◆ **본론**:

1) 첫째 짐승의 등장과 활동(1-10절)

(1) 첫째 짐승의 모습과 특징(1-4절)

(ㄱ) 첫째 짐승의 모습(1-2절)

(ㄴ) 첫째 짐승의 표적(3절)

(ㄷ) 용의 권세를 받고 경배 받는 짐승(4절)

(2) 첫째 짐승의 활동(5-10절)

(ㄱ) 하나님과 그의 백성들을 대적하여 이기는 짐승(5-7절)

(ㄴ) 땅에 사는 자들이 짐승을 따르며 경배함(8절)

(ㄷ) 성도들에게 필요한 것은 무엇인가? '인내와 믿음'(9-10절)

2) 둘째 짐승의 등장과 활동(11-18절)

(1) 둘째 짐승의 모습(11절)

(2) 둘째 짐승의 활동(12-18절)

(ㄱ) 둘째 짐승의 활동 목적: 첫째 짐승을 경배하게 함(12절)

(ㄴ) 둘째 짐승의 표적과 그 목적:

ⓐ 사람들을 미혹하여 첫째 짐승의 우상을 세우도록 함 (13-14절)

ⓑ 우상에게 생기를 주어 말하게 하고 우상에게 경배하지 않는 자들을 죽임(15절)

ⓒ 모든 계층의 사람들로 짐승의 표를 받게 하여 짐승의 소유가 되게 함(16-18절)

◆ **결론:**

오늘 본문은 우리를 대적하는 원수의 세력이, 과소 평가해서는 안 되는 권세를 가지고 활동하고 있으며 때로는 원수의 세력이 교회 공동체와 성도의 삶을 압도하는 것처럼 보일 때도 있다는 것을 알려 준다. 본문은 이를 통해 자신의 삶에 고난과 어려움이 닥칠 때 성도에게 어떤 자세가 필요한지를 제시한다. 그러나 이러한 악의 권세와 세력은 일시적인 것이다. 아울러 그 권세에 굴복하여 따르는 자들의 지상적 안위도 순간적이며 허망한 것이다. 성도로서 우리는 일시적인 어려움 속에 성령의 지혜와 지각으로 "인내와 믿음"을 붙들어야 할 것이다. 그러할 때 영광스러운 승리의 열매를 영원토록 누리게 될 것이다.

C. 하늘의 144,000 그리고 종말적 구속과 심판(14장)

12-14장은 우주적 대립의 긴장 상태를 소개하고 있는 것으로, 11:3-13에서 "증거하는 교회 공동체와 대적하는 악의 세력 사이의 갈등 관계를 좀 더 확대하여 자세하게 설명하는" 내용이라는 것을 기억할 필요가 있다.[1] 따라서 14장은 12장부터 시작되는 큰 문맥의 안에 있다. 특별히 이 문맥은 "종말적 전쟁의 전투원들"을 등장시킨다.[2] 이것을 구체적으로 말하면 12장에서 여자와 용, 미가엘과 용과의 관계가 그러하고, 13장에서 두 짐승에 대한 기록이 바로 그러하다. 결국 증거하는 공동체로서의 교회가 이 세상에 존재하는 한 세상과의 갈등은 필연적인데 이것은 바로 하나님과 사탄과의 우주적 긴장관계의 연장선에서 이해될 수 있다.

이 내용을 기록하는 마지막 14장은 이러한 문맥의 흐름에서 이해되어야 할 것이다. 특별히 14장은 13장과 밀접한 관계가 있다. 13장에서 두 짐승 특별히 첫째 짐승을 추종하는 이 땅에 사는 자들과는 다르게 그 짐승을 거부하는 교회 공동체는 처절한 고난을 받는다. 다시 말해 13장은 교회 공동체가 짐승에 의해 철저하게 패배 당하는 모습을 보여준다. 이러한 13장의 내용을 배경으로 교회의 진정한 모습이 무엇인가를 규명하는 과제를 요한은 떠안게 된다. 14장은 이 과제를 풀어내는 작업이라 할 수 있다.

14장은 1-5절과 6-20절 두 부분으로 나뉜다. 먼저 1-5절은 하늘의 시온산에 서 있는 어린 양과 그와 함께하는 교회 공동체를 상징하는 144,000을 중심으로 이야기가 전개된다. 특별히 이 본문에서 요한은 교회 공동체의 본질적 특징이 무엇인가를 규명한다. 그리고 6-20절은 종말적 심판과 구속의 말씀을 소개 한다. 이 내용은 13장과 밀접한 관계가 있다. 곧 이 본문은 13장에 짐승을 추종하는 자들의 궁극적 종말이 어떠할 것인가를 보여 준다. 그리고 이 본문은 영원한 복음을 받아들여 그 짐승을 거부하는 자들의 궁극적 종말에 대해서도 언급한다. 이 내용은 1-5절에 하늘의 144,000과 밀접하게 관련된다.

1 Bauckham, *The Climax of Prophecy*, 285.
2 앞의 책, 229.

1. 하늘의 144,000(14:1-5)

1-5절은. 다시 1절과 2-3절 그리고 4-5절로 나뉘어 진다. 1절은 하늘의 시온 산에 서 있는 어린 양과 144,000을 소개하고 2-3절에서는 144,000이 구속의 새 노래 부르는 모습을 묘사한다. 그리고 4-5절은 144,000의 제의적 특징들을 열거한다.

구문분석 및 번역

1절 a) Καὶ εἶδον,
그 때 나는 보았다.

b) καὶ ἰδοὺ τὸ ἀρνίον ἑστὸς ἐπὶ τὸ ὄρος Σιὼν
보라 어린 양이 시온 산 위에 서있다.

c) καὶ μετ' αὐτοῦ ἑκατὸν τεσσεράκοντα τέσσαρες χιλιάδες
그리고 그와 함께 십사만 사천

d) ἔχουσαι τὸ ὄνομα αὐτοῦ καὶ τὸ ὄνομα τοῦ πατρὸς αὐτοῦ
그의 이름과 그의 아버지의 이름을 가지고 있는

e) γεγραμμένον ἐπὶ τῶν μετώπων αὐτῶν.
그들의 이마에 기록된

2절 a) καὶ ἤκουσα φωνὴν ἐκ τοῦ οὐρανοῦ
그리고 나는 하늘로부터 음성을 들었다.

b) ὡς φωνὴν ὑδάτων πολλῶν καὶ ὡς φωνὴν βροντῆς μεγάλης,
많은 물(들의) 소리같고 그리고 큰 우레의 소리같은

c) καὶ ἡ φωνὴ ἣν ἤκουσα ὡς κιθαρῳδῶν κιθαριζόντων ἐν ταῖς κιθάραις αὐτῶν.
그리고 내가 들은 음성은 그들의 하프들로 하프 연주하는 하피스트들의 소리같다.

3절 a) καὶ ᾄδουσιν [ὡς] ᾠδὴν καινὴν
그리고 그들은 새노래를 노래한다.

b) ἐνώπιον τοῦ θρόνου καὶ ἐνώπιον τῶν τεσσάρων ζῴων καὶ τῶν πρεσβυτέρων,
보좌 앞과 네 생물과 장로들 앞에서

c) καὶ οὐδεὶς ἐδύνατο μαθεῖν τὴν ᾠδὴν
그리고 아무도 그 노래를 배울 수 없다.

d) εἰ μὴ αἱ ἑκατὸν τεσσεράκοντα τέσσαρες χιλιάδες,
십사만 사천 외에는

e) οἱ ἠγορασμένοι ἀπὸ τῆς γῆς.
곧 그 땅으로부터 대속받은 자들

4절 a) οὗτοί εἰσιν οἳ μετὰ γυναικῶν οὐκ ἐμολύνθησαν,
이들은 여자들과 함께 더럽히지 않은 자들이다.

b) παρθένοι γάρ εἰσιν,
왜냐하면 그들은 정결한 남자들이기 때문이다.

c) οὗτοι οἱ ἀκολουθοῦντες τῷ ἀρνίῳ ὅπου ἂν ὑπάγῃ.
이들은 어린 양이 가시는 곳마다 그를 따라가는 자들이다.

d) οὗτοι ἠγοράσθησαν ἀπὸ τῶν ἀνθρώπων ἀπαρχὴ τῷ θεῷ καὶ τῷ ἀρνίῳ,
이들은 사람들로부터 하나님과 어린 양에게 속한 첫 열매로 대속받았다.

5절 a) καὶ ἐν τῷ στόματι αὐτῶν οὐχ εὑρέθη ψεῦδος,
그리고 그들의 입 안에 거짓이 발견되지 않았다.

b) ἄμωμοί εἰσιν.
그들은 흠없다.

먼저 1a절의 '카이'(καί) 접속사는 단순히 등위 접속사로서 "그리고"라는 의미로 사용되기 보다는 앞의 내용에 대한 결과로서 "그 때"(then)라고 번역하는 것이 적절하다. 대부분의 영어 번역본(NRSV, ESV, NKJV 등)은 이 번역을 따른다.

1b절의 분사 '에스토스'(ἑστὸς>ἵστημι, 히스테미)는 "정동사"(finite verb)의 기능을 한다.[3] 이러한 용법의 분사를 "정동사적 분사"(finite participle)라고 할 수 있으며, 이것은 히브리어의 영향을 받은 것으로 볼 수 있다.[4] 이 때에 "정동사적 분사"의 시제는 문맥에 따라 정해질 수 있으나 이 본문에서 분명한 것은 완료 시제 분사로서 강조하는 의도로 사용되었다는 사실이다.[5] 이러한 용법을 반영하여 "서있다"로 번역한다.

1d의 '에쿠사이'(ἔχουσαι>ἔχω, 에코)는 분사로서 1c의 144,000을 수식하는 형용사적 용법이다.[6] 실제로 이 분사의 수식을 받는 144,000과 성(여성), 수(복수), 격(목적격)이 모두 일치한다. 그러므로 이 본문을 이 용법에 맞게 "… 가지고 있는 십사만 사천"이라고 번역한다.

2b절과 2c절에서 동일한 '포네'(φωνή)라는 단어이지만 전자는 소리로, 후자는 음성으로 번역한다. 왜냐하면 전자는 "물들"이나 "우레"와 같은 자연현상으로부터 나오고, 후자는 인격체로부터 나오기 때문이다. 또한 2c절에

3 G. Mussies, *The Morphology of Koine Greek as Used in the Apocalypse of St. John: A Study in Bilingualism*, NovTSup (Leiden: Brill, 1971), 324-25.

4 앞의 책.

5 이러한 원칙에 대해서 앞의 내용에서 여러 번 논의한 바 있다. 스윗은 13장에서 짐승의 "미친 듯한 활동"(frantic activity)과 14장 1절에서 어린 양의 서있는 정적인 모습과의 대조를 제시하기도 한다 (Sweet, Revelation, 221).

6 대부분의 영어번역본도 형용사적 용법을 지지한다.

κιθαρῳδῶν(키다로돈), κιθαριζόντων(키다리존톤) 그리고 κιθάραις(키다라이스)가 사용된다. 이러한 표현 방식은 "히브리적 숙어를 헬라어로 문자적 번역"한 경우라고 할 수 있다.[7] '키다로돈'은 주격이 '키다로도스'(κιθαρῳδός)로서 하프를 연주하는 자라는 의미를 갖는다. 이것을 우리말로 "하피스트"라고 번역하도록 한다. 또한 분사형태인 '키다리존톤'은 원형이 '키다리조'(κιθαρίζω)이다. 이 동사는 하나의 단어로서 "하프연주하다"로 번역한다. 그리고 세 번째 단어인 '키다라이스'는 '키다라'(κιθάρα)의 복수 여격의 형태로서 악기인 "하프"를 가리킨다. 그러므로 이 세 단어를 연결하여 번역하면 "그들의 하프들로 하프연주하는 하피스트들의 소리"라고 할 수 있다.

3a절에서 "새 노래를 노래한다"라는 문구는 "새 노래"와 "노래하다"가 서로 겹치는 관계이다. 이것은 2c절에서 "하프들로 하프연주하는 하피스트들"이라고 한 것과 유사한 문형이다. 이러한 문형은 앞서 언급한 것처럼 히브리적인 배경을 갖는다.

그리고 3d절의 144,000과 3e절의 "땅으로부터 구속받은 자들"은 각각 정관사인 '하이'(αἱ)와 '호이'(οἱ)를 갖는다. 이 두 개의 정관사는 성/수/격이 일치하지 않으므로 후자가 전자를 수식하는 관계는 성립될 수 없다. 그렇다면 이 둘의 관계는 서로 독립적으로 존재하는 문구로 보아야 할 것이다. 이 두 문구는 독립적이면서 동격이다. 이러한 맥락에서 보면 이 둘의 관계를 수식의 관계로 간주하여 번역한 개역개정이나 관계대명사를 사용하여 번역한 대부분의 영어 번역본들은 정확한 번역이 아니다. 그러므로 이 두 문구를 문법적으로 정확하게 번역한다면 "144,000 곧 땅으로부터 구속받은 자들"이라고 할 수 있다. 특별히 3e절에서 "땅" 앞에 있는 정관사를 반영하여 "그 땅으로부터"라고 번역한다. 여기에서 이 정관사는 13장에서 빈번하게 사용된 바 있는 "땅"이라는 단어를 이어받는 기능을 갖는다. 자세한 내용은 주해 과정에서 살펴 보기로 한다.

4b절에서 '파르데노이'(παρθένοι>παρθένος, 파르데노스)는 흥미로운 단어이다. 이 단어는 여성과 남성 모두 사용된다. 실제로 파일로(Philo)도 **Cherubim** 49-50에서 이 단어가 남성과 여성을 모두 포함한 하나님의 백성에 대한 은

7 Charles, *A Critical and Exegetical Commentary on the Revelation of St. John*, 2:7.

유로 사용된다는 것을 지적한다.[8] 여성으로 사용될 때는 "처녀"의 의미를 갖지만 남성으로 사용될 경우에는 "정결한 남자"(chaste man)라는 의미이다.[9] BDAG는 14장 4b절을 후자에 해당하는 것으로 본다. 본문에서 사용된 '파르데노이'가 남성 복수 주격으로 사용된 것과 조화를 이루고 있다. 그러므로 이 단어를 "정결한 남자들"로 번역한다.

3e절의 '에고라스메노이'(ἠγορασμένοι>ἀγοράζω, 아고라조)와 4d절의 '에고라스데산 (ἠγοράσθησαν)는 5장 9절에서도 사용된 바 있다. 5장 9절에서 이 단어는 "사다"로 번역했는데 이 문맥에서는 이 동사와 비슷한 의미로서 "대속하다"라는 단어로 번역하는 것이 적절하다. 여기에서 수동태로 사용되었으므로 "대속되다"로 번역한다.[10] 영어 번역 중에서 NIV는 이러한 의미를 반영하여 "사다"라는 의미의 동사인 "purchase"로 번역한다. 그 외에 NRSV, ESV 그리고 NKJV도 비슷한 의미를 가지는 "redeem"이란 동사를 사용하여 번역한다.

그리고 4d절에서 '토 데오 카이 토 아르노'(τῷ θεῷ καὶ τῷ ἀρνίῳ)라는 문구는 여격으로 사용되었는데 여기에서 이 여격은 단순히 간접목적격으로 사용된 것이 아니라 "소유의 여격"(dative of possession)[11]으로 보는 것이 적절하다. 그렇다면 첫 열매로서 144,000은 하나님과 어린 양에게 속한자인 것이다. 이러한 용법과 의미를 반영하여 번역하면 "하나님과 어린 양에게 속한 첫 열매로…"라고 할 수 있다. 4d절의 '에고라스데산'(ἠγοράσθησαν)은 3e절처럼 '아고라조'(ἀγοράζω)의 수동형이므로 "대속되다"로 번역한다.

그리고 5b절의 ἄμωμοί εἰσιν (아모모이 에이신)이란 단어는 "흠이 없다"라고 번역하지 않고 "흠없다"로 번역한다. 왜냐하면 전자의 경우에 "흠"이 마치 주어처럼 여겨질 수 있으나 이 문장에는 그러한 주어가 없으며 '아모모이'는 형용사로서 보어의 기능을 가지고 있기 때문이다.

이상의 내용을 근거로 우리말 어순에 맞추어 번역하면 다음과 같다.

---

8 Blount, *Revelation*, 269; M. E. Boring, *Revelation*, Interpretation (Louisville: Westminster John Knox, 1989), 169.

9 BDAG, 777(b).

10 우리말 번역의 "구속하다"라는 단어는 "구원하다"라는 의미를 가지므로 이 문맥과 조화롭지 않으며 대신에 대속물을 값으로 치루고 사는 의미를 가지는 "대속하다"라는 단어가 적절하다.

11 Wallace, *Greek Grammar beyond the Basics*, 149.

1a 그 때 나는 보았다.
1b 보라 어린 양이 시온 산 위에 서있다.
1c 그리고
1e 그들의 이마에 기록된
1d 어린 양의 이름과 그의 아버지의 이름을 가지고 있는
1c 십사만 사천이 그(어린 양)와 함께 있다.
2a 그리고 나는 하늘로부터
2b 많은 물(들의) 소리같고 그리고 큰 우레의 소리같은
2a 음성을 들었다.
2c 그리고 내가 들은 음성은 그들의 하프들로 하프연주하는 하피스트들의 소리같다.
3a 그리고 그들은
3b 보좌 앞과 네 생물과 장로들 앞에서
3a 새노래를 노래한다.
3c 그리고
3d 십사만 사천
3e 곧 그 땅으로부터 대속받은자들
3d 외에는
3c 아무도 그 노래를 배울 수 없다.
4a 이들은 여자들과 함께 더럽히지 않은 자들이다.
4b 왜냐하면 그들은 정결한 남자들이기 때문이다.
4c 이들은 어린 양이 가시는 곳마다 그를 따라가는 자들이다.
4d 이들은 사람들로부터 하나님과 어린 양에게 속한 첫 열매로 대속받았다.
5a 그리고 그들의 입 안에 거짓이 발견되지 않았다.
5b 그들은 흠없다.

본문 주해

[14:1] 어린 양과 144,000

이 본문에서는 네 가지 주제를 다루게 될 것이다: "나는 보았다"(1a)와 "시온산에 서 있는 어린 양"(1b) 그리고 144,000(1c)과 "어린 양의 이름과 아버지의 이름"(1d).

나는 보았다(1a절) 1a절은 "나는 보았다"(εἶδον, 에이돈)라는 단어로 시작한다. 이 동사는 환상의 환경을 제공할 뿐만 아니라 새로운 단락의 시작을 알리는 표시이기도 한다(참조 5:1; 6:6, 8; 13:1, 11; 14:14; 19:11).[12] 그러나 앞의 내용과 전혀 다른 내

12 Blount, *Revelation*, 264. 이에 대한 자세한 논의는 5장 1절에서 한 바 있다. 자세한 내용은 1권 531

용이 아니라 큰 흐름에서는 연결되지만 작은 부분에서 장면이 전환되고 있다고 할 수 있다. 곧 14장은 13장과 유기적 관계를 갖는다. 1a의 '카이'를 "그 때"라고 번역한 것을 통해서도 잘 드러난다.

시온산에 서 있는 어린 양(1b절) 1b절에서 요한이 본 것은 바로 어린 양이 시온 산에 서(ἑστὸς, 에스토스>ἵστημι, 히스테미)있는 모습이다. 이 모습은 "군사적 자태"(militant posture)로서 5장 5-6절에서 죽었다가 다시 살아난 모습을 연상시키며, 12장 18절에서 용이 바다 모래 위해 서 있는 것과 대조적이다.[13] 혼돈과 무질서의 바다에 서 있는 용과는 대조적으로 하나님의 통치가 임하는 질서의 시온산에 어린 양이 서있다. 이 두 본문에서 동일한 동사 '서다'가 사용된다. 12장 18절에서는 '에스타데'(ἐστάθη)로서 직설법 부정과거 시제 동사이지만, 14장 1a절에서 '에스토스'는 완료시제 분사가 사용된다. 번역에서도 언급했던 것처럼 이 분사는 "정동사적 분사"로서 정동사의 의미로 사용된다. 그런데 완료시제로서 강조의 의미를 가진다. 용이 바다 모래 위에 서 있는 모습보다 어린 양이 시온산에 서 있는 모습이 더 집중적으로 조명을 받고 있다. 이러한 대조는 용과의 관계에서만이 아니라 13장 전체에 소개되는 짐승과의 관계에서도 확립된다.[14]

어린 양이 서 있는 "시온산"은 줄여서 "시온"이라고 사용되기도 한다. 이곳은 다윗의 예루살렘 정복 전에는 단지 예루살렘 북부 "시온의 요새"라는 요새의 이름으로 불리웠고(삼하 5:7; 대상 11:5) 정복 후에는 기드론 골짜기와 티로페온 골짜기 사이의 골짜기에 적용된 바 있다.[15] 또한 솔로몬 시대에는 성전과 그의 궁전을 다윗 성의 가장 높은 지역에 건축했는데, 이곳이 후에 시온산으로 불리게 되었다.[16] 또한 이후로 시온은 성전과 예루살렘 자체와 동의어로서 "하나님 임재의 장소"로 여겨지게 되었으며(시 9:11; 76:2; 132:13-18; 135:21), 이스라엘 자신이 시온이라고 불리게 되었다(사 66:7).[17] 또한 선지자들은 시온을 메시아의 등장과 함께 포로로 잡혀갔던 하나님의 백성들이 다시 돌아오게 되는 회

쪽을 참조하라.

13 Koester, *Revelation*, 607

14 Beale, *The Book of Revelation*, 731.

15 Reddish, *Revelation*, 273.

16 앞의 책.

17 앞의 책.

복의 장소로 사용하기도 하였다.[18] 열왕기하 19장 31절, 이사야 10장 12절, 이사야 37장 32절, 그리고 요엘서 2장 32절 등에서는 예루살렘과 동일한 의미로 사용되었고 남은 자들이 출현하는 곳으로 묘사된다.[19]

더 나아가서 요한계시록에서 중요한 구약 배경 본문으로 사용되고 있는 시편 2편은 시온산에 서 있는 승리한 어린 양에 대한 중요한 구약 배경으로 볼 수 있다. 왜냐하면 시편 2편은 "적대적 열방들에 대한 메시아적 왕의 승리"를 묘사하고 있기 때문이다.[20] 이러한 시편 2편의 승리한 메시아에 대한 이미지가 요한계시록 14장 1b절의 시온산에 서 있는 어린 양의 모습에 투영되고 있다고 볼 수 있다. 그리고 에즈라 4서 13장 35-40절에서는 메시아가 시온산 꼭대기에 서서 악인들을 율법에 근거하여 심판하고 수많은 하나님의 백성들을 자신에게로 모으게 될 것이라는 유대적 기대를 소개한다. 유대인들의 이러한 기대와 요한계시록 본문에서 시온산에 서 있는 어린 양과 144,000은 평행 관계이다.[21] 특별히 에즈라 4서 2장 42-43절은 요한계시록 본문과 더욱 밀접한 평행 관계를 보여주는 내용을 소개하고 있다.[22]

> [42]나 에즈라는 시온산에 내가 셀 수 없는 큰 무리를 보았다. 그들은 주님을 노래를 부르면서 찬양한다. [43]그들 중에 다른 어떤 사람들보다 더 큰 모습의 젊은 남자가 있었다.[23]

위 본문에서 "셀 수 없는 큰 무리"는 성도들이고 젊은 남자는 에즈라 4서 2장 47절에서 하나님의 아들 곧 메시아로서 해석된다. 여기에서 "셀 수 없는 큰 무리"는 7장 1-8절의 144,000과 동일시되는 요한계시록 7장 9-17절의 "셀 수 없는 큰 무리"와 동일한 대상으로 볼 수 있다. 따라서 이 본문을 14장 1절의 144,000에 대한 해석으로 볼 수 있는 근거는 충분하다. 이것은 요한계시록이 저술된 이후인 AD 200-250년 경에 기록된 것으로서, 요한계시록 본문을 적절하게 해석하는 초기 자료이다.[24]

---

18 앞의 책.
19 Beale, *The Book of Revelation*, 731-32.
20 Bauckham, *The Climax of Prophecy*, 230.
21 Charles, *A Critical and Exegetical Commentary on the Revelation of St. John*, 2:5; Bauckham, *The Climax of Prophecy*, 230.
22 Charles, *A Critical and Exegetical Commentary on the Revelation of St. John*, 2:5; Swete, *The Apocalypse of St. John*, 174.
23 NRSV로부터 나의 번역.
24 Charles, *A Critical and Exegetical Commentary on the Revelation of St. John*, 2:5.

이런 구약적, 유대적 배경에 의해 어린 양이 시온산에 서 있는 것은 메시아로 오신 어린 양 예수로 말미암은 종말적 약속의 성취와 종말적 회복의 현장을 보여준다. 이 메시아의 모습은 어린 양 예수께서 5장 5절의 "다윗의 뿌리"와 22장 16절의 "다윗의 뿌리와 밝은 새벽별"이라는 메시아적 이름을 가진 것으로 묘사된 것과 밀접한 관계가 있다.[25] 그리고 하나님 백성의 완전한 수 144,000과 어린 양이 병치되어 144,000이 이러한 종말적 성취의 현장에 함께 참여하는 모습을 보여준다.

어린 양이 서있는 "시온산"의 위치가 지상인지 아니면 하늘인지 논란이 있다. 앞서 살펴본 구약 본문에서는 당연히 지상이지만 요한계시록의 문맥에서 그것이 과연 지상에 존재하는지 살펴 볼 필요가 있다. 특별히 오우니는 1-5절을 A(1절)-B(2-3절)- A′ (4-5절)로 나누면서 A와 A′는 지상의 정황을 나타내고 B는 하늘의 정황을 기록한 것으로 분석한다.[26] 그러나 이 문맥에서 A와 A′도 B처럼 하늘의 시온 산으로 이해하는 것이 타당하다. 왜냐하면 4장과 함께 하늘 성전을 묘사하는 5장에서 죽임 당하신 '어린 양'이 하늘 성전에서 승리한 존재로 소개되고 있기 때문이다.[27] 이러한 사실은 하늘을 묘사하는 문맥에 속한 7장 10절에서도 "보좌에 앉으신 하나님"과 "어린 양"이 병치되어 있다는 것에 의해 더욱 분명해진다. 요한계시록에서 어린 양은 일관성 있게 항상 하늘 성전에 존재하는 것으로 묘사된다. 또한 이러한 하늘의 '시온산'은 요한계시록이 기록될 당시 이미 "소돔과 애굽"(11:8b)처럼 타락한 장소로 전락해 버린 "지상의 예루살렘"에 대조되는 "천상적 대응체"(heavenly counterpart)로 간주할 수 있다.[28] 구약에서 그것이 천상적 속성을 가지고 있는 것으로 여겨져 왔기 때문이다.

그렇다면 이 문맥에서 시온산을 하늘에 있는 것으로 소개하는 이유는 무엇인가? 그것은 13장과 밀접하게 연동되어 있다. 곧 13장은 짐승의 능력이 얼마나 강력한가를 보여주는 데 집중한다. 특별히 짐승은 용으로부터 권세와 능

---

25 Bauckham, *The Climax of Prophecy*, 229.

26 Aune, *Revelation 6-16*, 803.

27 이러한 입장을 비일도 지지한다. 그에 의하면 "어린 양"에 대한 "모든 다른 언급들"이 하늘에 있는 것으로 묘사되고 있다(Beale, The Book of Revelation, 732).

28 Sweet, *Revelation,* 221. 이러한 대조적 관계에 대해서는 갈라디아서 4:25-27과 히브리서 12장 22-23절에서 바울이 유대적 전통을 비판하면서 자세하게 논증한 바 있다(Beale, *The Book of Revelation,* 732).

력을 위임받았을 뿐만 아니라 둘째 짐승의 활동을 통해 그 능력과 권세가 극대화된다. 그 짐승은 그러한 강력한 능력과 권세로 교회 공동체를 끊임없이 핍박한다. 결국 교회 공동체는 짐승의 핍박에 의해 죽임을 당하기도 하고 감옥에 갇히기도 한다. 이것이 바로 당시 교회 공동체가 처한 현실이다. 설교자요 목회자로서 요한은 독자들에게 그들이 처한 현실을 가감 없이 적나라하게 드러내려 하고 있다. 이 내용만 보면 교회 공동체의 현실은 암담하지 않을 수 없다. 그러나 요한의 메시지가 만일 여기에서 그친다면 온전한 설교가 될 수 없다, 왜냐하면 청중들이 패배주의로 빠지게 될 것이고 그렇게 되면 그들이 절망하게 될 것이기 때문이다. 요한은 13장 메시지의 이러한 편향성을 보완하기 위해 14장에서 하늘에 있는 시온산을 등장시키고, 어린 양과 144,000을 승리자로 보여줌으로써 교회 공동체의 정체성을 다시 일깨우고자 한다.

따라서 14장의 하늘에 있는 시온산은 13장과의 관계에서 이해할 때 그 의미가 분명하게 드러난다. 1a절의 '에이돈'이 새로운 단락을 시작하는 표현이기도 하지만 바로 앞에 위치한 '카이'를 '그 때'라고 번역하는 것은 바로 이러한 연결 관계를 보여주기 위해서이다. 곧 13장이 교회 공동체가 지상에서 겪는 현실적 정황을 보여주고 있다면 14장은 또다른 현실로서 하늘에서 어린 양과 함께 승리한 교회의 모습을 보여주고자 한다. 그럼으로써 지상에서의 고난을 단순히 패배주의적 관점에서 보는 것이 아니라 승리자의 관점에서 볼 수 있도록 시야를 열어주고자 한다. 이것은 교회 공동체가 지상과 하늘에 동시에 존재하는 이중적 정체성을 가지고 있다는 사실에 기반한다. 13장과 14장 사이에서 보여주는 이러한 이중적 정체성은, 7장 1-8절의 144,000과 9-17절의 "셀 수 없는 큰 무리" 사이에서도 드러나지만, 교회 공동체가 지상에서 적대적 세력과 대립하는 구체적 현실을 감안할 때 좀 더 역동적으로 드러난다.

14장 1c절에서 어린 양과 함께 서 있는 144,000은 하늘에서 본질적 승리를 쟁취한 교회 공동체에 대한 상징적 표현이다. 이러한 144,000이 쟁취한 본질적 승리는 그들이 하나님의 장막으로서 13장 6절의 "하늘에 거하는 자들"과도 관련된다. 곧 14장 1절의 "시온산"은 13장 6절에서 교회 공동체가 거하는 하늘과 직접적으로 관련된다고 할 수 있다. 그러므로 14장 1-5절을 13장과의 관련성을 가지고 읽어야 한다는 당위성은 더욱 뚜렷해진다. 다음 단락에서 승리하신 어린 양과 함께 있는 144,000에 대해 좀 더 집중해서 논의하고자 한다.

144,000(1c절) 14:1c절에서 144,000이 시온산에 서 있는 어린 양과 함께 있는 모습으로 등장한다. 어린 양이 서 있는 모습이 전투적 모습이므로 그와 함께 있는 144,000 역시 그 특징을 공유하는 것은 당연하다. 이와 관련하여 보쿰은 이 본문에서 어린 양과 144,000이 시온산에 서 있는 것을 대적들(용과 두 짐승)에 대항하는 모습으로 간주한다.[29] 144,000이 7장 1-8절에서 분명하게 지상에서 전투하는 교회로 등장하고 있다는 것이 이러한 사실을 더욱 지지해준다. 그런데 여기에서 흥미로운 것은 7장 1-8절에서는 지상에서 전투하는 교회로서 존재하던 144,000이 14장에서는 하늘에 거하는 존재로 묘사되고 있다는 사실이다. 144,000과 관련하여 이러한 변화를 어떻게 이해할 수 있는가?

먼저 이 두 본문 사이의 변화를 시간적 흐름의 관점에서 접근해서는 안된다. 왜냐하면 이 두 본문 사이에 시간적 관련성을 설정할 만한 근거가 없기 때문이다. 따라서 이러한 변화는 시간의 변화에 의한 것이 아니라 문맥의 변화를 나타내기 위한 의도적인 설정이라고 할 수 이다. 곧 앞서 언급했던 것처럼, 13장 6-7절에서 짐승의 공격에 의해 패배당하기까지 하는 교회 공동체가 본질적으로 승리한 존재라는 사실을 드러내기 위해 7장에서 지상에서 전투하는 공동체를 의미하는 것으로 사용되었던 144,000을 하늘에서 승리한 존재로 소개하고 있는 것이다.

7장 1-8절의 144,000은 지상에서 전투하는 교회를 나타내고, 7장 9-17절의 "셀 수 없는 큰 무리"는 하늘에 존재하는 승리한 교회를 나타낸다. 14장 1c절의 144,000은 7장 1-8절의 144,000과 동일한 존재이지만 그러나 그 존재 양태에 있어서는 7장 9-17절의 "셀 수 없는 큰 무리"와 동일하다. 이런 이유 때문에 144,000은 지상적 존재에서 천상적 존재로의 변화가 발생한 것이다. 이상의 내용을 다음의 도표로 간단히 나타낼 수 있다.

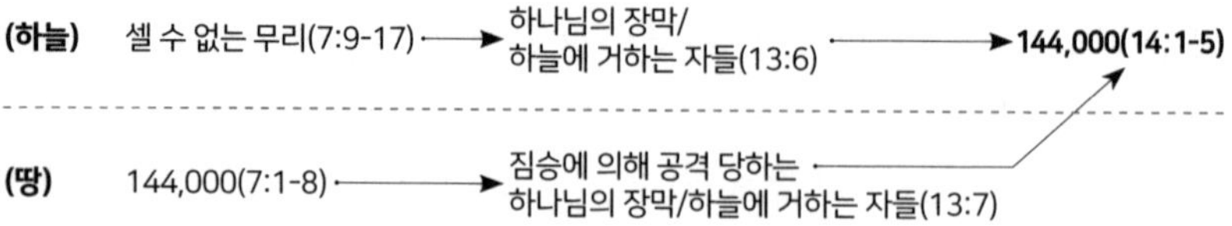

29 Bauckham, *The Climax of Prophecy*, 229.

이상에서 14장 1c절은 144,000이 죽음을 통해 승리하신 어린 양과 함께 하늘의 시온산에 서 있는 모습을 보여준다. 이를 통해 13장이 증거하듯이 성도들은 비록 지상에서 고난과 핍박을 피할 수 없는 절망적인 현실에 처해있지만, 그럼에도 불구하고 그들의 보다 본질적인 존재의 특징은 7장 9절의 "셀 수 없는 큰 무리"처럼 바로 하늘에서 승리한 존재라는 사실을 알려준다. 그런데 14장 1c절은 7장 9절과는 달리, 13장이라는 좀 더 구체적 정황이 보충된다. 이러한 점에서 14장 1c절의 144,000은 7장 9절의 "셀 수 없는 큰 무리"에 대한 재해석으로 볼 수 있다.[30]

어린 양의 이름과 그의 아버지의 이름(1d절) 1절의 마지막 부분인 1d절은 형용사적 용법의 분사로 시작하여 1c절의 144,000을 수식한다. 곧 1d절은 1c절의 144,000을 설명하는 내용이다. 그 내용의 핵심은 바로 144,000이 그들의 이마에 기록된 어린 양의 이름과 그의 아버지의 이름을 가지고 있다는 것이다. 이것은 7장 1-8절에서 144,000이 그들의 이마에 하나님의 인을 받은 것과 동일한 의미를 지닌다. 다만 7장 3절의 하나님의 인을 이 본문에서 "어린 양의 이름과 그의 아버지의 이름"이라고 좀 더 구체적으로 표현했을 뿐이다. 여기에서 "하나님의 인"이 "어린 양의 이름과 그의 아버지의 이름"으로 변경된 것은 13장 17절에서 "짐승의 이름"을 의식하여 이에 대조적으로 대응시키기 위한 것이라고 할 수 있다. 짐승의 이름은 이 세상에서 잠시 안전을 보장해 줄 수 있을지는 모르지만 어린 양의 이름과 그의 아버지의 이름은 영원하고 본질적인 승리를 보장한다. 그리고 여기에 "어린 양의 이름"을 덧붙인 것은 이들이 어린 양에 속한 자들으로서 예수님을 따라가는 자들임을 시사해 준다. 그래서 그 이름을 가진 자들은 4c절에서 언급하고 있는 것처럼 "어린 양이 어디로 가든지 따라가는 자들"이며 동시에 어린 양이 선취(先就)하신 승리와 그의 왕적 지위를 함께 공유한다.

[14:2-3] 하늘에서 144,000의 활동: 하프연주와 새노래

하프연주하다(2절) 1절에서 눈으로 보는 환상의 정황이 이제 귀로 듣는 청각적

30 위의 책.

계시의 정황으로 전환된다.[31] 2절은 어린 양과 144,000와 관련하여 하늘에서의 장면을 소개한다. 먼저 2a절에서 요한은 하늘로부터 나는 소리를 듣는다. 하늘에서 들리는 이 소리는 바로 하늘의 시온산을 소개하는 1절의 연속이라고 할 수 있다. 2b절은 그 하늘에서 나는 소리를 "많은 물(들의) 소리" 같기도 하고 "큰 우레의 소리" 같다고 묘사한다. 여기에서 "많은 물(들의) 소리"는 1장 15절의 승귀하신 예수님에 대한 환상에서 예수님이 내시는 소리와 동일하다(참조 겔 1:24; 43:2).[32] 또한 "우레 소리"는 "하나님의 보좌와 사역에 대한 환상"을 동반하기도 한다(계 4:5; 6:1; 8:5; 11:19).[33] 그리고 19장 6절은 하늘에서 많은 무리가 "많은 물(들의) 소리"와 "큰 우레소리"로 하나님께 찬양을 드리는 장면을 연출한다.[34] 소리에 대한 이러한 묘사들은 하늘에서 나는 소리의 공통 특징을 보여준다.

2c절은 다시 한 번 2a의 하늘로부터 들리는 소리에 대해 설명한다. 여기에서 '하프'라는 단어와 관련된 어군이 세 번씩 반복되고 있는 것은 흥미롭다(κιθαρῳδῶν κιθαριζόντων ἐν ταῖς κιθάραις, 키다로돈 키다리존톤 엔 타이스 키다라이스). 여기에서 특별히 '하피스트들'(κιθαρῳδῶν, 키다로돈>κιθαρῳδός, 키다로도스)이라는 것은 단순히 하프만 연주하는 것이 아니라 하프와 함께 노래도 부르는 자들을 가리킨다.[35] 따라서 '하프'라는 악기는 3절에서 '새 노래'라는 구속의 노래와 관련된다. 하프와 새노래의 조합은 5장 8-9절과 15장 2-4절에도 등장하는데, 이러한 조합은 일관성 있게 구속 받은 교회 공동체를 묘사할 때 사용된다. 그러므로 14장 2절에서도 하프를 연주하고 새노래를 부르는 자들은 구속의 은혜를 입은 당사자인 144,000으로 볼 수 있다.

새노래(3ab절) 하피스트들은 하프를 연주할 뿐만 아니라 새 노래를 부른다. 3a절에서 "노래하다"는 동사의 주어는 3인칭 복수로서 직전 2c절의 "하피스트들"을 가리키는 것으로 볼 수 있다. 3b절에서 하프를 연주하는 자들이 "보좌 앞에서" 그리고 "네 생물과 장로들 앞에서" 새 노래를 노래한다. 여기에서 '앞에서'(ἐνώπιον)란 단어를 '보좌'란 단어와 '네 생물들과 장로들'이라는 문구 앞

---

31 보쿰은 이러한 전환이 땅으로부터 하늘로의 전환과 관련되어 있다고 지적하고 있으나(Bauckham, *The Climax of Prophecy,* 230) 1절이 이미 천상적 상황이므로 이러한 입장은 동의하기가 어렵다.
32 Koester, *Revelation*, 608.
33 앞의 책.
34 앞의 책.
35 BADG, 544.

에 각각 배치하고 있다. 이것은 보좌와 네 생물들/장로들을 구분하기 위한 목적이 있기 때문이다. 또한 '보좌 앞과 네 생물과 장로들 앞에서'란 문구는 4장에서 천상적 보좌의 정황을 연상케 한다. 왜냐하면 "보좌"는 하늘 성전의 특징을 대표하기 때문이다. 이러한 이유로 요한계시록에서 "보좌"가 사용되는 모든 본문은 하늘의 정황과 직결된다. 그러므로 이 새노래가 천상적 정황을 배경으로 이루어지고 있다고 보는 것이 당연하다.

새노래는 5장 9-10절에서 어린 양의 승리를 찬양하는 노래로서 하늘에서 울려 퍼진 바 있다. 이 본문은 요한계시록에서 유일하게 14장 3절과 동일한 "새노래를 노래한다"(ᾄδουσιν ᾠδὴν καινὴν)라는 문구를 사용한다. 그러므로 14장의 문맥에서 새노래에 대한 의미를 정확하게 이해하기 위해서 5장 9-10절에서 새노래의 의미를 먼저 살펴 볼 필요가 있다. 이를 위해 제 1권에서 다뤘던 5장 9-10절의 새노래에 대한 논의를 다시 정리해 보고자 한다. 먼저 새노래는 구약을 배경으로 한다. 시편 33편 3절, 40편 4절, 96편 1절과 98편 1절, 144편 9절, 149편 1절 등에서 새노래가 언급되는데 공통 주제는 바로 하나님의 주권에 대한 찬양이다.[36] 특별히 이사야 42장 9-10절에서 새노래는 메시아의 구원사역으로서의 새출애굽의 주제와 관련되고 있다.[37] 이 구약 배경에 근거해 볼때 5장 9-10절의 새노래는 책의 인을 떼시기에 합당한 어린 양 예수의 대속 사역에 의한 새창조(에덴)의 회복과 하나님 나라의 도래를 그 주제로 한다.

보쿰은 7장 9-12절에서 144,000과 동일시되는 "셀수 없는 큰 무리"의 승리에 대한 찬양을 새노래로 간주한다.[38] 이러한 맥락에서 "새노래"라는 명칭은 대적들에 대한 "신적 전사(戰士)의 새로운 승리를 칭송하는 찬양을 가리키는 거룩한 전쟁의 용어"라고 할 수 있다(시 98:1-3; 144:9; 사 42:10-13 쥬디스 16:2-4).[39] 이러한 새노래를 부를 수 있는 자들은 144,000 곧 땅으로부터 대속함을 받은 자들이다. 그들은 신적 전사로서 승리한 자들이라고 할 수 있다. 이러한 사실은 15장 2-4절에서 짐승과 그의 형상과 그의 이름의 수를 이긴 자들이 새노

36 Charles, *A Critical and Exegetical Commentary on the Revelation of St. John*, 1:146.

37 앞의 책.

38 Bauckham, *The Climax of Prophecy*, 230.

39 앞의 책. 유사한 승리에 대한 찬양과 관련한 본문은 다음을 참조하라: 대하 20:28; 시 144:9-10; 마카비 1서 13:51; 1QM 4:4-5(앞의 책). 이 외에 "새노래"에 대한 자세한 논의에 대해서 1권의 578-586쪽을 참조하라.

래로서 어린 양의 노래를 부르는 정황과도 일맥상통한다.

이상의 내용은 14장 3절에서 "새노래"의 의미를 더욱 명확하게 해준다. 그 새노래를 부르는 144,000은 승리한 자들로서 어린 양과 함께 신적 전사로서의 자태를 드러낸다. 그들의 승리는 필연적으로 새창조와 하나님 나라의 통치의 종말적 성취를 증거하게 된다. 이러한 노래는 그들이 하늘에 존재하기 때문에 더욱 의미가 있으며 특별히 승리를 축하하며 승리를 선취(先就)하신 어린 양을 찬양하는 제의적 의미를 갖는다고 할 수 있다. 왜냐하면 하늘은 성전으로서 구원의 장소이기 때문이다.

땅으로부터 대속받은 자들(3de절) 번역에서 언급한 것처럼 3d절의 144,000과 3e절의 "그 땅으로부터 구속받은 자들"은 서로 동격이다. 이 동격관계로 144,000은 "그 땅으로부터 대속받은 자들"과 동일시 된다. 여기에서 "그 땅으로부터"(ἀπὸ τῆς γῆς, 아포 테스 게스)의 "땅" 앞에 정관사 "그"(τῆς, 테스)가 붙어 있어 "땅"이 이미 인지된 대상임을 알 수 있다. 그렇다면 "그 땅"은 어느 땅을 가리키는 것일까? 그것은 바로 13장에서 사용된 "땅"을 가리키는 것으로 추정할 수 있다. 13장에서 "땅"이라는 단어는 8회 사용된다. 특별히 "땅에 사는 자들"이란 문구가 4회 사용되고(13:8, 12[땅이라는 단어 대신 지시대명사를 사용], 14[x2]), 13장 3절에서는 "온 땅이 그 짐승에 대해 놀라 그를 따랐"고, 13장 11절에서는 둘째 짐승이 "땅으로부터" 올라오며, 13장 12절에서는 "땅이… 경배하는 것을…"라고 언급하고, 13장 13절에서는 "불이 … 땅으로 내려 오도록 한다"고 기록한다. 이 모든 경우에서 "땅"은 짐승이 지배하는 부정적 의미의 세상을 의미한다. 따라서 "그 땅"은 이러한 13장의 용례들에 근거해 볼 때 부정적 의미로서 짐승이 지배하는 세상을 가리킨다.[40] "그 땅으로부터 대속받았다"는 문구는 5장 9절의 "모든 족속과 언어와 백성과 나라로부터 당신의 피로 사시다"라는 문구와 평행된다. 이 평행 관계를 통해 "그 땅으로부터"는 '모든 족속과 언어와 백성과 나라로부터'와 같은 의미로 이해될 수 있다.

40 롤로프는 이 땅을 "사탄적 능력의 영역"으로 규정한다(Roloff, *The Revelation of John,* 171). 또한 해링톤은 이 땅을 요한복음이 말하는 불신자의 "세상"(코스모스)으로 정의한다(Harrington, *Revelation,* 146).

아무도 배울 수 없다(3c절) 3c절에서는 "144,000 곧 그 땅으로부터 대속받은자들" 외에 아무도 이 새노래를 "배울 수 없다"고 한다. 이러한 내용은 앞서 살펴본 5장 9-10절과 7장 9-12절 그리고 15장 2-4절에는 없는 새로운 주제이다.

144,000, 곧 "땅으로부터 대속받은 자들"은 하프를 연주하며 새 노래를 부르는데, 이들을 제외하고는 아무도 그 노래를 부를 수 없다. 이것은 144,000이 받은 구원의 배타성을 강조한다. 이러한 배타성은 어린 양을 따르는 자들과 짐승을 추종하는 자들 사이에 분명한 대조를 드러낸다.[41] 또한 이러한 구원의 배타성은 하나님의 주권이 강조되는 특징을 갖지만, 동시에 "…할 수 있다"라는 의미를 갖는 '에듀나토'(ἐδύνατο>δύναμαι, 뒤나마이)라는 조동사의 사용에 의해 인간의 책임이 강조되기도 한다.[42] 새노래를 배울 수 있는 것은 하나님의 주권에 의해 이루어지지만, 동시에 그것은 인간의 책임있는 행위에 의해 이루어지기도 한다는 뜻이다.

이와 관련하여 "배우다"(μαθεῖν, 마데인>μανθάνω, 만다노)라는 동사는 다른 신약 성경에서 빈번하게 사용되는 "제자"(μαθητής)와 같은 어근을 갖는다.[43] 이러한 사실에 근거해서 새노래를 배운다는 것은 단순히 구원의 차원을 넘어서 어린 양 예수님의 제자가 되는 "제자도의 특별한 성향"(a particular disposition of descipleship)을 요구하는 것이라고 할 수 있다.[44] 새노래는 "자연스럽게"(naturally) "아무런 노력 없이"(without effort) 터득될 수 있는 것이 아니다.[45] "산고와 눈물"을 통해 얻어진 영적 경험이 새노래를 이해할 수 있는 발판이 된다.[46] 진정한 제자도를 터득한 자만이 새노래를 이해할 수 있다.

[14:4-5] 144,000의 특징들

다음 4-5절에서는 144,000의 제의적 특징에 대한 좀 더 구체적인 설명을 덧붙인다. 첫번째로, "여자들과 더럽히지 않은 자들"(4a절)이며, 두번째로, "어린 양이 가는 곳마다 따라가는 자들"(4c절), "첫 열매로 대속받은 자들"(4d절), "그들의 입 안에 거짓이 발견되지 않았다"(5a절)는 것, 그리고 "흠이 없다"(5b)는 것이다.

---

41 Koester, *Revelation*, 609.
42 Boxall, *The Revelation of St. John*, 201.
43 앞의 책, 202.
44 앞의 책, 202.
45 Swete, *The Apocalypse of St. John*, 175.
46 Charles, *A Critical and Exegetical Commentary on the Revelation of St. John*, 2:7.

여자들과 함께 더럽히지 않은 자들(4ab절) 먼저 4a절에서 14,4000은 "여자들과 함께 더럽히지 아니한 자들"이라고 묘사한다. 이 문구는 일시적 절제의 차원이 아니라 "종신 독신"(lifelong celibacy)의 의미를 함의한다.[47] 4b절은 "왜냐하면"(γάρ, 가르)라는 접속사로 시작하여 4a절에 대한 이유를 제시한다. 곧 종신 독신으로서 평생을 여자와 함께 하지 않은 이유는 바로 그들은 "정결한 남자들"(παρθένοι)이기 때문이다. 여기에서 이러한 표현들은 그들이 어떤 수도원의 일원이나 실제적으로 결혼하지 않은 자들이라는 문자적 의미 보다는 "제의적 정결"(ritual purity)로서[48] 그들이 새노래를 부르는 제의적 행위를 하기에 부족함이 없는, 거룩하고 존귀한 자들임을 보여 주려는 은유적 표현으로 이해해야 할 것이다.[49]

구약에서 이스라엘은 정결한 '처녀'로 자주 비유되고 있다. 열왕기하 19장 21절에 의하면 이스라엘을 "시온의 처녀 딸"로 부르기도 하였다(참조 사 37:22; 렘애 2:13; 암 5:2). 이 때 '파르데노스'(παρθένος)는 요한계시록 본문과는 달리 여성 단수로 사용되어 "정결한 남자"대신 "처녀"(virgin)라는 의미를 갖게 된다. 그리고 신약에서 고린도후서 11장 2절은 믿는 자들을 "정결한 처녀"로 비유하여 말하고 있다. 여기에서 '파르데노스'(παρθένος)라는 단어는 문맥에 따라 '남성' 혹은 '여성'에 적용된다.

또한 4ab절의 정결 주제는 제의적 의미를 가지고 있음과 동시에 전쟁 주제와도 관련된다. 곧 1QM 7장 3-6절에[50] 기록된 바대로 에센파(Essenes)가 악한 세력에 대항하여 "실제적인 전쟁 상황이나 "영적 윤리적 전쟁"을 대비하여 정결함을 위해 "평생 독신"으로 보내는 경우에서 그 배경을 찾아 볼 수 있다.[51] 이러한 배경을 근거로 요한도 "종신 독신"과 같은 정결의 주제를 사용하여 교회 공동체가 어린 양의 성전(聖戰)에 참전하도록 부르심받았다는 사실을 시사하고 있다.[52] 이것은 앞서 언급한 것처럼, 144,000이 부르는 새노래가 "신적 전사의 새로운 승리"를 찬양하는 내용이라는 사실과도 관련된다. 13장은 성도들이 짐승의 핍박으로 인한 고난 속에서도 인내와 믿음 그리고 지혜와

47 Bauckham, *The Climax of Prophecy*, 231.
48 Aune, *Revelation 6-16*, 810.
49 Bauckham, *The Climax of Prophecy*, 231.
50 Blount, *Revelation*, 269.
51 Bauckham, *The Climax of Prophecy*, 231.
52 앞의 책.

지각을 가지고 그리스도인으로서의 정체성을 유지해야 하는 현실을 보여주는데, 이것은 그들이 거룩한 전쟁에 어린 양과 함께 참전 중이라는 사실을 의미한다. 그들은 제의적으로 정결한 자들로서 이 거룩한 전쟁에 어린 양과 함께 참여할 충분한 준비가 되어 있고 또 어린 양의 승리를 공유할 수 있게 된 것이다. 따라서 오늘날 우리가 정결함을 유지하는 것은 신적 전사로서 영적 전쟁에 참여하는 것을 의미한다.

어린 양이 가시는 곳마다 따라가는 자들(4c절) 4c에서 144,000은 "어린 양이 어디로 가든지 따라가는 자들"이라고 묘사된다. 이것은 144,000이 짐승의 표를 받고 그 짐승의 우상에게 절하는 자들과는 절대적으로 대조되는 자들임을 의식한 표현이다. 즉, 어린 양이 죽음의 자리까지 신실하게 하나님께 순종했던 것처럼(사 53:7; 계 5:6), 그들도 죽기까지 신실한 모습을 잃지 않았다는 것을 의미한다.[53] 이 내용은 당시에 교회 공동체가 "폭력적인 핍박과 순교"의 현장에 놓여 있다는 것을 전제하지 않더라도, 성도들이 순교할 가능성이 매우 크다는 것을 의미한다.[54] 또한 이것은 예수님의 경우처럼 144,000도 "하나님께 희생 제물로 드려졌다"는 것으로 볼 수 있으며 여기에서 정결과 성전(聖戰) 주제가 "희생제사"라는 주제로 전환되고 있음을 알 수 있다.[55] 그러나 이러한 전환은 세 주제 사이의 이질적 관계를 드러내는 것이 아니라 도리어 주제들의 상호 결속을 보여준다. 희생 제사라는 주제와 정결과 성전(聖戰) 주제는 서로 밀접하게 연결되어 있다. 정결 주제는 제의적 의미를 가지고 있으며 이러한 정결의 제의적 의미는 성전(聖戰) 참여를 위한 것일 뿐만 아니라 희생 제물로 드려지기 위한 목적도 있다. 그러므로 성전(聖戰)에 참여한다는 것은 또한 희생 제물로 드려진다는 것을 의미한다.

한편 "어린 양"은 19장 7절과 21장 2절 그리고 21장 9절에서 신부인 교회 공동체의 신랑으로 등장한다. 이러한 관계로 이 문맥에서 어린 양의 등장으로 144,000을 그 신부로 또한 이해할 수 있다. 이것은 바로 4ab절의 정결 주제와 관련되고 4c절에서처럼 어린 양을 따라 어디든지 가는 신실한 신부 모습과도

53 앞의 책.
54 Boxall, *The Revelation of St. John*, 204.
55 Bauckham, *The Climax of Prophecy*, 231-232.

관련된다.[56] 왜냐하면 신부는 정결해야 함과 동시에 신랑과의 연합된 관계로서 어디든지 가는 신실한 모습이 있어야 하는 것이 당연하기 때문이다. 따라서 어린 양의 이미지에 의해 144,000은 하나님의 군대이며 동시에 어린 양의 신부로서의 이미지를 모두 포함하고 있다..

첫 열매로 대속받다(4d절) 4d절에서 144,000은 "사람들로부터 하나님과 어린 양에게 첫 열매로 대속받았다"고 한다. 여기에서 두 가지 주제를 다루기로 한다. 첫째로, "대속받다"이고 둘째로, "첫 열매"이다.

(1)대속받다

먼저 4d의 "사람들로부터 대속받다"라는 문구는 3e절의 "땅으로부터 대속받은자들"이라는 문구와 유사한 표현이다. 이 경우에 3e절과 3d절의 평행 관계에 의해 4d절의 "대속받은 자들"은 144,000과 동일한 대상을 가리킨다. 또한 4d절의 이 문구는 5장 9절에서 "모든 족속과 언어와 백성과 나라로부터 당신의 피로 사시다'"라는 문구와 평행된다. 곧 4d절의 "사람들로부터"는 3e절의 "땅으로부터"와 5장 9절의 "모든 족속과 언어와 백성과 나라로부터"라는 문구와 평행되고 4d절의 "대속받은자들"은 3e절의 "대속받은 자들'라는 문구와 5장 9절의 "피로 사다"와 평행 관계를 이룬다. 이러한 평행 관계를 다음과 같이 도표로 정리할 수 있다.

	5:9c	14:4d
주동사	당신의 피로 사셨다 (ἠγόρασας>**ἀ**γορ**ά**ζω … ἐν τῷ αἵματί σου)	대속받았고 (ἠγοράσθησαν>**ἀ**γορ**ά**ζω)
출처	모든 족속과 방언과 백성과 나라로부터(ἐκ)	땅으로부터(3e); 사람들로부터(ἀπό)
목적	하나님께 속하도록(τῷ θεῷ)	하나님과 어린 양께 속한(τῷ θεῷ καὶ τῷ ἀρνίῳ)처음 열매로
대상	사람들을(성도들)	이들은(144,000)

5장 9절과의 평행 관계에 의해서 4d절에서 144,000이 "사람들로부터 대속 받

56 Boring, *Revelation*, 169.

은 것"은 어린 양의 피의 대가로 대속받았다는 의미를 함축하는 것으로 볼 수 있다. 그리고 이러한 144,000은 13장에 등장하는 짐승의 존재를 배경으로 이해될 수 있다. 곧 이 세상에서 대속받은 자들로서 짐승을 더 이상 따르지 않는 자들이며, 그 이마나 오른 손에 짐승의 표를 받지 않은 자들이며, 짐승의 형상에게 경배하지 않는 자들이다.

(2)첫 열매

144,000은 하나님과 어린 양에게 속한 "첫 열매"(ἀπαρχή, 아파르케)이다. 첫 열매는 이중적 의미를 가지고 있다: (ㄱ)부분으로서의 첫 열매; (ㄴ)전체로서의 첫 열매.

(ㄱ)부분으로서의 첫 열매

여기에서 "첫 열매"란 사전적 의미로서 "나머지가 세속적으로 사용될 수 있기 전에 하나님께 드리는 첫 열매들 곧 어떤 종류의 처음 분량"이다.[57] 구약에서는 "희생 제사적인 이미지"(sacrificial image)를 가지고 있는 개념이다.[58] 따라서 이러한 개념은 앞서 언급한 제의적 의미의 정결 주제와 조화를 이루 는 것이 당연하다. 구약에서 "첫 열매"란 일년 동안 재배한 것 중 처음으로 추수하여 가장 좋은 부분을 하나님께 드리게 되며 이를 통하여 소산물을 허락하신 하나님께 감사하며 그 모든 것이 하나님께 속하였다는 것을 인정하는 의미를 가진다(민 18:12; 신 18:4; 레 23:9-14; 출 25:2-3; 신 12:11).[59] 이러한 "첫 열매"는 그 다음으로 익은 열매들이 계속적으로 나타나게 될 것을 예상하는데 이 모든 것들이 하나님께 속하게 된다는 것을 보장한다. 이상의 내용에서 "첫 열매"는 전체 열매의 부분을 포함하고 있다는 것을 알 수 있다.

신약에서 이러한 개념을 응용하여 사용한다. 로마서 16장 5절에서는 에베네도가 아시아에서 "그리스도께 첫 열매"이며, 고린도전서 16장 15절에서는 스데바나의 가정이 "아가야의 첫 열매"이며, 야고보서 1장 18절에서 야고보는

57 BDAG, 98(1).
58 Osborne, *Revelation*, 530.
59 W. A. Van Gemeren, ed., *NIDOTTE* (Grand Rapids: Zondervan, 1997), 1:659 (Osborne, *Revelation*, 530에서 재인용).

그의 독자들을 “피조물 중의 첫 열매”라고 한다.[60] 이러한 용례들에서 신약에 사용된 “첫 열매”라는 말은 하나님의 백성들이 하나님께 속한 거룩한 공동체이며 동시에 사람들이 교회 공동체에로의 계속 편입되는 것을 의미한다는 것을 알 수 있다.[61]

(ㄴ)전체로서의 첫 열매

반면 첫 열매는 이스라엘 백성 전체에게 적용되는 경우도 있다. 이 경우에는 “첫 열매”로서 이스라엘은 불결한 이방 백성들과 구별된 존재로서 하나님께 드려진 자들이다. 이러한 사실은 예레미야 2장 2-3절에 잘 나타나 있다(참조 겔 20:40).[62]

> [2]가서 예루살렘의 귀에 외칠지니라 여호와께서 이와 같이 말씀하시기를 내가 너를 위하여 네 청년 때의 인애와 네 신혼 때의 사랑을 기억하노니 곧 씨 뿌리지 못하는 땅, 그 광야에서 나를 따랐음이니라 [3]이스라엘은 여호와를 위한 성물 곧 그의 소산 중 첫 열매이니 그를 삼키는 자면 모두 벌을 받아 재앙이 그들에게 닥치리라 여호와의 말씀이니라

위의 예레미야 본문의 2절에서 출애굽 사건 때에 시내산에서 맺은 언약을 배경으로[63] 이스라엘이 신랑이신 하나님께 신부로 존재하였다는 것을 밝히고 있다.[64] 3절에 의하면 그러한 관계를 “여호와의 성물 곧 그의 소산 중 첫 열매(ἀρχή)”라는 말로 표현하고 있다. 바로 이스라엘 백성 전체를 “불신앙의 열방들과 구별되는” 첫 열매로 규정한 것이다.[65]

(ㄷ)요한계시록에서의 의미

요한계시록 14장의 “첫 열매”는 앞서 논의한 두 가지 의미를 모두 가지고 있다고 볼 수 있다. 먼저 짐승을 좇는 불결한 무리들과 구별된 하나님께 속한 백성

---

60 Osborne, *Revelation*, 530.

61 앞의 책. 이것은 예수님께서 부활하신 것을 “죽은 자들의 첫 열매”라고 하여 성도들의 부활이 시작됨을 의미하는 것에서 알 수 있다(앞의 책).

62 Beale, *The Book of Revelation*, 743. 이 외에도 *Midr. Rab. Rab.* Exod. 31:9; 49:2; *Midr. Rab.* Lev. 36:4; *Midr. Rab.* Num. 2:13; 4:1; 10:2; *Pike de Rabbi Eliezer 2*, S 30; Tanna de-be Eliyahu, pp. 85 and 133 등에서 이러한 예를 찾아 볼 수 있다(앞의 책).

63 Craigie, *Jeremiah 1-25*, 24.

64 4d절이 이러한 출애굽 모티브 배경을 가지는 것은 8-11장과 15-16장에서 출애굽 모티브가 풍성하게 사용되고 있는 것과 맥을 같이하고 있다(Beale, *The Book of Revelation*, 743).

65 Beale, *The Book of Revelation*, 743.

이란 점에서 "부분으로서의 첫 열매"라고 할 수 있고, 또 하나님의 백성 일부가 아니라 백성 전체를 포함한다는 점에서 "전체로서의 첫 열매"라고 볼 수 있다.[66] 이러한 이해는 4d절의 "사람들로부터 (어린 양의 피로) 대속받았다"라는 문구와 자연스럽게 연결된다. 곧 144,000은 "사람들로부터"(3e, 땅; 5:9, 모든 족속과 언어와 백성과 나라로부터) 구별되어 구속을 받아 처음 익은 열매처럼 거룩하고 구별되어 하나님께 드려진 제물과 같은 존재라는 것이다.[67] 특별히 번역에서 언급한 것처럼 4d절에서 "하나님과 어린 양"은 소속의 여격 용법으로서 "첫 열매"가 하나님과 어린 양에게 속한 것으로 본다. 이것은 제의적 의미로서 희생 제물로 드려진 "첫 열매"는 하나님께 속한 것으로 보는 것이 당연하다. 따라서 이 이미지는 "첫 열매"로서 144,000은 하나님의 백성의 부분이 아니라 전체를 의미하는 것으로서 하나님께 기뻐하시는 제물로 받아 들여져 하나님(과 어린 양)께 속하였음을 보여주며, 더 나아가서 그들을 통하여 계속 이어지는 추수의 열매들을 예상하게 한다. 다시 말하면, 144,000은 하나님의 교회 공동체의 일부로서 일단의 무리이며 그 부족한 부분을 마지막 날에 채우실 것을 말하고 있는 것이 아니라는 것이다. 144,000은 그 자체로 하나님의 교회 공동체 전체를 의미하면서 동시에 그 "첫 열매"라는 상징적 이미지를 통해 하나님의 백성의 완전한 모임을 종결 짓는 종말적 추수 사건을 예상케 한다. 이러한 구원의 추수 사건은 14장 14-20절에서 심판의 추수와 함께 언급되고 있다.

이 장면은 일종의 논리적 모순에 의한 긴장 관계를 연출한다. 11장의 두 증인 이야기도 이와 유사한 패턴을 갖는다. 곧 두 증인은 그 자체로 교회 공동체를 의미하는데 동시에 이 교회 공동체는 증거를 통하여 새로운 하나님의 백성들의 편입을 예상케 한다. 요한은 왜 이러한 표현 기법을 사용하는가? 그것은 요한에게 교회 공동체는 종말적 관점에서 언제나 완성된 모습으로 이해됨과 동시에 역사적 관점에서 계속적으로 그 충만한 숫자를 채워 가야 하는 공동체로 이해되기 때문이다. 이를 통해 교회 공동체의 완전성과 역동성이 동시에 표출된다.

그들의 입 안에 거짓이 발견되지 않았다(5a) 5a절은 4절에서 언급하는 제의적 정

---

66 앞의 책, 744.
67 Mounce, *The Book of* Revelation, 268.

결을 신약의 관점으로 재해석하여 "도덕적 정결"로 확장시킨다.[68] 그 도덕적 정결함이란 바로 "그들의 입 안에 거짓이 발견되지 않았다"는 것이다. 입안에 거짓이 없다는 것은 그들의 입으로 거짓을 말하지 않는다는 것을 의미한다. 이것을 긍정적으로 표현하면 그들은 입으로 진리만을 말한다는 것이다. 이것은 13장 5-6절에서 짐승이 입을 통해 거짓으로 사람들을 미혹하고 하나님을 모독하는 활동과 대조되는 모습이다.

이것은 이사야 53장 9절과 스바냐 1장 3절이 배경이다.[69]

> 그는 강포를 행하지 아니하였고 그의 입에 거짓이 없었으나(발견되지 않았으나, 나의 번역)(οὐδὲ εὑρέθη δόλος ἐν τῷ στόματι αὐτοῦ) 그의 무덤이 악인들과 함께 있었으며 그가 죽은 후에 부자와 함께 있었도다(사 53:9)
>
> 이스라엘의 남은 자는 악을 행하지 아니하며 거짓을 말하지 아니하며 입에 거짓된 혀가 없으며…(습 3:13)

인용한 본문에서 "그의 입 안에 거짓이 발견되지 았았다"라고 한 것이 요한계시록 본문과 평행을 이룬다. 이사야서에서 이 모습은 고난받는 종을 묘사하는 내용이다. 이러한 평행 관계로 144,000이 이사야 53장의 고난받는 여호와의 종을 모방하고 있다는 사실을 알 수 있다. 이사야 53장의 문맥에서 여호와의 종은 "남은 자"와 동일시 된다.[70] 그렇다면 요한계시록의 144,000은 이사야 53장의 "남은 자"의 성취로 볼 수 있을 것이다. 특별히 위 인용문이 속해 있는 이사야 53장은 고난 당하는 종이 희생 양처럼 죽임 당하는 모습을 소개하고 있는데, 도덕적 정결과의 이러한 조합은 4c절에서 144,000은 "어린 양이 가시는 곳마다 그를 따라가는 자들"이라고 한 것에서 재현된다. 곧 어린 양을 따라가는 자들은 "신실한 증인"(1:5)으로서 진리만을 말하며 죽음의 자리까지 마다하지 않고 가는 것이다.[71]

흠없다(5b) 끝으로 144,000은 흠없는 자들로 묘사된다. 여기에서 "흠없다"는 것은 "도덕적 고결함"(moral probity)을 보여주는데 이것 역시 5a절의 경우처럼

68 Bauckham, *The Climax of Prophecy*, 232.
69 Beale, *The Book of Revelation*, 746.
70 앞의 책.
71 Bauckham, *The Climax of Prophecy*, 232.

구약의 제의적 정결이 신약적 관점에서 재해석된 것이라고 볼 수 있다.[72] 신약적 재해석의 관점에서 "흠없다"라는 표현은 문자적 의미보다는 "거룩한 전사들"(holy warriors)이나 혹은 "희생제사적"(sacrificial) 제물에 적용될 수 있는 "은유"(metaphor)라고 할 수 있다.[73] 쿰란 문서인 1QM 7장 4절에서 전쟁에 나갈 자들 중에 "신체적 흠"(physical defect)을 가진 자들은 그 군대의 대열로부터 배제되며 레위기 21장 17-21절에서는 배제될 대상으로서 흠있는 것들의 목록들이 열거된다.[74] 특별히 1QM 7장 4절과 레위기 21장 17-21절에서 "신체적 결함"을 표현하는 히브리어 단어인 'מוּם'(뭄)을 70인역은 '모모스'(μῶμος)로 번역하는데 요한계시록 본문에서는 이 단어에 부정의 의미를 갖는 'ἀ'(아)가 덧붙여지고 그것의 복수형인 '아모모스'(ἄμωμοί)가 사용됨으로써 대조적 평행을 이루고 있다. 앞선 구약과 유대 문헌을 배경으로 볼 때, 요한계시록에서 '아모모이'라는 단어를 사용한 것은 거룩한 전쟁에 참여할 수 있는 어린 양의 군대가 갖춰야 할 "자질"(qualification)을 희생 제물에 요구된 "신체적 온전함"(physical perfection)(출 29:38; 레 1:3; 3:1; 히 9:14; 벧전 1:19)이라는 은유적 표현으로 구체적으로 제시한 것이라고 할 수 있다.[75]

[14:1-5 정리]

1-5절은 144,000에 대해 소개하는 내용이다. 그들은 어린 양과 함께 하늘의 시온산에 승리한 자로 서 있다. 이러한 모습은 용과 짐승이 결합된 세력과의 대조적 이미지를 연출한다. 특별히 이 본문에서 144,000은 교회 공동체를 상징하는 것으로, 함께 서 있는 어린 양처럼 "순교를 통한 짐승에 대한 승리를 쟁취한 어린 양의 메시아적 군대"로 묘사된다.[76] 이러한 메시아적 군대의 모습은 또한 "신실한 증인"(그들의 입에 거짓이 발견되지 않았다는 점에서)과 정결한 "희생제물"(흠이 없다는 점에서)의 이미지를 나타내고 있다.[77] 이러한 이미지를 다음과 같이 정리해 볼 수 있다.

72 앞의 책.
73 앞의 책.
74 앞의 책.
75 앞의 책.
76 앞의 책, 285.
77 앞의 책.

요한의 지평 안에서 순교는 죽임을 당한 불행한 개인들에 대해 전문적으로 가리키는 용어가 아니다. 오히려 그것은 교회의 그 속성과 존재 의미를 정의해 준다. 이러한 것을 잘 인식하는 것은 요한계시록이 승리자의 책이라는 어떤 학자들의 주장을 잠재운다. 승리는 참으로 중요한 주제이다. 그러나 승리는 고난과 죽음을 통하여 온다. 궁극적으로 중요한 것은 단순히 예수님을 믿는 것이 아니라 어린 양이 어디를 가든지-그것이 제자도의 길이며 고난의 길이며 죽음의 길일지라도-그를 따라 가는 것이다(14:4). 요한계시록의 말씀이 부와 성공과 능력에 대한 우리의 지배적인 문화적 가치에 얼마나 심각하게 모순되는가를 인식하지 않는다면, 아무도 요한계시 록을 가르칠 수도 설교할 수도 심지어는 그것을 공부할 수도 없다.[78]

78 J. R. Michaels, *Interpreting the Book of Revelation* (Grand Rapids: Baker, 1992), 137 (Reddish, Revelation, 274-75에서 재인용).

2. 종말적 구속과 심판(14:6-20)

6절부터는 새로운 단락이 시작된다. 이것은 '에이돈'(εἶδον)으로 시작되는 것으로 알 수 있다.[79] 그러나 이러한 새로운 시작은 6-20절의 내용이 1-5절과 전혀 이질적인 것이라는 것을 의미하지 않는다. 14장은 1-5절을 비롯해서 6-20절도 13장과의 연속선상에서 전개된다. 특별히 6-20절에서 사용된 언어 중에 "짐승"이나 "짐승의 형상" 그리고 "짐승의 표"와 같은 문구들은 13장으로부터 온 것이 분명하다. 1-5절이 13장과 연속선상에 놓여 있고 6-20절도 13장과의 연속선상에 놓여 있다면 1-5절과 6-20절도 상관 관계를 가지고 있다고 볼 수 있다. 이러한 관계에 대한 구체적 내용은 주해 과정에서 좀 더 자세하게 밝혀지게 될 것이다. 6-20절의 구조는 6-12절, 13절 그리고 14-20절로 나누어 질 수 있다. 이러한 구분은 세 천사가 반복해서 나오는 시점을 기준으로 한다. 6-12절과 14-20절은 각기 다른 세 천사가 반복해서 등장하고 그 중간에 13절은 하늘의 음성과 성령의 말씀을 기록한다. 이러한 관계에 의해 A(6-12절)-B(13절)-A'(14-20절)의 구조를 형성하고 있다. 이를 다음과 같이 도표로 나타낼 수 있다.

6-12절(A)		14-20절(A')		비고
첫째 다른 천사(6-7절)	모든 나라와 족속과 언어와 백성에게 선포할 영원한 복음을 가지고 중천을 날면서 심판의 때가 왔으므로 하나님을 경배할 것을 촉구(6-7절)	(첫째) 다른천사 (15절)	구름 위에 앉으신 인자에게 날이 날카로운 낫을 땅에 보내도록 간청(15절)	인자로 하여금 하나님의 백성을 모으는 구원 추수 사역
		구름위에 앉으신 인자같은이	(첫째) 다른 천사의 간청에 의하여 인자 같은 이가 땅의 곡식을 추수한다(14, 16절)	
둘째 다른 천사(8절)	바벨론의 멸망을 선포하다; 그 바벨론은 분노의 포도주로부터 모든 이방 나라들을 마시게 했다(8절)	(둘째) 다른천사	성전에서 나오는데 날이 날카로운 낫을 가지고 있다; 셋째 다른 천사의 간청에 땅의 포도나무를 거두어 하나님의 분노의 포도주 틀에 던졌다(17, 19절)	셋째 다른 천사의 촉구에 의한 심판 사역

79 '에이돈'의 이러한 기능에 대해 1권의 531쪽을 참조하라.

셋째 다른 천사(9-12절)	짐승을 경배하고 그 짐승의 표를 받음으로써 영적인 음행을 행한 자는 불과 유황으로 고난을 받음을 선포(9-12절)	(셋째) 다른천사	불에 대한 권세를 가지고 있는 둘째 다른 천사에게 땅의 포도나무의 포도송이를 추수하여 분노의 포도주 틀에 넣으라고 요청(18절)	둘째 다른 천사에게 심판을 행할 것을 촉구
하늘의 음성과 성령	주안에서 죽은 자들은 복이 있다; 그들은 안식할 것이다(13절)(B)			세 다른 천사들과는 구별됨

이 도표에서 A(6-12절)가 주로 말로 선포하는 내용이라면 A′(14-20절)는 실제로 그 선포된 말에 근거하여 행동으로 구속과 심판을 행하는 장면을 묘사하고 있다. 전자(A)는 세 다른 천사가 첫째 외에 둘째와 셋째는 순서를 나타내는 서수로 표현한다. 그러나 후자(A′)에는 이러한 서수가 없다. 따라서 후자의 세 다른 천사가 전자의 세 다른 천사와 동일한 대상인지 결정하기 쉽지 않다. 그러나 분명한 것은 양쪽에 세 다른 천사가 등장하고 있다는 것과 이러한 구성에 의해 평행 관계가 성립된다는 사실이다. A와 A′의 각각의 경우에 첫번째 다른 천사는 모두 구원의 주제를 다루고 있고, A와 A′에서 둘째 다른 천사는 심판과 관련된다. 전자(8절)는 바벨론의 멸망을 선포하고 후자(17, 19절)는 땅의 포도나무를 거두어 하나님의 분노의 포도주틀에 던졌다. A에서 셋째 다른 천사는 짐승과 그의 형상을 경배하는 자들의 심판을 선포한다. 반면 A′의 셋째 다른 천사는 스스로 심판을 선포하거나 수행하는 것이 아니라 둘째 다른 천사에게 땅의 포도나무 포도송이를 거두어 포도주틀에 넣을 것을 요청한다. A에서 둘째와 셋째 다른 천사의 관계와 A′에서 둘째와 셋째 다른 천사의 관계는 차이가 있음을 알 수 있다. 전체적으로 A와 A′의 차이는, A가 구원이든 심판이든 어떤 행동의 발생 없이 선언적 차원의 내용이라면, A′는 구원과 심판의 구체적 행위를 드러내 주고 있다.

그리고 A와 A′ 사이에 B가 존재한다. 이 부분에서 주어지는 음성은 다른 천사들의 음성이 아니라 하늘의 음성과 성령의 말씀이다. 이러한 변화로 이 부분을 강조한다.

1)종말적 구속과 심판의 선포(14:6-12)(A)

6-13절은 다시 세 부분으로 나뉜다: 6-7절, 8절 그리고 9-12절이다. 6-7절은 첫째 다른 천사가 구속에 대한 복음을 선포하는 것을 소개하고, 8절과 9-12절은 각각 둘째 다른 천사와 셋째 다른 천사가 종말적 심판을 선포하는 것을 소개한다.

구문 분석 및 번역

6절 a) Καὶ εἶδον ἄλλον ἄγγελον πετόμενον ἐν μεσουρανήματι,
그리고 나는 다른 천사가 중천에 나는 것을 보았다

b) ἔχοντα εὐαγγέλιον αἰώνιον εὐαγγελίσαι
선포할 영원한 복음을 가지고

c) ἐπὶ τοὺς καθημένους ἐπὶ τῆς γῆς
땅에 거주하는 자들에게

d) καὶ ἐπὶ πᾶν ἔθνος καὶ φυλὴν καὶ γλῶσσαν καὶ λαόν,
곧 모든 나라와 족속과 언어와 백성에게

7절 a) λέγων ἐν φωνῇ μεγάλῃ·
큰 소리로 말하면서

b) φοβήθητε τὸν θεὸν καὶ δότε αὐτῷ δόξαν,
너희는 하나님을 경외하라 그리고 그에게 영광을 드리라.

c) ὅτι ἦλθεν ἡ ὥρα τῆς κρίσεως αὐτοῦ,
왜냐하면 그의 심판의 때가 왔기 때문이다.

d) καὶ προσκυνήσατε τῷ ποιήσαντι τὸν οὐρανὸν καὶ τὴν γῆν καὶ θάλασσαν καὶ πηγὰς ὑδάτων.
그리고 너희는 하늘과 땅과 바다와 물들의 샘들을 창조하신 이에게 경배하라.

8절 a) Καὶ ἄλλος ἄγγελος δεύτερος ἠκολούθησεν λέγων·
그리고 다른 둘째 천사가 말하면서 뒤따랐다.

b) ἔπεσεν ἔπεσεν Βαβυλὼν ἡ μεγάλη
큰 바벨론이 무너졌다. 무너졌다.

c) ἣ ἐκ τοῦ οἴνου τοῦ θυμοῦ τῆς πορνείας αὐτῆς πεπότικεν πάντα τὰ ἔθνη.
모든 나라들을 그녀의 음행의 분노의 포도주로부터 마시게 했던

9절 a) Καὶ ἄλλος ἄγγελος τρίτος ἠκολούθησεν αὐτοῖς λέγων ἐν φωνῇ μεγάλῃ·
그리고 셋째 다른 천사가 큰 소리로 말하면서 그들을 따랐다.

b) εἴ τις προσκυνεῖ τὸ θηρίον καὶ τὴν εἰκόνα αὐτοῦ
누구든지 그 짐승과 그의 형상을 경배한다면

c) καὶ λαμβάνει χάραγμα ἐπὶ τοῦ μετώπου αὐτοῦ ἢ ἐπὶ τὴν χεῖρα[a] αὐτοῦ,
그리고 그의 이마 혹은 그의 손에 표를 받는다면

10절 a) καὶ αὐτὸς πίεται
그러면 그 자신이 마실 것이다.

b) ἐκ τοῦ οἴνου τοῦ θυμοῦ τοῦ θεοῦ τοῦ κεκερασμένου ἀκράτου
부어진 섞지 않은 하나님의 분노의 포도주로부터

c) ἐν τῷ ποτηρίῳ τῆς ὀργῆς αὐτοῦ
그의 진노의 잔에

d) καὶ βασανισθήσεται ἐν πυρὶ καὶ θείῳ
그리고 그는 불과 유황으로 고통받을 것이다.

e) ἐνώπιον ἀγγέλων ἁγίων καὶ ἐνώπιον τοῦ ἀρνίου.
거룩한 천사들 앞과 어린 양 앞에서

11절 a) καὶ ὁ καπνὸς τοῦ βασανισμοῦ αὐτῶν εἰς αἰῶνας αἰώνων ἀναβαίνει,
그리고 그들의 고통의 연기가 영원히 올라갈 것이다.

b) καὶ οὐκ ἔχουσιν ἀνάπαυσιν ἡμέρας καὶ νυκτὸς
그리고 그들은 밤과 낮에 안식을 갖지 않는다.

c) οἱ προσκυνοῦντες τὸ θηρίον καὶ τὴν εἰκόνα αὐτοῦ
짐승과 그의 형상을 경배한 자들은

d) καὶ εἴ τις λαμβάνει τὸ χάραγμα τοῦ ὀνόματος αὐτοῦ.
그리고 누가 그의 이름의 표를 받는다면

12절 a) Ὧδε ἡ ὑπομονὴ τῶν ἁγίων ἐστίν,
성도들의 인내가 여기에 있다.

b) οἱ τηροῦντες τὰς ἐντολὰς τοῦ θεοῦ καὶ τὴν πίστιν Ἰησοῦ.
그들은 하나님의 계명과 예수의 신실함을 지키는 자들이다.

6a절의 '메수라네마티'(μεσουρανήματι>μεσουράνημα, 메수라네마)는 8장 13b절과 마찬가지로 일관성 있게 "중천"이라고 번역하겠다. 그리고 6b절의 '유앙겔리온'(εὐαγγέλιον)과 6c절의 부정사 형태의 '유앙겔리사이'(εὐαγγελίσαι>εὐαγγελίζω, 유앙겔리조)가 동시에 사용된다. 전자는 사전적 의미로 "기쁜 소식"이지만[80] 관행대로 "복음"이라고 번역한다. 그리고 '유앙겔리사이'는 부정사의 형용사적 용법으로 간주하여 "선포할 … 복음"이라고 번역한다.

그리고 6c절의 '카데메누스'(καθημένους>κάθημαι, 카데마이)라는 단어는 사본적 다툼이 있다. 시내산 사본(א)은 이 단어를 지지하지만 𝔓[115vid] A 051 ar bo; Bea와 같은 사본들은 '카토이쿤타스'(κατοικοῦντας)로 읽는 것을 지지한다.[81] 찰스는 초기 필사자들이 '카토이쿤데스' 대신에 '카데메누스'를 선택한 것은 일종의 해

80 BDAG, 402(1).
81 Charles, *A Critical and Exegetical Commentary on the Revelation of St. John*, 2:12.

석 작업으로서 이 본문에서 해당되는 대상에 "중립적 색채"(neutral colour)를 제시하기 위함이라는 평가를 내리고 있다.[82] 외적 근거는 서로 팽팽하지만 내적 근거를 통해 볼 때 '카데메누스'가 좀 더 신뢰성이 있다. 왜냐하면 요한계시록에서 '카데마누스'는 주로 "앉다"라는 의미로 사용되고 있으므로 필사자가 "땅에"(ἐπὶ τῆς γῆς, 에피 테스 게스)라는 문구와 함께 사용되는 '카토이쿤타스'라는 익숙한 단어로 바꾸었을 가능성이 더 크기 때문이다. 여기에서는 번역을 위한 목적이므로 이에 대한 좀 더 자세한 논의는 주해 작업에서 진행하기로 한다. '카데메누스'는 "앉다"(sit)라는 의미와 함께 "살다"(live)라는 의미도 있다.[83] 이 단어는 중립적 의미로서 "땅에 살다"의 "살다"(κατοικέω, 카토이케오)에 해당하는 동사와 "하늘에 거하다"의 "거하다"(σκηνόω, 스케노오)와 구별하기 위해 "거주하다"라고 번역한다.

6c절의 "땅에 거주하는 자들에게"와 6d절의 "모든 나라와 족속과 언어와 백성에게"는 "ἐπί"(에피)에 의해 평행 관계로 볼 수 있고 이러한 평행 관계에 의해 두 문구는 동격관계를 이루고 있으며 특별히 후자가 전자를 구체적으로 설명해 주는 설명적 동격 관계로 볼 수 있다. 이러한 관계를 반영하여 6d절 직전에 "곧"이란 단어를 넣어 번역하도록 한다.

7a절은 분사형인 '레곤'(λέγων)이 사용되는데 직역하면 "말하면서"라고 할 수 있다. 그러나 이것은 "불변사"(indeclinable)로 취급되며,[84] 히브리어의 '레모르'(לאמר)의 영향을 받아 "직접적인 발언"을 유도하는 기능이 있다.[85] 따라서 분사의 의미로서 "말하면서"라고 번역하기 보다는 직설법적으로 "말했다"로 번역한다. 이러한 패턴은 8a절과 9a절의 '레곤'에도 동일하게 적용할 수 있다. 따라서 위에서는 직역에 가깝게 번역하기 위해 "말하면서"라고 했으나 우리말 어순에 맞게 번역할 때는 7a절에서처럼 "말했다"라고 번역한다. 영어 번역본 중에 NIV가 "followed and said"라고 번역함으로써 이러한 패턴을 가장 잘 반영한다.

8b절에서 "무너졌다"(ἔπεσεν, 에페센>πίπτω, 피프토)는 부정과거형으로서 미래의 시점을 표현하고 있다. 이것은 "예변적"(proleptic) 용법으로서 미래적 사건

---

82 앞의 책, 13.
83 BDAG, 491.
84 Zerwick and Grosvenor, *A Grammatical Analysis of the Greek New Testament*, 2:764.
85 Zerwick, *Biblical Greek*, 6(§14).

성취의 "확실성"(certainty)을 강조하기 위해 사용된다.[86] 이러한 예변적 용법은 10장 7c절과 11장 15c절에서 이미 사용된 바 있다. 이 경우에 미래적 종말의 시점에 일어날 바벨론의 멸망이 이미 일어난 사건인 듯이 그 확실성이 강조된다.[87] 이러한 예변적 용법은 히브리어의 "선지적 완료"와 같은 기능을 하는 것으로 알려졌다.[88] 또한 좀 다른 각도에서는 환상을 보는 동안 환상 속에서 발생한 사건의 시점에서 "환상의 실제적 시간"을 반영하고 있는 것으로 이 부정과거 시제를 볼 수도 있다.[89] 이러한 경우는 8장 1–5절처럼 내러티브의 전개 과정에서 여러 개가 함께 기본적 골격으로 사용되는 부정과거 시제 동사의 경우와 차이가 있지만, 환상의 정황 속에서 이미 발생한 사건을 묘사하는 것으로 볼 수는 있다. 이 두 가지 경우를 8b절의 "무너졌다"는 동사에 동시에 적용할 수 있다. 따라서 "무너졌다"는 사건은 미래 종말적 사건으로서의 확실성을 강조함과 동시에 환상의 실제적 시간을 표현하고 있는 것으로도 볼 수 있다. 번역에서는 부정과거 시제를 그대로 활용하여 반영하였다.

10a절에서 '카이'(καί)는 결과절을 도입하는 기능이 있다.[90] '아우토스'(αὐτός)가 주어를 강조하는 역할을 하기 때문에 '그 자신'이라고 번역한다. 8c절과 10b절의 '듀모스'(θυμός)와 10c절의 '오르게'(ὀργή)는 의미 상 중복되어 보인다. BDAG에 의하면 '듀모스'는 "내적 자아의 강렬한 표현"으로서 "열정"이라는 의미를 가지고 있으며 그리고 또한 "강렬한 불쾌함의 상태"로서 "분노"(anger)라는 의미를 가진다.[91] 그리고 '오르게'는 "징벌에 초점"을 두고 "진노"(wrath)라는 의미를 갖는다. 따라서 '듀모스'는 "분노"로 '오르게'는 '진노'로 구별해서 번역하도록 한다. 이것은 8c절의 '듀모스'에도 적용되어 이 단어를 분노라고 번역한다.

12b절은 '호이'(οἱ)라는 정관사로 시작한다. 이 정관사는 이어지는 분사형인

86 Koester, *Revelation*, 613.

87 비일은 이러한 해석을 패닝(Fanning)의 견해를 빌려 주장한다(Fanning, *Verbal Aspect In New Testament Greek*, 273-74; Beale, *The Book of Revelation*, 754에서 재인용). 반면 매튜슨은 이러한 부정과거 용법을 "확실성의 관점"(in terms of certainty)이 아니라 단순히 "동사의 상의 관점"(in terms of verbal aspect)으로 봐야하며, 따라서 이것은 "미래의 과정을 분리되지 않는 완전한 전체로" 바라보는 저자의 관점을 보여준다고 주장한다 (Mathewson, *Verbal Aspect in the Book of Revelation*, 63).

88 Beale, *The Book of Revelation*, 754.

89 Mathewson, *Verbal Aspect in the Book of Revelation*, 53. 좀 더 자세한 내용은 8장 1-5절의 논의를 참조하라.

90 Zerwick and Grosvenor, *A Grammatical Analysis of the Greek New Testament*, 2:764.

91 BDAG, 461.

'테룬테스'(τηροῦντες)를 명사적 용법으로 유도하는 역할을 하면서 12a절의 "성도들"에 대한 부연 설명을 제시한다. 정상적으로 보면 이 분사는 12a절의 "성도"를 수식해주는 관계로서 그것과 일치되는 복수 소유격이어야 하나 이것을 주격으로 표현하고 있다. 통속적으로 평민들이 사용하는 경우에 "동격에서 사용된 단어들이나 그리고 특별히 분사들에 있어서 "성"(gender)이나 "격"(case)의 일치가 무시되는 경향이 있다.[92] 이 두 문구 사이가 서로 수식하는 관계라는 것을 인식하되 우리말의 특성을 살려 번역을 자연스럽게 하기 위해 12b절은 "그들"이라는 주어로 번역 한다.

12b절에서 '텐 피스틴 예수'(τὴν πίστιν Ἰησοῦ)는 2장 13, 19절과 13장 10절 그리고 14장 12b절에서 모두 4회 사용된다. 롤로프가 지적한 것처럼 요한계시록에서 '피스티스'(πίστις)는 일관성 있게 "믿음"대신에 "신실함"의 의미로 사용된다.[93] 이 문맥에서 '피스티스'를 "믿음" 대신 "신실함"으로 번역하는 것이 적절하다고 생각하는 이유는 "하나님의 계명"과의 관계 때문이다. 곧 성도들이 하나님의 계명을 지키는 것이 성도들의 신실함을 드러내는 것인데, 이것은 어린 양 예수님이 하나님 앞에서 견지하신 신실함을 주님의 제자된 성도들 또한 똑같이 지켜내는 것이라고 할 수 있기 때문이다. 그리고 여기에서 사용된 "예수의"라는 소유격은 주격적 소유격으로서 "예수님은 신실하시다"라고 할 수 있고[94] 또한 "소유적 소유격"(Possessive Genetive)로 간주하여 "예수께 속한 신실함"이라고도 할 수 있다. 영어 번역본 중에 유일하게 NIV가 "remain faithful to Jesus"라고 이러한 취지에서 번역한다. 이러한 의미를 반영하여 "예수의 신실함"이라고 번역한다.

이상의 내용을 근거로 우리말 어순에 맞추어 번역하면 다음과 같다.

92 Zerwick, *Biblical Greek,* 5(§ 13). 체르빅은 다음과 같은 예문을 제공한다: '아페코 파르 아우투 톤 호모로군타'(ἀπέχω παρ' αὐτοῦ τὸν ὁμολογοῦντα),'투 호모로군토스'(τοῦ ὁμολογοῦντος) 대신에(Pl Amh. II, 111-113 of A. D. 128); '아디쿠메다 휘포 아포로니우 엠발론'(ἀδικούμεθα ὑπὸ Ἀπολλωνίου ἐμβάλλων), '엠바론토스' (ἐμβάλλοντος) 대신에… (앞의 책); 요한계시록에서도 이러한 불일치가 등장한다(1:5; 2:13, 20; 3:12; 8:9; 14:12; 17:3; 20:2)(앞의 책). 그리고 이러한 불일치는 다른 신약 성경에서도 등장한다(요 1:14; 행 6:5; 막 8:19; 빌 2:1 등; BDF, § 137).

93 Roloff, *The Revelation of John,* 54. 벅스얼과 고든 피도 이러한 입장을 지지한다(Boxall, *The Revelation of St. John,* 210; Fee, *Revelation,* 198).

94 Boxall, *The Revelation of St. John,* 210. 스웨테는 이것을 "목적격적 소유격"으로 간주한다(Swete, *The Apocalypse of St. John,* 183).

6a 그리고 나는 다른 천사가
6c 땅에 거주하는 자들에게
6d 곧 모든 나라와 족속과 언어와 백성에게
6b 선포할 영원한 복음을 가지고
6a 중천에 나는 것을 보았다.
7a 그 천사가 큰 소리로 말했다.
7b 너희는 하나님을 경외하라 그리고 그에게 영광을 드리라.
7c 왜냐하면 그의 심판의 때가 왔기 때문이다.
7d 그리고 너희는 하늘과 땅과 바다와 물들의 샘들을 창조하신 이에게 경배하라.
8a 그리고 다른 둘째 천사가 뒤따랐다 그리고 말했다.
8c 모든 나라들을 그녀의 음행의 분노의 포도주로부터 마시게 했던
8b 큰 바벨론이 무너졌다. 무너졌다.
9a 그리고 셋째 다른 천사가 그들을 따랐다 그리고 큰 소리로 말했다.
9b 누구든지 그 짐승과 그의 형상을 숭배한다면
9c 그리고 그의 이마 혹은 그의 손에 표를 받는다면
10a 그러면
10c 그의 진노의 잔에
10b 부어진 섞지 않은 하나님의 분노의 포도주로부터
10a 그 자신이 마실 것이다.
10d 거룩한 천사들 앞과 어린 양 앞에서
10e 그리고 그는 불과 유황으로 고통받을 것이다.
11a 그리고 그들의 고통의 연기가 영원히 올라갈 것이다.
11b 그리고
11c 짐승과 그의 형상을 숭배한 자들은
11b 밤과 낮에 안식을 갖지 않는다.
12a 성도들의 인내가 여기에 있다.
12b 그들은 하나님의 계명과 예수의 신실함을 지키는 자들이다.

본문 주해

[14:6–7] 첫째 다른 천사에 의한 영원한 복음의 선포

6–7절은 전체적으로 시편 96편을 배경으로 기록되고 있다. 시편과의 평행 관계에 대해서는 6절에 대한 설명 후에 7절과 함께 다루도록 한다.

중천(6a절) 첫째 다른 천사는 “중천”에(ἐν μεσουρανήματι) 날아 다니고 있다. 여기에서 “중천”은 8장 13절에서 독수리가 공중에서 날며 ‘화’를 선포했던 것과 동일한 단어로서 동일한 위치를 나타낸다. 여기에서 “중천”은 서로 조화될 수

있는 두 가지 의미가 있다. 첫째로, 인간이 다다를 수 있다고 생각되는 가장 높은 지점을 의미한다.[95] 이 의미에 따르면, 천사가 공중에 날아 다니는 것은 이 천사의 사역이 우주적 성격을 지니고 있음을 나타내준다.[96] 이러한 우주적 성격은 6d절의 "모든 나라와 족속과 언어와 백성에게"라는 문구에서도 동시에 나타나고 있다. 둘째로, "중천"(midheaven)이라는 의미로서 사단이 땅으로 쫓겨난 이후로 "저항 받지 않는 하나님의 통치 영역"인 하늘과, "마귀의 두 짐승이 통치하는 땅과 바다" 사이로 이해할 수 있다.[97] 이러한 의미에 있어서 6b절에서 밝히고 있는 것처럼 천사가 "중천"을 날며 영원한 복음을 전하려고 하는 것은 용이 쫓겨난 하늘에서 확보된 하나님의 통치를 확대하려는 목적이 있다고 볼 수 있다.

선포할 영원한 복음(6b절) 6b절에 의하면 중천에 날아가는 첫째 다른 천사는 '선포할 영원한 복음'(εὐαγγέλιον αἰώνιον εὐαγγελίσαι, 유앙겔리온 아이오니온 유앙겔리사이)을 가지고 있다. 먼저 이 문구는 시편 96편을 배경으로 한다. 특별히 시편 96편 2-3절이 이 문구와 밀접하게 관련된다.[98]

> [2]여호와께 노래하여 그 이름을 송축하며 그의 구원을 날마다 전파할지어다(εὐαγγελίζεσθε, 유앙겔리제스데) [3]그의 영광을 백성들 가운데, 그의 기이한 행적을 만민 가운데에 선포할지어다

위의 시편 본문 2절에서 "전파하다"에 해당하는 히브리어 단어는 '바세루'(בַּשְּׂרוּ>בשר, 바사르)로서 70인역에서 '유앙겔리제스데'(εὐαγγελίζεσθε>εὐαγγελίζω 유앙겔리조)로 번역된다. 그리고 "날마다"에 해당하는 히브리어 단어는 '미욤-레욤'(מִיּוֹם־לְיוֹם)으로서 요한은 이 단어를 "항상"(at all times) 곧 "영원히"(eternally)를 의미하는 것으로 본다.[99] 여기에서 '바세루 미욤-레욤'(בַּשְּׂרוּ מִיּוֹם־לְיוֹם)라는 문구를 요한은 14장 6bc절에서 '유앙겔리온 아이오니온 유앙겔리사이'(εὐαγγέλιον αἰώνιον εὐαγγελίσαι; 선포할 영원한 복음)로 번역했다고 볼 수 있다.[100]

---

95 Beasley-Murray, *The Book of Revelation*, 224.

96 Harrington, *Revelation*, 149.

97 Bauckham, *The Climax of Prophecy*, 286.

98 앞의 책, 287. 6cd절은 시편 96편 7-9절과 관련된다. 이러한 관련성은 6cd절을 주해할 때 다시 논의하게 될 것이다.

99 앞의 책. 이와 평행되는 문구인 시 61편 9절(8절)과 잠언 8장 30절의 '욤욤'(יוֹם יוֹם)도 역시 "영원히"(for ever) 혹은 "항상"(always)이라는 의미이다(앞의 책).

100 앞의 책. 이러한 언어적 평행 관계 외에 내용적 평행 관계는 14장 7절의 "하나님께 영광을 드려라"를

"복음"(유앙겔리온)이란 단어가 신약 성경에서는 매우 익숙한 단어임에도 불구하고 요한계시록에서는 10장 7절을 제외하고 단 한 번만 사용된다.[101] '영원한 복음'(εὐαγγέλιον αἰώνιον, 유앙겔리온 아이오니온)이란 무엇인가? 두 가지 견해가 있다. 첫째로, 심판과 구원의 이중적 의미를 가지고 있다고 보는 입장[102] 그리고 둘째로, 회개와 구원의 메시지만을 담고 있다는 입장이다.[103] 먼저 '유앙겔리온'(εὐαγγέλιον)이라는 단어는 사전적으로 "좋은 소식"이라는 의미이다.[104] 그리고 이에 덧붙여서 오우니는 "임박한 심판의 정황에서(7절) 회개하고 하늘과 땅을 창조하신 하나님께로 회심하라는 호소"라고 정의한다.[105] 따라서 이것을 구원의 메시지로 보는 것이 당연하다. 이처럼 복음을 구원의 메시지로 이해하는 것은 바로 14-16절에서 날카로운 낫으로 곡식을 추수하는 믿는 자들의 구원 이미지와 연결되며 4절에서 '첫 열매'에 이어지는 종말적 추수를 말하는 1-5절과도 자연스럽게 연결된다. 그리고 이러한 의미의 영원한 복음의 선포는 요한계시록 11장 13절에서 두 증인의 사역 결과를 떠 올리게 한다.[106]

또한 구원의 메시지는 동전의 양면처럼 심판의 메시지를 포함하기 때문에 이를 구원과 심판을 동시에 포함하는 것으로 볼 수 있다. 실제로 영원한 복음의 구체적 내용으로서 소개되는 7c절에서 "심판의 때가 왔다"라고 선포하는 것은 구원과 심판의 이중적 내용이 포함되고 있다는 것을 보여준다.[107] 곧 심판의 때가 온 것은 성도들에게는 구원의 좋은 소식이지만 그 성도들을 핍박했던 짐승과 그 짐승의 추종자들에게는 심판의 슬픈 소식이다. 실제로 요세푸스는 티베리우스의 사망 소식을 전하면서 그것이 "대단히 기뻐하고"(overjoyed) "감사와 행복"을 가져다 주는 것이라고 기록한 바 있다.[108] 또한 이러한 "복음"의 개념은 어린 양에 의해 이루어진 구속으로 인한 영원한 하나님의 나라와 사탄의 일시적인 이 세상에 대한 통치를 대조시킨다.[109] 여기에서 '천사'가 구

논의할 때 시편 96편 7-9절을 배경으로 좀 더 자세하게 다루기로 한다.

101 Aune, *Revelation 6-16*, 825. 이 본문에서 사용된 패턴도 다른 경우와는 달리 정관사 없이 사용되고 있다는 점이 특이하다(앞의 책).
102 Beale, *The Book of Revelation*, 748.
103 Bauckham, *The Climax of Prophecy*, 286.
104 BDAG, 402(1).
105 Aune, *Revelation 6-16*, 825.
106 Bauckham, *The Climax of Prophecy*, 286.
107 이 부분에 대해서는 7절에서 좀 더 자세히 다루게 될 것이다.
108 Josephus, *Antiquities*, 18.228-29.
109 Smalley, *The Revelation to John*, 361.

원과 심판의 영원한 복음을 전하는 것으로 소개되는 것은 다음에 이어지는 둘째 다른 천사와 셋째 다른 천사의 심판에 대한 선포와 하나의 시리즈를 형성한다.

이 "복음"이란 단어에 "영원한"이란 수식어가 첨가된다. 여기에서 "영원"이란 단어는 "복음"과 함께 결합해서 과거와 미래를 이어준다. "과거적으로"(retrospective) 말하면 복음은 "오랜 역사"(an age-long history)가 있다.[110] 이것은 롬 16장 25절에서 "오랜 동안 감추어졌던" 것으로서[111] 그 역사의 시작은 창조라고 할 수 있고 타락 후에 창조 회복의 과정이라고 할 수도 있다. 그리고 "미래적으로"(prospective) 볼 때 영원한 복음이란 "영원한 질서에… 속해 있는 복음" 으로서 "현재 삶의 일시성(πρόσκαιρα, 프로스카이라)"과 대조되며 로마 제국이 제공해 주는 "일시적 탐닉에 대한 약속과 대조적인 복음"을 의미한다.[112] 이것을 달리 표현하면 "시저의 일시적 복음"(temporary gospel of Caesar)과 의도적 대조를 드러낸다고 할 수 있다.[113]

땅에 거주하는 자들(6c절) 다음에 천사는 그 영원한 복음을 '땅에 거주하는 자들에게'(ἐπὶ τοὺς καθημένους ἐπὶ τῆς γῆς, 에피 투스 카데메누스 에피 테스 게스; 6c절) 선포하려고 한다. 번역에서 언급한 것처럼 "거주하다"라는 동사는 '카데마이'(κάθημαι)에 대한 번역으로서 하늘의 공간과 연결된 '스케노오'(σκηνόω, 거하다)와 땅의 공간과 연결된 '카토이케오'(κατοικέω, 살다)와 구별되는 의미를 갖는다. 다시 말해서 "땅에 거주하는 자들"은 짐승에게 속한 자로서 "땅에 사는 자들(οἱ κατοικοῦντες, 호이 카토이쿤테스)"(11:10; 13; 8, 12; 17:2, 8)이나 성도를 의미하는 "하늘에 거하는 자들(οἱ σκηνοῦντες, 호이 스케눈테스)"(12:12; 13:6)과는 달리 중립적 특징이 있다. 곧 "땅에 거주하는 자들"은 이미 그 정체성이 결정된 마지막 두 경우와는 달리 복음을 통해 변화될 수도 있는 대상으로 설정된 것이다.

그리고 영원한 복음은 6d절에서 '모든 나라와 족속과 언어와 백성에게'(ἐπὶ πᾶν ἔθνος καὶ φυλὴν καὶ γλῶσσαν καὶ λαόν, 에피 판 에드노스 카이 퓌렌 카이 그로싼 카이 라온) 선

110 Swete, *The Apocalypse of St. John*, 179.
111 앞의 책.
112 앞의 책.
113 L. Cerfaux, "L'Évangile Éternel (Apoc., XIV, 6)," BETL 39 (1963): 676 (Beale, *The Book of Revelation,* 750에서 재인용).

포된다. 여기에서 6d절은 6c절과 '에피'(ἐπί)라는 전치사에 의해 평행 관계를 형성한다. 이러한 평행 관계는 또한 동격관계, 특별히 후자가 전자를 설명해 주는 설명적 동격 관계로 볼 수 있다. 따라서 복음을 전달받은 대상으로서 "땅에 거주하는 자들"은 우주적 범위로서 모든 사람들을 포함한다.

하나님께 영광을 드려라(7절) 7절에서는 공중을 나는 첫째 다른 천사가 선포하는 "영원한 복음"의 내용을 소개한다. 먼저 7절의 구성을 살펴 보면, 7a절은 첫째 다른 천사에 의한 "영원한 복음" 선포의 도입 부분이다. 그리고 7bcd절은 바로 그 다른 천사가 선포하는 내용이다. 여기에 7b절과 7d절은 서로 평행 관계를 형성한다. 곧 7b절에서 "하나님을 두려워 하라 그리고 그에게 영광을 드리라"는 것과 7d절에서 "하늘과 땅과 바다와 물들의 샘들을 창조하신 이에게 경배하라"고 한 것은 결국 "땅에 거주하는 자들"(6c절)로 하여금 회개하여 구원을 받으라는 메시지와 동일한 의미이다. 왜냐하면 요한계시록에서 하나님을 경배하거나 영광을 드리는 행위는 회개 행위와 다르지 않기 때문이다. 이 두 본문의 중간에 7c절은 하나님의 "심판의 때"(ἡ ὥρα τῆς κρίσεως αὐτοῦ)가 왔음을 경고한다. 이러한 심판의 시간이 왔기 때문에, 그 심판을 피하기 위해 "땅에 거주하는 자들"이 회개하여 하나님을 두려워 하고 영광을 돌리고 경배하는 삶을 선택하는 것이 절실하게 요구된다. 여기에서 7bcd는 A(7b)–B(7c)–A′(7d)라는 구조로 되어 있다. A와 A′는 평행 관계이고 그 중간에 B(7c)가 삽입되어 있다.

7절을 올바로 이해하기 위해서는 6절처럼 이 구절이 배경으로 삼고 있는 시편 96편을 관찰할 필요가 있다. 96편 7-9절이 요한계시록 14장 7-9절과 관련되기 때문이다.[114]

> 7 만국의 족속들아 영광과 권능을 여호와께 돌릴지어다 여호와께 돌릴지어다. 8 여호와의 이름에 합당한 영광을 그에게 돌릴지어다 예물을 들고 그의 궁정에 들어갈지어다. 9 아름답고 거룩한 것으로 여호와께 경배할지어다 온 땅이여 그 앞에서 떨지어다

앞서 언급했던 것처럼 시 96편 2-3절에서는 구원을 열방에 선포할 것을 촉구하는데, 7-9절에서는 영광과 경배를 여호와 하나님께 돌릴 것을 요구한다.

114 Bauckham, *The Climax of Prophecy*, 287.

그러므로 시 96편은 여호와 하나님의 구원의 사역에 대한 기쁜 소식이 날마다 우주적으로 선포되어 "세상의 모든 백성과 나라들이 하나님의 영광을 알 수 있도록" 하는 내용을 다룬다.[115] 곧 열방들로 하여금 세상을 심판하시고 우주적 통치를 이루기 위해 오시는 참 하나님을 경배하도록 부르는 내용이다.

여기에서 구원의 목적은 결국 하나님께 영광과 경배를 올려 드리는 것임을 알 수 있다. 이것은 구원을 통해 에덴 회복에 다다르게 된다는 것을 의미한다. 특별히 시편 96편이 여호와 하나님의 "우주적 주재권과 세상을 심판하러 오심"에 대한 말씀을 시리즈로 기록하고 있는 96-100편 가운데 첫 번째 시편이라는 사실은 이 시편 말씀의 의미를 더욱 부각시킨다.[116] 시편 96편 2-3절은 요한계시록 14장 6절의 "영원한 복음"과 언어적으로 평행되고, 시편 96편 7-9절은 14장 7절과 "영원한 복음"의 내용이 평행되어 이 본문의 배경으로 사용된다.[117] 이러한 평행 관계에 근거할 때, 14장 5-7절에서 "땅에 사는 자들"을 대상으로 선포되는 "영원한 복음"은 시편 96편에서 "모든 나라들로 세상을 심판하시고 그의 우주적 통치를 세우시기 위해서 오시는 한 분 참 하나님을 예배하기 위한 부르심"이라고 할 수 있다.[118] 곧 "영원한 복음"은 하나님의 영광과 존귀와 경배를 가져 올 것을 목적으로 한다. 바로 이것이 창조 회복이며 역사의 목적인 것이다. 그리고 이 영원한 복음의 선포는 14장 14-16절에서 하나님의 백성을 모으는 곡식 추수 비유에 대한 전망으로 연결되고 있다.

[14:8] 둘째 천사에 의한 바벨론 심판의 선포

다음 8-12절은 둘째 다른 천사와 셋째 다른 천사의 등장을 소개하는데, 7c절에서 언급한 '심판의 때'에 대한 구체적 정황을 소개한다. 8-12절은 8절과 9-12절로 나누어 생각할 수 있다. 전자는 둘째 다른 천사의 활동을, 후자는 셋째 다른 천사의 활동을 소개한다.

둘째천사가 뒤따르다(8a절) 8a절에 의하면 둘째 다른 천사가 첫 번째 천사를 뒤 따르면서 8bc절의 내용을 말한다. 여기에서 '뒤 따르다'라는 동사가 사용되

115 M. E. Tate, *Psalms 51-100*, WBC 20 (Grand Rapids: Zondervan, 2015), 512.
116 Bauckham, *The Climax of Prophecy*, 289.
117 앞의 책, 287.
118 앞의 책, 288.

는 것은 이 두 다른 천사가 선포하는 내용의 연관성을 암시한다.[119] 그 연관성이란 이 두 천사가 선포하는 내용이 바로 종말적 정황을 지향하고 있다는 것이다. 다만 6-7절에서 영원한 복음을 선포하는 것과 달리, 8절에서는 심판의 정황이 전개되고 있다.

큰 바벨론이 무너지다(8b절) 8b절에서 뒤따르는 다른 둘째 천사는 큰 바벨론과 모든 나라들의 멸망을 선포한다. 그리고 8c절에서는 그 큰 성 바벨론이 자행한 범죄의 내용을 지적하고 있다. 그것은 바벨론의 음행의 진노의 포도주를 모든 나라들이 마시도록 한 것이다. 그렇다면 여기에서 8b절에 기록된 바벨론의 멸망은 무엇을 의미하는가? 먼저 바벨론의 멸망은 16장 17-21절의 일곱 번째 대접 심판의 내용으로 주어지고 있다. 그리고 이러한 바벨론의 멸망은 다시 17-18장에서 좀 더 자세하게 소개되고 있다. 일곱 번째 대접 심판은 일곱 번째 인과 나팔 심판의 경우처럼 재림 시점에 일어나는 사건과 관련된다. 이것은 14장 8절에서 나타난 바벨론 멸망의 시점이 언제인가를 시사한다. 이처럼 재림 때에 일어나는 미래의 사건임에도 불구하고 "무너지다"라는 동사의 시제를 부정과거형으로 한 것은 "예변적(propleptic) 용법"으로서 그 사건의 "확실성"(certainty)을 나타내 주려는 것이라고 할 수 있다.[120] 이러한 확실성은 "무너졌다"를 두 번 반복함으로써 더욱 분명하게 드러난다.[121] 혹은 6a절에서 "나는 보았다"라는 문구가 과거에 경험한 환상의 정황에서 서술되고 있다는 점에서 부정과거 시제를 사용하는 것으로 이해할 수도 있다. 7c절에서 "심판의 때가 왔다"에서 "왔다(ἦλθεν, 엘덴>ἔρχομαι, 에르코마이)"를 부정과거 시제로 사용한 것도 같은 맥락에서 이해할 수 있다.

그리고 이러한 큰 바벨론의 멸망은 두 개의 구약 본문을 배경으로 하고 있다. 첫번째 구약 배경은 이사야 21장 9절 말씀이다.[122]

> 보소서 마병대가 쌍쌍이 오나이다 하니 그가 대답하여 이르시되 <u>함락되었도다 함락되었도다</u> 바벨론이여 그들이 조각한 신상들이 다 부서져 땅

119 Osborne, *Revelation*, 537.

120 Koester, *Revelation*, 613.

121 패닝(Fanning)은 "무너졌다"라는 이중적 표현을 바벨론의 멸망이 "전체적으로"(in its totality) 이루어졌음을 전달하려는 목적을 갖는다고 해석한다(Buist M. Fanning, *Revelation,* ZECNT 20 [Grand Rapids: Zondervan, 2020], 393).

122 Koester, *Revelation*, 613.

에 떨어졌도다 하시도다

이 본문은 바벨론의 멸망에 대한 내용이다. 그 멸망을 묘사하는 "함락되었도다"에 해당되는 70인역의 단어는 'πέπτωκεν'(펩토켄>πίπτω, 핍프토)로서 요한계시록 본문과 동일하다. 여기에서 바벨론의 멸망이 역사적 사건임에도 불구하고 바벨론 제국이 세계의 정치와 문화를 압도적으로 주도하고 있었기 때문에 그 멸망 사건은 역사적 의미 그 이상의 넓은 의미를 갖는다.[123] 곧, 그것은 "세계의 혁명적 재정의(revolutionary redefinition)를 의미하는 우주적 사건"이다.[124] 이러한 사실은 바벨론의 멸망과 함께 신상들이 산산조각 나버린 것을 표현한 방식으로 상징적으로 드러나 있다. 이러한 패턴을 요한계시록 본문에도 적용할 수 있다. 요한계시록 본문에서 바벨론의 멸망에 대한 선포는 바로 세계를 지배하던 악의 질서가 하나님의 창조 회복의 질서로 재편된다는 것을 의미한다.

또 다른 구약 배경은 다니엘 4장 30절(Theodoiton; LXX; MT는 4:27)이다. 다니엘서의 데오도티온역 4장 30절에는 "큰 바벨론"(Βαβυλὼν ἡ μεγάλη, 바빌론 헤 메갈레; בָּבֶל רַבְּתָא, 바벨 라베타)이란 문구가 사용되는데 요한계시록에서 이 문구를 재사용했다고 볼 수 있다.[125] 구약 중 어디에도 이 문구가 없으며 오직 다니엘 4장 30절이 유일하다.[126] 데오도티온 역자는 자신의 번역에서 바벨론을 "큰 바벨론"으로 묘사함으로써 그 바벨론 제국의 왕이었던 느부갓네살의 교만을 지적하는 동시에 멸망의 이유를 제시하고 있다.[127] 이것을 요한계시록 본문에 적용하면 14장 8절에서 바벨론의 멸망의 이유가 바로 하나님을 대적하는 교만함에 있다는 것을 뜻한다. 그 바벨론의 모습을 음행이라고 할 수 있으며, 그 음행은 하나님의 진노를 불러 올 수 밖에 없다.

그렇다면 여기에서 '바벨론'은 무엇을 의미하는가? 그것은 요한계시록이 기록된 당시 유대 묵시 문헌들에서 '로마 제국'을 가리킬 때 공통적으로 사용되는 표현 방법이다(참조 바룩 2서 10:2-3; 11:1; 22:1; 67:7; 79:1; 시빌의 신탁 5:143, 159; 에즈라 4서 3:1-2; 29-31; 16:1; 바룩 3서 1:1).[128] 초기 그리스도인들도 이러한 표현 패턴을 따랐

123 W. Brueggemann, *Isaiah 1-39* (Louisville: Westminster John Knox, 2000), 171.
124 앞의 책.
125 Swete, *The Apocalypse of St. John*, 180.
126 Beale, *The Book of Revelation*, 754.
127 앞의 책.
128 Koester, *Revelation*, 675.

다(벧전 5:13; Eusebius *Ecclesiastical History* 2:15; Tertullian, *Against Marcion*, 3:13).[129] 여기에서 바벨론과 로마는 여러 가지 면에서 공통점이 있다. 이 두 나라는 세계를 제패했던 제국이요 무엇보다도 이 두 나라는 유대인들에게는 뼈 아픈 기억으로 남아 있는 성전 파괴의 장본인인 것이다. 유대인들은 로마를 베벨론이라 부르면서 바벨론 시대와 로마 시대와의 정황을 평행시키려고 한다.[130] 이러한 평행 관계를 드러냄으로써 독자들로 하여금 과거와 현재를 연결짓는 더 풍성한 사고를 할 수 있도록 유도한다.

모든 나라들을 그녀의 음행의 분노의 포도주로부터 마시게 하다(8c절) 8c절은 "모든 나라들을 그녀의 음행의 분노의 포도주로부터 마시게 했다"라고 묘사한다. 이것은 바벨론이 상징하는 로마제국이 모든 나라들로 하여금 하나님을 대적하는 일을 하도록 주도적으로 이끌어 갔다는 것을 의미한다. 이러한 사실은 13장에서 첫째 짐승과 둘째 짐승이 자행한 행위에 잘 나타나 있다. 여기에서 먼저 생각할 부분은 "그녀의 음행의 분노의 포도주"라는 문구이다. 이 문구는 두 부분으로 나누어서 생각해 볼 수 있다.[131]

첫째로, "그녀의 음행"이다. 먼저 "그녀의"는 바벨론을 가리킨다. 따라서 "그녀의 음행"은 바벨론의 음행을 의미한다. 여기에서 "음행"은 서로 밀접하게 관련된 이중 의미를 갖는다. 곧 실제적인 음행을 나타낼 수도 있지만 우상숭배 곧 황제 숭배로 인한 하나님에 대한 배역 행위를 상징하는 것으로 사용되기도 한다. 반면 "음행의 포도주"라는 문구는 17장 2절에서 사용된다. 이 본문에서 "음행의 포도주"는 17장 6절에서 "성도들의 피와 예수의 증인들의 피"로 재해석된다. 이 때에 음행은 성도들을 핍박한 행위로 이해할 수 있다. 성도들에 대한 핍박은 황제 숭배와 밀접한 관계를 가진다. 왜냐하면 바벨론-로마제국은 황제 숭배를 거부한 자들이 핍박을 받을 수 밖에 없는 사회 구조적 특징을 가지고 있기 때문이다. 이러한 의미를 14장 8c절에 적용할 수 있다.

둘째로, 살펴 볼 문구는 "분노의 포도주"이다. 번역에서 언급한 것처럼 "분노"에 해당하는 단어 '뒤모스'(θυμός)(10b절 참조)는 10c절의 '오르게'(ὀργή)와 구

129 Swete, *The Apocalypse of St. John*, 180.
130 Beale, *The Book of Revelation*, 755.
131 Charles, *A Critical and Exegetical Commentary on the Revelation of St. John*, 2:14.

별된다. 전자는 강렬한 불쾌함의 상태를 나타내 주는 것으로 "분노"라고 번역하고 후자는 "징벌에 초점"을 나타내주는 "진노"로 번역한다고 밝힌 바 있다. 물론 이 두 단어가 완벽하게 구별되는 것은 아니고 개념상 서로 중복되는 부분이 없지 않다. 곧 전자의 경우에 후자의 경우처럼 심판의 개념이 배제되는 것이 아니라는 것이다. 여기에서 분노의 주체는 누구인가? 그것은 하나님이시다. 하나님이 분노하신다. 따라서 이것은 "하나님의 분노의 포도주"인 것이다. 여기에서 "분노의"라는 소유격은 "내용의 소유격"(genetive of content) 용법이므로 "하나님의 분노로 가득찬 포도주"라고 해석할 수 있다. "포도주"라는 주제는 19-20절의 종말적 심판과 밀접한 관계가 있다.[132] 따라서 포도주를 심판의 포도주라고 할 수 있다.

앞에서 논의한 두 개의 문구가 "그녀의 음행의 분노의 포도주"라는 하나의 문구로 연결된다. 이 문구에서 "음행의"는 "주격적 소유격"이라고 할 수 있다. 따라서 황제 숭배와 성도들의 핍박을 의미하는 음행은 하나님께 강렬한 불쾌감을 자아내어 하나님의 분노로 가득한 심판의 포도주를 마시게 한다. 이러한 내용은 10abc절의 "그의 진노의 잔에 … 하나님의 분노의 포도주로부터 마실 것이다"라는 문구로 다시 언급된다.[133]

그런데 바벨론은 자신만 심판의 포도주를 마시는 것이 아니라 모든 나라들도 그 잔을 마시게 한다. 곧 우상 숭배와 성도를 핍박하는 음행에 모든 나라들도 동참시키고 있는 것이다. 이 주제에 대한 구약 배경으로서 예레미야 25장 15-18절을 생각해 볼 수 있다.[134]

> [15]이스라엘의 하나님 여호와께서 이같이 내게 이르시되 너는 내 손에서 이 진노의 술잔을 받아가지고 내가 너를 보내는 바 그 모든 나라로 하여금 마시게 하라 [16]그들이 마시고 비틀거리며 미친 듯이 행동하리니 이는 내가 그들 중에 칼을 보냈기 때문이니라 하시기로 [17]내가 여호와의 손에서 그 잔을 받아서 여호와께서 나를 보내신 바 그 모든 나라로 마시게 하되 [18]예루살렘과 유다 성읍들과 그 왕들과 그 고관들로 마시게 하였더니 그들이 멸망과 놀램과 비웃음과 저주를 당함이 오늘과 같으니라

이 인용문의 15절에서 "진노의 술잔을 … 그 모든 나라로 하여금 마시게 하라"

132 이에 대해서는 19-20절에서 좀 더 자세하게 다루기로 한다.

133 Charles, *A Critical and Exegetical Commentary on the Revelation of St. John,* 2:14. 이 문구는 16장 19절과 19장 15절에서 반복 사용된다(앞의 책).

134 앞의 책.

는 것과16절에서 "그들 중에 칼을 보냈다"는 것은 평행 관계로서 모두 심판을 의미하는 것으로 이해할 수 있다. 17–18절은 진노의 술잔을 마신 모든 나라들을 비롯하여 이스라엘 백성들도 "멸망과 놀램과 비웃음과 저주"를 당한 것으로 묘사된다. 그리고 19–26절에서는 진노의 술잔을 마신 모든 나라의 목록이 열거된다.

그리고 또 다른 구약 배경으로는 예레미야 51장 7절, "바벨론은 여호와의 손에 잡혀 있어 온 세계가 취하게 하는 금잔이라 뭇 민족이 그 포도주를 마심으로 미쳤도다"를 생각해 볼 수 있다.[135] 이 본문에서는 바벨론을 하나님의 손안에 있는 온 세계를 취하게 하는 "포도주 금잔"이라고 한다.

이상의 구약 배경에 근거해서 보면, "모든 나라들을 그녀의 음행의 분노의 포도주로부터 마시게 했다"는 8c절 말씀은 하나님을 대적하여 성도를 핍박하고 황제(우상)을 숭배하는 일에 바벨론이 주도적으로 역할을 하면서 모든 나라들을 동참시켰기에 함께 하나님에 의한 심판의 대상이 되었다는 것을 의미한다.[136] 하나님의 백성을 핍박함으로써 하나님을 대적하는 음행한 바벨론과 모든 나라들은 하나님의 심판을 면할 수 없다는 것이다. 여기에서 "모든 나라들"은 바벨론의 음행의 우주적 의미 뿐만 아니라 또한 하나님의 심판이 행해지는 그 대상에 있어서도 우주적 범주를 포함하고 있음을 시사한다. 진노의 포도주라는 주제는 다음 단락에서도 중요하게 다루어지게 될 것이다.

[14:9–12] 짐승을 경배한 자들에 대한 셋째 다른 천사의 심판의 선포

다음 9–11절은 세 번째 다른 천사가 둘째 천사의 뒤를 이어 등장하여 큰 음성으로 외치는 내용을 소개한다. 먼저 9a는 도입 부분으로서 이러한 세 번째 다른 천사의 등장을 알린다. 첫째 천사와 둘째 천사가 서로 밀접한 관계를 유지하며 등장한 것처럼, 여기에서도 역시 둘째 천사와 셋째 천사도 이러한 밀접한 관계를 드러낸다.

---

135 앞의 책.

136 이런 맥락에서 찰스가 주장하는 것처럼 "포도주"를 "도취하게 만드는 능력"으로서 "로마의 타락케 하는 영향력"을 상징하는 것으로 보는 것은 이 문맥에서 좀 벗어나는 해석이라고 할 수 있다(Charles, *A Critical and Exegetical Commentary on the Revelation of St. John,* 2:14). 포도주는 단순히 타락케 하는 영향력이라기보다는 심판에 대한 상징적 이미지라고 볼 수 있다. 이러한 사실은 10절과 19-20절에서 좀 더 분명하게 밝혀진다.

섞지 않은 하나님의 진노의 포도주를 마시다(9-10c절) 9b절은 "그 짐승과 그의 형상을 경배한다면"이라고 하고, 9c절은 "그리고 그의 이마 혹은 그의 손에 표를 받는다면"이라는 조건을 제시한다. 이 두 본문은 평행 관계로서 13장의 두 짐승 에피소드를 연상케 하며 그것을 배경으로 한다. 이 관계는 14장을 13장과 연결하여 읽어야 할 필요성을 보여준다. 10a절은 9bc절의 조건적 내용에 대한 결과를 진술한다. 곧 하나님의 분노의 포도주를 마시게 될 것이라는 것이다. 앞의 8절에서는 바벨론이 모든 나라에게 그녀의 음행의 분노의 포도주를 마시게 했다고 한 반면, 9-10절에서는 짐승과 그의 형상을 경배하고 짐승의 표를 받은 자들이 "하나님의 분노의 포도주를 마신다"고 한다. 여기에서 9-10절은 8절의 내용을 좀 더 자세하게 풀어 설명하는 관계라고 볼 수 있다.

8절에서 바벨론의 음행은 9-10절에서 짐승을 경배하고 짐승의 표를 받는 행위로 재해석된다. 또한 후자의 경우에 "그녀(바벨론)의 음행의 분노의 포도주"라는 문구 대신에 "하나님의 분노의 포도주"라는 말로 축약해서 표현된다. 전자가 바벨론의 음행에 좀 더 강조점이 있다면, 후자는 하나님의 분노에 좀 더 강조점이 있다. 곧 후자인 9-10절에서는 좀 더 하나님에 의한 분노의 심판이 좀 더 부각된다. 구약에서 잔에 담긴 포도주를 마신다는 것은 "분노와 심판에 대한 상징"으로 빈번하게 사용된다(욥 21:20; 시 75:8; 사 51:17; 렘 25:15-26; 49:12; 겔 23:31-34).[137] 따라서 14장 10ab절에서 "하나님의 분노의 포도주로부터 마신다"는 말씀은 바벨론을 향한 하나님의 심판을 상징하는 것으로 이해할 수 있다.

특별히 14장 10b절에서 8절과 또 다른 차이점은 "섞지 않은"(ἄκρατος, 아크라토스)이란 단어와 "부어진"(κεκερασμένου, 케케라스메누>κεράννυμι, 케라뉘미)라는 단어가 함께 덧붙여진다는 것이다. 먼저 "붓다"(κεράννυμι, 케라뉘미)라는 동사는 포도주를 좀 더 독하게 하기 위해 향신료 등을 첨가하는 것을 언급하는 단어이다.[138] 그리고 "섞지 않은"이란 포도주를 순하게 만들기 위해 물을 섞지 않는다는 것을 의미한다.[139] 따라서 이 두 단어에 의해 포도주의 농도가 매우 독한 상태로 유지되고 있음을 암시한다. 반면 예레미야 25장 15절에서 히브리어 본문은 '코스 하야인 하헤마'(כּוֹס הַיַּיִן הַחֵמָה, 진노의 포도주 잔)를 70인역에서 '토 포테리

---

137 Boxall, *The Revelation of St. John*, 209.

138 Charles, *A Critical and Exegetical Commentary on the Revelation of St. John*, 2:16.

139 앞의 책.

온 투 오이누 투 아크라투'(τὸ ποτήριον τοῦ οἴνου τοῦ ἀκράτου, 섞지 않은 포도주 잔)로 번역한다. 여기에서 "분노"라는 단어가 번역 과정에서 "섞지 않은"으로 해석되고 있음을 확인할 수 있다. 이러한 관계로 "섞지 않은"이란 단어가 하나님의 "분노"에 대한 의미를 함축하고 있음을 알 수 있다. 이 본문에서 포도주는 짐승과 우상 숭배를 위한 축배의 목적이 아니라, 죄인들을 심판하는 하나님의 분노에 대한 상징으로 사용하고 있다.[140]

10c절은 8절에서 사용되지 않은 또 다른 문구가 첨가된다. 그것은 바로 "그의 진노의 잔에"라는 문구이다. 이 문구는 10b절의 "부어진… 하나님의 분노의 포도주"와 연결되는 문구이다. 여기에서 "진노"(오르게)와 "분노"(듀모스)가 이중적으로 사용된다. 이것은 심판이라는 포도주의 의미를 더욱 강화시킨다.

앞서 언급한 것처럼, 짐승을 추종하는 자들에 대한 하나님의 심판은 13장을 배경으로 한다. 그렇다면 구체적으로 이 두 본문의 관계를 어떻게 연결할 수 있을까? 곧 13장 15-17절에서 둘째 짐승은 첫째 짐승의 우상을 만들어 경배하도록 하고 그 짐승의 표를 받게 한다. 짐승의 표를 받지 않는 자들은 정상적인 경제활동이 결정적으로 제한 받는 고통을 겪는다. 반대로 짐승의 표를 받는 자들은 경제적 풍요를 누리게 된다. 14장은 1-5절은 어린 양과 함께 하늘에 있는 144,000을 통해 승리한 교회 공동체의 모습을 소개함으로써 짐승의 표를 받지 않아 고난 당하는 성도들에게 승리의 확신을 제시한다. 동시에 9-10절에서 짐승의 우상에게 경배하고 짐승의 표를 받는 자들에게 하나님의 분노의 포도주를 마시게 하는 심판이 내려짐으로써 짐승의 표를 받지 않고 고난의 길을 선택한 성도들이 결국 옳은 삶을 살았다는 것을 증명해 보이고자 한다. 따라서 9-10절의 본문은 13장과 함께 읽을 때 비로소 온전하게 이해될 수 있다. 다음에 이어 나오는 심판의 주제도 바로 이러한 동기에서 출발하고 있음을 기억할 필요가 있다.

불과 유황으로 고통받을 것이다(10d절) 10d절은 10bc절에서 언급한 진노의 포도주를 마시는 심판 상황을 좀 더 자세하게 설명한다. 먼저 '거룩한 천사들 앞과 어린 양 앞에서' 심판을 받는다. 여기에서 거룩한 천사들은 심판의 에이전

140 Blount, *Revelation*, 275.

트이다. 그리고 어린 양은 바로 심판주가 되신다. 그 심판주와 심판을 실행하는 천사들 앞에서 그들은 심판 받게 되는 것이다. 그들은 어떻게 심판을 받을 것인가? 바로 "불과 유황으로 고통을 받을 것이다." 여기에서 "불과 유황"은 "소돔과 고모라"(창 19:24)에 대한 이미지를 보여준다.[141] 이것은 짐승과 그 형상을 경배하는 자들은 "소돔과 고모라"와 동일시 될 수 있다는 것을 의미한다. 또한 이사야 30장 33절과 에스겔 38장 22절은 소돔과 고모라에서의 불과 유황을 재해석 하여 이사야와 에스겔 시대의 정황에 각각 적용한다.[142] 유대적 사고에서 "불"은 하나님의 심판을 위한 "보편적 수단"으로 인식되어 왔다(에녹1서 10:13-14; 21:1-10; 90:22-27; 시빌의 신탁 2:196-213).[143] 마찬가지로 요한계시록 19장 20절과 20장 10절과 20장 15절에서도 두 짐승과 용에게 속하여 생명책에 이름이 기록되지 못한 자들, 곧 짐승의 표를 받은 자들이 각각 불과 유황이 타는 못에서 영원한 심판을 받는다고 기록한다. 10d절의 내용은, 8b절의 '바벨론의 멸망'에 대한 기록에서처럼, 16장 17-21절과 17-20장에 등장하는 종말적 악의 세력에 대한 심판의 사건들과 평행된다.

이러한 정황은 다니엘 3장의 정황과 포괄적이면서 대조적으로 상호 작용하고 있다고 볼 수 있다.[144] 먼저 요한계시록 14장 6절의 "모든 나라와 족속과 언어와 백성"은 다니엘 3장 3절의 "백성들과 나라들과 각 언어로 말하는 자들"이라는 문구와 평행 관계로서 "포괄성과 보편성" (comprehensiveness and universality)을 내포한다.[145] 이러한 관계는 요한계시록 14장에서 로마제국을 바벨론으로 칭하는 또 다른 이유를 제공한다. 또한 다니엘 3장에서는 신상에 절하지 않는 신실한 자들을 맹렬히 타는 풀무불에 던졌다면, 이와는 대조적으로 요한계시록 14장 10d절에서는 짐승의 형상에 절하는 자들이 불과 유황이 타는 호수에 던져진다(참조 20:14).[146]

거룩한 천사들 앞에서 그리고 어린 양 앞에서(10e절) 짐승의 추종자들이 불과 유

141 Reddish, *Revelation*, 278.
142 Harrington, *Revelation*, 150.
143 Reddish, *Revelation*, 278.
144 D. A. deSilva, "A Sociorhetorical Interpretation of Revelation 14:6-13: A Call to Act Justly toward the Just and Judging God," *BBR*. 9.1 (1999): 85..
145 앞의 책.
146 앞의 책, 86.

황으로 고통 당하는 것은 바로 "거룩한 천사들 앞에서"와 "어린 양 앞에서"이다. 에녹 1서 48장 9절에서 이러한 정황을 반영하고 있다.[147]

> 나는 그들(땅의 왕들과 힘있는 지주들)을 불 속에 있는 풀처럼 그리고 물 속에 있는 납처럼, 나의 택한 자들의 손에 넘겨 줄 것이다. 그들은 거룩한 자들 앞에서 탈 것이고 그리고 그들이 보는 앞에서 가라 앉을 것이다…

여기에서 "택한 자들"은 성도를 의미할 수 있고 "거룩한 자들"은 천사들을 가리킬 수 있다. 이것과 요한계시록 본문의 차이는 "택한 자들" 대신에 "어린 양"이 사용되었다는 것이다. 여기에서 "어린 양"은 14장 1절에서 등장한 "어린 양"을 떠 올리게 한다. 승리의 상징인 어린 양은 심판주로서 짐승의 추종자들을 심판함으로써 어린 양이 가시는 곳은 어디든 따라갔던 자들을(14c절) 보응해 주신다.

그들의 고통의 연기(11a절) 11a절에서 짐승의 추종자들이 겪는 고통의 연기가 영원히 올라간다고 한다. 여기에서 연기의 발생은 10d절에서 '불과 유황'과 밀접한 관계가 있다. 그 '고통의 연기'에서 '연기'라는 단어는 '불과 유황'이라는 문구와 조합을 이루어 소돔과 고모라라는 도시에서 일어난 심판을 배경으로 사용된다. 이러한 조합은 창세기 19장 28절에서 "아브라함이 소돔과 고모라와 그 온 지역을 향하여 눈을 들어 연기가 옹기 가마의 연기같이 치솟음을 보았더라"고 한 것에서 잘 나타나고 있다.[148] 곧 "소돔과 고모라"라는 도시에 대한 심판의 상황을 요한계시록 본문에서 짐승을 추종했던 자들에 대한 심판에 적용하여 표현한 것이다.[149] 그들이 당하는 고통의 연기가 세세토록 올라 갈 것이라는 것은 이들의 고통이 영원히 계속될 것임을 의미한다. 이러한 상황은 다음 11b절과 밀접한 관계가 있다. 특별히 11a절에서 연기가 올라가는 형태는 5장 8절과 8장 4절에서 성도들의 기도가 향연과 함께 하나님의 보좌 앞으로 올라가는 모습과 대조적으로 평행된다.[150]

---

147 Charles, *A Critical and Exegetical Commentary on the Revelation of St. John*, 2:17.
148 Swete, *The Apocalypse of St. John*, 182.
149 Harrington, *Revelation*, 150.
150 Boxall, *The Revelation of St. John*, 209.

밤과 낮에 안식을 갖지 않는다(11b절) 11a절과 11b절은 평행 관계로 나란히 놓여진다. 전자는 "고통의 연기가 영원히 올라 간다"고 한 반면 후자는 "그들은 밤과 낮에 안식을 갖지 못한다"고 말한다. "고통의 연기"는 "안식을 갖지 못한다"는 것으로 설명되고 "영원히"는 "밤과 낮"이란 말로 표현된다. 또한 이러한 11bc절은 다시 한 번 9b–11a의 내용을 반복하며 정리하고 있다. 먼저 11b절에서 "짐승과 그의 형상을 경배하고 그 이름의 표를 받는 자는'이라는 문구는 9b("누구든지 그 짐승과 그의 형상을 경배한다면")의 내용을 반복하고, 11b절의 "밤과 낮에 안식을 갖지 않는다"는 10a–11a절의 심판의 내용을 매우 간결하게 반복하는 내용이다. 특별히 11b절의 "밤과 낮에 안식을 갖지 않는다"라는 문구에서 "밤과 낮"은 심판의 지속적 성격을 강조한다.[151] 이러한 강조는 짐승을 추종하는 자들이 이 세상에서 바벨론의 세상에서 경제적 풍요를 누리며 안식의 삶을 살았을 정황과 대조된다. 곧 그들이 이 세상에서 안식의 삶을 살았을지 모르나 그러나 그들은 영원히 솟아 오르는 연기처럼 하나님의 심판을 받아 안식을 누리지 못하게 될 것이다. 이것은 종말적 반전이라고 할 수 있다. 이러한 반전의 메시지는 짐승을 경배하고 짐승의 표를 받는 자들에게는 강력한 경고가 될 뿐만 아니라 짐승의 표를 받기를 거부하는 자들에게는 인내와 믿음을 가질 수 있는 근거가 된다. 이것은 다음 13절에서 살펴 볼 성도들의 안식과 대조된다.

또한 안식을 갖지 못하는 이러한 내용은 에녹 1서 63장 6절이 그 배경이다.[152]

> … 우리가 약간의 안식을 구걸하고 있으나 그것을 발견하지 못하고 우리가 (그것을) 갈망했으나 그것을 얻지 못한다. 빛이 우리로부터 사라져 버렸고 어둠이 영원히 우리의 거처가 되었다. 왜냐하면 우리는 전체 신실함을 갖지 않았고 영들과 왕들의 주의 이름을 영화롭게 하지 않았으며 그의 모든 피조물 가운데 주님을 영화롭게 하지 않았기 때문이다.

인용한 에녹 1서는 하나님 앞에서 신실함을 갖지 못하고 하나님께 영광을 돌려야 하는 창조의 목적대로 살지 못한 자들은 안식을 조금도 얻지 못하고 빛

151 이러한 "밤과 낮에"(ἡμέρας καὶ νυκτὸς, 헤메라스 카이 뉘크토스)라는 문구는 4장 8절에서 네 생물이 하나님을 예배하는 제의적 정황에서 사용되는데 여기에서도 예배의 지속성을 보여주는 의미를 나타내고 있다(Harrington, *Revelation,* 150). 4장 8절에서도 "안식을 갖지 않는다"라는 문구가 동일하게 사용되는데 같은 문구이지만 전혀 다른 대조적 정황을 함의하고 있다(Swete, *The Apocalypse of St. John,* 183).

152 Charles, *A Critical and Exegetical Commentary on the Revelation of St. John*, 2:18.

이 없이 어둠 가운데 거하게 될 것이라고 말한다. 이러한 내용은 하나님께 영광을 돌리는 예배의 삶을 사는 대신 짐승을 경배하고 짐승의 표를 받는 자들이 안식을 갖지 못하게 되는 상황과 일치한다.

성도들의 인내(12a절) 다음 12절은 9-11절과 구조적으로 연결되어 있으며[153] 이 본문에 등장하는 심판에 대한 경고의 "결정타"(punch line)로서 주어진다.[154] 곧 9-11절에서 언급하고 있는 짐승의 추종자들과는 다른 결말을 맞이하기 위한 합당한 길을 제시한다. 이러한 내용은 9-11절의 심판 메시지와 비교되면서 그 심판 메시지의 심각성을 더욱 심화시킨다. 바로 인내하며 하나님의 계명과 예수님의 신실하심을 지킬 때에 짐승을 추종하는 자들이 겪게 되는 심판을 면할 수 있다. 이러한 내용은 짐승을 추종하는 무리에 참여하지 않는 것을 자극하는 역할을 한다. 다음 내용에서 이에 대한 좀 더 구체적인 논의를 하게 될 것이다.

먼저 12a는 '성도들의 인내가 여기 있다'라는 말로 시작한다. 이 말씀은 13장 10절의 말씀을 연상케 한다.[155]

> a)누가 포로로 가는 것이 정해진다면, b)그는 포로로 간다. c)누가 칼로 죽임당하도록 정해진다면, d)그가 칼로 죽임당하도록 하라. e)성도들의 인내와 믿음이 여기에 있다. (13:10)

13장 10e절의 "성도들의 인내와 믿음이 여기 있다"와 14장 12절의 "성도들의 인내가 여기에 있다"는 평행 관계이다. 이러한 평행 관계에도 불구하고 그 의도는 약간의 차이가 있다. 13장 10절에서는 짐승의 핍박에 대해 성도들이 사로 잡히고 칼로 죽임을 당하는 일이 있더라도 그리스도인으로서 있어야 하는 자리에서 고난을 끝까지 견뎌야 하는 인내를 말한다. 여기에서 짐승의 서슬퍼런 활동 앞에 매우 연약한 성도들의 모습이 대비된다. 이러한 상황에서 '인내'는 필연적이다. 도중에 포기한다는 것은 곧 영원한 죽음을 의미한다. 그러나 14장 12절에서는 미래에 일어날 최종적 심판이 문맥을 형성하고 있다. 그들을 핍박했던 자들 곧 바벨론과 짐승과 짐승의 표를 받았던 자들이 심판의

---

153 Smalley, *The Revelation to John*, 368.
154 Beasley-Murray, *The Book of Revelation*, 226.
155 Swete, *The Apocalypse of St. John*, 183.

주가 되시는 어린 양 앞에서 심판 받아 불과 유황으로 고통 받고 있다. 이제 성도들의 인내가 그 결실을 보는 순간이 온 것이다. 이러한 점에서 13장에서 언급한 성도의 인내와 차이가 존재한다. 곧 13장의 인내가 현재의 시점에 집중되어 있다면, 14장의 인내는 미래에 초첨이 맞추어져 있다.

더 나아가서 성도의 인내에 대한 이러한 언급은 야고보서 5장 7절을 기억나게 한다.

> 그러므로 형제들아 주의 강림하시기까지 길이 참으라 보라 농부가 땅에서 나는 귀한 열매를 바라고 길이 참아 이른 비와 늦은 비를 기다리나니(약 5:7)
>
> 보라 인내하는 자를 우리가 복되다 하나니 너희가 욥의 인내를 들었고 주께서 주신 결말을 보았거니와 주는 가장 자비하시고 긍휼히 여기는 자시니라(약 5:11)

이 두 야고보서 말씀에서 인내하는 자는 농부의 심정으로 씨를 뿌려 열매를 맺기까지 기다리는 것이며 욥의 인내처럼 주께서 주신 결말을 보는 것이라고 할 수 있다. 곧 바벨론의 심판이 이루어지는 이 순간 성도들의 인내는 그 결말을 보게 된다. 성도들의 관점에서 볼 때 이 최후의 심판은 바로 성도들의 인내가 빛을 발하는 순간으로 받아들여지고 있다.

하나님의 계명과 예수의 신실함(12b절) 12b절은 12a절에서 언급되었던 "성도들"을 수식하는 관계로서 그들이 어떤 자들인가를 부연 설명한다. 그러므로 이 두 본문은 매우 밀접한 관계가 있다. 12a절의 성도들은 12b절에서 하나님의 계명과 예수의 신실함을 지키는 자들로 묘사된다. 여기에서 "하나님의 계명"과 "예수의 신실함"은 서로 밀접한 관계를 가진 두 개의 주제를 형성한다.

번역에서 지적한 것처럼, '피스티스 예수'(πίστις Ἰησοῦ)는 "예수의 믿음"이 아니라 "예수의 신실함"으로 번역하는 것이 좀 더 적절하다. 그리고 "지켰다"(τηρέω)라는 동사는 BDAG에 의하면 "계속되는 행위"(activity to continue)를 의미하기도 하고, 또한 "끝까지 순종하다"(to persist in obedience)라는 의미를 가지기도 한다.[156] 이러한 의미에서 "예수의 신실함을 지켰다"는 것은 예수께서 하나님 앞에서 보여 주신 신실함을 계승하여 끝까지 순종하는 모습을 지속적으로

156 BDAG, 1002(2, 3).

나타냈다는 의미로 해석할 수 있다.

또한 여기 언급된 "하나님의 계명"은 요한계시록 14장의 문맥에서 보면 짐승을 경배하고 그 짐승의 표를 받는 우상 숭배의 행위를 거부함으로써 하나님의 백성이라는 거룩한 정체성을 지켜내는 것을 의미하는 것으로 보는 것이 자연스럽다. 좀 더 구체적으로 말하면 이것은 십계명 중에 첫째와 둘째 계명과 밀접한 관계가 있다.

> 나 외에는 다른 신들을 네게 두지 말라(출 20:3)
>
> 너를 위하여 새긴 우상을 만들지 말고 또 위로 하늘에 있는 것이나 아래로 땅에 있는 것이나 땅 아래 물 속에 있는 것의 어떤 형상도 만들지 말며 그것들에게 절하지 말며 그것들을 섬기지 말라(출 20:4-5)

이 두 계명은 짐승의 형상에게 절하고 황제 숭배에 굴복하는 것을 의미하는 짐승의 표를 이마나 손에 받는 것에 대해 경고하는 요한계시록 13-14장의 정황에 매우 적절한 내용이라고 할 수 있다. 이처럼 우상 숭배를 거부하며 하나님의 계명을 지키는 삶은 물론 짐승과 바벨론에 정면으로 도전하는 것을 의미한다. 이것은 바로 하나님 앞에서 예수님께서 지켜낸 신실함과 동질성을 띤다. 여기에서 하나님의 계명을 지키는 것과 예수님의 신실함을 지키는 것이 동시에 언급되는 것은 계명의 순종과 신실함이 서로 긴밀하게 연결되기 때문이다.

12a절의 인내의 주제와 연결하여 생각해 보면, 성도들의 인내는 막연하게 참고 기다리는 것이 아니라, 그 인내의 삶 속에는 하나님의 계명을 지키고 예수님께서 하나님 앞에 가지고 계셨던 신실함을 본받아 그것을 견고하게 지키는 삶을 살아 가는 것이다.[157]

157 Fee, *Revelation*, 198.

2)하늘의 음성과 성령의 말씀(14:13)(B)

A파트의 1-12절에 이어 두번째 파트인 B(13절) 부분이 나온다. 이 부분은 다른 세 천사를 언급하는 앞의 6-12절과는 달리 하늘로부터의 음성과 성령의 말씀을 소개한다. 이 본문은 6-12절과 14-20절 사이에 삽입되어 이 반복되는 두 본문을 중간에서 자연스럽게 이어 주는 역할을 한다.

구문 분석 및 번역

13절 a) Καὶ ἤκουσα φωνῆς ἐκ τοῦ οὐρανοῦ λεγούσης·
그리고 나는 하늘로부터 음성이 말하는 것을 들었다.

b) γράψον·
기록하라.

c) μακάριοι οἱ νεκροὶ οἱ ἐν κυρίῳ ἀποθνῄσκοντες ἀπ' ἄρτι.
지금부터 주 안에서 죽은 죽은자들은 복있다.

d) ναί,
그러하다.

e) λέγει τὸ πνεῦμα,
성령이 말씀하신다.

f) ἵνα ἀναπαήσονται ἐκ τῶν κόπων αὐτῶν,
그들은 그들의 수고들로부터 안식할 것이다.

g) τὰ γὰρ ἔργα αὐτῶν ἀκολουθεῖ μετ' αὐτῶν.
왜냐하면 그들의 행위들이 그들과 함께 따라가기 때문이다.

13b절의 '그라프손'(γράψον>γράφω, 그라포)은 이 본문을 포함하여 1장 11b절과 19a절 그리고 19장 9b절과 21장 5d절에서 모두 5회 사용된다. 1장 11b절과 19a절에서는 이 단어를 "쓰라"고 번역한 바 있다. 그러나 이 본문의 문맥에서는 "기록하라"라는 표현이 자연스러워서 1장 11b절과 19a절과는 다르게 이 표현을 번역에 사용한다.

그리고 13c절에서 '호이 네크로이'(οἱ νεκροί)는 형용사의 명사적 용법으로서 번역할 때 "죽은 자들"로 띠어 쓰기 하지 않고 "죽은자들"로 하나의 명사처럼 번역한다. 13e절은 '히나'(ἵνα)절인데 이 문장은 단순히 목적절의 기능이 아니라 13d절의 동사인 '말하다'의 내용을 소개하는 절로서 기능을 갖는다. 이러한 기능을 포터는 "내용절"(content clause)이라고 규정한다.[158] 따라서 이러한 기능을

158 S. E. Porter, *Idioms of the Greek New Testament* (London: JSOT, 1994), 237-38.

반영하여 번역하는데, 동사의 목적격으로 직역하면 뒤에 이어지는 내용이 길어서 부자연스럽기 때문에 이 문장을 독립적으로 번역하도록 한다.

13e절의 '코폰'(κόπων> κόπος, 코포스)은 사전적으로 두 가지 의미가 있다. 첫째로, "곤란"(trouble) 혹은 "어려움"(difficulty)이란 의미를 가지고 둘째로, "노동" 혹은 "수고"라는 의미를 갖는다.[159] 여기에서는 이 두 가지 의미를 모두 가지고 있다고 볼 수 있다. 13장을 배경으로 볼 때 성도들은 곤란과 어려움에 처해 있는 것이 분명하다. 동시에 그러한 환경에 처하는 상황이 그들에게 무한한 수고로움을 유발하는 것도 분명하다.

이상의 내용을 근거로 우리말 어순에 맞추어 번역하면 다음과 같다.

13a 그리고 나는 하늘로부터 음성이 말하는 것을 들었다.
13b 기록하라:
13c 지금부터 주 안에서 죽은 죽은자들은 복있다.
13d 그러하다.
13e 성령이 말씀하신다.
13f 그들은 그들의 수고들로부터 안식할 것이다.
13g 왜냐하면 그들의 행위들이 그들과 함께 따라가기 때문이다.

본문 주해

하늘로부터 음성을 듣다(13a절) 13절은 13a절에서 "하늘로부터 음성"이 말하는 것으로 시작하여 13b절에서 성령이 말하는 것으로 마무리된다.[160] 13a절에서는 하늘로부터 음성이 요한에게 들려오고 있다. 6절에서 "보다"라는 행위와는 다르게 13a절에서는 "듣다"라는 말로 "초감각적이며 비가시적인" 계시의 수용과 전달 방식을 표현한다. 이러한 다양한 표현을 통해 저자는 지속적으로 자신이 본 것을 독자들도 보게하고 자신이 들은 것에 독자들도 참여할 것을 요구한다.[161] 이러한 참여의 유도는 기록된 내용에서 감각적인 소재를 표현함으로써 더욱 촉진된다. 예를 들면 "바벨론의 포도주"나 "하나님의 진노의 포도주" 그리고 불과 유황에서 타오르는 연기 등은 독자들에게 후각을 자극함과

159 BDAG, 558.
160 Osborne, *Revelation*, 545.
161 deSilva, "A Sociorhetorical Interpretation of Revelation 14:6-13," 84-85.

동시에 보고 듣는 것에 몰입감을 더욱 고조시킨다.[162]

그렇다면 이러한 "하늘로부터 음성"은 누구의 음성일까? 아쉽게도 누구의 음성인지 적시하는 것이 쉽지 않다. 1장 10절에서 "나팔같은 것의 큰 음성"도 누구의 음성인지 언급하고 있지 않지만 문맥을 통해 볼 때 예수님의 음성인 것이 분명하다. 그러나 이 문맥에서는 그 음성이 누구의 것인지 특정하기가 어렵다. 10장 4절에서도 하늘로부터 음성이 등장하는데 누구의 음성인지 특정하는 것이 쉽지 않다. 일단 13d절에서 성령이 말씀하시는 장면이 등장하기 때문에 이 본문에서 하늘로부터 나오는 음성은 성령이 아닌 것이 분명하다. 다만 "하늘로부터 음성"은 이어지는 내용에 대해 "신적 권위"를 부여해주는 역할을 한다.[163] 이러한 신적 권위를 가지고 12절에서 "하나님의 계명과 어린 양의 신실함을 지키는 자들"이 하나님의 보응을 받게 될 것과 13c절에서 언급하고 있는 "주 안에서 죽은 죽은자들이 복되다"라는 선포를 "재확증"(reassurance)하고 있다.[164]

기록하라(13b절) 요한이 환상 중에 첫 번째로 들은 말씀은 13b절에서 '기록하라'(γράψον>γράφω)는 명령이다. 먼저 "기록하라"는 동사는 요한계시록에서 메시지를 시작하는 "공식"으로서 사용되거나[165] 혹은 이어지는 내용의 중요성을 강조하는 수사적 기능을 한다.[166] 이 동사는 요한 계시록에서 12번 사용되는데 1장 11절과 1장 19절은 요한 계시록 전체를 기록할 것을 지시하는 것이요, 2장 1, 8, 12, 18절과 3장 1, 7, 14절은 일곱 교회에게 보내는 메시지를 기록할 것을 말씀하는 내용이다. 그리고 14장 13b절은 바로 직후에 13c절인 "지금부터 주 안에서 죽은 죽은자들은 복이 있다"를 강조하고, 19장 9b절에서 "기록하라"는 19장 9c절의 "어린 양의 혼인 잔치에 초대받은 자들은 복있다"는 내용을 강조하는 수사적 기능을 갖는다. 여기에서 흥미로운 것은 14장 13b절과 19장 9b절은 동일하게 "복있다"를 기록의 대상으로 삼고 있다는 사실이다. 따라서 이 두 본문에서는 "기록하라"는 명령을 통해 이 주제가 강조되고 있다는

162 앞의 책, 85.
163 Mounce, *The Book of Revelation*, 275.
164 Osborne, *Revelation*, 544.
165 Swete, *The Apocalypse of St. John*, 183.
166 Thomas, *Revelation 8-22*, 214.

것을 알 수 있다. 그리고 마지막으로 21장 5절에서는 새창조와 관련된 내용을 기록하라는 명령이 강조를 위한 수사적 기능을 수행한다.[167] 그러나 동시에 14장 13c절과 19장 9b절 그리고 21장 5d절에서 "기록하라"는 명령은 요한계시록 전체를 포함할 수도 있다. 다음 13c절은 하늘의 음성을 소개한다.

지금부터 주 안에서 죽은 죽은 자들은 복이 있다(13c절) 이 본문은 요한계시록에 등장하는 일곱 번의 "복"시리즈 중에 두 번째이다(1:3; 14:13; 16:15; 19:9; 20:6; 22:7, 14).[168] 먼저 "지금 부터"라는 문구는 저자 요한이 살고 있었던 당대에서부터 마지막 때까지를 포함하여 말하고 있는 것이라고 할 수 있다. 곧 모든 교회 시대를 포괄한다고 볼 수 있다.[169] 그러나 요한이 살고 있었던 시점을 가리키는 '지금'(ἄρτι, 아르티)이라는 단어를 사용하여 요한 시대를 더욱 부각시키고 있다고 할 수 있다. 바로 이러한 표현을 사용함으로써 요한의 일차 독자들에게 이 본문 말씀과의 관련성(relevance)을 강조하고자 한다. 좀 더 구체적으로 말하면 이 문구에 이어지는 내용으로서 "주 안에 죽은 죽은자들"이란 바로 13장 9-10절에서 당시 황제 숭배를 거부하는 성도들에게 실제로 일어날 수 있는 "특정한 고통"(particular afflicition)을 가리킨다고 볼 수 있다.[170]

"주 안에서 죽은 죽은 자들"(οἱ νεκροὶ οἱ ἐν κυρίῳ ἀποθνῄσκοντες, 호이 네크로이 호이 엔 퀴리오 아포드네스콘테스)이란 문구는 "죽음"의 중복 사용을 통해 죽음을 강조한다. 죽음에 대한 이러한 강조는 13장을 배경으로 한 성도의 고난의 단면을 잘 나타내 준다. 이 "주 안에서 죽은 죽은 자들"은 13장 9-10절에서 보여 주듯이 일차적으로는 순교자들을 가리킨다. 요한 당시 실제적인 순교자들을 포함하여 수많은 그리스도인들이 잠재적으로 죽음에 노출되어 있었다. 그러나 이 문구의 범주에는 동시에 죽을 때까지 신실한 삶을 살다가 자연적으로 죽는 경우도 포함될 수 있다.[171] 신실한 성도의 삶 자체가 순교일 수 있기 때문이다. 그렇다면 이 문구는 우선적으로는 순교자들을 가리키지만 포괄적으로는 모든 그리스도인들을 포함하고 있다고 할 수 있다. 이러한 자들이 복이 있다. 왜 그

167 이 본문에 대해서는 21장 5절을 주해할 때
168 Osborne, *Revelation*, 544.
169 위의 책.
170 Roloff, *The Revelation of John*, 176.
171 Harrington, *Revelation*, 152.

러한가? 9-11절이 소개하고 있는 것처럼 불과 유황이 타는 곳에서 고통을 당하는 자들과는 달리 주 안에서 죽는 자들은 비록 죽임을 당하기도 하고 고난 속에서 살지만 결국 부활과 함께 영원한 구원을 받을 것이기 때문이다. 이러한 내용을 13def절에서 좀 더 자세하게 설명한다. 이러한 사실만으로도 복이라고 여길 수 있다면 성도의 평범한 삶 그 자체는 더욱 큰 은혜가 아닐 수 없다.

성령이 말씀하신다(13def) 13e절은 성령이 말씀하시는 장면을 소개한다. 성령은 요한 계시록에서 거의 대부분 "선지자를 통해" 하나님의 백성들에게 말씀하시는 "예언의 영"으로 활동한다. 2-3장에서 성령은 선지자 요한을 통해 일곱 교회들에게 말씀하신다(2:7, 11, 17, 29; 3:6, 13, 22).[172] 또한 요한으로 하여금 계시적 환상을 경험할 환경을 제공하는 "환상의 영"으로 역할하기도 한다 (1:10; 4:2; 17:3; 21:10).[173] 14장 13e절에서 성령이 말씀하시는 것은 이 두 가지 중에 "예언의 영"의 활동으로 간주할 수 있다. 곧 성령은 예언의 영으로서 선지자 요한을 통해 말씀하고 있는 것이다.[174]

또한 13e절에서 성령의 말씀은 13a절에서 "하늘로부터 음성"이 "지금부터 주 안에서 죽은 죽은 자들이 복있다"고 하신 말씀에 대한 반응으로 주어진다고 할 수 있다.[175] 그러므로 13def절은 13abc절과의 관계에서 면밀히 살필 필요가 있다. 13d절에서 성령께서 말씀하시는 첫 번째 내용으로서 "그러하다"(ναί, 나이)라는 말씀이 나온다. 이것은 성령이 말씀하시는 내용으로서 13d절 후에 위치하는 것이 적절하나 강조의 목적으로 13d절과 순서가 도치되었다. "그러하다"라는 단어는 기능적으로 '아멘'(ἀμήν)과 동일시된다.[176] 특별히 이 두 단어는 마태복음 23장 26절(=눅 11:51)과 고린도 후서 1장 20절 그리고 요한 계시록 1장 7절과 22장 20절에서 상호 교환적으로 사용되기도 한다.[177] 또한 이것은 "확언"(affirmation)이나 "동의"(agreement) 그리고 "강조"(emphasis)의 의미를

172 Bauckham, *The Climax of Prophecy*, 160.
173 Bauckham, *The Climax of Prophecy*, 150.
174 앞의 책, 160.
175 앞의 책, 160. 이 외에도 22장 17절에서도 성령이 직접 말씀하시는 장면이 소개된다. 여기에서 성령과 신부는 "그리스도"에게 "오라"고 말씀한다. 여기에서 다시 한 번 "그리스도인 선지자들의 영감받은 발언들"은 성령의 말씀과 동일시 될 수 있다는 사실을 보여준다(앞의 책).
176 Aune, *Revelation 6-16*, 839.
177 앞의 책.

지닌다.[178] 이러한 의미에 근거하여 "그러하다"(ναί, 나이)는 앞에서 언급된 "주 안에서 죽은 죽은 자들이 복이 있다"는 하늘의 음성에 강력하게 동의하고 있는 것으로 볼 수 있다.[179] 또한 성령의 말씀은 하늘의 음성에 이러한 동의를 넘어서 그것을 좀 더 구체적으로 해석한다. 그 해석의 내용이 바로 13efg이다.

수고들로부터 안식하다(13f절) 13f절은 13c절에서 "주 안에서 죽은 죽은자들이 복있다"는 하늘의 음성에 대한 응답으로서 성령이 말씀하는 '그러하다'(13d절)와 함께 등장한다. 이것은 단순한 반응이 아니라 13c절의 복이 있는 이유를 구체적으로 해석해 주는 기능을 갖기도 한다. 바로 그들은 "수고들로부터 안식할 것이다." 앞서 번역에서 언급한 것처럼 13f절의 '히나'절은 13c절에서 성령이 말하는 내용을 제시한다. 또 "수고들"(κόπων, 코폰> κόπος, 코포스)은 "문제"(trouble) 혹은 "어려움"(difficulty), 그리고 "노동" 혹은 "수고"라는 두 가지 사전적 의미를 가진다는 사실도 언급했다. 이 본문에 두 가지 의미가 모두 적용될 수 있다. 왜냐하면 노동과 수고는 언제나 어려움과 문제적 상황에서 발생하기 때문이다.

13장에서 보여주고 있는 것처럼 용과 두 짐승의 핍박 가운데서 "인내와 믿음"(13:9-10)을 가지고 믿음의 순결을 지킨 성도들은 핍박의 환경에서 엄청난 수고를 감내하지 않을 수 없었을 것이다. 특별히 1세기 소아시아 일곱 교회 성도들의 정황에서 볼 때 그러한 수고는 짐승의 도전에 직면하여 매우 실제적으로 발생했다. 이제 주님의 뜻대로 살다가 "주 안에서 죽은 죽은 자들"은 더 이상 그러한 수고를 할 필요 없이 하늘에서 안식하게 될 것이다. 여기에서 사용된 "안식하다"(ἀναπαύω, 아나파우오)라는 동사는 11b절의 "안식"(ἀνάπαυσις, 아나파우시스)과 동일한 어근이다. 이 단어들은 에덴에서의 안식을 연상시킨다. 따라서 그들의 안식은 곧 에덴 회복의 상태를 가리키고 있다고 볼 수 있다. 이러한 사실은 하늘에서 그들이 누리는 안식은 지상의 세상과 대조되는 내세적이며 이원론적 세계관이 아니다. 도리어 "주안에서 죽은 죽은 자들"이 재림 때에 지상에서 이루어질 에덴 회복의 완성 상태를 하늘에서의 안식을 통해 하늘에서 선취(先就)하는 통합적이며 종말적인 개념을 함의한다.

---

178 BDAG, 665.
179 Bauckham, *The Climax of Prophecy*, 160.

이러한 13f절의 내용은 11b절의 짐승과 그의 형상을 경배하고 그 이름의 표를 받는 자는 "밤과 낮에 안식을 갖지 않는다'는 말씀과 대조적이다. 이 세상에서 짐승을 경배하고 짐승의 표를 받아 경제적으로 부요하게 되어 잠시 안식을 누릴 수 있을지는 모르지만, 그러나 영원히 안식을 얻지는 못한다. 반대로 이 세상에서 짐승을 향한 경배와 짐승의 표 받기를 거부하고 오직 하나님만을 경배하다가 주안에서 죽은 자들은 이 세상에서 잠시 고난을 당하지만 하늘에서 영원한 안식을 누리게 되어 있다. 이 땅에서 짐승을 경배하여 영화를 누리며 안식하던 그들은 영원한 고통을 겪게 되지만 그러나 주 안에서 죽는 자들은 영원한 안식을 누릴 것이기 때문이다. 이러한 대조 상태가 에즈라 4서 7장 36절에 잘 나타나 있다.[180]

> 고통의 구덩이가 나타날 것이다. 그것 맞은편에 안식의 장소가 있을 것이다; 그리고 지옥의 용광로가 열려지게 될 것이다. 그것 맞은 편에 기쁨의 낙원이 있을 것이다.[181]

그들의 행위들이 따라가다(13g) 13g는 '왜냐하면'(γάρ)이라는 접속사로 시작한다. 이것은 13f절에 대한 이유를 설명한다. 성도들이 자신들의 고난과 고통에서 해방되어 안식하게 되는 것은 바로 그들의 행위들이 그들을 따라가기 때문이다. 곧 그들의 행위가 그들의 마지막 날에 온전히 드러나게 된다는 것이다. 그렇다면 여기에서 '그들의 행위들'(ἔργα, 에르가)는 무엇일까? 이것은 13장 9-10절에서 죽음과 투옥 앞에서 굴복하지 않고 "인내와 믿음"을 가진 자들이며 14장 12b절에서 "하나님의 계명과 예수의 신실함"을 지킨 행위를 가리킨다. 그리고 '그들의 행위들'은 13c절에서처럼 '주 안에서 죽은 죽은 자들'로서 그들이 죽기까지 신실하게 살았다는 것을 의미하기도 하고 13f절에서 '수고들'을 가리킬 수도 있다.

이러한 일련의 행위들이 바로 그들의 수고를 그치고 안식을 누리게 되는 원인이 된다는 것이다. 그러나 여기에서 행위로 그들이 구원을 받는다고 쉽게 단정짓지 말아야 한다. 그들은 짐승과 바벨론의 집요한 핍박에도 굴하지 아니하고 인내로 하나님의 계명을 지키고 예수님을 믿는 믿음을 버리지 않은 자들이다. 이러한 정황에서 그들의 행위와 믿음이 분리될 수 없다. 그리스도를 믿

---

180 Beale, *The Book of Revelation,* 770에서 재인용.
181 이번역은 *OTP* 1의 메츠거(Metzger)의 영어 번역을 우리말로 번역한 것이다.

는다고 하고 짐승에게 경배하는 일이 있을 수 없고, 반대로 짐승에게 경배하면서 그리스도를 믿는다고 할 수 없다. 성도들은 믿는 바대로 행동할 수 밖에 없는 절박한 정황 속에서 살았다. 그들의 행위들이 그들의 믿음을 증거한다. 그리고 그들의 믿음이 그들의 신실한 행위를 가능하게 한다.

3)종말적 구속과 심판의 실행(14:14-20)(A′)

14-20절은 6-12절에서 세 다른 천사에 의해 선포되는 종말적 구속과 심판의 메시지를 좀 더 발전시키며 반복 소개한다. 곧 종말적 구속과 심판의 메시지가 실행되는 모습을 보여준다. 14-20절은 다시 세 다른 천사들의 활동에 근거하여 세 부분으로 나뉘는데 14-16절과 17절 그리고 18-20절이다. 14-16절은 첫째 다른 천사의 간청으로 인자가 성도들을 추수하는 내용이다. 여기에서 종말적 구속의 열매를 보여준다. 그리고 17절과 18-20절은 둘째 다른 천사와 셋째 다른 천사가 종말적 심판을 실행하는 내용을 담는다.

구문분석 및 번역

14절 a) Καὶ εἶδον,
그리고 나는 보았다.

b) καὶ ἰδοὺ νεφέλη λευκή,
보라 흰 구름이다.

c) καὶ ἐπὶ τὴν νεφέλην καθήμενον ὅμοιον υἱὸν ἀνθρώπου,
그 구름 위에 앉으신 인자같은 이를

d) ἔχων ἐπὶ τῆς κεφαλῆς αὐτοῦ στέφανον χρυσοῦν
그의 머리 위에 금면류관을 가지고

e) καὶ ἐν τῇ χειρὶ αὐτοῦ δρέπανον ὀξύ.
그리고 그의 손에 날카로운 낫을

15절 a) καὶ ἄλλος ἄγγελος ἐξῆλθεν ἐκ τοῦ ναοῦ
그리고 다른 천사가 성전으로부터 나왔다.

b) κράζων ἐν φωνῇ μεγάλῃ τῷ καθημένῳ ἐπὶ τῆς νεφέλης·
구름 위에 앉은 이에게 큰 소리로 외치면서

c) πέμψον τὸ δρέπανόν σου καὶ θέρισον,
당신의 낫을 보내십시오. 그리고 추수하십시오.

d) ὅτι ἦλθεν ἡ ὥρα θερίσαι,
왜냐하면 추수할 때가 왔기 때문입니다.

e) ὅτι ἐξηράνθη ὁ θερισμὸς τῆς γῆς.
왜냐하면 땅의 추수가 무르익었기 때문입니다.

16절 a) καὶ ἔβαλεν ὁ καθήμενος ἐπὶ τῆς νεφέλης τὸ δρέπανον αὐτοῦ ἐπὶ τὴν γῆν
그러자 그 구름 위에 앉으신 이가 그의 낫을 땅에 던졌다.

b) καὶ ἐθερίσθη ἡ γῆ.
그 때 그 땅이 추수되었다.

17절 a) Καὶ ἄλλος ἄγγελος ἐξῆλθεν ἐκ τοῦ ναοῦ τοῦ ἐν τῷ οὐρανῷ
그리고 다른 천사가 하늘에 있는 성전으로부터 나왔다.

b) ἔχων καὶ αὐτὸς δρέπανον ὀξύ.
(그 천사는) 그 자신이 또한 날카로운 낫을 가지고 있다.

18절 a) καὶ ἄλλος ἄγγελος [ἐξῆλθεν] ἐκ τοῦ θυσιαστηρίου [ὁ] ἔχων ἐξουσίαν ἐπὶ τοῦ πυρός,
그리고 불에 대한 권세를 가지고 있는 다른 천사가 제단으로부터 나왔다.

b) καὶ ἐφώνησεν φωνῇ μεγάλῃ τῷ ἔχοντι τὸ δρέπανον τὸ ὀξὺ λέγων·
그리고 그는 날카로운 낫을 가진 천사에게 큰 소리로 외쳐 말했다.

c) πέμψον σου τὸ δρέπανον τὸ ὀξὺ
당신의 날카로운 낫을 보내라.

d) καὶ τρύγησον τοὺς βότρυας τῆς ἀμπέλου τῆς γῆς,
그리고 땅의 포도나무의 포도송이를 거두라.

e) ὅτι ἤκμασαν αἱ σταφυλαὶ αὐτῆς.
왜냐하면 그것의(포도나무의) 포도송이들이 무르익었기 때문이다.

19절 a) καὶ ἔβαλεν ὁ ἄγγελος τὸ δρέπανον αὐτοῦ εἰς τὴν γῆν
그러자 그 천사는 그의 낫을 땅으로 던졌다.

b) καὶ ἐτρύγησεν τὴν ἄμπελον τῆς γῆς
그 때 그는 땅의 포도나무를 거두었다.

c) καὶ ἔβαλεν εἰς τὴν ληνὸν τοῦ θυμοῦ τοῦ θεοῦ τὸν μέγαν.
그리고 그는 하나님의 분노의 큰 포도주틀로 던졌다.

20절 a) καὶ ἐπατήθη ἡ ληνὸς ἔξωθεν τῆς πόλεως
그리고 그 포도주틀은 도시 밖에서 밟혔다.

b) καὶ ἐξῆλθεν αἷμα ἐκ τῆς ληνοῦ
그러자 피가 그 포도주틀로부터 나왔다.

c) ἄχρι τῶν χαλινῶν τῶν ἵππων ἀπὸ σταδίων χιλίων ἑξακοσίων.
말(들)의 굴레 (높이)까지 약 천 육백 스타디온 (만큼 멀리)

14b절에서 "보라"(ἰδού, 이두) 직후에 주격인 "흰 구름"(νεφέλη λευκή, 네펠레 류케)과 목적격인 "구름 위에 앉으신 인자 같은 이"(... καθήμενον ὅμοιον υἱὸν ἀνθρώπου, 카데메논 호모이온 휘온 안드로푸)가 일치하지 않는다. 이 불일치를 해결하려고 어떤 사본([1854] $\mathfrak{M}^{A}$)은 후자를 주격인 καθημενος ομοιος (카데메노스 호모이오스)로 변경한다.[182] 또 다른 해결의 방법은 이 목적격 문구를 14a절의 동사 "나는 보았다"(εἶδον, 에이돈)의 목적어로 간주하는 것이다.[183] 이것은 14b절의 문구에 대한 사본적 다툼 없이 제시될 수 있는 좋은 대안이라고 할 수 있다. 이것을 인정할

182 $\mathfrak{P}^{47}$ 은 이것을 다소 다르게 καθημενος ομοιον 라고 하여 '호모이온'은 목적격으로 유지하고 '카데메노스'는 주격으로 변경한다. 이것은 이러한 불일치를 해결하기 위한 타협의 결과라고 할 수 있다.

183 Zerwick and Grosvenor, *A Grammatical Analysis of the Greek New Testament,* 2:764.

경우 14b절의 "흰 구름"이 '보라'(ἰδού, 이두)와 함께 문장의 흐름 속에서 부각되어 강조된다고 볼 수 있다. 헬라어와 우리말의 어순 차이 때문에 이러한 문장을 우리말로 번역하는 것이 결코 쉽지 않다. 그럼에도 불구하고 이러한 한계를 인정하면서 이것을 우리말로, "a)보라, 흰구름이다. 나는 그 구름 위에 앉으신 인자같은 이를 보았다"라고 번역할 수 있다. 이 번역을 통해 "흰구름"이 강조되고 요한이 본 대상을 명확히 하고 있다는 것을 드러내고자 한다. 여기에서 "흰구름"이 왜 강조되는지에 대해서는 주해 과정에서 논의할 것이다.

15a절과 15b절은 주절과 분사 구문으로 연결된 하나의 문장이다. 원칙적으로 말하면 분사구문이 주절에 종속되는 것이라고 할 수 있으나, 이럴 경우 우리말로 번역할 때 문장이 어색해지기 때문에 문장의 주종관계를 바꾸는 번역을 시도해 본다. 곧 주절의 동사인 "나왔다"(ἐξῆλθεν, 엑셀덴>ἐξέρχομαι, 엑세르코마이)를 분사구문 형식으로 번역하여 "나오면서"로, 분사구문 형태인 "외치면서"를 주절의 주동사처럼, "나왔다"로 번역한다.

18d절의 '보트뤼아스'(βότρυας>βότρυς, 보트뤼스)와 18e절의 '스타퓔라이'(σταφυλαί>σταφυλή, 스타퓔레)는 동일하게 포도 열매가 한 뭉치로 묶여진 상태를 표현하는 "bunch of grapes"라는 의미이다.[184] 이 문구를 우리말로 "포도 송이"라고 번역하면 좋을 것이다. 따라서 18d절의 '보트뤼아스'와 18e절의 '스타퓔라이'는 헬라어 단어는 다르지만 같은 의미를 가지기 때문에 모두 우리말로 "포도송이"로 번역한다. 우리말로 동일하게 번역되었지만 이 두 본문의 원문에서 사용된 단어는 다르다는 것을 기억할 필요가 있다.

15e절에서 '에크세란데'(ἐξηράνθη>ξηραίνω, 크세라이노)라는 단어는 "마르다"(dry up)란는 의미이지만 동시에 "무르익다"라는 의미도 있다.[185] 18e에서 사용된 '에크마산'(ἤκμασαν>ἀκμάζω, 아크마조)이란 단어는 대부분의 영어 번역본에서 "무르익다"(ripe)로 번역된다. 그러나 BDAG에 의하면 이 단어는 "꽃피다"(bloom)라는 의미이다. 또한 마운스의 헬라어 사전은 이 단어의 의미를 좀 더 풍성하게 제공한다. 곧 "번창하다, 무르익다(ripen)"라는 의미이다.[186] 이러한 의미를 본문에 적용하고 15e절과의 평행 관계를 고려하여 "무르익다"로 번역하고자 한다.

---

184 BDAG, 181, 941.

185 BDAG, 684.

186 W. D. Mounce and R. D. Bennett, Jr. eds., *Mounce Concise Greek-English Dictionary of the New Testament* (Accordance edition, 2011).

19b절의 '암펠로스'(ἄμπελος)는 "포도"라는 의미와 "포도나무"라는 의미를 모두 갖는다.[187] 여기에서 "거두다"와 함께 사용하기 때문에 "포도나무를 거둔다"는 표현보다는 "포도를 거둔다"라는 문구가 좀 더 자연스러우므로 후자를 번역에 반영한다.

20b절의 접속사 '카이'(καί)는 단순히 "그리고"라고 하기 보다는 앞의 내용에 대한 결과를 나타내는 것으로서 "그러자"로 번역한다[188]. ESV와 NKJV은 "그래서"(so)라고 번역하여 이러한 번역을 비교적 잘 반영하고 있다.

20c절의 전반부에 "아크리 톤 칼리논 톤 히폰"(ἄχρι τῶν χαλινῶν τῶν ἵππων)은 높이를 나타내는 단위로서 "말(들)의 굴레까지"라고 직역할 수 있다. 그리고 후반부에 '아포 스타디온 킬리온 헤크사코시온'(ἀπὸ σταδίων χιλίων ἑξακοσίων)라는 문구는 전치사 '아포'(ἀπό)를 "대략"(about)이라는 의미로 보고[189] "대략 천 육백 스타디온"이라고 직역할 수 있다. 이것은 거리를 나타낸다. 이 두 문구를 연결하여 보면 높이는 "말(들)의 굴레까지"이고 거리는 "약 천 육백 스타디온"이라는 의미이다. 그리고BDAG에 의하면 20b절의 동사 '에크셀덴'(ἐξῆλθεν)은 피와 같은 액체와 함께 사용될 때 "흘러나간다"(flow out)라는 의미라고 한다.[190]이런 의미를 반영하여 20c절과 20b절을 연결하면 "b)그러자 피가 그 포도주틀로부터 b) 말(들)의 굴레 높이까지 천 육백 스타디온만큼 멀리 흘러 나갔다"라고 번역할 수 있다.

이상의 내용을 근거로 우리말 어순에 맞추어 번역하면 다음과 같다.

14a 그리고 나는,
14b 보라 흰 구름이다.
14d 그의 머리 위에 금면류관과
14e 그의 손에 날카로운 낫을
14d 가지고 있는
14c 그 구름 위에 앉으신 인자같은 이를
14a 보았다.
15a 그리고 다른 천사가 성전으로부터 나오면서
15b 구름 위에 앉은 이에게 큰 소리로 외쳤다.

187 BDAG, 54.
188 BDAG, 494(1bζ)
189 BDAG, 106(4).
190 BDAG, 348(1bα)

15c 당신의 낫을 보내십시오. 그리고 추수하십시오.
15d 왜냐하면 추수할 때가 왔기 때문입니다.
15e 왜냐하면 땅의 추수가 무르익었기 때문입니다.
16a 그러자 그 구름 위에 앉으신 이가 그의 낫을 땅에 던졌다.
16b 그 때 그 땅이 추수되었다.
17a 그리고 다른 천사가 하늘에 있는 성전으로부터 나왔다.
17b (그 천사는) 그 자신이 또한 날카로운 낫을 가지고 있다.
18a 그리고 불에 대한 권세를 가지고 있는 다른 천사가 제단으로부터 나왔다.
18b 그리고 그는 날카로운 낫을 가진 천사에게 큰 소리로 외쳐 말했다.
18c 당신의 날카로운 낫을 보내라.
18d 그리고 땅의 포도나무의 포도송이를 거두라.
18e 왜냐하면 그것의(포도나무의) 포도송이들이 무르익었기 때문이다.
19a 그러자 그 천사는 그의 낫을 땅으로 던졌다.
19b 그 때 그는 땅의 포도를 거두었다.
19c 그리고 그는 하나님의 분노의 큰 포도주틀로 던졌다.
20a 그리고 그 포도주틀은 도시 밖에서 밟혔다.
20b 그러자 피가 그 포도주틀로부터
20c 말(들)의 굴레 높이까지 천 육백 스타디온만큼 멀리
20b 흘러 나갔다.

본문 주해

14-20절도 6-12절처럼 세 다른 천사에 의해 사건이 진행된다. 6-12절의 둘째, 셋째 다른 천사처럼 명시되지는 않았지만, 세 다른 천사도 편리상 첫째, 둘째 그리고 셋째 다른 천사로 순서를 정하여 표현하도록 한다.

[14-16절] 인자와 첫째 다른 천사를 통한 성도들의 추수

14-16절은 A(14절)-B(15절)-A′(16절)의 구조를 형성하고 있다. 먼저 A와 A′는 모두 '구름 위에 앉아 있는 이'의 행위에 대한 내용을 소개한다. 그리고 B에서 첫째 다른 천사가 등장하여 곡식을 추수할 때가 다 되었으므로 낫을 휘둘러 거둘 것을 촉구한다.

흰 구름 위에 앉아 있는 인자 같은 이(14절) 14절에서 요한은 "인자 같은 이"를 본다. "인자같은 이"는 구름 위에 앉아 있으며(14c절) 그의 머리 위에 금면류관을 가지고 있고(14d절) 그의 손에 "날카로운 낫"을 가지고 있다(14e절). 먼저 14b절

에서 "보라 흰 구름이다"라는 말로 환상 속 "흰 구름"의 존재를 강조한다.[191] 여기에서 "흰구름"에 대한 이러한 강조는 그것이 다니엘 7장 13-14절을 배경으로 다음에 이어지는 "인자 같은 이"의 왕적 지위를 확증해주는 역할을 하기 때문이다. 곧 요한은 이러한 강조 기법으로 "인자 같은 이"로 지칭되는 예수님의 왕적 지위를 드러내려 한다.

14c절에 의하면 요한은 "그 (흰)구름 위에 앉아 있는 인자 같은 이"를 본다. 먼저 "인자 같은 이"는 1장 13절에서 언급된 바 있는데, 거기서 이 문구는 예수님을 가리킨다.[192] 복음서에서도 "인자"는 보편적으로 예수님께서 자신을 가리키는 호칭으로 사용되었다.[193] 그러나 요한은 복음서와는 달리 다니엘 7장 13절의 "인자 같은 이"라는 문구를 "인자"로 줄여서 사용하지 않고 그 문구 그대로 사용한다.[194] 요한계시록에서 "같은"에 해당하는 '호모이오스'(ὅμοιος)나 '호스'(ὡς)같은 단어는 환상적 계시의 정황을 연출하는 기능이 있다.[195]

인자같은 이가 흰 구름 위에 앉아 있는 모습은 다니엘 7장 13절의 인자 같은 이가 하늘 구름을 타고 와서 옛적부터 항상 계신 자에게 나아와 그 앞에 인도되매'라는 문구를 배경으로 한다.[196] 요한계시록 1장 7절의 "보라 그가 구름과 함께 오신다"라는 문구에서도 다니엘 7장 13절이 배경으로 사용되었다. 다니엘서 배경을 토대로 요한계시록 1장 7절에서 구름 타고 오시는 장면은 바로 예수님의 승천을 의미하고 있다고 해석한 바 있다.[197] 그렇다면 14장 14a절의 "흰구름 위에 앉아 있는 인자 같은 이"는 예수님을 가리키는 것이다. 보다 자세히 말하자면, 1장 7절에서 예수님이 구름 타고 하늘로 올라가신 결과 1장 13절에서 이미 승귀하신 모습으로 나타나셨으며, 그 승귀하신 예수님이 이제 손에 낫을 들고 추수를 준비하고 계신다. 여기에서 요한은 다니엘 7장 13-14절을 사용하고 있는데, 그 목적은 예수님을 단순히 재림 때에 임하는 심판의 주로서가 아니라, 승천 후에 만국을 향하여 지속적으로 자신의 통치를 행사하시

---

191 이러한 강조의 근거에 대해서는 번역에 대한 논의를 참조하라.

192 이에 대해서는 1권의 157-158쪽을 참조하라.

193 Fee, *Revelation*, 202.

194 Bauckham, *The Climax of Prophecy*, 295.

195 '호스'에 대한 자세한 논의는 1권의 146쪽에서 1장 10b절의 번역 문제를 논의하는 과정에서 언급했고, 1권의 477-78에서 4장 4-7절의 번역 문제를 논의하는 과정에서 '호모이오스'와 '호스'를 동시에 논의한 바 있다.

196 "인자같은 이"의 해석적 전승의 과정에 대한 논증에 대해서는 1권의 90쪽을 참조하라.

197 1권의 85-113을 참조하라.

는 분으로 묘사하기 위해서이다.[198]

요한계시록 1장 7절에서는 예수님이 구름 타고 하늘로 올라가고, 14장 1절에서는 어린 양이 승리자로서 하늘의 시온산에 서 있으며, 14장 14b절에서 인자 같은 이가 구름 위에 앉아 있다. 이 세 개의 이미지는 일정한 방향을 향하여 서사적으로 진행하는 그림을 그려준다. 14b절의 앉아 있는 모습은 4장 2절에서 하나님이 보좌 위에 "앉아 있는"(καθήμενος>κάθημαι) 모습과 동일한 동사 "앉다"(κάθημαι)"를 사용한다는 점에서 평행 관계를 이룬다. 이 평행 관계에 근거해 볼때, 구름은 보좌와 같은 개념을 갖는다고 볼 수 있다. 20장 11절에 보좌가 흰색(λευκόν, 류콘>λευκός, 류코스)인 것처럼 여기에서 구름도 흰(λευκή, 류케) 구름이다. 이는 14b와 16절에서도 보여 주고 있는 것처럼 모든 민족을 모으시는 구속의 주님으로서의 모습을 강조하는 것으로 이해할 수 있다. 이러한 구속은 궁극적으로 그리스도의 주권을 나타내기 위한 목적을 갖는다.

14d절에서 "인자 같은 이"는 그의 머리에 금 "면류관"(στέφανος, 스테파노스)을 쓰고 있다. '스테파노스'는 '디아데마'와 구별된다.[199] 스테파노스는 "월계관"이라는 의미를 가지고 "승리한 황제" 뿐 아니라 전쟁에서 두각을 나타내며 "승리한 장군들과 병사들"에게 주어진 것으로 알려져 있다.[200] 반면 디아데마는 "주권의 증표"[201]이며 "왕적 지위의 상징"이다.[202] "인자 같은 이"는 14장 1절의 "어린 양"과 동일한 대상으로서 어린 양이 승리하셔서 구름 위에 앉아 승귀한 모습을 보여준다. 이 승리로 인해 흰 구름 위에 앉게 되신 것이다. 또한 여기에서 인자 같은 이가 쓰고 있는 금 면류관은 흰구름과 함께 통치와 권세의 상징으로 사용된다. 요한계시록 14장 14절은 따라서 '구름 위에 있는 인자 같은 이'(14bc절)가 금 면류관을 쓰고 있다(14d절)고 기록하는데, 흥미롭게도 이 이미지는 구름위에 있는 인자 같은 이 (단 7:13)가 권세와 영광과 통치를 가지고 있다(단 7:14)고 서술하는 다니엘 7장 13-14절의 말씀을 함축한 것이라 할 수

198 Bauckham, *The Climax of Prophecy,* 295. 롤로프와 같은 학자는 다니엘 7장 13을 배경으로 하는 것을 인정하면서도 이것을 재림 때의 심판 정황으로 이해한다(Roloff, *The Revelation of John,* 177).

199 이두 종류의 면류관에 대해 6장 2절과 19장 11-16절을 중심으로 하는 비교 연구는 1권의 633-34에서 제시한 바 있다.

200 Koester, *Revelation,* 395. 반면 '디아데마'는 "주권의 증표"(Mounce and Bennett, *Mounce Concise Greek-English Dicctionary of the New Testament*)로서 "왕적 지위의 상징"(BDAG, 227)으로 사용된다.

201 Mounce and Bennett, *Mounce Concise Greek-English Dictionary of the New Testament.*

202 BDAG, 227.

있다. 다니엘 7장 14절은 다음과 같이 인자 같은 이가 왕적 통치권을 가지고 있는 모습을 소개한다.

> 그에게 권세와 영광과 나라를 주고 모든 백성과 나라들과 다른 언어를 말하는 모든 자들이 그를 섬기게 하였으니 그의 권세는 영원한 권세라 옮기지 아니할 것이요 그의 나라는 멸망하지 아니할 것이니라(단 7:14)

이 내용은 '디아데마'로서의 면류관이라는 의미와 중복된다고 볼 수도 있다.

또한 14e절에서 그 손에는 날카로운 낫을 가지고 있다고 소개한다. 낫이 무딘 것보다 날카로울 때에 낫은 더 효율적인 역할을 한다. 따라서 이 낫이 15-16절에서 추수의 역할을 하게 되는 것으로 밝혀지는데 날카로운 낫을 사용하기에 추수 과정이 매우 신속하고 정확하고 효율적으로 진행하 될 것을 시사한다. 이러한 낫의 기능의 효율성은 15d절에서 "추수할 때가 왔다"는 것과 15e절에서 "땅의 추수가 무르익었다"는 정황과 매우 조화롭게 맞물려 있다. 왜냐하면 추수할 때가 왔고 땅의 추수가 무르익었을 때 날카로운 낫을 준비해 무르익은 곡식들을 효율적으로 추수해야 하기 때문이다.

둘째 다른 천사가 인자같은 이에게 추수를 요청하다(15절) 15절에서 첫째 다른 천사가 등장한다. 먼저 15a절은 첫째 다른 천사가 성전으로부터 나온다고 기록하는데, 여기에서 '성전'은 하늘 성전을 가리키고 있으며 하늘 성전에서 그 천사가 나온다고 하는 것은 그가 하나님의 구속 계획을 전달하는 메신저 역할을 하고 있음을 시사한다.[203] 왜냐하면 '성전'은 하나님의 통치가 발현되는 곳이고 이 문맥은 하나님의 구속 계획이 어떻게 완성되어 가는가를 소개하고 있기 때문이다. 이 다른 천사가 성전으로부터 나와 14절에서 소개된 "흰 구름 위에 앉으신 인자 같은 이"를 향하여 "당신의 낫을 보내십시오. 그리고 추수하십시오"(15c)라고 큰 소리로 외친다. 일개 천사 메시아적 왕적 지위를 가지는 "인자 같은 이"에게 추수를 요청하는 것이 적절한가에 대한 질문이 나올 수 있다. 그러나 천사가 하나님의 임재의 장소인 하늘 성전으로부터 나온다는 점에서 그는 하나님의 뜻을 전달하는 메신저로서, 하나님을 대신하여 "흰구름 위에 앉으신 인자 같은 이"에게 하나님의 뜻을 전언하고 있는 것으로 이해할 수

---

203 Koester, *Revelatoin*, 624.

있다.[204] 요한복음 5장 19-30절과 빌립보서 2장 5-8절 등에서 보여주고 있는 것처럼, 이 장면은 성부 하나님이 뜻을 세우시고, 그 세우신 뜻을 성자 예수님께 전달하여 그 뜻을 실행토록 하는 신약 기독론의 기본적인 틀이 적용되는 장면이라 할 수 있다.[205] 그렇게 전달된 하나님의 뜻이 다음 16절에서 분명하게 실행된다. 더불어 이 장면은 하나님 외에 아들도 모르는 그 추수의 때를(막 13:32; 마 24:36) 천사를 통해 아들에게 알려 주고 있는 것으로 이해할 수도 있다.[206]

여기에서 "보내라"(πέμψον, 펨프손>πέμπω, 펨포)라는 동사는 사람이 그 대상일 수도 있고 사물이 그 대상일 수도 있다.[207] BDAG는 이 본문을 후자에 포함시킨다.[208] 왜냐하면 보냄의 대상인 낫 자체가 무생물이기 때문이다. 이 단어와 함께 사용된 "추수하다"와 '낫'과 같은 이러한 일련의 단어들은 추수의 정황을 드러낸다. 이 추수의 정황이 15de절에서 분명하게 밝혀진다. 15d절은 "왜냐하면"(ὅτι, 호티)이란 접속사로 시작한다. 이것은 앞의 내용(15c절)에 대한 이유를 말하고 있다는 것을 의미한다. 곧 낫을 보내어 추수해야 하는 이유는 "추수할 때가 왔기 때문이다"는 것이다. 여기에서 "추수할 때"라는 표현은 앞 절에서 시사하는 추수의 정황과 조화를 이루고 있다. 그리고 15e절은 이러한 추수의 때가 도래하는 이유를 제시한다. 15e절 역시 15d절처럼 이유를 의미하는 접속사 '호티'(ὅτι)로 시작한다. 그것은 바로 "땅의 추수(ὁ θερισμὸς τῆς γῆς)가 모두 무르익었기 때문"이라는 것이다'. 추수할 곡식이 무르익었기 때문에 추수의 때가 이미 이르렀다고 말하는 것은 당연하다.

여기에서 이 추수의 정황이 의미하는 것은 무엇인가? 이것은 심판이 아니라 구속의 의미를 제공하고 있다. 케어드에 의하면, 칠십인역에서 '추수'(θερισμός, 데리스모스)와 '추수하다'(θερίζω)는 단어는 심판을 의미하는 것으로 사용되지 않으며, 신약에서 "사람들을 하나님의 나라로 불러들이는 것"을 묘사하는 데 사용된다(마 9:37이하; 막 4:29; 눅 10:2; 요 4:35-38).[209] 곧 "추수는 항상 하나님

204 Beasley-Murray, *The Book of Revelation*, 229.
205 Smalley, *The Revelation to John*, 372.
206 Swete, *The Apocalypse of St. John*, 186; Sweet, *Revelation*, 231.
207 BDAG, 794.
208 BDAG, 794(2).
209 Caird, *A Commentary on the Revelation of St. John the Divine*, 190.

의 백성들을 하나님의 나라로 불러들이는 긍정적 이미지이다."[210] 다만 추수가 심판의 의미로 사용될 때는 '타작마당'이나(렘 51:33; 미 4:12-13; 합 3:12; 마 3:12; 눅 3:17) 바람에 날리거나 불에 태워지는 '겨'(시 1:4; 35:5; 사 17:13; 29:5; 단 2:35; 호 13:3; 마 3:12; 눅 3:17)라는 비유와 함께 표현된다.[211] 그러나 종말적 성취와 관련하여 '추수'가 사용될 때는 언제나 긍정적 의미로 사용된다.[212]

특히 요한복음 4장 35-38절은 추수가 비록 예수님의 초림으로 시작된 것이기는 하지만 종말적 구속의 의미로서 명확하게 사용되고 있는 대표적 본문이다(참조 막 4:29).[213]

> [35]너희가 넉달이 지나야 추수할 때가 이르겠다 하지 아니하느냐 내가 너희에게 이르노니 눈을 들어 밭을 보라 희어져 추수하게(πρὸς θερισμόν, 프로스 데리스몬) 되었도다 [36]거두는 자(ὁ θερίζων, 호 데리존)가 이미 삯도 받고 영생에 이르는 열매를 모으나니 이는 뿌리는 자와 거두는 자(ὁ θερίζων, 호 데리존)가 함께 즐거워하게 하려 함이니라 [37]그런즉 한 사람이 심고 다른 사람이 거둔다(ὁ θερίζων, 호 데리존) 하는 말이 옳도다 [38]내가 너희로 노력지 아니한 것을 거두러(θερίζειν, 데리제인) 보내었노니 다른 사람들은 노력하였고 너희는 그들의 노력한 것에 참예하였느니라 (요 4:35-38)

이 본문은 수가성 여인이 예수님을 만나므로 그 여인 뿐만 아니라 그 동네 사람들 모두가 하나님의 백성에 편입되는 구속 사건이 일어난 직후에 주어진 말씀으로서, 수가 성 여인과 그 도시 사람들을 모델로, 종말적 사건으로서 이미 추수할 때가 시작되었다고 예수님이 선포하시는 내용이다. 이 본문에 사용된 '추수하다'(θερίζειν, 데리제인) 혹은 '추수'(θερισμός, 데리스모스) 그리고 "추수하는 자"(ὁ θερίζων, 호 데리존)와 같은 단어들은 요한계시록 본문에서 사용된 단어들(θέρισον, 데리손; θερίσαι, 데리사이; θερισμός, 데리스모스)과 동일하거나 같은 어근을 가지고 있다. 여기에서 '추수'는 명백하게 구속 사건을 칭하는 것으로 사용되고 있다.

따라서 이러한 추수 이미지는 6절에서 언급하고 있는 것처럼 구속받을 자들을 모으기 위한 목적으로 "영원한 복음"의 "우주적 선포" 뿐만 아니라, 4절의 첫 열매로서 144,000과 밀접한 관계를 이루고 있다. 구속받을 자들을 모으는 추수는 제한된 대상을 상대로 이루어지는 것이 아니라 "모든 나라와 족

---

210 Bauckham, *The Climax of Prophecy*, 294.
211 앞의 책, 293.
212 앞의 책, 294.
213 Aune, *Revelatoin 6-16*, 844.

속과 언어와 백성"이라는 우주적 대상을 상대로 이루어진다(6d절).[214] 그리고 144,000이야말로 첫 열매로서 추수의 시작과 그 끝을 알려준다(4d절).[215] 왜냐하면 144,000은 구속 받은 자들의 완전한 수이면서도 동시에 첫 열매로서 구속받을 자들의 시작을 알리는 기능을 갖기 때문이다.

특별히 이 두 주제는 15e절의 "땅의 추수"라는 문구와 연결된다. 먼저 "땅의"라는 소유격은 목적격적 소유격이라고 할 수 있다. 이 경우에 "땅을 추수하다"라고 할 수 있다. 사실상 "땅을 추수하다"라는 문구는 온전한 의미를 드러내지 못한다. 왜냐하면 추수의 대상이 "땅" 자체가 될 수 없기 때문이다. 그러므로 여기에서 "땅"을 "땅의 곡식"이 축약된 것으로 이해하는 것이 적절하다.[216] 그렇다면 이 문구는 "땅의 곡식을 추수하다"라고 읽을 수 있다. 이러한 이해는 이 문구의 대조적 관계를 이루고 있는 것으로 보이는 18d절의 "땅의 포도나무의 포도송이"라는 문구에 의해 그 정당성을 갖는다.

이 내용이 16b절에서 "땅이 추수되다"라는 수동형 문장으로 풀어서 표현된다. 이 문장을 지금까지의 논의에 근거해서 표현하면 "땅의 곡식이 추수되다"라고 할 수 있다. 여기에서 "땅"이라는 단어는 요한계시록에서 대체적으로 짐승에 속한 영역으로 사용되지만 동시에 중립적 의미로 복음을 들어야 하는 대상으로도 사용된다. 이것은 6d절에서 첫째 다른 천사가 선포하는 영원한 복음을 들어야 하는 대상으로서 "모든 나라와 족속과 언어와 백성"이 중립적 의미로 사용되는 것과 동일한 경우이다.[217] 또한 추수는 첫 열매에 의해 시작을 알리고 첫 열매는 추수를 대표하는 대상이라는 점에서 15절의 추수는 첫 열매인 144,000과도 관련된다.

또한 15c절에서 성전에서 나온 다른 천사가 "흰구름 위에 앉으신 어린 양"에게 "추수할 때가 왔다"고 하고 "땅의 추수가 무르익었다"고 한 것은 바로 6절에서 첫째 다른 천사가 "모든 나라와 족속과 언어와 백성"에게 선포할 "영원한 복음"을 가지고 중천을 날아가는 모습과 구속 받을 대상을 모으게 된다는 점에서 평행 관계로 볼 수 있다. 이러한 평행 관계에 근거해 15절은 6절의

---

214 Blount, *Revelation*, 280.

215 이에 대한 좀 더 자세한 내용은 14장 4d절의 144,000에 대한 논의를 참조하라.

216 보쿰은 14-16절에서 언급된 추수를 "곡식의 추수"(grain harvest)로 규정한다(R. Bauckham, *The Theology of The Book of Revelation* [Cambridge: Cambridge University Press, 1993], 95).

217 이 문구는 5장 9절과 7장 9절에서는 하나님 백성의 우주적 의미를 드러내기 위해 사용되는 반면 13장 7절에서는 짐승의 우주적 통치를 묘사하기 위해 사용되기도 한다. 모두 세 가지 의미로 사용된다.

반복이며 재해석이라고 할 수 있다.

그리고15d절에서 '추수할 때가 왔기 때문이다"와 15e절에서 "땅의 추수가 무르익었기 때문이다'는 첫 열매 이후에 추수해야 할 곡식들이 본격적인 추수를 기다리고 있음을 보여준다. 이러한 의미에서 첫 열매로서 144,000의 존재는 궁극적으로 모든 하나님의 백성이 추수되어 구속에 참예하게 될 것이라는 확신을 제공한다.[218] 이러한 추수의 의미를 배경으로 볼 때 15d절의 '추수할 때'(ἡ ὥρα θερίσαι, 헤 호라 데리사이)라는 문구는 14장 7c절의 '심판의 때'(ἡ ὥρα τῆς κρίσεως, 헤 호라 테스 크리세오스)와 대조적으로 평행되는데 이것은 마지막 날에 이루어 질 구속과 심판 사건의 양면을 동시에 나타낸다. 그리고 이러한 구속과 심판의 동시성은 계속 이어지는 17-20절의 심판에 대한 언급에 의해 재차 강조된다.

이상의 내용에 근거해 볼 때 15절에서 다른 천사의 사역은 6-7절에서 영원한 복음을 선포하는 첫째 다른 천사의 사역과 유사하다는 것을 알 수 있다. 따라서 15절에서의 다른 천사는 6-7절의 첫째 다른 천사와 동일한 천사는 아니라 할지라도 이러한 유사성에 의해 서로 밀접하게 관련된다는 것을 부정할 수 없다. 차이점이 있다면 6-7절에서의 첫째 다른 천사는 공중을 날고 있고 15절의 다른 천사는 하늘 성전에서 나온다. 그러나 이러한 차이는 이 두 다른 천사가 밀접한 관계를 가지고 있다는 사실에 큰 문제를 야기하지 않는다. 왜냐하면 출처가 하늘 성전이라면 활동 영역은 중천이라고 말할 수 있기 때문이다. 이렇게 볼 때, 6-7절에서부터 시작하여 13절까지 세 다른 천사의 사역이, 다시금 14-16절에 등장하여 인자 같은 이에게 추수를 촉구하는 하나님의 구속 계획의 에이전트로 활동하는 첫째 다른 천사로 시작하여 17-20절에 나오는 둘째와 셋째 다른 천사에서 반복된다고 할 수 있다.

땅이 추수되다(16절) 다음 16절에서 14절의 "흰구름 위에 앉으신 인자 같은 이"는, 15절에서 첫째 다른 천사가 추수의 때를 선포한 후에, 다시 등장한다. 16a절에서 '흰구름 위에 앉으신 이'가 다른 천사의 요청대로 낫을 땅에 던졌다. 이것은 15c절에서 "인자 같은 이"에게 "낫을 보내십시오"라는 다른 천사의

218 Bauckham, *The Climax of Prophecy*, 293.

요청에 대한 응답이다. 여기에서 천사가 메시아적 왕의 지위를 가지는 "인자 같은 이"가 천사의 요청에 반응하는 것이 어색하지 않은가에 대한 문제 제기가 있을 수 있다. 이 이슈에 대해서는 15c절의 논의에서 그 천사가 하나님을 대리하는 기능을 가지기 때문에 가능하다고 언급한 바 있다. 곧 "구름 위에 앉으신 이"는 하나님의 메신저인 다른 천사의 요청대로 그의 손에 가지고 있었던 낫을 땅에 던진 것이다. 여기에서 두 가지 점을 주목할 필요가 있다.

첫째로, 천사가 "낫을 보내십시오"라고 한 요청에 대한 반응으로 인자같은 이는 낫을 땅에 "보냈다"라는 동사 대신 "던졌다"(ἔβαλεν, 에발론>βάλλω, 발로)라는 동사를 사용했다는 점을 주목할 만 하다. 이러한 변화가 의미하는 것은 무엇인가? 먼저 이 문맥에서 "던지다"라는 행위는 12장 9절에서 "던지다"의 수동 형태로 사용된 "던져지다"가 "쫓아내다"(drive out, expel)의 의미로 사용된 경우와는 전혀 다른 것이라고 볼 수 있다.[219] 그렇다면 이 문맥에서 "던지다"라는 동사를 사용한 의도는 무엇일까? 오즈번은 이에 대한 명쾌한 답변을 제시한다. 그에 의하면, 날카로운 낫을 땅으로 던지는 행위는 "강력한 은유"로서 구속에 대한 하나님의 뜻을 이루고자 하는 "단호한 행위"를 그림언어로 표현하고 있다는 것이다.[220]

둘째로, 인자같은 이가 낫을 던진 대상을 "땅"으로 규정하되 사용된 전치사가 방향을 나타내는 '에이스'(εἰς) 아니라 "대상"으로서 "… 에"(ἐπί, 에피)라는 전치사가 사용되었다. 요한계시록에서 "던지다"(βάλλω, 발로)라는 동사와 "땅"이 함께 사용될 때 대체로 '에이스'(εἰς)라는 전치사가 사용된다(8:5; 8:7; 12:8, 13). 그러나 이 본문에서 예외적으로 '에이스' 대신 '에피'가 사용된다. 이러한 변화는 "낫을 땅에 던졌다"고 할 때 그것은 "땅"을 단순히 낫이 던져지는 방향으로서가 아니라 던져지는 날카로운 낫에 의해 추수되어야 할 대상으로 간주하고 있음을 의미한다. 이것은 앞서 언급된 15e절의 "땅(의 곡식)의 추수"라는 문구와 밀접하게 관련된다고 볼 수 있다.

날카로운 낫이 땅에 던져진 결과로 16b절에서 "그 땅(의 곡식)이 추수되었다"라고 한다. 이러한 과정이 15절에서 하나님의 구속의 에이전트인 다른 천사의 요청으로 이루어진다. 이것은 '구름 위에 앉은 이'이신 예수님께서 천사

---

219 BDAG, 163(2).
220 Osborne, *Revelation*, 553.

의 명령을 받는다고 이해하기 보다는 하나님의 에이전트인 첫째 다른 천사를 통해 하나님의 구속 계획의 완성을 위한 메시지를 전달 받고 있는 것이라 할 수 있다. 물론 예수님은 그러한 과정 없이도 하나님의 뜻을 이루어 가신다. 그러나 이러한 과정의 전개는 메신저로 기능을 갖는 천사의 역할이 자주 등장하는 묵시 문학인 요한 계시록의 특별한 기록 방식이라고 할 수 있는 것이다.

[17-20절] 다른 천사에 의한 심판의 실행

17-20절은 8절과 9-12절에서 각각 등장한 둘째 천사와 셋째 천사의 심판 선포를 직접 실행하는 내용을 소개한다. 14-16절이 A-B-A′의 구조를 가지고 있는 것처럼 17-20절도 A(17절)-B(18절)-A′(19-20절)의 구조로 되어있다. 여기에서 A(17절)와 A′(19-20절)는 둘째 다른 천사가 심판을 시행하는 장면을 언급하고, B(18절)는 셋째 다른 천사가 둘째 다른 천사로 하여금 심판을 시행할 것을 촉구하는 내용이다. 이러한 구조는 14-16절에서 첫째 다른 천사가 인자 같은 이에게 추수를 통한 구속을 이루어 주실 것을 간청하는 패턴과 대조적이면서도 유사하다. 두 구문의 패턴의 유사성은 그 표현 방법에 있어서도 평행 관계를 유지한다.[221]

손에 낫을 들고 있는 둘째 다른 천사가 성전으로부터 나오다(17절) 17a절에서 '다른 천사'가 하늘 성전으로부터 나온다. 이 다른 천사는 15절에서 먼저 등장한 다른 천사에 이어 등장하는 둘째 다른 천사라고 할 수 있다. 둘째 다른 천사가 하늘 성전에서 나오는 것은 15절에서 첫째 다른 천사가 하늘 성전에서 나오는 것과 동일하다. 이처럼 두 다른 천사가 하늘 성전에서 나오는 것은 그의 역할에 신적 권위를 부여 받은 것으로[222] 하나님의 뜻을 대행하여 결행하려는 모습을 보여 준다. 이 둘째 다른 천사는 또한 '날카로운 낫'을 가지고 있다. 이것은 14절에서 흰 구름 위에 앉으신 인자 같은 이가 가지고 있는 날카로운 낫과 동일하다. 그러나 날카로운 낫의 용도에 있어서는 차이점이 있다. 자세한 내용은 다음 18절에서 좀 더 살펴 보고자 한다.

---

221 이 주제에 대한 자세한 내용은 6-20절의 도입부분 도표에서 다룬 바 있다.
222 Aune, *Revelation 6-16*, 845.

불에 대한 권세를 가지고 있는 셋째 다른 천사(18a절) 18절에서 다시 다른 천사가 "제단으로부터" 나왔다. 여기에서 "제단"은 "성전에 대한 동의어"로 볼 수 있다.[223]그러므로 15a절에서 첫째 다른 천사가 성전으로부터 나왔다고 한 것과 17a절에서 둘째 다른 천사가 하늘 성전으로부터 나왔다고 한 것과 같은 의미로 생각할 수 있다. 그러나 제단은 성전 안에 있는 것이므로 천상의 구체적인 정황을 좀 더 자세히 연출한다. 이 다른 천사의 등장은 14-20절의 문맥에서 17절에 이어 세 번째이다. 여기에서 세 번째로 등장한 다른 천사는 18a에 의하면 "불에 대한 권세를 가지고 있는 다른 천사"로 불린다. 이처럼 천사를 불이나 물(16:5)과 관련시키는 것은 천사를 "불과 바람과 구름 그리고 천둥"과 연결시키는 유대적 전통을 반영한 것이다(참조 쥬빌리 2:2; 에녹 1서 60:11-21).[224]

그리고 요한계시록 8장 3-5절에서도 불과 관련된 천사를 언급한 바 있다.[225] 이 본문(8:3-5)에 등장하는 천사도 "다른 천사"로서 "제단 곁"에 서서 성도들의 기도가 금향로의 향의 연기와 함께 하나님께 상달되도록 하는 제사장적 역할을 감당할 뿐만 아니라, 그 기도에 대한 응답으로 향로에 "제단의 불"을 가득 채워 땅에 던짐으로 최후의 심판을 대행한다. 바로 이러한 천사의 심판 활동이 18a에서 "제단으로부터 나온" "불에 대한 권세를 가지고 있는 다른 천사"로 재현되고 있다고 볼 수 있다.[226] 8장 3-5절과 14장 18a절의 정황은 "제단"과 "불" 그리고 최후의 심판이라는 주제에 의해서서 평행 관계를 보여준다. 이러한 평행 관계에 의해 두 본문에 등장하는 "다른 천사"가 동일한 천사라는 견해가 나오기도 한다.[227]

또한 이것은 10d절에서 셋째 다른 천사가 "거룩한 천사들 앞과 어린 양 앞에서 불과 유황으로 고난을 받을 것이다"라고 한 것과도 밀접하게 관련된다. 곧 18a절에서 셋째 다른 천사가 불을 다스린다는 것과 10d절에서 셋째 다른 천사가 "불과 유황으로 고난을 받을 것"을 말한 것은 평행 관계라고 할 수 있다.

셋째 다른 천사의 요청: 포도나무의 포도송이를 거두라(18bcde절) 18b절은 하나

223 Boxall, *The Revelation of St. John*, 214; Aune, *Revelation 6-16*, 845.
224 Koester, *Revelation*, 625.
225 Boxall, *The Revelation of St. John*, 214.
226 앞의 책.
227 벅스얼은 두 다른 천사를 동일한 천사로 간주한다(Boxall, *The Revelation of St. John*, 214).

님의 명령을 가지고 하늘 제단으로부터 나온 셋째 다른 천사가 17절의 "날카로운 낫"을 가진 둘째 다른 천사를 향하여 큰 음성으로 요청하는 장면을 묘사한다. 그 요청의 내용은 18cd절에 의하면 "당신의 날카로운 낫을 보내라. 그리고 땅의 포도나무의 포도 송이를 거두라"는 것이다. 여기에서 "보내다"(18c절)와 "거두라"(18d절)는 말의 조합은 15c절의 "보내다"와 "추수하다"의 조합과 평행 관계이다. 18cd절의 "땅의 포도나무의 포도송이"에서 "땅"은 15e절과 16a절의 "땅"과 동일한 패턴을 보여준다. 곧 이 땅에는 구속 대상이 존재하기도 하지만 심판 대상이 존재하기도 한다. 마치 마태복음 13장 24-30절의 가라지 비유에서 알곡과 가라지가 함께 존재하는 세상으로서의 밭과 같은 공간이라고 할 수 있다.

그리고 18e절은 낫을 보내서 포도송이를 거두라고 말하고 있는 18cd절에 대한 이유를 밝힌다. 곧 날카로운 낫을 보내어 포도 송이를 거두어야 하는 이유는(18cd절) 바로 그 포도가 무르익었기 때문이다(18e절). 곡식의 추수가 지체할 수 없듯이 포도송이를 거두는 것도 지체할 수 없다. 여기에서 18d절의 '거두라'(τρύγησον>τρυγάω)는 15c절의 "추수하라"(θέρισον>θερίζω)에 대응되는 단어이다. 여기에서 포도의 경우에 "무르익다"(ἤκμασαν, 에크마산>ἀκμάζω, 아크마조)는 것은 15e절의 '무르익다'(ἐξηράνθη, 에크세란데>ξηραίνω, 크세라이노)는 것과 다른 헬라어 동사가 사용되기는 했지만 의미는 같다.

이렇게 18절은 15절과 헬라어 단어를 달리 사용하면서도 동일한 의미의 단어를 선택한다. 이것은 이 두 부분이 서로 평행되고 있음을 알 수 있다. 그러나 단순한 평행이 아니라 대조적 평행 관계이다. 왜냐하면 그 의미에 있어서 이 둘 사이에 차이가 있기 때문이다. 곧 15절의 곡식 추수는 구속의 사건에 대한 비유인 반면, 18절의 포도 추수는 심판에 대한 비유이다. 다음 19-20절은 18절에서 언급한 포도 추수가 상징하는 심판에 대해 좀 더 분명하게 설명한다.

둘째 다른 천사의 반응: 낫을 던지다(19절) 먼저 19a절에 의하면 둘째 다른 천사가, 셋째 다른 천사의 요청에 반응하여, 낫을 땅으로 던져(19a) 땅의 포도를 추수하여 하나님의 진노의 큰 포도주 틀에 던졌다'고 한다. 여기에서 "땅으로"에서 전치사 '에이스'(εἰς)를 사용한 것은, 16a절에서 '땅에'(ἐπί, 에피)라고 하여 "땅"

을 구속의 대상으로서 강조하는 것과는 달리, 심판을 위해 던져지는 낫이 향하는 방향으로서 땅을 설정하고 있는 것으로 볼 수 있다. 19a절에서 낫을 땅으로 던지는 행위는 "땅의 포도나무"를 거두는 행위로 이어진다. 18d절에서 "땅의 포도나무의 포도송이"라는 문구가 19a절에서는 "땅의 포도나무"로 축약하여 표현된다. 그러므로 "땅의 포도나무"는 "땅의 포도나무의 포도 송이"를 가리킨다고 볼 수 있다. 이 문맥에서 보면 곡식 추수와는 달리 포도 추수는 당연히 심판의 행위를 나타내고 있음을 알 수 있다. 이상에서 16a절에서 인자같은 이가 낫을 땅에 던지는 것이 땅의 곡식을 추수하는 구속을 위한 것이라면, 19a절에서 낫을 땅으로 던지는 것은 포도 송이를 거두는 심판을 위한 목적이다.

19c절에서 다른 천사는 거두어진 포도송이를 하나님의 분노의 포도주틀에 던진다. 여기에서 "던지다"라는 동사는 19a절에서 "낫을 땅으로 던지다"의 "던지다"라는 동사와 같은 단어가 사용된다. 여기에서 포도주틀에 던져진 것은 19b절의 "땅의 포도나무"인 것처럼 보일 수 있으나 좀 더 자세하게 말하면 18d절에서 낫으로 거두어진 "땅의 포도나무의 포도송이"인 것이다. 전자는 후자를 축약해서 표현한 것이기 때문이다. 그리고 "하나님의 분노의"라는 문구가 포도주틀을 수식한다는 것은 포도주틀이 하나님의 심판을 위한 용도로 사용되고 있다는 사실을 보여준다.

포도주틀(20절) 14장 20절은 이 심판이 얼마나 맹렬하게 집행되는지를 상징적으로 보여 준다. 먼저 포도 송이가 포도주틀에 들어가 그 틀에 밟혔는데(20a절) 그 틀에서 포도주 즙이 나오는 것이 아니라 '피'가 되어 나온다(20b절). 고대 사회에서는 포도 쥬스를 "포도의 피"로 부르는 경우들이 있었는데(창 49:11; 신 32:14; 시락 39:26; 50:15; 마카비 1서 6:34 등), 이것이 포도즙을 피와 동일시하는 배경일 수 있다.[228] 이러한 호환 관계는 아마도 색깔의 유사성 때문일 것이다.[229] 그리고 "도시 밖에서'(ἔξωθεν τῆς πόλεως, 엑소덴 테스 폴레오스)라는 문구는 심판이 도시와 구별되어 그것과 떨어진 곳에서 진행되고 있다는 것을 의미한다. 좀 더 구체적으로 말하면 이 문구는 요엘 3장 16절을 배경으로 하는데 심판이 도시 밖

228 Aune, *Revelation 6-16*, 847.
229 앞의 책.

에서 이뤄진다는 점에서 그 도시는 “하나님의 도시”이며[230] 구원받은 백성 공동체를 가리킨다고 볼 수 있다(참조 11:2).[231] 따라서 이 도시는 포도주틀에 던져지는 포도송이와는 별개의 존재이다. 도시 안의 존재는 구원을 받아 보존 되지만 그 도시 밖의 존재는 심판 받아 멸망하게 될 것이다.[232]

도시 밖에서 포도주틀로부터 튀어나온 피는 높이로는 말의 굴레까지 올라왔고 거리로는 천 육백 스다디온까지 멀리 퍼졌다(20c절). 여기에서 포도주 틀에서 나온 피의 양이 이례적으로 상당하다는 것을 알 수 있다. 이러한 표현들은 에녹1서 100장 3절과 에즈라 4서 15장 35-36절을 배경으로 한다.[233]

> 3)그 말이 그의 가슴까지 차오른 죄인들의 피를 통해 걸어갔다. 그리고 전차는 그것의 꼭대기까지 가라앉았다.[234]

> … 땅에 강력한 폭풍우를 쏟아낼 것이다 … 말의 배만큼 그리고 사람의 허벅지만큼 그리고 낙타의 무릎만큼 높이 칼로 인하여 피가 있을 것이다 (에즈라 4서 15:35-36)[235]

이 주제와 관련하여 보쿰은 위의 두 자료 외에도 광범위한 유대적, 기독교적 배경 자료를 제시하면서 요한계시록 14장 20c절의 “천 육백 스타디온으로부터 말들의 굴레까지”라는 표현 방식이 당시에 널리 사용되는 관용적 표현이라고 주장한다.[236] 이 표현들은 “묵시적 예언의 맥락에서”, “역사의 마지막 전쟁”과 관련하여 사용되는 특징이 있다.[237]

이처럼 심판을 위해 피를 내뿜는 포도주틀의 주제는 19장 11-21절에서의 종말적 전쟁의 정황을 연상케 한다. 특별히 19장 13절에서 심판주로 묘사되는 백마 타고 오시는 메시아 예수님의 옷에 피가 묻어 있는 정황과 관련된다.[238]

---

230 Koester, *Revelation*, 625.
231 Roloff, *The Revelation of John*, 179.
232 앞의 책.
233 Bauckham, *The Climax of Prophecy*, 40. 이 두 본문 외에서 많은 자료를 제공하지만 여기에서는 대표적으로 두 유대 문헌 배경만 사용하도록 한다.
234 *OTP* 1, 82에서 아이작(Isaac)의 번역을 사용하였음.
235 *OTP* 1, 556에서 메츠거(Metzger)의 번역을 사용하였음.
236 보쿰이 제시하는 자료로는 Ginza; y.Ta'an. 4:8; Lam. R. 2:2:4; b.Gitt.57a; Prayer of Rabbi Shimon ben Yohai 9; Poem 'On that Day'; Greek Tiburtine Sybil 183-184; Greek Apocalypse of Daniel 4:6-8; Prophecy of Daniel about the island of Cyprus; Prophecy of Themation about Constantinople 등이 있다 (Bauckham, *The Climax of Prophecy*, 40-43).
237 앞의책, 43.
238 Bauckham, *The Climax of Prophecy*, 47.

여기에서 옷에 묻어 있는 피는 바로 메시아 예수님에 의해 심판 받은 대적들의 피로서 20절에서 발생하는 피의 현상과 평행 관계를 나타낸다. 또한 19장 11-21절에서의 종말적 전쟁은 16장 12-16절의 아마겟돈에서 일어나는 전쟁과 동일한 전쟁이라고 할 수 있다.[239]

여기에서 그 피가 떨어지는 범위를 요한은 두 가지로 표현한다. 첫째로, 높이가 "말(들)의 굴레까지"라고 한다(20c절)고 한다. 이것은 앞서 언급한 에녹 1서 100장 3절에서 "그 말이 그의 가슴까지 차오른 죄인들의 피를 통해 걸어갔다"라고 한 것과 관련된다. 여기에서 말의 가슴까지 죄인들의 피가 차 올랐다면 정확하게 "말(들)의 굴레" 높이와 일치된다. 이것은 악인들, 요한계시록 본문의 문맥에서 말하면, 짐승을 추종했던 자들에 대한 심판이 매우 극렬하게 진행되고 있음을 시사한다.[240]

두 번째로, 피는 포도주틀로부터 "천 육백 스타디온 만큼 멀리 흘러 나갔다"고 한다. 1스타디온은 600 피트보다 조금 긴 길이이므로 1600 스타디온은 200마일(약 321 km) 정도의 길이라고 할 수 있다.[241] 그러나 여기에서 이러한 숫자의 총합보다 이 숫자가 갖는 상징적 의미를 추적하는 것이 더 중요하다. 이 숫자는 4x4x10x10으로 분해할 수 있는데 이것은 넷이라는 숫자 둘과 십이라는 숫자 둘로 구성되어 있음을 알 수 있다.[242] '넷'이라는 숫자는 세상 전체를 의미하는 우주적 숫자로서 요한 계시록에서 사용되고 있으며(5:6의 네 생물; 7:1의 네 모퉁이; 그리고 5:9과 7:1 등의 나라/족속/백성/방언), '십'이라는 숫자는 "열 왕들"의 경우처럼 "전쟁을 위해 군대들을 모으는 모든 땅"(16:14)의 왕들과 관련하여 사용된다(17:12-14).[243] 그렇다면 이 숫자를 사용한 것은 심판 대상이 온 세상과 그 세상을 대표하는 모든 왕들을 가리키고 있음을 암시하려는 목적이라고 할 수 있다.[244] 특별히 14장 14-16절에서 곡식의 추수는 한 번의 과정이지만 14장 19-20절에서는 심판이 포도를 추수하고 그 추수한 포도를 포도주 틀에 넣는 두 개의 과정을 거쳐 이루어진다는 점에서 곡식 추수와 포도 추수가 구별되며 심판의 과정이 좀 더 치밀하고 세밀하게 진행되고 있음을 암시한다. 14장

---

239 앞의 책.
240 Roloff, *The Revelation of John*, 178.
241 Koester, *Revelation*, 626.
242 Bauckham, *The Climax of Prophecy*, 47.
243 앞의 책.
244 Roloff, *The Revelation of John*, 178.

19-20절은 19장 15절에서 다시 반복해서 표현된다.[245]

20절의 포도주틀이라는 주제는 요엘서 3장 13절과 이사야 63장 6절을 배경으로 주어지고 있다.[246]

> 너희는 낫을 쓰라 곡식이 익었도다 와서 밟을지어다 포도주 틀이 가득히 차고 포도주 독이 넘치니 그들의 악이 큼이로다(욜 3:13)
>
> 내가 노함으로 말미암아 만민을 밟았으며 내가 분함으로 말미암아 그들을 취하게 하고 그들의 선혈이 땅에 쏟아지게 하였느니라(사 63:6)

먼저 요한은 요엘 3장 13절 말씀을 둘로 나누어 전반부는 14장 14-16절에서 곡식을 거둬 들이는 구원 사역을 표현하기 위한 것으로, 후반부는 14장 19-20절에서 심판을 표현하기 위해 사용하고 있다. 그리고 14장 19-20절에서 심판을 묘사함에 있어서 요한은 요엘서 3장 13절의 후반부('... 와서 밟을지어다 포도주 틀이 가득히 차고 포도주 독이 넘치니')와 이사야 63장 6절의 후반부('... 그들의 선혈이 땅에 쏟아지게 하였느니라')를 조합하여 이 문맥에서 하나의 주제를 추출하고 있다. 그래서 낫으로 거두어 들인 포도를 포도주 틀에 넣었더니(욜 3:13b) 그것이 피가 되어 땅에 쏟아지게 된 것이다(사 63:6).

[정리]

14-16절과 17-20절의 관계를 다음과 같이 도표로 정리할 수 있다.

	14-16절	17-20절
등장 인물	구름 위에 앉으신 인자 같은 이; 첫째 다른 천사	둘째 다른 천사와 셋째 다른 천사
날카로운 낫을 가진 자	흰 구름 위에 앉으신 인자 같은 이(14ce)	둘째 다른 천사(17b)
큰 소리로 말하는 자	첫째 다른 천사(15b)	셋째 다른 천사(18b)

245 이 관계에 대해서는 19장 15절에서 좀 더 자세하게 다룰 것이다.
246 Bauckham, *The Climax of Prophecy*, 47.

첫째 다른 천사와 셋째 다른 천사가 큰소리로 말한 내용	날카로운 낫을 땅으로 보내어(πέμψον, 펨프손) 곡식을 추수(θέρισον, 데리손)(15c)–땅의 추수가 무르익었기(ἐξηράνθη, 에크세란데) 때문(15e)	날카로운 낫을 땅으로 보내라(πέμψον, 펨프손) (18c); 땅의 포도 송이를 거두라(τρύγησον, 트뤼게손)(18d)–포도가 무르익었기(ἤκμασαν, 에크마산) 때문(18e)
큰 소리로 말한 것에 응답하여 행동하는 자	흰 구름 위에 앉으신 인자 같은 이	둘째 천사
행동의 내용	낫을 땅에 던졌다(ἔβαλεν … ἐπὶ τὴν γῆν, 에발렌… 에피 텐 겐) (16a); 땅이 추수되었다(ἐθερίσθη ἡ γῆ, 에데리스데 헤 게) (16b)	낫을 땅으로 던졌다(ἔβαλεν … εἰς τὴν γῆν, 에발렌… 에이스 텐 겐)(19a); 땅의 포도나무를 거두었다(19b)
추수의 성격	땅의 곡식의 추수: 종말적 구속	포도 송이를 거두고 포도주 틀에 넣음: 종말적 심판

이 도표에서 14–20절은 6–12절의 경우처럼 세 다른 천사를 중심으로 내용이 전개된다. 6–12절과의 차이점 한 가지는 14–20절에서 "인자 같은 이"의 등장이다. 14–16절에서 "흰 구름 위에 앉아 있는 인자 같은 이"는 첫째 다른 천사의 요청에 의해 구속 활동을 전개하는 반면 17–20절에서 둘째 다른 천사는 셋째 다른 천사의 요청에 의해 땅의 포도 나무의 포도 송이를 거두는 그림 언어를 통해 세상을 심판하는 사역을 보여준다.

핵심 메시지

14장은 내용상 13장과 밀접하게 연결된다. 따라서 13장과의 연속선상에서 14장을 고찰할 필요가 있다. 먼저 13장은 두 짐승의 강력한 파괴적 능력을 소개하면서 황제 숭배의 불가항력적인 정황을 연출한다. 이것은 황제숭배를 거부하는 성도들에게는 고난이 필연적이라는 것을 의미한다. 반면 13장과는 대조적으로 14장은 성도들의 승리와 짐승 추종자들의 심판의 결말을 기록한다. 이것은 성도들이 땅에서는 고난을, 하늘에서는 승리라는 두 개의 현실에 직면해 있음을 의미한다.

14장은 1-5절과 6-20절 두 부분으로 나뉜다. 먼저 1-5절에서는 7장 1-8절의 144,000이 재등장한다. 이것은 13장과 관련하여 지상에서 짐승의 세력에게 고난 당하는 교회 공동체에게 하늘에 속한 영광스러운 승리의 이미지를 제공함으로써 승리한 공동체로서 교회의 정체성을 확증한다. 13장에서는 짐승의 강력한 능력 때문에 성도들ㅇ; 딩힌, ㄴ 고난을 묘사하고 있는 반면, 14장 1-5절에서는 교회 공동체로 상징되는 144,000이 승리한 모습을 보여준다. 특별히 13장에서 짐승의 추종자들이 짐승의 이름을 그들의 이마에 새겨 놓은 것과 대조적으로, 144,000도 역시 이마에 어린 양과 아버지의 이름이 기록된 모습과 구속의 새 노래를 부르는 승리의 모습으로 묘사된다. 특히 이들은 짐승에게 굴복한 자들과 달리 정결한 자들이요, 어린 양이 가시는 곳마다 따라가는 자며, 처음 익은 열매로 대속받은 자들이며, 그들의 입에 거짓이 없고 흠없는 거룩한 자들로서 하나님의 거룩한 전쟁에 참여하여 승리한 전사들이다. 여기에서 진리를 왜곡하는 거짓된 짐승을 따르는 자들과 명확히 대조적인 이미지를 보여준다. 이런 대조는 13장에서 아무리 짐승이 강력한 핍박자로 활동한다고 하더라도 교회 공동체는 본질적으로 승리한 공동체라는 것을 강조하기 위해서이다.

14장의 두 번째 단락인 6-20절 역시 13장과의 관계 속에서 이해할 필요가 필요하다. 먼저 "구름 위에 앉으신 인자 같은 이"와 세 다른 천사들의 활동을 소개한다. 이러한 활동은 구원과 심판과 관련된다. 이 부분은 A(6-12절)–B(13절)–A′(14-20절)의 구조로 구성된다. A와 A′는 각각 세 다른 천사에 의해 상황이 전개된다. 아주 특별하게 A′의 시작부분에서 "구름 위에 앉으신 인자 같은 이"가 등장한다. A의 6–7절에서 최초로 등장하는 첫째 다른 천사가 선포한 영원한 복음은 시편 96편을 배경으로 열방들로 하여금 세상을 심판하시고 우주적 통치를 이루기 위해 오시는 하나님을 경배하도록 촉구하는 내용이다. 여기에서 구원의 목적은 결국 하나님께 영광과 경배를 올려드리는 것임을 알 수 있다. 동시에 8–12절에서 둘째와 셋째 다른 천사는 바벨론의 멸망과 짐승을 경배하고 이마나 손에 짐승의 표를 받은 자들에 대한 가차 없는 심판을 선포하고, 그들에게는 영원히 안식이 없게 될 것을 확언한다. A′(14-20절)도 역시 땅의 곡식의 추수를 통한 최종적 구원의 사건(14-16절)과 땅의 포도나무의 포도송이의 추수를 통한 최종적 심판 사건(17-20절)을 그림 언어로 표현한다. 6–12절이 선언적 내용을 기록하고 있다면 14–20절은 좀 더 실행적 내용을 기록한다. 이러한 내용은 13장에서 짐승의 핍박에도 불구하고 끝까지 믿음과 인내를 가지고 신앙의 정결을 지킨 성도들에게 획기적인 반전이 아닐 수 없다.

이처럼 13장에서 짐승들의 등장과 활동은 교회 공동체에게 위협적으로 보이지만, 14장은 결국 그러한 위협은 짐승과 그들을 추종했던자들에 대한 하나님의 심판으로 소멸될 것을 극적인 방식으로 드러낸다. 곧 짐승과 함께 교회를 핍박한 바벨론과 그에 속한 자들의 심판과 멸망은 결국 핍박받은 교회 공동체에게는 구원과 승리를 가져다 준다.

설교 포인트

14장에서 설교자는 성도가 인내 가운데 믿음의 싸움을 포기하지 말고 지속해야 하는 이유를 13장과의 대조적 결말을 통해 분명하게 제시할 수 있어야 한다. 지상에서 핍박을 감수하며 믿음의 싸움을 수행하는 교회가 천상에서는 승리한 교회이다. 설교자는 교회의 이 영광스러운 정체성을 보여주는 본문의 의도를 분명하게 부각시켜야 한다. 이를 통해 지상에서 힘든 전쟁을 치르는 교회와 성도들에게 천상의 영광스러운 비전을 제공하게 될 것이다. 교회와 성도는 하나님의 백성으로서 정절을 지키는 자요, 어디로 가든지 어린 양을 따라가는 자요, 구속을 통해 하나님께 속한 자로서 거짓과 흠이 없는 자들이다. 이러한 특성은 짐승의 미혹과 권세에 굴복하고 타협하여 그 표를 받고 그를 따르는 자들과 명백한 대조를 보인다. 이들에 대해서 본문은 "분노의 포도주"라는 표현을 세 번씩 반복(8c절; 10b절; 19c절)하면서 하나님의 분노와 심판으로 종결되는 비극적 결말을 생생한 이미지로 전달한다. 여기에서 설교자는 믿음의 싸움터에 있는 성도들에게 천상의 영광스러운 비전을 통한 격려와 아울러 동시에 짐승에게 굴복하는 것에 대한 경고를 담고 있는 본문의 함축된 의도를 예리하게 전달해야만 한다. 그리고 이러한 구속과 종말적 심판의 내용을 통해서 복음전파의 당위성을 끌어낼 수도 있을 것이다.

그리고 설교자는 본문이 보여주는 곡식과 포도주의 추수 이미지 또한 대조적이라는 것을 주목할 필요가 있다. 구속을 위한 인자의 추수와 심판을 위한 천사들의 추수가 명백한 대조적 이미지를 제공한다. 영원할 것 같은 땅의 세력은 결국 무너질 것이다. 이들은 하나님의 진노의 심판을 피할 수 없다. 둘째와 셋째 천사를 통해 보여주는 포도 추수의 생생한 이미지는 심판의 엄중함을 보여준다. 특히 성령의 말씀을 통해 선포되는 성도들의 안식과 하나님을 대적하는 자들에게 주어지는 안식의 박탈, 그리고 영원한 고통의 대조를 통해 하나님과 그의 나라를 위해 겪는 일시적 어려움은 영원한 영광으로 이어지지만 짐승을 따르는 자들의 잠시간 안일함은 영원한 심판으로 이어진다는 핵심 메시지가 분명하게 부각되어야 한다. 성도는 오늘의 현실에서 눈물을 흘릴 수 있지만 내일의 현실은 진정 영원한 기쁨이다. 하지만 짐승의 추종자들에게 오늘의 현실은 웃음일 수 있으나 내일 겪게 될 현실은 영원한 슬픔과 고통이다. 설교자는 이 사실을 설골를 통해 청중들에게 각인시킬 수 있는 기회를 가져야 한다. 뿐만 아니라 설교자는 성도들에게 주어지는 승리가 단순히 미래적이 시점에만 초점을 맞추는 것이 아니라 현재에 이미 승리한 존재임을 강조하는 섬세함도 잊지 말아야 할 것이다.

설교 요약

◆ **제목:** 반전 드라마
◆ **본문:** 계14:1-20

◆ **서론**

영화나 드라마에서 극적인 반전을 통한 주인공의 성공을 볼 때, 스포츠 경기에서도 역전승을 경험할 때 놀라움과 큰 기쁨을 경험하게 된다. 14장은 13장과 연결하여 흥미로운 반전을 보여준다. 세상을 압도하는 것처럼 보이는 짐승의 권세에 교회 공동체가 패한 것처럼 보였으나 오늘 본문 말씀은 반전을 통해서 교회 공동체와 짐승의 추종자들의 대조적 모습과 결말을 분명하게 보여준다. 짐승의 세력에 의해 고난받던 하나님의 백성들은 영원한 안식을 얻고 반대로 하나님을 대적하며 교회를 핍박하는 바벨론과 짐승의 추종자들은 영원한 심판을 받는다.

문맥파악: 14장은 크게 1-5절과 6-20절로 나눌 수 있는데, 전자는 13장에서 짐승에 의해 패배를 당한 것처럼 보이는 교회 공동체의 본질적 모습을 묘사한다. 후자는 13장에서 짐승의 추종자들의 궁극적 종말을 보여준다.

◆ **본론:**

1) 새 노래를 부르는 하늘의 144,000(1-5절)
  (1) 하늘의 시온산 위에 서 있는 어린 양(1절): 승리의 이미지
  (2) 하늘의 144,000: 어린 양의 승리 이미지를 공유
    (ㄱ) 144,000이 부르는 새 노래(2-3절)
    (ㄷ) 144,000의 제의적 특성(4-5절): 정절이 있는 자들, 어디든지 어린 양을 따라가는 자들, 처음 익은 열매로 하나님과 어린 양에게 속한 자들, 그 입에 거짓이 없고 흠이 없는 자들

2) 종말적 구속과 심판(6-20절)

(1) 구속과 심판의 선포(6-12절)

(ㄱ) 첫째 다른 천사의 복음 선포(6-7절)

(ㄴ) 둘째/셋째 천사에 의한 심판의 선포(8-12절)

(a) 바벨론에 대한 심판 선포(8절)

(b) 짐승과 그 우상에게 경배하고 표를 받는 자들에 대한 심판 선포(9-10절)

(c) 영원한 심판의 공통을 당할 것(11절)

(d) 성도들의 인내: 하나님의 계명과 예수 믿음을 지킨 자들(12절)

(ㄷ) 하늘의 음성과 성령의 말씀(13절)

(a) 하늘의 음성: 지금 이후 주 안에서 죽는 자들이 복 있다.

(b) 성령의 말씀: 저희 수고를 그치고 쉬리라(안식)

(2) 최종적인 구속과 심판의 실행(14-20절)

(ㄱ) 첫째 다른 천사와 인자를 통한 구속의 추수(14-16절)

(ㄴ) 둘째/셋째 천사에 의한 심판의 추수(17-20절)

◆ **결론:**

오늘 말씀에서 드러난 두 세력 간의 대조적 결말은 오늘을 사는 성도들에게 인내 가운데 하나님의 계명과 예수님에 대한 믿음을 지켜야 할 당위성과 아울러 교회와 성도의 천상적 정체성에 대한 분명한 비전을 보여준다. 성도가 하나님 나라와 복음을 따르며 세상에서 희생과 대가를 지불하는 것은 우리의 정체성이 하늘에 있고 땅에 있는 것이 아니기 때문이다. 그래서 본문은 이 땅에서 잠시의 쾌락에 삶을 타협할 것이 아니라 영원한 하나님 나라의 가치를 위해 헌신하며 분투하라고 촉구한다. 반대로 세상의 일시적 쾌락과 유혹 때문에, 또는 어려움과 핍박 때문에 타협하거나 굴복하는 삶, 즉 짐승에게 무릎 꿇고 결국 경배하는 삶은 영원한 안식을 놓치는 어리석음이라고 경고한다.

VI. 요한 계시록 15-16장: 대접 심판 시리즈(1-7번째)

일곱 인과 일곱 나팔 심판을 보충해서 설명해 주는 12-14장의 내용이 마무리 되고 15장에서 새로운 단락이 시작된다. 15장은 16장에 나오는 대접 심판의 서론 부분으로서 새로운 시작을 알려 주고 있다. 왜냐하면 15:1과 5-8절에 일곱 대접을 가진 천사가 등장하기 때문이다. 그러므로 15장은 16장과 함께 읽어야 할 것이다. 16장은 6-8장의 일곱 인 심판, 9-11장의 일곱 나팔 심판에 이어서 일곱 대접 심판 시리즈를 기록한다.

1. 일곱 대접 심판의 도입(15:1-8)

15장은 A(1절)-B(2-4절)-A′(5-8절) 구조로 되어 있다. A(1절)와 A′(5-8절)는 일곱 대접을 가진 천사를 언급하고 있고 B(2-4절)는 성도들을 이긴 자들로 소개한다.

구문분석 및 번역

1절 a) Καὶ εἶδον ἄλλο σημεῖον ἐν τῷ οὐρανῷ μέγα καὶ θαυμαστόν,
그리고 나는 하늘에 다른 크고 놀라운 표적을 보았다.

b) ἀγγέλους ἑπτὰ ἔχοντας πληγὰς ἑπτὰ τὰς ἐσχάτας,
마지막 일곱 제앙을 가지고 있는 일곱 천사들을

c) ὅτι ἐν αὐταῖς ἐτελέσθη ὁ θυμὸς τοῦ θεοῦ.
왜냐하면 하나님의 분노가 그것들로 완성되었기 때문이다.

2절 a) Καὶ εἶδον ὡς θάλασσαν ὑαλίνην μεμιγμένην πυρὶ
그리고 나는 불로 섞인 유리 바다같은 것을 보았다.

b) καὶ τοὺς νικῶντας ἐκ τοῦ θηρίου καὶ ἐκ τῆς εἰκόνος αὐτοῦ καὶ ἐκ τοῦ ἀριθμοῦ τοῦ ὀνόματος αὐτοῦ
그리고 짐승으로부터 그리고 그의 형상으로부터 그리고 그의 이름의 수로부터 이긴 자들을

c) ἑστῶτας ἐπὶ τὴν θάλασσαν τὴν ὑαλίνην ἔχοντας κιθάρας τοῦ θεοῦ.
하나님의 하프를 가지고 있는 유리 바다가에 서있는

3절 a) καὶ ᾄδουσιν τὴν ᾠδὴν Μωϋσέως τοῦ δούλου τοῦ θεοῦ καὶ τὴν ᾠδὴν τοῦ ἀρνίου λέγοντες·
그리고 그들은 하나님의 종 모세의 노래 곧 어린 양의 노래를 불러 말하였다:

b) μεγάλα καὶ θαυμαστὰ τὰ ἔργα σου,
당신의 일들이 크고 놀랍습니다.

κύριε ὁ θεὸς ὁ παντοκράτωρ·
주 하나님 전능자시여

c) δίκαιαι καὶ ἀληθιναὶ αἱ ὁδοί σου,
당신의 길들은 의롭고 참되십니다.

ὁ βασιλεὺς τῶν ἐθνῶν·
나라들의 왕이시여

4절 a) τίς οὐ μὴ φοβηθῇ, κύριε,
주여 누가 당신의 이름을 경외하지 아니하며

b) καὶ δοξάσει τὸ ὄνομά σου;
당신의 이름을 영화롭게 하지 아니하겠습니까?

c) ὅτι μόνος ὅσιος,
왜냐하면 당신만이 거룩하시기 때문입니다.

d) ὅτι πάντα τὰ ἔθνη ἥξουσιν καὶ προσκυνήσουσιν ἐνώπιόν σου,
왜냐하면 모든 나라들이 와서 당신 앞에 경배할 것이기 때문입니다.

e) ὅτι τὰ δικαιώματά σου ἐφανερώθησαν.
왜냐하면 당신의 의로운 행위가 드러났기 때문입니다.

5절 a) Καὶ μετὰ ταῦτα εἶδον,
그리고 이후에 나는 보았다.

b) καὶ ἠνοίγη ὁ ναὸς τῆς σκηνῆς τοῦ μαρτυρίου ἐν τῷ οὐρανῷ,
하늘에 있는 증거의 장막 곧 성전이 열렸다.

6절 a) καὶ ἐξῆλθον οἱ ἑπτὰ ἄγγελοι [οἱ] ἔχοντες τὰς ἑπτὰ πληγὰς ἐκ τοῦ ναοῦ
그리고 일곱 재앙을 가진 일곱 천사들이 성전으로부터 나왔다.

b) ἐνδεδυμένοι λίνον καθαρὸν λαμπρὸν
맑고 찬란한 세마포를 입고

c) καὶ περιεζωσμένοι περὶ τὰ στήθη ζώνας χρυσᾶς.
그리고 가슴 둘레에 금 띠를 두르고

7절 a) καὶ ἓν ἐκ τῶν τεσσάρων ζῴων ἔδωκεν τοῖς ἑπτὰ ἀγγέλοις ἑπτὰ φιάλας χρυσᾶς
그리고 네 생물들 중 하나가 일곱 천사들에게 일곱 금 대접을 주었다.

b) γεμούσας τοῦ θυμοῦ τοῦ θεοῦ τοῦ ζῶντος εἰς τοὺς αἰῶνας τῶν αἰώνων.
영원히 살아계신 하나님의 분노로 가득찬

8절 a) καὶ ἐγεμίσθη ὁ ναὸς καπνοῦ ἐκ τῆς δόξης τοῦ θεοῦ καὶ ἐκ τῆς δυνάμεως αὐτοῦ,
그리고 그 성전은 하나님의 영광으로부터 그리고 그의 능력으로부터 연기로 가득찼다.

b) a) καὶ οὐδεὶς ἐδύνατο εἰσελθεῖν εἰς τὸν ναὸν
그리고 아무도 그 성전으로 들어올 수 없었다.

c) ἄχρι τελεσθῶσιν αἱ ἑπτὰ πληγαὶ τῶν ἑπτὰ ἀγγέλων.
일곱 천사들의 일곱 대접이 완성될 때까지

먼저 1a절의 "크고 놀라운 표적"은 그것을 좀 더 구체적으로 설명해 주는 1b절의 "마지막 일곱 재앙을 가진 일곱 천사들"과 설명적 동격 관계로 볼 수 있다. 이러한 관계를 바탕으로 우리말로 자연스럽게 번역하기가 쉽지 않다. 왜냐하면 동격 관계를 형성하는 1b절이 단어가 아니라 하나의 문장이기 때문이다. 대부분의 영어 번역본들은 1a절 끝 부분에 콜론을 사용하여 이러한 동격 관계를 보여주고 있지만 우리말에서 그런 방식으로 표현하는 것이 자연스럽지 않다. 따라서 좀 더 자연스럽게 번역하기 위해 1a절의 "표적"이란 단어 뒤에 문장을 끊어서 1b절을 위치시키고 그리고 1a절의 동사인 "보았다"를 1b절 끝 부분으로 이동시켜 번역한다.

1c절에 사용된 '에텔레스데'(ἐτελέσθη>τελέω, 텔레오)라는 동사의 번역이 중요하다. 내용상 미래적 의미를 함축하지만 그러나 동사 시제는 부정과거형이 쓰였다. 이것을 "예변적(proleptic) 용법"이라고 한다.[1] 이 용법은 미래의 사건이 "이미 성취된 것으로서 궁극적 결과"를 보여주는 것이다.[2] 이 용법은 요한계시록에 빈번하게 사용된다. 가장 대표적인 것으로 10장 7c절이 있다. 10장 7c절에서는 10장 7b에 "그가 나팔 불 때"라는 아직 이루어지지 않은 미래적 시점이 분명하게 적시되어 있기 때문에 부정과거시제임에도 불구하고 우리 말로 "완성될 것이다"라고 미래 시제를 사용하여 번역했다. 그러나 14장 8b절에서 사용된 '에페센'(ἔπεσεν>πίπτω, 피프토)도 동일하게 예변적 용법으로서 사건의 발생 시점은 미래를 가리키고 있지만 사건의 확실성을 부각시키고자 하는 목적대로 과거시제로 사용하여 "무너졌다"라고 번역하였다. 15장 1c절의 경우도 이 패턴을 따라 이 동사를 그대로 부정과거 시제를 사용하여 "완성되었다"라고 번역하기로 한다.[3]

2a절의 '휘아리넨'(ὑαλίνην>ὑάλινος, 휘아리노스)은 사전적으로 "유리의"(of glass)란 형용사이다.[4] 따라서 이러한 사전적 의미로 번역하면 "유리의 바다"이

1 Zerwick and Grosvenor, *A Grammatical Analysis of the Greek New Testament,* 2:765.
2 앞의 책.
3 이러한 부정과거 시제 동사를 예변적 용법으로 볼 수 있을 뿐만 아니라 동시에 환상을 본 시점에 환상 속에서 발생한 사건을 묘사하는 것으로 볼 수 있다.
4 BDAG, 1022.

지만 이것을 "유리 바다"라고 자연스럽게 번역한다. 4장 6절에서도 동일한 단어가 사용된 바 있다. 그런데 4장 6절에서는 '휘아리넨'에 '크뤼스탈로'(κρυστάλλῳ>κρύσταλλος, 크뤼스탈로스)라는 단어가 함께 사용되어 "수정 같은 유리 바다"라고 번역한 바 있다. 그리고 2a절에서 '퓌리'(πυρί>πῦρ, 퓌르)는 "수단의 여격"으로 볼 수 있다.[5]

2b절에서 분사 형태의 "이기다"(νικῶντας, 니콘타스>νικάω, 니카오)라는 동사와 함께 전치사 '에크'(ἐκ)가 사용되었는데 이러한 문형은 헬라어에서 매우 "독특한"(unique) 형태이다.[6] 왜냐하면 목적어가 있어야 할 자리에 '에크' 전치사구가 존재하기 때문이다. 문자 그대로 번역하면 "짐승으로부터 승리한 자들"이라고 할 수 있다. 여기에서 '에크'는 어떤 기능을 하는 것일까? 이 전치사는 "분리"의 용법으로 사용되어 "그들 자신을 짐승으로부터 지킨 자들"(τηρήσαντας ἑαυτοὺς ἐκ τοῦ θηρίου)이라는 의미이다.[7] 혹은 "짐승으로부터 자신을 분리시켜 구원받은 자들"이란 의미를 갖는다.[8] 이러한 의미를 반영하여 번역은 "짐승으로부터 이긴 자들"이라고 한다. 여기에서 '에크'는 모든 항목에 사용된다. 따라서 자연스럽지 않지만 모든 항목에 붙여서 번역한다.

2c절에서 "유리 바다"와 함께 사용된 전치사 '에피'(ἐπί)의 사전적 의미는 "위에"이다.[9] 그러나 이 전치사가 목적격과 함께 사용될 때 "… 가에"(beside)라는 의미를 가지는데 이러한 의미가 "유리 바다"와 조화를 이루고 있다.[10] 이것을 "유리바다"와 함께 엮어서 번역하면 "유리 바다가에"라고 할 수 있다. 2c절은 전체적으로 2b절의 "이긴 자들"을 수식해 주고 있다. 그러나 이 두 문장을 수식해 주는 관계로 번역할 경우에 우리말의 특성상 2c절을 "그의 이름의 수로부터"와 "이긴 자들" 사이에 삽입해야 하므로 다소 어색한 문장이 될 수 밖에 없다. 따라서 2c절을 독립적 문장으로 구성하여 주어를 "그들은"으로 하고 분사 형태의 "서 있는"이라는 단어를 "서 있다"라고 서술적 표현으로 번역한다.

4a절에서 '포베데'(φοβηθῇ>φοβέω)는 "경외하다"나 "두려워하다"라는 의미를 모두 가지고 있지만 "경외하다"로 번역한다. 이것은 11장 18절과 14장 7절에

---

5 MHT, 3:240(j).
6 Charles, *A Critical and Exegetical Commentary on the Revelation of St. John*, 2:28.
7 BDF, § 212.
8 MHT, 3:260.
9 BDAG, 363.
10 BDAG, 363(1cα).

이어 일관성을 유지 하기 위한 것이다. 그렇다면 이 동사의 목적어는 무엇인가? "영화롭게하다"의 목적어인 "당신의 이름"을 공유하는 것으로 간주할 수 있다. NKJV은 "두려워하다"의 목적어를 "당신"이라는 말을 첨가하는데 굳이 그럴 필요가 없다. 왜냐하면 11장 18절에서 "두려워하다"의 목적어로 "당신의 이름"으로 사용하는 경우가 있기 때문이다. 그리고 흥미롭게도 4c절, 4d절 그리고 4e절에 세 개의 "호티"(ὅτι) 접속사가 반복해서 사용된다. 이러한 세 번의 반복은 각각 그 이전 내용에 대한 이유를 단계적으로 설명하는 것이 아니라 15장 4ab절에서 언급한 "예배의 주제"에 대한 이유를 반복해서 진술하는 것이다.[11] 이러한 관계를 의식하면서 세 경우 모두 "왜냐하면"이란 접속사를 붙여서 번역하도록 한다.

4e절의 '디카이오마타'(δικαιώματά>δικαίωμα)는 "올바른 것에 대한 기대를 충족시키는 행위"로서 "의로운 행위"(righteous deed)라는 의미이다.[12] 따라서 번역할 때 이러한 의미를 반영하여 번역하도록 한다.

5b절에 "증거의 장막의 성전"(ναὸς τῆς σκηνῆς τοῦ μαρτυρίου, 나오스 테스 스케네스 투 마르튀리우)이란 문구가 나온다. 이 문구는 두 개의 소유격을 갖는다. 먼저 '증거의'(τοῦ μαρτυρίου, 투 마르튀리우)와 "장막의"(τῆς σκηνῆς, 테스 스케네스)이다. 전자의 경우에 소유격은 목적격적 소유격으로 "증거 하는 장막"이라고 할 수 있다. 그리고 후자의 "장막의"는 주격적 소유격으로서 "증거의 장막은 성전이다"라는 의미이다. 곧 "증거의 장막"과 "성전"이 동격을 형성한다. 그러므로 이 문구는 "증거의 장막 곧 성전"이라고 번역해야 할 것이다.[13]

그리고 6b절에서 '카다론(καθαρόν> καθαρός, 카다로스) 람프론(λαμπρόν>λαμπρός, 람프로스)' 이라는 문구는 중간에 '카이'(καί) 접속사 없이 하나로 묶어 숙어처럼 사용된다. 19장 8절에 이 문구가 동일하게 사용되고, 18장 14b절에서는 '람프론'이 '카다론' 대신 '리파라'(λιπαρά>λιπαρός, 리파로스)와 함께 사용된다. 여기에서 '카다론'을 "맑은"으로 번역하는 데 이론의 여지가 없지만, '람프론'은 18장 14b절과 19장 8a절과 일관성을 유지하는 것이 중요하다. 15장 6b절과 18장 14b절 그리고 19장 8a절 모두에 적절한 번역은 "찬란한"이라고 할 수 있다. "밝은"이

11 Koester, *Revelation*, 633.
12 BDAG, 249(2).
13 Smalley, *The Revelation to John*, 389. 이러한 번역을 따르는 영어 번역은 NIV다.

란 번역도 가능하지만 특별히 18장 14b절에서는 중성 복수로 사용되어 있어서 "찬란함"으로 번역하는 것이 좀 더 자연스러운 것이 사실이므로 일관성을 유지하기 위해 "찬란한"으로 번역하도록 한다. 이 주제는 18장 14b절과 19장 8a절에 대한 번역과 주해 과정에서 좀 더 논의할 것이다.

이상 내용을 바탕으로 우리말 어순에 맞추어 번역하면 다음과 같다.

1a 그리고 나는 하늘에 다른 크고 놀라운 표적,
1b 곧 마지막 일곱 재앙을 가지고 있는 일곱 천사들을
1a 보았다.
2a 그리고 나는 불로 섞인 유리 바다같은 것을 보았다.
2b 그리고 짐승으로부터 그리고 그의 형상으로부터 그리고 그의 이름의 수로부터 이긴 자들을 보았다.
2c 그들은 하나님의 하나님의 하프를 가지고 있는 유리 바다가에 서있다.
3a 그리고 그들은 하나님의 종 모세의 노래 곧 어린 양의 노래를 불러 말하였다:
3b 당신의 일들이 크고 놀랍습니다.
주 하나님 전능하신 이시여.
3c 당신의 길들은 의롭고 참되십니다.
나라들의 왕이시여
4a 주여 누가 (당신의 이름을) 경외하지 아니하며
4b 당신의 이름을 영화롭게하지 아니하겠습니까?
4c 왜냐하면 당신만이 거룩하시기 때문입니다.
4d 왜냐하면 모든 나라들이 와서 당신 앞에 경배할 것이기 때문입니다.
4e 왜냐하면 당신의 의로운 행위가 드러났기 때문입니다.
5a 그리고 이후에 나는 보았다.
5b 하늘에 있는 증거의 장막 곧 성전이 열렸다.
6a 그리고 일곱 재앙을 가진 일곱 천사들이
6b 맑고 찬란한 세마포를 입고
6c 가슴 둘레에 금 띠를 두르고
6a 성전으로부터 나왔다.
7a 그리고 네 생물들 중 하나가 일곱 천사들에게
7b 영원히 살아계신 하나님의 분노로 가득찬
7a 일곱 금 대접을 주었다.
8a 그리고 그 성전은 하나님의 영광으로부터 그리고 그의 능력으로부터 연기로 가득찼다.
8b 그리고
8c 일곱 천사들의 일곱 대접이 완성될 때까지
8b 아무도 그 성전으로 들어올 수 없었다.

본문 주해

본문을 1절과 2-4절 그리고 5-8절로 나누어 주해하도록 한다.

[15:1] 표적을 보다

15장 1절은 15-16장에 대한 표제의 역할을 한다.[14] 따라서 1절을 이해함으로써 15-16장 전체의 내용을 엿볼 수 있다. 1절은 A(1절)-B(2-4절)- A′(5-8절)의 구조에서 A에 해당한다.

내가 보았다(1a절) 이 단어는 새로운 단락의 시작을 알려 준다. 이 단어는 5장 1절, 6절; 6장 1절, 8절, 12절; 7장 2절, 9절; 8장 2절, 13절; 9장 1절; 10장 1절; 13장 1절, 11절 등에서 똑같은 기능을 보여준다.[15]

다른 크고 놀라운 표적(1a절) 먼저 1a에서 요한은 하늘에서 "표적"(σημεῖον, 세메이온)을 본다. 이 "표적"이란 단어는 12장 1절, 3절에서도 동일하게 표현된다. 여기에서 "표적"은 "상징적 형태로 의사소통"의 기능을 갖는다.[16]특별히 1장 1e절에서 같은 어근을 가지는 '에세마넨'(ἐσήμανεν>σημαίνω, 세마이노)라는 동사로 요한은 요한계시록 전체를 상징적으로 소통할 것이라는 사실을 시사한 바 있다.[17] 이런 점에서 "표적"은 상징적 표현과 매우 유사한 기능을 갖는다. 그러므로 이 문맥에서 표적이란 단어가 사용되고 있는 것은 여기 표현된 내용이 상징적 표현으로서 어떤 사실을 알려 주기 위한 목적이 있음을 시사한다. 따라서 이어지는 본문을 이런 상징적 의미로 이해할 필요가 있다.

여기에서 표적의 성격을 "다른"(ἄλλο, 알로) 그리고 "크고 놀라운"(μέγα καὶ θαυμαστόν, 메가 카이 다우마스톤)으로 규정한다. 12장 3절에서 처음으로 "다른 표적"이라는 문구가 사용되었다. 이 때 "다른"이란 형용사는 12장 1절의 "큰 표적"과 구별하기 위한 목적으로 사용된다. 그렇다면 15장 1a절의 "다른"이란 단어는 어떤 의미를 가지고 있는 것일까? 일단 14장 6-20절에서 등장한 '천사들'에게 '다른'이라는 관용어가 붙여진 것처럼 어떤 특정한 역할을 하는 경우

---

14 Roloff, *The Revelation of John,* 228. 블라운트는 15-18장의 표제라고 한다(Blount, *Revelation,* 282).
15 Blount, *Revelation*, 282.
16 Koester, *Revelation*, 541.
17 쾨스터가 이러한 입장을 지지한다(Koester, *Revelation,* 541).

에 사용되고 있다고 간주할 수 있다. 그러나 또 한편으로 1a절의 "다른 표적"이란 문구는 12장 1절과 3절의 "표적"이란 단어와의 평행을 통해 12장과의 연결고리를 형성한다는 것을 부정할 수 없다.[18] 그러므로 이 두 본문 사이에 어떤 내용의 연결고리가 존재하는지 살펴 볼 필요가 있다. 12장 1절과 3절에서 표적으로 등장하는 여자와 용은 12장 전체에서 서로 각축을 벌이는 관계이면서 동시에 각각 구원과 심판의 대상으로 귀결된다. 용이 아들의 승천으로 심판 받아 하늘로부터 쫓겨나게 되는 반면 여자는 사탄의 참소로부터 구원받는 은혜를 경험한다.[19] 반면 15장 1a절에서 표적은 15-16장 전체를 포괄하면서 용의 세력이 당하는 최종적 심판의 완성을 나타낸다. 이러한 최종 심판의 완성은 당연히 교회 공동체의 최종적 구원과 승리를 의미한다. 곧 12장에서 시작된 구원과 심판이 15-16장에서 그 완성을 보게되는 것이다. 이처럼 표적을 매개로 1장과 15장은 서로 긴밀한 관계를 가지고 있다.

그리고 이 표적이 "다른 크고 놀라운"이라고 한 것은 12장 1절에서 "큰 표적"과 12장 3절에서 "다른 표적"이라고 한 것을 조합하고 거기에 "놀랍다"를 덧붙인 것이다. 이 세 본문에 나타난 흐름을 보면, 큰 표적(12:1)→다른 표적(12:3)→다른 크고 놀라운 표적(15:1)으로 점진적 발전을 보여주고 있는 것을 알 수 있다.[20] 이러한 발전의 최종적 단계로서 15장 1절의 "다른 크고 놀라운 표적"은 16장부터 시작되는 대접 심판 시리즈가 인 심판 시리즈와 나팔 심판 시리즈에 비하여 특별한 의미를 가지고 있음을 드러낸다. 이러한 특별한 의미는 1c절의 "완성되다"라는 단어에 잘 나타나 있으므로 이 부분을 주해할 때 좀 더 자세하게 논의하기로 한다.

이 표현은 15장 3b절에서 하나님의 사역을 "크고 놀랍다"라고 한 것과 동일하다. 특별히 "놀랍다"(θαυμαστός, 다우마스토스)라는 단어는 70인역에서 "하나님의 놀라운 사역"을 표현하는 데 사용된다.[21] 특별히 신명기 28장 59절에서 히브리어로 מַכּוֹת גְּדֹלֹת וְנֶאֱמָנוֹת(마코트 가돌로트 봐네아마노트, 크고 오랜 재앙)라는 문구

18 Witherington III, *Revelation*, 205.

19 여기에서 아들은 메시아인 그리스도, 여자는 교회 공동체를 의미하고 용은 사탄을 상징한다.

20 오우니는 이러한 관련성을 통해 요한이 15-16장의 내용을 이전 내용과 연결시키려는 "편집자적 의도"로 이해한다(Aune, *Revelation 6-16,* 869).

21 Osborne, *Revelation,* 560; 실제로 구약에서 이 문구와 동일한 말로 된 배경을 찾는 것이 쉽지는 않지만 유사한 형태를 갖추고 있는 것으로서 욥기 42:3(70인역), 토빗 12장 22절(70인역)과 신명기 10장 21절, 시편 110편 2-3절 등이 있다(Smalley, *The Revelation to John,* 387).

는 70인역에서 πληγὰς μεγάλας καὶ θαυμαστάς(플레가스 메갈라스 카이 다우마스타스)로 번역된다. 여기에서 "오랜"(וְנֶאֱמָנוֹת)(봐네아마노트)이란 단어가 70인역에서 '놀라운'(θαυμαστάς, 다우마스타스)으로 번역되어 "크고 놀라운 재앙"이라는 문구를 형성하게 된다. 요한계시록에서는 "재앙" 대신 "표적"이란 단어가 사용되었지만, 표적의 구체적 내용이 일곱 대접심판이라는 "재앙"이라는 점에서 신명기 28장 59절의 70인역이 요한계시록 본문의 배경으로 사용되고 있다고 볼 수 있다.[22]

마지막 일곱 재앙을 가지고 있는 일곱 천사들(1b절) 번역에서 언급한 것처럼 1b절의 이 문구는 1a절의 "크고 놀라운 표적"을 설명한다. 이 문구는 다음에 이어지는 대접 심판 시리즈가 "마지막"(ἐσχάτας, 에스카타스>ἔσχατος, 에스카토스)이라는 것을 보여준다. 대접 심판은 인 심판 시리즈와 나팔 심판 시리즈에 이어 세번째로서 심판에 대한 최종적인 시리즈라는 측면에서 "마지막"이라고 할 수 있고, 또한 미래적 종말의 심판에 초점을 맞추고 있다는 점에서 "마지막"이라고 할 수 있다. 또한 여기에 사용된 재앙(πληγὰς, 플레가스>πληγή, 플레게)은 9장 18절과 20절에서 여섯 번째 나팔 심판을 묘사하는 데에도 사용된 바 있다. 이 본문에서는 일곱 대접 심판을 통칭하는 용어로 이 단어를 사용한다. 일곱 천사가 일곱 재앙을 가지고 있다. 그 천사는 하나님의 뜻을 받들어 하나님의 종말적 뜻을 이루는 하나님의 최종적 심판을 대리한다.

완성되다(1c절) "다른" 그리고 "크고 놀라운" 표적으로서 대접 심판은 인 심판 시리즈나 나팔 심판 시리즈와 비교해서 탁월한 심판의 속성을 가지며 12장 1a절, 3절에서 말하는 표적의 절정이다. 왜 15장 1c절의 표적은 그러한 특징들을 가지고 있는가? 1b절과 1c절에서 그 답을 찾을 수 있다. 곧 일곱 대접 심판은 "마지막 일곱 재앙"(πληγὰς ἑπτὰ τὰς ἐσχάτας, 플레가스 헤프타 타스 에스카타스)이며(1a절) 이것으로 하나님의 진노가 완성되기 때문이다(1c절).

이러한 사실은 대접 심판이 미래적 종말의 시점 곧 예수님 재림 때에 일어날 최종적 심판에 초점을 맞추고 있다는 것을 시사한다. 일곱 대접 심판은 일

22 Koester. *Revelation*, 631.

곱 인 심판과 그리고 일곱 나팔 심판과 평행적 관계를 형성하기에 예수님의 초림과 재림 사이의 기간을 포괄하는 의미를 갖지만, 동시에 하나님의 심판을 마무리하는 단계를 집중적으로 기록한다. 그러므로 대접 심판 시리즈는 "크고 놀라운 표적"인 것이다. 요한은 이러한 미래적 종말 사건을 묘사하기 위한 동사(ἐτελέσθη, 에텔레스데'>τελέω, 텔레오; 완성하다)를 미래 시제가 아닌 부정과거 시제로 사용한다. 이것을 부정과거의 "예변적(proleptic) 용법"으로서 볼 수 있다. 이러한 "예변적 용법"에 의해 "완성되다"의 부정과거형 동사는 완성될 것에 대한 확실성을 확증해 준다. 여기에서 역사의 완성을 향한 하나님의 궁극적인 뜻을 이루시고자 하는 하나님의 강력한 의지를 엿볼 수 있다 .

반면 여기에서 "완성되다"라는 것은 문맥적 흐름의 관계에서도 생각할 필요가 있다. 곧 이제 요한 계시록 내에서 인/나팔 심판 시리즈에 이어 대접 심판 시리즈 후에 심판 시리즈에 대해서 더 이상 말할 내용이 없다는 것이다. 이제 대접 심판에 대한 내용을 끝으로 심판 시리즈는 마무리가 될 것이다.

정리 지금까지 1절 말씀을 살펴 보았다. 위에서 논의한 내용에 의하면 1절은 일곱 대접 심판 전체를 의미하는 표적이라는 단어와 "완성되다"라는 단어를 통한 일곱 대접 심판의 특징을 규정함으로써, 15-16장에서 전개되는 내용의 "표제" 혹은 "요약"으로서의 역할을 하고 있다고 볼 수 있다.[23]

[15:2-4] 어린 양의 노래

2-4절은 A(1절)-B(2-4절)-A′(5-8절) 구조의 B에 해당되는 것으로서 하늘에 존재하는 승리한 자들에 대해 묘사한다. 먼저 2-4절에서 지배적인 것은 새 노래, 어린 양의 노래 그리고 모세의 노래와 같은 것들이다. 이와 관련된 본문은 5:9-10, 14:1-5 그리고 15:2-4이다. 이 세 구절을 다음과 같이 비교할 수 있다.

---

23 Aune, *Revelation 6-16,* 869.

5:8-10	14:2-3	15:2-4
8) a)그리고 그가 책을 취하셨을 때 b)네 생물과 이십사 장로들이 c)각자 하프와 d)성도들의 기도들인 향으로 가득한 금 대접들을 가지고 어린 양 앞에 엎드렸다. 9) a)그리고 그들은 다음과 같이 말하면서 새 노래 를 노래한다: b)"당신은 그 책을 취하고 그것의 인들을 열기에 합당하십니다 c)왜냐하면 당신은 죽임을 당하셨고 e)모든 족속과 언어와 백성과 나라로부터 d)(사람들을) 하나님께 속하도록 당신의 피로 사셨서 10) a)그들을 우리의 하나님께 나라와 제사장으로 만드시고 b)그래서 그들이 땅에서 통치하기 때문입니다.	2) a)그리고 나는 하늘로부터 b)많은 물들의 소리같고 그리고 큰 우레의 소리같은 a)음성을 들었다. c)그리고 내가 들은 음성은 그들의 하프들로 하프연주하는 하피스트들의 소리같다. 3) a)그리고 그들은 b)보좌 앞과 네 생물과 장로들 앞에서 a)새 노래 를 노래한다. c)그리고 d)십사만 사천 e)곧 그 땅으로부터 대속받은자들 d) 외에는 c)아무도 그 노래를 배울 수 없다.	2) a)그리고 나는 불로 섞여진 유리같이 맑은 바다같은 것을 보았다. c)그리고 하나님의 하프를 가지고 있는 유리같이 맑은 바다 위에 서있는 b)짐승으로부터 그리고 그의 형상으로부터 그리고 그의 이름의 수로부터 이긴 자들을 보았다 3) a)그리고 그들은 하나님의 종 모세의 노래 곧 어린 양의 노래를 불러 말하였다: b)당신의 일이 크고 놀랍습니다. 주 하나님 전능하신 이시여. c)당신의 길들은 의롭고 참되십니다. 나라들의 왕이시여. 4) a)주여 누가 당신의 이름을 두려워하지 아니하며 …

위 본문들에는 뚜렷하게 나타나는 두 가지 공통점이 있다. 첫째로, 세 본문 모두 하늘에서 일어난 일들을 기록하고 있다는 것이요, 둘째로, 세 구절 모두 '하프'와 '새 노래'(15장 2절에서는 새 노래 대신 어린 양의 노래)가 등장한다는 점이다. 이 두 가지 공통점을 통해 세 본문 모두 평행적 관계를 가지며 하나님의 구속 사건을 찬양한다는 것을 알 수 있다. 그러나 차이점이 있다면 5장 8-10절과 14장 2-3절은 노래의 명칭을 "새 노래 "라고 하였고 15:1-5에서는 "모세의 노래"와 "어린 양의 노래"라고 한 것이다. 여기에서 "어린 양의 노래"는 "새 노래 "와 다를 바가 없으나 이것을 좀 더 구체적이고 다른 각도에서 표현하고 있는 것으로 볼 수 있다. 그리고 여기에서 "모세의 노래"라는 말을 함으로써 출애굽 모티브가 좀 더 확연하게 드러난다.

2-3a절은 유리 바닷가에 서 있는 승리한 자들과 그들이 모세의 노래 곧 어린 양의 노래를 부르고 있음을 소개하고, 3b-4절에서는 그들이 부르는 노래의 가사를 소개한다. 먼저 2-3a를 살펴 보고자 한다.

(1)승리자들의 노래(2-3a절)

위의 2절에서 요한은 두 항목을 보고 있다. 첫째는 2a절의 "불로 섞여진 유리 바다"이고 둘째는 2bc절의 유리 바닷가에 서 있는 '이긴 자들'이다. 그리고 3a에서 요한은 그들이 모세의 노래 곧 어린 양의 노래를 부르는 소리를 듣는다.

유리 바다(2a절) 요한은 2a절의 '불로 섞인 유리 바다'를 본다. 여기에서 "유리 바다"(θάλασσαν ὑαλίνην, 달라싼 휘아리넨)란 문구는 4장 6절의 "수정같은 유리 바다"와 평행 관계를 갖는다. 4장 6절의 이러한 문구는 에스겔 1장 22절에서 하늘 성전을 묘사하고 있는 것 중의 하나인 "수정의 모습같은 궁창"(나의 번역)(στερέωμα ὡς ὅρασις κρυστάλλου, 스테레오마 호스 호라시스 크뤼스탈루)을 배경으로 한다.[24] 여기에서 궁창은 바다와 동일시된다. 창세기 1장 6-7절을 통해 이러한 사실을 좀 더 잘 이해할 수 있다.

> 6)하나님이 이르시되 물 가운데에 궁창이 있어 물과 물로 나뉘라 하시고
> 7)하나님이 궁창을 만드사 궁창 아래의 물과 궁창 위의 물로 나뉘게 하시니 그대로 되니라

이 창세기 본문에서 "궁창"은 하늘에 속한 것으로서 그 궁창 위에 바다가 있다는 것을 알 수 있다. 이러한 사실을 배경으로 볼 때 하늘 성전을 묘사하는 에스겔 1장 22절의 "수정 같은 궁창의 형상"이란 문구의 "궁창"이란 단어에서 하늘 성전에 바다가 있는 구조를 상상할 수 있다. 이러한 에스겔서 본문은 하늘 성전을 묘사하는 요한계시록 4장 6절의 "수정같은 유리바다"의 배경이 된다. 에스겔 본문에서 "수정"이란 단어가 요한계시록 본문에 사용되고 그리고 "궁창"은 "유리 바다"로 표현되고 있다. 여기에서 '궁창' 대신 '유리 바다'라고 표현한 것은 창세기 1장 6-7절에서 아래 물과 위의 물을 구분하는 '궁창'의 기능을 반영한다. 에녹 2서 3장 3절과 레위의 유언서 2장 7절과 같은 유대 문헌에서 궁창의 존재는 하늘에 바다가 있다고 생각하게 되는 근거이며, 또한 지상의 솔로몬 성전의 놋바다도 하늘에 바다가 있다는 사실을 반영한다(참조. 왕상 7:23; 대하 4:2).[25]

불로 섞인(2a절) 여기에서 흥미로운 것은 4장 6절에서 "수정같은"이라는 "바다"를 수식하는 관용구가 15장 2a절에서 "불이 섞인"으로 바뀌어 있다는 것이

24 Beale, *The Book of Revelation*, 64.
25 Smalley, *The Revelation to John*, 384.

다. 이러한 변화의 이유는 무엇인가? 그것은 바로 2-4절이 대접 심판의 맥락에 주어지고 있기 때문이다. 요한 계시록에서 "불"은 주로 심판 이미지로 사용되고 있다.[26] 예를 들면 8장 5절의 "제단의 불"이나 8장 7절의 "피로 섞여진 불"과 8장 8절의 "불로 말미암아 타는 큰 산", 8장 10절의 "횃불같이 타는 큰 별", 11장 5절의 "불이 그들의 입으로부터 나와서 그들의 원수들을 멸망시킨다"와 그 외에서도 14장 10절, 17장 16절과 18장 8-9절, 19장 20절, 20장 10, 14절 그리고 21장 8절 등에서 심판의 의미로 "불"을 사용한다.[27] 그러므로 문맥의 변화에 의해 "수정같이" 평화롭던 것이 "불로 섞인" 살벌한 분위기로 바뀐 것이다.[28] 다니엘 7장 10절에 의하면 보좌 앞에서 "불이 강처럼" 흘러나와 짐승이 죽임을 당하는 심판의 장면이 연출되는데 이러한 심판의 정황을 바로 요한계시록의 "불로 섞인 유리바다"의 배경으로 볼 수 있다.[29]

이긴 자들(2b절) 2b절에서 불로 섞인 유리 바다에 "짐승으로부터 그리고 그의 형상으로부터 그리고 그의 이름의 수로부터 이긴 자들"이 서 있다.[30] 먼저 이렇게 서 있는 장면은 14장 1a절에서 144,000이 어린 양과 함께 하늘의 시온산에 서있는 승리한 모습과 평행 관계를 보여주고 있으며 승리자로서의 면모를 충분히 보여준다. 그리고 위의 목록 중에서 첫번째인 "짐승"은 13장 1-10절에서 등장하는 첫째 짐승을 말하고 "그의 형상"은 13장 14-15절에서 말하는 첫번째 짐승의 형상을 말하고 그리고 "그의 이름의 수"는 13장 17절에서 첫 번째 짐승의 모델로서 네로 황제의 헬라어 이름을 히브리어로 음역하여 "게마트리아"(gematria) 식으로 계산한 666을 가리킨다. 이 세 가지 항목은 상호 밀접한 관계를 가지며 특별히 나중 두 가지는 처음 짐승을 좀 더 구체적으로 보충 설명하는 역할을 한다. 이러한 세 번의 반복은 승리한 자들의 정체성을 더욱 강조하려는 의도로 보인다. 번역에서도 언급한 것처럼 세 개의 항목마다 분리의 용법으로 사용되는 '에크'(ἐκ)가 사용되어 이긴 자들이 "짐승" 혹은 "그의 형상" 혹은 "그의 이름의 수"로부터 자신을 분리시켜 자신을 짐승으로부터 지킨 자

---

26 Osborne, *Revelation*, 562.
27 앞의책.
28 Charles, *A Critical and Exegetical Commentary on the Revelation of St. John*, 2:33.
29 비일은 요한계시록 본문이 다니엘서를 성취하는 관계로 이해한다(Beale, *The Book of Revelation*, 790).
30 13장 본문과 비교하면 이 목록에서 "짐승의 표"(13:16c, 17a)가 생략 되었다.

들이다. 이것이 승리의 참 의미라고 할 수 있다.

그렇다면 여기에서 "이긴 자들"은 누구를 가리키는 것일까? 결론적으로 말하면 "이긴 자들"은 교회 공동체를 가리킨다고 보는 것이 적절하다.[31] 요한계시록 전체에서 교회 공동체를 가리키는 몇 가지 표현이 있다. 7장 1-8절의 "그들의 이마에 하나님의 인침받은 자들"(참조 9:4)과 7장 9-17절의 "아무도 셀 수 없는 큰 무리," 12장 12절과 13장 6절에서 "하늘에 거하는 자들"(참조 13:8), 14장 1-5절의 "144,000" 그리고 13장 8절과 17장 8절 그리고 20장 15절에서 "생명책에 그들의 이름이 기록된 자들"과 20장 4절에서 "이마와 손에 짐승의 표를 받지 않은 자"(참조 16:2)가 있다. "이긴 자들"은 그 중의 하나이다. 특별히 이 본문에서 "이긴 자들"은 7장 9-17절의 "아무도 셀 수 없는 큰 무리"와 12장 12절과 13장 6절의 "하늘에 거하는 자들" 그리고 14장 1-5절의 "144,000"처럼 현재 하늘에 존재하는 상태를 나타내주고 있다. 왜냐하면 그들은 하늘에 있는 유리 바다가에 서 있기 때문이다(2c절).

한편 블라운트는 하프의 존재가 7장 9-17절의 "셀 수 없는 큰 무리"와 14장 2절의 144,000 그리고 15장 2절의 "이긴 자들"을, 교회 공동체를 의미하는 "동일한 무리"로 보는 근거로 제시하기도 한다.[32] 이 세 경우에서 성도들은 승리자로서 하늘 성전에서 제의적 악기인 하프를 가지고 하나님을 예배하는 행위를 보여준다. 이처럼 "하늘에 거하는 자들"로서 "이긴 자들"은 "짐승으로부터" 그리고 "그의 형상으로부터" 그리고 "그의 이름의 수"로부터 자신을 분리시켜 지킨 자들이다.[33] 달리 표현하면, 그들은 짐승 앞에 굴복하여 짐승을 숭배하지 않은 자들로서 짐승의 표를 받지 않고 대신 하나님의 인을 받은 자들이라고 할 수 있다. 이러한 사실은 2-4절의 '이긴 자들'이 교회 공동체를 의미한다는 사실을 더욱 지지해 준다. 따라서 "이긴 자들"을 단순히 순교자들로 해석하는 스웨테의 입장에 동의할 수 없다.[34] 물론 짐승으로부터 자신을 지키다가 순교를 초래할 수도 있지만 그렇다고 모든 그리스도인들이 순교를 당하는 것은 아니다. 따라서 이 본문에서 "이긴 자들"은 순교자와 잠재적 순교자

---

31 Harrington, *Revelation*, 158.

32 Blount, *Revelation*, 285.

33 BDF, § 212는 이 문구를 " 자신들 짐승으로부터 지켰다"(τηρήσαντας ἑαυτοὺς ἐκ τοῦ θηρίου, 테레산타스 헤아우투스 에크 투 데리우)라는 의미로 제안한다.

34 Swete, *The Apocalypse of St. John*, 191.

모두를 포함한다고 볼 수 있다.

더 나아가서 "이긴 자들"은 출애굽기 15장 3절의 "여호와는 용사(warrior)시니"라고 한 것과 밀접하게 연결된다. 곧 출애굽기 15장에서 모세의 노래는 애굽을 이기신 용사, 여호와 하나님에 대한 찬양이라고 할 수 있는데 그러한 하나님의 승리는 이스라엘의 구원을 이끌어 낼 수 있었다. 그렇다면 지금 하늘에서 어린 양의 노래를 부르는 이들의 승리도 역시 하나님의 승리에 근거한 것이며 그 승리에 근거하여 얻은 구원을 기뻐하며 노래하고 있는 것이다. 다만 출애굽에서의 이긴 자들과의 중요한 차이는 요한계시록에서 하나님의 승리는 어린 양의 대속 사역으로 말미암았다는 사실이다. 이긴 자들의 승리와 구원 이면에는 대적들에 대한 하나님의 심판이 발생했다는 사실이 전제된다. 모세의 노래가 애굽에 대한 심판으로 말미암은 승리라면 어린 양의 노래는 대접 심판에서 보여주는 것처럼 짐승과 짐승의 나라에 대한 심판으로 말미암아 교회 공동체가 승리했다는 것을 보여주고자 한다. 여기에서 구원과 심판이 동전의 양면 같이 동시에 발생하는 관계라는 사실을 다시 한 번 보여준다. 다음 단락에서 이러한 주제가 논의 될 것이다.

하나님의 종 모세의 노래, 어린 양의 노래(2c, 3a절) 2c절과 3a절에서 이긴 자들은 유리 바다가에 서서 하나님의 하프를 가지고 "모세의 노래" 곧 "어린 양의 노래"를 부른다. 먼저 "모세의 노래"에서 "모세의"라는 소유격은 "모세를 노래하다"를 뜻하는 목적격적 소유격이 아닌 것이 분명하다. 그렇다면 "모세의"는 주격적 소유격인 것이 분명하다.[35] 따라서 "모세가 노래하다"라는 의미이다. 모세는 "하나님의 종"이요[36] 하나님의 대리통치자로서 이스라엘을 애굽에서 인도하여 낸 지도자로서 역할을 감당한다. 그렇다면 "어린 양의 노래" 역시 "어린 양의"를 주격적 소유격으로 보고 "어린 양이 노래하다"라는 의미로 이해할 수 있다. 여기에서 어린 양은 모세와 대응되는 인물이며 하나님의 보냄받은 메시야로서 십자가의 죽음과 부활을 통해 하나님의 백성을 세상으로

35 Smalley, *The Revelation to John*, 386.

36 구약에서 모세는 종종 "하나님의 종"으로 불린다(왕상 8:56; 시 105:26; 신 34:5; 수 1:2; 1:7) (Koester, *Revelation*, 632). 여기에서 "종"이라는 호칭은 낮추는 말이 아니라 하나님의 대리 사역자로서의 특징을 부여한다(앞의 책).

부터, 짐승으로부터 구원해 내는 새출애굽의 역사를 이루신 분이시다.[37] 동시에 "어린 양의"라는 소유격을 목적격적으로 간주하여 "어린 양을 노래하다"로 이해할 수도 있다. 이 경우에 어린 양은 찬양과 경배의 대상이다. 요한계시록 5장 12–13절은 어린 양을 하나님과 동등하게 찬양하는 대상으로 삼고 있다.

여기에서 "하나님의 하프"라는 문구에서 "하나님의"라는 소유격은 목적격적 소유격으로서 "하나님을 찬양하기 위해 연주하는 하프"라고 풀어서 생각할 수 있다.[38] 하프는 요한 계시록에서 구속을 주제로 하는 새 노래 와 항상 함께 등장한다(참조 5:8-9; 14:2). 그렇다면 이 본문에서 하프와 함께 등장하는 "어린 양의 노래"는 새 노래 와 동일시 될 수 있다. 이처럼 새 노래 와 어린 양의 노래가 동일시 될 수 있다면 그 노래를 부르는 자들도 동일시할 수 있다. 따라서 5장 8–9절에서 새 노래를 부르는 24장로와 14장 2절에서 새 노래 를 부르는 144,000 그리고 15장 2c절과 3a절에서 "이긴 자들"은 모두 교회 공동체를 상징하는 것으로 볼 수 있다.[39]

그리고 2c절과 3a절에서 "하나님의 종 모세의 노래"와 "어린 양의 노래"를 동격으로 병치시키고 있는 것은 매우 큰 의미가 있다. 정확하게 말하면 요한계시록 15장 2c절과 3a절에서 "이긴 자들"이 부른 노래는 "모세의 노래"라기 보다는 "어린 양의 노래"이다. 그럼에도 불구하고 이러한 병치를 통해 저자 요한은 출애굽 사건과 그리스도의 구속 사건의 평행 관계를 의도적으로 드러내고자 한다. 여기에서 "모세의 노래"는 출애굽기 15장에서 홍해를 건넌 후 홍해에 수장된 애굽 군대를 보면서 모세가 부르고(출 15:1-18) 미리암이 소고치며 화답했던 정황(출 15:19-21)을 연상시킨다. 그러한 "모세의 노래"와 같이 이제 "이긴 자들"은 애굽의 홍해 바다가가 아닌, 하늘에 있는 유리바다가에서 "어린 양의 노래"를 부름으로 승리를 자축하고 있는 것이다.

새출애굽 모티브 요한 계시록 15장 2–4절과 출애굽기 15장의 평행적 관계를 이루며, 따라서 하늘의 유리바다 가에 서서 어린 양의 노래를 부르고 있는 "이긴 자들"은 출애굽 당시 홍해를 건넌 후 이스라엘을 위한 하나님의 구속 사건

---

37 앞의 책.
38 Beale, *The Book of Revelation*, 791.
39 Blount, *Revelation,* 285. 블라운트는 5장 8-9절 대신 7장 9-17절을 제시하는데 후자는 "하프"의 존재와 관계가 없다.

을 노래했던 모세와 미리암 그리고 이스라엘의 성취로 이해할 수 있다는 사실에 대해 앞서 논의한 바 있다. 여기에서 홍해와 유리바다가 서로 대응되며,[40] 또한 출애굽 모티브가 요한계시록 15장 2-4절에서 교회 공동체를 의미하는 하늘의 '이긴 자들'에게 적용된다. 이러한 관계에 근거할 때 하늘의 '이긴 자들'은 모세로 대표되는 출애굽 한 이스라엘(구약 교회)의 성취라고 할 수 있다. 이런 점에서 요한계시록 15장은 새출애굽 모티브를 함의한다.[41] 새출애굽 한 "이긴 자들"은, 출애굽 하여 홍해를 건넌 이스라엘 백성들이 더 이상 애굽 군대의 위협을 받지 않는 안전한 곳으로 진입하게 된 것처럼, 하늘 곧 하늘의 유리바다가에서 더 이상 짐승의 공격이 미치지 않는 안전한 곳에 있게 된 것이다.

(2)어린 양의 노래의 내용(3b-4절)

이 본문은 하나님에 대한 경배를 명령하는 4a절의 의문문을 중심으로 양쪽에 그 질문에 대한 답변을 하는 형식으로 구성된다. 먼저 3bc절는 하나님의 크고 놀라운 일에 대해서 언급하고 4bcd절은 '왜냐하면'이라는 접속사를 통해 그 이유를 제시한다.

크고 놀랍다(3b절) 먼저 3b절에서 어린 양의 노래 "당신의 일이 크고 놀랍습니다"(μεγάλα καὶ θαυμαστὰ τὰ ἔργα σου, 메갈라 카이 다우마스타 타 에르가 수)에 사용된 "크다"(μεγάλα, 메갈라>μέγας, 메가스)와 "놀랍다"(θαυμαστά, 다우마스타>θαυμαστός, 다우마스토스)는 출애굽기 14장 31절의 "큰 능력"(τὴν χεῖρα τὴν μεγάλην, 텐 케이라 텐 메갈렌)의 "큰"(μεγάλην, 메갈렌>μέγας, 메가스)과 출애굽기 15장 11절의 "기이한 일"(θαυμαστός, 다우마스토스)을 조합하여 표현한 것이다.[42] 이러한 관계는 3b-4절에서 모세의 노래와 어린 양의 노래를 서로 평행 관계로 병치시킨 것과 밀접한 관련이 있다.

그렇다면 여기에서 하나님의 일이 크고 놀라운 이유는 무엇일까? 먼저 하

40 홍해바다와 유리바다와의 연동관계에 대해서 *Mekilta de Rabbi Ishmael,* Beshallaḥ 5.15 (on Exod. 14:16-21)와 ARN 30a을 참조하라(Beale, *The Book of Revelation,* 791-92).

41 Smalley, *Revelation*, 384; Bauckham, *The Climax of Prophecy*, 299.

42 비일은 3-4절의 "실제적 내용"이 출 15장에서 나왔다는 것을 부정하고 하나님의 성품을 찬양하는 구약의 전반적인 본문을 자료로 사용하고 있다고 주장한다(Beale, *The Book of Revelation,* 794). 구약의 전반적인 본문에서 그 자료를 사용하고 있다는 것을 부정할 수는 없으나 그렇다고 언어적 평행에 의해 명백하게 드러나는 출 15장과 관련성을 부정하는 것에도 신중할 필요가 있다.

나님의 일은 출애굽 15장의 출애굽 사건을 배경으로 하는 요한계시록 15장의 새출애굽 사건을 가리킨다.[43] 이러한 하나님의 일이 크고 놀라운 것은 출애굽 사건에서는 불가항력의 애굽의 권세에서 하나님께서 이스라엘을 구원해 주셨기 때문이고 요한계시록의 문맥에서는 짐승의 능력과 권세로부터 성도들로 승리하게 하시고 그들로 하늘의 유리바다가에서 하나님을 찬양할 수 있게 하셨기 때문이다. "크다"는 것은 하나님의 일의 규모와 관련된 것이고 "놀랍다"는 것은 "하나님의 일이 크다"는 것에 대한 반응을 표현해 주고 있다. "하나님의 일이 크고 놀랍다"는 사실은 하나님을 "전능하신 하나님"으로 호칭하는 것과 유기적으로 연동된다는 것을 주목할 필요가 있다. "전능하신 이"(ὁ παντοκράτωρ, 호 판토크라토르)란 호칭은 "하나님의 택하신 백성의 역사적 사건에 대한 완전한 주권"을 의미하기 때문에 이러한 연동 관계를 더욱 지지해 준다.

의롭고 참되다(3c절) 여기에서 3b절은 또한 3c절과 평행적 관계다. 곧 3b절의 "주 하나님 곧 전능하신 이"는 3c절의 "나라들의 왕"이라는 하나님에 대한 호칭과 평행되고 그리고 3b절의 "당신의 일이 크고 놀랍습니다'라는 문구는 3c절의 "당신의 길들은 의롭고 참되십니다"라는 문구와 평행된다.[44] 그러므로 3c절은 3a절의 내용을 반복하여 말하는 것으로 이해할 수 있다. 그러나 단순 반복이 아니라 변형을 통해 내용과 의미의 발전을 가져온다. 먼저 3c절에서 "당신의 길들은 의롭고 놀랍다"에서 "당신의 길들"은 3b의 "당신의 일들"을 달리 표현하는 것으로서 하나님의 사역에 대한 표현으로 볼 수 있다. 이러한 관계는 이사야 40장 3절과 43장 2절에 잘 나타나 있다.

> 외치는 자의 소리여 이르되 너희는 광야에서 여호와의 길을 예비하라 사막에서 우리 하나님의 대로를 평탄하게 하라(40:3)
>
> 네가 물 가운데로 지날 때에 내가 너와 함께 할 것이라 강을 건널 때에 물이 너를 침몰하지 못할 것이며 네가 불 가운데로 지날 때에 타지도 아니할 것이요 불꽃이 너를 사르지도 못하리니(43:2)

첫번째 본문인 이사야 40장 3절에서 "여호와의 길"은 곧 바벨론 포로 해방을

---

43 또한 하나님의 일은 전통적으로 창조와 구원 사역을 표현할 때 사용한다((쥬디스 16:13; 단 9:4; 욥 42:3 LXX; Ep. Arist. 155; 토빗12:22; 시락 43:29; 시편 111:2-4; 139:14; Koester, *Revelation*, 632)

44 Beale, *The Book of Revelation*, 795.

위한 하나님의 일에 대한 은유적 표현이라고 할 수 있다. 그리고 두 번째 본문인 43장 2절은 "길"이라는 단어는 나오지 않지만 출애굽 사건에서 하나님께서 이스라엘과 출애굽 후에 광야의 "길"을 함께 동행했던 경험을 회상하는 내용이다.[45]

그리고 "크고 놀랍다"에 평행 관계인 "의롭고 놀랍다"는 문구가 사용된다. 이 문구는 신명기 32장 4절(우리말 번역으로는 "그의 모든 길이 정의롭고 진실하고 …" 라고 되어 있다)과 시편 145편 17절을 배경으로 한다.[46] 이 구약 배경을 통해 본문은 하나님의 일이 단순히 능력을 과시하는 수준이 아니라 "그의 의로운 속성의 도덕적 표현"이라는 것을 잘 보여준다.[47] 곧 출애굽이나 새출애굽과 같은 하나님의 구속의 역사는 자신이 얼마나 의로우신가를 보여주는 최고의 통로라는 것이다.[48] 이러한 사실은 13장에서 짐승의 능력과 권세로 말미암아 온 땅이 "짐승에 대해 놀라 그를 따랐다"(13:4)고 하였으나 그의 입에서 나오는 말은 "교만한 것들"과 "모독들"(13:5)이었다는 것과 대조적인 모습을 보여준다. 짐승은 그의 능력과 권세에 있어서 도덕적 정당성을 갖지 못하기 때문에 그가 행사하는 능력과 권세는 영원하지 못하며 사람들의 진정한 찬양과 경배를 받을 수 없다.

또한 "어린 양의 노래"의 내용이 출애굽기 15장의 모세의 노래를 배경으로 한다는 것에 근거해 볼 때, "크고 놀랍다"에 "의롭고 참되다"는 말이 덧붙여진 것은 모두 출애굽 사건을 새출애굽 사건에 적용시킨 것으로 볼 수 있다. 따라서 이러한 표현들은 하늘에 승리한 자들의 존재를 가능케 하신 하나님의 새출애굽 사역에 대한 의미를 더욱 분명하고 풍성하게 해준다. 짐승을 이기고 하늘에 존재하게 된 하늘의 이긴 자들은, 애굽의 바로 왕의 권세와 능력을 제압하고 이스라엘이 출애굽하여 홍해를 건너게 된 것 그 이상으로 짐승의 권세와 능력을 압도하는, 크고 놀라우며 의롭고 참된 하나님의 새출애굽 사역에 참여하게 되는 것이다. 바로 그 하나님의 새출애굽 사역은 그 능력으로 보면 "크고 놀랍고" 도덕적으로 보면 "의롭고 참되다." 그 어떠한 세상의 권세나 능력도 하나님의 새출애굽 사역을 능가할 만한 것들은 존재하지 않는다.

---

45 McKenzie, *Second Isaiah*, 18.
46 Reddish, *Revelation*, 292.
47 Beale, *The Book of Revelation*, 795.
48 앞의 책.

나라들의 왕이시여(3c절) 그리고 3c절의 후반부에 "나라들의 왕이시여"라는 문구는 3b절의 "전능하신 이"와 평행을 이루고 있는데, 후자가 역사에 대한 "하나님의 주권"을 나타내 주고 있는 것이라면, 전자는 후자를 좀 더 구체적으로 설명하면서 하나님의 통치권을 거부하는 세상 세력에 대한 "하나님의 궁극적인 왕적 통치"(God's ultimate royal rule)를 고백하는 것이라고 할 수 있다(참조 2:26; 11:2, 18; 12:5; 14:8; 16:19; 19:15; 20:3, 8).[49] 특별히 "나라들의"(τῶν ἐθνῶν, 톤 에드논)란 단어가 우주적 통치를 돋보이게 한다. 3c절의 전반부의 "의로움"과 "참됨"은 이스라엘 전통(왕상 3:28; 10:9; 시편 72:1; 잠언 29:4)과 그리스 로마의 세계(디오 크리소스톰, 『대화록』, 1:26; 2:54)에서 "왕의 덕목"으로 간주되었다.[50] 따라서 이 두 부분의 조합은 매우 자연스런 결과이다. 나라들의 왕으로서 하나님은 의롭고 참되시다.

누가 … 아니하겠습니까?(4ab절) 4ab절은 주여 누가 당신의 이름을 경외하지 아니하며 영화롭게하지 아니하겠습니까? 라고 질문한다. 이 질문은 수사 의문문으로서 하나님의 이름을 경외하고 영화롭게 하는 것에 대한 강한 긍정의 의미를 전달한다. 여기에서 이중 부정(οὐ μὴ, 우 메)은 강한 긍정을 더욱 강화시키고 있다. 이 질문형 문구는 3bc절에서 전능하신 나라들의 왕으로서 하나님의 사역의 크고 놀랍고 의롭고 참된 모습에 대한 반응으로 주어진다. 4ab의 "누가 … 아니하겠습니까?" 라는 문형은 3c절의 "나라들의 왕이시여"라는 문구가 함의하는 하나님의 우주적 통치에 대한 경이적 반응이라고 할 수 있다. 이 문형을 서술문으로 바꾸어 표혀하면 "모든 자가 (반드시) … 할 것입니다" 라고 할 수 있다. 곧 하나님을 두려워하고 영화롭게 하는데 예외가 없다는 것을 의미한다. 물론 이것은 회개하지 않은 자들도 포함한 모든 자가 구원 받을 것을 의미하지 않는다.[51] 요한계시록 21장 8, 27절과 22장 15절에서 회개하지 않는 자들은 새예루살렘 공동체에 소속될 수 없음을 천명하고 있기 때문이다.[52]

그리고 이 질문은 13장 4d절에서 "누가 그 짐승과 같은가? 누가 그와 전쟁할 수 있는가?"라는 질문 형식과 유사하지만 그 내용은 대조적이다. 동시에

---

49 Boxall, *The Revelation of St. John*, 219.
50 Koester, *Revelation*, 632.
51 Witherington III, *Revelation*, 206.
52 Bauckham, *The Climax of Prophecy*, 313, n. 100.

모세의 노래 중 일부분인 출애굽기 15장 11절과 평행 관계를 보인다.[53)]

> 여호와여 신 중에 주와 같은 자가 누구니이까 주와 같이 거룩함으로 영광스러우며 찬송할 만한 위엄이 있으며 기이한 일을 행하는 자가 누구니이까

이 출애굽기 말씀에서 모세는 여호와 하나님의 탁월함과 거룩함 그리고 영광스러움과 위엄을 강조하여 표현한다. 이상에서 요한은 13장의 짐승에 대한 경배와 출애굽기 15장의 모세의 노래를 이중 배경으로 사용하고 있다.

또한 이 본문에서 "경외하다"(φοβηθῇ, 포베데>φοβέω, 포베오)는 11장 18절의 "성도들과 [그의 이름을] 경외하는 자들"(τοῖς ἁγίοις καὶ τοῖς φοβουμένοις, 토이스 하기오이스 카이 토이스 포부메노이스)이라는 문구에서 보여주고 있듯이, 성도들과 동격관계로 사용되기도 한다. 19장 5절에서도 성도들 대신 "종들"(οἱ δοῦλοι)과 동격으로 사용되어 하나님을 "경외하는 자들"이 성도들을 의미한다는 사실을 잘 드러낸다. 또한 요한계시록에서 "영화롭게하다"(δοξάσει, 도크싸세이>δοξάζω, 도크싸조)는 동사는 명사 형태(δόξα, 도크싸)로 하나님에 대한 예배의 정황을 표현하는 데 사용된다(1:6; 4:9; 4:11; 5:12, 13; 7:12; 19:1). 16장 9절에서는 회개하지 않은 것과 영광을 하나님께 드리지 않는 것을 동일시 한다. 이것은 바꾸어 말하면 영광을 하나님께 드리는 것이 곧 회개의 결과라는 것이다. 11장 13절에서는 "두려워하는 것"과 "하나님께 영광을 돌려 드리는 것"이 인과 관계로서 하나님에 대한 믿음의 발현으로 나타난다. 14장 7절에서도 이 두 문구가 함께 사용된다.

그리고 15장 4ab절은 또 다른 구약 본문을 배경으로 사용하고 있는데 그것은 바로 예레미야 10장 7절이다.[54)]

> 이방 사람들의 왕이시여 주를 경외하지 아니할 자가 누구리이까 이는 주께 당연한 일이라 여러 나라와 여러 왕국들의 지혜로운 자들 가운데 주와 같은 이가 없음이니이다

이 예레미야 본문은 우상의 무능과 하나님의 크신 능력을 비교한다.[55)] 위 본문에서 "이방 사람들의 왕이시여"라는 문구는 3c절의 "나라들의 왕이시여"라는 호칭과 평행 관계를 보인다. 그리고 "주를 경외하지 아니할 자가 누구리이

53 Mounce, *The Book of Revelation*, 285.
54 Charles, *A Critical and Exegetical Commentary on the Revelation of St. John,* 2:36. 이본문은 아킬라와 데오도티온역에는 있지만 70인역에는 없다(앞의 책).
55 Craigie, *Jeremiah 1-25*, 159.

까"는 4ab절의 문형과 매우 유사하다. 차이점은 요한계시록 본문은 질문에 대해 직접적으로 답변이 제시되지 않는 반면, 예레미야 본문은 후반부에서 이 질문에, "주께 당연한 일이라 여러 나라와 여러 왕국들의 지혜로운 자들 가운데 주와 같은 이가 없음이니이다"라고 즉각적으로 답변한다는 것이다. 여기에서 이러한 질문으로 하나님의 크신 능력이 강조되고 우상의 무능이 더욱 드러난다. 이러한 패턴을 요한계시록 본문에 적용하면 하나님은 짐승의 권세와 능력을 능가하며 압도한다는 사실과 짐승이 무능하다는 사실이 강조된다.

그리고 다음 구약 배경으로서 시편 86편[70인역은 85편] 9-10절을 살펴볼 필요가 있다.[56]

> [9]주여 주께서 지으신 모든 민족이 와서 주의 앞에 경배하며 주의 이름에 영광을 돌리리이다 [10]무릇 주는 위대하사 기이한 일들을 행하시오니 주만이 하나님이시니이다

이 시편 말씀은 여호와를 "비교할 수 없는 주권"(incoparable soverignty)을 가지신 분으로서 구원을 이루시는 데 "경이로운 일들의 행위자"(Worker of Wonders)로 선포한다.[57] 이 본문의 9절에서 "경외하다" 대신 "경배하다"(προσκυνήσουσιν, 프로스퀴네수신>προσκυνέω, 프로스퀴네오)라는 동사가 "영광을 돌리다"(δοξάσουσιν>δοξάζω)와 함께 사용된다. 사실상 "경외하다"와 "경배하다"는 서로 연관되는 의미를 공유한다. 그리고 위 본문의 10절에서 "기이한 일"은 '다우마시아'(θαυμάσια>θαυμάσιος, 다우마시오스)로서 요한계시록 15장 3b절의 "놀라운"(θαυμαστὰ, 다우마스타>θαυμαστός, 다우마스토스)과 '다우마'(θαυμα-)라는 동일한 어근이다. 이러한 언어적 평행은 두 본문 사이에 평행 관계를 나타내며, 시편의 말씀이 요한계시록 15장 4ab절의 구약 배경이라는 것을 보여준다.

따라서 이 시편 말씀의 배경을 요한계시록 본문에 반영하면, 본문은 모든 민족과 나라가 하나님을 경배하는 데 예외가 없다는 것을 강조한다고 볼수 있다. 이러한 우주적 통치 개념은, 앞에서 언급한 것처럼, 4ab절의 "누가 … 아니하겠습니까"라는 문형에 잘 나타나 있다.

당신만이 거룩하시다(4c절) 4c절은 '호티'(ὅτι)로 시작하여 앞의 4ab절의 이유를

56 Roloff, *The Revelation of John*, 184.
57 Tate, *Psalms 51-100,* 381.

제시한다. 곧 하나님을 경외하고 그의 이름을 영화롭게 하는 것은 하나님께서 거룩하시기 때문이라는 것이다. "거룩하다"라는 단어에 해당하는 헬라어는 일반적으로 '하기오스'(ἅγιος)가 사용되나(요한계시록에서 24회 사용) 4c절에서는 '호시오스'(ὅσιος)라는 단어가 사용되었다.[58] 이것은 구약 배경으로서 시편 145편 17절(70인역)에서 '큐리오스 … 호시오스(κύριος … ὅσιος)라는 문구의 영향 때문이라고 할 수 있다.[59] 이 단어에 해당하는 히브리어는 '하시드'(חָסִיד)로서 "신실한"(faithful) 혹은 "경건한"(godly)이라는 의미이다.[60] 그런데 70인역에서 "거룩한"이라는 의미를 가지는 '호시오스'로 번역한 것은 흥미로운 일이 아닐 수 없다.[61] 신명기 32장 4절의 70인역의 경우에도 동일한 패턴이 나타난다.[62] 단지 신명기 말씀에서 '호시오스'는 시편 말씀의 '하시드'가 아니라 '야샤르'(יָשָׁר; 의로운)에 대한 번역으로 사용된다. 70인 번역자는 '호시오스'를 사용하여 거룩하다는 의미를 전달하고자 하는 경향을 발견할 수 있다.

여기에서 "거룩하다"는 것은 단순히 도덕적이고 윤리적인 것이 아니라 "모든 피조물로부터 철저하게 구별되어 그 피조물 위에 무한한 위엄으로 높임받는 것"을 의미한다.[63] 따라서 하나님의 거룩함은 "절대적인 강렬한 압도(overpoweringness)" 혹은 "엄청난 위엄"(aweful majesty)을 내포한다.[64] 여기에 '모노스'(μόνος, 오직)가 사용되어 이러한 특징이 오직 하나님께만 속해 있음을 제시한다. 이 단어는 하나님의 유일성을 표현하는 데 사용된다(시빌의 신탁 3:629; 딤전 1:17; 유다서 25).[65] 요한은 이러한 의미를 요한계시록 본문에 적용하여 오직 하나님만이 용의 세력을 비롯하여 모든 세상 세력보다 뛰어 나셔서 그들을 심판하시며 또한 동시에 하나님의 백성을 구원하시기에 충분하시다는 사실을 표명하고 있다. 그리고 이것이 바로 4ab절에서 하나님을 두려워하고 그의 이름을 영화롭게 하지 않을 수 없는 이유인 것이다.

---

58 이 문구는 요한계시록에서 이 본문과 16장 5절에서 한 번 더 사용된다(Osborne, *Revelation*, 567).
59 Osborne, *Revelation*, 567.
60 *HALOT*, 337.
61 BDAG, 728(2a)
62 Osborne, *Revelation*, 567.
63 L. Berkhof, *Systematic Theology* (Grand Rapids: Eerdmans, 1939), 73.
64 벌코프는 오토(Otto)의 저서(Das Heilige)로부터 이 문구를 인용하여 이같이 표현한다(위의 책).
65 BDAG, 658(1aδ)

모든 나라들이 경배하다(4d절) 4d절에서 또 다른 이유를 말하는 '호티(ὅτι)'절이 전개된다. 이 '호티'절은 4c절과 함께 4ab절에 대한 이유를 말한다. 4d절은 4ab절의 예배의 주제에 대한 이유를 4c절과는 다른 각도에서 진술한다.[66] 곧 4c절은 하나님의 이름을 영화롭게 하는 이유를 "거룩하시기 때문"이라고 한 반면 4d절은 "모든 나라들이 와서 하나님 앞에 경배할 것이기 때문"이라고 말한다. 전자는 하나님의 내적 속성을 나타내고 있다면, 후자는 하나님에 대한 사람들의 외적 반응을 보여준다. 하나님은 거룩하시기 때문에 영광 받으시기에 합당하고, 모든 나라들이 와서 하나님을 경배할 것이기 때문에 영광을 받으시기에 합당하다.

특별히 4d절에 두 개의 동사가 사용된다. 첫번째 동사는 '오다'(ἥξουσιν>ἥκω)이다. 이 동사는 순례의 주제를 내포한다. 두번째로 사용된 동사는 "경배하다"(προσκυνήσουσιν>προσκυνέω)이 다. 이 동사는 4ab절의 예배 주제와 밀접하게 관련된 언어이다. 이 두 동사의 사용을 통해 이 본문에 순례와 예배의 주제가 조합되어 있음을 알 수 있다. 특별히 "모든 나라들"(πάντα τὰ ἔθνη)이 주어로 사용되는데 이 문구는 "세상 전체가 그것의 부분(a part of it)을 대신하는" 일종의 "환유법"으로 사용된다. 곧 이 문구는 "예외 없는 모든것"(all without exception)이 아니라 "구별된 모든 것"(all with distinction)을 의미한다.[67] 이 표현을 통해 하나님의 통치의 우주적 성격이 드러난다. 그리고 3c절의 "나라들의 왕이시여"라는 호칭에서 "나라들" 앞에 "모든"을 덧붙임으로 우주적 통치의 의미를 좀 더 강화시킨다.

"모든 나라들"이라는 문구는 구약에서 에덴 회복의 전형적인 여러 패턴 가운데 하나이다. 에덴에서 하나님은 아담을 통해 모든 만물이 하나님의 통치를 받도록 계획하셨다. 타락 후에는 아브라함과 이삭과 야곱을 통해 모든 나라들을 하나님의 통치 안으로 들어 오도록 큰 민족과 가나안 땅을 약속하셨다. 그 약속이 성취되어 이스라엘은 가나안 땅에 정착하여 큰 민족을 이루고 모든 나라들에게 하나님을 경배하도록 하는 이방의 빛으로 세움을 받는다. 선지자들은 이러한 전통을 이어받아 세상의 모든 나라들이 하나님 통치의 발원지인 예루살렘으로 와서 하나님을 경배할 것이라는 종말적 비전을 제시하였

66 Koester, *Revelation*, 633.
67 Beale, *The Book of Revelation*, 797-98.

다. 이런 선지자들의 종말적 회복의 메시지 중에 4d절에 관련된 말씀으로서 이사야 2장 2절과 예레미야 16장 19절이 있다.[68]

> 말일에 여호와의 전의 산이 모든 산 꼭대기에 굳게 설 것이요 모든 작은 산 위에 뛰어나리니 만방이 그리로 모여들 것이라(사 2:2)
>
> 여호와 나의 힘, 나의 요새, 환난날의 피난처시여 민족들이 땅 끝에서 주께 이르러 말하기를 우리 조상들의 계승한 바는 허망하고 거짓되고 무익한 것뿐이라(렘 16:19)

이 이사야 본문의 "만방이 모여들 것이다"(LXX, ἥξουσιν … πάντα τὰ ἔθνη, 헤크쑤신 … 판타 타 에드네)와 예레미야 본문의 "민족들이 .. 이르러"(LXX, ἔθνη ἥξουσιν, 에드네 헤크쑤신)는 4d절의 "모든 나라들이 오다"(πάντα τὰ ἔθνη ἥξουσιν, 판타 타 에드네 헤크쑤신)와 동일한 문장이다. 이러한 일치에 근거할 때, 요한은 이사야 2장 2절과 예레미야 16장 19절의 문구를 배경 삼아 자신의 문장에 반영하고 있는 것으로 보인다. 나아가 요한은 단순히 구약의 문장만이 아니라 그 문장이 속해 있는 문맥과 사상도 본문에 반영시킨다. 이 두 본문 모두 다 땅 끝으로부터 모든 나라들이 와서 하나님을 예배하는 에덴 회복의 비전을 제시하고 있다. 요한은 이러한 선지자들의 종말적 회복의 메시지를 자신의 본문에 반영하여 선지자들을 통한 종말적 약속인 모든 나라들이 와서 하나님을 경배하는 일이 성취되는 것이 바로 하나님을 경외하며 그의 이름을 영화롭게 해야 하는 이유라고 선포한다.

의로운 행위(4e절) 4e절은 세 번째 '호티'절이다. 이것은 4ab절에서 말하는 하나님에 대한 예배의 세번째 이유를 소개한다. 그 이유는 바로 하나님의 "의로운 행위"가 드러났기 때문이라는 것이다. 여기에서 하나님의 "의로운 행위"는 무엇을 의미하는 것일까? 문맥에 근거해 보면, 의로운 행위는 하나님의 백성에게는 구원을 허락해 주시고 대적자들은 가차 없이 심판하시는 행위라고 할 수 있다.[69] 따라서 대접 심판을 언급하는 도입 부분인 2-4절에서 먼저 "이긴

68 Roloff, *The Revelation of John* 184.

69 Koester, *Revelation,* 633. 오우니는 이것을 "불경건한 자들을 처벌하는 의미에서"(왕상 3:28; 대하 6:35), "의로운 법령"(righteous ordinances) 혹은 "의로운 심판"(righteous judgments)(롬 1:32; 2:26; 8:4)을 의미하는 것으로 본다(Aune, *Revelation 6-16,* 876). 반면 스웨테는 "의로운 법령이든(눅 1:6) … 혹은 의로운 행위이든(19:8) … 의(righteousness)에 대한 구체적 표현"이라고 정의하고(Swete, *The Apocalypse of St. John,* 194) 오즈번은 이것을 좀 더 긍정적으로 해석하여 "의로운 행위"로 간주하는

자들"에 대한 정황을 소개하고 5-8절에서 대접 심판을 예고하는 장면을 연출하고 있는 것은 바로 하나님의 의로운 행위에 대한 구체적 실행 사항을 열거하는 것이다. 또한 19장 8절에서 이 단어는 성도들에게도 적용되어 "성도들의 의로운 행위"라는 의미로 사용되기도 한다.[70] 이처럼 짐승에게 굴복하여 짐승의 형상을 숭배하는 것을 거부하고 하나님만을 경배하는 하나님의 백성에게는 구원과 승리를 주시고, 짐승과 짐승을 추종했던 자들에게는 심판을 주시는 하나님의 의로운 행위가 일곱 대접 심판을 통해 드러나게 되었으므로 누구든지 하나님을 경외하고 하나님의 이름을 영화롭게 하는 것은 마땅하다.

[정리] 이상의 내용을 출 15장과의 비교를 통해 다음과 같이 도표로 나타낼 수 있다.[71]

	모세의 노래(출15장)	어린 양의 노래(계 15:2-4)
노래를 부른 자들	모세(15:1-18)와 미리암(15:19-21) (이스라엘을 대표해서)	짐승과 그의 형상과 그의 이름의 수로부터 이긴 자들
장소	홍해 바다	하늘의 유리 바다
이긴 대상	애굽 군대	짐승과 그의 우상과 그의 이름의 수
내용	출애굽 사건/ 홍해 도하 사건: 크고(출 14:31) 기이한 일(출 15:11)	구속: 크고 기이하다/ 의롭고 참되시다
사용한 악기	소고	하프
하나님에 대한 이해	용사이신 여호와 – 애굽을 이기시고 심판하시며 승리하신 여호와	하늘의 이긴 자들은 하나님의 승리이다; 짐승을 심판하심

도표의 15:2-4에서 "짐승으로부터 그리고 그의 형상으로부터 그리고 그의 이름의 수로부터 승리한 자들"이 하늘의 유리 바다가에 서서 불렀던 모세의 노래 곧 어린 양의 노래는 출 15장에서 출애굽 이후 홍해를 건넌 후 모세와 미리암이 이스라엘 백성과 함께 불렀던 승리를 축하하는 모세의 노래를 성취한다. 여기에서 요한은 '이긴 자들'을 홍해 바다 가에 서 있었던 이스라엘의 성취

것이 더 바람직한 것으로 본다(Osborne, *Revelation,* 568).

70 Harrington, *Revelation*, 159.

71 스몰리는 저자가 출 15장의 모세의 노래를 마음에 두고 있기는 했지만 출 15장과 계 15:2-4 사이의 공식적인 평행 관계는 존재하지 않는다고 한다(Smalley, *The Revelation to John,* 386). 그러나 이는 사실과 다르다.

인 새 이스라엘로 간주하고 있음을 알 수 있다. 이 사실은 대접 심판의 대상이 누구인지를 알려준다. 하나님의 백성들은 이 땅에서 구속 받아 하늘에 거하는 승리한 자들이기에 하나님의 심판의 대상이 아니며, 그 대상은 다만 짐승 자신과 그 짐승을 따르는 자들일 뿐이다.

[15:5-8] 일곱대접 심판의 개요

다음 5-8절은 1절에 이어 다시 일곱 대접 심판에 대해 언급한다. 이 부분에서는 일곱 대접 심판이 어떠한 과정을 거쳐 이루어지는가를 자세히 소개한다. 이런 구조는 5장에서 일곱 인 심판이 어떻게 주어지게 되는가를 자세하게 설명하고 6장부터 인 심판이 주어지는 경우와 동일한 패턴이다. 이와 같이 15장은 16장부터 시작되는 대접 심판의 배경적 설명을 제공한다.

이후에(5a절) 먼저 5a절의 '이 후에'(μετὰ ταῦτα)는 "내가 보았다"(εἶδον, 에이돈)와 함께 새로운 내용의 시작을 알린다. 이 두 문구는 요한계시록에서 "새로운 주제 영역"(a new subject area)으로 넘어가는 것을 보여주는 전형적인 "내러티브 표시"(narrative marker)이다(4:1; 7:1, 9; 18:1; 19:1 등).[72] 문맥을 통해 판단할 때, 이 문구는 2-4절을 기록한 후에 다시 5절 이하를 기록하고 있다는 논리적 순서를 의미할 수 있고, 또한 2-4절의 환상을 본 후에 5절 이하를 보고 있다는 환상의 순서를 의미할 수도 있다. 분명한 것은 이 두 문구는 이전의 내용과 구별되면서도 동시에 밀접한 관계를 가지고 있다는 사실이다. 곧 앞 부분인 2-4절은 "이긴 자들"이 구원받는 정황을 소개하고 있는 반면 5-8절은 짐승의 권세 아래 있는 세상에 대한 심판의 정황을 소개한다. 구원과 심판은 동전의 양면과 같아서 이 두 사건은 항상 연동되어 있다. 이러한 구원과 심판은 4e절에서 언급한 바 있는 "하나님의 의로운 행위"이기도 하다.

증거의 장막 곧 성전(5b절) 5b절에서 "하늘에 있는 증거의 장막 곧 성전이 열린다'고 한다. 여기에서 "증거의 장막 곧 성전"(ναὸς τῆς σκηνῆς τοῦ μαρτυρίου, 나오스 테스 스케네스 투 마르튀리우)이란 문구가 등장하는데 이 문구는 번역에서 언급한

72 Blount, *Revelation*, 290.

것처럼 "증거의 장막 곧 성전"이라고 번역해야 할 것이다.[73] "증거의 장막"에서 "증거의"라는 소유격은 목적격적 소유격으로서 "증거하는 장막"이라고 할 수 있다. 여기에서 '장막'은 광야에서의 성막을 가리키고 있다. 성막은 "증거의 장막"이라고 불리워졌다(출 38:26; 40:34; 민 10:11; 17:7). 이러한 성막은 하나님의 임재와 통치를 증거하는 가시적 통로이다. 이스라엘 백성은 장막을 통해 하나님의 임재와 통치의 증거를 확인한다. 이 성막은 하늘 성전을 모방한 것이다(출 29:9; 행 7:44; 히 8:5). 이에 반해 요한계시록의 "증거의 장막"은 "하늘에"(ἐν τῷ οὐρανῷ, 엔 토 우라노) 있는 것으로서 광야에서 이스라엘이 경험했던 증거의 장막의 원조라고 할 수 있다. 그리고 "장막의"는 주격적 소유격으로서 "증거의 장막은 성전이다"는 의미이다. 곧 "증거의 장막"과 "성전"을 동격으로 간주할 수 있다. 여기에서 하늘 성전에 '증거 장막'이라는 표현을 덧붙임으로써 2-4절에서의 모세의 노래의 경우와 같이 출애굽이라는 역사적 정황 속으로 독자들을 몰아 넣어 하늘 성전을 좀 더 역동적으로 이해시키고 있다.

더 나아가서 5b에서 "장막"과 함께 사용된 "증거의"라는 단어는 이스라엘 중에 "토라의 중심성"을 증거하기 위해 "언약궤 안에 놓여진 십계명을 의미하는 두 돌판"을 가리킨다(참조 출 25:16, 21; 신 10:1-2; 왕상 8:9; 대하 5:10).[74] 구약에서 이 두 돌판을 "증거판"이라고 하고(출 16:34; 25:16; 32:15) 이러한 증거판을 담은 언약궤를 "증거궤"라고 한다(출 27:21; 민 17:4, 10). 그리고 그러한 언약궤를 담고 있는 성막을 "증거의 장막"이라고 부른다. 그런데 특별히 여기에서 증거궤나 증거판 그리고 증거의 장막과 같은 호칭이 사용되고 있는 것은 언약 개념을 일깨우기 위한 목적이 있다.[75] 곧 이러한 증거판과 증거궤 그리고 증거의 장막은 하나님과 이스라엘 사이에 맺어진 언약을 증거한다(참조 출 30:26, 36).[76] 언약 개념에는 그것을 파기하는 자에게 죽음의 심판이 필연적이라는 것을 전제한다. "증거"라는 단어에 의한 이러한 심판에 대한 암시는 15장의 문맥에서 이어지는 16장에서 기록되는 대접 심판에 대한 소개를 예비하고 있다고 할 수 있다. 바로 이것이 6a절에서 일곱 재앙을 가진 일곱 천사가 이러한 성전 곧 증거의 장막으로부터 나오는 이유이다. 이상에서 모세의 노래와 함께 증거의 장막 곧

73 Smalley, *The Revelation to John*, 389.
74 Osborne, *Revelation*, 569.
75 앞의 책.
76 Koester, *Revelation*, 644.

성전에 의한 "출애굽 예표론"(exodus typology)은 대접 심판 전체를 지배하는 주제를 형성함을 알 수 있다.[77)]

하늘 성전으로부터 나온 일곱 재앙을 가진 일곱 천사들(6a절) 6a절은 일곱 재앙 곧 일곱 대접 심판을 수행하려는 일곱 천사가 "성전으로부터 나왔다"고 한다. 여기에서 하나님의 성전에서 나왔다는 것은 하나님의 사역을 대리하는 신적 대리자로서의 역할을 암시한다.[78)] 이것은 14장 15절, 17절 그리고 14장 18절에서 세 다른 천사들이 하나님의 성전에서 나온 것과 같은 패턴이라고 할 수 있다. 성전이 하나님의 뜻이 정해지는 통치의 발원지라면, 그 성전으로부터 나온 일곱 천사들은 역시 하나님의 뜻을 결행하는 에이전트라고 할 수 있다. 그리고 6a절의 후반부에 "일곱 재앙을 가졌다"고 한 것은 7a절에서 네 생물 중 하나로부터 일곱 금대접을 받게 되는 것과 구별된다. 전자가 일곱 대접 심판을 실행할 자격을 받았다는 것을 의미한다면, 후자는 실제로 일곱 대접 심판을 실행하는 순간이 다가왔다는 것을 의미한다.

일곱 천사들의 복장(6bc절) 6bc절에서 일곱 천사들은 "맑고 찬란한 세마포를 입고"(6b절) "가슴에 금띠를 두르고"(6c절) 있었다. 먼저 일곱 천사가 입고 있는 '맑고 찬란한 세마포'(λίνον καθαρὸν λαμπρὸν, 리논 카다론 람프론)란 문구는 19장 8절의 '뷔시논 람프론 카다론'(βύσσινον[>βύσσινος, 뷔시노스] λαμπρὸν καθαρόν)과 비교된다. 이 두 문구에서 사용된 '리논'과 '뷔시노스'는 사전적으로 같은 의미를 갖는 낱말이다.[79)] 그럼에도 불구하고 요한이 이 두 대상을 묘사하는 데 서로 다른 단어를 사용한 것은 이 둘의 정체성을 구별하기 위해서라고 추정할 수 있다.[80)] '리논'은 천사에게 '뷔시노스'는 어린 양의 신부인 성도들에게 적용한다.

이 일곱 천사들이 입고 있는 '리논'(λίνον, 세마포)는 레위기 16장 4절, 23절에서 제사장들이 입고 있는 세마포를 표현하는 데 동일하게 사용된다.[81)] 이것

77 Roloff, *The Revelation of John*, 184.

78 Mounce, *The Book of Revelation*, 288.

79 '리논'(λίνον)은 "linen garment"라는 의미를 가지고(BDAG, 596[2]) 있고 '뷔시노스'(βύσσινος)도 형용사이지만 명사형태로 동일하게 "linen garment"라는 의미를 가지고 있다(BDAG, 185).

80 요한계시록 내에서는 이러한 구별을 하지만 성경 전체적으로 볼 때 이러한 구별은 절대적이지 않다. 왜냐하면 다니엘 10장 5절과 12장 6-7절에서 천사들이 입고 있는 세마포를 표현하는 데 '리논'이 아닌 '뷔시노스'를 사용하고 있기 때문이다.

81 Aune, *Revelation 6-16*, 878; Blount, *Revelation*, 291. 출 28장 39절에서 제사장들이 입는 복장으로

은 요한계시록에서 일곱 대접을 가진 일곱 천사들이 제사장적 기능을 가지고 있다는 것을 의미한다.[82] 더 나아가서 "가슴 둘레에(περὶ τὰ στήθη, 페리 타 스테데) 금띠를 둘렀다"는 것은 1장 13절에서 인자가 "가슴 둘레에 금띠를 둘렀다"는 것과 평행을 이룬다. 그러나 1장 13절에서 '가슴에'(πρὸς τοῖς μαστοῖς, 프로스 토이스 마스토이스)라고 한 것과 비교해 보면 "가슴"(스테도스[6bc]와 마스토스[1:13])이라는 단어와 전치사('페리'[6bc]와 '프로스'[1:13]) 사이에 차이가 있다. 그러나 이런 차이는 의미에 큰 변화를 주지 않는다. 다만 이러한 금 띠가 "왕적이며 제사장적인 기능"을 상징적으로 보여주고 있다는 사실은 분명하다.[83] 이러한 복장의 이미지는일곱 천사들이 심판의 주이신 하나님으로부터 왕적이며 제사장적인 지위를 위임받고 심판을 위해 보냄 받은 대리자임을 보여준다.

일곱 대접이 전달되다(7절) 다음 7-8절은 6bc절에서 일곱 천사의 복장을 소개한 데 이어 그 일곱 천사가 일곱 대접 심판을 시행하기 위한 공식적인 위임을 받고 있는 장면을 연출한다. 먼저 7a절에서 네 생물 중 하나가 일곱 금 대접을 일곱 천사에게 준다. 여기에서 "네 생물"은 요한 계시록에서 하나님의 보좌를 두르는 가장 중심적 요소 중의 하나이다(4:6-7). 이 네 생물은 5장 6-7절에서 천상적 예배를 인도하기도 하고 6장 1-8절에서는 네 말과 말 탄 자들을 심판의 전령으로 보내는 역할을 하기도 한다. 그리고 7장 11절과 14장 3절에서 찬양에 동참하기도 한다. 그리고 19장 4절에서는 하나님 앞에 엎드려 '아멘 할렐루야'를 외치기도 한다.[84] 6장 1-8절에서처럼 7a절에서도 네 생물 중 하나는 일곱 대접 심판의 시행에 개입하고 있다.

그리고 7b절은 일곱 대접에 대해 설명한다. 이는 곧 "영원히 살아 계신 하나님의 분노로 가득 찬" 대접이다. 여기에서 '영원히 살아 계신 하나님의'라는 문구와 "분노"라는 문구가 만날 때 심판의 의미가 극대화된다. 곧 잠시 있다 사라지는 것이 아니라 영원히 살아 계시는 하나님께서 분노하신다는 것은 그 분노의 결과가 드러날 때까지 그 심판은 멈추지 않을 것을 의미한다. 바꾸어

서 세마포를 묘사하기 위한 단어는 '리논'이 아닐 '뷔시노스'이다. 여기에서 구약에서는 제사장들의 세마포를 묘사하는 데 '리논'과 '뷔시노스'를 혼용하고 있다는 사실을 알 수 있다.

82 Roloff, *The Revelation of John*, 184.

83 Mounce, *The Book of Revelation*, 288.

84 Osborne, *Revelation*, 570.

말하면 그 분노의 심판은 반드시 완성을 보게 될 것이라는 것이다. 이제 6a절의 일곱 재앙을 가진 일곱 천사가 7a절에서 그 재앙을 발생시키는 심판의 대접을 받게 된다.

성전에 연기가 가득차다(8a절) 8a절은 "하나님의 영광으로부터 그리고 그의 능력으로부터" 그 성전이 연기로 가득 차게 되었다고 진술한다. 이 문구에서 '로부터'(ἐκ, 에크)라는 전치사는 성전을 가득 채운 그 연기가 하나님의 영광과 능력에 기인하고 있다는 사실을 알려준다. 구약에서 '연기'는 하나님의 거룩한 임재를 드러낸다(출 19:18; 사 6:4).[85] 그런데 연기와 유사한 기능을 하는 것이 구름이다. 특별히 출애굽기 24장 15절에서 모세가 산으로 올라가자 구름이 산을 덮었고 16절에 의하면 여호와의 영광이 그 산에 임재하였다. 여기에서 구름과 영광의 밀접한 상관 관계를 보여준다. 그리고 그 구름은 출애굽한 이스라엘 백성을 인도하는 기둥이 되었다(출 13:2; 14:19, 24). 이 외에 성막이 세워질 때 하나님의 영광과 구름이 증거막을 덮기도 하고(출 40:34-35), 언약궤가 성전에 안치될 때 어두운 구름이 성전을 가득 채우고(왕상 8:10-12), 스랍들이 하나님의 거룩함을 노래할 때 성전은 그의 영광과(사 6:1[70인역])[86] 연기(4절)로 가득차고, 또 에스겔 10장 2-4절에서 하나님의 영광이 성전을 떠날 때 구름이 안뜰과 성전을 가득 채운다.[87]

이 경우에 하나님의 영광이 심판과 관련하여 나타나고 있는 것은 대접 심판의 서막을 알리는 요한 계시록 15장의 문맥과 매우 유사하다.[88] 여기에서 구름 혹은 연기는 성전에서 하나님의 영광과 능력에 기인하며 심판에 대한 그분의 의지와 관계된다. 연기와 영광이 조합을 이루어 심판에 대한 의지를 나타내는 것은 이사야 본문과 에스겔 본문을 조합한 결과로 볼 수 있다.[89] 그러므로 8a절에서 성전 안에 가득찬 연기는 하나님의 영광과 능력을 드러내게 될 심판이 반드시 실행되고 말 것이라는 사실을 확고하게 예고한다.

---

85 Roloff, *The Revelation of John*, 185.

86 히브리서 본문은 "옷"(שׁוּל)으로 성전이 가득찼다고 한 것을 70인역에서는 "영광"이 가득 찬 것으로 번역한다.

87 Beale, *The Book of Revelation*, 806-807.

88 앞의 책, 807.

89 앞의 책. 하나님의 영광과 함께(70인역) "구름" 대신 "연기"라고 표현한 것은 이사야 본문이 유일하다(앞의 책).

아무도 들어올 수 없다(8bc절) 8bc절은 "아무도 일곱 천사의 일곱 재앙이 완성될 때까지(8c) 성전으로 들어올 수 없었다(8b)"고 한다. 먼저 "완성되다"(τελεσθῶσιν, 텔레스도신>τελέω, 텔레오)는 1c절에서 사용된 바 있다. 따라서 "완성되다"라는 문구를 통해 1절과 8절은 수미상관(인클루지오) 구조를 형성한다.[90] 이러한 인클루지오의 구조는 1-8절이 하나의 단위(unit)를 이루고 있다는 것을 확증해 주며, 이 인클루지오 구조의 핵심 단어인 "완성되다"를 반복하는 것은 하늘 성전에서 결정되는 하나님의 뜻의 완성이 매우 중요한 목적이라는 것을 시사한다. 그리고 이 내용은 16장부터 시작되는 땅에서 발생하는 대접 심판의 서막이 된다.[91]

출애굽기 40장 35절에서 모세는 구름과 하나님의 영광 때문에 성막에 들어갈 수 없었고 솔로몬 성전 건축 후에 제사장들도 구름과 영광으로 성전을 가득 채웠기 때문에 성전에 들어가 봉사할 수 없었다(왕상 10:11).[92] 그러나 요한은 영광으로부터 연기가 증거의 장막의 성전에 충만하다고 말하면서도 그 이유가 아니고 일곱 재앙이 완성되기까지 아무도 성전에 들어 올 수 없다고 말한다. 왜냐하면 지상 성전은 간헐적으로 하나님의 임재로 충만할 때 인간이 들어 갈 수 없는 일이 발생하지만 하늘 성전은 지상 성전과는 다르게 항상 하나님의 임재로 충만하기 때문에 그것이 이유가 될 수 없기 때문이다.[93] 이것은 대접 심판이 하나님의 뜻이고 누구도 하나님의 뜻을 진행하는데 간섭할 수 없으며[94] 그 누구의 도움 없이 오직 "하나님 자신이 그의 심판을 실행하시고 능력으로 그의 왕국을 수립하실 그 행위를 감행하시기 위해 그의 위엄과 영광 가운데 임재하신다"는 사실을 드러내주기 위해서이다.[95] 다른 각도에서 증거의 장막 곧 성전에 들어갈 수 없는 이유를 추적해 보면, 그것은 하나님의 뜻이라고 할 수 있는 일곱 재앙이 완전히 수행될 때까지 아무도 성전에 들어가 "기도를 통해" 하나님의 뜻인 심판을 방해하거나 멈추게 할 수 없기 때문일 수 있다.[96]

---

90 Aune, *Revelation 6-16*, 881.
91 앞의 책.
92 Reddish, *Revelation*, 296.
93 Charles, *A Critical and Exegetical Commentary on the Revelation of St. John*, 2:40.
94 Reddish, *Revelation*, 296
95 Beasley-Murray, *Revelation*, 238.
96 Charles, *A Critical and Exegetical Commentary on the Revelation of St. John*, 2:40.

[정리]

1–8절은 16장부터 시작되는 대접 심판의 도입 부분이다. 여기서의 강조점은 1절과 8절에서 인클루지오의 형식이 보여주듯이 무엇보다도 하나님의 뜻이 완성되는 것에 있다. 하나님께서 자신의 뜻을 이루고자 하는 의지는 증거의 장막 곧 성전에 하나님의 영광과 능력으로부터 연기가 가득차 있는 모습을 통해 더욱 확인된다. 하나님은 자신의 뜻을 누구의 간섭이나 개입도 없이 스스로 완성하실 것이다. 하나님의 뜻은, 출애굽 사건의 애굽같은 짐승의 세상 세력에 대한 심판이요, 또한 그 심판의 결과로 하나님의 백성들 곧 교회 공동체가 새출애굽이라는 해방의 기쁨을 맛보게 하는 것이다.

2. 일곱 대접 심판의 실행(16:1-21)

일곱 대접 심판은 1-9절에서 처음 네 개의 대접 심판과 9-21절에서 마지막 세 개의 대접 심판이 각각 하나의 묶음을 형성한다. 처음 네 개는 대접을 땅/바다/강, 물샘/하늘에 각각 쏟는다. 처음 네 개의 네 영역은 나팔 심판의 처음 네 개에도 적용되는 것으로서 심판의 우주적 성격을 드러낸다. 일곱 나팔 심판 시리즈의 경우에는 단지 자연계에 대한 심판으로 국한되지만, 대접 심판의 경우에는 자연계에 대한 우주적 심판이 직접적으로 인간 곧 짐승에 속한 자들의 고통을 수반하는 것으로 연결된다. 이 인간의 고통은 짐승을 경배하고 짐승의 표를 받은 자들에 대한 심판으로 구체화된다. 대접 심판에서는 바로 이 점을 주목하는 것이 중요하다. 더 나아가서 일곱 인 심판 시리즈나 일곱 나팔 심판 시리즈의 경우에 그 심판에 대한 묘사를 문자적으로나 역사적으로 진행되는 불특정 다수의 사건들을 일대일 대응식으로 기록한 것으로 넘겨짚으면 안 된다는 원리가 역시 이 대접 심판에도 적용된다.

본문에 대한 연구는 처음 네 개의 대접 심판을 말하는 1-9절과 나머지 세 개의 심판을 말하는 10-21절로 나누어서 진행하도록 한다.

1)처음 네 개의 대접 심판: 우주적 대상에 대한 심판(16:1-9)

1-9절에서 소개되는 우주적 대상에 대한 심판은 단순히 우주적 차원에 머물지 않고 그것이 필연적으로 사람 곧 짐승들에게 속한 자들에게 악영향을 미치게 된다는 사실이다. 이 부분을 관찰할 때 바로 이러한 내용에 주목할 필요가 있다.

구문분석 및 번역

1절 a) Καὶ ἤκουσα μεγάλης φωνῆς ἐκ τοῦ ναοῦ λεγούσης τοῖς ἑπτὰ ἀγγέλοις·
그리고 나는 성전으로부터 일곱 천사들에게 말하는 큰 음성을 들었다:

b) ὑπάγετε καὶ ἐκχέετε τὰς ἑπτὰ φιάλας τοῦ θυμοῦ τοῦ θεοῦ εἰς τὴν γῆν.
너는 가라 그리고 하나님의 분노의 일곱 대접을 땅으로 쏟으라

2절 a) Καὶ ἀπῆλθεν ὁ πρῶτος καὶ ἐξέχεεν τὴν φιάλην αὐτοῦ εἰς τὴν γῆν,
그 때 첫째가 가서 그의 대접을 땅으로 쏟았다.

b) καὶ ἐγένετο ἕλκος κακὸν καὶ πονηρὸν
그러자 위험하고 고통스런 상처가 생겼다.

c) ἐπὶ τοὺς ἀνθρώπους τοὺς ἔχοντας τὸ χάραγμα τοῦ θηρίου
짐승의 표를 가진 사람들과
καὶ τοὺς προσκυνοῦντας τῇ εἰκόνι αὐτοῦ.
그리고 그의 형상에게 숭배하는 자들에게

3절 a) Καὶ ὁ δεύτερος ἐξέχεεν τὴν φιάλην αὐτοῦ εἰς τὴν θάλασσαν,
그리고 둘째가 그의 대접을 바다로 쏟았다.

b) καὶ ἐγένετο αἷμα ὡς νεκροῦ,
그러자 바다가 죽은자의 피같은 피가 되었다.

c) καὶ πᾶσα ψυχὴ ζωῆς ἀπέθανεν τὰ ἐν τῇ θαλάσσῃ.
그리고 바다에 살아 있는 모든 피조물이 죽었다.

4절 a) Καὶ ὁ τρίτος ἐξέχεεν τὴν φιάλην αὐτοῦ εἰς τοὺς ποταμοὺς καὶ τὰς πηγὰς τῶν ὑδάτων,
그리고 셋째가 그의 대접을 강들과 물의 샘들로 쏟았다.

b) καὶ ἐγένετο αἷμα.
그러자 그것들이 피가 되었다.

5절 a) Καὶ ἤκουσα τοῦ ἀγγέλου τῶν ὑδάτων λέγοντος·
그리고 나는 물을 다스리는 천사가 말하는 것을 들었다.

b) δίκαιος εἶ,
당신은 의로우십니다.

c) ὁ ὢν καὶ ὁ ἦν, ὁ ὅσιος,
지금도 계시고 전에도 계셨고 거룩하신 이시여,

d) ὅτι ταῦτα ἔκρινας,
왜냐하면 당신은 이것들을 심판하셨기 때문입니다.

6절 a) ὅτι αἷμα ἁγίων καὶ προφητῶν ἐξέχεαν
왜냐하면 그들은 성도들과 선지자들의 피를 쏟았고

b) καὶ αἷμα αὐτοῖς [δ]έδωκας πιεῖν,
당신은 그들에게 마실 피를 주셨기 때문입니다.

c) ἄξιοί εἰσιν.
그들은 마땅합니다.

7절 a) Καὶ ἤκουσα τοῦ θυσιαστηρίου λέγοντος·
그리고 나는 제단이 말하는 것을 들었다:

b) ναὶ κύριε ὁ θεὸς ὁ παντοκράτωρ,
그렇습니다. 주 하나님, 전능자시여.

c) ἀληθιναὶ καὶ δίκαιαι αἱ κρίσεις σου.
당신의 심판(들)은 참되고 의롭습니다.

8절 a) Καὶ ὁ τέταρτος ἐξέχεεν τὴν φιάλην αὐτοῦ ἐπὶ τὸν ἥλιον,
그리고 넷째 천사가 그의 대접을 해에 쏟았다.

b) καὶ ἐδόθη αὐτῷ καυματίσαι τοὺς ἀνθρώπους ἐν πυρί.
그러자 그것에게 사람들을 불로 태우는 것이 허락되었다.

9절 a) καὶ ἐκαυματίσθησαν οἱ ἄνθρωποι καῦμα μέγα
그리고 사람들은 큰 태움으로 태워지게 되었다.

b) καὶ ἐβλασφήμησαν τὸ ὄνομα τοῦ θεοῦ τοῦ ἔχοντος τὴν ἐξουσίαν ἐπὶ τὰς πληγὰς ταύτας
그래서 그들은 이 재앙에 대한 권세를 가지신 하나님의 이름을 모독하였다.

c) καὶ οὐ μετενόησαν δοῦναι αὐτῷ δόξαν.
그리고 그들은 그에게 영광을 돌리기 위해 회개하지 않았다.

2b절에서 '카콘 카이 포네론'(κακὸν καὶ πονηρόν)의 의미와 관련하여 사전적 의미에 근거하여 본문의 문맥과 관련하여 '카콘'은 "위험한"(dangerous)으로 번역하고[97] '포네론'은 "고통스런"(painful)으로 번역한다.[98] 그리고 2b절에서 '헬코스'(ἕλκος)는 사전적 의미로 단순히 "상처"(wound, sore)라는 의미와 좀 더 구체적으로는 "종기"(abscess)라는 뜻도 갖는다.[99] 대부분의 영어 번역본이 이 단어를 "sore"(상처)라고 번역한 것을 참고하여 번역에 반영하도록 한다.[100] 3b절의 αἷμα ὡς νεκροῦ(하이마 호스 네크루)는 번역하기가 쉽지 않다. 찰스는 이 문구를 αἷμα ὡς αἷμα νεκροῦ(하이마 호스 하이마 네크루)로 읽을 것을 제안한다.[101] 이 경우에 의미는 "죽은자의 피같은 피"가 된다. '네크루'(νεκροῦ) 직전에 '하이마'(αἷμα)가 삽입되었다고 보는 것이다.

그리고 3c절의 '프쉬케'(ψυχή)는 상당히 다양한 의미를 갖지만 요한계시록 본문의 문맥에 맞는 사전적 의미로서 BDAG에 의하면 "살아있는 피조물"(a living creature)라는 것이 있다.[102] 그런데 3c절에서 이 단어는 소유격인 '조에스'(ζωῆς)와 함께 사용된다. 이 때 이 소유격은 목적격적 소유격으로 기능한다. 이것을 문자적으로 번역하면 어색하므로 풀어서 번역하여 "생명을 가진 살아있는 피조물"이라고 한다. 한편 여기에서 '조에스'(생명의)는 "히브리적 소유격"(Hebrew Genetive) 용법으로 간주하여 형용사적으로 "살아있는"이라고 번역할 수도 있다.[103] '프쉬케'가 "살아있는 피조물"이라는 의미를 가지므로 "살아있는"이 중복되기 때문에 하나를 생략하여 "살아있는 피조물"이라고 번역할

97 BDAG, 501(2).
98 BDAG, 852(3b).
99 BDAG, 318.
100 개역 개정은 이 단어를 "종기"라고 번역한다.
101 Charles, *A Critical and Exegetical Commentary on the Revelation of St. John*, 2:42.
102 BDAG, 1099(1c)
103 Zerwick, *Biblical Greek*, 14 (§29).

수 있다. NKJV이 이 번역을 따른다. NRSV와 ESV 그리고 NIV는 '프쉬케'를 "thing"이라고 번역하는데 이것은 이 문맥에서 '프쉬케'의 의미를 충분히 반영하지 못한다고 판단된다.

5a절의 ἀγγέλου τῶν ὑδάτων (앙겔루 톤 휘다톤)은 직역하면 "물들의 천사"라고 할 수 있으나 이러한 직역은 자연스럽지 못하다. 여기에서 이 소유격은 "종속의 소유격(Genetive of Subordination)" 용법으로 간주할 수 있다.[104] 이 용법은 소유격 명사가 선행되는 명사에 종속되는 관계를 보여준다. 이것을 거꾸로 말하면 선행되는 명사는 소유격 명사에 대해 지배권을 갖는 것을 의미한다. 이 용법을 적용하여 번역하면 "물을 다스리는 천사"라고 할 수 있다. 이 때 "종속의 소유격"은 부분적으로 목적격적 소유격이라고 할 수도 있다.

5b절에서는 주어가 하나님을 가리키는 "당신"이기 때문에 경어를 써서 "의로우시다"라고 했지만 7c절에서 주어가 무생물인 "심판들"이기 때문에 경어를 사용하지 않고 "참되고 의롭다"로 번역했다.

8b절에서 '에도데'(ἐδόθη)는 "주다"라는 의미의 '디도미'(δίδωμι)의 수동태로로서 이를 직역하면 "주어지다"라고 할 수 있다. 그러나 이 문맥에서 어색하기 때문에 이것을 "허락되다"로 번역한다. 이러한 번역은 사전적 의미의 지지도 받는다. 왜냐하면 BDAG에서 이 '디도미'의 의미 중에 "허락하다"(allow)라는 의미도 있기 때문이다.[105] 이 의미를 수동형으로 번역하면 "허락되다"가 된다.

9a절의 '카우마 메가'(καῦμα μέγα)는 직역하면 "큰 태움"이라고 할 수 있고 문법적으로는 수동태 동사인 '에카우마티스데산'(ἐκαυματίσθησαν, 에카우마티스데산>καυματίζω, 카우마티조)의 목적격으로 사용되었다. 수동태 동사에 목적격이 있는 것은 자연스럽지 못하다. 이 때 이 목적격인 '카우마 메가'는 "부사적 목적격"(adverbial accusative)용법으로 사용된 것으로 볼 수 있다.[106] 그 "부사적 목적격" 용법 중에서도 "수단의 목적격"으로 번역하는 것이 이 문맥에 적절하다. 이 용법을 반영하여 번역하면 "그들은 큰 태움으로 말미암아 태워졌다"라고 할 수 있다. 여기에서 동사(ἐκαυματίσθησαν, 에카우마티스데산>καυματίζω, 카우마티조)와 목적적 명사(καῦμα)가 같은 어근을 공유한다. 이러한 문형은 동사와 "같은

104 Wallace, *Greek Grammar beyond the Basics,* 103.
105 BDAG, 242(13).
106 Wallace, *Greek Grammar beyond the Basics,* 200.

어근의 목적격"(cognate accusative) 용법으로서 "부사적 목적격"과 구조적으로 유사성이 있다.[107] 이처럼 동사와 "같은 어근의 목적격"을 사용하는 것은 강조를 위한 목적이 있다.

9b절은 9a절에 대한 결과를 진술한다. 곧 사람들이 큰 태움으로 태워지게 된 결과, 그들은 "하나님의 이름을 모독하였다"고 할 수 있다. 그러므로 '카이'(καί) 접속사를 앞의 내용에 대한 결과를 나타내는 "그래서"로 번역한다.[108]

이상의 내용을 근거로 우리말 어순에 맞추어 번역하면 다음과 같다.

1a 그리고 나는 성전으로부터 일곱 천사들에게 말하는 큰 음성을 들었다:
1b   너는 가라 그리고 하나님의 분노의 일곱 대접을 땅으로 쏟으라
2a 그 때 첫째가 가서 그의 대접을 땅으로 쏟았다.
2b 그러자
2c   짐승의 표를 가진 사람들과 그리고 그의 형상에게 숭배하는 자들에게
2b 위험하고 고통스런 상처가 생겼다.
3a 그리고 둘째가 그의 대접을 바다로 쏟았다.
3b 그러자 바다가 죽은 자의 피같은 피가 되었다.
3c 그리고 바다에 살아 있는 모든 피조물이 죽었다.
4a 그리고 세째가 그의 대접을 강들과 물의 샘들로 쏟았다.
4b 그러자 그것들이 피가 되었다.
5a 그리고 나는 물을 다스리는 천사가 말하는 것을 들었다.
5b   당신은 의로우십니다.
5c   지금도 계시고 전에도 계셨고 거룩하신 이시여,
5d   왜냐하면 당신은 이것들을 심판하셨기 때문입니다.
6a   왜냐하면 그들은 성도들과 선지자들의 피를 쏟았고
6b   당신은 그들에게 마실 피를 주셨기 때문입니다.
6c   그들은 (심판받기에) 마땅합니다.
7a 그리고 나는 제단이 말하는 것을 들었다:
7b   그렇습니다. 주 하나님, 전능자시여.
7c   당신의 심판(들)은 참되고 의롭습니다.
8a 그리고 넷째 천사가 그의 대접을 해에 쏟았다.
8b 그러자 그것에게 사람들을 불로 태우는 것이 허락되었다.
9a 그리고 사람들은 큰 태움으로 태워지게 되었다.
9b 그래서 그들은 이 재앙에 대한 권세를 가지신 하나님의 이름을 모독하였다.
9c 그리고 그들은 그에게 영광을 돌리기 위해 회개하지 않았다.

107 앞의 책. 이 주제와 관련하여 월러스는 "많은 부사들은 명사의 목적격 형태로부터 발전했다"고 한다(앞의 책).

108 BDAG, 495(1bζ); BDF, § 442(2).

본문 주해

[16:1] 도입

성전으로부터 큰 음성을 듣다(1a절) 1절은 대접 심판의 도입 부분이다. 1a절에서 요한은 "성전으로부터 큰 음성"을 듣는다. 먼저 "듣다"라는 동사는 "내가 보다"라는 동사와 유사하게 새로운 단락을 시작하는 기능을 한다.[109] 또한 이것은 이사야 66장 6절에서 이사야가 성전으로부터 대적들을 심판하시고자 하시는 하나님의 음성을 듣는 것과 동일한 패턴을 보여준다.[110] 15장 5절은 일곱 천사가 "성전으로부터" 나오는 것을 기록하고 있고, 15장 8절에는 성전에 하나님의 영광이 가득차 있는 장면이 나온다. 이처럼 대접 심판과 관련하여 하나님 통치의 원천이라고 할 수 있는 "성전"이 자주 언급되고 있다. 여기에서 "성전"은 물론 "하늘 성전"을 가리킨다. 다시 한 번 최종적 단계인 대접 심판에 대한 하나님의 뜻이 하늘에서 결정되고 있으며 그렇게 하늘에서 결정된 뜻을 땅에서 실행하려는 강력한 의지가 드러난다.

"큰 음성"은 요한계시록에 자주 나타난다(1:10; 5:2, 12; 6:10; 7:2, 10; 8:13; 10:3; 11:12, 15; 12:10; 14:7, 9, 15, 18; 19:1, 17; 21:3).[111] 이것을 세분화 하면 예수님의 음성(1:10), 힘센 천사(5:2), 천사들(5:12), 순교자들(6:10), 다른 천사(7:2), 셀 수 없는 큰 무리(7:10), 독수리(8:13), 다른 힘센 천사(10:3), 하늘로부터 정체 불명(11:12, 15; 12:10; 19:1), 다른 천사(14:7, 9, 18); 천사(19:17); 보좌로부터 음성(21:3)으로 분류된다. 이 본문에서 성전으로부터 나온 "큰 음성"은 하나님의 음성으로 간주할 수 있다.[112] 왜냐하면 15장 8bc절에서 하늘 성전에 하나님 외에 아무도 들어 올 수 없었기 때문이다.[113] 하나님은 천사를 큰 음성으로 명령하시고 심판의 대행자로 보내신다.

분노의 일곱 대접을 쏟으라(1b절) 1b절에서 성전으로부터 들려온 큰 음성은 일곱 천사에게 "너는 가라 그리고 하나님의 분노의 일곱 대접을 땅으로 쏟으라" 고 한다. 이는 대접 심판의 성격을 알 수 있는 대목이다. 먼저 "너는 가라'고

---

109 Blount, *Revelation,* 293. 그러나 다른 본문들(1:10; 9:13; 10:4; 19:1, 6)의 경우에 이 단어는 항상 이러한 기능을 갖는 것으로 사용되지는 않는다.

110 Mounce, *The Book of Revelation*, 292.

111 Osborne, *Revelation*, 578.

112 Beckwith, *The Apocalypse of John*, 679;

113 Boxall, *The Revelation of St. John*, 224.

한 것은 일곱 천사가 하나님에 의해 하늘 성전으로부터 심판하도록 보냄받고 있음을 알려 준다. 그리고 일곱 대접을 "분노의 일곱 대접"이라고 하여 대접 심판의 동인이 하나님의 분노라는 사실을 알려준다. 이러한 동인은 13장에서 짐승의 성도들에 대한 핍박과 하나님에 대한 모독으로부터 형성되었다고 할 수 있다. 이러한 이유로 대접 심판에서는 인과 나팔 심판 시리즈와 달리 13장의 짐승과 그 추종자들이 심판 대상으로 빈번하게 등장한다. 15장 7절에서 "하나님의 분노로 가득찬 일곱 대접"이라는 표현을 통해 16장 1절의 "하나님의 분노의 일곱 대접"에 하나님의 분노가 가득 차 있음을 알 수 있다. 그리고 여기에서 "쏟으라"는 동사는 구약에서 하나님의 분노를 심판으로 발산하는 것을 묘사하는 데 사용되는 행위 이미지이다(참조 (시 69:24; 렘 10:25; 42:18; 44:6; 습 3:8).[114]

땅으로(1b절) 그 하나님의 분노의 심판은 무엇을 향하고 있는가? 일곱 대접을 "땅으로(εἰς τὴν γῆν, 에이스 텐 겐) 쏟으라"고 했으므로 바로 그 심판의 대상은 "땅"이라고 할 수 있다. 여기에서 "땅"은 "피조된 세상 전체"(the whole of the created world)를 상징한다.[115] 그러므로 이 "땅"은 2-8절의 처음 네 개의 대접 심판에서 언급하고 있는 땅, 바다, 강들과 물의 샘들 그리고 하늘을 모두 포함한다.[116] 그렇다면 1b절에서 "땅"은 단순히 지정학적 의미의 땅을 가리키는 것이 아니라 짐승의 통치 영역으로서의 세상을 의미한다고 볼 수 있다. 이러한 의미는 13장 3절의 "온 땅", 13장 8절과 17장 8절의 "땅에 사는 모든 자들"에서 "땅"이라는 의미와 동일시 된다. 후자의 경우에 "생명 책에 그 이름이 기록되지 않은 자들"과 동격을 형성하여 그 의미를 분명하게 해준다. 13장 3절은 "온 땅이 그(짐승)를 따랐다"고 말하며, 13장 8절은 "땅에 사는 모든 자들이 그(짐승)를 경배할 것이다"고 말하는데, 이를 통해 이 "땅"을 바로 짐승의 통치 영역으로 규정한다. 이러한 맥락에서 1b절의 '일곱 대접을 땅에 쏟으라'고 한 것은 곧 짐승과 사탄에 대한 심판을 의미한다.

114 Roloff, *The Revelation of John*, 188.
115 앞의 책.
116 앞의 책.

[16:2] 첫번째 대접심판

다음 2절부터는 일곱 천사가 하나씩 나아가 땅/바다/강, 물샘/하늘에 대접을 쏟는 작업을 시작한다.

땅으로(2a절) 먼저 2a절에서 첫째 천사가 가서 대접을 "땅"으로 쏟는다. 이 때 앞서 언급한 것처럼, "땅"은 1b절의 "땅"과는 전혀 다른 의미를 갖는다. 1b절에서는 짐승의 통치를 받는 세상에 대한 상징적 표현으로서 포괄적 의미를 가지는 반면, 여기에서는 다음에 이어지는 바다, 강 물샘 그리고 하늘과 함께 짝을 이루는 지정학적 의미로서 좀 더 세부적인 의미를 지닌다. 대접 심판의 첫 번째를 "땅"으로 설정한 것은 의도적이다. 왜냐하면 "땅"은 에덴의 아담에서부터 인간이 존재하는 가장 기본적인 삶의 터전이기 때문이다. 구속 역사에서 땅을 회복하는 것이 하나님의 뜻이기 때문에 잠시 땅을 심판하시지만 궁극적으로 그 심판 과정을 통해 만물을 새롭게 하시는 회복의 완성을 향해 나아간다. 따라서 이러한 "땅"을 향한 심판 과정은 심판 그 자체에 머무는 것이 아니고 회복을 목적으로 한다는 거시적 관점을 동시에 유지하는 것이 중요하다.

짐승의 표를 가진 사람들(2c절) 대접을 땅으로 쏟자 2c절에서 심판은 "짐승의 표를 가진 사람들과 그의 형상에게 숭배하는 자들에게" 발생한다는 점을 주목할 필요가 있다. 2c절의 "땅"은 1b절의 "땅"과는 다르게, 3a절의 "바다"와 4a절의 "강들과 물의 샘들" 그리고 8a절의 "해"와 함께 자연 세계에 속한 지정학적 의미로 이해할 필요가 있다. 이러한 영역에는 선인이나 악인들이 함께 공존하는 세계이다. 그럼에도 불구하고 심판의 결과는 짐승의 표를 가진 사람들에게만 나타나게 된다. 이러한 현상은 출애굽 때에 열 재앙에서도 동일하게 나타난 바 있다. 그리고 이러한 현상이 패턴화 되어 이 대접 심판의 경우 뿐만이 아니라 나팔 심판의 경우에도 빈번하게 나타난다. 이러한 이슈에 대해서는 다음 단락에서 2b절의 "위험하고 고통스런 상처"에 대해 논의할 때 좀 더 자세하게 다루게될 것이다.

앞서 1b절의 "땅"에 대한 해석에서 대접 심판은 전체적으로 짐승과 짐승을 추종하는 자들을 향한 것이라는 것을 언급한 바 있다. 이점에 근거해 보면 "땅으로" 대접을 쏟자 "짐승의 표를 가진 사람들과 그의 형상에게 숭배하는 자들에게" 심판이 발생한 이유를 이해할 수 있다. 곧 지정학적 의미의 "땅"으로 대접이 쏟아졌지만 결국 그것은 짐승의 세력을 향한 심판이라는 것이다. "짐승의 표를 가진 사람들"과 "그의 형상에게 숭배하는 자들"이라는 두 문구는 동격 관계로서 짐승의 표를 가진 사람들은 필연적으로 짐승의 형상에 숭배하게 되어 있는 것이다. 그러나 그들을 기다리고 있는 것은 심판이다.

이러한 심판 메시지의 배경이 13장과 14장이라는 사실은 명백하다. 먼저 "짐승의 표"와 "짐승의 형상"이란 문구는 각각 13장 17절과 13장 15절에서 가져온 것이다. 그리고 14장 9-11절에서, "누구든지 그 짐승과 그의 형상을 숭배한다면 그리고 그의 이마 혹은 그의 손에 표를 받는다면, 그의 진노의 잔에 부어진 섞지 않은 하나님의 분노의 포도주로부터 그 자신이 마실 것이다 … 짐승과 그의 형상을 숭배한 자들은 밤과 낮에 안식을 갖지 않는다"고 한 내용은 대접 심판과 매우 유사한 정황을 담고 있다. 차이점이 있다면 14장 9-11절이 미래에 있게 될 최후의 심판을 언급하고 있다면 16장의 대접 심판은 인과 나팔의 경우처럼 현재 진행 중인 심판을 묘사하고 있다는 점이다.

위험하고 고통스런 상처(2b절) "짐승의 표를 가진 사람들과 그의 형상에게 숭배한 자들"에게 어떤 일이 일어났는가? 그것은 바로 "위험하고 고통스런 상처"가 생겨난 것이다. 여기에서 "상처"(ἕλκος, 헬코스)란 단어는 신명기 28장 35절에서 불순종한 자들에 대한 하나님의 언약적 저주로서 "고치지 못할 심한 종기"라는 문구의 "종기"와 동일한 단어가 사용된다.[117] 동시에 이 상처는 "불결함"(uncleanness)과 관련된다(욥기 2:7; 왕하 20:1-7; 눅 16:21; Thucydides, *Pelop.* 2.49; Plutarch, Mor. 281C).[118] 이러한 배경에 따라 짐승의 표를 가진 자들에게 일어난 "위험하고 고통스런 상처"는 언약적 저주의 결과로 볼 수 있다.

또 한편으로 오른손에 혹은 이마와 같은 피부에 짐승의 표를 받아서 호의호식하던 자들이 이제는 그 짐승의 표 대신에 하나님의 심판을 받아 그 피부에 고통스런 상처가 나게 되는 반전의 정황이 펼쳐지게 되었다는 해석도 가능하다.[119] 출애굽 사건에서 애굽 사람들에게 가해지는 열 가지 재앙 중 여섯 번

117 Koester, *Revelation*, 646.
118 앞의 책.
119 Blount, *Revelatoin*, 295.

째에서도 이 심판의 저주와 동일한 '헬코스'(ἕλκος)가 발생한다(출 9:9-11).[120] 이 여섯 번째 재앙이 애굽 지역에만 임했던 것과 동일한 패턴으로 첫번째 대접 심판도 역시 오직 짐승의 표를 받은 자들에게만 이 심판이 임하게 된다.

여기에서 "짐승의 표를 받은 사람"과 "그의 형상에게 숭배하는 자들"에게 심판이 주어지고 있다면 이러한 자들과는 반대로 하나님의 인침을 받은 성도들은 바로 그 심판의 대상이 아닌 것이 분명하다. 이러한 사실은 위의 심판의 내용이 출애굽 열 재앙의 여섯 번째를 배경으로 하고 있다는 사실의 지지를 받는다. 왜냐하면 열 가지 재앙은 철저하게 애굽 사람들과 이스라엘 백성을 구별하여 주어졌기 때문이다. 이와 같은 맥락에서 첫번째 대접 심판 가운데 출애굽의 성취로서 새출애굽 모티브가 나타나고 있음을 알 수 있다. 곧 대접 심판은 출애굽의 성취로서 하나님 백성의 해방을 위한 목적이 있다.

[16:3] 두 번째 대접 심판

다음 3절은 두 번째 천사가 대접을 바다에 쏟는 심판의 내용이다. 3a절에서 두 번째 천사는 땅에 이어 바다에 그의 대접을 쏟는다. 그 결과 바다는 죽은 자의 피 같이 되어 바다에 살아있는 모든 피조물이 죽게 된다. 이것은 두 번째 나팔 심판과 동일한 현상이다. 이 두 경우를 비교하면 다음과 같다.

	나팔 심판	대접 심판
천사의 행위	둘째 천사가 나팔을 불다(9:8a)	둘째 천사가 대접을 바다에 쏟다(16:3a)
결과	불로 말미암아 타는 큰 산 같은 것이 바다로 던져졌다(9:8b)–바다의 삼분의 일이 피가 되었다(9:8c)	바다가 죽은자의 피같은 피가 되었다(16:3b)
피의 결과	바다에 있는 생명을 가진 피조물들의 삼분의 일이 죽었다(9:9a) 배들의 삼분의 일이 파괴되었다(9:9b)	바다에 살아 있는 모든 피조물이 죽었다(16:3c).

여기서 보듯이 나팔 심판에서는 바다의 삼분의 일이 피가 되었다고 하고 바다에 있는 생명을 가진 피조물들의 삼분의 일이 죽은 것과는 달리, 대접 심판의 경우에는 "바다가 죽은 자의 피같은 피가 되었다"는 "죽음"의 주제를 제시할

120 Reddish, *Revelation*, 303.

뿐 아니라 "바다에 살아 있는 모든 피조물들이 죽었다"고 하여 "모든"을 강조한다. 이러한 비교를 통해서 대접 심판이 좀 더 파괴적이며 최종적이라는 것을 알 수 있다.

그리고 두 번째 대접 심판은 출애굽기 7장 14-21절에 기록된 열 재앙의 첫 번째 심판과 평행 관계를 가진다.[121] 첫 번째 대접 심판에 이어 두 번째도 역시 출애굽의 열 재앙을 배경으로 한다는 것을 알수 있다. 그러나 3a절에서 대접을 강이 아닌 바다에 쏟았다는 것과, 3b절에서 그 바다가 죽은 자의 피처럼 되었다는 것, 그리고 3c절에서 그 바다에 살아 있는 모든 생물이 죽었다는 점은 출애굽기 7장 20-21절의 표현과 차이가 있다. 공통점과 차이점을 다음 도표로 정리해 보도록 한다.

	요한계시록 16:3(두번째 대접심판)	출애굽기 7:20-21(열재앙의 첫번째)
심판의 대상	대접을 바다로 쏟았다(3a)	지팡이를 들어 나일강을 치다
피로변한 것	바다가 죽은 자의 피같은 피가 되었다	(나일강의) 물이 다 피로 변하고
심판의 결과	바다에 살아있는 모든 피조물이 죽었다	나일강의 고기가 죽고; 악취가 나고; 나일강 물을 마시지 못하다

이 심판의 공통점은 바다이든 강물이든 물이 피로 변했다는 것이다. 그러나 차이점은 열재앙의 경우에 나일강이 피로 변하여 나일강의 고기가 죽고 악취가 나서 물을 마시지 못하게 되었다는 것에 방점이 찍혀져 있는 반면, 대접 심판의 경우는 바다에 살아 있는 모든 피조물의 죽음에 방점이 찍혀져 있다. 대접 심판의 경우가 좀 더 포괄적 의미를 보여준다. 여기에 덧붙여져 "죽은 자의 피같은 피가 되었다"라는 문구에서 "피"를 "죽은 자의 피"에 비유함으로써 죽음의 주제를 더욱 강화시켜 주고 있음을 알 수 있다. 이러한 죽음의 주제는 3c절의 "살아있는"(ζωῆς, 조에스)과 극적 대조를 이루고 있다. 이와 같이 둘째 대접 심판은 생명을 죽음으로 이끌어가는 특징을 보여준다.

특별히 3c절의 "살아 있는 모든 피조물"(πᾶσα ψυχὴ ζωῆς, 파사 프쉬케 조에스)에서 "프쉬케"(ψυχὴ)의 사용은 어떤 인간의 영혼을 가리키는 것이 아니라 피조물로

121 Swete, *The Apocalypse of St. John*, 198.

서의 바다 속에 있는 생물의 존재를 지칭하고 있다.[122] 8장 9절의 두 번째 나팔 심판에서 "바다에 있는 생명을 가진 피조물들"(τῶν κτισμάτων τῶν ἐν τῇ θαλάσσῃ τὰ ἔχοντα ψυχὰς, 톤 크티스마톤 톤 엔 테 달라쎄 타 에콘타 프쉬카스)에서도 "프쉬케"가 사용되는데 이 본문 안에 "피조물"(κτισμάτων, 크티스마톤)이란 단어가 따로 존재하므로, "생명"이란 의미로 사용된다. 따라서 '프쉬케"는 "피조물"과 "생명"의 두 가지 의미로 사용되고 있음을 확인할 수 있다. '프쉬케'는 사전적으로 이 두 가지 의미를 모두 가지고 있다.[123]

이상에서 두 번째 대접 심판이 바다의 생태계를 파괴하는 방식으로 진행된 것은 로마 제국의 경제가 바다를 중심으로 하는 해상 무역에 의해 번창했다는 사실에 근거한다.[124] 이런 점에서 바다에 대한 심판은 로마의 제국주의적 경제 체제, 곧 반인륜적 착취와 그것을 정당화하는 황제 숭배에 대한 심판인 것이다. 이런 심판의 특징은 본문에서 "바다가 죽은 자의 피같은 피가 되었다"는 표현에서 더욱 두드러진다. 이런 맥락에서 크레이빌은 "바다"라는 공간이 로마 제국의 경제 활동과 황제 숭배의 중심 무대였고 황제 숭배에 대항하는 자들에게는 핍박의 장소가 되었다는 것을 매우 자세하게 설명한다.[125]

[16:4-7] 세 번째 대접 심판

다음 4-7절은 세 번째 대접 심판의 내용을 소개하고 있다. 이 세 번째의 경우는 대접을 강과 물 근원에 쏟는 장면과 이어서 하나님의 심판의정당성을 노래한다.

강들과 물의 샘들로 쏟다(4절) 다음 4절은 도입 부분으로 대접이 어디에 쏟아졌는가를 언급한다. 먼저 4절에서 대접을 강들과 물의 샘들로 쏟았다. 두 번째는 바다로 쏟아 바다가 죽은 자의 피같은 피가 되었으나 이 번에는 강들과 물의 샘들이 피가 된다. 이 경우도 역시 출애굽기 7장 20-21절에서 애굽에 가해진 열 재앙 중에 첫번째를 배경으로 하고 있다고 할 수 있고 시편 78편 44절에서는 이 재앙을 해석하면서 애굽 사람들이 물을 마실 수 없게 되었다고

---

122 Ben Witherington III, *Revelation*, 208.
123 BDAG, 1098(1b, c).
124 Osborne, *Revelation*, 580.
125 Kraybil, *Imperial Cult and Commerse in John's Apocalypse*, 102-135.

시를 지어 읊조린다.[126] 강들과 물의 샘들이 피로 변했다는 점에서 앞의 두 번째 대접 심판 보다는 세 번째가 열 재앙의 첫 번째 재앙에 더 밀접하게 평행을 이룬다. 그렇다면 왜 물이 피로 변하는 것을 통해 심판을 시행하고 있는 것일까? 다음 구절에서 그 이유를 잘 밝혀 준다.

물을 다스리는 천사(5a절) 5a절에서 요한은 물을 다스리는 천사가 등장하여 말하는 것을 듣는다. 5a절에서 등장하는 "물을 다스리는 천사"는 3-4절의 두 번째와 세 번째 대접 심판에서 심판의 대상으로서 "바다"와 "강들과 물의 샘들"과 관련된다. 그러나 이 천사는 바다나 강들 그리고 물의 샘들에 대접을 쏟은 심판의 대행자와는 구별된 존재이다.[127] 그는 심판하는 대신 단지 바다나 강들 그리고 물의 샘들과 같은 물을 관장하는 역할을 한다. 여기에서 "물을 다스리는 천사"는 7장 1절의 바람을 붙들고 있는 바람을 다스리는 천사와[128] 14장 18절의 "불에 대한 권세를 가진 천사"([ὁ] ἔχων ἐξουσίαν ἐπὶ τοῦ πυρός, 호 에콘 엑크쑤시안 에피 투 퓌로스)와 비교된다. 유대 전통에 "불, 바람, 구름 그리고 우레"와 같은 대상과 천사들을 연결시키려는 시도들이 있었다(쥬빌리 2:2; 에녹 1서 60:11-21; 61:10; 66:2; 참조 1QHa IX, 8-13; 4Q287 2 4).[129] 이어서 "물을 다스리는 천사"는 물을 향하여 심판을 행하신 하나님의 심판을 찬양하는 발언을 시작한다. 여기에서 물을 관장하는 천사가 물에 대한 하나님의 심판의 정당성을 확증해준다는 점에서 중요한 의미를 찾을 수 있다.[130] 그 찬양하는 발언은 이어지는 내용에서 확인할 수 있다.

의로우신 하나님(5b절) 요한이 물을 다스리는 천사로부터 하나님에 대해 듣는 첫 내용은 "당신은 의로우십니다"이다(5b절). 여기에서 하나님의 의로우심은 진공 상태가 아니라 이 문맥의 흐름에서 생각하는 것이 중요하다. 심판의 문맥에서 언급되는 하나님의 의로우심은 하나님의 심판은 정당하다는 것을 옹

126 Blount, *Revelation*, 295.
127 Koester, *Revelation*, 647.
128 Mounce, *The Book of Revelation*, 294.
129 Koester, *Revelation*, 647.
130 스웨테도 물을 다스리는 천사가 강물들과 물의 샘들에 대한 심판으로 인하여 분개하기 보다는 도리어 그 물들에 대해 가해지는 심판의 "정당성을 증거해주고 있다"는 것을 지적한다(Swete, *The Apocalypse of St. John,* 199).

변해 준다. 하나님은 의로우시기 때문에 짐승과 세상을 향하여 실행하시는 심판은 오류가 있을 수 없으며 따라서 불평과 원망이 있을 수 없다. 그리고 성도들을 향하여 악행을 일삼는 자들을 간과하지 않으시고 그에 합당한 심판을 행하시기 때문에 하나님은 의로우신 분이다. 반대로 말하면 악행을 행하는 짐승을 옹호하는 세력들은 불의한 자들이다. 하나님이 의로우시다고 발언한 천사가 물을 관장하는 역할을 하기 때문에 이러한 그의 발언은 물이 피가 되게 하는 하나님 심판의 정당성을 그 무엇보다도 확실하게 지지한다. 이러한 하나님의 의로우심은 곧 5c절에서 하나님의 거룩하심과 직결된다.

지금도 계시고 전에도 계셨고 거룩하신 이(5c절) 5b절에서 물을 다스리는 천사는 "하나님은 의로우시다"라고 한 후에 하나님에 대해 "지금도 계시고 전에도 계셨고 거룩하신 이"라고 하나님을 호칭하고 있다. 이 호칭은 1장 4절에서 처음 언급된 바 있는 "지금도 계시고 전에도 계셨고 장차 오실 이"라는 하나님의 이름에서 미래적 의미를 나타내는 부분인 "장차 오실 이"를 생략하고 "거룩하신 이"를 삽입한다. 이러한 변화는 하나님의 심판을 선포하는 문맥에서 심판의 현재성을 강조하고 동시에 심판을 주관하시는 하나님의 거룩한 속성을 드러냄으로써 심판의 정당성을 강조하기 위한 목적을 드러낸다. 지금도 계시록 전에도 계셨고 거룩하신 하나님이야말로 오염되어 더럽혀진 세상을 심판하시기에 합당하신 분이기 때문이다. 거룩하신 하나님은 전에만 계셨던 것도 아니고 현재에만 계신 분도 아니다. 현재에도 계시고 전에도 계신 분이다. 따라서 생략된 부분인 "장차 오실 이"는 당연하게 함축되어 있다고 볼 수 있다. 이 문구와 함께 사용된 "거룩하신 이"라는 속성은 심판과 관련하여 더욱 역동적으로 작용하게 된다. 이처럼 거룩함과 의로움의 조합은 앞서 3c절과 4c절에서 의로우심과 거룩하심을 조합한 패턴과 일치되고 있다.

의로우신 이유(5d절) 다음 5d절은 "왜냐하면"(ὅτι, 호티)이라는 접속사로 시작하여 5b절의 "당신(하나님)은 의로우시다"라는 발언에 대한 이유를 제시한다. 그 발언의 내용은 바로 하나님께서 "이것들을"(ταῦτα, 타우타) 심판하셨기 때문이라는 것이다. 여기에서 '타우타'는 중성 복수 지시대명사로서 사람들을 가리키는 것은 아닐 수 있다. 그것은 본문의 문맥으로 볼 때, 1b절에서 언급한 타락한 세상에 대한 상징으로 사용된 "땅"의 부분으로서, 둘째 천사가 대접을 쏟았던 "강들과 물의 샘들"을 통칭하고 있는 것으로 보인다.[131] 그렇다면 거룩하신 하나님께서 "강들과 물의 샘들"로 대표되는 악한 세상을 심판하셨기 때문에 의로우신 것이다. 그러므로 심판에 있어서 어떠한 시시비비가 있을 수 없다. 다음 6절은 바로 5d절에서 선포한 하나님 심판의 정당성을 좀 더 자세하게 보충 설명한다.

성도들과 선지자들의 피(6ab절) 6절도 5d절처럼 '왜냐하면"(ὅτι, 호티)이라는 접속사로 시작한다. 이 두 '호티'절은 모두 5b절의 "하나님은 의로우시다"라는 사실에 대한 이유를 제시한다. 이처럼 '호티'의 이중적 사용은 15장 4c절과 4d절에서도 동일하게 나타난 바 있다. 6절은 5b절에 대한 이유를 말하는 내용으로서 5d절과 보완적으로 이해할 필요가 있다. 곧 하나님의 의로움에 대한 이유를 매우 자세하게 설명해 주고 있는 것이다. 하나님께서 의로우신 이유는(5b절) 저희가 성도들과 선지자들의 피를 쏟은 것에 대응하여(6a절) 하나님은 그들이 마실 피를 그들에게 주셨기 때문이다(6b절). 여기에서 "피를 쏟다"는 문구의 동사 "쏟다"(ἐξέχεαν, 에크쎄케안>ἐκχέω, 에크케오)와 대접 심판의 실행을 묘사할 때 사용되는 동사 "쏟다"(ἐξέχεεν, 에크쎄케엔>ἐκχέω, 에크케오)가 동일하게 사용되어 언어 유희 기법을 보여주고 있다는 것을 주목할 필요가 있다. 그들이 피를 쏟았기 때문에 하나님은 대접을 쏟으신 것이다. 이것은 일종의 "복수법"(jus talionis)이라고 할 수 있다.[132] 요한계시록 11장 18a절에서 나라들이 하나님께 "분노했다"(ὠργίσθησαν, 오르기스데산> ὀργίζω, 오르기조)고 말하고 18b절에서는 하나님이 그 나라들에 대해 하나님의 분노(ὀργή, 오르게)가 임했다고 한 것도 같은 복수법의 패턴을 보여준다.

그렇다면 여기에서 "성도들과 선지자들의 피를 쏟은 자들"은 누구일까? 여러가지 정황을 통해 볼 때 그들은 첫번째 대접 심판의 대상으로 등장했던 "짐승의 표를 가진 사람들"(2c절) 혹은 "짐승의 형상에게 숭배하는 자들"(2d절)을 포함한 짐승의 세력 전체라고 할 수 있다. 하나님께서 그들의 식수원이라고

---

131 영어번역본으로서 NIV와 ESV는 '타우타'를 "이 심판들"(these judgments)이라고 번역하는데 이러한 번역은 근거가 희박하다. 대신에 NRSV와 NKJV는 '타우타'를 "이것들"(these things)이라고 번역하여 본서의 해석을 지지한다.

132 복수법에 대해서는 1권의 1021쪽을 참조하라.

할 수 있는 "강들과 물의 샘들"을 피로 변하게 하여 물 대신 마시도록 한 것은 바로 그들이 행동한 대로 갚아 주신 것이다. 이것은 성도들의 피를 흘린 만큼 그들이 강들이나 물의 샘들로부터 만들어진, 죽은 자의 피같은 피를 마셔야 한 것이다. 이것은 4절에서 언급된 방법으로 심판하신 이유라고 할 수 있다.

그들은 (심판받기에) 마땅하다(6c절) 6c절에 사용된 동사는(εἰσιν, 에이신>εἰμί, 에이미) 3인칭 복수 형태로 6b절의 심판의 대상인 "그들"을 주어로 사용하고 있다. 여기에서 사용된 형용사 '아크씨오이'(ἄξιοί)는 "마땅한"이라는 의미로서 '에이미' 동사의 보어 역할을 한다.[133] 이 단어는 하나님의 심판이 받아 마땅한 자들에게 주어지게 되었음을 보여준다. 그들이 심판받는 것이 마땅한 이유는 무엇인가? 그들이 성도들의 피를 흘렸기 때문이다(6a절). 곧 그들이 성도들의 피를 흘렸기 때문에 강들과 물의 샘들이 피가 되어 피를 마시게 되는 심판을 받는 것이 마땅한 것이다(6b절). 그러므로 사람들이 심판을 받기에 마땅하다는 것을 말하는 6c절은 그 이유를 말하는 6ab절의 결론이라고 할 수 있다. 여기에서 심판받아 마땅한 자들을 심판하시는 하나님의 행위는 5b절의 "하나님은 의로우시다"라는 사실을 확증해 준다. 반면 여기에서는 "마땅하다"라는 것이 심판 주제와 관련되어 사용되었지만, 3장 4절에서는 구원과 관련하여 사용되기도 한다.[134] 따라서 하나님의 구원 사역에서도 그의 공의로우심은 동일하게 적용된다고 할 수 있다.

정리 공의로우신 하나님은 성도들과 선지자들의 피를 흘린 자들로 피를 마시게 함으로써 하나님의 공의를 과시한다. 그러므로 여기에서 "피"라는 주제가 등장하는 것은 두 번째와 세 번째 대접 심판에서 물이 피로 변하게 된 것과 관련된다. 바로 두 번째와 세 번째 대접 심판에서 바다와 강, 물의 샘을 피로 변하게 한 것은 짐승과 그 짐승의 표를 받은 자들이 성도들을 핍박하여 피를 흘리게 한 정황을 의식하여 같은 벌을 내리는 심판이라는 것을 알 수 있다. 여기에서 이러한 심판은 하나님의 교회 공동체를 핍박하는 세상 세력에 대한 심판임을 다시 한 번 확인할 수 있다.

---

133 BDAG, 93(2a).
134 Roloff, *The Revelation of John,* 189.

제단이 말하는 것을 듣다(7a절) 다음 7절은 5-6절에 대한 응답으로 제단이 말하는 내용을 소개한다. 먼저 7a절에서 요한은 제단이 말씀하는 것을 듣는다. 제단은 하늘 성전에 존재하는 것이 분명하다. 따라서 제단이 말하는 음성은 곧 하늘 성전으로부터 들려 오는 것이다. 16장 1절에서 일곱 대접을 가진 일곱 천사가 성전으로부터 들려 오는 음성을 듣고 심판을 위해 파송 받은 것을 기록한다. 여기서는 "성전"이지만 7a절에서는 "제단"이다. 제단은 성전의 일부이면서 동시에 가장 핵심적 부분이라는 점에서 성전과 공통점을 갖지만 좀 더 구체화되고 심화된 의미를 갖는다. 그리고 5b절에서 하늘에 있는 증거의 장막 곧 성전이 열리고, 14장 6a절에서는 일곱 대접을 가진 천사들이 성전에서 나왔다. 그리고 14장 8a절에서는 하나님의 영광과 능력으로 말미암아 성전이 연기로 충만해서 아무도 성전으로 들어갈 수 없었다. 이와같이 대접 심판은 하늘 성전의 정황을 배경으로 전개된다.

요한이 5a절에서 물을 다스리는 천사가 말하는 것을 들었다고 한 반면 7a절에서 요한은 제단이 말하는 것을 듣는다. 여기에서 제단이 말한다고 한 것은 제단이 의인화 되고 있음을 알 수 있다. 그렇다면 어떻게 무생물인 제단이 말한다고 할 수 있을까? 묵시문헌으로서 요한계시록은 여러 다양한 이미지와 은유를 통해 표현 효과를 극대화하는 방법을 사용한다.[135] 여기에서 제단은 의인화에 의해 일단의 무리들과 관련시킨다. 그 관련된 무리들은 "제단"이라는 단어를 공통으로 사용하기 때문에 요한계시록 6장 9-11절의 제단 아래 있는 순교자들일 가능성이 가장 크다.[136] 그들은 제단 아래에서 자신들을 핍박한 세상 세력(짐승의 나라)에 대한 하나님의 "의로운" 심판을 간구한 바 있다. 세 번째 대접 심판에서 "제단"이라는 표현을 사용하여 제단 아래 순교자들을 소환함으로 하나님 심판의 의로우심을 드러내 고 있다.[137] 6장 9-11절서 "언제까지 … 신원하여 주지 아니하시겠습니까"라는 절규가 16장 7a절에서는 그 신원에 대한 긍정적 응답으로 전환되고 있다.[138]

그렇습니다(7b절) 7b절에서 제단이 말하는 내용을 기록한다. 첫번째 내용은

135 Boxall, *The Revelation*, 229.
136 Roloff, *The Revelation of John*, 189; Boxall, *Revelation*, 229.
137 Roloff, *The Revelation of John*, 189.
138 Boxall, *The Revelation*, 229.

'그렇습니다'(ναί, 나이)라고 하여 5-6절에서 언급한 하나님의 의로우신 심판에 긍정적으로 화답한다. 이러한 표현은 "아멘"과 동의어로서 이 문맥에서는 "심판에 대한 강력한 긍정"을 표현하기 위해 사용된다.[139] 이 단어는 요한계시록에서 네 번 사용된다. 1장 7절에서 예수님의 승천의 장면에서 "아멘"과 함께 긍정적 화답의 표현으로 사용되고 14장 13절에서 주안에서 죽은 자들이 복되다라는 하늘로부터 음성에 대한 성령의 긍정적인 화답으로 사용되기도 한다. 22장 20절에서는 예수님의 오심에 대한 예수님 자신의 긍정적 화답의 정황에서 사용된다. 여기에서 "그렇습니다"라는 발언은 7a절에서 언급한 것처럼 6장 9-11절에서 제단 아래 있는 순교자들의 음성이라고 할 수 있다.[140]

이러한 화답에 이어서 "주 하나님, 전능자시여"라며 하나님을 부른다. 이처럼, 주(κύριε), 하나님(ὁ θεὸς), 전능자(ὁ παντοκράτωρ, 호 판토크라토르)라는 세 개의 호칭은 요한이 즐겨 사용하는 하나님에 대한 호칭으로서 1장 8절과 4장 8절 그리고 11장 17절과 15장 3절 그리고 19장 6절과 21장 22절에 동일하게 사용된다.[141] 이 세 호칭이 함께 사용되는 것은 일종의 패턴으로서 "하나님의 주재권에 대한 존중(respect)"을 나타낸다.[142] 이러한 심판은 바로 하나님의 주재권에 속해 있다. 또한 이것은 5b절의 "지금도 계시고 전에도 계셨고 거룩하신 이시여"라고 한 것에 비교될 수 있다. 심판을 행하시는 분이 "거룩하신 분"으로서 뿐만 아니라 "전능자로 불리우는 것은 서로 조화스러운 모습이다. 거룩하시고 전능하신 하나님의 심판은 절대적으로 효과적이다.

참되고 의롭습니다(7c절) 7c절은 제단이 말하는 두 번째 내용이다. 제단이 말하는 내용은 6장 9-11절에서 순교자들이 발언한 내용과 유사하다. 순교자들은 하나님의 심판이 "참되고 의롭다"라고 한다. 스웨테는 이 내용이 15장의 모세의 노래 어린 양의 노래를 "축어적으로(verbally) 취한 것"이라고 하면서 그 노래의 "요약"(epitome)이라고 주장한다[143] 이것은 5b에서 물을 다스리는 천사가 물을 피로 물들게 하신 하나님의 심판을 보며 "하나님은 의로우시다"고 한 것

139 Aune, *Revelation 6-16*, 888.
140 Koester, *Revelation*, 648. 반면 스웨테는 이 음성이 천사의 음성 혹은 성도들(순교자들)의 음성 모두 가능성이 있다고 주장한다(Swete, *The Apocalypse of St. John*, 118).
141 Charles, *A Critical and Exegetical Commentary on the Revelation of St. John*, 2:126.
142 Blount, *Revelation*, 299.
143 Swete, *The Apocalypse of St. John*, 200.

에 "참되다"(ἀληθιναί, 알레디나이>ἀληθινός, 알레디노스)는 표현을 덧붙인 것이다(참조 21:5; 22:6). 여기에서 "참되다"라는 표현은 거짓되지 않다는 의미로서 하나님의 의로우신 심판의 성격을 한층 강화시켜 준다. 거룩하시고 전능하신 하나님께서 행하신 심판은 참되고 의로울 수 밖에 없다. 특별히 신원의 기도를 드렸던 순교자들의 입장에서 볼 때, 세번째 대접 심판 현장은 더욱 참되신 하나님의 성품을 실감있게 목도하는 현장이었을 것이다. 또한 이것은 잘못된 판단으로 성도들을 죽음의 자리로 내모는 짐승의 불의하고 거짓된 판단과 대조되고 있다.

[16:8-9] 네 번째 대접 심판

다음 8-9절은 네 번째 대접 심판을 기록한다. 8-9절은 두 부분으로 나누어지는데 8a-9a는 심판 현상을 소개하고 9bc는 심판에 대한 사람들의 반응을 소개한다.

심판의 현상(8a-9a절) 8a절에서 네 번째 천사는 해를 향하여 대접을 쏟는다. 해를 향하여 심판이 가해지는 것은 8장 12절의 네 번째 나팔 심판과 유사하고[144] 열 재앙의 아홉번째(출 10:21-29)를 연상케 한다.[145] 열 재앙의 아홉번째에서 모세는 하늘을 향하여 손을 뻗는데 그것은 태양을 향한 것으로 볼 수 있다. 왜냐하면 삼 일 동안 해가 빛을 잃어서 온 세상이 어둠에 휩싸이게 되었기 때문이다. 그러나 네번째 대접심판은 해가 과열되어 사람들을 크게 태우는 반면, 아홉번째 대접심판은 해가 빛을 잃어 어둠이 지배하게 되는 차이를 보인다.

8b절에 의하면 해에게 사람들을 불로 태우는 것이 허락되었다. 8b절의 인칭대명사, '아우토'(αὐτῷ)의 선행사는 직전의 "해"(ἥλιον, 헬리온>ἥλιος, 헬리오스)이다. 여기에서 "허락되다"(ἐδόθη, 에도데>δίδωμι, 디도미)라는 동사는 신적 수동형으로서 그 권세는 하나님에게서 받은 것으로 이해할 수 있다. 해가 하나님으로부터 권세를 받아 불로(ἐν πυρί, 엔 퓌리) 사람들을 태운다. 해가 사람들을 태우되 단순히 그을린 정도가 아니라 불로 태우듯이 맹렬한 화상을 입을 것을 시사한다. 그 결과 9a절에 의하면 사람들이 "큰 태움"(καῦμα μέγα, 카우마 메가)으로 말미

144 Roloff, *The Revelation of John*, 189.
145 Boxall, *The Revelation of St. John*, 229.

암아[146] 태워졌다. 이러한 표현에서 태워진 정도가 크게 강조되고 있음을 알 수 있다.

이들에게 가해진 해에 의해 '크게 태움' 받는 심판은 7장 16c절에서 성도들에게 약속된 "해나 모든 뜨거움이 그들에게 떨어지지 않는다"(οὐδὲ μὴ πέσῃ ἐπ' αὐτοὺς ὁ ἥλιος οὐδὲ πᾶν καῦμα)는 문구와 대조를 이룬다.[147] 7장의 본문이 그리스도 안에서 새출애굽의 은혜를 경험한 성도들에게 해당되는 내용이라면 16장의 본문은 짐승에게 속한 자들에 대한 심판의 정황을 표현하는 내용이다. 특별히 이 두 문구에서 '태움'의 의미를 가지는 '카우마'(καῦμα)라는 단어가 동일하게 사용되고 있다는 점이 주목할 만하다. 이 단어를 문맥에 의해 7장 16절에서는 "뜨거움"(heat)이라고 번역했고 위의 9a절에서는 "태움"(burning)이라고 번역했다. 이 두 가지 의미가 모두 사전에 있다.[148] 더 나아가서 전자에는 "모든"(πᾶν, 판)이라는 형용사가 있고 후자에는 "큰"(μέγα, 메가)이라는 형용사가 있다. 이 두 경우 모두 "뜨거움"이나 "태움"을 강조한다. 새출애굽 모티브를 배경으로 하는 7장 16절과는 달리 8a-9a절에 등장하는 해의 태움에 의한 심판은 짐승의 표를 받고 짐승을 숭배하는 자들을 향한 것이라는 것이다. 이러한 점에서 9a절의 "사람들은" 일반적인 대중을 가리키는 것이 아니라 당연히 짐승에게 속한 자들이다.

심판에 대한 사람들의 반응(9bc절) 다음 9b절은 앞의 내용에 대한 결과를 나타내 주는 접속사 "그래서"로 시작한다.[149] 곧 9b절은 9c절과 함께 네번 째 대접 심판에 대한 결과로서 사람들의 반응을 소개한다. 먼저 9b절에 사람들이 이 재앙들을 행하는 권세를 가지신 하나님의 이름을 모독하는 장면이 나온다. 여기에서 하나님은 이 재앙들을 행하는 권세를 가지신 분으로서 소개되고, 심판받는 당사자들이 바로 그 하나님의 이름을 모독한다. 이 심판이 회개를 목적으로 하지 않기 때문에, 이런 반응은 당연하다. 하나님의 이름을 "모독한다"(ἐβλασφήμησαν, 에블라스페메산>βλασφημέω, 블라스페메오)는 것은 출애굽기 20장 7절의 십계명 중 세번째 계명을 정면으로 거스르는 신성 모독 행위이다. 하나

146 번역에 대한 논의에서 이 목적격을 "수단의 목적격"용법이라고 언급한 바 있다.
147 Mounce, *The Book of Revelation*, 296.
148 BDAG, 536.
149 이 접속사의 사용에 대한 근거는 9b절 번역에 대한 논의를 참조하라.

님의 이름을 모독하는 이런 신성 모독 행위는 구약에서 죽임을 피할 수 없었다(레 24:16; 욥 2:9).[150] 여기에서 심판을 주관하시는 분이 하나님이라는 것을 알고 있음에도 불구하고 그 하나님을 모독하는 그들의 반응은 바로가 하나님의 능력을 목도하면서도 마음을 강퍅하게 한 것과 같은 패턴을 보인다.[151] 요한계시록에서 하나님의 이름을 모독하는 행위의 원조는 짐승이라고 할 수 있다. 13장 6절에서 짐승은 하나님을 향하여 그의 이름과 그의 장막 곧 하늘에 거하는 자들을 모독하는 행위를 일삼는다. 하나님의 이름을 모독하는 것이 짐승 사역의 본질이다.

더 나아가서 이러한 모독 행위는 대접 심판에서 9bc절의 네 번째 외에도 하나님의 심판을 받은 자들의 반응으로 묘사된다. 그들은 16장 11절의 다섯 번째와 16장 21절의 일곱 번째 대접 심판에서 하나님을 모독하는 반응을 보인다. 이러한 하나님 혹은 그의 이름을 모독한다는 것은 짐승의 활동을 모방하는 것이며 그들이 짐승에게 속한 자들임을 반증하는 것이라고 할 수 있다. 또한 이들이 심판으로 말미암는 고통의 순간에 하나님의 이름을 모독했다는 것은 이미 그들의 평상시 생활에서 그런 행위가 습관화되었다고 추정할 수 있다.

9c절에 의하면 하나님의 이름을 모독하는 "그들은 그(하나님)에게 영광을 돌리기 위해 회개하지 않았다"고 한다. 여기에서 회개는 하나님께 영광을 돌리기 위해 선행되어야할 행위이다. 하나님의 이름을 모독한 그들이 회개하지 않은 상태에서 영광을 주께 돌리지 않는 것은 당연하다. 이러한 그들의 상황 때문에 이 심판은 회개를 목적으로 하지 않는 것이 분명해진다. 만일 하나님께서 회개케 하실 목적을 가지고 계셨다면, 그는 그 목적을 마침내 이루셨을 것이다. 그러나 하나님은 이러한 자들의 방탕한 생각과 판단들을 그대로 내버려 두신다(참조 롬 1:24-31). 그들이 하나님을 모독하며 회개하지 않고 영광을 돌리지 않는 것 자체가 또 하나의 심판인 것이다. 그들은 이러한 반응으로 심판 위에 심판을 더 얹어 영원한 심판을 자초하고 있는 것이다.

이와 유사한 내용이 여섯 번째 나팔 심판을 기록하는 9장 20-21절에서 소개된 바 있다. 그곳에서도 사람들은 하나님의 심판에도 불구하고 회개하지 아니하고 도리어 그들이 행하여 왔던 악한 행위들을 계속하는 모습을 보인다.

150 Koester, *Revelation*, 649.
151 Mounce, *The Book of Revelation*, 296.

여기까지는 9c절에서 심판받은 자들이 보인 반응과 동일하다. 그러나 차이점은 9장 20–21절(여섯 번째 나팔심판)의 이러한 반응이 11장 13절과 11장 15–17절(일곱번째 나팔심판)에서 극적 반전이 일어나게 된다는 것이다. 11장 13절에 의하면 하나님의 심판에도 불구하고 회개하지 않던 자들이 하나님께 영광을 돌리게 되고 11장 15–17절에서는 세상 나라가 하나님의 나라가 되는 결과를 보여준다. 9–11장의 문맥에서 두 증인에 의해 상징되는 교회 공동체의 특별한 사역을 소개하기 위한 특별한 목적으로 이러한 스토리가 구성되고 있다. 그러나 16장에서는 이러한 에피소드를 구성할 의도가 아니므로 단지 심판받은 자들이 회개하지 않은 것으로 마무리된다.

[정리]

대접 심판의 처음 네 개는 나팔 심판의 경우처럼 하나의 단위를 이루고 있다. 다만 나팔 심판은 나팔을 부는 행위를 통해 심판을 전개시키는 반면, 대접 심판은 대접을 쏟는 행위를 통해 심판을 전개시킨다. 처음 네 개의 대접 심판에서 대접을 쏟는 대상은 땅과, 바다와, 강들과 물의 샘들 그리고 하늘의 해이다. 그런데 여기에서 빼놓을 수 없는 중요한 특징은 대접 심판이 짐승의 표를 가진 자들 곧 짐승에게 숭배하는 자들을 향하고 있다는 사실이다(2절). 그 이유는 단순하다. 그것은 바로 성도들과 선지자들의 피에 대한 보응을 위한 것이기 때문이다(5-6절). 따라서 하나님의 심판은 참되고 의롭다는 평가를 받는다. 또 그러한 이유로 하나님은 천사들(5절)과 핍박받은 순교자들(7절)의 찬양과 경배를 받으신다. 반면 심판 받는 자들은 회개하여 하나님께 영광을 돌리기는커녕 하나님을 모독하는 반응을 보인다(9절).

2)마지막 세 개의 대접 심판: 짐승과 용 그리고 바벨론에 대한 심판(16:10-21)

1-9절은 처음 네 개의 대접 심판을 기록하고 있는데 여기에서 천사들은 땅/바다/강, 물 샘/하늘이라는 우주적 대상을 향해 진노의 대접을 쏟는다. 물론 우주적 대상을 향하여 대접을 쏟지만 그 우주적 범주 안에 살고 있는 자들, 특별히 짐승의 표를 받은 자들에게 그 영향을 미친다. 반면 10-21절은 대접을 쏟는 대상에 있어서 그러한 우주적 대상을 향하기 보다는 짐승의 보좌와 유브라데스 강과 그리고 공중을 향하여 대접을 쏟는다. 이처럼 나머지 세 개의 대접은 처음 네 개의 경우보다 더욱 악의 세력의 핵심을 향하여 심판을 가하는 모습을 보여준다. 이런 점에서 나머지 세 개의 대접심판은 예수님의 재림과 관련된 미래 종말적 시점에 집중한다.

구문분석 및 번역

10절 a) Καὶ ὁ πέμπτος ἐξέχεεν τὴν φιάλην αὐτοῦ ἐπὶ τὸν θρόνον τοῦ θηρίου,
그리고 다섯째가 그의 대접을 짐승의 보좌를 향하여 쏟았다.

b) καὶ ἐγένετο ἡ βασιλεία αὐτοῦ ἐσκοτωμένη,
그러자 그의 나라가 어두워지기 시작했다.

c) καὶ ἐμασῶντο τὰς γλώσσας αὐτῶν ἐκ τοῦ πόνου,
그러자 그들은 그 고통 때문에 그들의 혀를 깨물고 있었다.

11절 a) καὶ ἐβλασφήμησαν τὸν θεὸν τοῦ οὐρανοῦ
그리고 그들은 하늘의 하나님을 모독했다.

b) ἐκ τῶν πόνων αὐτῶν καὶ ἐκ τῶν ἑλκῶν αὐτῶν
그들의 고통 때문에 그리고 그들의 상처 때문에

c) καὶ οὐ μετενόησαν ἐκ τῶν ἔργων αὐτῶν.
그리고 그들은 그들의 행위들로부터 회개하지 않았다.

12절 a) Καὶ ὁ ἕκτος ἐξέχεεν τὴν φιάλην αὐτοῦ ἐπὶ τὸν ποταμὸν τὸν μέγαν τὸν Εὐφράτην,
그리고 여섯째가 그의 대접을 큰 강 유브라데를 향하여 쏟았다.

b) καὶ ἐξηράνθη τὸ ὕδωρ αὐτοῦ,
그러자 그것의 물이 말랐다.

c) ἵνα ἑτοιμασθῇ ἡ ὁδὸς τῶν βασιλέων τῶν ἀπὸ ἀνατολῆς ἡλίου.
동쪽으로부터 왕들의 길을 준비하도록

13절 a) Καὶ εἶδον
그리고 나는 보았다.

b) ἐκ τοῦ στόματος τοῦ δράκοντος
용의 입으로부터

καὶ ἐκ τοῦ στόματος τοῦ θηρίου
그리고 짐승의 입으로부터

καὶ ἐκ τοῦ στόματος τοῦ ψευδοπροφήτου
그리고 거짓선지자의 입으로부터

c) πνεύματα τρία ἀκάθαρτα ὡς βάτραχοι·
(나오는) 개구리같이 더러운 세 영들을

14절 a) εἰσὶν γὰρ πνεύματα δαιμονίων ποιοῦντα σημεῖα,
왜냐하면 그들은 표적들을 행하는 귀신들의 영들이기 때문이다.

b) ἃ ἐκπορεύεται ἐπὶ τοὺς βασιλεῖς τῆς οἰκουμένης ὅλης
모든 세상의 왕들에게 나아가는

c) συναγαγεῖν αὐτοὺς εἰς τὸν πόλεμον τῆς ἡμέρας τῆς μεγάλης τοῦ θεοῦ τοῦ παντοκράτορος.
전능자 하나님의 큰 날의 전쟁을 위하여 그들을 모으기 위해

15절 a) Ἰδοὺ ἔρχομαι ὡς κλέπτης.
보라, 내가 도적같이 온다.

b) μακάριος ὁ γρηγορῶν καὶ τηρῶν τὰ ἱμάτια αὐτοῦ,
깨어있고 그의 옷을 지키는 자는 복있다.

c) ἵνα μὴ γυμνὸς περιπατῇ καὶ βλέπωσιν τὴν ἀσχημοσύνην αὐτοῦ.
그가 벌거벗고 다니지 않고 그의 부끄러움을 보이지 않기 위하여

16절 a) Καὶ συνήγαγεν αὐτοὺς
그리고 그들(귀신들의 영들)은 그들(왕들)을 모았다.

b) εἰς τὸν τόπον τὸν καλούμενον Ἑβραϊστὶ Ἁρμαγεδών.
히브리어로 하르마겟돈이라고 불리우는 장소로

17절 a) Καὶ ὁ ἕβδομος ἐξέχεεν τὴν φιάλην αὐτοῦ ἐπὶ τὸν ἀέρα,
그리고 일곱째가 공중을 향하여 그의 대접을 쏟았다.

b) καὶ ἐξῆλθεν φωνὴ μεγάλη ἐκ τοῦ ναοῦ ἀπὸ τοῦ θρόνου λέγουσα·
그리고 큰 음성이 성전으로부터 보좌로부터 나와 말했다:

c) γέγονεν.
이루어졌다.

18절 a) καὶ ἐγένοντο ἀστραπαὶ καὶ φωναὶ καὶ βρονταὶ
그리고 번개들과 소리들과 그리고 우레들이 일어났다.

b) καὶ σεισμὸς ἐγένετο μέγας, οἷος οὐκ ἐγένετο ἀφ' οὗ ἄνθρωπος ἐγένετο ἐπὶ τῆς γῆς
그리고 사람이 땅에 존재한 이후로 존재하지 않았던 큰 지진이 일어났다.

c) τηλικοῦτος σεισμὸς οὕτως μέγας.
이와 같이 큰 지진이 매우 강력했다.

19절 a) καὶ ἐγένετο ἡ πόλις ἡ μεγάλη εἰς τρία μέρη
그리고 그 큰 도시는 세 부분으로 되었다.

b) καὶ αἱ πόλεις τῶν ἐθνῶν ἔπεσαν.
그리고 나라들의 도시들이 무너졌다.

c) καὶ Βαβυλὼν ἡ μεγάλη ἐμνήσθη ἐνώπιον τοῦ θεοῦ
그리고 그 큰 바벨론이 하나님 앞에서 기억되었다.

d) δοῦναι αὐτῇ τὸ ποτήριον τοῦ οἴνου τοῦ θυμοῦ τῆς ὀργῆς αὐτοῦ.
그녀에게 하나님의 진노의 분노의 포도주의 잔을 주시도록

20절 a) καὶ πᾶσα νῆσος ἔφυγεν
그리고 모든 섬이 사라졌다.

b) καὶ ὄρη οὐχ εὑρέθησαν.
그리고 산이 발견되지 않았다.

21절 a) καὶ χάλαζα μεγάλη ὡς ταλαντιαία καταβαίνει ἐκ τοῦ οὐρανοῦ ἐπὶ τοὺς ἀνθρώπους,
그리고 한 달란트 무게의 큰 우박이 하늘로부터 사람들에게 떨어진다.

b) καὶ ἐβλασφήμησαν οἱ ἄνθρωποι τὸν θεὸν ἐκ τῆς πληγῆς τῆς χαλάζης,
그리고 사람들은 우박의 재앙 때문에 하나님을 모독했다.

c) ὅτι μεγάλη ἐστὶν ἡ πληγὴ αὐτῆς σφόδρα.
왜냐하면 그녀(바벨론)의 재앙이 심히 크기 때문이다.

10b절의 'ἐγένετο … ἐσκοτωμένη(에게네토 … 에스코토메네)는 '기네스다이'와 완료 시제 분사가 결합하여 사용된 "우언법"이라고 할 수 있다.[152] 1장 18c절와 3장 1-2절에서 "우언법"이 사용된 바 있다.[153] 이러한 우언법은 "수사적으로 좀 더 강력한 표현"(a rhetorically more forceful expression)을 제공한다.[154] 여기에 완료 시제 분사의 사용은 이러한 표현을 좀 더 강조해준다. 또한 10b절의 "우언적 완료" 용법은 "상태나 상황의 시작"(the beginning of the state or situation)을 나타내기 위하여 사용되기도 한다.[155] 이러한 용법을 적용하여 본문을 번역하면 "어두워지기 시작했다"고 할 수 있다.

10c절을 시작하는 '카이'(καί)는 "선행되는 것이 불러오는 결과를 소개"하는 역할을 하는데, 이에 걸맞는 번역으로서 "그러자"라고 할 수 있다.[156] 10c절의 '에크 투 포누'(ἐκ τοῦ πόνου)의 전치사 "출처"(source)의 용법으로 볼 수도 있지만

152 BDF, § 354. Εἶναι (에이나이)와 분사 형태 뿐만 아니라 Γίνεσθαι (기네스다이)와 분사(현재 혹은 완료)의 결합도 우언적 용법으로 간주할 수 있다(고후 6:14; 골 1:18; 히 5:12; 막 9:3; 앞의 책).
153 Mussies, *The Morphology of Koine Greek*, 331.
154 BDF, § 352.
155 BDF, § 354.
156 BDAG, 494(1bζ).

'에크'(ἐκ)는 "원인"(cause) 용법으로 간주하는 것이 좀 더 자연스럽다.[157] 이 용법을 반영하여 번역하면 "그 고통 때문에(because of)"라고 할 수 있다.[158] 정관사 "그"는 바로 10b절에서 언급하고 있는 "어두움"이라고 할 수 있다. 이러한 '에크' 용법은 11b절에도 적용할 수 있다.

10c절의 '에마손토'(ἐμασῶντο>μασάομαι, 마사오마이)는 "깨물다"라는 의미를 갖는 미완료시제 동사이다. 미완료 과거시제의 용법 중에 "과거에 규칙적으로 반복해서 일어나는 행위" 혹은 "얼마동안 계속되는 상태"를 나타내는 "습관적 미완료"(customary imperfect) 용법이 있는데[159] 여기에 이 용법이 사용되었다고 볼 수 있다. 이 용법을 적용하여 번역하면 "깨물고 있었다"라고 할 수 있고 이것은 곧 "혀를 깨무는 것"이 일정 기간 동안 "규칙적으로 반복 발생하는 행위"라고 할 수 있다.[160] 또한 이것은 "과거의 행위가 진행중(in progress)임을 의미하는 것"으로서 "행동 방식을 표현하기 위해 사용되는 미완료"라고도 할 수 있다.[161] 곧 저자의 시점을 기준으로 볼 때 환상의 경험은 과거에 일어난 것이며 "혀를 깨무는 행위"는 과거에 일어난 환상 경험 속에서 진행중이거나 반복되는 행위인 것이다.

그리고 11b절에서 '에크'가 두 번 반복되기 때문에 우리말로 한 번만 번역하면 자연스럽겠지만, 두 번 중복해서 사용된 저자의 의도를 살리지 못하게 되므로 두 번 모두 번역하고자 한다. 이러한 논의를 반영하여 번역하면 "그들의 고통 때문에 그리고 그들의 상처 때문에"라고 할 수 있다. 11c절의 ἐκ τῶν ἔργων αὐτῶν (에크 톤 에르곤 아우톤)에서 전치사 '에크'(ἐκ)는 출처의 용법으로서 이와 관련된 주동사인 "회개하지 않았다"(οὐ μετενόησαν, 우 메테노에산)의 출처를 묘사한다. 곧 회개할 내용의 출처를 제공하는 것이다. 이러한 내용을 반영하여 번역하면 "그들의 행위들로부터 회개하지 않았다"고 할 수 있다.

13c절에서 "개구리 같이"(ὡς βάτραχοι, 호스 바트라코이)는 바로 앞의 "더러운"(ἀκάθαρτα, 아카다르타)과 연결되어 "개구리같이 더러운"이라고 번역해야 할 것이다. 이것은 더러운 것이 개구리로 비유되는 구조이다. 따라서 이 문구는 앞

157 이 두 용법에 대해선 Wallace, *Greek Grammar beyond the Basics,* 371을 참조하라.
158 체르빅은 "때문에"(because of)라는 번역을 지지한다(Zerwick and Grosvenor, *A Grammatical Analysis of the Greek New Testament,* 766.
159 Wallace, *Greek Grammar beyond the Basics*, 548.
160 앞의 책.
161 BDF, § 327.

의 두 단어인 "세 영들"과 연결하여 "개구리같이 더러운 세 영"으로 번역한다.

14a절의 '가르'(γάρ)는 이유를 의미하는 것으로서 "왜냐하면"이라는 뜻이지만 동시에 "설명의 표시"(marker of clarification)로 사용되기도 한다.[162] 이 문맥에서는 14a절을 13c절의 "개구리같은 세 더러운 영"에 대한 이유를 제시하기보다는 좀 더 자세한 설명을 제시하는 관계로 보는 것이 더 자연스러워 보인다.[163] 이러한 관계를 우리말로 표현할 수 있는 적절한 단어를 찾기 쉽지 않으나 설명을 나타내주는 "곧"이라는 단어로 번역하는 것이 가장 적절할 듯 하다.

그리고 14a절에서 소유격으로 사용된 "귀신들의"(δαιμονίων, 다이모니온)라는 단어는 두 가지 용법으로 사용된 것으로 볼 수 있다. 첫째로, "설명적(epexetical) 소유격" 용법이다. 이 경우에 의미는 "귀신들인 영들"(spirits which are demons)이라고 할 수 있다.[164] 앞의 더러운 영들을 귀신들로 규정하려는 의도를 나타내주고 있다. 둘째로, "동격적(appositional) 소유격" 용법으로 간주하는 경우이다.[165] 이 경우에는 "귀신들 곧 영들"이라고 할 수 있다. 전자의 경우가 좀 더 자연스러울 수 있다. 여기에서 첫번째 경우를 받아들일 때, 더러운 세 영들의 특징이 "귀신들"이라는 것에 초점을 맞추고 있다. 이 경우에 귀신들이 영을 가지고 있는 것이 아니라 귀신들 존재 자체가 영들이라는 것을 보여준다. 그러므로 "귀신의 영들"은 단순히 "귀신들"이라고 표현해도 충분해 보인다. 그러므로 앞으로 "귀신들의 영들"은 "귀신들"로 표현하기로 한다.

16a절에서 주동사인 "모으다"(συνήγαγεν, 쉬네가겐>συνάγω, 쉬나고)의 주어는 무엇일까? 16절은 14절에서 곧바로 이어진다.[166] 따라서 이 동사의 주어는 내용상으로 14절의 전능하신 하나님의 큰 날의 전쟁을 위하여, 세상의 왕들을 모으기 위해 용/짐승/거짓선지자의 입으로 나온 개구리같은 세 더러운 "귀신들의 영들"이다. 이러한 세 더러운 영들은 중성 복수 명사인데, 중성 복수 명사의 경우에 동사의 주어가 단수로 사용되는 경우들이 있다(8:3, 13:14, 14:13, 16:14,

---

162 BDAG, 189(2). BDAG에서 설명의 표시를 나타내주는 것으로서 영어로 "for" 혹은 "you see"라는 문구를 제시한다(앞의 책).

163 스웨테는 14a절의 '가르'를 설명적 의미로 보지 않고 직전의 내용인 "더러운 세 영"에 이유를 나타내는 것으로 간주하여 "왜냐하면"으로 번역할 것을 제안한다. 곧 그것은 바로 앞의 13c절에서 용과 짐승과 거짓선지자의 입으로부터 나온 영들이 왜 "개구리같이 세 더러운 영들"인가? 라고 묻는 것이고 그에 대한 답은 "귀신들의 영들"이기 때문이라는 것이다(Swete, *The Apocalypse of St. John,* 204).

164 Osborne, *Revelation*, 592.

165 Beale, *The Book of Revelation*, 833.

166 Charles, *A Critical and Exegetical Commentary on the Revelation of St. John*, 2:49.

등).[167] 따라서 이 동사는 3인칭 단수임에도 불구하고 복수로 "그들은 모았다"로 번역한다.[168]

17a절의 '에피 톤 아에라'(ἐπὶ τὸν ἀέρα)에 사용된 전치사 '에피'(ἐπί)는 여러가지 의미를 가지나 이 문맥에서는 "움직임의 표시"로서 도달되는 "목표와의 접촉의 표시"로서 "… 향하여"라고 번역하는 것이 가장 적절하다.[169]

17b절에서 "성전으로부터"(ἐκ τοῦ ναοῦ) "보좌로부터'(ἀπὸ τοῦ θρόνου)라는 두 개의 문구가 병치되어 있다. 여기에서 두 개의 전치사 '에크'(ἐκ)와 '아포'(ἀπό)는 의미상의 큰 차이가 없다. 성전과 보좌도 서로 중복된 의미를 갖는다. 그렇다면 이 두 문구는 동격 관계라고 할 수 있다. 따라서 "성전으로부터 곧 보좌로부터" 이렇게 번역하는 것이 좋다.[170]

그리고 17c절에서 '게고넨'(γέγονεν>γίνομαι, 기노마이)은 우리 말의 개역개정에서 "되었다"로 번역하고 동일한 단어가 사용된 21장 6b절에서는 "이루었다"로 다르게 번역한다. 이런 번역은 오류이다. 동일한 단어에 대해 특별한 이유가 없으면 동일하게 번역하는 것이 당연하기 때문이다. 대부분의 영어 번역본(ESV, NRSV, NIV, NKJV)은 "It is done"이라고 수동적인 의미로 번역한다. 이런 수동적 의미로 번역이 가능하는 것은 '기노마이'라는 단어 자체에 이미 수동적 의미가 있기 때문이다.[171] 그렇다면 "이루었다" 보다는 "되었다"가 수동적 의미를 좀 더 분명하게 함의한다고 볼 수 있다. 그러나 "되었다"는 문맥상 어색하다. 따라서 "이루었다"라는 표현의 수동적 의미를 살려서 유지하려면 "이루어졌다"라고 번역할 수 있다.

18c절의 '텔리쿠토스'(τηλικοῦτος)라는 단어는 "매우 강력한"이란 의미를 갖는다.[172] 이러한 의미의 단어는 "큰 지진"(σεισμὸς μέγας)을 더욱 강조해주는 역할을 한다. 그리고 이 문장은 동사가 존재하지 않는데 앞뒤 문맥을 고려해서 부정과거형처럼 "강력했다"로 번역한다.

19d절에서 '토 포테리온 투 오이누 투 뒤무 테스 오르게스 아우투'(τὸ

167 앞의 책, 2:50.
168 영어 번역본들 대부분이 "they"라는 주어를 사용한다.
169 BDAG, 363(4).
170 이러한 번역을 두 문구 사이에 "that is"라는 표현을 삽입하여 번역한 오우니의 지지를 받는다(Aune, *Revelation 6-16*, 899).
171 BDAG, 196(1, 2)에 의하면 "be born", "be produced" 혹은 "be made," "be created", "be manufactured" 등의 의미를 갖는다. 이런 의미들을 보면 대부분이 수동태를 취하고 있다.
172 BDAG, 1001(2).

ποτήριον τοῦ οἴνου τοῦ θυμοῦ τῆς ὀργῆς αὐτοῦ)는 직역하면 "그의 진노의 분노의 포도주의 잔"이라고 할 수 있다. 또한 이 문구의 '포테리온 투 오이누'(τὸ ποτήριον τοῦ οἴνου)에서 소유격인 '투 오이누'(τοῦ οἴνου)는 "내용의 소유격"(genetive of content)으로서 컵 안에 들어 있는 내용이 무엇인지 알려주는 기능을 갖는다.[173] 곧 잔에는 하나님의 진노의 분노의 포도주가 담겨져 있는 것이다.

또한 19d절은 14장 8c절과 10b절과 다르게 '뒤모스'와 '오르게'가 병치되어 사용된다는 것이 흥미롭다. 이 두 단어가 조합된 형태의 문구는 구약(사 7:4; 렘 4:26; 25:37; 49:37; 애 1:12, 2:3; 4:1; 겔 23:25; 호 11:9; 나훔 1:6)에서 이미 사용된 바 있다.[174] 이런 본문들을 다음과 같이 단어 연구를 통해 정리해 보았다.

	사 7:4	사 9:18	신 29:23	단 8:6	삼상 28:18	출 11: 8
MT	חֳרִי־אַף (하리 아프)	(עֶבְרָה)בְּעֶבְרַת (베에베라트〉 에브라)	חֳרִי הָאַף (하리 하아프)	בַּחֲמַת כֹּחוֹ (바하마트 코흐오)	חֲרוֹן־אַפּוֹ (하론 아포)	בָּחֳרִי־אָף (바하리 아프)
LXX	ὀργὴ (τοῦ) θυμοῦ (오르게 [투] 뒤무)	διὰ θυμὸν ὀργῆς (디아 뒤몬 오르게스) (θυμός ὀργῆς, 뒤모스 오르게스)	ὁ θυμὸς τῆς ὀργῆς (호 뒤모스 테스 오르게스)	ἐν θυμῷ ὀργῆς (엔 뒤모 오르게스)	ὁ θυμὸς τῆς ὀργῆς ([호] 뒤모스 [테스] 오르게스)	μετὰ θυμοῦ (메타 뒤무)
같은 패턴의 본문	대하 25:10 사 20:34 렘 4:26; 25:37; 49:37 렘애 1:12; 2:3; 겔 23:25	사 13:13 렘애 2:2과 호 13:11에서는 '뒤모스'(θυμός); 시 90:9에서는 '오르게'(ὀργή)만 사용			왕하 23:26 대하 30:8 욥기 20:23 렘애 4:11	

이 도표에서 '오르게'와 '뒤모스' 사이에 바뀌어 여러가지 형태의 조합이 존재함을 알 수 있다. 그리고 이러한 조합은 히브리어 단어의 다양한 형태가 원인이 된다. 이사야 7장 4절에서 히브리어 '하리 아프'(חֳרִי־אַף)를 70인역에서 '오르게 (투) 뒤무'(ὀργὴ [τοῦ] θυμοῦ)로 번역하고, '에브라'(עֶבְרָה)(사 9:18), '하리 (하)아프'(חֳרִי הָאַף)(신 29:23), '바하마트 코흐오'(בַּחֲמַת כֹּחוֹ)(단 8:6, 강력한 분노), '하

173 Wallace, *Greek Grammar beyond the Basics*, 92.
174 Charles, *A Critical and Exegetical Commentary on the Revelation of St. John*, 2:52.

론 아포'(חֲרוֹן־אַפּוֹ)(삼상 28:18)를 70인역에서 '뒤모스 오르게스'(θυμός ὀργῆς)(사 9:18)로 번역한다. 그리고 출 11장 8절의 경우에 신명기 29장 23절처럼 '하리 아프'(חֳרִי־אַף)라는 문구를 사용하는데 70인역에서 '뒤모스'라는 단어 하나로 번역한다. 여기에서 주목을 끄는 것은 동일한 문구로서 이사야 7장 4절의 '하리 아프'(חֳרִי־אַף)와 신 29장 23절의 '하리 (하)아프'(חֳרִי הָאַף)를 70인역은 각각 '오르게 뒤무'(ὀργὴ [τοῦ] θυμοῦ)와 '뒤모스 오르게스'(θυμός ὀργῆς)로 번역한다는 점이다. 두 단어의 순서가 크게 중요하지 않다는 것을 의미한다. 여기에서 흥미로운 것은 다니엘 8장 6절의 경우에 히브리어로 '바하마트 코흐오'(בַּחֲמַת כֹּחוֹ)라는 문구가 사용되는데 "맹렬한 분노"라는 의미를 갖는다. 이 문구는 70인역에서 '엔 뒤모 오르게스'(ἐν θυμῷ ὀργῆς)로 번역 되는데 전치사 '엔'을 제외하고 보면 '뒤모스 오르게스'라는 문구이다. 이것은 거꾸로 말하면 '뒤모스 오르게스'는 "맹렬한 분노"라는 의미의 관용적 표현으로 간주할 수 있다는 것이다. 이러한 의미를 '투 오이누 투 뒤무 테스 오르게스'(τοῦ οἴνου τοῦ θυμοῦ τῆς ὀργῆς) 번역에 반영하여 "맹렬한 분노의 포도주"라고 번역한다. 이 것은 "분노"(θυμοῦ, 뒤무>θυμός, 뒤모스)와 "진노"(ὀργῆς, 오르게스>ὀργή, 오르게)라는 동의어가 이중적으로 사용되어 "상호적으로 의미를 강화시키는" 효과를 가져온다는 토마스의 주장과 일맥 상통한다.[175]

그리고 19d절의 부정사 '두나이'(δοῦναι>δίδωμι, 디도미)는 "설명적(epexegetic) 부정사" 용법이다.[176] 이 용법은 어떤 경우에 부정사의 "결과"(result) 용법과 유사하여 이전에 언급된 동사나 명사의 행위를 좀 더 분명하게 "규정"(define)해주는 기능을 갖는다.[177] 이러한 용법을 19d절의 부정사인 '두나이'에 적용하면 이 부정사는 19c절의 "바벨론이 하나님 앞에서 기억되다"에 대한 결과를 진술하는 것으로 볼 수 있다. 그러므로 이 본문을 19c절과 연결해서 읽으면 "바벨론이 하나님 앞에서 기억되었다. 그래서 그의 진노의 분노의 포도주 잔을 그녀에게 주셨다"라고 할 수 있다. 20a절에서 '에퓌겐' (ἔφυγεν>φεύγω, 퓨고)은 대체로 "도망가다"라는 의미를 갖지만 이 문맥에서는 "가시적이기를 멈추다"라는 의

175 Thomas, *Revelation 8-22*, 276. 여기에서 '오르게'를 "진노"로 '뒤모스'를 "분노"로 번역한 이유에 대해서는 14장 8c절과 14장 10b절에 대한 번역을 참조하라.

176 Beckwith, *The Apocalypse of John*, 687; Thomas, *Revelation 8-22*, 276.

177 E. D. Burton, *Syntax of the Moods and Tenses in New Testament Greek* (Grand Rapids: Kregel, 1976), § 375.

미로서 "사라지다"(disappear)라는 의미를 갖는다.[178] 따라서 번역도 이 의미대로 하는 것이 적절하다.

21b절에서 '에크'(ἐκ)는 10c절의 경우처럼, 이 문맥에서 "원인의 용법"으로 이해하여 "우박의 재앙 때문에"라고 번역한다.

이상의 내용을 근거로 우리말 어순에 맞추어 번역하면 다음과 같다.

10a 그리고 다섯째가 그의 대접을 짐승의 보좌를 향하여 쏟았다.
10b 그러자 그의 나라가 어두워지기 시작했다.
10c 그러자 그들은 그 고통 때문에 그들의 혀를 깨물고 있었다.
11a 그리고
11b 그들의 고통 때문에 그리고 그들의 상처 때문에
11a 그들은 하늘의 하나님을 모독했다.
12a 그리고 여섯째가 그의 대접을 큰 강 유브라데를 향하여 쏟았다.
12b 그러자
12c 동쪽으로부터 왕들의 길을 준비하도록
12b 그것의 물이 말랐다.
13a 그리고 나는
13b 용의 입으로부터
그리고 짐승의 입으로부터
그리고 거짓선지자의 입으로부터
13c (나오는) 개구리같이 더러운 세 영들을
13a 보았다.
14a 곧 그들은
14c 전능자 하나님의 큰 날의 전쟁을 위하여 그들을 모으기 위해
14b 모든 세상의 왕들에게 나아가는
14a 표적들을 행하는 귀신들의 영들이다.
15a 보라, 내가 도적같이 온다.
15c 그가 벌거벗고 다니지 않고 그리고 그의 부끄러움을 보이지 않도록
15b 깨어 있고 그의 옷을 지키는 자는 복있다.
16a 그리고 그들(귀신들의 영들)은
16b 히브리어로 하르마겟돈이라고 불리우는 장소로
16a 그들(왕들)을 모았다.
17a 그리고 일곱째가 공중을 향하여 그의 대접을 쏟았다.
17b 그리고 큰 음성이 성전으로부터 보좌로부터 나와 말했다:
17c 이루어졌다.

178 BDAG, 1052(4).

18a 그리고 번개들과 소리들과 그리고 우레들이 일어났다.
18b 그리고 사람이 땅에 존재한 이후로 존재하지 않았던 큰 지진이 일어났다.
18c 이와같이 큰 지진이 매우 강력했다.
19a 그리고 그 큰 도시는 세 부분으로 되었다.
19b 그리고 나라들의 도시들이 무너졌다.
19c 그리고 그 큰 바벨론이
19c 하나님 앞에서 기억되었다.
19d 그래서 하나님은 그녀에게 하나님의 맹렬한 분노의 포도주가 담겨져 있는 잔을 주셨다.
20a 그리고 모든 섬이 사라졌다. 그리고 산이 발견되지 않았다.
21a 그리고 한 달란트 무게의 큰 우박이 하늘로부터 사람들에게 떨어진다.
21b 그리고 사람들은 우박의 재앙 때문에 하나님을 모독했다.
21c 왜냐하면 그녀(바벨론)의 재앙이 심히 크기 때문이다.

본문 주해

[16:10-11] 다섯 번째 대접 심판

먼저 10-11절은 다섯 번째 대접 심판을 기록하고 있다.

짐승의 보좌에 대접을 쏟다(10a절) 10a절에 의하면 다섯 번째 천사는 그의 대접을 "짐승의 보좌"에 쏟는다. 여기에서 "짐승의 보좌"는 13장 2절을 배경으로 한다(참조 2:13). 이 본문에 의하면 "내가 본 그 짐승은 표범같고 그리고 그의 발은 곰(발) 같고 그리고 그의 입은 사자의 입 같았다. 그리고 그 용이 그에게 그의 능력과 그의 보좌와 큰 권세를 주었다"고 한다. 여기에서 짐승의 보좌는 용이 허락한 것을 알 수 있다. 그러므로 짐승은 용의 통치를 대행한다. 따라서 짐승의 보좌를 향하여 대접을 쏟았다는 것은 곧 용에 의해 상징되는 사탄에 대한 심판을 직접 감행하였다는 것을 의미한다. 이제 악의 세력에 대한 완전한 심판을 통한 하나님의 구속 역사의 완성이 마침내 다가 오고 있는 것이다.

짐승의 나라가 어두워지기 시작했다(10b절) 10b절은 짐승의 보좌에 대접을 쏟은 결과를 설명한다. "그(짐승)의 나라가 어두워 지기 시작했다"(ἐσκοτωμένη, 에스코토메네>σκοτόω, 스코토오)고 한다.[179] 먼저 "짐승의 나라"는 대접을 쏟은 대상인

179 이 번역은 우언적 완료 용법에 근거하므로 이에 대해서는 번역 및 구조 분석을 참조하라.

"짐승의 보좌"와 밀접한 관계를 가진다. "짐승의 보좌"는 짐승이 보좌에 앉아 있는 모습을 연상케 하고 또한 그러한 장면은 짐승이 한 나라를 다스리고 있다는 사실을 추정케 한다. 13장에서 로마 제국의 황제로서 네로 황제를 모델로 짐승은 하나님을 모독하고 교회 공동체를 핍박하는 악의 세력의 중요한 한 축을 이루고 있었다. 그러므로 짐승과 짐승의 나라를 심판하는 것은 당연하다. 이미 첫번째 대접 심판에서 "짐승의 표를 가진 사람들과 그의 형상에게 숭배하는 자들에게 위험하고 고통스런 상처가 생기는" 결과를 보여줌으로써 짐승과 짐승의 나라에 대한 심판을 예고한 바 있다.

여기에서 "어두움"의 주제는 8장 12c절의 네 번째 나팔 심판의 경우와 동일하다.[180] 다만 이 나팔 심판은 해/달/별들의 삼분의 일이 타격받아 그 삼분의 일이 어두워졌다고 한 반면,[181] 대접 심판에서는 짐승의 나라가 그 "어두움"의 대상이 된다는 점이 차이가 있다. 이런 차이에도 불구하고 두 경우는 "어두움"이라는 주제를 통해 그 의미를 공유한다. 특별히 나팔 심판의 경우처럼, 대접 심판의 경우에도 어두움은 문자적으로가 아니라 신학적이며 상징적으로 해석해야 한다.[182] 왜냐하면 구약에서 창조부터 선지자들에 의한 종말적 심판의 메시지에 이르기까지 "어두움"의 주제는 매우 중요한 요소 중 하나로서 신학적이며 상징적인 의미를 배태하고 있기 때문이다. 이러한 내용은 다음 내용에 잘 나타나 있다.

먼저 네 번째 나팔 심판과 다섯 번째 대접 심판의 "어두움"이란 주제의 기원은 창 1장 2절에서 창조 질서 이전의 혼돈과 공허와 흑암(어두움)이 수면 위에 있었던 원시적 바다에 있다.[183] 이러한 관련성은 창세기 1장 2절의 흑암(어두움; σκότος, 스코토스)의 상태를 표현하는 '스코토스'가 나팔 심판과 대접 심판에서의 "어두워지다"(ἐσκοτωμένη, 에스코토메네)와 어근(σκοτ-, 스코트)이 동일하다는 점에서 지지 받을 수 있다. 물과 함께 모든 공간을 공허와 혼돈으로 압도하던 "어두움"은 창조 질서가 세워지는 과정에서 빛에 의해 통제됨으로 질서의 체계에 편입되어 밤의 시간에 제한되는 상태가 되었다. 그러나 이런 어두움의 상태는 타락 이후에 심판의 결과로서 그 통제 범위를 벗어나 다시 원시 상태

180 어두움에 대해서는 네번째 나팔 심판에서 자세하게 논의한 바 있다. 1권의 782-785쪽을 참조하라.
181 이 내용에 대한 자세한 논의는 1권, 782쪽을 참조하라.
182 Beale, *The Book of Revelation*, 824.
183 Sweet, *Revelation*, 164.

에 이르게 되는 혼돈과 공허의 무질서 상태로 전락하고 만다. 이러한 현상은 후대에 하나님이 내리시는 심판의 패턴 중 하나로 자리잡게 된다.

"어두움"으로 인한 이러 무질서 상태를 보여주는 최초의 경우가 출애굽기 10장 21-29절의 열 재앙 중 아홉 번째 재앙에서 나타난다.[184] 이 재앙에서 "어두움"이 삼일 동안 너무 심해 서로를 볼 수 없게 되었다(출 10:23). 그러나 흥미롭게도 이스라엘 백성이 살고 있었던 곳에서는 빛이 유지되었다. 이러한 심판의 특징이 다섯 번째 대접 심판에 그대로 적용될 수 있다. 마치 애굽이 어두워져 흑암 속에 있을 수 밖에 없었던 것처럼 짐승의 나라가 어두워지게 되지만(10b) 교회 공동체는 빛 가운데 머물게 된다. 더 나아가서 구약(암 5:20; 삼상 2:9; 사 8:22; 욜 2:2, 10, 31)에서 "어두움"은 하나님이 내리시는 심판의 중요한 패턴이 되었고 해/달/별들과 같은 천체의 변화로 인한 어두움은 "마지막 날들의 종말적 시나리오"의 중요한 요소가 되기도 했다(사 13:10; 욜 2:10; 3:15; 암 8:9; 합 3:11; 시빌의 신탁 5:344-49; 모세의 유언 10:5).[185] 신약의 마가복음 13장 24-25절과 마태복음 24장 29절에서 어두움은 예루살렘의 헤롯 성전 파괴와 관련하여 심판의 방편으로 발생한다.[186]

이처럼 나팔 심판과 대접 심판에서의 "어두움"은 창조 때에 원시적 바다를 압도하던 공허한 혼돈의 무질서 상태와 출애굽 열 재앙 중 아홉 번째 어두움의 재앙과 그리고 선지자들에 의해 종말적 심판의 시나리오로 사용되어 왔다. 그리고 대접 심판에서 이 어두움의 재앙이 짐승의 나라에 임하기 시작했다. 이러한 상태는 짐승의 나라 구성원들이 경험할 수 있는 최악의 조건인 것이다.

이런 심판의 심각성은 문장의 형태에서도 드러난다. 네 번째 나팔 심판의 경우는 평범하게 직설법 수동태 동사(σκοτισθῇ, 스코티스데)를 사용한 반면, 다섯 번 째 대접 심판의 경우는 우언법의 문형(ἐγένετο ... ἐσκοτωμένη, 에게네토 … 에스코토메네)을 사용한다. 구문 분석 및 번역에서도 언급한 것처럼 이런 우언법은 "수사적으로 좀 더 강력한 표현"을[187] 목적으로 하고 있다는 점에서 짐승 나라에 임한 어두움의 심각성을 독자들이 더욱 공감하도록 의도한다. 더 나아가서 이

184 Boxall, *The Revelation of St. John*, 230.
185 Aune, *Revelation 6-16*, 890.
186 R. T. France, *The Gospel of Matthew*, NICNT (Grand Rapids: Eerdmans, 2007), 923.
187 BDF, § 352.

러한 의도는 이 우언법이 완료 시제 분사와 함께 사용되었다는 점에서 더욱 돋보이게 된다.[188] 특별히 완료시제와 함께 사용된 우언법은 "상태나 상황의 시작"을[189] 나타낸다고 했는데 어떤 최악의 상황이 실제로 발생하여 시간이 오래 지난 후 보다는 그것이 시작되려고 하는 순간이 가장 공포스런 순간이다. 추위도 겨울이 시작되려는 순간이 가장 추운 순간이다. 우리 몸이 아직 추위에 적응하기 전이기 때문이다. 짐승의 나라에 이러한 어두움의 고통이 시작하려는 순간을 포착하여 심판의 강도를 더욱 고조시키고 있다.

그들의 혀를 깨물다(10c절) 10c절에서는 사람들이 "그 고통 때문에"(ἐκ τοῦ πόνου, 에크 투 포누) 그들의 혀를 깨물고 있었다. 혀를 깨무는 행위를 묘사하기 위해 미완료 시제 동사가 사용된다. 번역에서 언급한 것처럼 "습관적 미완료" 용법으로서 반복되는 행위 뿐만 아니라[190] "과거의 행위가 진행중"인 것으로서 과거에 일어난 환상의 경험 속에서 진행중이거나 반복되는 행위를 묘사한다.[191] 이러한 용법에 근거하여 혀를 깨무는 것은 반복되는 행위로서 고통의 심각성을 단적으로 보여주는 장면이라고 할 수 있다. 이것은 하나님의 심판이 효과적으로 작용하고 있음을 보여준다.

여기에서 "그 고통"은 왜 발생하게 되었을까? 그것은 정관사 "그"(τοῦ, 투)에 의해서 바로 직전에 10b절에서 짐승의 나라가 어두워지는 것이 그 원인이라고 추정할 수 있다. 곧 다섯 번째 대접 심판으로 일어난 "어두움"은 창세기 1장 2절의 원시 바다의 혼돈과 공허의 무질서 상태에 근원을 두고 있으며, 출애굽 열 재앙의 다섯 번째 재앙과 평행적이다. 그것은, 예루살렘 성전이 파괴되었을 때 유대인들이 겪었을 심판의 고통을 훨씬 웃도는 것으로서 하나님과 완전히 분리된 영원한 지옥의 고통을 경험하게 되는 것을 가리킨다.

이러한 지옥의 고통으로서 마태복음 8장 12절에 의하면 "그 나라의 본 자손들은 바깥 어두운 데 쫓겨나 거기서 울며 이를 갈게 되리라"고 한 바 있다. 여기에서 어두운데서 "울며 이를 갊"은 "신적 심판의 고통의 감정"에 있어서

188 완료시제의 기능에 대해서는 Mathewson, Verbal Aspect in the Book of Revelation, 19-47과 91-108와 본서의 1권 343쪽(각주 3번)을 참조하라.

189 BDF, § 354.

190 Wallace, *Greek Grammar beyond the Basics*, 548.

191 BDF, § 327.

어두운데서 "아파서 혀를 깨묾"과 유사한 패턴이다.[192] 실제적으로 "강렬한 고통에 대한 고뇌"를 표현한다는 점에서 동의어로 간주될 수 있다.[193] 그렇다면 사람들이 어두움으로 인하여 고통을 느끼고 혀를 깨무는 것을 지옥의 고통에 대한 느낌을 표출한 것으로 볼 수 있다.

흥미로운 것은 지혜서(Wisdom) 17장 2절과 21절에서 출애굽기 10장 23절의 아홉번 째 재앙으로서 "어두움"을 해석할 때 "하나님과의 영적 분리"를 상징할 뿐만 아니라 애굽 사람들을 기다리고 있는 "지옥의 영원한 어두움"을 상징하는 것으로 본다는 점이다.[194] 그러므로 다섯 번째 대접 심판으로 인하여 짐승의 나라에 속한 자들은 바로 영원한 지옥의 고통을 체험하고 있는 것이라고 할 수 있다. 이에 그들은 그 고통 때문에 자기들의 혀를 깨물지 않을 수 없는 것이다. 그렇다면 대접 심판에서 "그 고통 때문에"라는 것은 신체적 고통이라기 보다는 정신적 · 영적인 고통을 의미하는 것으로 이해할 수 있다.

하나님을 모독하다(11ab절) 먼저 어두움으로 인한 고통과 상처 때문에 혀를 깨물었던 사람들은 하늘의 하나님을 모독하고(11a절) 그리고 그들의 행위들로부터 회개하지 않았다(11c절). 이런 반응은 네 번째와 일곱 번째 대접 심판(9b절)에도 동일하게 나타난다. 하나님을 모독하는 것에 대한 이런 반복된 표현은 앞에서 언급된 것을 다시 정리하는 것으로서 하나님을 모독하는 사람들의 행위가 단지 이번 다섯 번째 대접 심판에 대해서만이 아니라 모든 대접 심판에 대해 보이는 일관된 반응이라는 것을 암시한다.[195]

여기에서 모독의 대상이 되어버린 "하늘의 하나님"이란 문구에서 "하늘의"라는 관용어가 첨가된 이유는 모독을 받을 수 없는 초월적 위치에 있는 하나님이라는 사실을 드러내기 위한 것이라고 할 수 있다. 다음 11b절은 "그들의 고통 때문에 그리고 그들의 상처 때문에"라고 하여 11a절에서 하늘의 하나님에 대한 모독 행위의 원인을 제시한다. 먼저 '고통'(πόνων >πόνος)이란 단어는 10c절에서도 동일하게 사용된다. 곧 그들은 그들이 어두움 가운데 당하는 고통 때문에 혀를 깨물게 되었을 뿐만 아니라 동시에 그들의 고통 때문에 하늘의

192 Koester, *Revelation*, 649.
193 Osborne, Revelation, 588; 오즈번은 루-나이다의 입장을 빌려 자신의 의견을 제시한다(L&N 1:254).
194 Beale, *The Book of Revelation*, 824.
195 Osborne, *Revelation*, 589.

하나님을 모독하는 행위를 보이고 있다. 그들의 고통의 원인을 자기 자신이 아니라 하나님으로 생각하여 하나님을 원망하고 비난한다. 그러나 하나님의 심판은 언제나 의롭기 때문에 하나님을 모독하는 그들의 행위는 정당하지 못하다. 이처럼 심판 받는 자들이 어두움의 심판에 대한 반응으로 혀를 깨무는 것과 하나님을 모독하는 행위는 "고통"이란 표현을 통해 서로 연결되어 있다.

11b절은 하나님을 모독하는 또 다른 이유로 '상처'(ἑλκῶν, 헬콘>ἕλκος, 헬코스)를 언급한다. 10c절에서는 단순히 "고통"때문이라고 할 뿐 "상처"에 대해서는 아무런 언급이 없다가 11b절에서 "상처"가 덧붙여진다. "상처"는 2b절의 첫 번째 대접 심판에서도 사용된 바 있다. 첫번째 대접 심판에서 "상처"가 발생한 대상은 바로 "짐승의 표를 가진 사람들"과 "그의 형상에게 숭배하는 자들"인 반면, 다섯 번째 대접 심판에서는 짐승의 보좌를 향한 심판의 결과로 짐승의 나라가 어두워졌고(10b절), 그 어두움의 결과로 10c절에서는 "그들은 그 고통 때문에 그들의 혀를 깨물고 있었"고 11b절에서 상처가 발생한 것으로 볼 수 있다. 이 두 경우는 공통적으로 심판 대상이 "짐승"과 관련된다다. 이는 짐승의 표를 가진 사람들과 짐승의 형상에게 숭배하는 자들이 짐승 나라의 구성원들이기 때문이다. 그리고 또한 첫번째 대접 심판(2b절)에서는 "위험하고 고통스런 상처가 생겼다"고만 언급한 반면 다섯 번째 대접 심판에서는(11a절) 그 고통스런 상처 때문에 혀를 깨물고 하나님을 모독했다고 하여 그들의 반응을 더 상세하게 기록한다.

한편 앞서 어두움은 영적이며 상징적인 의미를 갖는 것으로 해석한 바 있는데 그러한 특징을 가진 어두움의 결과로 나타난 것이 어떻게 물리적 상처가 될 수 있을까? 이로써 영적인 것과 물리적인 것이 서로 긴밀하게 연동되어 있다고 볼 수 있다. 영적으로 치명적인 상태에 있게 된다면 육적으로도 심한 상처를 받게 될 수 있다.

회개하지 않다(11c절) 11c절에서 "그들은 행위들로부터 회개하지 않았다"고 한다. 이 문구는 앞의 11a절에서 "하늘의 하나님을 모독했다"는 것과 동전의 양면과 같이 짝을 이룬다. 심판의 목적이 회개케 하기 위한 것이 아니기 때문에 이런 반응은 당연하다. 이러한 패턴은 네 번째 대접 심판을 소개하는 9b절과 9c절에도 동일하게 나타난다. 9b절에서는 "하나님의 이름을 모독하였다"고

하였고 9c절에서는 "그들은 … 회개하지 않았다"고 한다. 여기에서 "하나님을 모독했다"는 것이 적극적으로 하나님을 대적하는 행위라면, "회개하지 않았다"는 것은 하나님에 대해 소극적으로 저항하는 행위라고 할 수 있다. 하나님의 심판에도 불구하고 그들이 이러한 반응을 보이는 것이 도리어 하나님의 심판의 정당성을 강화시켜 준다.

[16:12-16] 여섯 번째 대접 심판

다음 12-16절에서는 여섯 번째 대접 심판을 소개한다. 여기에서는 앞서 언급했던 심판의 어떤 현상이 소개되기 보다는 전쟁 상황으로 이끌고 간다. 이것이 어떻게 심판의 역할을 하는지 관심있게 살펴 볼 필요가 있다. 12-16절은 A(12-14절)-B(15절)-A'(16절)의 구조를 가진다. 곧 A(12-14절)와 A'(16절)는 각각 전쟁에 대한 언급이고 B(15절)는 '깨어 있으라'는 권면을 담고 있다. 먼저 12절은 여섯 째 천사가 대접을 유브라데 강에 쏟는 것으로 시작된다.

큰 강 유브라데에 대접을 쏟다(12a절) 여섯 번째 대접 심판에서 천사는 대접을 큰 강 유브라데에 쏟는다. 유브라데 강에 대해서는 여섯번째 나팔 심판(9:12-21)에서 자세하게 논의했으므로 여기에서는 그러한 내용들을 이 문맥에 최적화하여 간단하게 재사용하고자 한다.[196] 먼저 여섯 번째 나팔 심판과는 달리 여섯 번째 천사가 이 강에 대접을 쏟는 것은 유브라데스 강 자체에 심판의 저주를 일으키는 것이 아니라, 심판 정황과 관련하여 유브라데 강이 말라 동쪽에서 오는 왕들의 길을 예비하도록 하기 위한 것이다.[197] 이러한 사실은 유브라데스 강에 대해 당시 사람들이 가지고 있는 동시대적 공명과 관련된다.

당시에 유브라데스 강은 로마 제국과 파르티아 제국 사이에 놓여져 일종의 전선을 형성하고 있어서[198] 유브라데 강은 이 당시 전쟁 정황을 연상시키기에 최선의 소재이다. 실제로 유브라데 강 동쪽에 위치한 파르티아 제국은 BC 53년에 로마 장군 크라수스(Crassus)가 이끌었던 로마 군대를 격퇴시켰고 이때부터 파르티아 제국은 로마 제국의 "염려와 두려움의 원인"이 되었다.[199]

196 유브라데 강에 대한 좀 더 자세한 내용에 대해서는 1권 845-47쪽을 참조하라.
197 Fee, *Revelation*, 222.
198 Ford, *Revelation*, 146.
199 Sweet, *Revelation*, 172.

AD 62년에도 파르티아 군대는 로마 제국의 군대를 상대로 또 다시 승리하였다.[200] 이런 일련의 역사적 사건들 외에 죽을 뻔 하다가 살아난 네로가 파르티아 제국의 병사들을 이끌고 유브라데스 강을 건너 로마 제국을 침공하여 전쟁의 참상을 초래하게 되는 상상적 시나리오(시빌의 신탁 5.92-110)를 배경으로 사용하고 있다고 합리적으로 추정할 수 있다.[201] 이런 내용을 배경으로 동쪽으로부터 오는 왕들의 성격을 규정할 수 있다.

더 나아가서 여섯 번째 대접 심판에서 대접을 유브라데스 강에 쏟았을 때 강물이 말라 동쪽으로부터 왕들의 길을 준비하도록 한다면(12절), 전쟁의 상황은 더욱 용이하게 전개될 수 있을 것이다. 이처럼 유브라데스 강을 통해 여섯 번째 대접 심판도 여섯 번째 나팔 심판처럼, 전쟁을 통한 심판을 묘사하는 것으로 예상할 수 있다. 또한 이 전쟁은 물리적 전쟁이 아니라 영적 전쟁으로 이해해야 하며, 유브라데 강은 이러한 전쟁의 상황을 좀 더 치열한 모습으로 묘사하기 위한 상징적 이미지로 사용되고 있다는 것을 기억할 필요가 있다. 이에 대한 좀 더 구체적인 논의는 다음 단락에서 이어가기로 한다.

강물이 마르다(12bc절) 12b절에 의하면 대접을 쏟은 결과 "강물이 말랐다"고 한다. 유브라데 강은 역사적으로 한 번도 마른 적이 없다. 그러므로 "강물이 말랐다"고 한 저자의 의도를 파악하기 위해서는 "상징적"으로 해석해야 할 것이다.[202] 12c절은 '히나'(ἵνα) 목적절로서 강물이 마르게 된 목적을 소개한다. 그것은 바로 유브라데 강의 "동쪽으로부터 왕들의 길을 준비하기 위한 것"이다. 이러한 목적은 전쟁을 예고하고 있는 정황으로 이해할 수 있다. 앞서 언급한 것처럼 특별히 이러한 정황은, 유브라데 강을 중심으로 로마 제국과 파르티아 제국 사이에서 벌어지는 전쟁 시나리오를 배경으로 하고 있다. 이 두 제국 사이의 전쟁은 상상하고 싶지 않은 참혹한 양상들이 벌어지고 만다는 것을 모두 알고 있었으므로 이러한 상상적 시나리오를 심판 정황에 사용하는 것은 매우 효과적이라고 할 수 있다.

위에서 '동쪽으로부터 왕들'이 구체적으로 어떤 나라들을 가리키는가는 중

200 Osborne, *Revelatoin*, 379.
201 Blount, *Revelation*, 182; Koester, *Revelation*, 657-58.
202 Smalley, *The Revelation to John*, 407.

요하지 않지만[203] 그 배경에 파르티아 제국이 존재한다는 사실은 널리 알려진 내용이다.[204] 이 전쟁 모티브는 시빌의 신탁 5권에서 언급되는 네로 귀환설을 근간으로 하는데, 로마 제국과 파르티아 제국 사이의 긴장 관계를 사용하여 전쟁의 공포를 실감 있게 효과적으로 연출한다.[205] 이러한 구성은 독자들의 몰입을 위한 저자 요한의 탁월한 커뮤니케이션 기술이라고 볼 수 있다. 다만 이런 사실들을 배경으로 동쪽으로부터 오는 왕들의 의미를 규명한다면 "하나님의 백성을 공격"하는 세상 세력으로 간주할 수 있으며, 이 문맥에서 일련의 내용들을 "지정학적"(geographical)이 아니라 "신학적"(theological)으로 해석해야 한다.[206]

왈부어드는 12절에서 유브라데 강을 중심으로 발생하는 전쟁을 다음 13-14절, 16절에서 언급되는 아마겟돈을 중심으로 벌어지는 전쟁과 구별하여 두 개의 전쟁으로 해석한다. 그에 의하면 12절에서 유브라데 강에서 발생하는 전쟁은 사탄의 영향력 아래 있는 나라들 사이의 국지적 전쟁이고 13-14절, 16절의 아마겟돈을 중심으로 벌어지는 전쟁은 서로 싸우던 그 나라들이 힘을 합쳐 그리스도와 그의 군대와 벌이는 전쟁이다.[207] 이 본문에서 전쟁을 문자 그대로 해석하여 물리적 전쟁으로 간주하기 때문에 유브라데와 아마겟돈이라는 두 개의 지명을 구별된 두 개의 전쟁의 장소로 이해하게 되는 것이다. 더 나아가서 12절에서는 "동쪽으로부터 왕들"이 전쟁을 일으키는 주체이고 13-14절에서는 "모든 세상의 왕들"이 전쟁에 참여한다는 점에서도 차이점이 있다.

챨스는 이러한 차이로 인한 두 개의 전쟁설을 해결하기 위해 후자(13-14절)의 전쟁을 후대에 삽입된 것으로 간주한다.[208] 그러나 이러한 주장은 본문

---

203 그것을 중요하게 생각하는 부류가 있다. 왈부어드는 "동쪽으로부터 왕들"을 "문자그대로"(literally)" "최후의 세계 갈등과 관련하여 중동으로 몰려드는 동양의 통치자들" 곧 "일본, 중국, 인도"와 같은 나라들을 언급으로 간주한다(J. F. Walvoord, *The Revelation of Jesus Christ* [Chicago: Moody, 1966], 235-36). 린지(Lindsey)는 당시 공산국가였던 중국을 가리키는 것으로 간주한다(H. Lindsey, *There's a New World Coming: A Prophetic Odyssey* [Santa Ana, CA: Vision House, 1973], 221). 그리고 "강물이 마르는 것"을 구 소련이 해당 지역에 댐을 건설하는 것과 관련시켜 해석하기도 한다(앞의 책). 이런 해석은 본문을 역사적 사건과 연결하여 해석하는 "역사화하는 해석"(historicizing interpretation)으로서 요한계시록을 해석하는 방법으로서는 적절하지 않다.

204 이에 대한 자세한 내용은 1권 845-847을 참조하라.

205 Bauckham, *The Climax of Prophecy*, 429-30. 이에 대한 좀 더 자세한 내용은 17장 12-13절의 "열 왕"에 대한 주해를 참조하라.

206 Smalley, *The Revelation to John,* 407.

207 Walvoord, *The Revelation of Jesus Christ,* 237.

208 Charles, *A Critical and Exegetical Commentary on Revelaiton,* 2:48.

의 통일성과 신학적 · 상징적 표현이라는 특징을 고려하지 않는 결과이다. 특별히 요한계시록의 다른 본문처럼 12-16절도 "하나의 단위를 이루는 본문"(a textual unity)으로서[209] 지정학적이거나 문자적이 아닌 상징적이며 신학적인 의미를 가지고 있는 것으로 이해한다면 이러한 다양한 방식의 표현은 전혀 문제될 수 없다.

여섯 번째 대접 심판에서는 단순한 전쟁을 심판의 방편으로 말하는 여섯 번째 나팔 심판의 경우와는 다른 양상이 펼쳐진다. 그것은 다음 13절에서 볼 수 있다.

개구리 같이 더러운 세 영들(13절) 13a절과 13c절에 의하면 요한은 "개구리같이 더러운 세 영들을(13c절)··· 본다(13a절)." 먼저 "개구리 같다"는 것은 레위기 11장 10-11절에서 더러운 생물로 규정하고 있듯이 부정적 의미를 갖는다.[210] 그러므로 "개구리같다"는 것과 "더럽다"의 조합은 이러한 레위기 배경으로 볼 때 매우 자연스런 연결이라고 볼 수 있다. 더 나아가서 "더러운 ··· 영들"(πνεύματα ... ἀκάθαρτα, 프뉴마타 아카다르타)이란 복음서에서 귀신의 "불결함을 강조하기 위해" 사용되는 "공통된 용어"이다(막 1:23, 26-27; 3:11, 30; 5:2, 8, 13).[211] 그러므로 14a절에서 이 더러운 세 영들을 "귀신들의 영들"이라고 좀 더 구체적으로 설명하고 있다.[212]

또한 출애굽의 열 재앙에서 두 번째가 개구리 재앙인데(출 8:1-15) 이것을 배경으로 본다면 개구리 같이 더러운 세 영들의 출현은 곧 이 땅에 재앙을 초래하기 위한 심판의 일환으로 발생하고 있다고도 추정할 수 있다.[213]

반면 랍비 전승에 의하면 "개구리"는 반드시 "불결함"을 나타내지 않으며(m. Tohoroth 5:1, 4) 도리어 필론이나 크리소스톰과 같은 저술가들은 "공허한 말과 아첨"을 개구리의 의미없는 개굴개굴 하는 소리에 비유하기도 했고(Philo, De somniis, 2.259; Dio Chrysostom, Or. 8.36; 66.22), 어떤 경우에는 "속임수나 구걸"의 의미

---

209 Smalley, *The Revelation to John*, 407.
210 Reddish, *Revelation*, 309.
211 Osborne, *Revelation*, 591.
212 이런 점에서 해링턴은 9장 1-11절의 황충과 유사한 것으로 이해한다(Harrington, Revelation, 166). 왜냐하면 해링턴은 9장 1-11절의 황충을 귀신같은 존재로 간주하기 때문이다.
213 Osborne, *Revelation*, 591.

로 사용되기도 했다 (Artemidorus, Onirocritica 2.15).[214] 이러한 특징은 더러운 세 영들이 전쟁을 위해 세상 왕들을 모으기 위해(14bc절) 거짓으로 미혹하는 사역과 조화를 잘 이루고 있음을 보여준다.[215] "개구리" 이미지의 이런 특징도 "불결함"의 의미와 함께 상호 보완적으로 이해한다면 좀 더 풍성한 의미의 조합을 만들어 낼 수 있을 것이다.

용과 짐승과 거짓선지자의 입으로부터(13b절) 그리고 13a절과 13c절 사이에 놓여 있는 13b절은 "개구리같이 더러운 세 영들"의 출처를 소개한다. 곧 "개구리같이 더러운 세 영들"은 "용의 입으로부터 그리고 짐승의 입으로부터 그리고 거짓선지자의 입으로부터" 나온다. 먼저 여기에서 용과 짐승과 거짓 선지자(거짓 선지자는 13장에서 둘째 짐승에 대한 별칭)의 등장은 여섯 번째 대접 심판이 첫번째와 다섯번째를 비롯해서 전반적으로 짐승과 짐승을 추종했던 자들과 짐승의 나라를 직접 타깃으로 삼아 진행되고 있는 것과 관련된다. 바로 여섯 번째 대접 심판에 등장하는 용과 짐승과 거짓선지자는 요한계시록에서 악의 세력의 핵심적 요소인데, 이들은 "삼위 하나님의 모조품(counterfeit)"으로서[216] 1장 4-5절에서 언급된 삼위 하나님으로서 "지금도 계시고 전에도 계셨고 장차 오실 이"와 "보좌 앞에 있는 일곱 영" 그리고 "예수 그리스도"을 연상시킨다.[217] 그들이 심판의 문맥에서 동시에 함께 등장하는 것은 그들이 전쟁의 현장에서 총력을 기울이고 있으며 그에 상응해서 최종적 심판의 순간이 임박해 있다는 것을 암시한다.

그리고 "개구리같이 더러운 세 영들"이 용의 입과 짐승의 입과 거짓 선지자의 입으로부터 나오는 것은 바로 용/짐승/거짓 선지자의 메신저로서 세상을 전쟁을 위하여 미혹할 목적으로 파송을 받고 있다는 것을 보여준다. 이에 대해서는 14bc절이 좀 더 자세하게 언급된다. 열왕기상 22장 19-23절에서 아합을 심판하여 죽게하기 위해 하나님께서는 거짓말 하는 영을 모든 선지자의 입에 넣어 길르앗 라못에 가서 유다 왕 여호사밧과 전쟁하도록 미혹하게 하신

214 Koester, *Revelation*, 658.
215 앞의 책.
216 Walvoord, *The Revelation of Jesus Christ*, 237.
217 Boxall, *The Revelation of St. John*, 231.

다는 내용을 기록하고 있다.[218] 이와같은 패턴의 정황이 악의 세력에 속한 용과 짐승 그리고 거짓 선지자에 의해 발생하고 있는 것이다. 이 대조적인 평행 관계는 용/짐승/거짓 선지자의 입으로부터 세 더러운 영이 나오는 것과 그리스도의 입으로부터 좌우에 날선 검이 나오는 이미지(1:16; 2:16; 19:15, 21)와의 관계에서도 나타나고 있다.[219] 전자는 거짓으로 모든 세상 왕들을 미혹하는 개구리같이 더러운 귀신들이지만, 후자는 사람들을 구원으로 인도하기도 하고 공의로 심판하는 순결한 진리의 말씀이다.

귀신들의 영들(14a절) 번역에서 설명한 것처럼 다음 14절은 '가르'(γάρ)를 사용해 13c절의 "개구리같이 더러운 세 영들"에 대해 좀 더 자세하게 설명하는 내용으로 볼 수 있다. 이것은 14a절에서 주어인 '그들'은 13c절의 "개구리같이 더러운 세 영들"을 이어 받는다는 사실을 통해 좀 더 분명해진다. 먼저 14a절은 13c절의 "개구리같이 더러운 세 영들"을 "귀신들의 영들"이라고 설명한다. 이 문구는 번역에서 논의한대로 "귀신들인 영들"이라고 할 수 있으며 이것을 "귀신들"이라고 표기하기로 한 바 있다. 이것은 바로 직전의 13c절의 "세 영들"을 "귀신들"이라고 규정하려는 의도를 가진다. 먼저 귀신들의 출현은 이 전쟁이 영적 전쟁이라는 사실을 시사한다.

"귀신"의 헬라어 단어인 '다이모니온'의 구약 배경을 먼저 살펴 보면 신명기 32장 17절과 시편 106편 37절에서 동일한 단어가 사용되는데 이 단어는 히브리어로 '쉐드'(שֵׁד)로서 복수 형태로 사용되어 특별히 예루살렘에서 이스라엘 백성이 숭배하는 "토착 신들"(local gods)을 가리킨다.[220] HALOT에 의하면 이것을 "귀신"(demon)으로 번역한 것을 지지하고[221] 우리말 개역개정에서는 신명기 본문은 "귀신"으로 번역하고 시편 본문은 "악귀"로 번역하였다. 토비드 3장 17절에서 '다이모니온'을 라구엘의 딸인 사라를 사로잡고 있는 "악한 귀신"인 '아스모다우스'(Ασμοδαυς)로 등장한다. 그리고 토비드 6장 8절에서는 '다이모니온'을 인간을 "공격하고 파괴하는" "악한 영"(πνεῦμα πονηρόν)과 동일시 한다.[222]

218 Sweet, *Revelation*, 249; Morris, *Revelation*, 190.
219 Boxall, *The Revelation of St. John*, 231.
220 *HALOT*, 1417(2b).
221 앞의 책, 1417(3).
222 *TDNTA*, 138.

그리고 시편 96편 5절(LXX, 95:5)에서 이 단어는 히브리어 '헬릴'(אֱלִיל)을 번역한 것으로, 이 히브리어 단어는 "이방 신들"을 의미하며[223] 영어 번역에서는 "우상"으로 번역된다. 유대 문헌인 쥬빌리 10장 1절에서 "더러운 귀신들"(unclean demons)은 노아 아들들의 자녀들을 미혹하여 그들로 범죄하게 함으로 멸망의 길로 빠져들게 한다고 기록한다.[224] 에녹 1서 15장에서는 "귀신들"이라는 단어는 사용하는 대신 "악한 영들"(πνεύματα πονηρά)이란 단어가 사용되는데, 그 기원과 관련하여 Watchers라고 불리우는 하늘의 천사들이 땅의 여자들과 혼인하여 탄생한 "거인들"(giants)이 땅에서 "악한 영들"(evil spirits)이라고 불리우고(에녹1서 15:8) 그리고 그 "악한 영들은 그들의 몸으로부터 나온다"(에녹 1서 15:9)고 한다.[225] 이러한 일련의 과정들은 창 6장 1-4절에 대한 해석으로서 "악한 영들"로 일컬어지는 "귀신들"은 "하늘의 천사들과 사람의 딸들 사이에 성적 관계"를 통해 유래했다고 본다.[226]

귀신이라는 단어는 신약에서 63회 사용되는데, 그 중에 대부분(53회) 복음서에서 예수님의 치유 사역과 관련하여 등장한다(막 1:23-28/눅 4:33-37; 마 8:16/눅 4:40f; 막 1:39; 마 9:32-34; 12:22-24; 12:25-30; 8:28-34; 15:21-28; 17:14-21 등).[227] 예수님은 몸과 마음의 질병의 원인이 "귀신들"에게 있는 것으로 이해하고 활동하셨다(마 12:43-45/눅 11:24-26).[228] 예를 들면 마가복음 9장 17절과 누가복음 11장 14은 "말못하게 하는 귀신"에 대해 언급하고 누가복음 13장 11절은 "귀신들려 앓으며 꼬부라져 조금도 펴지 못하는 여자"에 대해 말한다. 따라서 귀신을 쫓아 내는 것과 질병의 치료는 "동일시" 되는 것으로 간주된다(막 1:32-34/ 눅 6:18f).[229] 또한 예수님은 세례요한과의 대화에서 이러한 귀신을 쫓아냄으로써 질병을 치료하는 사역을 "구약 예언의 성취로 해석"하신다(마 11:4-6/눅 7:22f; 사 29:18f; 35:5f; 61:1).[230] 특별히 귀신을 결박하시고 쫓아 내심으로서 종말적 하나님 나라의 도래를 가

223 *HALOT*, 56(2).

224 R. H. Charles, *The Apocrypha and Pseudepigrapha of the Old Testament in English* (Oxford: Clarendon Press, 1913)의 번역을 사용하였다. 윈터뮤트는 이것을 "더렵혀진 귀신들"(polluted demons)이라고 번역하고(OTP 2:75), 에반스(Evans)는 이것을 "파수꾼들"(Watchers)이라고 번역한다(*The Pseudepigrapha English*, trans. C. Evans [Oaktree Software, 2009]).

225 이 번역은 *OTP* 1:21에서 아이잭(Isaac)의 번역을 사용하였다.

226 *EDNT* 1:271.

227 앞의 책 1:272.

228 앞의 책.

229 앞의 책.

230 앞의 책.

시적으로 드러내는 과정을 보여주기도 하셨다(마 12:28). 더 나아가서 이 악한 세대에 예수님에 의해 제압당한 귀신들이 더 큰 세력을 형성하여 이 악한 세대가 더 악해질 수 있다는 위험성을 경고하셨다(마 12:43-45).

이상의 구약-유대적 배경과 신약의 복음서에서의 내용을 종합해 보면, 먼저 구약과 유대문헌에서 미혹하며 파괴적인 활동을 일삼던 귀신들이 신약에서는 치명적인 질병을 동반하면서 나타나는데, 예수님은 질병을 치료하시고 직접 귀신들을 제압하여 쫓아 내심으로써 종말적 하나님 나라의 도래를 선포하셨다. 그러나 아직 귀신들은 완전히 제압되지 않았다. 여전히 자신들의 세력을 모아 하나님의 통치에 도전한다. 이러한 특징들이 요한계시록 본문에 적용될 수 있다.

특별히 14a절을 용 그리고 짐승과 거짓선지자를 대신하여 그들의 의도대로 "표적들"을 행한다. "표적"이란 "신적 능력을 나타내기 위한 기적의 행위들"이라고 간단하게 정의할 수 있다.[231] 복음서에서 예루살렘에 속한 정통 서기관들조차도 예수님께서 귀신을 쫓아내는 것을 보며 귀신의 우두머리라고 할 수 있는 바알세불의 표적이라고 판단한다(막 3:22). 이런 것을 보면 표적을 사탄의 역사로도 간주하는 경향이 있다는 것을 알 수 있다.[232] 이러한 맥락에서 14a절에서 귀신들이 표적을 행하는 것을 이해할 수 있다. 요한 계시록 내에서 "표적들"(σημεῖα, 세메이아)은 하나님에 의해 구속의 계시를 드러내기 위해 시행되는 것이 있는 반면(12:1, 3 등) 사탄이나 짐승의 사역에 대한 것으로서 부정적 의미로 사용되는 경우가 있다. 곧 요한계시록 13장 13-15절에서 거짓 선지자(둘째 짐승)은 "큰 표적들"(σημεῖα μεγάλα)을 행함으로 첫째 짐승의 형상을 숭배하도록 미혹한다(참조 19:20). 14a절에서 귀신들의 표적은 13장에서 거짓선지자의 표적과 미혹케 하는 "동일한 효과"를 갖는다.[233] 14a절에서 미혹케 하는 귀신들의 표적은 바로 모든 세상의 왕들을 그 타깃으로 삼는다. 이에 대한 자세한 내용은 다음 14bc절에서 언급된다.

나아가다(14b절) 14b절은 관계대명사 '하'(ἃ)로 시작한다. 이 관계대명사의 선

231 Koester, *Revelation*, 659.
232 앞의 책.
233 Blount, *Revelation*, 304.

행사는 14a절의 "귀신들의 영들"이다. 그러므로 14b절은 "귀신들의 영들"에 대한 부연설명이다. 이 "귀신들의 영들"은 용과 짐승과 거짓선지자의 입으로부터 나와 "모든 세상의 왕들에게 나아간다"(14b절). 여기에서 "귀신들"의 출처는 용과 짐승과 거짓선자의 입이며 나가는 방향은 "모든 세상의 왕들"이다. 곧 14b절에서 귀신들은 용/짐승/거짓선지로부터 모든 세상의 왕들에게 보냄을 받는다. 특별히 이 본문에서 사용된 동사, '에크포류에타이'(ἐκπορεύεται)는 보냄받은 정황을 잘 묘사하고 있다. 왜냐하면 이 동사는 "지시된 목적을 가지고"(with the goal indicated) 이동하는 과정을 묘사해주기 때문이다.[234]

전능하신 이의 큰 날의 전쟁을 위하여 모든 세상의 왕들을 모으다(14bc절) 이처럼 그들이 나오는 목적은 14c절에 의하면 "전능자 하나님의 큰 날의 전쟁을 위하여 그들(세상의 왕들)을 모으기 위해서"이다. 곧 더러운 귀신들은 용/짐승/거짓선지자로부터 온 세상의 왕들에게 전쟁을 도모하도록 하기 위해 보냄을 받는다. 이 전쟁에서 이들은 누구를 공격의 대상으로 삼고 있는 것인가? 본문에는 직접적으로 언급하고 있지 않지만 그 공격 대상은 하나님과 교회 공동체인 것이 틀림 없다. 이 대상은 같은 평행 관계에 있는 12장 17절에서는 "여자의 후손의 남은 자들"로, 19장 19절에서는 "말위에 앉은 이와 그의 군대"로, 그리고 20장 9절에서는 "성도들의 진 곧 사랑받는 도시"로 표현된다. 물론 교회 공동체에 대한 공격은 하나님과 그리스도에 대한 공격을 포함한다. 이 전쟁의 치열한 양상은 같은 문맥을 이루고 있는 12절의 유브라데 강이라는 이미지를 통해 더욱 심화된다.

이 전쟁의 이미지는 구약 슥 12-14장을 배경으로 한다.[235] 특별히 스가랴 12장 3절, 8-9절에 다음과 같은 내용이 소개된다.

> [3]그 날에는 내가 예루살렘으로 모든 국민에게 무거운 돌이 되게 하리니 무릇 그것을 드는 자는 크게 상할 것이라 천하 만국(땅의 모든 나라들: τὰ ἔθνη τῆς γῆς, 타 에드네 테스 게스)이 그것을 치려고 모이리라 … [8]그 날에 여호와가 예루살렘 거민을 보호하리니 그 중에 약한 자가 그 날에는 다윗 같겠고 다윗의 족속은 하나님 같고 무리 앞에 있는 여호와의 사자 같을 것이라 [9]예루살렘을 치러 오는 열국을 그 날에 내가 멸하기를 힘쓰리라(슥 12:3, 8-9)

234 BDAG, 308(1c).
235 Beale, *The Book of Revelation*, 835.

인용한 본문에 의하면 "땅의 모든 나라들"이 이스라엘을 치려고 올라오는 것이 종말적 전쟁으로 묘사되어 있다. 스가랴에서 "땅의 모든 나라들"은 요한계시록에서 용/짐승/거짓선지자의 입으로부터 나오는 세 더러운 영들에 의해 모인 "모든 세상의 왕들"과 평행 관계를 이룬다. 계시록은 이러한 관계를 통해 구약의 종말적 전쟁을 예수님의 재림 때에 있게 될 치열한 영적 전쟁 정황에 적용하고 있다. 스가랴 본문의 종말적 전쟁에서 하나님은 예루살렘 거민 곧 이스라엘을 보호하시고 예루살렘을 치러 올라오는 열국을 멸하시겠다고 약속하신다(8-9절). 스가랴 본문의 배경은 요한계시록의 종말적 전쟁에서도 역시 교회 공동체를 향한 하나님의 보호가 있을 것이며 동시에 대적 세력을 향해서는 하나님의 심판이 있을 것이라는 확신을 제공한다.

이와 유사한 구약 배경 말씀으로서 에스겔 38-39장이 있다.[236] 이 말씀에 의하면 마곡 땅의 왕인 곡이 수많은 연합군을 동원해서 최첨단 무기를 가지고, 포로로부터 돌아와서 평안히 거하는 이스라엘을 침공하는 장면이 기록되어 있다. 이 말씀을 통해 이스라엘은 마지막 날에 대적들이 이스라엘을 침공하기 위해 모이게 될 것이라는 믿음이 있었다는 것을 알 수 있다.[237] 요한계시록 19장 17-18절과 20장 8절에서 에스겔 38-39장을 재림 때 악의 세력을 심판하기 위해, 용과 짐승 그리고 거짓 선지자와 그리스도와 그의 군대 사이에 발생하는 종말적 전쟁에 적용하여 사용한다.

그렇다면 요한계시록 본문에서 '전쟁'은 물리적 전쟁을 상정하고 있는 스가랴에의 전쟁과 비교해 볼때 어떠한 성격의 전쟁일까? 이에 대해 두 가지로 나누어 설명하고자 한다. 첫째로, 시기와 관련하여 이 전쟁은 마지막 때 곧 예수님의 재림의 때에 일어날 심판을 위한 종말적 전쟁이다. 그것은 14c절의 "하나님의 큰 날의 전쟁을 위하여"(εἰς τὸν πόλεμον τῆς ἡμέρας τῆς μεγάλης τοῦ θεοῦ)이라는 문구로 분명하게 드러난다. 이것은 구약에서 종말적 시점을 가리켜 사용되는 문구이다. 특히 요엘 2장 11, 31절과 스바냐 1장 14절의 "여호와의 날"(70인역, 주의 날)과 요엘 2장 31절의 "여호와의 큰 … 날"(ἡμέραν κυρίου τὴν μεγάλην, 주의 큰 날) 같은 문구는 종말적 심판의 날을 가리키기 위해 사용된다.[238] 요한은 이

---

236 Boxall, *The Revelation of St. John*, 232.

237 Mounce, *The Book of Revelation*, 300.

238 Beale, *The Book of Revelation*, 835. 반면 B. Becking은 구약에 종말적 개념이 없으며 단지 신적으로 영감된 인간의 소망으로 충만하다고 주장한다(B. Becking, "Expectations about the End of Time

러한 구약의 문구를 사용하여 예수님의 재림의 때에 일어날 미래적 종말 심판을 위한 전쟁을 묘사하는 데 사용한다. 따라서 14c절에서 용과 짐승과 거짓선지자의 입으로부터 나온 세 더러운 영이 하나님의 큰 날의 전쟁을 위하여 왕들을 모으기 위해 모든 세상의 왕들에게 나아갔다는 것은 필연적으로 심판을 초래하는 결과를 가져오게 되어 있다.

둘째로, 이 전쟁은 물리적 전쟁이 아니라 영적 전쟁을 의미한다. 이것을 영적 전쟁으로 이해해야 하는 이유는 그 전쟁의 대상이 나라와 나라 사이가 아니라 사탄의 진영과 교회 공동체 사이의 전쟁이기 때문이다. 이방 나라와 이스라엘 사이의 물리적 전쟁을 상정하고 있는 구약의 패턴과는 달리, 신약에서는 구약의 이러한 물리적 전쟁의 속성을 영적전쟁으로 재해석 한다. 따라서 신약에서 교회 공동체가 참여하는 전쟁은 항상 물리적 전쟁이 아니라 항상 영적 전쟁으로 간주된다. 이것을 가장 잘 보여주고 있는 대표적인 성경 본문은 바로 에베소서 6장 11-13절이다.

> [11]마귀의 간계를 능히 대적하기 위하여 하나님의 전신 갑주를 입으라 [12]우리의 씨름은 혈과 육을 상대하는 것이 아니요 통치자들과 권세들과 이 어둠의 세상 주관자들과 하늘에 있는 악의 영들을 상대함이라 [13]그러므로 하나님의 전신 갑주를 취하라 이는 악한 날에 너희가 능히 대적하고 모든 일을 행한 후에 서기 위함이라

이 에베소서 본문에서 "우리의 씨름은 혈과 육을 상대하는 것이 아니다"라고 분명하게 물리적 차원의 전쟁을 부정한다. 도리어 "마귀의 간계를 능히 대적하기 위한 것"이며 "하늘에 있는 악의 영들을 상대한다"고 영적 전쟁의 특징을 분명하게 제시한다. 그리고 이러한 영적 전쟁에서 승리하는 방법은 에베소서 6장 17-18절에서 언급하고 있듯이 하나님의 말씀과 성령 안에서 하는 기도이다.

이상에서 전쟁의 두 가지 특징을 소개했다. 첫째로, 재림 때에 일어나는 전쟁이며 둘째로, 물리적 전쟁이 아니라 영적 전쟁이라는 것이다. 이처럼 재림 때에 일어나는 영적 전쟁의 구도를 더욱 확증해 주는 것은 15절에서 예수님의 재림을 대비하여 교회 공동체에게 영적 각성을 촉구하는 내용이다. 물리

---

in the Hebrew Bible: Do They Exist?," in *Apocalyptic in History and Tradition*, ed. Christopher Rowland and John Barton, JSPSup 43 [Sheffield: Sheffield Academic, 2002], 44-59). 그러나 신약에서 구약의 종말적 사상과의 교감이 충분히 있기 때문에 이러한 의견에 동의할 수 없다.

적 전쟁이라면 전쟁을 위해 물리적으로 준비해야 할 것들을 제시할 것이지만 이 본문에서는 영적 각성을 촉구하고 있다. 이러한 사실로 인하여 이 전쟁은 영적 전쟁이라는 사실을 알 수 있다. 이 주제는 다음 단락에서 15절을 해석할 때 다루게 될 것이다.

그리고 14bc절이 영적 전쟁의 내용을 다루는 12장 17절, 19장 19절과 20장 8절과의 평행 관계를 갖는다. 이 네 본문을 다음과 같이 비교할 수 있다.

12:17	16:14	19:19	20:8
용이 그 여자에게 분노하였다. 그리고 그는 하나님의 계명을 지키고 그리고 예수의 증거를 가진 그의 후손의 남은 자들과 전쟁을 하기 위해 가버렸다.	그들은 전능자 하나님의 큰 날의 전쟁을 위하여 그들을 모으기 위해 모든 세상의 왕들에게 나아가는 … 귀신들의 영들이다.	또 나는 말 위에 앉은 자와 그의 군대와 전쟁을 하기 위해 모여든 그 짐승과 땅의 왕들과 그들의 군대들을 보았다	(용이) 땅의 네 모퉁이에 있는 나라들 곧 곡과 마곡을 전쟁을 위하여 그들을 모으기 위해 … 미혹하기 위해 나올 것이다.

위의 네 본문에서 12장 17절을 제외한 세 본문에서 "모든 세상의 왕들"(16:14)과 "땅의 왕들과 그들의 군대들"(19:19) 그리고 "땅의 네 모퉁이에 있는 나라들 곧 곡과 마곡"(20:8)은 모두 짐승에 협력하는 세상 세력으로서 동일한 대상을 가리킨다. 그리고 "전쟁"(πόλεμος)이라는 단어는 네 본문에 공통적으로 사용되며, '모으다'(συναγαγεῖν [16:14; 20:8]; συνηγμένα [19:19]; 이 동사들의 원형은 동일하게 συνάγω [쉬나고]이다)라는 동사가 12장 17절은 제외하고 공통적으로 사용된다.

또한 12장 17절과 19장 19절 그리고 20장 8절에서 전쟁을 일으키는 주체는 바로 용과 짐승이고 그 공격의 대상은 12장 17절에서는 "여자의 후손의 남은 자들," 19장 19절에서는 "말 위에 앉은 자와 그의 군대" 곧 그리스도와 그리스도를 따르는 성도들, 그리고 20장 8절에서는 "성도들의 진영과 사랑받는 도시"(20:9)로 표현된다. 이 문구들은 모두 그리스도와 교회 공동체를 상징하는 표현을 포함하고 있다. 이 네 본문에서 일관성 있게 교회 공동체가 공격의 대상이 되고 있으며, 이것은 이 전쟁이 영적 전쟁이라는 사실을 분명하게 보여준다. 이것이 바로 16장 14절에도 적용된다. 다시 말해서 16장 14절에서 전쟁의 당사자는 사탄의 진영과 교회 공동체를 포함하는 그리스도의 진영과의 전쟁이다.

내가 도적같이 온다(15a절) 다음 15절은 예수님의 말씀을 소개하면서 바로 이러한 영적 전투의 정황 속에서 하나님의 백성들이 어떠한 자세를 가져야 하는가를 도적 모티브를 사용하여 권면한다. 여기에서 도적 모티브는 3장 3절에서 사용된 바 있다. 3장 3절의 도적 모티브는 예수님의 재림과 관련하여 사용된 것이 아니라 상시적 오심과 관련하여 사용된다.[239] 찰스나 오우니는 이 본문이 이 문맥의 흐름에서 벗어나 보이기 때문에 3장 3절로부터 가져와 삽입한 것으로 주장한다.[240] 그러나 쾨스터가 지적하듯 대부분의 학자들은 앞서 12절과 13-14절과의 관계에서처럼 15절도 이 문맥에서 그 어떠한 흐름의 균열도 없이 통일된 문맥을 이루고 있다고 생각한다.[241] 이러한 사실은 이어지는 주해의 과정에서 분명하게 드러나게 될 것이다.

15a절의 "보라 내가 도적 같이 온다"와 15b절의 "깨어 있으라"는 "은유적 표현"(metaphor)이다.[242] 먼저 일반적으로 말해서 도적이 오는 것은 모든 사람이 깨어 있는 대낮이 아니라 모두가 잠들기 때문에 도적이 오는 순간을 알아 차릴 수 없는 밤 시간이다. 따라서 도적이 오는 순간을 포착하려면 밤새도록 잠자지 말고 깨어 있는 상태로 있어야 한다. 물론 이러한 상황은 일상적이지 않다. 모든 사람이 도적을 막기 위해 잠도 자지 않고 깨어 있어야 하는 것은 아니기 때문이다.

이것은 재림의 정황을 묘사하기 위해 은유적으로 설정된 것으로 볼 수 있다. 왜냐하면 도적 모티브 자체가 공관 복음서에서 재림과 관련하여 사용되기 때문이다. 이와 관련하여 대표적인 본문은 누가복음 12장 35-40이다.[243]

> [35]허리에 띠를 띠고 등불을 켜고 서 있으라 [36]너희는 마치 그 주인이 혼

---

239 Bauckham, *The Climax of Prophecy*, 108. 이에 대한 자세한 논의는 1권의 357쪽을 참조하라.

240 Charles, *A Critical and Exegetical Commentary on the Revelation of St. John*, 2:49; Aune, *Revelation 6-16*, 896.

241 Koester, *Revelatoin*, 659.

242 Fee, *Revelation*, 223.

243 Blount, *Revelation*, 305. 보쿰은 요한이 "기록된 복음서들과는 독립된 형태"의 복음서 전승들에 대해 잘 알고 있었다고 주장하는데 그 대표적 실례가 요한계시록 3장 5c절이 마태복음 10장 32절과 누가복음 12장 8절과 관련된다는 것이라고 말한다(Bauckham, *The Climax of Revelation*, 94). 보쿰은 "요한이 공관복음 전승(Synoptic tradition)에 깊이 뿌리를 둔 발언에 의존하고 있다"는 것을 분명하게 주장한다(앞의 책, 96). 이러한 사실에 근거하여 도적 모티브의 배경을 복음서에서 찾아보는 것은 당연한 것이라고 볼 수 있다

인 집에서 돌아와 문을 두드리면 곧 열어 주려고 기다리는 사람과 같이 되라 [37]주인이 와서 깨어 있는 것을 보면 그 종들은 복이 있으리로다 내가 진실로 너희에게 이르노니 주인이 띠를 띠고 그 종들을 자리에 앉히고 나아와 수종들리라 [38]주인이 혹 이경에나 혹 삼경에 이르러서도 종들이 그같이 하고 있는 것을 보면 그 종들은 복이 있으리로다 [39]너희도 아는 바니 집 주인이 만일 도둑이 어느 때(ὥρα, 호라)에 이를 줄 알았더라면 그 집을 뚫지 못하게 하였으리라 [40]그러므로 너희도 준비하고 있으라 생각하지 않은 때에 인자가 오리라 하시니라(눅 12:35-40)

먼저 이 누가복음 본문은 "깨어 있는 종들"(Watching Servants)(35-38절)과 "도적" 모티브(39-40절)를 동시에 담고 있으며, "예상치 못하게(unexpectedness)" 다가오는 재림에 대비해 "지속적인 준비된(constant preparedness) 삶을 살아가도록" 권면하는 내용이다.[244] 여기에서 "깨어 있는 종"이라는 주제는 "준비된 자들에게는 주시는 복"으로서의 재림에 초점을 맞추고 있는 반면, "도적" 모티브는 "준비되지 않은 자들에게는 주시는 위협"으로서 재림에 초점을 맞추고 있다.[245]

이 누가복음 본문과 비교될 수 있는 것은 마태복음 24장 42-44절이다.

[42]그러므로 깨어 있으라(Γρηγορεῖτε) 어느 날에 너희 주가 임할는지 너희가 알지 못함이니라 [43]너희도 아는 바니 만일 집 주인이 도적이 어느 경점(φυλακή, 필라케)에 올 줄을 알았더면 깨어 있어 그 집을 뚫지 못하게 하였으리라 [44]이러므로 너희도 예비하고 있으라(γίνεσθε ἕτοιμοι) 생각지 않은 때에 인자가 오리라(마 24:42-44)

이 마태복음 본문은 누가복음과는 달리 "깨어 있으라"(Γρηγορεῖτε, 그레고레이테)(42절)와 "예비하고 있으라"(γίνεσθε ἕτοιμοι, 기네스데 헤토이모이)(44절)는 명령문을 통해 "깨어있음"과 "준비하고 있음"의 당위성을 강조한다. 또한 도적의 침입 시점과 관련하여 누가복음 12장 39절의 '호라'(ὥρα) 대신 마태복음 24장 43절에서 '필라케'(φυλακή)를 사용하여 "밤"의 정황을 분명하게 한다.[246] 왜냐하면 필라케(φυλακή)는 "밤이 나뉘어지는 시간의 기간들 중의 하나"라는 의미를 갖기 때문이다.[247] 따라서 이 단어를 사용하는 것은 밤시간을 의미하는 것이 당연하다. 이처럼 도적이 침입하는 밤의 시점을 나타내는 또 다른 신약 본문은 데살로니가전서 5장 2절이다(주의 날이 밤에 도적 같이 이를 줄을 너희 자신이 자세히 앎이라).[248]

244 Bauckham, *The Climax of Revelation*, 97.
245 앞의 책.
246 Bauckham, *The Climax of Revelation*, 97.
247 BDAG, 1067(4).
248 Bauckham, *The Climax of Revelation*, 97.

앞에서 언급한 본문들의 공통점은 "하나님의 통치의 출현"으로서 예수님의 오심이 "갑작스럽고(sudden) 예상을 뛰어넘으며(unexpected) 예측되지 않는 것으로(unpredictable)" 묘사하고 있다는 것이다.[249] 인용문들 중에서 누가복음이 "깨어있는 종들과 도적 비유"를 가장 자세하게 소개한다.[250] 마태복음 본문은 도적의 침입을 "비유로" 예수님의 갑작스런 오심의 성격을 설명하며(43절) 예비하고 깨어 있을 것을 말씀하신다(44절). 이것은 15a절의 "내가 도적 같이 오리니"와 15b절의 "깨어 있으라"의 조합과 평행적 관계를 가진다. 특별히 데살로니가전서 5장 2절에서는 "도적같이"라는 문구에 '밤에'라는 시점을 덧붙여서 갑작스런 오심의 정황을 좀 더 구체화 한다. 그리고 데살로니가전서 5장 2절이나 베드로후서 3장 10절의 "주의 날"은 예수님의 재림의 때를 가리키고 있고 이것은 요한 계시록의 14c절에서 "전능자 하나님의 큰 날"과 평행 관계다. 앞에서 공관복음서를 비롯해서 신약의 본문들이 '도적' 모티브를 사용할 때 가장 초점을 맞추고 있는 것은 갑작스런 예수님의 재림에 대해 성도들을 대비하고 깨어 있어야 한다는 것이다. 바로 요한계시록에서도 이 동일한 목적을 위해 '도적 모티브'를 사용한다.

깨어있고 그의 옷을 지키는 자는 복있다(15b절) 먼저 15절 전체를 구문적으로 보면 15bc절은 도적 모티브를 담고 있는 15a절과 하나의 문장으로 밀접하게 연결되어 있으며, 15b절은 주절이고 15c절은 '히나'(ἵνα) 목적절을 형성하고 있다. 주절인 15b절에서는 "깨어있고 그의 옷을 지키는 자는 복이 있다"고 기록한다. 여기서 "깨어 있는 자"와 "그의 옷을 지키는 자"는 모두 분사의 명사적 용법으로 사용되며 하나의 정관사를 가지고 있다: ὁ γρηγορῶν καὶ τηρῶν τὰ ἱμάτια αὐτοῦ(호 그래고론 카이 테론 타 히마티아 아우투). 이러한 문장의 구성은 깨어 있는 것과 옷을 지키는 것이 하나의 단위를 이루는 동시적 행위라는 것을 보여준다. 곧 깨어있는 자는 동시에 옷을 지키는 자가 되는 것이다.

여기에서 "그의 옷을 지킨다" (τηρῶν τὰ ἱμάτια αὐτοῦ)는 것은 은유적 표현으로, 옷을 입고 있는 상태는 "그리스도에 대한 영적 헌신을 '지키는 것'(keeping) 혹은

249 Blount, *Revelation*, 305.
250 보쿰은 누가복음 12장 35-40절의 내용을 분명하게 "깨어있는 종들과 도적 비유들"(The parables of the Watching Servants and the Thief)로 규정한다(Bauckham, *The Climax of Revelation*, 96).

경계(guarding)하는 것"을 의미한다.[251] 오우니는 "지키는 것"(τηρῶν)에 대해 다른 개념을 제시한다. 그에 의하면 알렉산드리아 행전(Acta Alexandrinorum, 7.101-7)에서 "적절한 옷을 입는 것의 중요성"이 제시되고 있는데 이 본문에서 황제가 "흰 축제 복장을 입지 않은 채 극장에 앉아 있는 사람을 사형에 처하도록 한 것에 대해 비난 받는" 내용을 기록하고 있다는 것이다.[252] 여기에서 황제가 흰 옷을 지키지 못한 자를 사형시킨 행위를 통해 "그의 옷을 지킨다"는 것의 의미를 엿볼 수 있다. 곧 그리스도인들은 그들의 정체성에 합당한 복장을 하는 것이 요구된다는 것이다. 요한계시록 전체에서 그 합당한 복장을 "흰옷"으로 규정한다(3:4, 5; 18; 4:4; 7:9, 13).

복있다(15b절) 깨어있고 그의 옷을 지키는 자가 복있다. 이것은 요한계시록에서 일곱 복 중의 세번 째에 해당된다(1:3; 14:13; 16:15; 19:9; 20:6; 22:7, 14).[253] 이것이 왜 복이 될 수 있을까? 그것은 영적 전쟁에서 심판 받아 멸망할 수 밖에 없는 용과 짐승 그리고 거짓선지자에게 속한 자들이 아니라 짐승 숭배를 거부하고 예수님께 속한 자로서 하나님의 언약 백성이 되어 심판의 자리에 동참하는 자가 될 것이기 때문이다.

이러한 권면은 영적 전투의 현장에서 매우 구체적인 적용이 아닐 수 없다. 12-14절에서 영적 전투가 용/짐승/거짓 선지자에 의해 일어난 것이라면 그 전쟁의 목적은 분명 짐승의 우상을 숭배하게 하는 형태로 나타나게 될 것이다. 실제로 요한 계시록의 일차 독자들인 일곱 교회 공동체는 이러한 압력을 받았으며 그리고 우주적 교회 공동체는 마침내 누구를 숭배하게 될 것인가라는 도전을 받게 될 것이고, 이 도전은 악의 세력들이 마지막 발악을 할 예수님의 재림 때에 즈음하여 가장 강력해질 것이다. 삶의 현실 속에서 이런 강력한 도전은 생각보다 그리스도인들이 감당하기에 쉽지 않다. 그래서 "깨어있고 그의 옷을 지키는 자들"에게 주어지는 "복"은 더욱 의미있게 다가 오는 것이다. 한편 이런 복의 주제는 "경건치 않은 자들의 운명을 겪지 않기 위해 영적 각성을 유지하도록 신자들에게 던지는 암묵적 경고"를 내포하는 것이기도 한다.[254]

---

251 Osborne, *Revelation*, 593.
252 Aune, *Revelation 6-16*, 897.
253 Aune, *Revelation 6-16*, 896.
254 Beasley-Murray, *Revelation*, 245.

벌거벗고 다니지 않고 부끄러움을 보이지 않기 위하여(15c절)

⑴구문 구조를 통한 이해

15c절은 '히나'(ἵνα) 목적절로서 15b절의 "깨어 있고 그의 옷을 지키는 자"의 행위에 대한 목적을 표현하고 있다. 그 목적은 "그가 벌거벗고 다니지 않고 그리고 그의 부끄러움을 보이지 않기 위하여"이다. 곧 벌거벗고 다니지 않고 그의 부끄러움을 보지 않기 위해 깨어 있고 그의 옷을 지키는 자가 되어야 한다는 것이다. 이 두 문구는 각각 독립된 두 개의 다른 행동을 묘사하고 있는 것이 아니라 후자가 전자를 설명해주는 유기적 관계를 형성한다. 벌거벗는 것은 곧 부끄러움을 보이는 것이다. 밤에 옷을 벗고 있는 것은 자고 있는 것을 의미하며 그런 상태는 결코 도적의 침입을 대비할 수 없다. 따라서 벌거벗지 않고 부끄러움을 보이지 않기 위해 깨어 있어 옷을 입고 있는 자가 되어야 하는 것이다. 이런 맥락에서 15b절의 "옷을 지킨다"는 것은 예수님의 재림 때에 벌거벗음으로 드러나는 수치를 당하지 않도록 그리스도인으로서의 정체성을 잘 지킴으로서 예수님의 재림을 준비한다는 은유적 의미를 갖는다.

⑵구약 배경

15c절의 "벌거벗음"과 "부끄럼움"이란 주제는 구약 배경을 가지고 있다. 구약에서 이 주제는 우상 숭배에 동참하거나 하나님께 범죄한 이스라엘과 다른 이방 나라들에 대한 하나님의 정죄라는 정황에서 은유적으로 사용된 용어이다. 다음 구약 본문들이 이러한 내용을 잘 보여준다.[255]

> 이와 같이 애굽의 포로와 구스의 사로잡힌 자가 앗수르 왕에게 끌려갈 때에 젊은 자나 늙은 자가 다 벗은 몸, 벗은 발로 볼기까지 드러내어 애굽의 수치를 보이리니(사 20:4)
>
> 주 여호와께서 이같이 말씀하셨느니라라 네가 네 누추한 것을 쏟으며 네 정든 자와 행음함으로 벗은 몸을 드러내며 또 가증한 우상을 위하며 네 자녀의 피를 그 우상에게 드렸은즉(겔 16:36)
>
> 그들이 미워하는 마음으로 네게 행하여 네 모든 수고한 것을 빼앗고 너를 벌거벗은 몸으로 두어서 네 음행의 벗은 몸 곧 네 음란하며 음행하던 것을 드러낼 것이라 … [30]네가 음란하게 이방을 따르고 그 우상들로 더럽

255 Beale, *The Book of Revelation*, 837.

혔기 때문이로다(겔 23:29)

만군의 여호와의 말씀에 네 치마를 걷어 올려 네 얼굴에 이르게 하고 네 벌거벗은 것을 나라들에게 보이며 네 부끄러운 곳을 뭇 민족에게 보일 것이요(나훔 3:5)

먼저 이사야 20장 4절에서 벗은 몸과 수치를 연결시키고, 에스겔 16장 36절과 23장 29절에서는 행음할 때 벗은 몸을 중의적으로 사용하여 하나님을 배반하는 우상 숭배 행위와 연결시킨다. 그리고 에스겔 23장 29절과 나훔 3장 5절은 벌거벗은 것을 수치로 간주하면서 바벨론 포로에 의한 심판의 방편으로 사용한다.

(3)구약 배경의 요한계시록 본문에 적용

이러한 구약의 정황을 요한계시록 본문에 적용한다면 요한계시록에서 벌거벗고 다니며 부끄러움을 보이는 것은 우상숭배 곧 짐승을 숭배하는 것과 밀접한 관계가 있다는 점을이해할 수 있다. 그렇다면 15a절의 "깨어 있는 자"가 되라는 권면은 짐승의 표를 받거나 그의 형상에게 절하는 행위에 동참하지 말라는 의미이다. 이렇게 보면 요한계시록 16장의 맥락에서 예수님의 갑작스런 오심을 잘 준비한다는 것이 무엇인지 분명해진다. 구약 배경을 통해서도 알 수 있듯이 여섯 번째 대접 심판에서 타깃이 되는 짐승과 짐승의 나라에 순응하여 사는 것 곧 황제 숭배를 거부하고 믿음과 오직 하나님 만을 예배하는 삶을 사는 것을 의미한다. 이것이 바로 깨어 있고 그의 옷을 지키는 행위인 것이다.

예수님께서 도적같이 오시므로 준비하지 않은 채 잠자는 상태로 있다가는 벌거벗은 상태로 주님을 맞이할 수 밖에 없다. 이럴 경우 벌거벗은 상태에 있다면 부끄러움을 당할 수 밖에 없다. 벌거벗은 상태에 있기 때문에 부끄럽다는 것은 준비되지 않은 상태에 있으면 주님께서 오실 때 부끄러움을 당할 수 밖에 없다는 것을 의미한다. 반대로 말하면 벌거벗지 않고 옷을 지킨다는 것은 예수님의 갑작스런 오심을 잘 준비한다는 것을 의미한다. 도적같이 오시는 예수님을, 깨어 있어 자기의 옷을 잘 지킴으로 잘 준비하는 자는 벌거벗은 채 부끄러운 모습으로 주님을 맞이할 일이 없을 것이다. 곧 잠잘 때 사람들은 옷을 벗고 자기 때문에 자고 있을 때 도적이 갑자기 침입하면 옷을 입을 시간이 없어 벌거 벗은 채 부끄러운 상태에 있을 수 밖에 없으나 반대로 깨어 있는 자는 당연히 옷을 입고 있으므로 도적이 언제 오더라도 옷을 입은 채로 대비할 수 있는 것이다.

한편 에스겔 23장 29절과 나훔 3장 5절은 바벨론 포로로 잡혀 가는 장면을 벌거벗은 수치의 이미지로 묘사하는데, 이것은 15bc절의 반대 경우로서 깨어있지 않을 때 벌거벗고 부끄러움을 보이는 것에 적용해 볼 수 있다.[256] 다시 말하면 깨어있지 않고 그의 옷을 지키지 못하는 자는, 마치 과거에 우상숭배로 말미암아 심판을 받아 벌거벗고 부끄러움을 당하면서 바벨론 포로로 잡혀갔던 것처럼, 심판을 받게 된다는 것이다. 바울은 고린도후서 5장 3절의 "이렇게 입음은 우리가 벗은 자들로 발견되지 않으려 함이라"고 하여 이런 부끄러움의 패턴을 최후의 심판에 적용하고 있다.[257]

(4)3장 18절과 비교

특별히 3장 18절에서 "네가 벌거벗은 수치"라는 문구는 라오디게아 교회의 우상숭배의 죄를 밝히 드러내려는 목적이 있다.[258] 반대로 라오디게아 성도들에게 그러한 수치를 보이지 않도록 "옷을 사라"는 것은 그러한 죄로부터 회개할 것을 권면하는 것이다. 여기에서 흥미로운 것은 3장 18절은 '벌거벗은 수치를 보이지 않도록 흰옷을 사라"고 말하는 반면, 16장 15절에서는 '벌거벗고 다니지 않고 그의 부끄러움을 보이지 않도록 깨어 있고 그의 옷을 지키는 자가 되라'고 표현한다. 이 두 문구의 차이는 전자에서는 "흰 옷을 사라"고 하고 후자에서는 "옷을 지키라"고 한다. 그리고 전자에서는 "벌거벗은 수치를 보이지 않게 하라"고 하고 후자에서는 "부끄러움을 보이지 않도록"이라고 한다. 이러한 차이는 곧 전자는 이미 벌거벗어 부끄러움을 보이고 있는 상태이고 후자는 그러한 수치를 보이고 있지는 않지만 미리 예방할 것을 말하고 있는 상황의 차이에서 발생한다.

왕들을 모으다(16a절) 끝으로 16절에서 요한은 12-14절에서 언급한 전쟁에 대한 이야기를 매듭지으려고 한다. 16절은 14절의 내용을 이어 받는다.[259] 따

256 Beasley-Murray, *Revelation*, 245.
257 앞의 책.
258 Beale, *The Book of Revelation*, 306.
259 Charles, *A Critical and Exegetical Commentary on the Revelation of St. John*, 2:49. 찰스는 14절과

라서 번역에서 언급했던 것처럼 14절에서 "전능자 하나님의 큰날의 전쟁을 위하여 그들(모든 세상의 왕들)을 모으기 위해... 나아가는 귀신들의 영들"이 16a절의 "모으다"의 주어로 사용된다. 그들은 그들이 보냄받은 용/짐승/거짓 선지자의 의도대로, 왕들을 모으는 행위를 충실하게 실천에 옮긴다. 그리고 이 더러운 귀신들의 세 영들이 왕들을 모으는 장소는 바로 '하르마겟돈'이라는 곳이다. 여기에서 "모으다"라는 동사는 14c절과 16a절 두 번 사용되는데 전자는 계획 단계이고 후자는 실행 단계이다. 전자에서 "전능자 하나님의 큰날의 전쟁을 위하여" 그들을 모으기 위해 나아갔다고 한 것은 심판의 정황을 예상케 한다. 이 문맥이 여섯 번째 대접 심판이기 때문에 이러한 흐름이 심판 과정이라는 것이 더욱 분명하게 드러난다.

하르마겟돈(16b절) 그렇다면 히브리어로 "하르마겟돈"이란 장소는 왜 여기에 등장하는 것일까? 또 그것은 무엇을 의미하고 있는가? 먼저 "하르마겟돈"이란 왈부어드가 말하고 있는 것처럼 역사적으로 일어나게 될 전쟁의 실제적인 지정학적 장소를 가리킨다고 보는 것은 적절하지 않다.[260] 왜냐하면 이 문맥에서 이미 이 전쟁을 영적인 차원의 문제로 규정했고, 은유적이며 상징적인 표현을 사용하고 있기 때문이다. 그러므로 이 표현도 상징적으로 이해해야 일관성이 있다.[261] 먼저 '하르마겟돈'이라는 단어를 분석해 볼 필요가 있다. 이것은 히브리어를 음역한 것이므로 그 어원적 배경을 구약에서 찾아 볼 수 있다. 그것은 하르(הר)+므기도(+ㄴ)(מְגִדּוֹן)[262]의 합성어로서 이를 번역하면 "므깃도의 산"('하르'는 히브리어로 '산'을 의미한다) 혹은 이르(עִיר)+므깃도(+ㄴ)(מְגִדּוֹן)의 합성어로서 "므깃도의 도시"라고 번역할 수 있다('이르'는 히브리어로 '도시'를 의미한다).[263] 그러나 전자의 경우에 므깃도에는 산이 존재하지 않으므로 후자의 경우가 적절하다고 보지만, 또한 전자는 '하르'가 '이르'로 변경되어야 하는 어려움이 있다. 그러나 전자의 경우에 "산"(하르)이라는 단어가 "므깃도"와 함께 사용된 것은 역

16절의 밀접한 관계를 지적하면서 15절의 본래 위치는 이 자리가 아니며 3장 3a절과 3장 3b절 사이로 옮겨야 한다고 주장한다(앞의 책).

260 Walvoord, *The Revelation of Jesus Christ*, 238-39.

261 Reddish, *Revelation*, 319. 레디쉬는 하르마겟돈을 "상징적 언어에 대한 요한의 창의적 사용의 또 다른 실례"라고 규정하고 문자적 해석의 위험성을 지적한다(앞의 책).

262 슥 12:11에서 '므깃도'가 '므깃돈'(מְגִדּוֹן)으로 표현된다.

263 Beale, *The Book of Revelation*, 838-39.

시 종말적 전쟁을 언급하는 것으로서 요한계시록 19장 17-21절과 20장 7-10절에서 사용하고 있는 에스겔 38장 8절과 39장 2, 4, 17절의 영향 때문이라는 견해가 있다.[264] 에스겔의 본문들에서 종말적 전쟁의 장소로 '이스라엘 산'이라는 문구가 사용되고 있다. 그러므로 "하르마겟돈"이라는 용어는 바로 구약, 특별히 슥 12:11의 "므깃돈"과 에스겔 본문들의 "산"이 결합되었을 가능성이 있다. 여기에서 중요한 것은 "하르마겟돈"이라는 용어가 구약의 '므깃도'라는 도시를 배경으로 사용되었으며 이러한 사실을 근거로 이 본문을 정확하게 이해할 수 있다는 것이다.

"므깃도"라는 도시는 구약에서 전쟁이나 심판과 관련하여 주로 사용되는데 특히 사사기 5장 19-21절에서는 하나님의 백성을 압박하는 왕들의 패배를 언급하고(참조 삿 4:7), 열왕기상 18장 40절에서는 거짓 선지자들이 패망하는 장면을 소개하며, 열왕기하 23장 29-30절과 역대하 35장 20-25절에서는 하나님의 백성을 잘못 이끌었던 왕들의 죽음의 장소로 언급한다.[265] 그리고 스가랴 12장 11-14절에서는 하나님을 배역했던 이스라엘 백성들의 애통하는 모습을 므깃도 골짜기에 있던 애통에 비교한다. 이러한 본문들의 공통점들은 하나님을 대적하는 자들에 대한 심판의 장소로서 "므깃도"가 사용되고 있다는 점이다.[266] 곧 "므깃도"는 "최후의 전쟁에서 왕들이 타도됨으로 말미암아 나라들이 겪게 되는 세계적인 고통"을 상징하는 것으로 간주할 수 있다.[267]

요한 계시록 본문에서 바로 이러한 배경의 므깃도를 어근으로 하는 "하르마겟돈"이라는 용어를 사용하는 것은 이곳을 상징화 하여 만국을 이끌어 하나님을 대적하는 영적 전쟁을 일으키려는 용/짐승/거짓 선지자에 대한 심판의

264 Beckwith, *The Apocalypse of John*, 685. 벡위드는 이 주장이 "인위성"(artificiality)으로부터 자유롭지 못함을 지적하면서, 궁켈의 주장에 근거해 당시의 신화적 요소가 반영된 이름일수 있다고 지적한다. 그러나 이에 대한 구체적 근거는제시하지 않는다.

265 Beale, *The Book of Revelation*, 840.

266 J. Day에 의하면 슥 12:11이 계 16:16의 '아마겟돈'에 대한 직접적인 배경으로 사용되었다고 한다. 그렇게 주장하는 이유는 다음과 같다: 1)슥 12:11은 하나님을 대적하는 백성들이 당하게 되는 종말적 슬픔과 애통을 묵시적 문맥에서 다루는 구약 본문으로서 계 16:16이전에 존재하는 가장 유일한 본문이다; 2)구약 본문 중에서 '므깃도'를 하르+마겟돈에서 '마겟돈'에 가까운 '므깃돈'이라고 표기하는 유일한 본문이다; 3)슥 12:10-11은 계 1:7에서 인용되고 있고 다른 스가랴의 본문들도계시록에 그 배경으로 자주 사용된다(계 6:2-8에서 슥 1, 6장 그리고 계 11:4에서 슥 4장 그리고 계 21:25에서 슥 14:7-8 등; J. Day, "Origin of Armageddon: Revelation 16:16 as an Interpretation of Zechariah 12:11," in *Crossing the Boundaries: Essays in Biblical Interpretation in Honour of Michael D. Goulder*, ed. Stanley E. Porter, Paul M. Joyce, and David E. Orton, BibInt 8 [Leiden: Brill, 1994], 315-26).

267 Swete, *The Apocalypse of St. John*, 206.

필연성을 강조하기 위해서이다.[268] 비록 본문에서는 그 결과를 명확하게 밝히고 있지 않지만, '하르마겟돈'이라는 용어로 이 전쟁이 영적 전쟁이며 그 결과는, 사사기 5장 19-21절에서 하나님의 백성을 핍박했던 왕들에 대한 심판과 열왕기 상 18장 40절에서 거짓 선지자들에 대한 심판, 열왕기 하 23장 29절(대상 35:20-25)에서 무지한 왕들에 대한 심판 그리고 스가랴 12장 9-12절에서 열방들에 대한 심판의 절정으로서, 용/짐승/거짓 선지자의 결정적 패배로 끝날 것임을 암시하고 있다.[269] 14절 말씀과 평행 관계를 가지므로 함께 비교했던 19장 19절과 20장 8절의 말씀에서는 사탄 진영의 패배로 전쟁이 끝날 것을 명확하게 기록하고 있다. 이러한 점에서 여섯 번째 대접 심판은 "하르마겟돈"이란 단어를 통해 그야말로 심판의 절정으로서 악의 세력에 대한 심판의 성격을 가장 잘 나타내 준다.

정리 여섯번째 대접심판은 12-14절과 16절에서 각각 두 개의 중요한 지명을 사용한다. 첫째가 유브라데 강이고 둘째가 하르마겟돈이다. 먼저 유브라데 강은 심판의 도입 기능을 하는 12절에서 언급된다. 치열한 전쟁의 상상적 시나리오를 떠올리게 하는 유브라데 강에 의해 여섯 번째 대접심판이 어떤 특징을 가지는지 살펴보는 것은 흥미롭다. 곧 요한은 유브라데 강을 통해 로마제국과 파르티아 제국 사이에 벌어지는 전쟁의 참상을 연상시킴으로써 독자들에게 심판의 강도를 극대화 시킨다.

그리고 하르마겟돈은 용과 짐승 그리고 거짓선지자의 입으로부터 나오는 세 더러운 영들이 세상의 모든 왕들을 하나님의 큰 날의 전쟁을 위해 하나님의 백성들과 영적 전투를 벌이기 위해 불러 모으는 장소이다. 본문은 그 결말을 언급하지 않으나 독자들은 하르마겟돈의 어근인 므깃도의 구약 배경을 잘 인지하고 있었기에 그 결말이 어떨지에 대한 공감을 가질 수 있다. 특별히 여섯 번째 대접심판의 대상은 표면적으로는 귀신들의 영에 의해 미혹된 세상의 왕들이지만 그 본진은 용과 짐승 그리고 거짓선자라고 할 수 있다. 결국 여섯 번째 대접 심판의 대상은 용과 짐승 그리고 거짓 선지자인 것이다.

---

268 Reddish, *Revelation*, 319; Beale, *The Book of Revelation*, 840.

269 Beale, The Book of Revelation, 840. 찰스는 하르마겟돈에서 땅의 왕들이 모여 이런 심판을 받게 되는 것이 에스겔 38-39장에서 곡의 연합군의 철저한 패배의 상황을 희미하게나마 반영한다고 주장한다(Charles, *A Critical and Exegetical Commentary on Revelaiton,* 2:46).

그리고 12-14절과 16절 사이에 삽입된 15절은 도적 모티브를 통해 예수님의 재림의 시점을 명확하게 해 주면서 부지불식 간에 임하시는 예수님의 오심을 준비하도록 성도들의 각성을 권면하는 내용을 기록한다.

[16:17-21] 일곱 번째 대접 심판

17-21절은 마지막 일곱 번째 대접 심판을 소개하고 있다. 먼저 17절에서는 일곱 번째 대접 심판의 도입 부분을 기록하고, 18-21절에서는 일곱 번째 대접 심판의 구체적 현상들을 중점적으로 소개한다. 이 두 부분을 나누어서 살펴볼 것이다.

도입(17절) 도입 부분을 세 주제를 중심으로 생각해 보기로 한다: (1)대접을 공기에 쏟다(17a절); (2)큰 음성이 성전으로부터 곧 보좌로부터 나오다(17b절); (3)"이루어졌다"(17c절)

(1)대접을 공기에 쏟다(17a절)

17절에 의하면 일곱 째 천사가 "공중"을 향하여 대접을 쏟는다. 여기에서 "공중" (ἀέρα, 아에라> ἀήρ, 아에르)이라는 단어는 "지표면의 바로 위에 있는 대기"(the atmosphere immediately above the earth's surface), 그리고 "땅 위의 공간"(the space above the earth)이라는 의미다.[270] 이러한 사전적 의미에 근거하여 세 가지 설명이 가능하다. 첫째로, 출애굽기 9장 22-34절의 열 가지 재앙 중 일곱 번째 사건을 배경으로 공중으로 이해하는 것이다.[271] 이 출애굽기 본문에서 "하늘"을 향하여 손을 들자 하늘에서 "우레와 우박"이 내려 애굽을 심판하는 사건을 기록한다. 여기에서 "우레와 우박"은 요한계시록에서 18a절의 "우레"와 21ab절의 "큰 우박"의 조합과 평행 관계이다.[272] 이러한 평행 관계에 의해 요한계시록의 "공중"을 출애굽기의 "하늘"로 볼 수 있다.

두 번째로, 이것은 단순한 대기 중의 공간을 지칭하는 것이라기보다는 좀 더 악의 세력과 치열한 영적 다툼을 벌이고 있는 영역으로 이해할 수 있을 것

270 BDAG, 23(1, 2).
271 Beale, *The Book of Revelation*, 841.
272 Smalley, *The Revelation to John*, 413.

이다. 이러한 맥락에서 '공중'은 14장 6절의 첫번째 다른 천사가 영원한 복음을 가지고 날아 가는 "중간하늘"(μεσουράνημα, 메수라네마)과 동일한 대상이라고 할 수 있다. 여기에서 "중간하늘"은 마귀가 땅으로 쫓겨난 이후 "저항 받지 않는 하나님의 통치의 영역인 하늘"과, "마귀와 두 짐승이 통치하는 영역인 땅 사이"의 공간이다.[273] 이러한 의미에서 14장 6b절에서 천사가 공중을 날며 영원한 복음을 전하려고 하는 것은 용이 쫓겨난 하늘에서 확보된 하나님의 통치를 확대하려는 목적이 있다고 볼 수 있다. 그런데 일곱 번째 대접 심판에서는 이 공중을 향하여 영원한 복음 대신 대접을 쏟음으로써 최종적 심판을 이루어낸다. 영원한 복음을 가지고 공중을 날던 천사의 사역이 끝나고 이제는 일곱 번째 대접을 쏟는 천사의 사역이 시작된 것이다.

세 번째로, 이 곳은 악의 핵심적 영역과 관련된다고 볼 수 있다. 에베소서 2장 2절, 사단을 "공중의 권세 잡은 자"라는 문구에서 "공중의"(τοῦ ἀέρος, 투 아에로스)는 요한계시록 본문의 "공중"과 동일한 단어이다. 에베소서 본문은 "공중"을 사탄 사역의 영역으로 규정한다. 이것을 요한계시록 본문에 적용하면, 일곱 번째 대접 심판에서 공중을 향하여 대접을 쏟는 것은 곧 사탄의 활동 영역에 대한 심판을 의미한다. 그리고 이것은 다섯 번째 대접 심판에서 "짐승의 보좌를 향하여" 대접을 쏟는 것(10a절)과 매우 유사한 형태의 심판이다.

(2)큰 음성이 성전으로부터 곧 보좌로부터 나오다(17b절)

17b에서 '큰 음성이 성전으로부터 보좌로부터 난다'라고 한다. 여기에서 "성전으로부터"(ἐκ τοῦ ναοῦ, 에크 투 나우)와 "보좌로부터'(ἀπὸ τοῦ θρόνου, 아포 투 드로누)라는 두 문구는 동격 관계로 볼 수 있다.[274] 더 나아가서 전자는 큰 범위이고 후자는 작은 범위로서 일반적인 것에서 좀 더 구체적인 것으로 좁혀 가며 구체적으로 말하는 것이라고 할 수 있다. 왜냐하면 하늘 성전 안에 하나님의 보좌가 있기 때문이다. 이처럼 보좌로부터 나오는 음성은 하나님의 음성으로 보는 것이 적절하다.[275] 왜냐하면 "보좌"는 하나님에 대한 "완곡어법"(euphemism)으로

273 Bauckham, *The Climax of Prophecy*, 286.

274 Aune, *Revelation 6-16*, 899.

275 Koester, Revelation, 661. ℵ 2027 pc와 같은 사본은 "보좌" 대신에 "하나님의 보좌"라는 문구를 사용한다. 이러한 문구의 사용은 "그 음성의 출처를 적시하기 위한 것"이라고 할 수 있다(Osborne, *Revelation*, 597).

사용되기 때문이다.[276] 보좌에 앉으신 분이 마지막 일곱 번째 대접 심판을 직접 주관하여 말씀하신다.[277]

17b절의 이러한 음성은 16장 1절의 첫번째 대접 심판에서 역시 하나님의 음성으로 볼 수 있는 "성전으로부터 큰 음성"과 동일시 된다. 그러나 17b절에서는 성전 안에 "보좌로부터"라는 문구를 덧붙여 좀 더 구체적인 음성의 출처를 밝힌다. 대접 심판의 첫번째와 마지막 일곱 번째에서 "성전"이나 "보좌"로부터 하나님의 음성이 나타나고 있는 것은, 15장 5-6절에서 대접을 가진 일곱 천사가 성전으로부터 나오고 있는 정황을 배경으로 하고 있으며, 하나님께서 이 대접 심판을 직접 주관하고 계심을 강조하고 있다. 물론 인/나팔 심판도 하나님의 주권이 강조되고 있지만 대접 심판에서는 이를 더욱 강조하여 표현한다. 대접 심판이 주로 사탄의 중심을 심판하는 것으로서 하나님의 심판의 완성을 나타내는 것이므로 하나님의 주권을 이렇게 표현하는 것이 더욱 빛을 발하고 있다.

(3)이루어졌다(17c절)

17c절은 17b절에서 성전에서 보좌로부터 큰 음성이 말한 내용을 소개한다. 그것은 매우 짧고 간결한 한 마디 뿐이다: "이루어졌다"(γέγονεν, 게고넨>γίνομαι, 기노마이).[278] 무엇이 이루어졌다는 것인가? 먼저 이 단어는 "끝이 났다" 혹은 "완성되었다"라는 의미이다.[279] 따라서 일곱 번째 대접 심판을 소개하는 이 문맥에서 이 단어를 쓴 것은 세상에 대한 하나님의 심판으로서 일곱 대접 심판 시리즈가 절정에 이르러 끝을 맺게 되었음을 나타낸다.[280] 하나님의 심판은 언제나 있었지만 예수님의 재림의 때가 되어 최고 절정을 이루며 하나님의 공의의 완성을 보게 되는 것이다.[281] 이 동사의 주어는 어떤 특정한 대상을 가리키지 않는다. 다만 그 주어 역할을 하는 것이 바로 포괄적으로 이런 절정에 이르게 된 종말적 사건이다. 그것이 이루어지게 되었다는 것이다. 그리고 이러한 17c절의 말씀은 대접 심판의 서론부인 15장 1c절이 "하나님의 분노가 그것들

---

276 Blount, *Revelation*, 307.
277 Thomas, *Revelation 8-22*, 272.
278 이 번역에 대해서는 번역에 대한 논의를 참고하라.
279 Smalley, *The Revelation to John*, 413; Osborne, *Revelation*, 597.
280 Smalley, *The Revelation to John*, 413.
281 앞의 책.

로 완성되었다'(ἐτελέσθη, 에텔레스데>τελέω, 텔레오)고 말한 것과도 조화를 이룬다. 앞서 설명한 것처럼, 15장 1절의 "완성되었다"라는 부정과거 동사는 "예변적 용법"으로서 미래에 일어날 최종적 심판의 확실성을 강조하기 위해 사용된다. 곧 일곱 대접 심판의 미래-종말적 특징을 잘 보여주고 있는 것이다. 이러한 점에서 15장 1c절의 "완성되었다"와 16장 17c절의 "이루어졌다"는 서로 의미가 상통하는 관계로서 대접 심판의 처음과 끝을 장식하는 인클루지오 구조를 보여준다. 다만 부정과거 동사가 사용되는 문맥에서 완료형 동사(게고넨)를 사용한 것은, 동사의 상(aspect) 이론에 근거해 볼 때 "하나님의 심판에 대한 절정적 선포(climatic pronouncements)에 주목하게 만들기 위한" 의도로 볼 수 있다.[282]

십자가에서 예수님께서 "이루어졌다"라고 하셨을 때(요 19:30),[283] '테테레스타이'(τετέλεσται> τελέω, 텔레오)라는 동사가 사용되었다. 이 동사는 15장 1c절의 동사와 동일한 단어이긴 하지만 17c절의 "이루었다"와는 다른 단어이다. 요한복음 19장 30절의 "이루었다"는 예수님의 십자가 사건으로 하나님의 구속 계획이 완성되는 순간을 선포한다.[284] 앞서 15장 1c절의 "완성되었다"와 요한복음 19장 30절의 "다 이루었다"는 '텔레오'라는 동사를 똑같이 사용하고 있다. 전자는 예변적 용법(proleptic)의 부정과거 시제 동사를 사용하여 미래에 완성될 사건에 대한 확실성을 나타내고 있고, 후자는 이미 일어난 십자가 사건을 강조하기 위해 완료시제 동사를 사용한다. 17c절에서 "이루어졌다"는 완료시제로서 대접 심판의 마지막 일곱 번째의 정황을 강조하여 표현하고있는 것과 동일한 패턴이다. 여기에서 요한복음 19장 30절의 "다 이루었다"는 예수님의 십자가 사건을 가리키고 15장 1c절의 "완성되었다"와 16장 17c절의 "이루어졌다"는 그 십자가 사건의 결과가 완성된 상태를 묘사한다.

이런 관계에서 예수님의 십자가는 종말적 심판의 시작이라고 할 수 있다. 왜냐하면 예수님의 십자가 사건은 종말적 구속 사건이자 동시에 심판 사건이기도 하기 때문이다. 반면 17c절의 말씀도 심판의 맥락에서 언급되었지만 그 다른 면에 있어서는 구속의 의미를 함축한다. 심판과 구속은 동전의 양면처럼

282 Matthewson, *Verbal Aspect in the Book of Revelation*, 104.
283 개역개정에서는 "이루었다"라고 번역했는데 이 동사가 수동태로 사용되었기 때문에 이것을 정확하게 반영하여 번역하면 '게고넨'과 동일하게 "이루어졌다"라고 번역할 수 있다.
284 Osborne, Revelation, 597. 여기에서 "다 이루었다"(τετέλεσται, 테테레스타이)는 완료시제로서 동사의 상 용법에 의해 "강조"하는 의미로 보는 것이 적절하다. 혹은 이 완료시제를 "완성된 행위의 지속성"(*continuance of completed action*)으로 볼 수도 있다(BDF, § 340).

동시에 발생하는 것이기 때문이다. 십자가 사건에서 발생한 종말적 구속과 심판의 사건은 이제 일곱 번째 대접 심판에서 그 완성을 보게 된 것이다. 이러한 종말적 완성을 표현하는 단어인 "이루었다"(γέγονεν, 게고넨)는 21장 6절에서 새 창조에 대한 소개 직후에도 소개된다. 이 단어는 16장 17c절의 그것과 동일한 단어가 사용되고 있다. 16장 17c절은 심판 완성의 맥락에서 사용되고 21장 6절은 구속 완성의 맥락에서 사용된다. 그러나 이 두 경우 모두 각각 종말적 구속과 심판을 동시에 내포하고 있다.

이상의 내용을 다음과 같이 도표로 정리할 수 있다.

요한계시록 16:17c절	요한계시록 15장 1c절	요한복음 19장 30절	요한계시록 21장 6절
γέγονεν, 게고넨	ἐτελέσθη, 에텔레스데	Τετέλεσται, 테테레스타이	γέγονεν, 게고넨
현재 완료	부정과거	현재 완료	현재 완료
일곱번째 대접 심판	일곱 대접 심판의 도입	십자가 사건	새창조의 완성
심판	심판	구속	구속
종말의 완성	종말의 완성 (예변적 용법)	종말의 시작	종말의 완성

[18-21절] 일곱 번째 대접 심판의 구체적인 현상들

17절에서 일곱 번째 대접 심판의 도입 부분에 이어서 18-21절은 일곱 번째 대접 심판의 구체적인 내용들을 소개한다. 18-21절은 18절에서 일곱 번째 인 심판(뇌성과 음성과 번개와 지진; 8:5)과 일곱 번째 나팔 심판(번개와 음성들과 뇌성과 지진과 큰 우박; 11:19)의 패턴대로 일곱 번째 대접 심판의 종말적 현상을 소개한다. 다음 19-20절은 18절의 "큰 지진"에 의한 일련의 결과를 열거한다. 마지막으로 21절은 큰 우박 재앙에 대한 사람들의 반응을 소개한다.

번개들/소리들/우레들/큰 지진(18abc절) 앞서 언급한 것처럼 18절은 일곱 번째 인 심판(뇌성과 음성과 번개와 지진; 8:5)과 일곱 번째 나팔 심판(번개와 음성들과 뇌성과 지진과 큰 우박; 11:19)의 패턴을 유지한다. 여기에서 일곱 번째 나팔 심판은 일곱 번째 인 심판 보다 "큰 우박"이 더 첨가된다. 그리고 일곱 번째 대접 심판의 경우에 18절에서는 "번개들과 소리들과 그리고 우레들"을 언급하고 21a절에서는 "한 달란트 무게의 큰 우박"이 하늘로부터 내려오는 장면을 소개한다. 결국 일곱 번째 대접 심판은 18절과 21a절을 합하여 "번개/음성/뇌성/큰 지진/큰 우박"의 요소들로 구성되고 일곱 번째 나팔 심판과 동일한 패턴을 유지하되 "지진"이 "큰지진"으로 확대되고 "큰 우박"이 덧붙여지는 내용으로 발전한다.[285]

이러한 확대와 발전은 먼저 18b절에서 좀 더 두드러지게 나타난다. 곧 여기에서 "큰 지진"을 언급하면서 이 큰 지진이 얼마나 큰가를 강조하여 말하기를 "사람이 땅에 존재한 이후로 존재하지 않았던 큰 지진이 일어났다"고 한다. 이 문구는 가깝게는 마가복음 13장 19절을 연상시키며, 구약 배경으로는 다니엘 12장 1절의 "개국 이래로 그 때까지 없던 환란"을 배경으로 한다.[286] 이 다니엘서 본문의 데오도티온 역은 "땅에"(ἐν τῇ γῇ[엔 테 게] 혹은 ἐπὶ τῆς γῆς[에피 테스 게스])라는 문구를 사용하여 요한계시록 본문과의 평행 관계를 한층 돋보이게 한다.[287] 일곱 번째 나팔 심판에서 단순히 "지진"이라고 한 것과 비교해 보면, 이런 문구는 "큰 지진"을 매우 강렬하게 묘사하고 있다는 것을 알 수 있다. 특별히 18c절에서 '텔리쿠토스'(τηλικοῦτος)라는 단어는 "용언법적인"(pleonastic)[288] 표현으로 지진의 강도가 매우 크다는 것을 더욱 강조한다. 곧 이미 "큰 지진"이란 의미가 있지만 "매우 크다"는 의미를 지닌 '텔리쿠토스'라는 단어를 덧붙이고 있는 것이다.

전통적으로 지진은 "우주적 진동"으로서 "하나님의 오심"으로 말미암아 "우주 전체, 궁창, 천체, 땅과 바다 그리고 세상의 기초들"이 흔들리게 되는 현상으로 여겨져 왔다(시락 16:18-19; 쥬디스 16:15; 레위의 유언 3:9).[289] 또한 피조 세계가 흔들리는 경우가 있는데, 먼저 대적들을 심판하는 "전사(warrior)로서 하나님의 오심 앞에서"(삿 5:4-5; 욜 2:10; 미 1:4; 시 78:7-8), "나라들을 통치하는 하나님의 오

285 블라운트는 이러한 현상들을 "신적 현현 패키지"(the theophany package)라고 부른다(Blount, *Revelation*, 308).

286 Osborne, *Revelation*, 598. 이 외에도 "전례없는 혹독한 고통"(affliction of unparalleled severity)과 관련된 본문은 출애굽기 9:18, 24; 요엘 2장 2절 그리고 예레미야 30장 7절과 1QM 1장 12절 그리고 모세의 유언 8장 1절 등이 있다(Koester, *Revelation*, 662).

287 Charles, *A Critical and Exegetical Commentary on the Revelation of St. John*, 2:52.

288 Swete, *The Apocalypse of St. John*, 207. "용언법"(pleonasm이란 "'보다'라고 하면 될 것을 see with your eyes (눈으로 보다)라고 하는 것처럼, 강조나 수사적 효과를 높이기 위하여 논리적으로는 불필요한 말을 덧붙이는 표현 방법"이다(네이버 모바일 영어 사전).

289 Bauckham, *The Climax of Prophecy*, 199.

심 앞에서"(시편 97:5; 99:1), 그리고 악인들을 심판하는 하나님의 오심 앞에서"(사 13:13; 24:18-20; 34:4; 렘 51:29; 겔 38:20; 나 1:5) 이런 흔들림이 발생한다.[290] 이런 내용들이 모두 "종말적인 신적 현현"(eschatological theophany)을 동반하는 "거대한 우주적 진동의 묵시문헌적 표현들"에 사용된다(에녹 1서 1:3-9; 102:1-2; 모세의 유언 10:1-7; 바룩2서 32:1).[291] 요한계시록 본문에서 "큰 지진"은 이러한 전승을 배경으로 한다.

바벨론과 나라들의 도시들의 멸망(19-20절) 19-20절은 큰 도시 바벨론과 나라들의 도시들의 멸망을 언급한다. 19-20절에 대한 설명은 바벨론의 멸망(19a절)과 나라들의 도시들의 멸망(19b절) 그리고 "하나님 앞에서 기억되다"는 것과(19c절) "섬과 산이 사라지다"(20절)라는 내용으로 나누어 논증하겠다.

(1)큰 도시 바벨론이 세 갈래가 되다(19a절)

19a절은 18절의 "큰 지진"의 결과로서 바벨론의 멸망을 표현한다.[292] 바벨론의 멸망에 대한 언급은 이번이 처음이 아니다. 이미 14장 8절에서도 언급된 바 있다. 거기서는 바벨론의 멸망(8절)을 하나님의 분노의 포도주를 그의 진노의 잔에서 마시는 것(10절)과 관련시킨다. 이런 점에서 바벨론의 멸망과 분노의 포도주 잔을 조합시키는 16장 19-20절과 같은 패턴을 보여준다.

그러나 14장 8절에서는 아무런 부연 설명 없이 "무너졌다"(ἔπεσαν, 에페산>πίπτω, 피프토)라는 단어를 두 번 반복하는 방식으로 바벨론이 멸망한 것을 표현하고 있다면, 16장 19-20절에서는 그 "무너졌다"라는 단어와 함께 "세 부분으로 되었다"(19a절)는 문구로 바벨론의 멸망을 세부적으로 표현한다. 여기에서 "세 부분으로 되었다"는 것은 세 부분으로 갈라지는 현상을 연상시킨다. 이러한 현상은 18bc절에서 언급되는 "큰 지진"에 의해 발생한 상황을 그림 언어로 묘사하고 있다.[293] 이 표현은 지진이 땅을 여러 부분으로 갈라지게 하는 현상에 근거한다. 세 갈래로 갈라져 멸망한 바벨론을 "큰 도시"라고 한 것과, 세 갈래로 갈라진 원인으로서 "큰 지진"은 "큰"(μέγας, 메가스)이라는 단어에 의해 서로 적절하게 조화되고 있다. 곧 큰 도시 바벨론이 큰 지진으로 세 갈래로

290 앞의 책.
291 앞의 책.
292 Beale, *The Book of Revelation*, 843.
293 Blount, *Revelation*, 308.

갈라져 멸망당한 것이다. 14장 8절과 비교해볼 때, 16장 19-20절은 좀 더 구체적 정황을 떠 올리게 하는 방식으로 바벨론의 멸망을 표현한다.

19a절의 "큰 도시"는 19c절에서 "큰 바벨론"으로 표현된다. 이 두 문구의 합은 14장 8절의 '큰 도시 바벨론'와 일치한다. 여기에서 "바벨론"은 당시 로마 제국을 상징한다.[294] 여기에서 이 바벨론에 의해 상징되는 로마 제국은 당대의 최고 권력을 소유한 세력으로서 "모든 세상의 정치적, 경제적, 사회적 그리고 문화적 중심"을 차지하고 있다. 로마 제국의 이런 특징은 신학적 · 상징적 의미를 동시에 가지고 있다.[295] 신학적 의미는 바로 로마 제국이 "총체적인 사탄적 구조"(the whole satanic structure) 곧 "언제든지 하나님과 그의 교회 공동체에 대해 적대적인, 불신하고 우상숭배적이며 불의한 어떠한 능력"을 가진 존재라는 것이다.[296] 그리고 상징적 의미는 그것이 바로 당대 뿐만 아니라 오는 모든 시대에 존재하는 세속 국가를 대표하는 존재라는 것이다.

반면 이 바벨론을 예루살렘과 동일시 하는 것을 비판한 찰스의 주장에 주목할 필요가 있다. 그는 바벨론을 예루살렘으로 해석하는 입장(J. Weiss, Moffact 등 학자들)이 "전체 문맥"에 반하는 것이요 17-18장에서 바벨론에 대해 언급하고 있는 개념과 모순된다고 주장한다.[297] 로마 제국은 용(사탄)과 짐승(황제)과 함께 당시 교회 공동체와 본질적으로 적대적 관계를 가지고 있으므로, 그것이 일곱 번째 대접 심판에서 종말적 심판의 대상이 되는 것은 당연하다.

(2)나라들의 도시들이 무너지다(19b절)

19b절은 "나라들의 도시들이 무너졌다"고 말하는데, 이것은 바벨론과 함께 바벨론을 추종하던 나라들도 역시 바벨론과 함께 최후의 심판을 받게 된다는 것으로 최후 심판의 우주적 성격을 잘 보여준다. 이 모습은 여섯 번째 대접 심판에서 용/짐승/거짓 선지자로부터 보냄 받은 귀신의 영들이 불러모은 "모든 세상의 왕들"과 그 나라들의 운명이 심판으로 귀결된다는 사실과 같은 맥락에서 이해할 수 있다. 요한계시록 14장 8절과 18장 23절 그리고 20장 3절과 8절에

294 Swete, *The Apocalypse of St. John,* 208. 좀 더 구체적 근거에 대해서는 14장 8b절에서 자세하게 제시한 바 있으므로 자세한 내용은 이 본문에 대한 설명에서 참고할 수 있다.

295 Smalley, *The Revelation to John*, 414.

296 앞의 책, 414-415.

297 Charles, *A Critical and Exegetical Commentary on the Revelation of St. John,* 2:52. 바벨론이 예루살렘을 의미할 수 없는 이유가 17-18장을 주해하는 과정에서 분명하게 드러나게 될 것이다.

서도 그 나라들은 바벨론과 사탄에 의해 미혹되는 대상으로서 등장한다.[298]

(3)하나님 앞에서 기억되다(19c절)

19c절에서 "큰 바벨론이 하나님 앞에서 기억되었다"의 "기억되었다"라는 동사는 신적 수동형으로서 이 본문을 능동형으로 표현하면 "하나님께서 바벨론을 기억하셨다"고 할 수 있다.[299] 구약에서 하나님께서 "기억하셨다"라는 동사는 하나님의 백성을 구원하시거나, 대적들을 심판하시는 표현 모두에서 동일하게 사용된다.[300] 하나님의 백성을 구원하시는 경우에는 언약을 기억하시고(창 9:15; 레 26:45), 대적들을 심판하시는 경우에는 그들의 죄악을 기억하신다(호 7:2; 8:13; 9:9; 렘 14:10). 따라서 하나님의 백성은 "부당함을 무시하지 않고 기억하여" 마침내 보응해 주실 것을 간구했고(시 137:7; 느 13:29) 하나님은 악인들의 악행을 기억하셨다(호 7:2; 8:13; 9:9; 렘 14:10).[301] 여기에서 하나님께서 악인들의 악행을 기억하시는 것은 보응을 목적으로 한다는 것이 분명하다.[302] 이러한 성격의 기억을 오우니는 "징벌적 기억"(punitive remebrance)으로 규정한다.[303]

요한계시록에서 바벨론 세력에 의해 정의롭지 않게 죽임당한 순교자들에게는(6:9-10) 하나님이 심판하시는 순간에 그들에게 보응하기 위하여 악한 세력의 악행을 기억하는 것이 절실하게 요구된다. 19c절의 내용은 바로 이러한 요청에 대한 응답이라고 볼 수 있다. 19c절에서 하나님의 기억은 징벌적 기억으로서 바벨론의 죄악들을 기억하시는 것이다. 여기에서 하나님은 악을 간과하지 않으시며 반드시 그 악을 보응하신다는 사실을 잘 보여주고 있다.[304]

그렇다면 여기에서 하나님이 기억하시는 바벨론의 죄는 무엇인가? 그것은 바로 하나님을 대적하고 그의 백성을 핍박한 죄이다. 이 죄에 대해서는 17-18장에서 좀 더 자세하게 지적하고 있지만 그 중에서 대표적으로 두 가지만 언급하면, "바벨론은 성도들의 피를 흘리게"하였고(17:6), "선지자들과 성도들과 및 땅 위에서 죽임을 당한 모든 자의 피가 그 도시 안에서 발견되었

298 Boxall, *The Revelation of St. John*, 236.
299 Zerwick and Grosvenor, *A Grammatical Analysis of the Greek New Testament*, 2:767.
300 Boxall, *The Revelation of St. John*, 236.
301 Koester, *Revelation*, 663.
302 Harrington, *Revelation*, 168.
303 Aune, *Revelation 6-16*, 901.
304 Harrington, *Revelation*, 168.

다”(18:24). 이러한 죄가 바로 하나님 앞에 기억되었고 바벨론이 최종적 심판의 대상이 되는 이유이다.

(4)하나님의 맹렬한 분노의 포도주를 담은 잔(19d절)

번역에서 논의한 것처럼 19d절의 ‘토 포테리온 투 오이누 투 뒤무 테스 오르게스 아우투’(τὸ ποτήριον τοῦ οἴνου τοῦ θυμοῦ τῆς ὀργῆς αὐτοῦ)는 “그의 맹렬한 분노의 포도주를 담은 잔”이라고 할 수 있다. 이 문구는 14장 8c절의 “음행의 분노의 포도주”와 14장 10절의 “그의 진노의 잔에 부어진 섞지 않은 하나님의 분노의 포도주로부터 그 자신이 마실 것이다”는 내용을 축약한 형태이다.[305]

그리고 번역 및 구문 분석에서 살펴 본 것처럼 19d절에서 ‘두나이’(δοῦναι)로 시작하는 부정사구는 부정사의 “결과” 용법과 유사한 “설명적 부정사” 용법이다.[306] 그렇다면 큰 바벨론이 하나님 앞에서 기억되는 정황을 좀 더 분명하게 “규정”해 주는 기능을 한다.[307] 곧 19c절에서 바벨론이 하나님 앞에서 기억되는 것의 결과는 무엇일까? 그것은 바로 하나님께 바벨론에게 “맹렬한 분노의 포도주를 담은 잔을 주는 것”이다. ‘포도주’ 모티브는 14장 8, 10절과 18-20절에서 심판을 의미하는 것으로 사용된 바 있다. 여기에 “그의 맹렬한 분노의 포도주를 담은 잔”이라는 관용구는 심판의 극렬함을 더욱 고조 시킨다.

(5)섬과 산이 사라지다(20절)

20절은 18bc절에서 큰 지진의 결과로 발생한 일련의 현상들 중 하나이다. 그 첫번째가 19a절에서 지진으로 세 갈래로 갈라진 큰 도시 바벨론의 멸망이고, 두 번째가 19b절에서 나라들의 도시들이 무너진 것이다. 그리고 세 번째가 바로 20a절의 “모든 섬이 사라졌다”는 것과 “산이 발견되지 않았다”이다. 이 내용은 큰 지진의 결과이다.[308] 지진의 결과로 발생한 것 외에 또 한 가지 고려할 것은 19절과 20절에서 전개되는 장면이 “우주의 붕괴”(breakup of the cosmos)를 나타내는 그림 언어로 표현되고 있다는 것이다.[309] 특별히 20절의 이 문구는

305 Charles, *A Critical and Exegetical Commentary on the Revelation of St. John*, 2:52.
306 Beckwith, *The Apocalypse of John*, 687; Thomas, *Revelation 8-22*, 276.
307 Burton, *Syntax of the Moods and Tenses in New Testament Greek*, § 375.
308 Koester, *Revelation*, 663.
309 Beale, *The Book of Revelation*, 844.

6장 14절 그리고 20장 11절과 우주적 붕괴 언어 사용에 있어서 평행 관계가 있다.[310] 이 세 문구를 비교하면 다음과 같다.

6장 14절	16장 20절	20장 11절
πᾶν ὄρος καὶ νῆσος ἐκ τῶν τόπων αὐτῶν ἐκινήθησαν (판 오로스 카이 네소스 에크 톤 토폰 아우톤 에키네데산)	καὶ πᾶσα νῆσος ἔφυγεν καὶ ὄρη οὐχ εὑρέθησαν. (카이 파사 네소스 에퓌겐 카이 오레 우크 유레데산)	ἔφυγεν ἡ γῆ καὶ ὁ οὐρανός καὶ τόπος οὐχ εὑρέθη αὐτοῖς (에퓌겐 헤 게 카이 호 우라노스 카이 토포스 우크 유레데 아우토이스)
그리고 모든 산과 섬이 그것들의 위치로부터 옮겨졌다	그리고 모든 섬이 사라졌다.그리고 산이 발견되지 않았다.	땅과 하늘이 사라졌다. 그리고 장소가 그들에게 발견되지 않았다.

이 비교에서 두 본문은 "모든 산과 섬"에 의해 평행적이며 6장 14절은 그것들이 "옮겨졌다"고 하고 16장 20절에서는 "사라졌다"라고 하거나 "발견되지 않았다"고 한다. 이러한 일련의 표현들은 창조 질서의 와해를 나타내는 우주적 붕괴 언어이다.

또한 구약이나 묵시 문헌에서 섬들이나 산들 그리고 하늘의 사라짐은 '주의 날'과 관련하여 주어지는 종말적 묵시적 주제이다(시 97:5; 사 2:12-18; 40:4; 45:2; 에녹 1서 1:6-7; 에스라 4서 15:42; 모세의 언약 10:4; 시빌의 신탁 8:232-38).[311] 그렇다면 20절에서 "모든 섬이 사라졌다 그리고 산이 발견되지 않았다"고 한 것은 이러한 종말적 묵시적 주제를 최종적 심판에 적용한 것이라 볼 수 있다.

큰 우박(21a절) 더 나아가서 일곱 번째 대접 심판의 21a절에서 하늘로부터 내려 오는 큰 우박이 "한 달란트 무게"(21a절)나 된다는 것을 명시하여 신적 심판의 중량감을 더해 준다. 여기에서 "한 달란트 무게"는 108파운드(49kg)에서 130파운드(59kg) 사이라고 할 수 있다.[312] 이 정도의 무게라면 우박의 무게치고는 상상할 수 없이 큰 무게이다. 이렇게 큰 우박을 맞게 된다면 치명적 재앙이 아닐 수 없다. 또한 21b절에서는 그 우박의 재앙이 '심히 크다'고 하여 이 우박 재앙의 심각성 강조한다. 이러한 표현들은 대접 심판의 마지막 일곱번째에 최

310 Swete, *The Apocalypse of St. John*, 208.
311 Osborne, *Revelation*, 599.
312 Charles, *A Critical and Exegetical Commentary on the Revelation of St. John*, 2:53.

적화된 내용이 아닐 수 없다. 일곱 번째 나팔 심판에도 "큰 우박"의 요소가 있지만 일곱 번째 대접 심판만큼 강조되지는 않는다는 점에서 심판의 종결자로서 일곱 번째 대접 심판의 의미를 엿볼 수 있다.

이런 우박 재앙은 출애굽의 열 재앙 중 일곱 번째(출 9:22-26)를 배경으로 한다.[313] 뿐만 아니라 유대 묵시 문헌인 아브라함의 묵시록(Apocalypse of Abraham) 30장 6절에 의하면 우박 재앙은 지진과 칼 그리고 눈과 함께 시대의 종말에 일어나는 재앙 중 하나에 포함되며, 이사야 30장 30절과 키케로(Cicero)의 『신들의 본성에 관하여』(De natura deorum.2.5.14)에서 우박은 "신적 징벌의 한 형태"로 간주되기도 한다.[314] 여기에서 출애굽의 역사는 물론이고 구약이나 유대 문헌과 그리스 로마 시대의 전통에서 우박은 재앙의 요소로서 널리 인식을 공유하고 있음을 알 수 있다.

그리고 21b절에서는 그러한 큰 우박에 대한 사람들의 반응을 보여 준다. 곧 "우박의 재앙 때문에"(ἐκ τῆς πληγῆς τῆς χαλάζης, 에크 테스 플레게스 테스 칼라제스) 사람들이 하나님을 모독한다. "왜냐하면"이란 의미의 접속사 '호티'(ὅτι)로 시작하는 21c절은 21b절에 대한 이유를 제시한다. 그 이유는 바로 바벨론에게 임한 재앙이 심히 크기 때문이다. 사람들이 하나님을 모독하는 직접적인 이유는 "우박"이고 근본적인 이유는 그 우박으로 인한 바벨론에 임한 재앙이 심히 크기 때문인 것이다. "큰 우박"이 바벨론에게 심히 "큰 재앙"이 되고 있는 것이다. 여기에서 "크다"라는 단어가 "우박"과 "재앙"이라는 두 단어에 동시에 사용된다. 이것은 마치 열 재앙 중에 일곱 번째 재앙인 우박이 애굽에게 큰 재앙이 되는 것과 같은 패턴을 보여주고 있다.

한편 하나님을 모독하는 반응은 9절의 네 번째 대접 심판과 11절의 다섯 번째 대접 심판에서도 주어진 바 있다.[315] 곧 네 번째 대접 심판에서 해에 쏟아진 대접으로 말미암아(8절) 큰 태움으로 태워지게 되어 "하나님의 이름"을 모독한다(9ab절). 여기에서는 영광을 돌리기 위해 회개하지 않았다는 것이 동시에 언급된다(9c절). 그리고 다섯 번째 대접 심판에서 짐승의 보좌에 대접을 쏟았을 때(10a절) 그의 나라가 어두워지기 시작하고(10b절), 그 결과 그 구성원들

313 Roloff, *The Revelation of John*, 191.
314 Koester, *Revelation*, 663.
315 Aune, *Revelation 6-16*, 902.

이 고통 때문에 혀를 깨물고 그들의 상처 때문에 하늘의 하나님을 모독한다(11a절). 여기에서도 "회개하지 않았다"는 문구가 병행되어 기록된다(11b절). 이런 반응은 하나님의 심판으로 말미암은 고통을 표현하는 짐승에 속한 자들의 방식이며 그들이 짐승에게 속한 자들이라는 사실을 확증해주는 방편이라고 할 수 있다. 진정으로 하나님께 속한 자들이라면 이런 심판에 대해 회개로 반응하게 될 것이다. 이것은 예수님께서 라오디게아 교회를 향하여 회개할 것을 간절히 요청했던 것에서 잘 드러난다(참조 3:19).

[정리]

10-21절은 다섯 번째 대접 심판부터 일곱 번째 대접 심판 까지를 기록하고 있다. 이 세 심판의 공통된 특징은 미래 종말적 시점을 공유하고 있다는 것이다. 특별히 여섯 번째와 일곱 번째는 명백하게 예수님의 재림 때에 일어날 심판 내용을 서술한다. 여섯 번째는 유브라데강을 통해 심판의 심각성을 고조시키고 하르마겟돈을 중심으로 용과 짐승 그리고 거짓 선지자에 대한 심판에 집중하는 반면, 일곱 번째는 바벨론에 대한 심판에 집중한다. 이렇게 대접 심판의 여섯 번째와 일곱 번째는 요한계시록에서 악의 축으로 간주되는 용과 두 짐승 그리고 바벨론의 멸망을 기록한다. 이런 내용이야말로 심판의 절정이며 종결이라고 볼 수 있다. 현재 심판 상태에 있을 뿐 만 아니라 미래에 그 심판은 이렇게 완성을 보게 될 것이다.

특별히 이 두 심판은 17-20장과 관련하여 매우 중요한 의미를 가진다. 10-21절에서 소개된 세 개의 대접 심판은 용/짐승/거짓 선지자 그리고 바벨론의 순서로 심판이 진행된다. 그런데 17-20장에서도 다시금 그와 동일한 순서인 바벨론과 짐승/거짓 선지자/용의 순서로 그 심판 내용이 소개된다. 이러한 관계성을 통해 17-20장이 대접 심판의 결론부인 동시에 16장 10-21절에서 소개된 악의 세력을 향한 심판을 보다 자세히 설명하는 부분이라는 것을 알수 있다. 다시 말하면, 전자는 후자에 대한 해석적 원리를 제공해 주고 있는 것이다. 그것은 무엇인가? 그것은 바로 16장 10-21절의 경우처럼 17-20장이 예수님의 재림 때에 일순간에 일어날 종말적 심판을 기록하고 있다는 것이다. 그러므로 우리는 17-20장을 읽을 때 시차를 두고 읽는 것이 아니라 논리적 순서로 일순간에 동시에 일어날 것으로 읽어야 할 것이다.

핵심 메시지

15장은 16장의 도입 부분으로 16장과 밀접하게 연결된다. 15장에 의하면 짐승의 세력을 이기고 벗어난 자들이 유리바다에 서서 모세의 노래/어린 양의 노래로 하나님의 구속을 찬양하는 내용이 소개된다. 모세의 노래와 어린 양의 노래를 병치시킴으로써 요한은 구약의 출애굽 사건과 그리스도의 구속 사건의 평행 관계를 의도적으로 구성한다. 여기에서 저자 요한은 승리한 자들을 홍해 바닷가에 서 있었던 이스라엘의 성취로서 새 이스라엘 곧 교회 공동체로 인식한다. 그리고 그 승리한 자들이 서 있는 유리바다를 "불로 섞인 유리 바다"로 표현하여 심판의 정황을 예시하며, 일곱 재앙을 가진 일곱 천사의 출현으로 심판이 준비되고 있음을 예고한다. 그렇기에 이 장면에서 구원과 심판이 동시에 발행하는 것은 당연하다. 왜냐하면 하나님의 구원이 발생하는 현장에는 필연적으로 심판이 일어나기 때문이다. 하나님의 구원은 짐승을 이긴 자들(교회 공동체)에게 주어질 것이요, 심판은 짐승을 좇은 자들에게 일어난다.

16장에서 일곱 대접 심판이 본격적으로 기록되는데, 1-9절에서는 처음 네 개의 대접심판, 그리고 9-21절에서는 마지막 세 개의 대접심판을 소개한다. 1절은 도입 부분으로서 대접 심판에 대한 구체적 언급이 시작되기 전에 총론적으로 대접을 "땅"에 쏟을 것을 명령한다. 이 때에 땅은 지정학적 의미가 아니라 상징적이며 영적 의미로서 사탄의 통치 영역을 가리킨다. 이 영역에 하나님의 심판이 실행됨을 보여준다. 반면 첫번째 대접심판에서 대접을 "땅에 쏟으라"는 하나님의 명령이 천사에게 주어진다. 이 때 땅은 "피조된 세상 전체"에 대한 상징적 의미를 가진다. 이러한 구별을 신중하게 할 필요가 있다.

대접 재앙들이 인과 나팔 심판의 경우처럼 구약의 출애굽 당시 10 재앙을 배경으로 하는 것에 주목해야 한다. 출애굽 당시 이루어지는 재앙들은 이스라엘을 핍박하는 애굽을 향한 것이었으며 이스라엘은 포함되지 않았다. 재앙이 내린 영역에서 이스라엘과 애굽이 구별된 것은 이 점을 명확하게 보여준다. 일곱 대접 심판을 출애굽의 열 재앙을 배경으로 이해할 때 그 심판의 의도가 분명하게 이해될 수 있다. 여기에서 심판의 대상은 짐승의 표를 받은 자들, 곧 황제를 숭배하는 자들이다. 이들은 하나님을 대적하고 그의 백성들을 핍박한 세력이다. 이들을 향한 심판은 합당하고 하나님의 공의를 확실하게 드러낸다. 그러므로 하나님의 공의는 성도의 피를 흘린 자들에게 합당하게 보응하는 심판으로 나타난다. 이런 심판에도 불구하고 짐승의 추종자들은 여전히 회개하기를 거부하며 하나님을 비방한다. 이로써 이 심판이 회개를 목적으로 한 것이 아님을 알 수 있고 그들에 대한 심판의 당위성을 보여준다.

특히 여섯째 대접 심판에서 제공되는 전쟁 모티브는 신중하게 살펴 볼 필요가 있다. 이 전쟁은 물리적 전쟁이 아니라 영적 전쟁이다. 그렇기 때문에 성도에게 요구되는 것은 영적 전쟁에 임하는 자로서 항상 깨어 있어 옷을 지킴으로써 부끄러움을 당하지 않는 것이다. 결국 대적 용과 두 짐승 그리고 바벨론은 파괴될 것이다. 요한은 이런 강력한 심판 메시지를 통해 로마 제국의 쉽지 않은 고난의 삶의 환경에서 낙심하지 않고 믿음과 인내로 승리할 것을 권면하고 있다. 인과 나팔 심판 처럼 대접 심판도 심판의 현재성과 미래성을 모두 균형 있게 강조하고 있지만, 대접 심판은 좀 더 미래에 완성되는 시점에 비중을 두고 기록하고 있다는 것을 주목해야 한다.

설교 포인트

설교자는 16장의 일곱 대접 심판이 출애굽의 열 재앙을 배경으로 하고 있음을 유의하여 볼 필요가 있다. 이러한 사실에 근거하여 이스라엘을 핍박했던 애굽의 재앙이 애굽인들에게는 하나님의 심판이었지만 이스라엘에게는 해방으로 이어지는 하나님의 구원이었다는 것을 상기시킬 필요가 있다. 여기에서 구원과 심판은 동전의 양면처럼 불가분의 관계이며, 출애굽의 열 재앙이 이스라엘의 영역과 애굽의 영역을 구별했던 것과 같이 하나님의 심판은 교회 공동체와 짐승의 추종자들을 분리시킨다. 이러한 맥락에서 볼때, 처음 네 개의 우주적 영역의 심판이 단순히 자연계를 향한 심판이 아니라 짐승의 표를 받은 자들과 그의 우상에게 경배하는 자들을 향한 것이며, 이어서 실행되는 세 개의 심판도 악의 세력을 향한 심판이다. 따라서 설교자는 본질적으로 심판은 악의 세력을 향한 것임을 인식할 필요가 있다. 반면에 15장 2-4절에서처럼 하늘에 속한 영광스러운 승리자들로서 하나님의 구속을 노래하고 있는 교회 공동체의 모습과 뚜렷한 대조를 이룬다.

설교자는 본문에서 하나님이 심판하시는 하나님을 대적하는 세력들이 교회 공동체를 핍박한 것임을 청중들에게 강조할 필요가 있다. 그들이 성도들의 피를 흘렸기 때문에 합당한 심판을 받는 것인데 이것이 하나님의 참되시고 의로우신 속성으로 표현된다. 즉 교회를 핍박한 짐승과 그의 추종자들이 심판 받는 것에서 하나님의 공의가 나타나는 것이다. 그러므로 본 장에서 하나님의 공의는 악의 세력에 대한 심판으로 표현된다.

그리고 16장 12-16절의 전쟁 모티브는 많은 오해의 여지가 있는 부분으로, 설교자는 그 동안 물리적 전쟁으로 해석해 온 세대주의적 관점에 익숙한 청중들에게 이것이 어떻게 물리적 전쟁이 아닌 영적 전쟁인지를 문맥을 통해서 논리적으로 설명해 줄 필요가 있다. 이 과정에서 구약을 배경으로 유브라데 강과 하르마겟돈이라는 지명의 상징적 의미도 청중들에게 이해시키는 것도 설교자의 몫이라고 생각한다. 특히 15절에서 이러한 영적 전쟁이 성도들에게 어떤 자세가 요구되는지를 보여주어 오늘날 성도들에게 분명한 적용을 제공할 필요가 있다. 이 부분에서 영적 전쟁 가운데 깨어 있어 자신의 옷을 지키는 것이 복되다고 하는 이유가 무엇일까? 깨어 옷을 지키는 것은 요한계시록 초반부터 강조된 '이기는 자'의 모습이요 15장에서 짐승의 세력을 이기고 벗어난 자들의 모습이기 때문이다. 이러한 자세가 도적같이 임할 예수님의 재림을 올바르게 예비하는 자세이다. 따라서 설교자는 구약에서 벌거벗음이 우상 숭배와 죄악을 정죄할 때 사용되었던 용례를 살피는 과정을 통해, 깨어서 준비하는 것이 짐승의 세력과 타협하지 않고 짐승을 이기고 모세의 노래/어린 양의 노래를 부르는 승리자들의 모습으로 귀결된다는 사실을 본문의 문맥을 통해 설명할 필요가 있다.

결국 대접 심판이 바벨론과 모든 나라들의 도시들이 멸망하고 모든 섬과 산들이 파괴되는 최종적 심판으로 마무리 되는 것은 출애굽 당시 열 재앙을 통해 애굽을 초토화하고 심판하시어 이스라엘의 구원을 성취하심으로 만국에 하나님의 영광을 드러낸 것을 일깨운다. 세상 세력에 대한 심판과 성도들의 구원은 동시에 이루어지며 이러한 종말적 심판과 구속에 대한 비전은 오늘날 영적 전쟁을 수행하는 교회와 성도들에게 소망과 격려를 주며 아울러 믿음의 싸움을 할 때 타협과 포기를 하지 말라는 경고를 함축하고 있다. 설교자는 이 사실을 청중들과 공유할 필요가 있다.

설교 요약

◆ **제목:** 일곱 대접 심판

◆ **본문:** 계16:1-21

◆ **서론**

오늘날 성도로서 하나님 백성답게 살기 위해 세상에서 감당할 수 밖에 없는 불이익과 희생이 과연 그 만큼 가치가 있는 것인가? 우리가 믿음의 싸움터에서 주저 앉고 싶을 때, 힘든 싸움을 포기하고 싶을 때 던질 수 있는 질문이다. 이에 대해 말씀이 주는 해답은 무엇인가? 요한계시록 문맥에서는 우리에게 '인내와 믿음'을 요구한다. 왜 그런가? 그 끝에 가서 '이기는 자'가 받을 상급은 세상의 어떤 가치와도 비교할 수 없는 위대하고 영광스러운 것이기 때문이다. 특히 요한계시록 말씀은 교회와 성도에 대해 이미 승리한 놀랍고도 영광스러운 천상적 본질을 묘사할 뿐만 아니라 미래에 획득할 승리의 결말에 대해 예고하고 있다. 그러므로 믿음의 싸움이 고달프게 느껴질 때도 이러한 결말에 대한 분명한 비전이 있다면 결코 요동치 않는 믿음의 행군을 지속할 수 있을 것이다. 오늘 본문은 우리에게 교회와 성도의 최종적 결말에 대한 분명한 비전을 보여준다.

1) 문맥 파악: 15장 1–8절: 대접 심판을 위한 도입

(1) 불로 섞인 유리바다에서 모세의 노래, 어린 양의 노래를 부르다

(ㄱ) 새출애굽 모티브

(ㄴ) 심판은 악의 세력에게 사망 선고이지만 하나님의 백성들에게는 구원 사건이다.

(2) 하나님의 심판의 정당성: 하나님은 거룩하시고 의로우시다(3c절)

(3) 하늘에 있는 증거의 장막 곧 성전이 열리다(5b절): 언약 파기에 의해 심판은 필연적이다– 대접 심판의 불가피성을 제시

2) 구조 나눔

본문은 크게 두 문단으로 나누어진다.

(1) 1-9절: 처음 네 개의 대접 심판-짐승의 추종자와 우주적 대상에 대한 심판

(2) 10-21절: 나머지 세 개의 대접 심판

(ㄱ) 미래 종말적 시점

(ㄴ) 예수님의 재림의 시점에 초점을 맞추다

◆ **본론:**

1) 처음 네 개의 대접 심판: 우주적 대상을 심판(1-9절)

(1) 대접 심판의 명령과 첫번 째 대접의 심판(1-2절)

땅에 대접을 쏟다: 짐승의 표를 가진 자들과 그의 형상에게 숭배하는 자들에게 악하고 독한 종기

(2) 두 번째 대접의 심판(3절)

대접을 바다로 쏟다: 바다가 죽은 자의 피같은 피가 되다

(3) 세 번째 대접의 심판(4절)

대접을 강들과 물의 샘들에 쏟다: 강들과 물의 샘들이 피로 변하다, 하나님께서 의로우신 이유? 합당한 심판 때문에(5-7절)

(4) 네 번째 대접의 심판(8-9절)

대접을 해에 쏟는다: 천체의 변화-심판 받는 자들이 하나님을 비방하고 회개하지 않음=하나님께 영광 돌리지 아니함.

2) 마지막 세 개의 심판(10-21절)

(1) 다섯째 대접의 심판(10-11절):

대접을 짐승의 보좌에 쏟는다: 심판을 받는 자들은 어둠, 통증과 과 종기로 인해 하나님을 비방하며, 회개치 않는다.

(2) 여섯째 대접 심판(12-16절)

대접을 유브라데 강에 쏟는다: 유브라데 강물이 말라 동쪽으로

부터 왕들의 길이 예비되고 세 더러운 영이 성도들과 영적 전쟁을 위해 천하 왕들을 소집한다(12-14절)

깨어서 자기 옷을 지키는 자에게 복이 있다(15절)

세 영이 아마겟돈으로 왕들을 소집한다(16절)—결과는 언급되어 있지 않지만 심판을 받아 멸망

(3) 일곱째 대접의 심판(17-21절)

(ㄱ) 성전 보좌의 음성: "되었다"(17절)—심판의 완성을 통해 구속 계획의 마무리 선언

(ㄴ) 큰 지진으로 바벨론이 세 갈래로 파괴됨, 만국의 성들도 무너짐, 섬과 산악이 사라짐(18-20절)—창조 질서의 파괴를 통한 심판

(ㄷ) 종말적 심판의 패턴: 번개들, 소리들, 우레들, 큰 지진과 한 달란트나 되는 큰 우박의 재앙(21절)

◆ **결론:**

"악은 패하고 정의는 반드시 승리한다"는 이 말이 오늘날 세상에서는 식상해 버린 문구이거나 확고한 진리가 아닌 것처럼 되어 버리고 말았다. 왜냐하면 세상에 불의가 난무하며 사람들이 하나님의 공의에서 떠나 있어 불의가 승리하는 경우가 허다하기 때문이다. 그럼에도 불구하고 이 말은 명백한 진리이다. 왜냐하면 우주와 인류의 역사를 주관하시는 이가 공의의 하나님이시기 때문이다. 하나님을 떠나 죄 가운데 살며 짐승을 따르는 자들에게는 의로운 심판을, 그리고 하나님을 믿음으로 따르는 자들에게는 영원한 유업을 주시는 것을 통해 하나님께서 참되시고 의로우시다는 것을 확인하게 된다. 이러한 종말을 분명하게 통찰할 수 있는 지식과 믿음은 오늘 우리가 어떻게 살아야 하는지에 대한 교훈을 준다.

결론부

바벨론의 심판과 새예루살렘의 영광(17:1-22:5)

결론부

바벨론의 심판과 새예루살렘의 영광(17:1-22:5)

요한계시록 전체 구조를 정리하면 다음과 같다:

1장 1-8절 프롤로그

1장 9절-3장 21절 서론부

4-16장 본론부

17장1절-22장 5절 결론부

22장 6절-21절 에필로그

요한계시록의 결론부는 두 부분으로 나누어지는 "이중적 결론"(dual conclusion)으로 구성된다.[1] 그것은 악의 세력에 대한 최후의 심판을 언급하는 17-20장과 하나님의 백성을 위한 최종적 구원을 진술하는 21장 1절-22장 9절이다. 첫 번째 결론은 바벨론(17:1-19:10)과 두 짐승(19:11-21) 그리고 용(20:1-10)과 용의 추종자들(20:11-15)에 대한 최종적 심판을 다룬다. 본론부인 6-16장에서 세 개의 일곱 심판시리즈를 통해 초림부터 재림까지 기간을 심판의 시대로 규정하고 있는데, 결론부에서는 그 연속선상의 최종적 단계로서 최후 심판에 초점을 맞추어 기록한다. 이것이 결론의 기능이라고 할 수 있다. 반면 두 번째 결론은 새 창조(21:1-5), 새 예루살렘 교회 공동체(21:9-22:5)를 다루고 있다. 이 내용은 본론부인 6-16장에서 언급되는 교회 공동체의 구원이 절정을 이루는 순간을 나타낸다.

이중적 결론에서 중요한 부분은, 첫째 결론에서는 17장 1절에서 19장 10절

1 Bauckham, *The Climax of Prophecy,* 7. 반면 보컴은 이것을 "평행 결론"(parallel conclusion)이라고 호칭하기도 한다(앞의 책). Pilchan Lee, *The New Jerusalem in the Book of Revelation,* 265.

의 바벨론 심판이고, 둘째 결론에서는 21장 9절에서 22장 5절의 새예루살렘의 영광이다. 요한은 바벨론과 새예루살렘이라는 두 도시를 의인화해서 의도적으로 대조시킨다. 이 대조되는 내용을 다음과 같이 정리해 볼 수 있다.[2]

주제	바벨론	새예루살렘
신분	큰 음녀(17:1)	신부, 어린 양의 아내(21:9)
화려함(splendor)	나라들을 착취하여 획득(17:4; 18:12-13, 16)	하나님의 영광(21:11-21)
땅의 왕들	바벨론은 땅의 왕들을 지배(17:18)	땅의 왕들은 그들의 영광을 새예루살렘으로 가져 온다=하나님께 대한 예배(21:24b)
	바벨론의 부요는 땅의 왕들로부터 탈취 (18:12-17)	땅의 왕들은 나라들의 영광과 존귀를 새예루살렘으로 가지고 들어온다(21:26)
나라들과의 관계	바벨론은 나라들을 더럽히고 거짓으로 기만(17:2; 18:3, 23; 19:2)	나라들은 하나님의 영광인 어린양의 신부의 빛을 통하여 걷는다(21:24a)
	바벨론은 나라들을 취하게 하다 (14:8; 17:2; 18:3)	생명의 물의 강과 나라들의 치료를 위한 생명 나무의 잎사귀 (21:6; 22:1-2)
도덕적 상태	가증과 불결과 기만(17:4-5; 18:23)	부정한 것, 가증한 것들과 거짓을 행하는 자는 배제됨(21:27a)
생명? 죽음?	살육의 피(17:6; 18:24)	생명과 치료
하나님 백성의 거취	바벨론으로부터 나오도록 요청 받음(18:4)	새예루살렘으로 들어가도록 요청 받음(22:14c; 참조 22:17)

이 내용을 보면 바벨론과 새예루살렘 사이에 "평행과 대조"를 이루는 내용이 풍성하다는 것을 알 수 있다.[3] 이렇게 "대조와 평행"이 동시에 공존하는 구조를 대조적 평행 관계라고 할 수 있다.

이러한 대조적 평행관계를 더욱 강화 시켜 주는 것은 각각의 서론과 결론 부분이 대조적 평행관계를 이루고 있다는 점이다. 다음 도표는 이러한 관계를 잘 보여주고 있다.[4]

---

2 Bauckham, *The Theology of Revelation*, 131-32.

3 앞의 책, 131.

4 Bauckham, *The Climax of Prophecy*, 4. 보쿰은 요한계시록의 구조를 파악하기 위해 많은 시도가 있었지만 이러한 구조의 특징을 발견하지 못했다는 사실을 매우 경이롭게 생각한다(앞의 책).

	바벨론(17:1–19:10)		새 예루살렘(21:9–22:5)	
서론	17:1–3		21:9–10	
	1절	그리고 일곱 대접을 가진 일곱 천사들 중 하나가 왔다(ἦλθεν, 엘덴). 그 때 그가 나와 함께 다음과 같이 말했다: 오라, 내가 너에게 큰 음녀의 심판을 보여줄 것이다(δείξω, 데익크소) …	9절	그리고 일곱 대접을 가진 일곱 천사 중 하나가 왔다(ἦλθεν, 엘덴). 그리고 나와 함께 다음과 같이 말했다: 오라, 내가 너에게 신부 곧 어린 양의 아내를 보여줄 것이다(δείξω, 데익크소)
	3a절	그리고 그(천사)는 나를 성령 안에서(ἐν πνεύματι, 엔 프뉴마티) 광야로 데리고 갔다(ἀπήνεγκέν, 아페네그켄).	10절	그리고 그(천사)는 나를 성령 안에서(ἐν πνεύματι, 엔프투마티) 크고 높은 산으로 데리고 갔다(ἀπήνεγκέν, 아페네그켄)
본론	19:9–10		22:6–9	
	9c절	μακάριος (마카리오스, 복있다)	7b절	μακάριος (복있다)
	9a절	그가 나에게 말하다	6b절	그(천사)는 나에게 말했다
	9d절	이것들은 하나님의 참된 말씀들이다		이 말씀들은 신실하고 참되다
	10a절	그리고 나는 그에게 경배하기 위해 그의 발 앞에 엎드렸다	8c절	나는 천사의 발 앞에 경배하기 위해 엎드렸다.
	10b절	그리고 그는 나에게 말한다:	9a절	그리고 그는 나에게 말한다:
		조심하라. 그렇게하지 말라(ὅρα μή, 호라 메)		조심하라. 그렇게 하지 말라(ὅρα μή, 호라 메)
	10d절	나는 너와 너의 형제들의 동료종이다	9c절	나는 너와 너의 형제들의 동료종이다 …
		하나님께 경배하라…		하나님께 경배하라

이 도표에서 바벨론과 새예루살렘의 서론과 결론 부분이 평행 관계를 보여주고 있음이 명백하다. 이러한 관계에 근거해 17–22장은 바벨론과 새예루살렘이라는 두 주제를 중심으로 두 개의 결론을 구성하고 있음을 알고 읽을 필요가 있다. 이런 대조적 평행 관계에 의거해, 보쿰은 요한이 역사의 마지막에 하늘로부터 내려오는 새예루살렘을 땅에서 타락한 바벨론에 대한 "대안적 도시"(alternative city)로 간주한다고 말한다.[5)]

이 두 주제 외에 보조적인 내용이 덧붙여진다. 바벨론 심판의 경우는 19장

5 Bauckham, *The Theology of Revelation*, 129.

11-21절에서 두 짐승과, 20장 1-10절에서 용, 그리고 20장 11-15절에서 용의 추종자들에 대한 심판을 포함하고, 새예루살렘의 영광의 경우는 21장 1-5절의 새창조라는 주제를 포함한다.

결론부 1

악의 세력, 그 심판과 멸망(17-20장)

여기에서는 요한계시록 결론부의 두번째 부분인 17-20장에 집중해서 다루려고 한다. 이 부분은 악의 세력의 심판과 멸망의 내용을 소개하고 있다. 이것을 좀 더 세분화 시키면 바벨론의 심판과 멸망(17:1-19:10), 두 짐승의 심판과 멸망(19:11-21), 용에 대한 심판과 멸망(20:1-10) 그리고 용을 좇았던 자들에 대한 최후의 심판(20:11-15)을 포함한다. 이러한 내용은 16장 12-21절의 여섯 번째와 일곱 번째 대접 심판에서 언급되었던 아마겟돈 전쟁에서의 용/두 짐승의 운명(16:12-16)과 바벨론의 심판과 멸망(16:17-21)과 역행적으로 평행적 관계를 가진다.[6]

그러므로 A(용에 대한 심판과 멸망, 16:12-16)-B(두 짐승에 대한 심판과 멸망, 16:12-16)-C(바벨론에 대한 심판과 멸망, 16:17-21)--C′(바벨론에 대한 심판과 멸망, 17:1-19:10)-B′(두 짐승에 대한 멸망과 심판, 19:11-21)-A′(용에 대한 심판과 멸망, 20:1-10)이라는 구조가 성립될 수 있다. 곧 종말적 심판을 소개하는 ABC는 C′B′A′에서 좀 더 자세하게 설명되고 해석되면서 그 의미가 분명하게 밝혀진다. 이것을 다음과 같은 도표로 정리해 볼 수 있다.

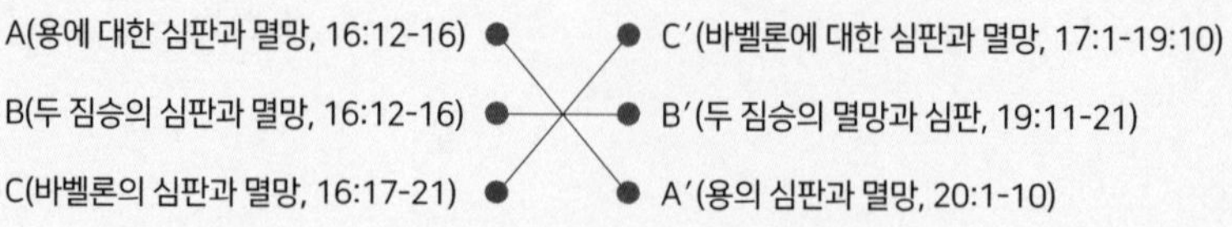

6 비즐리-머레이는 17장 1절-19장 10절이 일곱 번째 대접 심판인 16장 17-21절을 "확장하고(expand) 그리고 "설명한다"고 하지만(Beasley-Murray, *The Book of Revelation*, 248), 아쉽게도 여섯 번째 대접 심판의 아마겟돈에서 용과 두 짐승에 대한 심판을 19장 11-21절과 분명하게 관련시키지는 못했다(위의 책, 277).

특별히 C와 C′의 관계는 좀 더 분명하다. 레디쉬는 컴퓨터의 전문 용어를 이용해서 이 두 본문의 관계를 다음과 같이 설명한다: "17:1-19:10은 독자들에게 16:17-21의 내용을 더 상세하게 제공하기 위해서 열 수 있는 '창'(window)의 기능 곧 '하이퍼텍스트'(hypertext)의 기능을 한다."[7] 여기에서 "하이퍼텍스트" 기능이란 쉽게 말하면 C(16:17-21) 위에 마우스 커서를 올려 놓고 클릭하면 C′(17:1-19:10)로 화면이 전환되면서 더욱 상세한 설명이 제공되는 것과 같은 '전자 매뉴얼'의 기능을 말한다. 특별히 ABC와 C′B′A′사이의 평행 관계는 17:1에서 "일곱 대접을 가진 천사"에 대한 언급으로 시작하는 것으로 더욱 잘 증명된다.

여기에서 바벨론과 두 짐승은 당시 저자 요한의 눈에 비친 교회 공동체를 대적하는 악의 세력의 판도를 묘사하기 위해 동원된 상징적 이미지이다. 먼저 바벨론은 로마 제국을 상징한다. 특별히 성전이 파괴된 AD 70년 이후의 유대 묵시문학가들은 로마 제국을 바벨론으로 묘사하기를 좋아하였다(바룩 2서 10:2-3; 11:1; 22:1; 67:7; 79:1; 시빌의 신탁 5:143, 159; 에즈라 4서 3:1-2; 29-31; 16:1; 바룩 3서 1:1).[8] 왜 그들은 로마 제국을 바벨론이라고 칭하고자 했을까? 성전 파괴 후에 유대 사회는 자신들의 정체성 자체가 흔들리는 엄청난 격동의 시기를 겪게 된다. 이런 국난을 극복하고자 일어난 대표적 운동이 두 가지가 있는데 첫째로, 야브네 운동(Yavnean movement)이고[9] 둘째로, 바르 코크바 저항 운동(Bar Kokhba revolt)이다.[10] 이 두 운동은 모두 유대 공동체의 정체성 회복 운동이라고 할 수 있다. 이런 사회적 격동기에 유대인들은 성전 파괴 사건에 대한 역사적 해석을 시도한다. 로마 제국을 바벨론이라고 칭한 것은 그런 역사에 대한 해석의 결과이다. 그것은 바로 바벨론에 의한 솔로몬 성전 파괴와 같은 선상에서 로마 제국에 의한 헤롯 성전 파괴 사건을 바라 보고 있는 것이라고 할 수 있다. 달리 표현하면 로마제국을 바벨론이라 부르면서 유대인들은 바벨론 시대와 로마시대의 사건적 공통성을 연결시키고 그들의 정황을 바벨론 시대의 정황에 옮겨 놓고 있었다 더 나아가서 성전을 파괴한 로마 제국이 바벨론 제국처럼 동일하게 세계를 제패하여 정치적으로나 문화적으로 그리고 무엇보다도 경제적으로 영향

7 Reddish, *Revelation*, 32.

8 Koester, *Revelation*, 675.

9 P. Lee, *The New Jerusalem in the Book of Revelation: A Study of Revelation 21-22 in the Light of Its Background in Jewish Tradition*, WUNT 2. 129 (Tübingen: Mohr Siebeck, 2001), 206-15.

10 앞의 책, 216-20.

력을 갖는 제국주의적 이데올로기를 구가하고 있었다는 점이 로마 제국을 바벨론으로 표현하는 동기가 되었다고 볼 수 있다.

첫째 짐승은 네로 황제를 모델로 묘사되며, 둘째 짐승은 로마 황제 숭배를 촉진하는 로마 황제 종교의 제사장의 이미지로 묘사된다.[11] 그리고 이 세력을 배후에서 조종하는 장본인이 바로 "용"으로 상징되는 사탄이다. 이러한 구도를 다음과 같이 그림으로 표시 할 수 있다.

이러한 구도는 1세기 말에 살았던 요한의 눈에 비친 악의 세력에 대한 모습이다. 그러나 이 구도가 요한의 시대의 구체적인 특징을 가지고 있지만, 그것이 미래적 종말로서 재림의 정황을 묘사하는 데에 사용되고 있다는 점에 주목할 필요가 있다. 이 구도를 통해 요한은 자신의 시대의 정황을 모델로 미래적 종말의 최종 상태를 가늠해 보려고 시도한다. 이처럼 요한은 자신의 시대를 뛰어 넘는 지점을 내다 보고 있다. 그래서 다음 쉬크(Schick)의 글은 생각해 볼 만한 가치가 있다.[12]

> 요한계시록에서 거의 항상 그러는 것처럼 상징은 독특한 역사적 상황 그 이상에 도달하고 모든 세대 동안 유용한 표준이 된다. 역사는 스스로 반복하지 않는다. 독특한 환경에서 발생한 독특한 사건을 다루는 것이 정확하게 역사의 본질이다. 그러나 모든 구체적인 독특성에도 불구하고, 또 다른 좀 더 근본적인 차원에서, 비슷한 어떤 것이 매번 발생할 수 있다.

요한은 구약이든 유대 묵시문헌이든 자신이 접할 수 있는 자료의 최대치를 동원하여 자신이 처해있는 AD 1세기의 환경에서 미래적 종말에 일어날 악의 세력에 대한 최종적 심판을 묘사하는 데 최선을 다한다. 쉬크의 글에서 언급하

11 이런 내용에 대한 자세한 논의는 13장을 참고 하라.
12 E. Schick, *The Revelation of St. John,* New Testament for Spiritual Reading (New York: Herder and Herder, 1971), 2:58 (Mounce, *The Book of Revelation,* 321, 각주 69에서 재인용).

듯이, 역사는 그 어떤 것으로도 대신할 수 없는 그 나름의 독특함을 갖는다. 따라서 요한의 미래적 종말에 일어날 최종적 심판의 기록은 그의 시대의 독특함을 벗어나지 않는다. 그럼에도 불구하고 요한은 그러한 내용이 문자 그대로 이루어질 것이라 기대한 것은 아니다.[13] 도리어 그 지경을 넘어서 그 모델이 최종의 순간에 동일하지는 않지만 유사한 형태로 발생할 것을 기대하며 이것을 "독특한 역사적 상황 그 이상에 도달하고 모든 세대 동안 유용한 표준"[14]이 되는 상징적 표현 방식을 통해 기록한다고 볼 수 있다. 그러므로 현대 독자들은 17-18장의 바벨론 멸망 사건을 읽을 때 1세기의 관점에서 접근할 뿐만 아니라 그것이 어떻게 미래적 종말의 정황에 적용할 수 있는지에 대해서도 면밀하게 관찰할 필요가 있다.

여기에서 바벨론에 대한 심판 사건의 구속사적 의미에 대한 간단한 이해가 필요하다. 곧 결론부의 중심 부분이라 할 수 있는 바벨론 멸망에 대한 언급은 이사야 47장에서 바벨론에게 주어지는 종말적 심판의 궁극적 성취에 대한 개념을 의식하고 있다.[15] 이것은 요한이 바벨론을 악의 세력으로서 로마 제국에 대한 상징적 표현으로 사용하고 있을 뿐만 아니라, 구약의 종말적 심판의 궁극적 성취로 보고 있다는 것을 의미한다. 이것은 이 당시에 많은 유대인들이 바벨론 포로 상태에 있다고 여기고 있었다는 사실과 관련된다. 이 문제에 관해 라이트(Wright)는 다음과 같이 서술한다.[16]

> 이 시대의 대부분의 유대인들은 '우리는 어디에 있는가?'라는 질문에 다음과 같은 매우 간단한 말로 답변했을 것이다: 우리는 여전히 바벨론 포로 가운데 있다. 그들은 이스라엘의 포로가 여전히 진행 중이라고 믿었다… 이스라엘이 바벨론으로부터 돌아 왔지만 포로 전 선지자들의 영광스러운 메시지는 성취되지 않은 채 남아 있었다. 이스라엘은 여전히 외지인들에게 노예의 상태로 있게 된 것이다. 설상가상으로 이스라엘의 하나님은 시온으로 돌아 오지 않았던 것이다.

저자 요한은 그러한 유대인들에게 바벨론으로부터 진정한 해방은 오직 그리스도 안에서 주어진다는 사실을 선포함으써 여전히 스스로 언약 백성이라고

---

13 실제로 역사에서는 17-18장에서 기록되고 있는 대로 일어나고 있는 것이 아니라는 것이 사실이다.

14 Schick, *The Revelation of St. John*, 2:58.

15 Beale, *The Book of Revelation*, 902-904.

16 N. T. Wright, *The New Testament and the People of God*, Christian Origins and the Question of God 1 (Minneapolis: Fortress, 1992), 268-69.

생각하는 유대인들이 겪고 있는 시대적 민족적 딜레마에 매우 획기적인 기독론적 대안을 제시하고 있다.

그렇다면 바벨론 포로로부터의 진정한 해방은 무엇을 가져 오는가? 이 질문에 답하기 위해 먼저 고려해야 할 것은 이사야에서 바벨론은 이스라엘을 심판하는 도구로서 역할한다는 점이다. 이스라엘은 바벨론에 의해 성전이 파괴되고 함께 멸망당함으로써 가나안에서 누렸던 에덴 회복의 축복을 상실한다. 그렇다면 바벨론 포로 해방의 의미는 자명하다. 이 질문에 대한 해답은 이사야 65장 17-25절에서 찾아 볼 수 있다. 이 본문에서 이사야는 바벨론으로부터의 해방을 통해 새창조 곧 에덴 회복이라는 종말적 사건을 내다보고 있다. 이러한 패턴은 요한계시록에서도 동일하게 나타난다. 즉, 요한계시록 17-20장이 바벨론과 그와 함께 하는 악의 세력에 대한 심판을 기록한 후에 21장에서 새창조의 도래를 기록한다.

다음 도표에서 이사야 65장 본문과 요한계시록 21장 본문의 유사성을 발견할 수 있다.[17]

21:1-2	사 65:17-18
1)그리고 나는 새 하늘과 새 땅을 보았다. 이는 처음 하늘과 처음 땅이 없어졌기 때문이다. 그리고 바다는 더 이상 존재하지 않는다. 2) 그리고 나는 거룩한 도시 새예루살렘이 하늘로부터 내려오는 것을 보았다…	17)보라 내가 새 하늘과 새 땅을 창조하나니 이전 것은 기억되거나 마음에 생각나지 아니할 것이라 18) 너희는 내가 창조하는 것으로 말미암아 영원히 기뻐하며 즐거워할지니라 보라 내가 예루살렘을 즐거운 성으로 창조하며 그 백성을 기쁨으로 삼고

이 도표에서 드러난 두 본문 사이의 유사성은 이사야 본문에 대한 저자 요한의 의존성을 엿보게 한다. 저자 요한은 바로 이런 이사야의 종말적 전망에 영향을 받아 17-20장에서 바벨론을 비롯한 악의 세력의 멸망 후에 21장 1-8절에서 새하늘과 새 땅의 도래를 소개하고 있는 것이다.

결국 바벨론에 대한 심판은 이사야에서 약속한 대로 새 창조 곧 에덴 회복 완성의 희망을 보게 한다. 이러한 프레임은 실제로 역사적으로 일어난 출애굽 사건에도 적용할 수 있다. 이스라엘 백성은 출애굽 한 후에 광야를 거쳐 가나

17 Lee, *The New Jerusalem in the Book of Revelation*, 18, 268, 272.

안 땅에 도달하게 되는데 이 때 가나안 땅은 에덴 회복의 전형으로서 새하늘과 새 땅의 모델이다. 여기에서 애굽으로부터 해방과 바벨론으로부터의 해방은 새창조 곧 에덴 회복을 목적으로 한다는 점에서 서로 평행적 관계를 갖는다. 이런 점에서 바벨론으로부터의 해방을 새출애굽 혹은 제 2의 출애굽이라고 부르기도 한다. 따라서 요한계시록 17-20장의 바벨론에 대한 심판은 이러한 구속사적 배경에서 하나님의 백성의 해방과 새 하늘과 새 땅 곧 에덴 회복 완성의 관점으로 접근하는 것이 필요하다.

17-20장은 하나의 문맥이지만 매우 긴 내용이므로 작은 단락으로 나누고자 한다. 17장의 바벨론에 대한 일반적인 소개와 18장 1절-19장 10절의 바벨론의 심판과 멸망 그리고 19장 11절-20장 15절의 두 짐승과 용 그리고 그 추종자들에 대한 최후의 심판에 관한 내용으로 분류하여 설명하고자 한다.

I. 바벨론에 대한 심판(17:1–19:10)

결론부의 첫번째 부분은 17장 1절–19장 10절이다. 이 본문은 서론 부분(17:1-3)과 결론 부분(19:9-10)을 가지고 전개되는 하나의 통일된 문맥을 이룬다.[18] 17장은 바벨론과 짐승 중심으로 전개된다. 여기에서 바벨론은 짐승에 의해 멸망당한다. 18장은 바벨론 멸망의 구체적인 모습을 소개한다. 마지막으로 19 장 1–10절에서는 바벨론 멸망의 결과로서 이어지는 찬양이 기록된다. 이와 같이 음녀 바벨론에 대해 기록하는 17장 1절–19장 10절은 첫 번째 결론의 중심으로서 두 번째 결론 부분인 어린 양의 신부 새 예루살렘을 기록하는 21장 9–22장 5절과 대조를 이룬다.

1. 바벨론과 짐승/열왕들에 대한 소개와 심판(17장)

17장은 크게 세 부분으로 나뉘어 진다. 17장 1–6a절의 음녀 바벨론에 대한 환상과 17장 6b–15절의 환상에 대한 천사의 해석 그리고 17:16–18의 음녀 바벨론의 멸망에 대한 묘사로 구성되어 있다.

1)음녀 바벨론에 대한 환상(17:1-6)

구문 분석및 번역

1절 a) Καὶ ἦλθεν εἷς ἐκ τῶν ἑπτὰ ἀγγέλων τῶν ἐχόντων τὰς ἑπτὰ φιάλας
그리고 일곱 대접을 가진 일곱 천사들 중 하나가 왔다.

b) καὶ ἐλάλησεν μετ' ἐμοῦ λέγων
그리고 그가 나와 함께 다음과 같이 말했다.

c) δεῦρο, δείξω σοι τὸ κρίμα τῆς πόρνης τῆς μεγάλης
오라, 내가 너에게 큰 음녀의 심판을 보여줄 것이다.

d) τῆς καθημένης ἐπὶ ὑδάτων πολλῶν,
많은 물 위에 앉아 있는

18 Beasley-Murray, *The Book of Revelation*, 248; Thomas, *Revelation 8-22*, 279.

2절 a) μεθ’ ἧς ἐπόρνευσαν οἱ βασιλεῖς τῆς γῆς
땅의 왕들이 그녀와 함께 행음했던
b) καὶ ἐμεθύσθησαν οἱ κατοικοῦντες τὴν γῆν ἐκ τοῦ οἴνου τῆς πορνείας αὐτῆς.
그리고 땅을 거주지로 삼은 자들이 그녀의 음행의 포도주로 말미암아 취했던

3절 a) καὶ ἀπήνεγκέν με εἰς ἔρημον ἐν πνεύματι.
그리고 그(천사)는 나를 성령 안에서 광야로 데리고 갔다.
b) Καὶ εἶδον γυναῖκα καθημένην ἐπὶ θηρίον κόκκινον,
그리고 나는 붉은 짐승 위에 앉아 있는 여자를 보았다.
c) γέμον[τα] ὀνόματα βλασφημίας,
신성모독의 이름들로 가득찬
d) ἔχων κεφαλὰς ἑπτὰ καὶ κέρατα δέκα.
그 짐승은 일곱 머리와 열 뿔을 가지고 있다.

4절 a) καὶ ἡ γυνὴ ἦν περιβεβλημένη πορφυροῦν καὶ κόκκινον
그리고 그 여자는 자주색 옷과 붉은 색 옷이 입혀졌고
b) καὶ κεχρυσωμένη χρυσίῳ καὶ λίθῳ τιμίῳ καὶ μαργαρίταις,
그리고 금과 보석과 진주들로 장식되었다.
c) ἔχουσα ποτήριον χρυσοῦν ἐν τῇ χειρὶ αὐτῆς
그녀는 그녀의 손 안에 금잔을 가지고 있었다.
d) γέμον βδελυγμάτων καὶ τὰ ἀκάθαρτα τῆς πορνείας αὐτῆς
가증한 것들과 그녀의 음행의 더러운 것들로 가득찬

5절 a) καὶ ἐπὶ τὸ μέτωπον αὐτῆς ὄνομα γεγραμμένον, μυστήριον,
그리고 그녀의 이마 위에 비밀인 이름이 기록되어졌다:
b) Βαβυλὼν ἡ μεγάλη, ἡ μήτηρ τῶν πορνῶν καὶ τῶν βδελυγμάτων τῆς γῆς.
큰 바벨론, 음녀들과 땅의 가증한 것들의 어머니.

6절 a) καὶ εἶδον τὴν γυναῖκα μεθύουσαν
그리고 나는 그 여자가 취한 것을 보았다.
b) ἐκ τοῦ αἵματος τῶν ἁγίων καὶ ἐκ τοῦ αἵματος τῶν μαρτύρων Ἰησοῦ.
성도들의 피로 말미암아 그리고 예수의 증인들의 피로 말미암아
c) Καὶ ἐθαύμασα ἰδὼν αὐτὴν θαῦμα μέγα.
그리고 나는 그녀를 보고 매우 크게 놀랐다.

2a절은 전치사 '메타'(μεθ', 메드>μετά, 메타)와 함께 관계대명사 '헤스'(ἧς)로 시작한다. 이 관계대명사의 선행사는 1c절의 '큰 음녀'(τῆς πόρνης τῆς μεγάλης, 테스 포르네스 테스 메갈레스)라고 할 수 있다. 이것을 반영하여 우리말로 번역하면 "땅의 왕들이 함께 행음했던 큰 음녀"이다. 그리고 2b절에서 '호이 카토이쿤테스 텐

겐'(οἱ κατοικοῦντες τὴν γῆν)이라는 문구는 13장 8절에서 '호이 카토이쿤테스 에피 테스 게스'(οἱ κατοικοῦντες ἐπὶ τῆς γῆς)와 비교하면 전치사 '에피'(ἐπί)가 생략되고 '게스'(γῆς) 대신 목적격 '겐'(γῆν)이 사용된다. 따라서 2b절의 문구를 단순히 13장 8절처럼 "땅에 사는 자들"이라고 번역하는 것은 적절하지 않아 보인다. 이 때 '카토이쿤테스'의 동사형태인 '카토이케오'(κατοικέω)는 BDAG의 사전적 의미 중에 "어떤 것을 거주지가 되게 하다"라는 의미를 적용해 볼 수 있다.[19] 이러한 의미를 반영하여 번역하면 "땅을 거주지로 삼은 자들"이라고 할 수 있다.[20]

그리고 2a절의 '에포르뉴산'(ἐπόρνευσαν>πορνεύω, 포르뉴오)와 2b절의 '포르네이아스'(πορνείας> πορνεία, 포르네이아)는 각각 어근이 동일한 동사 형태와 명사 형태이다. 동사의 경우는 우리말의 어감상 "음행하다" 보다는 "행음하다'가 자연스럽고 명사의 경우는 "행음"보다는 "음행"이 자연스럽다. 행음이나 음행이나 동일한 의미이지만 순전히 자연스런 어감에 의해 동사와 명사의 번역을 달리하도록 한다.

2b절은 2a절과 연결되는 문장인데 형태상으로는 관계 대명사로 이어지는 종속절이 아니라 독립된 문장으로 존재한다. 이러한 형태는 1장 6절의 경우와 유사하다. 1장 5e절은 분사의 명사적 용법의 '여격'으로서 "…우리를 해방시키신 분에게"라고 되어 있는 반면, 곧 이어지는 1장 6a절은 직설법 형태의 문장이 서술문으로 사용되고 1장 6절에서 다시 1장 5e절과 동격의 여격 인칭대명사 '아우토'(αὐτῷ) 가 사용된다. 이러한 문장의 구조에 대해 찰스는 "삽입"이나 "불규칙성"이 아니라 "순수한 히브리적 사고"에 의한 "숙어적" 표현이라고 주장한다.[21] 이러한 패턴을 2b절에도 적용할 수 있다. 이러한 패턴을 적용하면 2b절이 독립절이지만 2a절의 관계대명사절에 속해 있는 것처럼 번역해야 할 것이다.

그리고 2b절에서 "음행의 포도주"와 함께 사용된 전치사 '에크'(ἐκ)의 용법 중에 "수단"(means)의 용법이 있는데[22] 이 용법이 이 문구를 번역하는데 가장 자연스럽다고 볼 수 있다. 이 용법을 적용하여 번역하면 "그녀의 음행의 포도

19 BDAG, 534(2).

20 영어 번역본은 13장 8절에서 전치사 '에피'가 사용된 경우와 구별 없이 "땅의 거주자들"(inhabitants of the earth; NRSV; ESV; NKJV)로 번역한다. 그러나 "땅의"가 원문에는 소유격이 아니므로 이렇게 번역하는 것은 의역에 가깝다고 할 수 있다.

21 Charles, *A Critical and Exegetical Commentary on the Revelation of St. John*, 1:14-15.

22 Wallace, *Greek Grammar beyond the Basics*, 372.

주로 말미암아"가 된다.

3c절의 **γέμον[τα]**(게몬[타]>γέμω, 게모)는 소유격 지배 동사로서 목적어를 소유격으로 사용한다. 이런 경우는 요한계시록의 다른 곳에서도 나타난다. 곧 요한계시록 4장 6절, 8절, 5장 8절, 15장 7절, 17장 4d절, 21장 9절에서 그 동사는 목적어를 소유격으로 취한다.[23] 이는 "충만함"(fullness)과 "채움"(filling)이라는 의미의 동사는 소유격을 지배하기 때문이다(롬 15:3; 행 5:28).[24] 그러나 3c절에서 이 동사는 목적격 명사인 '오노마타'(ὀνόματα)를 취한다. 이것은 "불규칙적인"(irregular) 것이라고 할 수 있다.[25] 4d절에서는 동일한 동사가 소유격 명사(βδελυγμάτων)와 목적격 명사(τὰ ἀκάθαρτα)를 동시에 취한다. 이것은 불규칙적으로 문법 파괴를 일으키면서 목적격과 소유격을 호환적으로 사용한다는 것을 알 수 있다. 따라서 목적격을 소유격으로 간주하여 번역한다.

3c절의 '게몬[타]'(γέμον[τα])에서 괄호를 사용한 것은 중성 목적격의 '게몬'(γέμον; ℵ² 046. 051. 1006. 1611. 1841. 1854. 2030. 2344 𝔐)과 남성 목적격의 '게몬타'(γέμοντα; ℵ* A P 2053. 2062. 2329) 사이에 사본적 다툼에 있어서 양쪽이 팽팽하기 때문에 하나를 선택하지 못한 결과로 보인다. 그러나 내적 증거로서 전자의 중성인 게몬(γέμον)은 선행사인 3b절의 '데리온'(θηρίον)에 성(gender)을 맞추어 수정된 것으로 볼 수 있기 때문에 그 신빙성이 낮으며[26] 반면 남성 목적격인 '게몬타'가 좀 더 어려운 문장이므로 사본의 신빙성이 더 크다 할 수 있다.[27] 그렇다면 왜 '데리온'과 성과 수가 일치되는 '게몬'이 아니라 남성을 나타내는 '게몬타'를 취하고 있는 것일까? 이것은 바로 "**constructio ad sensum**" (헬라어로는 constructio kata synesin)의 대표적인 실례라고 할 수 있다.[28] 이것은 "어떤 단어가 규칙적으로 일치해야 하는 단어와 다른 성(gender) 혹은 수(number)를 취하는 문법적 구조"라고 할 수 있다.[29]

---

23 Swete, *The Apocalypse of St. John*, 212; Charles, *A Critical and Exegetical Commentary on the Revelation of St. John*, 2:64.

24 G. B. Winer, *A Treatise on the Grammar of New Testament Greek: Regarded as a Sure Basis for New Testament Exegesis*, 3d ed. (Edinburgh: T & T Clark, 1882), 251.

25 Beckwith, *The Apocalypse of John, 693.* 윈터(Winter)는 이것을 "문법파괴"(solecistic)로 간주한다 (Winer, *A Treatise on the Grammar of New Testament Greek,* 251).

26 Swete, *The Apocalypse of St. John*, 212.

27 대부분의 주석(Charles; Swete, Beckwith; Thomas)에서 이 남성 목적격을 사용한다.

28 Beckwith, *The Apocalypse of John,* 693. 우리말로 번역하기가 어려워서 원문을 그냥 사용한다.

29 Wikipedia

그렇다면 왜 이러한 문법적 구조를 사용하는 것일까? 뮤지스는 이런 문제와 관련하여 어떤 패턴을 관찰한다. 곧 요한계시록에서 "남성의 인물을 상징하는 '아크리스'(ἀκρίς, 메뚜기), '아르니온'(ἀρνίον, 어린 양), '데리온'(θηρίον, 짐승), '케라스'(κέρας, 뿔), '뤼크니아'(λυχνία, 촛대) 그리고 '프뉴마'(πνεῦμα, 영)와 같은 중성과 여성 단어들"은 "남성 형용사" 혹은 "남성 분사(masculine participles) 혹은 "남성 대명사"(masculine pronoun)를 동반할 수도 있다는 것이다(5:12; 11:4; 5:6; 9:5; 13:8, 14; 17:3, 11, 16).[30] 이것은 중성 명사가 남성성을 가지고 있으므로 그것과 관련된 수식어를 남성으로 사용하게 된다는 원리이다. 이러한 원리를 요한계시록 본문에 적용하면, 짐승이 비록 중성 명사이지만 그 짐승이 상징하는 네로에 의해 대표되는 로마 제국의 황제는 남성이기 때문에 그것을 이어 수식하는 분사를 남성으로 표현하고 있는 것이다.

3d절의 '에콘'(ἔχων>ἔχω, 에코, 가지다)도 같은 원칙을 적용할 수 있다. 이 단어도 남성 분사의 형태이다. 이 분사를 남성으로 사용한 것은 '게몬타'의 경우처럼 이 분사의 선행사인 '데리온'(짐승)이 상징하는 네로 황제를 대표로 하는 로마 제국의 황제가 남성이라는 사실과 관련된다.[31] 그런데 '에콘'은 또한 분사로서 목적격인 '게몬타'와는 달리 주격으로 사용된다. 여기에서 '게몬타'는 목적격으로 사용되어 격의 일치를 보여주는 3b절의 '데리온'(θηρίον, 짐승)을 수식하는 관계이다. 그렇다면 동일하게 '데리온'을 수식하는 '에콘'도 목적격이어야 함에도 불구하고 주격으로 사용된다. 이런 문제 때문에 이 단어도 사본적 다툼이 있다.[32] 시내산 사본 등(א P 2053^com 2062^com)에서는 남성 목적격의 '에콘타'(εχοντα, ἔχω)라고 하는데 중성 목적격의 '에콘'(εχον)으로 표기하는 사본들(046. 051. 1611. 1841 등)도 있다. 그러나 이러한 사본적 논란은 요한계시록이 가지고 있는 구문론적 특징을 이해할 때 쉽게 해결될수 있다. 먼저 '에콘'은 앞서 언급한 '게몬'의 경우처럼 '데리온'과 성과 격을 일치시키기 위해 수정한 흔적이 있으므로 내적 증거에서 신빙성이 낮은 것으로 판단된다. 그렇다면 남성 목적격인 '에콘타'가 유력한데 본문에서는 남성 주격인 '에콘'을 사용한다. 이 문제는 다

30 Mussies, *The Morphology of Koine Greek*, 138.

31 비일 역시 이러한 주장에 동의한다(Beale, *The Book of Revelation*, 853). 그리고 비일은 이러한 문법적 현상을 "constructio ad sensum"으로 규정한다(앞의 책). 이것은 헬라어로는 *constructio kata synesin* 로서 "한 단어가 규칙적으로 일치해야 하는 단어와 다른 성(gender) 혹은 수(number)를 취하는 문법적 구조"라고 할 수 있다().

32 비일도 이러한 사본적 다툼의 쟁점을 인식하고 있다(Beale, *The Book of Revelation*, 853-54).

니엘서 배경을 통해 그 실마리를 찾을 수 있다.

이 '에콘'은 "열 뿔"과 함께 70인역의 다니엘 7장 7절의 θηρίον … εἶχε … κέρατα δέκα (데리온 … 에이케 … 케라타 데카; 짐승이 열뿔을 가지고 있다)를 배경으로 한다.[33] 이 본문에서 '에이케'(εἶχε)는 '에코'(ἔχω)의 직설법 미완료 시제 동사이다. 요한계시록 본문에서 주격 분사인 '에콘'(ἔχων)을 사용하고 있는 것은 바로 이 문장에서 직설법 미완료 동사인 '에이케'(εἶχε)를 반영하려는 시도라고 생각할 수 있다.[34] 이러한 관계로 형용사적으로 사용된 직전의 분사인 '게몬'(가득찬)과는 다르게 '에콘'은 짐승을 주어로 하여 직설법적으로 번역하는 것이 적절하다.

4a절에서 '포르휘룬'(πορφυροῦν)과 콕킨'(κόκκιν)은 형용사로서 각각 "자주색의"와 "붉은색의"라는 의미인데 이 본문에서는 명사적 용법으로 사용된다. 명사적 용법으로서 "자주색 옷"과 "붉은 색 옷"이라고 번역한다. 왜냐하면 이 단어들이 "(옷을) 입다"라는 의미를 가지는 '페리베블레메네'(περιβεβλημένη>περιβάλλω, 페리발로)와 함께 사용되기 때문이다. 또한 이 분사는 수동태 분사로서 'ἦν'(엔>εἰμί, 에이미)과 함께 사용된다. 이러한 결합을 "우언법"이라고 부른다. 우언법은 "수사적으로 좀 더 강한 표현"을 할 때 사용된다(참조 1:18; 3:2).[35] 이런 용법에 의해 이 본문의 내용이 강조되고 있음을 알 수 있다.

여기에 덧붙여서 분사가 완료시제로 사용되고 있다는 점이 이러한 강조의 의도를 더욱 부각시켜 준다. 그러나 우리말 번역으로 이러한 강조의 의미를 드러내는 것이 쉽지 않다. 그러므로 독자들은 이런 강조의 의도를 인식하고 있는 것이 중요하다. 그리고 이 분사는 수동태이기 때문에 목적격으로 사용된 "자주색 옷"과 "붉은 색 옷"을 주어처럼 번역하여 "자주색 옷과 붉은색 옷이 입혀졌다"라고 번역한다.

4b절에서 '케크뤼소메네 크뤼시오'(κεχρυσωμένη χρυσίῳ)라는 문구는 "용어법"(冗語法; pleonasm)으로 사용되고 있다. 용어법이란 "강조나 수사적 효과를 높이기 위하여 논리적으로는 불필요한 말을 덧붙이는 표현 방법"이다.[36] 예를 들면 "보다"에 "나의 눈으로"를 덧붙여서 "나는 그것을 눈으로 보았다"(I saw it

33 Beale, *The Book of Revelation*, 854.
34 앞의 책.
35 BDF §352.
36 온라인 네이버 영어사전.

with my eyes)라는 문장이 이런 용법에 해당된다.[37] 요한계시록 본문에서 그 문구는 완료 수동형이므로 직역하면 "금으로 금장식되다"라고 할 수 있다. 이러한 중복적으로 표현한 것은 강조를 위한 것이지만 그 목적을 번역으로 표현하기가 용이하지 않다. 어색함을 피하기 위해 직역하지 않는 것이 좋을 듯 하다. 따라서 단순히 "금으로 장식되다"로 번역한다. 또한 '케크뤼소메네'는 4a절의 '페리베블레메네'처럼 완료 수동 분사형으로서 'ἦν'(엔>εἰμί, 에이미)과 연결되어 "우언법"적으로 사용됨으로 강조 효과를 가져온다. 그러나 아쉽게도 우리말 번역으로는 이러한 강조의 의미를 드러낼 방법이 없다. 따라서 독자들은 번역으로는 드러나지 않는 이러한 강조의 의도를 인식할 필요가 있다.

4c절의 '에쿠사'(ἔχουσα>ἔχω)를 번역하는 것이 난해하다. 이 단어는 분사형으로서 어떤 용법으로 사용되었는지 결정하기가 쉽지 않기 때문이다. 이 단어를 앞에 사용된 '케크뤼소메네'와 '페리베블레메네'와 동일하게 'ἦν'(엔>εἰμί, 에이미)과 연결되어 "우언법"적으로 사용되었을까? 아니면 이와는 별개로 분사의 용법 중 하나로 사용되었을까? 영어성경 중에서 NRSV, ESV 그리고 NKJV는 이것을 분사의 부사적 용법 중에 "부대상황"적으로 번역을 했고, NIV 만이 "우언법"에 가깝게 "그녀는 그녀의 손안에 금잔을 가지고 있었다"로 번역한다.[38] 우리말로 자연스럽게 번역하기로는 NIV 방식의 번역이 적절하다. 그러므로 여기에서 NIV 번역처럼[39] 우언법적으로 번역 하되 'ἦν'(엔>εἰμί, 에이미)과 분사인 '에쿠사'(ἔχουσα>ἔχω)의 우언법적 결합을 살려내어서 "… 가지고 있었다"라고 번역하기로 한다. 이것은 우언법적 효과에 의해 강조하려는 의도를 가지고 있지만 동시에 현재 시제 분사로서 과거를 돌아보며 환상 상황의 현장성을 좀 더 드러내 주고 있다고 볼 수 있다.

5a절의 번역에서 해결해야 할 문제는 '비밀'(μυστήριον)이란 단어가 5a절에 속하느냐 아니면 5b절에 속하느냐이다. 여기에서 이 단어가 5b절에서 소개된 음녀의 이름의 일부인가 혹은 5a절의 이름과 관련되어 그 이름과 동격으로 사용되거나 그 이름을 수식해 주는 것으로서 이해할 수 있느냐에 따라 번역과

---

37 온라인 Merriam-Webster.

38 원어상으로는 '에코'(ἔχω)라는 단어로서 "가지다"라는 의미가 맞지만 문맥상 "들다"라고 번역하는 것이 자연스러워 보인다.

39 NIV 성경이 우언법을 의식해서 번역했는지는 확인하기가 어렵다. 그러나 결과적으로 우언법적 번역을 따르는 것으로 간주한다.

해석이 달라질 수 있다. 한글개역성경은 이것을 "비밀이라, 큰 바벨론이라, 땅의 음녀들과 가증한 것들의 어미라"라고 번역한 반면(NIV, NKJV, ASV가 이 번역을 따른다), 현대인의 성경은 "큰 바벨론, 곧 땅의 창녀들과 흉측한 것들의 어머니라는 비밀의 이름이 쓰여 있었습니다"라고 번역하고 있다(NRSV, NASB, NLT가 이 번역을 따른다). 전자는 비밀을 이름의 일부에 속한 것으로 본 것이고, 후자는 비밀을 이름의 성격을 규정하는 것으로 본 것이다. 이 둘 중에 어느 것이 옳은가를 결정하는 것은 쉬운 일이 아니다. 그러나 대부분의 학자들은 후자를 지지한다. 블라운트도 후자를 지지하면서 비밀은 "이름의 일부"가 아니라 "이름 그 자체"(the name itself)라고 한다.[40] 이것은 이름과 비밀이 나란히 놓여 있어 동격 관계임을 의미한다. 이 경우에 비밀은 "이름의 의미"와 관련된다.[41] 곧 비밀은 이름의 특징을 설명해 주는 설명적 동격으로 기능한다고 볼 수 있다. 그렇다면 이름과 비밀은 "이름은 비밀이다" 혹은 "그 이름은 비밀스럽다"라고 풀어서 말할 수 있다. 17장 7절에서는 "그 여자의 (그) 비밀을(τὸ μυστήριον)을 네게 말할 것이다"라고 하여 그 이름이 가지고 있는 의미에 대해 설명하고자 한다. 이것은 1장 20a절에서 "일곱 촛대의 비밀은 이것이다"라고 하면서 1장 20bc절에서 그 이름에 대해 설명해 주는 패턴과 유사하다.[42]

따라서 여자의 이마에 기록된 것은 "이름"이지 "비밀"이 아니다. 그러므로 "그녀의 이마에 이름, 비밀이 기록되어져있다"로 번역할 수 없다. 그렇다면 이름과 비밀을 어떻게 자연스럽게 번역할 수 있을까? 설명적 동격 관계를 반영하여 "비밀인 이름"이라고 번역하는 것이 적절하다고 판단된다. 한편 스웨테는 "바벨론 자체는 … 도시에 대한 비밀스런 이름이다"라고 언급하고 있는데 여기에서 "이름"과 "비밀"을 "비밀스런 이름"(mystical name)으로 결합해서 표현한다.[43] 이 표현도 이름의 성격을 비밀스러운 것으로 규정하는 것으로서 "이름"과 "비밀"의 관계를 잘 묘사한 것이라고 볼 수 있다.

그리고 전치사 '에크'(ἐκ)의 용법 중에는 "수단"(means)의 용법이 있는데[44] 이 용법이 6b절을 번역하는데 가장 자연스럽다고 볼 수 있다. 이 경우에 "수

40 Blount, *Revelation*, 315.
41 Koester, *Revelation*, 674.
42 앞의 책.
43 Swete, *The Apocalypse of St. John*, 214.
44 Wallace, *Greek Grammar beyond the Basics*, 372.

단"의 의미를 드러낼 수 있는 우리 말 표현은 여러 가지가 있을 수 있으나 "… 말미암아"를 선택한다. 그리고 6b절에서 이 '에크'(ἐκ) 전치사는 "성도들의 피"와 예수의 증인들의 피"에 모두 사용된다. 이것은 강조 의도가 있다고 할 수 있다. 그러므로 이러한 반복 사용에 대한 저자의 의도를 잘 살려서 "성도들의 피로 말미암아 그리고 예수의 증인들의 피로 말미암아"라고 번역할 수 있다.

6c절에서 "ἐθαύμασα … θαῦμα μέγα"(에다우마사 … 다우마 메가)라는 문장은 "놀라다"(ἐθαύμασα, 에다우마사>θαυμάζω, 다우마조)라는 동사에 목적어인 "놀람"(θαῦμα, 다우마)이란 단어가 같이 사용되는 구조이다. 이것은 4b절의 '케크뤼소메네 크뤼시오'(κεχρυσωμένη χρυσίῳ)처럼 "용어법"(pleonasm)으로 사용된다. 이 용법에 의해 놀라는 정황을 더욱 부각시키려 한다. 여기에서 '아우마'(θαῦμα) 다음에 '메가'(μέγα)라는 단어가 덧붙여져서 강조에 강조를 더해주고 있다. 이러한 효과를 번역을 통해 드러낼 수 있는 방법은 바로 "내가 매우 크게 놀랐다"로 번역하는 것이다.

이상의 내용을 근거로 우리말 어순에 맞추어 번역하면 다음과 같다.

1a 그리고 일곱 대접을 가진 일곱 천사들 중 하나가 왔다.
1b 그 때 그가 나와 함께 다음과 같이 말했다.
1c 오라, 내가 너에게
1d 많은 물 위에 앉아 있는,
2a 땅의 왕들이 (그녀와) 함께 행음했던,
2b 그리고 땅을 거주지로 삼은 자들이 (그녀의) 음행의 포도주로 말미암아 취했던,
1c 큰 음녀의 심판을 보여줄 것이다.
3a 그리고 그(천사)는 나를 성령 안에서 광야로 데리고 갔다.
3b 그리고 나는 붉은 짐승 위에 앉아 있는,
3c 신성모독의 이름들로 가득찬
3b 여자를 보았다.
3d 그 짐승은 일곱 머리와 열 뿔을 가지고 있다.
4a 그리고 그 여자는 자줏색 옷과 붉은 색 옷이 입혀졌고
4b 그리고 금과 보석과 진주들로 장식되었다.
4c 그녀는 그녀의 손 안에
4d 가증한 것들과 그녀의 음행의 더러운 것들로 가득찬
4c 금잔을 가지고 있었다.
5a 그리고 그녀의 이마 위에 비밀인 이름이 쓰여져 있다:
5b 큰 바벨론, 음녀들과 땅의 가증한 것들의 어머니

6a 그리고 나는 그 여자가
6b 성도들의 피로 말미암아 그리고 예수의 증인들의 피로 말미암아
6a 취한 것을 보았다.
6c 그리고 나는 그녀를 보고 매우 크게 놀랐다.

본문 주해

1–6절은 환상에 대한 도입 부분(1-2절)과 음녀 바벨론에 대한 묘사(3-6절)로 구성되어 있다. 이 두 부분을 각각 살펴 보기로 한다.

[17:1–2] 도입

일곱 대접을 가진 천사 중 하나(1a절) 1a절은 일곱 대접을 가진 일곱 천사 중 하나가 등장하여 요한에게 말하는 것으로 시작한다. 여기에서 일곱 대접을 가진 일곱 천사 중 하나의 등장은 바벨론 심판이 일곱 대접 심판과 긴밀한 관계를 가지고 있음을 시사해준다.[45] 곧 이 본문에서 언급하려는 내용이 일곱 대접 심판, 특별히 여섯 번째와 일곱 번째 대접 심판과 연속성을 가지고 있다는 것이다. 이러한 연속성을 롤로프는 "주제적 연결"(thematic connenction)이라고 규정한다.[46] 여기에서 "일곱 대접을 가진 일곱 천사 중 하나"라는 문구가 반드시 일곱 번째 대접 심판을 가리키는 것이 아니라는 것을 감안한다면[47] 17장의 바벨론 심판이 오직 일곱 번째 대접 심판과만 연결된다고 생각할 필요는 없다.

일곱 대접 심판 시리즈는 심판의 완성도를 가장 분명하게 나타내 주는 시리즈이다. 그 중에서도 여섯 번째와 일곱 번째에서 용과 두 짐승 그리고 바벨론에 대한 심판은 심판의 완성도를 강렬하게 표현하고 있다. 이들에 대한 심판이 결론부라 할수 있는 17–20장에서 좀 더 자세하게 재구성되어 있다. 특별히 17장의 바벨론에 대한 심판은 일곱 번째 대접 심판(16:17-21)에 대한 좀 더 자세한 설명이다. 흥미로운 것은 바벨론 심판과 대조적 관계를 나타내는 21장 9–10절의 새예루살렘의 등장 장면에서도 일곱 대접을 가진 일곱 천사 중 하나가 등장한다는 점이다. 이것은 바벨론의 멸망을 통한 심판과 새예루살렘의

45 Koester, *Revelation*, 670. (앞의 책). 이 주제에 대한 논의는 해당 본문을 다룰 때 진행할 것이다.
46 Roloff, *The Revelation of John*, 196.
47 Thomas, *Revelation 8-22*, 281. 스몰리는 동일한 바벨론 심판이라는 주제를 다룬다는 사실에 근거해 일곱 천사 중 하나를 바벨론 심판을 주도했던 일곱 번째 대접 심판의 천사로 추정한다(Smalley, *The Revelation to John*, 426). 이러한 지적은 나름 설득력이 있으나 일곱 천사 중 하나가 21장 9–10절에서 새예루살렘의 출현 장면에서 또 다시 등장하는 이유를 설명하기 어렵다는 것이 약점이다.

출현을 통한 구원이 동시적 사건으로서 평행 관계이며 하나님의 "단일한 목적"(single purpose)에 속해 있음을 시사해 준다.[48]

오라(1b절) 다음 1b절에서는 그 천사가 요한에게 말하는 내용을 기록하기를 시작한다. 1b절에서 "오라"(δεῦρο)고 하는 것은 요한에게 실제적으로 어떤 장소적 이동을 요청했다기 보다는 요한에게 보여주려는 무엇인가≥에 집중하도록 하는 효과가 있다. 이런 점에서 이 단어는 "보라"(ἰδού)와 같은 의도로 사용된다고 볼 수 있다. BDAG의 사전적 의미에 의하면 "감탄사"(interjection)의 기능이 있다.[49]

음녀의 심판을 보여주다(1c절) 1c절에서 천사가 요한에게 "내가 너에게 큰 음녀의 심판을 보여줄 것이다"고 말한다. 이것은 앞으로 바벨론에 대한 심판을 소개하는 내용이 전개될 것임을 예고한다. 먼저 "보여줄 것이다"라는 동사에 해당되는 헬라어 단어는 미래 시제인 '데이크소'(δείξω>δείκνυμι, 데이크뉘미)이다. 이 동사는 요한계시록에서 모두 8회(1:1; 4:1; 17:1; 21:9, 10; 22:1, 6, 8) 사용되는데 각각의 경우에 이 동사의 주어는 "해석하는 천사"(angelus interpres)이고, 특별히 1장 1절과 22장 6절, 8절에서는 이 천사가 요한에게 계시를 중계하는 역할을 한다.[50] 또한 이 단어는 요한계시록에서 자주 사용되는 "내가 보았다"(εἶδον, 에이돈; εἶδες, 네가 보았다)라는 단어와 함께 요한계시록의 계시적 환경이 환상의 세계로 이루어져 있다는 것을 보여준다.

바벨론에 대한 심판의 내용은 18장에서 구체적으로 언급되는 반면, 17장에서는 "예비적 내용"(preliminaries)을 제공한다.[51] 이러한 발언을 시작하는 천사는 "해석하는 천사"[52]로서 "환상을 보여주고 설명하는"역할을 다.[53] 이 문맥은 요한이 해석하는 천사의 도움으로 환상 가운데 등장한는 바벨론의 의미들에

48 L. Morris, *Revelation: An Introduction and Commentary*, TNTC 20 (Downers Grove, IL: InterVarsity Press, 1987), 195.
49 BDAG, 220.
50 D. E. Aune, *Revelation. 17-22,* WBC 52C (Dallas: Word, 1998), 928. 이것은 1장 1c절의 "보여주기 위하여"라는 문구에 대한 설명에서 다룬 바 있다(1권 36쪽 침조).
51 Morris, *Revelation*, 195.
52 Thomas, *Revelatoin 8-22*, 282.
53 Beckwith, *The Apocalypse of John*, 691.

대한 안내를 받게 될 것을 예고한다.[54]

큰 음녀(1c절) "큰 음녀"(ἡ πόρνη ἡ μεγάλη)는 "바벨론"(17:5, 18)을 의인화한 표현이다.[55] 이러한 의인화는 5b절의 "어머니"(μήτηρ, 메테르)라는 표현에서도 나타난다. 여기에서 바벨론은 "로마제국"을 상징한다.[56] 이것은 14장 8b절에서 자세하게 논의한 바 있고 그리고 16장 19a절에서도 그런 사실을 언급한 바 있으므로 새로운 사실이 아니다.

그렇다면 왜 바벨론을 '큰 음녀'라고 부르는가? 14장 8절과 17장 2b절에서 "그녀의 음행"이라는 문구가 사용되는데 여기에서 "그녀"는 바벨론을 이어받는 인칭대명사이다. 이 문구를 통해 바벨론이 음행을 범했다는 것을 알 수 있다. 이처럼 음행을 범했기에 바벨론은 음녀가 된다. 14장 8b절에서 바벨론을 "큰 바벨론"이라고 칭하였으므로 음녀로서 바벨론은 "큰 음녀"가 되는 것이다. 그리고 바벨론이 "큰 바벨론"으로서 "큰 음녀"가 된 또 다른 이유는 바벨론이 중심이 되어 모든 나라들로 하여금 "그녀의 음행의 분노의 포도주로부터" 마시게 했기 때문이며(14:8c), "땅의 왕들이 그녀와 함께 행음했고 그리고 땅에 사는 자들이 그녀의 음행의 잔으로부터 취했다"는 본문이 보여 주고 있듯이 바벨론이 음행의 중심에 서 있기 때문이다.[57]

본래 "음녀"라는 단어는 구약에서 이방신들을 숭배함으로 하나님과의 언약을 어긴 예루살렘(사 1:21)과 이스라엘(렘 3:6-10; 겔 16:15-22; 23:1-49; 호 4:12-13; 5:3)을 가리키는 데 사용되었다.[58] 특별히 호세아 2장 5절, 예레미야 2장 20절, 3장 1-4절 그리고 겔 16장 36절에서는 하나님과 이스라엘 백성과의 언약적 관계를 혼인 관계에 비유하면서 그 언약적 혼인 관계를 범한 이스라엘을 음녀에 비유하여 말한다.[59] 그러나 이처럼 구약에서 "음녀"를 이스라엘과 관련해서 사용한 것을 요한계시록 본문에 적용하여 바벨론을 이스라엘로 간주하는 것은 적절하지 않다.[60] 왜냐하면 요한계시록에서 바벨론에 대한 묘사는 이스라

54 Blount, *Revelation*, 311.
55 Lee, *The New Jerusalem in the Book of Revelation*, 264.
56 Charles, *A Critical and Exegetical Commentary on the Revelation of St. John*, 2:63.
57 Koester, *Revelation*, 671.
58 앞의 책.
59 앞의 책.
60 앞의 책.

엘의 정황과 전혀 다른 양상을 보여주고 있기 때문이다. 뿐만 아니라 이스라엘 외에 "음녀"로 비유된 또 다른 대상이 있다. 곧 이사야 23장 15-18절과 나훔 3장 4-7절에서 니느웨와 두로를 음녀로 규정하면서 그들의 정치 경제적 능력을 이용하여 여러 나라들을 미혹하여 하나님을 대적하는 음행을 하는 것으로 묘사한다.[61] 요한계시록 본문에서는 이 두 구약 본문을 배경으로 사용하여, 하나님을 대적하는 로마 제국을 상징하는 바벨론을 음녀로 규정한다.[62]

또한 큰 음녀 바벨론은 21장 9절-22장 5절에서 소개되는 "새예루살렘"을 "신부"라고 부른 것과 대조적 관계를 형성한다. 신부로서 순결함과 거룩함을 나타내는 새예루살렘과는 대조적으로, 바벨론은 땅의 임금들과 더불어 하나님에 대해 배역하는 행위로서 "음행"을 자행하였다. 바로 이러한 행위에 근거하여 바벨론을 '음녀'라고 부르는 것이다. 1c절의 핵심은 큰 음녀의 심판을 보여 줄 것이라는 데 있다. 여기에서 "큰 음녀의"라는 소유격은 목적격적 소유격으로 볼 수 있다. 그렇다면 "큰 음녀를 심판하다"가 되며, 풀어서 말하면 "큰 음녀를 심판하는 것을 보여줄 것이다"라는 의미이다. 따라서 17-18장은 큰 음녀 바벨론에 대한 심판 이야기라는 사실을 알 수 이다.

많은 물 위에 앉아 있다(1d절) 그리고 1d절에서 그 큰 음녀는 많은 물 위에 앉아 있다고 언급한다. 여기에서 "많은 물위에 앉아 있는 큰 음녀"로서 바벨론은 전 세계를 지배하며 적어도 음행에 관한 한 막강한 영향력을 행사하면서 하나님의 백성들을 핍박했던 바벨론/로마를 상징적으로 표현한다. "많은 물 위에"(ἐπὶ ὑδάτων πολλῶν)는 17장 15절의 해석에 의하면 "백성들과 무리들과 나라들과 언어들"을 의미하는 상징적 표현이다. 왜 이런 문구를 "많은 물"로 표현했을까? 우선 이러한 표현은 역사적으로 바벨론에 관계 시설이 있어 유프라테스 강이 바벨론 전역으로 흘렀다가 다시 전체 세상으로 흘러나갔던 것을 배경으로 한다고 볼 수 있다.[63] 이것은 바벨론을 상징하는 로마 제국의 종교적 음행과 사치가 전 세계에 영향을 끼치고 있음을 상징한다.

또한 이 문구는 예레미야 28장 13절을 배경으로 사용하고 있음을 기억할

61 Charles, *A Critical and Exegetical Commentary on the Revelation of St. John*, 2:62.
62 앞의 책.
63 Mounce, *The Book of Revelation*, 309.

필요가 있다.[64]

많은 물 가에 살면서 재물이 많은 자여 네 재물의 한계 곧 네 끝이 왔도다

위의 본문은 바벨론에 대한 심판의 말씀이다. 특별히 13절에서 바벨론을 "물 가에 살면서 재물이 많은 자"라고 표현한다. 여기에서 "많은 물 가"는 '에피 휘다시 폴로이스'(ἐφ' ὕδασι πολλοῖς)로서 정확하게 번역하면 "많은 물 위에"라고 할 수 있다. 요한계시록 본문과는 전치사 '에피'(ἐπί) 다음에 소유격(요한계시록)과 여격(에스겔)의 차이가 있는데 이것은 의미에 있어서 거의 차이를 보이지 않는다. 바벨론은 그것을 둘러 싸고 있는 많은 물들로 인해 안전하다고 생각했다.[65] 이러한 안전함은 경제적 풍요를 가져 왔을 것이다. 실제로 에스겔서의 바벨론은 여러 나라들을 아우르는 제국주의적 경제 시스템을 통해 상당한 경제적 부를 축적했다. 이러한 경제적 구조를 보링은 "다국적 상업 제국주의"(multinational commercial empire)라고 한다.[66]

여기에 덧붙여서 "많은 물"을 바벨론 신화 이야기로서 "티아맛(Tiamat)의 거주 장소인 아뷔소스(abyss)"를 배경으로 보자는 제안도 있다.[67] 또한 "많은 물"은 "혼돈의 능력"을 나타내는 "바다 괴물인 리바이어단"을 연상시키고 있는데 따라서 큰 음녀가 많은 물 위에 앉아 있다는 것은 곧 혼돈의 바다 괴물인 리바이어단 위에 앉아 있는 것을 의미한다고 볼 수 있다.[68] 이 경우에 큰 음녀 바벨론 곧 로마제국은 강력한 경제적 능력을 가지고 세상에 혼돈을 가져 오는 중심 역할을 자행하고 있다는 뜻을 드러낸다.

이상에서 여러 배경이 요한계시록 본문에 영향을 주었을 가능성이 있음을 확인했다. 음녀가 앉아 있는 "많은 물"의 배경으로서 세계로 뻗어 나가는 로마의 관개시설은 관계된 영역의 우주적 대상을 상정하고, 그리고 예레미야

64 Swete, *The Apocalypse of St. John*, 210.

65 Charles, *A Critical and Exegetical Commentary on the Revelation of St. John,* 2:63. 찰스는 이러한 배경적 관계를 인정하지만 내용에 있어서 다소 일치하지 않는 부분이 있어서 부셋(Bousset)의 생각을 빌려, 실제로 "많은 물 위에 앉아 있는 한 여자"를 묘사하는 시빌의 신탁 3장 75-77절, 5장 18절, 그리고 8장 200절을 보완해서 볼 것을 제안한다(앞의 책).

66 Boring, *Revelation*, 180.

67 찰스는 궁켈의 주장(H. Gunkel, *Schöpfung und Chaos in Urzeit und Endzeit: Eine Religionsgeschichtliche Untersuchung über Gen 1 und Ap Joh 12* [Göttingen: Vandenhoeck und Ruprecht, 1895)], 361을 인용하여 제안하지만, 요한이 이러한 자료에 대한 인식이 있는지에 대해서는 회의적이라고 한다(Charles, *A Critical and Exegetical Commentary on the Revelation of St. John,* 2:63).

68 Boring, *Revelation*, 180.

28장 13절은 바벨론의 "안전함"의 이미지를, 그리고 바벨론 신화는 혼돈과 무질서의 이미지를 제공해 준다. 이러한 배경적 요소를 참고해 볼 때 "많은 물"은 17장 15절에서 "백성들과 무리들과 나라들과 언어들"로 재해석이 되고 로마제국의 경제적 정치적 안전과 세계를 지배하는 통치권을 나타내 주고 있는 반면, 동시에 세상에 혼돈과 무질서의 상태를 가져오는 역할을 한다는 것을 시사한다. 이러한 내용은 큰 음녀 바벨론에 의해 상징되는 로마 제국의 실상과 본질을 잘 보여준다.

땅의 왕들이 큰 음녀와 함께 행음하다(2a절) 1절이 바벨론의 심판에 대해 서론적으로 진술하고 2절은 관계 대명사(ἧς, 헤스)로 시작하여 1c절의 "큰 음녀"에 대해 설명하는데 특별히 "땅의 왕들"과 "땅을 거주지로 삼은 자들"이 어떤 일을 도모했는지에 대해 진술한다. "땅의 왕들"은 음녀 바벨론과 함께 행음하였고(2a), "땅을 거주지로 삼는 자들은 음녀의 음행의 잔으로부터 취했다"(2b)고 한다. 먼저 2a절의 "땅의 왕들이"는 요한계시록에서 "인간 통치자들"(human rulers)에 대한 일반적 표현으로서 "전능자"(Παντοκράτωρ, 판토크라토르)와 대조되는 표현이다.[69] 또한 2b절의 "땅을 거주지로 삼은 자들"과 "땅"이란 단어에 의해 같은 속성을 공유하며 함께 짐승을 추종하고 바벨론에 속한 자들을 가리킨다. 요한계시록에서 "땅"은 문맥에 의해 그러한 속성을 갖는 것으로 사용되는 경우가 빈번하다.

또한 "땅의 왕들이 큰 음녀와 함께 행음하였다"라는 문장에서 땅의 왕들의 행음 상대가 음녀인지 아니면 땅의 왕들이 행음하는 데 있어서 음녀 바벨론이 같이 동반자가 되어 주고 있는 것인지 분명치 않다. 그러나 이 두 경우 모두 가능하다고 볼 수 있다. 곧 땅의 왕들이 음녀를 상대로 온행을 했거나 혹은 땅의 왕들이 음녀와 함께 음행에 가담했을 수 있다는 것이다.

아래의 이사야 23장 17절은 음행을 나라들 사이에서 이루어지는 "정치적 경제적 동맹에 대한 은유"로 사용한다.[70]

> [17]칠십 년이 찬 후에 여호와께서 두로를 돌보시리니 그가 다시 값을 받고 지면에 있는 열방과 음란을 행할 것이며 [18]그 무역한 것과 이익을 거룩히

---

69 Swete, *The Apocalypse of St. John*, 210.

70 Koester, *Revelation*, 672.

여호와께 돌리고 간직하거나 쌓아 두지 아니하리니 그 무역한 것이 여호와 앞에 사는 자가 배불리 먹을 양식, 잘 입을 옷감이 되리라

이 말씀의 17절에 의하면 두로는 열방들과 음란을 행하였다고 한다. 이 경우에 열방들은 음행의 대상이 되고 있다. 이사야 본문의 18절에서는 그 음란 행위에 대해서 그들 사이에서 무역한 것과 이익을 여호와께 돌리고 간직하거나 쌓아 두지 않는다고 진술한다. 여기에서 음란의 행위는 두로가 나라들과 함께 연합하여 하나님과 관계 없이 경제적 이익을 도모하는 행위에 대한 은유적 표현으로 사용되고 있다.

또한 나훔 3장 4절은 음행의 또 다른 측면을 보여준다.[71]

[4]이는 마술에 능숙한 미모의 음녀가 많은 음행을 함이라 그가 그의 음행으로 여러 나라를 미혹하고 그의 마술로 여러 족속을 미혹하느니라 [5]보라 내가 네게 말하노니 만군의 여호와의 말씀에 네 치마를 걷어 올려 네 얼굴에 이르게 하고 네 벌거벗은 것을 나라들에게 보이며 네 부끄러운 곳을 뭇 민족에게 보일 것이요 [6]내가 또 가증하고 더러운 것들을 네 위에 던져 능욕하여 너를 구경거리가 되게 하리니

이 본문의 4절에서 나훔 선지자는 니느웨의 죄를 "음행"으로 규정한다. 음행의 구체적 행위로서 마치 음녀가 유혹하듯이 니느웨는 나라들을 미혹했다고 한다. 여기에서 니느웨의 음행에 관한 구체적 내용은 "앗수르의 제국주의적 팽창"(imperial expansion)을 위한 무역 활동"에 나라들을 참여시키는 것을 "은유적 언어"(metaphorical language)로 표현한 것이라 볼 수 있다.[72] 다음 5-6절에서는 "신적 반응"으로서 하나님께서 그러한 음행을 행한 음녀 니느웨에게 수치를 가져 오는 심판을 행할 것을 말씀한다.[73]

요한계시록에서 음행의 의미는 앞에서 언급한 구약의 두 본문의 경우를 크게 벗어나지 않는다.[74] 곧 음행이란 단어는 "은유"(metaphor)로서 "자신들을 사회적으로나 경제적으로 로마제국과 얽히게 하고 (우상숭배를 위한) 제국주의적

71 앞의 책.

72 J. J. M. Roberts, *Nahum, Habakkuk, and Zephaniah: A Commentary*, 1st ed., OTL (Louisville: Westminster John Knox, 1991), 73.

73 James Nogalski, *The Book of the Twelve: Micah-Malachi*, SHBC (Macon, GA: Smyth & Helwys, 2011), 628-29.

74 오우니는 이 두 구약 본문의 역사적 맥락에서 보면, 이사야나 나훔 선지자는 두로나 니느웨 자체에 대한 관심보다는 두 도시가 이스라엘에 끼치는 부정적 영향에 대해 더 관심이 크다고 지적한다 (Aune, *Revelation 17–22*, 931).

제의를 채택하는 통치자들을 비판"하기 위해 사용된다.[75] 이런 통치자들의 존재는 그 통치자들에게 속한 모든 자들을 포함한다. 이런 왕들은 "로마제국의 종주권(suzerainty)을 인정함으로써 "로마 제국의 호의를 매수"하고 그것과 함께 "로마 제국의 악행과 우상숭배를 역시 매수"한다."[76] 땅의 왕들의 이러한 매수 행위는 그 왕들이 다스리는 지역과 그 지역에 속한 모든 백성들을 오염시키게 되어 있다. 따라서 왕들과 그들의 백성들은 황제 숭배에 참여하게 될 뿐만 아니라, 로마 제국을 "신"(god)으로 삼아 이 세상에서의 삶을 위한 "지향점"(the point of orientation)으로 삼게 된다.[77] 요한은 이런 우상(황제)숭배적 상황을 "음행"이라는 은유로 표현하고 있는 것이다.

요한계시록 본문에서 음녀 바벨론과 더불어 음행을 자행한 자들은 '땅의 왕들'이며 그 음행의 잔에 취한 자들은 바로 "땅을 거주지로 삼은 자들"(οἱ κατοικοῦντες, 호이 카토이쿤테스)이다(참조 13:6, 8). 여기에서 음행에 동참한 자들은 한결같이 하늘이 아닌 "땅"에 속한 자들이라는 것을 명시한다. 2a절의 "땅의 왕들"이나 2b절의 "땅을 거주지로 삼은 자들"이란 표현은 이러한 의미를 반영한다. 이들은 불신자이며 짐승 숭배자이며 창세 이후로 생명책에 그 이름이 기록되지 않은 자들이다(17:8).[78] 이러한 자들이 음녀 바벨론과 더불어 하나님을 거역하는 행위에 동맹을 결성하여 음행을 자행하고 있는 것이다.

음행의 포도주로 말미암아 취하다(2b절) 2b절에 의하면 "땅을 거주지로 삼은 자들이 그녀의 음행의 포도주로 말미암아 취했다"고 한다. 여기에서 "음행의 포도주" 앞에 소유격 인칭대명사인 "그녀의"(αὐτῆς)는 1c절의 "큰 음녀"를 가리킨다. 그리고 이 소유격 인칭대명사는 주격적 용법으로서 이것을 풀어서 말하면 "큰 음녀가 음행을 행하였다"라고 풀어서 말할 수 있다. 곧 "땅을 거주지로 삼은 자들"은 큰 음녀의 음행에 포도주에 취하듯 함께 동참했다는 의미이다. 이것은 2a절에서 땅의 왕들이 큰 음녀와 함께 행음했다는 것과 동일한 패턴으로 볼 수 있으며 큰 음녀가 행한 음행에 연합하여 동참했다는 것을 의미한다. 여기에서 2a절에서도 논의했던 것처럼 큰 음녀의 음행은 모두 한결같이 우상 숭

75 Koester, *Revelation*, 672.
76 Swete, *The Apocalypse of St. John*, 210.
77 Boring, *Revelation*, 180.
78 Harrington, *Revelation*, 171.

배 곧 황제 숭배 행위에 대한 은유적 표현으로 볼 수 있다.

한편 "음행의 포도주"란 문구는 14장 8c절에서 "음행의 분노의 포도주를 마시게 하다"라는 문구와 유사하다. 14장 8c절에서 "분노의"라는 단어가 첨가된 점과 단순히 "마시게 하다"(πεπότικεν, 페포티켄>ποτίζω, 포티조)가 2b절에서는 "취하다"(ἐμεθύσθησαν, 에메뒤스데산>μεθύσκω, 메뒤스코)라는 동사로 바뀌어 사용되었다는 점이 차이가 있다. 또 다른 차이점은 14장 8c절에서 포도주는 심판의 이미지로 사용되는 반면, 17장 2b절에서 포도주는 심판의 원인으로서 성도들에 대한 핍박과 관련하여 사용된다는 것이다. 따라서 2b절의 "음행의 포도주로 말미암아 취하다"는 6a절에서 "예수의 증인들의 피로 말미암아 취했다"와 평행 관계를 이루며 "포도주"가 성도들의 피로 재해석된다.[79] 그렇다면 여기에서 "음행의 포도주"는 로마제국과 나라들이 연합하여 황제를 숭배하도록 성도들을 핍박하여 피를 흘리게 했음을 의미한다. 이런 내용에 대해서는 6a절 주해 과정에서 다시 한 번 논의하게 될 것이다.

[17:3-6] 큰 음녀에 대한 묘사

다음 3-6절에서 큰 음녀에 대해 묘사하기 시작한다. 특별히 3절에서는 여자를 소개하면서 짐승을 등장시키고 있다.

성령안에서 광야로(3a) 3a절에서 천사는 요한을 "성령 안에서"(ἐν πνεύματι, 엔 프뉴마티) "광야"로 데리고 갔다. 요한계시록에서 "성령 안에서"(ἐν πνεύματι, 엔 프뉴마티)라는 문구는 1장 10절, 4장 1절, 17장 3절 그리고 21장 10절에 네 번 등장하는데 이 문구는 요한계시록을 서론과 본론 그리고 결론으로 구분하는 역할을 한다.[80] 그 중 17장 3절에서의 "성령 안에서"는 세 번째에 해당하며 21장 10절과 대조적 평행을 이루며[81] "이중적 결론"(17:1-19:10; 21:9-22:5) 중 하나를 도입하는 기능을 한다.[82] 환상 중에 요한은 성령 안에서 이끌리어 광야로 간다. 이것은 신체적인 이동이 아니라 환상 중에 경험하는 것이라고 볼 수 있다. 여기에

79 여기에서 포도주가 피로 표현되고 있는 것은 14장 19-20절에서 하나님의 분노의 큰 포도주틀에 던져진 포도가 피로 변하여 나타나고 있는 것과 같은 패턴일 수 있다. 물론 전자는 성도들의 피이고 후자는 심판 받은 자들의 피라는 점에서 차이점이 분명히 있다.

80 Bauckham, *The Climax of Prophecy*, 3-7.

81 Aune, *Revelation 17-22*, 933.

82 Bauckham, *The Climax of Prophecy*, 7.

서 “광야”는 성경에서 이중적 의미로 사용된다. 긍정적 의미로는 “광야”가 보호와 계시의 장소로 사용되고(출 19:1; 왕상 19:4-6; 사 40:3; 겔 34:25), 부정적으로는 시험과 폐허의 장소로 사용된다(시 95:7-11; 사 1:7; 렘 51:36).[83] 광야의 이중적 의미는 요한계시록에도 적용된다. 곧 광야는 하나님께서 교회를 보호하시는 특별한 장소(12:6, 14)를 의미할 뿐만 아니라 사탄의 세력이 교회를 핍박하는 장소를 의미하기도 한다(12:15). 3a절에서 “광야”는 사탄의 활동 영역이지만 최후의 심판을 묘사하는 17장의 문맥에서 보면 심판의 장소로 볼 수 있다.[84] 이것은 12장에서 여자를 양육하기 위한 장소인 12장의 “광야”와 대조된다.

여자가 짐승 위에 앉아 있다(3b절) 요한은 환상을 통해 광야에서 여자가 붉은 짐승 위에 앉아 있는 것을 본다. 여기에서 여자는 앞에 나왔던 음녀 바벨론을 가리키는 것이며, 그 음녀 바벨론이 짐승 위에 앉아 있는 것은 음녀와 짐승이 서로 매우 밀접한 관계를 가지고 있는 것을 의미한다. 여기에서 여자가 타고 있는 짐승에 대해 3d절에서 “일곱 머리와 열 개의 뿔”을 가지고 있다고 묘사한다. 그런데 이 모습이 13장 1절에 등장하는 짐승의 특징과 같다는 점에서 13장 1절의 첫째 짐승과 17장의 짐승은 동일한 것으로 볼 수 있다.[85] 13장 1절에서 짐승은 네로를 모델로 설정한 것ㄷ으로, 로마의 막강한 정치적 권력인 로마 제국의 황제를 의미한다.[86] 그렇다면 로마 제국을 의미하는 음녀 바벨론이 황제를 상징하는 짐승 위에 앉아 있는 것은 상호 공존의 관계라는 것을 보여준다.[87] 곧 여자는 짐승이 가는 곳으로 갈 수 밖에 없으며 짐승은 여자가 가자고 하는 곳으로 가게 된다.

여기에서 여자가 붉은 “짐승 위에 앉아 있는 것”과 1d절에서 “많은 물 위에 앉아 있는 것”이 “… 위에 앉다”(καθημένης ἐπί, 카데메네스 에피 [1d절]; καθημένην ἐπί, 카데메넨 에피[3d절])라는 문구에 의해 평행된다. 1d절에 대한 주해에서 “많은 물”은

83 Osborne, *Revelation*, 610.

84 Mounce, *The Book of Revelation*, 309. 실제로 바벨론 지역이 1세기에 폐허가 되어 사막 지역으로 변해 있었다고 한다(Strabo, *Geographica* 16.1.5; cf. Pliny the Elder, Nat. 6.122; Koester, *Revelation*, 673). 그러나 요한이 성령 안에서 보는 곳은 실제적으로 바벨론 지역이 아니라 음녀로 의인화 된 로마 제국의 실체이다(앞의 책).

85 Swete, *The Apocalypse of St. John*, 211.

86 자세한 내용은 13장에서 첫째 짐승에 대한 설명을 참조하라.

87 토마스는 음녀가 짐승 위에 앉아 있는 모습을 “세속적 지도자(secular leader)에 대한 종교적 능력(religious power)의 영향력”을 나타내는 것으로 이해한다(Thomas, *Revelation 8-22*, 285).

세계 지배와 안전 그리고 혼돈과 무질서의 상태를 나타내며(참조 창 1:2), 17장 15절에서는 "백성들과 무리들과 나라들과 언어들"로 재해석된다. 이 경우에 바벨론 제국을 의미하는 여자는 그 여자가 앉아 있는 "백성들과 무리들과 나라들과 언어들"에 대한 통치권을 가지고 있으며 그들을 훨씬 능가하는 탁월한 지위를 갖는다. 로마 제국을 의미하는 여자가 짐승이 상징하는 로마 제국 황제의 통치권을 함께 공유하는 이 그림은 큰 음녀인 여자의 영향력을 극대화하는 역할을 한다.[88] 그러나 17장 16절에서는 짐승이 음녀를 불로 태워 죽이는 사건이 발생한다. 이것은 짐승과 여자 사이에 관계가 분열되는 순간이다. 이에 대해서는 17장 16절을 주해할 때 자세하게 논의하기로 한다.

결국 "많은 물"과 "짐승"은 "백성들과 무리들과 나라들과 언어들"이 로마 제국의 황제의 지배를 받는 관계로 볼 수 있다. 여자, 많은 물 그리고 짐승의 관계를 다음과 같이 도표로 정리할 수 있다.

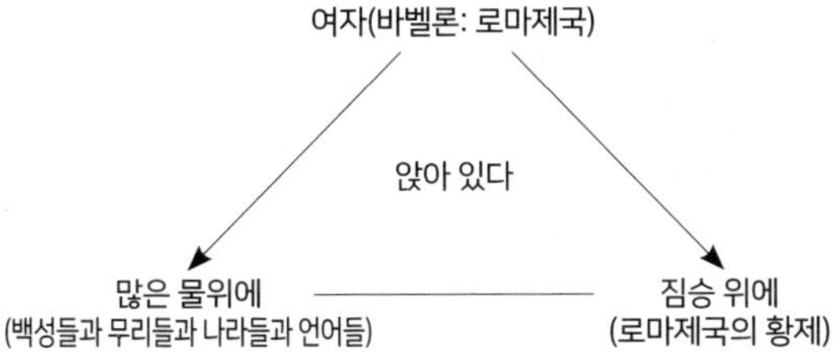

붉은 짐승(3b절) 3b절에서는 여자가 앉아 있는 짐승을 "붉은 짐승"으로 묘사한다. 13장 1절의 짐승과 17장 3b절의 짐승이 동일하지만 후자에는 그 짐승에 "붉은" 색깔이 덧붙여졌다. 짐승의 붉은색은 4절에서 여자의 "자주 색과 붉은 색 옷"과 평행적 관계를 이룬다. 이런 깔맞춤은 짐승과 여자는 속성을 공유하고 있음을 보여준다. 또한 12장 3절에서 용을 "붉은 용"으로 묘사한다. 이렇듯 '붉은 색'은 일관되게 악의 세력의 공통적으로 특징으로 나타난다.

그렇다면 이처럼 짐승을 "붉은"(κόκκινος) 색을 띠고 있는 것으로 묘사하는 의미는 무엇일까? 그 이유를 다섯 가지로 요약할 수 있다. 첫째로, 붉은 색깔은 매우 공포스런 색깔이므로 짐승의 "공포스런 모습"(terrifying appearace)을 극대

88 찰스는 공존의 관계보다는 큰 음녀가 "짐승의 능력에 의존"하고 있다고 주장한다(Charles, *A Critical and Exegetical Commentary on the Revelation of St. John,* 2:64).

화 하기 위한 방법이다.[89] 두 번째로, 붉은 색은 매우 값비싼 옷감을 물들이기 위해 사용된 "귀중한 염색 재료"이다.[90] 그러므로 이 색깔은 짐승의 "사치스런 요염함과 교만한 음란함"을 보여 주기 위한 목적을 갖는다.[91] 세 번째로, 붉은 색은 왕족이 입는 의복 색깔과 동일하다.[92] 이것은 하나님의 왕권을 침범하려는 "우상숭배적 주장"으로서 하나님의 왕권에 대한 모방이자 도전으로 이해될 수 있다.[93] 네 번째로, 이런 붉은 색깔은 19장 14절에서 흰 말을 타고 흰 옷을 입고 종말적 전쟁을 이끄시는 메시야 예수님과 대조되는, 악한 세력의 특징을 나타내는 색깔로 사용된다.[94] 다섯번째로, 붉은 색 옷은 "피흘림의 경향성"(penchant for bloodshed)(17:6; 18:24)과 "죄"(사 1:18)를 반영한다고 할 수 있다.[95] 이것은 짐승의 "핍박하는 속성"(persecuting nature)을 함의하는 것으로서 그 핍박으로 인하여 순교자들이 흘리게 된 피를 연상케 한다.[96] 이 다섯 가지는 서로 배타적이지 않고 서로 조화될 수 있는 내용들이다.

신성모독의 이름들로 가득차다(3c절) 3c절에서 짐승의 특징을 두 가지로 요약하여 설명한다. 하나는 "신성모독의 이름들로 가득찼다"는 것이고 다른 하나는 "일곱 머리들과 열 뿔들"을 가지고 있다는 것이다. 후자의 경우는 13장 1a절에서 설명한 바 있으므로 생략한다. 전자의 경우에 짐승이 "신성 모독의 이름들"(ὀνόματα βλασφημίας)로 가득차 있다는 것은 13장 1절에서 짐승의 일곱 머리에 신성모독의 이름이 있는 것과 비교될 수 있다.[97] 이것은 음녀 바벨론과 그녀에게 속한 나라들의 "셀 수 없는 신성"(innumerable deities)을 나타내는 것이라 할 수 있다.[98] 13장과 비교해서 17장에서 그려지는 짐승의 모습은 죄악의 바벨탑을 더 높게 쌓는 형국이다. 이것은 짐승이 음녀 바벨론과 함께 최후의 심

89 Mounce, *The Book of Revelation*, 310.
90 Roloff, *The Revelation of John*, 197.
91 앞의 책.
92 Beale, *The Book of Revelation*, 853.
93 Smalley, *The Revelation to John*, 429.
94 앞의 책.
95 Koester, *Revelation*, 673.
96 Beale, *The Book of Revelation*, 853. 그러나 벡위드는 붉은 색이 순교자들의 피를 상징하는 것으로 사용된 적이 없다고 주장하면서 이러한 주장에 동의하지 않는다(Beckwith, *The Apocalypse of John*, 693).
97 Charles, *A Critical and Exegetical Commentary on the Revelation of St. John*, 2:64.
98 앞의 책.

판을 받아야 할 여러 이유 중의 하나이다.

신성모독을 하나님의 거룩한 이름을 더럽히는 행위로 본다면, "신성모독의 이름"이란 무엇을 의미하는가? 그것은 하나님 혹은 그리스도께만 해당될 수 있는 이름들을 황제를 칭송하기 위해 사용하는 경우를 가리킨다. 예를 들면 "신(god)"(*Die Inschriften von Smyrna,* 591.4; *Die Inschriften von Laodikeia am Lykos* 15.1), "신의 아들(son of god)"(*Die Inschriften von Ephesos* 252–53; Inscriptions from Thyatira, 902–3), "주와 신"(lord and god)(Suetonius, *Domitianus*, 13.2), "마스터"(Philo, *In Flaccum*, 23) 그리고 "구세주"(savior)(*Roman Civilization*, 1:624)와 같은 것들이 있다.[99] 실제로 이러한 이름들이 요한계시록 2장 18절, 4장 11절 6장 10절 그리고 7장 10절에서 하나님과 예수 그리스도에게 적용되고 있다.[100] 당시에 로마 제국의 시민들은 물론이고 세상 사람들은 이러한 이름을 부르며 로마 제국의 황제를 숭배하는 신성 모독의 행위를 일상으로 받아들이고 있었다. 따라서 이러한 이름들은 "신성 모독의 이름들"인 것이고 로마 제국의 황제를 의미하는 짐승은 그러한 이름으로 가득차게 해서 숭배를 촉구할 뿐만 아니라 또한 숭배받는 것을 기뻐하며 당연한 것으로 여기게 된 것이다.

짐승에게 충만한 이 신성모독의 이름들은 13장 6절에서 하나님과 교회 공동체를 적극적으로 신성모독하는 행위를 통해 구체적으로 드러난다.

> 그는 하나님을 향한 신성모독(들)을 위하여, 그의 이름과 그의 장막 곧 하늘에 거하는 자들을 신성모독하기 위하여 그의 입을 열었다.

이 본문을 볼 때 짐승은 하나님과 하나님의 백성을 향하여 신성모독을 하는데 열정적이라는 것을 알 수 있다. 이런 짐승의 특징이 17장 3c에서는 "신성모독의 이름으로 가득차다"와 일맥상통한다.

짐승은 일곱 머리와 열 뿔을 가지고 있다(3d절) 3d절은 특별히 주격 남성 분사인 '에콘'(ἔχων>ἔχω, 에코)으로 시작한다. 이 분사는 3b절의 '데리온'(θηρίον)을 이어 받아 로마 제국의 황제를 의식하여 중성인 '데리온'과는 달리 남성으로 사용되며, 다니엘 7장 7절의 직설법 동사인 '에이케'(εἶχε)를 반영하여 주격으로 사용

---

99 Koester, *Revelation*, 673.
100 앞의 책.

된다.[101] 이렇게 주격을 사용해 독립된 문장처럼 보이게 만드는 것은 이 문장의 내용에 집중하게 하는 효과를 가져온다. 또한 짐승이 일곱 머리와 열 뿔을 가지고 있다는 사실은 13장 1절에서 이미 언급한 것과 동일하다. 다만 13장에서는 이 주제에 대해 아무런 설명이 없었는데 17장에서는 9-12절에서 일곱 머리와 열 뿔에 대해 매우 구체적으로 설명한다. 이에 대한 내용은 9-12절에서 좀 더 구체적으로 논의하고자 한다.

자주색 옷과 붉은 색 옷이 입혀진 큰 음녀(4a절) 다음 4절은 큰 음녀 바벨론을 장식하고 있는 내용들에 대해 소개하고 있다. 이런 4절의 말씀은 18장 16절에서 다시 반복된다. 먼저 4a절에서 그 큰 음녀는 정관사와 함께 "여자"(γυνή)라는 단어로 표현된다. 이 동일한 단어가 19장 7절과 21장 9절에서 어린 양의 아내를 묘사하기 위해 동일하게 사용된다. 이 단어를 사용함으로써 음녀와 신부 사이에 대조적 평행을 성립시키려는 의도를 엿볼 수 있다.

그 여자는 "자주색 옷"(πορφυροῦν, 포르휘룬>πορφυροῦς, 포르휘루스)과 붉은 색 옷이 입혀졌다. 여기에서 큰 음녀의 "붉은 색 옷"은 "왕적 지위"를 나타내는 것으로 짐승이 붉은 빛을 띠고 있는 것과 동일하며 "자주색 옷"은 사치와 관련된다.[102] 마태복음 27장 28절에서 예수님에게 "붉은 색 망토"(χλαμύδα κοκκίνην, 클라뮈다 코키넨)를 입혔는데 그것은 예수님이 유대인의 왕이라는 사실을 로마 병사들이 조롱하기 위한 행위였다. 여기에서도 붉은 색이 왕적 지위를 나타내주고 있다고 생각하는 당시의 정서를 엿볼 수 있다. 마가복음 15장 17절, 20절과 요한복음 19장 2절, 5절에서는 각각 자주색 옷을 의미하는 '포르휘라'(πορφύρα)와 '히마티온 포르휘룬'(ἱμάτιον πορφυροῦν)을 사용한다.[103] 여기에서 이 두 색깔이 분명하게 구별 됨에도 불구하고 서로 호환적으로 사용되고 있다는 사실을 알 수 있다. 결국 두 색깔 모두 구별 없이 "로마 제국의 사치와 화려함(luxury and splendor)을 상징"하는 것으로 볼 수 있다.[104] 부도덕한 큰 음녀가 이처럼 사치스럽고 화려한 복장을 공개적으로 입고있는 것은 그녀의 "뻔뻔함

---

101 이에 대한 자세한 논의는 번역을 참조하라.

102 Thomas, *Revelation 8-22*, 287. 마운스는 이것을 반대로 말한다. 곧 자주색 옷은 왕족이 입는 옷 색깔이고(삿 8:26; 단 5:7) 붉은 색은 "장엄함"(magnificance)을 나타내는 색깔이라고 한다(Mounce, *The Book of Revelation,* 310).

103 Charles, *A Critical and Exegetical Commentary on the Revelation of St. John*, 2:64.

104 앞의 책; Mounce, *The Book of Revelation,* 310.

(shamlessness)" (렘 4:30; Martial, Epigrams 2.39; Lucian, Dialogi meretricii. 6.2)을 강조한다.[105]

특별히 여기에서 "입다"라는 단어는 번역에 대한 논의에서 밝혔듯이 우언적 용법의 완료시제 분사로서 수동태로 사용된다. 우언법은 "수사적으로 좀 더 강한 표현"을 제공할 때 사용되는데(참조 1:18; 3:2),[106] 여기서의 분사의 완료시제도 역시 "동사의 상"(相)(verbal aspect)에 의해 강조하려는 의도를 더 강화시켜준다.[107] 그리고 수동태는 또한 신적 수동으로 간주할 수 있다. 여기에서 신적 수동으로 사용된 것은 큰 음녀가 화려하고 사치스런 복장을 갖추게 된 것이 스스로 이룬 영광처럼 보일 수 있으나, 실제로는 보이지 않으시는 하나님께서 큰 음녀가 받을 심판의 명분을 쌓기 위해 하나님의 주도 하에 큰 음녀의 교만한 행위들을 허용하셨다는 뜻이다.

이 단어가 분사 형태로 신적 수동으로 사용된 경우는 10장 1절의 "다른 천사"와 12장 1절의 "여자"가 있다. 전자는 "다른 천사"가 구름이 입혀져서 하나님의 사역을 대리하는 자로서의 모습을 보여주고, 후자는 하나님의 백성을 상징하는 여자가 해로 입혀져서 빛나는 존재로 세워지는 모습을 보여준다.

"자주색 옷과 붉은 색 옷"이 입혀진 큰 음녀의 모습은 19장 8절에서 "빛나고 깨끗한 세마포 옷"을 입은 어린 양의 아내의 모습과 대조된다.[108] 또한 큰 음녀의 복장은 승리한 성도들이 입는 "단순하지만 빛나는 흰 옷"과도 대조를 이룬다(3:4, 5, 18; 6:11; 7:9, 13, 14; 19:14)[109]

금과 보석과 진주들로 장식된 큰 음녀(4b절) 4a절이 큰 음녀의 복장을 보여주었다면, 4b절에서는 화려하고 사치스런 복장을 더욱 돋보이게 하는 금과 보석과 진주로 만들어진 장신구를 보여준다.[110] 이러한 장식은 땅의 왕들과 협력하여 하나님을 신성모독하는(3c절) 행음의 특징(2a절)을 드러내줄 뿐만 아니라 로마 제국의 식민지 나라를 수탈하는 방식의 "부도덕한 무역을 드러내는 저속한 전시"[111]라고 할 수 있다. 그러므로 이런 큰 음녀의 화려함 속에는 감추어

---

105 Koester, *Revelation*, 674.
106 BDF §352.
107 Mathewson, *Verbal Aspect in the Book of Revelation*, 107.
108 Harrington, *Revelation*, 171.
109 Boxall, *The Revelation of Saint John*, 242.
110 Reddish, *Revelation*, 325.
111 Smalley, *The Revelation to John*, 430; Swete, *The Apocalypse of St. John*, 212.

진 죄악의 그림자가 드리워져 있는 것이다. 여기에서 "장식되다"(κεχρυσωμένη, 케크뤼소메네>χρυσόω, 크뤼소오)라는 동사도 역시 4a의 "입혀지다"(περιβεβλημένη, 페리베블레메네)라는 분사와 동일하게 완료시제로서 우언법으로 사용된다. 따라서 이 문장도 강조 형태를 취하고 있음을 알 수 있다. 문장의 구조나 내용으로 볼 때 4a절과 함께 4b절의 장식은 화려함과 사치의 극치를 보여준다. 이처럼 요한은 음녀 바벨론의 이러한 화려하고 사치스런 모습을 강조하여 부각시킴으로써 심판에 대한 근거를 독자들이 스스로 수집할 수 있도록 돕고 있다.

큰 음녀를 금과 보석과 진주들로 장식한 것은 구약 배경을 갖는다. 그것은 두로 왕에 대한 슬픈 노래를 언급한 에스겔 28장 13절이다.[112)]

> 네가 옛적에 하나님의 동산 에덴에 있어서 각종 보석 곧 홍보석과 황보석과 금강석과 황옥과 홍마노와 창옥과 청보석과 남보석과 홍옥과 황금으로 단장하였음이여 …

이 본문에서 두로는 에덴에 비견될 정도로 완벽한 도시였다. 에스겔 28장 15a절에서도 언급되었듯이 두로는 "지음을 받던 날로부터 … 모든 길에 완전했다." 그러나 그랬던 두로는 불의가 드러나고 말았다(겔 28:15b). 그러한 불의한 행태들이 에스겔 28장 16-19절에 적시된다. 특별히 에스겔 28장 16절에 의하면 "네 무역이 많으므로 네 가운데에 강포가 가득하여 네가 범죄하였도다"고 하고, 에스겔 28장 17절에서는 "네가 아름다우므로 마음이 교만하였으며 네가 영화로우므로 네 지혜를 더럽혔다"고 단언한다. 또한 18절에서는 "네가 죄악이 많고 무역이 불의했다"고 말한다. 그리고 이러한 죄목과 함께 그에 해당하는 심판의 말씀이 동반된다. 28장 16절에서는 "내가 너를 더럽게 여겨 하나님의 산에서 쫓아냈고 불타는 돌들 사이에서 멸하였도다"고 하고, 17절에서는 "내가 너를 땅에 던져 왕들 앞에 두어 그들의 구경 거리가 되게 하였도다"고 하며, 18-19절에서는 "내가 너를 땅에 던져 왕들 앞에 두어 그들의 구경 거리가 되게 하였도다… 네가 영원히 다시 있지 못하리로다 하셨다 하라"고 심판을 선포한다.

이 본문들에서 엿볼 수 있는 것은 두로 왕의 화려한 모습이 역설적으로 심판의 동기가 되었다는 사실이다. 이러한 패턴을 요한계시록에서의 큰 음녀 바벨론에게도 그대로 적용할 수 있다. 스웨테는 이러한 보석들의 장식은 두로

112 Swete, *The Apocalypse of St. John*, 213.

왕의 화려한 모습을 배경으로 할 수도 있지만 소아시아 지역의 신전에서 활동한 "매춘부의 미복(finery)"을 좀 더 떠올리게 하는 역할을 한다고 주장한다.[113]

이런 장식은 21장 2절, 9-23절에서 보석과 진주 그리고 정금으로 장식되고 있는 새 예루살렘과 평행적이면서 대조되는 관계를 보여준다.[114] 이것을 다음과 같이 도표로 정리해 볼 수 있다.

바벨론	새예루살렘
음녀	신부
금/보석/진주로 장식	금/보석/진주로 장식
심판/멸망	영광

이러한 대조적 평행관계를 통해 요한은 의도적으로 바벨론과 새예루살렘 사이의 대조를 구성하고자 한다.

큰 음녀가 손에 금잔을 가지고 있다(4c절) 또한 큰 음녀은 그녀의 손에 "가증한 것들과 그녀의 음행의 더러운 것들로 가득한 금잔"을 가지고 있다. 여기에서 "가지다"(ἔχουσα, 에쿠사>ἔχω, 에코)라는 동사는 4a절의 '페리베브레메네'(περιβεβλημένη)와 4b절의 '케크뤼소메네'(κεχρυσωμένη)처럼 분사형태로서 우언법적인 용법으로 사용되고 있다. 다만 앞의 두 분사의 완료시제와는 다르게 여기서는 현제시제로 사용된다. 상대적으로 앞의 두 분사의 내용보다는 덜 강조되는 것으로 이해할 수 있다. 그렇다고 이것이 상대적인 것으로 중요하지 않다는 의미는 아니다.

이 본문은 맛소라 본문인 예레미야 51장 7절의 70인역 본문인 예레미야 28장 7절에 대한 "인유"(allusion)라고 할 수 있다.[115]

> 7바벨론은 여호와의 손에 잡혀 있어 온 세계가 취하게 하는 금잔(ποτήριον χρυσοῦν, 포테리온 크뤼순)이라 뭇 민족이 그 포도주를 마심으로 미쳤도다

113 앞의 책.
114 Beale, *The Book of Revelation*, 855.
115 Aune, *Revelation 17-22*, 935; Smalley, *The Revelation to John*, 430.

이 예레미야 본문에서 바벨론은 "모든 땅"(πᾶσαν τὴν γῆν, 파산 텐 겐)을 취하게 하는 "여호와의 손 안에 있는"(LXX, ἐν χειρὶ κυρίου, 엔 케리 퀴리우; 주의 손 안에) 금잔으로서 그것의 포도주를 나라들이 마시고 미쳐 버리고 말았다고 한다.

먼저 "금잔"은 바벨론의 거대한 부를 압축적으로 보여준다.[116] 그리고 예레미야 25장 15절에서 모든 나라가 마시게 되는 진노의 술잔이 51장 7절에서는 바벨론으로서 해석된다.[117] 곧 바벨론 자신이 금잔이 되어 나라들로 하여금 주의 손 안에 있는 금잔의 포도주를 마시게 하여 취하게 함으로써 그 나라들을 심판하게 하신다.[118] 여기에서 바벨론은 열방들에 대한 하나님의 분노의 심판의 도구로 사용되었음을 알 수 있다.[119] 분노의 포도주를 마신 나라들은 미쳐버리게 된다(렘 51:7b절). 그러나 결국에는 술잔의 포도주를 마신 나라들에 대한 하나님의 심판의 도구였던 바벨론도 갑자기 심판을 받아 파멸된다(렘 51:8). 결국 바벨론 자신이 금잔의 독배를 마시게 된 것이다. 그런데 여기에서 심판의 도구였던 바벨론이 갑자기 심판을 받아 멸망케 되는 것에는 약간의 비약이 있다.

탈굼역에서는 금잔의 도구였던 바벨론이 갑자기 파멸을 맞게 된 이유를 설명하기 위해 이 본문에 대한 새로운 번역대해 번역을 시도한다. 곧 금잔을 "모든 그릇들 중에서 욕망되어지는 것(רְגִיג, 레기그)"으로 묘사하면서[120] 이러한 금잔이 바로 바벨론의 죄와 같다고 한다. 그리고 이어지는 8절에서 그 죄에 상응하는 "강력한 보응"(פּוּרְעֲנוּ תַקִּיפָא, 포르아누 타키파)이 예비되어 있음을 언급하며 동시에 바벨론의 갑작스런 파멸이 있을 것을 서술한다. 여기에서 맛소라 본문이 가지고 있는 약간의 비약을 메꾸어 준다. 결국 탈굼역에서는 열방들이 독배를 마시게 된 것보다는 바벨론 자신이 금잔처럼 죄를 지었으므로 마땅히 강력한 보응을 받아야 한다는 사실에 좀 더 초점을 맞추고 있다. 이런 탈굼의 논

116 J. A. Thompson, *The Book of Jeremiah*, NICOT (Grand Rapids: Eerdmans, 1980), 751.

117 J. M. Bracke, *Jeremiah 30-52 and Lamentations,* Westminster Bible Companion (Louisville: Westminster John Knox, 2000), 156. 맥케인(McKane)은 51장 7절과 25장 11-26절에서 "여호와의 손에"(ביד יהוה)를 삭제할 것을 제안하면서 이 관련성을 부정한다(W. McKane, *A Critical and Exegetical Commentary on Jeremiah,* ICC (Edinburgh: T & T Clark, 1986), 1300. 그러나 "여호와의 손에"를 삭제해야 할 정당한 근거를 찾을 수 없다. 그리고 대부분의 주석들이 이 두 본문의 연관성을 지지한다.

118 William L. Holladay, *Jeremiah 1: A Commentary on the Book of the Prophet Jeremiah, Chapters 1-25*, Hermeneia (Philadelphia: Fortress, 1986), 673.

119 Thompson, *The Book of Jeremiah*, 751.

120 Comprehensive Aramaic Lexicon은 이 단어가 "욕망의"(desiring)라는 의미도 있다고 한다(Stephen A. Kaufman, et al., *The Comprehensive Aramaic Lexicon* [http://cal.huc.edu]).

리적 전개는 큰 음녀 바벨론 자신의 죄에 좀 더 집중하는 요한계시록 17장의 정황과 정확하게 일치한다.[121]

그러나 요한계시록 11장 4c절과 예레미야 51장 7절 사이에 중요한 차이가 있다. 그것은 예레미야 본문에서 금잔은 "주의 손 안에"(ἐν χειρὶ κυρίου, 엔 케이리 퀴리우) 있지만, 요한계시록 본문에서 그것은 음녀 바벨론의 손 안에 있다는 점이다. 그리고 전자는 금잔이 다른 나라들을 심판하기 위한 도구로서 바벨론을 가리키지만, 후자는 금잔 자체가 음녀 바벨론의 죄악과 직접적으로 관련된다. 이러한 차이는 예레미야 51장 7절의 탈굼역이 금잔을 바벨론의 죄에 대한 은유적 표현으로 번역했다는 점을 통해 해결될 수 있다. 탈굼 번역이 요한계시록 본문에 영향을 주었을 가능성이 크다. 이상에서 요한은 이런 금잔 이미지를 "신적 심판에 대한 은유(metaphor)"로 사용한다.[122] 또한 예레미야 51장 8절에서 바벨론 자신이 심판을 받아 멸망하게 되었다는 사실도 이러한 차이를 극복할 수 있는 근거가 된다. 요한계시록에서 바벨론은 단순히 심판의 도구가 아니라 심판의 직접적 대상이며 동시에 다른 나라들에게 금잔의 포도주를 마시게 함으로써 바벨론의 죄악에 동참하게 한다.

가증한 것들과 그녀의 음행의 더러운 것들(4d절) 4d절은 예레미야 본문과는 달리 금잔 안에 들어 있는 내용에 대해서 구체적으로 언급한다. 곧 그 금잔은 "가증한 것들과 그녀의 음행의 더러운 것들로 가득차 있다." 그것들이 단순히 존재한다는 것을 넘어 "가득차다"(γέμον, 게몬>γέμω, 게모)라고 하여 금잔에 담겨진 가증한 것들의 상태를 상상하게 한다. 여기에서 "가증한 것들"(βδελυγμάτων, 브데뤼그마톤)은 70인역에서 "우상 혹은 우상 숭배적 희생 제사"(idolatrous sacrifice)에 대한 "일반적 단어들" 중의 하나로서 우상숭배와 밀접한 관련이 있다.[123] 이에 대한 가장 대표적인 경우가 다니엘 11장 31절과 12장 11절이다. 또한 70인역에서 이 단어는 우상 숭배에 대한 상징적 표현으로서 "음행"(πορνεία, 포르네이아)과 동일시 되어 사용된다.[124] 요한계시록 2장 14절, 20-21절 등에서 "음

121 Aune, *Revelation 17-22*, 935.
122 Blount, *Revelation*, 315.
123 Beale, *The Book of Revelation*, 856.
124 앞의 책.

행"과 "우상숭배"는 동격으로 취급되기도 한다.[125]

다음에 이어지는 "그녀의 음행의(πορνείας αὐτῆς) 더러운 것들"이란 문구에서 "음행의"라는 소유격은 "동격적 소유격"이나 "내용의 소유격"(genetive of content)으로 간주할 수 있다.[126] "동격적 소유격"인 경우에 "음행"과 "더러운 것들"을 서로 동격 관계로 보고 음행이 곧 더러운 것들이라는 의미로 해석할 수 있고 또한 "내용의 소유격"의 경우에는 "더러운 것들"의 내용이 바로 "그녀의 음행"라고 할 수 있다. 어떤 경우이든 음행은 "더러운 것들"과 관련된다. 이러한 관계성에 의해 "음행"과 동격 관계인 "더러운 것들"은 우상숭배와 동일시 될 수 있다.[127]

욥기 15장 16절의 70인역에서 "가증한자"라는 의미의 분사 형태의 단어인 '에브데뤼그메노스'(ἐβδελυγμένος>βδελύσσομαι, 브데뤼소마이)와 "더러운자"라는 의미를 갖는 형용사 '아카다르토스'(ἀκάθαρτος)는 중언법으로서 동일한 의미를 가지며, 동격 관계로 사용된다.[128] 이 두 단어는 어근에 있어서 4d절의 "가증한 것들"과 "더러운 것들"과 동일하다는 점에서 이 두 단어의 관계를 4d절의 두 단어의 관계에 적용할 수 있다. 곧 4d절에서 "가증한 것들"과 "음행의 더러운 것들"이 서로 짝을 이루어 동격 관계로 우상 숭배 행위를 더욱 강조하는 것이다(참조 렘 13:27).[129] 음녀 바벨론에 의해 상징되는 로마 제국은 황제 숭배가 모든 문화와 경제, 정치와 사회의 근본으로 자리잡고 있었을 뿐만 아니라 다른 나라들도 이러한 우상 숭배에 참여하도록 강요하였다. 따라서 본문은 음녀의 화려한 겉모습과는 달리 그 속에는 가증한 물건과 음행의 더러운 모습으로 채워져 더럽고 추한 모습을 보여주고 있다.

4절 정리 4절은 음녀 바벨론의 사치스럽고 화려한 모습을 연출하는 데 초점을 맞추고 있다. 음녀는 자주색옷과 붉은색 옷이 입혀져 있다. 여기에 금과 보석과 진주들과 같은 액세서리로 장식되어 그 화려함은 더욱 돋보인다. 그러나 아무리 화려해 보여도 음녀는 음녀일 뿐이다. 또한 음녀는 "금잔"을 들고 있

125 앞의 책.
126 이러한 문법적 항목은 다음 자료에서 참고하였다(Wallace, *Greek Grammars beyond the Basics*, 72).
127 Beale, *The Book of Revelation*, 856.
128 Aune, *Revelation 17-22*, 935.
129 Koester, *Revelation*, 674.

는데 그 금잔 안에 가증한 것들과 음행의 더러운 것들로 가득차 있다. 바로 2b절에서 '땅을 거주지로 삼은 자들이 그녀의 음행의 포도주로부터 취했다'는 것과 관련된다. 곧 4b에서 금잔에 들어 있는 가증한 것과 음행의 더러운 것들은 2b와 관련하여 볼 때 '음행의 포도주'라는 것을 알 수 있다. 전자가 우상 숭배를 가리키고 후자가 성도들의 피와 연관된다는 점에 비춰 볼 때, 우상 숭배와 성도들에 대한 핍박은 서로 밀접한 관계성을 가진다는 것을 알 수 있다. 성도들은 우상숭배를 거부했고, 그 거부하는 행위는 가혹하게도 무력으로 제압되었기 때문이다. 이는 6절 말씀에 대한 설명에서 다시 논의 될 것이다.

큰 음녀의 이름(5a절) 다음 5절에서는 4b에서 등장한 음녀의 이름이 소개된다.. 음녀의 이마에는 이름이 기록되어 있다. 이것은 당시 로마의 창녀들이 이마에 자기의 이름이 적힌 띠를 두르고 있었던 모습에서 유래한 것이라고 주장하는 학자가 있는 반면,[130] 이에 대한 근거가 희박하다고 주장하는 학자도 있다.[131] 여기에서 "이마"에 어떤 표시는 요한계시록의 다른 본문에 7번 등장한다. 세 번(13:16; 14:9; 20:4)은 짐승의 표가 그 이마에 표시되고 네 번(7:3; 9:4; 14:1; 22:4)은 하나님의 인 또는 그 이름이 표시된다.[132] 이마에 그 이름이 기록되었다는 것의 의미는 그것의 본질을 정확히 묘사하는 것이기 때문에 중요하다. 그 이름에 따라 그 이름이 일컬어지는 대상의 본질이 결정된다는 것이다. 바로 그러한 이름이 이 음녀의 이마에 기록되어 있다. 그 이마에 기록된 이름을 통해 음녀의 본질이 대표적으로 드러난다. 음녀의 이름이 "큰 바벨론"이라고 쓰여 있어 이 음녀는 "억압적 성격"(oppressive character)을 가지고 있음을 보여준다.[133] 이름의 구체적 내용에 대해서는 이어지는 내용에서 좀 더 자세하게 다루게 될 것이다.

비밀(5a) 여기에서 먼저 해결해야 할 문제는 "비밀"(μυστήριον, 뮈스테리온)이란 단어가 5a절에 속하느냐 아니면 5b에 속하느냐이다. 이 문제에 대해서는 번역 문제를 논의할 때 충분히 다루었기 때문에 여기에서는 그 결론에 근거해서 논

130 Charles, *A Critical and Exegetical Commentary on Revelaiton*, 2:65; Koester, *Revelation*, 674.
131 Ford, *Revelation*, 279; Harrington, *Revelation*, 171.
132 Mounce, *The Book of Revelation*, 311.
133 Koester, *Revelation*, 674.

의를 시작하도록 할 것이다. 번역에 대한 논의에서 "비밀"이란 단어를 5a절에 속하는 것으로 보고 "비밀인 이름"으로 연결하여 번역하는 것이 적절하다고 결론지은 바 있다. 큰 음녀의 이름은 비밀에 의해 그 의미가 더 구체적으로 설명될 수 있는 여지를 남겨 놓는다. 17장 7절에서 이러한 이름이 가지고 있는 비밀스런 내용의 구체적인 설명을 제시한다.

1장 20절과 10장 7절에서도 "비밀"이라는 단어가 사용되는데, 이 경우에 비밀은 오랫동안 감추어져 왔으나 지금 마지막 때가 되어 그 의미가 드러나게 된 사실을 표현한다.[134] 따라서 "비밀"은 감추어져 있는 것 자체를 목적으로 하는 것이 아니라 일정한 시기가 되면 드러나는 것을 목적으로 한다. 다만 그 시기가 이르기 전까지는 그 의미가 온전히 드러나지 않은 채 존재한다. 1장 20절은 예수님의 초림으로 말미암은 비밀의 성취를 말하고 10장 7절은 예수님의 재림 때에 이루어지는 비밀의 완성을 말한다. 5a절의 "비밀"도 1장 20절과 10장 7절의 "비밀"의 의미의 맥락에서 이해하는 것이 가능하고 그럴 필요가 있다. 그렇다면 5a절의 "비밀"은 마지막 때가 되어 마땅히 드러나야 하는 사실을 가리키는 것으로 이해할 수 있다. 이 경우에 종말적 사건으로서 마땅히 드러나야 할 비밀의 범주 속에 악의 세력의 정체도 들어 있다는 것이 흥미롭다.

더 나아가서 "비밀"을 종말적 계시 사건으로서 뿐만 아니라 또한 "역설적 방법"(ironic manner)의 관점에서 이해할 수도 있다.[135] 여기서의 "역설적 방법"이란 강력한 힘을 가진 악의 왕국이 전혀 예상치 않게 기대되지 않은 상태에서 갑자기 패망되었다는 역설적 상황을 가리킨다. 요한계시록에서 바벨론의 멸망은 바로 누구도 예상할 수 없는 사건이기에 그 자체가 역설적 패턴을 보여준다는 것이다. 이러한 의미로서 사용되는 "비밀"은 느부갓네살 왕의 교만과 그에 따른 심판에 대한 이야기의 서론으로 기능하는 다니엘 4장 9절(데오도티온역; 이 본문이 70인역에는 존재하지 않음; MT는 4장 6절)의 "비밀"(우리말 번역은 "은밀한 것"이라고 함)과 그 역설적 방법을 공유한다.[136] 강력한 나라를 통치하던 바벨론 왕 느부갓네살이 갑자기 심판을 받고 멸망하게 된 것은 전혀 예상치 못한 아이러니

134 Beale, *The Book of Revelation, 858; Osborne, Revelation,* 612. 비밀의 주제에 대한 자세한 내용은 1권192-195쪽과 891-894쪽에서 자세하게 논의한 바 있다.
135 Beale, *The Book of Revelation*, 858.
136 앞의 책.

가 아닐 수 없다. 이 아이러니가 바로 요한계시록의 본문에서 소개되는 강력한 힘을 가진 나라 바벨론의 갑작스런 멸망의 방법에 적용된다. 여기에서 갑작스런 멸망은 18장 10절, 17절, 19절에서 "한 순간"(μιᾷ ὥρᾳ, 미아 호라)에 멸망했다는 표현에 잘 드러난다. 17장 8-18절에은 이런 바벨론의 역설적인 멸망의 과정을 구체적으로 설명하고 소개한다.[137]

큰 바벨론(5b절) 5b절에서 이제 음녀의 비밀스런 이름의 정체가 서서히 밝혀지기 시작한다. 먼저 그 큰 음녀는 다름 아닌 "큰 바벨론"이란 이름을 갖는다. 여기에서 "큰"(μεγάλη, 메갈레) 이란 형용사는 요한계시록에서 항상 "바벨론"이란 도시 이름 앞에 붙어서 사용된다 (14:8; 16:19; 17:5; 18:2, 10, 21).[138] 그리고 이 문구는 다니엘 4장 30절(LXX; MT는 4:27)에서 강력한 군사력을 가진 바벨론 제국을 배경으로 한다.[139] 이 다니엘서 본문에서 하나님을 향한 느부갓네살 왕의 교만함과 그로 인한 심판과 멸망을 기록하고 있다(참조 단 4:33).[140] 음녀로서 로마 제국은 사치와 부패 그리고 권력을 가졌던 옛 바벨론과 매우 유사하다. 더 나아가서 로마제국은 성전파괴, 우상숭배, 사치, 비도덕성의 주체이며, 막강한 권력으로 성도를 박해하였다는 점에서도 바벨론 제국과 평행 관계를 유지한다(17:6).[141] 이러한 평행 관계는 AD 1세기에 세계의 중심이라고 할 수 있는 로마에게도 "큰"(μεγάλη, 메갈레)라는 단어가 사용된다(Senca the Younger, Ad helviam 6.3)[142]는 사실에 의해 더욱 강화된다.

따라서 1세기 유대 저술가들은 BC 587년에 솔로몬 성전을 파괴한 바벨론 제국과 AD 70년에 헤롯 성전을 파괴한 로마 제국 사이의 유비적 관계를 통해 로마 제국을 바벨론 제국으로 칭하기를 좋아했다(바룩 2서 10:2-3; 11:1; 22:1; 67:7; 79:1; 시빌의 신탁 5:143, 159; 에즈라 4서 3:1-2; 29-31; 16:1; 바룩 3서 1:1등).[143] 그리고 초기 그리스도인들도 이러한 표현의 패턴을 따랐다(벧전 5:13; Eusebius Ecclesiastical History 2:15;

137 앞의 책.
138 Smalley, *The Revelation to John*, 431.
139 Koester, *Revelation*, 675.
140 Beale, *The Book of Revelation*, 858.
141 Osborne, *Revelation*, 613.
142 Koester, *Revelation*, 675.
143 앞의 책.

Tertullian, Against Marcion, 3:13).[144] 이처럼 큰 바벨론으로서 위대한 로마 제국의 갑작스런 멸망은 필연적으로 드러나기로 되어 있는 종말적 사건이며 비밀스런 사건이 아닐 수 없다.

음녀들과 땅의 가증한 것들의 어머니(5b절) 5b절에 의하면 음녀의 비밀스런 이름은 '큰 바벨론'일 뿐만 아니라 "땅의 음녀들과 땅의 가증한 것들의 어머니"라고 한다. 여기에서 '가증한 것들'에 "땅의"라는 수식어를 덧붙임으로써 가증한 것들의 사탄적 속성을 더욱 부각시킨다. 그리고 "음녀들"과 "땅의 가증한 것들"이 서로 짝을 이루고 있는 것은 바로 4d절에서 "가증한 것들'과 '음행의 더러운 것들'이 서로 짝을 이루는 것과 동일한 패턴이다. 그러므로 이 두 표현은 우상 숭배 행위를 강조하려는 목적을 드러낸다. 이 큰 음녀가 이러한 "음녀들과 땅의 가증한 것들의 어머니"라고 한 것은 그 음녀가 우상 숭배의 대표적 존재이며, 따라서 심판을 통해 받게 될 재앙에 있어서도 그가 "원형"(archetype)이 된다는 것을 의미한다.[145] 여기에서 큰 음녀가 "원형"을 뜻하는 "어머니"(μήτηρ, 메테르)란 이름으로 불린 이유는 이 큰 음녀 큰 바벨론이 제국주의적 경제 능력을 가지고 세상의 "우상 숭배 시스템"에 대해 막대한 영향력을 행사하고 있기 때문이다.[146]

큰 음녀가 성도들의 피와 예수의 증인들의 피로 말미암아 취하다(6ab절) 요한은 환상 중에 그 큰 음녀가 성도들의 피와 예수의 증인들의 피로 말미암아 취한 것을 본다. 이것은 문자적 표현이 아니고 은유적 표현임을 쉽게 알 수 있다. 왜냐하면 누군가가 피로 말미암아 취하는 것을 상상할 수 없기 때문이다. 그렇다면 이 본문은 무엇을 상징하는가? 이 본문은 2절을 재해석하는 내용으로서 2절과 함께 이해하는 것이 필요하다. 2절에서는 "땅을 거주지로 삼은 자들이 음녀의 음행의 포도주로 말미암아 취했다"고 한다. 두 본문에서 "… 말미암아 취하다"라는 문구가 동일하게 사용되어 두 본문 사이의 평행 관계를 보이고 있다. 다만 "포도주로 말미암아"가 "피로 말미암아"로 바뀌어 표현된다.

144 Swete, *The Apocalypse of St. John*, 180.
145 Smalley, *The Revelation to John*, 432.
146 Beale, *The Book of Revelation*, 859.

여기에서 취한 것의 원인으로서의 "피는 붉은 포도주에 비유될 수 있다"[147]는 점은 2절의 "포도주"와 6절의 "피"가 상호 교환되어 사용될 수 있다는 것을 시사한다. 이것은 또한 두 본문 사이의 평행 관계를 더욱 공고히 해 주고 있다. 이런 포도주와 피와의 상호적 관계는 이사야 선지자가 바벨론의 심판을 예언한 이사야 49장 26절에 잘 나타나고 있다: "내가 너를 학대하는 자로 자기의 고기를 먹게 하며 새 술에 취함 같이 자기의 피에 취하게 하리니"(사 49:26).[148]

한편 요한계시록에서 "음행"은 대부분 우상숭배와 관련된다. 2a절의 "행음하다"와 2b절의 "음행"은 도덕적 결함을 의미할 수도 있지만 그러나 그 이상의 의미로서 우상 숭배 행위에 대한 은유적 표현으로 보는 것이 적절하다. 이런 맥락에서 2b절의 "땅을 거주지로 삼은 자들이 그녀(바벨론)의 음행의 포도주로 말미암아 취했다"는 것은 음녀 바벨론인 로마 제국이 그 제국에 속한 자들로 하여금 황제를 비롯한 우상숭배에 참여하도록 주도했다는 것을 은유적으로 표현한 것이다. 로마 제국의 황제 숭배는 정치적이고 경제적인 관점에서 매우 폭력적인 특징을 갖는다. 곧 황제 숭배를 거부하는 자들은 정치적으로 황제의 권위에 대한 도전으로 여겨져서 죽임을 당하거나(참조 6:9-11; 11:7-8; 13:15; 18:24) 경제적 차원에서 정상적인 매매 행위를 할 수 없다(참조 13:16-18).

6b절에서 음녀가 "성도들의 피로 말미암아 그리고(καί, 카이) 예수의 증인들의 피로 말미암아 취했다"고 한 것에서 두 문구 사이를 이어주는 접속사 '카이'(καί)는 "설명적(epexegetic) 용법으로서 "예수의 증인들의 피"가 "성도들의 피"를 설명해 주는 관계라고 할 수 있다.[149] 따라서 두 문구는 두 개의 그룹을 나타내고 있는 것이 아니라 하나의 그룹으로, "성도들은 예수를 증거하는 자들"이라고 할 수 있다.[150] 여기에서 예수를 증거한다는 것은 우주를 통치하시는 왕으로서 예수를 증거하는 것이다. 이것은 로마 제국의 정치적 종교적 이데올로기인 황제 숭배를 적극적으로 거부하는 행위이며 거기에 정면으로 도전하는 행위이기에 핍박으로 인한 피흘림의 고난은 필연적이다. 이러한 맥락에서 큰 음녀가 황제 숭배를 추구하는 음행의 포도주로 말미암아 취하듯이 성도들의 피에 취하였다는 것은, 큰 음녀 바벨론 곧 로마 제국이 성도들을 핍박하여

147 Koester, *Revelation*, 675.
148 Mounce, *The Book of Revelation*, 312.
149 Smalley, *The Revelation to John*, 432.
150 Beale, *The Book of Revelation*, 860.

그들의 피를 흘리게 했다는 것으로 이해할 수 있다. 이런 의미에서 "피로 말미암아"(ἐκ τοῦ αἵματος)를 두 번 반복하는 것은 그 피를 흘린 "로마 제국의 죄"를 강조하는 의도를 드러낸다.[151] 더욱이 단순히 "마시다"가 아니라 "취했다"고 한 것은 그 핍박의 행위 강도를 더욱 심화시켜 표현하는 것이라고 할 수 있다.[152]

구약에서 피를 마신다는 것은 살육을 의미하는데 이러한 사실을 보여주는 그 대표적인 본문이 렘 46장 10절과 사 34장 5절이다.[153]

> 그 날은 주 만군의 여호와께서 그의 대적에게 원수 갚는 보복일이라 칼이 배부르게 삼키며 그들의 피를 넘치도록 마시리니(μεθυσθήσεται, 메뒤스데세타이) 주 만군의 여호와께서 북쪽 유브라데 강 가에서 희생제물을 받으실 것임이로다(렘 46:10)
>
> 여호와의 칼이 하늘에서 족하게 마셨은즉(ἐμεθύσθη, 에메뒤스데 〉μεθύω, 메뒤오) 보라 이것이 에돔 위에 내리며 진멸하시기로 한 백성 위에 내려 그를 심판할 것이라(사 34:5)

이 본문들에서 피를 마신다는 것은 곧 죽음을 의미한다는 것을 확인할 수 있다. 이것을 배경으로 볼 때 큰 음녀가 "성도들의 피와 예수의 증인들의 피"를 마치 술을 마시듯 했다는 것은 로마 제국이 성도들의 피를 흘려 죽이게 했다는 것을 의미한다. 증인으로서 성도들은 황제 숭배를 받아들일 수 없기 때문에 죽임을 당할 수 밖에 없는 상황이었다. 실제로 6장 9-11절에서 "하나님의 말씀과 그들이 가지고 있는 증거 때문에" 죽임당한 순교자들이 대표적인 경우이다. 그리고 11장 10절에서 하나님의 말씀을 대언하는 두 증인의 죽음도 이러한 맥락에서 이해할 수 있는데, 특별히 "땅에 사는 자들"이 그 두 증인의 죽음을 보며 즐거워하고 기뻐하며 축제하는 모습은 동일하게 2b절에서 "땅을 거주지로 삼은 자들"이 "음행의 포도주"로 취한 것이나 6ab절에서 큰 음녀가 예수의 증인들인 성도들의 피로 말미암아 취한 것과 동일한 상황으로 볼 수 있다.[154] 이러한 표현은 2절에서 "음행의 포도주에 취하였다"는 표현과 본질적으로 동일한 것이며 또한 4b절에서 그 음녀의 손에 '금잔'을 가지고 있는 것과 관련된다. 왜냐하면 그 여자를 취하게 한 "포도주"나 "성도들/증인들의 피"

151 Swete, *The Apocalypse of St. John*, 214.

152 "취하다"에 해당되는 단어는 '메뒤오'(μεθύω)로서 단순히 "마시다"라는 의미가 아니라 "취할 때까지 마시다"라는 의미이다(BDAG, 626).

153 Koester, *Revelation*, 675.

154 M. Kiddle, *The Revelation of St. John*, MNTC (New York: Harper, 1940), 343-44.

를 바로 이 금잔으로 마시기 때문이다.

놀라다(6c절) 6c절에서 요한은 이 여자를 보고 매우 크게 놀라게 되었다. 이 문장은 번역에서도 논의했던 것처럼 "용어법"에 의해 요한이 놀라는 정황이 강조되는 구조를 가지고 있다. 여기에서 동사인 "놀라다"(ἐθαύμασα, 에다우마사 >θαυμάζω, 다우마조)와 목적어로 사용된 명사인 "놀람"(θαῦμα, 다우마)은 다양한 의미를 내포한다. 기본적으로 이 단어는 "놀라운 당혹감"(astonished perplexity)이란 의미를 가지고 있으며(막 12:17; 마 27:14; 눅 4:22; 요 3:7; 행 2:7) 이 문맥에서는 "두려움, 놀람 그리고 호기심의 반응"을 내포한다.[155]

그렇다면 저자 요한은 왜 이러한 놀라움 속에 휩싸이게 된 것일까? 그것은 6c절에서 'ἰδὼν αὐτήν'(이돈 아우텐, 내가 그녀를 보고)이라는 문구로 알 수 있다. 이 때 요한이 본 이 여자의 모습은 1d절부터 6c절까지 묘사된 내용 전체를 포함한다. 요한이 본 그 여자는 광야에서 많은 물 위에 앉아서 천하를 호령하고 짐승 위에 앉아 세상에서 황제의 최고 통치권을 행사한다. 그 여자는 자주색 옷과 붉은 색 옷을 입고 금과 보석고 진주들로 장식되어 화려하고 사치스런 자태를 뽐내고 있었다. 여기에 그 여자는 "큰 바벨론 곧 음녀들과 가증한 것들의 어머니"라는 거창한 이름까지 가지게 되었다. 그리고 예수 증인들로서 성도들의 피로 말미암아 취할 정도로 폭력적 모습을 보여준다. 처음 1c절에서 일곱 천사 중 하나가 "큰 음녀의 심판을 보여 줄 것이다"라고 시작하였는데 그 큰 음녀가 기대한 것처럼 심판을 받기는커녕 오히려 강력한 모습을 유지하고 있다. 이러한 반전의 상황은 요한에게 "완전한 놀라움"(complete surprise)이 아닐 수 없다.[156] 또한 이러한 놀라움의 이면에는 보여진 환상을 이해할 수 있는 실마리를 잃어 버려[157] 이 난해한 환상을 이해하기 어려워 하는 데서 오는 "당황스러움"(puzzlement)이 있었을 것이라고도 추정할 수 있다.[158] 그리고 좀 더 실제적으로 요한은 성도들의 피로 취하게 되는 이러한 악한 존재가 강력한 힘을 가지고 활동하도록 하나님께서 허용하시는 현실에 대해 놀랐을 가능성

155 Smalley, *The Revelation to John*, 433.
156 Swete, *The Apocalypse of St. John*, 215.
157 앞의 책.
158 Aune, *Revelation 17-22*, 938.

이 있다.[159] 이제 이러한 놀라움과 혼돈 그리고 당황스러움을 해설해 줄 수 있는 "해석자"가 필요하게 되었다.[160] 그러므로 7-15절에서 한 천사는 이 음녀의 구체적인 모습을 해석하기 시작한다.

정리(1-6절) 1절은 심판받을 큰 음녀에 대한 환상이라는 말로 시작한다. 붉은 색 옷을 입고 있는 큰 음녀(4a절)가 붉은 짐승 위에 앉아 있음으로써 붉은 짐승의 속성을 공유한다. 1d절에서 큰 음녀가 붉은 짐승 위에 앉아 있는 것은 3b절에서 그 큰 음녀가 물 위에 앉아 있는 모습과 유사하다. 붉은 짐승과 물은 서로 종속 관계이다. 또한 큰 음녀는 땅의 왕들과 함께 행음하였고 땅을 거주지로 삼은 자들과 함께 음행의 포도주에 취했다. 음녀다운 행적이라 하지 않을 수 없다. 2b절은 "음행의 포도주에 취했다"고 하고 4절에서는 '음행'과 '가증한 것들'이라는 표현을 통해 큰 음녀가 우상 숭배에 몰입 되어 있음을 보여주는데, 이 우상 숭배와 성도들/증인들의 피에 취한 것과는 밀접한 관계가 있다. 이 두 행위의 관계는 의외로 간단하다. 그것은 바로 우상 숭배하는 것은 하나님에 대한 적대적 관계를 초래하게 되고 따라서 '성도' 곧 '예수의 증인들'에 대해서도 적대적 감정을 가지게 된다는 것이다. 그러므로 그들의 피를 흘리게 되어 있으며 요한은 이런 정황을 6a절에서 그 피에 취하게 되었다는 표현으로 설명하는 것이다. 5절은 그 여자의 이름이 '음녀들과 땅의 가증한 것들의 어미'라고 하는데 이것은 음녀가 우상 숭배 뿐만 아니라 성도들/증인들의 피를 흘리게 하는 데에도 주도적 역할을 하고 있음을 의미한다. 요한은 심판을 선포할 것이라고 기대했던 일곱 대접을 가진 천사 중 하나가 기대와는 달리 이런 화려하고 능력 있어 보이는 큰 음녀의 모습을 소개하는 것에 대해 적지 않게 당황하며 놀라움을 금치 못하고 있다.

---

159 Kiddle, *The Revelation of St. John*, 344.
160 Swete, *The Apocalypse of St. John*, 215.

2)환상에 대한 천사의 해석(17:7-14)

다음 7-14절은 1-6절의 내용에 대한 해석을 담고 있다. 먼저 7절은 도입 부분으로서 천사에 의한 해석이 약속되고 있다.

구문분석 및 번역

7절 a) Καὶ εἶπέν μοι ὁ ἄγγελος·
그리고 그 천사는 나에게 말했다:

b) διὰ τί ἐθαύμασας;
너는 무엇 때문에 놀라느냐?

c) ἐγὼ ἐρῶ σοι τὸ μυστήριον τῆς γυναικὸς καὶ τοῦ θηρίου
나는 너에게 그 여자와 그 짐승의 비밀을 말할 것이다.

d) τοῦ βαστάζοντος αὐτὴν
그녀를 태우고 있는

e) τοῦ ἔχοντος τὰς ἑπτὰ κεφαλὰς καὶ τὰ δέκα κέρατα.
일곱 머리와 열 뿔을 가지고 있는

8절 a) Τὸ θηρίον ὃ εἶδες ἦν καὶ οὐκ ἔστιν
네가 본 그 짐승은 전에 있었지만 지금 없고

b) καὶ μέλλει ἀναβαίνειν ἐκ τῆς ἀβύσσου
그리고 아뷔쏘스로부터 올라오게 되어 있지만

c) καὶ εἰς ἀπώλειαν ὑπάγει,
멸망으로 들어간다.

d) καὶ θαυμασθήσονται οἱ κατοικοῦντες ἐπὶ τῆς γῆς,
그리고 땅에 사는 자들은 놀랠 것이다.

e) ὧν οὐ γέγραπται τὸ ὄνομα ἐπὶ τὸ βιβλίον τῆς ζωῆς ἀπὸ καταβολῆς κόσμου,
그들의 이름이 세상의 창조로부터 생명의 책에 기록되어 있지 않은

f) βλεπόντων τὸ θηρίον ὅτι ἦν καὶ οὐκ ἔστιν καὶ παρέσται.
그 짐승이 전에 있었고 지금 없고 그리고 존재하게 될 것을 보고

9절 a) ὧδε ὁ νοῦς ὁ ἔχων σοφίαν:
지혜를 가진 마음이 여기에 있다.

b) Αἱ ἑπτὰ κεφαλαὶ ἑπτὰ ὄρη εἰσίν,
일곱 머리는 일곱 산이다.

c) ὅπου ἡ γυνὴ κάθηται ἐπ' αὐτῶν.
여자가 그것들 위에 앉아 있는

d) καὶ βασιλεῖς ἑπτά εἰσιν·

그리고 그들은 일곱 왕이다.

10절 a) οἱ πέντε ἔπεσαν, ὁ εἷς ἔστιν, ὁ ἄλλος οὔπω ἦλθεν,
다섯은 떨어졌고 하나는 지금 있고 다른 자는 아직 오지 않았다.

b) καὶ ὅταν ἔλθῃ ὀλίγον αὐτὸν δεῖ μεῖναι.
그리고 그(다른 자)가 왔을 때 그는 잠시 동안 머물러야 한다.

11절 a) καὶ τὸ θηρίον ὃ ἦν καὶ οὐκ ἔστιν καὶ αὐτὸς ὄγδοός ἐστιν καὶ ἐκ τῶν ἑπτά ἐστιν,
그리고 전에 있었지만 지금 없는 짐승 자신은 여덟째이고 일곱에 속해 있다.

b) καὶ εἰς ἀπώλειαν ὑπάγει.
그리고 그는 멸망으로 들어간다.

12절 a) Καὶ τὰ δέκα κέρατα ἃ εἶδες δέκα βασιλεῖς εἰσιν,
그리고 네가 본 열 뿔은 열 왕이다.

b) οἵτινες βασιλείαν οὔπω ἔλαβον,
아직 왕권을 받지 않은

c) ἀλλ' ἐξουσίαν ὡς βασιλεῖς μίαν ὥραν λαμβάνουσιν μετὰ τοῦ θηρίου.
그러나 그 짐승과 함께 잠시 동안 왕(들)으로서 권세를 받는

13절 a) οὗτοι μίαν γνώμην ἔχουσιν
이들은 한 목적을 갖는다.

b) καὶ τὴν δύναμιν καὶ ἐξουσίαν αὐτῶν τῷ θηρίῳ διδόασιν.
그리고 그들은 그들의 능력과 권세를 그 짐승에게 준다.

14절 a) οὗτοι μετὰ τοῦ ἀρνίου πολεμήσουσιν
이들은 어린 양에 대항하여 전쟁할 것이다.

b) καὶ τὸ ἀρνίον νικήσει αὐτούς,
그러나 어린 양이 그들을 이길 것이다.

c) ὅτι κύριος κυρίων ἐστὶν καὶ βασιλεὺς βασιλέων
왜냐하면 그는 주들의 주요 왕들의 왕이기 때문이다.

d) καὶ οἱ μετ' αὐτοῦ κλητοὶ καὶ ἐκλεκτοὶ καὶ πιστοί.
그와 함께 한 자들은 부름받은 자들이요 택함받은 자들이고 신실한 자들이다.

8a절에서 '엔'(ἦν)은 "존재(be)동사"로서 단순히 "있었다"로 번역되고 '우크 에스틴'(οὐκ ἔστιν)은 "있지 않다"로 번역될 수 있는데 이러한 번역만으로는 자연스럽지 못하다. 따라서 "있었다"에 "전에"라는 말을 덧붙이고 "있지 않다"에 "지금"을 덧붙이고 "있지 않다"를 "없다"로 하여 "지금 없다"로 번역하기로 한다. 그리고 이 문구를 연결할 때 '카이'(καί) 접속사를 "그리고"로 번역하기 보다는 반전의 의미를 살려서 "전에 있었지만 지금 없다"고 번역한다. 8b절에서 '멜레이'(μέλλει>μέλλω, 멜로)는 BDAG에 의하면 "불가피한"(inevitable)이란 의미로서 부

정사와 함께 사용될 때 "정해져 있다"(be destined)나 "해야만 한다"(must)라는 의미를 갖는다.[161] 이 단어는 단순히 미래의 사건을 의도하는 것이 아니라 일어나도록 정해져 있는 사건을 표현하기 위해 사용된다. 따라서 하나님의 주권이 강조된다. 이러한 내용을 반영하여 "올라오게 되어 있다"로 번역한다. 8b절에서 "ἀβύσσου"(아뷔쑤>ἄβυσσος, 아뷔쏘스)는 우리말로 "무저갱"으로 번역하는데 이 번역은 원어의 의미를 충분히 반영하지 못하므로 원어를 그대로 음역한 '아뷔쏘스'라고 번역하기로 한 바 있다.[162]

8abc절을 잘 관찰하면 긍정과 부정을 반복하는 구조로 되어 있음을 알 수 있다. 먼저 8a절에서 "전에 있었다"(ἦν, 엔)와 "지금 없다"(οὐκ ἔστιν, 우크 에스틴)가 서로 긍정과 부정으로서 대조적인 상태를 보여준다. 그리고 8b절의 "아뷔쏘스로부터 올라오게 되어 있다"와 8c절의 "멸망으로 들어간다"는 두 문구의 내용도 8a절의 경우처럼 대조를 이룬다. 따라서 이러한 대조 관계를 반영하여 번역하면 다음과 같다: a)네가 본 그 짐승은 전에 있었지만 지금 없고 b)그리고 아뷔쏘스로부터 올라오게 되어 있지만 c)멸망으로 들어간다. 이러한 패턴을 11a절에도 적용해서 "전에 있었지만 지금 없는 짐승"이라고 번역한다.

8c절은 미래적 사건을 묘사하고 있음에도 불구하고 사용된 동사는 현재형인 '휘파게이'(ὑπάγει)이다. 여기에서 사용된 현재시제 동사는 미래적 용법일 수 있으나 요한계시록에서는 현재를 미래로 사용하는 경우가 거의 없다. 도리어 과거나 미래를 현장감을 살리기 위해 현재형을 사용하는 경우가 있다. 4c절이 바로 이런 경우일 수 있다. 따라서 번역도 현장성을 살려 현재형으로 하도록 한다.

8d절의 '다우마스데손타이'(θαυμασθήσονται>θαυμάζω, 다우마조)는 미래 수동태 동사이다. 이 단어는 우리말로 번역하기가 의외로 난해하다. 우리말에 "놀라다"의 수동형으로서 "놀래다"로 알려져 있으므로 이것을 "놀랠 것이다"라고 번역하도록 한다.

10a절에서 처음 다섯 왕의 상태를 묘사하는 동사로 '에페산'(ἔπεσαν>πίπτω, 피프토)을 사용한다. 이 동사는 사전적으로 번역하면 "떨어지다"(fall) 혹은 "죽다,

161 BDAG, 628(2a).
162 이 번역 문제에 대한 자세한 논의에 대해서는 1권 793쪽을 참조하라.

멸망하다"(perish)라고 할 수 있다.[163] 이것을 사전적 의미로 문자 그대로 "떨어지다"로 번역할 것인지 아니면 "죽다" 혹은 "멸망하다"로 번역할 것인지 정하기가 쉽지 않다. 그러나 이 단어는 단순히 "죽다"를 의미하지 않으며 "무력적으로 전복되거나(being overthrown) 죽임을 당하는 의미"를 가지며 "한 사람의 폭력에 의한 죽음"을 완곡하게 표현하는 은유적 표현이라고 할 수 있다.[164] 이러한 은유적 표현의 의도를 그대로 유지할 필요가 있으므로 "떨어지다"라고 번역한다.

12b절의 '바실레이아'(βασιλεία)는 "왕직"(kingship), "왕적 능력"(royal power) 혹은 "왕적 통치"(royal rule)를 의미한다.[165] 12b절과 반전 관계에 있는 12c절에서 "왕(들)으로서 권세"(ἐξουσίαν ὡς βασιλεῖς, 에크수시안 호스 바실레이스)라는 문구를 줄여서 말하면 "왕권"이므로 이 단어를 12b절의 '바실레이아'의 번역에 적용한다. "왕권"이라는 말에는 "왕적 능력" 혹은 "왕적 통치"의 의미도 포함될 수 있다. 이와 동일한 단어가 17c절에도 사용되는데 이 본문에서도 "왕권"이라고 번역할 것이다. 12c절에서 '미안 호란'(μίαν ὥραν)이라는 문구는 직역하면 "한 시간 동안"이라고 할 수 있지만 이 문맥에서 문자 그대로 "한 시간 동안"의 기간을 의미하는 것이 아님이 분명하다. 대신에 이 문구는 "매우 짧은 시간동안"(for a very short time)이라는 의미를 갖는다.[166] 스위트도 이러한 번역을 지지한다. 그에 의하면 이 문구는 아람어적 어법으로 "잠시 동안"(for a moment)으로 번역할 것을 제안한다.[167] 이러한 제안을 받아들여서 이 문구는 "잠시동안"으로 번역한다.

14a절에서 '"어린 양"과 함께 사용된 전치사 '메타'(μετά)를 단순히 "함께"라는 의미로 번역하면 전쟁의 상대를 표현하는 방식으로는 뭔가 어색한 느낌이 있다. BDAG에 의하면 "전쟁하다"(πολεμέω)라는 의미의 동사와 함께 사용될 경우 '메타'는 "대항하여"(against)라는 의미를 갖는다(참고 삼상 17:33).[168] 따라서 이 의미를 번역에 적용하도록 한다.

13a절에서 '그노멘'(γνώμην>γνώμη, 그노메)이란 단어가 사용되는데 이 단어는

---

163 BDAG, 816(2e).
164 Aune, *Revelation 17-22*, 949.
165 BDAG, 168(1a)
166 BDAG, 1102(2b).
167 Sweet, *Revelation*, 261.
168 BDAG, 637(2cβ).

사전적으로 "마음"이나 "목적"이란 의미를 동시에 갖는다.[169] 이 두 의미는 어떤 면에서 동일하다고 할 수도 있기 때문에 어느 것 하나를 선택한다고 해도 크게 문제 될 것은 없다. 그럼에도 불구하고 이 두 단어 중에 하나를 선택해야 한다. 대부분의 영어 번역본과 주석들은 이것을 "마음"의 의미로 간주하여 열 왕들이 한 마음을 가지고 있는 것으로 번역한다. 그러한 대세적 흐름에도 불구하고 17a절에서 그 동일한 단어가 명백하게 "목적"으로 번역된다는 점에 근거하여 17b절을 포함하여[170] 13a절의 경우에도 일관성 있게 "목적"이라고 번역한다.

이상의 내용을 정리해서 우리말 어순에 맞추어 번역하면 다음과 같다.

7a 그리고 그 천사는 나에게 말했다:
7b 너는 무엇 때문에 놀라느냐?
7c 나는 너에게 그 여자와
7d 그녀를 태우고 있고
7e 일곱 머리와 열 뿔을 가지고 있는
7c 그 짐승의 비밀을 말할 것이다.
8a 네가 본 그 짐승은 전에 있었지만 지금 없고
8b 그리고 아뷔쏘스로부터 올라오게 되어 있지만
8c 멸망으로 들어간다.
8d 그리고
8e 그들의 이름이 세상의 창조로부터 생명의 책에 기록되어 있지 않은
8d 땅에 사는 자들은
8f 그 짐승이 전에 있었고 지금 없고 그리고 존재하게 될 것을 보고
8d 놀랠 것이다.
9a 지혜를 가진 마음이 여기에 있다.
9b 일곱 머리는
9c 여자가 그것들 위에 앉아 있는
9b 일곱 산이다.
9d 그리고 그들은 일곱 왕이다.
10a 다섯은 떨어졌고 하나는 지금 있고 다른 자는 아직 오지 않았다.
10b 그리고 그(다른자)가 왔을 때 그는 잠시 동안 머물러야 한다.
11a 그리고 전에 있었지만 지금 없는 짐승 자신은 여덟째이고 일곱에 속해 있다.
11b 그리고 그는 멸망으로 들어간다.

169 BDAG, 202(1).
170 17b절의 경우에는 이 본문을 번역할 때 자세하게 논의하기로 한다.

12a	그리고 네가 본 열 뿔은
12b	아직 왕권을 받지 않았지만
12c	그러나 그 짐승과 함께 잠시 동안 왕(들)으로서 권세를 받는
12a	열 왕이다.
13a	이들은 한 목적을 갖는다.
13b	그리고 그들은 그들의 능력과 권세를 그 짐승에게 준다.
14a	이들은 어린 양에 대항하여 전쟁할 것이다.
14b	그러나 어린 양이 그들을 이길 것이다.
14c	왜냐하면 그는 주들의 주요 왕들의 왕이기 때문이다.
14d	그와 함께 한 자들은 부름받은 자들이요 택함받은 자들이고 신실한 자들이다.

본문 주해

6c절에서 요한이 "아주 크게 놀라다"는 것에 대한 반응으로, 7절은 "너는 무엇 때문에 놀라느냐?"라는 질문으로 시작한다. 이것은 7-14절의 내용이 1-6절과 밀접관 관계가 있다는 것을 의미한다.

비밀을 말하다(7ab절) 6c절에서 요한은 큰 음녀에 대한 환상을 보고 매우 크게 놀라워 했다. 이에 대한 반응으로 1절에서 언급되었던 바로 그 동일한 천사(일곱 대접을 가진 일곱 천사 중 하나)가 요한에게 "무엇 때문에 놀라는가?"라고 묻는다. 이런 질문은 그 천사가 앞에서 요한이 보았던 환상에 대해 당혹스러워 하는 것을 감지하고 큰 음녀에 대한 요한의 궁금증을 해소시켜 주려는 의도를 가지고 있다고 볼 수 있다.[171] 따라서 7b절에서 천사는 "그 여자와 그 짐승의 비밀"을 알려주겠다고 말한다. "그 여자와 그 짐승의 비밀"이란 문구에서 여자와 비밀의 거리가 너무 멀어 관계가 없는 것처럼 보이나 비밀이라는 단어는 '여자'와 '짐승'모두에 연결된다.

여기에서 이 "비밀"이라는 단어는 5a절에서 이름과 관련하여 등장한 바 있다. 5a절에서 비밀에 대한 논의를 충분히 하였으므로 여기에서는 중복되지 않는 내용만을 언급하기로 한다. 특별히 7c절에서 사용된 "비밀"은 "여자와 짐승"이 문자적인 의미보다는 쉽게 이해하기 어려운 "상징의 숨겨진 의미"(the hidden meaning of the symbolism)를 내포하고 있다는 것을 함의한다.[172] 천사는 바로

171 Koester, *Revelation*, 317.
172 Beale, *The Book of Revelation*, 859.

그 비밀을 저자 요한에게 해석해 주겠다고 말함으로써 그 숨겨진 의미를 다음에 이어지는 9-18절에서 밝혀 주려는 의도를 보인다. 그리고 이러한 숨은 의미에 대한 설명은 5a의 경우처럼 종말적 사건의 계시 뿐만 아니라 역설적 방법이나 뜻밖의 방법으로 일어나는 사건에 대한 계시와 관련된다. 천사는 약속대로 짐승과 음녀에 대해 해석하는데, 17장의 나머지 부분은 주로 짐승과 음녀의 관계를 중심으로 전개되고, 18장은 음녀 바벨론의 심판에 집중한다.[173]

음녀를 태우고 있는 짐승(7de절) 7de절은 7c절에서 소개되는 짐승에 대한 보충 설명이다. 7d절은 짐승이 큰 음녀를 태우고 있다고 말하고 7e절은 그 짐승이 일곱 머리와 열 뿔을 가지고 있다고 말한다. 먼저 7d절에서 짐승이 큰 음녀를 "태우고 있다"(βαστάζοντος, 바스타존토스>βαστάζω, 바스타조)고 한 것은 3b절에서 여자가 붉은 짐승 위에 "앉아 있는 것"(καθημένην, 카데메넨>κάθημαι, 카데마이)과 같은 내용을 다른 각도에서 조명한 것이라고 할 수 있다. 3b절은 짐승 위에 앉아 있는 여자에 초점을 맞추고, 7c절은 큰 음녀를 태우고 있는 짐승에 초점을 맞춘다. 그 이유는 3b절과 7c절이 각각 여자와 짐승을 소개하는 문맥에 속하기 때문이다. 이 각각의 문맥은 다른 의도를 드러내는데, 3b절의 경우에는 황제와 로마 제국과의 일체감을 통한 통치권의 극대화를 드러내는 반면 7d절은 큰 음녀 바벨론을 짐승이 감당해야 하는 "부담"(burden)으로 제시한다.[174] 이러한 차이는 3b절에서는 "앉다"라는 의미를 갖는 '카데마이'(κάθημαι)라는 동사의 분사(καθημένην, 카데메넨)를 사용하고 7d절에서는 "태우다"라는 의미를 갖는 '바스타조'(βαστάζω)라는 동사의 분사(βαστάζοντος, 바스타존토스)를 사용하는 것으로 더욱 잘 드러난다.

짐승의 운명 경로(8abc절) 다음 8절부터는 짐승에 대한 해석이 소개되고 있다. 사실은 7b절의 "그 여자와 그 짐승의 비밀"이라는 표현은 순서상으로 여자 곧 큰 음녀에 대한 설명을 먼저 시작할 것이라 기대하게 만들지만 실제로는 짐승에 대한 소개로 시작한다. 이것은 짐승에 대한 이해가 큰 음녀와 연동되어 있

173 벡위드는 비밀을 큰 음녀와 짐승에 대한 단순한 상징적 의미 그 이상으로 간주하며 17장 1절부터 19장 5절까지 음녀에 대한 심판 전체 내용을 포함하는 것이라고 주장한다(Beckwith, *The Apocalypse of John*, 697).

174 Swete, *The Apocalypse of St. John*, 215.

으므로 짐승을 잘 이해하면 큰 음녀에 대해서도 더 빠르게 이해할 것이라는 요한의 판단 때문이라고 추정된다.[175] 8a절에서 천사는 요한이 본 짐승에 대해 "전에 있었지만 지금 없다"(ἦν καὶ οὐκ ἔστιν, 엔 카이 우크 에스틴)로 소개한다. 이 문구는 1장 18절과 2장 8절에서 "죽었다가 살아나서 영원히 존재하시는 어린 양에 대한 패러디"이고[176] 그리고 1장 4절에서 하나님의 호칭으로 사용된 '호 온 카이 호 엔'(ὁ ὢν καὶ ὁ ἦν, 지금 계시고 전에도 계셨던 분)과 대조시키려는 의도가 있다.[177] 이 문구에서 현재의 존재를 말하는 "지금 계시는 분"이 먼저 나오고 과거의 시점을 말하는 "전에도 계셨던 분"이 나중에 나와서 현재에 활동하시는 부분을 강조한데 반해, 8a절의 문구는 어느 한 부분을 강조하는 것 없이 짐승의 존재 양태를 시간 순서대로 과거와 현재의 순서로 나열한다. 다만 현재 시점에서 짐승이 존재하지 않는 것으로 묘사하여 하나님의 영속성을 말하는 1장 4절의 하나님의 경우와 차이를 보인다.

그리고 8b절은 이어지는 상황에 대해 소개하면서 먼저 아뷔쏘스로부터 올라오게 되어 있다고 한다.[178] 여기에서 '멜레이'(μέλλει>μέλλω, 멜로)는 번역에서도 논의한 것처럼 단순히 미래적 사건을 서술하는 것이 아니라(그랬다면 미래시제 동사를 사용했을 것이다), 조동사로서 부정사와 함께 사용되어 하나님의 주권에 의해 결정된 경로대로 진행되는 상황을 표현하기 위해 동원된다.[179] 짐승이 아뷔쏘스로부터 올라오게 되는 것은 하나님의 주권에 의해 결정되어 진행되는 것이다. 또한 짐승이 아뷔쏘스로부터 올라오는 모습은 11장 7절에서 짐승이 아뷔쏘스로부터 올라오는 패턴과 동일하다 (ἀναβαῖνον ἐκ τῆς ἀβύσσου, 아나바이논 에크 테스 아뷔쑤). 짐승이 아뷔쏘스로부터 올라온다는 것은 짐승이 당연히 그 이전 단계에서 아뷔소스에 존재했다는 것을 의미한다. 이처럼 아뷔쏘스에 존재하는 것은 8a절에서 "지금 없다"고 한 것과 동일한 정황으로 볼 수 있다. 곧 아뷔쏘스에 존재하는 기간은 현재로서 의미상 존재하지 않는 것으로 간주된다. 요한이 과거 시제인 "전에 있었다"(ἦν, 엔> εἰμί, 에이미)와 대비되는 '에스틴'(ἔστιν)이라는 현재 시제 be동사를 사용하기에 요한의 관점에서는 현재적 시점으로

175 앞의 책.
176 Mounce, *The Book of Revelation*, 314.
177 Swete, *The Apocalypse of St. John*, 215.
178 우리말 번역의 "무저갱"은 헬라 원어의 의미를 충분히 반영하지 못해서 원어를 그대로 음역하여 '아뷔쏘스'로 번역했다. 이에 대한 자세한 논의는 1권의 793쪽을 참조하라.
179 BDAG, 628(2).

볼 수 있다. 짐승이 아뷔쏘스로부터 올라와서 이어지는 경로를 다음 8c절에서 분명하게 보여준다.

이어서 8c절에서는 짐승이 다다르게 될 마지막 종착점을 소개한다. 그것은 바로 "멸망"(ἀπώλεια, 아폴레이아)이다. 결국 짐승의 최종적 순간은 멸망하고 만다는 것이다. 이런 정황을 설명하는 데 '휘파고'(ὑπάγω)라는 동사가 사용된다. 이 동사는 단순히 가는 행위가 아니라 "어느 일정한 방향으로 움직이는 것"이라는 의미가 있다.[180] "전에 있었고"라는 문구는 분명히 과거시제인 '엔'(ἦν>εἰμί, 에이미)을 사용했고 "지금 있다"라고 한 현재의 상황은 현재 시제 동사를 사용했지만 미래 시점을 암시하는 "멸망으로 들어가다"(8c절)는 미래가 아닌 현재 시제 동사를 사용한다. 시제의 구별이 명확하게 제시되는 이 문장에서 미래 시제 동사가 사용될 것으로 예상되지만 이것을 현재 시제로 사용하고 있는 것은 요한이 이 부분을 환상을 보는 시점에서 기록하고 있는 것으로 간주할 수 있다. 짐승의 결말을 보며 반응을 보여주는 8d절은 미래 시제로 사용되어 미래 시점에 최적화시키고 있다.

이상에서 열거된 짐승의 운명은 20장에 소개된 용의 운명과 동일하다. 이 부분에 대해서는 20장에서 자세하게 언급할 것이다. 다만 여기에서 간단하게 설명하면 20장 1-3절에서 용은 무저갱에 천년 동안 결박되어 있는데, 이는 바로 17장 8a절에서 짐승이 무저갱에 갇혀 있는 상태를 가리키며 바로 이것이 "지금 없다"고 말한 이유이다. 곧 아뷔쏘스에 갇혀 있으므로 존재하지 않는 것처럼 간주되는 것이다. 여기에서 용이 무저갱에 갇히게 된 것은 예수님 재림 이전에 발생한 사건으로서 예수님의 초림, 좀 더 구체적으로 말하면 예수님의 사역과 죽음과 부활 사건의 결과로 간주할 수 있다.[181] 또한 천년은 적어도 짐승이 아뷔쏘스로부터 올라오는 미래의 시점(8c절)까지 지속되는 현재의 기간이라고 할 수 있다. 그리고 천년이 다 찼을 때에, 20장 7-10절에서 용은 아뷔쏘스로부터 풀려 나온다. 이 시점은 11장 7ab절에서 두 증인이 증거를 다 마칠 때 아뷔소쓰로부터 올라오는 것과 동일하게 재림의 때라고 볼 수 있다.[182] 아뷔쏘스로부터 풀려난 용은 성도들의 진영과 전쟁을 일으키는데 이에

180 BDAG, 1028(2).
181 이에 대한 자세한 내용은 20장 1-3절을 참조하라.
182 이런 내용에 대한 자세한 논의에 대해서는 1권의 963-968쪽을 참조하라.

패하여 불과 유황이 타는 호수에 던져지게 된다. 이것은 17장 8c절에서 아뷔쏘스로부터 올라온 짐승이 "멸망으로 들어가는" 결과와 동일시된다. 여기에서 용이 상징하는 사탄과 짐승이 이렇게 동일한 모습으로 묘사되는 것은 그들이 서로 운명 공동체이기 때문이다. 이런 관계는 13장 2절에서 용이 짐승에게 그의 능력과 그의 보좌와 큰 권세를 주었다는 사실에서 분명하게 드러난다.

용으로 상징되는 사탄은 예수님의 초림 전에 왕성하게 활동하였으므로 "전에 있었다"고 할 수 있다. 예수님의 십자가 사건으로 사탄은 결박되어 무저갱에 갇힌 신세가 된 것으로 볼 수 있다. 그러나 또한 예수님의 재림 때가 가까울 때 짐승은 마지막 발악을 벌이며 자신의 모든 힘을 교회 공동체를 공격하는 데 모을 것이다(참조 20:7-8). 그리고 이러한 공격은 마침내 성공하는 것처럼 보일 것이다. 이것이 바로 무저갱으로부터 올라 오는 것으로 묘사한 이유이다. 그러나 이러한 짐승의 활동은 오래가지 않으며 더 나아가서 짐승의 재출현은 곧 그의 종말을 의미한다. 왜냐하면 만왕의 왕이시며 만주의 주이신 어린 양(17:14)이 그를 불과 유황이 타는 호수에 던질 것이기 때문이다(19:20; 20:9-10).[183] 중요한 사실은 짐승의 운명은 반드시 멸망하게 된다는 것이다.

땅에 사는 자들이 놀라다(8de절) 이어지는 본문에서는 짐승의 멸망에 반응하는 주체로서 "땅에 사는 자들"이 등장한다. 이 문구는 요한계시록에서 부정적으로 사용되며, 하나님의 백성을 의미하는 13장 6절의 "하늘에 거하는 자들"과 반대되는 의미를 지닌다. 곧 짐승의 능력과 권세를 경이롭게 생각하여 경배하며 그를 신실하게 추종하는 자들이다(참조 13:8). 여기에서 요한은 어린 양을 따르는 자들과 짐승에 충성하던 자들을 하늘과 땅이라는 영역을 통해 서로 대비시키고 있다.[184] 특별히 땅에 사는 자들은 마침내 멸망으로 들어가는 짐승의 결말을 듣고 놀랠 것이라고 말한다. 이런 놀램은 수동태 동사로서 하나님의 주권에 의해 주도되는 과정이라고 볼 수 있다.

이 놀램은 13장 3c절에서 모든 땅의 "놀래다"(ἐθαυμάσθη, 에다우마스데 >θαυμάζω, 다우마조)와 다소 차이가 있고 17장 6c절에서 요한이 놀랜 상황과는

183 Beale, *The Book of Revelation*, 866.
184 이런 대조적 관계에 대한 자세한 논의에 대해서는 12장 12b절과 13장 6c절에 대한 주해를 참조하라.

대조적이라고 할 수 있다. 곧 13장 3c절에서 짐승이 죽음의 상처가 치료된 신비한 능력에 대해 온 땅이 경이롭게 생각하여 놀랜 것이고, 17장 6c절에서는 심판 받아야 할 큰 음녀 바벨론이 역설적으로 그의 예상과는 달리 화려하고 사치스럽게 건재해 있는 것 때문에 요한이 당혹스러워 놀랜 것이라고 할 수 있다. 그러나 17장 8d절에서는 강력한 힘을 가지고 그 영광이 영원할 것이라고 기대했던 짐승이 현재에 그 존재감이 없을 뿐만 아니라 또한 결국 멸망하게 될 것을 보고 "땅에 사는 자들"이 놀래게 되는 것이다. 이것은 하나님께서 주권적으로 결정하신 현재이며 미래적 결말이다. 하나님의 구속 사역은 물론이고 악의 세력에 대한 심판에 있어서도 하나님의 주권은 역동적으로 작용한다.

8e절은 "땅에 사는 자들"에 대한 부연 설명이다. 그들은 세상의 창조로부터 생명의 책에 그들의 이름이 기록되어 있지 않은 자들이다. 이 문구와 관련해서 3장 5b절과 13장 8절에서 자세하게 논의한 바 있으므로 자세한 내용은 이 본문들에 논의된 내용들을 참고하기 바란다. 다만 그 논의 내용을 요약하면 "세상의 창조로부터 생명의 책에 그들의 이름이 기록되지 않은 자들"은, 공시적 관점에서 집단을 나타내는 "모든 족속과 백성과 언어와 나라"(13:7b)와는 다르게, 통시적으로 창조 때부터 뱀의 자손에 속한 자들의 집단적 포괄성을 나타낸다. 이런 자들이 짐승의 능력과 권세를 경이롭게 생각하여 추종하고 경배하는 것은 당연하다(13:3-4). 이런 특징을 가진 "땅에 사는 자들"이 18e절에서 짐승의 불행한 결말을 보고 놀랜 것은, 13장 3c절에서 놀랜 경우와는 정반대의 경우라고 할 수 있다.

8f절은 "땅에 사는 자들"이 놀래게 된 이유를 구체적으로 서술한다. 그 내용은 바로 짐승이 "전에 있었지만 지금 없고 그리고 존재하게 될 것을 보았다"는 것이다. 먼저 이 문구는 8ab절과 유사한 내용이지만 강조점에 다소 차이가 있다. "전에 있었지만 지금 없고"까지는 동일하지만 "존재하게 될 것이다"(παρέσται, 파레스타이>πάρειμι, 파레이미)라는 단어가 8ab절의 "무저갱으로부터 올라오게 되어 있고 그리고 멸망으로 들어간다"를 대신한다. 이 문구에서 강조점은 "지금 없다"에 있다고 볼 수 있다. 그리고 "땅에 사는 자들"이 놀랜 것은 그들이 추종했던 짐승이 존재감을 나타내고 있지 못한 현실 때문이다. 이러한 사실은 13장과 비교해 볼 때 큰 차이점을 보여준다.

이런 내용을 다음과 같이 도표로 정리해 볼 수 있다.[185]

13장에서 짐승의 이름	17장에서 짐승의 이름
그의 머리들 중에 하나가 치명적으로 상처를 입어 죽임을 당한 것 같다. 그러나 그의 상처가 치료되었다(13:3) 12) … c)그의 죽음의 상처가 치료된 b)그 처음 짐승을 경배한다 (13:12bc) 칼의 상처를 가지고 있다가 살아나다 (13:14)	전에 있었고 그리고 지금 없으나 무저갱으로부터 올라오게 될 것이고 그리고 멸망으로 간다(17:8b) 전에 있었고 그리고 지금 없으나 앞으로 나타나게 될 짐승(17:8e) 전에 있었고 지금 없어진 짐승(17:11)

이 표에서 13장의 짐승은 죽음의 상태에서 살아난 상당히 신비한 능력을 가진 모습으로 묘사되는 반면, 17장에서는 재림의 시점에 초점을 맞추어 결국 멸망으로 들어가게 되어 있는 무기력한 모습으로 묘사된다. 왜 이러한 차이를 보여 주고 있는가? 그것은 각각의 본문이 놓여진 문맥의 차이 때문이다. 먼저 13장에서 짐승을 언급한 목적이 짐승의 강력한 활동을 강조하려는 것이라면, 17장에서는 19장 11-21절과 연동되어 음녀 바벨론과 공동 운명체인 짐승이 반드시 멸망하게 된다는 사실을 강조하려는 목적이 있기 때문이다.[186]

일곱 머리(9-11절) 짐승이 가지고 있는 일곱 머리의 의미와 구약 배경에 대한 내용은 13장 1b절에 대한 주해 과정에서 자세하게 다루었으므로 여기에서는 새롭게 제시된 내용에 집중하여 논의한다. 이와 관련하여 네 부분으로 나누어 살펴 보고자 한다. 첫째로, 9a절의 "지혜를 가진 마음"이고, 둘째로, 9b절의 "일곱 산" 세째로, 10-11절의 "일곱 왕들"이며 마지막으로 "여덟째"라는 순서이다.

(ㄱ)지혜를 가진 마음(9a)

먼저 9a에서 천사는 짐승이 가지고 있는 일곱 머리와 열 뿔의 의미를 이해하기 위해서 "지혜를 가진 마음"이 있어야 한다고 말한다. 여기에서 '호데 호 누스'(ὧδε ὁ νοῦς)라는 문구는 "경계와 집중적인 주의"(vigilence and close attention)를 하

185 Charles, *A Critical and Exegetical Commentary on the Revelation of St. John*, 2:68.
186 Bauckham, *The Climax of Prophecy*, 429.

라는 요청으로 이해할 수 있다.[187] 이와 같이 짐승을 이해 하는데 지혜는 필수적이다. 왜냐하면 자칫 거짓된 능력에 현혹되어 중심을 잃을 수 있기 때문이다. 지혜를 가지고 짐승을 올바로 이해하는 것은 거짓된 능력과 권세를 가지고 활동하는 짐승에게 미혹되는 것을 예방할 수 있다.[188] 물론 이 지혜는 신적으로 주어진 것이라고 할 수 있다. 지혜를 가진 자는 짐승을 이해하고 짐승의 거짓된 가르침을 분별할 수 있는 능력을 가진다. 짐승의 의미를 이해하는데 필요한 이러한 지혜는 13장 18절에서 "666"이라는 숫자를 풀이할 때에도 요청된 바 있다. 13장 18절에서는 이 문구가 '호데 헤 소피아 에스틴. 호 에콘 눈…'(Ὧδε ἡ σοφία ἐστίν. ὁ ἔχων νοῦν ...)으로 표현되고, 17장 9a절에서는 '호데 호 누스 호 에콘 소피안'(ὧδε ὁ νοῦς ὁ ἔχων σοφίαν)으로 표현된다. 이 두 문구를 비교해 보면 '소피아'(지혜)와 '누스'(마음)의 위치가 서로 바뀌어 있고 17장 9a절에서는 13장 18절에 존재하는 be동사인 '에스틴'(ἐστίν)을 생략하고 있다는 것을 알 수 있다. 이처럼 반복되는 문구의 형태를 바꾸는 것은 요한의 "문체 습관"(stylistic habit)에 배어있는 전형적인 패턴이다.[189]

요한은 이런 공통된 문장을 사용함으로써 13장과 17장을 서로 연결시키려고 한다. 이러한 연결은 어떤 방식으로 이루어지는가? 13장에서 짐승의 두 가지 특징으로서 일곱 머리와 열 뿔의 존재를 언급하고 있을 뿐 그것들에 대한 설명을 전혀 제공하지 않지만, 그것을 17장에서 받아서 자세하게 설명한다는 점에서 이 두 본문이 서로 긴밀하게 연결되어 있음이 드러난다.[190] 이처럼 17장 9-11절에서 짐승의 일곱 머리와 열 뿔에 대한 구체적 설명을 제시하고자 하는 목적은 짐승을 타고 앉아 있는 큰 음녀 바벨론에 대한 심판을 서술하기 위한 것이다(참조 17:15-18).[191]

(ㄴ)일곱 산(9b절)

9b절에서 일곱 머리는 두 가지로 해석된다. 첫째는 일곱 산이고 둘째는 일곱 왕이다. 먼저 천사는 9b에서 짐승의 일곱 머리를 여자가 앉은 일곱 산으로 해

187 Swete, *The Apocalypse of St. John*, 216.
188 Smalley, *The Revelation to John*, 435.
189 Bauckham, *The Climax of Prophecy*, 394.
190 앞의 책, 394-95. 보쿰은 17장 7-17절을 요한계시록에서 짐승에 대한 "두 번째 주요 본문"(second major passage)이라고 규정한다(앞의 책, 395).
191 앞의 책.

석한다. 여기에서 여자가 일곱 산에 앉았다는 것은 17장 3절에서 여자가 붉은 빛 짐승을 탄 것과 유사한 모습을 보여준다. 그리고 일곱 산은 1세기의 고대 세계에서 로마를 가리킬 때 사용한다. 왜냐하면 로마가 일곱 동산 위에 세워졌기 때문이다.[192] 실제로 로마는 티베르(Tiber)강 왼쪽에 있는 일곱 개의 언덕 거주지로 시작되었으며 세르비우스 툴리우스(Servius Tullius) 때부터 "일곱 언덕의 도시"(urbs septicollis)로 발달했다.[193] 그러므로 당시의 독자들도 일곱 산을 일곱 산 위에 세워진 도시인 로마를 가리키는 것으로 인식했을 것이다.[194] 또 베르길리우스(Vergil)를 비롯한 당시의 시인들은 로마의 일곱 산을 소재로 시를 짓곤 하였다(Vergil, Aeneid 6.782; Horace, carm. saec. 7; Propertius, 3:10; Ovid, trist, 1:4. 69).[195] 뿐만 아니라 시빌의 신탁 2장 18절, 13장 45절 그리고 14장 108절에서는 "일곱 산"(seven-hilled)을 의미하는 '에프타로포스'(ἑπτάλοφος)라는 단어가 로마의 별칭으로 사용되기도 하였다.[196]

그러나 일곱 산을 로마 자체로 이해한다면 그 짐승을 타고 있는 음녀(로마 제국을 상징)의 의미와 중복된다. 이러한 중복된 의미를 피하게 하는 것이 바로 9d절의 마지막 문구에서 이렇게 일곱 산을 일곱 왕이라고 부연 설명하고 있는 내용이다. 곧 로마 제국의 대표자로서 로마의 일곱 왕을 제시하고 있는 것이다. 이 본문에서 일곱 왕들이 구체적으로 누구를 가리키는가를 규명하는 것은 본문의 의도와는 거리가 멀다. 다만 이러한 일곱 왕에 대한 언급은 짐승의 존재 의미를 부각시키는 역할을 할 뿐이다. 이 내용에 대해서는 10-11절에서 좀 더 자세하게 설명된다.

(ㄷ)일곱 왕들(10-11절)

다음의 10-11절은 일곱 머리가 의미하는 "일곱 왕들"을 통해 짐승의 특징을 좀 더 자세하게 설명한다. 이 내용은 9d절의 "일곱 왕들"을 이어받고 있다. 먼저 10a절에서 일곱 왕들의 구도를 설명하면서 처음 다섯 왕은 "떨어졌다"(ἔπεσαν, 에페산>πίπτω, 피프토)고 한다. 번역에서 언급한 것처럼 이 단어는 폭력

192 Osborne, *Revelation*, 617.
193 Mounce, *The Book of Revelation*, 315.
194 위의 책.
195 Swete, *The Apocalypse of St. John*, 216-17.
196 앞의 책, 217.

에 의한 죽음을 나타내는 은유적 표현이다. 대부분의 로마 황제들은 자연적으로 죽은 경우보다는 외부 세력의 시해를 당해 죽게 된 경우가 대부분이다.[197] 곧 유리우스 시저, 칼리굴라, 갈바 그리고 도미티안은 칼로 죽임을 다했고 클라우디우스는 독살 당했으며 네로와 오토는 자살한 것으로 알려졌고 비텔리루스는 매맞아 죽은 것으로 전해진다.[198]

현재 한 왕이 통치하며 마지막 일곱 번째 왕은 아직 오지 않고 미래에 오게 될 것이나 이 왕도 얼마 지속되지 않고 잠깐 있다 사라지게 될 것이다(10b). 곧 이어 여덟 째 왕이 오게 될 것인데 흥미롭게도 그 여덟 째는 본래 일곱 왕들 중의 하나가 재등장한 것이다. 곧 이 여덟 째 왕은 바로 일곱 뿔을 가진 짐승 자신이다. 여기에서 일곱 왕의 존재를 역사적으로 접근하여 일곱 왕의 구체적 이름을 추적하느냐 아니면 상징적으로 접근할 것인가가 중요한 쟁점이 되어 왔는데 최근에 상징적 접근 방법이 좀 더 지지를 받는 추세이다.[199]

찰스는 역사적 접근 방법을 지지하는 입장에서 이 왕들의 목록을 다음과 같이 제시한다: 지나가 버린 처음 다섯 왕들은 아우구스투스, 칼리굴라, 클라우디우스 네로+현재 있는 왕은 베스파시안(69-79 AD)+아직 오지 않은 왕은 티투스(79-81 AD); 이 티투스는 10b에서 "잠시동안" 통치하게 된다는 말씀을 성취하여 잠시 통치하다 사라진다.[200] 그러나 쾨스터는 이러한 시도에 강하게 반대하면서, 본문 자체가 독자들로 하여금 쓰러져간 처음 다섯 왕이 누구인지 구체적으로 지목할 수 있도록 허락하지 않으며 그 어떤 학자들도 만족스런 대안을 제시하지 못했다고 주장한다.[201] 그러므로 일곱 왕들과 여덟째 왕이 역사적으로 어떤 인물인지 알 수 없을 뿐만 아니라 그 인물들을 추적하는 것은

197 Koester, *Revelation*, 678.
198 Aune, *Revelation 17-22*, 949.
199 앞의 책, 948. 오우니는 상징적 접근을 지지하는 것으로 학자들을 다음과 같은 열거한다: Beckwith, *The Apocalypse of John,* 704-8; Kiddle, *The Revelation of St John,* 350-51; E. Lohmeyer, *Die Offenbarung des Johannes,* HNT 16 (Tübingen: Mohr Siebeck, 1970), 143; Beasley-Murray, *The Book of Revelation,* 256-57; Caird, *A Commentary on the Revelation of St. John the Divine,* 218-19; E. Lohse, *Die Offenbarung des Johannes* (Göttingen: Vandenhoeck & Ruprecht, 1971), 95; D. Guthrie, *New Testament Introduction,* 3rd ed. rev. (Downers Grove, IL: InterVarsity Press, 1970), 959; Mounce, *The Book of Revelation,* 315; Sweet, *Revelation,* 257; Harrington, *Revelation,* 172; C. H. Giblin, *The Book of Revelation: The Open Book of Prophecy* (Collegeville, MN: Liturgical, 1991), 164-65; C. H. Talbert, *The Apocalypse: A Reading of the Revelation of John* (Louisville: Westminster John Knox, 1994), 81.
200 Charles, *A Critical and Exegetical Commentary on the Revelation of St. John*, 2:69).
201 Koester, *Revelation*, 678.

본문이 의도한 바가 아니다. 여기에서 주목할 것은 일곱 이라는 숫자의 상징성이다. 곧 이 숫자는 "묵시적 상징"으로서 "로마 제국의 제국주의적 능력의 총체(totality)"를 나타낸다.[202] 일곱이 가지는 이런 의미를 유지하기 위해 여덟째를 일곱 중에서 나온다고 한 것이라고 할 수 있다.

10b절은 주절에서 '메이나이'(μεῖναι>μένω, 메노)와 함께 '데이'(δεῖ) 조동사가 사용되어 신적 당위성을 나타낸다. 곧 일곱째 왕은 잠시 동안만 왕 위에 머물러야 하는 것이 하나님의 뜻이다. 이처럼 일곱째 왕이 잠시 동안만 왕위에 머물러야만 한다는 하나님의 뜻은 여덟째 왕이 등장해야 한다는 긴박함과 당위성을 자아낸다. 그리고 그 일곱째 왕이 잠시동안 머물러야 하는 당위성은 그 초점이, 일곱 중에 속해 있으면서 여덟째로 등장하는 짐승에게 맞추어져 있음을 예상케 한다.

11a절은 일곱째 왕 직후에 등장하는 여덟 째에 대한 내용을 소개한다. 이 여덟 째 왕을 "전에 있었지만 지금 없는 짐승"으로 묘사함으로써 8a절의 "전에 있었지만 지금 없다"는 짐승을 다시 소환한다. 이것은 일곱 왕들에 속하였다가 여덟째로 등장하게 되는 정황과 조화를 이루고 있다. 왜냐하면 여덟째로 등장하기 전에 아뷔쏘스에 갇혀 있어 "지금 없는" 상태가 되기 때문이다. 요한은 일곱 왕들 중 하나가 여덟째가 되어 다시 살아난다는 내용에서 죽었다가 다시 나타난다는 "네로의 귀환설"(the legend of the return of Nero)을 활용하고 있음이 분명하다.[203] 이것은 12ab절에서 열 왕을 논의 할 때 다시 한 번 언급될 것이다.

여기에서 네로 귀환 이야기와의 관련성을 통해 보여주고자 하는 것은 그 짐승이 네로와 같은 "성격과 운명"(character and destiny)을 공유한다는 것이다.[204] 네로가 갖는 성격 중 대표적인 것은 하나님의 백성을 핍박하는 폭력성이고, 네로의 운명은 죽을 뻔 하다가 살아나서 파르티아 군대를 이끌고 유브라데 강을 건너 로마를 침공하는 것이다. 이런 네로 황제의 특징은 짐승의 활동 목적이 하나님의 백성을 핍박하는 것이라는 사실에 적용해 볼 수 있다. 그리고 네로의 운명은 네로 귀환 이야기가 보여주고 있듯이, 전에 있었지만 지금 없고

202 Smalley, *The Revelation to John*, 436.
203 Bauckham, *The Climax of Prophecy*, 396.
204 Osborne, *Revelation*, 620.

아뷔쏘스로부터 올라와 멸망으로 들어가는 짐승의 운명 경로를 구성하는 데 기초가 되고 있다.

결국 이 본문에서 강조하는 것은 11b절에서 언급하고 있는 것처럼 그 신비스럽게 등장했던 여덟 째 왕인 짐승도 성도들을 핍박한 것에 대한 보응으로 심판을 받아 "멸망"으로 들어 가게 된다는 것이다. 11ab절에서 짐승의 경로에 대한 표현은 8ab절의 "전에 있었으나 지금 없고 무저갱으로부터 올라오게 되어 있으나 멸망으로 들어간다"와 동일한 패턴을 보여준다. 특별히 마지막 부분에서 "멸망으로 들어간다"(εἰς ἀπώλειαν ὑπάγει, 에이스 아폴레이안 휘파게이)는 문구가 동일하게 사용된다는 점에서 이러한 평행 관계는 더욱 분명하게 드러난다.

(ㄹ)여덟째(11a절)

특별히 11a절의 일곱 왕들 중의 하나로서 "여덟째"(ὄγδοός, 오그도오스)는 종말론적 의미로서 창조의 일곱 날 후에 "새창조의 여덟번째 날"(the eighth day of new creation)을 나타내준다(에녹 2서 33:1-2; 바나바서 15:9).[205] 에녹 2서 33장 1-2절은 하나님이 "여덟째 날이 나의 일주일의 첫째날이 될 수 있도록 지정하셨다"고 말하고, 바나바의 편지(Epistle of Barnabas) 15장 8절에 따르면 "한 주의 여덟째 날은 계속적으로 돌아올 수 있다" 는 것은 "여덟째 날의 시작"이 곧 "다른 세상의 시작"(the beginning of the another world)을 의미한다고 언급한다. 그리고 15장 9절에서, 여덟째 날은 예수께서 부활하신 날로서 그 날을 지키는 것이 즐거움이라고 말한다. 이것은 여덟이라는 숫자가 새창조를 상징하는 종말적 의미를 갖는다는 사실을 보여준다. 베드로후서 2장 5절이나 유대문헌인 시빌의 신탁 1장 280-281절에서는 노아를 "여덟째 사람"(ὄγδοον, 오그도온)으로 칭하는데[206] 이것은 노아를 새창조를 여는 새아담으로 이해하는 해석의 결과로 볼 수 있다. 일요일도 여덟째 날로서 새창조가 시작되는 그리스도의 부활의 날이라고 할 수 있다.[207] 순교자 유스티누스(Justin Martyr, AD 100-165)도 노아 때에 여덟 명의 가족의 8이라는 숫자를 "여덟째 날의 상징"(a symbol of the eighth day)으로서 그리스도께서 죽음으로부터 부활하셔서 처음으로 능력 가운데 군림하신 날이라고

205 Bauckham, *The Climax of Prophecy*, 396.
206 R. Bauckham, *Jude, 2 Peter*, WBC 50 (Waco, TX: Word, 1983), 250.
207 앞의 책.

해석한 바 있다.[208] 흥미롭게도 "예수"에 해당되는 헬라원어에 음가를 계산하면 총합이 888이라는 수가 된다($\iota = 10 + \eta = 8 + \sigma = 200 + o = 70 + \upsilon = 400 + \sigma = 200$).[209] 여덟이라는 수가 세 번 반복되어 여덟이라는 숫자가 갖는 의미가 더욱 강조된다.

이상에서 여덟이라는 숫자는 칠일동안 세워진 옛 창조를 갱신하는 새 창조를 의미하는 상징적 의미를 갖는다. 이 의미를 요한이 알고 있었는지는 불확실 하지만 만일 알고 있었다면 그 의미가 크다. 곧 일곱 왕들 중에 속하는 짐승의 숫자인 666은 일곱 중에서 출현하게 되는 여덟째로서 종말적 숫자인 여덟이라는 숫자로 환원된다.[210] 일곱 중에 속한 짐승의 등장이 여덟이란 숫자로 환원된다는 것은 새창조의 시작을 암시한다. 여기에서 일곱 왕들 중의 하나로 등장하는 여덟 째가 "전에 있었으나 지금 없다"는 점에서 왕이 네로 귀환 에피소드를 배경으로 기록되고 있는 것으로 본다면 네로에 의해 대표되는 짐승의 이름의 수인 666과 어린 양 예수 이름의 수로서 888이라는 숫자가 대비를 이루며 충돌한다. 이 충돌에서 결국 그 짐승은 멸망으로 들어가게 되고(11b절), 어린 양의 승리로 끝나게 되고 새창조가 시작된다. 이런 점에서 요한은 그의 시대에 이미 여덟이라는 숫자가 가지고 있었던 "종말론적 의미"(eschatological significance)를 그의 본문(11a)에 적용하고 있다고 추정할 수 있다.[211]

열 뿔=열왕(12ab절) 다음 12절에서는 짐승이 가지고 있는 열 뿔에 대한 해석을 시도한다. 천사는 9-11절에서 일곱 머리에 대한 상징적 의미를 제시하고, 이어서 요한이 본 짐승의 열 뿔에 대해 설명한다. 열 뿔과 관련해서는 13장 1b절에서 다니엘 7장 배경에 초점을 맞추어서 자세하게 설명한 바 있다.[212] 12ab절에서는 "열 뿔"에 의해 상징되는 "열 왕"의 의미에 대해 좀 더 집중적으로 논의하기로 한다.

---

208 Justin Martyr. "Dialogue of Justin with Trypho, a Jew" In A. Roberts, J. Donaldson, and A. C. Coxe, eds., *The Ante-Nicene Fathers: Volume I* (New York: Cosimo Classics, 2007), 138.

209 Bauckham, *The Climax of Prophecy*, 397.

210 앞의 책, 397.

211 앞의 책, 396.

212 구약 배경으로서 다니엘 7장 4-7절이 일곱 머리의 근거가 되는 구절이었다면, 다니엘 7장 7-8절, 20절, 24절에서 네 번째 짐승이 가지고 있었던 열 뿔은 요한계시록 본문의 짐승이 가지고 있는 '열 뿔'의 배경이 된다(Beale, *The Book of Revelation,* 879).

그렇다면 이 열 왕은 구체적으로 어떤 존재를 가리키는가? 먼저 열 왕은 로마의 황제를 의미할 수 없다. 왜냐하면 그들은 아직 왕권을 받지 않은 상태이기 때문이다.[213] 모팻(Moffat)은 두 가지 가능성을 제시한다: 첫째로, 16장 12-14절의 동방 파르티아 제국으로부터 오는 왕들을 의미할 수 있고, 둘째로, 열 개 지방의 열 명의 총독들을 가리키는 것일 수도 있다.[214] 위더링턴과[215] 보쿰은 전자를 지지하는 반면, 해링턴은 전자를 반대하고 후자를 지지한다.[216] 여기에서 보쿰의 주장은 매우 논리적이고 설득력이 있으므로 그의 입장을 좀 더 자세하게 관찰할 필요가 있다.

보쿰에 의하면 17장에서 짐승과 관련하여 요한이 전개하는 이야기의 틀은 시빌의 신탁 5권에 나타난 네로 귀환 이야기와 유사하다. 이러한 네로 귀환 이야기와의 관련성은 "11a절에서 전에 있었지만 지금 없는 여덟째 왕"에 대한 설명에서도 언급한 바 있다. 여기에서 좀 더 부연하여 설명하면, 시빌의 신탁 5권에서 네로는 메데와 페르시아 왕들에게 피신한 후에 왕족들 뿐만 아니라 지방의 통치자와 파르티아의 "봉신 왕들"(client kings)까지 자신의 통치 하에 둠으로써(참조 에녹 1서 56:5) 페르시아 제국의 통치자가 된다. 그리고 그들과 함께 로마를 침공하기 위해 유브라데 강을 건너 로마로 돌아온다(시빌의 신탁 5:101-107).[217] 이런 과정이 네로 귀환 이야기의 줄거리이다. 요한계시록 17장 13절에서 한 마음이 되어 짐승에게 자신들의 능력과 권세를 주는 열 왕들은 바로 네로 귀환 이야기를 배경으로 하는 16장 12절에서 그들의 길을 예비하기 위해 말라 버린 유브라데 강을 건너오는 "동쪽으로부터 (오는) 왕들"과 동일시 될 수 있다.[218] 그리고 17장 16절에서 바로 이 열 왕들은 짐승(귀환한 네로)과 한 마음이 되어 큰 음녀 바벨론에 의해 상징되는 로마 제국을 멸망케 한다. 이런 일

213 Smalley, The Revelation to John, 437; Mounce, The Book of Revelation, 319. 마운스는 이 "열 왕"을 미래에 등장하게 될 "적그리스도"와 연결시키는데 이러한 접근은 신중할 필요가 있다.

214 J. Moffat, "The Revelation of St. John the Divine," in *The Expositor's Greek Testament*, ed. W. R. Nicoll (London: Hodder & Stoughton, 1912), 5:453-54.

215 Witherington III, *Revelation,* 225. 위더링턴은 그의 책 224쪽에서는 "총독들 혹은 지방 관리들"(governors or local officials)로 볼 수도 있다고 말하지만, 225쪽에서는 "파르티아 사람들 혹은 종속국들"(Parthians client states)이 좀 더 가능성이 있다고 주장한다(앞의 책).

216 Harrington, *Revelation*, 175;

217 Bauckham, *The Climax of Prophecy,* 429-30. 한 파르티아 리더가 네로에게 충성을 맹세할 때, 황제는 다음과 같이 반응한다: "나는 너를 아르메니아 왕으로 선포한다" 왜냐하면 "나는 나라들을 취하거나 수여할 수 있는 능력을 가지고 있다"(Dio Cassius, *Roman History,* 62.5.3; Koester, *Revelation,* 679에서 재인용).

218 Bauckham, *The Climax of Prophecy*, 430.

련의 과정은 시빌의 신탁에 등장하는 네로 귀환 이야기와 매우 유사한 흐름을 보여준다.

그러나 17장 14절에 의하면 귀환한 네로 곧 짐승이 음녀 바벨론 곧 로마 제국을 공격하기 전에 동쪽과 서쪽에 온 세상의 군사력을 결집시켜 "하나님과 그의 메시야 어린 양"에 대적하여 전쟁을 일으킨다(17:14; 참조 16:13-14, 16; 19:19).[219] 이 때 짐승과 열 왕 연합군은 어린 양에 의해 패배를 당한다(14b절). 이러한 결과는 바로 11b절에서 일곱 중에 등장하는 여덟째가 "멸망으로 들어간다"고 한 것과 같은 상황이고 8bc절에서 "지금 없고 … 아뷔쏘스로부터 올라오게 되어 있지만(8b절) 멸망으로 들어간다(8c절)"고 한 내용과 일치한다. 그리고 12bc절에서 열 왕은 "아직 왕권을 받지 않았지만 그러나 짐승과 함께 일시 동안 왕(들)으로서 권세를 받는다"고 한 것은 8ab절의 "지금 없고 … 아뷔쏘스로부터 올라오다"와 일치되는 내용이다. 곧 12b절의 "아직 왕권을 받지 않았지만"은 8a절의 "지금 없고"에 해당되고 12c절의 "짐승과 함께 일시동안 왕으로서 권세를 받는다"는 8b절의 "아뷔쏘스로부터 올라오다"와 일치된다고 할 수 있다. 12c절과 8b절은 모두 14a절의 어린 양을 향한 전쟁을 위한 목적이 있다. 아뷔쏘스로부터 올라온 짐승이 8c절에서 "멸망으로 들어간다"는 것은 12c절에서 왕으로서 권세를 "일시 동안"만 받았다는 것과 관련된다. 그는 멸망으로 들어가야 하기 때문에 일시적으로만 권세를 받을수 있다는 뜻이다.

이상의 내용을 도표로 정리하면 다음과 같다.

12bc절	14절	8bc절, 11b절
아직 왕권을 받지 않았지만(12b절)		8b)지금 없고 …
(전쟁을 위하여)짐승과 함께 일시동안 왕으로서 권세를 받는다(12c절)	동쪽과 서쪽에 온 세상의 군사력을 결집시켜 "하나님과 그의 메시아 어린 양"에 대적하여 전쟁(14a절)	아뷔쏘스로부터 올라오게 되어 있지만 (전쟁을 위해)
일시동안(12c절)	패배하여(14b절) 심판을 받아 멸망으로 들어간다	8c)멸망으로 들어간다 일곱 중에 등장하는 여덟째가 "멸망으로 들어간다"(11b절)

219 앞의 책. 열 왕이 짐승과 함께 하나님에 대항하는 세상 세력이라는 점에서 시편 2편의 왕들을 연상케 한다(Sweet, *Revelation*, 261).

12c절에서 일시적으로나마 왕권을 받아 짐승과 함께 권세를 행사한다는 것과 관련하여 열 왕을 상징하는 열 뿔의 의미를 생각해 볼 수 있다. 열 뿔과 관련하여 '열'이라는 숫자는 "상징적"(symbolic) 의미로서 "완전성"(completeness)을 가리키며,[220] "뿔"은 "구원하거나 혹은 파괴할 힘과 능력"을 의미한다.[221] 여기에서 "열 왕"은 "열 뿔"이라는 상징적 이미지에 의해 완전한 권세를 가지고 있는 것으로 볼 수 있다. 이는 짐승을 보좌하는 열 왕의 역할로 최적화 되어 있는 모습니다. 그러나 그들은 멸망으로 들어가야 하므로 그들의 완전한 능력의 유효기간은 "일시 동안"이다.

이상에서 요한은 네로의 귀환 이야기를 13장과 17장에서 동일하게 사용하는데 13장에서는 하나님을 대적하고 하나님의 백성을 핍박하는 로마 제국의 황제의 능력과 권세를 드러내기 위한 목적을 갖는다면, 17장에서는 짐승과 함께 음녀 바벨론의 멸망을 부각시키기 위한 목적으로 사용한다.[222]

잠시 동안(12c절) 12b절에서 나라를 받지 못한 열왕들은 12c절에서 "짐승과 함께"(μετὰ τοῦ θηρίου) "잠시 동안"만 권세를 받는다. 이것은 "고대인들에게 알려진 시간의 가장 짧은 기간"을 의미한다.[223] 이처럼 짧은 기간 동안 열 왕들이 권세를 받는데 "짐승과 함께"라는 문구를 사용해서 그 짧은 기간 동안 권세를 갖는 것이 짐승과 연동되어 있음을 알려준다. 여기에서 토마스는 13장 5절에서 짐승의 활동 기간이 마흔 두 달이라는 것과 비교하여 "잠시 동안" 이루어지는 열 왕들의 활동 기간이 훨씬 짧은 것으로 간주한다.[224] 물론 열 왕들이 왕권을 가지지 못한 기간이 있기 때문에 짐승의 통치 기간보다 짧은 것은 사실이다. 그러나 이 문장에서 "짐승과 함께 잠시 동안" 왕권을 받게 된다는 것은 왕권의 공유를 의미하기도 하지만 "잠시 동안"이라는 기간도 공유되고 있다고 보여진다. 곧 짐승과 열 왕들은 특별한 목적을 위해 "잠시 동안" 함께 왕권을 공유하다가 함께 멸망의 길로 가게 될 것이다. 바벨론의 심판을 주제로 전개되는 17장의 문맥에서 짐승의 멸망은 명백하게 예고된다. 17장에서 짐승이 "멸망으

220 Mounce, *The Book of Revelation*, 319.
221 Koester, *Revelation*, 679; Blount, *Revelation*, 321.
222 Bauckham, *The Climax of Prophecy*, 429.
223 MM, 702.
224 Thomas, *Revelation 8-22*, 301.

로 들어간다"(8c절; 11b절)는 문구가 두 번 반복해서 사용되는 것은 바로 이런 이유 때문이다. 이 짐승과 결합된 열 왕들 역시 짐승의 멸망과 함께 멸망의 길을 가게 되는 것이다. 따라서 열 왕들이 왕권을 갖게 되는 것은 "잠시 동안"인 것이다.

이 문구의 구약 배경으로는 다니엘 4장 19절(LXX: ὥραν μίαν, 호란 미안)로, 하나님께서 느부갓네살 왕으로 하여금 짐승처럼 되게 했던 짧은 기간을 가리키는 내용이다.[225] 그러나 다니엘서 본문에서 느부갓네살 왕의 상황과 요한계시록 본문에서 열 왕들의 상황은 서로 반대되고 있다. 전자는 심판을 받는 상태라고 한다면 후자는 왕권을 받아 왕권을 행사하는 기간이다. 그럼에도 불구하고 "잠시 동안"이라는 문구가 공통으로 사용된 점에서 그 배경적 관계를 고려해 볼 수 있다.

그리고 이 표현은 18장 10절과 19절에서는 여격으로 바벨론의 갑작스런 멸망의 순간을 표현할 때 사용된다. 곧 짐승과 함께하는 그 왕들은 "잠시 동안"(μίαν ὥραν, 미안 호란)만 존속될 것이다. 그 왕들은 자신들의 독자적인 힘으로 통치하는 것이 아니라 짐승의 통제와 허락 하에 이루어지는 것이며 짐승의 멸망과 함께 그들도 멸망할 것을 예상케한다. 여기에서 "잠시 동안"은 정확히 얼마 동안인지 정확한 기간을 측정할 수도 없고 측정하려고 하는 것 자체가 무익하다. 다만 요한계시록에서 강조하고자 하는 것은 열왕에게 짐승과 더불어 "일시 동안"만 통치할 수 있는 일시적 권세가 주어질 것이라는 점이다.[226] 또한 성도들의 관점에서 보면 영적 전투가 치열해지는 종말적 상황에서 이들로부터 모진 핍박을 받을 것이지만 그 시간이 한시적이라는 점에서 소망을 가져야 한다는 것이다.

한 목적(13절) 13a절에서 '그노멘'(γνώμην>γνώμη, 그노메)이란 단어가 사용되는데, 번역에서 살펴 본 것처럼 이 단어는 "목적"으로 번역된다. 번역에서 언급하고 있는 것처럼 17a절과 17b절의 경우처럼 일관성 있게 "목적"이란 의미로 간주한다. 잠시 동안의 권세를 받은 열 왕은 "한 목적"(one purpose)을 가지고(13a절) 자기들의 능력과 권세를 짐승에게 이양한다(13b절). 여기에서 "한 목적"은 목적이

225 Swete, *The Apocalypse of St. John*, 219; Beale, *The Book of Revelation*, 879.
226 Mounce, *The Book of Revelation*, 319.

단지 "하나"라는 의미가 아니라 그것이 몇 개이든 같은 마음을 가지고 하나의 목표를 달성하고자 하는 '연합된 관계'를 의미한다. 이들 열 왕은 한 명의 예외 없이 일치 단결하여 한 목적을 가지고 능동적으로 짐승에게 복종한다. 이처럼 한 목적을 갖는 행동은 두 개의 사건에서 나타난다. 14-16절에서 어린 양에 대항하는 전쟁과, 17장 17절에서 큰 음녀 바벨론을 멸망시키는 일에서 모두 그들 한 목적(γνώμη 그노메)을 갖는다. 여기에서는 하나님께서 그들의 마음에 한 목적을 행하는 것을 두셨으며 그들 또한 한 목적을 실행하도록 하셨다. 17절 본문에 의하면 그들이 한 목적을 가지는 것은 자발적인 것이 아니라 주권적으로 하나님께서 그렇게 하도록 그들의 마음을 움직이신 결과라는 것이 밝혀진다.

어린 양에 대항하는 전쟁(14ab절) 13절에서 열 뿔로 묘사되는 열 왕들은 한 목적을 가지고 자신들의 능력과 권세를 짐승에게 줌으로써 강력한 폭력적 연합체를 형성한다. 여기까지는 시빌의 신탁에서 언급하는 네로 귀환 이야기를 배경으로 짜여진 시나리오이다. 그렇다면 이 문맥에서 이런 강력한 폭력의 연합체를 구성하는 이유는 무엇일까? 이에 대한 해답을 주는 것이 바로 14절 말씀이다. 그 목적은 바로 어린 양에 대항하여 전쟁하기 위함이다. 17장 전체 문맥의 흐름에서 보면 갑작스럽고 이질적일 수 있는 14절의 내용은 이런 관계를 통해 볼 때에 그 문맥의 연결을 이해할 수 있다. 모팻은 14절의 내용을 "19장 11-21절에 대한 갑작스럽고 예변적(proleptic)인 암시(allusion)"라고 이해한다.[227] 곧 19장 11-21절에서 있을 내용을 끌어다가 이 문맥의 필요에 의해 갑작스럽게 활용하고 있다는 의미이다. 따라서 14절에 대한 본격적인 서술은 19장 11-21절에 있을 것이다.

그렇다면 여기에서 짐승이 일으키는 전쟁의 상대를 "어린 양"으로 표현하는 이유는 무엇일까? 네로 귀환 이야기를 적용하면 그 전쟁 상대는 큰 음녀 바벨론이 상징하는 로마 제국이어야 한다. 이에 대한 자세한 내용은 17-18절에서 언급된다. 다만 그 이전에 이렇게 다소 갑작스럽게 어린 양에 대항하는 전쟁의 모습을 보여주는 것은 짐승과 열 왕들의 연합체가 "잠시 동안"(12c절)만

227 Moffat, "The Revelation of St. John the Divine," 454.

존재할 것임을 확인시키기 위해서라고 볼 수 있다. 왜냐하면 어린 양과의 전쟁의 결과는 명백하기 때문이다. 요한계시록에서 어린 양은 전사(戰士)로 등장한다. 5장 5-6절에서 유다 지파의 사자 다윗의 뿌리로서의 승리는 어린 양으로서의 승리이다. 14장에서 어린 양은 144,000과 시온산에 승리자로 서 있다. 15장 3절에서 승리자들은 어린 양의 노래를 부른다. 포악한 짐승에 비해 연약해 보이는 어린 양의 승리는 요한계시록이 독자들에게 보여주고자 하는 역설적인 십자가 정신이다. 따라서 어린 양을 따라가는 성도들은 순교를 통해 짐승의 폭력에 대항하여 승리를 쟁취한다.

한편 14a절에서 언급하고 있는 이 전쟁은 16장 14절처럼 "전능자 하나님의 큰 날의 전쟁을 위하여" 모든 세상의 왕들을 하르마겟돈으로 모으는 정황을 연상시킨다.[228] 이런 관계에 의해 어린 양이 참전하는 이 전쟁은 재림(파루시아) 때에 일어나는 종말적 사건으로서 전쟁의 결과는 쉽게 예측할 수 있다.[229] 곧 14b절에서 그 결과에 대해 "어린 양이 그들을 이길 것이다"라고 확증한다. 반대로 말하면 짐승과 열 왕은 함께 멸망하게 될 것이다. 이런 짐승의 멸망에 대해서는 8c절과 11b절에서 이미 예고한 바 있다. 그리고 이와 동일한 성격의 전쟁이 19장 21절에서 좀 더 자세하게 기록된다.[230]

여기에서 요한은 자신의 독자들의 공감을 불러일으키기 위해 그의 독자들이 쉽게 이해할 수 있는 역사적 배경으로서 시빌의 신탁 5권에 나타난 네로 귀환 이야기를 사용한다. 그러나 "역사를 초월하는 용어들"을 사용함으로써 이 내용을 파루시아 때에 일어나는 종말적 사건과 연결시킨다.[231] 비일은 이것을 "초시간적 개념"(trnastemporal idea)으로 규정한다.[232] 17장의 짐승과 열 왕들의 존재와 공격적인 활동은 초시간적인 큰 틀에서 보면 미래적 종말의 정황에 적용될 수 있다. 곧 다니엘 7장 4-7절에서 일곱 머리와 열 뿔을 가진 네 짐승이 바벨론에서 종말까지의 기간을 망라하는 의미를 가지고 있는 것처럼, 요한계시록 17장에서 일곱 머리와 열 뿔을 가진 짐승의 의미도 파루시아를 포함하는 역사의 모든 기간을 포괄할 수 있다는 것이다.[233] 따라서 14절에서 짐승과

228 Swete, *The Apocalypse of St. John*, 220.
229 Bauckham, *The Climax of Prophecy*, 430.
230 Fanning, *Revelation*, 446.
231 Smalley, *The Revelation to John*, 437.
232 Beale, *The Book of Revelation*, 869.
233 앞의 책.

어린 양의 충돌은 어느 한 시대에만 발생하는 것이 아니라 오랜 동안 이어져 온 투쟁의 결정판인 것이다.[234] 이 경우에 짐승과 그와 함께 한 열 왕은 모든 시대나 장소를 불문하고 하나님의 정의와 권세에 도전하기 위해 출몰하는 악의 세력의 화신으로서 "땅에 존재하는 모든 나라들의 능력의 총합"이라고 볼 수 있다.[235] 이런 세력의 존재로 인한 긴장은 12장에서 그리스도의 탄생 시에 용과 아이(그리스도) 사이의 긴장, 하늘에서 벌어지는 용과 미가엘의 전쟁, 그리고 성도의 일상 생활 속에서 발생하는 용과 여자(교회 공동체)와의 전쟁이라는 정황에서 고스란히 드러난다.

주들의 주요 왕들의 왕(14c절) 14c절은 "왜냐하면"(ὅτι, 호티)이라는 접속사로 시작한다. 이 접속사의 사용은 14c절이 직전의 14b절에서 어린 양이 짐승과 열 왕의 연합군과 싸워 그들을 이기신 사건에 대한 이유를 제공하는 구조임을 보여준다. 그 이유의 내용은 바로 어린 양이 "주들의 주요 왕들의 왕"이시기 때문이라는 것이다. 이 칭호는 신명기 10장 17절의 "너희의 하나님 여호와는 신 가운데 신이시며 주 가운데 주시요(θεὸς τῶν θεῶν καὶ κύριος τῶν κυρίων, 데오스 톤 데온 카이 퀴리오스 톤 퀴리온; 문자 그대로 번역하면 '신들의 신이시요 주들의 주') 크고 능하시며 두려우신 하나님이시라"는 말씀을 배경으로 하며, 성경에서 이런 칭호는 여호와 하나님의 주권적 칭호로만 사용된다(시 136:2; 단 2:47; 딤전 6:15; 계 19:16 참조).[236] 또한 에녹 1서 9장 4절도 지극히 높으신 하나님을 "주들의 주요 신들의 신이며 왕들의 왕"으로 칭송한다(참조 에녹 1서 63:4; 84:2).[237]

이 칭호는 다니엘서 4장에서 바벨론 제국의 왕인 느부갓네살을 심판함으로써 느부갓네살이 지닌 권세의 허구성과 하나님의 주권을 드러내기 위해 사용된다. 요한계시록 본문에서도 동일한 패턴이 "예표적으로(typologically) 적용

234 그렇다고 해서 이 전쟁에서 어린 양의 전쟁 상대를 "적그리스도"라는 구체적 대상으로 특정하는 것은 신중할 필요가 있다. 왜냐하면 통상적으로 현대 그리스도인들 일부가 적그리스도에 대해 가지는 성경에 부합하지 않은 전형적인 이미지가 있기 때문이고, 그리고 요한계시록 내에서 "적그리스도"라는 용어나 개념을 한 번도 제시하고 있지 않기 때문이다. 그럼에도 불구하고 그런 표현을 대입하는 것은 해석자의 전제를 본문에 주입하는 오류를 초래할 수 있다. 따라서 어린 양의 전쟁 상대로서 적그리스도를 특정하는 벡위드의 주장에 쉽게 동의할 수 없다(Beckwith, *The Apocalypse of John,* 700). 이러한 벡위드의 주장을 스몰리도 지지한다(Smalley, *The Revelation to John,* 438).

235 Smalley, *The Revelation to John,* 437. 스몰리는 열 왕을 "적그리스도"(Antichrist)와 연결시키려고 하는데 이처럼 규명되지 않은 어느 인물과 연결시키려는 시도는 신중할 필요가 있다. 따라서 그의 자료를 사용하면서 "적그리스도"라는 표현 대신 "화신"이란 단어를 사용하였다.

236 Harrington, *Revelation,* 172.

237 Mounce, *The Book of Revelation,* 319.

된다."[238] 곧 14c절에서 이 칭호가 짐승과 함께 하는 열 왕과 싸워 이기신 어린 양에게 사용되어 짐승이 지닌 권세의 허구성과 어린 양의 주권을 마찬가지로 드러낸다. 따라서 "주들의 주요 왕들의 왕"이라는 호칭은 어린 양을 대적하는 짐승과 열 왕들이 그 어린 양에 의하여 결국 패배할 수밖에 없다는 근거가 되기에 충분한다. 이것은 14c절이 14ab절에 대한 이유로 주어지는 것과 같은 맥락으로 볼 수 있다.

또한 이러한 호칭은 요한계시록과 같은 시대에 통치했던 도미티안 황제의 호칭과 대비되며,[239] 에스겔 26장 7절과 다니엘 2장 37절에서 바벨론 제국의 왕인 느부갓네살에게 "왕들의 왕"이란 호칭이 주어진 바 있고, 에스라 7장 12절에서는 페르시아 왕인 아닥사스다 왕을 "왕들의 왕"이라고 호칭한 바 있다.[240] 이 외에도 제우스를 "왕들의 왕"(βασιλεὺς βασιλέων)이라고 부르기도 했다(Dio Chrysostom, Or. 2.75).[241] 어린 양을 "주들의 주요 왕들의 왕"이라고 한 것은 이러한 이방 왕들에 의해 둘러 싸여 있는 1세기 그리스도인들에게 그 이방 왕들을 능가하는 압도적인 권세와 능력을 가지신 분이라는 사실을 강력하게 제시하고 있다.

그리고 이상의 내용에서 14절의 말씀은 13장 4절에서 용으로부터 부여 받은 큰 능력과 권세를 가진 짐승을 향하여 던지고 있는 "누가 그와 전쟁할 수 있는가?"라는 물음에 대한 답변이라고 볼 수 있다.[242] 곧 그 누구도 대적할 수 없어 보였던 짐승과 그와 함께 한 열 왕들의 도전에 대해 어린 양은 넉넉하게 승리를 쟁취하신다.

부름받은 자들; 택함받은 자들; 신실한 자들(14d절) 더 나아가서 14d절에 의하면 이러한 어린 양의 승리는 어린 양을 추종하는 그와 함께 한 성도들에게도 공유된다. 그러나 이 성도들을 "강력한 정복하는 왕"인 어린 양과 강력한 무기로 무장한 그의 군대로 묘사하기 보다는, "부름받은 자들; 택함받은 자들; 신

238 Beale, *The Book of Revelation,* 881. 다니엘서에서 사용된 하나님의 호칭이 요한계시록에서 동일하게 어린 양에게도 적용시키는 것은 어린 양과 여호와 하나님을 동등하게 취급한다는 것을 의미한다.

239 Swete, *The Apocalypse of St. John,* 220. 수에토니우스(Suetonius)는 Domitian 13장에서 도미티안이 자신을 어떻게 신적 존재로 생각했는가를 자세하게 서술한다(Suetonius, *The Lives of the Twelve Caesars*).

240 Aune, *Revelation 17-22*, 955.

241 앞의 책.

242 Beale, *The Book of Revelation,* 880.

실한 자들"로 묘사하고 있다.[243] 여기에서 "그와 함께 한 자들"은 짐승과 함께 한 열 왕들과 구별된다. 14장 1절에서 144,000은 시온산에 서 있는 어린 양과 함께 있다. 여기에서 "그와 함께 있는 자들"은 "하늘에 거하는 자들"(13:6c)이며 "어린 양이 가시는 곳마다 그를 따라가는 자들"이다(14:4c). 전자(하늘에 거하는 자들)의 경우는 "부름 받은 자들"이며 "택함 받은 자들"이라는 문구와 조화를 이루고 후자(어린 양이 가시는 곳마다 그를 따라가는 자들)는 "신실한 자들"이라는 것과 조화를 이룬다.

특별히 "신실함"은 요한계시록에서 성도들의 특징을 잘 나타내 준다. 먼저 1장 5b절에서 그리스도께서 "신실한 증인"으로 묘사되고, 2장 10e절에서는 서머나에 있는 성도들에게 "죽기까지 신실하라"고 명령하며, 2장 13f절 이하에서는 안디바를 "나의 신실한 나의 증인"이라고 부른다. 이 세 본문에서 "신실함"과 관련된 사건은 바로 "죽음"이다. 그리고 예수님은 십자가의 죽음으로 신실한 증인의 역할을 감당하셨고, 버가모에 있는 성도들은 안디바가 죽임을 당할 때에도 그런 예수님의 신실함을 부정하지 않았다(2:13e). 14d절에서 어린 양과 함께 한 자들을 "신실한 자들"이라고 한 것은 폭력적 무력에 의해서가 아니라 십자가 정신으로 짐승과 열 왕들을 제압하시는 모습을 잘 보여주고 있다.

정리(7-14절) 7–14절은 해석하는 천사가 도입 부분인 1–6절에 대해 해석해 주는 내용을 담고 있다. 해석의 내용은 큰 음녀 바벨론에 대한 것보다는 짐승과 짐승의 열 뿔이 상징하는 열 왕들에 집중된다. 그 이유는 짐승과 열 왕들의 존재는 음녀 바벨론에 대한 심판과 밀접하게 관련되기 때문이다. 짐승이 전에 있었지만 지금 없고 아뷔쏘스로부터 나와 멸망으로 들어가게 된다고 말하는 일련의 경로는 네로의 귀환 이야기를 근간으로 구성된다. 특별히 이 본문에서 짐승은 멸망으로 끝나게 된다는 것이 강조된다. 이것은 17장 전체가 심판의 문맥이라는 사실과 관련된다. 그리고 이 본문은 짐승과 그 짐승에 충성하는 열 왕들이 서로 연합된 관계로서 강력한 힘을 가지고 어린 양과 성도들을 향하여 전쟁을 일으킨다는 것을 밝히고 있다. 이 전쟁에서 어린 양은 승리를 쟁취하고 짐승은 패배하여 멸망한다.

243 Keener, *Revelation*, 411.

3)음녀 바벨론의 멸망(17:15-18)

7-14절에서 짐승의 세력과 그 멸망에 초점을 맞추어 기록하고 있다면, 15-18절은 그 짐승의 세력에 의해 음녀가 멸망 당하는 장면을 기록한다. 음녀의 멸망에 대한 이 내용은 1c절에서 "큰 음녀의 받을 심판을 보여줄 것이다"고 한 것에 대한 직접적인 답변으로 볼 수 있다. 사실 7-14절의 짐승에 대한 설명도 시빌의 신탁 5권에서 언급된 네로 귀환 이야기를 근간으로 짜여져 있는데 이는 15-18절에서 음녀의 멸망을 설명하기 위한 예비적 과정으로 볼 수 있다. 곧 네로 귀환 이야기의 근간은 네로가 파르티아 제국과 같은 동방의 세력을 규합하여 로마를 멸망시키기 위해 침공한다는 내용이다. 이런 시나리오가 바로 요한계시록 본문에서는 짐승과 열 왕이 음녀 바벨론(로마제국)을 멸망케 하는 구도로 재구성된다는 것이다.

구문 분석 및 번역

15절 a) Καὶ λέγει μοι·
그리고 그(천사)는 나에게 말한다.

b) τὰ ὕδατα ἃ εἶδες οὗ ἡ πόρνη κάθηται,
네가 본, 음녀가 앉아 있는 그 물(들)은

c) λαοὶ καὶ ὄχλοι εἰσὶν καὶ ἔθνη καὶ γλῶσσαι.
백성들과 무리들과 나라들과 언어들이다.

16절 a) καὶ τὰ δέκα κέρατα ἃ εἶδες καὶ τὸ θηρίον
그리고 네가 본 열 뿔과 짐승은

b) οὗτοι μισήσουσιν τὴν πόρνην
이들은 음녀를 미워할 것이다.

c) καὶ ἠρημωμένην ποιήσουσιν αὐτὴν καὶ γυμνὴν
그리고 그들은 그녀를 멸망케 하고 벌거벗게 할 것이다.

d) καὶ τὰς σάρκας αὐτῆς φάγονται
그리고 그녀의 살(들)을 먹을 것이다.

e) καὶ αὐτὴν κατακαύσουσιν ἐν πυρί.
그리고 그들은 그녀를 불로 태울 것이다.

17절 a) ὁ γὰρ θεὸς ἔδωκεν εἰς τὰς καρδίας αὐτῶν ποιῆσαι τὴν γνώμην αὐτοῦ
왜냐하면 하나님이 그(하나님)의 목적을 행하는 것을 그들의 마음(들)속으로 두셨기 때문이다.

	b)	καὶ ποιῆσαι μίαν γνώμην 그리고 한 목적을 행하는 것을
	c)	καὶ δοῦναι τὴν βασιλείαν αὐτῶν τῷ θηρίῳ 그리고 짐승에게 그들의 왕권을 짐승에게 주는 것을
	d)	ἄχρι τελεσθήσονται οἱ λόγοι τοῦ θεοῦ. 하나님의 말씀이 완성될 때까지
18절	a)	καὶ ἡ γυνὴ ἣν εἶδες ἔστιν ἡ πόλις ἡ μεγάλη 그리고 네가 본 그 여자는 큰 도시이다.
	b)	ἡ ἔχουσα βασιλείαν ἐπὶ τῶν βασιλέων τῆς γῆς. 땅의 왕들에 대한 통치권 가지고 있는

15a절에서 '레게이'(λέγει)는 현재시제 동사로 7a절에서 과거 시제로 사용된 '에이펜'(εἶπέν)과 동일한 동사이다. 이 현재 시제는 "역사적 현재" 용법으로 사용된 것으로 간주할 수 있다.[244] 역사적 현재 용법은 과거의 사건이지만 어떤 사건을 "그 장면이 펼쳐질 때 독자가 그 장면 한가운데 존재하는 것처럼 생생하게(vividly)" 전달하기 위해 사용하는 표현 기법이다.[245] 따라서 번역도 과거의 사건이지만 현재형으로 번역함으로써 독자들이 상황의 생생함을 느끼도록 할 것이다. 또한 16b절의 '후토이'(οὗτοι)는 앞의 16a절의 "열 뿔과 짐승"과 동격으로 사용된 지시대명사이다. 그러므로 번역에서도 이러한 관계를 잘 적용해서 번역해야 할 것이다.

그리고 17절의 문장 구조는 매우 정교하게 짜여져 있다. 17a의 '주다'(ἔδωκεν, 에도켄>δίδωμι, 디도미)라는 동사에 "그들의 마음(들) 속으로"(εἰς τὰς καρδίας αὐτῶν, 에이스 타스 카르디아스 아우톤)라는 부사절이 사용되고 그리고 17abc에서 세 개의 부정사(ποιῆσαι[x2], 포이에사이; δοῦναι, 두나이)가 보조적으로 사용되는 구조로 되어 있다. 이 세 개의 부정사는 주동사인 '에도켄'의 목적절 역할을 한다. 이 세 개의 부정사는 이러한 역할을 반영하여 번역하도록 한다.

여기에서 17a절의 '에도켄 에이스 타스 카르디아스'(δωκεν εἰς τὰς καρδίας)라는 문구는 히브리어의 '나탄 엘 리비'(נתן אל־לבב)라는 문형을 헬라어로 번역한 형태로서 그 대표적인 예가 느헤미야 7장 5절이다.[246] 여기에서 '디도미'라는 동사를 번역하는 것은 매우 난해하다. 이 동사는 신적 수동으로 사용되어 악

244 Smalley, *The Revelation to John*, 439.
245 Wallace, *Greek Grammar beyond the Basics*, 526.
246 Charles, *A Critical and Exegetical Commentary on the Revelation of St. John*, 2:73.

한 세력의 활동이 하나님의 허락 하에 허용되었다는 의미를 가지는 경우도 있다(참조 9:5a). 대부분의 영어 번역본은 "두다"(put)라는 의미로 번역한다. BDAG에서도 '디도미'(δίδωμι)는 이러한 의미를 갖는다.[247] 그리고 "두다"라는 동사는 "그의 마음 속으로"라는 문구와 잘 조화를 이룬다. 특별히 "에이스'(εἰς)라는 전치사는 "속으로"를 뜻하는데, 이는 방향성을 강조하는 의도를 보여준다. "두다"의 목적어로 "… 행하는 것"을 연결하여 반영하여 번역하면 "하나님은 하나님의 목적을 행하는 것을 그들의 마음 속으로 두셨다"로 번역할 수 있다. 이러한 구문은 하나님을 주어로 사용하여 하나님에 의해 그 어떤 일들이 결정되었다는 것을 표현하려는 의도를 지닌다. 앞서 언급한 것처럼 17b절과 17c절의 부정사도 17a절의 "하나님의 목적을 행하는 것을"과 같이 목적어로 번역한다.

그리고 17b절의 '그노멘'(γνώμην>γνώμη)은 17a절에서 "목적"이란 의미로 동일한 단어가 사용된다. 그런데 대부분의 영어 번역본과 주석가들은 '그노멘'을 "마음"(mind)을 의미하는 것으로 보고 "한"(μίαν, 미안)과 함께 "한 마음"이라고 번역한다. 이 단어는 "목적"이란 의미도 있지만 "마음"의 의미도 가지고 있는 것이 사실이다.[248] 그래서 짐승과 열 왕이 하나님의 목적을 이루는 데 한 마음이 되었다는 것이다. 그러나 이 단어를 17b절에서 17a절과는 달리 "마음"으로 번역해야 할 이유가 없다고 판단된다. 동일하게 "목적"이란 의미로 번역하는 것이 더 적절해 보인다. 왜냐하면 17a절과 17b절에서 모두 동일하게 '포이에사이 … 그노멘'(ποιῆσαι … γνώμην)을 사용하고 있기 때문이다. 이 동일한 문구를 달리 번역할 이유가 없다. 또한 13a절에서도 '미안 그노멘 에쿠산'(μίαν γνώμην ἔχουσιν)을 "한 목적을 갖는다"로 번역한 바 있다. 왜냐하면 '그노멘'(γνώμην>γνώμη, 그노메)을 "목적"이라고 번역해도 의미가 어색하지 않기 때문이다. 이처럼 세 개의 '그노멘'은 모두 일관성 있게 "목적"으로 번역한다. 저자는 이 단어의 중복 사용을 통해 절묘한 워드 플레이를 이끌어 낸다. 곧 17a절에서 '그노멘'은 '그의'(αὐτοῦ, 아우투)라는 인칭대명사를 사용하여 하나님의 목적을 명시하는 반면, 17b절에서는 "하나의"(μίαν, 미안)라는 형용사를 사용하여 짐승과 열 왕이 음녀를 멸망케 하려는 한 목적으로 가지고 있는 연합된 집단이라는 것을 보여주고자 한다. 따라서 이 문구도 "한 목적을 행하는 것을 그들의

247 BDAG, 242(6c). 이 때 이 동사는 '티데나이'(τιθέναι)와 동의어로 사용된다.
248 BDAG, 202(1).

마음 속으로 두셨다"라고 번역할 수 있다.

17b절의 "한 목적"은 17a절의 "그의 목적"이란 문구와 중복되어 보여서 찰스는 이 문구를 "난외주"(gloss)로 간주한다.[249]

이상의 내용을 근거로 우리말 어순에 맞추어 번역하면 다음과 같다.

15a 그리고 그(천사)는 나에게 말한다.
15b 네가 본, 음녀가 앉아 있는 그 물(들)은
15c 백성들과 무리들과 나라들과 언어들이다.
16a 그리고 네가 본 열 뿔과 짐승,
16b 이들은 음녀를 미워할 것이다.
16c 그리고 그들은 그녀를 멸망케 하고 벌거벗게 할 것이다.
16d 그리고 그녀의 살(들)을 먹을 것이다.
16e 그리고 그들은 그녀를 불로 태울 것이다.
17a 왜냐하면 하나님이 그(하나님)의 목적을 행하는 것을
17b 그리고 (짐승과 열왕들의) 한 목적을 행하는 것을
17c 그리고 그들의 왕권을 짐승에게 주는 것을
17d 하나님의 말씀이 완성될 때까지
17a 그들의 마음(들)속으로 두셨기 때문이다.
18a 그리고 네가 본 그 여자는
18b 땅의 왕들에 대한 통치권 가지고 있는
18a 큰 도시이다.

본문 주해

천사가 요한에게 말하다(15a절) 다음 15-18절은 7a절에 이어 다시 천사가 말하는 내용이다. 7a절에서는 "말하다"에 해당되는 동사를 '에이펜'(εἶπέν)이라는 부정과거 동사를 사용하는 반면 15a절은 '레게이'(λέγει)라는 현재시제 동사를 사용한다. 이러한 시제의 변화는 요한계시록에서 같은 환상 안에서도 자주 발생하는 현상이다. 여기에서 천사는 7a절의 경우처럼 환상에 대한 해석을 제시하려고 한다.

음녀가 앉은 물(15bc절) 다음 15b절에서 "네가 본"(ἃ εἶδες, 하 에이데스)이란 문구를 사용하여 1d절에서 요한이 "많은 물 위에 앉아 있는 큰 음녀"를 본 경험

249 Charles, *A Critical and Exegetical Commentary on the Revelation of St. John*, 2:73.

을 상기시키면서 그 의미에 대해 해석하려고 한다. 곧 음녀가 물 위에 앉아 있는 모습은 1d절(여기에서는 "많은 물"이라고 표현)에서 처음 언급되었다. 15c절에서 천사의 해석에 따르면 물은 "백성들과 무리들과 나라들과 언어들"이다. 이것은 5장 9절과 7장 9절의 "모든 나라와 족속들과 백성들과 언어들"에서 "족속"(φυλαί, 휠라이)이 "무리"(ὄχλοι, 오클로이)로 바뀌어 표현되지만 의미에 있어서 큰 차이를 보이지는 않는다. 이 두 본문에서는 그 동일한 대상이 어린 양에게 속한 자들로 등장한다. 이것은 어린 양의 구속의 대상이 우주적이라는 사실을 보여주는 것으로 해석한 바 있다.

15bc절에서도 이러한 "사중의"(fourfold) 표현은 세상의 "보편성"(universality)을 강조한다.[250] 역사적 바벨론은 유프라테스 강과 그 도시 주변에 잘 형성된 관개시설을 갖추고 있었는데,[251] 요한은 이러한 "백성들과 무리들과 나라들과 언어들"을 "(많은) 물"로 상징화 하여 전 세계를 지배하는 바벨론으로서 방대한 로마권력을 표현하고 있다.[252] 곧 음녀가 "많은 물"(1d절) 위에 앉아 있다는 것은 온 세계가 로마(바벨론)의 통제 하에 있다는 사실을 의미한다.[253] 여기에서 로마의 통치권은 우주적 특징을 갖는다는 것을 알 수 있다. 이것은 앞서 언급한 어린 양의 우주적 통치와 대립 관계를 형성한다. 음녀가 많은 물 위에 앉아 있는 이미지는 두 세력 사이에 끈끈한 결속을 의미하며 이러한 결속의 목적은 하나님과 어린 양 그리고 그의 백성들에 대항하기 위해서라고 할 수 있다.[254] 그리고 이러한 세계주의적 결사체는 하나님을 거스르는 우상 숭배와 음행을 자행한다.[255]

물위에 앉은 음녀의 모습은 위에 언급된 상황을 반영할 뿐 아니라, 렘 51:13(LXX 28:13)에 기록된 바벨론에 대한 언급을 배경으로 하는 것으로 이해할 수도 있다.[256]

[12] <u>많은 물 가에 거하여 재물이 많은 자여</u> 네 탐람의 한정, 네 결국이 이르

---

250 Mounce, *The Book of Revelation*, 320.
251 박스올은 많은 물을 단순히 관개시설 정도가 아니라 지중해를 가리키는 것으로 이해한다(Boxall, *The Revelation of Saint John,* 248). 왜냐하면 당시는 로마는 지중해의 지배자였기 때문이다.
252 Mounce, *The Book of Revelation*, 320.
253 Koester, *evelation*, 680.
254 Blount, *Revelation*, 322.
255 앞의 책.
256 Smalley, *The Revelation to John*, 440.

렀도다(렘 51:13)

렘 51:13의 "많은 물"은 고대 바벨론을 흥왕케 하여 그들에게 재물을 가져다 주었다. 그러나 렘 51:12와 렘 51:14에 의하면 바벨론은 하나님의 심판을 받아 결국 패망의 길을 가게 되고 말 것이다. 이런 패턴을 요한계시록 본문에 적용해 보면 많은 물 위에 앉은 음녀가 결국 하나님의 심판에 의해 패망의 길로 가게 될 것을 시사한다.

흥미로운 것은 이 음녀는 짐승 위에 앉았고(3b절), 짐승의 일곱 머리인 일곱 산에 앉아 있으며(9c절), 물위에 앉았다고도 표현한다(1d절; 15b절). 이 본문들에서 공통적인 것인 것은 "… 위에 앉다"라는 문구를 사용한 점이다. 이것은 하나님께서 "보좌 위에 앉아 있는"(ἐπὶ τὸν θρόνον καθήμενος, 에피 톤 드로논 카데메노스) 모습과 대비된다.

짐승이 음녀를 미워하다(16절) 16절은 15b절의 경우처럼 "네가 본"(ἃ εἶδες, 하 에이데스)이라는 문구로 시작한다. 요한이 본 대상은 "열 뿔과 짐승"이다. 이것은 3b절과 3d절에서 큰 음녀가 타고 있는 붉은 짐승과 그 짐승이 가지고 있는 열 뿔을 가리키고 있다. 여기에서 요한이 본 대상으로서 일곱 머리는 생략되는데, 그 이유는 짐승 자체가 일곱 머리로서 일곱 왕 가운데서 나온 여덟 번째 왕이기 때문이다. 본문은 열 뿔과 짐승에 대해 해석하기 보다는 그들의 활동에 관심을 가진다. 그들의 활동의 초점은 바로 음녀를 미워하는 것이다(16b절). 이러한 관계는 앞에서 언급한 것처럼 네로 귀환설과 관련된다. 곧 네로가 페르시아로 도피하여 파르티아 제국의 봉신 왕들을 동반하여 유브라데 강을 건너 로마를 침공하여 멸망케 한다는 내용의 이야기이다.

또한 16c절은 짐승과 열왕이 음녀를 벌거벗게 하고 16e절에서 불로 태울 것이라고 하는데 이것은 구약에 등장하는 음녀에 대한 징벌 형태와 유사하다. 이러한 음녀에 대한 징벌의 모습은 에스겔 23장 11-35절을 배경으로 묘사된다.[257] 에스겔 23장 전체는 이스라엘의 역사를 남 유다와 북이스라엘로 분리된 상태의 관점에서 비유적으로 묘사하고 있는 내용이다.[258] 특별히 북이스라엘의 도시인 사마리아는 언니로서 "오홀라"라는 이름으로, 남 유다의 도시인

257 Mounce, *The Book of Revelation*, 320.
258 L. C. Allen, *Ezekiel. 20-48*, WBC 29 (Dallas: Word, 1990), 48.

예루살렘은 동생으로서 "오홀리바"라는 표현된다(겔 23:4). 그런데 이 두 자매 모두 음녀로서 심판을 받는다. 오홀라는 젊었을 때 애굽과 행음하다가(겔 23:8) 나이 들어서는 앗수르와 행음하였는데(겔 23:5-7) 하나님은 그녀를 연애하는 앗수르에 넘겨 멸망케 하여 심판하신다(겔 23:9-10).

그런데 "오홀라"의 동생 "오홀리바"는 "그의 언니보다 음욕을 더하며 그의 언니보다 더 부패했다"(겔 23:11-12)고 평가한다. "오홀리바"도 앗수르와 연애하였으나 바벨론에 의해 더럽힘을 당하고(겔 23:17) 멸망을 당하게 된다(겔 23:23). 이 과정에서 바벨론은 음녀 오홀리바를 "망하게 하고"(겔 23:26), "벌거 벗기고"(겔 23:29), "그녀의 육체를 먹으며"("네 코와 위를 깍아 버리고" 겔 23:25), "그녀를 불로 태워 버린다"(겔 23:25).[259] 음녀 "오홀리바"에게 해당되는 내용이 음녀 바벨론의 경우와 정확하게 일치한다. 그러나 이것은 바벨론을 예루살렘으로 간주해야 하는 이유가 될 수 없다. 단지 음녀라는 공통점으로 인하여 구약에서 예루살렘을 상징하는 여성 "오홀리바"에게 해당되는 내용을 요한계시록 본문에서 음녀 바벨론에게 적용한 것이다.

여기에 다른 구약 배경을 덧붙인다면 레위기 21장 9절 말씀을 생각해 볼 수 있다.

> 아무 제사장의 딸이든지 행음하여 스스로 더럽히면 그 아비를 욕되게 함이니 그를 불사를지니라(레 21:9)

이 레위기 말씀에는 행음한 여자에게 "불사르다"라는 한 가지 항목만 있어서 그 배경적 관계가 부분적이라고 할 수 있다.

이상에서 음녀를 처벌하는 방식으로 벌거벗기고 불로 태우는 방식 외에 한 가지를 더 언급하는데 그것은 "그녀의 살(들)"을 먹는 것이다. 이것은 열왕기하 9장 30-37절에서 이세벨이 음행으로 정죄를 받아 창문으로부터 떨어진 후에 개들이 그 시신의 살을 먹는 장면을 연상시킨다.[260] 그리고 누군가의 살을 먹는다는 것은 다른 사람의 "생계 수단을 가져가 버리는 것"에 대한 은유적 표현으로 사용된다(시 27:2; 미가 3:3).[261] 결국에는 멸망해 버릴 음녀의 이러한 처절한 결과에 대한 다양한 묘사를 통해 요한은 성도들로 하여금 하나님과의

---

259 Mounce, *The Book of Revelation*, 320.
260 Koester, *Revelation*, 680.
261 앞의 책.

언약적 관계를 버리고 음녀 바벨론 곧 로마 제국과의 음행에 빠져 버리는 것을 경계하고자 한다.[262]

악의 자기 파괴적 능력 그런데, 짐승과 열 왕들 그리고 음녀는 불가분의 운명 공동체인데 짐승과 열 왕들이 음녀를 미워하여 불에 태워 멸망시킬 수 있을까? 이것이 어떻게 가능하며 이것을 어떻게 해석할 것인가? 짐승과 열 왕의 음녀에 대한 태도 변화는 그 자체 안에 포함되어 있는 "악의 자기 파괴 능력"(self-destroying power of evil)으로 볼 수 있다.[263] 이런 특징에 의해 악의 세력은 결국 그들 "상호간의 증오"(mutual hatred) 때문에 "함께 멸망"(mutual destruction)하는 길을 걸을 수 밖에 없다.[264]

이러한 음녀의 멸망은 바로 악의 세력의 속성을 알려 주는 것에 목적이 있을 뿐만 아니라 그 음녀가 어떠한 방법으로 망하게 되는가를 보여 주려는 목적이 있다. 곧 1절에서 "내가 너에게 큰 음녀의 심판을 보여줄 것이다"고 말한 것에 대한 답을 준다고 할수 있다. 16절에서 언급되는 멸망의 방법은 '음녀'라는 개념에 맞추어 표현된 것이다. 물론 이러한 멸망의 양상은 18장에서 소개되는 바벨론의 멸망에 대한 기록과는 차이가 있다. 이러한 불일치는 문맥의 차이에서 오는 것이며 더 나아가서 묵시 문학으로서 요한계시록의 속성상 발생 가능한 것이라고 할 수 있다.

18장은 음녀 바벨론의 멸망에 대해 더 자세하게 서술하고 있는 반면, 17장 16-18절은 7-15절에서 등장하는 짐승과 열 왕과의 관계에서 "악의 자기 파멸적 성격"[265]으로 말미암는 음녀 바벨론의 멸망을 기록하는데, 그의 멸망은 네로 귀환 이야기의 토대 위에 에스겔 23장 11-35절이 말하는 음녀에 대한 징벌의 형태를 띄고 있다. 이러한 기록의 목적은 강력해 보이는 로마 제국 앞에서 성도들이 흔들리거나 위축되지 말 것을 권면하기 위한 것이다. 왜냐하면 그들이 아무리 강력해 보여도 본질적으로 내부로부터 스스로 무너지게 되어 있기 때문이다.[266]

---

262 Blount, *Revelation*, 323.
263 Caird, *A Commentary on the Revelation of St. John the Divine*, 221; Harrington, *Revelation*, 175.
264 Morris, *Revelation*, 204; Mounce, *The Book of Revelation*, 321.
265 Osborne, *Revelation*, 629.
266 Sweet, *Revelation*, 260-261.

멸망의 순서 12-14절은 열 왕과 짐승이 어린 양과의 전쟁에서 패배하여 심판받아 멸망한 것으로 기록한다. 그런데 이미 멸망한 그들이 15-18절에서 음녀 바벨론을 자기 파멸적 능력으로 멸망케 한다는 것은 시간적으로 성립될 수 없는 순서이다. 시간적 순서로 보면 바벨론(로마 제국)의 멸망이 짐승과 열 왕보다 선행되는 것이 정상이다.[267] 그렇다면 이렇게 순서가 뒤바뀌는 것을 어떻게 이해해야 할 것인가? 묵시 문헌으로서 요한계시록은 전체적으로 시간의 흐름이 존재하지만 때로는 부분적으로 이런 "시간적 일관성"(chrological consitency)이 문맥의 흐름에 의해 뒤바뀔 수 있다.[268] 이 문맥에서는 7-12절에서 짐승과 열 뿔에 대해 집중적으로 언급하면서 11c절에서 여덟째 왕인 짐승이 멸망으로 들어가게 될 것을 말하고 있는데 이러한 사실에 대한 구체적 과정의 설명이 필요하여 13-14절에서 어린 양에 대항하는 전쟁 이야기를 통해 그 짐승과 열 왕의 멸망을 소개하고 있는 것이다.

하나님의 목적을 이루다(17abc절) 17절은 16절에서의 현상이 어떠한 맥락에서 일어났는가를 설명하는 내용이다.[269] 17절은 '왜냐하면'(γάρ)이라는 접속사로 시작한다. 이를 통해 짐승에 의한 음녀에 대한 심판을 논하는 16절과 인과 관계로 연결된다는 것을 알 수 있다. 먼저 17a절은 하나님은 "그의 목적"(τὴν γνώμην αὐτοῦ, 텐 그노멘 아우투)을 행할 것을 "그들의 마음속으로"(εἰς τὰς καρδίας αὐτῶν) 두셨다고 말한다.[270] 이것은 악의 세력이 이루고자 하는 목적조차도 하나님에 의해 결정된다는 뜻이다. 곧 음녀 바벨론에 대한 심판은 하나님의 본래 목적이었으며 하나님께서는 그들의 마음에 그 목적을 행하고자 하는 것을 두심으로써 짐승과 열 왕들이 그것을 이루도록 촉진시키고 계신다.[271] 히브리어와 헬라어에서 "마음"(καρδία, 카르디아)은 "생각(mind)과 의지(will)의 자리"를 뜻한다.[272] 이런 점에서 하나님이 그들의 마음에 그의 목적을 행하도록 두신 것은 그들의 의지를 움직이려는 의도에서 비롯된 것이라 할 수 있다.

---

267 Reddish, *Revelation*, 333.
268 앞의 책.
269 오우니는 17절이 12-16절에서 발생한 사건에 대한 주석을 제공하고 있다고 주장한다(Aune, *Revelation 17-22*, 957).
270 이 부분에 대해서는 번역을 참고하라.
271 Smalley, *The Revelation to John*, 441.
272 Sweet, *Revelation*, 262.

이러한 패턴이 느헤미야 7장 5절에도 동일하게 등장하는데, 여기에서 하나님은 느헤미야에게 귀족들과 민장들과 백성을 모아 그 계보 대로 등록하도록 하는 것을 느헤미야의 마음에 두셨다.[273] 그런데 느헤미야의 경우에는 어차피 하나님을 뜻을 행하는 입장에 서 있기 때문에 이것은 매우 자연스런 모습이다. 그러나 요한계시록 본문에서는 하나님께서 하나님의 목적을 행하고자 하는 의지를 마음에 두신 대상은 본래 하나님을 대적하는 악한 세력이다. 이처럼 악의 세력을 심판의 도구로 사용하는 것은 요한계시록에서 새로운 것이 아니다. 9장 1-11절의 다섯 째 나팔 심판에서 아뷔쏘스에서 나온 황충이 이마에 하나님의 인을 맞지 않은 자들을 고통스럽게 하는 것(9:4bc)도 같은 패턴이라고 볼 수 있다. 이 두 경우 모두 악의 자기 파멸적 성격을 잘 드러내고 있다.

더 나아가서 17b는 "한 목적을 행하는 것"이라고 했는데 이 문구는 부정사 구로서 역시 17a절의 "하나님의 목적을 행하는 것"과 함께 주동사인 "두다"(ἔδωκεν, 에도켄)라는 동사에 연결된다. 여기에서 "목적"(γνώμη, 그노메)은 17a절의 "목적"과 동일한 단어이지만 그 목적이 누구의 것인가는 차이가 있다. 17a절에서 "그의 목적"은 하나님의 목적인 반면, 17b의 "한 목적"은 짐승과 열 왕들의 목적이다. 짐승과 열 왕들은 하나의 목적을 가지고 있다. 그런데 그 두 목적의 내용은 동일하다. 그것은 바로 음녀 바벨론을 멸망케 하는 것을 가리킨다. 여기에서 짐승과 열 왕이 음녀 바벨론을 멸망케 하는데 "한 목적"을 가지게 되는 것은 악의 자기 파멸적 성격을 드러내는 것으로, 시빌의 신탁 5권에서 네로가 파르티아의 봉신 왕들을 이끌고 로마를 침공한다고 말하는 네로 귀환 이야기가 그 근간을 이루고 있다. 그리고 이것이 "하나님의 목적"인 것은 이 모든 과정을 하나님이 주관하고 계시기 때문이다.

이처럼 짐승과 열 왕들이 한 목적을 실행할 수 있었던 것은 17c절에 나타나고 있는 것처럼 열 왕들의 왕권을 짐승에게 온전히 의탁했기 때문이다.[274] 열 왕은 열 뿔로서 짐승이 가지고 있는 신체의 일부처럼 완벽하게 결합되어 있는 양상이다. 따라서 짐승에게 왕권을 의탁하는 것은 당연한 일이다. 17c절

273 Charles, *A Critical and Exegetical Commentary on the Revelation of St. John*, 2:73.

274 17a절에서 '그들의'(αὐτῶν, 아우톤)는 16e절의 주어인 3인칭 복수로서 짐승과 열 왕들을 이어 받음으로써 짐승과 열 왕들을 모두 가리키고 있으나, 17c절에서 "그들의"(αὐτῶν, 아우톤)는 "짐승"과 구별되어 "열 왕들"을 가리킨다.

역시 17b절처럼 17a절의 주 동사인 "(마음 속으로) 두다"와 연결된다. 따라서 이런 일련의 행위들은 모두 하나님의 주권에 의해 작동되고 있음을 알 수 있다.

결국 17절이 16절에 대한 이유를 말하고 있는 것이 사실이라면 16절에 기록된 짐승과 음녀 사이에 발생한 자기 파괴적 "내전"(civil war)은[275] 외형적으로는 음녀 바벨론에 대한 짐승과 열 왕들 연합의 공격 때문에 일어난 것으로 볼 수 있지만, 실상은 하나님의 섭리와 계획이 작용했다는 것이다. 이것은 악의 세력조차도 하나님께서 권한을 허락하였을 때만 활동할 수 있다는 것을 의미한다. 예를 들면 13장 5-8절에서 하나님은 하나님을 대적하는 짐승에게 마흔두 달 동안 일할 권세를 부여하신다. 세상적 관점으로는 그들의 악한 목적을 위하여 하나의 목적을 가지고 뭉치는 완벽한 일치를 보였으나, 우주적 관점으로는 하나님의 목적을 위하여 그들을 활용하신 것이다.[276] 이러한 사실을 다른 관점에서 말하면 하나님은 의인과 악인 모두의 마음을 통하여 하나님의 뜻을 이루신다고 할 수 있다.[277]

하나님의 말씀이 완성될 때까지(17d절) 17d절에 "하나님의 말씀이 완성될 때까지"라는 문구가 등장한다. 이 문구는 17a절에서 "하나님이 그(하나님)의 목적을 행하는 것을 그들의 마음(들)속으로 두셨다"에 연결되는 부사절이다. 이처럼 하나님께서 짐승과 열 왕들에게 "하나님의 목적"을 행하도록 하는 것은 "하나님의 말씀이 완성될 때까지"이다. 이러한 문장 구조는 하나님의 목적이 결국 하나님의 말씀이 완성되는 것에 있다는 사실을 알려준다. 17b절과 17c절을 연결해서 말하면 짐승과 열 왕들의 행위는 하나님의 목적을 실행하는 것이며, 그것은 바로 하나님의 말씀을 완성하는 것이다. 악한 세력의 활동조차도 하나님의 말씀을 완성하는 일에 기여한다는 것이다. 또한 이것은 큰 음녀 바벨론을 멸망케 하는 짐승과 열 왕들의 연합 세력의 강력한 활동 역시 하나님의 통제 하에 있으며 그 기한 또한 한시적이라는 것을 시사한다. 그 이유는 하나님께서 이들에게 허용하신 기간을 "하나님의 말씀이 완성될 때까지"로 한정하고 있기 때문이다.

---

275 Osborne, *Revelation*, 624-625. 오즈번에 의하면 이런 "종말적 내전" 모티브는 에스겔 38장 21절에서 이미 예시된 바 있다고 한다(앞의 책, 625).

276 앞의 책, 629

277 Mounce, *The Book of Revelation*, 321.

그렇다면 여기에서 "하나님의 말씀이 완성되다"라는 표현의 의미는 무엇인가? 먼저 "완성되다"(τελεσθήσονται, 텔레스데손타이>τελέω, 텔레오)라는 동사는 하나님의 뜻이 이루어지는 맥락에서 사용된다. 이 단어는 요한계시록에서 하나님의 비밀이 완성되거나(10:7) 증인들의 증거사역이 완성될 때(11:7) 그리고 하나님의 심판(15:1, 8)과 하나님의 말씀(17:17)이 완성되는 순간을 묘사하는 데 사용된다. 이 동사는 모두 신적수동태로서 하나님의 의지에 의해 사건들이 이루어지는 특징을 묘사하기 위해 사용된다. 이 문맥에서 이런 하나님의 말씀이 완성되는 것에 대한 구체적인 의미는 좁은 의미와 넓은 의미, 두 가지로 생각할 수 있다: 첫째, 좁은 의미로서, 17장 1절에서 언급한 큰 음녀 바벨론이 받아야 하는 심판이다. 둘째, 넓은 의미로서 하나님의 말씀을 통한 종말과 최후의 심판과 관계되는 모든 약속의 성취를 의미한다.[278] 요한은 좁은 의미로서 자신의 시대적 상황에서 큰 음녀 바벨론의 심판을 미래적 종말 사건의 모델로 설정함으로써 넓은 의미로서 미래적 종말의 궁극적 정황을 전달하고자 한다. 이것은 다니엘 7-12장에서 안티오쿠스 4세에 대한 심판을 통해 다니엘이 종말적 심판의 정황을 투영하고 있는 것과 같은 패턴이라고 볼 수 있다.

3)네가 본 그 여자(18절) 18a절에서 천사는 15b절과 16a절에서 "네가 본"(ἣν εἶδες, 헨 에이데스)이라는 문구를 사용하여 마지막으로 '여자'의 상징적 의미에 대한 해석을 시도한다. 요한이 본 것은 바로 "그 여자"이다. 이것은 3b절에서 "나는 붉은 짐승 위에 앉아 있는 여자를 보았다"는 말과 연결된다. 천사는 요한이 본 여자를 "큰 도시"(ἡ πόλις ἡ μεγάλη)라고 해석한다. 이 "큰 도시"는 1c절의 "큰 음녀"라는 문구와 평행이다. 이 두 문구에서 "큰"(μεγάλη, 메갈레)이라는 단어는 이 음녀의 위력을 잘 나타낸다. 또한 이 문구는 요한계시록 문맥에서 바벨론을 가리켜 사용된다(16:19; 18:10, 18, 19, 21). 그런데 요한의 시대에 '큰 도시'은 로마이다.[279] 이런 점에서 바벨론은 로마를 의미한다. 앞서 언급한 것처럼 초기 유대 문헌에서 로마를 바벨론이라고 표현하는 것이 통상적이다. 로마는 하나님을 대적하며 그의 백성들을 압제했던 바벨론을 답습했다는 점에서 바벨론과 동일한 속성을 갖는다. 세계 역사를 통해 볼 때 바벨론과 로마는 비도덕

278 Osborne, *Revelation*, 629.
279 Mounce, *The Book of Revelation*, 321.

성, 성전 파괴, 우상 숭배, 사치, 성도의 핍박이라는 공통점이 있다.

그러나 "음녀들과 땅의 가증한 것들의 어머니"인 큰 바벨론(5절)은 1세기 로마 제국 그 이상의 의미를 갖는 것으로도 볼 수 있다.[280] 곧 큰 바벨론이 분명히 1세기 로마 제국을 가리켜 사용되고 있는 것이 분명하지만 그 환경을 뛰어 넘어 미래적 종말의 정황을 지향하고 있다는 것이다. 이와 관련하여 앞에서 인용한 쉬크(Schick)의 논평은 매우 유용하다.[281]

> 요한계시록에서 거의 항상 그러는 것처럼 상징은 독특한 역사적 상황 그 이상에 도달하고 모든 세대 동안 유용한 표준이 된다. 역사는 스스로 반복하지 않는다. 독특한 환경에서 발생한 독특한 사건을 다루는 것이 정확하게 역사의 본질이다. 그러나 모든 구체적인 독특성에도 불구하고, 또 다른 좀 더 근본적인 차원에서, 비슷한 어떤 것이 매번 발생할 수 있다.

로마는 당시에 바벨론의 상징성을 나타내는데 가장 적합한 대상이었다. 시대가 지나면서 로마만큼 바벨론의 특징을 드러낼 수 있는, 바벨론 못지 않게 장엄하고 그 못지 않고 타락한 세상을 특징 짓는 또 다른 대상은 얼마든지 나타날 수 있다. 역사 속에서 그것은 멸망을 면치 못할 것이며 마침내 역사의 마지막에 바벨론으로 상징되는 그 모든 악의 세력은 멸망하고 말 것이다.

땅의 왕들에 대한 통치권 가지고 있는 여자(18b절) 다음 18b절에서 그 큰 도시 바벨론으로서 그 여자는 "땅의 왕들에 대한 통치권을 가지고 있는 것"으로 묘사된다. 이것은 1c절의 "많은 물 위에 앉아 있는 큰 음녀"와 동일한 의미다. 왜냐하면 15c절에서 여자가 앉아 있는 "많은 물"은 "백성들과 무리들과 나라들과 언어들"을 가리키기에 많은 물 위에 앉아 있다는 것은 "백성들과 무리들과 나라들과 언어들"을 통치하고 있다는 의미이기 때문이다. 여기에서 "백성들과 무리들과 나라들과 언어들"은 "땅의 왕들"과 동일한 의미로 볼 수 있다. 이 내용은 다시 한 번 큰 음녀 바벨론의 위력을 일깨우는 역할을 한다. 그런데 16-17절에서 보여주는 것처럼 그 큰 음녀 바벨론은 심판을 받아 파괴되고 만다. 자신이 타고 앉았던 짐승(네로 황제)과 열뿔(열 왕)에 의해 파괴되었다는 사실

280 앞의 책, 321. 이 지점에서 마운스는 "적그리스도"의 활동과 관련시키려고 하는데 이 점은 동의하기 어렵다.

281 Schick, *The Revelation of St. John*, 2:258 (Mounce, *The Book of Revelation*, 321, 각주 69에서 재인용).

은 악의 세력의 자기 파괴적 성격을 드러내주기에 그 존재의 명성에 더욱 엄청난 흠집을 내게 된다.

이러한 과정을 거친 후에 새삼스럽게 18a절에서 요한이 본 여자를 "큰 도시"라고 말하고 그리고 18b절에서 '땅의 임금들을 다스리는 큰 성'이라고 말하는 것은 "냉소적"(sarcastic) 표현이라고 할 수 있다.[282] 왜냐하면 음녀 바벨론이 다스리는 왕들에 의해 멸망을 당했기 때문이다. 그러므로 18절은 앞에서 유사하게 등장하는 표현과는 다른 맥락을 가지고 있음을 알 수 있다. 그것은 바로 온 땅의 임금들을 다스리는 강력한 나라인 큰 도시 바벨론으로서 로마 제국도 악의 파멸적 성격으로 말미암아 얼마든지 멸망할 수 있다는 것을 냉소적으로 말하고 있는 것이다. 그리고 다음 18장에서 바벨론의 멸망을 16-17절과는 다른 각도에서 구체적이고 집중적으로 논의하는 내용을 기록한다.

282 Harrington, *Revelation*, 175.

핵심 메시지

17장 1절에서 일곱 대접을 가진 일곱 천사 중 하나가 요한에게 "큰 음녀의 심판을 보여줄 것이다"고 말한 것은 이후에 전개되는 내용이 심판에 의한 바벨론의 멸망을 언급한 16장 19절과 깊은 관련이 있음을 암시한다. 실제로 17:1–19:10은 요한계시록의 중심주제의 하나인 '바벨론의 멸망'을 상세히 소개한다. 본 단락에서 놓쳐서는 안 되는 부분은 세상을 지배하고 있는 큰 음녀 바벨론이 왜 심판을 받을 수밖에 없는가를 인식하는 것이다. 음녀는 그의 추종 세력들과 함께 "음행의 포도주"(2□)에 취하여 "성도들의 피"와 "예수의 증인들의 피"(17:6)를 흘리게 하지만, 결국 음녀는 하나님의 맹렬한 "분노의 포도주 잔"(16:19)을 마셔야 할 것이다.

요한은 성령 안에서 여자에 대한 환상을 본다. 여자는 짐승 위에 앉아 있다. 이 여자는 음녀 바벨론(5□)을 가리키며, 짐승은 13장에서 언급되었던 "열 뿔과 일곱 머리를 가진 짐승"과 동일하다. 음녀 바벨론과 짐승은 각각 로마 제국과 그 제국을 다스리는 정치 권력으로서의 황제를 의미한다. 따라서 이 둘 사이의 관계는 밀접하지 않을 수 없다. 한편 이 여자는 매우 사치스런 옷을 입고 금과 보석과 진주와 같은 값비싼 장식물로 자신을 장식하고 스스로를 자랑스럽게 생각하고 있다. 이러한 모습은 비록 화려하지는 않지만 빛나고 깨끗한 세마포를 입은 어린 양의 신부 곧 성도의 모습(19:8)과 대조적이다. 또한 이 여자의 손에는 금잔이 들려져 있는데, 그 내용물은 가증한 물건과 음행의 더러운 것으로 채워져 있다. 이 음녀는 경제적인 능력을 가지고 세상의 우상숭배를 주도하였으며, 그 과정에서 '성도' 곧 '예수의 증인들'의 피를 흘리게 하였다(6b절).

환상을 보고 기이히 여기는 요한에게 천사는 여자와 여자가 탄 짐승의 비밀을 알려준다. '비밀'이라는 단어는 상징적인 의미를 내포하고 있음을 암시하는데, 이러한 상징적 의미를 이해하기 위해서는 지혜가 요구된다(9a절). 짐승은 “전에 있었지만 지금 없고 그리고 아뷔쏘스로부터 올라오게 되어 있지만 멸망으로 들어간다”(8abc)고 묘사된다. 이 표현에서 중요한 사실은 짐승은 결국 반드시 멸망하게 된다는 것이며, 이러한 짐승의 결말은 성도에게 소망의 근거가 된다는 점이다. 천사는 계속해서 ‘열 뿔’에 대해 설명한다. ‘열 뿔’은 문자적으로는 ‘열 왕들’을 가리키지만, 세상 왕들의 막대한 권세를 상징하는 표현이다. 이 ‘열 왕들’은 한 목적을 가지고 짐승과 연합하여 어린 양을 대적하는 종말적 전쟁을 일으킬 것이다. 그러나 왕들의 왕이시며 주들의 주이신 어린 양과 성도들 곧 “부름 받은 자들이요 택함 받은 자들이고 신실한 자들”은 이 전쟁에서 반드시 승리하게 될 것이다(14b절).

천사는 계속해서 음녀의 비극적인 최후를 언급하고 있다. 열 뿔로 상징되는 열 왕들과 짐승이 음녀를 미워하여 멸망시키고 벌거벗기고 그 살을 먹고 불로 태워버릴 것이라는 의외의 내용을 소개한다(16절). 짐승과 열 왕들 그리고 음녀는 불가분의 운명 공동체인데 어떻게 이런 일이 가능한 것인가? 이것은 “악의 자기 파괴적 속성” 때문이며, 이 속성에 의해 악의 세력은 결국 상호 멸망의 결과를 가져올 것이다. 이러한 결과를 세속적 관점에서 보면 그들이 악한 목적을 위하여 완벽하게 일치한 것처럼 보이지만, 우주적 관점에서 보면 하나님의 섭리와 계획이 작용했다는 점이다. 천사는 마지막으로 여자가 “땅의 왕들에 대한 통치권 가지고 있는 큰 도시”임을 밝힌다(18절). 이 표현 속에는 온 땅의 임금들을 다스리는 강력한 나라인 바벨론조차도 자기가 다스리는 짐승과 땅의 임금들에 의해서 멸망당할 수밖에 없는 비극적 상황에 대한 냉소적 의미가 담겨져 있다고 할 수 있다.

설교 포인트

17장을 설교하는 데 있어서 가장 중요한 관건은 '바벨론'의 상징적 의미를 분명히 밝혀주는 것이고 그것이 오늘날 성도들에게 어떤 의미를 가지는가를 알게 해 주는 것이다. 곧 바벨론은 당시의 로마를 상징적으로 표현한 것이다. 요한은 17장에서 자신의 세계관 속에서 교회 공동체를 핍박했던 바벨론에 대한 심판을 통해 악의 세력에 대한 최종 심판과 멸망을 전망한다. 오늘날 설교자는 이런 요한의 미래적 종말의 주제를 다루는 방식을 잘 이해할 필요가 있다. 따라서 바벨론 곧 로마 제국의 멸망이라는 주제를 지나치게 문자적으로 접근하여 과거의 사건으로 치부해서도 안되고, 이러한 배경적 정황을 무시하고 단순히 미래적 사건으로 치부하는 것도 경계해야 한다. 바벨론이 상징하는 로마 제국의 역사적 의미를 충실하게 살펴 보되 그것이 미래적 종말의 사건과 어떻게 상호 관계를 갖는지 잘 살필 필요가 있다.

이 과정에서 요한의 시대에 하나님의 백성들을 핍박했던 로마제국을 바벨론으로 인식할 수 있었다면, 오늘날 하나님과 성도들을 대적하는 바벨론은 무엇이고, 미래에 그 세력은 무엇이고 그 운명은 어떻게 될 것인가?라는 질문이 자연스럽게 나올 수 있다. 설교자는 바로 본문 해석과 적용 과정에서 이러한 문제를 적절하게 제시할 수 있어야 할 것이다.

그리고 설교자는 또한 17장에서 바벨론을 '음녀'로서 묘사하여 교회 공동체를 상징하는 어린 양의 '신부'와 대조적인 개념을 설정함으로써 두 개의 결론을 구성하고 있음을 인식해야 한다. 이 음녀는 땅의 임금들과 더불어 음행하였고, 땅에 거하는 자들에게도 그녀의 음행의 포도주에 취하게 만들었다. 반면에 신부는 어린 양과 혼인예식을 위하여 자기 자신을 옳은 행실로 준비하였다. 음녀가 허영과 사치로 외형적 아름다움에만 도취되었다면, 신부는 내면적 아름다움으로 인하여 세마포를 입을 수 있는 특권을 부여받는다. 이러한 음녀가 멸망할 수밖에 없는 결정적 이유는 그 음행의 과정에서 성도들의 피와 예수의 증인들의 피를 흘리게 했기 때문이다(6절). 여기에서 설교자는 바벨론에 대한 하나님의 심판이 6:10의 순교자들의 신원의 기도에 대한 응답임을 인식함으로써 요한계시록 전체 문맥에 대한 좀 더 포괄적인 관점을 가질 필요가 있다(18:6, 20).

음녀는 짐승을 타고 있는 것으로 묘사되는데, 짐승은 막강한 권력을 가지고 성도들을 핍박했던 로마 황제를 상징한다. 짐승은 무소불위의 권력을 행사하지만 중요한 것은 그 짐승이 반드시 멸망해야 하는 운명에 놓여 있음을 간과해서는 안 된다는 점이다(8, 11절). 짐승이 열 왕과 연합하여 어린 양과 어린 양을 따르는 이들에 대항하여 전쟁을 일으키지만, 만주의 주시요 만왕의 왕이신 어린 양과 성도들은 승리할 것이기 때문이다(14절). 세상의 권력들은 하나님의 주권 아래에서는 단지 한 순간에 불과한 것이다.

마지막으로 설교자가 강조해야 할 중요한 사실이 있다. 그것은 다름 아니라 악의 세력들은 그들이 내포하고 있는 "자기 파괴적 속성"으로 인하여 서로를 상하게 함으로써 결국은 상호 멸망하게 된다는 사실이다. 음녀를 따르던 열 왕들과 짐승은 순간 돌변하여 음녀를 미워하여 멸망시키고 벌거벗기고 그 살을 먹고 불로 태우는(16절) 기이한 행동을 하게 되는데, 이런 상호 멸망의 모습조차도 하나님의 섭리와 주권하에 이루어지고 있다(17절). 설교자는 이 사실을 인식하고 청중들에게 정확하게 전달할 수 있어야 한다. 이런 속성은 악의 세력이 아무리 강고한 능력을 가지고 있다고 하더라도 스스로 무너질 수 밖에 없으므로 두려워할 이유가 없다는 확신의 근거가 될 수 있다.

설교 요약

◆ **제목:** 바벨론의 정체

◆ **본문:** 요한계시록 17:1-18

◆ **서론**

에덴동산에서 아담과 하와가 죄를 범한 이후 이 세상에는 항상 하나님을 대적하고 하나님의 백성들을 핍박하는 악의 세력들이 존재해왔다. 이러한 악의 세력들은 하나님의 구속 계획에 따라 필연적으로 멸망당할 수 밖에 없다. 요한계시록은 악의 세력의 멸망과 하나님의 백성에 대한 구속의 이야기로 충만하다. 악의 세력을 상징하는 바벨론은 시대마다 다를 수 있다. 요한의 시대의 요한의 눈에는 로마 제국이 악의 세력을 상징하는 바벨론으로 보였을 것이다. 우리는 바벨론의 정확한 실체를 정확히 파악하고 그 종말이 어떻게 될 것인지를 인식해야 한다.

◆ **본론:**

1) 바벨론의 실체

(1) 큰 음녀 바벨론은 많은 물위에 앉아 있다(1절): 많은 물은 온 세상을 상징하는 말이다. 따라서 음녀가 온 세상을 지배한다는 의미이다. 그리고 땅의 임금들과 땅에 거하는 자들과 함께 음행을 저지른다.

(2) 큰 음녀는 땅의 음녀들과 땅의 가증한 것들의 어머니이다(5절): 모든 음행의 세력들을 양산하고 보호하는 역할을 한다.

(3) 큰 음녀는 자신을 화려하게 꾸미고 금잔을 가지고 있지만, 그 내면에는 가증한 것들과 음행의 더러운 것들로 가득하다(4절): 그 외형의 모습은 어린 양의 신부와 대조적이다(19:8).

(4) 이러한 음행의 과정에서 성도들의 피와 예수님의 증인들의 피에 취했다(6절): 그러나 그 죄로 인하여 음녀는 하나님의 진노의

포도주 잔을 마셔야 한다(16:19).

2) 바벨론과 그 운명 공동체의 멸망

(1) 바벨론은 그녀와 한 운명공동체인 짐승과 열 왕의 반역 행위로 인하여 멸망하게 될 것이다(16절): 이것은 '악의 자기 파괴적 속성'으로 설명할 수 있는데, 하나님의 섭리에 의해서 이러한 '상호 멸망'이 예측된다(17절).

(2) 열 왕이 짐승과 더불어 어린 양을 대적하여 전쟁을 일으키지만 주들의 주, 왕들의 왕이신 어린 양은 그를 따르는 성도들과 함께 반드시 승리하실 것이다(14절). 그리고 어린 양을 따르는 성도들도 승리하게 될 것이다.

(3) 따라서 바벨론과 한 운명공동체였던 짐승 역시 멸망당하게 될 것이다.

◆ 결론:

하나님의 구속계획은 하나님의 백성들에게는 구원의 기회가 되지만, 하나님을 대적하는 세력들에게는 멸망의 근거가 된다. 요한의 시대에 바벨론은 로마로 인식되었다. 그렇지만 이 시대를 살아가는 성도들에게 하나님을 대적하며 좀처럼 무너질 것 같지 않게 보이는 바벨론은 다양하게 나타날 수 있다. 오늘날 우리가 경험하는 바벨론은 무엇인가? 앞으로 우리가 경험하게 될 바벨론은 무엇인가? 종말의 시대를 바라보는 영적인 눈이 열리도록 기도해야 할 것이다. 분명한 것은 그것이 무엇이든, 그것이 아무리 큰 능력을 가지고 있더라도 예수님 재림의 때에 최종적인 심판을 받아 멸망하게 될 것이라는 사실이다.

2. 바벨론의 심판과 그 심판에 대한 찬양(18:1-19:10)

17장 16절은 음녀 바벨론과 짐승을 함께 소개하면서 악의 자기 파멸적 성격을 강조하여 음녀 바벨론에 대한 심판을 언급한다. 그러나 18장에서는 17장과는 전혀 다른 방식으로 바벨론의 멸망을 소개한다. 곧 18장에서는 바벨론의 죄악에 더욱 초점을 맞춘다. 그러므로 이 두 본문 모두 음녀 바벨론의 멸망을 묘사하고 있다는 점에서는 공통점이 있지만, 묘사되는 바벨론의 멸망의 이유와 과정은 전혀 다르게 서술한다. 바벨론의 멸망에 대한 이러한 표현의 차이는 문맥의 차이에 기인한다. 이러한 차이는 바벨론의 멸망이 문자적 성취를 기대하는 것이 아니라는 것을 분명하게 보여 준다. 더불어 17장은 그 속성이 보다 묵시적이라면 18장은 보다 예언적인 속성을 갖는다.[1] 물론 이 두 장의 속성을 묵시와 예언적 성격으로 명확하게 양분할 수 없을 정도로 두 가지가 서로 혼합되어 있는 것이 사실이나 그 비중에 있어 차이가 있으며 따라서 그 표현 방법에도 차이가 난다.

18장 1절–19장 1–8절은 화자가 누구인가에 따라 그 구조가 형성된다는 것을 알 수 있다. 이 구조를 요약하면 다음과 같다.[2]

A 18:1–3 다른 천사의 바벨론 심판 선포
B 18:4–20 하늘로부터 음성의 바벨론 멸망 선포
A′ 18:21–24 힘센 천사의 바벨론 심판 선포
B′ 19:1–10 하늘의 음성이 바벨론 멸망에 대해 하나님을 찬양[3]

18장이 하나의 단위를 이루고 있지만 이 부분은 19장 1–8절이 포함될 때 이 문맥의 구성은 완성된다.[4] 보쿰은 마지막 부분(B′)에 9–10절을 포함시키지 않지만 9–10절도 1–8절과 "예수의 증거"에 의해 연결 고리를 가지고 있으므로 포함시켜서 살펴 보기로 한다. 이 구조 분석에서 A와 A′ 는 각각 다른 천사와 힘센 천사가 바벨론의 심판을 선포하는 내용이고 B와 B′ 는 하늘의 음성이 바

1 Witherington III, *Revelation*, 225.
2 Bauckham, *The Climax of Prophecy*, 340.
3 보쿰은 이 부분의 본문을 19장 1-8절이라고 했다(앞의 책).
4 Bauckham, *The Climax of Prophecy*, 340.

벨론 멸망에 대해 선포하고(B), 그 결과를 찬양하는 내용(B′)으로 구성된다. 전자(A와 A′)에는 "보았다"(εἶδον, 에이돈)라는 동사가 사용된 반면(A′는 생략), 후자(B와 B′)에는 "들었다"(ἤκουσα, 에쿠사)라는 동사가 사용되는 차이를 보여주기도 한다.

1)다른 천사의 바벨론 심판 선포(18:1-3)(A)

구조 분석 및 번역

1절 a) Μετὰ ταῦτα εἶδον
이후에 나는 보았다.

b) ἄλλον ἄγγελον καταβαίνοντα ἐκ τοῦ οὐρανοῦ
다른 천사가 하늘로부터 내려오는 것을

c) ἔχοντα ἐξουσίαν μεγάλην,
큰 권세를 가지고

d) καὶ ἡ γῆ ἐφωτίσθη ἐκ τῆς δόξης αὐτοῦ.
그리고 땅이 그의 영광으로 말미암아 밝아졌다.

2절 a) καὶ ἔκραξεν ἐν ἰσχυρᾷ φωνῇ λέγων·
그리고 힘센 음성으로 외쳐 말했다:

b) ἔπεσεν ἔπεσεν Βαβυλὼν ἡ μεγάλη,
위대한 바벨론이 무너졌다, 무너졌다.

c) καὶ ἐγένετο κατοικητήριον δαιμονίων
그리고 그녀는 귀신들의 처소가 되었다.

d) καὶ φυλακὴ παντὸς πνεύματος ἀκαθάρτου
그리고 모든 더러운 영의 소굴과

e) καὶ φυλακὴ παντὸς ὀρνέου ἀκαθάρτου
그리고 모든 더러운 새의 소굴

f) [καὶ φυλακὴ παντὸς θηρίου ἀκαθάρτου] καὶ μεμισημένου,
그리고 모든 악하고 혐오스러운 짐승의 소굴

3절 a) ὅτι ἐκ τοῦ οἴνου τοῦ θυμοῦ τῆς πορνείας αὐτῆς πέπωκαν πάντα τὰ ἔθνη
왜냐하면 모든 나라들이 그녀의 음행의 분노의 잔으로부터 마셨기 때문이다.

b) καὶ οἱ βασιλεῖς τῆς γῆς μετ' αὐτῆς ἐπόρνευσαν
그리고 땅의 왕들이 그녀와 함께 행음하였기 때문이다.

c) καὶ οἱ ἔμποροι τῆς γῆς ἐκ τῆς δυνάμεως τοῦ στρήνους αὐτῆς ἐπλούτησαν.
그리고 땅의 상인들은 그녀의 사치의 능력으로 말미암아 부요하게 되었기 때문이다.

1d절의 '카이'(καί) 접속사는 단순히 등위 접속사이기보다는 앞의 내용과 연

결하여 "선행하는 것으로부터 초래하는 결과"를 나타내는 접속사로 사용된 것으로 보인다.[5] 이것을 반영하여 "그 때"라고 번역한다. 그리고 1d절의 '에크'(ἐκ)는 수단의 용법으로 간주하여 "… 말미암아"로 번역한다(참조 17:2b절).[6] 또한 본문에 사용된 대부분의 동사들은 부정과거 시제인데 특별히 2b절의 "ἔπεσεν"(에페센)〉πίπτω, 피프토)은 미래에 일어날 일에 대한 "확실성"을 표현하는 "예변적(proleptic) 과거" 용법으로 볼 수 있다. 이 뿐만 아니라 1-8ab절에서 모든 동사는 부정 과거 시제로 사용되는데(8c-18절에서는 미래 시제로 사용) 이처럼 일관된 부정 과거 시제 동사의 사용은 두 가지 관점에서 이해할 수 있다.[7] 첫째, 부정과거 시제 동사가 네러티브에서 "기본 뼈대"를 이루는 기능을 갖는다는 것이고[8] 둘째, "환상의 실제적 시간"을 반영하는 것으로 이해할 수 있다.[9] 곧 이런 환상의 실제적 시간은 저자가 이 본문을 기록한 시점에서 볼 때, 과거의 시점인 것이다. 따라서 기록한 시점에서 환상을 본 내용을 기록할 때 과거 시제로 표현했다는 것이다. 다만 8c절-18절에서는 다시 미래 시제를 사용하고 있다.

2b절의 "바벨론"이란 단어 직후에 덧붙여진 '헤 메갈레'(ἡ μεγάλη)는 양적인 면에서 평균 이상으로 "큰"이란 의미와 함께 중요성에 있어서도 "뛰어나다"는 의미이다.[10] 이 문맥에서는 바벨론이 단순히 "크다"는 것을 말하려는 것이 아니라 그 중요성에 있어서 뛰어나다는 점을 전달하려는 것이기에, 이 의도에 맞게 이것을 "위대한"이라고 번역한다. 그리고 이 문구는 10b절과 16b절과는 달리 "도시"(ἡ πόλις, 헤 폴리스) 대신 바벨론과 함께 사용되어 수식하고 있으므로 "위대한 바벨론"이라고 번역한다. 반면 10b절과 16b절에서는 "도시"란 단어와 함께 사용되어 있으므로 "위대한 도시"로 번역한다. 이 단어는 문맥에 따라 그리고 수식하는 명사의 의미에 따라 번역을 "큰"이라고 할 수 있으나 이 문맥에서 "바벨론" 혹은 그 바벨론에 대한 별칭으로서 "도시"라는 단어와 결합할 때는 "위대한"이라는 말로 번역할 것이다.

2def는 "모든"(παντὸς, 판토스)과 '퓔라케'(φυλακή)라는 단어가 세 번 연속해서

---

5 BDAG, 495(1bζ).
6 이 용법에 대해서는 17장 2b절의 번역에 대한 논의를 참조하라.
7 이 주제에 대한 자세한 논의는 8장 1-5절의 구문분석 및 번역을 참조하라.
8 Mathewson, *Verbal Aspect in the Book of Revelation*, 42.
9 위의 책, 53.
10 BDAG, 624(4)

사용된다. 스웨테는 '필라케'가 "감옥"이란 의미를 가지고 있지만[11] 그 보다는 "망대"(watchtower) 혹은 "요새"(stronghold)라는 의미를 갖는 것으로 이해한다(참조 합 2:1).[12] 그러나 이런 의미는 바벨론이 멸망한 상황과 거리가 멀다. 반면 영어 번역본인 NRSV와 ESV는 이것을 "소굴"(haunt)로 번역하고 NKJV는 "감옥"으로 번역한다. 그러나 2c절에서 "귀신들의 처소(κατοικητήριον, 카토이케테리온)"라고 한 것을 보면 이어지는 내용에서 "감옥"이란 표현은 문맥의 흐름에 어울리지 않는다. 따라서 2c절의 "처소"와 어울리는 "소굴"로 번역하도록 한다.[13]

3c절의 "ἐκ τῆς δυνάμεως τοῦ στρήνους"(에크 테스 뒤나메오스 투 스트레누스)는 직역하면 "사치의 능력으로부터"라고 할 수 있으나 이 문구에서 '에크'(ἐκ)전치사는 "수단"(means)의 의미로 "… 말미암아"라는 의미도 가지고 있으므로[14] 이 문구를 문맥의 흐름에 맞게 "사치의 능력으로 말미암아"라고 번역한다.

5a절의 '에콜레데산'(ἐκολλήθησαν>κολλάω, 콜라오)는 수동태이므로 이것을 반영하여 "닿아졌다"라고 번역한다. 그리고 6b절에서 διπλώσατε τὰ διπλᾶ (디플로사테 타 디플라)는 반드시 필요하지 않은 말을 덧붙이는 용어법을 사용한다. '디플로사테'(διπλώσατε)라는 동사는 "두 배로 갚다"라는 의미를 가지고 그 목적어로 "두 배"라는 의미의 'τὰ διπλᾶ'(타 디플라)가 사용된다. 이것을 번역할 때 부자연스러움을 피하기 위해 "두 배로 갚다"라고 한다. 그러나 용어법에 의해 "두 배"가 강조되고 있다고 볼 수 있다.

이상의 내용을 근거로 우리말 어순에 맞추어 번역하면 다음과 같다.

1a 이후에 나는
1b 다른 천사가
1c 큰 권세를 가지고
1b 하늘로부터 내려오는 것을
1a 보았다.
1d 그 때 땅이 그의 영광으로 말미암아 밝아졌다.
2a 그리고 힘센 음성으로 외쳐 말했다:
2b 위대한 바벨론이 무너졌다. 무너졌다.
2c 그리고 그녀는 귀신들의 처소와

---

11 BDAG, 1067(3).
12 Swete, *The Apocalypse of St. John*, 224.
13 마운스는 이 단어를 "홈"(home)을 의미하는 것으로 이해한다(Mounce, *The Book of Revelation*, 326).
14 Wallace, *Greek Grammar beyond the Basics*, 371.

2d 모든 더러운 영의 소굴과
2e 모든 더러운 새의 소굴과
2f 모든 악하고 혐오스러운 짐승의 소굴이
2c 되었다.
3a 왜냐하면 모든 나라들이 그녀의 음행의 분노의 잔으로부터 마셨고
3b 그리고 땅의 왕들이 그녀와 함께 행음하였으며
3c 그리고 땅의 상인들은 그녀의 사치의 능력으로 말미암아 부요하게 되었기 때문이다.

본문 주해

이후에 내가 보았다(1a절) 먼저 1a절에서 '이후에'(Μετὰ ταῦτα, 메타 타우타)는 요한계시록에서 자주 사용되는 문구이다.[15] 이 문구의 기능을 간단히 설명하면 사건의 전개 과정을 시간적 순서로 나열하려는 목적이 아니라 문학적으로 새로운 단락에 돌입할 때 내용을 구분하기 위해 숙어처럼 사용된다(4:1; 7:1, 9; 15:5; 18:1; 19:1).[16] 따라서 여기의 "내가 보았다"라는 단어는 새로운 단락의 시작을 더욱 강조하고 있다.

하늘로부터 내려오는 다른 천사(1bc절) 1b절에서 요한은 "다른 천사"를 본다. 여기에서 이 호칭은 17장의 천사와 구별하기 위해 사용되고 있다고 볼 수 있다.[17] 곧 17장에서 천사는 요한에게 환상을 해석해 주는 안내자 역할을 하는 반면, 18장에서 "다른 천사"는 직접 심판을 선포하는 역할을 한다. 그 "다른 천사"는 하늘로부터 "내려 온다"(καταβαίνοντα, 카타바이논타>καταβαίνω, 카타바이노). 여기에서 "내려 온다"는 행위는 17장 8절에서 짐승이 아뷔쏘스로부터 "올라오는"(ἀναβαίνειν, 아나바이네인>ἀναβαίνω, 아나바이노) 모습과 대조적이다.[18] 또한 이것은 12장 9절에서 용이 하늘로부터 땅으로 "던져진 것"(ἐβλήθη, 에블레데>βάλλω, 발로)과도 현격한 차이를 보인다. 그리고 하늘로부터 내려온 천사가 선포한 심판으로 멸망한 바벨론으로부터 영원히 연기가 "올라가는 것"(ἀναβαίνει, 아나바이네이>ἀναβαίνω, 아나바이노)과도 대조적인 이미지를 보여준다.

그 다른 천사가 하늘로부터 내려 왔다는 것은 20장 1절에서 천사가 하늘

---

15 이 문구에 대한 자세한 논의는 7장 1a절을 참조하라.
16 Osborne, *Revelation*, 634.
17 Mounce, *The Book of Revelation*, 324.
18 Osborne, *Revelation*, 634.

로부터 내려오는 것과 같은 패턴이다. 이 두 경우는 모두 하나님으로부터 어떤 사명을 수행하기 위해 보냄 받은 것으로 볼 수 있다. 특별히 하나님으로부터 보냄 받아 하늘로부터 내려오는 다른 천사는 하나님한테서 "큰 권세"를 위임 받는다(1c절). 13장 2절에서 용으로부터 큰 권세를 받은 짐승이 태우고 있는 음녀 바벨론을 심판하기 위해서는 그것을 압도하는 큰 권세가 필요하다.[19] 이러한 큰 권세를 가지게 된 것은 다른 천사 사역의 성격의 중요성을 시사한다. 이것은 다음 1d절에 대한 주해에서 자세하게 논의될 것이다.

땅이 밝아지다(1d절) 1d절에 의하면 하늘로부터 내려오는 다른 천사의 "영광"으로, 땅이 환히 밝아진다(1d절). 요한계시록에서 이런 천사의 모습은 10장 1절의 다른 힘센 천사가 하늘로부터 내려 오는데 "그의 얼굴이 해 같다"는 것과 유사하다.[20] 이런 천사의 이미지는 "위대한 권위와 신적 장엄함"을 나타낸다.[21] 다만 차이가 있다면 18장 1d절의 경우에는 그 천사의 영광으로 땅이 환해졌다는 점이다. 요한계시록에서는 하나님 외에 그 어떠한 천상적 존재들도 이러한 영광을 가진 것으로 묘사되지 않고 오직 이 본문이 유일하다.[22] 그러나 그렇다고 해서 이 천사가 그리스도를 의미하는 것으로 해석하는 것은 옳지 않다.[23] 왜냐하면 요한계시록에서 그리스도가 천사로 등장하는 경우가 전혀 없으며,[24] 또한 구약(겔 9:3; 10:4, 18, 22; 참조, 시락 49:8)과 신약 성경(히 9:5)에서 하나님의 영광이 천사와 관련해서 발현되는 경우가 있기 때문이다.[25] 블라운트는 이런 천사의 역할을 "하나님을 대표하는 천사"(angelic representative of God)로 규정한다.[26] "다른 천사"의 이런 특징은 이 천사가 그리스도 자신은 아니며 단지 하나님의 "신적인 임재로부터 직접" 보냄 받았음을 시사한다.[27] 이러한 천사의 모습은 그가 선포하는 바벨론 심판에 대한 메시지의 정당성을 확증해 준다.

---

19 Swete, *The Apocalypse of St. John*, 223; Blount, *Revelation*, 325.
20 Swete, *The Apocalypse of St. John*, 223; Beale, *The Book of Revelation*, 892.
21 Beasley-Murray, *The Book of Revelation*, 264.
22 Aune, *Revelation 17-22*, 985.
23 비일은 이 천사를 그리스도로 해석한다. 그 이유는 요한계시록에서 영광은 하나님이나 그리스도에게만 사용하고 있기 때문이라는 것이다(Beale, *The Book of Revelation*, 892).
24 Koester, *Revelation*, 697.
25 Aune, *Revelation 17-22*, 985.
26 Blount, *Revelation*, 325.
27 Osborne, *Revelation*, 634.

그리고 천사의 영광으로 말미암아 특별히 "땅"이 밝아졌다고 한 것은 땅의 회복을 예고한다. 여기에서 "밝아지다"(ἐφωτίσθη, 에포티스데>φωτίζω, 포티조)라는 동사는 "빛을 주다"(give light to)라는 의미이다.[28] 이 동사는 창세기 1장 3절에서 하나님께서 "빛(φῶς, 포스)이 있게 하라"라고 하셨을 때 "빛이 있었다"라는 창조 사건의 장면을 떠올리게 한다. 이런 관계성에 근거해 볼때, 땅이 밝아지게 되는 장면이 바로 땅의 회복으로서의 새 창조의 전망을 보여준다고 할 수 있다. 그렇다면 심판의 맥락에서 왜 땅에 대한 회복을 시사하고 있는 것일까? 그것은 바로 심판은 그 자체가 목적이 아니라 심판을 통해 더럽혀진 땅을 정결케 함으로써 그 땅을 회복하는 것에 궁극적인 목적이 있기 때문이다. 곧 바벨론에 대한 심판은 새 창조에 대한 전망을 확고하게 한다.

이러한 맥락은 요한계시록 본문의 배경으로 사용된 에스겔 43장 2절을 통해 추적해 볼 수 있다.[29]

> 이스라엘 하나님의 영광이 동쪽에서부터 오는데 하나님의 음성이 많은 물 소리 같고 땅은 그 영광으로 말미암아 빛나니

이 에스겔 본문이 속해 있는 에스겔 43장 1-5절은 에스겔 40장부터 이어온 새성전 재건을 위한 청사진의 절정 부분이라고 할 수 있다.[30] 새성전의 건축은 필연적으로 새 창조를 가져온다. 이 에스겔 본문에서 "땅은 그 영광으로 말미암아 빛나니"라고 하여 "땅이 … 빛난다"고 서술하고 있다. 여기에서 사용된 동사인 "빛나다"는 히브리어로 'הֵאִירָה'(헤이라)로서 '오르'(אוֹר)의 히필(hifil)형으로 "빛을 발하다"(give light; shine)라는 의미이다.[31] 따라서 이 단어는 요한계시록 18장 1d절의 "밝아지다"와 동일한 의미이다. 곧 하나님의 영광으로 말미암아 땅이 빛을 발하게 된 것이다. 또한 이 단어의 명사형(אוֹר, 오르)이 창세기 1장 3절에서 사용된다. 이런 관계에 의거해 에스겔 43장 2절에서 땅이 빛을 발하게 되는 정황은 바로 새 창조의 사건을 묘사하는 것으로 볼 수 있다.

새성전의 청사진을 제시하는 에스겔 40-48장에서 새성전의 재건은 곧 "땅"의 회복을 의미한다. 실제로 43장 문맥의 연속이라고 할 수 있는 47장

28 BDAG, 1074(2).
29 Sweet, *Revelation*, 265-66.
30 Allen, *Ezekiel 20-48*, 256.
31 *HALOT*, 24.

1-12절에서 성전에서 나온 물이 큰 강이 되어 이르는 곳마다 죽어 있는 것들을 살리는 에덴 회복의 현장을 보여준다. 이런 내용의 배경을 볼 때 요한계시록 18장 1d절에서 영광으로 땅이 밝게 된 것은, 바벨론에 대한 심판을 통해 그 바벨론으로 말미암아 더럽혀진 땅(참조 19:2)을 회복하게 될 것임을 시사한다. 땅을 더럽게 한 큰 음녀 바벨론에 대한 심판을 통해 땅이 정결하게 되어 하나님의 영광이 땅에 나타나게 된 것이다. 따라서 땅과 하늘의 조화가 이루어지게 되었다. 이러한 땅의 회복은 21장 1-5절에서 새 하늘과 새 땅의 환상을 통해 소개된다. 결국 심판은 그 자체로 목적이 아니라 회복을 위한 과정이라는 것을 알 수 있다. 구속과 심판이 동전의 양면이라는 구약 역사의 전통적인 패턴이 여기에 잘 드러나고 있다.

다른 천사가 힘센 음성으로 외치다(2a절) 다음 2절은 바로 그 다른 천사가 외치는 심판에 대해 선포하는 내용을 기록한다. 하나님의 영광의 광채로 땅을 환하게 하는 그 천사는 힘센 음성(ἐν ἰσχυρᾷ φωνῇ)으로 바벨론의 멸망을 선포한다. 여기에서 "힘센"(ἰσχυρός, 이스퀴로스)이란 단어는 5장 2절과 10장 1절에서 사용된 바 있다. 그러나 이 두 본문에서 "힘센"이란 단어는 천사를 묘사하는 관용어로 사용되었지만 18장 2절에서는 천사가 아닌 음성을 수식하는 관용어로서 "음성의 질" (quality of the messenger's voice)을 묘사한다.[32] 곧 이 관용어는 그 권세 있는 선포의 강력한 특징을 잘 드러내고 있다. 반면 7장 2절, 10절에서는 "음성" 앞에 "힘센" 대신 "큰"(μεγάλη, 메갈레>μέγας, 메가스)이란 단어가 사용된 바 있다. 7장에서 "큰"이란 관용어는 성도의 구원과 관련해 사용되는 반면, 18장 2절에서 "힘센"이란 단어는 바벨론의 멸망을 선포하는 것과 관련해 사용된다. 이 두 단어의 의미는 큰 차이가 없으나 그 단어가 사용된 문맥이 차이가 있다.

위대한 바벨론이 무너지다(2b절) 2b절에서 "무너졌다"를 두 번 반복함으로써 그 멸망의 확실성을 강조하여 묘사하고 있다. 이와 동일한 문구가 14장 8절에서 사용되었고 이 본문에 대한 주해에서 충분히 논의했기 때문에 여기에서는 그 논의의 결과만을 가져와 사용하고자 한다. 먼저 이 부정 과거 시제 동사

32 Smalley, *The Revelation to John*, 443.

는 미래에 일어날 심판의 확실성을 강조하기 위해 아직 일어나지 않은 미래의 사건을 이미 일어난 것처럼 표현하는 히브리어의 "선지적 완료"(prophetic perfect) 용법으로 볼 수 있다.[33] 곧 최후 심판에 의한 바벨론 멸망의 사건은 결론 부분으로서 미래적 사건이지만 그것을 묘사하는 동사를 부정 과거 시제로 사용한 것은 그 멸망의 확실성을 전달하기 위한 목적이 있다.[34] 이런 바벨론 멸망에 대한 천사의 선포 내용은 이사야 21장 9절을 배경으로 한다.[35]

> 함락되었도다(무너졌다) 함락되었도다(무너졌다) 바벨론이여 그 신들(gods)의 조각한 형상이 다 부숴져 땅에 떨어졌도다.

이 본문에서 우리말의 "함락되었도다"는 70인역에서 '페프토켄'(Πέπτωκεν>πίπτω, 피프토)이라는 단어로서 요한계시록의 "무너졌다"와 동일한 단어이다. 이 단어는 요한계시록과는 달리 현재 완료형(Πέπτωκεν, 페프토켄>πίπτω, 피프토)이다. 이것은 "예변적 부정과거"와 동일한 의미를 갖는 "예변적 완료"(proleptic perfect) 용법으로 볼 수 있다.[36]

바벨론은 구속 역사의 과정에서 이스라엘을 심판하기 위한 도구이기도 했지만 또한 하나님이 허용한 한계를 뛰어넘어 자신의 욕심대로 이스라엘을 핍박하고 하나님을 대적하는 세력이기에 에덴 회복을 위해서는 반드시 극복해야 하는 대상이다. 따라서 이사야 21장 9절이 말하는 바벨론의 멸망의 확실성은 하나님의 종말적 회복 사역의 완성을 예고한다. 요한은 이런 구약의 종말적 비전을 재해석하여 미래적 종말에 이루어질 최후 심판에 적용함으로써 하나님의 구속 계획의 최종적 성취를 묘사한다. 하나님께서 과거에도 바벨론을 멸망시켰던 것처럼, 미래에도 바벨론이 상징하는 세력들, 곧 교회 공동체를 멸망시키려는 적대적 세력들을 멸망시키실 것이다.

2a절의 "바벨론"은 직후에 덧붙여진 '헤 메갈레'(ἡ μεγάλη)와 함께 "위대한 바벨론"으로 규정할 수 있다. 이 호칭은 무너져 버린 바벨론의 초라한 모습과 대조를 이룬다. 이러한 대조적 관계를 통해 위대했던 바벨론이 누렸던 영화로운 시절의 무상함이 강조된다. 한 때 바벨론은 땅의 왕들과 나라들을 통치했

33 Beale, *The Book of Revelation,* 893; Smalley, *The Revelation to John,* 443. 또한 이것을 "예변적((proleptic) 용법"으로 볼 수도 있다.

34 Mounce, *The Book of Revelation*, 325.

35 Koester, *Revelation*, 613.

36 Wallace, *Greek Grammar beyond the Basics*, 581.

던 찬란했던 시절이 있었으나(참조 17:2; 18:3) 이제 그 모든 것을 상실하고 무너진 존재가 되어 버리고 만 것이다.[37] 또한 "바벨론" 앞에 "위대한"이란 수식어의 사용은 위대하다고 여겨지던 바벨론이 멸망하게 되는 참담한 현실을 조롱투로 묘사하고 있는 것으로 볼 수도 있다. 이런 참상에 대한 구체적인 내용이 다음에 이어지는 2cdef절에서 서술된다.

바벨론의 참상(2cdef절) 2cdef절은 2b절에서 발생한 바벨론 멸망의 결과로서 일어난 바벨론의 참상에 대해 네 가지로 나누어 소개한다. 첫째, 2c절에 의하면 그 바벨론이 멸망한 결과, "귀신들의 처소"가 되었다고 한다. 이것은 구약성경이 배경으로 주어진다. 먼저 바벨론의 심판을 말하는 본문인 이사야 13장 21절에서 70인역은, 맛소라 본문의 "들양"을 의미하는 '세이림'(שְׂעִירִים>שָׂעִיר, 샤이르)을 "귀신들"(δαιμόνια, 다이모니아)로 번역한다.[38] 이 단어는 '춤추다'라는 의미를 갖는 동사(ὀρχήσονται, 오르케손타이>ὀρχέομαι, 오르케오마이)와 함께 사용되어 파괴된 바벨론이 귀신들이 춤추는 장소로 전락하게 될 것을 말한다. 이러한 표현은 단순히 귀신들이 존재하는 것을 훨씬 뛰어 넘어 활개치며 다니는 축제와 같은 분위기를 자아내고 있다. 이는 바벨론 멸망의 상황과는 반대되는 상황을 연출하여 역설적으로 바벨론 멸망의 참상을 효과적으로 전달하기 위해서이다. 바룩서 4장 35절에서도 예루살렘을 핍박했던 도시들이 하나님의 심판을 받은 후에 처한 상황을 묘사할 때 "귀신들이 거하게 될 것이다"고 서술한다.[39] 요한이 무너진 바벨론을 "귀신들의 처소'로 표현한 것은 이러한 구약 배경을 요한계시록의 맥락에 맞게 영적 표현을 사용하여 재해석한 것으로, 바벨론이 심판으로 인해 사람들이 살 수 없을 정도로 초토화 되었다는 사실을 극대화하기 위해서이다.

둘째, 2c절의 이러한 패턴은 2d절의 "모든 더러운 영의 소굴"이라는 문구에도 동일하게 나타난다. 스윗은 2b절의 "귀신들의 소굴"과 함께 이 문구를 "이교적 우상들에 의해 드러나는 마귀적 능력들"과 관련 있는 것으로 해석한

37 Koester, *Revelation*, 714.
38 Sweet, *Revelation*, 267. 이와같은 패턴이 이사야 34장 14절의 에돔에 대한 심판을 선포하는 내용에서 "들짐승들"(צִיִּים, 찌욤)을 70인역에서 "귀신들"(δαιμόνια, 다이모니아)로 번역한다.
39 Koester, *Revelation*, 698.

다.[40] 스몰리는 귀신들과 악한 영들이 "바벨론의 마귀적 속성(devilish nature)에 대한 상징"으로서 지금까지 바벨론의 화려한 치장에 의해 가리워진 상태로 존재해 오다가 그 정체를 드러내게 된 것이라고 주장한다.[41] 곧 우상적 능력을 통해 인간이 이룰 수 있는 최고의 영화롭고 사치스런 모습으로 가장해왔던 아름다운 바벨론이 순식간에 찾아온 "완벽한 황폐함" 때문에 귀신들과 악한 영들이 방해받지 않고 마음껏 활동하던 마귀적 속성을 드러내어 그 혐오스런 모습을 그만 들키고 만 것이다.[42] 이것은 앞서 구약 배경(사 13:21)과 유대적 배경(바룩서 4:35)에서 살펴 본 바대로 바벨론의 멸망을 표현하는 구약적 유대적 방식을 요한이 차용하고 있는 것이라고 볼 수 있다.

셋째, 특히 2e절에서 "모든 더러운 새의 소굴"이 되었다는 것은 신명기 14장 12-19절을 배경으로 한다.[43] 이 신명기 본문에 모든 더러운 새들의 목록이 기록된다.

> [12]이런 것은 먹지 못할지니 곧 독수리와 솔개와 물수리와 [13]매와 새매와 매의 종류와 [14]까마귀 종류와 [15]타조와 타흐마스와 갈매기와 새매 종류와 [16]올빼미와 부엉이와 흰 올빼미와 [17]당아와 올응과 노자와 [18]학과 황새 종류와 대승과 박쥐며 [19]또 날기도 하고 기어다니기도 하는 것은 너희에게 부정하니 너희는 먹지 말 것이나

여기에 열거된 먹을 수 없는 불결한 새들의 목록은 요한이 "모든 더러운 새"라고 한 것의 배경이라고 추정할 수 있다. 이 배경을 근거로 볼 때 멸망한 바벨론이 모든 불결한 새들의 소굴이 되었다는 것은 겉으로 볼 때 깨끗해 보였던 도시의 모습이었지만 멸망한 후에는 감추어진 불결한 상태가 드러나게 된다는 것을 의미한다. 이것은 두 번째에서 언급한 "모든 더러운 영의 소굴"과 유사한 모습을 보여준다.

넷째, 2f절에서 멸망한 바벨론이 "모든 악하고 혐오스러운 짐승의(θηρίου, 데리우) 소굴"이 되었다고 한다. 이것은 예레미야 50장 39절과 51장 37절을 배경으로 한다. 이 본문들에 의하면 바벨론이 "사막의 들짐승이 승냥이와 함께 거기에 살겠고… 영원히 주민이 없으며 대대에 살 자가 없을"것이며(렘 50:39)

---

40 Sweet, *Revelation*, 267

41 Smalley, *The Revelation to John*, 444.

42 Mounce, *The Book of Revelation*, 326.

43 Koester, *Revelation*, 698.

"승냥이의 거처"(렘 51:37)가 되었다.[44] 바벨론의 멸망과 관련해 이 구약 본문과 요한 계시록의 공통점은 인간이 살 수 없는 황폐한 곳이 된다는 것이다. 본래 인간과 짐승은 에덴에서 서로 조화롭게 공존할 수 있도록 지음 받았다. 창세기 2장 20절에 의하면 아담은 짐승의 이름을 지어주는 지위를 갖는다. 이런 조화로운 모습이 이사야 11장 6-9절에 잘 나타나 있다. 이와는 반대로 바벨론에서는 짐승들이 악하고 혐오스런 존재가 되어 인간이 살 수 없는 환경으로 전락했다는 표현은 바벨론 멸망의 참상을 함축적으로 보여준다.

이상에서 바벨론 심판은 심판의 절정으로서 인간이 존재할 수 있는 어떠한 것도 남아 있지 않게 되었으며 바벨론의 흉악스런 본 모습이 노출되었다는 사실을 강조한다.[45] 이런 강조는 "모든"이란 단어가 2def절에서 모두 반복 사용되는 것에 의해 더욱 두드러지게 된다. "모든 더러운 영," "모든 더러운 새" 그리고 "모든 악하고 혐오스러운 짐승"이란 문구는 일종의 과장법으로서 강조를 목적으로 사용된다. 이 표현들은 바벨론의 화려했던 모습과 비교하여 멸망의 참상을 강조하는 것으로 이해할 수 있다. 또한 이 황폐한 모습은 구약을 배경으로 하여 비유적이며 상징적인 성격을 띤다. 왜냐하면 바벨론은 멸망하기 전부터 이미 영적으로 귀신과 각종 더러운 것들의 소굴이었기 때문이다.

찰스는 2ef절에서 음녀 바벨론이 새의 소굴과 짐승의 소굴이 된다고 말한 것은 "예변적"(proleptic)이므로, 현재 발생한 것으로 볼 수 있는 8c절과 9c절 그리고 18a절과 시차가 있어서 모순되지 않지만, 같은 미래적 시점을 말하는 19장 3절에서 음녀 바벨론이 불로 태워짐으로 말미암은 연기가 영원히 올라오는 장면과는 모순되어 보인다고 주장한다.[46] 왜냐하면 불로 태워진다면 어떤 생명의 흔적도 남을 수 없는데 그 연기가 영원히 올라온다고 하기 때문이다. 그러나 최근의 학자들은 이러한 모순된 연출을 "논리적 모순"(logical contradictions)으로 보지 않고 도리어 묵시 문헌과 같은 "신화적이며 상징적 저술에 특징적인 것"으로 간주한다.[47] 요한계시록에서는 동일한 대상이 문맥에 따

---

44 Smalley, *The Revelation to John*, 444.

45 P. Patterson, *Revelation*, NAC 39 (Nashville: Broadman & Holman, 2012), 330.

46 Charles, *A Critical and Exegetical Commentary on the Revelation of St. John*, 2:93. 찰스는 이런 모순을 해결하기 위해 18장과 19장의 기록 시점이 차이가 있다고 본다. 왜냐하면 기록 시점의 차이로 로마 제국의 멸망을 바라보는 관점도 달라질 수 있기 때문이다. 곧 18장은 요한계시록이 기록된 시점보다 좀 더 이른 시기인 베스파시아누스 황제(69-73년) 시대에 기록되었다고 주장한다(앞의 책). 그러나 찰스의 이런 주장에 동의할 수 없다.

47 A. Yabro Collins, "Revelation 18: Taunt-Song or Dirge?," in *L'Apocalypse johannique et l'Apocalyp-*

라 상충되는 것으로 나타날 때가 빈번한데 그것을 묵시 문헌의 특징을 반영하고 있는 것으로 볼 필요가 있다. 19장 3절에서 연기가 영원히 올라온다고 말한 것은 심판의 완전성과 영원성을 강조하기 위한 것이라고 할 수 있다.

[3절] 바벨론 멸망의 원인

3절은 "왜냐하면"(ὅτι)이라는 접속사로 시작한다. 이것은 2절에서 소개하는 바벨론 멸망의 이유를 제시하는 내용이다. 그 이유가 무엇인지 관찰하는 것이 3절을 이해하는 데 중요하다. 먼저 3절에 세 그룹이 편성된다: 모든 나라들(πάντα τὰ ἔθνη, 판타 타 에드네), 땅의 왕들(οἱ βασιλεῖς τῆς γῆς, 호이 바시레이스 테스 게스) 그리고 땅의 상인들(οἱ ἔμποροι τῆς γῆς, 호이 엠포로이 테스 게스). 여기에서 천사는 세 부류에 따라 멸망의 이유를 세 가지로 설명한다.

모든 나라들(3a절) 바벨론이 무너진 첫번째 이유로 3a절은 "모든 나라들"이 그녀(음녀)의(αὐτῆς, 아우테스) "음행의 분노의 잔"으로부터 마셨기 때문이라고 한다. 이 문구는 14장 8c절의 "(큰 바벨론이) 모든 나라들을 그녀의 음행의 분노의 포도주로부터 마시게 했다"는 것과 17장 2b절에서 "땅을 거주지로 삼은 자들이 (음녀의) 음행의 포도주로 말미암아 취했다"는 것과 평행 관계를 이룬다. 이 세 문구를 비교하면 다음과 같다.

	14:8c	17:2b	18:3a
본문	(큰 바벨론이) 모든 나라들을 그녀의 음행의 분노의 포도주로부터 마시게 했다	땅을 거주지로 삼은 자들이 (음녀의) 음행의 포도주로 말미암아 취했다	모든 나라들이 그녀의 음행의 분노의 잔으로부터 마셨다.
주어	큰 바벨론/모든 나라들	땅을 거주지로 삼은 자	모든 나라들
부사구	바벨론의 음행의 분노의 포도주로부터	(음녀의) 음행의 포도주로 말미암아	그녀(음녀)의 음행의 분노의 잔으로부터
동사	마시다	취했다	마시다
문맥	바벨론 심판	바벨론 심판	바벨론 심판

tique dans le Nouveau Testament, ed. J. Lambrecht and G. R. Beasley-Murray, BETL 53 (Journées bibliques de Louvain, Leuven: Leuven University Press, 1980), 187.

이 세 본문은 모두 음녀 바벨론에 대한 심판을 서술하는 문맥에서 등장한다. 심판 받아야 하는 음녀 바벨론은 자신만이 아니라 그녀에게 부속된 집단도 함께 심판을 피할 수 없게 한다. 14장 8c절과 18장 3a절에서는 "모든 나라들"이 그 부속 집단으로 등장한다. 특별히 14장 8c절의 주어는 큰 바벨론이고 그 바벨론이 모든 나라들로 하여금 음행의 분노의 포도주로부터 마시도록 한 반면, 18장 3a절에서는 그 모든 나라들이 음녀의 음행의 분노의 잔으로부터 마신다. 여기에서는 모든 나라들이 음녀의 음행의 분노의 잔으로부터 마신 것에 음녀 바벨론이 개입한 것을 직접적으로 언급하지 않지만, 14장 8c절을 배경으로 보면 바벨론이 개입한 것으로 추정할 수 있다. 즉, 음녀 바벨론은 자신만 음행을 저지르는 것이 아니라 바벨론과 동맹을 맺은 모든 나라들도 음행에 참여하도록 강제한다.

또한 세 본문에서 부사구로 사용된 문구가 평행 관계인데, 다만 14장 8c절과 17장 2b절의 "(바벨론의 혹은 음녀의) 음행의 분노의 포도주"와는 달리 18장 3a절에서는 "(음녀의) 음행의 분노의 잔"으로 표현한다. 앞의 두 본문에서 "포도주"는 세번째 본문에서 "잔"으로 표현되는데 사실상 같은 의미로 볼 수 있다. 왜냐하면 "잔"은 "포도주"를 담는 용기이기 때문이다. 따라서 "잔으로부터 마신다"는 것은 "잔으로부터 포도주를 마신다"를 의미하는 것으로 볼 수 있다. 그리고 이 세 본문에서 공통점은 "음녀의 음행의 포도주(잔)"이라는 문구가 사용되고 있다는 것이다. 여기에 음녀와 음행은 문자적 의미보다는 구약을 배경으로 하나님을 대적하는 바벨론의 속성을 표현하기 위한 상징으로 사용되었다.

17장 2b절의 "음녀의 음행의 포도주"는 17장 6절에서 "성도들의 피" 곧 "예수의 증인들의 피"로 해석된다. 이것을 18장 3a절의 "음행의 분노의 포도주로부터 마셨다"는 것에 적용하면 그것은 성도를 핍박하여 그들의 피를 흘리게 함으로 하나님의 분노를 가져 올 수 밖에 없게 되었고 그것이 바로 심판의 원인이 되었다는 것을 의미한다. 여기에 18장 3a절은, 14장 8c절처럼, "분노의"라는 단어를 덧붙여서 심판의 강도를 더욱 높이고 있다. 결국 18장 3a절의 내용은 다른 두 경우와 동일하게 바벨론과 함께 "모든 나라들"이 음행의 분노의 잔으로부터 포도주를 마심으로써 하나님의 심판을 자초하게 되었다는 것을 알려준다. 곧 만국이 멸망하게 된 것은 바벨론과 함께 마신 음행의 진노의 포도주 때문이라고 할 수 있다.

이상에서 "모든 나라들"이 음녀의 음행의 분노의 잔으로부터 마심으로 심판을 자초하게 되었으며, 이것이 바로 18장 3a절에서 언급하고 있는 것처럼 바벨론 멸망의 결정적 원인이 되었다. 17장 1절에서 음녀 바벨론이 많은 물 위에 앉아 있는 모습을 17장 15절은 바벨론이 "백성들과 무리들과 나라들과 언어들" 위에 군림하는 것으로 해석한다. 하나의 몸을 이루고 있는 둘 사이의 이러한 관계에 근거할 때, "모든 나라들"의 멸망이 바벨론 멸망의 원인이 되는 것은 당연하다.

땅의 왕들(3b절) 3b절에서 바벨론 멸망의 두 번째 이유는 "땅의 왕들이 그녀(음녀 바벨론)와 함께 행음하였기 때문이다." 이 내용은 17장 2절과 매우 유사하다.

> 땅의 왕들이 (그녀와) 함께 행음했던, 그리고 땅을 거주지로 삼은 자들이 (그녀의) 음행의 포도주로 말미암아 취했던 큰 음녀의 심판을 보여줄 것이다.

이 본문은 심판 받을 "큰 음녀"를 "땅의 왕들이(그녀와) 함께 행음했다"고 묘사한다. 곧 "큰 음녀"에 대한 심판은 "땅의 왕들과의 음행"이 그 원인이라는 사실을 암시한다. 이 패턴을 유사한 문형을 가지고 있는 18장 3b절도 공유한다.[48] 곧 바벨론의 심판은 땅의 왕들이 바벨론과 함께 행음하였기 때문이라는 것이다. 여기에서 사용된 "함께"(μετά, 메타)라는 단어는 "배치의 표시"(marker of placement)로서 "어떤 사람과 동시에 동반하여"(in company with someone)라는 의미이거나[49] "관련의 표시"(maker of association)로서 "어떤 것이 그 안에서 일어나는 집단을 표시"해주는 기능을 한다.[50] 또한 이 단어는 관계적인 측면에서 "맞은편 쪽에 있는 두 대상이 서로에 대해 영향을 행사하거나 혹은 한 쪽이 다른 쪽으로 하여금 상응하는 그래서 공통된 태도를 취하도록 만드는 경우를 가리킬 때에도 사용된다."[51] 이런 의미들을 본문에 적용하면 땅의 왕들이 음녀 바벨론과 동반하여 행음하는 일에 일치된 마음으로 공통된 태도를 견지했다는 것이다. 곧 이것은 "땅의 왕들"이 로마 제국의 죄에 깊이 관여 되어 있다는 것을

---

48 17장 2절의 "땅의 왕들이 그녀와 함께 행음하였다"라는 문구는 18장 3b절의 '땅의 왕들이 그녀와 함께 행음하였다'라는 문구와 유사하다.

49 BDAG, 636(1).

50 BDAG, 636(2).

51 BDAG, 637(2c).

의미한다.[52] 물론 여기에서 바벨론이 주도적인 역할을 했지만 땅의 왕들도 거기에 적극적으로 호응한 것으로 볼 수 있다. 14장 8c절에서 말하고 있는 것처럼, 행음하는 일을 음녀 바벨론이 주도했다고 볼 수 있다. "땅의 왕들"이 음녀 바벨론과 동반하여 벌이는 음행은 "저질스런 정치적 관계, 이기적인 상업적 결속 그리고 제국주의적 숭배를 포함하는 종교적 관계와 관련된 것들이다."[53]

3b절에서 '땅의'(γῆς, 게스)라는 단어는 요한계시록에서 사단에게 속한 자들에 대한 숙어적 표현으로 사용된다(11:10; 13:8, 11, 14; 17:2, 8, 18; 18:9, 11; 19:19; 20:8). 그러므로 "땅의 왕들"이 용과 한 통속인 바벨론과 함께 하나님을 대적하는 음행을 행하였다는 것은 자연스러운 일이다. 이러한 행위에 대한 하나님의 분노는 땅의 왕들을 멸망시킬 뿐만 아니라 더불어서 바벨론의 멸망을 초래할 수 밖에 없다. 또한 6장 15절에서 "땅의 왕들"은 여섯 번째 인 심판의 대상으로 등장하기도 한다. 그리고 이 "땅의 왕들"은 16장 14절에서 약간 변형되어 '바실레이스 테스 오이쿠메네스 홀레'(βασιλεῖς τῆς οἰκουμένης ὅλης, 모든 세상의 왕들)라는 문구로 표현된다.[54] 여섯 번째 대접 심판의 문맥에서 "모든 세상의 왕들"은 용과 짐승과 거짓 선지자의 입에서 나오는 세 더러운 영의 부름을 받아 하나님의 큰 날의 전쟁을 위해 모이지만 하르마겟돈에서 심판 받는다(16:16). 17장 2절에서 땅의 왕들은 음녀 바벨론과 함께 행음한 것으로 소개되고, 17장 18절에서는 음녀 바벨론의 통제 하에 있는 대상으로 등장한다.

또한 "땅의 왕들"은 1c절에서 큰 음녀가 앉아 있는 "많은 물"과 동일한 것으로 볼 수 있다. 왜냐하면 15c절에서 여자가 앉아 있는 "많은 물"은 "백성들과 무리들과 나라들과 언어들"이라는 의미로 해석되며, 또 "땅의 왕들"은 "백성들과 무리들과 나라들과 언어들"을 대표하는 자들이기 때문이다. 음녀 바벨론이 "많은 물 위에 앉아 있다"는 것은 "백성들과 무리들과 나라들과 언어들"을 통치하고 있을 뿐만 아니라 한 몸으로 결합되어 있다는 것을 의미한다. 이런 결합 관계는 "땅의 왕들"이 그녀와 행음하는 것은 필연적인 결과임을 보여준다.

여기에서 음녀 바벨론의 멸망을 슬퍼하는 "땅의 왕들"은, 17장 12절에서

52 Swete, *The Apocalypse of St. John*, 224.
53 Koester, *Revelation*, 698.
54 16장 14절은 "땅의"라는 의미의 '게스'가 "세상"이라는 의미의 '오이쿠메네스'(οἰκουμένης>οἰκουμένη)로 표현된다.

등장하여 17장 16절에서 음녀를 미워하고 그 음녀를 불로 태우는 "열 왕"과는 다른 존재라고 할 수 있다. 왜냐하면 음녀를 불로 태우고 나서 그 음녀의 멸망에 대해 슬퍼하는 것은 자연스런 모습은 아니기 때문이다.[55] 반면 보컴은 "땅의 왕들"은 "로마 제국 통치의 우산 아래 자신들의 나라를 위탁하는 종속 왕들"(client kings)이 아니라, "좀 더 일반적으로 로마 제국 도처에서 그의 통치를 분담하기 위해 선출한 토착 통치 계급들(local ruling classes)"을 가리킬 가능성이 크다고 지적한다.[56] "땅의 왕들"에 대해서는 9b절에 대한 논의에서 다시 한 번 논의하게 될 것이다.

땅의 상인들(3c절) 바벨론이 무너진 세 번째 이유는 "땅의 상인들이 음녀 바벨론이 지닌 사치의 능력으로 부요하게 되었다"(3c절)는 사실 때문이다. 여기에서 등장하는 그룹은 두 번째의 "땅의 왕들"에 이어 "땅의 상인들"이다. 동일하게 "땅의"라는 수식어가 "상인들" 앞에 수반되어 "땅의 왕들"과 동일한 세력임을 알려준다. 여기에서 '사치의 능력으로 말미암아'(ἐκ τῆς δυνάμεως τοῦ στρήνους, 에크 테스 뒤나메오스 투 스트레누스)란 문구에서 "사치의"(τοῦ στρήνους, 투 스트레누스)는 "원천의 소유격" 용법으로서 사치가 능력의 원천이 된다는 뜻이다.[57] 로마 제국에서 사치스러운 삶은 능력 그 자체였다. 왜냐하면 당시 로마 사회에서 사치스런 삶을 위해서는 재물을 풍족하게 소유하는 것이 필요하고 그런 재물의 풍족함은 능력으로 평가받았기 때문이다.[58] 이를 또한 "과도한 사치"(her excessive luxury)로도 이해 할 수 있다.[59] 이것은 음녀 바벨론의 경제적 능력을 보여주는 단면이다. 그러나 이러한 능력은 허구일 뿐이며, 7ab절은 바벨론의 사치스런 삶은 하나님의 심판의 원인이라는 것을 분명히 밝힌다.

당시 "땅의 상인들"은 이런 로마의 사치스런 삶의 방식을 충족시키기 위해

55 Mounce, *The Book of Revelation*, 331.

56 Bauckham, *The Climax of Prophecy*, 372. 크레이빌도 "땅의 왕들"을 "지방의 통치자들"(provincial rulers)로 해석함으로써 보컴의 입장에 동조한다(J. N. Kraybill, *Imperial Cult and Commerce in John's Apocalypse*, JSNTSup 132 [Sheffield: Sheffield Academic, 1996], 75). 반면 마운스는 "땅의 왕들"을 로마 제국과 무역관계에 있는 모든 나라들의 통치 수장들"이라고 주장한다(Mounce, *The Book of Revelation*, 332).

57 Beale, *The Book of Revelation*, 896.

58 Kraybill, *Imperial Cult and Commerce in John's Apocalypse*, 84.

59 Bauckham, *The Climax of Prophecy*, 372.

필요한 물자를 공급함으로써 막대한 부를 축적할 수 있었다.[60] 이것이 바로 "땅의 상인들이 음녀 바벨론의 사치의 능력으로 말미암아 부요하게 되었다"(3c절)는 문구의 의미이다. 따라서 3c절에서 바벨론의 사치스런 삶을 가능하도록 했던 땅의 상인들의 부요함이 음녀 바벨론의 멸망의 이유로 제시되는 것은 당연하다.

또한 바벨론의 사치의 능력으로 말미암은 "땅의 상인들"의 부의 축적 이면에는 황제 숭배의 그림자가 짙게 드리워져 있다.[61] 따라서 황제 숭배가 우상숭배로서 음행이라고 한다면, 그 황제 숭배와 결속되어 있는 물건을 사고 파는 경제 행위 역시 음행이 아닐 수 없다. 경제적 관점에서 보면 "땅의 상인들"과 음녀 바벨론은 경제 공동체이다. 이런 관계에 의해 "땅의 상인들" 역시 황제 숭배에 참여하는 음행의 죄를 범하는 것으로 볼 수 있다. 따라서 음녀 바벨론이 심판 받는 원인으로 바벨론과 경제적 공동체인 "땅의 상고들"의 경제적 부요가 포함되는 것은 당연하다. 음녀 바벨론의 사치의 능력은, 13장 16-17절에서 언급하고 있는 것처럼 경제적 탄압으로 가난에 허덕일 수 밖에 없는 성도들의 현실과는 대조적이다.

[정리] 1-3절은 하늘로부터 내려온 다른 천사에 의한 바벨론의 몰락을 선포하는 내용이다. 하늘에서 내려온 천사의 영광으로 땅이 밝아진다. 하늘과 땅의 조화로운 모습을 엿보인다. 이것은 19장 2c절에서 땅을 더럽게 한 큰 음녀의 행태를 반전시키는 결과를 보여준다. 땅의 회복에 대한 이런 희망은 바벨론이 귀신들의 처소가 되고 모든 더러운 영의 소굴과 모든 더러운 새의 소굴 그리고 모든 악하고 혐오스런 짐승의 소굴이 되는 현상과 극명한 대조를 보인다(2절). 이런 정황은 심판으로 인한 바벨론의 참상을 상징적으로 표현해 준다. 그리고 3절에서는 그 멸망의 원인을 소개하는데 첫째로, 모든 나라들이 음녀의 음행의 분노의 잔으로부터 마셨기 때문이고(3a절) 둘째로, 땅의 왕들이 음녀와 행음하였기 때문이며(3b절) 그리고 셋째로, 땅의 상인들이 음녀의 사치의 능력으로 부요하게 되었기 때문이다(3c절).

---

60 Swete, *The Apocalypse of St. John,* 225. 상인들이 공급한 물자들에 대해서는 12-13절에 구체적으로 열거되어 있다.

61 Kraybill, *Imperial Cult and Commerce in John's Apocalypse,* 29. 특별히 크레이빌은 경제와 황제 숭배 사이에 "교차점"(intersection)이 있음을 지적한다(앞의 책).

2)하늘로부터 음성의 바벨론 멸망 선포(18:4-20)(B)

보쿰은 4-20절을 다음과 같이 세분화해서 구조 분석을 시도한다.[62]

4a	도입
4b-5	하나님 백성에게 바벨론으로부터 나오라는 요청
6-7a	신적 정의의 대리인들에게 바벨론에 복수를 행하도록 요청
7b-8	바벨론 멸망 선포[63]
9-10	바벨론에 대한 슬픔(1): 슬퍼하는자의 첫째 그룹
11-13	바벨론에 대한 슬픔(2): 슬퍼하는자의 둘째 그룹(a)
14	바벨론에 대한 탄식(Interjection)
15-17a	바벨론에 대한 슬픔(2): 슬퍼하는자의 둘째 그룹(b)
17b-19	바벨론에 대한 슬픔(2): 슬퍼하는자의 셋째 그룹
20	하늘에 거하는 자들에게 바벨론의 멸망을 기뻐하라는 요청

이 구조 분석에 근거하여 세 부분으로 나눌 수 있다. 첫째 부분은 4-8절에서 바벨론 멸망을 중심으로 하는 내용이라면, 둘째 부분은 9-19절에서 그 멸망에 대한 반응으로서 세 부류의 슬퍼하는 무리를 중심으로 내용이 전개된다. 그리고 세째 부분은 20절에서 하늘에 거하는 자들에게 바벨론의 멸망을 기뻐하라는 요청하는 내용이다. 9-19절에서 바벨론 멸망에 대한 세 무리의 슬픔은 20절에서 기쁨으로 초대와 대조된다. 이 기쁨으로 초대는 19장 1-10절에 승리의 찬양과 자연스럽게 연결된다. 다음 주해 과정에서도 4-20절을 4-8절과 9-19 그리고 20절로 나누어 살펴보고자 한다.

(1)바벨론 멸망의 선포(18:4-8)

구문분석 및 번역

4절 a) Καὶ ἤκουσα ἄλλην φωνὴν ἐκ τοῦ οὐρανοῦ λέγουσαν·
그리고 나는 하늘로부터 다른 음성이 말하는 것을 들었다.
b) ἐξέλθατε ὁ λαός μου ἐξ αὐτῆς

62 Bauckham, *The Climax of Prophecy*, 341.
63 보쿰은 이 단어를 "예언"(prophecy)이라고 표현했지만 나는 이 표현보다는 문맥의 흐름상 "선포"라는 말로 대신한다.

나의 백성아, 그녀로부터 나오라.

c) ἵνα μὴ συγκοινωνήσητε ταῖς ἁμαρτίαις αὐτῆς,
너희가 그녀의 죄들에 동참하지 않도록

d) καὶ ἐκ τῶν πληγῶν αὐτῆς ἵνα μὴ λάβητε,
그리고 너희가 그녀의 재앙으로부터 받지 않도록

5절 a) ὅτι ἐκολλήθησαν αὐτῆς αἱ ἁμαρτίαι ἄχρι τοῦ οὐρανοῦ
왜냐하면 그녀의 죄들이 하늘까지 닿아졌기 때문이다.

b) καὶ ἐμνημόνευσεν ὁ θεὸς τὰ ἀδικήματα αὐτῆς.
그리고 하나님은 그녀의 악행들을 기억하셨기 때문이다.

6절 a) ἀπόδοτε αὐτῇ ὡς καὶ αὐτὴ ἀπέδωκεν
그녀가 (다른 사람들에게) 갚아준 것처럼 그녀에게 갚아주라

b) καὶ διπλώσατε τὰ διπλᾶ κατὰ τὰ ἔργα αὐτῆς,
그리고 그녀의 행위대로 두배로 갚아주라.

c) ἐν τῷ ποτηρίῳ ᾧ ἐκέρασεν κεράσατε αὐτῇ διπλοῦν,
그녀가 섞은 그 잔에 너희는 그녀에게 두 배를 섞으라.

7절 a) ὅσα ἐδόξασεν αὐτὴν καὶ ἐστρηνίασεν,
그녀가 자신을 영광스럽게 하고 사치스럽게 산 만큼

b) τοσοῦτον δότε αὐτῇ βασανισμὸν καὶ πένθος.
그 만큼 그녀에게 고통과 슬픔을 주라.

c) ὅτι ἐν τῇ καρδίᾳ αὐτῆς λέγει
왜냐하면 그녀의 마음에 말하기 때문이다.

d) ὅτι κάθημαι βασίλισσα καὶ χήρα οὐκ εἰμὶ καὶ πένθος οὐ μὴ ἴδω.
나는 여왕으로 앉았고 그리고 나는 과부가 아니며 나는 결코 슬픔을 보지 않을 것이다.

8절 a) διὰ τοῦτο ἐν μιᾷ ἡμέρᾳ ἥξουσιν αἱ πληγαὶ αὐτῆς,
그러므로 그녀의 재앙들이 한 날에 임했다.

b) θάνατος καὶ πένθος καὶ λιμός,
죽음과 슬픔과 기근

c) καὶ ἐν πυρὶ κατακαυθήσεται,
그리고 그녀는 불로 태워질 것이다.

d) ὅτι ἰσχυρὸς κύριος ὁ θεὸς ὁ κρίνας αὐτήν.
왜냐하면 그녀를 심판하시는 주 하나님은 강하기 때문이다.

4cd절은 4b절의 목적절이다. 이 점을 반영하여 번역하도록 한다. 그리고 6a절에서 '아포디도미'(ἀποδίδωμι) 동사가 두 번 사용된다. 첫번째는 '아포도테'(ἀπόδοτε)이고 두번째는 '아페도켄'(ἀπέδωκεν)이다. 이 동사의 반복은 언어 유희를 의도한 것으로 볼 수 있다. 후자는 음녀 바벨론의 행위를 가리킨다. 그러

나 전자는 본문에 분명하게 적시하지 않기 때문에 그 주어가 누구를 가리키는지 결정하기 쉽지 않다. 본문에 주어를 적시하지 않은 것은 그것이 누구나 공감할 수 있는 대상이기 때문이다. 이런 맥락에서 이 주어를 "하나님의 심판을 수행하는 징벌의 천사들"을 가리키는 것으로 보는 것이 가장 적절하다.[64] 이 주어는 이어 나오는 동사들에도 동일하게 적용된다.

이 문장에서 '아포디도미'를 번역하는 것이 쉽지 않다. BDAG는 이 단어와 관련된 본문을 번역하기를 "그녀 자신이(다른 사람들에게) 갚아준 것처럼, 그녀에게 갚아주라"라고 한다.[65] 이 번역에서 '아포디도미'를 "갚아주다"라고 하는데 이것을 번역에 반영한다. "그녀 자신이 … 갚아준 것처럼"을 "그녀 자신이 … 한 것처럼 … 갚아주라"라고 하면 좀 더 자연스러울 수 있으나 의도적인 언어 유희 관계를 손상하지 않기 위해 "갚아주다"라는 동사를 두 곳에 모두 동일하게 사용하여 번역한다. 구체적인 해석과 관련해서는 주해 과정에서 좀 더 자세하게 다루도록 한다. 8b절의 "죽음과 슬픔과 기근"은 8a절의 "그녀의 재앙들"과 동격 관계 혹은 설명적 관계로 볼 수 있다. 그러므로 이러한 관계를 반영하여 "죽음과 슬픔과 기근" 앞에 "곧"이라는 단어를 넣어서 번역하도록 한다.

이상의 내용을 근거로 우리말 어순에 맞추어 번역하면 다음과 같다.

4a	**그리고 나는 하늘로부터 다른 음성이 말하는 것을 들었다.**
4b	**나의 백성아,**
4c	**너희가 그녀의 죄들에 동참하지 않고**
4c	**그녀의 재앙으로부터 받지 않도록**
4b	**그녀로부터 나오라.**
5a	**왜냐하면 그녀의 죄들이 하늘까지 닿았고**
5b	**그리고 하나님은 그녀의 악행들을 기억하셨기 때문이다.**
6a	**그녀가 (다른 사람들에게) 갚은 것처럼 그녀에게 갚으라**
6b	**그리고 그녀의 행위대로 두배로 갚으라.**
6c	**그녀가 섞은 그 잔에 너희는 그녀에게 두 배를 섞으라.**
7a	**그녀가 자신을 영광스럽게 하고 사치스럽게 산 만큼**
7b	**그 만큼 그녀에게 고통과 슬픔을 주라.**

---

64 Smalley, *The Revelation to John*, 448. 스웨테는 "신적 정의의 사역자들"[ministers of Divine justice]이라고 하고(Swete, *The Apocalypse of St. John*, 229) 벡위드는 "복수의 영들[spirits of vengeance]"라고 하고(Beckwith, *The Apocalypse of John*, 714) 케어드는 "보응을 대리하는 천사[angelic agents of retribution]"라고 주장한다(Caird, *A Commentary on the Revelation of St. John the Divine*, 224).

65 BDAG, 110(4).

7c	왜냐하면 그녀의 마음에,
7d	나는 여왕으로 앉았고 그리고 나는 과부가 아니며
	나는 결코 슬픔을 보지 않을 것이라고
7c	말하기 때문이다.
8a	그러므로
8a	그녀의 재앙들,
8b	곧 죽음과 슬픔과 기근이
8a	한 날에 임했다.
8c	그리고 그녀는 불로 태워질 것이다.
8d	왜냐하면 그녀를 심판하시는 주 하나님은 강하기 때문이다.

본문주해

다른 음성(4a절) 4a절에서 요한은 하늘로부터 "다른 음성"을 듣는다. 그 음성은 1-3절에서 바벨론 멸망을 선포한 천사의 음성도 아니고 하나님의 음성도 아니다. 이처럼 "다른"이란 말이 사용되는 것은 문맥의 분위기를 전환하는 목적이 있다. 이런 방법은 1절에서도 "다른 천사"의 등장을 통해 사용된 바 있다. 4절에서도 역시 1-3절과 "다른 음성"의 등장은 1-3절에서 바벨론에 대한 심판의 선포와 그 이유에 대해 말하면서 그러한 바벨론과의 관계를 단절할 것을 촉구하는 내용을 환기시킨다. 그런데 이러한 "다른 음성"의 존재는 10장 4절과 8절 그리고 14장 2절과 13절에서 사용된 바 있고 이는 보좌 자체로부터 직접 들려 오는 메시지로 간주할 수 있다.[66] 이 음성의 소유자가 하나님일 수 있으나 5절에서 하나님이 제 삼자로 표현되기 때문에 하나님으로 보기가 조심스럽다.[67] 그럼에도 불구하고 그것이 하늘에서 들려왔으며 하나님과 관련이 되기에 "하나님의 관점"을 표현하고 있는 것은 분명하다.[68]

바벨론으로부터 나오라(4bcd절) 4bcd절에서 하늘로부터의 음성은 "나의 백성아!"라고 하면서 음녀 바벨론의 죄에 참여하지 말고 바벨론이 받을 재앙을 덩달아 받지 않도록 바벨론으로부터 나오라고 요청한다. 먼저 이 4bcd절의 문형은 4b절의 주절을 중심으로 4cd절에서 목적을 나타내는 두 개의 '히

66 Osborne, *Revelation*, 638.
67 Koester, *Revelation*, 699. 벅스얼은 이 음성을 "승귀하신 그리스도"의 것으로 간주한다(Boxall, *The Revelation of St. John*, 256).
68 Boxall, *The Revelation of St. John*, 256.

나'(ἵνα)목적절로 구성되어 있다. 이 두 개의 '히나'절 중 하나는 "그녀의 죄들에 동참하지 않도록"하는 것과, 다른 하나는 "그녀(음녀)의 재앙들로부터 (심판을) 받지 않도록" 하는 것이다. 바로 이러한 목적을 위해 하나님의 백성들은 바벨론으로부터 나와야 하는 것이다. 그런데 4cd의 두 개의 절은 AB−B′A′의 교차 대구적 구조(chiasmus 혹은 chiasm)를 이루고 있다[69]: A(동참하지 않도록: ἵνα μὴ συγκοινωνήσητε)−B(그녀의 죄에: ταῖς ἁμαρτίαις αὐτῆς)−B′(그녀의 재앙으로부터: ἐκ τῶν πληγῶν αὐτῆς)−A′(ἵνα μὴ λάβητε: 받지 않도록). 여기에서 A와 A′는 '히나'절로 구성되고 B와 B′는 '히나'절에 보조적으로 연결되는 문구이다.

특별히 이러한 구조를 맞추기 위해 B′의 "그녀의 재앙들로부터"이라는 문구가 앞으로 옮겨졌다는 것을 추정할 수 있을 것이다. 이런 위치 변경을 이 문구의 내용을 강조하기 위한 목적도 있다. 그런데 이러한 구조의 구성은 4c절과 4d절의 관계를 좀 더 긴밀하게 연결해 주면서 "원인−결과"(cause-effect)의 관계를 효과적으로 발생시킨다.[70] 곧 4c절에서 원인으로서 음녀 바벨론의 죄에 참예하는 자들은, 그 결과로서 그녀가 받게 될 재앙을 피할 수 없게 된다는 것이다. 이러한 사실은 바로 직전 본문인 3절에서 황제 숭배에 함께 동참함으로 심판을 피할 수 없게 된 "모든 나라들"과 "땅의 왕들" 그리고 "땅의 상인들"의 경우에서도 확인된다.

그 "다른 음성"은 "나의 백성"으로 하여금 바벨론으로부터 나와 심판을 면하도록 명령한다. "다른 음성"이 하나님의 음성이 아님에도 불구하고 "나의 백성"이라고 한 것은 "하나님의 메신저"로서 하나님을 대신해 말하기 때문일 것이다.[71] 이런 측면 외에도 언어적으로 말하면 요한이 예레미야 51장 45절의 히브리어 맛소라 본문의 "아미"(עַמִּי)를 문자 그대로 번역한 결과로 볼 수도 있다.[72]

2−3장에서 각 도시에 대해 살펴 보았던 것처럼, 이 당시에 황제 숭배는 로마 제국과 동쪽 소아시아 지역의 해상 통로나 상업 길드에 깊이 침투해 있었다.[73] 따라서 당시에 세계 무역에 종사했을 그리스도인 사업가들은 로마 제

---

69 Aune, *Revelation, 17-22*, 991.
70 Osborne, *Revelation*, 639.
71 Smalley, *The Revelation to John*, 446.
72 Charles, *A Critical and Exegetical Commentary on the Revelation of St. John*, 2:97.
73 Kraybill, *Imperial Cult and Commerce in John's Apocalypse*, 29.

국의 황제 숭배를 피하기 위해 어느 수준까지 경제 행위를 진행할 것인가에 대해 깊은 고민이 있을 법하다.[74] 그런데 18b절에서 그런 바벨론으로부터 나오라는 명령은 그리스도인 사업가들이 황제 숭배로 인한 심판의 위험성에 노출되었다는 사실을 명백하게 보여준다. 그러나 13장 10절에서 말하고 있는 것처럼, 이런 요구에 응답하는 것은 자신의 삶 자체를 포기해야 하는 헌신의 결단을 의미한다.[75]

이상에서 하늘로부터 다른 음성은 하나님의 백성이 바벨론으로부터 나와야 하는 이유를 두 가지로 제시한다. 첫째는 바벨론과 함께 죄(sin)에 빠지지 말라는 것이며, 둘째는 바벨론이 받을 심판(judgement)을 받지 않도록 하기 위함이다.[76] 물론 이 두 가지는 밀접하게 연관되어 있다. 누구든지 바벨론의 죄에 참여한다면 심판을 면할 수 없다.

하나님의 백성에 대한 이러한 요청은 다음 예레미야 50장 8절, 51장 6절 그리고 51장 45절을 배경으로 한다.[77]

> 너희는 바벨론 가운데서 도망하라 갈대아 사람의 땅에서 나오라 양 떼에 앞서가는 숫염소 같이 하라(렘 50:8)
>
> 바벨론 가운데서 도망하여 나와서 각기 생명을 구원하고 그의 죄악으로 인하여 끊어짐을 보지 말지어다 이는 여호와의 보복의 때니 그에게 보복하시리라(렘 51:6)
>
> 나의 백성아 너희는 그 중에서 나와 각기 나 여호와의 진노를 피하라(렘 51:45)

위의 예레미야 말씀 외에도 이와 유사한 명령들은 이사야 48장 20절; 52장 11절에도 등장하고 있다.[78] 이러한 구약 본문들에서 하나님의 백성들로 하여금 바벨론으로부터 나오라고 촉구하는 것은 바벨론의 죄악이 클 뿐만 아니라 그 죄악의 유혹을 피하기 쉽지 않고 동시에 그에 대한 심판은 확실하기 때문이다.[79] 이처럼 구약 역사에서 "나오라"는 명령은 하나님께서 대적들을 심판하실 때 그 심판으로부터 구원받도록 하기 위해 경고하실 때 규칙적으로 등장

74 앞의 책.
75 앞의 책, 29-30.
76 Mounce, *The Book of Revelation*, 327.
77 Harrington, *Revelation*, 177.
78 Smalley, *The Revelation to John*, 446.
79 여기에서 바벨론은 이스라엘을 심판하시는 하나님의 심판 도구였지만 동시에 하나님의 백성을 핍박함으로 하나님을 대적하여 심판의 대상으로 전락해 버리고 만 것이다.

하는 주제이기도 하다(창 12:1-3; 19:12-22; 출 12:30-32; 민 16:26-27; 바룩의 묵시록 2:1; 행 7:3-4).[80] 이 주제는 신약에서 세상과의 분리를 권면하는 문맥에서 재활용된다(고후 6:14; 엡 5:11; 딤전 5:22).

하늘까지 닿은 바벨론의 죄(5a절) 다음 5절은 4절에 대한 이유로서 바벨론의 죄의 심각성과 그 심각한 죄를 하나님께서 기억하셨다는 사실을 간결하게 서술한다. 먼저 5a절은 '왜냐하면'(ὅτι, 호티)이라는 접속사로 시작한다. 이 접속사는 5절이 4절의 이유를 말하고 있다는 사실을 의미한다. 그렇다면 4절의 내용 중에 무엇에 대한 이유를 말하고 있는 것일까? 그것은 그리스도인들이 바벨론으로부터 나와야 하고 그렇지 않으면 심판의 재앙을 함께 받을 수 밖에 없게 되는가에 대한 이유이다.[81]

5a절의 "그녀의 죄들"은 3절에서 언급한 바와 같은 것들로서 "행음"이라고 한 단어로 규정할 수 있다. 이 죄들이 하늘에까지 닿게 되었다는 것에서 요한은 매우 독특한 동사(ἐκολλήθησαν, 에콜레데산>κολλάω, 콜라오)를 사용하고 있는데 이 단어는 사전적으로 어떤 것에 "연합하다", "접착하다"라는 의미이다.[82] 또한 이 단어는 이 문맥에서 음녀 바벨론의 죄가 쌓여서 하늘까지 닿게 되었다는 것을 의미한다.[83] 이 때 이 동사는 신적 수동태로 사용되었는데, 이는 하나님이 친히 이런 죄들이 하늘까지 쌓이게 함으로써 "중대한 악행들의 기념비"로 세우셨음을 보여준다.[84]

이것은 예레미야 51장 9절과 에스라 9장 6절을 반영한다.[85]

> 우리가 바벨론을 치료하려 하여도 낫지 아니한즉 버리고 각기 고토로 돌아가자 그 화가 하늘에 미쳤고) 궁창에 달하였음이로다(렘 51:9)
>
> 말하기를 나의 하나님이여 내가 부끄럽고 낯이 뜨거워서 감히 나의 하나님을 향하여 얼굴을 들지 못하오니 이는 우리 죄악이 많아 정수리에 넘치고 우리 허물이 커서 하늘에 미침이니이다 (에 9:6)

---

80 Smalley, *The Revelation to John*, 446.

81 Osborne, *Revelation*, 639.

82 BDAG, 555(1, 2).

83 Koester, *Revelation*, 699. 스웨테는 호메로스의 『오디세이아』15.329에서도 이와 유사한 문구(wantonness and violence reach the … heaven, 무자비함과 폭력이 하늘에 닿았다)가 사용된 사실을 발견한다(Swete, *The Apocalypse of St. John*, 226).

84 Blount, *Revelation*, 328.

85 Smalley, *The Revelation to John*, 447; Harrington, *Revelation*, 177.

인용한 예레미야 말씀은 바벨론에 대한 심판으로 인한 "화"가 "하늘에 미쳤고 궁창에 달하였다"고 한다. 여기에서 "미쳤다"(ἤγγισεν, 엥기센>ἐγγίζω, 엥기조)와 "달하였다"(ἐξῆρεν, 에크세렌>ἐξαίρω, 에크라이로)의 중복 사용은 죄악이 하늘까지 이르게 된 것을 강조한다. 또한 에스라서 본문은 그 대상이 바벨론이 아니고 이스라엘인데 그 "죄악"과 "허물"이 "하늘에 미쳤다" (ἐμεγαλύνθησαν, 에메갈륀데산>μεγαλύνω, 메갈뤼노)고 한다. 이 동사들은 유대문헌에서 "하나님 자신의 주권을 위협하는 강력한 집단적 죄"를 표현하기 위해 사용된다(에스드라서 8:75; 에즈라 4서 11:43).[86] 이 동사들은 요한계시록 본문의 '에콜레데산'과 다르지만 의미는 동일하다. 예레미야와 에스라 본문 모두 죄와 심판의 심각성을 묘사하는 방식으로서 물리적으로는 다다를 수 없는 하늘과 궁창의 높이를 사용하여 과장법으로 강조의 효과를 드러내고 있다.

끝으로 5a절에서 바벨론의 죄가 하늘에 닿았다고 한 것은 8장 3-4절에서 천사의 손으로부터 하늘로 올라가는 많은 향연과 함께 성도들의 기도가 하나님 앞에 상달되는 장면의 대조적 패러디라고 볼 수 있다.[87] 전자의 주제는 심판인 반면 후자의 주제는 구원이다.

하나님은 음녀의 악행들을 기억하신다(5b절) 5a절에서 "바벨론의 죄가 하늘까지 닿았다"는 것은 필연적으로 5b절의 말씀처럼 그녀의 모든 악행을 기억하는 결과를 초래한다. 따라서 "닿았다"와 "기억했다"는 서로 원인과 결과로서 밀접한 관계를 가진다. 그것은 바로 하나님께서 그녀의 불의한 일을 기억하게 되었다는 것이다. 여기에서 "그녀의 악행들"(τὰ ἀδικήματα αὐτῆς, 타 아디케마타 아우테스)은 5a절 "그녀의 죄들"(αὐτῆς αἱ ἁμαρτίαι, 아우테스 하이 하마르티아이)을 이어 받고 있다. 여기에서 "악행들"이란 곧 범죄를 의미하며(참조 행 18:14; 24:20) 하나님은 바로 그러한 인간의 범죄를 향하여 진노하신다.[88]

여기에서 "기억하다"(ἐμνημόνευσεν, 에므네모뉴센>μνημονεύω, 므네모뉴오)라는 동사는 하나님과 관련하여 사용될 때는 하나님의 행위를 수반한다.[89] 곧 하나님

86 Smalley, *The Revelation to John*, 447.
87 앞의 책.
88 Osborne, *Revelation*, 640.
89 앞의 책. 오스본은 "기억하다"라는 동사의 의미가 부분적으로 "행동하다"라는 의미를 함축한다고 주장한다(앞의 책).

께서 악인들의 악행을 기억하실 때는 그들을 심판하시기 위해 행동하지만(시 109:14; 렘 14:10; 호 8:13; 9:9), 그의 백성들의 고난을 기억하실 때는 그들을 구원하시기 위해 행동하신다(삼상 1:19; 시 25:6; 105:8-11; 111:5-6; 겔 16:60).[90] 예를 들면 출애굽기 2장 23-25절에서 하나님은 이스라엘 백성의 부르짖을 들으시고 아브라함과 이삭과 야곱에게 세운 하나님의 언약을 기억하시고 출애굽의 역사를 실행하신다. 구약이나 쿰란 문서에서 하나님의 백성들은 하나님께 자신들을 기억해 달라고 간구했으며(삿 16:28; 욥 7:7; 시 74:2; 89:50; 사 38:3) 하나님은 그의 종들을 기억하시고(창 8:1; 삼상 1:19; 참조 솔로몬의 시편 5:16) 그들과의 언약을 기억하신다(CD-A Col. 1.4; 6.2).[91] 반면 요한계시록에서는 이 단어가 하나님의 백성들로 하여금 과거 하나님과의 관계나 하나님의 하신 말씀을 기억하도록 명령할 때 사용되기도 한다(2:5; 3:3).[92]

이 문맥에서는 16장 19절처럼 하나님께서 바벨론의 죄를 기억하신다. 다만 16장 19절에서는 수동태로 사용되었으나 18장 5b절에서는 능동태로 사용된다. 전자는 신적 수동의 형태로 하나님의 주권이 강조되고 있다면 후자는 능동태로서 하나님의 적극적인 행위가 강조된다. 앞서 언급한 것처럼 하나님은 기억하실 때 행동하신다. 따라서 바벨론의 죄가 하늘에 닿을 만큼 심각했으며 하나님께서는 그들의 죄를 기억하시고 이제 심판하시기 위해 행동하신다.

행위대로 갚아주라(6절) 다음 6-8절에서는 바벨론에 대한 하나님의 심판이 얼마나 정당한 것인가를 보여 주려고 한다. 피오렌자는 이러한 6-8절의 장면을 "우주적 법정"에 비유한다.[93] 이 법정에서 원고는 땅에서 죽임을 당한 자들과 함께 모든 그리스도인들이고(18:24) 피고는 권세 유지와 우상 숭배를 위해 살인을 일삼은 바벨론/로마이다. 그리고 재판관은 하나님이시다.[94] 이 재판에서 바벨론/로마는 살인범으로 확정된다. 그러므로 바벨론/로마와 관련된 자들은 바벨론/로마의 재판의 패배로 말미암아 큰 슬픔에 쌓이고 원고인 그리스도인들은 이 우주적 법정에서 확인된 '정의'로 인해 크게 기뻐한다.

---

90 Koester, *Revelation*, 700; Osborne, *Revelation*, 640.
91 Smalley, *The Revelation to John*, 447.
92 Osborne, *Revelation*, 640.
93 Fiorenza, *Revelation: Vision of A Just World*, 99.
94 앞의 책.

6절에서 4절부터 시작된 하늘로부터 "다른 음성"이 계속되고 있다. 4-5절에서 하늘로부터 "다른 음성"을 듣는 대상은 하나님의 백성들이었지만, 6-8절에서의 대상은 아마도 하나님의 심판 명령을 수행할 "하늘의 집행관"(the heavenly bailiff)일 것이다.[95] 6절에 의하면 음녀 바벨론에 대한 심판의 정도는 3가지로 정리할 수 있다: 첫째, 음녀가 갚아준 그대로 음녀에게 갚아주고(6a), 둘째, 음녀가 행한 행위의 갑절을 갚아줄 것과(6b), 셋째, 음녀의 섞은 잔으로 그녀에게 두 배로 섞으라는 것이다(6c).[96] 이 세 가지는 다른 것이 아니라 동일한 내용을 점층적이고 구체적으로 표현하는 관계라고 할 수 있다.

첫째로, 6a절에서 "그녀가 (다른 사람들에게) 갚아준 것처럼 그녀에게 갚아주라"는 문구에서 먼저 살펴 볼 것은 "갚다"(ἀποδίδωμι, 아포디도미)라는 동사가 반복 사용되고 있다는 점이다. 첫째 동사(원문에는 두 번째 동사)의 주어는 "그녀"로서 바벨론이고, 두 번째 동사(원문에는 첫째 동사)는 명령형으로 그 명령의 대상은 하나님의 백성이 아니라 "신적 정의의 대리자"[97] 혹은 "하나님의 심판을 수행하는 징벌의 천사들"이다.[98] 동사가 이처럼 중복 사용된 것은 일종의 언어 유희로서 이 기법을 통해 요한은 "복수법"(lex talionis)을 효과적으로 적용하고자 한다.[99] 이런 패턴은 시편 137편 8절과 예레미야 50장 15절, 29절에 잘 나타나 있다.[100]

> 멸망할 딸 바벨론아 네가 우리에게 행한 대로 네게 갚는 자가 복이 있으리로다(시 137:8)
>
> 그 주위에서 고함을 지르리로다 그가 항복하였고 그 요새는 무너졌고 그 성벽은 허물어졌으니 이는 여호와께서 그가 행한 대로 그에게 내리시는 보복이라 그가 행한 대로 그에게 갚으시는도다(렘 50:15)
>
> 활 쏘는 자를 바벨론에 소집하라 활을 당기는 자여 그 사면으로 진을 쳐서 피하는 자가 없게 하라 그가 일한 대로 갚고 그가 행한 대로 그에게 갚으라 그가 이스라엘의 거룩한 자 여호와를 향하여 교만하였음이라(렘 50:29)

다음으로 생각해 볼 것은 '그녀(바벨론)가 사람들에게 갚은 것은 무엇인가?'라

95 Osborne, *Revelation*, 640.
96 Mounce, *The Book of Revelation*, 329.
97 Swete, *The Apocalypse of St. John*, 226.
98 Smalley, *The Revelation to John*, 448.
99 Swete, *The Apocalypse of St. John*, 226.
100 Blount, *Revelation*, 329.

는 것이다. 그것은 바벨론이 성도들을 비롯한 약자들을 향하여 행한 악행들을 가리킨다. 이러한 악행은 24절에서 "그것(바벨론 도시) 안에 선지자들과 성도들과 땅 위에서 죽임 당한 모든 자의 피가 발견되었다"는 사실에 의해 확인된다.[101] 이것이 바벨론이 심판을 받아 음악가의 소리와 맷돌 소리 그리고 모든 기술의 모든 장인들과 등잔의 빛과 같은 바벨론 도시의 찬란한 문화 산물이 다시는 발견되지 않게 되는 이유이기도 하다. 곧 그녀가 다른 사람들에게 악행을 자행한 것에 상응한 징벌을 내리는 것이다. 이것이 바로 "그녀에게 갚으라"고 한 내용이다.

둘째로, 6b절의 "그녀의 행위대로 두 배로 갚아주라"라는 표현은 6a절에 "두 배"(διπλᾶ, 디플라)라는 단어가 덧붙여진다. 일반적으로 구약에서의 "복수법"은 징벌의 정도와 범죄의 양이 정확하게 정비례 하는 방식으로 실행되었다(출 21:23-25; 레 24:17-20; 신 19:21).[102] 그런데 6b절은 "복수법"의 적용을 보여주면서도 "두 배"라는 파격적 보응의 비율을 제시한다. 이것은, 음녀 바벨론이 하나님의 백성에게 행한 것의 문자적인 "두 배"를 의미하는 것이 아니라 하나님의 "완전한 보응"(full retribution)을 의미하는 것이다.[103] 왜냐하면 구약에서 "두 배"(διπλᾶ, 디플라)는 "완전한 보응(full requital)에 대한 언약적 표현"으로 사용되고 있기 때문이다(사 40:2; 렘 16:18; 17:18; 출 22:4, 7, 9).[104] 6b절 뿐만 아니라 6c절에서도 '두 배'라는 표현이 두 번(동사 διπλώσατε, 디플로사테>διπλόω, 디플로오와 명사 διπλᾶ, 디플라) 반복해서 사용되고 있는 것은 이처럼 완전한 보응을 강조하고 있는 것으로 이해할 수 있다. 그리고 6b절의 "그의 행위대로"(κατὰ τὰ ἔργα αὐτῆς, 카타 타 에르가 아우테스)라는 것은 5절에서 바벨론의 악행을 의식하여 표현되는 것으로서 재판관이신 하나님께서 피고인 바벨론에게 형벌을 선고하시기 위해 그 근거로 삼고 있는 죄의 목록들을 연상케 한다. "그의 행위대로"라는 문구는 "복수법"(lex talionis)에 해당될 수 있는 것이나 "그의 행위대로 두 배로 갚아주라"고 한 것은 단순한 "복수법" 그 이상의 "심각한 징벌 형식"을 강조하고 있다.[105]

---

101 24절에 대한 자세한 내용은 이 본문에 대한 주해를 참고하라.

102 Blount, *Revelation*, 329.

103 Harrington, *Revelation*, 178.

104 Beckwith, *The Apocalypse of John*, 715; Mounce, *The Book of Revelation*, 329.

105 Mounce, *The Book of Revelation*, 328. 요한의 신학 전체에 걸쳐서 범죄에 합당한 징벌을 내린다는 이런 "복수법"에 대한 "일관성 있는 믿음"이 존재한다(Caird, *A Commentary on the Revelation of St. John the Divine*, 224).

마지막으로, 6c절에서 '두 배'(διπλοῦν, 디플룬)로 주어지는 '섞은 잔'은, 17장 4절에서 음녀 바벨론의 손에 들려 있었던 금잔과 동일한 것으로서 그 속에는 가증한 물건과 음녀의 음행의 더러운 것들이 섞여 가득 차 있다.[106] 17장 4절에 대한 주해에서 요한은 이런 금잔 이미지를 "신적 심판에 대한 은유(metaphor)"로 사용한다는 것을 지적한 바 있다.[107] 따라서 6c절의 "섞은 잔"도 같은 맥락에서 음녀 바벨론의 심판에 대한 은유로 이해할 수 있다.

여기에서 "섞은 잔"의 구약 배경으로 시편 75편 8절이 있다.[108]

> 여호와의 손에 잔이 있어 술 거품이 일어나는도다. 속에 섞은 것이 가득한 그 잔을 하나님이 쏟아 내시나니 실로 그 찌끼까지도 땅의 모든 악인이 기울여 마시리로다(시 75:8)

이 시편 말씀에서 "잔" 이미지는 하나님의 심판을 예시하기 위한 것으로서 시편 60편 3절, 예레미야 25장 15절이하 그리고 이사야 51장 17절이하 등에서도 사용되고 있다.[109] 이 시편 말씀에서 여호와의 손에 잔이 있다는 것은 음녀의 손에 잔이 있다고 말하는 요한계시록 18장 6c절과 차이가 있다.[110] 그러나 이러한 차이는 큰 의미가 없다. 왜냐하면 잔이 여호와의 손에 있든 음녀 바벨론의 손에 있든, 결국 음녀 바벨론은 그 잔에 있는 포도주(술)을 마시게 되고 심판을 받게 되기 때문이다. 반면 시편 본문의 "속에 섞은 것이 가득한 그 잔"이라는 문구를 요한계시록 18장 6c절의 "섞은 그 잔"과 평행 관계로 볼 수 있다. 그리고 시편 본문의 "모든 악인이 마신다"는 문구 역시 요한계시록 18장 6c절의 "섞으라"에 함축된 의미와 동일시될 수 있다. 왜냐하면 마시기 위한 목적으로 섞기 때문이다.

그런데 6c절의 "그녀가 섞은 그 잔"은 17장 4절에서 가증한 것들과 음행의 더러운 것들이 함께 섞여 있는 잔이며, 3a절에서 음녀 바벨론이 나라들로 하여금 음행의 잔을 마시게 했던 바로 그 잔이다. 이제 그녀는 바로 나라들로 음행의 포도주를 마시게 하여 취하게 했던 바로 그 잔에 두 배로 섞어 하나님

106 좀 더 자세한 내용에 대해서는 17장 4cd절에 대한 주해를 참조하라.
107 Blount, *Revelation*, 315.
108 Beale, *The Book of Revelation*, 902.
109 A. Weiser, *The Psalms: A Commentary*, OTL (Philadelphia: Westminster, 1998), 523.
110 17장 4절에서도 예레미야 51장 7절(70인역 예레미야 28장 7절)과 동일한 차이를 보여준다. 전자는 바벨론의 손에 금잔이 있고 후자는 하나님의 손에 금잔이 있다. 이 둘의 차이는 탈굼역 예레미야 51장 7절의 도움을 받아 해결하였다. 좀 더 자세한 내용은 17장 4절 주해 과정을 참조하라.

의 분노를 마시도록 명령을 받는다(참조 바룩 2서 13:8).[111] 따라서 이제 음녀 바벨론은 열방으로 취하게 했던 바로 그 음행으로 가득한 잔으로 하나님의 진노를 마셔야 한다(14:8, 10; 18:3).[112]

고통과 슬픔을 주라(7절) 6절에서 "행위대로 갚아주라"는 추상같은 재판관의 선고는 7절에서 좀 더 구체적이고 자세하게 표현된다. 7절도 역시 6절에 이어 "하늘로부터 다른 음성"이 말하는 내용이다. 이러한 하늘의 "다른 음성"은 7a절에서 바벨론이 스스로 영광을 취하고 사치스런 생활을 한 만큼 고난과 슬픔으로 갚아줄 것을 명령한다. 여기에서 심판 받아야 하는 음녀 바벨론의 죄는 이중적이면서 서로 밀접한 관계가 있다. 첫째는, 음녀 바벨론은 스스로를 영광스럽게 했다는 것이다. 이것은 하나님 외에 다른 신을 두지 말라는 십계명의 첫째 계명을 범한 것이라고 할 수 있다. 여기에서 자기 자신의 영광을 구하는 사람은 모든 영광을 잃어버릴 것이며 하나님의 심판을 받게 될 것이라는 것을 알 수 있다. 이것은 다니엘서 4장에서 화려하게 건설된 자신의 제국을 보며 "이 큰 바벨론은 내가 능력과 권세로 건설하여 나의 도성으로 삼고 이것으로 내 위엄의 영광을 나타낸 것이 아니냐"(단 4:30)고 말하며 자만하고 만족해 했던 바벨론 제국의 느부갓네살을 하루 아침에 짐승처럼 만들어 버렸던 사건을 떠 올리게 한다. 요한계시록의 중심적인 주제 중에 하나가 에덴의 창조의 목적으로서 "영광은 하나님께 속해 있다"는 것이다. 이러한 주제는 4장 9-11절과 5장 12-14절의 하나님과 어린 양을 향한 찬양에 잘 나타나 있다. 따라서 바벨론이 자기를 스스로 영광스럽게 하였다는 것은 심판의 이유가 되지 않을 수 없다.

둘째는, 음녀의 사치스런 삶이다. 여기에 사용된 동사인 '에스트레니아센'(ἐστρηνίασεν> στρηνιάω, 스트레니아오)는 "사치스럽게 살다"(live in luxury)라는 의미이다.[113] 이 동사는 3c절에서 일종의 능력으로서 사용된 "사치"(στρήνους, 스트레누스>στρῆνος, 스트레노스)라는 단어와 동일한 어근을 갖는다. 여기에서 바벨론의 사치스런 삶은 18장 3c절에서 언급하고 있는 것처럼 능력으로 평가받는다(참

111 Mounce, *The Book of Revelaton*, 328.
112 앞의 책, 329.
113 BDAG, 949.

조 18:3c). 왜냐하면 사치스런 삶을 살기 위해서는 풍부한 재물을 가지고 있어야 하고 그런 풍부한 재물은 당연히 능력 있는 존재로 여겨지기에 충분하기 때문이다. 동시에 이런 사치스런 삶은 자기 자신을 영광스럽게 하는 행위와 함께 하나님을 떠난 자들의 전형적인 모습이다. 이러한 사치의 개념 속에는 육체의 쾌락과 호화스런 생활을 포함한다. 음녀의 이러한 쾌락적인 사치에 대해 심판을 대행하는 천사는 음녀에게 고난과 애통으로 갚아줄 것이다.[114] 여기에서 "그 만큼"(ὅσα … τοσοῦτον, 호사... 토수톤)이라는 표현은 바벨론의 악행 특별히 7a절에서 언급한 "자신을 영광스럽게 하고 사치스럽게 산 것"에 걸맞는 보응을 강조한다.[115]

첫번째로 언급했던 자신을 영광스럽게 한 행위와 두번째로 언급한 음녀의 사치스런 삶은 상호 밀접한 관계가 있다. 곧 음녀가 자신을 영광스럽게 한 방법은 바로 자신의 사치스런 삶을 통해서였으며 반대로 음녀의 사치스런 삶은 곧 자신을 영광스럽게 하는 모습으로 나타나게 된다.

마음에 말하다(7c절) 7cd절은 "왜냐하면"이라는 접속사로 시작한다. 이것은 7b절에 대한 이유를 밝힌 것이다. 먼저 7c절은 음녀 바벨론이 마음에 말한다고 한다. 이런 독백의 형식은 겉으로는 드러나지 않는 진심을 내포한다고 할 수 있다. 이 진심을 전지하신 하나님이 온전히 간파하신 것이다. 이것은 에스겔 28장 2절에서 두로가 속으로 스스로 교만하게 생각하고 있는 것을 하나님이 드러내신 것과 같은 패턴이다.[116] 스바냐 2장 15절에서도 니느웨가 아무도 모르게 자신에게만 스스로 말하기를 "오직 나만 있고 나 외에는 다른 이가 없다"고 한 것을 하나님은 아시고 지적하여 "어찌 이와 같이 황폐하여 들짐승이 엎드릴 곳이 되었는고 지나가는 자마다 비웃으며 손을 흔들리로다"라고 책망하신다.[117] 이 스바냐 말씀 역시 음녀 바벨론이 마음에 스스로 말하는 것을 하나님께서 드러내시는 패턴을 보여준다. 따라서 교만한 자가 자신의 교만을 겉으로 드러내기도 하지만 마음 속에 감추기도 하는데 어떤 경우이든 하나님 앞에서는 어떤 자도 자신의 교만을 위장하여 숨길 수 없다.

---

114 Osborne, *Revelation*, 642.
115 Charles, *A Critical and Exegetical Commentary on the Revelation of St. John*, 2:99.
116 Koester, *Revelation*, 701.
117 앞의 책.

나는 여왕이다(7d절) 다음 7d절은 그 말하는 내용을 소개한다. 7d절에서 음녀는 "나는 여왕으로 앉았고 그리고 나는 과부가 아니며 나는 결코 슬픔을 보지 않을 것이다"라고 독백한다. 이것은 이사야 47장 7-8절을 배경으로 한다.[118)]

> 내가 영영히 여주인(גְּבֶרֶת עַד, 게바레트 아드, 영원한 여왕)이 되리라 하고 이 일을 네 마음에 두지도 아니하며 (그녀의, 나의 사역) 종말도 생각하지 아니하였도다 그러므로 사치하고 평안히 지내며 마음에 이르기를 나뿐이라 나 외에 다른 이가 없도다 나는 과부로 지내지도 아니하며 자녀를 잃어버리는 일도 모르리라 하는 자여 너는 이제 들을지어다

이 구약 본문은 바벨론이 자신의 능력을 스스로 쌓은 것으로 인식할 뿐만 아니라 그것이 영원하다고 믿는 내용을 묘사하고 있다.[119)] 요한계시록 본문과 이사야 본문에서 "바벨론"이 동일하게 사용되고 그 내용에 있어서 평행 관계가 있음으로, 요한계시록의 음녀 바벨론은 이사야서의 "영원한 여왕"을 그 모델로 사용하고 있는 것이 분명하다. 실제로 당시 로마 제국은 "여왕이며 세상의 여주인"(*regina et domina orbis*)으로 불리우며 영원히 세상을 지배할 것이라고 생각했던 것이 기록에 남아 있다(Julinus Frontinus, *De aquis*. 2.88.1).[120)]

여왕(βασίλισσα, 바실리싸)은 음녀와 다소 대조적 이미지로, 음녀가 스스로를 여왕으로서 간주하는 것이 우리의 눈길을 끈다. 더 나아가서 '과부가 아니다'라고 하는 것은 그 다음에 나오는 "결코 슬픔을 보지 않을 것이다"라고 한 것과 밀접하게 관련된다. 왜냐하면 "과부"가 되는 것은 여성들이 가장 상상할 수 없는 정황으로서 가장 큰 불행이며 크게 슬퍼해야 하는 일이기 때문이다.[121)] 이것은 음녀 바벨론이 스스로 영원할 것이라는 신념을 반영한 것으로 볼 수 있다.

음녀 바벨론의 확신에 찬 교만은 요한의 시대에 로마의 모습을 쉽게 상상할 수 있게 한다. 로마의 군대는 늘 승리하였으며 전쟁의 패배로 인한 슬픔 또한 경험해 본 적이 없지는 않으나 매우 드물다고 할 수 있다. 또한 경제적으로 세계를 통치한 관계로 상당한 부를 축적하게 되었다. 7d절에서 음녀 바벨론의

---

118 Mounce, *The Book of Revelation*, 329.

119 Watts, *Isaiah 34-66*, 717.

120 Aune, *Revelation 17-22*, 996.

121 TDNT 9:441-42; Osborne, *Revelation,* 642. 가부장적이었던 고대 사회에서 과부는 다방면에서 불이익을 받았는데 특별히 "사회적, 경제적, 법적 그리고 종교적 측면에서" 억압받는 존재였다(*TDNT* 9:442).

독백은 7a절에서 자신을 영화롭게 하며 사치하였던 행위와 매우 밀접하게 관련된다. 그것은 7c절이 "왜냐하면"이라는 접속사로 시작하므로 7a절에 대한 원인을 말하고 있다는 사실에 근거한다. 곧 음녀의 사치스런 삶과 자신을 영광스럽게 하는 행위는 7d절에서 음녀가 자신을 여왕으로 앉은 자로서 결단코 애통을 당하지 않을 것으로 굳게 믿고 있었다는 것에서 더욱 분명하게 드러난다.

그러나 음녀가 영원히 멸망하지 않을 것이라는 신념은 진실이 아니다. 하나님은 음녀 바벨론인 로마제국의 심판을 선포하고 있다. 다음 8절에서 음녀 바벨론이 스스로 믿고 있는 신념과는 전혀 다른 반전이 일어나게 된다.

한 날에 임하는 재앙(8a절) 8a절은 "그러므로"(διὰ τοῦτο, 디아 투토)라는 접속사로 시작한다. 이 접속사는 8a절이 음녀의 오만함을 보여주는 7d절의 결과를 언급한다는 사실을 알려준다. 달리 말하면 음녀 바벨론의 오만한 자신감이 8절에 나오는 재앙의 원인이 된다. 더 나아가서 음녀의 오만함 때문에 하나님의 심판은 그녀에게 '순식간'에 임할 것이다. 8a절의 "그녀의 재앙들"(αἱ πληγαὶ αὐτῆς, 하이 플레가이 아우테스)에서 "그녀의"(αὐτῆς, 아우테스)라는 소유격은 목적격적 소유격으로 해석하여 '그녀에게 일어나는 재앙들'로 볼 수 있다. 여기에서 "재앙"이란 단어는 출애굽 때에 애굽에 가해진 열 재앙을 연상시키는 것으로 "새 출애굽"이라는 주제를 함의한다(참조 11:6 11:6; 15:3–4; 16:9, 21; 21:9 등).[122] 따라서 이 재앙은 음녀 바벨론에게는 심판을 가져 오지만 하나님의 백성들에게는 해방을 가져온다.

음녀 바벨론에게 재앙이 임하는 정황을 8a절은 "한 날에"(ἐν μιᾷ ἡμέρᾳ, 엔 미아 헤메라)라고 표현한다. 이 문구는 18장 8절, 10절, 17절 그리고 19절에서 "한 시에"(μιᾷ ὥρᾳ, 미아 호라)라고 표현된다. 어떤 사본(69 pc Cyp Spec Prim)은 이 두 문구를 일치시기 위해 8a절의 "한 날에"(ἐν μιᾷ ἡμέρᾳ, 엔 미아 헤메라)라는 문구를 "한 시에"(μιᾷ ὥρα, 미아 호라)로 변경시킨다. 그러나 이 두 문구는 동의어로 사용되는 것으로 볼 수 있다.[123] "한 날에"라는 표현은 이사야 47장 9절에서 바벨론에 대한 심판이 하루 만에 도래하게 된 것을 반영한다.[124] 여기에서 '하루'라는 표현

122 Smalley, *The Revelation to John*, 450.
123 Beale, *The Book of Revelation*, 904.
124 Charles, *A Critical and Exegetical Commentary on the Revelation of St. John*, 2:99.

은 정확하게 그 하루의 기간을 말하려는 것이 아니라 신속하게 일어나는 심판의 속도감을 강조하고[125] "황폐함"의 느낌을 극대화 하기 위한 것이라고 볼 수 있다.[126] 또한 이 문구는 18장 10절, 16절, 19절에서 "한 시에"(μιᾷ ὥρᾳ, 미아 호라)라는 표현과 함께 "갑작스러움" (suddenness)이라는 의미를 공유한다.[127] 이처럼 순식간에 일어나는 심판의 현상은 하나님의 완전성과 바벨론의 극악한 죄악에 근거한다. 이런 정황은 다니엘 5장 30절에서 성전의 성스러운 기명으로 술을 마신 바벨론 왕 벨사살이 갑자기 하나님의 심판을 받았던 것과 유사한 상황을 반영한다. 곧 순교자들의 피에 취한 음녀 바벨론(17:6; 18:24)도 순식간에 재앙을 만나게 될 것이다.[128]

죽음과 슬품 그리고 기근(8b절) 8a절의 음녀 바벨론이 받을 재앙을 8b절에서 죽음, 슬픔, 기근이라고 구체적으로 설명한다. 8a절이 이사야 47장 9절를 사용하고 있는데 8b절은 이사야 본문에는 언급되고 있지 않은 내용이지만 이 문맥에 맞게 세 가지 재앙의 목록을 선택하여 제시한다. 이런 재앙은 이미 앞에서 보여준 바 있다. "슬픔"(πένθος, 펜도스)은 7b절에서 바벨론에 대한 하나님의 심판으로서 두 번 묘사되었고 "죽음과 기근"은 6장 8절의 네 번째 인 심판에서 언급된 바 있다. 영원할 것 같아 보이는 음녀 바벨론은 죽음을 당하고 슬픔을 보지 않을 것이라고 했으나 도리어 슬픔을 당하며, 그리고 세계의 모든 부를 다 빨아들이듯 사치스럽게 부를 축적했던 음녀 바벨론이 역설적으로 기근을 당하게 된다.[129] 이러한 일련의 세 가지 재앙은 전쟁이 일어날 때 필연적으로 발생하는 것이지만,[130] 요한계시록의 문맥에 맞게 심판 받는 음녀 바벨론의 정황에 최적화시켜 선정되었다고 볼 수 있다. 챨스는 이 세 가지 재앙을 네로의 귀환과 함께 파르티아 제국과의 전쟁에서 파르티아 제국이 로마 제국에 가하는 공격 포인트와 조합을 맞추려고 시도한다. 곧 이것은 파르티아의 군대가 네로와 함께 로마 제국을 침공해서 양식 공급을 차단하게 된다면 기근

125 Mounce, *The Book of Revelation*, 329, 각주 26.
126 Blount, *Revelation*, 331.
127 Beckwith, *The Apocalypse of John*, 715.
128 Mounce, *The Book of Revelation*, 329; Osborne, *Revelation*, 643.
129 Boxall, *The Revelation of St. John*, 258-59;
130 앞의 책.

을 당하게 되고 그리고 역병[131]을 앓게 되고 불로 살라 로마 제국이 멸망하게 된다는 시나리오이다.[132]

음녀가 불로 태워지다(8c절) 8c절은 음녀 바벨론은 "불로 태워질 것"이라고 한다. 8b절과 함께 음녀 바벨론에게 주어지는 재앙의 참상을 보여 주는데 8b절의 세 가지 재앙을 완결 짓는 역할을 한다.[133] 따라서 8c절의 내용이 바벨론에게 주어지는 심판의 현상으로서 많은 비중을 차지하고 있다고 볼 수 있다. 그것은 "불"이라는 심판 방법이 매우 중요하게 취급되고 있다는 것을 의미한다. 불로 인한 심판은 17장 16절에서 언급되었는데, 짐승과 열 왕의 연합체가 음녀 바벨론을 불 사르는 것으로 묘사된 바 있다. 불에 의한 심판은 성경에서 자주 등장하는 심판에 대한 일반적인 개념이다. 예를 들면, "불 탄 산"(렘 51:25), "불 탄 거처"(렘 51:30), "불 탄 갈밭"(렘 51:32), "불 탄 문"(렘 51:58) 등의 표현과 예레미야 50장 32절에서 "그의 성읍들에 불을 지르리니" 그리고 이사야서의 "보라 그들은 초개같아서 불에 타리니(사 47:14)"와 같은 경우들이다.[134]

주 하나님은 강하시다(8d절) 한편 8d절는 '왜냐하면'(ὅτι, 호티)이라는 접속사로 시작한다. 이것은 8abc절에서 불로 심판하시는 것에 대한 이유를 말하고 있다. 곧 불로 심판을 행하시는 것은 바로 그 음녀에 대한 심판을 행하시는 하나님이 "강하신"(ἰσχυρός, 이스퀴로스) 분이시기 때문임을 밝히고 있다. 만일 하나님이 음녀 바벨론, 즉 로마 제국을 심판하실 정도로 강하지 않으면 그것을 심판하시는 것은 불가능하며 허풍에 불과할 것이다. 여기에서 하나님의 강하심은 음녀 바벨론과 달리 공의를 행하시는 윤리적 가치에 근거한다. 곧 하나님의 바벨론에 대한 심판은 공의를 행하시는 하나님의 능력을 드러내는 방법으로 시행된다. 8d절에서 심판을 통해 "공의"(justice)를 실행하시는 하나님의 강하심은 바벨론 멸망의 정당한 근거로 제시된다.[135] 반대로 말해서 이러한 심판을

131 슬픔에 해당하는 헬라어는 '펜도스'(πένθος)이고 히브리어로는 '에벨(אבל)인데 이 히브리어 단어는 본래 "역병"이란 의미의 '테벨'(תֶּבֶל)이 오염된 것으로 간주될 수 있다(Charles, *A Critical and Exegetical Commentary on the Revelation of St. John,* 2:100).

132 앞의 책. 여기에서 찰스는 8c절에서 불로 태우는 경우를 8b절의 세 개의 항목에 연결시켜 하나의 단위로 간주한다. 그러나 8c절의 내용은 8b절의 세 개의 항목과는 다른 차원에서 다루어져야 할 것이다.

133 찰스는 이런 관련성을 강하게 주장한다(앞의 책).

134 앞의 책.

135 Beal, *The Book of Revelation*, 904,

통해 하나님께서 강하신 분이라는 사실이 증명될 수 있다. 스스로 능력 있는 존재로 영원히 멸망하지 않을 것이라고 말했던 음녀 바벨론의 능력은 허구에 불과한 반면, 바벨론이나 짐승을 능가하는 강력한 힘을 소유하고 심판을 행사하시는 하나님의 능력은 실체이다.

(2)바벨론의 멸망으로 인한 세 부류의 애가(18:9-19)

4절에서 시작된 하늘로부터의 음성은 20절까지 지속된다. 그 중에서 4-8절은 바벨론 심판에 대한 언급이고, 9-19절은 바벨론 멸망으로 인한 세 집단의 애가를 소개하고 있다.[136] 세 집단의 애가는 땅의 왕들의 애가(9-10절), 땅의 상인들의 애가(11-17a절), 바다에서 일하는 자들의 애가(17b-19절)로 구성된다. 여기에서 9-10절의 왕들의 애가와 17b-19절의 선원들의 애가는 매우 짧게 언급이 되고, 상인들의 애가는 11-17a까지 비교적 긴 내용을 구성하고 있는 것은 그 강조점이 어디에 있는가를 짐작하게 한다. 곧 왕들이나 선원들의 애가는 중간에 놓인 상인들의 애가를 둘러 싸고 있으면서 보조해 주는 역할을 하고 좀 더 중심적이고 핵심적인 내용은 상인들의 애가에 담겨 있다.[137] 특별히 요한은 그의 독자들에게 음녀 바벨론과 직접적으로 관계를 가져 왔던 세 부류의 애가를 통해 음녀 바벨론의 멸망을 객관적 관점에서 조망해 볼 수 있는 기회를 제공하고자 한다.[138] 더 나아가서 이러한 애가들은 에스겔 26장과 27장에서 두로의 멸망을 애통해 하는 두 무리의 애가와(겔 26:15-16; 27:29-36) 두로가 교역하였던 다른 여러 나라들로부터 오는 상품들의 목록(27:12-24)을 배경으로 구성된다.[139]

그리고 이 세 애가는 공통된 패턴을 갖는다. 이 각 부분에 대한 자세한 주해를 하기 전에 전반적으로 이 세 부분이 어떤 관계를 가지고 표현되고 있는가를 비교하며 살펴 볼 필요가 있다.

136 Harrington, *Revelation*, 180; Osborne, *Revelation*, 644.
137 Bauckham, *The Climax of Prophecy*, 342.
138 Smalley, *The Revelation to John*, 451.
139 Bauckham, *The Climax of Prophecy*, 342.

땅의 왕들의 애가 (9-10절)	땅의 상인들의 애가(15-17a)	바다 사람들의 애가(17b-19절)
9) b)그녀와 함께 행음하고 사치스럽게 살았던 땅의 왕들은 c) 그들이 그녀를 태움으로 말미암은 연기를 보았을 때, a) 그녀에 대해 울며 슬퍼할 것이다 10) a) 그녀의 고통의 두려움 때문에 멀리 서서 말했다.	15) a) 그녀(바벨론)의 도움으로 치부한 이것들(상품들)의 상인들이 b)그녀의 고통의 두려움 때문에 c)울며 슬퍼하면서 a)멀리 서있을 것이다	17b) 모든 선장과 바다여행자와 선원들 그리고 바다에서 일하는 모든 자들은 c)멀리 서있다 18a)그리고 그들은 그녀를 태움으로 말미암은 연기를 보고 부르짖었다 … 19 a) 그리고 그들은 그들의 머리에 티끌을 뿌렸다. b)그리고 그들은 울며 슬퍼하며 부르짖어 말했다.
10b) 화 있도다 화 있도다 큰 도시여, c) 강대한 도시 바벨론이여	16) a)… 화 있도다 화 있도다 b) 세마포와 자색 옷과 붉은 색 옷을 입고 금과 보석과 진주로 장식된 a)큰 도시여	19c) 화 있도다 화 있도다 d)배들을 가진 모든 자들이 그녀(바벨론)의 보배로운 부요로 말미암아 치부했던 c) 큰 도시여
d) 왜냐하면 한 시간에 너의 심판이 왔기 때문이다.	17a) 왜냐하면 한 시간에 이렇게 큰 부가 황폐해졌기 때문이다.	e) 왜냐하면 (그 도시가) 한 시간에 황폐해졌기 때문이다.

이 표에서 먼저 9b절의 "그녀와 함께 행음하고 사치스럽게 살았던 땅의 왕들"이라고 한 것을 15a에서는 "그녀(바벨론)의 도움으로 치부한 이것들(상품들)의 상인들이"이라고 묘사하고 있으며 17b에서는 그 애가의 주체를 "각 선장과 각처를 다니는 선객들과 선인들과 바다에서 일하는 자들"로 소개한다. 첫 번째는 정치적 관점에서 접근하고 두 번째는 경제적 관점에서 이 정황을 바라 보고 있다고 할 수 있다. 그리고 세 번째 무리는 바벨론에게 사치스런 물건들을 공급하기 위해 바다 길을 연결해 주는 자들로서 다소 객관적인 입장에서 바벨론의 멸망을 바라본다. 그러나 이들도 역시 바벨론과의 이해 관계에 얽혀 있다. 곧 바벨론이 멸망하므로 그들의 직업을 잃게 된 것이다. 이것도 역시 두 번째의 경우처럼 경제적 관점에서 이 상황을 바라보는 것이다 할 수 있다. 그리고 땅의 왕들의 애가를 기록하는 9c절에서 "그 태움의 연기"는 "땅의 상인들"의 애가를 기록하는 15절에서는 언급이 안되지만 바다 사람들의 애가를 기록하는 18a절에서는 "태움으로 말미암은 연기"로 다시 언급된다.

그리고 10a절에서 "그녀의 고통의 두려움 때문에 멀리 서서 말했다"라는 문구는 15b절의 "그 고난을 무서워 하여 멀리 서서"와 서로 유사한 표현이다. 그러나 17b에서는 다른 수식 문구 없이 단순히 "멀리 서있다"로 표현한다. 그런데 원문의 순서에서(번역이 아니라) 15c절의 "울며 슬퍼하면서"라는 문구가 15ab절의 "그녀의 고통의 두려움 때문에 멀리 서있을 것이다"에 곧 이어 나오는 것과는 달리 10a절에서는 즉각적으로 이 문구가 나오지 않고 순서가 바뀌어 그 이전 부분인 9a절에서 언급된다. 그러므로 전자의 경우에는 울고 애통하는 것이 그 고난을 무서워 한 결과로 발생하는 것과는 달리 후자에서는 서로 병렬 관계를 드러낸다. 반면 바다 사람들의 애가의 경우에는 19b절의 "울며 슬퍼하며 부르짖는" 모습이 19a절에서 "그들의 머리에 티끌을 뿌리는" 행위와 연결된다.

또한 땅의 왕들의 애가의 경우, 10b절에서는 "화 있도다"를 두 번 반복하고 난 후 바벨론을 "큰 도시" "강대한 도시"로 묘사하는데, 이는 도시 바벨론에 대한 정치적 해석으로 볼 수 있다. 반면 땅의 상인들의 애가인 16a절에서는 "화 있도다"를 두 번 반복하고 난 후 "큰 도시여"라고 호칭하고 그러한 바벨론이 얼마나 사치스런 존재인가에 대해 설명한다(16b절). 바다 사람들의 애가의 경우에는 10b절과 16a절과 동일하게 19c절에서 "큰 도시"라는 문구와 함께 "화 있도다 화 있도다"는 문구가 사용되고, 19d절에서 배들을 가진 자들의 치부에 대해 언급한다.

끝으로 땅의 왕들이 부른 애가의 결론 부분인 10d절은 "왜냐하면"(ὅτι, 호티)이라는 접속사로 시작하여 바벨론에게 화가 있게 된 이유를 말한다. 그것은 바로 "한 시간"에 심판이 이르렀기 때문이다. 다른 두 애가의 마지막 부분인 17a절과 19e절에서도 동일하게 이유를 말하는 "왜냐하면"이라는 접속사로 시작한다. 상인들의 애가를 말하는 16b은 바벨론을 설명하면서 그 바벨론이 얼마나 큰 부를 소유하고 있는가를 소개하고 바로 그러한 부를 가진 바벨론이 "한 시간에 황폐해졌기 때문에"(17a절) 그 바벨론에게 화가 있게 되었다고 말한다(16a절). 그리고 19d절에서 바다 사람들은 큰 도시 바벨론을 통해 치부했다고 하면서 19e절에서 화가 있는 이유에 대해 동일하게 언급한다.

구문분석 및 번역

9절 a) Καὶ κλαύσουσιν καὶ κόψονται ἐπ' αὐτὴν
그리고 그들은 그녀에 대해 울며 슬퍼할 것이다.

b) οἱ βασιλεῖς τῆς γῆς οἱ μετ’ αὐτῆς πορνεύσαντες καὶ στρηνιάσαντες,
그녀와 함께 행음하고 사치스럽게 살았던 땅의 왕들은

c) ὅταν βλέπωσιν τὸν καπνὸν τῆς πυρώσεως αὐτῆς,
그들이 그녀를 태움으로 말미암은 연기를 보았을 때,

10절 a) ἀπὸ μακρόθεν ἑστηκότες διὰ τὸν φόβον τοῦ βασανισμοῦ αὐτῆς λέγοντες·
그녀의 고통에 대한 두려움 때문에 멀리 서서 말했다.

b) οὐαὶ οὐαί, ἡ πόλις ἡ μεγάλη,
화 있도다, 화 있도다, 위대한 도시여,

c) Βαβυλὼν ἡ πόλις ἡ ἰσχυρά,
강대한 도시 바벨론이여

d) ὅτι μιᾷ ὥρᾳ ἦλθεν ἡ κρίσις σου.
왜냐하면 너의 심판이 한 시간에 왔기 때문이다.

11절 a) Καὶ οἱ ἔμποροι τῆς γῆς κλαίουσιν καὶ πενθοῦσιν ἐπ’ αὐτήν,
그리고 땅의 상인들은 그녀에 대해 울며 슬퍼한다.

b) ὅτι τὸν γόμον αὐτῶν οὐδεὶς ἀγοράζει οὐκέτι
왜냐하면 아무도 그들의 상품을 사지 않기 때문이다.

12절 a) γόμον χρυσοῦ καὶ ἀργύρου καὶ λίθου τιμίου καὶ μαργαριτῶν
금과 은과 보석과 진주와

b) καὶ βυσσίνου καὶ πορφύρας καὶ σιρικοῦ καὶ κοκκίνου,
그리고 세마포와 자주색 옷감과 비단과 붉은색 옷감의 상품을

c) καὶ πᾶν ξύλον θύϊνον καὶ πᾶν σκεῦος ἐλεφάντινον
그리고 모든 향기로운 나무와 모든 상아 그릇을

d) καὶ πᾶν σκεῦος ἐκ ξύλου τιμιωτάτου καὶ χαλκοῦ καὶ σιδήρου καὶ μαρμάρου,
그리고 값진 나무와 청동과 철과 대리석으로 만든 모든 그릇을

13절 a) καὶ κιννάμωμον καὶ ἄμωμον καὶ θυμιάματα καὶ μύρον καὶ λίβανον καὶ οἶνον καὶ ἔλαιον
그리고 계피와 향료와 향과 향유와 유향과 포도주와 감람유와

b) καὶ σεμίδαλιν καὶ σῖτον καὶ κτήνη καὶ πρόβατα,
그리고 고운 밀가루와 밀과 소들과 양들을

c) καὶ ἵππων καὶ ῥεδῶν καὶ σωμάτων,
그리고 말들과 수레들과 그리고 몸들의 (상품을)

d) καὶ ψυχὰς ἀνθρώπων.
사람들의 영혼들을

14절 a) καὶ ἡ ὀπώρα σου τῆς ἐπιθυμίας τῆς ψυχῆς ἀπῆλθεν ἀπὸ σοῦ,
그리고 너의 영혼의 탐욕의 과실이 너로부터 떠나버렸다.

b) καὶ πάντα τὰ λιπαρὰ καὶ τὰ λαμπρὰ ἀπώλετο ἀπὸ σοῦ
그리고 호화로움과 찬란함이 너로부터 사라져 버렸다.

c) καὶ οὐκέτι οὐ μὴ αὐτὰ εὑρήσουσιν.

그래서 그들은 그것들을 더 이상 결코 보지 못할 것이다.

15절 a) Οἱ ἔμποροι τούτων οἱ πλουτήσαντες ἀπ' αὐτῆς ἀπὸ μακρόθεν στήσονται
그녀의 도움으로 치부한 이것들(상품들)의 상인들은 멀리 서있을 것이다.

b) διὰ τὸν φόβον τοῦ βασανισμοῦ αὐτῆς
그녀의 고통의 두려움 때문에

c) κλαίοντες καὶ πενθοῦντες
울며 슬퍼하면서

16절 a) λέγοντες·
말하면서

b) οὐαὶ οὐαί, ἡ πόλις ἡ μεγάλη,
화 있도다, 화 있도다. 위대한 도시여.

c) ἡ περιβεβλημένη βύσσινον καὶ πορφυροῦν καὶ κόκκινον
세마포와 자색 옷과 붉은 색 옷을 입고

d) καὶ κεχρυσωμένη [ἐν] χρυσίῳ καὶ λίθῳ τιμίῳ καὶ μαργαρίτῃ,
금과 보석과 진주로 장식된

17절 a) ὅτι μιᾷ ὥρᾳ ἠρημώθη ὁ τοσοῦτος πλοῦτος.
왜냐하면 한 시간에 이렇게 커다란 부가 황폐해졌기 때문이다.

b) Καὶ πᾶς κυβερνήτης καὶ πᾶς ὁ ἐπὶ τόπον πλέων καὶ ναῦται καὶ ὅσοι τὴν θάλασσαν ἐργάζονται,
그리고 모든 선장과 모든 바다 여행자와 그리고 선원들 그리고 바다에서 일하는 모든 자들은

c) ἀπὸ μακρόθεν ἔστησαν
멀리 서있다.

18절 a) καὶ ἔκραζον βλέποντες τὸν καπνὸν τῆς πυρώσεως αὐτῆς
그리고 그들은 그녀를 태움으로 말미암은 연기를 보고 부르짖었다.

b) λέγοντες·
말하면서

c) τίς ὁμοία τῇ πόλει τῇ μεγάλῃ;
무엇이 그 큰 도시 같은가?

19절 a) καὶ ἔβαλον χοῦν ἐπὶ τὰς κεφαλὰς αὐτῶν
그리고 그들은 그들의 머리에 티끌을 뿌렸다.

b) καὶ ἔκραζον κλαίοντες καὶ πενθοῦντες λέγοντες·
그리고 그들은 울며 슬퍼하며 부르짖어 말했다.

c) οὐαὶ οὐαί, ἡ πόλις ἡ μεγάλη,
화 있도다, 화 있도다, 큰 도시여,

d) ἐν ᾗ ἐπλούτησαν πάντες οἱ ἔχοντες τὰ πλοῖα ἐν τῇ θαλάσσῃ ἐκ τῆς τιμιότητος αὐτῆς,
배들을 가진 모든 자들이 그녀(바벨론)의 부요로 말미암아 바다에서 치부했던

e) ὅτι μιᾷ ὥρᾳ ἠρημώθη.
왜냐하면 그녀가 한 시간에 황폐해졌기 때문이다.

20절 a) Εὐφραίνου ἐπ' αὐτῇ, οὐρανὲ καὶ οἱ ἅγιοι καὶ οἱ ἀπόστολοι καὶ οἱ προφῆται,
하늘과 성도들과 사도들과 선지자들이여, 그녀로 인하여 즐거워하라

b) ὅτι ἔκρινεν ὁ θεὸς τὸ κρίμα ὑμῶν ἐξ αὐτῆς.
왜냐하면 하나님께서 그녀에 의한 너희의 심판을 심판하셨기 때문이다.

9a절의 '클라우수신 카이 코푸손타이'(κλαύσουσιν καὶ κόψονται)는 직역하면 "(땅의 왕들은) 울 것이다 그리고 슬퍼할 것이다"라고 할 수 있는데 이 본문에서 "우는 것"과 "슬퍼하는 것"은 동시에 일어나는 것이므로 이것을 자연스럽게 표현하기 위해 "울며 슬퍼하다"라고 번역한다. 이와 동일한 패턴이 11a절에서도 나타난다. 그리고 19b절에서는 이 두 동사가 직설법이 아니라 분사 형태로 사용되는데 이 경우에도 "울며 슬퍼하며"로 번역한다. 9c절의 '톤 카프톤 테스 퓌로테오스 아우테스'(τὸν καπνὸν τῆς πυρώσεως αὐτῆς)라는 문구는 직역하면 "그녀의 태움의 연기"라고 할 수 있다. 이 문구에서 "그녀의"는 목적격적 소유격이며 "태움의"(πυρώσεως, 퓌로세오스)는 "재료의 소유격"(genetive of material) 용법으로 볼 수 있는데 이 경우에 번역은 "… 으로 만들어진"(made out of)이라는 의미로 풀어 표현할 수 있다.[140] 이것을 본문에 적용하여 번역하면 "그녀를 태움으로 만들어진 연기"라고 할 수 있다. 이것을 좀 더 자연스럽게 문장을 만들기 위해 "그녀를 태움으로 말미암은 연기"라고 번역한다. 이러한 번역은 동일한 문구를 가진 18a절에도 동일하게 적용된다.

그리고 10a절에서 완료 분사인 '에스코테스'(ἑστηκότες>ἵστημι, 히스테미)는 문법적으로 보면 분사의 부사적 용법으로서 직전의 동사인 9c절의 "보다"(βλέπωσιν, 블레포신)를 수식하는 것으로 볼 수 있고, 또한 9a절의 동사인 "그들은 울며 슬퍼한다"(κλαίουσιν καὶ πενθοῦσιν, 클라우신 카이 펜두신)를 수식해 주는 것으로 볼 수도 있다.[141] 반면 이 분사의 경우 부사적 용법 외에 다른 용법으로 볼 수 있는 가능성도 있다. 바로 이 분사를 직설법 동사로 취급하는 것이다.[142] 실제로 분사의 용법 중에 직설법으로 사용되는 경우가 있다(계 1:16; 19:12). 이 경우에 15a절에서 동일한 동사가 미래시제로 사용된 것과 비교해서

140 Wallace, *Greek Grammar beyond the Basics*, 91.
141 Beale, *The Book of Revelation,* 906. 비일은 후자를 좀 더 적절한 것으로 간주한다. NKJV의 번역이 이런 이해에 근거하고 있다.
142 Wallace, *Greek Grammar beyond the Basics*, 653.

동사의 상(verbal aspect)의 측면에서 강조의 목적이라는 것을 기억할 필요가 있다. 앞서 언급한 부사적 용법보다 직설법으로 간주하여 우리 말로 번역하는 것이 좀 더 용이하다. 이러한 용법을 반영하여 직설법 동사로 번역한다. 그런데 이 분사는 "말하다"라는 의미의 또 다른 분사 형태인 '레곤테스'(λέγοντες)와 함께 사용된다. 이 두 단어의 조합을 자연스럽게 연결짓기 위해 "서서 말했다"로 번역한다.

또한 10a절의 "그녀의 고통의 두려움"이란 문구에서 "그녀의"는 주격적 소유격이고 "고통의"는 목적격적 소유격으로 판단된다. 따라서 이 문구를 풀어서 말하면 "그녀가 당하는 고통을 두려워하다"가 된다. 이것을 문맥에 맞게 줄여서 번역하면 "그녀의 고통에 대한 두려움"이라고 할 수 있다. 그리고 10b절에서 "도시"의 수식어로 사용된 '헤 메갈레'(ἡ μεγάλη)는 2b절의 번역에서 논의한 것처럼 "위대한"으로 번역한다.[143]

그리고 10d절과 17a절의 '미아 호라'(μιᾷ ὥρᾳ)는 직역하면 8a의 '엔 미아 헤메라'(ἐν μιᾷ ἡμέρᾳ)를 "한 날에"로 번역한 것과 같은 패턴으로 "한 시간에"로 번역할 수 있다. 여기에서 사용된 여격은 "시간의 여격"(dative of time)으로서 "주동사의 행위가 완수되는 시간"을 가리킨다.[144] 곧 여격은 기간을 나타내는 목적격과 달리 "시점"(point of time)을 표현하는 데 사용된다.[145] 그럼에도 불구하고 이런 여격의 용법은 기간을 나타내는 "시간의 목적격" 용법과 겹쳐 사용되는 경우도 있다(눅 8:29; 롬 16:25).[146] 10d절과 17a절의 '미아 호라'은 이 두 경우 모두 해당되는 것으로 볼 수 있다. 곧 바벨론이 멸망한 것이 "한 시간"이라는 짧은 기간 동안 일어난 것으로 볼 수 있지만 동시에 그것이 일어나는 시점을 가리키는 것으로 볼 수 있다. 이 두 경우를 모두 반영하여 "한 시간에"이라고 번역한다.

11b절의 "상품"(γόμον, 고몬)을 12-13절의 상품 목록에서 자세하게 열거하고 있다. 12-13절의 목록이 상당히 긴 내용이기 때문에 이 둘의 관계를 자연스럽게 연결해서 번역하는 것이 쉽지 않다. 이것을 자연스럽게 연결 짓기 위해서 12a절에 "곧"이라는 단어를 사용하여 11b절의 "상품"을 구체적으로 설명하는

143 자세한 내용은 이 단어의 번역에 대한 2b절의 논의를 참고하라.
144 Wallace, *Greek Grammar beyond the Basics*, 155.
145 앞의 책.
146 앞의 책, 156 각주 44.

내용이라는 것을 나타내고자 한다. 그리고 11b절에서 주동사를 가지고 있는 후반부는 문장의 맨 끝에 위치시키도록 한다. 또한 12ab절과 12c절은 소유격이므로 끝에 "상품"이란 단어를 붙여 번역하고 12cd절과 13ab절은 목적격이기 때문에 "상품"이란 단어를 덧붙일 필요가 없어서 이 단어를 빼고 번역한다.

12b절의 항목 중 '포르퓌라스'(πορφύρας>πορφύρα, 포르퓌라)와 코키누(κοκκίνου>κόκκινος, 코키노스)는 17장 4절의 경우와 일치한다. 그러나 문맥에 따라서 17장 4절에서는 실제로 입고 있는 복장을 묘사하고 있기 때문에 "자주색 옷"과 "붉은색 옷"으로 번역했으나, 12b절에서는 상품으로서 옷으로 만들어 팔 수도 있지만 옷을 만들 수 있는 재료로서 옷감의 형태로 사고 팔 수 있는 가능성이 더 크므로 12b절에서는 옷 자체가 아니라 옷을 만드는 재료인 "자주색 옷감"과 "붉은색 옷감"으로 번역한다.

12c절에서 '크쉴론 뒤이논'(ξύλον θύϊνον)이란 문구는 사전적으로 "시트론 나무"(citron wood)라는 의미이다.[147] 그런데 BDAG에서 18장 12절의 이 문구가 "향기로운 나무"(scented wood)를 의미한다는 설명을 덧붙인다.[148] 영어 번역본에서도 두 가지 번역으로 나뉘어진다. NRSV와 ESV는 "향기로운 나무"(scented wood)로 번역하고 NIV와 NKJV는 "시트론 나무"(citron wood)로 번역한다. 본서에서는 NRSV와 ESV를 따라 나무의 특징을 구체적으로 표현해 주는 "향기로운 나무"로 번역하기로 한다.

그리고 12ab절에서 12a절의 처음에 "상품"을 의미하는 '고몬'(γόμον>γόμος, 고모스)만이 목적격이고 나머지는 모두 소유격이다. 여기에서 나머지 소유격 명사들이 목적격인 '고몬'과 연결되고 '고몬'은 11b절의 "사다"(ἀγοράζει, 아고라제이)의 목적격이다. 그러므로 번역에 이러한 관계를 반영한다. 그리고 12cd절에서 13ab절까지 상품 목록은 "상품"(γόμον, 고몬>γόμος, 고모스)과 연결되는 소유격을 사용하는 대신 "상품"이란 단어 없이 목적격을 사용한다. 그리고 다시 13c절에서 소유격으로 바뀌고 13d절에서 목적격으로 변경된다. 이러한 변화는 큰 의미를 갖고 있다기 보다는 긴 목록이 가져다 줄 수 있는 "단조로움"(monotony)을 피하기 위한 목적으로 의도적으로 주어졌다고 볼 수 있다.[149] 또한 동시에

147 BDAG, 461.
148 "향기로운 나무"는 단순히 나무이름으로서 향나무가 아니다.
149 Swete, *The Apocalypse of St. John*, 231.

마지막 부분에 대한 “엄숙함”을 강조할 목적도 있다고 할 수 있다.[150] 그리고 13c절의 세번째 항목인 “몸들”과 13d절의 “사람들의 영혼들”의 관계를 개별적 관계가 아니라 설명적 관계로[151] 간주하여 “몸들 곧 사람들의 영혼들”로 번역한다. 이에 대한 구체적인 내용은 본문 주해 과정에서 밝혀지게 될 것이다.

14a절의 주동사인 ‘아펠덴’(ἀπῆλθεν>ἀπέρχομαι, 아페르코마이)과 14b절의 ‘아펠토’(ἀπώλετο> ἀπόλλυμι, 아폴뤼미)는 동의어라고 할 수 있다. 유사한 동사의 이와 같은 반복 사용은 이 문맥에서 완전한 단절의 의미를 전달하고자 의도한 것이다. 이러한 의도를 잘 반영하여 14a절의 ‘아펠덴’은 “떠나 버렸다”로 번역하고 14b절의 ‘아펠토’는 “사라져 버렸다”라고 번역한다.

14b절에서 ‘리파라’(λιπαρά>λιπαρός, 리파로스)는 개역개정에서 “맛있는 것들”로 번역한다. 그러나 NKJV은 이를 “부유한 모든 것들”(all the things which are rich)이라고 하고 NRSV와 ESV는 각각 “맛있는 음식”이라는 의미를 가지고 있는 “dainties”와 “delicacy”이라고 번역한다. 그러나 사전적 의미로는 복수 형태의 명사적 용법으로 “호화로움”(luxury)이란 의미를 갖는다.[152] 그리고 로우–나이다(Louw-Nida)는 이 단어에 “화려한”(splendid)이란 의미를 부여하여, 다음에 나오는 ‘람프라’(λαμπρά>λαμπρός)와 함께 짝을 이루어서 서로를 강화시켜 주는 것으로 설명한다.[153] 두 번째 나오는 ‘람프라’(λαμπρά) 역시 복수 형태의 명사적 용법으로서 “찬란함”(splendor)이란 의미를 갖는다.[154] 반면 이 단어는 단수 형태의 형용사로 15장 6절과 19장 8절에서 ‘카다론’(καθαρόν)과 함께 사용되는데 이 경우에도 일관성을 유지하기 위해 “찬란한”으로 번역하기로 한 바 있다.

이 본문에서 이 두 문구는 15장 6b절과 19장 8a절과는 달리 두 단어 사이에 ‘카이’(καί) 접속사가 사용된다. 다라서 이 두 단어를 연결하여 번역하면 “호화로움과 찬란함”이라고 할 수 있다. 그리고 14c절의 ‘카이’(καί) 접속사는 앞의 내용에 대한 결과로 간주하여 “그래서”로 번역한다.[155]

15a절에 사용된 주동사인 ‘스테손타이’(στήσονται>ἵστημι, 히스테미)는 미래시제

150 앞의 책.
151 Bauckham, *The Climax of Prophecy*, 370.
152 BDAG, 597.
153 L&N, 1:696.
154 BDAG, 585(4).
155 BDAG, 495(1b)ζ). BDAG에서 결과적인 의미로서 “또한 그래서”(and so)라고 하는데 우리 번역에서는 “또한”은 생략한다.

인데 동일한 동사가 10a절에서는 완료 시제로서 분사 형태로 사용된다. 이런 시제의 변화는 이 두 동사의 경우 뿐만 아니라 요한계시록에서 환상적 내러티브를 서술하는 문맥에서 빈번하게 발생한다. 곧 환상 내러티브의 기본적 골격이나 예변적 용법을 위해 부정 과거 시제로 사용하고, 강조를 위해서는 완료 시제를 사용하며, 현장의 생생한 상황을 묘사하기 위해서는 현재형을 사용하기도 한다. 18장에서도 이러한 시제의 변화가 두드러지게 나타난다. 특별히 14a절의 '아펠덴'(ἀπῆλθεν)과 14b절의 '아펠토'(ἀπώλετο)는 부정과거로 사용되지만 14c절의 '유레수신'(εὑρήσουσιν)과 15a절의 '스테손타이'(στήσονται)에는 미래 시제가 사용된다. 전자는 기록한 시점에서 환상을 경험한 시점을 되돌아 보면서 묘사하기 때문에 과거 시제로 사용된 것이고 후자는 이 사건을 아직 일어나지 않지만 일어날 것으로 기대하는 사건으로 간주하기 때문에 미래 시제로 사용한 것이다.

그리고 15a절에서 사용된 전치사 '아포'(ἀπό)는 두 가지 가능성이 있다. 첫째로, "출처"(source)의 용법으로[156] 보아 "…로부터"라고 번역하여 "땅의 상인들"의 부의 출처를 밝혀주는 것으로 볼 수 있다. 이 전치사와 함께 사용된 '그녀의'(αὐτῆς, 아우테스)는 음녀 바벨론을 가리키는 인칭 대명사로서 땅의 상인들의 부의 출처를 음녀 바벨론으로 적시해준다. 둘째로, BDAG는 이 본문을 예로 들면서 '아포'의 의미를 "…의 도움으로"(with the help of)로 제시한다.[157] 이 의미를 적용하여 번역하면 "그녀의 도움으로 치부한 … 상인들은… "이라고 할 수 있다. 본서에서는 단어의 의미를 규정하는데 BDAG를 우선적으로 사용하는 것을 원칙으로 한다. 따라서 두 번째 경우를 선택하여 번역에 적용하도록 한다.

16a절과 18a절의 '레곤테스'(λέγοντες)는 번역하기 매우 까다롭다. 이 단어는 분사 형태로서 주동사인 "서 있을 것이다"와 그리고 다른 분사들인 '클라이온테스'(κλαίοντες)와 '펜둔테스'(πενθοῦντες)와도 연관된다. 이러한 밀접하게 얽혀 있는 동사와 분사들을 우리 말로 세밀하고 자연스럽게 번역하는 것은 우리 말의 특성상 쉽지 않다. 이 부분을 우리 말로 번역하는 과정에서 원문이 가지고 있는 특징이 훼손될 수 밖에 없다. 먼저 헬라어의 분사는 드물지만 직설법

156 이 용법에 대해서는 Wallace, *Greek Grammar beyond the Basics,* 368에서 참조하라.
157 BDAG, 106(5b).

의 기능을 갖기도 한다.[158] 우리말로 자연스럽게 번역하기 위해 이런 직설법 인용문을 유도하는 기능을 활용해 볼 필요가 있다. 곧 16bcd절의 내용을 16a절의 '레곤테스'가 인용하는 형식이다. 이 경우에 "그리고 말하기를 … 라고 할 것이다"라고 할 수 있다. 여기에서 시제를 미래로 표현한 것은 15절에서 주동사가 미래시제이기 때문이다.

16b절에 "도시"의 수식어로 사용된 '헤 메갈레'(ἡ μεγάλη)는 2b절과 10b절의 경우처럼 동일하게 단순히 "큰"이 아닌 "위대한"으로번역한다.[159]

17b절에 사용된 '파스 호 에피 토폰 플레온'(πᾶς ὁ ἐπὶ τόπον πλέων)은 BDAG의 설명에 의하면 이 문구를 "한 지역으로 항해하는 자"로 직역한 뒤에 "바다 여행자"(seafarer, sea traveler)로 풀어서 정의한다.[160] 따라서 여기에서도 이 정의를 사용하여 동일하게 번역한다. 또한 17c절에서 "바다"를 의미하는 '달라싼'(θάλασσαν)은 "부사적 목적격"(adverbial accusative)으로서 부사적으로 사용되어 동사인 '에르가존타이'(ἐργάζονται>ἐργάζομαι, 에르가조마이)를 수식하는 역할을 한다.[161] 이런 용법을 본문에 적용하여 '호소이'(ὅσοι)를 포함하여 번역하면 "바다에서 일하는 모든 자들"이라고 할 수 있다.

19d절에서 '티미오테토스'(τιμιότητος)는 전치사 '에크'(ἐκ)와 함께 사용된다. 이 전치사는 이 본문에서 "수단"(means)의 용법으로 사용된 것으로 보인다.[162] 따라서 "그녀의 부요로 말미암아"로 번역할 수 있다.

20b절에서 '에크사우테스'(ἐξ αὐτῆς)에서 전치사 '에크'(ἐκ)는 수단의 용법으로[163] 사용되어 "그녀에 의한"으로 번역할 수 있다.

이상의 내용을 근거로 우리말 어순에 맞추어 번역하면 다음과 같다.

9a	**그리고**
9b	**그녀와 함께 행음하고 사치스럽게 살았던 땅의 왕들이**
9c	**그녀를 태움으로 말미암은 연기를 보았을 때,**
9a	**그녀에 대해 울며 슬퍼할 것이다.**

158 Wallace, *Greek Grammar beyond the Basics*, 653.
159 자세한 내용은 2b절의 '헤 메갈레'(ἡ μεγάλη)의 번역에 대한 논의를 참조하라.
160 BDAG, 825.
161 Wallace, *Greek Grammar beyond the Basics*, 199-200.
162 Wallace, *Greek Grammar beyond the Basics*, 371.
163 전치사 '에크'(ἐκ)의 용법 중에 "수단"(means)을 나타내는 용법이 있다(Wallace, *Greek Grammar beyond the Basics,* 371).

10a 그녀의 고통에 대한 두려움 때문에 멀리 서서 말했다.
10b 화 있도다, 화 있도다, 큰 도시여,
10c 강대한 도시 바벨론이여
10d 왜냐하면 너의 심판이 한 시간에 왔기 때문이다.
11a 그리고 땅의 상인들은 그녀에 대해 울며 슬퍼한다.
11b 왜냐하면 아무도 그들의 상품,
12a 곧 금과 은과 보석과 진주와
12b 그리고 세마포와 자주색 옷감과 비단과 붉은색 옷감의 상품과
12c 그리고 모든 향기로운 나무와 모든 상아 그릇과
12d 그리고 값진 나무와 청동과 철과 대리석으로 만든 모든 그릇과
13a 그리고 계피와 향료와 향과 향유와 유향과 포도주와 감람유와
13b 그리고 고운 밀가루와 밀과 소들과 양들과
13c 그리고 말들과 수레들의 상품과
13cd 그리고 몸들의 상품 곧 사람들의 영혼들을
11b 사지 않기 때문이다.
14a 그리고 너의 영혼의 탐욕의 과실이 너로부터 떠나버렸다.
14b 그리고 호화로움과 찬란함이 너로부터 사라져 버렸다.
14c 그래서 그들은 그것들을 더 이상 결코 보지 못할 것이다.
15a 그녀의 도움으로 치부한 이것들(상품들)의 상인들은
15b 그녀의 고통의 두려움 때문에
15c 울며 슬퍼하면서
15a 멀리 서있을 것이다.
16a 그리고 말하기를,
16b 화 있도다, 화 있도다.
16c 세마포와 자색 옷과 붉은 색 옷을 입고
16d 금과 보석과 진주로 장식된
16b 큰 도시여
17a 왜냐하면 한 시간에 이렇게 커다란 부가 황폐해졌기 때문이다.
16a 라고 할 것이다.
17b 그리고 모든 선장과 모든 바다 여행자와 그리고 선원들 그리고 바다에서 일하는 모든 자들은
17c 멀리 서있다.
18a 그리고 말하기를,
18c 무엇이 그 큰 도시 같은가?
18a 라고 하였다.
19a 그리고 그들은 그들의 머리에 티끌을 뿌렸다.
19b 그리고 그들은 울며 슬퍼하며 부르짖어 말했다.
19c 화 있도다, 화 있도다,

19d 배들을 가진 모든 자들이 그녀(바벨론)의 부요로 말미암아 바다에서 치부했던
19c 큰 도시여,◀
20a 하늘과 성도들과 사도들과 선지자들이여, 그녀로 인하여 즐거워하라.
20b 왜냐하면 하나님께서 그녀에 의한 너희의 심판을 심판하셨기 때문이다.

본문 주해

9-20절은 세 부류의 애가를 기록하고 있는 9-19절과 마무리하는 20절로 나누고 그리고 9-19절은 다시 9-10절(왕들의 애가)과 11-17a절(상인들의 애가) 그리고 바다 사람들의 애가(17b-19절)로 나누어 살펴 보기로 한다.

[18:9-10] 땅의 왕들의 애가

땅의 왕들(9b절) 이 문구는 요한계시록에서 1장 5절, 6장 15절, 17장 2절, 18절, 18장 3절과 19장 19절 그리고 21장 24절에서 사용된다. 이 용례들 중에서 1장 5절과 21장 24절을 제외하고는 모두 음녀 바벨론과 긴밀하게 함께 활동하는 부정적 의미로 사용되고 있다. 이런 부정적 의미는 "땅"이라는 단어로 확증된다. 왜냐하면 이 단어는 요한계시록에서 하나님을 대적하는 사탄에게 속한 부류를 가리키는 용어이기 때문이다. 그리고 땅의 왕들이 음녀 바벨론과 긴밀하게 함께한다고 한 이유는 땅의 왕들이 등장할 때마다(17:2; 18:3; 18:9) 항상 "음녀와 함께(μετ' αὐτῆς, 메트 아우테스) 행음했다"라는 문구가 사용되기 때문이다. 곧 18장 9b절에서는 "음녀 바벨론과 함께 행음하고 사치하였다"고 하고 17장 2절과 18장 3절에서 "땅의 왕들이 그녀(음녀 바벨론)와 함께 행음했다"고 한다.

여기에서 음녀 바벨론과 땅의 왕들의 결합은 당시 로마 제국과 제국의 통치권을 분담하는 지방 정부 통치자들이 로마 제국과 하나로 단결하였다는 것을 의미한다. 그리고 17-18장은 그들이 함께 사치하며 하나님께 대적하는 행위를 하나님은 간과하지 않으시고 심판하시는 내용을 기록하고 있다.[164] 특별히 18장 9b절의 경우에는 땅의 왕들이 음녀 바벨론과 행음했다는 문구가 동일하게 사용되고, "사치스럽게 살았다" (στρηνιάσαντες, 스트레니아산테스>στρηνιάω, 스트레니아오)는 문구가 덧붙여진다. 3b절에서 "땅의 왕들"은 음녀 바벨론과 행

164 땅의 왕들에 대한 구체적 논의는 18장 3b절에서 주어진 바 있다. 여기에서는 이 논의와 중복되지 않는 내용을 중심으로 언급하고자 한다.

음했다고 하고 3c절에서는 "땅의 상인들"이 바벨론의 사치의 능력으로 말미암아 부요하게 되었다고 한 바 있다. 그런데 9b절에서는 행음과 사치가 "땅의 왕들"에게 모두 적용되고 있다. 이것은 7a절이 음녀 바벨론의 사치스런 삶에 대해 언급한 것의 영향을 받았다고 볼 수 있다.

여기에서 흥미로운 것은 사치와 음행이 서로 연관되어 등장하고 있다는 점이다. 곧 사치스런 삶은 음행과 같은 문란한 삶을 필연적으로 초래한다는 것이다. 또한 7a절에서 이런 사치스런 삶은 자신을 영화롭게 하는 삶과 직결된다(7a절). 따라서 음행과 사치와 자기 영광은 서로 유기적으로 연결되는 죄의 결합체라고 할 수 있다. 이러한 모습이 바로 음녀 바벨론의 본질적 특징이다.

땅의 왕들의 슬픔(9a절) 9a절에 의하면 9b절의 "땅의 왕들"은 음녀 바벨론과의 행음보다는 음녀 바벨론의 멸망에 대해 울며 슬퍼하는 것으로 묘사된다. 이들의 슬픔은 음녀 바벨론의 멸망이 자신들의 존재에 심대한 영향을 주기 때문에 발생한다. 3b절을 논의할 때 "땅의 왕""의 의미에 대해 "지방 통치 계급"으로 규정한 바 있는데 이러한 관계로 인하여 이들은 음녀 바벨론 곧 로마 제국 권력에 정치적으로 의존할 수 밖에 없는 상황이다.[165] 이러한 이유로 다른 두 부류(땅의 상인들과 바다 사람들)는 음녀 바벨론, 로마 제국의 부의 상실에 대해 슬퍼한 반면, 땅의 왕들은 로마 제국의 권력의 상실을 슬퍼하고 있다(9a절).[166] 특별히 10c절에서 땅의 왕들은 바벨론을 묘사하는데 "큰"(μεγάλη)과 함께 "강대한"(ἰσχυρά, 이스큐라)이라는 단어를 사용하여 음녀 바벨론이 지녔던 권력의 특징을 잘 반영해준다. 땅의 왕들의 슬픔은 바로 이러한 강대한 권력을 가진 바벨론의 멸망으로 인하여 자신들의 권력이 상실될 것을 슬퍼한 것이다. 그들의 권력 상실로 바벨론이 보장해주던 사치스런 삶도 동시에 상실할 것이기에 그들의 슬픔이 더욱 심화된다. 여기에서 한 순간에 없어질 이 세상의 권력을 좇는 무리들의 허무함을 목도하게 된다.

태움의 연기(9c절) 9c절은 "... 할 때"라는 의미의 '호탄'(ὅταν)이라는 단어를 사용하여, 9a절에서 땅의 왕들이 울며 슬퍼하는 이유에 대한 직접적 정황을 묘

165 Bauckham, *The Climax of Prophecy* 372.
166 앞의 책.

사한다. 땅의 왕들이 슬퍼한 것은 바로 음녀 바벨론을 태움으로 말미암은 연기를 보았을 때이다. 바벨론의 멸망을 표현하는데 "그녀를 태움으로 말미암은 연기"(τὸν καπνὸν τῆς πυρώσεως αὐτῆς, 톤 카프톤 테스 퓌로테오스 아우테스)라는 문구를 사용한다. 여기에서 "태움"(πυρώσεως, 퓌로세오스>πύρωσις, 퓌로시스)이란 단어는 17장 16e절의 "불로 태우다"(κατακαύσουσιν ἐν πυρί, 카타카우수신 엔 퓌리)라는 문구의 축약형이라고 할 수 있다. 곧 동사가 명사로 사용되고[167] 부사구인 "불로"(ἐν πυρί, 엔 퓌리)라는 문구가 생략된다. 여기에서 "불"과 "연기"의 이미지는 심판과 세상의 종말적 상황을 묘사할 때 사용되는 단어이다(17:16; 18:8, 17; 19:3; 참조 사 34:10; 겔 28:13; 벧후 3:12).[168] 특별히 "연기"는 소돔과 고모라에 대한 하나님의 심판 사건을 연상케 하는 효과를 지닌다(참조 창 19:28). 바벨론이 소돔과 고모라와 같이 타락하여 하나님을 모독하고 대적하는 장소로 존재하였던 것이다. 그렇다면, "태움으로 말미암은 연기"는 문자적 의미보다는 바벨론의 멸망을 시각화한 것으로 보아야 할 것이다.

땅의 왕들의 두려움(10a절) 10a절에서 "땅의 왕들"은 음녀 바벨론의 고통에 대한 두려움으로 말미암아 "멀리 서 있다"(ἀπὸ μακρόθεν, 아포 마크로덴)다. 곧 음녀 바벨론이 당한 심판으로 인한 고통 때문에 두려움이 엄습하여 현장에서 멀리 서 있게 된 것이다. 이 본문에서 "고통에 대한 두려움"은 "멀리"라는 공간적 거리를 감정의 거리로 볼 수 있게 한다. 땅의 왕들은 한 때 경제적으로나 정치적으로 의존적이었던 음녀 바벨론 이제 음녀 바벨론의 멸망의 고통을 목도하는 순간 두려움으로 말미암아 자신도 모르게 물리적 거리 뿐만 아니라 정서적 거리를 두게 된 것이다. 또한 "땅의 왕들"이 두려워하는 이유는 음녀 바벨론이 멸망한 것 같이 그들도 멸망 당할 것에 대한 예감 때문이다.[169] 왜냐하면 그들도 음녀 바벨론과 함께 음행을 저질렀기 때문이다. 그런데 땅의 왕들은 그들의 음행과 사치를 보장해주던 음녀 바벨론의 고통을 동정하기 보다는 오히려 자신들에게 닥칠 재앙을 더 두려워하고 있다.

---

167 17장 16c절의 동사인 '카타카우수신'(κατακαύσουσιν>κατακαίω, 카타카이오, 태우다)와 18장 9c절의 '퓌로세오스'(πυρώσεως>πύρωσις, 퓌로시스)와는 전혀 다른 어근을 가지고 있지만 동일한 의미를 가지고 있다.

168 Mounce, *The Book of Revelation*, 332.

169 Osborne, *Revelation*, 646.

화 있도다(10bc절) 10bc절에서 땅의 왕들이 멀리 서서 음녀 바벨론의 멸망을 보며 말하는 내용을 소개한다. 그들은 크고 강대한 도시인 음녀 바벨론에게 화가 임한 것 때문에 슬픔의 탄식을 하고 있다. 요한계시록 8장 13절, 9장 12절, 11장 14절, 12장 12절, 18장 16절과 19절에서 "화"는 심판의 정황을 묘사할 때 사용된다. 여기에서 심판을 받아 화를 당하는 바벨론을 "위대한 도시" 그리고 "강대한 도시"(참조, 16:19; 17:18)라고 호칭한다. 이것은 바벨론이 그 누구에 의해서도 도저히 무너질 수 없는 난공불락의 도시임을 말해 준다. 이것이 사실적 묘사일 수 있으나 한편으로는 풍자적인 조롱일 수도 있다. 겉으로는 강대하고 위대해 보일 수는 있으나 실상은 무력한 존재라는 것이다. 이런 사실은 강대하고 위대해 보이는 도시를 하나님께서 심판하셔서 순식간에 불로 태우셔서 연기가 되도록 만드는 장면을 통해 분명하게 드러난다. 이러한 참상은 "위대하고 강대한 도시" 음녀 바벨론의 모습의 반전이며, 8d절에서 음녀 바벨론을 심판하는 하나님은 "강하시다"(ἰσχυρός, 이스퀴로스)는 사실과 대조를 이룬다. 곧 겉으로 볼 때는 음녀 바벨론이 크고 강해 보일지 모르나 그러나 진정으로 강하신 하나님 앞에서는 여지없이 무너질 수 밖에 없는 매우 약한 존재라는 것이다.

심판이 한 시간에 오다(10d절) 10d절은 "왜냐하면"(ὅτι, 호티)이라는 접속사로 시작한다. 이것은 10a절에서 "크고 강대한 도시"에게 화가 있게 되는 이유를 말하려는 것이다. 왜 "크고 강대한 도시"인 바벨론이 심판을 받아 화를 입게 되었는가? 바로 "일시에" 그 음녀 바벨론을 향한 심판이 왔기 때문이다. 여기에서 "한 시간에"(μιᾷ ὥρᾳ) 라는 표현은 8a의 "한 날에"(ἐν μιᾷ ἡμέρᾳ)라는 표현과 동일한 의미이다. 이것은 심판이 지체되지 않는다는 의미로, 즉각적으로 그리고 반복이나 실패 없이 심판이 내려진다는 점에서 완전성이 강조되는데, 이를 통해 하나님의 완전한 능력을 드러낸다.[170] 이러한 심판의 즉각적 실행은, 6장 10절에서 "언제까지 땅에 사는 자들을 향하여 심판하지 않으시고 우리의 피를 신원하여 주지 아니하시겠습니까?"라는 핍박자들을 심판해 달라는 순교자들

170 쾨스터는 이 문구에 대해 "신속하고 기대되지 않은 멸망"을 의미하는 것이라고 해석한다(Koester, *Revelation*, 701). 여기서 "기대되지 않은" 혹은 "뜻밖의"(unexpected) 멸망으로 표현한 것은 이 멸망이 본래 하나님의 계획 속에 있었으나 땅의 왕들의 입장에서는 전혀 예상밖의 사건으로 여겨졌을 것이기 때문이다.

의 기도에 대한 응답으로 볼 수 있다. 6장 11절의 자체 문맥에서 이 기도에 대한 응답은 즉각적인 응답의 실행보다는 지연의 의미로 주어진 바 있다. 곧 이런 지연이라는 주제는 "죽임을 당하게 되어 있는 그들의 동료 종들과 그들의 형제들의 (수가) 완성되기까지 아직 잠시 동안 쉴 것이다"(6:11de)는 문구에 드러난다. 18장 10d절의 즉각적인 심판과 6장 10-11절의 심판의 지연은 서로 대조적 관계를 보이지만 실제로는 보완적 관계이다. 그 이유는 후자에서 지연된 것이 전자에서 응답되는 시점이 되어 지체 없이 발생하기 때문이다.

[18:11-17a] 땅의 상인들의 애가

다음 11-17a까지는 두 번째로 땅의 상인들이 음녀 바벨론의 멸망에 대해 애통하는 내용을 소개한다.

땅의 상인들(11절) "땅의 상인들"이란 문구에서도 "땅의"라는 관용어가 사용되어 "땅의 왕들"처럼 악의 세력에 속해 있는 특징을 잘 보여준다. 여기에서 "땅의 상인들"은 9a절의 "땅의 왕들"과 동일하게 울며 슬퍼한다. 다음 11b절부터는 그들이 울며 슬퍼할 수 밖에 없는 이유에 대해 서술하기 시작한다. 11b절은 "왜냐하면"이란 접속사로 시작하여 11a절의 "땅의 상인들"이 울며 슬퍼할 수 밖에 없는 이유를 제시한다. 그것은 음녀 바벨론의 멸망으로 그들의 상품을 사줄 수 있는 고객이 다 사라져 버렸기 때문이다.

특히 경제적 이익을 위해 존재하는 상인들에게는 이 사건이 현실적으로 애통해 할 일이 아닐 수 없다. 이러한 상인들의 입장을 통해 당시에 로마를 중심으로 한 세계화 된 경제 시스템의 존재를 엿볼 수 있다. 이와 같은 구조는 전세계적으로 네트워크를 형성하여 경제적 구조를 이루고 있는 현대 사회 속에서도 그 공통점을 찾을 수 있을 것이다. 그리고 이러한 공통점은 오늘날 세계화된 자본주의 경제 시스템에 대한 경계를 이끌어 낸다. 경제적 이익을 산출해 내기 위해 경제 단위들은 더욱 치열한 경쟁을 이루어 낼 것이다. 그러므로 자본주의적 경제 체제를 근간으로 하는 이러한 현대적 정황이 결국 하나님의 교회 공동체에게 결코 유익되지 않으며 이것이 사단에 의해 교회 공동체를 압박하는 수단으로 사용될 수 있음을 잊지 말아야 한다.

상품 목록(12-13절) 12a절은 "상품"이란 의미를 갖는 '고몬'(γόμον>γόμος, 고모스) 이란 단어로 시작한다. 단어의 형태는 남성 단수 목적격이다. 이 목적격 단어의 주동사는 11b절의 "사다"(ἀγοράζει, 아고라제이>ἀγοράζω, 아고라조)라는 동사이며 12a절에서는 그 동사가 생략되었다. 그리고 12a절의 "상품"(γόμον, 고몬>γόμος, 고모스)이란 단어는 11b절의 "상품"을 이어받는다. 이런 관계를 통해 볼 때 12-13절의 상품 목록은 11b절에서 언급한 "상품"에 대한 좀 더 구체적인 설명으로 볼 수 있다.

12a절의 "상품"이란 단어는 12ab절에서 소유격으로 되어 있는 각 물품들과 연결된다. 그리고 12cd절과 13절의 목록들은 "상품"이란 단어와 관계 없이 목적격으로 사용되어 11b절의 동사인 "사다"와 연결된다. 이러한 물품 목록은 땅의 상인들이 멸망한 음녀 바벨론과 더 이상 교역을 할 수 없게 되었다는 사실을 보여주는 시각적 효과를 발휘한다. 이것은 로마가 거래했던 상인들에게 치명적인 상황이 도래하였음을 알려 준다.[171] 왜냐하면 그러한 물품들을 수입하던 거대 시장인 로마 제국이 멸망했기 때문이다. 이러한 상황에서 상인들의 애가가 울려 퍼지고 있는 것이다. 상품 목록은 다음과 같이 7개의 유형으로 구분할 수 있다.[172]

① 귀금속: 금, 은, 보석, 진주(4종)(12a절)
② 의류: 세마포, 자주색 옷감, 비단, 붉은색 옷감(4종)(12b절)
③ 그릇: 향기로운 나무와 모든 상아 그릇; 값진 나무와 청동과 철과 대리석으로 만든 그릇(6종)(12cd절)
④ 향품: 계피, 향료, 향, 향유, 유향(5종)(13a절)
⑤ 식료품: 포도주, 감람유, 고운 밀가루, 밀(4종)(13ab절)
⑥ 가축: 소, 양, 말, 수레(4종)(13bc절)
⑦ 사람: 몸들과 사람의 영혼(1종)(13cd절)

이상에서 열거한 상품 목록을 역사적으로 상인들과 로마 제국 사이에 거래되었던 상품 정도로만 이해하는 것은 바람직하지 않다. 여기 제시된 상품 목

171 Bauckham, *The Climax of Prophecy*, 343.
172 김철손, 『요한계시록 신학』 (서울: 교보문고, 1989), 330.

록은 에스겔 27장 12-16절에서 두로가 주변국들과 거래한 상품들과 유사하다.[173] 이러한 유사점에 의해 로마 제국은 종교적이며 정치적으로는 바벨론의 후예이지만 경제적으로는 두로의 후예라는 것을 보여 준다.[174] "바벨론"이란 이름은 구약의 바벨론 제국의 이름을 빌려와서 사용하고 있을지는 모르나 구약에서 바벨론을 음녀라고 호칭한 적이 없으므로 "음녀"라는 이름은 두로로부터 빌려온 것으로 추정할 수 있다.[175] 이런 사실은 이사야 23장 15-17절에서 두로를 음녀의 이미지로 묘사하고 있는 데서 잘 알 수 있다.[176]

> [15]그 날부터 두로가 한 왕의 연한같이 칠십 년 동안 잊어버린 바 되었다가 칠십 년이 찬 후에 두로는 기생의(πόρνης, 포르네스>πόρνη, 포르네; 음녀) 노래 같이 될 것이라 [16]잊어버린 바 되었던 너 음녀(πόρνη, 포르네; 음녀)여 수금을 가지고 성읍에 두루 다니며 기묘한 곡조로 많은 노래를 불러서 너를 다시 기억하게 하라 하였느니라 [17]칠십 년이 찬 후에 여호와께서 두로를 돌보시리니 그가 다시 값을 받고 지면에 있는 열방과 음란을 행할 것이며

이 본문은 두로를 "음녀"로 표현하고 있으며, 특별히 "열방(나라들)과 음란을 행할 것이다"라는 문구는 요한계시록에서 사용하는 문구와 유사하다. 따라서 바벨론이라는 호칭과 음녀의 이미지는 각각 다른 출처를 가지고 있음을 알 수 있다.

앞에서 언급한 상품 목록의 공통된 특징은 무엇보다도 그런 것들이 바로 가장 값비싼 것들 이라는 사실이다.[177] 이러한 사실은 요한이 이러한 상품 목록을 제시한 이유를 더욱 분명하게 해 준다. 그것은 바로 음녀 바벨론이 여왕처럼 군림하면서 엄청난 방탕과 사치를 일삼았음을 고발하기 위함이며, 두로가 멸망한 것과 같이 바벨론도 결국 멸망하게 됨을 선포하려는 것이다.

몸들의 상품과 사람들의 영혼들(13cd절) 이 목록에서 특별히 관심을 기울여야 할 것이 있다. 그것은 바로 목록의 마지막 부분인 13c절의 "'몸들의 (상품)"과 13d절의 "사람들의 영혼들"이다. 먼저 13c절의 "몸들의"(σωμάτων, 소마톤)는 소유

173 Bauckham, *The Climax of Prophecy*, 342; Moyise, 73. 다만 차이점이 있다면 에스겔서에서 상품들이 지역별로 열거되고 있는 반면 요한계시록에서 유형별로 분류되고 있다는 점이다.
174 Bauckham, *The Climax of Prophecy*, 346.
175 이런 내용은 17장 1c절의 "큰 음녀"라는 주제에 대한 논의에서 언급한 바 있다.
176 Bauckham, *The Climax of Prophecy*, 346.
177 앞의책, 366.

격으로서 12a절의 "상품"(γόμον, 고몬>γόμος, 고모스)에 연결되고 있다. 곧 이를 연결해서 번역하면 "몸들의 상품'이라고 할 수 있다. 반면 13d절의 "사람들의 영혼"(ψυχὰς ἀνθρώπων, 프쉬카스 안드로폰)은 목적격으로 사용된다. 여기에서 "몸"이 교역하는 상품으로 취급되고 있으며 사람들의 영혼들과는 다소 구별되고 있다는 것을 알 수 있다.

그렇다면 여기에서 '몸들의 상품'과 '사람들의 영혼들'은 어떤 관계를 가지는가? 두 가지 가능성이 있다. 첫째는 "사람들의 영혼들"이 "몸들의 상품"을 긍정적으로 보완 설명해 주는 관계로 보는 것이다. 13c절의 "몸들"은 주로 노예를 의미하는 것으로 사용되는 용례들이 있다.[178] 예를 들면 창세기 36장 6절에서 노예 신분의 사람들을 표현할 때 70인역을 보면 "몸들"(σώματα, 소마타)이란 단어를 사용하고(참조 토빗 10:10; 벨 32; 마카비 2서 8:11), 또한 어떤 고대 문헌에서는 노예를 사고 파는 노예상을 '소마'(σώμα, 몸)의 어근을 공유하는 '소마템포로스'(σωματέμπορος)로 표현한다(Eustathius, in Od. 1).[179] 또 13c절의 "몸들의 상품"과 13d절의 "사람들의 영혼"을 이어주는 접속사인 '카이'(καί, 그리고) 접속사는 "설명적 용법"(epexegetical)으로서 후자(사람들의 영혼들)가 전자(몸들의 상품)를 설명해준다.[180] 그렇다면 13d절에서 노예를 의미하는 "몸들의 상품"을 "사람들의 영혼들" 이라고 하여 노예는 단순히 사고 팔 수 있는 상품이 아니라 영혼을 가진 인격적 존재라는 존중감을 나타내는 것으로 볼 수 있다.[181] 보쿰은 이것을 아래에 언급할 두 번째 해석보다 더 적절한 것으로 판단한다. 본서에서는 보쿰의 견해를 번역에 반영하고 주해 작업을 진행한다. 그러나 두 번째 경우도 참고할 필요가 있다.

두 번째로, "몸들의 상품"과 마찬가지로 "사람들의 영혼들"을 사고 팔 수 있는 "인간 가축"(human livestock)과 같은 존재로 해석할 수도 있다는 입장이다.[182] 이 경우에 접속사 '카이'는 설명적 용법이 아니라 단순히 등위 접속사로서 기능하며 따라서 "몸들의 상품"과 "사람들의 영혼들"은 두 가지 종류의 상품으로 구분된다. 곧 전자는 일반적인 노예이고 후자는 전쟁포로들이나 죄수

178 Swete, *The Apocalypse of St. John*, 231.
179 앞의 책, 231. Eustathius, in Odyssey는 Eustathius(1115-1195)가 지은 오딧세이에 대한 주석서를 가리킨다.
180 Bauckham, *The Climax of Prophecy*, 370.
181 Bauckham, *The Climax of Prophecy*, 370. (앞의 책).
182 Swete, *The Apocalypse of St. John*, 231.

들과 함께, 로마의 원형 경기장에서 죽을 운명이거나 매춘을 위한 노예일 것이라고 추정된다.[183] 이 경우는 "사람들의 영혼들"(ψυχὰς ἀνθρώπων)을 상품처럼 매매하는 노예들로 표현하는 에스겔 27장 13절을 배경으로 한다.[184] 이 본문에서 히브리어 본문은 '(베)네페쉬 아담'(בְּנֶפֶשׁ אָדָם)이고 70인역의 헬라어로는 '(엔) 프쉬카이스 안드로폰'(ἐν ψυχαῖς ἀνθρώπων)이다.[185] 이것은 당시의 사회적 상황을 생생하게 반영한다. 곧 당시에 노예는 가장 활발하게 거래되는 상품이다. 로마제국에 대략 6,000만 명 정도의 노예가 있었을 것으로 추정된다.[186] 요한은 이러한 "몸들의 상품"과 "사람의 영혼들"이 거래되고 있다는 사실을 통하여 비인간적인 잔인함과 인간 생명 경시의 토대 위에 로마제국의 풍요와 사치가 이루어지고 있음을 고발하고 있다.[187]

탐욕의 과실(14a절) 14절은 11-13절에서 3인칭으로 서술했던 문장의 흐름이 2인칭으로 바뀌어서 부조화가 드러난다. 이러한 이유로 찰스는 14절을 21절 후에 있어야 한다고 주장한다.[188] 그러나 이러한 변화는 부조화가 아니라 일종의 패턴이라고 볼 수 있다. 왜냐하면 9-10절의 "땅의 왕들"의 애가에서도 처음 9절에서는 "그녀"라는 3인칭으로 시작하여 10d절에서는 "너의 심판"이라는 2인칭으로 바뀌기 때문이다. 따라서 이 패턴에 따라 "땅의 상인들"도 먼저 11a절에서 음녀 바벨론의 멸망에 대해 제 3자의 입장에서 울며 슬퍼하는 반면, 14절에서는 음녀 바벨론의 멸망에 대해 2인칭을 사용하여 그 슬픔의 감정을 좀 더 직접적으로 표현한다.

롤로프는 14a절의 "과실"이 12-13절에서 열거된 사치스런 물품에 속하지 않기 때문에 내용 면에 있어서도 연결될 수 없다고 주장한다.[189] 그러나 롤로프는 "과실"(ὀπώρα, 오포라)이 은유적 의미를 가지고 사용된다는 것을 간과했다. 이 단어는 "익은 과실"(ripe fruit)로서 "사용을 위해 준비된 과실"의 의미를 가지

183 Bauckham, *The Climax of Prophecy*, 370; Harrington, *Revelation*, 180.
184 Charles, *A Critical and Exegetical Commentary on the Revelation of St. John*, 2:105.
185 Swete, *The Apocalypse of St. John*, 231.
186 Mounce, *The Book of Revelation*, 334.
187 Bauckham, *The Climax of Prophecy*, 371.
188 Charles, *A Critical and Exegetical Commentary on the Revelation of St. John*, 2:105.
189 Roloff, *The Revelation of John*, 207.

며 또한 "좋은 일들(good things)에 대한 비유적 의미"로 사용된다.[190] 그렇다면 이 문맥에서 '과실'은 12-13절에서 언급된 사치품들을 가리키는 것으로 간주할 수 있다.[191]

이 단어는 "너의 영혼의 탐욕"이란 문구와 함께 사용된다. 따라서 이러한 물품들은 단순히 기호를 따라 소유하려 한 것이 아니라 음녀 바벨론이 그 뼈속 깊은 곳에서부터 자신을 영광스럽게 하고 사치스런 삶을 영위하기 위해 탐욕스럽게 획득하려고 했던 것들이다. 따라서 이 물품들은 바로 하나님 앞에 음녀 바벨론의 죄를 드러내는 증거물이 되고 있다. "땅의 상인들"의 애가는 바로 이 지점에 초점을 맞춘다. 곧 음녀 바벨론이 자신의 탐욕을 충족시키기 위한 사치스런 물품들이 그녀로부터 멀리 떠나 버려 부를 축적할 수 있는 기회를 상실했기 때문에 땅의 상인들이 슬퍼하는 것이다. 여기에서 사용된 동사 '아펠덴'(ἀπῆλθεν>ἀπέρχομαι, 아페르코마이)은 "단절되다"(discontinue)라는 의미를 갖는다.[192] 이런 의미의 단어를 써서 과실의 상실에 의한 절망적 상태를 더욱 강조하고 있다.

호화로움과 찬란함(14b절) 14b절은 "호화로움과 찬란함이 음녀 바벨론으로부터 떠나 버렸다"고 말한다. 이 문구는 14a절의 주동사인 "떠나 버렸다"라는 의미를 갖는 '아펠덴'(ἀπῆλθεν >ἀπέρχομαι, 아페르코마이)과 "사라져 버렸다"라는 의미의 동사인 '아펠토'(ἀπώλετο> ἀπόλλυμι, 아폴뤼미)가 사용된다. 이 두 동사는 서로 유사하다. 그리고 이 동사와 함께 전치사구인 '아포 수'(ἀπὸ σοῦ, 너로부터)가 함께 사용되어 서로 평행 관계임을 보여준다. 따라서 14b절의 "호화로움과 찬란함"은 14a절에서 "너의 영혼의 탐욕의 과실"과 동일한 의미라는 것을 알 수 있다. 곧 서로 동일한 의미를 반복해서 말하고 있다. 여기에서 "찬란함"은 부정적 의미이지만 15장 6절과 19장 8절에서는 형용사 형태로 세마포를 성도들의 복장으로 묘사하는 긍정적 의미로 사용된다. 이러한 대비는 궁극적으로 누가 그 찬란함을 영원히 유지하게 되는가를 잘 보여주고 있다.

그리고 14a절과 14b절의 두 문구가 12-13절의 상품들을 함축적으로 표현

---

190 L&N, 1:32.

191 Osborne, *Revelation*, 650.

192 BDAG, 102(2). 이 동사는 마가복음 1장 42절에서 나병이 사람에게서 "떠나갔다"고 할 때 사용되어 사람이 나병으로부터 완전히 단절된 상태를 묘사한다.

하고 있는 것으로 볼 수 있다. 또 14a절과 14b절 모두에서 "너로부터"(ἀπὸ σοῦ, 아포 수)라는 문구가 '아펠덴'과 '아펠토'라는 동사와 함께 반복 사용되는데(우리말 개역 성경에서는 한 번만 번역되었다), 이런 반복도 역시 호화롭고 찬란한 물품들이 음녀 바벨론으로터 완전히 분리되어 더 이상 소유할 수 없게 되었음을 강조한다.

결코 보지 못할 것이다(14c절) 14c절은 "그래서 그들은 그것들을 더 이상 결코 보지 못할 것이다"고 한다. 먼저 이 본문에서 인칭 대명사 "그것들"(αὐτά, 아우타)은 중성 복수로서 14b절의 "호화로움(τὰ λιπαρά, 타 리파라)과 찬란함"(τὰ λαμπρά, 타 람프라)을 가리킨다. 여기에서 음녀 바벨론의 호화로움과 찬란함을 다시는 볼 수 없게 되었다고 한다. 왜냐하면 14b절에서 말하고 있는 것처럼, 그것들이 그녀로부터 떠나 버렸기 때문이다. 이것을 강조하기 위해 "결코"(οὐ μή)라는 부정적 문구가 사용된다. 14c절의 내용은 14a의 "너로부터 떠나 버렸다"와 14b에서 "너로부터 사라져 버렸다"라는 문구에 대한 이유를 제시하는 것이라고 볼 수 있다. 음녀 바벨론이 그렇게도 애착을 가지고 집착해 왔던 것들이 이제는 한순간에 더 이상 볼 수도 만질 수도 없는 것으로 전락하고 만 것이다. 애착과 집착이 크면 상실감도 큰 법이다. 따라서 이런 현실이 음녀 바벨론의 입장에서 보면 슬픈 현실이 아닐 수 없다. 땅의 상인들은 바로 이런 점들을 애가 형식으로 표현하고 있다.

멀리 서서 울며 슬퍼하는 상인들(15절) 14a절이 "탐욕의 과실" 곧 14b절의 "호화로움과 찬란함"이 더 이상 음녀 바벨론에 존재하지 않게 된 것에 대한 애가를 기록하고 있다면, 다음에 이어지는 15-17a절은 바벨론의 멸망에 대한 애가의 심화된 내용을 소개한다. 먼저 15절은 바벨론의 멸망을 바라 보는 "땅의 상인들"의 모습을 묘사한다. 15a절에 의하면 그들은 "그녀(음녀 바벨론)로부터 치부하였다"고 한다. 이처럼 상인들이 바벨론과의 무역 관계를 유지하면서 치부하였다는 것은 이미 새로운 내용이 아니다. 이 사실은 3c절에서 "땅의 상인들은 바벨론의 사치의 능력으로 말미암아 치부하게 되었다"는 것과 11절에서 바벨론의 멸망으로 그들의 물건을 아무도 사 줄 수 없게 되었기 때문에 울며 슬퍼하는 모습에 잘 나타나고 있다.

그리고 이 상인들은 바벨론으로부터 "멀리 서 있을 것이다"(15a절). 여기에서 14c절의 "보지 못할 것이다"(οὐκέτι οὐ μὴ … εὑρήσουσιν)의 경우처럼 "서 있을 것이다"라는 미래 시제가 사용되는데, 번역에서 언급한 것처럼, 이 사건을 미래 종말적 시점으로 간주하여 아직 일어나지 않고 미래에 일어날 것으로 기대하여 표현하고 있는 것이다. 그들이 이러한 자세를 취하는 이유는 15b절에서 설명된다. 바로 "그녀의 고통의 두려움 때문"(διὰ τὸν φόβον τοῦ βασανισμοῦ αὐτῆς, 디아 톤 포본 투 바사니스무 아우테스)이다. 이것을 풀어서 말하면 "그녀가 당하는 고통을 두려워 하기 때문"이다. 또한 그들은 "울며 슬퍼하면서" 서 있게 될 것이다. 곧 그들은 바벨론이 고통 당하는 것을 보고 두려워 하며 울고 애통해 하면서 멀리 서 있었던 것이다.[193] 여기에서 "땅의 상인들"이 울며 슬퍼하는 것은 바로 음녀 바벨론의 비참한 상태에 대한 동정이 아니라 "두려움"이라는 것이 분명하다. 왜 땅의 상인들은 음녀 바벨론이 당하는 고통을 두려워 하는 것일까? 먼저 그들이 심판 받는 바벨론으로부터 멀리 떨어져서 안전한 거리를 유지하고 있는 것은 바벨론에게 임한 심판의 여파가 자신에게 미칠 것을 두려워 하고 있는 것으로 볼 수 있다.[194] 또한 그들이 두려워 하는 두 번째 이유는 음녀 바벨론의 멸망은 경제 공동체인 땅의 상인들의 쇠락을 필연적으로 초래하기 때문이다.[195] 이것은 11b절에서 "울며 슬퍼하는 것"이 아무도 상인들의 물건을 사 줄 수 없었기 때문이라고 한 것에서 분명하게 드러난다.

음녀 바벨론에 임하는 화(16-17절) 다음 16-17절은 15절의 연속으로서 상인들이 말하는 내용을 소개한다. 16b절에서 "땅의 상인들"은 "화 있도다 화 있도다 큰 도시여"라고 말한다. 이 문구는 10b절에서 "땅의 왕들"이 음녀 바벨론을 호칭하는 문구와 유사하나, "땅의 왕들"의 애가를 표현하는 10c절에서 바벨론을 "강대한 도시"라고 한 반면에, "땅의 상인들"의 애가를 언급하는 16c절에서는 의 "세마포와 자주색 옷과 붉은 색 옷을 입고 금과 보석과 진주로 장식되다"라는 표현에서는 구별된다. 이런 차이는 각 집단이 바벨론의 멸망을 그들 자신의 눈으로 관심을 갖고 바라보고 있음을 알려준다.[196] 곧 바벨론이 땅의 왕들

193 이러한 패턴은 10a절에서 땅의 왕들이 보여주는 패턴과 동일하다. 다만 '서다'라는 동사가 10a절에서는 완료 분사 형태로 표현되고 15a절에서는 직설법의 미래 시제 형태로 표현된다는 점이 다르다.
194 Swete, *The Apocalypse of St. John*, 232.
195 Smalley, *The Revelation to John*, 457.
196 Mounce, *The Book of Revelation*, 335.

의 입장에서 "강대한 도시"라면, "땅의 상인들" 입장에서는 "사치와 부"를 자랑하는 음녀이다. 여기에서 음녀 바벨론이 입고 있는 옷의 종류와 장신구들은 17장 4절에서 음녀가 자신을 장식하는 것들로서 7d절에서 음녀 바벨론이 여왕으로 군림하며 사치하는 데 사용한 것들이며, 12b절에서 땅의 상인들이 음녀 바벨론과 교역했던 물품들의 목록에 속한 것들이다. 이 물품들은 땅의 상인들에게는 부를 쌓는 통로였고 바벨론에게는 부와 권력의 상징이었다.[197] 그러나 이 음녀 바벨론이 상징하는 로마 제국에게 화가 임하게 되어 있다.

16cd절의 내용은 17a절의 "그렇게 커다란 부"(ὁ τοσοῦτος πλοῦτος, 호 토수토스 플루토스)라는 표현으로 이어진다. 17a절은 "왜냐하면"(ὅτι, 호티)이라는 접속사로 시작하여 16절에서 바벨론에게 "화가 있도다"라는 발언에 대한 이유를 말한다. 곧 바벨론에게 화가 임하게 된 이유는 바벨론이 자랑하는 엄청난 부가 "한 시간에"(μιᾷ ὥρᾳ, 미아 호라) 황폐해 버렸기 때문이다. 번역에서 언급한 것처럼 이 문구는 "시간의 여격"으로 사용되어 음녀 바벨론의 부의 소멸 시점이 순식간에 도래했음을 보여준다. 특별히 "한 시간에"라는 문구는 8a의 "한 날에"(ἐν μιᾷ ἡμέρᾳ, 엔 미아 헤메라)와 비교하여 "날"(ἡμέρα)이 "시간"(ὥρα)으로 변경되면서 부의 소멸의 더 짧은 시점을 강조한다. 따라서 땅의 상인들은 위기를 맞이할 준비가 되지 않은 채 음녀 바벨론의 멸망을 목격하게 되었으며, 이로 인해 더 이상 그들의 경제적 부를 얻을 수 없게 되었기에 황망함 가운데 울며 슬퍼하고 있는 것이다.[198] 그러나 땅의 상인들의 관심은 음녀 바벨론 자체 보다는 "아무도 그들의 상품을 사지 않기 때문에"(11절) 초래되는 그들의 부의 상실에만 집중되어 있다.

[18:17b-19] 바다 사람들의 애가

다음 17b절부터 19절까지는 "땅의 왕들"과 "땅의 상인들"에 이어서 세 번째 부류의 애가가 소개된다.

모든 선장과 모든 바다 여행자와 선원들 그리고 바다에서 일하는 모든 자들(17bc절) 애가의 세 번째 부류는 바로 바다와 관련된 사람들이다. 곧 그들은 선장과 모든

---

197 Bauckham, *The Climax of Prophecy*, 369.
198 Harrington, *Revelation*, 180.

바다 여행자와 선원들 그리고 바다에서 일하는 모든 자들이다. 바다와 관련된 사람들이 등장하는 이유는 당시에 음녀 바벨론이 사치스런 삶을 영위하기 위해서는 해상 무역을 통해 모든 지역의 특산품이 운송되어야 했기 때문이다. 실제로 이 당시에 지중해와 인도양에 수많은 배들이 최대 1,000 톤의 물품을 싣고 항해하는 경우가 빈번했다고 한다.[199] 예를 들면 11-13절에서 언급된 향료와 상아 그리고 비단과 같은 상품들은 인도와 중국으로부터 수입되는데, 이 지역으로부터 충분한 분량이 수입되기 위해서는 육지가 아닌 해상 통로를 이용해 배로 운반해야 했다. 이 해상 통로는 길고 먼 거리를 항해하여 홍해에 있는 이집트 항구에 당도하여 하역하고 거기에서 낙타나 당나귀들을 통해 이집트 북부 지역의 나일 강에 이르러 거기에서 다시 보트를 이용해 알렉산드리아로 옮기고, 그곳에서 큰 배에 옮겨 싣고 지중해 해상 통로를 통해 로마로 향하게 된다는 것이다.[200] 이런 과정에서 해상 통로와 배와 배와 관련된 사람들의 역할이 매우 중요하게 부각된다. 특별히 이 목록에서 "바다 여행자"는 "여행하는 상인들"을 포함하여 배에 탄 승객들을 가리키는데, 이런 언급은 단순히 "오스티아"(Ostia)나 "푸테올리"(Puteoli)와 같은 항구들의 중요성보다는 "로마제국의 바다에 대한 통제권"을 드러내기 위한 목적을 갖는다.[201]

이상의 내용에서 음녀 바벨론의 멸망은 로마로 값비싼 물품들을 수입하여 막대한 수익을 남길 수 있었던 뱃사람들에게는 큰 충격이 아닐 수 없다. 그러므로 바벨론 멸망에 대한 애가를 부르는 세 번째 부류로서 바다와 관련된 사람들이 등장하는 것은 당연하다. 곧 바벨론의 멸망으로 인하여 바벨론과 땅의 상인들과의 거래가 끊어진다면 해상 운송 및 무역업에 종사하는 모든 사람들의 소망은 사라지는 것이다.[202]

바다 사람들의 반응(17c-19절) 여기에서 "모든 선장과 모든 바다 여행자와 선원들 그리고 바다에서 일하는 모든 자들"을 통칭하여 "바다 사람들"이라고 한다. 19절에서 바벨론 멸망에 대한 바다 사람들의 반응은 앞에서 언급된 "땅의

199 L. Casson, *Ancient Trade and Society* (Detroit: Wayne State University Press, 1984), 18 (Kraybill, *Imperial Cult and Commerce in John's Apocalypse,* 104 에서 재인용).
200 Kraybill, *Imperial Cult and Commerce in John's Apocalypse*, 104.
201 Boxall, *The Revelation of Saint John*, 262.
202 Beale, *The Book of Revelation* 915.

왕들"의 반응(18:10)및 "땅의 상인들"의 반응(18:15, 16)과 유사하다. 예를 들면 17c절에서 "멀리 서있다"(ἀπὸ μακρόθεν ἔστησαν, 아포 마크로덴 에스테산)는 표현은 15a절에서 "멀리 서있을 것이다"(ἀπὸ μακρόθεν στήσονται, 아포 마크로덴 스테손타이) 그리고 10a절의 "멀리 서서"(ἀπὸ μακρόθεν ἑστηκότες, 아포 마크로덴 에스테코테스)와 시제의 차이가 있지만 기본적 골격은 동일하다. 그리고 "화 있도다, 화 있도다, 큰 도시여"라는 문구가 세 부류에 10b절과 16b절 그리고 19c절에서 동일하게 사용된다.

이들의 애가 역시 바벨론 멸망에 대한 동정심이라기 보다는 그로 인한 경제적 손실에 대한 이기적인 측면이 강하게 드러난다[203] 먼저 세 번째 부류의 반응에서 주목할 만한 것은 "부르짖다" (ἔκραζον, 에크라존>κράζω, 크라조)라는 동사가 18a절과 19b절에서 2회 사용된다는 점이다. "부르짖다"라는 것은 "큰 소리로 어떤 것을 의사소통하는 것"으로서 내적 감정의 강렬한 표현이다.[204] 이 동사가 두 번 반복 사용된 것은 바다 사람들의 바벨론 멸망에 대한 안타까운 감정을 강조하기 위해서이다. 이런 감정이 17c절의 그들이 "멀리 서있다"라는 문구에 잘 나타난다. 10a절의 "땅의 왕들"과 15a절의 "땅의 상인들"도 멀리 서 있는 것은 동일한데 그 이유를 "두려움 때문에"라고 밝힌다. 그러나 17c절의 경우에는 "두려움 때문에"란 문구를 생략한다. 아마도 앞서 두 가지 경우에서 그 이유를 반복해서 밝혔기 때문에 독자들이 충분히 인식하리라 생각하고 중복을 피하기 위해 생략했을 것이다.

18ab절에서 바다 사람들은 음녀 바벨론을 태우는 연기를 보고 다음과 같이 말하면서 부르짖는다: "무엇이 그 큰 도시 같은가?" 이 문구는 단순히 음녀 바벨론의 위대함에 대한 탄성이 아니라[205] 부정적 답변을 기대하는 수사 의문문으로서[206] "바벨론 멸망의 비교할 수 없는 성격"을 역설적으로 표현한 것으로 볼 수 있다.[207] 이런 입장이 정당한 것은 이 문맥이 바벨론의 멸망과 그 멸망에 대한 바다 사람들의 탄식을 소개하는 내용이기 때문이다. 이 표현은 두로의 멸망을 슬퍼하는 에스겔 27장 32절의 "두로와 같이 바다 가운데에서 적

---

203 앞의 책.

204 BDAG, 563(2a).

205 이런 점에서 13장 4절처럼 짐승의 큰 능력에 대해 감탄하는 의미를 보여주는 것과는 차이가 있다. 따라서 이 질문과 평행 관계를 제시하는 오즈번의 주장은 적절하지 않다(Osborne, *Revelation,* 653).

206 Smalley, *The Revelation to John*, 459.

207 Aune, *Revelation 17-22*, 1006.

막한(파괴된) 자 누구인고"라는 질문을 배경으로 한다.[208] 이러한 물음은 명백하게 '아무도 없다'는 대답을 전제하며 바벨론의 강력한 부와 국력이 허무하게 무너져 버린 현실을 직시하게 해 준다. 여기에서 다시 한 번 하나님이 내리시는 심판의 단호함과 하나님의 크신 능력을 엿볼 수 있다. 하나님을 인정하지 않고 땅의 부를 추구하는 모든 자들은 아무리 그 권세가 하늘을 찌를지라도 그것은 잠시 뿐이요 바벨론, 두로, 로마, 짐승의 세력과 같이 결국은 멸망하게 될 것이다.

이런 상황에 반응하며 그들은 "티끌을 그들의 머리에 뿌렸다"(19a절)고 한다. 이러한 행위는 에스겔 27장 30절(너를 위하여 크게 소리질러 통곡하고 티끌을 머리에 덮어쓰며 재 가운데 뒹굴며)에서 두로의 멸망에 대하여 애통해하는 선원들의 모습을 배경으로 한다.[209] 티끌을 머리에 뿌리는 행위는 유대적 관습에서 슬픔과 애통의 감정을 외부적으로 표현하는 방식이다(참조 수 7:6; 욥 2:12; 애 2:10; 마카비 1서 11:71).[210] 19bc절에서 큰 도시 바벨론에 화가 있음을 울며 슬퍼하며 애통해 한다. 19e절은 19bc절에 대한 이유를 말한다. 그 이유는 바로 그 바벨론이 순식간에 황폐해졌기 때문이라는 것이다(19e절). 19e절의 이런 내용은 10d절의 "땅의 왕들"의 애가에서 "왜냐하면 네 심판이 한 시간에 왔기 때문이다"와 17a절의 "땅의 상인들"의 애가에서 "왜냐하면 이렇게 커다란 부가 한 시간에 황폐해졌기 때문이다"라는 문구와 그 문형이 유사하다. 특별히 "한 시간에"(μιᾷ ὥρᾳ)라는 문구가 반복 사용됨으로써 음녀 바벨론 멸망의 신속함과 완벽함을 표현한 것이라고 볼 수 있다.[211]

그리고 19d절에서 "배를 가진 모든 자들"이 바벨론으로 말미암아 부를 축적했음을 밝히고 있다. 이 본문은 15a절에서 "땅의 상인들"이 음녀 바벨론의 도움으로 부를 축적했다는 것과 평행 관계이다. 이런 평행 관계에 의해 여기에서 "배를 가진 모든 자들"의 경우에 "땅의 상인들"과 유사하게 음녀 바벨론과의 경제적 이해 관계가 있다는 사실을 잘 보여준다. 그리고 9b절에서 "땅의 왕들"이 "음녀 바벨론과 함께 행음하고 사치스럽게 살았다"는 사실은 "사치스런 삶"에 음녀 바벨론의 경제적 영향이 직간접적으로 존재했음을 암시한다.

208 Mounce, *The Book of Revelation*, 335.
209 Osborne, *Revelation*, 653.
210 Smalley, *The Revelation to John*, 459.
211 이 문구에 대한 자세한 설명은 18장 10d절과 17a절을 참조하라.

따라서 세 부류는 음녀 바벨론과 직접적으로 능력과 부를 획득하는 데 관계를 맺고 있음을 알 수 있다. 이러한 관계 때문에 음녀 바벨론의 멸망은 그들 모두에게 치명적 재앙을 가져오게 되었다. 따라서 음녀 바벨론에 대한 그들의 애가는 엄밀하게 말하면 자신들에 대한 애가라고 볼 수도 있다.

(3)기쁨으로 초대(18:20)

초대의 발언자(20a절) 9-19절에 기록된 바벨론의 멸망으로 인한 세 부류의 애가와는 대조적으로 20절에서는 바벨론의 멸망으로 인하여 기뻐하는 내용을 소개하고 있다. 내용의 급격한 변화로 발언하는 주체를 추적하는 것이 쉽지 않을 수 있다. 비일은 발언자를 18장 1절에서 소개되는 천사로 본다.[212] 그러나 쾨스터는 그 발언자를 천사보다는 "익명의 소리"(unnamed voice) 로 규정하고 이 소리는 18장 4절부터 20절의 이야기를 진행하는 내레이터 역할을 한다고 주장한다.[213]

구약배경(20a절) 20a절은 바벨론의 멸망에 대한 반응을 묘사한 예레미야 51장 48-49절을 배경으로 한다.[214]

> [48]하늘과 땅과 그 중의 모든 것이 바벨론을 인하여 기뻐 노래하리니 이는 파멸시키는 자가 북방에서 그에게 옴이니라 여호와의 말이니라 [49]바벨론이 이스라엘 사람을 살육하여 엎드러뜨림같이 온 땅 사람이 바벨론에서 살육을 당하여 엎드러지리라 하시도다(렘 51:48-49)

이 예레미야 말씀에서 언급된 바벨론은 문자 그대로 바벨론이지만 요한계시록에서의 바벨론은 이 본문을 배경으로 로마 제국을 상징한다. 예레미야 말씀에 의하면 "하늘과 땅과 그 중의 모든 것이 바벨론 (의 멸망) 을 인하여 기뻐할 것 이다."

기쁨으로 초대에 요청받은 자들(20a절) 20a절에서 즐거워 하도록 요청 받은 자들은 "하늘과 성도들과 사도들과 선지자들"이다. 이 목록은 애가의 주체로 등

212 Beale, *The Book of Revelation*, 915.
213 Koester, *Revelation*, 708. 콜린스는 이것을 "천상의 언어"(heavenly speech)라고 부른다(Yabro Collins, "Revelation 18: Taunt-Song or Dirge?," 193).
214 Beale, *The Climax of Prophecy*, 915.

장하는 "땅의 왕들"과 "땅의 상인들," 그리고 "바다 사람들"에 대응하는 관계로 선정되었다고 볼 수 있다. 이것은 마치 12장 12절에서 사탄(용)이 하늘로부터 쫓겨난 후 울려 퍼졌던 기쁨의 소리로서 '하늘과 그 가운데 거하는 자들은 즐거워하라"라는 문구와 유사하다.[215] 곧 이 두 본문에서 "즐거워하다"라는 의미의 동사 '유프라이노'(εὐφραίνω)가 동시에 사용되며, 12장 12절의 "하늘들과 그리고 그것들 안에 거하는 자들"에서 "그 가운데 거하는 자들"을 20a절에서는 "성도들과 사도들과 선지자들'이라고 좀 더 구체적으로 열거하고 있다. 그렇다면 20a절의 "성도들과 사도들과 선지자들"은 12장 12절의 "하늘에 거하는 자들"로 간주할 수 있다. 이 해석이 맞다면 20a절에서 "하늘"이 선행되어 나온 이유는 바로 이어지는 세 부류의 존재론적 특징을 규정하기 위해서라고 볼 수 있다.

이 두 본문 사이에는 문맥도 비슷하다. 곧 12장 12절은 용이 상징하는 사탄이 심판을 받아 하늘로부터 쫓겨난 것에 대한 반응이라면, 20a절은 바벨론이 상징하는 로마제국의 심판에 대한 반응이다. 이와 관련하여 12장 12절이나 위 본문이나 그 즐거워 해야 하는 일의 성격도 유사하다. 12장 12절은 용의 심판으로 인하여 즐거워 하라는 것이고, 20a절은 바벨론의 심판으로 인하여 즐거워하라는 것이다. 전자는 예수님의 승천의 결과이고 후자는 예수님의 재림 때에 일어난 사건이다.

여기에서 "성도들과 사도들과 선지자들"이 교회 공동체의 구성원을 가리키고 있다면 이는 바로 하늘에 거하는 교회 공동체를 의식하여 묘사되고 있는 것으로 볼 수 있다. 그러므로 맨 처음 등장하는 "하늘"은 그 가운데 거하는 자들을 규정하는 환경을 제시한다. 더 나아가서 "성도들"은 "그리스도인 공동체의 모든 회원들"을 가리키며 "사도들"은 좀 더 제한된 그룹으로서 열 두 사도를 가리킬 수도 있고(참조 21:14), 좀 더 넓은 사도 그룹을 나타낼 수도 있다(참조 2:2).[216] 이 목록에서 "사도들"이 먼저 등장하지 않고 "성도들"이 먼저 등장하는 것은 이러한 교회 공동체의 구성이 가부장적 구조를 형성하고 있지 않음을 간접적으로 시사한다.

그리고 사도들과 나란히 언급되는 "선지자들"은 "이스라엘 선지자들과의

215 Harrington, *Revelation*, 182.
216 Koester, *Revelation*, 708.

연속선상에서 활동하는 기독교 선지자들(Christian prophets)(11:18; 22:9)"을 가리키는 것으로 볼 수도 있다.[217] 이런 기독교 선지자들은 초기 기독교 공동체에서 매우 특별한 기능을 가진 중요한 구성원이다.[218] 그 특별한 기능이란 그들은 "예언의 영"이 승귀하신 그리스도의 말씀을 지상의 성도들에게 선포하고 그 지상의 성도들이 하늘에 계신 예수님께 상달 되도록 하는 통로의 역할을 한다는 것이다.[219] 반면 10장 7절은 구약의 선지자들을 가리키고 있고, 11장에서 교회 공동체를 상징하는 두 증인은 예언의 사역을 감당하는(3절) "선지자"로서(10절) 사역을 감당하는 모습을 보여준다.[220]

심판을 심판하다(20b절) 그렇다면 왜 즐거워 해야 하는가? 20b절은 이유를 나타내는 접속사, 호티(ὅτι)로 시작한다. 여기에서 20b은 20a에 대한 이유를 제시하고 있다. 그 이유는 바로 하나님이 "그녀에 의한 너희의 심판을 심판하셨기 때문"이다. 이를 좀 더 이해하기 쉽게 풀어 쓰면 "왜냐하면 하나님께서 너희들에 대한 그녀(음녀 바벨론)에 의한 심판을 하나님은 심판하셨기 때문이다"로 볼수 있다.[221] 여기에서 어근이 동일한 '−κρι−'(크리)로서 두 개의 "심판"이란 단어 군이 사용된다. 그것은 명사인 '크리마'(κρίμα)와 동사인 '에크리넨'(ἔκρινεν>κρίνω, 크리노)이다. 이러한 두 단어의 사용은 언어 유희의 특징을 보여준다.[222] 전자는 음녀 바벨론이 "너희"(성도들과 사도들과 선지자들)에 대해 한 것이고 후자는 하나님께서 "음녀 바벨론"에 대해 하신 것이다. 특별히 이런 언어 유희를 성립시키기 위해 저자는 음녀 바벨론에 의한 핍박을 "심판"이라는 언어로 표현한다.

음녀 바벨론이 "너희"에게 행한 심판은 바로 음녀 바벨론의 "성도들과 사도들과 선지자들"에 대한 핍박을 의미한다. 곧 음녀 바벨론은 "성도들과 사도들과 선지자들"을 황제 숭배를 거부한 죄목으로 심판하여 투옥과 죽음으로 처벌했다. 여기에서 "너희의 심판'에서 소유격인 "너희의"(ὑμῶν, 휘몬)는 목적격적 소유격으로 사용되어 "너희를 심판"이라고 할 수 있다. 하나님께서 바로 바벨

217 앞의 책.
218 Bauckham, *The Climax of Prophecy*, 84.
219 Bauckham, *The Climax of Prophecy*, 160.
220 앞의 책, 84.
221 참조 BDAG, 567(4b).
222 Smalley, *The Revelation to John*, 461. 스몰리는 이것을 "말재롱"(paranomasia)으로 표현한다(앞의 책).

론이 "너희"에 대해 시행했던 불법적 심판에 대한 책임을 물어 바벨론을 심판하시겠다는 것이다.[223] 이런 점에서 이 본문은 "법정적"(forensic) 배경을 가지고 있다.[224] 바벨론은 성도들을 죄인으로 심판하여 처벌하였지만, 하나님은 바벨론을 죄인으로 심판하여 처벌하시겠다는 것이다.

이러한 형태는 요한계시록에 널리 사용되는 "복수법"(lex talionis)의 적용이라 할 수 있다(2:23; 6:9–11; 11:5, 18; 14:8, 10; 16:5–7; 19:2; 20:12–13).[225] 곧 바벨론의 멸망은 바벨론이 성도들에게 행한 심판 행위에 대해 하나님께서 심판으로 복수하시는 것이다. 그러나 이런 복수법의 실행은 단순히 심판 자체에 그 의미가 있는 것이 아니라 바로 "정의(justice)"를 실현하는데 있다.[226] 또한 그것은 일종의 반전 효과를 가져 온다. 곧 큰 도시이며 강대한 도시로 불리는 강력한 힘을 가진 음녀 바벨론은 "성도들과 사도들과 선지자들"을 향하여 막대한 핍박을 가하고 있었다. 이러한 정황에서 이들은 완전히 수세에 몰린 모습이다. 그러나 이런 수세적 상황은 영원히 지속되지 않는다. 마침내 하나님은 그런 정황의 반전을 일으키신다. 그 결과 성도들을 핍박했던 바벨론은 심판의 자리에 있게 되고 바벨론에 의해 핍박의 대상이었던 성도들과 사도들과 선지자들은 하나님에 의한 바벨론의 심판에 대해 즐거워하는 위치에 있게 되는 것이다. 이러한 반전 드라마는 에스더서의 모르드개와 하만의 관계에서도 잘 나타나고 있다. 하만은 모르드게에게 온갖 음해의 위협을 가하지만 하나님은 하만이 모르드개에게 했던 그러한 위협의 내용을 그대로 하만에게 돌려 놓으신다. 여기에 하나님의 공의가 있고 바로 성도들의 위로가 있다.

또한 바벨론 멸망에 대한 기쁨으로의 초대는 6장 9–10절에서 예수 그리스도의 증거의 삶을 살다가 죽임을 당한 순교자들의 기도에 대한 응답으로서 잠시 패배한 듯했던 성도들의 궁극적인 승리라고 할 수 있다.[227]

[18:4-20 정리] 18장 4–20절은 4–8절과 9–19절 그리고 20절로 나누어진다. 4–8절은 하늘로부터 다른 음성이 음녀 바벨론에 대한 심판을 말하는 내용이

223 Sweet, *Revelation*, 275.
224 Smalley, *The Revelation to John*, 461.
225 Osborne, *Revelation*, 655.
226 앞의 책, 655.
227 Smalley, *The Revelation to John*, 460; Beale, *The Book of Revelation*, 916.

다. 그 음성은 하나님의 백성들에게 바벨론으로부터 나오라고 권면한다. 그 이유는 바벨론의 죄에 물들지 않기 위함이고 바벨론이 받는 심판을 피하기 위함이다(4절). 바벨론의 죄가 하늘까지 닿게 되어(5a절) 하나님께서 그들의 죄를 기억하게 됨으로(5b절) 그들의 행위대로 두 배로 심판을 면할 수 없게 되었으며(6절), 스스로 영광스럽게 하고 사치스럽게 산 만큼(7a절), 그 만큼 고통과 슬픔을 더 당할 수 밖에 없는 처지에 있게 되었다(7b절). 이런 처지에 빠지게 된 이유는 자신의 주제를 깨닫지 못하고 여왕이 된 자신의 위치에 스스로 만족한 나머지 과부가 되어 절대로 슬픔을 보지 않을 것이라는 신적 존재감에 취해 있었기 때문이다(7d절). 음녀 바벨론에게 한 날에 임하는 재앙(8a절)에 대한 구체적 내용으로 "죽음과 슬픔과 기근"을 언급하고(8b절) 또한 음녀의 행위에 대한 보응으로 불에 태워질 것이라고 말한다(8c절). 하나님은 이처럼 위대하고 강대한 도시 바벨론을 심판하기에 충분히 강하신 분이시다(8d절).

그리고 9-19절은 바벨론 심판에 대한 반응으로서 세 부류의 애가를 기록 한다. 9-10절은 땅의 왕들의 애가, 11-17a절은 땅의 상인들의 애가, 17b-19절은 바다 사람들의 애가를 기록한다. 이 애가들의 공통점은 그들이 멸망하는 바벨론으로부터 안전 거리를 확보하여 "멀리" 서있다는 점과, 바벨론이 "한 시간"에 망하였다는 점이다. 이는 바벨론의 멸망이 전능하신 하나님에 의해 완전하게 이루어지고 있다는 것을 보여준다. 이 세 부류들의 슬픔은 그들의 영광과 명예와 부의 축적이 바벨론으로부터 연유했다는 사실 때문에 발생한다.

끝으로 이 단락의 마지막 부분인 20절에서 바벨론 심판에 대한 반응으로서 18장 1절에서 소개되는 천사이든 익명의 소리든 성도들과 사도들과 선지자들을 기쁨의 자리로 초대한다. 이러한 초대는 19장 1-10절에서 소개되는 심판에 대한 반응으로서 기쁨의 소리로 가득 찬 어린 양의 혼인잔치 사건을 예고한다.

3)힘센 천사의 바벨론 심판 선포(18:21-24)(A′)

다음 21-24절은 바벨론의 심판에 대한 기록의 마지막 부분으로 힘센 천사가 등장하여 바벨론 멸망의 참상에 대해 서술한다. 이 부분은 1-3절(A)의 경우처럼 천사가 진술하는 내용으로서 A′로 표시한다.

구문분석 및 번역

21절 a) Καὶ ἦρεν εἷς ἄγγελος ἰσχυρὸς λίθον ὡς μύλινον μέγαν καὶ ἔβαλεν εἰς τὴν θάλασσαν λέγων·
그리고 힘센 천사가 큰 맷돌같은 돌을 들어다가 다음과 같이 말하면서 바다 속으로 던졌다.

b) οὕτως ὁρμήματι βληθήσεται Βαβυλὼν ἡ μεγάλη πόλις
이와같이 큰 도시 바벨론이 폭력적으로 던져졌다.

c) καὶ οὐ μὴ εὑρεθῇ ἔτι.
그리고 결코 다시는 발견되지 않았다.

22절 a) καὶ φωνὴ κιθαρῳδῶν καὶ μουσικῶν καὶ αὐλητῶν καὶ σαλπιστῶν
그리고 하프 연주자들과 음악가들과 플룻 연주자들과 트럼펫 연주자들의 소리가

b) οὐ μὴ ἀκουσθῇ ἐν σοὶ ἔτι,
결코 너 중에 다시는 들려지지 않았다.

c) καὶ πᾶς τεχνίτης πάσης τέχνης
그리고 모든 기술의 모든 장인이

d) οὐ μὴ εὑρεθῇ ἐν σοὶ ἔτι,
결코 다시는 너 중에 발견되지 않았다.

e) καὶ φωνὴ μύλου
그리고 맷돌의 소리가

f) οὐ μὴ ἀκουσθῇ ἐν σοὶ ἔτι,
결코 다시는 너 중에 들려지지 않았다.

23절 a) καὶ φῶς λύχνου
그리고 등잔의 빛이

b) οὐ μὴ φάνῃ ἐν σοὶ ἔτι,
결코 다시는 너 중에 비추지 않았다.

c) καὶ φωνὴ νυμφίου καὶ νύμφης
그리고 신랑과 신부의 소리가

d) οὐ μὴ ἀκουσθῇ ἐν σοὶ ἔτι·
결코 다시는 너 중에 들려지지 않았다.

e) ὅτι οἱ ἔμποροί σου ἦσαν οἱ μεγιστᾶνες τῆς γῆς,
왜냐하면 너의 상인들은 땅의 귀족들이기 때문이다.

f) ὅτι ἐν τῇ φαρμακείᾳ σου ἐπλανήθησαν πάντα τὰ ἔθνη,
왜냐하면 모든 나라들이 너의 복술로 미혹되었기 때문이다.

24절 καὶ ἐν αὐτῇ αἷμα προφητῶν καὶ ἁγίων εὑρέθη καὶ πάντων τῶν ἐσφαγμένων ἐπὶ τῆς γῆς.
그리고 그것 안에 선지자들과 성도들과 땅 위에서 죽임당한 모든 자의 피가 발견되었기 때문이다.

위의 본문에서 사용되는 주동사들(ἔβαλεν, 에발론[21a절]; εὑρεθῇ, 유레데[21c절]; ἀκουσθῇ, 아쿠스데[22b절]; ἐπλανήθησαν, 에플라네데산[23e절])은 모두 부정과거 시제로, "예변적"(proleptic)용법으로 볼 수 있다. 곧 미래적 사건이지만 그 사건의 확실성을 강조하기 위한 표현 방식이다.

그리고 일정한 패턴이 반복된다. 곧 그것은 '우 메 … 에티'(οὐ μὴ … ἔτι)의 문구가 모두 6회 반복되고 있다는 것이다. 여기에서 '우 메'(οὐ μὴ)는 "결코 다시는 … 아니다"라는 의미이다. 이 문구에 21b절과 22d절에서는 "발견되다"라는 의미의 '유레데'(εὑρεθῇ >εὑρίσκω, 유리스코)라는 동사가 덧붙여진 반면 22b절과 22f절 그리고 23d절에서는 "들려지다"라는 의미의 '아쿠스데'(ἀκουσθῇ>ἀκούω, 아쿠오)라는 동사가 덧붙여진다. 그리고 23b절에서는 "비추다"라는 동사가 사용된다. 이러한 패턴의 반복은 심판 받아 멸망한 음녀 바벨론의 참상을 강조하는 효과를 드러낸다.

21c절에 사용된 '오르매마티'(ὁρμήματι>ὅρμημα, 오르매마)는 번역하는 것이 쉽지 않다. 주격의 경우에 사전적 의미로서 "폭력적인 돌진"(violent rush)이란 의미를 갖는다.[228] 이러한 의미는 "공중을 가르고 윙윙거리며(whinzzing) 떨어지는 돌"의 이미지를 보여준다.[229] 개역개정 번역은 "비참하게"라고 한 반면 대부분의 영어 번역은 "with violence"(NKJV; ESV) 혹은 "with such violence"(NRSV; ESV)로 번역한다. 이상을 종합하여 이 단어를 "폭력적으로"라고 번역한다.

22e절의 '포네 뮐루'(φωνὴ μύλου)와 23a절의 '포스 뤼크누'(φῶς λύχνου)는 직역하면 각각 "맷돌의 소리" 그리고 "등잔의 빛"이라고 할 수 있으나 우리말 어감상 부자연스러워 이것들을 "맷돌 소리"와 "등잔 빛"으로 번역하도록 한다.

이상의 내용을 근거로 우리말 어순에 맞추어 번역하면 다음과 같다.

228 BDAG, 724.
229 Swete, *The Apocalypse of St. John*, 236.

21a 그리고 힘센 천사가 큰 맷돌같은 돌을 들어다가 다음과 같이 말하면서 바다 속으로 던졌다.
21b 이와 같이 큰 도시 바벨론이 폭력적으로 던져졌다.
21c 그리고 결코 다시는 발견되지 않았다.
22a 그리고 하프 연주자들과 음악가들과 플룻 연주자들과 트럼펫 연주자들의 소리가
22b 결코 너 중에 다시는 들려지지 않았다.
22c 그리고 모든 기술의 모든 장인이
22d 결코 다시는 너 중에 발견되지 않았다.
22e 그리고 맷돌 소리가
22f 결코 다시는 너 중에 들려지지 않았다.
23a 그리고 등잔 빛이
23b 결코 다시는 너 중에 비추지 않았다.
23c 그리고 신랑과 신부의 소리가
23d 결코 다시는 너 중에 들려지지 않았다.
23e 왜냐하면 너의 상인들은 땅의 귀족들이었기 때문이다.
23f 왜냐하면 모든 나라들이 너의 복술로 미혹되었기 때문이다.
24 그리고 그것 안에 선지자들과 성도들과 땅 위에서 죽임 당한 모든 자의 피가 발견되었기 때문이다.

본문 주해

큰 맷돌같은 돌을 던지다(21a절) 먼저 21a절에서 한 힘센 천사가 "큰 맷돌같은 돌"을 들어 바다에 던진다. 여기에서 "큰 맷돌같은 돌"(λίθον ὡς μύλινον μέγαν, 리돈 호스 뮐리논 메간)은 풀어서 말하면 "큰 맷돌 같이 거대한 돌"이라고 할 수 있다.[230] 이 큰 맷돌은 곡식을 가루로 잘게 갈기 위해 위에 큰 압력을 가해주는, 짐승에 의해 회전하는 큰 돌을 카리킨다.[231] 21b절은 21a절에서 큰 맷돌을 "큰 도시 바벨론"으로 바꾸어서 표현한다. 따라서 큰 맷돌이 바다에 던져진 것은 심판 받아 멸망 당한 바벨론의 비참한 상태를 은유적으로 표현한 것이다. 여기에 "던지다"(ἔβαλεν, 에발렌>βάλλω, 발로)라는 동사를 써서 이러한 은유적 표현 효과를 더욱 고조시킨다. 큰 돌이 바다에 던져져서 그 모습을 다시 볼 수 없게 되는 것처럼 바벨론이 멸망하여 그 모습을 결코 다시 보이지 아니할 것을 상징적으로 보여준다.

230 R. G. Bratcher and H. Hatton, *A Handbook on the Revelation to John* (New York: United Bible Societies, 1993), 269.
231 앞의 책.

이러한 천사의 상징적 행동과 말은 예레미야 51장 63-64절을 배경으로 한다.[232]

> [63]너는 이 책 읽기를 다한 후에 책에 돌을 매어 유브라데 강 속에 던지며 [64]말하기를 바벨론이 나의 재난 때문에 이같이 몰락하여 다시 일어서지 못하리니 그들이 피폐하리라 하라 하니라 예레미야의 말이 이에 끝나니라(렘 51:63-64)

이 예레미야 본문은 바벨론 제국의 영원한 멸망을, 책에 돌을 매어 유브라데 강 속에 던지는 퍼포먼스를 통해 시연하고 있다. 이런 퍼포먼스를 통해 오직 주님만이 모든 나라들에 대해 절대적으로 통치하고 계시며 그 어떤 세력에 의해서도 "하나님의 목적은 좌절될 수 없고," 이것을 방해하는 세력은 심판을 받아 멸망하게 된다는 사실을 강조한다.[233] 이러한 배경을 요한계시록 본문에 적용하면, 바벨론에 대한 하나님의 심판은 그 어떤 세력에 의해서도 취소될 수 없는 불가항력적이라는 것을 알 수 있다.

폭력적으로(21b절) 21b절에서 큰 맷돌같은 돌이 떨어지는 양태를 '오르매마티'(ὁρμήματι> ὅρμημα, 오르매마)라는 단어로 표현한다. 번역에 대한 논의에서 이 단어를 "폭력적으로"라고 번역하기로 한 바 있다. 이것은 큰 맷돌같은 돌이 바다 속으로 떨어지는 것이 곱게 얌전히 떨어지는 것이 아니라 떨어지는 돌 자체에 상당한 폭력이 가해지는 파괴적 방식으로 떨어진다는 것이다. 이 돌이 바벨론을 상징하는 것이라면 바벨론에 대한 폭력적 심판의 정황을 매우 생동감 있는 그림 언어로 표현하는 것이라고 할 수 있다. 흥미롭게도 호세아 5장 10절의 70인역에서 '오르매마'(ὅρμημα)가 사용되는데 이 단어는 히브리어의 '에베라티' (עֶבְרָתִי>עֶבְרָה, 에베라)를 번역한 것이다(참조 암 1:11; 합 3:8).[234] 히브리어 단어 '에베라'는 "진노"라는 의미이다.[235] 반면 '오르매마'는 "폭력" 혹은 "공격"을 뜻한다.[236] 호세아 5장 10절의 70인역 번역자는 하나님의 진노를 나타내는 히브리어 단어를 폭력이나 공격의 의미로 해석하여 번역했을 가능성이 있다.

---

232 Harrington, *Revelation*, 183

233 Gerald L. Keown, Pamela J. Scalise, and Thomas G. Smothers, *Jeremiah. 26-52*, WBC 27 (Waco, TX: Word, 1995), 373.

234 Charles, *A Critical and Exegetical Commentary on the Revelation of St. John*, 2:108.

235 *HALOT*, 782.

236 BDAG, 724.

또한 이 단어와 같은 어근을 공유하는 동사가 마가복음 5장 13절에서 이천 마리나 되는 돼지 떼가 바다를 향하여 "내리 달았다"(ὥρμησεν, 오르메센>ὁρμάω, 오르마오)를 표현하는 데 사용된다. 사도행전 19장 29절에서 많은 사람들이 한꺼번에 연극장으로 몰려 들어 오는 장면을 묘사할 때도 동일한 동사를 사용한다.[237] 이런 정황은 "충동적인 쇄도"(impulsive rush)의 특징을 잘 보여준다.[238] 이것은 하나님을 대적하는 세력을 대표하는 바벨론에 대한 하나님의 심판이 얼" 마나 갑자기 그리고 얼마나 극적으로" 임할 것인지를 강조하는 표현이다.[239]

다시 발견되지 않다(21c절) 한편, 21c절에서 "결코 다시는 발견되지 않았다"고 한다. 이 문구는 14c절의 "땅의 상인들"의 애가(그들은 그것들을 더 이상 결코 보지 못할 것이다)와 유사한 문형이다. 차이가 있다면 21절에서 주동사가 수동태로 사용되었다는 것이다. 이 수동태는 신적 수동태로서 바벨론의 심판에 대한 하나님의 개입을 시사한다. 이 문형은 21c절 외에 22-23a절에서 5회 더 반복해서 사용되는데 그 중에서 첫번째이다. 이러한 표현의 반복은 하나님의 심판에 의한 바벨론 멸망의 확실성을 매우 확고하게 강조하기 위한 것이라고 볼 수 있다. 특별히 21c절에서 큰 맷돌이 더 이상 발견되지 않게 되었다는 것은 큰 맷돌이 바다에 던져지면 다시는 떠오를 수 없다는 사실과 연관된다. 이는 큰 맷돌로 상징되는 바벨론에 대한 심판의 영원성과 최종적 특징을 나타내 주며, 따라서 큰 도시 바벨론은 다시는 재기할 수 없도록 영원한 심판을 받게 된다는 것을 의미한다.[240]

하프 연주자들과 음악가들과 플룻 연주자들 트럼펫 연주자들의 소리(22ab절) 22a절은 "하프연주자들과 음악가들과 플룻연주자들과 트럼펫 연주자들의 소리가 결코 다시 들리지 않았다"고 말한다. 여기에서 "음악가들"(μουσικῶν, 무지콘>μουσικός, 무지코스)는 하피스트와 플루이스트 그리고 트럼펫 연주자처럼 음악 기구를 사용하는 것 외에 다른 악기들과 노래를 부르는 것까지도 포함할 수

237 Mounce, *The Book of Revelation*, 338.
238 Bratcher and Hatton, *A Handbook on the Revelation to John*, 269.
239 Mounce, *The Book of Revelation*, 338.
240 Bratcher and Hatton, *A Handbook on the Revelation to John*, 269.

있다.[241] 이 문구는 이사야 24장 8절과 에스겔 26장 13절의 장면을 연상시킨다.[242]

> 소고 치는 기쁨이 그치고 즐거워하는 자의 소리가 끊어지고 수금 타는 기쁨이 그쳤으며(사 24:8)
>
> 내가 네 노래 소리를 그치게 하며 네 수금 소리를 다시 들리지 않게 하고(겔 26:13)

이사야 24장 8절은 온 땅 특별히 이스라엘에 대한 심판의 내용이고[243] 에스겔 26장 13절은 두로에 대한 심판의 내용이다. 이 두 본문의 공통점은 도시 안에서 풍류를 즐기는 여유로움이 사라지게 될 것이라는 것이다. 곧 이러한 내용들은 인간 공동체에 마땅히 있어야 하는 "삶(생명)의 표징들"(signs of life)이 사라지게 된 것을 보여준다.[244] 일상 생활을 밝게 해주고 기쁨을 주던 음악 소리가 들리지 않는다는 것은 바벨론 멸망으로 인한 그 도시의 황폐함을 강조하고 있다.[245] 이러한 소리의 그침과 황폐함의 관계에 대해서는 예레미야 7장 34절에서 "그 때에 내가 유다 성읍들과 예루살렘 거리에 기뻐하는 소리, 즐거워 하는 소리… 끊어지게 하리니 땅이 황폐하리라"라는 말씀에서 잘 드러난다. 이 말씀에서 "기뻐하는 소리, 즐거워 하는 소리"는 바로 음악 소리를 가리키는데 그 소리의 중단은 곧 땅의 황폐함을 의미하는 것이다.[246]

음악가들의 시조는 창세기 4장 21절에서 수금과 퉁소를 잡는 모든 자의 조상인 유발이다. 타락한 후에서 하나님의 형상대로 지음 받은 인간은 여전히 음악과 같은 문화 창달을 지속해 나간다. 그러나 이런 문화적 발전은 창조 목적대로 하나님의 영광을 드러내는 것이 아니라 인간의 자아의식 실현이 목적이 된 나머지 긍정적인 결과를 얻지 못하고 바벨탑을 쌓고 말았다. 음녀 바벨론의 도시 안에서 울려 퍼진 이런 음악 소리도 결국 자신을 영화롭게 하기 위한 사치스런 도구로 전락해 버린 것이다. 반면 시편 150편 3절과 같은 곳에서는 이런 음악 소리가 하나님을 찬양하는 도구로 사용되는 경우도 있다(참조 Dio

---

241 Swete, *The Apocalypse of St. John* 236; Koester, *Revelation*, 709.

242 Koester, *Revelation*, 709.

243 John D. W. Watts, *Isaiah 1-33*, rev. ed., WBC 24 (Nashville: Nelson, 2005), 376. 왓츠는 이 본문에서 "땅"은 "팔레스타인-시리아" 지역을 한정해서 가리키는 것으로 보는 것이 적절하다고 주장한다(앞의 책).

244 Koester, *Revelation*, 713.

245 Osborne, *Revelation*, 656.

246 Swete, *The Apocalypse of St. John* 236.

Chrysostom, Or. 2:28).[247] 이런 소리야말로 본래 하나님이 음악을 통해 드러내고자 하는 목적이라고 할 수 있다.

모든 기술의 모든 장인(22cd절) 22cd절은 큰 도시 바벨론에 모든 기술을 가진 모든 장인도 결코 다시는 찾아 볼 수 없게 되었다고 말한다. 이것은 같은 문형의 세 번째이다. 여기에서 "모든"이란 단어의 반복은 철저한 심판을 강조한다. 여기에서 모든 기술이란 당시에 존재했던 모든 기술을 망라한다. 예를 들면 "금속 제조, 벽돌 제조, 유리 제조, 목공 기술, 향수 제조, 장막 제조, 방적 기술, 직조기술(spinning), 피부관리 기술(tanning), 염색 기술, 도자기 기술, 조각술, 석조 기술, 건축술(stonemasonry)" 등이 있다.[248] 이런 기술의 존재는 당연히 그 기술을 가진 자들의 존재가 선행되는 것은 당연하다. 기술과 기술자들의 존재는 생활을 매우 용이하고 풍요롭게 만든다. 이러한 기술의 원조는 창세기 4장 22절에서 구리와 쇠로 여러가지 기구를 만드는 기술을 보유했던 두발가인이다. 이런 기술 문화는 하나님의 형상대로 지음 받은 인간에게 주어진 독특한 특징이다. 그러나 이 기술들이 하나님의 영광을 위해서가 아니라 자신을 영화롭게 하기 위해 사용된다면 그 또한 심판을 면치 못할 것이다.

맷돌 소리(22ef) 22ef에서 심판 받은 음녀 바벨론의 네 번째 모습은 멧돌 소리가 다시는 음녀 바벨론 가운데서 들리지 않게 되었다는 것이다. 이 본문에서 "맷돌"은 21a절의 "큰 맷돌"과 다소 차이가 있다. 이러한 차이에 의해 당시에 두 종류의 맷돌이 있었던 것으로 볼 수 있다. 먼저 21a절의 맷돌은 "큰 맷돌"이다. 이것은 당시에 사람이 움직이기 힘들어서 힘이 센 짐승을 이용해서 움직이는, 매우 큰 돌로 만들어진 맷돌이다. 반면 22ef절의 "맷돌"은 사람의 손으로 움직이는 지름 30센치미터에서 45센치미터 규모의 작은 맷돌이다.[249] 이런 맷돌은 농경 사회에서 곡식을 가루로 만들어서 다양한 음식을 만들어 풍성한 생활을 영위할 수 있도록 도와주는 아주 요긴한 도구였다(신 24:6). 이 맷돌을 통해 곡식을 가루로 만드는 일은 여인들이나 노예들이 규칙적으로 감당

247 Koester, *Revelation*, 709.
248 Aune, *Revelation 17-22*, 1009.
249 Koester, *Revelation*, 709.

하게 되어 있는 일상적인 가사였다(출 11:5; 마 24:41; Juvenal, Satirae 8.67).[250] 이런 점에서 맷돌은 생존에 필요한 도구이기도 하였다. 바로 그러한 도구가 사라졌다는 것은 바벨론의 기본적이면서 풍요로운 삶이 끝났음을 상징적으로 보여주는 것이다. 이런 상황은 예레미야 25장 10절의 "맷돌 소리가… 끊어지게 하리니"라는 이스라엘을 심판하는 말씀을 배경으로 한다.[251]

등잔 빛(23ab절) 23a절에서 바벨론 멸망의 다섯번 째 모습은 등잔 빛이 결코 다시는 바벨론에서 비취지 않는다는 것이다. 앞에서 언급한 맷돌소리가 주로 낮에 들리는 것이라면, 등잔 빛은 밤에 보이는 것이다. 본문에서 어떠한 종류의 등잔 빛인지를 확인할 수는 없지만, 아마도 등잔 빛은 밤에 각 가정을 밝혀 줄 뿐 아니라 이동하는 사람들을 위하여 거리를 밝혀주었으며, 모든 기술의 장인들이 주문 받은 물품을 납품 기일에 맞추어 밤 늦게까지 일할 수 있도록 밝혀주는 역할을 하였을 것이다.[252] 그러므로 "등잔 빛"은 로마 제국의 찬란한 문명을 나타내주는 상징성을 갖는다. 그러나 이제 그 빛이 더 이상 큰 도시 바벨론을 비출 수 없게 되었다. 화려하고 장엄했던 큰 도시 바벨론이 등불 없는 황폐한 도시로 전락하고 만 것이다. 빛은 가시적으로 문명의 실체를 가장 명확하게 드러내기 때문에 반대로 빛의 상실은 문명의 황폐함을 더욱 극명하게 드러내 준다. 따라서 빛을 더 이상 비추지 않게 되었다는 사실은 심판의 참상을 표현하는 데 매우 효과적이다.

신랑과 신부의 소리(23cd절) 끝으로 23b절에서 바벨론 멸망의 마지막 모습은 신랑와 신부의 음성이 다시는 들리지 않는다는 것이다. 인간 관계의 가장 긴밀한 유대감을 형성케 하는 결혼식의 기쁨은 과거의 일이 되어 버렸으며, 결혼식 축제의 흥겨운 소리는 영원한 침묵으로 변하게 되었다.[253] 이런 내용은 다음 예레미야 말씀을 배경으로 한다.[254]

> 그 때에 내가 유다 성읍들과 예루살렘 거리에 기뻐하는 소리, 즐거워하

---

250 앞의 책.
251 Aune, *Revelation 17-22*, 1009.
252 Mounce, *The Book of Revelation*, 338-39.
253 앞의 책, 339.
254 Aune, *Revelation 17-22*, 1009.

> 는 소리, 신랑의 소리, 신부의 소리가 끊어지게 하리니 땅이 황폐하리라(렘 7:34)
>
> 만군의 여호와 이스라엘의 하나님께서 이와 같이 말씀하시니라 보라 기뻐하는 소리와 즐거워하는 소리와 신랑의 소리와 신부의 소리를 내가 네 목전, 네 시대에 이 곳에서 끊어지게 하리라(렘 16:9)
>
> 내가 그들 중에서 기뻐하는 소리와 즐거워하는 소리와 신랑의 소리와 신부의 소리와 맷돌 소리와 등불 빛이 끊어지게 하리니(렘 25:10)

이 예레미야 본문에서는 하나님께서 이스라엘을 심판하실 때, 신랑과 신부의 즐거워하는 소리를 끊어지게 하는 방식이 심판의 패턴으로 사용되고 있다. 이러한 패턴이 요한계시록에도 사용된다. 요한계시록 문맥에서 음녀 바벨론은 심판을 받아 신랑과 신부의 즐거워 하는 소리가 끊어지게 되었으나, 이와는 대조적으로 교회 공동체는 그리스도의 신부가 되거나(19:7), 어린 양의혼인 잔치에 청함을 받게 되는 특권을 부여받는다(19:9).[255]

멸망당하는 이유(23e-24a절) 23e절과 23f절은 "왜냐하면"(ὅτι, 호티)이란 접속사로 시작한다. 이 접속사를 통해 23e–24a절은 21–23d절에서 언급한 바벨론이 멸망하여 다시는 발견되지도, 들려지지도 않게 될 것에 대한 세 가지 이유를 제시한다. 첫번째 이유는 23e절에서 바벨론에 속해 있는 상인들이 "땅의 귀족들"(οἱ μεγιστᾶνες τῆς γῆς, 호이 메기스타네스 테스 게스)이기 때문이라는 것이다. 왜 이것이 바벨론 멸망의 이유가 되는 것일까? 이 질문에 대한 해답은 이사야 23장 8절에서 찾을 수 있다.[256]

> 그 상인들은 고관들이요 그 무역상들은 세상에 존귀한 자들(נִכְבַדֵּי־אָרֶץ, 니케바데 아레쯔, 직역: 땅의 존귀한 자들; LXX, ἄρχοντες τῆς γῆς, 아르콘테스 테스 게스, 직역: 땅의 통치자들)이었던 두로에 대하여 누가 이 일을 정하였느냐(사 23:8)

이 본문은 "땅의 존귀한 자들"인 두로에 대한 심판의 말씀이다. 이 이사야 본문에서 두로 곧 "땅의 존귀한 자들"(ἄρχοντες τῆς γῆς, 아르콘테스 테스 게스)은 요한계시록 본문에서 바벨론의 "땅의 귀족들(οἱ μεγιστᾶνες τῆς γῆς, 호이 메기스타네스 테스 게

---

255 Osborne, *Revelation*, 657.
256 Swete, *The Apocalypse of St. John*, 237.

스)"과 평행 관계를 이룬다.[257] 이 두 문구 사이의 평행 관계는 이사야 34장 12절의 70인역에서 이 두 문구 곧 "땅의 귀족들"(οἱ μεγιστᾶνες τῆς γῆς, 호이 메기스타네스 테스 게스)과 "땅의 존귀한 자들"(οἱ ἄρχοντες τῆς γῆς, 호이 아르콘테스 테스 게스)이 나란히 놓여 평행 관계에 있다는 사실로 확증된다.[258] 따라서 이사야 23장 8절의 "땅의 존귀한 자들"에 대한 내용은 곧 요한계시록 본문의 "땅의 귀족들"에 대한 언급이기도 하다.

한편 이사야 23장 8절에서 "땅의 존귀한 자들"은 심판받을 운명에 놓여 있다. 이런 사실은 이 본문에서 "누가 이 일을 정하였느냐?"라는 질문에 대해 이사야 23장 9a절에서 제시한 답변을 통해 확인할 수 있다: "만군의 여호와께서 그것을 정하신 것이라." 하나님이 정하신 일이라면 누구도 피할 수 없다. 그렇다면 왜 하나님은 두로(땅의 존귀한 자들)를 심판하시기로 정하신 것일까? 이에 대해 9b절에서 진술한다: "모든 누리던 영화를 욕되게 하시며 세상의 모든 교만하던 자가 멸시를 받게 하려 하심이라." 이 본문에 의하면 두로는 모든 영화를 누리며 교만하던 자이다. 심지어 에스겔 28장 5절에서 두로는 재물로 말미암아 마음이 교만하여져서 9절에서 자신을 "신"으로 착각하기도 한다.[259] 그러한 두로의 "상업 시스템"을 와해시키고 "무역의 정착된 패턴"을 파괴하며 "자기 모순적 쾌락"을 멈추게 함으로써 그들을 심판하시기로 작정하신 분은 바로 여호와 하나님이시다.[260]

이러한 이사야 말씀을 배경으로 요한계시록 본문에서 상인들이 "땅의 귀족들"이기 때문에 심판 받는다는 사실을 이해할 필요가 있다. 곧 두로 곧 "땅의 존귀한 자들"이 그들의 교만으로 인하여 하나님의 심판을 받을 수 밖에 없는 처지가 된 것처럼, 바벨론을 대표하는 "땅의 귀족들" 역시 "자기 영광"(self-glorification)을 취함으로 하나님의 심판을 받을 수 밖에 없는 처지가 된 것이다(행 12:23 참조).[261]

두 번째 이유는 23f절에서 "모든 나라들이 너(바벨론)의 복술로 미혹되었기 때문이다"라고 한다. 이 문구 역시 '왜냐하면'이라는 접속사로 시작한다. 이

257 Beale, *The Book of Revelation*, 921.
258 앞의 책.
259 앞의 책.
260 Brueggemann, *Isaiah 1-39*, 185.
261 Beale, *The Book of Revelation*, 921.

두 개의 '호티'절의 관계와 관련하여 스웨테는 주장하기를, '첫번째' '호티'절(23e절)이 주된 것으로서 두번째 '호티'절(23f절)은 첫번째 '호티'절을 보충 설명해 주는 관계로 볼 수 있다고 한다.[262] 그러나 두 번째가 첫번째에 종속되어 보충 설명해 주는 것으로 볼 수 있는 근거가 희박하다. 왜냐하면 두 번째 '호티'절(23f절)은 첫번째 '호티'절(23e절)의 주제인 "땅의 귀족들"에 대한 내용이 아니라 전혀 새로운 음녀 바벨론이 나라들을 "복술"로 미혹한 것을 말하기 때문이다. 따라서 오우니는 이 본문을 23e절에 종속시키지 않고 "이유를 나타내는 두 개의 절 중의 하나"로 규정한다.[263]

23f절의 두 번째 '호티'절에서 음녀는 점술을 사용하여 우상을 숭배하도록 만국에 영향을 끼쳤기 때문에 재앙을 피할 수 없다고 한다. 여기에서 "복술"(φαρμακεία, 파르마케이아)은 일반적으로 '마법'(sorcery)을 의미하는 것으로서(왕하 9:22; 사 47:12; 나훔 3:4; 참조 계 9:21), 이 본문에서는 "좀 더 폭넓은 의미에서 우상숭배와 사치를 의미하는 것"으로 사용되었다.[264] 이것은 "마귀적 능력"과 관련되어(Irenaeus, Adversus Haereses, 5.28.2) "하나님을 예배하는 행위와 정반대되는 것"(대하 33:6; Philostratus, Vita Apollonii, 7.19; 8.8)을 의미한다.[265] 요한계시록 전체(2:20; 12:9; 13:14; 19:20; 20:3, 8, 10)에서 점술은 "미혹과 우상숭배"를 행하는 행위로 언급되기도 한다.[266] 그러므로 여기에서 복술을 실행했다는 표현은 음녀 바벨론이 모든 나라들을 우상 숭배하도록 이끌었다는 것을 강조하는 역할을 한다.[267] 요한은 이러한 사실이 바벨론이 심판을 받기에 충분한 이유가 될 수 있다.

24절은 23f절의 '호티'(ὅτι)절의 연속이다. 따라서 24절은 세 번째 이유를 제시하는 것으로 볼 수 있다. 24절에 의하면 "선지자들과 성도들과 땅 위에서 죽임당한 모든 자의 피가 음녀 바벨론 안에서 보였다"고 한다. 이 본문에서 "땅 위에서 죽임당한 모든 자"가 신자에 국한된 것인지 아니면 불신자도 포함되는 것인지 규명할 필요가 있다. 만일 신자들에 국한된다면 전체가 바벨론의 핍박에 의한 순교자들을 가리키는 것으로 볼 수 있지만 불신자도 포함되는 것이라면 이 문구는 순교자에 덧붙여서 바벨론의 경제적 착취로 말미암아 죽

262 Swete, *The Apocalypse of St. John*, 237.
263 Aune, *Revelation 17-22*, 1010.
264 Harrington, *Revelation*, 183.
265 Koester, *Revelation*, 711.
266 앞의 책.
267 Beale, *The Book of Revelation*, 922.

임당한 자들을 가리키는 것으로 볼 수 있다. 후자가 좀 더 자연스런 것으로 보인다.[268] 이 본문에서 사용된 "죽임당한"(ἐσφαγμένων, 에스파그메논)이란 단어가 요한계시록에서 어린 양 (5:6, 9, 12; 13:8)의 죽음과 성도들의 죽음(6:9)과 관련하여 사용될 뿐만 아니라 "일반적인 학살"(6:4)을 표현할 때도 사용된다는 점에서 이런 주장이 지지를 받는다.[269] 바로 이 본문에서 요한은 순교자들과, 로마가 권력을 쟁취하고 강화시키는데 희생된 모든 생명과의 "연대감"(a sense of solidarity)를 표출하는 것으로 볼 수 있다.[270] 이런 점에서 24절의 그룹은 20절에서 언급한 "성도들과 사도들과 선지자들"로서 순수하게 구성된 기독교 그룹보다 더 확장된 의미를 갖는다.

"로마의 평화"(Pax Romana)는 타키투스의 말을 빌려 표현하면 "피로 더럽혀진 평화"(pacem … cruentam)이다.[271] 곧 이런 평화는 폭력적인 정복 전쟁과 최전선에서 지속적인 전쟁을 통한 정복한 영토의 유지, 그리고 반발하는 세력들을 무력으로 제압하는 군사적 행위를 통해 이루어지게 된다는 것이다. 그런데 이런 군사적 행위는 "자기 신격화"(self-deification)와 관련된 경제적 풍요와 밀접한 관계를 갖는다.[272] 곧 전자는 후자를 목적으로 이루어지게 되는 것이다. 그러므로 로마 제국의 자기 신격화는 필연적으로 그 신격화를 거부하는 국가나 개인을 제압하려는 군사적 정복 전쟁과 경제적 착취를 가져 올 수 밖에 없다. 결국 이런 배경을 통해 볼 때, 요한은 "로마 제국의 전체 시스템에 깊이 뿌리 박혀 있는 악들"을 비판하는 것이며, 황제 숭배와 성도들에 대한 핍박은 단지 그런 악이 표면적으로 드러난 것일 뿐이다.[273]

이런 형태의 모델이 에스겔 28장 16-18절에서 두로에 대한 심판의 메시지에 잘 나타나 있다.[274]

> [16]네 무역이 많으므로 네 가운데에 강포가 가득하여 네가 범죄하였도다 너 지키는 그룹아 그러므로 내가 너를 더럽게 여겨 하나님의 산에서 쫓아냈고 불타는 돌들 사이에서 멸하였도다 [17]네가 아름다우므로 마음이 교만하였으며 네가 영화로우므로 네 지혜를 더럽혔음이여 내가 너를 땅

268 Bauckham, *The Climax of Prophecy*, 349.
269 앞의 책, 각주 22.
270 앞의 책.
271 Tacitus, *Annales* 1.10.4. Bauckham으로부터 정보를 얻어 원자료를 확인하여 사용함.
272 Bauckham, *The Climax of Prophecy*, 349.
273 앞의 책.
274 Kraybill, *Imperial Cult and Commerce in John's Apocalypse*, 159.

에 던져 왕들 앞에 두어 그들의 구경 거리가 되게 하였도다 [18]네가 죄악이 많고 무역이 불의하므로 네 모든 성소를 더럽혔음이여 내가 네 가운데에서 불을 내어 너를 사르게 하고 너를 보고 있는 모든 자 앞에서 너를 땅 위에 재가 되게 하였도다

이 에스겔 본문의 16절에서 "네 무역이 많으므로 네 가운데에 강포가 가득하여 네가 범죄하였도다"라고 하여 두로가 폭력적인 경제적 착취를 통해 부를 축적했다는 사실을 보여준다. 그리고 17절에 의하면 많은 무역으로 축적된 두로의 부요는 두로로 하여금 스스로 교만하고 영화롭게 하였으며 그것이 하나님이 심판하시는 원인이 되었다는 사실을 알 수 있다. 18절에서는 "죄악이 많고 무역이 불의하다"고 하여 다시 두로의 죄악이 많은 것과 무역이 불의한 것을 동일시하고, "불을 내어 너를 사르게 하고 너를 보고 있는 모든 자 앞에서 너를 땅 위에 재가 되게 하였다"를 심판의 원인으로 제시한다. 이와 같이 두로의 "사회적 혹은 경제적 불의(injustice)"는 두로 제국을 더럽혀 심판을 받게되는 원인이 되었던 것이다.[275] 요한은 24절에서 바로 이러한 두로의 상황을 인용하여, 바벨론에 의해 상징되는 로마 제국에 대한 최종적 심판의 원인을 제시하고 있다.

21절부터 23절까지 '결코 다시는 발견되지 않았다"(οὐ μὴ εὑρεθῇ ἔτι, 우 메 유레데 에티)가 반복해서 사용되고 있는 반면, 이와는 대조적으로 24절에서는 분명히 "발견되었다"(εὑρέθη)라는 동사가 부정형 없이 사용된다. 큰 도시 음녀 바벨론 안에 음악가의 소리와 맷돌 소리와 신랑 신부의 소리가 들리지 않고 모든 기술의 모든 장인들이 발견되지 않는 대신 순교자들의 피가 발견된 것이다. 이 문맥에서 이런 내용의 언급은 바벨론 멸망의 가장 근본적인 이유라고 볼 수 있다. 12-13절에 묘사된 바와 같이 멸망 당하기 전의 음녀 바벨론에는 호화스럽고 사치스러운 것으로 가득 찼었다. 그러나 이제 바벨론의 모습은 이전의 호화롭고 사치스러운 모습이 아니라 아주 비참한 모습으로 바뀌게 되었다. 여기에 덧붙여서 선지자들과 성도들과 땅 위에서 죽임을 당한 모든 자의 피가 보인 것은 그렇게 호화스럽고 사치스런 사회의 그늘에는 핍박 당하고 착취당하는 무리가 있었음을 드러내는 역할을 한다. 이것은 그처럼 화려하고 호화로운 바벨론이 심판을 받아 멸망 당해야 하는 충분한 이유가 된다.

275 앞의 책, 158-159.

[정리] 21-24절은 힘센 천사가 바벨론 멸망의 참상에 대해 서술하는 내용이다. 이 내용은 일정한 패턴을 가지고 시적인 리듬으로 구성된다. 곧 "결코 다시는 너 중에 … 않았다"(οὐ μὴ … ἐν σοὶ ἔτι,)라는 문구가 6회 반복된다. 이렇게 반복되는 패턴에 사용된 동사는 그 대상에 따라 다르게 나타난다. 가장 빈번하게 사용되는 동사는 3회 사용되는 "… 소리가 들려지지 않았다"이다. 이 동사와 함께 사용되는 대상은 22a절의 "하프 연주자들과 음악가들과 플룻 연주자들과 트럼펫 연주자들의 소리"와 22e절의 "맷돌 소리" 그리고 23c절의 "신랑과 신부의 소리"이다. 그리고 2회 사용되는 "… 발견되지 않았다"인데 그것은 21b절의 "큰 도시 바벨론(큰 맷돌)"와 22c절의 "모든 기술의 모든 장인"과 함께 사용된다. 끝으로 23a절의 "등잔 빛"은 "비추지 않았다"와 함께 사용된다.

이러한 패턴은 로마 제국을 상징하는 큰 도시 바벨론에 대한 심판의 최종적이며 영원한 속성을 잘 보여준다. 이러한 심판을 바벨론이 받아야 하는 이유는 첫째로, 그들 자신이 "땅의 귀족들"로서 하나님에 대항하여 스스로 높아진 존재이기 때문이요 둘째로, 우상 숭배와 사치와 밀접하게 관련된 마술로 미혹되었기 때문이며 셋째로, 자신을 사치를 통해 영화롭게 하기 위해 신자들을 비롯한 사회적 약자들에 대한 경제적 착취로 말미암아 반인륜적 행태를 일삼았기 때문이다.

4)하늘의 음성이 바벨론 멸망에 대해 하나님을 찬양함(19:1-10절)(B′)

19장 1-10절을 전체적으로 보면, 1-8절은 18장 4-20절(B)이 하늘로부터의 음성이 말하는 것처럼 하늘에 큰 음성이 말하는 내용이다(B′). 그리고 여기에 5a절의 "보좌로부터 음성"이 말하는 내용으로 9-10절이 덧붙여진다.[276] 먼저 1-8절은 17-18장에서 언급되었던 바벨론의 멸망과 밀접한 관계가 있다. 여기에서 1-5절은 바벨론 멸망에 대한 하나님의 심판의 진실성과 정당성을 찬양하는 내용이다. 이를 좀 더 세분화 하면 바벨론 심판과 그 심판으로 인한 하나님의 구원 사건에 대한 반응으로서 하늘에 있는 큰 무리들의 찬양(1-3절)과 이십사 장로와 네 생물의 찬양(4절) 그리고 보좌로부터의 음성이 성도들에게 찬양(5절)을 요청하는 내용으로 구성된다. 그리고 6-8절은 바벨론의 멸망과 함께 시작된 하나님의 통치(6절)와 어린 양의 혼인잔치에 대한 찬양(7-8절)으로 구성된다. 특별히 6절의 하나님의 통치에 대한 찬양은 1-5절이 담고 있는 하나님의 심판의 진실성과 정당성에 대한 내용과 밀접한 관계를 가진다. 그리고 덧붙여지는 9-10절은 천사의 하나님만 예배하라는 명령과 함께 예수의 증거에 대한 내용을 소개하고 있다. 1-10절까지의 내용에서 흐르는 중요한 핵심적 주제는 바벨론 심판으로 말미암은 하나님의 구원 사건이며, 이에 대해 네 번의 "할렐루야"라는 단어가 반복되는 제의적 형식을 통해 하나님께 찬양과 경배를 올리는 모습을 묘사한다.

이 문맥에서 바벨론 멸망으로 인한 하나님의 구원 사건과 제의적 형식과의 상관 관계를 잘 이해할 필요가 있다. 요한계시록에서는 하나님의 구원 사건을 묘사하는 문맥에서 항상 이런 제의적 찬양과 경배의 반응이 하나의 패턴처럼 주어진다. 예를 들면, 5장에서 어린 양의 구원 사역에 대한 반응으로 5장 11-14절에서 찬양과 경배의 내용이 이어진다. 이 외에도 더 많은 경우들이 있는데 이것들은 1c절의 "구원"에 대한 주해 과정에서 밝히도록 할 것이다. 따라서 최종적으로 바벨론의 멸망으로 하나님의 구원 사건이 완성되는 순간 이런 일련의 패턴이 매우 장황하게 전개되는 것은 당연하다고 할 수 있다. 19장 1-10절을 살펴 볼 때 바로 이러한 패턴을 잘 관찰하는 것이 정말 중요하다.

276 이 내용은 주해의 과정에서 논의할 것이다.

구문 분석 및 번역

1절 a) Μετὰ ταῦτα ἤκουσα ὡς φωνὴν μεγάλην ὄχλου πολλοῦ ἐν τῷ οὐρανῷ λεγόντων·
이후에 나는 하늘에 큰 무리의 큰 음성같은 것이 말하는 것을 들었다.

b) ἁλληλουϊά·
할렐루야

c) ἡ σωτηρία καὶ ἡ δόξα καὶ ἡ δύναμις τοῦ θεοῦ ἡμῶν,
구원과 영광과 능력이 우리 하나님께 속해 있다.

2절 a) ὅτι ἀληθιναὶ καὶ δίκαιαι αἱ κρίσεις αὐτοῦ·
왜냐하면 그의 심판들은 참되고 의롭기 때문이다.

b) ὅτι ἔκρινεν τὴν πόρνην τὴν μεγάλην
왜냐하면 그가 그 큰 음녀를 심판하셨기 때문이다.

c) ἥτις ἔφθειρεν τὴν γῆν ἐν τῇ πορνείᾳ αὐτῆς,
그녀의 음행으로 땅을 더럽힌

d) καὶ ἐξεδίκησεν τὸ αἷμα τῶν δούλων αὐτοῦ ἐκ χειρὸς αὐτῆς.
그리고 그녀의 손으로 말미암은 그의 종들의 피를 보응하셨기 때문이다.

3절 a) Καὶ δεύτερον εἴρηκαν·
그리고 두번째로 그들이 말했다.

b) ἁλληλουϊά·
할렐루야

c) καὶ ὁ καπνὸς αὐτῆς ἀναβαίνει εἰς τοὺς αἰῶνας τῶν αἰώνων.
왜냐하면 그녀의 연기가 영원히 올라갈 것이기 때문이다.

4절 a) καὶ ἔπεσαν οἱ πρεσβύτεροι οἱ εἴκοσι τέσσαρες καὶ τὰ τέσσαρα ζῷα
그리고 24장로들과 네 생물이 엎드렸다.

b) καὶ προσεκύνησαν τῷ θεῷ τῷ καθημένῳ ἐπὶ τῷ θρόνῳ λέγοντες·
그리고 그들은 보좌 위에 앉으신 하나님께 (다음과 같이) 말하면서 경배하였다:

c) ἀμὴν ἁλληλουϊά.
아멘 할렐루야.

5절 a) Καὶ φωνὴ ἀπὸ τοῦ θρόνου ἐξῆλθεν λέγουσα·
그리고 보좌로부터 음성이 나왔다. 말하면서

b) αἰνεῖτε τῷ θεῷ ἡμῶν πάντες οἱ δοῦλοι αὐτοῦ
그의 모든 종들이여, 우리 하나님을 찬양하라.

c) [καὶ] οἱ φοβούμενοι αὐτόν,
곧 그를 경외하는 자들

d) οἱ μικροὶ καὶ οἱ μεγάλοι.
작은 자들과 큰 자들

6절 a) Καὶ ἤκουσα ὡς φωνὴν ὄχλου πολλοῦ
그리고 나는 큰 무리의 음성 같은 것을 들었다:

b) καὶ ὡς φωνὴν ὑδάτων πολλῶν καὶ ὡς φωνὴν βροντῶν ἰσχυρῶν λεγόντων·

그리고 많은 물(들의) 소리같고 강한 우레(들의) 소리같은 것이 말하는 것을

c) ἀλληλουϊά,
할렐루야

d) ὅτι ἐβασίλευσεν κύριος ὁ θεὸς [ἡμῶν] ὁ παντοκράτωρ.
왜냐하면 주 (우리들의) 하나님 전능자가 통치하기 시작했기 때문이다.

7절 a) χαίρωμεν καὶ ἀγαλλιῶμεν καὶ δώσωμεν τὴν δόξαν αὐτῷ,
우리가 기뻐하고 즐거워하고 그리고 그에게 영광을 드리자.

b) ὅτι ἦλθεν ὁ γάμος τοῦ ἀρνίου
왜냐하면 어린 양의혼인의 때가 왔고

c) καὶ ἡ γυνὴ αὐτοῦ ἡτοίμασεν ἑαυτὴν
그의 신부는 자신을 준비시켰기 때문이다.

8절 a) καὶ ἐδόθη αὐτῇ ἵνα περιβάληται βύσσινον λαμπρὸν καθαρόν·
그리고 그녀에게 찬란하고 맑은 세마포를 입는 것이 허락되었다.

b) τὸ γὰρ βύσσινον τὰ δικαιώματα τῶν ἁγίων ἐστίν.
이는 그 세마포는 성도들의 의로운 행위들이기 때문이다.

9절 a) Καὶ λέγει μοι·
그리고 그(천사)가 나에게 말한다.

b) γράψον·
기록하라:

c) μακάριοι οἱ εἰς τὸ δεῖπνον τοῦ γάμου τοῦ ἀρνίου κεκλημένοι.
어린 양의혼인 잔치에 초대받은 자들은 복있다.

d) καὶ λέγει μοι·
그리고 그는 나에게 말한다:

οὗτοι οἱ λόγοι ἀληθινοὶ τοῦ θεοῦ εἰσιν.
이것들은 하나님의 참된 말씀들이다.

10절 a) καὶ ἔπεσα ἔμπροσθεν τῶν ποδῶν αὐτοῦ προσκυνῆσαι αὐτῷ.
그리고 나는 그에게 경배하기 위해 그의 발(들) 앞에 엎드렸다.

b) καὶ λέγει μοι·
그리고 그는 나에게 말한다:

c) ὅρα μή·
조심하라. 그렇게 하지 마라.

d) σύνδουλός σού εἰμι καὶ τῶν ἀδελφῶν σου τῶν ἐχόντων τὴν μαρτυρίαν Ἰησοῦ·
나는 너와 그리고 예수의 증거를 가지고 있는 너의 형제들의 동료 종이다.

e) τῷ θεῷ προσκύνησον.
너는 하나님께 경배하라.

f) ἡ γὰρ μαρτυρία Ἰησοῦ ἐστιν τὸ πνεῦμα τῆς προφητείας.
곧 예수의 증거는 예언의 영이다.

1a절에서 말하는 화자가 누구인지 규명할 필요가 있다. 그냥 "하늘에 있는 큰 무리의 큰 소리"라고 되어 있어서 그 소리의 주인공이 누구인지 막연하다. 먼저 "말하다"에 해당하는 '레곤톤'(λεγόντων>λέγω)이라는 동사는 남성 복수 소유격인데 이 본문 안에 성과 수 그리고 격이 모두 일치하는 단어가 존재하지 않는다. 이 경우에 문법의 형식상에서는 정확하게 일치하는 것이 없으나 가장 근접하는 것이 있다. 그것은 바로 수는 일치하지 않지만 성과 격이 일치하는 '오클루'(ὄχλου, 무리)가 문법의 형식적인 면에서 '레곤톤'(λεγόντων)과 관련되고 있다고 볼 수 있다. 이 경우에 '오클루'(ὄχλου, 무리)는 단수이지만 군집명사로서 집합적으로 복수로 간주한다면 '수'에 있어서도 일치한다고 볼 수 있다.[277] 또 한편으로 문법적으로는 전혀 일치하지 않지만 의미상으로는 일치하는 표현인 "큰 무리의 큰 음성"이 있다. 따라서 말하는 것은 문법의 형식에 있어서는 "큰 무리 "가 말하는 것이지만 의미상에 있어서는 그 "큰 무리 의 큰 음성"이 말하는 것으로 볼 수 있다. 그리고 이 "음성"(φωνὴν, 포넨>φωνή, 포네)은 주동사인 "듣다" (ἤκουσα, 에쿠사>ἀκούω, 아쿠오)의 목적격으로서 "음성을 듣다"라고 번역할 수 있다. 그리고 분사 형태인 '레곤톤'은 목적 보어로 역할을 한다. 이것을 종합하여 번역하면 "나는 큰 무리의 큰 음성 같은 것이 말하는 것을 들었다"라고 할 수 있다. 6a절도 이와 동일한 패턴이다.

1c절의 소유격 명사 '투 데우'(τοῦ θεοῦ, 하나님의)는 "소유적 소유격"(possessive genetive) 용법으로서 관계되는 명사가 하나님께 속해 있다는 사실을 서술하는 형식으로 자연스럽게 번역한다. 이러한 번역의 양식을 NIV, ESV 그리고 NKJV과 같은 영어번역본도 "belong to"(...에 속하다)라는 문구를 사용하여 따르고 있다. 이와 동일한 의미를 나타내는 문구로서 좀 더 보편적인 형태는 7장 10절의 **ἡ σωτηρία τῷ θεῷ ἡμῶν** (헤 소테리아 토 데오 헤몬)에서 나타난다.[278] 여기에서는 '토 데오'(τῷ θεῷ)가 "소유의 여격"(dative of possession)으로 사용되어 "소유적 소유격"과 동일한 의미를 나타낸다.[279]

2b절은 2a절과 동일하게 이유를 말하는 '왜냐하면'이란 의미의 '호티'(ὅτι)절로서 '카이'(καί)접속사 없이 연결된다. 이러한 구문은 18장 23e절과 23f절 사

277 Smalley, *The Revelation to John*, 476.
278 Swete, *The Apocalypse of St. John*, 239.
279 Wallace, *Greek Grammar beyond the Basics*, 149.

이에서도 나타난다. 이러한 관계에서 두 개의 '호티'절은 등위적으로 연결되는 관계일 수 있고 또한 후자가 전자를 보충 설명해 주는 종속적 관계일 수도 있다. 18장 23e절과 23f절은 서로 종속적 관계가 아니라 등위적 관계로 해석한 바 있다. 그러나 19장 2a절과 2b절 사이는 종속적 관계로 볼 수 있다. 곧 2a절에서 하나님의 심판은 진실되고 의롭기 때문이라고 했는데 이에 대한 근거는 "하나님이 그 큰 음녀를 심판하셨기 때문"이라고 할 수 있다.[280] 좀 더 자세한 내용은 주해 과정에서 밝힐 것이다.

그리고 2c절에서 전치사 '에크'(ἐκ)의 용법 중에는 수단의 용법이 있다.[281] 이 본문에서 이 용법으로 사용된 것으로 보는 것이 자연스럽다. 이 용법에 근거하여 번역을 하면 "그녀의 손으로 말미암은"이라고 할 수 있다.

3c절에서 '카이'(καί) 접속사는 단순히 등위 접속사가 아니라 이유를 나타내는 "상황절"(circumstantial clause)을 구성한다.[282] 이러한 역할을 반영하여 번역하면 "할렐루야, 왜냐하면 그녀의 연기가 영원히 올라갈 것이기 때문이다"라고 할 수 있다.[283] 좀 더 자세한 내용은 주해 과정에서 밝히게 될 것이다. 그리고 3c절의 '호 카프노스 아웨테스'(ὁ καπνὸς αὐτῆς)는 직역하면 "그녀의 연기"라고 할 수 있는데, 평행적 관계에 있는 18장 9c절과 18a절의 '카프논 테스 퓌로세오스 아우테스'(καπνὸν τῆς πυρώσεως αὐτῆς)를 참고하는 것이 필요하다. 이 본문의 번역에서 논의한 것처럼, 이 문구는 직역하면 "그녀의 태움의 연기"이지만 여러 사항을 고려하여 "그녀를 태움으로 말미암은 연기"라고 번역하였다. 19장 3c절에는 "태움으로 말미암은"(τῆς πυρώσεως, 테스 퓌로세오스)라는 문구가 생략되어 있다. 따라서 "그녀의 연기"라고 번역하지만 "그녀를 태움으로 말미암은 연기"라는 의미를 가지고 있다는 사실을 기억하는 것이 필요하다.

5c절에서 '카이'(καί) 접속사의 유무는 사본에 따라 차이가 있다.[284] '카이'(καί)를 유지하는 사본은 A 046. 051 등이고 생략하는 사본은 א C P 등이다. 필사자가 이 접속사를 첨가한 것이라면 그것은 "그의 모든 종들"과 "경외하는 자들" 사이에 전후 관계가 없는 것처럼 보이는 것을 방지하기 위한 의도가 있

280 Swete, *The Apocalypse of St. John*, 239.
281 Wallace, *Greek Grammar beyond the Basics*, 371.
282 Charles, *A Critical and Exegetical Commentary on the Revelation of St. John*, 2:120.
283 앞의책.
284 '카이'(καί)를 유지하는 사본은 A 046. 051 등이고 생략하는 사본은 א C P sa boms 이다.

을 것이고, 또한 필사자가 이 접속사를 생략했다면 그것은 부주의한 독자들로 하여금 하나님을 "경외하는 자들"이 "그의 모든 종들"과 다른 그룹으로 읽지 않도록 하기 위함일 것이다.[285] 메츠거에 의하면 사본 위원회에서 이 두 경우 모두 외적 증거나 필사자의 개연성에 있어 균등한 상태에 있기 때문에 어느 하나를 정하기가 어렵다고 결정하여 이 '카이'에 사각괄호를 사용하는 것을 제안했을 것이다.[286]

따라서 이 두 경우 모두를 상정하여 의미를 생각해 볼 필요가 있다. 곧 '카이' 접속사가 존재하지 않는 경우에 "그(하나님)의 모든 종들"과 "그를 경외하는 자들"을 동격으로 볼 수 있고,[287] 접속사가 있을 경우에는 그 '카이'를 "설명적(epexegetical) 용법"으로 앞의 내용을 좀 더 보충하는 역할을 갖는 것으로 볼 수 있다.[288] 그리고 5d절의 "작은 자들과 큰 자들"은 5c절을 좀 더 구체적으로 설명해 주는 내용으로 볼 수 있다. 엄밀하게 말하면 동격이든 설명적 용법이든 의미상에 있어서 큰 차이를 발견할 수 없다. 본서에서는 5b절과 5c절 사이에 '카이'의 존재를 인정하고 "설명적 용법"에 따라 번역하고자 한다. 이것을 반영하여 번역하면, "5b)그의 모든 종들, 5d)곧 작은 자들이든 큰 자들이든 5c)그를 경외하는 자들이여, 5b)우리 하나님을 찬양하라"라고 할 것이다. 좀 더 자세한 내용은 주해 과정에서 다룰 것이다.

'포네'(φωνή)라는 단어가 6a절과 6b절에 동시에 사용이 되는데 전자는 사람을 가리키고 후자는 "물"이나 "우레"와 같이 사람이 아닌 경우에 해당된다. 따라서 이 두 경우를 좀 구분하여 전자의 경우는 "음성"이라고 하고 후자의 경우는 "소리"라고 번역한다. 이와 동일한 패턴이 바로 1장 15절의 "그의 음성은 많은 물들의 소리 같았다"라는 본문에도 나타난다.

6d절에서 '에바실류쎈'(ἐβασίλευσεν>βασιλεύω, 바실류오)을 비일과 스몰리는 "기동의 부정과거"(ingressive aorist) 용법으로 간주하여 "다스리기 시작했다"(begin to reign)로 해석한다.[289] 체르빅도 이 동사를 동일하게 "기동"(inceptive)의 용법

285 Metzger, *A Textual Commentary on the Greek New Testament*, 684-85.

286 앞의 책, 685.

287 스웨테는 이 경우에 동격 보다는 "경외하는"(οἱ φοβούμενοι)이란 분사를 형용사적 용법으로 간주해 "그의 모든 종들(οἱ δοῦλοι)"을 수식해 주는 관계로 이해한다(Swete, *The Apocalypse of St. John*, 241).

288 Smalley, *The Revelation to John*, .480. 스몰리와 비일은 '카이'를 "한층 더"(even)라는 의미로서 앞의 내용을 더 강조하는 역할로 간주하기도 한다(앞의 책; Beale, *The Book of Revelation*, 931).

289 Beale, *The Book of Revelation*, 931; Smalley, *The Revelation to John*, 481.

으로 간주하여 "그는 그의 통치를 수립했다"(he has established his rule)로 번역한다.[290] 반면 쾨스터는 이에 동의하지 않으면서 여기에서 부정과거 시제 동사를 시편 말씀들을(시 93:1–2 [92:1–2 70인역] cf. 96:10 [95:10]; 97:1 [96:1]) 예로 들면서 "사물의 상태"(state of things)를 묘사하는 것으로 보고 "하나님은 다스리신다"라고 번역하기를 제안한다.[291] 바벨론의 멸망의 후에 비로소 하나님께서 통치하는 것이 아니고 바벨론의 멸망으로 하나님께서 지속적으로 통치하고 계시다는 사실을 드러내주고 있다는 점에서 쾨스터의 입장이 설득력이 있지만(대부분의 영어 번역본이 이것을 지지한다), 바벨론의 멸망은 하나님의 통치를 확증하는데 결정적인 사건이기 때문에 뭔가 차별적인 상태를 보여줄 필요가 있다는 점에서 비일과 스몰리 그리고 저윅의 입장이 적절할 수 있다. 이 본문의 문맥이 심판의 완성을 말하는 내용이므로 후자가 좀 더 설득력 있어 보인다. 이것을 반영하여 17d절의 경우와 동일하게 번역한다. 이처럼 번역하지만 쾨스터의 주장을 배제할 필요는 없다. 곧 그 통치는 언제나 있어 온 것이지만 바벨론의 멸망으로 하나님의 통치가 확증되었다는 사실을 기억할 필요가 있다.[292]

7b절에서 '엘덴'(ἦλθεν>ἔρχομαι, 에르코마이)는 이 문맥에서 단순히 "오다" 그 이상의 의미가 았다. 곧 BDAG는 이 동사의 의미를 정의하면서 "어떤 시간과 연결된 사건이나 상황의" 도래를 표현하는 데 사용되는 것으로 본다.[293] 예를 들면 요한복음 4장 35절에서 '호 데리스모스 에르케타이'(ὁ θερισμὸς ἔρχεται)라는 문장에서 '데리스모스'(θερισμός)는 "추수"라는 의미를 갖는데 이 단어와 함께 사용된 "오다"(ἔρχεται, 에르케타이)라는 동사는 어떤 사건이 발생한 시간과 관련하여 사용된 것이므로, "추수의 때가 오다"로 이해할 수 있다.[294] 이런 원리를 7b절에 적용하면 단순히 "혼인이 왔다"라고 하기 보다는 "혼인의 때가 왔다"고 하는 것이 적절하다.

8a절에서 '에도데'(ἐδόθη)는 통상적으로 "주다"라는 의미를 갖는 '디도미'(δίδωμι) 동사의 수동태이다. 그러나 "주다"라는 의미는 이 문맥에 적절하지 않으며 이 동사의 의미 중에 "허락하다"라는 단어가 있는데 이것이 좀 더 자연

290 Zerwick, *A Grammatical Analysis of the Greek New Testament,* 2:772. 찰스 역시 이 주장과 동일한 입장에 있다(Charles, *A Critical and Exegetical Commentary on the Revelation of St. John,* 2:126).

291 Koester, *Revelation*, 728.

292 Mounce, *The Book of Revelation*, 346.

293 BDAG, 394(4aβ).

294 BDAG, 394(4aβ)에서 이 본문을 사용.

스러워 이것을 번역에 사용한다.[295] '람프론 카다론'(λαμπρὸν καθαρόν)은 15장 6절에서 순서만 바뀌어 동일한 문구가 사용된다. 여기에서 이 두 단어는 접속사 '카이'(καί) 없이 사용되어 숙어와 같은 기능을 한다. 이 본문에서도 8a절처럼 번역하되 순서를 바꾸어서 "찬란하고 맑은"이라고 번역한다.

8b절의 '디카이오마타'(δικαιώματα>δικαίωμα, 디카이오마)는 사전적으로 "의로운 행위" (righteous deed)뜻하기에 이것을 번역에 반영한다.[296] 그리고 8c절의 람프론(λαμπρόν)은 15장 6b절과 18장 14b절에서 논의한 것처럼 "밝은"보다는 일관성 있게 "찬란한"으로 번역한다. 이 단어는 이 문맥에서 신부의 복장인 세마포의 특징을 좀 더 잘 나타내 주고 있다고 판단된다.

9b절에서 '그라프손'(γράψον>γράφω, 그라포)는 2장 1절, 8절, 12절, 18절, 3장 1절, 7절, 14절에서 그 동일한 단어를 "쓰라"라고 번역한 바 있다. 그러나 9b절에서는 "쓰라"라고 번역하는 것보다는 "기록하라"라고 번역하는 것이 좀 더 자연스럽다고 판단된다. 9c절에서 '데이프논'(δεῖπνον)의 사전적 의미는 본래 "저녁 만찬"(supper, dinner)이다.[297] 이것은 아침이나 점심 식사를 의미하는 '아리스톤'(ἄριστον)과 구별된다. 번역할 때 전통적으로 해 왔던 것처럼 단순히 "잔치"라고 번역하는 것은 이러한 사전적 의미와는 거리가 멀다. 따라서 이 단어는 "만찬"이라고 번역한다. 그리고 "만찬" 앞에 있는 "혼인의"라는 소유격은 목적격적 소유격으로서 "혼인을 위한 만찬"이란 의미를 가지며 이것을 축약하여 "혼인 만찬"으로 번역한다.

10c절의 '오라 메'(ὅρα μή)는 BDAG에서 "조심하라. 그렇게 하지 말라"(watch out! Don't do that)로 번역한다.[298] 이것을 그대로 번역에 반영한다. 그리고 10f절의 '가르'(γάρ)는 "설명적 의미"(explanatory sense)로서 앞의 내용인 10de절에 대한 보충 설명하는 내용으로 볼 수 있다.[299] 실제로 BDAG에서 '가르'는 "설명의 표시"(marker of clarification)의 기능을 갖는다는 것을 밝혀주고 있다.[300] 그러므로 이 설명적 의미를 잘 나타낼 수 있는 것으로서 "곧"이라는 말을 사용하여 번역한다. 자세한 내용은 주해 과정에서 밝히도록 할 것이다.

---

295 BDAG, 243(13).
296 BDAG, 249(2).
297 BDAG, 131.
298 BDAG, 720(B2)
299 Charles, *A Critical and Exegetical Commentary on the Revelation of St. John*, 2:130.
300 BDAG, 189(2).

이상의 내용을 근거로 우리말 어순에 맞추어 번역하면 다음과 같다.

1a 이후에 나는 하늘에 큰 무리의 큰 음성 같은 것이 말하는 것을 들었다.
1b 할렐루야
1c 구원과 영광과 능력이 우리 하나님께 속해 있다.
2a 왜냐하면 그의 심판들은 참되고 의롭기 때문이다.
2b 왜냐하면 그(하나님)가
2c 그녀의 음행으로 땅을 더럽힌
2b 그 큰 음녀를 심판하셨고
2d 그리고 그녀의 손으로 말미암은 그의 종들의 피를 보응하셨기 때문이다.
3a 그리고 두번째로 그들이 말했다.
3b 할렐루야
3c 왜냐하면 그녀의 연기가 영원히 올라갈 것이기 때문이다.
4a 그리고 24장로들과 네 생물이 엎드렸다.
4b 그리고 그들은 보좌 위에 앉으신 하나님께 (다음과 같이) 말하면서 경배하였다:
4c 아멘 할렐루야.
5a 그리고 보좌로부터 음성이 (다음과 같이) 말하면서 나왔다:
5b 그의 모든 종들,
5d 곧 작은 자들이든 큰 자들이든
5c 그를 경외하는 자들이여
5b 우리 하나님을 찬양하라.
6a 그리고 나는 큰 무리의 음성 같은 것과
6b 그리고 많은 물(들의) 소리같고 강한 우레(들의) 소리같은 것이 말하는 것을
6a 들었다:
6c 할렐루야
6d 왜냐하면 주 [우리들의] 하나님 전능자가 통치하기 시작했기 때문이다.
7a 우리가 기뻐하고 즐거워하고 그리고 그에게 영광을 드리자.
7b 왜냐하면 어린 양의혼인의 때가 왔고
7c 그의 신부는 자신을 준비시켰기 때문이다.
8a 그리고 그녀에게 찬란하고 맑은 세마포를 입는 것이 허락되었다.
8b 이는 그 세마포는 성도들의 의로운 행위들이기 때문이다.
9a 그리고 그가 나에게 말한다.
9b 기록하라:
9c 어린 양의혼인 잔치에 초대받은 자들은 복있다.
9d 그리고 그는 나에게 말한다:
이것들은 하나님의 참된 말씀(들)이다.
10a 그리고 나는 그에게 경배하기 위해 그의 발(들) 앞에 엎드렸다.
10b 그리고 그는 나에게 말한다:
10c 조심하라. 그렇게 하지 말라.

10d　나는 너와 그리고 예수의 증거를 가지고 있는 너의 형제들의 동료-종이다.
10e　너는 하나님께 경배하라.
10f　곧 예수의 증거는 예언의 영이다.

본문 주해

1-10절은 1-5절과 6-9절과 그리고 10절로 나누어진다. 1-5절과 6-9절은 각각 '에쿠사 호스 포넨 메갈렌 오크루'(ἤκουσα ὡς φωνὴν μεγάλην ὄχλου)라는 문구로 시작하여 평행 관계를 형성한다. 1-5절은 20절에서 기쁨으로 초대에 대한 반응을 소개하고, 6-9절은 혼인 잔치에의 초대를 언급한다. 그리고 마지막 10절은 이 단락의 마무리라고 볼 수 있다.

[19:1-5] 기쁨으로 초대에 대한 반응

이후에 내가 들었다(1a절) 먼저 1a의 초두 부분에서 '이후에'(Μετὰ ταῦτα, 메타 타우타)라는 표현이 사용된다. 이 문구는 '에이돈'(εἶδον, 내가 보았다)과 함께 4장 1절, 7장 1절과 9절, 15장 5절 그리고 18장 1절에서 모두 5회 사용된다.[301] 반면 이 본문에서는 '에이돈' 대신 "내가 들었다"라는 의미의 '에쿠사'(ἤκουσα>ἀκούω, 아쿠오)가 사용되었다. 그러나 요한계시록에서 '에이돈'과 '에쿠사'는 같은 속성으로서 보는 시각적 행위는 듣는 청각적 행위와 동일시 된다. 예를 들면 1장 12a절에서 요한은 "음성을 보기 위해 돌이켰다"고 하는데 "음성"을 "본다"고 하여 청각과 시각을 공감각적으로 표현하고 있음을 볼 수 있다. 특별히 '이후에'는 시간의 순서를 알리는 것이 아니라 새로운 단락의 시작을 알리는 숙어적 표현이다.

이 문구의 조합은 17-18장에서 언급되었던 바벨론의 멸망이 마무리 되고, 19장부터는 새로운 상황이 전개될 것임을 시사한다. 그러나 완전히 별개의 주제가 시작되는 것은 아니다. 19장 1-10절은 17-18장과 밀접한 관계 속에 있지만 일종의 반전이 이루어 지는 부분이다. 특별히 18장 20절에서 바벨론의 심판에 대하여 기뻐할 것을 요청하였는데, 1-5절은 이러한 요청에 대한 반응이라는 점에서 두 단락의 연속성을 엿볼 수 있다.[302]

301 Aune, *Revelation 17-22*, 1024.
302 CHarles, *A Critical and Exegetical Commentary on the Revelation of St. John*, 2:113; Harrington, *Revelation*, 185.

하늘에 큰 무리(1a절) 이 하늘에 있는 "큰 무리"(ὄχλος πολύς)는 누구인가? 이 동일한 문구는 네 복음서에서 예수님을 "따르다"(ἠκολούθησαν, 에콜루데산>ἀκολουθέω, 아콜루데오; 마 4:25; 8:1; 12:15; 19:2; 20:29; 막 5:24; 요 6:2), 예수님께 "모이다"(συνήχθησαν, 쉬네크데산>συνάγω, 쉬나고; 마 13:2; 막 4:1; 막 5:21), 예수님께 "오다"([προσ]ῆλθον, 프로셀돈>[προσ]έρχομαι, 프로세르코마이; 마 15:30; 막 9:24; 눅 5:15[συνήρχοντο, 쉬네르콘토>συνέρχομαι, 쉬네르코마이]) 그리고 예수님께 "함께 오다"(συνεπορεύοντο, 쉰에포류온토>συμπορεύομαι, 쉼포류오마이; 눅 7:11; 14:25)와 함께 사용된 바 있다. 이런 용례에서 알 수 있는 것은 "큰 무리"의 움직임이 항상 예수님 중심으로 이루어지고 있다는 사실이다. 이것은 바로 이사야 2장 1-4절에서 "모든 나라"(πάντα τὰ ἔθνη, 판타 타 에드데) 혹은 "많은 나라"(ἔθνη πολλά, 에드네 폴라)가 "여호와의 전" 곧 "예루살렘"으로 오게 될 것이라는 종말적 약속의 성취로 볼 수 있다. 곧 이사야의 "여호와의 전"이나 "예루살렘"이 예수님으로 성취가 되는 모습이다. 이것은 좀 더 거슬러 올라가면 창세기 12장 2절에서 아브라함에게 약속하신 "큰 민족"을 이루게 하시겠다고 한 것이나, 창세기 1장 28절에서 에덴의 아담에게 "생육하고 번성하여 땅을 충만히 채우라"(창 1:28)는 창조 명령의 궁극적 성취로 볼 수도 있다.

또한 이 "하늘에 큰 무리"(ὄχλου πολλοῦ, 오클루 폴루> ὄχλος πολύς, 오클로스 폴뤼스)는 하늘의 "승리한 교회"(the church triumphant)를 의미하는 요한계시록 7장 9-10절의 "아무도 셀 수 없는 큰 무리(ὄχλος πολύς, 오클로스 폴뤼스)"와 동일한 문구이다.[303] 이런 관계에 의해 1a절의 "하늘에 큰 무리"는 하늘의 승리한 교회 공동체임을 알 수 있다.[304] 또한 이 공동체는 에덴에서 아담과 가나안의 이스라엘을 이어받는 종말적 약속의 성취로 이루어진 하나님의 백성 공동체이다.

왜 이런 승리한 교회 공동체가 하나님을 찬양하는 주체로 등장하는가? 그것은 바로 찬양의 내용에서 "구원"이 언급되고 있는 것과 밀접한 관계가 있다. 바로 하나님의 심판으로 바벨론으로부터 구원받은 하늘의 승리한 공동체가 찬양의 주체로 등장하는 것은 당연하다.

---

303 Smalley, *The Revelation to John, 476; Mounce, The Book of Revelation,* 341. 보컴은 이들을 "순교한 그리스인들"(martyred Christians)로 해석한다(Bauckham, *The Climax of Prophecy,* 331, 374).

304 Osborne, *Revelation,* 663.

할렐루야(1b절) 하늘에 "큰 무리"가 큰 음성으로 "할렐루야"라며 바벨론을 멸망시킨 하나님의 구원과 영광과 능력을 찬양한다. 이 단어는 히브리어로 הַלְלוּיָהּ(할렐루야)를 헬라어로 음역한 시편 105-106편과 111-113편의 시작 부분에 등장한다.[305] 각 시편이 모두 '할렐루야'라는 단어로 시작한다는 점에서 찬양의 도입 부분에 위치하는 1b절과 평행 구조를 보인다. 이 히브리어 단어를 분석해 보면 "찬양하다"라는 의미의 "할렐"(הלל)과 야훼의 준말인 "야"(יָהּ)의 합성어로서 "주님을 찬양하라"라는 명령어 형식의 문구이다.[306] 이 단어가 헬라어로 음역되어 사용될 때 "공동체적 예배"의 정황에서 찬양을 요청하는 목적으로 사용된다.[307]

히브리어 단어의 음역으로 "할렐루야"는 신약 시대 이전에 헬레니즘적 유대인들 사이에서 사용된 흔적들이 보인다. 예를 들면, 토빗 13장 18절에서 "ἐροῦσιν πᾶσαι αἱ ῥῦμαι αὐτῆς (sc. Ἰερουσαλήμ) Ἀλληλουϊά"(에루신 파사이 하이 뤼마이 아우테스 [예루살렘을 가리킴] 할렐루야)(그녀의 모든 길이 "할렐루야"라고 말할 것이다")라고 하였고 마카비 3서 7장 13절에서 "ἐπιφωνήσαντες τὸ ἀλληλουϊά"(에피포네산테스 토 할렐루야, 그들이 할렐루야를 외치면서)라고 한 것에서 볼 수 있다.[308] 이러한 과정을 거쳐 신약 교회 공동체에 의해 채택되어 "호산나"의 경우처럼 글자를 모르는 신자들조차도 모든 지역에서 익숙하게 사용하게 된 것이다.[309]

요한은 이런 "할렐루야"라는 단어로 하나님에 대한 찬양을 표현하고 있는데, 흥미롭게도 레디쉬는 이 찬양을 "심판 송영"(judgment doxology)으로 특징짓는다.[310] 왜냐하면 바벨론 심판 17-18장에서 바벨론에 대한 심판을 기록하고 그 심판에 대한 반응으로서 찬양을 언급하고 있기 때문이다.

구원과 영광과 능력(1c절) 이런 "할렐루야"라는 찬양의 부르심에 응답하여 1c절에서 구체적으로 하나님을 찬양하기를 "구원과 영광과 능력이 하나님께 속해 있다"고 한다. 먼저 "구원"은 바벨론을 심판하여 바벨론에 의한 위협을 완전

---

305 Swete, *The Apocalypse of St. John*, 239.
306 Koester, *Revelation*, 726.
307 앞의 책.
308 Swete, *The Apocalypse of St. John,* 239. 이 외에도 아담과 이브의 일생(L.A.E.) 43장 10절; 세드락의 묵시(*Apoc. Sed.*) 16장 7절; 모세의 묵시(*Apoc. Mos.*) 43장 4절과 같은 그리스-유대적 문헌에서도 사용된다(Koester, *Revelation,* 726.).
309 Swete, *The Apocalypse of St. John*, 239.
310 Aune, *Revelation 17-22*, 1024.

히 제거한 결과로 주어진 것이라고 할 수 있다(참조 7:10, 14; 12:10).[311] 달리 말하면 대적에 대한 심판은 하나님의 백성에게는 구원이다. 여기에서 이 "구원" 사건은 개인적 차원을 넘어 "하나님의 전체적인 구속 계획"의 완성을 의미한다.[312] 이제 더 이상의 대적은 없으며 더 이상의 심판도 없다. 완전하고 영원한 구원만 있을 뿐이다. 이 구원의 주제는 찬양의 주체가 바로 하늘의 "승리한 교회 공동체"라는 사실과 밀접한 관계를 가지며, 이것이 1-10절 전체에 흐르는 핵심 주제이기도 하다.

앞서 도입 부분에서 언급한 것처럼 이 문맥에서 바벨론 심판으로 인한 구원이라는 주제가 제의적 형식으로 표현된다는 점이 주목할 만하다. 이러한 조합은 요한계시록 내에서 유지되어 온 하나의 패턴이다. 요한계시록에서 하나님의 구원 사건이 일어난 문맥에서는 항상 찬양과 경배의 제의적 반응이 하나의 패턴처럼 등장한다. 예를 들면 5장에서 어린 양의 구원 사역에 대한 반응으로 5장 11-14절에서 찬양과 경배의 내용이 이어진다. 그리고 7장 9절에서 "아무도 셀 수 없는 큰 무리"에 대한 언급 후에 7장 10-12절에서 구원에 대한 찬양이 이어진다. 12장 7-9절에서 용이 하늘로부터 쫓겨나는 하나님의 구원 사건 후에 12장 10절에서 찬양과 경배가 주어진다. 14장 1절에서 하늘의 144,000의 존재 후에 14장 2절에서 "그들의 하프들로 하프 연주하는 하프 연주자들의 소리"가 울려 퍼진다. 15장 2-4절에서 하늘의 유리 바다가에서 구원받은 승리자들이 어린 양의구원의 노래를 부른다.

바로 이어지는 "영광과 능력"은 이러한 장엄한 구원을 이루면서 나타나는 "위엄"(majesty)과 "능력"(power)을 의미한다.[313] 곧 이 세 항목 중에서 가장 중요한 것은 "구원"이며 "위엄과 능력"은 그에 상응하여 나타나는 결과로 볼 수 있다. 다음 2절은 1절에서 승리한 천상의 교회가 하나님을 찬양하는 근거를 소개하고 있다.

참되고 의로운 심판(2a절) 2a절은 "왜냐하면"(ὅτι, 호티)이라는 접속사로 시작한다. 따라서 2a절은 1c절에서 "구원과 영광과 능력이 하나님께 속해 있다"는 것

311 Koester, *Revelation*, 726.
312 Mounce, *The Book of Revelation*, 342.
313 앞의 책.

에 대한 이유를 말한다. 2a절에 의하면 그 이유는 바로 하나님의 심판은 참되고 의롭기 때문이다. 이 동일한 문구는 15장 3c절(당신의 길들은 의롭고 참되십니다)과 16장 7c절(당신의 심판[들]은 참되고 의롭습니다)에서도 동일하게(15장 3c절은 순서만 바뀜)사용된다. 전자는 "당신의 길"에 대한 것이고 후자는 세 번째 대접 심판에 대한 순교자들의 반응으로 사용된다. 2a절에서 "참되다"와 "의롭다"의 관계를 1c절과 연결해서 말하면 다음과 같다: 하나님께서 영광과 능력 가운데 하나님의 백성을 바벨론으로부터 구원해 주신 것은 하나님의 심판은 참되고 의롭기 때문이다. 이런 관계를 통해 구원이 심판을 통해 발생하며, 특별히 하나님의 참되고 의로우신 성품이 심판을 통해 드러나고 있음을 보여준다.

먼저 "하나님의 심판은 참되다"(ἀληθιναί, 알레디나이)는 것은 하나님은 심판하시는데 있어서 거짓되지 않고 진실된 분이라는 뜻이며, 또한 하나님께서 말씀하신 것은 반드시 이루신다는 것을 의미한다. 이 단어는 "진리"란 의미의 '알레데이아'(ἀλήθεια)의 형용사 형태이다. 이것을 바벨론에 대한 하나님의 심판에 적용하면 하나님께서 바벨론을 심판하신 것은 거짓이 아니라 진리이다. 이런 진리와 진실성이 음녀 바벨론에 대한 심판을 통해 명백하게 표출된다. 이처럼 "하나님의 심판이 참되다"는 것이 하나님의 구원이 완성되었다는 사실에 대한 이유로 제시된다. 곧 바벨론에 대한 참된 심판으로 인하여 하나님의 구속 계획의 완성되었다는 것이다. 하나님은 참되시기 때문에 계획하신 것은 반드시 이루시는데 바벨론을 최종적으로 심판하고 동시에 하나님의 백성을 구원하심으로 그 구속 계획을 완성하신다.

또한 하나님의 심판이 "의롭다"(δίκαιαι, 디카이아이>δίκαιος, 디카이오스)는 것은 그의 심판이 시시비비 없이 공의로우시고 공평하다는 의미이다. 곧 하나님은 성도들의 억울한 죽음과 핍박을 외면하지 않으시고 보응해 주시는데, 불의한 근거가 아니라 누구도 시비할 수 없는 공정한 근거에 의해 심판을 시행하신다. 이런 공정한 근거는 17-18장에서 바벨론이 심판받아야 하는 이유로 제시되는 사치스런 삶과 자신을 영화롭게 하는 행위에 잘 나타난다. 곧 바벨론은 스스로 사치함으로 자기를 영광스럽게 하였으며(18:7a) 성도들의 피 뿐만 아니라(17:2, 6) 자신의 영화롭고 사치스런 삶을 위해 사람들을 착취하여 그들의 피(18:24)를 흘리게 하기까지 하여 억울한 죽음을 당하도록 하였다. 하나님은 바벨론의 이런 죄를 기억하셨으며(18:5b) 그들의 죄만큼 두 배로 고통과 슬픔으로 갚아주도록 하는 것이 하나님의 뜻이다(18:6, 7b).

이상에서 하나님의 구원이 온전히 완성된 것이 하나님의 심판은 참되고 의로우시기 때문이라는 것에 의심의 여지가 없다. 만일 하나님의 심판이 참되고 의롭지 못하다면 하나님이 이루신 구원은 영원하지도 안전하지도 않을 것이다.

큰 음녀를 심판하시다(2bc절) 또한 2b절 역시 "왜냐하면"이라는 접속사로 시작한다. 이 본문은, 2a절이 1c절에 대한 이유를 말하는 것처럼, 2b절은 2a절에 대한 이유와 근거를 제시한다.[314] 곧 하나님이 참되고 의로우신 것은 바로 그가 큰 음녀를 심판하셨기 때문이라는 것이다. 여기에 순환적 논리가 생성된다.

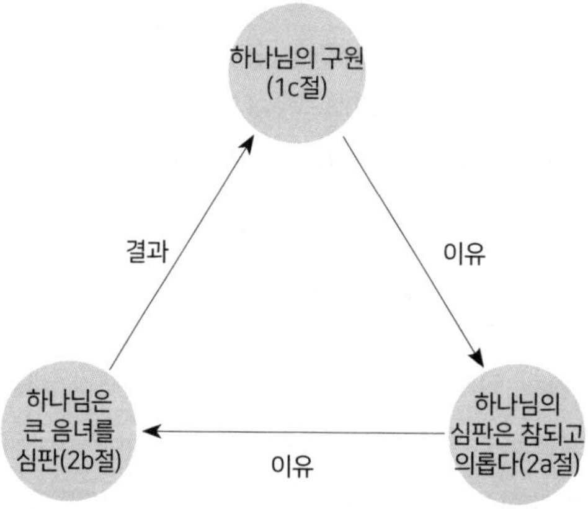

이런 순환 논리를 정리해 보면, 먼저 1c절의 하나님의 구원에 대한 이유로서 하나님의 심판은 참되고 의롭기 때문이고(2a절), 하나님의 심판이 참되고 의로운 것은 바로 하나님이 큰 음녀를 심판하셨기 때문이며, 그것은 하나님의 구원의 완성을 가져온다. 1c절은 하나님의 구원을 언급하고 2a절은 그 이유로 참되고 의로우신 하나님의 속성을 언급하며, 마지막으로 2b절에서 그런 하나님의 속성의 이유로 바벨론에 대한 하나님의 심판을 언급한다. 이런 순환 논리의 핵심은 바로 구원과 심판은 하나님의 의로우심과 밀접한 관계를 가지며, 동전의 양면과 같은 관계라는 사실이다.

314 Swete, *The Apocalypse of St. John*, 239.

음행으로 땅을 더럽힌 큰 음녀(2c절) 2c절는 '헤티스'(ἥτις)로 시작하는 관계대명사절로서 그 선행사는 큰 음녀이다. 따라서 2c절은 2b절의 "큰 음녀"를 보충 설명하는 내용이다. 즉, 하나님에 의해 심판받은 큰 음녀는 음행으로 땅을 더럽힌 존재라는 것이다. 바꾸어 말하면 음행으로 땅을 더럽힌 것이 바로 심판받는 이유가 된다는 뜻이다. 음녀 바벨론의 음행은 하나님을 대적하고 우상을 섬기는 행위에 대한 은유적 표현이지만 문자 그대로 신체적 음란 행위를 전혀 배제할 수는 없다. 왜냐하면 우상 숭배는 필연적으로 음란 행위와 혼합되기 때문이다. 어떤 경우이든지 음행은 땅을 더럽히기에 충분한 파급력이 있다. 땅은 에덴에서부터 본래 하나님의 영광을 드러내기 위해 존재했기 때문이다.

그리고 그 음녀가 땅을 더럽게 한 수단으로 '음행으로'라고 묘사되고 있는 것과 관련하여, 땅과 음행의 연결은 14장 8bc절과 17장 2a절 그리고 18장 3절과 18장 9절에서 잘 나타난다.

> 8b)모든 나라들을 그녀의 음행의 분노의 포도주로부터 마시게 했던 c)큰 바벨론이 무너졌다. 무너졌다(14:8bc)
>
> 2a)땅의 왕들이 그녀와 함께 행음했던, 2b)그리고 땅을 거주지로 삼은 자들이 그녀의 음행의 포도주로 말미암아 취했던 1c)큰 음녀의 심판을 보여줄 것이다(17:1-2)
>
> 3a)왜냐하면 모든 나라들이 그녀의 음행의 분노의 잔으로부터 마셨고 b)그리고 땅의 왕들이 그녀와 함께 행음하였으며... (18:3ab)
>
> 그녀와 함께 행음하고 사치스럽게 살았던 땅의 왕들이(18:9b)

이 인용 본문들의 공통점은 "모든 나라들"과 "땅의 왕들"이 큰 음녀와 음행의 포도주를 마셨고 함께 행음했다는 사실이다. 이것은 큰 음녀가 음행으로 땅을 대표하는 "모든 나라들"과 "땅의 왕들"을 더럽게 했다는 것을 의미한다. 이러한 일련의 과정에서 "땅"의 오염은 불가피했다고 볼 수 있다.

여기에서 "더럽히다"(ἔφθειρεν, 에프데이렌>φθείρω, 프데이로: corrupt)라는 동사에는 "망하게 하다"(ruin)의 의미도 동시에 있다.[315] 이 두 의미는 서로 연결된다. 곧 "땅을 더럽혔다"는 것이 "땅을 망하게 했다"는 것을 의미한다. 땅은 본래 하나님의 영광을 드러내는 목적을 위해 존재한다. 최초로 에덴에서 하나님의 형상대로 지음받은 아담은 생육하고 번성하여 "땅"을 충만히 채우고 하나님의 영

315 BDAG, 1054(2a).

광을 온전히 드러내도록 창조되었다. 그러나 타락하여 땅을 더럽혀 망하게 하고 말았다. 타락한 후에 가인에서 시작하여 바벨탑에 이르기까지 땅은 더렵혀져 고통을 당한다. 하나님은 바벨탑 사건 후에 아브라함을 부르셔서 땅의 회복에 대한 큰 그림을 보여주신다. 그 중에 가장 핵심적인 것은 에덴의 회복을 위해 이스라엘 백성에게 "가나안 땅"을 허락해 주신 것이다. 하나님은 이런 가나안 땅을 중심으로 에덴 회복의 역사를 경영해 가신다. 그러나 큰 음녀 바벨론은 땅을 더럽힘으로써 이런 하나님의 땅의 회복에 대한 계획에 정면으로 도전한 것이다. 이런 맥락에서 큰 음녀가 땅을 더럽게 한 것은 아담과 하와가 타락하여 땅을 더럽게하여 망하게 한 것과 같은 맥락으로 볼 수 있다. 바로 그것이 심판을 받아야 하는 이유인 것이다. 18장 1d절에서 하늘로부터 내려오는 천사의 영광에 의해 땅이 밝아지게 된 것은 큰 음녀로 말미암아 땅이 더럽게 된 것을 반전시키는 현상이라고 볼 수 있다.

11장 18f절에서도 똑같은 동사가 사용된다. 이 본문에 의하면 나팔을 가진 일곱 번째 천사가 "땅을 망하게 하는 자들을 망하게 하실 때가 왔습니다"라고 선포한다.[316] 여기에서 "땅을 망하게 한 것"은 달리 표현하면 "땅을 더럽힌 것"으로도 이해할 수 있다. 그들을 기다리고 있는 것은 그들을 망하게 하는 심판이다. 곧 "땅"을 망하게 한 자들에 대한 심판을 묘사할 때 언어 유희 기법으로 동일한 동사를 사용한 것이다. 또한 이것은 "종말적 복수법"을 종말적 심판에 적용하는 것으로 볼 수도 있다.[317] 19장 2bc절에도 이러한 "종말적 복수법"을 적용할 수 있다.

그의 종들의 피를 보응하심(2d절) 다음에 이어지는 2d절은 2b절의 2a절에 대한 이유를 말하는 '호티'절의 연속이다. 이 본문에 의하면, 하나님의 심판이 참되고 의로운 이유는 큰 음녀의 손으로 말미암은 하나님의 종들의 피를 보응하셨기 때문이다. 17장 6ab절에서 음녀 바벨론은 성도들과 예수 증인들의 피에 취했는데, 이것을 로마 제국에 의해 하나님의 종들이 피를 흘려 죽임을 당한 것으로 해석한 바 있다.[318] 2d절에서 "그녀의 손으로 말미암은"이란 문구는 두

316 이 본문에 자세한 내용은 1권의 1022-1023쪽을 참조하라.
317 Bauckham, *The Climax of Prophecy*, 95.
318 이런 해석에 대한 좀 더 자세한 내용은 17장 6ab절에 대한 주해를 참조하라.

가지 해석 가능성이 있다.[319] 첫째로, 심판의 방법으로서 하나님의 공의로운 심판이 음녀의 손으로부터 시행이 되었다는 것이고 둘째로, 심판의 이유를 제시하는 것으로서 음녀의 "손으로 말미암아"(by her hand) 하나님의 종들의 피를 흘렸기 때문에 심판을 받을 수 밖에 없다는 것이다.[320] 여기에서 두 번째 해석이 좀 더 적절하다고 보여진다.[321] 번역에서 언급한 것처럼, 이 경우에 전치사 '에크'(ἐκ)를 수단의 용법으로 해석하면 음녀의 손이 성도들의 피를 흘리는데 수단이 된 것으로 볼 수 있다다. 따라서 하나님의 종들의 피는 바로 그 음녀의 손으로 말미암은 피이다.

이러한 패턴을 잘 보여 주는 구약 배경은 열왕기하 9장 7절이다.[322] 이 본문에서 히브리어 본문은 מִיַּד אִיזָבֶל(미 야드 이자벨)이라고 하고 70인역은 이것을 ἐκ χειρὸς Ιεζαβελ (에크 케이로스 이사벨)이라고 번역한다. 여기에서 ἐκ χειρός (에크 케이로스)라는 문구가 요한계시록 본문과 동일한 형태를 보여준다.[323] 이 열왕기하 본문은 이사벨이 흘린 선지자들과 하나님의 종들의 피에 대한 심판을 하나님께서 실행할 것을 말씀하고 있다. 요한계시록 본문에서는 이사벨이 음녀로 바뀌어서 하나님은 그 음녀의 손으로 말미암아 흘린 하나님 종들의 피를 보응하신다. 이것이 바로 2a절의 하나님의 심판은 참되고 의로우시다는 이유가 된다.

할렐루야(3ab절) 3a절에 의하면 1a절에 이어 하늘에 큰 무리가 "두 번째로"(δεύτερον) 말한다. 그 발언의 첫번째는 3b절에서 "할렐루야"로 하나님을 찬양하는 내용이다. 여기에서 할렐루야는 네 개 중의 두번째이다. 이것은 1b절의 "할렐루야"와 동일한 것으로서 찬양의 단순한 반복이 아니라 바벨론에 대한 하나님의 심판의 정당성을 더욱 강조하기 위한 목적이 있다.[324] "할렐루야"와 관련된 내용은 1b절에서 충분히 다루었기 때문에 여기에서는 생략한다.

연기가 영원히 올라가다(3c절) 3c절은 "그리고"(καί, 카이)라는 접속사로 시작한

319 Koester, *Revelation*, 727.
320 앞의 책.
321 앞의 책.
322 Harrington, *Revelation*, 186.
323 Koester, *Revelation*, 727.
324 Beale, *The Book of Revelation*, 929.

다. 번역에서 언급한 것처럼 이 '카이' 접속사는 단순한 등위 접속사가 아니라 히브리적 표현으로서 "상황절"(circumstantial clause)을 구성하는 역할을 한다.[325] 다시 말하면 3b절은 3a절의 상황절로서 "할렐루야" 찬양에 대한 이유를 제공한다.[326] 그 내용은 "그녀의 연기가 영원히 올라간다"이다. 이 본문에서 "그녀의 연기"(καπνὸς αὐτῆς, 카프노스 아우테스)라는 문구는 18장 8c절에서 음녀가 불로 태워지는 장면과 그 결과로서 18장 9c절과 18a절에서 "그녀의 태움의 연기"(καπνὸν τῆς πυρώσεως αὐτῆς, 카프논 테스 퓌로세오스 아우테스)라는 문구와 평행 관계이다. 곧 3c절의 "그녀의 연기"는 "그녀의 태움의 연기"라는 문구에서 "태움의"(τῆς πυρώσεως, 테스 퓌로세오스)를 생략하여 축약한 것으로 간주할 수 있다. 한편 18장 9c절과 18a절의 "그녀의 태움의 연기"는 "그녀를 태움으로 말미암은 연기"라고 번역하는 것으로 논의한 바 있다.[327] 그렇다면 "그녀의 연기" 또한 이와 동일한 의미로 이해할 수 있다. 이러한 사실에 근거해 3c절과 3b절을 연결해서 풀어 말하면, "할렐루야, 왜냐하면 그녀를 태움으로 말미암는 연기가 영원히 올라가기 때문이다"가 된다.

여기에서 "연기가 영원히 올라간다"고 한 것은 영원한 심판의 불로 인한 연기를 말한다. 이것은 14장 10e-11절에 잘 드러난다.[328]

> [10e)]그리고 그는 불과 유황으로 고통받을 것이다. [11a)]그리고 그들의 고통의 연기가 영원히 올라갈 것이다. [b)]그리고 [c)]짐승과 그의 형상을 숭배한 자들은 [b)]밤과 낮에 안식을 갖지 않는다.

이 본문은 짐승과 그 짐승을 추종하는 자들을 심판하는 내용이다. 이 본문의 10e절의 "불과 유황으로 고통받을 것이다"와 11a절의 "고통의 연기가 영원히 올라갈 것이다"는 서로 평행 관계로서 상관 관계가 있다. 따라서 "연기"는 불과 유황 때문에 생겨난 것으로 고통을 수반한다. 이런 정황은 19장 20절과 20장 10절, 14절, 15절에서도 확인할 수 있다. 곧 이 본문들에서 두 짐승과 용 그리고 그 추종자들이 던져지는 호수도 역시 "불과 유황으로 말미암아" 연기가 타오르고 있는 그림을 그려볼 수 있다.

---

325 Charles, *A Critical and Exegetical Commentary on the Revelation of St. John*, 2:120.
326 Mounce, *The Book of Revelation*, 343.
327 이 문구에 대한 자세한 논의에 대해서는 18장 9c절에 대한 번역을 참조하라.
328 Harrington, *Revelation*, 186.

연기라는 주제는 이사야 34:10을 배경으로 한다.[329]

> 낮에나 밤에나 꺼지지 아니하고 그 연기가 끊임없이 떠오를 것이며 세세에 황무하여 그리로 지날 자가 영영히 없겠고(사 34:10)

이 이사야 본문은 에돔을 심판하는 내용으로, 끊임 없이 떠오르는 "연기"는 하나님의 심판의 "영원한 기념"(permanent memorial)의 역할을 한다.[330] 이러한 기능이 바로 요한계시록 본문에도 동일하게 나타난다고 볼 수 있다.

특별히 연기가 "영원히"(εἰς τοὺς αἰῶνας τῶν αἰώνων) 올라온다는 것이 주는 가장 중요한 특징은 심판의 "최종성"(finality)이다.[331] 따라서 음녀 바벨론이 불에 타는 연기가 세세토록 올라간다는 것은 두 짐승과 용(사탄)과 그 추종자들의 경우처럼 하나님의 심판으로 인하여 바벨론이 영원히 멸망할 것이며, 그녀의 모습을 다시는 볼 수 없게 될 것임을 의미한다(18:21 참조).[332] 이상을 정리해서 말하면 "악한 도시의 파괴는 절대적으로 최종적이기 때문에" 하늘의 큰 무리가 "할렐루야"라고 찬양하는 것이다.[333]

1-2절에서 언급된 천상의 허다한 무리들의 찬양의 모습은 6-8절에서 언급되는 어린 양의혼인잔치에 대한 찬양과 비교할 때 여러 가지 면에서 유사한 점과 대비되는 점을 함께 가지고 있다. 루이즈(J. Ruiz)는 두 단락을 다음과 같이 비교한다.[334]

구 분	1-2절	6-8절
찬양의 형식	할렐루야	할렐루야
찬양에 대한 일반적 동기	참되고 의로운 하나님의 심판	전능하신 하나님의 통치
찬양의 구체적 동기	하나님이 큰 음녀를 심판하심	어린 양의혼인기약이 이름
상징적 존재의 활동	음녀가 음행으로 땅을 더럽힘	어린 양의신부가 자신을 준비함
상징적 존재의 행동에 대한 신적인 반응	하나님이 그의 종들의 피를 음녀에게 갚으심	어린 양 이 그의 신부에게 빛나고 깨끗한 세마포를 허락하심

329 Beale, *The Book of Revelation*, 929.
330 앞의 책.
331 Koester, *Revelation*, 727.
332 Harrington, *Revelation*, 186.
333 Mounce, *The Book of Revelation*, 343.
334 Jean-Pierre Ruiz, *Ezekiel in the Apocalypse: The Transformation of Prophetic Language in Revelation 16,17 - 19,10* (Frankfurt am Main: Peter Lang, 1989), 496.

이상에서 보는 바와 같이 1-3절의 구조와 6-8절의 구조는 유사한 면과 대비되는 면이 함께 나타난다. 1-3절에서 찬양의 근본적 주제가 음녀에 대한 하나님의 심판이 참되고 의로우심에 대한 찬양이라면, 6-8절에서는 바벨론의 멸망으로 인하여 이 땅이 하나님이 통치하는 나라가 됨과 동시에 어린 양의 혼인잔치가 이르게 되었음을 찬양하는 것으로 양분된다. 이러한 구분은 왜 하나님을 찬양해야 하는지에 대한 명확한 이유를 제시하는 데 도움을 준다.

이십사 장로와 네 생물의 찬양(4절) 1-3절에서 하늘에 있는 큰 무리의 찬양에 이어 4절에서 이십사 장로와 네 생물의 찬양이 이어진다. 4절의 주요 동사는 4a절에서 그들은 "엎드렸다"와 4b절에서는 "경배하였다"가 사용된다. 엎드린 행위와 경배하는 행위 모두 예배의 정황을 연출한다. 이 두 캐릭터는 천사적 존재로서 "이십사 장로"는 하나님 백성의 천상적 존재에 대한 이미지이고 "네 생물"은 피조물에 대한 상징적 이미지이다.[335] 이러한 정황은 인간과 피조세계 전체를 포괄하는 우주적 예배를 받으시기에 합당한 분이라는 것을 보여 주며 에덴에서 보여주신 창조 목적의 발현을 나타낸다.

이들은 하늘에 있는 큰 무리의 찬양에 "아멘 할렐루야"로 화답한다. 여기에서 "아멘"은 동의에 대한 공식적 표현으로서 앞의 내용을 더욱 강화시켜주는 기능을 한다.[336] 한편 '아멘 할렐루야'는 시편 106편 48절의 반영으로 볼 수 있다.[337] 이 시편 말씀은 이스라엘을 "억압하였던 대적 세력으로부터 그들을 구원하신" 하나님께 "여호와 이스라엘의 하나님을 영원부터 영원까지 찬양할지어다 모든 백성들아 아멘 할지어다 할렐루야"라고 찬양하는 내용으로 요한계시록 본문의 상황과 유사하다.[338]

모든 종들(5절) 5a절의 "보좌로부터 (나오는) 음성"이 명확히 누구인지는 알 수 없다. 그 보좌로부터 나온 음성을 하나님이나 그리스도의 음성으로 간주하는 경우도 있으나,[339] 대부분의 주석가들은 그 음성이 "우리 하나님"이라는 표현

335 "24장로"에 대해서는 1권의 479-490쪽과 "네 생물"에 대해서는 505-511쪽을 참조하라.
336 Beale, *The Book of Revelation*, 929. 또한 오우니는 이것이 "결론 짓는 기능"(concluding function)을 한다고 주장한다(참조 5:14; *Aune, Revelation 17-22*, 1027).
337 Mounce, *The Book of Revelation*, 343.
338 Beale, *The Book of Revelation*, 930.
339 앞의 책.

을 사용한 것을 근거로 하나님이나 그리스도의 음성이 아니라고 주장한다.[340] 여기에서 그 음성의 주체를 특정하는 것이 쉽지 않다. 그렇다면 그것을 규명하는 것이 중요한 것이 아니라 그 "보좌로부터 음성"이 5b절의 예배의 부르심을 "신적으로"(divinely) 추인했다는 것이 중요하다.[341] 여기에서 "보좌"는 이러한 정황을 한 단어로 규정해주는 일종의 "환유법"(metonymy)적 표현이다.[342] 한편 이 보좌로부터 나는 음성은 찬양할 대상을 "우리 하나님"으로 명확히 언급한다.

보좌로부터 나온 음성이 하나님의 종들 곧 하나님을 경외하는 모든 성도들에게 하나님께 찬양할 것을 요청한다. 먼저 "찬양하다"(αἰνεῖτε, 아이네이테 >αἰνέω, 아이네오)라는 단어는 "개인이든(눅 2:20; 행 3:8이하), 제자 그룹이든(눅 19:37) 공동체(행 2:47; 계 19:5) 혹은 천사(눅 2:13)이든, 송영, 찬미 혹은 기도에서 표현된 하나님에 대한 즐거운 찬양"을 의미하는[343] "강력한 제의적 용어" [344]이다. 여기에서 하나님의 바벨론 심판에 대하여 찬양하는 집단은 세 부류로 나타난다. 첫째는 1절의 하늘의 큰 무리이고, 둘째는 4절에서 이십사 장로와 네 생물이며, 세 번째는 5b절에서 언급하는 "하나님의 모든 종들"이다. 세번째는 5c절의 "그를 두려워 하는 자들"과 동격으로 볼 수 있다. 이 때 "그(하나님)의 모든 종들"은 구체적으로 누구를 가리키는가? 2절에서 "종들의 피"라는 표현을 고려하여 순교자라고 주장하는 학자도 있지만,[345] 번역에서 언급한 것처럼 구문적으로 5c절의 "그를 경외하는 자들"이 5b절의 "그(하나님)의 모든 종들"을 설명하는 "설명적"(epexegetical) 관계로 본다면 순교자보다는 "모든 믿는 자"(every believer)로 보는 것이 더 타당할 것이다.[346]

여기에 덧붙여서 5d절에서 "작은 자들과 큰 자들"은 11장 18절, 19장 18절, 20장 12절 그리고 21장 16절에서 사용되는 것으로서 요한계시록에서 비교적 빈번하게 사용되고 있다. 이 문구는 구약의 창세기 19장 11절과 시편 115편 13

340 Koester, *Revelation,* 728. 쾨스터는 보좌 자체는 더 가능성이 희박하다고 주장한다(앞의 책).
341 앞의 책.
342 앞의 책.
343 *TDNT*, 1:177.
344 Osborne, *Revelation*, 667.
345 찰스는 이들을 순교자로 해석한다(Charles, *A Critical and Exegetical Commentary on the Revelation of St. John,* 2:125).
346 Smalley, *The Revelation to John*, 480; Beale, *The Book of Revelation*, 930.

절(70인역 113:21)을 배경으로 한다.[347] 요한계시록에서 사용된 용례들과 구약 배경을 살펴볼 때, 이 문구는 사회적, 지적, 그리고 신앙적 모든 계층을 포괄한다.[348] 6b절에서 "모든 종들"은 6c절에서 "하나님을 경외하는 자들"로 표현되고 이것은 또다시 6d절에서 "작은 자들과 큰 자들"로 표현된다.

이상에서 보좌로부터 음성은 모든 성도들 곧 그를 경외하는 자들에게 하나님을 찬양할 것을 요청하고 있다.

[19:6-8] 하나님의 통치와 어린 양의 혼인의 때의 도래

6-8절에서는 하나님의 심판의 진실성과 정당성을 말하는 1-5절과는 달리 하나님의 통치에 대한 찬양과 어린 양의혼인의 때의 도래에 대한 주제가 등장하고 있다. 먼저 6절은 하나님의 통치에 대한 찬양을 소개하고 7절에서는 어린 양의 혼인의 때의 도래에 대한 내용을 기록한다.

내가 들었다(6a절) 6ab절은 1a절처럼 "내가 들었다"라는 문구를 사용하여 새로운 단락의 시작을 알려준다. 그러나 1a절과는 달리 '메타 타우타'(Μετὰ ταῦτα)를 생략한다. 이러한 생략은 1a절만큼 6a절이 전혀 새로운 단락을 시작한 것이 아니라는 것을 시사한다. 그리고 "하늘에"(ἐν τῷ οὐρανῷ) 역시 생략되는데 이것은 정황상 당연한 것이기 때문에 중복을 피하기 위해 생략된 것으로 보인다. 그리고 1a절의 "큰"(μεγάλην, 메갈렌>μέγας, 메가스)이란 단어를 생략하는 대신 6b절에서 그것을 좀 더 구체적으로 표현하는 방식을 사용한다. 다음 단락에서 구체적으로 논의하기로 한다.

큰 무리(6a절) 이 본문에서 요한은 "큰 무리의 큰 음성 같은 것"을 듣는다. 여기에서 "큰 무리"는 1a절과 동일하게 "하늘에"(ἐν τῷ οὐρανῷ) 존재하는 교회 공동체를 가리킨다. 6a절에서는 "하늘에"가 생략되었지만 1a절과 평행 관계에 의해 그렇게 이해할 수 있다. 1절에서 천상적 교회 공동체는 하나님의 구원을 노래하는데, 6절의 문맥에서는 하나님의 통치와 어린 양의 혼인의 때의 도래를 찬양한다. 사실상 이 두 주제는 서로 상통한다. 곧 하나님의 통치와 어린

---

347 Swete, *The Apocalypse of St. John*, 241.
348 앞의 책.

양의 혼인의 때의 도래는 바로 바벨론에 대한 심판과 동시에 발생하는 하나님의 구원 사건이기 때문이다.

큰 무리의 큰 음성과 많은 물(들의) 소리(6b절) 6b절에서 6a절의 "큰 무리의 큰 음성 같은 것"을 구체적으로 설명한다. 그것은 바로 "많은 물(들의) 소리 같고 강한 우레(들의) 소리 같은 것"이다. 음성에 대한 이런 묘사는 그 음성이 얼마나 장엄한가를 시청각적으로 잘 느끼게 해 준다. 곧 "많은 물들"이나 "강한 우레"가 시각적인 특징을 보여준다면 이것들의 "소리"는 청각적인 특징을 드러낸다. 그래서 "큰 무리의 큰 음성"을 묘사하는데 있어서 시각적 효과와 청각적 효과의 조화가 극대화되는 모습이다. 이러한 표현은 14장 2-3절에서 하늘에서 "많은 물(들의) 소리"같고 그리고 "큰 우레(의) 소리(φωνὴν βροντῆς μεγάλης)같은 음성"과 유사하다.[349] 그리고 "많은 물(들의) 소리"는 1장 15절에서 "인자 같은 이의 음성"을 나타내는 "많은 물(들의) 소리"와 동일하다. 여기에서 "많은 물(들의) 소리같다"는 표현은 에스겔 1장 24절과 43장 2절이 그 배경이다.[350] 에스겔 1장 24절은 네 생물의 음성을 표현하고 43장 2절은 하나님의 음성을 표현한다.

이상에서 큰 무리의 큰 음성과 관련한 표현들은 그 음성의 장황스러움을 강조하고 있는 것이라고 할 수 있다. 여기에서 "큰 무리의 큰 음성," "많은 물(들의) 소리" 그리고 "강한 우레(들의) 소리"로 표현되는 이런 장엄한 소리는 바벨론을 멸망시키고 통치를 드러내신 크신 하나님에 대한 찬양과 잘 조화를 이룬다.

할렐루야(6c절) 6c절에서는 그 큰 소리가 '할렐루야'라고 찬양한다. 이것은 네 번째 "할렐루야"이다. 이 찬양의 직접적 이유는 세상 나라를 하나님이 직접 통치하시기 때문이다. 6d절이 "왜냐하면"이란 의미의 '호티'(ὅτι)절로 시작하기에 이러한 연결이 더욱 분명하게 나타난다. 이것은 3c절에서 "할렐루야" 후에 '카이'(καί) 접속사를 "왜냐하면"이란 의미의 상황절로 기능하는 것과 같은 패턴이다.

---

349 6b절에서는 "강한"(ἰσχυρῶν)이란 단어를 14장 2-3절에서는 "큰"(μεγάλης)이란 단어로 대신 한다.
350 Beale, *The Book of Revelation*, 931.

통치하다(6d절) 6d절에서 '에바시류쎈'(ἐβασίλευσεν>βασιλεύω, 바실류오, 통치하다)라는 동사는 요한계시록 에서 모두 7번 사용되고 있다. 먼저 5장 10절, 20장 4절, 20장 6절 그리고 22장 5절은 교회 공동체에게 적용되어 사용되고, 11장 15절에서는 그리스도의 통치행위를 묘사하는 데 사용되고 그리고 11장 17절과 19장 6절에서는 하나님의 통치를 묘사하는 데 사용되고 있다. 이러한 세 종류의 사용은 서로 밀접하게 연관되고 있으면서 다소 구별되어 사용된다.

먼저 5장 10절과 20장 4절 그리고 20장 6절에서 교회 공동체는 어린 양의 구속으로 말미암은 회복의 결과로서 현재적 통치의 삶을 누리게 된다. 다만 22장 5절에 "통치하다"(βασιλεύσουσιν, 바실류수신)라는 동사는 미래시제로 사용되어 미래적 시점에서의 통치를 가리킨다. 그리고 11장 15d절에서 그리스도의 통치하심과 11장 17d절 그리고 19장 6d절에서의 하나님의 통치하심은 모두 미래 종말적 심판과 관련되고 있다. 그런데 11장 15d절에서는 미래 시제로 사용되고 11장 17d절과 19장 6d절에서는 부정과거 시제를 사용한다. 번역에서 논의한 것처럼, 이 부정과거 시제의 동사는 단순히 과거 사건을 묘사하기 위한 것이 아니며 부정과거 시제의 용법 중에 "기동의 부정과거"(ingressive aorist)[351] 혹은 "기동(inceptive)의 용법"을[352] 적용하여 생각할 필요가 있다.[353] 곧 바벨론의 멸망의 결과로 하나님의 통치가 "가시적 실체"가 되었다는 것이다.[354] 이 문맥에서 하나님의 통치는 바벨론 멸망과 연동해서 바벨론 멸망의 결과로 완성되어 나타난 것으로 표현하고 있다. 결국 음녀 바벨론이 지배하던 세상 나라는 하나님과 그리스도의 나라가 되어 하나님과 그리스도가 세세토록 다스리게 된 것이다(11:15 참조).[355] 하나님과 그리스도의 통치는 역사가 존재하는 한 늘 있어 왔지만, 이 시점에서의 차이는 그 통치가 창조 때에 목적하셨던, 역사상 한 번도 다다른 적이 없었던 바로 그 지점에 완성의 상태로 도달하게 되었다는 것이다.

이런 맥락에서 하나님에 대해 "전능자"라는 표현을 사용한 것을 이해할 수 있다. 마운스는 요한이 하나님을 "전능자"라고 호칭한 것은 "극단적 확신의

351 Beale, *The Book of Revelation*, 931; Smalley, *The Revelation to John*, 481.

352 Zerwick, *A Grammatical Analysis of the Greek New Testament*, 772; Charles, *A Critical and Exegetical Commentary on the Revelation of St. John*, 2:126.

353 번역에서도 언급한 것처럼, 이 두 가지 용법은 표현의 차이는 있지만 동일한 것이다.

354 Mounce, *The Book of Revelation*, 346.

355 Beale, *The Book of Revelation*, 931.

행위"(an act of extreme confindence)라는 것을 적절하게 지적한다.[356]

기뻐하고 즐거워하고 영광을 드리자(7a절) 다음 7-8절은 어린 양의 혼인잔치에 대한 내용을 찬양의 주제로 소개하고 있다. 6절에서는 하늘에 있는 "큰 무리들"이 전능하신 하나님의 통치에 대하여 찬양하였다면, 7-8절에서는 찬양해야 하는 새로운 이유가 소개된다. 먼저 7a절에서 하늘의 "큰 무리의 음성"이 "기뻐하고 즐거워하고 그에게 영광을 드리자"고 외친다. 여기에서 "기뻐하다"와 "즐거워하다" 그리고 "영광을 드리다"는 1인칭 복수 가정법을 사용하여 "함께 … 하자"라는 "권고적 가정법"(hortatory subjunctive)으로서 "종말론적 기쁨"에 동참할 것을 요청한다.[357] 이와 동일한 문구가 마태복음 5장 12절(χαίρετε καὶ ἀγαλλιᾶσθε, 카이레테 카이 아갈리아스데)에서도 사용된 바 있고(마태복음은 명령형을 사용), 구약에서는 시편 9편 2절과 시편 16장 9절 그리고 시편 98편 4절 등에서 '아갈리오멘'(ἀγαλλιῶμεν, 아갈리오멘) 외에 다른 동사들이 사용되기는 하였지만 유사한 단어군을 가지고 동일한 패턴이 유지된다.[358]

여기에서 "기뻐하고 즐거워하자"고 한 것과 "영광을 드리자"라고 한 것은 어떤 관계인가? 먼저 "기뻐하고 즐거워하자"는 구원 받은 것에 대한 감정적 반응이고 "영광을 드리자"는 구원 받은 자에게 요구되는 의지적 태도이다. 후자의 경우는 하나님의 영광을 드러내기 위한 창조의 목적을 연상케 한다. 하나님의 구원 사건은 창조를 회복하여 창조 목적을 이루기 위한 수단이다. 따라서 구원 사건은 항상 창조 목적을 지향한다. 그러므로 바벨론 심판을 통한 구원의 완성은 필연적으로 하나님께 영광을 돌려 드리는 창조의 목적을 이루는 것으로 귀결된다. 이러한 구원 사건에 대해 다음 7b절에서 어린 양의 혼인이라는 이미지를 통해 좀 더 구체적으로 설명한다.

어린 양의 혼인의 때(7b절) 7b절은 "왜냐하면"이라는 접속사로 시작한다. 이 접속사에 의해 7b절의 어린 양의 혼인의 때가 온 것이 7a절의 "기뻐하고 즐거워하고 그리고 그에게 영광을 드리자"라고 한 것에 대한 이유라는 것을 알 수 있

356 Mounce, *The Book of Revelation*, 346.
357 Smalley, *The Revelation to John*, 482.
358 Swete, *The Apocalypse of St. John*, 242.

다. 여기에서 이러한 혼인잔치의 때의 도래는 바로 예수 그리스도와 교회 공동체의 완전한 연합의 때가 왔다는 것을 의미한다. 왜냐하면, 기본적으로 혼인은 부부 사이의 연합의 관계를 가져오며(창 2:24) 요한계시록에서 어린 양은 예수 그리스도를 의미하는 상징적인 표현이고(5:6 참조), 그 혼인의 파트너로서 어린 양의 신부는 교회 외에 다른 존재를 생각할 수 없기 때문이다. 그리고 그리스도와 교회 공동체의 완전한 연합은 교회 공동체의 완전한 구원에 대한 다른 표현이다.

신부와 신랑의 혼인 모티브는 구약에서 하나님과 그의 백성 사이의 관계를 남편과 아내로 설정한 것에 뿌리를 두고 있다(호 2:19; 사 1:21; 54:5-7[참조 사 49:18; 61:10; 62:5] 렘 2:2; 31:32; 겔 16:8-14).[359] 마태복음 22장 2절에서는 "하나님의 나라"를 "왕이 그의 아들을 위해 준비한 혼인 잔치(wedding banquet)에 비교"한다(참조 막 2:19-20). 바울도 그리스도와 교회의 관계를 남편과 아내의 관계로 묘사한다(고후 11:2; 엡 5:32).[360] 그리스도는 교회를 사랑하며 교회를 위하여 자신을 희생하셨다. 요한계시록에서 어린 양의 신부인 교회는 어린 양의 피로 인하여 구속함을 받은 자들을 의미한다(5:9; 7:14; 14:3-4).[361]

이사야 61장 10절에서 요한계시록 19장 6절이 담고 있는 "구원"(1c절)과 "기뻐하고 즐거워하는 행위"(7a절) 그리고 "혼인"(7bc절)이 서로 밀접하게 연결되어 나타난다.[362]

> 내가 여호와로 말미암아 크게 기뻐하며 내 영혼이 나의 하나님으로 말미암아 즐거워하리니 이는 그가 구원의 옷을 내게 입히시며 공의의 겉옷을 내게 더하심이 신랑이 사모를 쓰며 신부가 자기 보석으로 단장함 같게 하셨음이라(사 61:10)

이 본문에서 "기뻐하며 … 즐거워한다"와 "구원의 옷을 입히시다" 그리고 "신랑이 사모를 쓰며 신부가 보석으로 단장함 같게 하셨다"라는 문구가 연속적으로 등장한다. 이러한 세 가지 주제가 요한계시록 19장 6-7절에서도 평행적으로 등장한다.

이상의 내용을 정리하면 7b절의 "어린 양의 혼인의 때가 왔다"는 것은 앞

359 Blount, *Revelation*, 344.
360 Mounce, *The Book of Revelation*, 347. Blount, *Revelation*, 344.
361 Harrington, *Revelation*, 186.
362 Boxall, *The Revelation of St. John*, 269.

의 7a절에서 "기뻐하고 즐거워하고 그리고 그에게 영광을 드리자"는 것에 대한 이유로서 언급된다. 혼인의 주제는 구약에서 하나님과 그의 백성, 신약에서 예수 그리스도와 교회 공동체 사이의 관계를 규정하는 상징적 언어이다. 따라서 "혼인"을 통한 어린 양과 그의 신부 교회 공동체와의 완전한 결합은 1c절에서 말하는 구원의 완성이요 6d절에서 언급하는 전능자 하나님의 통치의 완성으로서 "하나님께 영광을 드리자"라는 창조 목적을 이루는 것에 대한 이유인 것이다.

그의 신부는 자신을 준비시키다(7c절) 또한 7c절의 "그의 신부는 자신을 준비시켰다"는 7b절의 '호티'(ὅτι)절(왜냐하면)의 연속이라고 할 수 있다. 따라서 7b절처럼 7c절 역시 7a절의 "기뻐하고 즐거워하고 그리고 그에게 영광을 드리자"라는 발언에 대한 이유를 제시한다. 곧 자신을 준비한 것이 기뻐하고 즐거워하는 이유가 된다. 여기에서 7c절의 내용은 같은 '호티'절 안에 속한 7b절의 혼인의 때가 도래하는 것과 서로 연동된다. 곧 혼인의 때가 왔는데 그 시점에서 신부는 자신을 준비 시킨 상태에 있었다는 것이다. 그렇다면 여기에서 "자신을 준비시켰다"는 것이 의미하는 바가 무엇인가? 먼저 "준비하다"(ἡτοίμασεν, 헤토이마센>ἑτοιμάζω 헤토이마조)라는 동사는 요한계시록에서 이 본문을 포함하여 7회 사용된다(8:6; 9:7, 15; 12:6; 16:12; 21:2).[363] 이 본문들은 이 동사의 사용을통해 "하나님의 계획이… 변경되거나 지체되지 말아야 한다"는 것을 강조한다.[364] 이것을 이 본문에 적용하면 신부가 신랑을 위해 자신을 준비시켜야 하는 것은 하나님의 뜻으로서 변경되거나 지체될 수 없으며 정확한 시점에 정확하게 이루어져야 한다는 것이다. 만일 혼인의 때가 도래했음에도 불구하고 준비되지 않았다면 기뻐하고 즐거워할 수 없는 상황이 벌어지고 마는 것이다.

그렇다면 여기에서 교회 공동체가 신부로서 어린 양 예수님과의 혼인을 위해 자신을 준비시켜야 했던 것은 무엇일까? 일반적으로 신부는 혼인 잔치 때에 신랑에게 가장 잘 보이기 위해 자신을 가장 아름다운 모습으로 준비시키는 것이 상식이다. 이것은 21장 2절에서 신부인 교회 공동체가 신랑되신 어린 양과의 혼인잔치를 위하여 자신을 단장했다는 것에서 잘 나타난다. 특별히 요

363 Smalley, *The Revelation to John*, 483.
364 앞의 책.

한계시록의 문맥에서 신부가 자신을 준비시킨다는 것을 구체적으로 말하면, 목숨을 내 놓고 짐승과 그 우상에게 절하지 아니하고, 그 짐승의 표를 받지 않으며(13:16-18; 20:4), 음녀 바벨론의 음행인 경제적 유혹에 영합하지 않는 것이다(17-18장). 그것은 11장의 두 증인처럼 죽기까지 증거의 삶을 사는 것이며 그리고 그러한 자들은 14장 4-5절의 144,000처럼 사는 자들이다.

> 이들은 여자들과 함께 더럽히지 않은 자들이다. 왜냐하면 그들은 정결한 남자들이기 때문이다. 이들은 어린 양 이 가시는 곳마다 그를 따라가는 자들이다. 이들은 사람들로부터 하나님과 어린 양 에게 속한 첫열매로 대속받았다. [5]그리고 그들의 입 안에 거짓이 발견되지 않았다. 그들은 흠 없다.

이처럼 자신을 신부로 준비시킨 이들은 궁극적으로 2-3장의 일곱 교회들이 요구 받았던 "이기는 자들"로 인정받을 수 있을 것이다(참조 21:7-8). 여기에서 "이김"이 구원의 완성을 의미한다면 "자신을 준비시킨 것"은 구원을 이루어가는 과정이라고 볼 수 있다. 이런 점에서 구원은 일종의 "역설"(paradox)로서 대가 없이 주어지는 하나님의 "선물"(gift)이면서 동시에 하나님의 "요구"(demand)에 대한 응답인 것이다.[365]

이상에서 기뻐하고 즐거워하고 그리고 하나님께 영광을 드려야 하는 이유는 어린 양의 혼인의 때가 왔을 때 그의 신부가 자신을 잘 준비시킴으로 그 혼인의 관계를 성립시키는 데 부족함이 없이 거룩하고 의로운 모습을 갖추게 되어 구원의 완성을 이루게 되었기 때문이다.

찬란하고 맑은 세마포(8a절) 8a절에서 신부가 결혼 예복으로서 "찬란하고 맑은 세마포"를 입는 것이 허락되었다고 한다. 번역에서도 밝힌 것처럼 '에도데'(ἐδόθη, 에도데>δίδωμι, 디도미)는 "허락되다"로 번역할 수 있다. 누구에 의해 허락되었을까? 이것을 "신적 수동"으로 하나님에 의해 허락된 것으로 볼 수 있지만 신랑이신 어린 양 예수에 의해 허락된 것으로 볼 수도 있다. 즉, 신랑이신 어린 양 예수 그리스도가 그의 신부인 교회 공동체에게 결혼 예복을 선물한 것으로 이해할 수 있다.

그 결혼 예복을 "찬란하고 맑은 세마포"로 묘사한다. 이러한 세마포는 "흰

365 Reddish, *Revelation*, 363.

옷"과 유사한 의미이다. 사데 교회에게 이기는 자는 "흰옷"이 입혀질 것이라 고 약속한 바 있으며(3:5) 라오디게아 성도들에게는 "흰옷"을 살 것을 촉구하였고(3:18), 천상의 셀 수 없는 무리가 "흰옷"을 입고 있으며(7:9), 또한 그 옷은 어린 양의 피에 씻어 희게 되었다(7:14). 더 나아가서 19장 14절에서는 하늘에 있는 군대들이 "희고 맑은 세마포"를 입고 있는 장면이 묘사된다. 이러한 사실을 고려하면, "밝고 맑은 세마포"를 입을 수 있는 대상이 승리한 교회임이 분명해진다. 그리고 이러한 어린 양의 신부가 입은 "찬란하고 빛난 세마포"는 17장 4절에서 음녀가 차려 입은 사치와 허영의 옷과는 매우 대조적이다.

성도들의 의로운 행위들(8b절) 또한 8b는 "왜냐하면"(γάρ, 가르)이라는 접속사로 시작하여 8b에 대한 이유로서 교회 공동체(어린 양의 신부)가 "찬란하고 맑은 세마포"를 입을 수 있는 이유를 제시한다. 그것은 바로 세마포가 "성도들의 의로운 행위들"을 의미하기 때문이다. 먼저 "성도들의"라는 소유격은 "포괄적 소유격"(general genitive)으로서 목적격적 소유격과 주격적 소유격 모두 가능하다.[366] 따라서 이 두 경우를 모두 고려할 필요가 있다.

먼저 이 소유격을 "주격적" 용법으로 볼 경우에 이것은 성도들 자신이 의로운 행위들을 행한 것으로 볼 수 있다. 여기에서 "의로운 행위들"(δικαιώματα, 디카이오마타)이란 "옳거나 바른 것에 대하여 그 기대를 충족시켜 주는 행위"를 의미한다.[367] 곧 어린 양의 신부로서 교회 공동체는 하나님의 기대를 충족시켜 줄 수 있는 행위를 한 것으로 인정 받고 있는 것이다. 그것이 무엇인가? 그것은 바로 7b절에서 말하는 것처럼, "자신을 준비시키는 행위"로서 짐승의 표를 받지 않음으로 황제 숭배를 거부하고 신부로서의 순결을 잘 지킨 행위를 가리킨다고 할 수 있다. 곧 7c절에서 "신부가 자신을 준비시켰다"에서 신부인 교회 공동체가 혼인의 때를 대비하여 자신을 적극적이고 능동적으로 준비시킨 것과 같은 의미이다. 또한 이것은 22장 11절에서 "의를 행하는 자는 그대로 의를 행하게 하라"라는 문구와도 같은 의미로 볼 수 있다.[368] 그래서 성도들이 자신을 잘 준비시키는 의로운 행위들로 말미암아 세마포를 입는 것이 허락되

366 Zerwick, *Biblical Greek*, §36; Osborne, *Revelation*, 675.
367 BDAG, 249(2).
368 Osborne, *Revelation*, 675.

었던 것이다.

또한 "성도들의"라는 소유격을 "목적격적" 용법으로 간주하면 "성도들의 의로운 행위"는 "하나님에 의해 성도들을 위해 행하여진 의로운 행위들"로 이해할 수 있다.[369] 이것은 하나님에 의해 성도들을 위해 행해지는 "보응"(vindication)의 의미를 내포한다.[370] 15장 4절에서도 하나님의 "의로운 행위들"(δικαιώματα, 디카이오마타)이 드러나게 되었다고 하여 이 '디카이오마타'를 하나님의 행위로 연결시킨다. 여기에서 하나님의 의로운 행위는 성도들에게는 구원, 불신자들에게는 심판을 모두 포함한다.[371] 하나님께서 성도들을 위해 바벨론을 심판하시는 의로운 행위로 말미암아 성도들이 구원을 받아 세마포 입는 것이 허락되는 은혜를 입게 된 것이다.

[19:9-10] 어린 양의 혼인 잔치

9-10절의 어린 양의 혼인 잔치라는 주제는 7-8절의 혼인의 때의 도래와 서로 공통점이 있으나 말하는 이의 차이에 의해 구분하였다. 그럼에도 불구하고 이 두 본문 사이에 연결 고리가 존재한다.

나에게 말하다(9a절) 9-10절의 화자는 1절과 8절에서 말하는 "큰 무리의 음성"과는 다른 존재이다. 왜냐하면 1, 6절의 "큰 무리"(ὄχλου πολλοῦ, 오클루 폴루)는 단수이지만 복수처럼 취급을 받아 그에 상응하는 분사인 '레곤톤'(λεγόντων)을 복수로 사용하고 있는 반면, 9a절에서 '레게이'(λέγει)의 주어는 단수로 사용되고 있기 때문이다. 그러나 구체적으로 언급되지 않는 것으로 보아 저자는 독자들이 쉽게 알 수 있는 대상이라고 생각하는 것으로 보인다. 그러므로 문맥을 통해 그 화자를 찾아 내는 것이 필요하다. 17장 이후로 여러 종류의 천사들이 발언을 해 오고 있는데 "큰 무리의 음성"은 그 중의 하나와 관련될 것이다. 이 중에서 화자를 찾아 볼 필요가 있다.

18장 1-3절에서는 "다른 천사"가 말하고, 18장 4-20절에서는 "하늘로부터 음성"이 말하고, 18장 21-24절에서는 "힘센 천사"가 말한다. 반면 19장 1

369 Osborne, *Revelation*, 675.
370 앞의 책.
371 Koester, *Revelation*, 633.

절과 6절에서 "하늘에 큰 무리"는 교회 공동체를 의미하는 것이어서 천사의 발언과 거리가 멀다. 따라서 이것을 제외하면 19장 5b절의 "보좌로부터 음성"이 9절과 가장 가까우므로 이 음성이 9절의 화자일 가능성이 크다.[372] 스웨테는 이 천사를 17장 1절의 "일곱 대접을 가진 일곱 천사 중 하나"라고 주장한다.[373] 이 경우에 이 천사는 "해석하는 천사"로서 요한과 줄곧 함께 활동한다고 볼 수 있다.[374] 그러나 스몰리는 중간에 여러 다른 천사들의 등장으로 그 흐름이 끊어졌다고 보고 스웨테의 입장에 대해 유보적이다.[375] 대신에 9-10절의 화자는 19장 5b절의 "보좌로부터 음성"과 동일시 하면서 동시에 18장 21절의 "힘센 천사"와 동일한 대상일 가능성이 있다고 주장한다.[376] 더 나아가서 9-10절이 22장 8-9절과의 평행 관계에 의해 이 본문에 등장한 천사일 가능성도 있다.[377]

이상에서 9-10절의 화자는 1, 6절의 "큰 무리의 음성"과는 다르며, 5a절의 "보좌로부터 음성"과 동일한 것을 보는 것이 적절하다. 또한 그것이 17장 1절의 "일곱 대접을 가진 일곱 천사 중 하나"로 보는 것은 신중할 필요가 있다.

기록하라(9b절) 첫번째 대화 내용으로는 먼저 "기록하라"는 것이다. 이것은 구약에서 이사야나 예레미야와 에스겔 등에게 "가서 말하라"라는 선지적 발언 행위의 패턴을 보여준다(사 6:9; 렘 2:2; 겔 3:4).[378] 요한계시록에서 '기록 명령'은 2-3장 외에 모두 5회 발견된다(1:11, 19; 14:13; 19:9; 21:5). 기록을 명하는 경우는 세 가지 범주가 있다. 첫째로, 책 전체를 기록하라는 명령이고, 둘째로, 2-3장에서 각 교회에게 주어지는 선지적 메시지를 기록하라는 명령이고, 세째로, 앞에서 언급한 어떤 중요한 사실을 확증하기 위해 요약하여 기록할 것을 명령하는 경우이다.[379] 9b절의 경우는 14장 13b절과 21장 5d절과 함께 세 번째 경우

372 Smalley, *The Revelation to John*, 484.
373 Swete, *The Apocalypse of St. John*, 244.
374 Reddish, *Revelation*, 364.
375 Smalley, *The Revelation to John*, 484.
376 앞의 책.
377 Reddish, *Revelation*, 363.
378 Koester, *Revelation*, 731.
379 Beale, *The Book of Revelation*, 944.

뿐만 아니라,[380] 첫번째의 경우에도 해당되는 것으로 볼 수 있다.[381]

특별히 14장 13절과 19장 9절은 서로 밀접한 평행 관계를 갖는다.[382] 이 두 본문을 다음과 같이 비교해 볼 수 있다.

14:13	19:9
13a)그리고 나는 하늘로부터 음성이 말하는 것을 들었다.	9a)그리고 그가 나에게 말한다.
b)기록하라:	b)기록하라:
c)지금부터 주 안에서 죽은 죽은자들은 복있다.	c)어린 양의 혼인 잔치에 초대받은자들은 복있다

혼인 잔치(9c절) 9c절은 9b절에서 "기록하라"고 하는 명령에 대한 응답으로 기록하는 내용을 소개한다. 그것은 7-8절에서 언급한 "어린 양의 혼인의 때"가 도래한 정황을 배경으로 종말적인 "혼인 잔치(δεῖπνον, 데이프논)"에 초점을 맞추어 서술한다. 곧 "어린 양의 혼인 잔치에 초대받은 자들은 복있다"고 하는 것이다. 이것은 요한계시록에서 일곱 복(1:3; 14:13; 16:15; 20:6; 22:7, 14) 중에서 네 번째이다.[383] 그렇다면 어린 양의 혼인 잔치에 초대받은 이들이 복있는 이유는 무엇인가? 일반적으로 "잔치" 곧 "만찬"이란 단어는 매우 친밀한 사이의 식탁교제를 의미한다. 이러한 사실은 3장 20절에서 실제적으로 예시된다.

> 누구든지 내 음성을 듣고 문을 열면 내가 그에게로 들어갈 것이다. 그리고 나는 그와 함께 먹고 그는 나와 함께 먹을 것이다.

이 본문은 예수님께서 만찬을 통해 라오디게아 교회와의 친밀한 관계 회복을 보여준다. 결국 "복있다"(μακάριοι, 마카리오이)는 말은 종말적으로 완성된 하나님 나라에서 예수 그리스도와 친밀한 교제를 누릴 수 있는 완전한 연합 때문이다. 치열한 영적 전투에서 끝까지 견디며 이기는 자들은 기대하던 어린 양의 혼인 찬치에 참여하는 복을 누리게 될 것이다.

380 앞의 책.

381 오우니는 19장 9b절에 대한 해석에서는 첫 번째의 경우를 직접 언급하지 않았지만 이 본문과 평행적 관계로 지적한 14장 13b절에서는 첫번째의 경우를 언급하고 있다. 이에 대한 자세한 내용은 14장 13b의 주해를 참고하라(Aune, *Revelation 6-16,* 838).

382 Aune, *Revelation*, 1031.

383 Aune, *Revelation*, 1031.

한편 9c절은 7-8절과 혼인 주제와 관련하여 다른 관점을 보여준다. 7-8절에서는 어린 양의 신부로서 교회 공동체가 혼인의 주인공으로 등장하지만, 9c절에서는 믿는 자 개개인이 혼인잔치에 초청객으로 묘사된다. 여기에서 저자 요한이 "일관성"(consistency)이 없다고 비난할 수 있으나 그것은 요한계시록의 문학적 특징을 간과한 것이다. 요한은 그의 이미지를 표현하는 데 있어서 과학적이거나 분석적이지 않고 시적이며 상상적인 언어를 사용함으로 모순을 뛰어 넘는 유연함이 있다는 것을 기억할 필요가 있다.[384]

이러한 측면 외에 또 다른 관점이 있다. 곧 7-8절의 신부와 9c절의 초대받은 자들 모두 그리스도와의 완전한 연합을 강조하고 있지만, 전자는 교회 공동체의 공동체성에 초점을 맞추는 반면, 후자는 교회 공동체의 개별적 구성원에 초점을 맞춘다고 보는 것이다.[385] 그러므로 7-8절과 9절은 구속 받은 서로 다른 두 집단을 언급하고 있는 것이 아니라 강조점의 차이라고 볼 수 있다.[386] 이러한 패턴이 22장 17절에도 나타난다. 이 본문에서 "성령과 신부"가 "듣는 자"와 "목마른 자" 그리고 "원하는 자"로 하여금 "생명의 물"을 마음껏 마시도록 초대하고 있는데 여기에서도 "신부"는 공동체로서 교회를 가리키고, 그 "신부"가 초대하는 그 대상은 각 개별적 구성원에 초점을 맞추고 있다.

혼인 잔치 사건에서 두 가지 종말적 주제가 조합된다. 첫째로, 신랑과 신부를 통한 혼인 주제는 구약에서부터 이어온 하나님과 이스라엘 사이의 관계의 특징을 반영하여 종말적 완성의 상태를 보여준다. 이와 관련된 내용에 대해서는 7절에서 충분히 논의한 바 있다. 둘째로, 혼인 잔치 주제는 창조 때부터 내려온 언약 관계의 결정판으로서 종말적 만찬에 대한 약속의 완성이라고 볼 수 있다. 이것을 잘 반영해 주는 신약 본문이 마태복음 8장 11절이다.[387]

> 또 너희에게 이르노니 동 서로부터 많은 사람이 이르러 아브라함과 이삭과 야곱과 함께 천국에 앉으려니와(마 8:11)

이 본문에서 "앉다"(ἀνακλιθήσονται, 아나클리데손타이>ἀνακλίνω, 아나클리노)라는 단어는 "종말적 잔치"를 인유하는 단어이다.[388] 그리고 이런 종말적 잔치와 그 잔

---

384 Reddish, *Revelation*, 364.
385 Beale, *The Book of Revelation*, 945.
386 앞의 책.
387 Swete, *The Apocalypse of St. John*, 244.
388 D. A. Hagner, *Matthew 1-13*, WBC 33A (Dallas: Word, 1993), 205. BDAG도 이 단어가 "메시야적

치에 초대하는 주제가 결합된 본문으로는 누가복음 14장 15-16절 말씀이 있다.[389]

> [15]함께 먹는 사람 중의 하나가 이 말을 듣고 이르되 무릇 하나님의 나라에서 떡을 먹는 자는 복되도다 하니 [16]이르시되 어떤 사람이 큰 잔치를 베풀고 많은 사람을 청하였더니(눅 14:15-16)

이 본문의 15절에서 "하나님의 나라에서 떡을 먹는 자"는 곧 16절에서 "큰 잔치"(δεῖπνον μέγα, 데이프논 메가)에 초대받은 자이다. 16절에서 큰 잔치의 초대는 응하는 자가 없어 결국에는 초대받지 않은 자들을 강권하여 잔치 자리를 채우게 된다. 그러나 요한계시록에서 초대는 이러한 형태와 차이를 보여준다. 그것은 "자신을 준비시켰다"(7c절)라는 말씀에서 보여 주듯이 자발적이고 적극적인 자세로 초대에 응하는 모습을 가리킨다. 따라서 요한계시록 본문에서 큰 잔치에 초대를 받았다는 것은 그 초대에 거부하는 자들 없이 하나님 나라의 만찬에 참여하는 것을 의미한다.

이러한 종말적 잔치는 이사야 25장 6절에 "예시"(prefigure)되고 있다.[390]

> 만군의 여호와께서 이 산에서 만민을 위하여(πᾶσι τοῖς ἔθνεσιν, 파시 토이스 에드네신) 기름진 것과 오래 저장하였던 포도주로 연회를 베푸시리니 곧 골수가 가득한 기름진 것과 오래 저장하였던 맑은 포도주로 하실 것이며

이 본문에서 하나님은 이스라엘을 포함한 모든 나라들을 위해 값진 음식이 제공되는 종말적 만찬을 베풀어 주겠다고 약속하신다. 또한 바룩 3서 48장 10절에서 종말적 만찬이 예루살렘에 베풀어진다고 하고 엘리야의 묵시록(Apocalypse of Elijah)에서 "의인들은 이 세대와 오는 세대 사이에 40년간의 중간 통치(interregnum) 동안 메시야와 잔치"에 참여한다고 한다.[391] 쿰란 공동체의 "공동의 식사"(common meal) 역시 "메시아적 만찬"에 대한 "제의적 기대"(ritual anticipation)의 기능을 한다(1QS 6.1-8).[392] 예수님께서 제자들에게 베푼 최후의 만찬(마 26:27-29; 눅 22:29-30)은 그의 죽음을 통해 다가 올 영광의 "선취"(foretaste)라고 할 수 있다.

만찬"(Messianic banquet)을 표현하는 데 사용된다는 사실을 지적한다(BDAG, 65[2]).

389 Aune, *Revelation 17-22*, 1032.

390 Mounce, *The Book of Revelation*, 348.

391 앞의 책, 348.

392 Smalley, *The Revelation to John*, 485.

이상에서 구약과 유대 문헌에서 메시아와 이스라엘 사이에 종말적 잔치의 참여에 대한 기대는 매우 보편적 사상이었다는 것을 알 수 있다.[393] 이러한 기대는 마태복음 8장 11절에서 좀 더 구체화 되었으며 예수님께서 베푸신 최후의 만찬에서 선취되었다. 요한계시록 19장 9c절의 혼인 잔치는 구약과 쿰란 공동체에서 기대했던 종말적이며 메시아적인 잔치에 대한 약속이 종말적이고 최종적으로 완성되는 사건인 것이다.

참된 하나님의 말씀(9d절) 보좌로부터 (나오는) 음성은 9a절에 이어서 9d절에서 "이것들이 하나님의 참되신 말씀(들)이다"고 말한다. (21:5; 22:6 참조). 먼저 여기에서 "이것들"이 구체적으로 무엇인지는 정확히 밝히기는 어렵다. 오스본은 "이것들"이 무엇을 가리키는지에 대한 학자들의 견해를 다음과 같이 분류한다. 첫째, "초대받은 자들은 복있다"라는 문구로 보는 견해(Hughes, Wall, Thomas), 둘째, "혼인 잔치"에 대해 언급하는 것으로 보는 견해(Ladd, Johnson, Mounce, Beale), 셋째, 17장 1절-19장 9절의 단락 전체로 보는 견해(Beasley-Murray, Giesen), 넷째, 요한계시록 전체로 보는 견해(Kiddle, Sweet)가 있다.[394]

이 네 가지 견해 중에서 두 가지가 개연성이 있다고 보여진다. 첫째로, 만약 19장 9-10절이 요한계시록 중에서 바벨론의 멸망을 다루는 부분(17:1-19:9)과 관련되고 있다면, "이것들"은 이 부분을 지시하고 있는 것이라 할 수 있을 것이다.[395] 둘째로, "이것들"이 앞에서 언급된 내용을 끝맺음 하고 있다면, 그것은 바로 7-9abc절에서 혼인 때의 도래와 혼인 잔치 초대받은 자의 복에 대한 말씀의 진실성을 공식적으로 확증해주는 것으로 볼 수 있을 것이다.[396] 그러나 17장 1절-19장 9절과 19장 7-9절은 서로 유기적 관계를 가지고 있으므로 이 두 가지 중에 어느 하나를 선택하는 것은 큰 의미가 없다.

지상에서 악의 세력으로 말미암아 고난을 당하는 성도들에게 심판과 구원의 종말적 완성이 반드시 이루어지게 된다는 하나님의 말씀이 거짓이 아니라 "참되다"는 엄숙한 선언은 그들에게 고난을 이길 수 있는 큰 힘을 주었을 것이

393 Mounce, *The Book of Revelation*, 348.
394 Osborne, *Revelation*, 676.
395 Blount, *Revelation*, 347.
396 Beale, *The Book of Revelation*, 946

분명하다.[397] "하나님의 말씀이 참되다"라는 선언은 이 문맥에서 보면 구원과 관련된 것으로서 19장 2절에서 바벨론에 대한 하나님의 심판이 "참되다"고 한 것과 동전의 양면과 같다.[398]

예수의 증거를 가지고 있는 너의 형제들(10d절) 다음 10절은 17장 1절부터 시작되는 바벨론 멸망에 대한 기록과 바벨론 멸망에 대한 반응으로 터져나온 찬양으로 마무리를 장식한다. 먼저 10a절에 의하면 요한은 7-9절에서 천사가 전달한 혼인 잔치에 대한 메시지에 감동되고 그 진실성의 확증에 압도되어 그 발 아래 엎드려 경배하려 했다. 그러나 10c절에서 천사는 "조심하라. 그렇게 하지마라"고 말하면서(10b절), 이런 요한의 행위를 강력하게 제지한다. 그리고 10d절에서 천사는 그 이유에 대해 설명한다. 그것은 바로 천사 자신이 "예수의 증거를 가지고 있는 너(요한)의 형제들의 동료-종(σύνδουλός, 쉰둘로스)"이라는 것이다. 여기에서 "예수의 증거"란 무엇을 의미하는가? 이 의미를 규명하기 위해 "예수의"라는 소유격을 주격적 용법과 목적격적 용법으로 나누어 생각할 필요가 있다.

첫째로, "예수의"라는 소유격을 주격적 용법으로 본다면, "예수의 증거"는 예수님께서 하신 증거로서 예수님께서 지상에 계시는 동안 "하나님에 대한 진리"를 증거하신 사역을 가리킨다.[399] 이 경우에 "예수의 증거"는 1장 2절에서 "하나님의 말씀"과 설명적 관계로서 주어진 "그리스도의 증거"와 평행 관계를 이룬다. 1장 2절과 관련하여 "하나님의 말씀이 구약의 율법과 선지자들을 통해 진행되어 온 하나님의 뜻과 계획을 담고 있는 것이라면, 그리스도의 증거는 예수 그리스도의 사역을 통해 하나님의 말씀을 성취하고 온전히 드러나게 하는 기능을 갖는다"고 해석한 바 있다.[400] 이 내용을 간단히 정리하면, 그리스도의 증거는 곧 하나님의 구속 계획을 성취하고 온전히 드러내는 역할을 한다는 것이다. 이런 점에서 예수님은 "신실한 증인"이시다(1:5; 3:14).[401] 이런 내용을 10d절의 "예수의 증거"라는 문구에 적용할 수 있다. 예수님의 오심과 사

397 G. E. Ladd, *A Commentary on the Revelation of John* (Grand Rapids: Eerdmans, 1972), 250.
398 Koester, *Revelation*, 731.
399 Smalley, *The Revelation to John*, 487.
400 1권 47쪽; Boxall, *The Revelation of St. John*, 26.
401 Koester, *Revelation*, 732.

역 자체가 증거의 기능으로서 하나님의 구속 계획을 성취하여 드러내고 있는 것이다. 이런 주격적 용법의 측면에서 "예수의 증거를 가진 너의 형제들"을 해석하면 신실한 증인으로서 예수님께서 하신 증거의 사역이 "현재에도"(쾨스터의 이탤릭) 요한과 그의 형제들 곧 선지자들을 통해서 계속되고 있다는 것이다.[402]

둘째로, "예수의"라는 소유격을 목적격적 소유격으로 본다면, 그 형제들이 "예수에 대한 증거"를 선포하는 사역을 수행하고 있다는 의미로 볼 수 있다.[403] 오우니가 지적한 것처럼, 17장 6절에서 예수에 대한 증거는 신자들이 피를 흘리기까지 수행하는 사역이라고 볼 수 있다.[404]

이상에서 주격적 소유격의 경우는 예수의 증거 사역에 초점을 맞추고 신자(형제)들이 그 증거 사역을 이어가야 한다는 것을 말하고 있는 반면, 목적격적 소유격은 예수에 대한 증거를 신자(형제)들이 감당하게 된다는 것에 초점을 맞춘다. 그러나 "예수의"(Ἰησοῦ, 예수)라는 소유격의 용법에 대한 논의에서 굳이 주격적 소유격이거나 목적격적 소유격 용법 중에 하나를 선택해야 하는 것이 아니라 8b절의 "성도들의"의 경우처럼 "포괄적 소유격"으로서 주격적 소유격 용법과 목적격 소유격 용법 모두 가능하다고 볼 수 있다.[405] 따라서 이 두 가지 경우를 모두 고려하여 본문을 폭넓게 이해할 필요가 있다.[406]

동료-종(10d절) 천사는 요한 그리고 요한의 형제들과 "동료-종"이라고 밝히고 있다. 여기에서 "동료종"이라는 것은 하나님을 섬기는 일에 있어서 같은 입장이라는 것이다.[407] 여기에서 주의할 것은 천사와 인간이 동질의 존재라는 것이 아니라 "기능적 차원"에서 "동등한 동료"라는 것이다.[408] 마태복음 18장 28절이하와 24장 49절에서 예수님은 제자들에게 모든 그리스도인들은 모

402 앞의 책.
403 Swete, *The Apocalypse of St. John*, 246; Smalley, *The Revelation to John*, 487.
404 Aune, *Revelation 17-22*, 1038-39.
405 Smalley, *The Revelation to John*, 487.
406 다만 오우니는 주격적 용법으로서 "예수께서 하신 증거"라는 해석은 예수님께서 빌라도 앞에서 심문받을 때 제시했던 증거(마 27:11-14; 막 15:1-5; 눅 23:1-12; 요 18:19-24, 33-38) 외에 달리 생각할 수 없는데 그것은 매우 제한된 내용일 수 밖에 없다는 이유로 반대한다(Aune, *Revelation 17-22*, 1039).
407 Osborne, *Revelation*, 677.
408 Blount, *Revelation*, 348.

두 "동료종"(쉰둘로스)이라고 가르치셨으며, 히브리서 1장 4절 이하에서는 천사들도 "동일한 주님의 종들"이며 누가복음 20장 36절에서는 천사들과 "동등"(ἰσάγγελοι, 이상겔로이)이라고 한다.[409] 특별히 요한계시록 1장 1절에서 그리스도의 계시 곧 예수의 증거는 천사를 통하여 요한에게 주어진다. 이러한 관계는 천사가 계시의 원천이 아니라 요한에게 그리스도의 계시를 전달하는 통로라는 점에서 요한과 동료 관계라는 것을 시사한다.

하나님께만 경배하라(10e절) 이와 같은 사실에 근거해서 10e절에서 천사는 자신에게 경배하지 말고 하나님께만 경배할 것을 요청한다. 이 상황과 유사한 상황이 22장 9절에서 다시 한번 반복된다.[410] 요한이 천사에게 이러한 것을 요청한 것은 당연하다. 왜냐하면 요한과 "동료-종"에 불과한 천사에게 경배하는 것은 있을 수 없는 일이기 때문이다. 이처럼 천사 경배를 거부하는 행위에 대한 묘사는 유대 전승에서 "유일신 사상"(monotheism)에 대한 "안전 장치"(safeguard)로 사용된 바 있다(이사야의 승천 7:21-22, 8:5; 토빗 12:16-22; 스바냐의 묵시록 6:11-15; 요셉과 아세넷 15:11-12 등).[411] 이런 유대 전승을 배경으로 볼 때 요한계시록 본문에서 천사가 요한의 경배를 거부하는 행위는 전통적 유일신 사상을 반영하고 있다고 볼 수 있다.

예수의 증거는 예언의 영(10f절) 10f절은 '가르'(γάρ)라는 접속사로 시작한다. 이 접속사는 번역에서 언급한 것처럼 "설명적 의미"(explanatory sense)로서 앞의 내용인 10de절을 보충 설명하는 내용으로 볼 수 있다.[412] 다시 말하면 10d절의 "예수의 증거"라는 문구를 10f절에서 동일하게 가져와서 그것을 "예언의 영"이라고 하여 좀 더 보충해서 설명하고 있는 것으로 볼 수 있다. 이런 관계로 인하여 10f절은 10de절과 함께 연동해서 이해해야 한다.

먼저 "예수의 증거"(μαρτυρία Ἰησοῦ, 마르튀리아 예수)라는 문구에서 "예수의"(Ἰησοῦ, 예수)라는 소유격의 용법에 대해서는 10d절에서 충분히 논의했으므로 여기에서는 간단하게 언급하고자 한다. 10d절의 경우처럼 여기에서도 "예

409 Swete, *The Apocalypse of St. John*, 245.
410 Aune, *Revelation 17-22*, 1038.
411 Bauckham, *The Climax of Prophecy*, 124.
412 Charles, *A Critical and Exegetical Commentary on the Revelation of St. John*, 2:130.

수의"라는 소유격은 주격적 용법과 목적격 용법이 모두 가능하다고 할 수 있다.[413] 주격적 용법으로 본다면 "예수께서 하신 증거"이고 목적격적 용법으로 본다면 "예수에 대한 증거"라고 할 수 있다. 10d절에서는 "예수의 증거"를 "형제들이 가지고 있다"는 것과 연결해서 해석했다면 10f절에서는 "예언의 영"이라는 문구와 함께 연결해서 해석할 것이다. 이렇게 연결된 문구를 살펴 보기 전에 먼저 "예언의 영"에 대해 살펴보고자 한다.

"예언의 영"이라는 문구의 "영"은 헬라어로 '프뉴마'(πνεῦμα)로서 성령을 의미한다. '프뉴마'라는 단어는 요한계시록에서 모두 24회 사용되는데 그 중에서 13장 15절의 "생기", 16장 13절의 "세 더러운 영들", 16장 13절의 "귀신들의 영들", 18장 2절의 "악한 영" 그리고 22장 6절의 "선지자들의 영들"을 제외한 19회는 모두 "성령"을 의미한다. 이 본문에서 '프뉴마'는 "성령"을 의미한다고 보는 것이 일반적이다.[414] 그리고 "예언의"라는 소유격은 주격적 용법보다는 목적격 용법으로 보고 "예언을 주시는 성령"이라고 하는 것이 좀 더 적절하다. 왜냐하면 "예언의"라는 소유격을 주격으로 볼 경우에 "예언은 성령이다"라는 의미가 되는데 이것은 적절한 표현이 될 수 없기 때문이다. "예언을 주시는 성령"을 바꾸어 말하면 "성령으로 말미암는 예언"이라고도 할 수 있다. 곧 예언은 성령으로 말미암는다고 할 때 "예언의 영"이란 문구는 "하나님의 영은 예언을 전달한다"를 의미하는 것으로 볼 수 있다.[415] 그렇다면 하나님의 영은 어떻게 하나님의 백성에게 예언을 전달하는가? 하나님의 영은 "선지자들을 통해" 하늘에 계신 그리스도의 말씀을 지상에 있는 그의 백성들에게 전달하신다.[416] 요한이 선지자로서 지상에 존재하는 소아시아의 일곱 교회에게, 승천하여 하늘에서 왕으로서 좌정하신 예수님의 말씀을 선포하는 요한계시록의 말씀은 바로 "예언의 영"이신 성령이 활동한 결과이다. 이런 점에서 "성령은

413 이것을 8b절의 "성도들의"의 경우처럼 "포괄적 소유격"이라고 한다(Smalley, *The Revelation to John,* 487).

414 Bauckham, *The Climax of Prophecy,* 160-61. 그러나 마운스는 "예언의"를 주격적 소유격으로 간주하고 '프뉴마'를 "본질"(substance)이란 의미로 보면서 이 문구를 "예수에 대한 증거는 모든 예언의 공통된 본질이다" 또는 "예언의 참 정신은 예수에 대한 증거를 함으로써 드러난다"로 해석한다(Mounce, *The Book of Revelation,* 349). 벅스얼도 마운스의 견해를 지지하면서, '프뉴마'를 "핵심"(essence) 혹은 "패러다임"을 의미하는 것으로 보고 "예수께서 행하신 증거는 예언의 본질 혹은 패러다임"이라고 해석한다(Boxall, *The Revelation of St. John,* 270). 그러나 '프뉴마'가 "본질"이나 "패러다임"을 의미하는 것으로 보는 것은 근거가 충분하지 않으므로 받아들이기가 어렵다.

415 Bauckham, *The Climax of Prophecy*, 160.

416 앞의 책.

주로 선지적 현현(prophetic manifestation)의 특징을 지닌다"고 할 수 있다.[417] 그리고 여기에서 덧붙일 것은 "예언"은 단순히 미래에 대한 사건을 미리 예측하는 것이 아니라 하나님의 뜻과 계획을 담고 있는 하나님의 말씀을 의미한다.[418] 따라서 "예언의 영"으로서 성령은 하나님의 뜻과 계획을 선지자를 통해 선포하시는 역할을 한다.

이것을 앞에서 언급된 "예수의 증거"와 연결해서 살펴 볼 필요가 있다. "예수의 증거"를 주격적 용법과 목적격적 용법 두 가지로 나누어서 생각해 보기로 한다. 먼저 주격적 용법을 적용해서 살펴 보면 보쿰이 지적한 것처럼 "예수께서 주신 증거는 성령의 감동으로 말미암은 예언의 내용"이라고 할 수 있다.[419] 곧 신실한 증인으로서 예수님의 지상 사역 전체에 걸쳐 보여주신 증거의 모든 내용은 성령이 개입하여 하나님의 뜻과 계획을 성취하고 드러내는 예언의 특징을 갖는다는 것이다. 이것은 구약에서 선지자들의 "선지적 발언"이 성령의 활동에 예속된다(민 11:25; 욜 2:28; 겔 37:1, 4)는 사실에 그 배경이 있다.[420] 터너(Turner)에 의하면 누가는 예수 탄생 이야기와 관련하여 엘리사벳, 사가랴(1:41-42; 1:67), 시므온(2:29-35), 안나(2:38) 등이 기독론적 관점에서 예언의 영에 의한 선지적 언사들을 발하는 장면들을 기록함으로써 새로운 시대에 종말적 성취의 형태로 예언의 영의 활동을 보여준다.[421] 그리고 예수님의 활동을 통해 예언의 영의 활동은 본격화 되며 신약 교회에서 이런 예언의 영은 활동은 지속된다(살전 5:19–20; 고전 12:1–3).[422]

예수께서 하신 증거의 사역을 요한과 같은 선지자들이 계속 이어가는데 이 과정에서도 또한 성령의 감동이 발생한다. 이런 점에서 예수께서 하신 증거의 사역을 이어가는 요한의 선지적 활동의 결과로서 요한계시록 자체가 성령의 감동으로 주어진 예언의 말씀인 것이다. 2–3장에서 부활하여 승천하신 예수님의 말씀은 "성령을 통해" 교회 공동체에게 선포되고 또한 성령이 교회

417 Aune, *Revelation 17-22*, 1039.
418 이에 대한 자세한 논의는 1권 53-56쪽에서 1장 3절의 "예언"에 대한 주해를 참조하라.
419 Bauckham, *The Climax of Prophecy*, 161.
420 Koester, *Revelation*, 732.
421 M. Turner, *The Holy Spirit and Spiritual Gifts: In the New Testament Church and Today*, rev. ed. (Peabody, MA: Hendrickson, 1998), 22-23.
422 Koester, *Revelation*, 732.

들에게 말씀하실 때 선지자 요한을 사용하신다(2:1, 7, 8, 11; 22:16–17).[423]

그리고 "예수의"를 목적격적 소유격 용법을 적용해서 "예언의 영"과 연결하면 "신자들이 감당하는 예수에 대한 증거는 성령의 감동으로 주어지는 예언이다"라고 할 수 있다. 이것은 신자들이 예수에 대한 증거를 선포하는 현장이 바로 성령이 역사하여 하나님의 뜻을 나타내는 예언의 역사가 일어나는 현장이라는 것을 의미한다.

10f절은 10d절과 어떤 관계인가? 10d절에서 천사는 예수의 증거를 가지고 있는 요한과 요한의 형제들이 천사와 동료-종의 관계이므로 자신을 경배하지 말고 하나님만을 예배하라고 천명한다. 10f절은 예수의 증거는 성령으로 말미암아 주어진 예언이라고 말한다. 이 두 부분의 연결고리는 "예수의 증거"이다. 이러한 연결 고리에 의해 10f절과 10d절은 서로 연결되는 관계라는 것을 추정할 수 있다. 10de절은 예수의 증거가, 그것이 예수님께서 하신 증거이든(주격적 용법) 예수님에 대한 증거이든(목적격적 용법), 그것을 요한과 형제들이 감당하고 있다는 것에 초점을 맞추어 그것을 하는 그들의 역할과 기능에 있어서 천사 자신과 다를 바 없는 위치에 있다는 것을 강조하는 반면, 10f절은 그러한 예수의 증거가 성령의 감동으로 주어진 예언이라는 사실을 강조한다. 따라서 10f절에서 "예수의 증거가 성령으로 말미암아 주어지는 예언"이라는 사실은 10d절의 "예수의 증거"를 보충해서 설명해 주는 것이다.

이상의 내용을 정리하면 10f절의 "예수의 증거는 예언의 영이다"라는 문구는 10d절에 대한 보충 설명으로서 예수께서(혹은 예수에 대한) 주시는 증거는 성령으로 말미암아 주어지는 예언임을 알려준다.

한편 19장 9-10절은 22장 6-9절과 언어적 평행을 이룬다. 이러한 언어적 평행을 다음과 같이 도표로 정리할 수 있다.

423 Bauckham, *The Climax of Prophecy*, 161.

19:9-10	22:6-9
9 c)어린 양의 혼인 잔치에 초대받은자들은 복있다. d)그리고 그는 나에게 말한다: 이것들은 하나님의 참된 말씀(들)이다. 10 a) 그리고 나는 그를 경배하기 위해 그의 발(들) 앞에 엎드렸다. b)그리고 그는 나에게 말한다: c) 조심하라. 그렇게 하지 마라. d)나는 너와 그리고 예수의 증거를 가지고 있는 너의 형제들의 동료-종이다. e)너는 하나님께 예배하라.	22 a)그리고 그는 나에게 말했다: 이것들은 신실하고 참된 말씀(들)이다. b)그리고 … 7)… b) 이 책의 예언의 말씀(들)을 지키는 자는 복있다. 8 a)그리고 … b)내가 듣고 보았을 때, 나는 나에게 이것들을 보여주 천사의 발 앞에 경배하기 위해 엎드렸다. 9 a)그리고 그는 나에게 말한다: b)조심하라. 그렇게 하지 마라. c)나는 너와 그리고 선지자들 곧 너의 형제들의 동료-종이다. d)너는 하나님께 예배하라.
음녀 바벨론의 멸망을 언급한 17:1-19:10의 결론	새예루살렘을 기록한 21:9-22:9 의 결론

19:9-10은 음녀 바벨론의 멸망을 언급한 17:1-19:10의 결론부에 해당하고, 22:6-9은 그리스도의 신부로서의 새 예루살렘을 언급한 21:9-22:9의 결론부에 해당한다. 이러한 구성에 의해서 17:1-19:10과 21:9-22:9은 각각 바벨론의 멸망과 새 예루살렘의 영광이라는 요한계시록 전체의 이중적 결론임을 더욱 분명하게 보여 준다.

[19:1-10 정리] 19장1-8절은 천상적 교회 공동체를 의미하는 하늘의 큰 무리의 음성같은 것이 말하는 내용이고 19장 9-10절은 이와는 다른 음성이다. 먼저 1-8절은 1-5절과 6-8절로 나누어진다. 1-5절은 주로 찬양의 내용을 기록하고 있다: 하늘에 있는 큰 무리들의 찬양(1-3절)과 이십사 장로와 네 생물의 찬양(4절) 그리고 보좌로부터의 음성이 성도들에게 찬양을 권고(5절). 1-8절에 모두 네 개의 "할렐루야"가 나오는데 그 중에 세 개가 1-5절에 속해 있다. 이런 "할렐루야"라는 찬양의 이유에는 하나님에 의한 바벨론에 대한 심판과 그의 백성들의 구원 사건이 있다. 그리고 그런 구원 사건의 이면에는 동전의 양면처럼 바벨론 심판이 있다. 바벨론에 대한 하나님의 심판은 참되고 의롭다. 왜냐하면 음녀 바벨론은 땅을 더럽혔고 성도들의 피를 흘리는 살인을 저질렀기 때문이다(2절). 3절에서 음녀 바벨론의 심판이 최종적이며 영원하다는 것이 음녀 바벨론을 태우는 연기가 영원히 올라가는 그림 언어로 표현된다. 4-5절에서는 24장로와 모든 종들이 하나님을 찬양한다.

이어서 6-8절에서 어린 양의 혼인의 때를 언급하면서 바벨론의 멸망으로 말미암은 하나님의 구원 사건에 대한 새로운 관점을 제시한다. 이 혼인의 때를 기꺼이 맞이 하기 위해 신부는 자신을 준비시킨다. 이런 혼인의 때에 준비된 성도들에게 그들의 의로운 행위를 인정받는 것을 의미하는 찬란하고 맑은 세마포 옷을 입는 것이 허락된다.

하나님의 구원 사건은 "기록하라"는 명령에 의해 그 중요성이 확증된다(9b절). 이 본문에서 혼인 잔치는 메시아적 만찬의 종말적 완성에 대한 이미지를 제공한다(9b절). 이러한 메시아적 만찬과 그 만찬에 초대하는 주제는 구약과 유대문헌 그리고 복음서와 같은 신약의 다른 성경 등에서 매우 풍부하게 언급된다. 요한계시록의 결론 부분에서 이런 주제를 보여 주는 것은 다시 한 번 요한계시록의 중요성을 보여주고 있는 대목이라고 할 수 있다. 이러한 선지적 계시의 통로 역할을 하는 천사는 요한과 같은 기능을 갖는 동료-종으로서 성령의 감동으로 말미암는 예언으로서 예수의 증거에 요한과 그의 형제들과 함께 동참한다(10d절). 여기에서 예수의 영은 성령이며 곧 예언을 주신 분은 성령이다.

핵심 메시지

18장 1-19장 10절의 핵심 메시지를 다음과 같이 몇 가지로 정리할 수 있다. 첫째로, 이 본문은 바벨론의 멸망 상황을 다양한 방식으로 묘사한다. 제일 먼저 언급되는 내용은 바로 18장 2절에서 하늘로부터 내려온 다른 천사의 외침으로, 그는 무너져 버린 바벨론이 "귀신들의 처소"요 "모든 더러운 영의 소굴"이고 "모든 더러운 새의 소굴" 그리고 "모든 악하고 혐오스러운 짐승의 소굴"이 되었다고 외친다. 그리고 18장 7b절에서 "하늘로부터 다른 음성"은 음녀 바벨론에게 고통과 슬픔을 주라고 한다. 그러자 8ab절에서 "죽음과 슬픔과 기근"이 한 날에 임했고 음녀가 불태워진다. 그리고 9-20절에서는 음녀 바벨론과 밀접한 관계를 갖고 권력을 얻거나 치부했던 "땅의 왕들"과 "땅의 상인들"과 그리고 "바다 사람들"의 관점에서 음녀 바벨론에 임한 멸망의 상황이 묘사된다. 그들은 한결같이 음녀 바벨론이 "한 시간에" 황폐해 진 것에 놀란다(18:10d, 17a, 19e). 그리고 8c절에서는 음녀 바벨론이 불로 태워지며, 9c절에서는 땅의 왕들과 18a절에서 바다 사람들은 음녀 바벨론을 "(불로) 태움으로 말미암은 연기"를 본다. 황폐한 도시의 모습을 구약에서 음녀를 처벌하는 방식을 형상화한 것이다. 그리고 21절부터는 "힘센 천사"가 말하는 장면으로서 바벨론의 멸망의 상태를 큰 맷돌이 바다 속으로 던져진 것에 비유하여 재건이 불가능하게 되었다는 사실을 보여준다. 여기에 덧붙여서 예술, 문화, 일상의 삶이 더 이상 불가능한 상태가 되었음을 여러 비유적 표현과 그림 언어를 통해 드러낸다.

둘째로, 멸망의 상태에 대한 표현과 더불어서 그 멸망의 이유에 대해 서술한다. 가장 대표적인 이유로 들 수 있는 것은 바로 "사치스런 삶"이다(7a절). 그것은 능력으로 평가 받기도 한다. 그래서 본문에서는 "사치의 능력"이라는 문구를 사용한다(3c절). 이런 사치스런 삶의 모습은 12-13절에서 상품의 목록을 통해 잘 드러난다. 또한 이러한 사치스런 삶은 음행과 직결된다(9b절). 여기에서 음행은 음녀의 존재 그 자체로서 바벨론이 심판을 받아야 하는 두 번째 이유이다. 3a절에서는 모든 나라들이 그녀와 행음하여 분노의 잔을 마셨으며(3a절) 땅의 왕들 역시 음녀와 행음하였다. 그리고 음녀의 사치스런 삶은 자신을 영광스럽게 하는 행위와 연결된다(7a). 이것이 세 번째 이유이다. 이상에서 사치, 음행 그리고 자기 영광은 서로 유기적 관계를 갖는 것으로 볼 수 있다.

셋째로, 바벨론 심판에 대한 반응을 예배 의식을 통해 묘사한다. 이 내용을 19장 1-10절에서 집중적으로 언급한다. 이 본문에서는 네 번의 "할렐루야" 찬양이 언급되는데 이것은 바벨론 심판에 대한 반응이다. 이 반응은 예배의 제의적 형식으로 되어 있다는 특징이 있다. 이 찬양은 먼저 하나님께서 영광과 능력과 함께 구원을 이루셨음을 찬양한다(1c절). 왜냐하면 하나님은 의롭고 참된 심판을 행하셨기 때문이다(2a절). 특별히 이런 하나님의 구원은 음녀 바벨론의 손으로 말미암은 하나님 백성의 피를 보응하셨기 때문에 완성된다(2d절). 그리고 바벨론 심판은 하나님의 백성의 구원을 이루셨을 뿐만 아니라 하나님 통치의 완성을 이루게 된 것이다(6d절). 이것은 신랑 어린 양과 신부 교회 공동체의 혼인의 때가 이르렀음을 알려준다(7b절). 성도들은 의로운 행위를 한 것으로 인정해 주는 찬란하고 맑은 세마포를 입도록 허락받는다(8절). 이것은 일련의 구원 사건이다. 이 문맥에서 이 부분이 제의적 형식으로 기록된 이유는 바로 이 내용이 하나님의 구원 사건이기 때문이다. 요한계시록에서 하나님의 구원 사건이 일어난 문맥에서 항상 이런 제의적 찬양과 경배의 반응이 하나의 패턴처럼 사용된다. 예를 들면 5장에서 어린 양의 구원 사역에 대한 반응으로 5장 11-14절에서 찬양과 경배의 내용이 이어진다. 그리고 7장 9절에서 "아무도 셀 수 없는 큰 무리"에 대한 언급 후에 7장 10-12절에서 구원에 대한 찬양이 이어진다. 12장 7-9절에서 용이 하늘로부터 쫓겨나는 하나님의 구원 사건 후에 12장 10절에 찬양과 경배가 나온다. 14장 1절에서 하늘의 144,000의 존재 후에 14장 2절에서 "그들의 하프들로 연주하는 하프 연주자들의 소리"가 울려 퍼진다. 15장 2-4절에서 하늘의 유리 바다 가에서 구원받은 승리자들이 어린 양의 구원의 노래를 부른다.

설교 포인트

설교 포인트는 핵심 포인트에서 제시된 세 가지에 집중할 필요가 있다. 첫 번째로 고려할 설교 포인트는 18장에서 언급된 바벨론의 멸망의 참상을 잘 정리해서 전달함으로써 악의 세력에 대한 하나님의 심판이 얼마나 엄중한 것인가를 강조하고 부각시켜야 한다는 것이다. 이 멸망의 참상에 대해 하늘로부터 내려온 천사가 말하는 내용(1-3절)과, 다른 음성(4-8절), 그리고 음녀 바벨론과 정치적으로나 경제적 이해 관계로 얽혀 있는 땅의 왕들과 땅의 상인들 그리고 바다 사람들의 관점에서 표현된 내용들이 있다(9-20절). 따라서 설교자는 바벨론의 참상에 대해 세 가지 관점을 가지고 설명할 필요가 있다.

그리고 두 번째 설교 포인트는 왜 음녀 바벨론이 그러한 심판을 받아야 하는 이유에 대해 핵심 포인트에서 언급한 것들을 잘 정리해서 청중들에게 전달할 필요가 있다. 여러 이유가 있지만 이 중에서 가장 대표적인 심판의 이유는 바로 음녀 바벨론의 "사치스런 삶"이다. 왜 이런 사치스런 삶이 음녀 바벨론의 심판 이유가 되는지 그 이유를 잘 설명할 필요가 있다. 이 두 가지 주제는 서로 밀접하게 연결된 것이므로 하나의 설교 본문으로 삼아 한 번에 설교하는 것이 좋다.

세 번째 설교 포인트는 핵심 메시지에서 언급한대로 19장 1-10절을 중심으로 바벨론 멸망과 성도의 구원에 대한 반응을 찬양과 경배의 제의적 방식으로 표현하는데 설교자는 이 관계를 잘 관찰하는 것이 필요하다. 곧 왜 이 반응이 제의적 방식으로 구성이 되고 있는가이다. 반응의 내용을 잘 살펴 보면 그 답을 얻을 수 있다. 그것은 바로 바벨론에 대한 심판 곧 하나님의 백성을 향한 구원 사건이라는 점이다. 요한계시록에서 하나님의 구원 사건이 일어날 때마다 하나님을 향한 찬양과 경배의 제의적 정황이 전개된다(1c절에 대한 주해 참조). 하나님의 구원 사건의 극치는 바로 교회 공동체가 신부로서 참여하는 혼인 잔치 혹은 초청받은 자로 참여하는 만찬에의 초대의 주제로 표현된다는 사실을 설교자는 잘 이해하고 전달해야 한다.

그리고 설교자가 놓치지 말아야 할 점은, 성도들은 어린 양과 혼인 잔치에 신부로 참여 할 수 있도록 자신을 준비한 거룩한 자들이며, 이러한 자들에게는 옳은 행실을 상징한 세마포를 입도록 허락하시기에 성도는 늘 깨어 있어야 하며, 마지막 순간까지 '이기는 자'가 되어야 한다고 권면하는 것이다.

설교 요약 1

◆ **제목:** 바벨론 멸망의 참상

◆ **본문:** 요한계시록 18:1-24

◆ **서론**

하나님을 대적하는 총체적 세력으로서 로마 제국을 상징하는 음녀 바벨론은 막강한 권세와 부를 통하여 세상을 압도하여 미혹하고 하나님의 백성들을 핍박하였다. 세상의 시각으로 볼 때에 바벨론은 마치 난공불락의 견고한 성처럼 보일 수 있다. 그러나 음녀 바벨론의 권세가 영원할 수 없다. 이 세상의 그 어떠한 세력도 영원할 수 없다. 음녀 바벨론이 저지른 죄는 하늘에 사무치고 하나님은 그녀의 죄를 기억하신다. 음녀의 운명은 한 순간에 끝나게 될 것이다. 음녀 바벨론이 멸망한 이유와 멸망의 참담한 모습을 살펴봄으로써 오늘을 사는 우리 성도들은 우리가 속해야 할 곳을 정확히 인식하여 구원의 기쁨에 동참하는 자들이 되어야 할 것이다.

◆ **본론:**

1) 바벨론 멸망의 이유

(1) 음녀는 음행으로 만국을 미혹하였다(3절).

(2) 음녀는 사치스런 삶을 통해 자신을 영화롭게 하여 하나님의 영광을 가로채다(7절).

(3) 음녀는 자신이 결코 망하지 않을 것이라는 오만한 자만심으로 가득 찼다(7절).

(4) 음녀는 그 음행의 과정에서 성도를 비롯한 사람들의 무고한 피를 흘리게 했다(24절).

(5) 음녀의 죄는 하늘에 쌓이게 되었고, 하나님은 음녀의 죄를 기억하게 되었다(5절).

여기에서 5번째 5절의 내용을 맨 나중에 한 것은 앞의 네 개를 정리하고 종합할 수 있는 내용이기 때문이다.

2) 바벨론 멸망의 참상

(1) 하늘에서 내려온 다른 천사 힘센 음성으로 말하는 참상

(ㄱ) 귀신들의 처소(2c)

(ㄴ) 모든 더러운 영의 소굴(2d)

(ㄷ) 모든 더러운 새의 소굴(2e)

(ㄹ) 모든 악하고 혐오스러운 짐승의 소굴(2f)

(2) 다른 음성이 말하는 참상

(ㄱ) 행위대로 두 배로 갚다(6b절)

(ㄴ) 사치스럽게 산 만큼 고통과 슬픔을 주라(7ab절)

(ㄷ) 죽음과 슬픔과 기근이 한날에 임하다(8ab절)

(ㄹ) 불로 태워지다(8c절)

(3) 땅의 왕들, 땅의 상인들 그리고 바다 사람들이 말하는 참상

(ㄱ) 한시간에 황폐해지다(10c절, 17a절, 19e절)

(ㄴ) 바벨론은 철저하게 심판을 당하여 회복 불가능하게 된다(21절).

(ㄷ) 바벨론 사람들의 찬란했던 문화의 모습은 더 이상 볼 수 없게 된다(22, 23절).

(ㄹ) 바벨론의 멸망은 땅의 왕들과 땅의 상인들 그리고 바다 사람들의 몰락을 가져왔고 그들의 애가는 바로 이런 몰락의 상태를 더욱 현장감 있게 드러내 준다.

3) 성도의 본분

(1) 영적 전투가 치열해지는 종말의 때에 하나님의 음성을 들을 수 있어야 한다.

(2) 성도는 바벨론과 철저히 분리되는 삶을 살아야 한다(4절).

(3) 성도는 바벨론이 저지르는 죄에 참예하지 말아야 한다(4절).

(4) 그리하면, 바벨론이 받는 재앙을 면할 수 있다(4절).

(5) 성도는 바벨론 멸망으로 인한 기쁨에 동참할 수 있다(20절).

◆ **결론:**

음녀는 그 음행으로 만국을 무너뜨리고 성도의 피를 흘리게 했지만, 결코 멸망하지 않을 것이라는 오만한 자신감으로 가득 찼다. 또한 하나님의 영광을 가로채고 자신을 영화롭게 하였다. 그러나 음녀는 하나님의 심판을 받아 순식간에 멸망하고 말았다. 이렇게 영적 전투가 치열한 시대에 성도들은 하나님의 음성을 들을 수 있는 영적 귀가 열려야 할 것이다. 오늘 우리는 강대하고 위대한 도시, 영원할 것만 같았던 음녀 바벨론의 멸망을 보면서, 영원할 것 같은 악의 세력에 의존하여 살아가고 있지는 않은지 돌아 보아야만 한다. 만일 그렇다면 지금 이 순간 “나의 백성아 그 죄들에 동참하지 않고그 재앙으로부터 받지 않도록 당장 바벨론으로부터 나오라”는 말씀에 분명하게 응답해야 할 것이다. “오늘 나의 영적 신호등은 정상적으로 작동하고 있는가?”라는 질문을 던짐으로 우리의 영적 상태를 점검해 보게 한다.

설교 요약 2

◆ **제목**: 어린 양의 혼인 잔치에의 초대

◆ **본문**: 요한계시록 19:1-10

◆ **서론**

음행으로 세상을 무너뜨리고 성도의 피를 흘리게 하면서도 자기 자신은 절대로 무너지지 않을 것이라고 호언장담했던 오만한 음녀 바벨론은 하나님의 공의로우신 심판으로 일순간에 멸망 당하게 된다. 여기에서 우리가 깨달아야 하는 한 가지 사실은 악의 세력의 멸망은 곧 성도의 구원과 기쁨이 되며 하나님께 영광을 드리고 찬양하는 이유가 된다는 것이다. 이러한 구원의 기쁨은 어린 양 혼인 잔치에 신부가 될 뿐만 아니라 그 종말적 만찬에 초대받은 자가 되는 것을 통해 극적으로 묘사되고 있다. 오늘 본문을 통해 최종적으로 주어지는 구원의 기쁨에 동참하는 체험을 하도록 할 뿐만 아니라 이를 위해서 오늘 우리가 무엇을 해야 하는지에 대해 생각해 보는 기회를 가져 보도록 해 보자.

◆ **본론: 구원의 감격으로 하나님을 찬양하다.**

1) 바벨론 심판에 대한 경배와 찬양(1-5절): 구원에 대한 반응

⑴ 음녀는 음행으로 땅을 더럽히고 하나님의 종들의 피를 흘리게 한 음녀에게 하나님은 그의 종들의 피 값을 갚으셨다(2절).

⑵ 음녀는 영원한 멸망에 처해졌다(3절).

⑶ 하나님의 심판은 '참되고 의로운' 것이며(2절), 음녀의 멸망은 곧 성도에게는 구원의 근거가 된다(1절).

⑷ 24장로와 네 생물은 이런 하나님을 "할렐루야"라면서 찬양한다.

⑸ 따라서 "보좌로부터 음성"은 모든 성도에게 작은 자든 큰 자이든 하나님을 찬양할 것을 명령한다.

⑹ 왜 이런 찬양과 경배의 반응를 하게 되는가? 하나님의 구원에

대한 감격(1절) 이런 구원의 주제는 6-8절에서 혼인 잔치 주제로 발전한다.

2) 신부로서 자신을 준비하다(6-8절)-완전한 연합: 구원의 또 다른 형태

(1) 기뻐하고 즐거워하고 영광을 하나님께 드리는 이유: 혼인의 때가 왔다(7ab절)-구원의 완성

(2) 신부는 자신을 준비시켰다(7c절)-능동적으로 구원을 이루어 감

(3) 신부는 자신의 의로운 행위를 입증해 주는 찬란하고 맑은 세마포 입는 것이 허락됨

3) 어린 양의 혼인 잔치에로의 초대받음(9절)

성도의 최종적 소망인 어린 양의 혼인잔치에 청함을 입은 자들은 복이 있다(9절).

4) 마무리(9-10절)

(1) 혼인 잔치에 대한 하나님의 말씀은 참되다: 종말적 만찬의 주체와 객체로서 교회 공동체

(2) 하나님의 예수의 증거는 성령으로 말미암은 예언이다(10절).

◆ 결론: 도전

하나님은 의로우신 분이기 때문에 음녀는 영원한 멸망에 처하지만(3절), 성도를 상징하는 신부는 어린 양의 혼인 잔치의 주인공으로서 그리스도와의 온전한 연합과 구원의 완성을 경험한다. 현재 우리는 이런 구원의 완성에 대한 소망을 가지고 신부로서 자신을 얼마나 성실하게 준비하고 있으며, 어린 양의 혼인잔치에 초청받기에 합당한 삶을 얼마나 열심히 살고 있는가?

II. 두 짐승/용/추종자들에 대한 심판(19:11–20:15)

19장 11절–20장 15절은 17–18장에서 바벨론의 심판에 이어 두 짐승과 용과 그들을 추종했던 자들이 심판을 받아 멸망하는 장면을 소개한다. 이 본문을 좀 더 세분화하면 19장 11–21절은 두 짐승에 대한 심판의 장면을, 20장 1–10절은 용에 대한 심판을, 그리고 20장 11–15절에서는 그들을 추종했던 자들에 대한 심판을 기록한다. 이 내용들은 17장 1절–19장 10절에서 바벨론 심판에 대한 기록과 함께 최후의 심판을 말하고 있다. 이 일련의 내용들은 또한 16장 12–21절의 여섯 번째와 일곱 번째 대접 심판(용과 두 짐승 그리고 바벨론의 멸망)의 내용과 역순으로 배열되어 있다.[1]

1. 흰말 위에 앉은 이의 등장과 두 짐승에 대한 심판(19:11–21)

19:11–21은 다시 "나는 보았다"(εἶδον, 에이돈)에 의해 세 문단으로 나뉜다: 11–16절; 17–18절; 19–21절. A(11-16절)는 흰말 위에 앉은 이로서 메시아 예수님의 장엄한 파루시아의 장면을 기록하고, B(17-18절)는 하나님의 큰 잔치에 초대하는 내용이며, A′(19-21절)은 흰말 위에 앉은 이가 두 짐승과 그 군대들을 심판하는 내용이다. 이 세 문단은 A–B–A′의 구조를 이룬다. A와 A′는 전쟁의 양상을 표현하고 B는 그 전쟁을 하나님의 큰 잔치로 규정하여 묘사한다.

구문분석 및 번역

11절 a) Καὶ εἶδον τὸν οὐρανὸν ἠνεῳγμένον,
그리고 나는 그 하늘이 열려져 있는 것을 보았다.

b) καὶ ἰδοὺ ἵππος λευκὸς καὶ ὁ καθήμενος ἐπ' αὐτὸν [καλούμενος] πιστὸς καὶ ἀληθινός,
그리고 보라 흰말과, 그것 위에 앉은 이. 그는 신실과 참됨이라고 불리운다.

c) καὶ ἐν δικαιοσύνῃ κρίνει καὶ πολεμεῖ.
그리고 그는 공의로 심판하고 싸우신다.

12절 a) οἱ δὲ ὀφθαλμοὶ αὐτοῦ [ὡς] φλὸξ πυρός,

---

1 이런 맥락에서 크로델(Krodel)이 19장 11-21절을 16장 16절의 하르마겟돈 전쟁에 대한 좀 더 자세한 묘사로 이해하는 것은 적절해 보인다(G. Krodel, *Revelation* [Minneapolis: Augsburg, 1989], 325).

또한 그의 눈(들)은 불의 화염과 같다.

b) καὶ ἐπὶ τὴν κεφαλὴν αὐτοῦ διαδήματα πολλά,
그리고 그의 머리에 많은 면류관(들)이 있다.

c) ἔχων ὄνομα γεγραμμένον ὃ οὐδεὶς οἶδεν εἰ μὴ αὐτός,
자신 외에 아무도 알 수 없는 기록된 이름을 가지고 있다.

13절 a) καὶ περιβεβλημένος ἱμάτιον βεβαμμένον αἵματι,
그리고 피로 적셔진 옷으로 입혀지다

b) καὶ κέκληται τὸ ὄνομα αὐτοῦ ὁ λόγος τοῦ θεοῦ.
그리고 그의 이름은 하나님의 말씀이라고 불리워졌다.

14절 a) Καὶ τὰ στρατεύματα [τὰ] ἐν τῷ οὐρανῷ ἠκολούθει αὐτῷ ἐφ' ἵπποις λευκοῖς,
그리고 하늘에 있는 군대(들)가 흰 말들 위에 (앉아) 그를 따르고 있었다.

b) ἐνδεδυμένοι βύσσινον λευκὸν καθαρόν.
희고 맑은 세마포를 입고

15절 a) καὶ ἐκ τοῦ στόματος αὐτοῦ ἐκπορεύεται ῥομφαία ὀξεῖα,
그리고 그의 입으로부터 날카로운 칼이 나온다.

b) ἵνα ἐν αὐτῇ πατάξῃ τὰ ἔθνη,
그것으로 그가 나라들을 치기 위하여

c) καὶ αὐτὸς ποιμανεῖ αὐτοὺς ἐν ῥάβδῳ σιδηρᾷ,
그리고 그 자신이 그들을 철 막대기로 칠 것이다.

d) καὶ αὐτὸς πατεῖ τὴν ληνὸν τοῦ οἴνου τοῦ θυμοῦ τῆς ὀργῆς τοῦ θεοῦ τοῦ παντοκράτορος,
그리고 그 자신이 전능자 하나님의 진노의 분노의 포도주의 틀을 밟는다.

16절 a) καὶ ἔχει ἐπὶ τὸ ἱμάτιον καὶ ἐπὶ τὸν μηρὸν αὐτοῦ ὄνομα γεγραμμένον·
그리고 그는 그의 옷 곧 그의 허벅지(부분)에 기록된 이름을 가지고 있다.

b) Βασιλεὺς βασιλέων καὶ κύριος κυρίων.
왕들의 왕들이요 주들의 주

17절 a) Καὶ εἶδον ἕνα ἄγγελον ἑστῶτα ἐν τῷ ἡλίῳ
그리고 나는 한 천사가 태양에 서 있는 것을 보았다.

b) καὶ ἔκραξεν [ἐν] φωνῇ μεγάλῃ
그리고 그는 큰 소리로 외쳤다.

c) λέγων πᾶσιν τοῖς ὀρνέοις τοῖς πετομένοις ἐν μεσουρανήματι·
중천에 나는 모든 새들에게 말하면서

d) Δεῦτε συνάχθητε εἰς τὸ δεῖπνον τὸ μέγα τοῦ θεοῦ
오라. 하나님의 큰 잔치로 모이라.

18절 ἵνα φάγητε σάρκας βασιλέων καὶ σάρκας χιλιάρχων καὶ σάρκας ἰσχυρῶν
너희들이 왕들의 살(들)과 호민관의 (살)들과 강한 자들의 살(들)과
καὶ σάρκας ἵππων καὶ τῶν καθημένων ἐπ' αὐτῶν
말들과 그것들 위에 앉은 자들의 살(들)과

καὶ σάρκας πάντων ἐλευθέρων τε καὶ δούλων καὶ μικρῶν καὶ μεγάλων.
모든 자유자들과 종들과 작은 자들과 큰 자들의 살(들)을 먹기 위해

19절 a) Καὶ εἶδον τὸ θηρίον καὶ τοὺς βασιλεῖς τῆς γῆς καὶ τὰ στρατεύματα αὐτῶν συνηγμένα
그리고 나는 짐승과 땅의 왕들과 그들의 군대(들)이 모이는 것을 보았다.

b) ποιῆσαι τὸν πόλεμον
전쟁을 하기위해

c) μετὰ τοῦ καθημένου ἐπὶ τοῦ ἵππου καὶ μετὰ τοῦ στρατεύματος αὐτοῦ.
그 말 위에 앉은 이와 그의 군대에 대항하여

20절 a) καὶ ἐπιάσθη τὸ θηρίον
그리고 그 짐승은 잡혔다.

b) καὶ μετ' αὐτοῦ ὁ ψευδοπροφήτης ὁ ποιήσας τὰ σημεῖα ἐνώπιον αὐτοῦ,
그와 함께 그 앞에서 표적을 행했던 거짓선지자는

c) ἐν οἷς ἐπλάνησεν τοὺς λαβόντας τὸ χάραγμα τοῦ θηρίου καὶ τοὺς προσκυνοῦντας τῇ εἰκόνι αὐτοῦ·
그것들로 짐승의 표를 받은 자들 곧 그의 형상에게 경배하는 자들을 미혹했던

d) ζῶντες ἐβλήθησαν οἱ δύο εἰς τὴν λίμνην τοῦ πυρὸς τῆς καιομένης ἐν θείῳ.
그 둘이 살아있는 상태로 유황으로 말미암아 타오르는 불의 호수로 던져졌다.

21절 a) καὶ οἱ λοιποὶ ἀπεκτάνθησαν ἐν τῇ ῥομφαίᾳ τοῦ καθημένου ἐπὶ τοῦ ἵππου
그리고 그 나머지(들)는 그 말 위에 앉으신 이의 칼로 죽임 당했다.

b) τῇ ἐξελθούσῃ ἐκ τοῦ στόματος αὐτοῦ,
그의 입으로부터 나오는

c) καὶ πάντα τὰ ὄρνεα ἐχορτάσθησαν ἐκ τῶν σαρκῶν αὐτῶν.
그리고 모든 새들은 그들의 살(들)로부터 배불려졌다.

11절부터 21절에는 시제의 변화가 다양하게 나타나고 있다. 곧 부정 과거 시제 동사가 8회, 현재 시제 동사는 5회, 미완료 과거 시제 동사는 1회, 그리고 완료 시제 분사 형태는 8회, 직설법 동사는 2회 사용된다. 먼저 이 부분의 첫 번째 단락인 11-16절은 완료 동사와 완료 분사 형태가 군집을 이루고 있다: 11절의 ἠνεῳγμένον(에네오그메논); 12c절의 γεγραμμένον(게그람메논), οἶδεν(오이덴); 13a절의 περιβεβλημένος(페리베블레메노스), βεβαμμένον(베밤메논), 14b절의 ἐνδεδυμένοι(엔데뒤메노이); 16a절의 γεγραμμένον(게그람메논). 요한계시록 내에서 이 부분 만큼 완료 시제가 집중적으로 사용되고 있는 곳이 없다.[2] 이 완료

2 Mathewson, *Verbal Aspect in the Book of Revelation*, 159.

구문의 의미는 주해 과정에서 좀 더 자세하게 논의할 것이다. 다만 여기 구문 분석적 차원에서 이러한 분사 형태가 집단적으로 사용된 것은 단순히 동사의 시제적 접근이 아니라 "동사의 상" 용법적인 차원에서 "그리스도를 통한 하나님의 심판 행위의 표출과 완성"을 소개하고 강조하기 위한 목적이라고 볼 수 있다.[3]

11b절에서 '호 카데메노스 에프 아우톤'(ὁ καθήμενος ἐπ' αὐτὸν)과 동일한 문구가 6장 2c절에도 등장한다. 6장 2c절에서 이 문구를 "그것 위에 탄 자"로 번역한 바 있다.[4] 그러나 11b절의 이 문구는 6장 2c절의 번역을 그대로 따르기보다는 앞으로는 4장 2절과 뒤로는 20장 11절과 21장 5절의 "보좌 위에 앉으신 이"와의 평행 관계를[5] 좀 더 고려하여 번역할 필요가 있다. 왜냐하면 의미에 있어서 6장 2c절 보다는 4장 2절이 더 밀접하게 관계되기 때문이다. 따라서 이 문구를 "백마 위에 앉으신 이"로 번역한다. 좀 더 자세한 내용은 주해 과정에서 다루도록 한다. 12a절에서 '데'(δέ)는 요한계시록에서 모두 7회 사용되는데 1장 14절과 21장 8절 이 두번은 승귀하신 예수님의 모습을 강조하기 위해 사용된다.[6] 그러므로 이러한 의도를 반영하여 번역하는 것이 쉽지 않지만 "또한"이라고 번역한다.[7] 12a절은 11b절에 첨가되는 내용이라고 보고 이 의미를 번역에 사용한다. 14a절의 '엡 히포이스 류코이스'(ἐφ' ἵπποις λευκοῖς)는 직역하면 "흰 말들 위에"이다. 이 문구에서 11a절에서 예수님의 경우와는 달리 "앉다"(καθήμενος, 카데메노스)라는 동사(혹은 분사)가 함께 사용되고 있지 않아 번역하기가 쉽지 않다. 그럼에도 불구하고 11a절의 "흰말 위에 앉으신 이"의 경우를 따라 "흰말 위에 앉아"로 부사적으로 번역한다.

12c절과 13a절에 사용된 분사인 '에콘'(ἔχων)과 '페리베브레메노스'(περιβεβλημένος)는 직역하면 부자연스러우므로, 자연스러운 문장을 만들기 위해 직설법으로 번역한다. 왜냐하면 헬라어 분사가 직설법의 기능을 가질 때

---

3 앞의 책, 159. 이 주제와 관련해서는 5장 1절과 5-7절의 번역에 대한 논의를 참조하라(1권, 529-30; 554-55).

4 이 번역에 대한 자세한 내용은 1권의 623쪽을 참조하라.

5 Blount, *Revelation*, 350. 스몰리는 11b절의 이 문구를 6장 2c절의 "패러디"라고 하여 4장 2절보다는 6장 2c절과의 관계에 좀 더 비중을 두고 있다(Smalley, *The Revelation to John*, 488).

6 Aune, *Revelation 17-22*, 1054.

7 BDAG, 213(5).

도 있기 때문이다.[8] 이러한 용법을 반영하여 12c절은 "가지고 있다"라고 하고 13a절은 "… 입혀지다"라고 번역한다.

15c절의 '포이마네이'(ποιμανεῖ>ποιμαίνω, 포이마이노)는 "목양하다"의 의미 외에 "파괴적 결과"를 가져오다의 의미를 지닌다.[9] 이러한 의미를 잘 나타내기 위해 이 동사를 "치다"로 번역한다.

16a절에서 "그의"(αὐτοῦ, 아우투)라는 인칭 대명사는 앞에 "옷"과 "허벅다리" 모두에 연결된다. 따라서 직역하면 "그의 옷과 그의 허벅지"가 된다. 이 때 접속사 '카이'(καί)를 "설명적"(epexegetical) 용법으로 볼 수 있다.[10] 곧 '카이' 접속사 후에 나오는 "허벅지"는 앞에 언급된 "그의 옷"을 설명해 주는 관계라는 것이다. 그렇다면 "그의 옷 곧 그의 허벅지"라고 할 수 있다. 다시 말하면 이름이 그의 옷에 기록되어 있는데 특별히 허벅지 부분이라는 것이다. 따라서 "그의 옷 곧 그의 허벅지(부분)"로 번역한다. 이에 대한 좀 더 자세한 내용은 주해 과정에서 논의하게 될 것이다.

17c절의 '엔 메수라네마티'(ἐν μεσουρανήματι)라는 문구는 8장 13절과 14장 6절에서 사용된다. 자세한 설명은 8장 13절의 번역에서 논의한 바 있다. 이 논의에 근거에서 이 문구는 "중간 하늘"이란 의미의 "중천"으로 번역한다.[11] 그리고 17d절에서 '쉬나크데테'(συνάχθητε>συνάγω, 쉬나고)는 수동태이지만 능동태의 의미이다. 그러므로 이 단어는 명령 복수 형태이므로 "모이라"로 번역한다.

19c절에서 전치사 '메타'(μετά)는 기본적으로 "함께"라는 의미이지만 "전쟁"과 함께 사용될 때는 "대항하여"(against)라는 의미를 갖는다.[12] 이러한 의미를 번역에 반영하도록 한다.

20c절은 관계대명사절로서 그 선행사는 거짓 선지자이다. 따라서 20c절은 거짓 선지자에 대한 보충 설명을 제공한다. 또한 여기에서 "짐승의 표를 받은 자들"과 "그의 형상에게 경배하는 자들"은 다른 부류를 가리키는 것이 아니고 동격 관계로 보는 것이 적절하다. 왜냐하면 이 두 그룹의 구별이 뚜렷하지 않기 때문이다. 이 경우에 이 두 문구를 연결하는 '카이'(καί)접속사는 동격

---

8 Wallace, *Greek Grammar Beyond the Basics*, 653.
9 BDAG, 842(2aγ).
10 Osborne, *Revelation*, 686.
11 자세한 내용은 1권의 787쪽을 참조하라.
12 BDAG, 637(2cβ).

의 기능이나 설명적 기능을 갖는 것으로 볼 수 있다. 이것을 반영하여 번역하면 "짐승의 표를 받은 자들 곧 그의 형상에게 경배하는 자들"이 된다.

그리고 20d절에서 '호이 뒤오'(οἱ δύο)는 20a절의 "짐승"과 20b절의 "거짓 선지자"를 가리킨다. 따라서 이 부분을 연결하여 "짐승과 … 거짓선지자, 그 둘이"로 번역한다. 그리고 20d절에서 "유황"(θείῳ, 데이오)과 함께 사용된 전치사 '엔'(ἐν)은 "수단"의 용법으로 보고 "유황으로 말미암아"로 번역한다.[13]

21c절에서 '에코르타스데산'(ἐχορτάσθησαν>χορτάζω, 코르타조)라는 동사는 수동태이지만 능동태의 의미이다.[14] 그러므로 이 동사를 "배부르다"로 번역한다.

이상의 내용을 근거로 우리말 어순에 맞추어 번역하면 다음과 같다.

11a 그리고 나는 그 하늘이 열려져 있는 것을 보았다.
11b 그리고 보라 흰말과, 그것 위에 앉은 이. 그는 신실과 참됨이라고 불리운다.
11c 그리고 그는 공의로 심판하고 싸우신다.
12a 또한 그의 눈(들)은 불의 화염과 같다.
12b 그리고 그의 머리에 많은 면류관(들)이 있다.
12c 그는 자신 외에 아무도 알 수 없는 기록된 이름을 가지고 있다.
13a 그리고 피로 적셔진 옷으로 입혀졌다
13b 그리고 그의 이름은 하나님의 말씀이라고 불리워졌다.
14a 그리고 하늘에 있는 군대(들)가 흰 말들 위에 (앉아)
14b 희고 맑은 세마포를 입고
14a 그를 따르고 있었다.
15a 그리고 그의 입으로부터
15b 그것으로 그가 나라들을 치기 위하여
15a 날카로운 칼이 나온다.
15c 그리고 그 자신이 그들을 철 막대기로 칠 것이다.
15d 그리고 그 자신이 전능자 하나님의 진노의 분노의 포도주 틀을 밟는다.
16a 그리고 그는 그의 옷 곧 그의 허벅지(부분)에
16b 왕들의 왕들이요 주들의 주라고
16a 기록된 이름을 가지고 있다.
17a 그리고 나는 한 천사가 태양에 서 있는 것을 보았다.
17b 그리고 그는
17c 중천에 나는 모든 새들에게 말하면서

13 Wallace, *Greek Grammar beyond the Basics*, 372.
14 BDAG, 1087(1a).

17b 큰 소리로 외쳤다.
17d 오라.
18 너희들이 왕들의 살(들)과 호민관의 (살)들과 강한 자들의 살(들)과
말들과 그것들 위에 앉은 자들의 살(들)과
모든 자유자들과 종들과 작은 자들과 큰 자들의 살(들)을 먹기 위해
17d 하나님의 큰 잔치로 모이라.
19a 그리고 나는 짐승과 땅의 왕들과 그들의 군대(들)이
19c 그 말 위에 앉은 이와 그의 군대에 대항하여
19b 전쟁을 하기 위해
19a 모이는 것을 보았다.
20a 그리고 그 짐승은 잡혔다.
20b 그리고 그(짐승)와 함께
20c 그것들(표적들)로 짐승의 표를 받은 자들 곧 그의 형상에게 경배하는
자들을 미혹했던
20b 그(짐승) 앞에서 표적을 행했던 거짓 선지자,
20d 그 둘이 살아있는 상태로 유황으로 말미암아 타오르는 불의 호수로 던져졌다.
21a 그리고 그 나머지(들)는
21b 그의 입으로부터 나오는
21a 그 말 위에 앉으신 이의 칼로 죽임 당했다.
21c 그리고 모든 새들은 그들의 살(들)로부터 배불렀다.

본문 주해

[19:11-16] 메시야 예수님의 장엄한 파루시아(A)

먼저 A(11-16절)를 살펴보기로 한다. 첫번째 단락인 이 본문은 새로운 시작을 알리는 '카이 에이돈'이라는 문구가 사용된다. 이 부분은 메시아 예수님의 파루시아(재림) 장면을 묘사한다.

그리고 나는 보았다(11a절) 11a절은 "그리고 나는 보았다"(Καὶ εἶδον, 카이 에이돈)로 시작한다. 이 문구 역시 새로운 환상의 시작을 알려주는 표시이다.[15] 요한이 본 것은 무엇인가? 그것은 바로 "하늘이 열려져 있는 것"이다. 이 문구에 대해서는 다음 단락에서 분리해서 다루도록 한다.

하늘이 열려져 있다(11a절) 11a절에서 요한은 "하늘이 열려져 있는 것"을 본다.

15 Aune, *Revelation 17-22*, 1052.

여기 사용된 단어는 분사로서 완료 시제이다. 4장 1절에서도 동일한 동사의 동일한 형태(완료 분사)가 사용된 바 있다. 동일한 완료 시제 분사가 사용되었음에도 불구하고 시점의 차이가 있다. 곧 4장 1절에서, 열려진 하늘의 계시 내용은 현재적 의미를 가지고 있는 반면,[16] 11a절에서 열려진 하늘의 계시 내용은 재림과 관련된 미래적 사건이다. 그렇다면 왜 이런 시점의 차이에도 불구하고 두 곳에 모두 현재 완료 형태를 사용하고 있을까? 이것을 두 가지로 생각해 볼 수 있다. 첫째로, 두 본문에서 모두 하늘 열림은 이미 일어난 사건을 전제하고 있다고 볼 수 있다. 이것은 1장 7절에서 하늘을 가르시고 올라가신 예수 그리스도로 말미암은 결과이다. 곧 4장 1절과 11a절의 하늘 열림은 예수님의 초림으로 말미암아 초래된 동일한 결과를 나타낸다는 것이다. 둘째로, 이 완료형을 동사의 상이라는 관점에서 강조하려는 의도로 이해할 수 있다. 번역에서 살펴 본 것처럼 11-16절에서 그 어떤 본문보다도 더욱 완료 시제 형태가 집중적으로 사용된다. 이 현상은 강조의 의도를 강하게 드러낸다고 할 수 있다.

4장 1절의 주해에서 구약 배경과 초기 유대 문헌에 대한 관찰을 통해 하늘이 열리는 것은 에덴에서부터 시작하여 하나님의 구속적 회복 사역의 중요한 이슈였다는 것을 밝힌 바 있다.[17] 그리고 이런 하늘의 열림은 요한계시록의 문맥 속에서 말하면 1장 7절에서 메시야 예수님께서 승천을 통해 하늘로 올라가시며 하늘을 활짝 열어 젖히신 사건을 통해 가능해졌다. 이 열린 하늘을 통해 예수님은 구속 계획을 완성하고 대적들을 심판하기 위해 이 땅으로 오시는 것이다. 흥미롭게도 승천을 의미하는 1장 7절에서는 "오다"라는 동사를 사용하였지만 재림을 의미하는 19장 11절에서는 "오다"라는 동사가 사용되지 않는다. 그 이유는 요한계시록에서 "오다"(ἔρχομαι, 에르코마이)라는 동사는 재림과 관련해서 사용하지 않고 승천이나 22장 성만찬과 같은 사건에서 항시적 오심의 의미로 사용되는 것이 일종의 패턴으로 자리 잡혀 있기 때문이라 할 수 있다.

또한 에스겔 1장 1절에서 보듯이 하늘의 열림은 "신적 계시" 활동과 밀접한 관계가 있는 것으로도 볼 수 있다(마 3:16; 행 10:11; 아브라함의 유언 7:3; Her. Vis. 1.1.4).[18] 이것은 "열려진 하늘"의 주제가 "나는 보다"라는 동사와 조합을 이룬

16 이 본문에 대한 자세한 내용은 4장 1절에 대한 주해를 참조하라(1권 451-455).

17 이에 대한 자세한 내용은 1권 451-454쪽을 참조하라.

18 Aune, *Revelation 17-22*, 1052.

다는 점에서도 확인된다. 요한은 열려진 하늘을 통해 다음에서 논의할 "흰말"과 그 "흰말 위에 앉은 자"의 존재를 보게 된다. 요한의 입장에서는 보는 것이지만 하나님의 입장에서는 그의 의도를 계시해 주는 것이다. 또한 이런 하늘의 열림은 "그의 대적들에 대항하는 하나님의 행동"을 예고하는 것일 수도 있다(계 11:19; 15:5; 사 64:1, 3; 마카비 3서).[19]

흰말과 그 흰말 위에 앉으신 이(11b절) 11a절에서 열려진 하늘에, 11b절에 의하면, "흰말"과 그 "흰말 위에 앉은 이"가 계시된다. 이에 앞서 "보라"고 하며 앞으로 전개될 내용에 집중할 것을 요청한다. 여기에 계시된 "흰말 위에 앉은 이"가 예수 그리스도를 나타내는 것에는 의심의 여지가 없다.[20] 이런 "흰말 탄 자"로서 예수님에 대한 계시의 내용은 4장 1절에서 열려져 있는 하늘 문 사이로 요한이 "보좌"와 "보좌에 앉으신 이"를 보는 것과 평행 관계를 보여준다. 다만 차이가 있다면 "흰 말"과 "보좌"라는 단어 사용의 차이라고 할 수 있다. 그러나 이런 차이점에도 불구하고 이 두 이미지의 기능에 있어서 유사점이 있다. 곧 "보좌"는 하나님의 통치를, "흰말"은 악의 세력을 심판하는 그리스도의 통치를 드러내는 상징적 이미지로 사용된다.[21] 그러나 후자의 경우는 "흰말의 형태로 하나님께서 세상으로 뛰어드셨다"[22]는 의미를 가지고 있다는 점에서 전자와 비교하여 좀 더 역동성을 드러낸다. 초림 때에는 예수님께서 왕으로 오셨지만 세상 죄를 대속하시기 위해 종의 모습으로 사시다가 십자가의 죽음을 죽으셔야 했다. 그러나 이제 재림 때에는 십자가의 죽음이 아니라 심판주로서 대적들을 심판하기 위해 오신다. "흰 말"의 이미지는 바로 이런 목적을 암시한다.

이런 "흰 말" 이미지는 6장 2절에서도 사용되었다. 이 두 본문에 등장하는 "흰 말"은 동일한 대상이 아니다.[23] 6장 2절의 "흰 말"과 "흰 말 탄 자"는 파르

---

19 Koester, *Revelation*, 752.
20 Boring, *Revelation*, 195.
21 블라운트는 이 주제와 관련하여 "하나님의 주권이 보좌 위에 하나님이 좌정하심을 통해 계시되는 것처럼, 어린 양의 즉위(enthronement)는 흰말 위에 그가 앉아 있다는 것을 통해 계시된다"고 설명한다(Blount, *Revelation*, 350).
22 Sweet, *Revelation*, 282.
23 Charles, *A Critical and Exegetical Commentary on the Revelation of St. John*, 2:131; Swete, *The Apocalypse of St. John*, 247. 이 두 본문에서 두 대상에 대한 차이점에 대해서는 1권의 631-643쪽을 참조하라.

티아 제국의 병사들을 모델로 하며 악의 세력에 대한 심판의 대리자 이미지로 등장한다. 그러나 11b절의 "흰말"과 "그것 위에 탄 자"는 메시아적 이미지를 연출하는데 그 목적이 있다. 6장 2절에서 "흰색"은 "승리의 색"이라고 해석한 바 있다.[24] "흰색"의 이런 의미는 11b절에도 적용할 수 있다. 따라서 "흰말" 역시 "승리의 상징(emblem)"이라고 할 수 있다.[25] 그렇다면 "흰말 탄 자"는 "승리한 군사적 지도자들"의 이미지를 나타낼 수 있다(Herodotus, *Historiae* 7.40; 9.63; Dio Cassius, *Roman History* 43.14.3).[26] 그리스-로마 시대에 하늘에서 군대의 소리는 "지상에서 임박한 충돌의 표징"이었다(Tacitus, *Historiae* 5.13; Josephus, *Jewish War* 6.298-99; Ovid, *Metamorphoses*, 15.784).[27] 이런 점에서 열려진 하늘에서 "전사"(戰士)의 등장은 충돌의 발생을 예고하고 하나님의 통치에 저항하는 대적들을 물리치는 대리 통치자의 역할을 감당한다.[28] 더 나아가서 이 이미지에는 "전사(戰士)-메시아"(warrior-Messiah)에 대한 유대 전승의 배경이 있다(출 15:3-4; 사 63:1-3; 슥 9:9-10; 바룩의 묵시록 72:1-6; 솔로몬의 시편 17:21-29).[29] 이러한 전통과 배경을 통해 볼 때 이 문맥에서 심판의 주로 오시는 메시아 예수님은 "정복자 예수님"(Jesus Conqueror)이시다.[30]

신실과 참됨이라고 불리운다(11b절) "흰말 위에 앉은 이"는 "신실과 참됨"이라고 불리운다. 여기에서 "신실과 참됨"은 "흰말 위에 앉은 이"의 이름이라고 할 수 있다. 이 이름은 3장 14절에서 "신실하고 참된 증인"이란 문구를 통해 최초로 주어진 바 있다.[31] 이 문구는 마카비 3서 2장 11절에서 하나님에게 사용되기도 하였다.[32] 그리고 동일하지는 않지만 유사한 형태로 1장 5절에서는 예수님을 "신실한 증인"이라고 한다. 실제로 예수님은 공생애의 모든 기간 중에 하나님 앞에 신실하셨으며 그가 하신 모든 말씀은 진실하셨다. 3장 7c절에서

---

24 Charles, *A Critical and Exegetical Commentary on the Revelation of St. John*, 1:162. 해링톤도 이런 입장을 지지한다(Harrington, *Revelation*, 190). 반면 20장 11절의 "흰 보좌"의 경우에서 흰색은 심판을 의미하기도 한다(Beale, *The Book of Revelation*, 950).

25 Swete, *The Apocalypse of St. John*, 247.

26 Koester, *Revelation*, 753.

27 Koester, *Revelation*, 752.

28 앞의 책, 753.

29 Smalley, *The Revelation to John*, 488.

30 Boring, *Revelation*, 195.

31 Beasley-Murray, *The Book of Revelation*, 279.

32 Koester, *Revelation*, 753.

는 "거룩하고 참되신 이"라고 한다. 요한계시록 6장 10절의 "거룩하고 참되신 이(ἀληθινός, 알레디노스)," 15장 3절의 "당신의 일(들)은 의롭고 참되다(ἀληθιναί, 알레디나이)" 그리고 16장 7절의 "당신의 심판(들)은 참되고(ἀληθιναί, 알레디나이) 의롭다" 그리고 19장 2절의 하나님의 심판이 "참되고(ἀληθιναί, 알레디나이) 의롭다"라는 표현들이 있다. 하나님과 예수님이 이런 공동 속성을 공유하고 있음을 통해 흰 말 위에 앉은 이가 하나님과 동일시 되고 있다고 볼 수 있다.

실제로 21장 5절과 22장 6절에서 예수님께서 주신 말씀들이 '신실하고 진실되다'(πιστοὶ καὶ ἀληθινοί, 피스토이 카이 알레디노이)고 언급한다. 이러한 속성은 교회 공동체가 따라가야 하는 모델이 된다. 예수님의 이러한 속성은 백마를 타고 승리하여 심판을 행하실 분으로서 반드시 갖추어야 할 속성이다. 만일 이러한 속성을 갖추지 못하였다면 간교한 악의 세력을 파괴할 수 없다.

공의로 심판하고 싸우신다(11c절) 11c절은 "공의로 심판하고 싸우신다"는 문구로 시작한다. 이 문구에서 "공의"는 11b절의 "신실과 참됨"이라는 이름의 속성을 잘 반영하고 있다. 곧 "공의"와 "신실과 참됨"은 서로 조화롭다. 예수님은 거짓되지 않고 신실하고 참된 분이므로 '공의'를 행하시기에 충분하다. 그러므로 신실하고 참되신 예수님에 의한 심판의 시행은 합리적이고 합법적이다. 그리고 그것에 대한 결과는 언제나 의로운 열매를 맺을 수 밖에 없다. 거짓과 허영으로 인간들을 미혹하는 일에 집중하는 사탄은 결국 이러한 신실과 진실로서 대응하시는 예수님에게 패배하고 말 것이다. 여기에 "공의"로 말미암은 심판이라는 개념이 있는데 이것은 구약에서 하나님께서 배역자들을 심판하실 때 사용되었던 문구이다.

특별히 이 문구는 이사야 11장 4절의 "공의로 가난한 자를 심판하며 세상의 겸손한 자를 판단할 것이며 그의 입의 막대기로 세상을 치며 그의 입술의 기운으로 악인을 죽일 것이다"라는 본문을 연상케 한다.[33] 이사야서의 메시아적 왕의 존재는 솔로몬의 시편 17장 26절과 29절에서 유대적으로 재해석되어 재현되된다. 또한 쿰란 문헌에도 영향을 주어 쿰란 공동체에게 최적화된 열방들을 제압하는 지도자로 재탄생시되며(4Q 161 8-10 III, 18-22; 참조 1Q28b V, 24-25),

33 앞의 책.

"그 메시아적 인물은 종말적 전쟁 동안 하나님의 대적들을 살육한다"(4Q 285 5 1–6; 11Q14 1 I, 7–13).[34] 또한 전쟁 문서(War Scroll) XI, 6에서 쿰란 공동체를 위한 종말적 전쟁을 수행하는 다윗적 메시아는 이방 나라들을 패퇴시키는 일을 주도하면서 "야곱의 메시아 별"이라는 호칭을 얻는다.[35] 이상에서 공의로 심판하고 싸우시는 예수님은 다윗 왕을 모델로 하는 메시아적 인물과 밀접하게 연관된다. 바로 이러한 다윗 왕의 메시아적 특징이 종말적 심판을 행하시는 예수님께 적용되고 있다. 또한 흰말 위에 앉으시고 공의로 심판하며 싸우시는 예수님의 모습은 16장 15절에서 아마겟돈으로 용과 두 짐승을 멸하기 위해 도적같이 오시는 예수님의 모습을 연상시킨다.[36]

불의 화염 같은 눈(들)(12a절) 12a절에 의하면 예수님의 눈은 불꽃 같다고 한다. 예수님의 이러한 모습은 1장 14b절과 함께 강조를 의미하는 접속사 '데'(δέ)와 함께 사용된다.[37] 따라서 이 문구가 이 문맥에서 강조되고 있다는 사실을 알 수 있다. 그리고 "불의 화염같은 눈(들)"의 이미지는 "아무것도 메시아의 통찰하는 시선으로부터 감춰질 수 없다"는 것을 의미한다.[38] 이런 점에서 이 눈 이미지는 2장 23c절의 "생각들과 마음들을 살피는 자"로서 예수님의 속성을 잘 반영한다.[39] 또한 이런 속성은 11c절의 "공의로 심판하고 싸우시는" 예수님의 종말적 심판 행위와 적절하게 조화를 이룬다. 2장 18절에서도 "불의 화염 같은 눈(들)"이란 동일한 문구가 예수님의 모습을 묘사하는 데 사용된다.

1장 14b절에서 이 문구를 "심판에 대한 은유"로 볼 수 있다고 지적한 바 있다.[40] 이러한 해석은 1장 14b절보다 19장 12a절에 좀 더 유용하다. 왜냐하면 19장의 내용이 심판 문맥 가운데 있기 때문이다. 1장 14b절과 마찬가지로 19장 12a절에서도 그 구약 배경은 다니엘 10장 6절의 "그의 눈은 횃불 같다"이다.[41] 바로 다니엘 10장 6절에서 묘사되는 사람은 다니엘 10장 20–21절에서

34 앞의 책.
35 앞의 책. 이 외에도 다른 유대 문헌에도 이와 유사한 이미지가 등장한다(에스라 4서 12:32-33; 13:8-11, 37-38; 참조. 바룩2서 40:1-2; 72:1-2)(앞의 책).
36 Witherington III, *Revelation*, 242.
37 Aune, *Revelation 17-22*, 1054.
38 Mounce, *The Book of Revelation*, 353.
39 Sweet, *Revelation*, .282.
40 1권 162쪽을 참고하라. Beale, *The Book of Revelation*, 209.
41 Blount, *Revelation*, 351.

미가엘과 함께 이방 나라인 바사군과 헬라군을 심판하며 전쟁을 승리로 이끄는 종말적 전사로서 역할을 한다. 이런 다니엘서의 종말적 전사는 "횃불 같은 눈"이란 문구를 통해 "메시아적 승리자"로서 오시는 19장 12a절의 "흰 말 위에 앉으신 예수님"을 통해 성취, 재현되고 있다.[42)]

머리에 많은 면류관(12b절) 12a절에서는 "눈"을 묘사하고 있는 반면 12b절에서는 예수님의 머리에 대해 묘사하고 있다. 곧 "흰말 위에 앉은 이"의 머리에 "많은 면류관들"이 있다. 여기에서 "면류관"은 6장 2절에서 역시 "흰 말 탄 자"에게도 주어진 바 있다. 그런데 이 두 본문에서 "면류관"에 해당하는 헬라어 단어가 다르게 나타난다. 6장 2절에서는 '스테파노스'(στέφανος)가 사용된 반면 19장 12b절에서는 '디아데마'(διάδημα)이다. '스테파노스'는 "월계관"으로 알려져 있고 주로 "승리한 황제" 뿐 아니라 전쟁에서 두각을 나타내면서 "승리한 장군들과 병사들"에게 주어진바 있다.[43)] '디아데마'는 "주권의 증표"로서[44)] "왕적 지위의 상징"이라고 할 수 있다.[45)] 따라서 많은 수의 면류관이 머리에 있다는 것은 "지상의 주권을 능가하는 왕권"을 강조하고 있다는 것이다.[46)] 이러한 의미에 대한 실례로서 프톨레미(Ptolemy)는 "이집트와 아시아에 대한 통치권"의 표시로서 두 개의 '디아데마'를 그 머리에 썼다(마카베오 1서 11:13; 요세푸스『유대 고대사』13:113).[47)] 파르티아 제국에서 통용된 동전에는 그들의 통치자들이 '디아데마'를 머리에 두르고 있는 모습과 함께 "왕들의 왕"이라는 호칭이 새겨져 있다.[48)] 이것을 배경으로 볼 때 19장 16 절에서 '디아데마'를 쓰고 흰말 위에 앉은 이에게 "왕들의 왕이요 주들의 주"라는 표현을 사용한 것은 충분히 이해할 만하다. 이런 '디아데마'의 이미지는 12a절의 "불의 화염같은 눈(들)"과 함께 11c절에서 "공의로 심판하고 싸우시는 모습"과 연결되고 또한 19장 16절의 "왕들의 왕이요 주들의 주"라는 문구와 관련하여 예수님께서 짐승을 포함한 모든

42 이런 해석은 스몰리가 1장 14b절을 해석하면서 제안한 것이지만 19장 12a절에 더욱 잘 적용될 수 있는 내용이다(Smalley, *The Revelation to John*, 54).

43 Koester, *Revelation*, 395. 이 주제에 대한 좀 더 자세한 내용은 1권 633쪽 참조하라.

44 William D. Mounce and Rick D. Bennett, Jr. eds., *Mounce Concise Greek-English Dictionary of the New Testament* (Accordance edition, 2011).

45 BDAG, 227.

46 Harrington, *Revelation*, 190.

47 Koester, *Revelation*, 754.

48 앞의 책.

악의 세력을 압도하고 능가하는 온 세상에 대한 주권을 가지고 계시는 분이심을 강조한다.

자신 외에 아무도 알 수 없는 쓰여진 이름(12c절) 12c절은 흰말 위에 앉으신 이는 "자신 외에 아무도 알 수 없는 기록된 이름을 가지고" 있다고 한다. 이것은 2장 17절의 '받는 자 외에는 아무도 알 수 없는 그 돌 위에 기록된 이름"이라는 문구와, 3장 12절의 "나의 새 이름을 그에게 기록할 것이다"라는 문구와 밀접한 평행 관계를 이룬다.[49] 2장 17절의 경우는 성도들을 향하여 말하는 것이요 3장 12절과 19장 12c절은 예수님에 대한 표현이다. 여기에서 두 가지 점에 대한 이해가 요구된다. 하나는 '이름'이라는 것이 의미하는 바요 다른 하나는 그것이 그것을 가진 자 외에는 아무도 알 수 없다는 사실이다. 먼저 '이름'은 유대 전통에 의하면 그 이름을 가진 자의 "인격"(person)을 가리킨다고 알려져 있다.[50] 그리고 그러한 인격을 나타내주는 그 이름이 누구에게도 알려질 수 없다는 것은 그 분의 인격이 누구에게도 알려질 수 없다는 것을 의미한다. 다시 말하면 "그의 속성이나 아버지 하나님과의 관계 그리고 인간과의 관계가 모든 인간의 이해를 초월한다"는 의미이다.[51] 곧 오직 예수님만이 그 자신의 존재와 관계의 비밀을 이해할 수 있다. 이것은 바로 예수님의 초월적 성격을 강조해 주며, 이런 초월적 성격은 동시에 예수님의 주권적 특징을 함축하는 한편, 직전에 언급한 그의 머리에 많은 면류관이 있다는 사실과 조화를 이룬다.[52]

피로 적셔진 옷(13a절) 먼저 13a절에서 흰말 위에 앉으신 예수님께서 "피로 적셔진 옷으로 입혀졌다"고 한다. 여기에서 "적시다"(βεβαμμένον, 베밤메논>βάπτω, 바프토)란 동사는 어느 한 부분만 피에 젖은 것이 아니라 옷 전체가 피에 흠뻑 적셔져 있는 그림을 보여주는 것이다. 이 피는 무엇을 의미하는가? 여기에는 세 가지 가능성이 있다: 1)예수님께서 십자가에서 흘리신 피; 2)순교자들의 피; 3)예수님의 대적들의 피.

---

49 Swete, *The Apocalypse of St. John*, 248.
50 Harrington, *Revelation*, 190.
51 Beasley-Murray, *The Book of Revelation*, 280.
52 이 본문에서 이름이라는 주제는 17장 5절에서 "(음녀의) 이마 위에 비밀인 이름이 기록되어졌다"는 것과 14장 1절에서 144,000의 이마에 "어린 양의 이름"이 기록된 것과는 다른 성격이라고 볼 수 있다. 자세한 내용은 이 본문들에 대한 주해를 참고하라.

많은 주석가들은 이 피의 구약적 배경으로서 사 63:1-3을 제시한다.[53]

> [1]에돔에서 오며 홍의를 입고 보스라에서 오는 자가 누구뇨 그 화려한 의복 큰 능력으로 걷는 자가 누구뇨 그는 나이니 공의를 말하는 이요 구원하는 능력을 가진 이니라 [2]어찌하여 네 의복이 붉으며 네 옷이 포도즙 틀을 밟는 자 같으뇨 [3]만민 가운데 나와 함께 한 자가 없이 내가 홀로 포도즙 틀을 밟았는데 내가 노함으로 말미암아 무리를 밟았고 분함으로 말미암아 짓밟았으므로 그들의 선혈이 내 옷에 튀어 내 의복을 다 더럽혔음이니(사 63:1-3)

이 이사야 본문의 직전 문맥인 60-62장은 이스라엘의 회복에 대한 내용을 기록한다.[54] 이런 문맥의 흐름 속에서 63장 1-3절은 열방, 특별히 이스라엘의 전통적 대적인 에돔의 심판에 초점을 맞춘다.[55] 이스라엘의 회복은 대적들의 심판을 전제하기 때문에 이런 심판의 내용이 연결되고 있는 것은 당연하다. 요한계시록 본문의 배경으로서 이 본문에 주목할 것은 "의복"(לְבוּשׁ, 레부쉬)이 포도즙에 붉게 물들고(2절) "옷"(בֶּגֶד, 베게드)에 "선혈"이 튀게 되는 장면(3절)이다.[56] 곧 화려한 의복을 입고 에돔의 심판으로부터 돌아오는 여호와 하나님의 옷이 심판 받은 자들의 선혈로 붉게 물든 장면이 연출된다. 이러한 모습이 바로 13a절의 "피로 적셔진 옷"이라는 문구의 배경이 된다. 따라서 13a절의 "피로 적셔진 옷"은 흰말 위에 앉으시어 대적들과 종말적 전쟁에서 메시아 예수님에 의해 시행되는 심판으로 말미암아 흘리는 대적들의 피를 가리키고 있음을 알 수 있다.[57] 이사야서에서 대적을 심판하는 전사로서 이스라엘을 구속하시는 하나님이, 종말적 심판과 구속을 수행하시는 전사로서 예수님을 통해 성취되고 있다.[58] 이런 피의 존재는 심판의 심각성을 더욱 고조시키고 있다.

그의 이름은 하나님의 말씀(13b절) 이러한 옷을 적시는 피의 의미는 13b절에서 예수님의 이름으로 소개되는 '하나님의 말씀'(ὁ λόγος τοῦ θεοῦ, 호 로고스 투 데우)의

---

53 Witherington III, *Revelation*, 243; Osborne, *Revelation*, 683; Beasley-Murray, *The Book of Revelation*, 280; Beale, *The Book of Revelation*, 957.

54 Goldingay, *A Critical and Exegetical Commentary on Isaiah 56–66*, 356.

55 앞의 책.

56 골딩게이는 "에돔"과 "붉음"(אָדֹם, 에돔)과 "피"(דָּם, 담; 아카디어는 '아다무'[*adamu*])라는 단어들이 발음에 의한 "언어 유희"(paronomasia)를 이루고 있음을 지적한다(앞의 책, 363-64.).

57 이런 피의 이미지는 14장 19-20절에서 언급된 바 있다. 이에 대한 자세한 내용은 이 본문에 대한 주해를 참고하라.

58 Beale, *The Book of Revelation*, 957.

의미를 좀 더 명백하게 드러낸다. 13b절은 요한복음 1장 1절의 '로고스'(λόγος)와 동일한 단어를 사용하고 있으나 이 문맥에서는 요한복음과는 다르게 사용된다. 여기서는 이 단어가 13a절와 관련하여 17절부터 소개되는 두 짐승과 그 짐승들을 따랐던 열방에 대한 하나님의 결정적인 심판의 말씀을 의미하는 것으로 사용된다.[59] 여기에서 "하나님의 말씀"이란 하나님 자신을 나타내는 계시적 의미라기보다는 "전투적"(military)이며 "법정적"(judicial/forensic) 의미를 가지고 있는 것으로 간주할 수 있다.[60] 따라서 이것은 바로 "흰 말 위에 앉은 이"가 "하나님의 말씀"을 수단으로 대적들을 심판하신다는 것을 의미한다.[61] 또한 이것은 19장 15a절에서 "그의 입으로부터 날카로운 칼이 나온다"라는 문구와 19장 21ab절의 "그 나머지들은 그 말 위에 앉으신 이의 입으로부터 나오는 칼로 죽임당했다"라는 문구를 통해 구체적으로 묘사된다.

그리고 19장 9d절의 "하나님의 말씀이 참되다"는 선언은 그 말씀에 의한 심판의 효과가 완벽할 것임을 기대하게 만든다.[62] 창세기 3장 15절 이후 구약 역사에서 이어져 온 뱀의 후손으로서 대적들에 대한 심판의 말씀은 거짓된 것이 아니라 참된 것으로 항상 확증되어 왔다. 17장 17절에서 언급하고 있는 것처럼 바벨론의 멸망 자체도 구약에서부터 약속되어 온 하나님의 말씀으로 말미암아 이루어진 심판의 궁극적 성취라고 할 수 있다.[63]

하늘에 있는 군대들(14a절) 다음 14a절은 앞에서 소개된 "흰 말들 위에 앉아"[64] 예수님을 따르는 하늘의 군대를 조명한다. 이 본문에서 군대는 두 가지 특징을 보인다. 첫째로, 그들은 하늘에 있는 군대들이고 둘째로, 그들은 "흰 말들 위에" 있다. 먼저 14a절에서 "하늘에 있는 군대들"은 일차적으로 천사들로 구성되어 있다고 볼 수 있다.[65] 왜냐하면 구약과 중간기 문헌 그리고 신약 등에서 천사들을 하나님의 군대로 표현하고 있기 때문이다(창 32:1-2; 수 5:13-15; 왕하

59 Witherington III, *Revelation*, 243; Mounce, *The Book of Revelation*, 354.
60 Beale, *The Book of Revelation*, 957; Osborne, *Revelation*, 683.
61 Beale, *The Book of Revelation*, 957.
62 앞의 책.
63 앞의 책.
64 이 번역과 관련해서 번역에 대한 논의를 참조하라.
65 Swete, *The Apocalypse of St. John*, 250; Roloff, *The Revelation of John*, 219.

6:17; 시 103:20-21; 에녹1서 1:4; 에녹2서 17; 마 13:41; 16:27; 25:31; 살전 3:13; 살후 1:7).[66] 그러나 17장 14절('이들은 어린 양에 대항하여 전쟁할 것이다. 그러나 어린 양이 그들을 이길 것이다. 왜냐하면 그는 주들의 주요 왕들의 왕이기 때문이다. 그와 함께 한 자들은 부름 받은 자들이요 택함 받은 자들이고 신실한 자들이다.')에 의하면 성도들도 이러한 군대에 함께 동참했다고 짐작할 수 있다.[67] 그리고 14장 4절에서 어린 양과 어디든지 동행하는 자들은 하늘에 있는 144,000이다.[68]

그리고 하늘의 군대들이 "흰 말 위에"(ἐφ' ἵπποις λευκοῖς, 엡 힙포이스 류코이스) 앉아 있는 모습은 역시 "흰말 위에 앉으신" 메시아 예수님과 동일시되고 있음을 알 수 있다.[69] 이 동일시를 통해 성도들이 메시아 예수님의 심판의 사역에 동참하는 자격을 부여 받았음을 알 수 있다. 이처럼 "흰 말 위에 앉으신 이"로서 나라들을 심판하시는 예수님의 모습이 시편 2장 9절의 성취라면, 성도들로서 하늘의 군대들이 메시아 예수님을 따르면서 그 심판에 동참하는 것은 요한계시록 2장 26-28절에 이기는 자들에게 주어지는 약속의 말씀의 성취로 볼 수 있다.[70]

희고 맑은 세마포(14b절) 그런데 "흰 말 위에" 앉아 예수님을 따르는 하나님의 군대가 "희고 맑은 세마포"를 입고 있다고 한다. 여기에서 "희고 맑은 세마포"는 무엇을 의미하는가? 먼저 요한계시록에서 일관성 있게 성도들은 "흰 옷"을 입는다고 언급하는 것에 주목해야 한다(3:4-5, 18; 4:4; 6:11; 7:9, 13-14). 특히 19장 8절에서는 어린 양의 신부에게 "찬란하고 맑은 세마포"가 주어지고 있다. 이는 19장 14절의 표현과 유사하다. 다만 이 두 문구의 차이는 19장 14절에서 "흰"(λευκόν, 류콘)이라는 말이 19장 8절에서는 "찬란한"(λαμπρόν, 람프론)이라는 말로 바뀌어 사용될 뿐이다. 동시에 15장 6절에서는 일곱 대접을 가진 일곱 천사들이 "맑고 찬란한 세마포" 를 입고 있다고 말한다. 여기에서 "희고 맑은 세마포"는 천사들과 성도들에게 모두 해당됨을 알 수 있다.

그러나 이 문맥에서 사용된 "흰" 색은 요한계시록의 다른 본문에서 사용된

66 Osborne, *Revelation*, 684.
67 Charles, *A Critical and Exegetical Commentary on Revelation*, 2:134.
68 Sweet, *Revelation*, 283.
69 Smalley, *The Revelation to John*, 493.
70 앞의 책.

"흰" 색과는 다른 의미이다. 이는 예수님께서 "흰말"을 타고 오셨다는 것이나 그를 따르는 자들도 "흰말"을 타고 등장하는 것이 '심판'과 '정복'의 의미를 포함한다면, 여기에서 '흰 옷'을 입고 있는 것도 이러한 심판의 맥락에서 이해할 수 있기 때문이다.[71] 예수님께서 입고 계신 옷이 피로 물든 옷이라고 하였을 때 그것은 원래 붉은 색이 아니었다는 것을 의미한다. 아마도 피로 물들기 전에 색깔은 흰색이었을 가능성이 크다. 왜냐하면 이 문맥의 흐름이 바로 심판과 정복에 있기 때문이다. 예수님의 심판의 사역은 천상의 천사들과 하나님의 백성들의 동참에 의해 더욱 강력하게 동의되고 시행되고 있다.

날카로운 칼로 나라들을 치다(15ab절) 15a절에서 예수님의 입으로부터 "날카로운 칼"(ῥομφαία ὀξεῖα, 롬파이아 오크세이아)이 나온다고 한다. 15a절의 이런 표현은 1장 16절의 그 입으로부터 나온 "양쪽이 날카로운 칼"(ῥομφαία δίστομος ὀξεῖα, 롬파이아 디스토모스 오크세이아)이란 문구와 "양쪽"이란 단어만 제외하면 동일하다. 이 외에도 "날카로운 칼"이란 문구는 요한계시록에서 2장 12절, 16절; 19장 21절에서 사용된다. 이 문구는 메시아적 왕의 등장을 약속한 이사야 11장 4절에서 메시아가 세상을 "그의 입의 막대기로 세상을 치며"라는 말씀을 배경으로 한다.[72] 그리고 요한계시록 본문의 15b절에서 "날카로운 칼로 나라들을 치다(πατάξῃ, 파타크세>πατάσσω, 파타쏘)"라고 한 것은 이사야의 본문의 "막대기로 세상을 치다(πατάξει, 파타크세이>πατάσσω, 파타쏘)"와 "치다"(πατάσσω)라는 동사에 의한 평행 관계를 드러낸다. 이 두 본문에서 "치다"라는 동사가 동일하게 사용된다. 요한계시록 본문에서 이사야의 "막대기"를 '칼'로 바꾸어 표현하고 있는 것은 메시아적 사역을 소개하는 이사야 49장 2절의 "내 입을 날카로운 칼 같이 만드시고…"라는 본문에서 사용되는 "칼"이라는 표현의 영향 때문이다.[73] 그렇다면 15a절은 이사야 11장 4절과 이사야 49장 2절의 조합이라고 할 수 있다. 이러한 변형을 통하여 요한이 이 문맥에 맞게 그리스도를 우주적 심판의 권세를 가지신 분으로 간주하려는 목적을 가지고 있음을 알 수 있다.[74]

71 오우니는 "희고 맑은 세마포"를 "하늘 군대의 정결과 거룩"을 상징한다고 설명한다(Aune, *Revelation 17-22*, 1060).

72 Swete, *The Apocalypse of St. John*, 250.

73 Fekkes, *Isaiah and Prophetic Traditions in the Book of Revelation*, 119-21; Moyise, *The Old Testament in the Book of Revelation*, 31.

74 Osborne, *Revelation*, 92.

더 나아가서 이사야 11장 4절의 70인역에서는 "그의 입의 막대기"를 "그 입의 말씀"(τῷ λόγῳ τοῦ στόματος αὐτοῦ, 토 로고 투 스토마토스)으로 번역한다. 70인역의 번역자는 "막대기"를 "말씀"으로 해석하고 있는 것이다. 이러한 이사야 본문에 대한 70인역 번역자의 해석의 현상은 유대 문헌에서 두드러지게 나타난다(솔로몬의 시편 17:24, 35;; 에녹 1서 62:2).[75] 그 배경으로 이런 내용을 고려할 때, 15a절의 "날카로운 칼"을 "하나님의 말씀"으로 이해할 수 있다. 이것은 13b절에서 "흰말 위에 앉으신 이"의 이름이 "하나님의 말씀"이라는 것과 관련되고 있다. 곧 "입의 막대기"처럼 "하나님의 말씀"은 전투적이며 법정적으로 대적들을 심판하는 수단인 것이다.

또한 칼이 "날카롭다"는 표현은 그 말씀의 활동이 매우 효과적이라는 것을 의미한다. 곧 칼이 날카로울 때 칼의 효과는 극대화된다. 이것은 15b절의 내용과 밀접하게 관련된다. 15b는 '히나'(ἵνα) 목적절로서 목적을 나타내기 위해 사용된다. 곧 "나라들을 치기 위하여 그의 입으로부터 날카로운 칼이 나온다"이다. "흰말 위에 앉은 이"의 입에서 날카로운 칼이 나오는 것은 바로 나라들을 치기 위한 목적이 있음을 드러낸다. 여기에서 "치다"(πατάξῃ, 파타크세>πατάσσω, 파타쏘)라는 말은 앞서 이사야 11장 4절과 49장 2절 말씀을 배경으로 "나라들을 심판하다"라는 의미로 사용되고 있다는 것을 확인한 바 있다. 그렇다면 예수님의 입에서 날카로운 검이 나오는 것은 바로 말씀으로 나라들을 심판하기 위한 것이다. 이러한 말씀과 심판의 관계는 히브리서 4장 12-13절에서 잘 나타나 있다.[76]

> [12]하나님의 말씀은 살아 있고 활력이 있어 좌우에 날선 어떤 검(칼)보다도 예리하여 혼과 영과 및 관절과 골수를 찔러 쪼개기까지 하며 또 마음의 생각과 뜻을 판단하나니 [13]지으신 것이 하나도 그 앞에 나타나지 않음이 없고 우리의 결산을 받으실 이의 눈 앞에 만물이 벌거벗은 것같이 드러나느니라(히 4:12-13)

위의 히브리서 말씀에서 하나님의 말씀은 좌우에 날선 칼에 비유되어 혼과 영과 및 관절과 골수를 찔러 쪼개기까지 할 정도로 마음과 생각을 드러내고 판단하는 능력을 갖는다. 따라서 지으신 피조물 가운데 그 말씀 앞에 드러나지

75 Koester, *Revelation*, 757. 1Q28b V, 24-25; 4Q 161 8-10 III, 15-19; 에즈라 4서13:9-11, 37-38에서는 막대기나 말씀 대신 "그의 입술의 숨결"로 심판하는 내용을 기록하고 있다.

76 Reddish, *Revelation*, 368; Blount, *Revelation*, 355.

않는 것이 없다. 심판의 날에 인간을 비롯한 만물이 벌거벗은 것같이 드러나게 되어 심판의 자리에 서게 될 것이다.

철 막대기로 치다(15c절) 15c절의 "자신이 그들(나라들)을 철 막대기로 칠 것이다"는 것은 15a와 15b의 동일한 내용을 반복하면서도 달리 표현하고 있는 것이다. 15a절의 "날카로운 칼"이 "철의 막대기"로 바뀌고 15b절의 '파타크세'(πατάξῃ>πατάσσω, 파타쏘)는 '포이마네이'(ποιμανεῖ>ποιμαίνω, 포이마이노)로 변형되었다. 15c절의 '포이마네이'는 15b절의 '파타크세'와 동일하게 심판을 의미하는 "치다"라는 말로 번역한 바 있다. 15c절은 15b절처럼 메시야 시편인 시편 2장 9절의 전반부(네가 철장으로 그들을 깨뜨림이여)를 배경으로 한다. 15c절의 "철의 막대기로 치다"에서 "치다"라는 동사를 15b절처럼 '파타쏘'(πατάσσω)가 아니라 '포이마이노'(ποιμαίνω)라는 단어를 사용한 것은 시편 2장 9절에 대한 70인역을 그대로 가져왔기 때문이다.[77] 실제로 '포이마이노'는 목동들이 양들을 막대기로 안내해주는 행위를 연상케 한다. 목동의 막대기는 양을 안전한 길로 안내해주고 보호해 주는 기능을 갖기도 하지만 동시에 잘못된 길로 가는 양을 때리는 기능을 갖기도 한다. 이 문맥에서는 후자의 경우에 해당된다. 따라서 이 동사를 우리말로 '파타쏘'처럼 "치다"로 번역할 수 있다.

하나님의 진노의 분노의 포도주(15d절) 15d절은 다시 한 번 15abc에서 소개되는 내용 보다 좀 더 직접적인 표현으로 심판의 의미를 선명하게 표현한다. 곧 15ab절에서 예수님의 입에서 나오는 "날카로운 칼"로 나라들을 치는 것이나 "철의 막대기"로 그들을 친다는 표현을 "전능자 하나님의 진노의 분노의 포도주의 틀을 밟는다"고 말한다. 여기에서 하나님을 "전능자"(παντοκράτωρ, 판토크라토르)로 소개한다. 이것은 이 모든 심판 사역에 있어서 완전하신 분이심을 천명한 것이다. 바로 "흰말 위에 앉은 이"로 오시는 예수님께서 심판 사역에 있어서 완전함을 이루시는 "전능자 하나님의 진노의 분노의 포도주의 틀을 밟을 것"임을 말씀하고 있다. 여기에서 "진노의 분노"(τοῦ θυμοῦ τῆς ὀργῆς, 투 뒤무 테스 오르게스)라는 문구에서 진노에 대한 이중적 표현을 통해 심판이 얼마나 심각하

---

77 이에 해당하는 히브리어 단어는 "깨뜨리다"(רעע, 라아)라는 동사가 사용된다.

게 주어지고 있는가를 드러내려 한다.

그리고 "포도주의 틀을 밟는다"(πατεῖ τὴν ληνὸν τοῦ οἴνου, 파테이 텐 레논 투 오이누)라는 문구는 14장 19-20절에서 이미 심판에 대한 이미지로 사용된 바 있다.[78] 14장 19c절은 19장 15d절과는 달리 "포도주의"(τοῦ οἴνου, 투 오이누)라는 단어 없이 "포도주 틀"이란 의미를 가진 '레논'(ληνόν>ληνός, 레노스)이란 단어만 사용한다.[79] 14장 20절에서 밝혀진 포도주틀로부터 예상과는 달리 포도즙 대신 피가 나와서 천육백 스타디온으로부터 말들의 굴레까지 차오르게 되었다.[80] 14장 20절에서 이러한 정황의 발생은 19장 15d절의 "포도주의 틀을 밟을 때"에도 예상할 수 있다. 곧 포도주 틀에서 포도즙이 아니라 피가 나오는 것을 예상할 수 있다. 이 피는 심판 받게 되어 있는 대적들의 피로서, 19장 13절에서 심판으로 말미암아 예수님의 옷이 피로 흠뻑 젖은 모습을 연상케 한다.

포도주와 피의 호환성은 17장 2절에서 "포도주"를 17장 6절에서는 "성도들의 피"로 비유한 것을 통해 잘 나타나고 있다. 다만 17장의 경우에 포도주는 음녀 바벨론에 의한 핍박으로 말미암아 성도들이 흘린 피를 의미하는 것이지만, 14장과 19장에서 포도주는 성도들을 핍박한 것에 상응하는 심판을 받을 대적들의 피에 대한 상징적 이미지이다. 15c와 15d에서 '그 자신'(αὐτός, 아우토스)라는 말이 덧붙여 지는데 이는 예수님 자신이 심판을 주관하고 있음을 강조하기 위함이다. 14장 19-20절에서는 천사에 의해 포도주의 틀을 밟는 과정이 진행되는 반면 19장 15절에서는 "흰말 위에 앉으신" 예수님 자신이 심판을 주관해 가신다.

그의 옷 곧 그의 허벅지 (부분)에 기록된 이름(16a절) 다음 16절에서는 예수님의 이름에 대해 다시 한 번 언급하고 있다. 16a절에 의하면, 그의 이름이 "그의 옷 곧 그의 허벅지(부분)에 기록되어 있다"고 할 수 있다. 번역에서도 논의한 것처럼 "그의 옷"과 "그의 허벅지"는 설명적 관계로 볼 수 있다. 그의 이름이 그 옷 부분 중에서도 허벅지 부분을 특정하고 있는 것이다. 따라서 이것을 풀

78 Koester, *Revelation*, 758.

79 이런 차이를 구별하기 위해 14장 19c절은 "포도주틀"로 번역하고 19장 15d절은 "포도주의 틀"로 번역했다. 그리고 쾨스터는 두 본문 사이의 차이점을 다음과 같이 덧붙인다: 14:17-20에서는 심판의 이미지를 천사가 낫으로 거두는 과정을 통해 표현하고 있는 반면, 19장 11-21절에서는 메시아 그리스도께서 그의 입으로부터 나오는 칼로 전쟁을 통해 심판한다(Koester, *Revelation*, 758).

80 좀 더 자세한 내용은 14장 19-20절에 대한 주해를 참고하라.

어서 말하면 “허벅지를 감싸고 있는 옷의 부분”이라고 할 수 있다.[81] 결국 허벅지 옷과 허벅다리 두 부분에 모두 분리해서 이름이 기록되었다고 볼 수 없다. 실제로 그리스 로마 시대 저술가들에 의하면 때때로 동상의 허벅지에 이름이나 비문이 새겨져 있는 경우가 있었다(Cicero, *Against Verres*, 4.43; Pausanias, *Eliac. extr.*, γεγραμμένον ἐπὶ τοῦ μηροῦ; Justinus [4 cent. a.d.?], 15.4, 5).[82]

이런 배경 외에도 이 본문의 문맥에서 허벅지 부분에 이름이 쓰여진 이유를 살펴 보면, 지상에 서 있는 자들의 시점에서 “흰 말에 앉은 이”가 가장 잘 보이는 부분은 바로 허벅지 부분이다. 따라서 가장 잘 보이는 곳에 16b절에서 언급되는 이름을 기록해 두어 “흰 말에 앉은 이”의 신분을 모든 자에게 드러내고자 하는 것이다. 예수님께서 공생애 동안에는 십자가의 죽음을 완수해야 했으므로 메시아로서 자신의 신분을 숨기셔야 했다면 이제 재림 때에는 더 이상 그 신분을 숨길 이유가 없으며 도리어 심판주로서 자신의 능력과 위엄을 만천하에 드러내는데 거리낌이 없게 된 것이다. 이것은 12c절에서 “자신 외에 아무도 알 수 없는 기록된 이름을 가지고 있다”는 내용과 모순된 것이 아니다. 이 본문의 의미는 주해 과정에서 밝힌 것처럼, 누구에게도 알려질 수 없는 고유한 인격의 속성을 가지고 있다는 것이다. 이러한 사실은 예수님이 아무리 자신을 드러내도록 한다고 하더라도 변할 수 없다. 왜냐하면 인간이 예수님을 온전히 알 수 없기 때문이다.

왕들의 왕이요 주들의 주(16b절) 바로 다리 부분에 있는 옷에 예수님의 이름이 기록되었는데 그 이름은 바로 “왕들의 왕이요 주들의 주”이다. 이 동일한 이름이 17장 14c절에서 순서만 바뀌어서 언급된 바 있으므로 자세한 설명은 이 본문의 주해 내용을 참고할 수 있다. 19장의 문맥에서 이 이름을 간단하게 살펴보고자 한다. 예수님에게 붙여지는 이름이 가까운 문맥에서만 11b절의 “신실과 참됨,” 12c절의 “아무도 알 수 없는 기록된 이름” 그리고 13b절의 “하나님의 말씀”에 이어 네 번째이다. 이러한 이름은 15b절에서 나라들을 심판하시는 예수님과 적절하게 조화를 이룬다. 허벅지 부분의 옷 위에 기록된 “왕들의 왕이요 주들의 주”라는 이름은 땅에 존재하는 모든 자들에게 드러난다. 그러

81 Osborne, *Revelation*, 686.
82 Charles, *A Critical and Exegetical Commentary on Revelation*, 2:137.

나 이 순간에 심판 받는 자리에서 계시된 이 이름을 보고 알게 되는 것은 그들의 구원과 관계 없다. 이미 최후의 심판은 완성되었기 때문이다. 단지 안타까운 탄식만 있게 될 것이다.

[19:17-18] **하나님의 큰 잔치에 초대(B)**

두 번째 단락인 17-18절도 '카이 에이돈'(Καὶ εἶδον)이란 문구로 시작한다. 이 문구 역시 새로운 단락의 시작을 알려준다.[83] 이 본문은 "하나님의 큰 잔치"라는 주제를 중심으로 한 내용이다. 이 단락은 11-16절과 19-21절을 연결시켜 주는 역할을 한다.

태양에 서 있는 한 천사(17a절) 17a절에 의하면 한 천사가 태양에 서 있다. 유대 문헌에 의하면, 천사들이 태양과 밀접하게 연결되어 등장한다.[84] 에녹 3서 14장 4절과 17장 4절에서 길갈리엘(Gilgalli'el)천사는 바로 태양에 책임을 지는 기능을 담당하고 바룩3서 6장 2절에서는 40 천사들이 "태양의 마차"(chariot of the sun)를 이끄는 모습을 보여주고 있다.[85] 세페르 하-라짐(Sepher ha-Razim) 2.148에서 천사의 이름을 "태양"(Sun)이라고 언급하고 4.9에서는 "불의 천사들은 능력으로 떠받쳐져서 그(태양)를 둘러 그 날 동안 그(태양)를 이끌고 간다"고 한다.[86] 이러한 전통을 배경으로 요한계시록 본문 17a절에서 태양에 서 있는 천사의 모습을 이해할 수 있다. 이 본문에서 천사를 태양과 연결시킨 이미지는 "장엄함"(splendor)을 나타내며 또한 이러한 연출은 "중천을 맴돌고 있는 새들에게 메시지를 효과적으로 전달"하는 효과를 지닌다.[87]

중천에 나는 모든 새들(17c절) "중천"이란 단어는 8장 13절과 14장 6절에 등장한 바 있다. 이 단어는 "태양의 정점"을 가리키는 것으로서 매우 높은 곳이라는 이미지를 보여준다.[88] 천사가 태양에 서 있는 위치와 가까운 거리에 있음

83 Aune, *Revelation*, 1063.
84 앞의 책. 실제로 세페르 하-라짐(*Sepher ha-Razim*) 2.148에서 천사의 이름이 "태양"(Sun)으로 언급된다(앞의 책).
85 앞의 책.
86 앞의 책.
87 Mounce, *The Book of Revelation*, 358.
88 Beasley-Murray, *The Book of Revelation*, 159.

을 짐작할 수 있다. 따라서 태양에 있는 천사와 중천을 나는 새들 사이의 구도는 천사가 새들을 "통제할 수 있는 유리한 조건"이라고 할 수 있다.[89] 8장 13b절에서는, 이 중천에 날아가는 것은 독수리이고 19장 17c절에서는 새들이 날고 있다. 이 두 본문의 문맥도 심판이라는 공통 주제를 다루고 있다. 그리고 14장 6절에서는 천사가 영원한 복음을 가지고 중천을 날고 있는 모습을 보여준다. 이 영원한 복음에는 "심판의 때"가 왔다는 사실 뿐만 아니라 그 이유로 인하여 하나님께 영광을 드리라는 권면을 포함한다. 역시 앞의 두 본문과 마찬가지로 심판 주제를 포함하고 있다. 중천과 관련한 이상의 내용을 종합하면 "중천"이라는 주제는 심판 주제를 동반하고 있음을 알 수 있다. 이제 태양에 장엄한 모습으로 서 있는 한 천사는 중천에 나는 새들에게 짐승의 패배를 선포하며 하나님의 큰 잔치에 새들을 초청한다.

하나님의 큰 잔치(17d절) 17d절에서 천사가 "중천에 나는 새들"에게 "하나님의 큰 잔치로 모이라"고 하여 "하나님의 큰 잔치"에 참여할 것을 요청한다. 이러한 초청은 에스겔 39장 17절의 언어를 사용한 것이다.[90]

> 주 여호와께서 이같이 말씀하셨느니라 너 인자야 너는 각종(모든) 새와 들의 각종(모든) 짐승에게 이르기를 너희는 모여 오라 내가 너희를 위한 잔치 곧 이스라엘 산 위에 예비한 큰 잔치로 너희는 사방에서 모여 살을 먹으며 피를 마실지어다(겔 39:17)

이 본문은 에스겔 38장 1-8절에서 마곡 땅을 다스리는 곡이라는 왕을 중심으로 하는 최강의 연합군에 대한 심판이라는 문맥 속에서 이해해야 한다. 이 심판 과정에서 "각종(모든) 새와 들의 각종(모든) 짐승"에게 인자가 하나님의 큰 잔치에 초대하여 먹고 마시도록 하는 것은 일종의 비유로서, 심판의 대상인 곡의 연합군이 철저하게 패배하여 들판에 널려 있는 그들의 시신을 새들과 짐승들이 와서 먹는 장면과 관련된다.

요한계시록 본문에서 천사가 새들을 하나님의 잔치에 초청하는 정황은 바로 이 에스겔의 언어를 사용하고 있는 것이다. 다만 그 초청 대상에 있어 요한계시록 본문에서는 에스겔의 "짐승"(θηρία, 데리아>θηρίον, 데리온)은 생략한다. 이

---

89 Morris, *Revelation*, 221.
90 Koester, *Revelation*, 759.

런 생략은 요한계시록 본문의 문맥이 "짐승"(θηρίον)에 대한 심판이기 때문에 그 말이 중복되는 것을 피하기 위해서라고 볼 수 있다.

17d절의 하나님의 큰 잔치와 19장 7-9절의 어린 양의 혼인 잔치는 서로 밀접한 관계가 있다. 곧 하나님의 큰 잔치에서 악인들에 대한 최종적 심판은 어린 양의 혼인 잔치에 성도들이 참여하는 구원 사건과 "대응"(counterpart) 관계라고 할 수 있다.[91] 심판과 구원이 동전의 양면과 같은 관계이기 때문에 이런 대응관계가 성립된다.

살을 먹다(18절) 18절은 '히나'(ἵνα) 목적절로 시작하여 17d절의 "하나님의 큰 잔치"에 대한 초대의 목적을 나타내고 있다. 이 목적절은 하나님의 큰 잔치의 구체적인 내용을 소개한다. 이 내용을 요약하면 새들로 하여금 "흰말 위에 앉은" 예수님의 대적으로서 짐승과 함께 한 모든 자들의 살을 먹으라는 것이다. 여기에서 "살"(σάρκας, 사르카스>σάρξ, 사르크스)이라는 단어는 사람의 시체를 가리킨다. 새들로 하여금 사람들의 살을 먹으라고 한 것은 전쟁이 끝난 직후에 죽은 자들의 살을 새들이 와서 뜯어 먹는 정황을 연상케 한다. 이러한 상황 역시 에스겔 39장 18-20절과 평행 관계를 보인다.

요한계시록 19:18	에스겔 39:18-20
너희들이 왕들의 살(들)과 호민관의 (살)들과 강한 자들의 살(들)과 말들과 그것들 위에 앉은 자들의 살(들)과 모든 자유자들과 종들과 작은 자들과 큰 자들의 살(들)을 먹기 위해	18)너희가 용사의 살을 먹으며 세상 왕들의 피를 마시기를 바산의 살진 짐승 곧 숫양이나 어린 양이나 염소나 수송아지를 먹듯 할지라 19)내가 너희를 위하여 예비한 잔치의 기름을 너희가 배불리 먹으며 그 피를 취하도록 마시되 20)내 상에서 말과 기병과 용사와 모든 군사를 배불리 먹을지니라 하라 나 주 여호와의 말씀이니라

위의 비교에서 "살"(σάρκας, 사르카스>σάρξ, 사르크스)이라는 낱말이 공통적으로 사용되고 그 "살"의 목록으로 요한계시록의 "왕들," "호민관," "강한 자들," "말들과 그것들 위에 앉은 자들"은 에스겔 본문에도 등장하는 목록이다.

에스겔 39장 18-20절은 38장에서부터 시작된다. 에스겔 38장에 의하면 마곡 땅을 다스리는 곡을 중심으로 하는 강력한 이방 연합군(겔 38:1-6)은 하나

91 앞의 책.

님의 심판으로부터 회복된 이스라엘과 전쟁을 일으키게 된다(겔 38:7-8). 에스겔 39장 18-20절은 바로 그 전쟁의 결과를 기록하고 있다. 비록 이스라엘이 하나님의 심판을 받아 바벨론에 의해 포로로 잡혀 가는 수모를 당했지만, 하나님의 은혜로 회복된 이스라엘은 곡이라는 왕을 중심으로 하는 가장 강력한 연합군과의 전쟁에서 거뜬히 승리한다. 이 전쟁은 이스라엘을 그들의 죄로 인한 심판의 방법으로 바벨론 포로로 잡혀 가도록 할 수 밖에 없었던 하나님의 명예를 회복하기 위한 것이다. 이러한 사실은 에스겔 39장 21-24절에 잘 나타나 있다.

> 21)내가 내 영광을 여러 민족 가운데에 나타내어 모든 민족이 내가 행한 심판과 내가 그 위에 나타낸 권능을 보게 하리니 22)그 날 이후에 이스라엘 족속은 내가 여호와 자기들의 하나님인 줄을 알겠고 23)여러 민족은 이스라엘 족속이 그 죄악으로 말미암아 사로잡혀 갔던 줄을 알지라 그들이 내게 범죄하였으므로 내 얼굴을 그들에게 가리고 그들을 그 원수의 손에 넘겨 다 칼에 엎드러지게 하였으되 24)내가 그들의 더러움과 그들의 범죄한 대로 행하여 그들에게 내 얼굴을 가리었었느니라

이 본문에 의하면 이 전쟁의 목적이 바로 이스라엘에게는 "내가 여호와 자기들의 하나님"이라는 것을 알게 하는 것이고, 여러 민족에게는 하나님이 무능해서가 아니라 "이스라엘 족속이 그 죄악으로 말미암아 사로잡혀 갔던 줄을 알게 하는 것"이라고 한다.

그러나 에스겔에서 언급하고 있는 이 전쟁은 종말적 전쟁으로서 역사적으로는 일어난 적이 없다. 이것은 일종의 "상상적 시나리오"(imaginative scenario)이다.[92] 그런데 요한계시록의 저자인 요한은 이런 상상적 시나리오에 나타난 의미를 재해석하여 이 전쟁을 예수님의 재림 때 일어나는 전쟁으로 성취되는 것으로 기록하고 것이다. 이러한 연결에 의해서 에스겔서 본문의 의도대로 예수님의 재림은 하나님의 명예를 회복하는 사건이 될 것이다. 곧 흰 말에 앉은 이의 오심으로 교회 공동체로 하여금 하나님이 그들의 하나님인 것을 알게 하고 세상에는 하나님께서 영광을 받으셔야 하는 창조주임을 알게 할 것이다.

---

92 이 용어는 골딩게이가 다니엘서 주석에서 11장 40-45절을 주해하면서 사용한 바 있다. 그에 의하면 성경적 예언의 특징은 어떤 사건들이 일어나기 전에 그 사건에 대해 문자 그대로 예측하는 것이 아니라 상상적 시나리오를 제시하는 것이다(Goldingay, *Daniel*, 305). 따라서 해석자는 성경의 진술에 대한 맹목적이고 문자적인 해석을 지양하고 상상적 시나리오의 의미를 사려 깊게 파악하도록 해야 할 것이다.

[19:19-21] 두 짐승과 그 군대들의 심판(A′)

이 단락은 11-16절에서 흰말 위에 앉은 이의 전투적 군사적 돌입과 17-18절의 "하나님의 큰 잔치"로의 초대를 종합하여 전개된다.

그리고 나는 보았다(19a절) 다음 19-21절은 17-18절에서 일어날 것이라고 예상했던 사건이 이제 발생하는 것으로 기록되고 있다. 19a절은 17a절처럼 "그리고 나는 보았다"라는 문구로 시작하는데 이 문구는 큰 네러티브 안에 새로운 단락의 시작을 알려주는 표지이다.

짐승과 땅의 왕들과 그들의 군대(들)(19a절) 19a절에서 요한이 본 것은 바로 "짐승과 땅의 왕들 그리고 그들의 군대(들)이 모이는 것"이다. 여기에서 짐승을 따르는 자들을 "땅의 왕들'(τοὺς βασιλεῖς τῆς γῆς, 투스 바실레이스 테스 게스)에서 "땅의"라는 단어를 사용한 것은, 요한계시록에서 일관성 있게 세상 세력을 의미하는 것으로서, 그들이 짐승에게 속한 자들이라는 것을 가리킨다. 그리고 "군대(들)"은 "땅의 왕들"의 군대들이다.[93] 이 목록에서 특이한 것은 "땅의 왕들"이 포함되어 있다는 것이다. 이 조합은 14a절에서 "흰말 위에 앉은 이"와 그를 따르는 "하늘에 있는 군대"와의 조합과 조화를 이루지 못한다. 17장 2절, 18절과 18장 3절, 9절 등에서 "땅의 왕들"은 바벨론과 함께 협력하는 관계이다.[94] 17장 16-17에서 짐승은 "열왕들"과 협력하여 음녀 바벨론을 불사르는 장면이 소개된 바 있다. 스웨테는 이 열왕을 19a절의 "땅의 왕들"로 규정한다.[95] 그리고 이런 열왕과 "땅의 왕들"은 시편 2장 2절에서 여호와 하나님과 기름 부음 받은 자를 대적하는 "땅의 왕들"을 배경으로 한다.[96]

흰 말 위에 앉은 이를 대항하여(19c절) 전쟁을 하기 위하여(19b절) 19b절는 부정사 형태의 동사(ποιῆσαι, 포이에사이>ποιέω, 포이에오)로 시작한다. 이 부정사는 부정

---

93 이것은 인칭 대명사가 3인칭 복수형인 '아우톤'(αὐτῶν)이 사용되고 있기 때문이다. 그러나 알렉산드리아 사본(A)은 3인칭 복수형 대신 3인칭 단수인 '아우투'(αὐτοῦ)가 사용된다(Charles, *A Critical and Exegetical Commentary on Revelation*, 2:139). 찰스는 알렉산드리아 사본을 좀 더 신빙성 있는 것으로 간주한다. 이것이 옳다면 군대는 왕들의 군대가 아니라 짐승의 군대가 되는 것이다(앞의 책). 그렇다면 흰 말 위에 앉은 이의 군대와 짐승의 군대의 평행 관계가 성립될 수 있다.

94 21장 24절에서 "땅의 왕들"은 유일하게 긍정적 의미로 사용된다.

95 Swete, *The Apocalypse of St. John*, 253.

96 앞의 책.

사 용법 중 “목적”의 용법으로서 “… 위하여”라는 의미를 갖는다. 여기에서 짐승과 함께 한 무리들이 모이는 목적은 바로 전쟁을 하기 위한 것임을 알 수 있다.따라서 전쟁을 위한 짐승의 행위는 능동적이고 적극적이다. 19c절에서는 “그 말 위에 앉은 이와 그의 군대에 대항하여”라고 하여 전쟁의 대상을 적시한다. 이상에서 19절의 키워드는 바로 “전쟁”(πόλεμον, 폴레몬>πόλεμος, 폴레모스)이다. 그 전쟁의 상대는 “흰 말 위에 앉은 이”와 그의 군대(들) 그리고 “짐승과 땅의 왕들과 그들의 군대(들)”이다. 이 전쟁은 16장 16절의 아마겟돈 전쟁과 동일시 될 수 있다. 곧 16장 12-16절에서 소개되는 아마겟돈 전쟁과 동일한 시점에 일어나는 동일한 종말론적 심판의 전쟁을 다른 방법으로 표현하고 있을 뿐이다.[97]

이 전쟁의 결과는, 17-18절에서 “하나님의 큰 잔치”로의 초대가 짐승에게 속한 진영이 이미 패배했다는 것을 전제한다. 19절에서는 전쟁의 구체적인 과정에 대한 설명이 주어진다. 아마겟돈 전쟁처럼, 이 전쟁은 물리적 전쟁이 아니므로 문자적으로 해석하여 역사적으로 일어났거나 일어나게 될 어떤 전쟁과 연결시키는 것은 적절하지 않다. 왜냐하면 이런 해석의 특징은 날카로운 검이 예수님의 입에서 나오는 순간 그 전쟁은 즉각적으로 끝나고 말기 때문이다.[98] 이것은 12장 7-9절에서 미가엘과 그의 군사들 그리고 용과 그의 군사들과의 전쟁에서 그 구체적 진행 과정을 생략하여 용이 패배한 결과만을 언급하는 것과 동일한 패턴이다.[99] 이러한 패턴은 전쟁 모티브가 사실적 묘사가 아니라 상징적 표현이기 때문에 발생한다.

이런 전쟁 모티브의 배경인 묵시 문헌에서는 종말적 전쟁에서 이방 나라들의 마지막 공격이 발생할 것이라고 기록한다.[100] 에녹 1서 56장 5-8절과 같은 본문을 보면 하나님의 천사들이 이방 나라들을 부추겨서 이스라엘을 향하여 전쟁을 일으키도록 한다는 것을 알 수 있다.[101] 사해 사본에서는, 쿰란 공동체에 적대적 나라들은 어둠의 천사인 벨리알에 의해 통제되고 있기 때문에

---

97 스몰리는 16장 12-16절의 “아마겟돈 전쟁의 결말이 도달한 시점”이라고 해석한다(Smalley, *The Revelation to John*, 497). 이러한 해석은 아마겟돈 전쟁과 19장 19b절의 전쟁을 시간적 연속 관계로 보기 때문에 동의할 수 없다. 이 두 전쟁은 동일한 종말적 심판을 위한 전쟁의 다른 표현이라고 할 수 있다.

98 Osborne, *Revelation*, 689.

99 앞의 책.

100 Koester, *Revelation*, 760.

101 앞의 책.

(1QM 1. 1-7; XV, 2) 빛의 아들들인 공동체와의 충돌은 불가피하나, 그 빛의 아들들은 천사들과(1QM XIII 10; XVII, 6-7) 메시아로부터(1QM XI, 6-7) 도움을 받아 그 전쟁에서 승리하게 된다고 기록한다.[102] 에즈라 4서 13장 5-11절에서 메시아의 오심에 의해 이방 나라들과의 전쟁이 발생하게 되지만, 그들은 메시아의 심판을 받는다(참고 바룩 2서 70:2-10; 72:1-6; 욥의 유언서 19:8).[103]

짐승과 거짓 선지자가 잡히다(20ab절) 다음 20-21절은 전쟁 결과를 좀 더 자세하게 설명한다. 먼저 20절에서 전쟁의 첫 번째 결과를 말한다. 그것은 짐승과 거짓선지자가 잡히게 되었다는 것이다. 여기에 사용된 동사인 '에피아스데'(ἐπιάσθη>πιάζω, 피아조)는 "압도하거나 통제하기 위해 의지를 가지고 붙들어 매다"라는 의미이다.[104] 이 동사는 신적 수동태로서 그 행위의 주체는 "흰 말 위에 앉은 이"이다. 먼저 20a절에 첫번째 잡히는 "짐승"이 등장한다. 그리고 20b절에서는 "그와 함께 그 앞에서 표적을 행하는 거짓 선지자"도 잡힌다. 여기에서 "짐승과 거짓 선지자"는 13장에서 소개된 바 있는 첫째 짐승과 둘째 짐승의 다른 표현이다. 13장은 둘째 짐승은 첫째 짐승을 경배하도록 사람들을 미혹하는 역할을 하는 것으로 묘사하는데, 20a절에서 이 둘째 짐승을 "거짓 선지자"이며 "그 앞에서 표적을 행했던 자"로 지칭하는 것은 바로 13장에 묘사된 둘째 짐승의 활동에 대한 특징을 그대로 반영한 것이다. 거짓 선지자란 호칭은 16장 13절에서 용과 짐승과 함께 등장하고, 또 20장 10절에서도 짐승과 함께 영원한 심판의 현장에서 다시 한 번 등장한다. 이처럼 13장에서 소개되는 강력한 능력을 가진 짐승은 심판하시는 예수님 앞에서 무력함을 드러내고 만다.

거짓 선지자의 미혹하는 활동(20c절) 20c절은 20b절의 "거짓 선지자"의 활동의 특징에 대한 좀 더 구체적인 설명이다. 여기에서 "거짓 선지자"의 활동의 핵심적 특징은 바로 "짐승의 표를 받고 그의 형상에게 경배하는 자들을 미혹했다"는 것이다. 여기에서 "미혹하다"(ἐπλάνησεν, 에플라네센>πλανάω, 플라나오)라는

102 앞의 책.
103 앞의 책.
104 BDAG, 812(2).

동사는 "어떤 사람을 잘못된 길로 인도하다" 혹은 "속이다" 라는 의미를 가진다.[105] 13장 12절과 14절에 의하면 이 둘째 짐승은 "땅에 사는 사람들"을 잘못된 길로 인도하여 짐승을 경배하도록 미혹하였다. 그러므로 "거짓 선지자" 라는 호칭이 붙여진 것이다. 이처럼 "거짓 선지자"의 활동은 "땅에 사는 사람들"로 하여금 짐승을 따르고 경배하도록 미혹하는 데 초점이 맞추어져 있다.

미혹의 대상인 13장의 "땅에 사는 사람들"은 20c절에서는 "짐승의 표를 받은 자들" 곧 "그의 형상에게 경배하는 자들"로 표현된다. "짐승의 표를 받은 자들"이란 문구에서 "짐승의 표"는 13장 17절에서 "짐승의 이름의 수"로서 "짐승의 표를 받았다"는 것은 짐승의 편에 서서 짐승을 섬기겠다고 작정한 자들이라는 의미이다. 동격으로서 설명해 주는 "그(짐승)의 형상에게 경배하는 자들" 이라는 문구가 이 문구와 함께 사용된다. 따라서 짐승의 표를 받았다는 것은 분명하게 짐승의 우상에게 경배하는 것을 의미한다. 이러한 미혹의 사역을 거짓 선지자가 앞장 서서 수행하고 있는 것이다. 그러므로 요한계시록에서 첫째 짐승과 둘째 짐승은 운명 공동체이다. 거짓 선지자가 미혹하는 사역은 진리에 기초해 있지 않고 거짓된 행위일 뿐이다. 이 거짓된 행위는 심판 받아야 할 것이다. 첫째 짐승이 어떤 능력을 가졌든 그것은 사람들을 속이는 거짓된 것이고 그에 반하여 예수님은 그것을 압도하는 능력을 가진 분으로서 진리로 거짓을 심판하신다.

유황으로 타오르는 불의 호수(20d절) 20d절에 의하면 짐승과 거짓 선지자는 "유황으로 타오르는 불의 호수"에 던져지게 된다. 이것은 20a절에서 잡히고 난 다음의 단계이다. 여기에서 "유황으로 타오르는 불의 호수"는 20장 10절에서는 "불과 유황의 호수"로 표현된다. 이런 표현의 차이는 묵시 문학적 표현의 유연성에 의해 발생한 것으로서 큰 의미를 둘 필요는 없다. 중요한 것은 이 문구가 문자 그대로의 표현이라기 보다는 구약과 유대 전승에서 심판의 장소로 사용되던 이미지를 반영한다는 점이다. 이는 다음과 같은 전승들을 통해 잘 나타난다. 먼저 다니엘 7장 10-11절에서 보좌로부터 불이 강 같이 흘러 나와 짐승을 죽이고 그 시체가 상하게 되어 붙는 불에 던져진다.[106] 이러한 다니

105 BDAG, 821(1b).
106 Beale, *The Book of Revelation*, 970.

엘서의 내용은 요한계시록 본문에 적절한 배경적 요소들을 제공한다. 에녹 1서 54장 1절에서는 "불로 타는 깊은 골짜기"라고 하고 에녹 1서 90장 24-27절에서는 악한 자들이 "불과 화염이 맹렬한 아뷔소스로 던져졌다"고 한다.[107] 그리고 에녹 2서 10장 2절은 "검은 불이 불의 강과 함께 영원히 타오르다"라고 하며, 시빌의 신탁(Sibylline Oracles) 2장 196절에서는 "타오르는 불의 거대한 강"이 심판의 이미지로 사용된다.[108] 그리고 에녹 1서 10장 6, 12절에서 악한 천사들은 불타오르는 아뷔소스에 갇히게 된다.[109] 이처럼 "불"이라는 표현은 구약과 유대 전승에서 심판에 대한 상징적 이미지로 사용된다.

"불"의 기능을 극대화하기 위해 덧붙여진 "유황"은 창세기 19장 24절의 소돔과 고모라에 대한 심판의 도구로 사용되어 이후에 심판의 이미지로 정형화되었고, 이러한 전통이 에스겔 38장 22절에서 적용되어 심판의 현상 중 하나로서 언급된다.[110] 이러한 심판을 나타내는 일련의 전승들이 바로 요한계시록에서의 "유황으로 타오르는 불의 호수"라는 표현의 배경이라고 할 수 있다.

따라서 20d절에서 두 짐승이 유황으로 타오르는 불의 호수에 던져졌다는 내용은 20장 10절에서 용 곧 마귀와 20장 13-15절에서 용을 추종했던 자들에게도 동일하게 발생한다. 이런 세 가지 경우가 모두 평행 관계로서 악의 세력의 "완전한 파괴"(utter destruction)를 의미한다.[111] 11-16절에서 "흰말 위에 앉은 이"의 입으로부터 나오는 칼과 17-18절의 "하나님의 큰 잔치" 그리고 21절에서 "나머지(들)"이 칼로 죽임을 당하는 내용이 일관성 있게 진행되는 문맥에서, 20d절에서 "불의 호수"라는 다소 이질적인 주제가 등장하는 것은 두 짐승의 심판과 20장 10절의 용의 심판, 그리고 20장 13-15절의 불신자들에 대한 심판의 일관된 형태를 조율하기 위한 목적이 있기 때문이다.

20d절에서 짐승과 거짓 선지자가 "불의 호수로(εἰς, 에이스) 던져졌다(ἐβλήθησαν, 에블레데산>βάλλω, 발로)"는 것은 12장 9절에서 용이 "땅으로 던져진 것"(ἐβλήθη εἰς, 에블레데 에이스)과 같은 패턴이다.[112] 그리고 "산 채로"(ζῶντες, 존테스>ζάω, 자오)로 던져진 것은 민수기 16장 30절(시편 55:15)에서 땅이 입을 열어 고라

107 Osborne, *Revelation*, 690.
108 앞의 책.
109 Koester, *Revelation*, 761.
110 Mounce, *The Book of Revelation*, 359.
111 Morris, *Revelation*, 222.
112 Osborne, *Revelation*, 689.

와 다단과 아비람이 "산채로"(ζῶντες, 존테스>ζάω, 자오) 스올로 빠진 사건과 평행을 이룬다.[113] 이러한 상황은 에녹 1서 56장 8절에서 종말에 전쟁에서 패배한 죄인들이 산채로 스올에 삼킨바 되는 경우와 유사하다.[114] 여기에서 "산 채로" 던져진다는 것은 심판의 극대화와 지속성을 의미한다. 20장 10절에서 마귀도 산채로 "불과 유황의 호수"로 던져지게 되어 밤낮 영원히 고통받게 된다고 하여 심판의 지속성을 보여준다. 이러한 패턴을 19장 20d절에도 적용할 수 있다.

20장 10절의 "그리고 그들을 미혹하는 마귀는 불의 호수로 던져졌다 … 영원히 밤낮 고통받을 것이다"라는 문구와 평행된다. 이 문구는 이들에게 심판이 주어지고 있을 뿐만 아니라 그것이 영원히 지속된다는 의미도 갖는다.[115] 물론 이러한 묘사는 두 짐승이라는 구체적인 개체가 문자 그대로 이러한 심판 과정을 겪을 것이라는 의미는 아니다. 다만 짐승과 거짓 선지자와 또 그들과 함께 한 자들에게 이런 심판이 적용된다는 것을 보여주기 위한 것이다.

여기에서 불의 호수는 하데스와 차이가 있다. 곧 20장 13절에서 하데스는 죽은 자들이 불의 호수로 들어가기 전에 심판 받기 위해 기다리고 있는 장소라고 볼 수 있다.[116] 다시 말하면 하데스는 심판을 기다리는 임시 장소이고 불의 호수는 영원한 심판의 장소인 것이다.

나머지는 칼로 죽임을 당하다(21절) 먼저 21a절의 '나머지(들)'(οἱ λοιποί, 호이 로이포이)는 짐승과 거짓 선지자를 제외한, 짐승에 미혹되어 짐승을 따랐던 땅의 왕들과 그들의 군대들을 가리킨다. 그런데 흥미로운 것은, "유황으로 타오르는 불의 호수"에 던져진 짐승과 거짓 선지자와는 달리 이 나머지는

"흰 말 위에 앉은 이"의 입으로부터 나오는 칼에 죽임을 당하고 모든 새의 먹이가 되는 것으로 묘사된다는 것이다.[117] 왜 20d절의 두 짐승의 심판의 상황과는 달리 "나머지(들)"을 이러한 모양으로 최후를 맞이 하는 것으로 묘사하고 있을까? 이런 상황은, 11-16절 단락의 15절에서 "나라들을 치기 위하여 그(흰 말 위에 앉은 이)의 입으로부터 날카로운 칼이 나온다"고 한 내용의 진전된 상

113 Swete, *The Apocalypse of St. John*, 255.
114 Koester, *Revelation*, 761.
115 Beale, *The Book of Revelation*, 969
116 Koester, *Revelation*, 761.
117 21a절의 "나머지(들)는"에 해당되는 20장 15절의 불신자들은 "불의 못"에 던져져서 심판 받는 것으로 묘사되고 있다.

황을 보여주고 있을 뿐만 아니라 17-18절의 하나님의 큰 잔치에 대한 구체적인 설명으로 볼 수 있다. 또한 요한은 17-18절에서 이미 사용한 바 있는 에스겔 39장 17-20절의 말씀을 적용하려는 목적 때문에 "나머지"의 최후를 두 짐승의 경우와 구별하여 표현하는 것으로 보인다. 엄밀하게 말하면 20절이 다소 이질적인 것이지 21절은 문맥의 흐름에 충실한 표현이다.

또한 21b절의 "입으로부터 나오는 칼"이란 15a절의 주해에서 언급한 것처럼 "하나님의 말씀"에 대한 상징적 표현이다. 이것을 잘 보여주고 있는 것이 바로 히브리서 4장 12-13절이다.[118] 그렇다면 칼에 의한 대적들의 살육에 대한 표현은 하나님의 말씀에 의한 최후 심판에 대한 "상징적 묘사"(symbolic portrayal)로 볼 수 있다.[119] 이런 맥락에서 대적들의 죽음은 물리적 의미라기보다는 영적인 의미로서 메시아 예수님이 악한 세력을 심판하시는 것으로 이해하는 것이 적절하다. 21c절에서 새들이 대적들의 살(들)로 말미암아 배불렀다고 한 것은 17절의 "하나님의 큰 잔치"가 매우 풍성하게 베풀어졌다는 것을 함의한다.[120] 또한 이 본문에서 누군가의 몸이 새들의 양식이 된다는 것은 "공포스러운 심판"(horrific judgment)의 정황을 연출해준다(신 28:26; 렘 7:33; 16:4; 19:7; 34:20; 시빌의 신탁 3:644; Homer, Illiad, 13.831).[121]

[정리]

19장 11-21절은 A(11-16절)-B(17-18절)-A′(19-21절)의 구조이다. A는 흰말 위에 앉은 이가 종말적 메시아의 왕권을 가지고 최후의 심판을 주도하기 위해 등장하는 장면을 소개한다. 그리고 A'는 흰말 위에 앉은 이와 짐승, 거짓 선지자 그리고 땅의 왕들과 그들의 군대들과의 전쟁을 기록한다. 이 두 부분의 중간 부분에 B는 "하나님의 큰 잔치"라는 주제로서 A와 A′를 연결시켜준다. 여기에서 흥미롭게도 "하나님의 큰 잔치"에 초대받은 대상은 '중천을 나는 새들"이다. 이 새들이 하나님의 큰 잔치에 초대받은 이유는 전쟁 후에 평야에 널려진 시체들을 먹도록 하기 위함이다. 따라서 이 "잔치" 개념은 새들에게 적용되는 것이고 이것은 엄밀하게 말하면 대적들에 대한 심판이다.

118 Boxall, *The Revelation of Saint John*, 278.
119 Beasley-Murray, *The Book of Revelation*, 284.
120 오우니는 21c절과 17절이 서로 인클루지오의 관계라고 지적한다(Aune, *Revelation 17-22*, 1067).
121 Koester, *Revelation*, 762.

2. 용에 대한 심판(20:1-10)

본문을 살펴 보기 전에 20장 1-10절과 관련된 문맥 관찰과 구조 분석에 대한 내용을 서론적으로 먼저 살펴 볼 필요가 있다.

문맥 관찰

20장 1-10절은 여섯 번째 대접 심판(16:12-16)의 용과 두 짐승, 그리고 일곱 번째 대접 심판(16:17-21)의 바벨론에 대한 멸망을 순서만 바꾸어서 열거하는 17-20장의 문맥 흐름 속에 놓여 있다. 이러한 관계에 의해, 20장 1-10절은 17-20장이라는 문맥 속에서 살펴 볼 뿐만 아니라 16장 12-21절의 관계 속에서 이해해야 한다. 17-20장에서 17장 1절-19장 10절의 바벨론의 심판, 19장 11-21절의 두 짐승의 심판 그리고 20장 1-10절(좀 더 정확하게 7-10절)의 용에 대한 심판은 서로 평행 관계이다. 그리고 20장 1-10절의 마지막 단락인 7-10절은 19장 17-21절의 두 짐승의 심판과 16장 17-21절(일곱 번째 대접 심판)의 바벨론에 대한 심판과 평행 관계를 가진다.[122] 또한 16장 14절, 19장 19절 그리고 20장 8절에서 종말적 전쟁이란 주제로 평행 관계가 성립된다. 이것은 다음 도표로 확인할 수 있다.[123]

16장 14절	19장 19절	20장 8절
그들은 전능자 하나님의 큰 날의 전쟁을 위하여 그들을 모으기 위해 모든 세상의 왕들에게 나아가는 … 귀신들의 영들이다.	또 나는 말 위에 앉은 자와 그의 군대와 전쟁을 하기 위해 모여든 그 짐승과 땅의 왕들과 그들의 군대들을 보았다	(용이) 땅의 네 모퉁이에 있는 나라들 곧 곡과 마곡을 전쟁을 위하여 그들을 모으기 위해 … 미혹하기 위해 나올 것이다.

특별히 16장 17-21절과 19장 17-21절 그리고 20장 7-10절의 평행 관계는 세 가지 사실에 근거를 두고 있다. 첫째, 이 세 본문 모두 "전쟁을 위하여… 모으다"라는 문구를 똑같이 스가랴 12-14장과 스바냐 3장을 배경으로 삼고 있

122 R. F. White, "Reexamining the Evidence for Recapitulation in Rev 20:1-10," *WTJ* 51.2 (1989): 319-44.

123 이 도표는 이미 16장 14bc절을 주해하면서 12장 16절을 포함시켜 사용한 바 있다. 비일도 역시 그의 책에서 이 세 본문의 평행 관계를 드러내기 위해 세 본문을 도표로 보여주고 있다(Beale, *The Book of Revelation*, 834).

다.[124] 특히 비일은, 정관사가 독자들에게 이미 잘 알려진 대상을 의미할 수 있다는 뮤지스의 입장을 근거로, 세 본문 모두에 사용된 "전쟁"(πόλεμον, 폴레몬 >πόλεμος, 폴레모스) 앞에 정관사가 사용되었다는 점이 독자들에게 "[잘 알려진] 종말의 전쟁(the [well known] War of the End)"을 가리키는 것이라고 주장한다.[125]

둘째로, 16장 17-21절, 19:17-21과 20장 7-10절은 모두 에스겔 38-39장을 배경으로 한다는 것이다. 곧 19장 17-21절은 39장 17-21절과 관련되고 20장 7-10절에서 "곡과 마곡"은 에스겔 38장 2절의 "마곡 땅에 있는 … 곡"이라는 문구를 사용하고 있다. 16장 17-21절은 19장 17-21절과 20장 7-10절과 동일한 문구는 아니지만, 에스겔 38장 19-22절의 "큰 지진" 현상이 바로 요한계시록 16장 17-22절의 배경으로 사용되었다는 점에서 평행 관계가 성립된다고 볼 수 있다.[126]

그리고 둘째로, 19장 17-21절과 20장 7-10절에서 각각 "유황으로 타오르는 불의 호수로 던져졌다"(ἐβλήθησαν … εἰς τὴν λίμνην τοῦ πυρὸς τῆς καιομένης ἐν θείῳ, 에블레데산 … 에이스 텐 림넨 투 퓌로스 테스 카이오메네스 엔 데이오)(유황으로 타는 불의 호수로)와 "불과 유황의 호수로 던져졌다'(ἐβλήθη εἰς τὴν λίμνην τοῦ πυρὸς καὶ θείου, 에블레데 에이스 텐 림넨 투 퓌로스 카이 데이우)란 문구가 사용된다. 이 두 문구는 동일한 동사와 문형으로 평행 관계를 드러낸다. 그러나 전자에서 그 던져지는 대상은 두 짐승이고 후자의 경우는 용이다. 그리고 16장 17-21절은 동일한 문구는 아니지만 최종적 심판을 알려주는 문구로서 "번개들과 소리들과 우레들과 큰 지진 그리고 큰 우박"과 같은 문구들이 종말적 현상으로 기록된다는 점에서 다른 두 본문과 평행 관계를 이룬다고 볼 수 있다. 이러한 평행 관계는 두 사건을 동일한 시점 곧 재림 때에 일어난 것으로 간주하는 데에 적절한 근거가 된다. 이상의 내용에 대해서는 17장의 도입 부분에서 충분히 논의한 바 있고 그리고 구조에 대한 논의와 주해 과정에서도 한 번 더 살펴 보게 될 것이다.

20장 1-10절을 해석하는 방법

20장을 주해하기 전에 먼저 해석 방법을 잘 정리할 필요가 있다. 왜냐하면 이

124 앞의 책, 835.
125 Beale, *The Book of Revelation*, 835.
126 Bauckham, *The Climax of Prophecy*, 205.

본문은 여러가지 논쟁의 중심에 있기 때문이다. 해석하는 방법으로 두 가지를 기억하는 것이 중요하다. 첫째로, 20장 역시 요한계시록의 다른 본문과 동일하게 상징적 이미지를 사용하여 기록하고 있으므로 문자적 의미가 아닌, 상징적 의미를 추적하도록 해야 할 것이다. 이런 상징적 해석의 필요성에 대해서는 주해 과정에서 필요할 때마다 언급하고자 한다.

둘째로, 앞에서도 언급한 것처럼, 16장 12-21절의 여섯 번째와 일곱 번째 대접 심판의 내용을 17-20장에서 순서만 바꾸어서 다시 반복하여 기록하고 있다는 점에 주목해야 한다. 이것을 도식으로 표시하면 A(용의 심판), B(두짐승의 심판), C(바벨론의 심판)–C′(17-19:10, 바벨론의 심판), B′(19:11-21, 두짐승의 심판), A′(20:7-10, 용의 심판) 로 정리할 수 있다. 곧 ABC와 C′B′A′의 관계는 "시간적"(chronological) 발전의 관계가 아니라 재림 때에 동시에 일어나는 사건을 "반복" (recapitulation) 해서 서술하는 것이다.[127] 또한 직전의 문맥 관찰에서 살펴 본 것처럼, A′(17:1-19:10, 바벨론의 심판)과 B′(19:11-21, 두 짐승의 심판) 그리고 C′(20:7-10, 용의 심판) 사이도 시간적 관계가 아니라 "반복"의 관계이다. 이것이 1-10절을 해석하는 두 번째 원칙이다.[128]

그리고 20장 1-10절은 이런 평행 관계를 설명하는 마지막 부분인 A′에 해당된다. 정리하면, 17-20장에서 바벨론 심판(17:1-19:11)과 두 짐승(19:12-21) 그리고 용(20:7-10)에 대한 심판은 재림 때에 동시에 일어나는 사건으로서 시간적 순서가 아니라 논리적 순서로 해석해야 한다.

---

127 "반복"이라는 주제를 심도 있게 다룬 논문은 다음과 같다: White, "Reexamining the evidence for Recapitulation in Rev 20:1-10"; Sam Hamstra, "An Idealist View of Revelation," in *Four Views on the Book of Revelation*, ed. C. Marvin Pate (Grand Rapids: Zondervan, 1998), 93-131; Robert B. Strimple, "Amillenialism," in *Three Views on the Millennium and Beyond*, ed. Darrell L. Bock (Grand Rapids: Zondervan, 1999), 83-129; 그리고 idem, "An Amillenial Response to Craig A. Blaising," in Three Views on the Millennium and Beyond, ed. Darrell L. Bock (Grand Rapids: Zondervan, 1999), 256-76. 이런 반복의 관계는 "어거스틴에 의해 제기되고 그리고 니콜라스 콜라돈(Nicolas Colladon)(1584)과 데이비드 파레우스(David Pareus)(1618) 그리고 특별히 코카이우스(Cocceius)와 비트링가 (Vitringa)에 의해 완성된다"(Benjamin B. Warfield, *The Works of Benjamin B. Warfield: Biblical Doctrines* [Grand Rapids: Baker, 1991], 645, 각주 7번). 워필드(Warfield)는 "반복의 원칙은 책(요한계시록)의 구조를 지배한다"고 지적한다(앞의 책).

128 반면 이 원칙과 배치되는 전천년설은 B′(19:11-21)와 A′(20:1-10)의 관계를 시간적 순서로 간주하면서 19장 11-21절을 예수님 재림 사건으로 보고 20장 1-6절을 재림 이후에 펼쳐지는 문자 그대로의 천년 왕국의 기간으로 해석한다. 그리고 20장 7-10절을 천년 왕국 이후 진행되는 악의 세력에 대한 심판으로 해석한다. 이런 입장을 지지하는 입장에는 다음과 같은 자료가 있다: Walvoord, *The Revelation of Jesus, 289-290; Ladd, A Commentary on the Revelation of John*, 259-63; Charles E. Powell, "Progression versus Recapitulation in Revelation 20:1-6," *BSac*. 163.649 (2006): 94-109.

구조 분석

다음 20:1-10에서는 심판으로 말미암은 용의 멸망에 대한 기사를 소개한다. 이 본문은 1-3절과 4-6절 그리고 7-10절로 구분된다. 1-3절은 용이 천 년 동안 아뷔소스에 던져져서 결박되어 갇혀 있다는 사실을 소개하고 4-6절에서는 교회 공동체가 천 년 동안 통치 한다고 말하며 7-10절은 다시 용에 대한 내용으로서 천 년 후에 용이 아뷔소스로부터 나와 교회 공동체와의 전쟁에서 패하여 불 못에 던져지는 내용을 소개한다. 이상에서 이 세 본문은 A(1-3절)-B(4-6절)-A′(7-10절)의 구조를 형성한다는 것을 알 수 있다. 왜냐하면 A와 A′는 용에 대한 이야기를 담고 있고 B는 교회 공동체에 대한 내용을 기록하기 때문이다. 여기에서 1-3절(A)과 7-10절(A′)의 연속적인 관계를 고려하여 이 두 부분을 먼저 살펴보고, 4-6절(B)을 관찰하기로 한다.

구문분석 및 번역

1절 a) Καὶ εἶδον ἄγγελον καταβαίνοντα ἐκ τοῦ οὐρανοῦ
그리고 나는 천사가 하늘로부터 내려오는 것을 보았다.

b) ἔχοντα τὴν κλεῖν τῆς ἀβύσσου
아뷔소스의 열쇠를 가지고

c) καὶ ἅλυσιν μεγάλην ἐπὶ τὴν χεῖρα αὐτοῦ.
그리고 그의 손에 큰 쇠사슬을

2절 a) καὶ ἐκράτησεν τὸν δράκοντα, ὁ ὄφις ὁ ἀρχαῖος,
그리고 그는 용 곧 옛 뱀을 잡았다.

b) ὅς ἐστιν Διάβολος καὶ ὁ Σατανᾶς,
그는 마귀 곧 사탄이다.

c) καὶ ἔδησεν αὐτὸν χίλια ἔτη
그리고 그(천사)는 그(용)를 천 년 동안 결박했다.

3절 a) καὶ ἔβαλεν αὐτὸν εἰς τὴν ἄβυσσον
그리고 그(천사)는 그를 아뷔소스로 던졌다.

b) καὶ ἔκλεισεν
그리고 그는 잠갔다.

c) καὶ ἐσφράγισεν ἐπάνω αὐτοῦ,
그리고 그는 그것(아뷔소스) 위에 인봉하였다.

d) ἵνα μὴ πλανήσῃ ἔτι τὰ ἔθνη ἄχρι τελεσθῇ τὰ χίλια ἔτη.
그가 천 년이 완성되기까지 나라들을 다시 미혹하지 못하도록

e) μετὰ ταῦτα δεῖ λυθῆναι αὐτὸν μικρὸν χρόνον.
이후에 그는 잠시동안 풀려나야 한다.

4절 a) Καὶ εἶδον θρόνους
그리고 나는 보좌들을 보았다.

b) καὶ ἐκάθισαν ἐπ' αὐτοὺς
그리고 그들은 그것(보좌)들 위에 앉았다.

c) καὶ κρίμα ἐδόθη αὐτοῖς,
그리고 심판하는 권세가 그들에게 주어졌다.

d) καὶ τὰς ψυχὰς τῶν πεπελεκισμένων
그리고 참수당한 자들의 영혼들을 (보았다)

διὰ τὴν μαρτυρίαν Ἰησοῦ καὶ διὰ τὸν λόγον τοῦ θεοῦ
예수의 증거 때문에 그리고 하나님의 말씀 때문에

e) καὶ οἵτινες οὐ προσεκύνησαν τὸ θηρίον οὐδὲ τὴν εἰκόνα αὐτοῦ
그리고 짐승과 그의 형상을 경배하지 않은 모든 자들

f) καὶ οὐκ ἔλαβον τὸ χάραγμα ἐπὶ τὸ μέτωπον καὶ ἐπὶ τὴν χεῖρα αὐτῶν.
그리고 그들은 이마와 그들의 손에 표를 받지 않았다.

g) καὶ ἔζησαν
그리고 그들은 살아 있다.

h) καὶ ἐβασίλευσαν μετὰ τοῦ Χριστοῦ χίλια ἔτη.
그래서 그리스도와 함께 천 년 동안 통치했다.

5절 a) οἱ λοιποὶ τῶν νεκρῶν οὐκ ἔζησαν ἄχρι τελεσθῇ τὰ χίλια ἔτη.
그 나머지 곧 죽은 자들은 천 년이 차기까지 살아 있지 않았다.

b) Αὕτη ἡ ἀνάστασις ἡ πρώτη.
이것이 첫째 부활이다.

6절 a) μακάριος καὶ ἅγιος ὁ ἔχων μέρος ἐν τῇ ἀναστάσει τῇ πρώτῃ·
첫째 부활 안에 몫을 가진 자는 복되고 거룩하다.

b) ἐπὶ τούτων ὁ δεύτερος θάνατος οὐκ ἔχει ἐξουσίαν,
둘째 사망은 이들에 대한 권세를 갖지 않는다.

c) ἀλλ' ἔσονται ἱερεῖς τοῦ θεοῦ καὶ τοῦ Χριστοῦ
그러나 그들은 하나님과 그리스도의 제사장들이 될 것이다.

d) καὶ βασιλεύσουσιν/βασιλεύουσιν μετ' αὐτοῦ [τὰ] χίλια ἔτη.
그리고 그들은 그와 함께 천 년 동안 통치한다.

7절 a) Καὶ ὅταν τελεσθῇ τὰ χίλια ἔτη,
그리고 천 년이 완성될 때

b) λυθήσεται ὁ σατανᾶς ἐκ τῆς φυλακῆς αὐτοῦ
사탄이 그의 감옥으로부터 풀려날 것이다.

8절 a) καὶ ἐξελεύσεται
그리고 그는 나갈 것이다.

b) πλανῆσαι τὰ ἔθνη τὰ ἐν ταῖς τέσσαρσιν γωνίαις τῆς γῆς, τὸν Γὼγ καὶ Μαγώγ,
그(사탄)는 땅의 네 모퉁이에 있는 나라들 곧 곡과 마곡을 미혹하기 위해

c) συναγαγεῖν αὐτοὺς εἰς τὸν πόλεμον,
전쟁을 위해 그들을 모으기 위하여

d) ὧν ὁ ἀριθμὸς αὐτῶν ὡς ἡ ἄμμος τῆς θαλάσσης.
그들의 수는 바다의 모래 같다.

9절 a) καὶ ἀνέβησαν ἐπὶ τὸ πλάτος τῆς γῆς
그리고 그들은 땅의 넓은 평야로 올라왔다.

b) καὶ ἐκύκλευσαν τὴν παρεμβολὴν τῶν ἁγίων καὶ τὴν πόλιν τὴν ἠγαπημένην,
그리고 성도들의 진 곧 사랑받은 도시를 에워쌌다.

c) καὶ κατέβη πῦρ ἐκ τοῦ οὐρανοῦ καὶ κατέφαγεν αὐτούς.
그때 불이 하늘로부터 내려와서 그리고 그들을 삼켜버렸다.

10절 a) καὶ ὁ διάβολος ὁ πλανῶν αὐτοὺς ἐβλήθη εἰς τὴν λίμνην τοῦ πυρὸς καὶ θείου
그리고 그들을 미혹하는 마귀는 불과 유황의 호수로 던져졌다.

b) ὅπου καὶ τὸ θηρίον καὶ ὁ ψευδοπροφήτης,
짐승과 거짓 선지자도 역시 있는

c) καὶ βασανισθήσονται ἡμέρας καὶ νυκτὸς εἰς τοὺς αἰῶνας τῶν αἰώνων.
그리고 그들은 낮과 밤에 영원히 고통받을 것이다.

2a절의 τὸν δράκοντα, ὁ ὄφις ὁ ἀρχαῖος (톤 드라콘타, 호 오피스 호 아르카이오스)는 1장 5절의 ἀπὸ Ἰησοῦ Χριστοῦ, ὁ μάρτυς, ὁ πιστός, ὁ πρωτότοκος (아포 예수 크리스투, 호 마루튀스, 호 피스토스, 호 프로토토코스)경우처럼, '문법 파괴"(anacolouthon)의 상태이다.[129] 왜냐하면 목적격인 '톤 드라콘타'와 이어 나오는 주격 형태의 '호 오피스 호 아르카이오스'는 서로 조화되지 않기 때문이다. 이런 문법 파괴 관계에도 불구하고 동격 관계로 번역하게 될 것이다.

그리고 3c절에서 "인봉하다"라는 동사와 '에파노 아우투'(ἐπάνω αὐτοῦ)라는 부사절이 함께 사용되는데 이 부사절은 "그것 위에"로 번역한다. 여기에서 "그것"(αὐτοῦ, 아우투)은 "아뷔소스"를 가리키고 "… 위에"라는 의미의 전치사 '에파노'(ἐπάνω)를 사용하여 "아뷔소스 위에"라는 의미로 사용한다. 따라서 결국에는 "아뷔소스"를 인봉한 것이지만 좀 더 구체적으로 위치를 적시하여 아뷔소스 위에 인을 친 것으로 표현하고 있다. 여기에서 요한이 가능한 한 구체적 표현을 시도하고 있음을 엿볼 수 있다.

129 Charles, *A Critical and Exegetical Commentary on Revelation*, 2:141.

4b절의 "앉다"라는 의미의 '에카디산'(ἐκάθισαν>καθίζω, 카디조)이란 동사는 주어가 적시되어 있지 않다. 이러한 형식은 "삼인칭 복수의 비인칭적 용법의 실례"라고 할 수 있다.[130] 이것은 12장 6c절에서 "양육하다"라는 의미의 동사 '트레포신'(τρέφωσιν>τρέφω, 트레포)의 경우와 동일한 것으로서 "의미의 좀더 일반적 측면"을 드러낸다.[131] 이와 관련하여 좀 더 자세한 내용은 주해의 과정에서 논의하게 될 것이다. 이 동사의 주어는 삼인칭 복수를 사용하여 그대로 "그들"이라고 번역하되 이런 배경 내용을 기억할 필요가 있다.

4c절에 '크리마'(κρίμα)라는 단어가 사용되는데 이 단어는 "재판관의 행위 혹은 기능"을 의미하는 것으로서 4b절에서는 "심판하는 권세"(authority to judge)를 가리킨다.[132] 이러한 의미를 이 단어에 반영하여 번역한다.

4d절의 동사는 4a절의 '보다'(εἶδον, 에이돈)이다. 따라서 "나는 참수당한 자들의 영혼들을 보았다"로 번역한다. 이것은 4a절의 "나는 보좌들을 보았다"에 이어지는 문장이다. 그 사이에 놓여진 4b절과 4c절은 4a절의 "보좌"에 대한 보충 설명으로 볼 수 있다.

그리고 4d절과 관계대명사 '오이티네스'(οἵτινες)로 시작되는 4e절과의 관계 또한 중요하다. 주해적 차원의 논의는 주해과정에서 언급될 것이지만 구문적 차원에서 지적할 것은 이 관계대명사의 선행사를 적시하기에 쉽지 않다는 사실이다. 특별히 이 관계대명사 바로 앞에 접속사 '카이'(καί)가 존재하는 것은 앞의 문장에서 선행사가 존재하지 않고 이 관계대명사 자체가 선행사를 포함하는 독립적 용법으로 사용되었음을 암시한다. 이런 독립적 용법을 좀 더 세분화하여 말하면 "모든 부류"를 포함하는 "총칭적(generic)" 용법이라고 할 수 있다.[133] 이 경우에 이 관계대명사는 "… 누구든지"(whoever) 혹은 "모든 자"(everyone who)로 번역할 수 있다.[134] 이것을 반영하여 번역하면 "짐승과 그의 형상을 경배하지 않은 모든 자들"이 된다. 그런데 문제는 이 본문이 앞의 어느 문장과 연결되는가이다. 가장 가능성이 높은 것은 직전의 4d절의 목적격과

---

130 Aune, *Revelation 17-22*, 1084.

131 Mussies, *Morphology of Koine Greek*, 231. 뮤지스는 이 본문 외에도 로마서 7장 9절에서 "전에 율법을 깨닫지 못했을 때에는 내가 살았더니 계명이 이르매 죄는 살아나고 나는 죽었도다"에서 "나"도 불특정된 주어라고 지적한다(앞의 책). 이런 패턴은 히브리어에 빈번하게 등장한다(GKC §144).

132 BDAG, 567(3)

133 Wallace, *Greek Grammar beyond the Basics*, 344.

134 앞의 책.

함께 4a절의 "보다"라는 동사와 관련된다고 보는 것이다.

4d절의 후반부에서 이유를 의미하는 "때문에"라는 의미의 전치사 '디아'(διά)가 "예수의 증거"와 "하나님의 말씀" 앞에 두 번 반복 사용된다. 이런 반복은 목적은 이유를 강조하기 위해서이다. 따라서 번역에서 번거롭기는 하지만 원문의 의도를 살려 내기 위해 "때문에"를 두 번 반복해서 번역하도록 한다. '디아'의 이런 이중 사용의 패턴은 6장 9c절에도 동일하게 나타난다.

문제는 4e절의 '호이티네스'가 4d절과는 달리 목적격이 아니라 주격이라는 점이다. 이 불일치는 '호이티네스'(οἵτινες)는 주격으로만 사용된다는 사실과 관련이 있다.[135] 따라서 이런 제한 때문에 목적격 기능을 갖지만 주격으로 표현할 수 밖에 없었던 것이라고 추정할 수 있다.[136] 이것을 반영하여 번역하면 "그리고 나는 짐승과 … 모든 자들을 보았다"라고 할 수 있다. 또한 4e절에서, 목적격을 직접적으로 사용한 4d절과 달리, '카이 호이티네스'라는 문구를 사용하여 표현한 것은 두 문장에서 언급한 내용의 차별을 의도하고 있는 것이라고 볼 수도 있다. 따라서 두 본문에서 말하는 두 부류는 서로 다른 부류로 볼 수 있다. 또한 4d절 앞에 '카이'와 4e절 앞에 '카이'가 함께 사용될 경우에 영어의 "both A(4d절) and B(4e절)"의 의미가 된다.[137] 이런 구문론적인 특징에 의해 A와 B는 서로 다른 그룹이라는 것을 더욱 강력하게 시사한다. 이것은 앞에서 논의한 결과와 잘 조화를 이루고 있다. 이에 대해서는 주해 과정에서 좀 더 자세하게 논의할 것이다.

4g절에서 '에제산'(ἔζησαν>ζάω, 자오)라는 동사는 부정 과거의 "기동적(ingressive) 용법"이라고 주장하는 입장과 "술정적(constative) 용법"이라고 주장하는 입장이 팽팽하게 맞서고 있다. 전자는 어떤 사건이나 행위의 시작을 나타내 주고 있고 후자는 이미 완성된 행위의 상태를 묘사하는 용법이라고 할 수 있다.[138] 술정적 용법과 관련하여 첨언하면 "전체적으로 고려되는 (완성되었기 때문에) 선형 행동들(linear actions)"을 표현하기 위해 사용된다.[139] 따라서 전자의 용법을 적용하여 번역하면 "살아났다"(came to life)라고 할 수 있고 후자의 용법

135 BDF, §64(3); §293.
136 스몰리도 이런 문법적 구성을 지적하고 있다(Smalley, *The Revelation to John*, 507).
137 BDAG, 496(1f).
138 Wallace, *Greek Grammar Beyond the Basics*, 557-558.
139 BDF, § 332.

을 적용하여 번역하면 "살아 있다"(lived)라고 할 수 있다. 비일은 2장 8절과 13장 14절 등을 근거로 이 동사의 용법으로서 '기동적 용법"이 더 적절한 것으로 판단한다.[140] 그런데 웨이마이어(Waymeyer)는 육체의 이중적 부활을 주장하는 전천년주의자로서 "기동적 용법"을 적용하여 5b절의 첫째 부활을 성도들의 육체 부활이라고 하고, 둘째 부활을 천년왕국 후에 심판을 위한 육체 부활이라고 주장하는 데 활용한다.[141] 웨이마이어는 자신의 주장을 확고하게 하기 위하여 교묘하게 비일이 이런 "기동적 용법"을 주장했다는 사실을 환기시킨다.[142]

그러나 휴즈(Huges)는 웨이마이어보다 좀 더 이른 시기에 이 동사가 "술정적 부정과거"(constative aorist)로 사용되었다고 주장한 바 있다.[143] 그에 의하면 요한계시록 2장 8절과 로마서 14장 9절에서는 기동적 용법으로 사용되었을지 모르나 20장 4g절의 경우에 그것을 동일하게 적용할 필요는 없다고 주장한다.[144] 곧 기동적 용법을 적용할 경우 참수당한 자들의 영혼들이 다시 살아난다고 말하는 것인데, 영혼들은 죽은 상태가 아니라 이미 살아 있는 상태이기 때문에 이것은 어불성설이다.[145] 따라서 그들은 "살아 있다"라고 하여 살아 있는 상태를 전체적으로 고려하여 번역하는 것이 본문의 의도를 잘 드러내는 것이라고 볼 수 있다. 결국 이런 "술정적 부정과거" 용법은 육체의 부활이 아니라 영적 부활을 나타내고 있는 것이 더욱 분명하다. 그러므로 이런 추론을 반영하여 "다시 살아나다"(become alive again)가 아니라 "살아 있다"로 번역한다.[146] 이와 같은 맥락에서 5a절은 동일한 동사에 부정의 의미가 덧붙여진 경우로서 "살아 있지 않았다"라고 번역하는 것이 일관성의 측면에서 적절해 보인다.

그리고 이어지는 4h절 앞에 '카이'(καί)를, 결과를 나타내는 "그래서"로 번역한다.[147] 왜냐하면 이런 영적 부활은 원인이고 그 결과로서 천 년 동안 통치에 참여하게 되었다고 보는 것이 자연스런 흐름으로 판단되기 때문이다.

140 Beale, *The Book of Revelation*, 1000.
141 M. Waymeyer, "The First Resurrection in Revelation 20," *MSJ*. 27 (2016): 5.
142 앞의 책, 5 각주 10.
143 J. A. Hughes, "Revelation 20: 4-6 and the Question of the Millennium," *WTJ*. 35.3 (1973): 290.
144 앞의 책.
145 앞의 책.
146 BDAG, 424(1aβ).
147 BDAG, 495(1aζ).

4h절의 "통치하다"라는 동사의 시제 문제가 번역과 관련하여 중요한 문제가 된다. 동일한 동사가 미래 시제 혹은 현재 시제로 사용되는 5장 10절과는 달리 부정과거시제(ἐβασίλευσαν, 에바시류산>βασιλεύω, 바실류오)로 사용된다. 이러한 시제의 변화를 어떻게 이해할 수 있는가? 이 문제에 대하여 서로 관련되어 있는 두 가지 접근 방법이 필요하다. 첫째로, 이 부정 과거 시제의 동사를 1절부터 이어지는 사건의 전개에 대한 묘사를 위한 일련의 동사들의 사용 맥락에서 이해하는 것이다. 먼저 1-3절에 사용된 동사를 보면 부정과거형이 지배적이다. '보다'(εἶδον, 에이돈)로 시작하여 '결박하다'(ἔδησεν, 에데센), '던지다'(ἔβαλεν, 에발렌), '잠그다'(ἔκλεισεν, 에크레이센) 그리고 '인봉하다'(ἐσφράγισεν, 에스파기센>)와 가정법 형태인 '미혹하다'(πλανήσῃ, 플라네세) 모두가 부정 과거 시제의 동사이다.

그리고 4절로 넘어 와서 역시 '보다'(εἶδον, 에이돈)로 시작하여 '앉다'(ἐκάθισαν, 에카디산)와 '주어지다'(ἐδόθη, 에도데), '절하다'(προσεκύνησαν, 프로세퀴네산), '받다'(ἔλαβον, 엘라본) 그리고 '살다'(ἔζησαν, 에제산)와 '통치하다'(ἐβασίλευσαν, 에바시류산)라는 동사들이 모두 부정 과거형이다. 4절의 마지막 부분에서 '살지 못하다'(οὐκ ἔζησαν, 우크 에제산)의 경우조차도 부정 과거형 동사이다. 이러한 흐름 속에서 부정 과거 시제 동사를 사용하는 것은 자연스럽다. 이러한 일련의 부정 과거 시제 동사의 사용을 "네러티브 부정과거"(narrative aorist)라고 부르기도 하는데 이 경우에 부정과거 동사는 "배경 사건들을 요약하기도 하고 이야기를 앞으로 전개해 나가는 기능을 한다."[148] 따라서 네러티브를 구성하는 1-4절에서 이 동사는 네러티브의 진행에 한 부분을 차지하고 있을 뿐인 것으로 이해할 수 있다.

둘째로, 부정과거형이 나열되고 있는 것을 "서신적 부정 과거"(epistolary aorist) 용법으로 간주할 수 있다.[149] 곧 수신자인 일곱 교회 성도들의 시점에서 보면 저자의 모든 기록은 과거의 시점이 될 수 있다. 요한계시록이 서신이기 때문에 이러한 접근도 충분히 합리적일 수 있다. 이와 비슷한 패턴이지만 조금 다른 각도에서 부정 과거의 사용은 저자의 환상 경험 시점과 기록 시점 사이에 시차가 존재한다는 것에 기인했을 가능성이 있다. 곧 기록 시점에서 보

148 Mathewson, *Verbal Aspect in the Book of Revelation*, 127.
149 Ernest Burton, *Syntax of the Moods and Tenses in New Testament Greek* (3rd ed.) (Edinburg: T&T Clark, 1898), 21. 이 서신적 용법이란 편지의 발신자가 수신자인 독자들의 시점에서 자신의 경험 시점을 과거로 설정하는 경우이다(앞의 책).

면 그의 환상 경험은 과거 시점으로 표현될 수 밖에 없다는 것이다.[150] 그래서 환상의 내용을 묘사할 때 부정 과거 시제의 동사를 무더기로 사용하게 되는 경우가 종종 있게 된다는 것이다.[151] 실제로 부정 과거 직설법 동사의 사용 횟수가 직설법 동사의 790회 중에서 무려 451회이다.[152] 이처럼 빈번하게 부정과거형을 사용하는 것은 환상으로서 요한계시록의 특징에서 연유한다고 볼 수 있다.

이상에서 '통치하다'라는 동사의 시제 문제를 살펴 보았다. 여기에서 사용된 부정 과거 시제는 1-3절에서 이어지는 네러티브의 틀 안에서 이해해야 할 것이다. 또한 서신적 부정 과거 용법 혹은 환상 경험 시점과 기록 시점의 차이에서 발생하는 결과이다. 그 환상의 내용들은 사실적 묘사가 아니라 상징적 묘사이므로 그 상징의 세계 안에서 이야기는 전개된다. 그러므로 동사의 시제 사용에 있어서도 충분히 자유롭다. 이상의 내용을 반영하여 이 동사를 번역하면 이 문맥의 다른 부정과거시제 동사처럼, "통치하였다"라고 하는 것이 적절해 보인다.

6a절에서 "첫째 부활 안에 몫을 가진 자"는 단수형이 사용되었으나, 6b절에서 이것을 이어 받는 지시대명사는 복수(이것들, τούτων, 투톤)형으로 사용되고, 또한 이 복수는 6c절에서 주어로 사용된다. 이것을 잘 살펴서 번역에 반영한다. 이에 대한 자세한 의미는 주해 과정에서 논의하기로 한다.

6d절의 "통치하다"라는 동사는 5장 10절의 경우처럼 시내산 사본과 알렉산드리아 사본 사이에 사본적 다툼이 있다. 곧 시내산 사본에는 미래시제 동사인 '바실류수신'(βασιλεύσουσιν)이 있고 알렉산드리아 사본에는 현재 시제 동사인 '바실류우신'(βασιλεύουσιν)이 있다.[153] 따라서 사본 비평을 통해 이 동사의 시제가 미래인지 현재인지 결정하는 것이 번역 과정에서 중요하다.[154] NA 28

150 이것을 주장하는 학자는 Mussies, *The Morphology of Koine Greek* 와Fanning, Verbal Aspect in New Testament Greek 이다. 이 정보는 Mathewson, Verbal Aspect in the Book of Revelation, 53에서 가져옴.

151 앞의 책.

152 앞의 책, 50. Mathewso은 직설법 외에도 가정법, 명령형 그리고 분사와 부정사까지 모두 조사를 한 결과 부정과거형은 677회로서 전체(1456회)의 45.8%를 차지한다는 것을 지적한다.

153 20:6에서 알렉산드리아 사본의 현재형 동사는 http://www.csntm.org/Manuscript/View/GA_02 의 The Center for the Study of New Testament Manuscripts 에서 직접 확인하였다.

154 요한계시록에 나타난 "통치"혹은 "통치하다"의 시제를 다음과 같이 정리해 보았다.

구절	본문	초림(현재) 혹은 재림(미래)	동사 시제
1:6	ἐποίησεν ἡμᾶς βασιλείαν, ἱερεῖς τῷ θεῷ	초림(현재적 통치)	부정과거형

판이나 UBS 4판 모두 이러한 다툼의 여지를 무시하여 이문에 대한 언급 없이 시내산 사본을 선택하여 본문에 미래 시제 동사만을 적시하였다.[155] 그 이유는 알렉산드리아 사본의 필사자가 미래 시제에 대한 동사를 실수로 읽어서 현재로 필사했기 때문이라는 것이다.[156] 그러나 그 반대도 성립할 수 있다. 곧 시내산 사본 필사자가 현재 시재 동사를 실수나 의도적으로 미래 시제 동사로 고쳐서 읽었을 가능성도 동일하게 존재한다. 그리고 이러한 원칙을 사본적 다툼이 있는 5장 10절에도 적용하여 동일하게 미래 시제 동사를 더 선호하여 그것을 선택하였다. 이런 이유로 이 "통치하다"라는 의미를 미래적 사건으로 해석하여 전천년설을 지지하는 근거로 사용하기도 한다. 그런데 메츠거 자신이 요한계시록에 관한 한 시내산 사본보다 알렉산드리아 사본이 더 신빙성이 있음을 인정한 바 있다.[157] 그렇다면 메츠거는 자기 모순적인 결정에 동의한 것이라고 할 수 있다. 더 나아가서 5장 10절의 번역을 논의할 때 언급한 것처럼, 요한계시록에서 알렉산드리아 사본이 시내산 사본보다 더 신빙성이 있는 것으로 취급된다는 외적 증거를 더욱 확고하게 해준다.[158]

이상에서 외증에 의해 6d절의 "통치하다"의 동사 시제를 현재형으로 간주하는 것이 적절하다.[159] 이러한 추론은 5장 10절에서도 동일하게 확인된 바 있

5:10	ἐποίησας αὐτοὺς τῷ θεῷ ἡμῶν βασιλείαν καὶ ἱερεῖς, καὶ βασιλεύουσιν ἐπὶ τῆς γῆς.	초림(현재적 통치)	현재형
11:17	εἴληφας τὴν δύναμίν σου τὴν μεγάλην καὶ ἐβασίλευσας.	재림(미래적 통치)	부정과거형
19:6	ἐβασίλευσεν	재림(미래적 통치)	부정과거형
20:4	καὶ ἔζησαν καὶ ἐβασίλευσαν μετὰ τοῦ Χριστοῦ χίλια ἔτη.	초림(현재적 통치)	부정과거형
20:6	ἀλλ' ἔσονται ἱερεῖς τοῦ θεοῦ καὶ τοῦ Χριστοῦ καὶ βασιλεύσουσιν μετ' αὐτοῦ [τὰ] χίλια ἔτη	초림(현재적 통치)	미래형

155 우리말 개역개정 성경도 이를 따라 미래 시제로 번역하였다.

156 Metzger, *A Textual Commentary on the Greek New Testament,* 667. Metzger는 이 언급을 20:6이 아니라 5:10에 대한 설명에서 제시한다. 그 만큼 20:6에서 이러한 사본적 이슈를 무시한다고 볼 수 있다.

157 Metzger의 "Revelation: A (C) 1006 1611 1854 2053 2344; less good, 𝔓 א"라는 코멘트는 그가 요한계시록의 시내산 사본(א)의 신뢰도를 낮게(less good) 평가한다는 뜻이다(Metzger, *A Textual Commentary on the Greek New Testament*, xxviii).

158 Beale, *The Book of Revelation*, 72. 5장 10절과 관련하여 이런 사본적 이슈에 대한 논의에 대해서는 1권571-572를 참조하라.

159 Mussies도 역시 그의 저서에서 알렉산드리 사본이 지지하는 이 동사의 현재 시제를 받아들여서 이 단어를 현재 시제로 사용한다(Mussies, *The Morphology of Koine Greek*, 335).

다.[160] 더 나아가서 현재 시제는 내증과 관련하여도 전혀 문제가 존재하지 않는다. 왜냐하면 이 문맥에서 천년 동안 통치는 초림 부터 재림 사이에 진행되는 것이므로 그 사이에 존재하는 교회 공동체의 통치 행위는 언제나 현재이기 때문이다. 그리고 이 독법이 더 어려운 독법으로서 간주된다. 왜냐하면 바로 직전에 미래 시제의 동사 '에손타이'(ἔσονται)가 사용되기 때문이다.[161] 직전의 미래 시제에도 불구하고 더 어려운 독법으로 현재 시제 동사를 사용한 것은 현재 시제의 진실성을 더욱 확증해 준다. 이 동사를 그렇다면 우리말 번역에서 '통치 할 것이다'라기 보다는 '통치 한다'로 번역하는 것이 더 좋다. 이처럼 현재 시제 동사의 사용은 천년 왕국의 현재성에 더불어서 지속성을 분명하게 드러내 준다. 주해적 문제와 관련해서 좀 더 자세한 내용은 주해 과정에서 논의하기로 한다.

그리고 5a절의 '호이 로이포이 톤 네크론'(οἱ λοιποὶ τῶν νεκρῶν, 직역하면 '죽은 자들의 나머지들')에 대한 번역을 정교하게 하는 것이 필요할 듯 하다. 먼저 '톤 네크론'(τῶν νεκρῶν)이라는 소유격의 용법을 분명히 할 필요가 있다. 두 가지 용법이 있는데 첫째로, "동격의 소유격"(genetive of apposition)과[162] 둘째로, "부가 한정의 소유격"(attributive genetive)이다.[163] 이것을 다음과 같이 도표로 정리해 볼 수 있다.

동격의 소유격	부가 한정의 소유격
"죽은 자들"과 "나머지"가 동격 그 나머지 곧 죽은 자들	소유격인 "죽은 자들의"를 수식어로 사용 죽은 나머지들
4e의 "그들은 살아 있다"와 대조를 강조	4c의 "참수당한 자들"vs "죽은 나머지들"

이 두 가지 해석 중에서 적절한 것을 선택하기가 쉽지 않지만, 첫번째 경우가 문맥에 좀 더 어울린다고 할 수 있다. 왜냐하면 후자는 육체적으로 "죽은 자들"이라는 한정된 대상만을 상정하고 있는 반면 전자는 영적으로 죽은 자들까지 모두 포함할 수 있기 때문이다. 그래서 이것을 반영하여 "그 나머지 곧 죽

160 5장 10절의 사본 비평에 대해서는 1권의 571-572를 참조하라.
161 이 미래 시제 동사에 대해서는 시내산 사본과 알렉산드리아 사본에서 이견이 없다.
162 Wallace, *Greek Grammar beyong the Basics*, 99.
163 앞의 책, 87.

은 자들"이라고 번역한다. 이에 대한 좀 더 자세한 논의는 주해 과정에서 제시될 것이다.

7b절의 '뤼데세타이'(λυθήσεται>λύω, 뤼오)는 수동태로 사용된다. 능동태 동사로서 '뤼오'는 "풀다" 혹은 "풀어주다"라는 의미를 갖는데 이것을 수동태의 의미를 갖는 우리말로 표현하기 위해 "(하나님에 의해서) 풀려나다"로 번역한다.

8b절에서 '타 에드네'(τὰ ἔθνη)와 '톤 곡 카이 마고그'(τὸν Γὼγ καὶ Μαγώγ)는 동격 관계로 간주하여 이 둘 사이에 "곧"이라는 단어를 넣어 "나라들 곧 곡과 마곡"이라고 번역한다. 그리고 8절은 8a절의 "나갈 것이다"라는 주동사에 8b절과 8c절에 두 개의 부정사인, **πλανῆσαι**(플라네사이)와 **συναγαγεῖν**(쉬나가게인)이 사용된다. 전자는 "미혹하다"라는 의미이고 후자는 "모으다"라는 의미이다. 이 두 부정사구는 어떤 관계일까? 그것은 8c절이 8b절의 목적이라고 볼 수 있다. 따라서 이 두 본문을 연결하면 "전쟁으로 모으기 위해"(8c절) "땅의 사방에 있는 나라들을 미혹하는 것"(8b절)이라고 볼 수 있다. 바꾸어 말하면 나라들을 모으기 위해 그들을 미혹하는 것이다. 그리고 미혹하는 것은 바로 8a절에서 사탄이 무저갱으로부터 나오게 되는 이유라고 할 수 있다. 따라서 8c절이 8b절에 종속되는 관계로 보고 번역해야 할 것이다. 이 두 본문을 모두 목적의 의미로서 "… 위하여"라고 하면 중복되는 문제가 생기므로 8c절은 ".. 목적으로"라고 하고 8b절은 "… 위하여"라고 번역한다.

9b절에서 "성도들의 진"과 "사랑받은 도시"를 이어주는 접속사 '카이'(καί)는 앞의 내용을 설명해 주는 "설명적"(epexegetic; explanatory) 용법으로 볼 수 있다. 따라서 이 접속사를 "곧"으로 번역한다.[164)]

이상의 내용을 근거로 우리말 어순에 맞추어 자연스럽게 번역하면 다음과 같다.

1a	그리고 나는 천사가
1c	그의 손에
1b	아뷔소스의 열쇠와
1c	큰 쇠사슬을
1b	가지고
1a	하늘로부터 내려오는 것을 보았다.

164 Smalley, *The Revelation to John*, 514.

2a 그리고 그는
2b 마귀 곧 사탄인
2a 용 곧 옛 뱀을 잡았다.
2c 그리고 그(천사)는 그(용)를 천 년 동안 결박하여
3a 그(용)를 아뷔소스로 던졌다.
3b 그리고 그는 잠갔다.
3c 그리고 그(천사)는
3d 그(용)가 천 년이 완성되기까지 나라들을 다시 미혹하지 못하도록
3c 그것(아뷔소스) 위에 인봉하였다.
3e 이후에 그는 잠시 동안 풀려나야 한다.
4a 그리고 나는 보좌들을 보았다.
4b 그리고 그들은 그것(보좌)들 위에 앉았다.
4c 그리고 심판하는 권세가 그들에게 주어졌다.
4d 그리고 예수의 증거 때문에 그리고 하나님의 말씀 때문에 참수당한 자들의 영혼들과
4e 짐승과 그의 형상을 경배하지 않은 자들을 (보았다).
4f 그들은 이마와 그들의 손에 표를 받지 않았다.
4g 그리고 그들은 살아 있다
4h 그래서 그들은 그리스도와 함께 천 년 동안 통치했다.
5a (그러나) 죽은 자들의 나머지는 천 년이 차기까지 살아 있지 않았다.
5b 이것이 첫째 부활이다.
6) a) 첫째 부활 안에 몫을 가진 자는 복되고 거룩하다.
b) 둘째 사망은 이들에 대한 권세를 갖지 않는다.
c) 그러나 그들은 하나님과 그리스도의 제사장(들)이 될 것이다.
d) 그리고 그들은 그와 함께 천 년 동안 통치한다.
7) a) 그리고 천 년이 완성될 때
b) 사탄이 그의 감옥으로부터 풀려날 것이다.
8) a) 그리고 그는
c) 그들을 전쟁으로 모으기 위한 목적으로
b) 땅의 네 모퉁이에 있는 나라들 곧 곡과 마곡을 미혹하기 위해
a) 나갈 것이다.
d) 그들의 수는 바다의 모래 같다.
9) a) 그리고 그들은 땅의 넓은 평야로 올라와서
b) 성도들의 진 곧 사랑받은 도시를 에워쌌다.
c) 그때 불이 하늘로부터 내려와서 그리고 그들을 삼켜버렸다.
10) a) 그리고 그들을 미혹하는 마귀는
b) 짐승과 거짓선지자가 있는
a) 불과 유황의 호수로 던져졌다.
c) 그리고 그들은 낮과 밤에 영원히 고통받을 것이다.

본문 주해

[20:1-3] 용이 천 년 동안 무저갱에 결박되어 갇혀 있다(A)

전천년설(premillenium)은 1-3절의 내용을 19장 11-21절의 재림 사건에 시간적으로 이어지는 사건으로 이해한다. 그리고 1-3절에서 용의 결박은 사탄의 완전한 무활동을 의미하기 때문에 그것은 현시점에서 불가능하고 오직 예수님 재림 이후에 천년 왕국 시대에나 가능하다는 것이다.[165] 이렇게 해석하는 전천년설의 기본적인 해석 원칙은 이 부분을 상징적이 아닌 문자적으로만 접근하여 "역사적 연대기"(historical chronicle)로 이해한다는 것이다.[166] 이 부분을 논의하는데 있어서 이런 전천년주의적 해석이 과연 옳은 해석인가에 대한 문제의식을 가지고 주해를 진행하고자 한다. 특별히 19장 11-21절과 20장 1-3절의 관계가 시간적 연속관계로서 논리적 모순은 없는지 주의 깊게 살펴 볼 것이다.

그리고 내가 보았다(1a절) 1a절은 '카이 에이돈'(Καὶ εἶδον)으로 시작한다. 이 문구는 19장 11a절, 17a절 그리고 19a절에서 사용되는데 이 문구는 18장 1절과 7장 1, 9절의 "메타 타우타(투토) 에이돈"(μετὰ ταῦτα[τοῦτο] εἶδον)과 동일하게 "시간의 순서"가 아니라 새로운 단락의 시작을 가리킨다.[167] 따라서 이어지는 내용에서 용의 결박을 19장 17-21절에서 언급되는 짐승과 거짓 선지자의 멸망 사건 후에 발생하는 시간적 순서로 보는 것을 경계해야 한다.[168] 요한이 본 것은 바로 "천사가 하늘로부터 내려 오는 것"이다. 여기에서 하늘로부터 내려 오는 것은 9장 1b절에서 별이 심판의 결과로 하늘로부터 떨어진 것과 구별되어야 한다. 곧 하늘로부터 내려온 천사는 하나님으로부터 사명을 수행하도록 보냄을 받은 것이라고 할 수 있다. 10장 1절과 18장 1절에서도 천사가 하늘로부터 내려오는데 특별히 18장 1절의 경우에 이 천사는 바벨론에 대한 심판을 주도

165 Walvoord, *The Revelation of Jesus Christ*, 290.

166 화이트(White)에 의하면 19장 17-21절과 20장 1-3절을 시간적 전후 관계로 해석하는 전천년주의자들은 또한 19장 11-21절과 20장 1-3절도 문자적으로 해석하여 "실질상의 역사적 연대기"(virtual historical chronicles)로 읽는다는 것을 지적한다(White, "Reexamining the Evidence for Recapitulation," 321).

167 Swete, *The Apocalypse of St. John*, 256; Aune, *Revelation 17-22*, 1081.

168 Swete, *The Apocalypse of St. John*, 256.

한다.[169] 20장 1a절에서 천사는 하늘로부터 내려 올 때 심판을 위한 도구로서 손에 아뷔소스의 열쇠와 큰 쇠사슬을 가지고 있는 반면 18장 1절에서는 "큰 권세"를 가지고 있는 것으로 묘사된다. 이 두 본문을 통해서 천사가 "하늘로부터 내려오는 것"은 어떤 "특별한 사명"(special mission)을 부여 받은 것으로 이해할 수 있다.[170] 그 부여 받은 사명이 무엇인가에 대한 다음 단락에 이어지게 될 것이다.

아뷔소스의 열쇠와 큰 쇠사슬(1bc절) 그런데 1b절에 의하면 요한은 천사가 그의 손에 아뷔소스의 열쇠를 가지고 하늘로부터 내려오는 것을 본다. 먼저 "아뷔소스"는 우주 속에 있는 어느 일정한 장소를 지칭하지 않는다. 아뷔소스에 대해서는 9장 1절에서 자세하게 설명하였으므로 여기에서는 생략한다.[171] 그런데 9장 1절의 경우와 비교해 보면 매우 흥미로운 사실을 발견할 수 있다. 9장 1절에서 하늘에서 떨어진 별은 "사탄"으로 간주될 수 있는데 바로 사탄 자신이 아뷔소스의 열쇠를 가진다.[172] 그런데 20장 1절에서는 열쇠를 가진 이가 하늘로부터 떨어진 사탄이 아니라 하늘로부터 내려온(혹은 보냄을 받은) 천사로 소개된다. 이러한 차이는 물론 문맥의 차이 때문에 발생한다. 곧 전자는 아뷔소스를 사탄의 처소에 대한 상징적 이미지로 사용하는 반면, 후자는 아뷔소스를 감옥에 대한 상징적 이미지로 사용하기 때문이다. 문맥에 따라 아뷔소스는 이 두 가지 의미를 모두 가질 수 있다. 곧 그 문맥에 의해 사탄이 열쇠를 갖는 것으로 묘사될 수도 있고, 천사가 열쇠를 갖는 것으로 묘사될 수도 있다.

또한 9장의 "열쇠"가 열기 위한 것이라면 20장의 '열쇠'는 잠그기 위한 용도로 사용된다. 왜냐하면 9장에서는 황충이 아뷔소스로부터 나오게 하기 위한 목적으로 사용되고, 20장에서는 용을 결박하여 던져 가두기 위한 목적으로 사용되기 때문이다.[173] 여기에서 처소로서 아뷔소스를 열쇠로 여는 것과

169 Blount, *Revelation*, 360.
170 Harrington, *Revelation*, 196.
171 아뷔소스에 대해서는 1권 806-809쪽을 참조하라.
172 스몰리도 이 두 본문 사이의 연관성을 지적한다(Smalley, *The Revelation to John*, 501).
173 쾨스터도 9장에서는 "마귀적 존재들"이 나오지만 20장에서는 천사가 사탄을 가두기 위해 열쇠를 사용한다는 점을 지적한다(Koester, *Revelation*, 769).

감옥으로서 아뷔소스를 열쇠로 잠그는 것은 열쇠의 기능 차이를 보여주고 있는 것은 아니다. 왜냐하면 "여는 것"과 "잠그는 것" 모두 3장 7-9절에서 열쇠의 기능으로 동시에 적용되기 때문이다.[174]

여기에서 열쇠의 이미지는 모두 1장 18d절에서 예수님께서 "사망과 음부의 열쇠"를 가지고 있다는 것과 관련된다.[175] 곧 예수님께서 "사망과 음부의 열쇠"를 가지고 있다는 것은 그리스도께서 사람들을 영적 사망으로부터 해방시키실 수도 있고 그 사망에 갇히게 할 수도 있는 권세를 가지고 있다는 것을 보여준다.[176] 이것은 또한 3장 7절에서 다윗의 열쇠가 하나님의 임재에 들어가게 할 수 있는 여부를 결정짓는 도구가 되는 패턴과 유사하다.

그리고 1c절에서 하늘로부터 내려온 천사는 그의 손에 "아뷔소스의 열쇠"와 함께 "큰 쇠사슬"(ἅλυσιν μεγάλην, 할뤼신 메갈렌)을 가지고 있다. 이 "큰 쇠사슬"은 용을 결박하기 위해 사용된다. 특별히 "큰"이라는 형용사는매우 결박의 강도가 매우 강력한 쇠사슬의 이미지를 제공한다. 또한 이것은 감옥인 "아뷔소스"의 이미지를 더욱 강화하는 역할을 한다.

이상에서 아뷔소스와 열쇠 그리고 큰 쇠사슬은 문자 그대로의 표현이 아니라 상징적 표현으로 볼 때 그 의미의 논리적 연결고리가 자연스럽게 이어진다. 다음 내용에서 이에 대한 논의를 좀 더 구체적으로 하게 될 것이다.

용의 심판의 6단계(2-3절) 이 열쇠와 쇠사슬의 용도에 대해서는 2-3절에 자세하게 기록되어 있다. 2-3절에서 천사의 행동이 다섯 단계를 통해 묘사된다: 잡다(ἐκράτησεν, 에크라테센)→ 결박하다(ἔδησεν, 에데센)→ 던지다(ἔβαλεν, 에발렌)→ 잠그다(ἔκλεισεν, 에크레이센)→ 인봉하다(ἐσφράγισεν, 에스프라기센). 이 여섯 개의 동사가 공통적으로 부정 과거 시제로 사용되고 있는데, 이 부정 과거 시제는 내러티브에서 "기본적인 골격을 이루며 이야기 흐름의 진행을 추동한다."[177] 또한 1-3절과 함께 연결되는 7-10절도 역시 용의 심판의 과정을 서술하는 내러티브라고 할 수 있다. 보링에 의하면, 뒷 부분인 "던지다", "잠그다" 그리고 "인봉하다"라는 삼중 언어가 오늘날 "서명(signed)하고 인봉하고(sealed) 그리고 전달

174 Beale, *The Book of Revelation*, 984.
175 위의 책.
176 Koester, *Revelation*, 769.
177 Matthewson, *Verbal Aspect in the Book of Revelation*, .51.

하는(delivered)" 것과 동일한 "최종성의 고리"(ring of finality)를 형성한다고 한다.[178]

용 곧 옛 뱀을 잡다(2a절) 2a절에 의하면 천사는 "용 곧 옛 뱀"을 잡았다고 한다. 먼저 "용"과 "옛 뱀"은 동격관계로서 번역에서도 언급했던 것처럼 문법 파괴가 발생한다. "용"은 목적격이고 "옛 뱀"은 주격으로 사용된다. 이런 문법 파괴를 통해 주격으로 사용된 "옛 뱀"이 독자들의 주목을 받는다. 이러한 구도에서 "옛 뱀"이 강조되고 있다고 볼 수 있다. 그리고 "잡다"(ἐκράτησεν, 에크라테센>κρατέω, 크라테오)라는 동사는 "어떤 자를 구금하기 위하여 억류하다"는 의미를 갖는다.[179] 따라서 천사가 용을 잡은 것은 용을 무저갱에 구금하기 위한 첫 단계라고 볼 수 있다. 천사가 잡은 "용"은 곧 이어 나오는 "옛 뱀"에 의해 해석되고 있다. 곧 용과 옛 뱀은 동격이면서 해석의 관계이다. "용"을 해석해 주는 "옛 뱀"은 창세기 3장에서 아담과 하와를 공격했던 뱀을 가리킨다.[180]

더 나아가서 열왕기하 18장 4절에서 "산당들을 제거하며 주상을 깨뜨리며 아세라 목상을 찍으며" 이스라엘 자손이 우상 숭배했던 "모세가 만들었던 뱀"을 이스라엘 자손이 부숴뜨린 사건을 배경으로 생각할 수 있다.[181] 여기에서 뱀의 형상은 옛 뱀을 연상시켜 주는 것으로서 "이방 신들과 귀신들(demons)"과 동일시 되어 신실하지 못한 이스라엘이 숭배했던 대상을 가리키는 것으로 이해할 수 있다.[182]

구약 역사에서 여자의 후손과 뱀의 후손은 적대적 대립을 지속해 왔다. 이 대립의 긴장을 끝내신 분이 바로 예수 그리스도이다. 이런 맥락에서 요한계시록 12장 9절에서 용은 예수 그리스도의 승천으로 인해 전쟁에서 패배하여 미가엘에 의해 하늘로부터 쫓겨난다. 12장 15절에서 용은 뱀이라는 이름으로 교회를 상징하는 여자를 공격하지만 실패로 끝난다. 12장 17b절에서도 "여자의 후손의 남은 자들"이라고 하여 다시 한 번 창세기 3장 15절에서 뱀의 후손과 여자의 후손과의 대립관계를 연상시킨다. 12장과 20장의 공통점은 용이 심판을 받는다는 사실이다. 12장에서 용의 심판이 20장에서 어떻게 재조명되

---

178 Boring, *Revelation*, 200.

179 BDAG, 564(3a).

180 이에 대한 자세한 내용은 12장 9a절을 참조하라.

181 찰스는 궁켈(Gunkel)의 의견을 빌려 이런 주장을 제시한다(Charles, *A Critical and Exegetical Commentary on Revelation*, 2:141).

182 앞의 책.

고 있는가를 관찰하는 것이 필요하다.

마귀 사탄(2b절) 2b절은 2a절과 관계대명사 '호스'(ὅς)로 연결된다. 이 관계대명사절은 2a절의 "용 곧 옛뱀"을 "마귀 곧 사탄"이라고 재해석하는 역할을 한다. 이러한 관계는 12장 9절에서 이미 언급한 바 있다. 이런 재해석은 용과 옛뱀이 마귀, 사탄에 대한 상징적 표현이라는 것을 명백하게 시사한다. 여기에서 용과 옛 뱀은 상징적 이미지로서 한 쌍이고 마귀 사탄은 그 상징적 이미지에 대한 의미로서 한 쌍을 이루고 있다.

여기에서 중요한 문제가 하나 있다. 그것은 1-3절을 문자적으로 해석할 것인가 아니면 상징적으로 해석할 것인가이다. 이러한 문제에 대해서 앞서 아뷔소스가 용의 감옥 혹은 처소에 대한 상징적 이미지라는 것을 밝힌 바 있다. 이러한 사실을 더욱 강화시켜 주는 것은 2a절의 "용 곧 옛 뱀"이라는 표현이다. 이 두 단어가 상징적 이미지로 사용되고 있는 것이 분명하다. 왜냐하면 그것은 2b절에서 '사탄' 혹은 '마귀'라고 구체적으로 해석되고 있기 때문이다. 요한이 환상 중에 본 것은 사탄이나 마귀가 아니라 상징적 이미지로서 "용"인 것을 주목할 필요가 있다. 그리고 그 상징적 이미지를 마귀요 사탄이라고 친절하게 해석해 주고 있는 것이다. 이러한 관계에 의해 이 본문 역시 요한계시록의 대부분의 본문이 그러하듯이 본질적으로 상징성을 내재하고 있다고 할 수 있다.

그렇다면 1절에 등장하는 "큰 쇠사슬," "아뷔소스의 열쇠를 비롯하여 다음 이어지는 "천 년"과 "아뷔소스에 던져지다" 그리고 "용을 결박하다"와 같은 나머지 표현들도 역시 일관성 있게 상징적 표현을 사용한다고 보아야 할 것이다. 만일 용은 상징적 표현인데 다른 것들을 문자적으로 이해하면 그 자체가 논리적 모순이다. 따라서 1-3절에서 언급하고 있는 모든 내용들은 사실적이고 문자적이 아니라 상징적으로 해석해야 하는 당위성이 드러난다.

결박하다(2c절) 1c절에서 천사가 손에 큰 쇠사슬을 가지고 있었는데 2c절에 의하면 천사는 용을 그 큰 쇠사슬로 결박했다고 한다. 이것은 곧 사탄이 결박당한 사건으로 이해할 수 있다. 이런 결박의 행위는 초기 유대 문헌에도 등장한다. 에녹 1서 10장 4-6절은 "… 주께서 라파엘에게 말씀하셨다: 아자젤의 손과 발을 결박하라. 그리고 그를 어둠으로 던져라"(10:4)고 명하며, 또 그곳에서 "심판의 큰 날에 불로 던져지도록"(10:6) 기다릴 것이라고 말한다(에녹1서 13:1; 14:5; 18:12-16; 21:1-10; 54:1-6; 바룩 2서 40; 56:13; 레위의 유언서 18:12; 쥬빌리 5:6; 10:4-14; 참조 유다서 6; 벧후 2:4).[183] 이런 패턴은 결박 후에 불과 유황의 호수에 던져지는 요한계시록과 유사하다.

그렇다면 사탄은 언제 결박 당했는가? 앞서 도입 부분의 문맥 관찰에서 7-10절이 19장 17-21절과 평행 관계로서 재림 때에 일어나는 사건으로서 규정한 바 있다. 그렇다면 재림 이전에 사탄은 심판 받아 결박당한 적이 있었는가? 이 질문에 대한 답변은 마가복음 3장 27절에서 '결박하다'(ἔδησεν>δέω) 라는 동사와의 평행 관계로 추론될 수 있다(참조 마 12:29; 눅 10:17-19; 요 12:31-33;참조, 골 2:15; 히 2:14).

> 사람이 먼저 강한 자를 결박하지 않고는 그 강한 자의 집에 들어가 세간을 강탈하지 못하리니 결박한 후에야 그 집을 강탈하리라(막 3:27)

위의 마가복음 본문은 예수님께서 귀신을 제압하심으로써 사탄을 결박하셨다는 사실을 비유적으로 말씀하고 있는 내용이다. 여기에서 사탄의 결박은 예수님의 사역 기간에 일어났다는 사실을 알 수 있다.

AD 5세기의 어거스틴도 요한계시록 20장 2c절을 마가복음 3장 27절(□ 12:29)과의 관계에서 해석하고 있다.[184]

> 주 예수 자신이, "아무도 강한 남자의 집에 들어 가서 그를 결박하지 않고 그의 물건들을 강탈할 수 없다"고 말씀하신다. 여기에서 강한 자는 마귀를 의미한다. 왜냐하면 그는 인간을 포로로 장악할 수 있는 능력을 가지고 있기 때문이다. 그리고 그가 취하는 그 물건들은 여러가지 죄들과 악행들로 말미암아 마귀에 의해 장악되어 있었지만 예수 자신을 믿는 신자들이 되어 있는 자들을 의미한다. 사도가 요한계시록에서 천사가 그의 손에 아뷔소스의 열쇠와 큰 쇠사슬을 가지고 하늘로부터 내려오는 것을 보았던 것은 바로 이 강한 자를 결박하기 위한 것이다. 그는 말하기를 그(천사)가 "마귀와 사탄이라고 불리우는 용 곧 저 옛 뱀을" 잡아 "그를 천 년 동안 결박했다"고 한다. 곧 그를 굴레 씌워 그의 능력을 제한하여 자유롭게 된 자들을 그가 미혹하여 소유로 취하지 않도록 하였다.

이 글에서 마가복음 3장 27절을 인용하면서 마귀를 의미하는 "강한 사람"(the

---

183 Reddish, *Revelation*, 380. 여기에서 아자젤(Azazel)은 악한 천사들의 우두머리이다(앞의 책).

184 Augustine of Hippo, *St. Augustin's City of God and Christian Doctrine*, ed. P. Schaff, vol. 2 of *Select Library of the Nicene and Post-Nicene Fathers of the Christian Church* (Buffalo, NY: Christian Literature, 1887), 426-27.

strong man)의 결박을 요한계시록 20장 1-3절에서 천사에 의해 결박 당하는 (마귀를 상징하는) 용의 모습과 동일시한다. 이러한 마가복음과의 평행 관계에 의해 요한계시록에서 천사에 의해 용이 잡혀 결박 당한 것은 바로 예수님의 사역에 의해 그 기력이 파괴된 사탄의 정체를 상징적 이미지를 통해 설명한다고 할 수 있다.

여기에서 사탄의 결박은 예수님의 지상 사역 동안에 진행된 사건이면서 또한 예수님의 죽음과 부활을 통해 그 절정에 이르게 된다.[185] 예수님의 승천도 사탄의 심판을 초래하는 사건에 포함된다. 이런 사탄의 정체는 12장 7-12절에서 미가엘과의 전쟁에서 패하여 하늘로부터 쫓겨난 용의 모습과 동일하다.[186] 흥미로운 것은 12장 9절에서도 20장 2c절의 경우와 동일하게 이 용을 옛 뱀 곧 마귀, 사탄으로 설명한다는 점이다. 여기에서 12장 9절과 20:1-3장에서 '용'의 정체에 대한 설명에 있어서 평행 관계를 발견한다. 이러한 평행 관계는 12장 17절과 20장 7-10절과의 평행 관계에서 다시 한 번 확증된다.

정리하면, 마가복음 3장 27절에서 사탄이 결박 당하고 요한계시록 12장 7-12절에서 용이 하늘로부터 쫓겨나게 되었음에도 불구하고 여전히 활동이 지속되고 있다. 따라서 요한계시록 20장 2c절에서 큰 쇠사슬로 용을 결박했다고 해서 사탄의 활동이 완전히 중단된 것을 의미하는 것이 아니라는 것은 자명하다. 이러한 원칙은 다음 3절에서 용이 아뷔소스로 던져져서 천년 동안 갇혀 있게 된다는 내용에도 동일하게 적용된다.

천 년 동안(2c절) 2c절에서 "결박했다"는 동사에 "천 년 동안"이라는 기간을 나타내는 문구가 덧붙여진다. 이 천 년의 기간은 구체적으로 무엇을 가리키는 것일까? 먼저 주지해야 할 사실은 "천 년"이란 기간이 문자적 의미가 아니라 상징적 의미로 사용되었다는 것이다. 앞서 언급한 것처럼 1-3절 전체를 상징적으로 해석해야 한다면 천 년이라는 기간도 상징적으로 해석하는 것이 당연하다. 천 년에 대한 상징적 해석은 그 의미를 추적하기 위한 선택의 폭을 더 넓게 해준다. 먼저 "천 년 동안 결박했다"고 했으므로 천 년의 시작은 바로 용이 결박 당한 시점과 일치한다. 따라서 용이 상징하는 사탄이 결박 당한 시점

185 Beale, *The Book of Revelation*, 983.
186 롤로프도 이 두 본문 사이의 평행 관계에 동의한다(Roloff, *The Revelation of John*, 226).

이 언제인지 안다면 천 년의 시작이 언제인지 분명하게 알 수 있을 것이다. 앞서 논의한 것처럼 마가복음 3장 27절에서 예수님은 지상 사역에서 귀신을 쫓아 내심으로서 사탄을 결박하셨음을 밝히셨다. 따라서 사탄의 결박 시점은 예수님의 지상 사역 기간에 발생한 것으로 볼 수 있다. 이처럼 사탄이 예수님에 의해 심판 받아 결박 당했다는 사실을 요한계시록 20장 2-3절에서는 상징화하여 천사가 용을 결박하여 아뷔소스에 던져 갇히게 한 것으로 묘사하고 있다. 요한은 이러한 상징적 이미지를 통해 사탄이 처한 처지에 대한 이해를 독자들이 얻을 수 있도록 돕고 있다.

그런데 이런 문제가 제기 될 수 있다. 사탄을 상징하는 용이 초림과 재림 사이(inter-advent)에 아뷔소스에 갇혀 있다면 그 사탄이 지금 활동하고 있는 것으로 묘사하는 고린도후서 4장 3-4절; 11장 14절; 에베소서 2장 2절과 디모데후서 2장 26절 그리고 베드로전서 5장 8절과 같은 내용을 어떻게 이해할 수 있는가?

> [3]만일 우리의 복음이 가리었으면 망하는 자들에게 가리어진 것이라 [4]그 중에 이 세상의 신이 믿지 아니하는 자들의 마음을 혼미하게 하여 그리스도의 영광의 복음의 광채가 비치지 못하게 함이니 그리스도는 하나님의 형상이니라 (고후 4:3-4)
>
> 이것은 이상한 일이 아니니라 사탄도 자기를 광명의 천사로 가장하나니 (고후 11:14)
>
> 그 때에 너희는 그 가운데서 행하여 이 세상 풍조를 따르고 공중의 권세 잡은 자를 따랐으니 곧 지금 불순종의 아들들 가운데서 역사하는 영이라 (엡 2:2)
>
> [11]마귀의 간계를 능히 대적하기 위하여 하나님의 전신 갑주를 입으라 [12]우리의 씨름은 혈과 육을 상대하는 것이 아니요 통치자들과 권세들과 이 어둠의 세상 주관자들과 하늘에 있는 악의 영들을 상대함이라 (엡 6:11-12)
>
> 그들로 깨어 마귀의 올무에서 벗어나 하나님께 사로잡힌 바 되어 그 뜻을 따르게 하실까 함이라 (딤후 2:26)
>
> 근신하라 깨어라 너희 대적 마귀가 우는 사자 같이 두루 다니며 삼킬 자를 찾나니 (벧전 5:8)

이 말씀들에 의하면 마귀 사탄은 현재도 여전히 강력하게 활동하는 적대적 세력이라는 것이 분명해 보인다. 천 년 동안 사탄이 결박되어 있다는 사실을 문자 그대로 이해하는 전천년주의자들은 이런 본문들에 근거해 용이 아뷔소스

에 갇혀 있는 시점을 초림과 재림 사이로 이해하기를 거부한다.[187]

그렇다면 이러한 사실과 20장 1-3절에서 용이 이 아뷔소스에 갇혀 있다는 것은 어떻게 조화시킬 수 있는가? 이 문제 제기에 대한 답변하기 위해 핵심적으로 생각해야 할 사항은, 도입 부분의 해석 원리에서 뿐만 아니라 주해 과정에서 반복해서 언급했던 것처럼, 요한계시록 20장 1-3절이 상징적 표현이므로 상징적으로 해석해야 한다는 사실이다. 이런 상징적 해석에 대한 원칙을 이해했다면, 결박을 당하고 아뷔소스에 던져져서 갇히게 된 것은 용이라는 사실과 사탄은 그 용으로 상징되는 대상이라는 사실을 구별해야 한다. 이러한 구별은 이 본문을 이해하는데 매우 중요하다. 왜냐하면 용 대신 사탄을 직접 본문에 대입하는 순간 상징적 해석이 아니라 사실적 해석으로 전환되기 때문이다. 이 본문은 사탄 자신이 문자 그대로 아뷔소스에 갇혀 있는 것으로 보는 문자적 표현이 아니라 사탄을 상징하는 용이 결박을 당해 아뷔소스에 갇혀 있는 상태를 상징적 표현한 것이다. 따라서 독자들은 이런 용의 모습을 통해 용으로 상징되는 사탄의 실상을 이해하게 된다. 그러므로 용이 결박되어 아뷔소스에 갇히게 되었다고 해서 현재 사탄이 활동할 수 없게 되었다고 판단할 수 있는 것은 아니다. 그것은 어디까지나 용의 차원에서 주어지고 있는 표현의 세계이기 때문이다. 앞에서 열거한 신약 본문들에서 사탄이 현재 활동하고 있다고 할지라도 요한계시록에서는 얼마든지 그 사탄을 상징하는 용이 아뷔소스에 갇혀 있다고 말할 수 있는 것이다. 왜냐하면 요한계시록에 용에 대한 표현은 사실적이 아니라 상징적이기 때문이다. 이런 상징적 표현을 통해 최후의 심판이 이르기 전에 현재 활동 중에 있는 사탄의 실체를 드러내려고 하는 것이다. 그 실체는 바로 사탄이 왕성하게 활동하는 것처럼 보일지 모르나 그리스도의 초림으로 말미암아 이미 심판을 받은 상태에 있는 존재라는 것이다.

따라서 요한계시록 20장 2-3절에서 용의 결박과 무저갱에 갇힘은 현재 사탄의 무활동을 의미하지 않는다. 대신 사탄이 왕성하게 활동하고 있다는 사실을 전제하는 가운데, 사탄의 권세가 그리스도의 공생애와 십자가 사건으로 심판을 받아 제압당했다는 특징을 강조하려는 것이다. 이것은 12장 7-9

187 왈부어드는 이 문제와 관련하여 다음과 같이 진술한다: "그러나 무천년적 해석에 반대하여, 신약성경은 일관성 있게 사탄은 현시대에 매우 활동적 존재라는 것을 보여준다… 이전 시대보다 훨씬 더 활동적이다"(Walvoord, *The Revelation of Jesus Christ*, 291).

절에서 용이 미가엘과의 전쟁에서 하늘로부터 쫓겨났음에도 불구하고, 12장 14-15절에서 여전히 여자를 핍박하고 있는 모습을 통해 잘 이해될 수 있다. 그래서 사탄은 현재 이중적 성격을 가지고 있다고 말할 수 있다. 예수님의 십자가에 의해 철저하게 결박 당했는가 하면 동시에 재림의 때까지 왕성하게 활동한다. 문맥에 따라 어떤 부분이 강조되느냐에 따라 이런 이중적 특징 중에 어느 한 부분이 드러나게 되는 것이다. 어떤 문맥이 독자들에게 경각심을 불어 넣을 목적을 가지고 있다면 사탄의 능력과 권세를 강조하려고 할 것이다. 그러나 고난 받는 독자들에게 위로와 격려를 할 목적이라면 사탄이 철저하게 심판 받은 존재라는 것을 강조하고자 할 것이다. 20장 1-3절은 후자에 해당되는 경우로서 사탄이 철저하게 심판 받은 특징을 부각시켜 주고 있는 것이다. 따라서 독자들은 20장 1-3절에서 '사탄의 결박'을 이해할 때 이러한 사탄의 이중적 성격과 문맥을 잘 고려하여 읽을 수 있어야 할 것이다.

이러한 맥락에서 보면 용이 결박 당하여 아뷔소스에 갇혀 있다는 것은 사탄의 완전한 멸망을 의미하지 않고 멸망의 시작을 의미한다. 그 완전한 멸망은 재림 때에 완성된다. 그리고 용은 멸망으로 들어 가기 위해 천 년이 다 찼을 때 곧 재림의 때에 아뷔소스에서 나오게 된다. 그러므로 아뷔소스는 용이 갇혀 있는 임시 감옥이라고 할 수 있다. 용이 영원히 형벌을 받아야 할 장소는 바로 두 짐승이 던져진 바 있는 유황 불이 타는 불의 호수인 것이다. 이것을 묘사하고 있는 것이 바로 20장 7-10절의 내용이다. 이 본문에 대한 주해는 다음 단락에서 다루게 될 것이다.

요한계시록을 문자적으로 해석하는 전천년주의자들은 이 기간을 문자 그대로 천 년의 기간이라고 해석하기 때문에 사탄이 왕성하게 활동하고 있는 현재에 이 천 년 기간을 적용하는 것은 상상할 수 없다. 그래서 천 년 기간을 재림 이후로 미루어 놓는 것이다. 그러나 앞서도 언급했던 것처럼, 천 년 기간은 상징적 표현이며 사탄을 상징하는 용이 결박되어 심판 받는 시점은 예수님의 성육신을 포함하는 초림의 시점이다. 그리고 7절에서 "천 년이 완성될 때"라고 시작하면서 재림 때 일어나는 최후의 심판을 언급한다. 1-3절은 초림 때 발생하는 사탄에 대한 심판의 정황을 의미하고 7-10절은 19장 17-21절과의 평행 관계에 의해 재림 때에 일어나는 최후의 심판이라면, 천 년이라는 기간은 초림 부터 재림까지의 기간을 의미하는 상징적 기간으로 해석하는 것이 더욱 자연스럽다.

천 년이 초림부터 재림까지를 포함하는 상징적 기간이고 그 기간 동안 사탄을 상징하는 용이 큰 쇠사슬로 결박되어 인봉된 무저갱에 갇혀있다는 것을 예수님의 십자가 죽음과 부활과 승천을 포함하는 지상사 역에 근거한 심판의 결과로 이해한다면, 그러한 상태는 초림부터 재림 사이에 존재하는 모든 교회 공동체가 현재 시점에서 경험하고 있다고 볼 수 있다. 현재에 사탄이 우는 사자와 같이 삼킬 자를 찾고 있지만(벧전 5:7), 그 사탄은 마치 용이 결박되어 아뷔소스에 갇혀 있는 것처럼 예수 그리스도의 권세에 의해 제압 당해 통제 하에 있는 존재이다. 요한은 7-10절에서 용으로 상징되는 사탄의 영원한 심판을 논의하기 전에 사탄이 이미 심판 받은 상태에 있다는 사실을 먼저 밝힘으로써 최후 심판의 맥락을 제시하고 있는 것이다. 따라서 사탄은 이중적 심판을 받는 처지에 있음을 알 수 있다. 이미 심판을 받았고 이제 심판이 완성되는 순간을 기다리고 있는 것이다.

그렇다면 왜 초림부터 재림까지를 "천 년"이라는 숫자로 표현하는 것일까? "천 년"이란 숫자는 어디에서 온 것일까? 이 주제에 대해 일찌기 스웨테는 반드시 초림부터 재림 사이라는 생각을 가지고 제안한 것은 아니지만 이 질문에 대한 유용한 통찰력을 제공하는 내용을 제시한다. 첫째로, 구약에서 하나님의 통치는 "영원한"(permanent) 것으로 간주하였으나(단 2:44; 7:27), 100 B.C.-100 A.D. 사이의 유대 문헌(peudepigraphic writers)에서는 약간의 변화가 발생하는데 그것은 바로 만물 회복의 완성 이전에 "의의 일시적 승리"가 있게 될 것이라는 기대이다.[188] 이러한 일시적 승리의 기간은 다양한 방식으로 표현 된다. Tanchuma 7에서 "메시아의 날들이 얼마나 오래입니까?"라는 질문에 답하여 R. Akiba는 "40년"이라고 대답했다; 다른 랍비들의 경우에는 "100, 600, 1000, 2000, 7000년"을 제안한다.[189] 또한 에스드라 4서 7장 28절에 의하면 메시야 왕국의 기간을 400년으로 규정하기도 한다.[190]

둘째로, 에녹 1서 91장 이하에서 인간의 역사를 주(weeks) 단위로 구분하는

188 Swete, *The Apocalypse of St. John*, 261.

189 F. Weber, *Jüdische Theologie auf Grund des Talmud und verwandter Schriften*, 2nd rev. ed. (Leipzig: Dörffling & Franke, 1897), 372 (Swete, *The Apocalypse of St. John*, 261에서 재인용).

190 에스드라 4서 7장 28절: 내 아들 메시아가 그와 함께한 자들과 함께 나타나리니 남은 자들이 사백 년 동안 기뻐하리라.

데, 에녹 2서 33:1-2에서는 역사의 시간을 창조의 사이클인 7일의 프레임을 사용하고 각 날에 천 년을 할당하여 7000천 년을 설정하고, 8일째 곧 8000년째를 "계산할 수도 없고 끝나지 않는 시간의 시작"(에녹 2서 33:2)이라고 한다.[191] 여기에서 유대적 사고 가운데 천 년이라는 기간은 한 시대의 단위를 구성하는 숫자로 인식되고 있었음을 알 수 있다(참조 시 90:4; 벧후 3:8). 그렇다면 시간의 개념이 존재하지 않는 여덟 번째 날에 해당하는 8000년의 시점이 시작되기 직전에 칠일 째에 해당하는 천 년 단위의 존재를 알 수 있다. 바로 요한은 당시의 이러한 논의를 인식하고 있었을 가능성이 크고 이러한 인식 가운데 특별히 8일째로 넘어가기 직전에 7일째에 해당하는 천 년의 기간을 "1000년의 상징적 기간"(the symbolical term of 1000 years)으로 채택했을 가능성이 있다.[192] 이 기간을 "메시아 통치" 기간으로 간주할 수 있다.[193]

이상에서 천년이란 초림부터 재림 사이의 기간에 대한 상징적 표현으로서 재림 이후에 이어지는 새창조 이전에 메시아에 의해 이루어진 선제적 승리의 기간임을 알 수 있다.

아뷔소스로 던지고 잠갔다(3a절) 천사는 2c절에서 "용을 천 년 동안 결박했다"고 하고, 3a절에서 그 용을 "아뷔소스로 던졌다"고 한다. 앞서 언급한 "천 년 동안"이란 기간을 동일하게 아뷔소스에 갇힌 기간에 적용할 수 있다. 3a절에서 천사는 용을 무저갱에 던진다. 여기에서 "던지다"라는 행위는 "결박하다"와 한 묶음으로 "전쟁 신화"에서 사용된다.[194] 또한 유대 문헌에서 "악한 영들과 마귀들"을 심판 때까지 결박하고 감옥에 가두는 내용이 등장한다.[195] 곧 희년서 10장 1-14절에서 노아의 기도에 반응하여 마귀들의 십분의 구가 심판 장소에 결박되고 희년서 10장 7절에서는 "주께서 천사장 미가엘에게 그들을 아뷔소스로 던지라고 명령했다"고 기록되어 있다.[196] 그리고 구약 배경으로서

191 Swete, *The Apocalypse of St. John*, 261.

192 앞의 책. Boxall과Harrington이 이러한 내용을 이어받아 주장하고 있다(Bxoall, *The Revelation of Saint. John*, 282; Harrington, Revelation, 196).

193 Harrington, *Revelation*, 200

194 Aune, *Revelation 17-22*, 1082. 오우니는 그 예를 다음과 같이 제시한다. "가이아(Gaia)에 의해 자녀를 가지게 된 우라노스(Ouranos)는 그 자녀들을 결박하여(δήσας, 데사스) '타르타러스'(Tartarus)로 던져 넣는다(ἔρριψε, 에리프세)"(Apollodorus, *Hist*. 1.1.2).

195 앞의 책.

196 앞의 책.

는 이사야 24장 21-22절을 생각할 수 있다.[197)]

> [21)]그 날에 여호와께서 높은 데에서 높은 군대를 벌하시며 땅에서 땅의 왕들을 벌하시리니 [22)]그들이 죄수가 깊은 옥에 모임 같이 모이게 되고 옥에 갇혔다가 여러 날 후에 형벌을 받을 것이라

이 본문은 하나님께서 대적자들로서 "세상의 모든 능력들"에 대한 "종말적 저주를 위한 발판"(stage for the final curse)을 마련하실 것에 대해 자세하게 설명하고 있다.[198)] 이러한 심판의 방법으로서 "옥에 가두다"라는 표현을 사용하고 있다. 이것이 요한계시록 20장 3절에서 "아뷔소스로 던지다"라는 행동으로 표현된다. 다시 말하면 이사야 24장 21-22절에서 대적에 대한 심판의 말씀이 바로 예수님의 사역을 통해서 요한계시록 20장 1-3절에서 용/옛뱀 곧 사탄/마귀에게 적용된다고 볼 수 있는 것이다.

천사는 용을 아뷔소스로 던진 후에 가지고 있던 열쇠로 그 아뷔소스를 잠글 뿐만 아니라(3b) 아뷔소스 위에 인봉하기까지 한다(3c절). 이런 과정은 용에 의해 상징되는 마귀, 사탄에 대한 심판을 강조한다. 5장에서 책의 인이 열려져서 그리스도의 구속의 사역이 온 세상에 계시된 것과는 반대로 아뷔소스는 용이 던져지고 난 후에 인봉되어 심판의 정황이 강조된다. 책의 인이 떼어져 책이 열리는 것과 아뷔소스가 인봉되는 것은 구속과 심판의 양 측면을 대조적으로 보여주는 장면이다.

나라들을 다시 미혹하지 못하도록(3d절) 3d절에 의하면 사탄이 결박되어 아뷔소스에 던져져서 갇히게 된 것은 천 년 동안 나라들을 다시 미혹하지 못하게 하기 위함이다. 이 문구는 '히나'(ἵνα) 목적절로 구성되어 있다. 그러므로 이러한 의미를 살려서 직역하면 "천 년이 완성되기까지 나라들을 다시 미혹하지 못하도록 …" 이 된다. 1-2절에서 용을 결박하여 무저갱에 가두는 것은 이러한 목적을 위해서이다. 용이 결박 당해 있는 천 년의 기간이 초림부터 재림 사이라고 한다면 이 상징적 세계 속에서 용은 미혹하지 못하는 것이 당연하다. 그러나 이것을 현실적인 정황에 문자 그대로 적용하면 모순처럼 보일 수 있다. 왜냐하면 현재 사탄은 사람들을 미혹하고 있기 때문이다. 사실 이 모순은

197 Charles, *A Critical and Exegetical Commentary on Revelation*, 2:141; Reddish, *Revelation*, 380.
198 Watts, *Isaiah 1-33*, 387.

상징적 표현을 문자적으로 해석할 때 초래되는 착시 현상이다. 이러한 모순을 피하기 위해 전천년설은 천 년의 기간을 초림과 재림 사이가 아니라 재림 이후로 미루게 되는 것이다. 그러나 이러한 입장은 성립될 수 없다. 왜냐하면 7-10절은 재림의 시점이고 1-3절이 초림부터 재림 사이의 기간을 가리키고 있음을 반복해서 확인한 바 있기 때문이다. 그렇다면 본문이 상징의 세계에서 짜여진 틀을 가지고 있음을 잊지 말아야 할 것이다. 상징의 세계 안에서 무저갱에 결박당한채로 갇혀 있는 상태는 미혹할 수 없는 환경인 것은 당연하다. 그리고 결박 당해 있던 천년동안 만국을 미혹하지 못했던 용은 천 년이 다 찬 후에 7절에서 무저갱에서 나와 만국을 미혹하기 시작한다. 따라서 3d절에서 미혹의 행위는 3절과 7절의 내러티브적 흐름 속에서 이해해야 하는 것이다.

또한 이 문구에 "다시"라는 말이 덧붙여진다. 여기에서 "다시"(ἔτι, 에티)라는 단어는 부정문과 함께 무엇인가 계속되던 행동이 멈추게 된 상태를 표현할 때 사용된다.[199] 곧 사탄은 나라들을 미혹해 왔는데(구약 시대가 그러하다) 이제는 종말적 성취로 말미암아 다시는 그러한 행동을 하지 못하게 된 시점이 도래한 것을 의미한다. 그것은 3a절에 대한 목적의 의미를 더욱 명백하게 한다. 곧 천사는 용을 천 년 동안 나라들을 미혹하지 못하게 하기 위해 아뷔소스에 가두어 둔 것이다. 여기에서 천 년의 기간이 초림과 재림 사이를 가리키고 있는 것이라면 그 사이에 용은 무저갱에 있어 만국을 미혹하지 못한다는 결론이 나온다. 그런데 요한계시록의 전체적인 맥락에서 보면 사탄의 미혹은 초림과 재림 사이 동안에 나라들을 향하여 이루어지고 있는 것이 현실이다. 예를 들면 12장 9절에서 사탄을 "온 세상을 미혹하는 자"라고 하고 13장 14절에서는 짐승이 "땅에 사는 자들을 미혹한다" 라고 하고 18장 23절에서는 "모든 나라들이 너(바벨론)의 복술로 미혹되었다"라고 하고 19장 20절에서는 거짓 선지자가 표적들로 "짐승의 표를 받은 자들 곧 그의 형상에게 경배하는 자들을 미혹했다" 라고 기록하고 있다. 이러한 경우들은 초림과 재림 사이에서 일어나는 사탄에 의한 미혹의 활동을 보여 주고 있다. 그렇다면 이러한 사실은 위의 20장 3d절의 경우와는 모순되는 것이 아닌가? 이미 미혹하지 못하도록 아뷔소스 가두어 두었는데 또한 그 사탄이 미혹케 하는 활동을 하고 있는 것이라니 이상하

199 BDAG, 400(1bβ).

지 않는가?

이것은 두 가지 방향에서 해결할 수 있다. 첫째로, 초림과 재림 사이에 사탄은 이중적 성격을 가지고 있다는 것이다. 이러한 이중적 성격은 12장에 잘 나타나 있다. 12장에서 사탄은 하늘로 쫓겨 나 하늘에서 하나님의 백성들을 참소할 수 있는 권리를 박탈 당한다(12:7-12). 그의 머리가 상하게 되었으며 성도들의 발 아래 짓밟히게 된 것이다(롬 16:20). 그 이 전까지 사탄은 온 천하를 미혹케 하는 자였으나(12:9) 하늘로부터 쫓겨나게 된 후에는 온 천하, 특별히 교회 공동체를 미혹하는 그의 사역에 지대한 제한을 받게 된 것이다. 그러나 그럼에도 불구하고 여전히 교회를 핍박하고 공격하는 시도를 계속한다(12:13-17). 바로 이것이 용의 중요한 이중적 성격이다. 이러한 패턴을 20장 1-3절의 용에 대한 묘사에 적용할 수 있다. 곧 용이 여전히 만국을 미혹하는 활동을 하고 있음에도 불구하고 하나님은 본질적으로 그러한 활동이 효과적인 결과를 이루지 못하도록 그 능력을 제어하신 것이다. 그것은 바로 예수님의 십자가의 죽음과 부활로 말미암아 가능하게 되었다. 따라서 나라들을 미혹케 하는 사탄의 사역은 상당히 제한적으로 이루어질 뿐만 아니라 그리스도인들에 대하여는 철저하게 실패로 돌아가게 될 것이다. 물론 이러한 용의 활동이 완전히 중지될 때가 오는데 그 때가 바로 예수님 재림의 때이다. 7-10절이 바로 이에 대해서 기록하고 있다.

두 번째로, 나라들을 미혹하게 하지 못하게 되었다는 것의 의미는 7-10절의 말씀과 함께 이해하여야 한다. 여기에서 용은 천 년이 다 찬 후에 아뷔소스로부터 나와 나라들 곧 곡과 마곡을 미혹하여 교회 공동체와 싸움을 한다(20:8). 여기에서 "미혹하다"라는 동사가 사용되는데 이 동사는 종말적 전쟁을 치루도록 동기부여 하는 행위로 사용된다. 이러한 성격의 미혹은 적어도 용이 무저갱에 있는 천 년 기간에는 할 수 없었는데 이제 천 년이 다 차고 재림 때가 되자 마지막으로 교회 공동체를 멸절하려는 시도를 하게 된다. 이러한 전쟁에 대해서는 다음의 7-10절에서 좀 더 자세하게 기록되고 있다.

여기에서 덧붙일 문제가 한 가지 있다. 전천년설이 19장 17-21절과 20장 1-3절이 시간적 관계로 간주한다고 지적한 바 있다.[200] 19장 17-21절에서 짐

200 J. L. Townsend, "Is the Present Age the Millennium?," *BSac*. 140.559 (1983): 206-24. 특별히 213쪽에서 시간적 관계에 대한 이유로 세가지를 제시하는데 그것은 별로 설득력이 없다.

승과 나라들을 미혹했던 거짓선지자는 "유황으로 타오르는 불의 호수로" 던져졌고(20절) 그들을 따르던 "땅의 왕들과 그들의 군대들"이 "흰말 위에 앉은 이"의 입에서 나오는 칼에 의해 멸절 당한다(19:21). 이 본문에 의하면 더 이상 그리스도를 대적하는 세상 나라들은 존재하지 않는다. 존재한다면 그것은 하나님을 따르는 구속 받은 공동체일 뿐이다. 여기에서 그리스도의 승리의 "완전성(completeness)과 최종성(finality)"이 강조된다.[201] 그런데 전천년설이 주장하는 것처럼 19장 17-21절과 20장 1-3절이 시간적 관계라고 한다면, 20장 3d절에서 그 나라들을 미혹하지 않도록 용을 결박하여 아뷔소스에 던져 넣을 필요가 있을까? 이 두 본문을 문자적으로 해석하고 시간적 관계로 간주할 때 이런 "모순"(discrepancy)이 존재할 수 있으므로 전천년설의 시간적 관계설은 성립될 수 없다.[202]

이후에 그는 잠시동안 풀려나야 한다(3e절) 끝으로 3c에서 "이후에 그는 잠시동안 풀려나야 한다"고 했는데 "이 후에"(μετὰ ταῦτα, 메타 타우타)라는 문구는 3d절에서 "천 년이 완성되다"라는 것을 이어 받고 있다. 이 문구를 통해 천 년이 다 지난 후의 상황을 소개한다는 사실을 알 수 있다. 여기에서 '반드시'(δεῖ, 테이)라는 단어가 사용되어 신적 계획이 작용하고 있음을 것을 보여 준다(참조 1:1).[203] 사탄의 결박과 놓임은 철저하게 하나님의 계획 속에서 이루어지고 있는 것이다. 그리고 "잠시 동안" (μικρὸν χρόνον, 미크론 크로논) 놓임을 받는다는 것은 사탄의 미혹케 하는 활동의 기간이 매우 짧게 주어질 것임을 의미한다. 이런 짧은 기간은 결박되어 아뷔소스에 갇히게 된 심판의 결과로서 용의 무능을 반영한다. 이 짧은 기간을 어떤 해석자들은 요한계시록에서 언급하고 있는 기간으로서 11장 2절과 12장 6, 14절의 "한 때 두 때 반 때"라고 생각하는 경우가 있다.[204] 그러나 "한 때 두 때 반때"곧 1260일 혹은 마흔 두달의 기간은 초림에서 재림까지의 기간을 의미하기 때문에 이런 의미와 전혀 관계가 없다.[205]

---

201 White, "Reexamining the Evidence for Recapitulation," 324.

202 앞의 책, 321.

203 Swete, *The Apocalypse of St. John*, 258.

204 Augustine, *City of God*, 20.8; Victorinus, *Commentary in Apocalypse*, 20.3. 어거스틴이 이렇게 해석한 것은 그의 대부분의 건전한 해석에서 약간의 흠이라고 할 수 있다.

205 쾨스터도 이런 입장에 동의하지 않는다(Koester, *Revelation*, 771). 반면 오우니는 이런 입장에 대해 아무런 논평을 하지 않는다(Aune, *Revelation 17-22*, 1084).

이러한 내용 역시 7-10절에서 구체적으로 소개될 것이다. 이상에서 천 년이 완성된 후에 잠시 동안 풀려나야 한다는 것은 두 가지로 요약해서 이해할 수 있다. 첫째로, 용은 세상을 미혹하지 못하도록 아뷔소스에 결박되어 갇혀 있다. 그럼에도 불구하고 아뷔소스로부터 풀려나야 한다는 것은 용이 상징하는 사탄의 미혹의 활동이 더욱 심화되어 영적 긴장이 고조될 수 밖에 없는 상황이 전개될 것을 예상케 한다. 둘째로, 짧은 기간 동안 활동하면서 7-8절에 의하면 하나님의 백성에 맞서는 전쟁을 일으키게 되는데 이것은 바로 용이 영원한 심판을 받아야 하는 명분을 쌓고 있다고 볼 수 있다.

[정리]

1-3절은 하늘로부터 내려온 천사가 사탄을 상징하는 용을 잡아 결박하여 감옥인 아뷔소스로 던져 잠그고 그것 위에 인봉하여 천 년동안 가두어 놓는 장면을 기록한다. 여기에서 용 자체가 상징적 표현이므로 1-3절 전체도 문자적이 아니라 상징적으로 해석해야 할 것이다. 따라서 천 년의 기간은 물리적으로 정확하게 천 년을 의미하지 않으며 초림 부터 재림 사이의 기간을 상징적으로 표현한 것이 적절할 것이다. 이 기간 동안 용이 결박되어 아뷔소스에 갇혀 있는 것으로 표현되고 있지만 그것은 초림으로 인한 사탄의 심판을 극적 방법으로 표현한 것이지 단순히 사탄의 무행동을 의미하지 않는다. 사탄은 이미 심판을 받았지만 아직 그 심판은 완성되지 않았다. 그 심판의 완성은 7-10절에서 언급하고 있는 재림 때에 이루어질 것이다.

[20:7-10] 천 년이 다 찬 후에 용의 활동(A')

본래 4-6절이 1-3절에 이어지고 있으나 내용의 연결을 위해 7-10절을 먼저 살펴보고자 한다. 7-10절은 1-3절에서 언급한 천 년이 다 찬 후에 될 일 들을 소개한다.

천 년이 완성될 때'(7a절) 7a절은 "천 년이 완성될 때"라는 말로 시작한다. 이 문구는 앞의 3d절의 "천 년이 완성되기까지"라는 문구와 동일하지만 "… 까지"(ἄχρι, 아크리)가 "… 때"(ὅταν, 호탄)로 바뀌었다.[206] 이러한 관계에 의해 7절은 3절을 이어 받고 있음을 알 수 있다. 이러한 연결은 1–3절과 7–10절의 내러티브적 흐름이 있는 것이 분명하다. 그렇다고 어떤 역사적 사건의 시나리오를 제시하려는 의도가 아니다. 여기에서 "완성되다"(τελεσθῆ, 텔레스데>τελέω, 텔레오)라는 동사는 모든 구속의 역사에는 하나님의 정하신 시간들이 있는데 바로 그 정하신 시간이 도래했다는 것이다. 이 동사는 요한계시록에서 10장 7절; 11장 7절; 15장 1, 8절 그리고 17장 17절과 같은 본문에서 예수님의 재림의 때를 가리키는 종말적 용어로서 동일하게 사용되고 있다. 따라서 이 본문에서도 역시 재림의 시점을 가리킨다고 볼 수 있다.

감옥으로부터 풀려날 것이다(7b절) 7b절은 "사탄이 그의 감옥으로부터 풀려나게 될 것이다"고 말한다. 이 표현은 1–3절과의 관계에서 엄밀하게 말하면 "용이 아뷔소스로부터 풀려나게 될 것이다"라는 뜻이다. 그런데 흥미로운 것은 1–3절에서 사용된 "용"이나 "아뷔소스"라는 용어가 7–10절에서는 "사탄"이나 "감옥"으로 해석되어 사용되고 있다는 사실이다. 이것은 1–3절의 상징적 표현들이 내러티브의 연속으로서 7–10절에서 해석되어 서술되었다는 것을 의미한다. 곧 1–3절과 7–10절은 하나의 내러티브을 구성하고 후자에서 전자의 상징적 표현을 해석하면서 전개되는 것이다. 이런 점에서 7–10절을 1–3절의 "해석적 내러티브"라고 이름 붙여 본다.[207] 독자들은 7–10절이 1–3절의 연속으로서 해석 이전의 상태에서 읽는 것이 필요하다. 1–3절과 일관성을 위해 사탄 대신에 용, 감옥 대신에 아뷔소스를 대입해서 읽어볼 필요가 있다.

사탄(용)은 그의 감옥으로부터 풀려난다. 아뷔소스에 갇혀 있을 때 사탄의 활동이 중단되었다는 것을 의미한 것이 아니듯이, 풀려났다고 해서 그의 통제

206 전천년주의자인 타운센드(Twonsend)는 이 문구가 '카이 에이돈(Καὶ εἶδον)이 아니라 '카이 호탄'(Καὶ ὅταν)이라고 표현한 것에 주목하면서 사건의 연속을 묘사하는 것이라고 주장한다(Twonsend, "Is the Present Age the Millennium?" 215). 이런 그의 주장은 사건의 "반복"을 주장하는 "현천년주의"를 반박하기 위한 것이다. 그러나 그는 공격의 타깃을 잘못 정한 것이다. 현천년설의 입장은 1-3절과 7-10절 사이의 연속적인 측면을 부정하는 것이 아니라 19장 17-21절과 20장 1-3절 사이에 시간적 연속 관계를 부정하는 것이다.

207 이 명칭은 내가 직접 만들어 보았다.

가 완전히 사라지게 되었다는 것을 의미하는 것이 아니다. 따라서 아뷔소스에 갇혀 있었다는 것이 용 곧 마귀 사탄이 받은 심판에 대한 극적인 표현인 것처럼, 또한 사탄이 풀려났다는 것은 사탄의 활동이 실제로 중단되었다가 재개되었다기 보다는 사탄의 활동에 초점을 맞춘 표현으로 볼 수 있다. 이것은 재림의 시점에서 그동안 그리스도의 권세 때문에 제한 받던 사탄의 교회 공동체를 향한 공격이 최고조에 다다르게 될 것을 의미한다. 그러나 3e절에 의하면 사탄이 풀려나는 기간은 "잠시 동안"(μικρὸν χρόνον, 미크론 크로논)이다. 사탄의 저항은 매우 제한된 기간 동안만 유효할 것임을 보여준다. 또한 이처럼 풀려나 전쟁을 하게 되는 것은 용이 아뷔소스에 결박되어 갇혀 있고 그리스도께서 천 년 동안 통치하심에도 불구하고 사탄에 의한 악의 존재가 천 년 기간 동안에도 여전히 잔존해 있음을 시사한다.[208]

그리고 3e절에서 "풀려나야 한다"(δεῖ λυθῆναι, 데이 뤼데나이)라고 하여 "신적 데이"(divine δεῖ)와 신적 수동이 결합하여 하나님에 의해 추동되는 특징을 보여주는 반면, 7b절에서는 동일하게 신적 수동을 사용하고 있으나 시제는 "신적 데이"의 사용 없이 미래 시제를 사용한다. 그러나 신적 수동태를 사용함으로써 3e절에서 함의된 하나님의 "신적 행위"라는 의미를 그대로 유지한다.[209] 스웨테는 7b절의 "풀려날 것이다"(λυθήσεται, 뤼데세타이)는 6c절의 "될 것이다"(ἔσονται, 에손타이)와 6d절의 "통치할 것이다"(βασιλεύσουσιν, 바실류수신)와 함께 "예언의 형태"를 취하는 것으로 간주한다. [210] 그러나 이 판단에는 오류가 있다. 먼저 '바실류수신'(βασιλεύσουσιν)은 시내산 사본의 지지를 받는 것으로서 사본적 신뢰성이 떨어진다. 도리어 현재형으로서 '바실류우신'(βασιλεύουσιν)을 사용하는 알렉산드리아 사본이 더 신빙성이 있어 보인다.[211] 여기에서 스웨테가 주장하는 "예언의 형태"의 일관성 있는 적용이 불가능해진다. 그리고 미래형이라 할지라도 단순히 미래 시제를 나타내기 위한 것이 아니라 다른 의도가 있을 수 있다. 그것은 바로 화자의 의지가 담긴 "의지적 미래"로서 명령적

---

208 Smalley, *The Revelation to John*, 511.

209 Aune, *Revelation 17-22*, 1093. 따라서 오우니는 이 문장을 능동태로 바꾸어 "하나님은 사탄을 그의 감옥으로부터 풀어 줄 것이다"로 번역한다(앞의 책).

210 Swete, *The Apocalypse of St. John*, 263.

211 자세한 내용은 6d절에 대한 번역을 논의하는 자리에서 다루어지게 될 것이다. 이것은 미래형으로 번역할 것인지 현재형으로 할 것인지 결정하는 과정에서 이 논의를 하게 된다.

인 의미를 내포할 수 있다.[212] 이 용법 외에도 "격언적 미래"(gnomic future) 용법으로서 "어떤 상황 아래에서 기대되는 것을 표현"하는 것일 수도 있다.[213] 이런 점에서 3e절에서 신적 데이(δεῖ)를 사용한 경우와 큰 차이가 없다고 볼 수 있다.

이러한 일련의 용법을 "풀려나다"에 적용하면 "감옥으로부터 풀려날 것이다"라는 미래 시제의 행위는 단순히 미래를 예견케 하는 예언적 미래가 아니라 하나님의 신적 의지를 반영하는 것으로서 반드시 이루어지게 될 것을 기대하게 하는 목적으로 표현된 것이라고 할 수 있다. 이런 패턴은 다음에 이어지는 8a절의 "나갈 것이다"라는 동사와 10c절의 "고통받을 것이다"라는 동사에도 그대로 적용된다. 그래야 9절의 부정 과거 동사와의 혼용을 이해할 수 있다. 곧 내러티브적인 전개와 하나님의 주권과 의지가 반영되는 표현이 섞여서 조화를 이루고 있는 것이다. 이러한 구성은 묵시문헌으로 요한계시록만이 가질 수 있는 표현의 자유로움이라고 할 수 있을 것이다.

땅의 네 모퉁이에 있는 나라들 곧 곡과 마곡을 미혹하기 위해 나갈 것이다(8ab절)

이 본문에서 살펴야 할 주제가 네 가지 있다. 이것들을 원문에 나와 있는 순서대로 정리하면 다음과 같다: (1)나갈 것이다; (2)미혹하기 위해; (3)땅의 네 모퉁이에 있는; (4)곡과 마곡. 다음에서 이 순서대로 각 주제의 의미를 차근차근 살펴 보고자 한다.

(1)나갈 것이다(8a절)

8절은 8a절의 "나갈 것이다"(ἐξελεύσεται, 엑셀류세타이)라는 단어로 시작하여 사탄의 활동의 내용을 설명한다. "나갈 것이다"라는 말은 7b절의 "풀려날 것이다"라는 미래 시제 동사와 같이 하나님의 의지가 반영되어 하나님의 주권이 주관하는 의미로 이해해야 한다. 이것은 8a절에서 사용된 '카이'(καί)접속사에 의해 확인될 수 있다. 이 카이 접속사는 직전의 "풀려날 것이다"(λυθήσεται, 뤼데세타이)

212 Robertson, *A Grammar of the Greek New Testament in the Light of Historical Research*, 874.

213 BDF §349. 요 8:31-32에서31)ἐὰν ὑμεῖς μείνητε ἐν τῷ λόγῳ τῷ ἐμῷ, ἀληθῶς μαθηταί μού ἐστε 32) καὶ γνώσεσθε τὴν ἀλήθειαν, καὶ ἡ ἀλήθεια ἐλευθερώσει ὑμᾶς) 진리를 안다는 것과 진리가 자유케 한다는 것에 미래형 동사가 사용되었는데, 이 경우에 그것을 단순히 미래 시제라기 보다는 언제나 그 행위가 진실로 받아들여지는 격언적 미래로 간주할 수 있다.

라는 동사와 "나갈 것이다"(ἐξελεύσεται, 에크셀류세타이)를 연결해 주는 등위접속라고 할 수 있다. 이러한 성격의 사탄의 활동은 역시 3bc의 내용과 관련된다. 천 년 동안 만국을 미혹하지 못하도록 무저갱에 갇혀 있다가 천 년이 차면 잠깐 놓임을 받으리라고 한 것처럼 이제 천 년이 다 완성된 후에 사탄은 감옥에서 풀려나서 어떤 목적을 위해 나가게 될 것이다. 그 점이 바로 8b절과 8c절에 잘 나타난다.

(2)미혹하기 위해(8b절)

8a절의 "나갈 것이다"와 관련된 8b절의 "미혹하기" (πλανῆσαι, 플라네사이>πλανάω, 플라나오)라는 부정사는 목적의 용법으로 사용된다. 그러므로 사탄이 나아가는 것은 바로 "미혹하기" 위한 목적이 있는 것이다. 이 동사는 "속이다"(deceive)를 뜻한다.[214] 따라서 사탄의 활동의 본질은 바로 거짓 위에 세워진 것이라 할 수 있다. 이런 사탄의 미혹 활동은 에덴에서 아담과 이브를 거짓된 말로 속였던 것처럼 종말의 완성 시점에서 다시 한 번 "땅의 사방에 있는 나라들"을 속이려고 한다. 그러나 그 미혹 행위는 결코 능력을 발휘할 수 없으며 그 결과는 심판일 뿐이다. 이런 사탄의 미혹 활동은 3d절에서 "미혹하지 못하도록" 아뷔소스에 천 년 동안 갇혀 있어 제한 받고 있는 상태에서 천 년이 완성된 후에 "잠시 동안 풀려 나야한다"(3e절)는 신적 계획에 따라 아뷔소스로부터 풀려나와 그 제한이 완화되어 나타난 결과이다. 이런 정황을 통해 이 미혹의 역사는 예수님의 재림 때에 반드시 일어나게 될 것임을 알 수 있다. 그 미혹의 대상은 교회 공동체를 공격하는 세상 세력이 될 것이다. 그러나 이런 모든 과정은 하나님의 주권 하에서 진행된다. 이런 패턴은 에스겔 38장 1-12절의 경우와 유사하다. 곧 하나님께서 마곡 땅을 다스리는 곡이라는 왕을 부추겨 열방들을 미혹하여 강력한 연합군을 형성함으로 이스라엘을 대적하도록 전쟁을 기획하시고 마침내 철저하게 패배하게 하신다(겔 38:4, 17; 39:2).[215] 결국 이 두 경우의 목적과 결과는 하나님을 대적하는 악의 세력에 대한 심판이다.

214 BDAG, 821(1b).
215 Koester, *Revelation*, 771.

(3)땅의 네 모퉁이에 있는 나라들(8b절)

그런데 3d절에서는 잠재적 미혹의 대상이 "나라들"인 반면, 8b절에서는 그 미혹의 대상을 "땅의 사방에 있는 나라들 곧 곡과 마곡"이라고 하여 그 "나라들"을 좀 더 구체적으로 표현한다. 이 두 본문에서 "나라들"(ἔθνη, 에드네)이 동일하게 사용된다. 그런데 여기에 "땅의 네 모퉁이에 있는"이란 문구가 덧붙여 진다. 요한계시록에서 "일곱"이란 숫자가 완전수라면 "넷"이란 숫자는 우주적 의미를 갖는다. 4장의 "네 생물"도 "넷"이란 숫자에 의해 모든 피조물이란 의미를 갖는다.[216] 7장 1절에서 동일한 문구인 "땅의 네 모퉁이"(ἐπὶ τὰς τέσσαρας γωνίας τῆς γῆς, 에피 타스 테사라스 고니아스 테스 게스)가 사용되는데 이 문구 역시 땅의 모든 영역을 포함하는 우주적 의미로 사용된다.[217] 7장 9절에서는 "모든 나라와 족속들과 백성들과 언어들"이란 문구에서 동일한 의미를 가지고 있지만 다른 단어들을 4번 반복하여 하나님의 백성의 우주적 특징을 보여준다.[218] 이처럼 8b절에서는 "네 모퉁이"의 "넷"이라는 숫자를 통해 대적들의 우주적 규모를 드러내고자 한다. 이런 우주적 규모를 상정하는 것은 이 종말적 전쟁의 극렬함을 연출하기 위함이고 또한 최종성을 드러내기 위해서이다.

(4)곡과 마곡(8b절)

또한 "나라들"이라는 단어는 "곡과 마곡"과 동격이다. 먼저 "곡과 마곡"이란 문구에서 " 마곡"이란 나라의 호칭은 창세기 10장 2절에 최초로 나타나지만 직접적인 배경은 에스겔 38-39장이다.[219] 특별히 요한계시록의 "곡과 마곡"은 에스겔 본문에서 히브리어로는 "마곡 땅의 곡"(גּוֹג אֶרֶץ הַמָּגוֹג, 곡 에레츠 하마고그)이며, 70인역의 헬라어로는 "곡과 마곡의 땅"(Γωγ καὶ τὴν γῆν τοῦ Μαγωγ)으로 표현하여 하여 곡은 왕의 이름이고 마곡은 그 곡이 다스리는 땅의 이름으로 구분하고 있다. 반면 요한은 "곡과 마곡"이라고 하여 마곡을 땅의 이름이 아닌 사람 이름처럼 사용한다. 그렇다면 요한계시록 본문에서 왜 "나라들"이 "곡과 마곡"과 동격으로 사용되고 있을까? 이 질문에 대한 해답은 이 문구가 배경으

---

216 이 주제에 대해서는 1권의 506쪽을 참고하라.
217 7장 1절의 "넷"이라는 숫자와 관련한 논의에 대해서는 1권의 704쪽을 참고하라.
218 7장 9절의 이 주제는 1권의 727쪽을 참조하라.
219 Swete, *The Apocalypse of St. John*, 264.

로 하는 에스겔 38장을 통해 얻을 수 있다.[220] 에스겔 38장 2절에서 "곡"이라는 왕은 "마곡" 땅을 통치하는 왕으로 소개되고 그리고 그 왕은 겔 38장 4-7절에서 이스라엘을 공격하기 위해 모든 나라들을 연합하는데 앞장 선다.

> [4]너를 돌이켜 갈고리로 네 아가리를 꿰고 너와 말과 기마병 곧 네 온 군대를 끌어내되 완전한 갑옷을 입고 큰 방패와 작은 방패를 가지며 칼을 잡은 큰 무리와 [5]그들과 함께 한 방패와 투구를 갖춘 바사와 구스와 붓과 [6]고멜과 그 모든 떼와 북쪽 끝의 도갈마 족속과 그 모든 떼 곧 많은 백성의 무리를 너와 함께 끌어내리라 [7]너는 스스로 예비하되 너와 네게 모인 무리들이 다 스스로 예비하고 너는 그들의 우두머리가 될지어다(겔 38:4-7)

이 본문에 의하면 곡은 이스라엘을 공격하기 위해 세상의 모든 나라들을 모으고 가장 강력한 무기로 무장한다. 여기에서 "곡과 마곡 땅"은 모든 나라들을 이끌고 대표하는 존재로 등장한다. 이것이 요한계시록 본문에서 "나라들"이 "곡과 마곡"과 동격으로 사용된 이유라고 볼 수 있다. 따라서 요한계시록에서 "곡"이란 인물은 더 이상 개별적으로 존재하는 왕이 아니요 "마곡"도 역시 더 이상 어느 제한된 지역을 가리키는 지명이 아니며 둘 모두 하나님과 그리스도께 "적대적인 나라들에 대한 이름"으로 사용된다.[221] 그러므로 요한계시록에서 "곡과 마곡"은 어느 특정한 지정학적 위치를 지칭하고 있지 않는 것이 분명하다.[222] 또한 여기에서 "곡과 마곡"이란 문구의 구성은 시빌의 신탁 3장 319, 512절과 쿰란 문헌의 4Q523 5.3 그리고 에녹 3서 45장 3절에서 "곡"과 "마곡"이 "한 쌍의 나라들"로서 사용되는 것과도 관련이 있다고 볼 수 있다.[223]

흥미롭게도 유대적 전승 중 예루살렘 탈굼과 미쉬나에서도 각각 "곡과 마곡"이란 문구를 발견할 수 있다.[224]

> 이 엘닷과 므다담보가 함께 예언하여 이르되 말일에 곡과 마곡과 그들의 군대가 예루살렘에 올라가서 왕 메시아의 손에 넘어지리라 하였느니라(민수기 11:29 예루살렘 탈굼)[225]

---

220 대부분의 학자들이 에스겔 38-39장의 배경에 동의한다.
221 Koester, *Revelation*, 777.
222 Swete, *The Apocalypse of St. John*, 264.
223 이 자료들은 쾨스터로부터 얻은 것이다(Koester, *Revelation*, 777).
224 이 자료는 Swete, The Apocalypse of St. John, 264로부터 얻었음.
225 이것은 스웨테의 라틴어 버전(Eldad et Medad, ambo isti prophetarunt simul et dixerunt: 'In fine extremitatis dierum Gog et Magog et exercitus eorum adscendent Hierosolyma, et per manus regis Messiae ipsi cadent)을 우리말로 번역한 것이다(Swete, *The Apocalypse of St. John*, 264).

곡과 마곡이 전쟁을 볼 때에 메시아가 그들에게 이르시되 너희가 무슨 일로 여기 있느냐 하시니 그들이 '주를 대적하며 그의 그리스도를 대적하여'라고 대답할 것이며 (Aboda Sara 1. f. 36)

이 두 자료에서 "곡과 마곡"은 하나의 짝을 이루어 이방 세력을 의미하는 것으로 사용되고 있다. 특별히 예루살렘 탈굼에서는 "곡과 마곡"이 예루살렘과 하나님을 대적하기 위해 예루살렘으로 올라가지만 메시아에게 패배를 당하게 된다. "곡과 마곡"의 적대적 행태는 미쉬나의 자료에도 잘 나타난다.그리고 4세기 때 유세비우스의 "곡"에 대한 묘사는 주목할 만하다. 그는 "곡은 로마제국을 나타낸다"고 생각한다.[226] 이것은 요한계시록에서 "곡과 마곡"이 사탄의 미혹을 받아 하나님의 백성 공동체를 공격하는 양상에 대한 적절한 해석으로 볼 수 있다.

이상에서 요한계시록 20장 8b에서 사용된 "곡과 마곡"이라는 문구의 전승에 대해 살펴 보았다. 이러한 일련의 자료들은 요한계시록 본문이 "곡과 마곡"이란 문구를 사탄에 의해 발생하는(엄밀하게 말하면 포괄적으로 하나님의 주권에 의해 주도되는 것이지만) 종말적 전쟁의 정황에 사용하게 되었는지에 대한 근거와 배경을 잘 제공한다.

그리고 이 문맥에서 "곡과 마곡"이란 문구를 사용한 것은 요한계시록 19장 17-21절처럼 에스겔 38-39장을 종말적 전쟁에 적용하여 성취되는 것으로 재해석하고자 하는 목적이 있다. 역사적으로 한 번도 일어난 적이 없는 에스겔 38-39장의 전쟁을 기독론적이며 종말론적으로 재해석하여 사탄에 대한 최후 심판 사건에서 성취되는 것으로 해석하려는 시도이다. 이와 유사한 패턴이 쿰란 공동체로서 1QM(전쟁 스크롤) 11.8, 16에서도 나타난다.[227] 이 본문에 의하면, 에스겔 38-39장을 재해석하면서 "곡에 의해 소집된 나라들"을 벨리알의 무리들과 관련시키면서 심판의 대상으로 간주하고 있다.[228]

여기에서 "나라들"은 "땅의(γῆς, 게스) 사방에 있는"이라는 관용어에 의해서 사탄에게 속한 자들임을 시사한다.[229] 왜냐하면 요한계시록에서 "땅"이라는

226 Eusebius, *Dem. ev.* 9:3 (Swete, *The Apocalypse of St. John*, 265 재인용).
227 Koester, *Revelation*, 777.
228 앞의 책.
229 "땅의 사방에 있는 나라들"은 19장 17-21절에서 하나님의 큰 잔치를 통한 심판에서 살아남은 자들이라는 전천년주의자들의 주장에 대해 쾨스터는 19장 17-21절의 전쟁은 "그리스도의 모든 대적들을 파괴했다(19:18, 21)"고 주장하며 거기에 동의하지 않는다(Koester, *Revelation*, 777).

단어는 사탄과 짐승의 권세가 미치는 부정적 영역을 나타내기 위해 사용되기 때문이다(참조 11:10; 12:12; 13:11; 14:6 등). 사탄은 감옥에서 잠시 풀려 나와 자신에게 속한 자들을 미혹하여 자기의 힘을 극대화하려고 시도할 것이다. 이런 사실은, 에스겔 38장 2절을 배경으로 하는 "곡과 마곡"이 에스겔 38장 1-9절에서 땅의 사방에 있는 나라들을 미혹하여 규합하고 강력한 연합군을 만들어서(4-7절), 포로로부터 회복된 이스라엘(8절)을 향하여 전쟁을 일으키는 적대적 세상 세력이라는 사실과 밀접한 관계가 있다. 다음 글은 에스겔과 요한계시록의 말씀의 관계를 잘 풀어 말하고 있다.[230]

> 본래 주어졌던 예언에서 그 시기가 매우 모호하게 '훗날'이라고 했던 사건이 지금 인간 역사의 최종적 사건으로 인식되고 있다: 국가적 평화와 안정에 대한 그림은 우주적 평화에 대한 초상으로 변형된다; 이방의 적들은 사탄적이며 마귀적 대적들로 바뀐다; 하나님에 의해 이루어지는 신적 승리는 메시야의 손으로 대체된다. 포로 생활로 소망을 잃어 가던 유대 포로들에게 소망을 불러 일으키기 위해 주어진 메시지는 모든 그리스도인을 위한 소망의 메시지로 변형되었다.

전쟁을 위해 그들을 모으기 위해(8c절) 8b절에 이어 8c절에서 동일하게 목적의 용법으로서 부정사가 사용된다. 이 부정사구는 바로 "전쟁을 위해 그들을 모으기 위하여(συναγαγεῖν, 쉬나가게인)"라는 문구이다. 이 부정사구는 8b절의 "미혹하기 위하여"(πλανῆσαι, 플라네사이)에 이어 두번째로 목적의 용법의 부정사구이다. 이 목적의 용법으로 사용된 부정사구는 8b절에서 땅의 사방 나라들을 미혹하는 목적이 무엇인가를 말해준다. 곧 그 미혹의 목적은 바로 땅의 모든 나라들을 전쟁을 위해 모으기 위해서인 것이다. 여기에서 미혹의 목적이 좀 더 구체화 된다. 곧 사탄은 최후의 일전을 불사하기 위해 나라들을 미혹하여 자기 세력을 불러 모은다. 이처럼 악의 세력은 거짓 위에 구축된다. 예수님께서 성도들을 진리로 인도해 주시는 것과 극명한 대조를 보여준다. 따라서 그런 거짓 위에 구축된 세력은 겉으로 보기에 화려하고 거대해 보일 수 있을지 모르나 그 내면은 허약할 수 밖에 없으며 마침내 멸망하고 말 것이다.

16장 14절에서도 동일한 문구가 사용된다. 이 본문에서 용과 짐승과 거짓 선지자의 입에서 세 더러운 영이 나와 전능하신 하나님의 큰 날에 전쟁을 위

230 Daniel I. Block, *The Book of Ezekiel, Chapters 25-48*, NICOT (Grand Rapids: Eerdmans, 1997), 492-93.

하여 모든 땅의 왕들을 모은다. 여기에서도 8c절의 "전쟁을 위해 그들을 모으기 위하여"와 동일한 문구(συναγαγεῖν αὐτοὺς εἰς τὸν πόλεμον, 쉬나가게인 아우투스 에이스 톤 폴레몬)가 사용된다. 이것은 16장 12-16절의 아마겟돈 전쟁과 20장 7-10절의 전쟁이 평행 관계라는 것을 시사해 준다. 20장 8c절과 16장 14절의 공통점은 재림 때에 일어나는 적대적 긴장 상태를 묘사하고 있다는 점이다. 차이점은, 20장 8c절은 용이 상징하는 사탄이 독자적으로 미혹하여 모으는 반면, 16장 14절에서는 사탄을 상징하는 용과 짐승 그리고 거짓선지자의 입으로부터 나오는 세 더러운 영이 "온 세상의 왕들"을 모은다고 표현한다는 점이다.

요한계시록에서 이런 적대적 세력의 "모음"(gathering)라는 주제는 구약과 유대 묵시 문헌에서 이스라엘 혹은 예루살렘을 공격하기 위해 몰려 오는 적대적 세력으로서 이방 나라들의 다양한 모습을 연상시킨다(욜 3:2; 슥 12:1-9; 14:2; 에즈라 4서 13:5, 34-35; 에녹1서 56:7; 90:13-19; 시빌의 신탁 3.663-68; IQM 1:10-11; 15:2-3; 락탄티우스[Lactantius] 7.17.10-11).[231] 흥미로운 것은 하나님께서 특별한 목적으로 이스라엘을 공격하도록 부추기는 경우도 있다는 것이다. 에스겔 38장 14-17절은 하나님의 영광을 드러내기 위한 목적인 반면, 희년서 23장 22-25절은 이스라엘을 심판하기 위해서 이방 나라들을 불러 이스라엘을 공격하도록 하신다.[232] 또한 에녹 1서 56장 5-8절에서는 한 무리의 천사들이 파르티아와 메대인들로 하여금 이스라엘을 공격하도록 부추기기도 한다.[233]

그들의 수는 바다의 모래 같다(8d절) 8d절은 그 수가 "바다의 모래" 같다고 한다. 이 본문은 땅의 사방에 있는 나라들의 세력을 설명한다. "바다의 모래"(ἡ ἄμμος τῆς θαλάσσης, 헤 암모스 테스 달라세스)는 성경에서 "대단한 풍성함에 대한 은유"(창 41:49; 욥 29:18; 시 139:18; 렘 15:8; 합 1:9; Pr. Man. 1:9; Jos. As. 1:2; Gk. Apoc. Ezra 2:32; 3:2)와 "거대한 군사력에 대한 은유" (수 11:4; 삿 7:12; 삼상 13:5; 마카비 1서 11:1)로 사용된다.[234] 그리고 하늘의 별들과 땅의 티끌과 함께 아브라함에게 약속하신 하나님의 백성의 의 무한한 수를 표현할 때 사용되었고(창 22:17; 32:12) 이 약속은 야곱에게도 이어진다(창 32:12). 그런데 역설적으로 그 수가 하나님의 백성의 대적

231 Aune, *Revelation 17-22*, 1095.
232 앞의 책.
233 앞의 책.
234 앞의 책.

으로서 사탄의 백성들을 표현하는 데 사용된다. 이것은 악의 세력이 하나님의 백성의 특징을 모방하는 형태를 보여 줄 뿐만 아니라 두 진영 사이에 존재하는 극한 대립의 양상을 보여주기 위해서이다. 그리고 이런 모습은 마치 그들의 도발이 성공할 수 있을 것처럼 보이는 미혹의 현상을 극대화 시켜준다.[235] 그러나 그들의 대대적인 도발은 거품이 꺼지듯이 결국 실패로 끝나버리게 되고 그들을 미혹하던 리더로서 마귀는 불의 호수에 던져지게 된다.[236]

올라오다(9a절) 사탄과 용(사탄)에 의해 미혹된 땅의 사방에 있는 나라들 곧 곡과 마곡이 땅의 넓은 평야로 올라왔다. 이 때 "올라오다"(ἀνέβησαν, 아네베산 >ἀναβαίνω, 아나바이노)라는 동사는 직전에 사용된 동사의 미래 시제로부터 다시 내러티브의 기본 골격을 이루는 부정 과거 시제로 전환된다. 이 장면은 8a절의 "나갈 것이다"에 이어지는 행위이다. 이 동사의 용례와 관련하여 두 가지를 생각해 볼 수 있다.[237] 첫째로, 이 동사는 이스라엘과 초기 유대 문헌에서 예루살렘을 향하여 여행할 때 통상적으로 사용된다(에스라 1:3; 시 122:4; 사 2:3; 렘 31:6; 오바댜 1:21; 믹 4:2). 둘째로, 이 동사는 구약과 유대 문헌에서 "마지막 종말적 전쟁에서 심판 예루살렘을 향한 나라들의 공격의 맥락에서 사용된다"(에녹 1서 56:6; 삿 4:10 12:3; 삼상 7:7; 삼하 11:1; 왕상 20:1; 사 36:10).[238] 후자의 경우가 요한계시록 본문에 해당된다고 볼 수 있다. 마치 대적들이 예루살렘을 향하여 공격하기 위하여 올라오는 것처럼 용(사탄)에 의해 미혹된 땅의 사방의 나라들도 성도들의 진을 공격하기 위해 올라 온다.

땅의 넓은 평야(9a절) 다음 9a절과 9b절은 사탄이 사방 나라들을 불러 모아 싸움을 붙이는 장면과 그 전쟁의 대상이 누구인지를 밝히고 있다. 그리고 9c절과 10절은 그 결과를 서술한다. 여기에서 먼저 9a절은 사탄이 불러 모은 천하 만국의 군대들이 전쟁을 치루기 위해 형성하는 일종의 군사 대형을 매우 간단하게 표현하고 있다. 여기 사용된 단어는 '플라토스'(πλάτος)이다. 이 단어는 넓

235 Blount, *Revelation*, 370.
236 Koester, *Revelation*, 778.
237 Aune, *Revelation 17-22*, 1096. 오우니는 세 가지를 말하지만 처음 두 개는 비슷한 내용이기 때문에 하나로 묶어서 정리하도록 한다.
238 앞의 책; Koester, *Revelation*, 778.

은 평야를 의미한다.[239] 고대 사회에서 전쟁은 지형 지물을 사용하는 것이 아니라 넓은 평야에서 양 진영이 말을 타고 진두 지휘하는 장군의 명령에 따라 맞부딪혀 육탄전을 벌이며 피를 흘리며 싸우는 장면을 연상할 수 있다. 바로 "땅의 넓은 평야"라는 문구가 고대 사회에서의 전쟁의 양상을 반영해 주고 있는 것이다.

이러한 사실은 이 문구의 출처가 구약과 유대 문헌이라는 점에서 더욱 분명해진다. 하박국 1장 6절과 시락 1장 3절에 나타나 있다.[240]

> 보라 내가 사납고 성급한 백성 곧 땅이 넓은 곳으로(τὰ πλάτη τῆς γῆς, 타 플라테 테스 게스) 다니며 자기의 소유가 아닌 거처들을 점령하는 갈대아 사람을 일으켰나니(합 1:6)
>
> 하늘의 높음, 땅의 넓음(πλάτος τῆς γῆς, 플라토스 테스 게스), 아뷔소스 그리고 지혜, 누가 그것들을 탐구할 수 있을까? (시락 1:3)

9a절에서 "올라오다"라는 동사와 "땅의 넓은 평야"라는 문구가 결합되어, 수많은 군대가 지평선 너머로 전쟁을 치루기 위해 몰려 드는 그림을 그려 볼 수 있다. 이러한 이미지는 이 전쟁이 대규모로 일어나게 될 것을 암시한다.

성도들의 진 곧 사랑받은 도시(9b절) 이렇게 전쟁을 치루기 위해 몰려 드는 수많은 군대가 바로 "성도들의 진" 곧 "사랑 받은 도시"를 에워싼다. 여기에서 "에워싸다"는 것은 두 가지 의도를 갖는다. 첫째로, 그 안에 갇힌 자들이 도망을 가거나 그들에게 음식 등을 제공하는 것을 저지하기 위한 목적이 있다(왕하 6:14-15; 유딧 7:20; 눅 21:20; 요세푸스, 유대 전쟁사 3.148; 4.557). 둘째로, 이처럼 에워싸는 것은 모든 방면에서 공격하는 것을 용이하게 해 준다(마카비 1서 13:42; 15:41; 아리안, 아나바시스[Arrian, Anabasis] 5.23.3; 5.24.4; 6.6.8).[241]

이러한 정황은 19장 19절에서 흰말 위에 앉으신 예수님과 짐승과의 전쟁 양상을 연상케 한다.

> 그리고 나는 짐승과 땅의 왕들과 그들의 군대(들)이 그 말 위에 앉은 이와 그의 군대에 대항하여 전쟁을 하기 위해 모이는 것을 보았다(19:19)

---

239 BDAG, 823.

240 Aune, *Revelation 17-22*, 1097.

241 Koester, *Revelation*, 778.

이러한 평행 관계는 이 두 전쟁이 동일한 전쟁임을 시사한다.[242] 그리고 이 전쟁은 또한 16장의 하르마겟돈 전쟁과 동일하게 심판을 위한 종말적 전쟁이다. 이러한 일련의 전쟁은 물리적 전쟁이 아니라 영적 전쟁이다. 왜냐하면 그리스도와 교회 공동체가 전쟁하는 대상이 바로 사탄과 그의 세력이기 때문이다. 여기에서 이 전쟁이 문자 그대로 일어나야 하는 물리적 전쟁이 아니라 상징적 이미지로서 영적 전쟁이라는 것을 기억하는 것은 매우 중요하다. 이것을 물리적 전쟁으로 오해하여 어떤 구체적인 나라들과의 전쟁으로 몰고가는 일은 없어야 할 것이다.

여기에서 "성도들의 진"(τὴν παρεμβολὴν τῶν ἁγίων, 텐 파렘볼렌 톤 하기온)이란 광야 여행을 할 때 성막을 중심으로 형성되었던 열 두 지파의 진영을 배경으로 한다(출 17:1; 19:16; 33:7-11; 민 2:1-34; 4:5 LXX).[243] 적어도 광야 여행의 시점에서 이 진영은 하나님의 임재가 있었기 때문에 거룩하고 그 안에 있는 자들은 정결하게 있어야만 한다(레 14:8 민 5:2-3; 신 23:14).[244] 이런 구약을 배경으로 하여 이 본문에서 "성도들의 진" 곧 "사랑받은 도시"는 바벨론을 떠나 새예루살렘을 향해 광야를 지나가는 "새출애굽 백성"으로서 교회 공동체를 의미한다고 볼 수 있다.[245] 그러나 이런 이미지를 사용하는 것이 단순히 교회 공동체를 규정하는데 그치는 것이 아니라 광야 여행을 배경으로 하고 있으므로 그 교회 공동체가 로마 제국의 위협에 의해 광야 생활 가운데 놓여 있다는 사실을 각성시키는 의도를 함축한다고 볼 수 있다.[246]

그 다음에 설명적 용법의 '카이'(καί) 접속사와 함께 "사랑받은 도시"(τὴν πόλιν τὴν ἠγαπημένην, 텐 폴린 텐 에가페메넨)란 문구가 이어진다.[247] 이런 관계에 의해 "사랑받은 도시"는 "성도들의 진"을 보충설명한다. 이 문구는 시편 78편 68절; 87편 2절; 122편 6절; 132편 12-14절 그리고 예레미야 11장 15절과 스바냐 3장 17절 등에서 예루살렘을 "하나님이 사랑하는 도시"라고 했던 것을

242 이 두 본문 사이의 평행 관계에 대해서는 여러 가지 방법으로 논의했으므로 구체적인 논의는 피하도록 한다.
243 Koester, *Revelation*, 778; Osbonre, *Revelation*, 714.
244 Koester, *Revelation*, 778.
245 Boxall, *The Revelation of Saint John*, 287.
246 Blount, *Revelation*, 370.
247 Smalley, *The Revelation to John*, 514.

떠올리게 한다.[248] 그러나 요한계시록 11장 8절에서는 그 동일한 예루살렘이 소돔과 고모라와 동일시 되어 하나님의 메시아로 오신 예수 그리스도를 십자가에 못박은 장소로 등장한다.[249] 이런 변화는 구약의 예루살렘이 신약에 와서 변질되었으며 종말적 성취의 관점에서 구약의 예루살렘은 재조명되어야 한다는 것을 의미한다. 곧 신약의 성취 시대에 구약의 사랑받은 도시였던 예루살렘은 하갈과 같은 종의 신분을 가지는 땅에 있는 예루살렘에 불과하다(갈 4:24-25). 이제 구약의 예루살렘은 자유자인 사라에 속한 하늘에 있는 예루살렘으로서 신약의 교회 공동체로 성취가 되었다.

토마스는 "사랑받은 도시"를 영적 예루살렘 혹은 교회 공동체로 해석하는 것을 거부하고 지상의 예루살렘을 가리킨다고 본다.[250] 그에 의하면 구약(겔 38:12)에서 예루살렘이 "세상의 중심"으로 불리우기 때문에 이 동일한 예루살렘이 천년 왕국 기간 동안 세상의 중심이 될 것이라는 것이다.[251] 이런 주장은 20장 1-10절 전체를 문자적으로 해석하는 세대주의적 해석의 연속선상에 있다. 그러나 토마스가 말하는 지정학적 의미의 예루살렘은 예수님을 십자가에 못박은 곳으로서 소돔과 고모라처럼 타락했으며 마침내 로마 제국에 의해 멸망당하고 말았다.[252] 반대로 요한계시록 본문에 의하면 "사랑받은 도시"는 멸망하지 않으며 도리어 이 도시를 공격하는 사탄과 곡과 마곡이 멸망 당한다. 따라서 토마스의 주장은 성립될 수 없다. 그렇다면 그 "사랑받은 도시"는 무엇을 가리키는가? 이것은 앞서 언급한 "성도들의 진"과 동격 관계로서 "교회 공동체에 대한 은유(metaphor)"이다.[253]

이상에서 "성도들의 진"과 "사랑받은 도시"는 하나의 대상에 대한 두 가지 표현으로서 "우주적 교회"를 상징하는 것으로 볼 수 있다.[254]

불이 하늘로부터 내려와 삼키다(9c절) 다음으로 9c절에서는 그 전쟁의 결과를 신속하게 전달한다. 곧 곡의 군대가 "성도들의 진" 곧 "사랑받은 도시"를 에워

248 Osborne, *Revelation*, 714.
249 앞의 책.
250 Thomas, *Revelation 8-22*, 425.
251 앞의 책.
252 Charles, *A Critical and Exegetical Commentary on Revelation*, 2:190.
253 Koester, *Revelation*, 779.
254 Swete, *The Apocalypse of St. John*, 265.

싸자 바로 그 때 불이 하늘로부터 내려와 성도들의 진을 둘러 싸고 있는 사탄의 군대들을 모두 삼켜버렸다. 여기에서 "삼키다"라는 동사는 불의 위력을 강조하며, "하늘로부터 불"의 주제는 "신적 심판에 대한 성경적 상징"으로 사용된다.[255] 여기에서 "성도들의 진" 곧 "사랑 받은 도시"을 포위한 자들에게 하늘로부터 불이 내려 오는 장면은 에스겔 38장 22절과 39장 6절에서 곡을 중심으로 하는 연합군에게 내려지는 심판의 양상을 반영하고 있다.[256]

> 내가 또 전염병과 피로 그를 심판하며 쏟아지는 폭우와 큰 우박덩이와 불과 유황으로 그와 그 모든 무리와 그와 함께 있는 많은 백성에게 비를 내리듯 하리라 (겔 38:22)
>
> 내가 또 불을 마곡과 및 섬에 평안히 거주하는 자에게 내리리니 내가 여호와인 줄을 그들이 알리라 (겔 39:6)

이 인용문은 에스겔을 배경으로 "곡과 마곡"과 함께 "하늘로부터 불"의 주제가 서로 짝을 이루어고 있음을 보여준다. 이 외에도 종말적 심판의 방법으로서 불에 의한 심판은 구약과 유대 문헌에 매우 보편적인 패턴이다(습 1:18; 3:8; 1QM 11.16-18; 에즈라 4서 13:8-11; 시빌의 신탁 2.196-205).[257] 또한 이러한 심판의 양상은 열왕기하 1장 10-12절에서도 하나님을 대적하는 자들을 향하여 일어난다.[258] 오우니는 "하늘로부터 불"에 의한 심판 이미지는 에스겔 38장 22절과 39장 6을 열왕기하 1장 9-12과 결합시켜 구성한 것이라고 적절하게 주장한다.[259]

이상에서 하늘에서 내려 오는 '불'은 하나님께서 자신을 대적하는 자들에게 내리시는 심판이라는 것을 알 수 있다. 그러므로 사탄이 곡과 마곡을 미혹하여 천하 사방의 나라들로 하나님의 사랑 받는 성 곧 성도들의 진을 무너뜨리기 위해 둘러 서게 되었을 때 하늘로부터 불이 내려 온 것은 곧 하나님의 백성과 하나님 자신을 대적하는 행위에 대한 하나님의 심판이라고 할 수 있다.

불과 유황의 호수로 던져지다(10a절) 다음 10절은 만국을 미혹하여 "성도들의 진" 곧 "사랑받은 도시"를 정복하려던 마귀에게 어떤 결과가 주어지는가를 소

---

255 Smalley, *The Revelation to John*, 514.
256 Rolloff, *The Revelation of John*, 229. Koester, *Revelation*, 779.
257 Smalley, *The Revelation to John*, 514.
258 Boxall, *The Revelation of Saint John*, 287.
259 Aune, *Revelation 17-22*, 1099.

개한다. 그는 바로 "불과 유황의 호수로 던져졌다(ἐβλήθη, 에블레데)." 따라서 동일한 동사 "던지다"(βάλλω, 발로)"를 사용한 3a절의 "아뷔소스로 던졌다(ἔβαλεν, 에발렌)"와 평행 관계이다. 차이가 있다면 10a절에서 그 동사는 신적 수동으로 사용된 반면, 3a절에서는 천사가 주어가 되고 그 동사는 능동형으로 사용되어 천사가 능동적으로 심판을 진행한다는 점이다. 그러나 결국에는 동일한 대상에 대한 동일한 심판의 성격이다. 왜냐하면 3a절의 천사도 하나님의 심판을 대행하는 대리자 역할을 감당하고 있기에 그 천사의 심판 행위는 10a절과 동일하게 하나님의 신적 행위라고 볼 수 있기 때문이다.

짐승과 거짓 선지자도 있는 곳(10b절) 10b절에서 용이 "불과 유황의 호수"에 던져지게 되는데 이런 "불과 유황의 호수"에 짐승과 거짓 선지자도 역시 존재한다는 것을 확인시켜 준다. 이 용과 짐승 그리고 거짓 선지자(둘째 짐승)는 "사탄적 삼인조"(satanic triumvirate)를 구성한다.[260] 이러한 구성은 19장 17-21절과 20장 7-10절은 시간적 관계가 아니라 반복 관계라는 것을 다시 한 번 확증해 준다.[261] 그러나 전천년설 입장에 있는 블라운트는 19장 20절에서 불의 호수로 던져진 후에 20장 1-3절에서 천 년 동안 고통을 당하다가 20장 10b절에서 천 년 후에 용이 불의 호수에 던져졌을 때까지 살아 있는 상태에 있는 것이라고 주장한다.[262] 이런 블라운트의 주장은 19장 17-21절과 20장 7-10절을 시간순으로 보는 결과이다. 앞에서 19장 17-21절과 20장 1-3절 그리고 20장 7-10절을 시간적 관계로 볼 수 없는 이유에 대해 반복해서 논의했기 때문에 장황한 논의는 생략한다. 다만 20장 10b절에서 짐승과 거짓 선지자가 불의 호수에 존재하는 것으로 언급하는 것은 도리어 19장 17-21절과 20장 7-10절이 반복 관계라는 것을 더욱 확증한다는 사실을 지적하고자 한다. 이것은 두 본문이 에스겔 38-39장을 동일하게 사용하는 것이 서로 반복 관계임을 보여주는 근거가 되는 것과 같은 패턴이다.

그리고 10c절에서 "고통받는다"라는 문구에 해당되는 헬라어 동사의 형태(βασανισθήσονται, 바사니스데손타이>βασανίζω, 바사니조)를 보면 그 주어는 "그들"로서

260 Smalley, *The Revelation to John*, 514.
261 앞의 책.
262 Blount, *Revelation*, 371.

3인칭 복수 형태이다. 이렇게 주어가 복수인 이유는 그 괴롭힘을 받는 대상이 바로 용(사탄) 뿐만 아니라 짐승과 거짓 선지자도 함께 포함되어 있는 상태를 집합적으로 표현하고 있기 때문이다.

영원한 고통을 받다(10c절) 더 나아가서 용이 상징하는 사탄과 짐승 그리고 거짓 선지자는 "낮과 밤에 영원히" 고통받을 것이다. 여기에서 "낮과 밤에 영원히"라는 문구는 성도들에게는 하나님을 지속적으로 예배하는 행위의 특징을 나타내주는 "제의적"(liturgical) 언어인데(참조 4:8, 10-11; 5:13; 7:12, 15) 그것을 적대 세력으로 용과 짐승 그리고 거짓 선지자의 고통의 지속성을 나타내는데 사용하는 것은 "역설적"(ironical) 표현 방식이 아닐 수 없다.[263]

이것은 19장 17-21절의 패턴과 유사하다. 짐승과 땅의 왕들과 그의 군대들은 전쟁에 패한 이후에 그들의 살이 새들의 먹이가 되고 말지만 짐승은 유황이 타오르는 불의 호수로 던져진 것처럼, 20장 7-10절에서도 사탄을 상징하는 용과 땅의 사방에 있는 나라들 곧 곡과 마곡이 함께 "성도들의 진"과 "사랑받은 도시" 곧 성도들을 대적하여 전쟁을 하는데, 곡과 마곡은 하늘로부터 내려오는 불에 의해 삼키운 바 되는 반면 용 곧 사탄은 불과 유황의 호수로 던져진다. 나라들 곧 곡/마곡과 용에 대한 심판의 양상은 이렇게 구별된다. 하나는 구약에서 나타나는 전쟁의 양상을 적용하여 표현하고, 다른 하나는 구약과 유대 전승에서 사용되는 불과 유황이라는 종말적 심판의 기재를 사용하여 표현한다.[264]

그리고 또 다른 유사점은 19장 20d절에서 짐승과 거짓 선지자가 "살아있는 상태로"(ζῶντες, 존테스) "유황으로 타오르는 불의 호수"로 던져지게 된다는 것과 동일한 상황을 나타낸다는 점이다. 이 묘사는 이들이 소멸되지 않고 영원한 심판으로 말미암아 괴롭힘을 받게 될 것을 강조한다.[265] 이러한 현상은 심판의 극대화를 드러내고 있다.

이상에서 용 곧 사탄은 천 년이 다 완성된 후에 아뷔소스로부터 나와 교회 공동체에 대항하여 전쟁을 일으키지만 그 전쟁에서 패하여 결국 불과 유황의

263 Harrington, *Revelation*, 198.
264 불과 유황의 종말적 심판이라는 주제에 대한 좀 더 자세한 논의에 대해서는 19장 20d절을 참조하라.
265 Beale, *The Book of Revelation*, 1028-29.

못에 던져지게 되고 만다.

[정리]

7-10절은 1-3절의 연속이다. 그 사이에 4-6절이 삽입되어 있다. 따라서 7-10절은 1-3절과 함께 읽어야 할 것이다. 1-3절의 상징적 표현을 7-10절에서 해석한다. 용을 마귀, 사탄이라고 하고 아뷔소스를 감옥이라고 한다. 그럼에도 불구하고 상징적 표현의 기조는 바뀌지 않는다. 다시 말하면 물리적 전쟁의 시나리오를 나타내는 사실적이며 문자적 표현이 아니라는 것이다. 특별히 7-10절에서 전쟁에 대한 상징적 시나리오는 19장 17-21절의 경우처럼 에스겔 38-39장을 배경으로 사용한다. 따라서 7-10절의 전쟁 이야기를 미래에 발생할 물리적 전쟁 시나리오로 해석하는 것은 적절하지 않으며, 구약을 배경으로 하여 그 전쟁의 본질적 의미를 파악하도록 해야 한다. 그것은 바로 에스겔 38-39장의 곡과 마곡의 전쟁을 통한 하나님의 영광의 회복이 그리스도의 재림 때에 일어나는 종말적 전쟁으로 성취되고 완성되는 것으로 재해석하고 있는 것이다. 특히 유황으로 타오르는 불의 호수는 19장 17-21절의 두 짐승에 대한 심판과 20장 7-10절의 사탄을 상징하는 용의 심판에 대한 상징적 이미지이다.

[20:4-6] **천년 동안 통치하다(B)**

4-6절은 세가지 주제인 '보좌에 앉은 자들은 누구인가'(4a절)과 '천년 동안 통치'(4b절) 그리고 '첫째 부활과 통치'(5-6절)로 나누어서 살펴 보기로 한다.

보좌에 앉은 자들(4a절) 4a절에서 요한은 "보좌들"을 본다. 그리고 그 "보좌들" 위에 "그들"이 앉아 있다. 여기에서 "앉다"라는 동사의 주어는 불특정 상태이다. 따라서 주어를 동사에 포함된 삼인칭 복수로 "그들"이라고 할 수 있다. 번역에서 논의한 것처럼, 이것은 신적 수동을 대신하는 것이다. 그렇다면 "그들"이 보좌에 앉은 것은 하나님의 주권적 역사의 결과라고 할 수 있다. 번역에서 언급한 것처럼, 이런 "그들"은 특정되지 않은 채 일반적 특징을 나타내 주고 있으므로, 그 "그들"이 누구인가에 대해 저자와 독자들이 이미 공유하고 있는 것으로 추정된다. 공유된 것을 알기 위해 그 대상을 분명하게 알 수 있는 구약 배경과 요한계시록 내의 다른 본문의 도움을 받아 해결할 필요가 있다. 먼저 구약 배경으로서 생각할 내용은 다니엘 7장 9절에서 하늘에 놓여 있는 "보좌들"이다.[266] 이 다니엘서 본문에서 복수로 사용된 보좌들은 누구의 것인가? 그 중에 하나는 "옛적부터 항상 계신 이"가 차지한다. 그렇다면 나머지는 누가 차지하게 되는가? 10절에 의하면 "사법 회의"(judicial assembly)(דִּינָא, 디나)[267]가 보좌들에 앉아 심판을 진행하는데, 바로 이 사법 회의 집행자들이 이 보좌를 차지하게 되는 것으로 볼 수 있다.[268] 그리고 22절에 의하면 하나님은 이와 동일한 "사법 회의" 집행자로서의 동일한 지위(דִּינָא,디나)를 "지극히 높으신 이의 성도들"에게 주셨다고 한다.[269] 이것은 성도들이 나라를 얻은 결과와 동일하다. 이것은 보좌들 위에 성도들이 앉게 되었다는 의미와 다르지 않다. 다니엘 7장 26-27절에 의하면 보좌는 하나님과 천사적 존재들과 성도들이 공유하여 악한 세상 세력을 심판하는 이미지로 사용되고 있다.

여러 묵시 문헌에서 "천사적 존재들"은 하나님 앞에 앉아 있거나 혹은 "택함 받은 자 혹은 인자"가 자리에 앉아 있으며(에녹 1서 45:3; 62:3, 5), 신약의 마태복음 19장 28절에서는 인자와 함께 열 두 제자들이 영광의 보좌에 앉는다.[270] "앉아 있는 자들의 역할"은 바로 심판을 행하는 것이다.[271] 여기에서 천사적 그룹과 인간의 그룹이 모두 심판자 역할을 하는 것으로 나타나고 있다. 이것은 천사적 존재와 인간의 존재가 그 심판의 기능에 있어서 서로 호환될 수 있는 여지를 남겨 놓고 있다.

요한계시록 내에서는 4장 4절의 24 보좌에 앉아 있는 24 장로가 보좌들에 앉아 있다.[272] 여기에서 24 장로는 천사적 존재로서 하나님의 백성에 대한 상

266 우리말 개역개정에는 "왕좌"라고 단수로 번역되어 있는데 아람어 본문은 '카레사반'(כָּרְסָוָן>כָּרְסֵא, 카레세), 70인역에서는 복수형인 '드로노이'(θρόνοι)를 사용한다.

267 *HALOT*, 1852(3b).

268 Collins and Yabro Collins, *Daniel*, 301.

269 70인역은 이것을 "… 그가 성도들에게 법정(의 권한)(κρίσιν, 크리신)을 주었다"라고 번역한다. 여기에서 '크리신'(κρίσιν>κρίσις, 크리시스)은 "재판관 위원회"(a board of judges)로서 "법정"을 의미한다(BDAG, 569[2]). 이것은 아람어 본문과 큰 차이를 보여주지 않는다. 롤로프는 4a절에 대한 배경으로 다니엘 7장 22절을 제시한다(Roloff, The Revelation of John, 227).

270 C. A Newsom, and B. W. Breed, *Daniel: A Commentary*. OTL (Louisville: Westminster John Knox Press, 2014), 229.

271 앞의 책. 어떤 경우에는 천사들은 하나님을 수종 드는 역할을 감당하지만 또 어떤 경우는 심판하는 사법 회의에 참여자로 역할을 하기도 한다. 다니엘 7장의 본문은 바로 이 두 전승을 잘 조합해서 보여주고 있다고 할 수 있다(앞의 책).

272 1권에서 이 본문에 대해 자세하게 논의 한 바 있다. 자세한 내용을 위해서는 1권 479-490을 참조하라.

징적 이미지로 등장한다. 이런 관계는 앞서 언급한 것처럼 이 두 존재의 호환 관계에 의해 그 정당성을 얻는다. 이 내용을 좀 더 설명하면, 하늘 성전의 정황을 소개하는 요한계시록 4장 2-4절에서 두 종류의 주체가 보좌에 앉아 있다. 첫번째는 2절에서 보좌 위에 앉아 계신 하나님이시고, 두번째는 4절에서 24 보좌들 위에 앉아 있는 24장로들이다. 여기에서 24장로들은 하나님과 동일한 "보좌" 위에 앉음으로써 하나님과 왕적 지위를 공유한다. 특별히 24장로는 24라는 숫자가 가지고 있는 두 개의 숫자 12(12+12)를 통해 언약으로서의 구약의 백성과 그 성취로서 신약의 교회 공동체를 의미하는 것으로 간주할 수 있다.

이상에서 다니엘서에서 심판하는 사법 회의의 지위와 권세가 하나님의 성도들에게 주어지고 요한계시록에서 24장로들에게 그러한 지위와 권세가 주어지고 있음을 알 수 있다. 이런 맥락에서 20장 4a절의 "보좌들에 위에 앉은 자들"의 의미를 생각해 볼 수 있다. 곧 20장 4a절의 "보좌에 앉은 자들"은 하나님과 함께 심판하는 지위와 권세를 부여 받은 성도들로서 4장의 24보좌들 위에 앉아 있는 24장로를 가리키는 것 외에는 달리 생각할 수 없다.[273] 왜냐하면 복수의 보좌들에 앉아 있는 자들은 요한계시록에서 24장로들 외에 존재하지 않기 때문이다. 4장에서는 하나님의 통치에 함께 동참하는 의미로 보좌들 위에 앉아 있는 이미지를 사용하고 있다면 20장에서는 문맥에 맞게, 통치의 구체적 발현으로서 심판의 행위를 나타내기 위한 목적으로 보좌에 앉아 있는 이미지를 사용한다. 더 나아가서 이러한 배경적 연결 관계에도 불구하고 4a절의 본문에서 24장로라는 호칭을 직접적으로 사용하지 않는 것은 천사적 존재에 초점을 맞추기 보다는 20장 4def절에서 보여주고 있는 것처럼 인간적 존재로서 하나님의 백성에 좀 더 초점을 맞추려는 의도로 볼 수 있다. 따라서 24장로라는 호칭을 사용하지 않는 것이 "보좌들 위에 앉은 자들"이 24장로와 관계 없다고 말할 근거는 없다.

---

273 Beale, *The Book of Revelation*, 996. 쾨스터는 "앉다"에 해당하는 동사가 4장 4b절과 20장 4a절에서 각각 '카데메누스'(καθημένους>κάθημαι, 카데마이) '에카디산'(ἐκάθισαν>καθίζω, 카디조)과 다르게 사용되었기 때문에 이 두 대상을 동일시 할 수 없다고 주장한다(Koester, *Revelation*, 771). 그러나 이 두 동사가 전혀 다른 의미로 사용되었다는 근거를 찾아 볼 수 없다. 또한 단어는 다르지만 BDAG에 의하면 두 단어 모두 "앉다"(sit down)라는 동일한 의미를 가지고 있다(BDAG, 492[3]; 491[3]).

심판하는 권세(4c절) 4c절에서 보좌에 앉은 자들에게 '크리마'(κρίμα)가 주어진다. BDAG는 '크리마'를 "재판관의 행위 혹은 기능"으로 규정하면서 4c절에서 '크리마'의 의미를 "심판하는 권세"(authority to judge)로 해석한다.[274] 즉, 보좌에 앉아 있는 자들에게 심판하는 권세가 주어진 것이다. "주어진다"(ἐδόθη, 에도데>δίδωμι, 디도미)는 동사가 신적 수동으로서 이 권세는 하나님에 의해 주어진 것으로 볼 수 있다. 심판하는 권세는 다니엘 7장 22절에서 아람어로 '디나'(דִּינָא)로 표현되고, 70인역에서는 '크리신'(κρίσιν>κρίσις, 크리시스)으로 번역되어 "지극히 높으신 이의 성도들에게"(ἁγίοις Ὑψίστου, 하기우스 휘프시스투) 심판하는 권세가 주어지는 상황을 배경으로 한다.[275] 이 배경에서 보면 하나님은 심판하는 통치의 자리에 성도들을 함께 앉히시어 그 왕적 권세를 대행하도록 하신다. 이것은 에덴에서 다스리고 정복하는 왕적 권세를 위임하시어 하나님의 왕적 권세를 대리하도록 하신 패턴과 일치한다. 이런 심판하는 권세를 4h절에서는 "그리스도와 함께 천 년 동안 통치하다"로 달리 표현하기도 한다.[276] 보좌는 하나님의 보좌이든 24장로의 보좌이든 하늘에 존재한다. 요한계시록에서 교회론의 중요한 특징은 교회가 천상적 공동체로서 하나님의 통치에 동참하는 권세를 소유하고 있다는 사실이다.[277] 그렇다면 20장 4b절의 "보좌에 앉은 자들"은 하나님의 모든 백성으로서 하늘에서 하나님의 통치에 동참하여 심판하는 권세를 행사하는 자들이다. 교회 공동체의 이런 지위와 권세는 예수님의 초림부터 시작하여 재림 때까지 지속된다. 이 기간은 당시 로마 제국과 그 황제가 지배하는 세상에 임한 인과 나팔 그리고 대접 심판의 기간과 정확하게 일치한

---

274 BDAG, 567(3)

275 Swete, *The Apocalypse of St. John*, 258. 다니엘 7장 22절의 '디나'에 대한 좀 더 자세한 내용에 대해서는 4a절의 "보좌에 앉은 자들"이란 주제를 해석할 때 설명한 바 있다.

276 "심판 행위와 통치 행위의 상호 관계"(an interrelationship between judging and ruling)에 의해 심판과 통치는 동전의 양면과 같다(Beale, *The Book of Revelation*, 997).

277 (세대주의적) 전천년적인 입장은 2-3장을 역사 전체를 일곱 단계로 구분한 것으로 간주하여 첫번째인 에베소 교회는 초대교회에 해당하고 일곱 번째 라오디게아 교회는 재림이 가까운 현재의 상태로 해석하여 6-16장의 세계의 일곱 심판을 대환란으로 해석한다(Lindsey, *There's a New World Coming*, 41). 그리고 4장의 24장로를 천상적 공동체로 간주하기 보다는 미래에 일어날 휴거한 상태로 간주한다. 실제로 왈부어드는 2-3장과 4장의 관계와 관련하여 "사건의 순서 곧 첫째로 교회 시대, 그리고 휴거 그리고 나서 천상 교회의 전형적인 표현"(a typical representation of the order of events, namely, the church age first, then the rapture, then the church in heaven)이라고 설명한다. 더 나아가서 왈부어드는 "그러나 실제적인 입장으로부터, 휴거가 4장의 사건들과 이어지는 요한계시록의 본문들이 나타내기 전에, 하나님의 계획에서 이미 일어난 것으로 보여질 수도 있다"고 주장한다(Walvoord, *The Revelation of Jesus Christ*, 102). 이외에도 그리고 4장에서 '하늘의 개념'에 대한 좀 더 자세한 연구는 본인의 "요한계시록에서 하늘의 개념과 그 기능: 4:1-8을 중심으로," 성경과 신학 50(2009), 121-154 을 참조하라.

다. 그렇다면 교회 공동체는 심판의 자리에 있고 로마 제국과 그 황제가 지배하는 세상은 심판 아래 존재하는 구도가 확실하게 성립된다. 이것이 바로 하나님이 그리스도를 통해 이루어 놓으신 현재 이 세상의 본질이고 요한이 황제 숭배의 고난 속에 살아가는 자신의 독자들에게 말하고 싶었던 진실이다.

참수당한 자들의 영혼들(4d절)과 짐승과 그의 형상을 경배하지 않은 모든 자들(4e절) 그리고 (짐승의) 표를 받지 않은 자들(4f절) 이처럼 보좌에 앉은 자들에 대해 4c절의 "참수당한 자들의 영혼들"과 4d절의 "짐승에게 경배하지 않은 자들"이란 문구를 통해 구체적인 설명이 주어진다. 곧 보좌에 앉은 자들은 두 가지 특징으로 분류된다: (A)예수를 증언함과 하나님의 말씀 때문에 참수당한 자들의 영혼들(4d절)[278]; (B)짐승과 그의 형상을 경배하지 않은 모든 자들(4e절)과 그들의 이마와 그들의 손에 짐승의 표를 받지 않은 자들(4f절). 이 두 그룹의 관계를 정확하게 규명하는 것이 본문을 이해하는데 매우 중요하다. 구문적으로는 이 두 그룹이 서로 다른 그룹이라는 것이 분명하다. 그러나 여기에서는 주해적 관점에서 이 두 그룹의 관계를 살펴 보고자 한다. 여기에는 세 가지의 가능성이 있다.

첫째, A그룹과 B그룹이 동격의 관계로 동일한 대상으로서 순교자들을 의미한다는 것이다.[279] 찰스는 4ef절(B)이 4d절(A)에 대한 "부가적인 해석"(further definition)이라고 주장한다.[280] 그러나 해링톤은 이 순교자들이 보좌들에 앉아 있는 것을 3장 21절의 이기는 자들에게 주어지는 약속의 성취로 보고, 더 나아가서 이 순교자들은 "전체 교회의 대표자"로 간주할 수 있다고 주장한다.[281] 해링톤의 이런 주장은 A와 B 그룹을 동일한 대상으로 간주하였을 경우 "순교자"라는 축소된 대상으로 한정 지을 수 밖에 없는 한계를 자연스럽게 극복하게 해준다. 비일도 이런 입장을 견지한다. 그에 의하면 4d절의 "참수 당한 자

278 "영혼"이란 단어는 요한계시록에서 모두 7회 사용된다. 그 중에서 8장 9a절과 12장 11d절에서는 "생명"의 의미로 사용되고 16장 3c절에서는 "살아있는 피조물"이란 의미로 사용된다. 그리고 18장 13d절에서는 "사람들의 영혼들"이라고 하여 노예들을 인격적 존재로 간주하는 표현으로 사용된다. 그리고 18장 14a절에서는 "너의 영혼의 탐욕"이라는 문구에서 사용된다. 이상의 5회는 모두 공통적으로 살아 있는 존재를 가리켜 사용되고 있음을 알 수 있다. 그런데 6장 9d절과 20장 4c절에서는 죽은 자들에게 이 단어를 사용한다.

279 Aune, *Revelation 17-22*, 1088. 그에 의하면 이 두 그룹을 "순교자들의 단일 집단"(a single group of martyrs)이라고 규정한다.

280 Charles, *A Critical and Exegetical Commentary on Revelation*, 2:183.

281 Harrington, *Revelation*, 199. 크로델도 역시 이 주장에 동조한다(Krodel, *Revelation*, 334).

들"은 문자 그대로의 순교자들로서 "교회 전체를 대표하는 인물들(representative figures)"로 볼 수 있다고 주장한다.[282]

둘째, A그룹과 B그룹이 동일하게 성도들을 가리키는 것이지만 서로 다른 특징을 갖는 그룹으로서 전자는 순교자 그룹이고 후자는 아직은 죽임을 당하지 않았지만 황제 숭배를 거부한 자들로서 언젠가는 순교를 피할 수 없는 잠재적 순교자 그룹이라고 할 수 있다. 이와 같은 맥락에서 스몰리는 B그룹의 표현 앞에 놓여 있는 주격으로 사용된 "καὶ οἵτινες"(카이 호이티네스)라는 문구에 근거해, B그룹을 '보다'의 목적격으로 사용된 A그룹의 "참수당한 영혼들"(τὰς ψυχὰς, 타스 푸쉬카스)과는 구별된 "그리스도인들의 다른 무리: 성도 일반"(a different assemble of Christians: saints in general)으로 규정하기도 한다.[283] 곧 B그룹은 7장 2-3절에서 하나님의 인침을 받은 144,000과 같이 교회 공동체 전체를 일반적으로 일컫는 부류라는 것이다.[284]

셋째, 첫번째 경우처럼 A 그룹과 B그룹을 동일하게 죽은 신자들로 보지만 또한 동시에 다른 특징을 갖는데, 곧 A그룹은 순교자들이고 B 그룹은 자연사하여 죽은 자들이라는 것이다.[285] 그런데 이렇게 주장하는 비일은 이들을 보좌에 앉은 자들을 매개로 하여 4장4절의 24장로와 연결시키고 있다. 그러나 24장로는 죽은 신자들에 국한되지 않고 이 땅에 살지만 동시에 하늘에 존재하는 모든 성도들을 포함하는 것으로 해석하는 것이 정당하다는 점에서 이러한 사실과 모순된다.

앞에서 논의한 세 가지 중에서 두 번째와 세 번째가 다소 공통점이 있어서 이것을 크게 두 가지로 분류할 수 있을 것이다. 이 내용을 다음 도표로 정리해 볼 수 있다.

---

282 Beale, *The Book of Revelation*, 999.

283 Smalley, *The Revelation to John*, 507. 스몰리에 의하면 요한이 단지 순교자 그룹만을 언급하고 있는 것이 아니라고 강변한다(앞의 책). 쾨스터 역시 보좌에 앉은 자들로서 순교자 그룹에 초점을 맞추고 있는 것은 사실이지만 그렇다고 죽은 신자들에게 국한 시키지 않고 모든 신실한 성도들까지 포함시켜야 한다고 주장한다(Koester, *Revelation*, 771).

284 Smalley, *The Revelation to John*, 507.

285 Beale, *The Book of Revelation*, 999. 벅스얼도 이런 입장을 지지한다(Boxall, *The Revelation of Saint John*, 284). 그러나 비일은 이 두 그룹이 동일하다는 것에 대해서도 동의한다. 이럴 경우 비일에 의하면 A 그룹의 참수당한 자들을 6장 9절의 경우처럼 "비유적으로"(figuratively) 간주해야 한다고 주장한다.

분류	의미	지지 학자들
A=B	참수받은 자들=짐승의 표를 받지 않은 자들=순교자들 →전체 교회를 대표(해링톤; 크로델)	오우니; 해링톤; 크로델 왈부어드
A+B	A–순교하여 죽은 자들; B–자연사하여 죽은 자들	비일; 박스얼
	A–순교하여 죽은 자들; B–아직 죽지 않은 자들=잠재적 순교자들=성도 일반	스몰리; 쾨스터

이 두 가지 모두 가능성이 있으며 각각 나름대로 의미가 있다.[286] 첫번째 입장의 경우에는 보좌에 앉은 자들 모두를 순교자로 간주하고 교회 공동체를 순교적 정신을 가진 공동체로 규정하는 의미를 갖는다.[287] 두번째 입장의 경우는 보좌에 앉아 있는 교회 공동체가 순교자들은 물론이고 아직 죽임을 당하지 않는 잠재적 순교자들로 구성되어 있다는 것을 보여준다.[288] 어떤 경우이든 "보좌에 앉은 자들"로서 24장로에 의해 상징되는 교회 공동체를 순교적 정신을 가진 공동체로 간주하는데 있어서 공통점이 있다. 이러한 특징은 요한계시록의 독자들이 하나님에 대한 예배와는 공존할 수 없는 황제 숭배라는 정치적 종교적 이데올로기를 강요 받고 있던 시대에 살고 있었기 때문에 필연적으로 발생한다. 두 가지 입장이 모두 타당성이 있어 보이지만 번역에서 언급했던 것처럼 구문적으로 볼 때 A 그룹과 B 그룹을 다른 부류로 분류하려는 의도를 보여주고 있다는 점에서 두 번째 의견이 타당한 것으로 보인다. 이 경우에 모든 그리스도인들을 아우르는 포괄적 특징을 잘 드러내 주고 있다. 특별히 4e절에서 '카이 호이티네스'라는 구문에 의해 "짐승과 그의 형상에 경배하지 않은 모든 자들"이라고 번역하게 되므로 이런 포괄성은 더욱 분명해진다. 그러나 이런 포괄성에는 "짐승과 그의 형상에게 경배하지 않은 자들"이라는 분명한 기준이 적용되고 있는 것도 주목할 필요가 있다.

그리고 4d절에서 "참수 당한 자들의 영혼들"이 참수 당한 것은 "예수의 증

286 비일도 이 두 가지 모두 가능성이 있다는 것을 인정한다(Belae, *The Book of Revelation*, 999)

287 톰슨은 "참수당한 자들이 통치하고 심판하는 자들이라면, 그러면 천년 왕국의 통치는 먼저 부활한 엘리트 순교자 집단으로 제한된다"고 주장한다(L. L. Thompson, *Revelation*, ANTC [Nashville: Abingdon, 1998], 178). 그러나 여기에서 천년 왕국의 통치를 "엘리트 순교자 집단"에 국한시키는 것에 동의할 수 없다.

288 비일은 이 경우에 순교자 외에 신앙을 끝까지 지키다가 자연사한 경우라고 해석한다. 그러나 여기에서 자연사한 근거를 찾아 볼 수 없다(Belae, *The Book of Revelation*, 999).

거 때문에 그리고 하나님의 말씀 때문"이라고 덧붙이고 있다. 이 문구는 1장 9절, 6장 9절 그리고 12장 17절과 19장 10절에 등장한 바 있다.[289] 그런데 특별히 6장 9절에서 "죽임 당한 영혼들"이 죽임 당한 이유를 "하나님의 말씀 때문에 그리고 증거 때문에"라는 문구는 4d절의 문구와 거의 동일하고 순서만 바뀌어서 사용된다.[290] 로마법에는 여러가지 신분에 따라 죄에 대한 다양한 형벌이 있는데 "참수"는 비교적 "높은 지위에 있는 사람들"을 징벌하기 위해 사용되었다고 한다.[291] 기독교 문헌에 의하면 "바울과 또 다른 사람들이 참수 당했다는 기록이 있다(참조 행 12:2).[292] 그리고 지위가 낮은 자들에 대해서는 화형이나[293] 십자가 처형과[294] 사자와 같은 짐승에 의해 죽임당하기도 한다.[295]

그들은 짐승의 표를 받지 않았다(4f절) 4f절에서 "이마와 손에 표를 받지 않았다"고 한다. 이 문구는 4e절의 "짐승과 그의 형상을 경배하지 않은 자들"과 같은 의미로 볼 수 있다. 이 두 문구는 13장이 그 출처이다. 곧 13장 15c절에 "짐승의 형상에게 경배하지 않는 자들"이란 문구가 등장하고 13장 16c절에 "그들의 오른손에 혹은 그들의 이마에 표를 주다"라는 문구가 사용된다. 전자의 경우에 죽음을 초래하고 후자의 경우에 짐승의 표를 받지 않으면 사고 팔 수 없는 결과로 경제적 궁핍을 당하게 된다. 이 두 경우에 죽을 수도 있지만 죽지 않고 고통을 당하는 수준에 머물 수도 있다. 14장 9b절에 "누구든지 그 짐승과 그의 형상을 경배한다면"이 사용되고 9c절에 "그의 이마 혹은 그의 손에 표를 받는다면"이 함께 사용된다. 여기에서 이 두 문구는 평행 관계로서 황제 숭배에 굴복하여 황제에게 속하게 된다는 것을 의미한다. 이런 맥락에서 20장 4f절의 "이마와 그들의 손에 표를 받지 않았다"는 문구는 4e절의 "짐승과

289 Harrington, *Revelation*, 197.
290 Sweet, *Revelation*, 289.
291 Justinian, *Digest* 48.19.8.1-2; Eusebius, *Historia ecclesiastica* 5.1.47(P. Schaff and H. Wallace, eds., *Eusebius: Church History, Life of Constantine the Great, and Oration in Praise of Constantine,* vol. 1 of *Select Library of Nicene and Post-Nicene Fathers of the Christian Church* 2 (New York: Christian Literature, 1890), 216.
292 바울 행전 11:3; Eusebius, *Historia ecclesiastica* 5.1.47.
293 *Martyrdom of Polycarp* 15:1(출처: J. B. Lightfoot and J. R. Harmer, *The Apostolic Fathers* (London: Macmillan, 1891), 208).
294 Tacitus, *Annales* 15.44; Eusebius, *Historia ecclesiastica* 2.25.5; 3.1(출처: Schaff and Wallace, eds., *Eusebius*, 129, 107).
295 Ignatius, *To the Romans* 4.1 (출처: Lightfoot and Harmer, *The Apostolic Fathers*, 150-51); Eusebius, *Historia ecclesiastica* 5.1.56 (출처: Schaff and Wallace, eds., *Eusebius*, 217).

그의 형상을 경배하지 않은 모든 자들"에 대한 보충적 설명으로서 황제 숭배를 거부한 것을 의미한다.[296] 이들은 죽임을 당할 수도 있지만 죽임을 당하지 않을 수도 있다. 이런 면에서 이들은 당장 죽임을 당하지 않았지만 언제든지 죽음에 직면할 수 있는 잠재적 순교자들이라고 볼 수 있다.

그들은 살아 있다(4g절) 14g절은 "그들은 살아 있다"라는 문구가 등장한다.[297] 여기에서 중요한 쟁점은 이 문구가 "육체의 부활"을 의미하는 것인가 아니면 영적 부활을 가리키는 것인가이다. 이 질문과 관련하여 전천년주의자들은 신자들의 육체의 부활을 천 년의 기간에 의해 불신자들의 부활과 분리시켜 놓는다고 주장한다. 따라서 예수님의 재림 사건 때에 천 년이 시작하고, 그 때 이 본문이 말하는 것처럼 신자들이 살아나서 육체의 부활이 일어나며, 천 년(왕국)의 기간이 흐른 후에 12-13절에서 불신자들의 부활이 일어난다는 것이다.[298] 이것을 도표로 나타내면 다음과 같다.

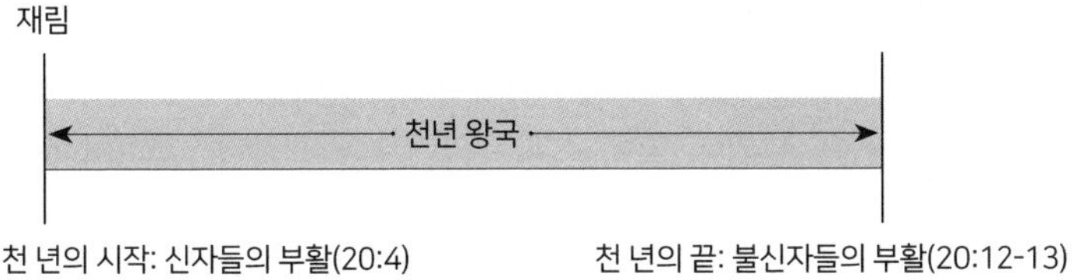

후크마(Heokema)는 전천년설의 이중적 부활론에 대해 세 가지 반론을 제기한다. 첫째로, 신약 성경에서 신자의 부활과 불신자의 부활은 함께 일어나는 것으로 기록하고 있다.[299] 가장 대표적인 예가 바로 요한복음 5장 28-29절이다.[300] 이 본문의 28절에서 "무덤 속에 있는 자"라고 하여 "죽음"의 상태에 있는 대상을 분명히 적시하면서 29절에서는 마지막 날에 신자들이 "생명의 부활"로 불신자들은 "심판의 부활"로 동시에 나아오게 될 것을 말하고 있다. 여

296 이 주제에 대한 자세한 논의는 13장 16절에 대한 주해를 참고하라.
297 이 번역에 대해서는 번역에 대한 설명을 참고하라.
298 Walvoord, *The Revelation of Jesus Christ*, 297.
299 A. A. Hoekema, *The Bible and the Future* (Grand Rapids: Eerdmans, 1979), 240.
300 앞의 책.

기에서 생명의 부활과 심판의 부활이 시간적으로 분리되는 것을 말하는 어떤 암시도 주어지고 있지 않다.[301]

둘째로, 후크마에 의하면 성경은 신자들이 "마지막 날"이라고 불리우는 예수님의 재림 때에 육체의 부활을 경험할 것으로 기록한다.[302] 데살로니가전서 4장 15절에서 "주께서 강림하실 때까지"라고 하여 재림 시점에 일어나는 사건이라는 것을 적시하고[303] 16절에서는 "죽은 자들이 먼저 일어나고"하여 신자들의 부활을 언급한다.[304] 요한복음 6장 39, 40 그리고 54절에서 "내가 마지막 날에 다시 살리리라"고 하신 것은 재림 때에 일어날 육체의 부활을 의미한다.[305] 이런 점에서 세대주의적 전천년설이 천 년의 시작에서 신자의 부활이 일어날 것이라고 주장하는데, 신자의 부활이 있을 것이라는 천 년의 시작 시점은 "마지막 때"가 될 수 없기 때문에 그들의 주장은 논리적으로 성립될 수 없다.[306]

셋째로, 세대주의적 전천년설이 근거로 삼고 있는 데살로니가전서 4장 16절과 고린도전서 15장 23-24절은 결정적인 단서가 될 수 없다.[307] 먼저 데살로니가전서 4장 16절에서 "죽은 자들이 먼저 일어난다"라는 문구에서 "먼저"라는 단어를 세대주의적 전천년주의자들은, 신자들의 부활이 먼저 있고 그 다음에 불신자들의 부활이 일어난다는 의미로 이해한다. 그러나 여기에서 "먼저"라는 단어는 "신자'와 "불신자" 사이에 발생하는 부활의 순서를 의도하여 사용된 것이 아니다. 그것은 당시에 데살로니가 교회 공동체 가운데 죽은 신자들이 있는데 그들이 살아 있는 신자들보다 먼저 주님을 영접하게 되는 순서의 차이를 언급하고 있는 것이다. 여기에서 중요한 점은 결국 이런 순서에 의해 죽은 신자들과 살아있는 신자들 모두 공중에서 주님을 영접하게 된다는 것이다(17절).[308] 또한 고린도전서 15장 23-24절을 근거로 전천년설주의자들은

301 앞의 책, 241. 이 외에도 후크마는 사도행전 24장 14-15절에서 "의인과 악인의 부활이 있으리라"고 한 것이 이런 동시적 부활의 정황을 지지한다고 주장한다(앞의 책).

302 앞의 책, 243.

303 고든 피는 이 본문을 "파루시아(Parousia) 자체의 속성"에 대한 내용으로 이해한다(Gordon D. Fee, *The First and Second Letters to the Thessalonians*, NICNT [Grand Rapids: Eerdmans, 2009], 176).

304 Hoekema, *The Bible and the Future*, 243.

305 앞의 책.

306 앞의 책.

307 앞의 책.

308 Fee, *The First and Second Letters to the Thessalonians*, 178.

신자들의 부활이 있은 후에 천년 왕국이 오고 그 후에 불신자들의 부활이 있을 것이라고 주장하는데, 이것 역시 설득력이 없다.[309] 이 본문의 24절에서 "그 때"(εἶτα, 에이타)는 "예수님의 부활에 의해 시작된 순서에서 (천년 왕국과 같은: 나의 말) 또 다른 사건"을 의도하고 있지 않으며 이 본문에서 언급하는 부활은 오직 두 가지 뿐이다. 그것은 첫 열매로서 그리스도의 부활과 그리고 "그가 강림하실 때" 곧 "마지막" 때에 "그리스도에게 속한 자"인 신자들의 부활이다.[310] 따라서 이 본문에 천년 왕국을 끌어 들이는 것은 이 본문에 전혀 존재하지 않는 개념을 의도적으로 임의적으로 끌어들이는 해석의 오류를 범하고 있는 것이다.[311]

이상에서 신자들의 육체 부활은 세상의 끝인 재림 때에 불신자들의 심판의 부활과 함께 일어난다는 것을 확인했다. 전천년설의 오류는 천년 왕국이 재림 때에 시작된다고 보는 것에서 발생한다. 1-3절에서 논의한 것처럼 천 년 동안 용이 결박 당하는데 용에 의해 상징되는 사탄의 결박은 예수님의 초림에서 이미 발생하여 재림 때까지 지속된다. 이에 상응하여 성도들의 천년 왕국의 왕적 통치도 예수님의 초림으로 시작하여 천 년의 마지막인 재림 때까지 지속된다. 여기에서 성도들의 왕적 통치와 사탄의 결박은 서로 상응되는 관계라는 것을 알 수 있다. 따라서 천 년 동안의 통치 행위는 초림으로 시작하여 재림으로 끝나게 된다. 그렇다면 4g절에서 "그들이 살아 있다"라고 한 것은 4h절에서 천 년 통치의 시작 지점으로서 초림 때에 생명의 환경이 조성되고 그 이후로 그리스도에게 속한 자들에게 상시적으로 일어난 사건으로 볼 수 있다. 곧 예수님의 공생애 사역과 십자가 사건으로 믿는 자들은 영적 생명을 얻는다. 참수 당한 자들은 죽었지만 살아 있는 자들이며 짐승의 표를 받지 않고 황제 숭배를 거부한 자들도 역시 죽지 않은 상태에서 영적으로 살아 있는 자들이다. 이것은 육체의 부활 이전에 발생하는 영적 부활이라고 할 수 있다. 반대로 말하면 "살아 있다"가 영적 부활을 의미하는 것으로 보기 때문에 이 문구를 순교자 그룹과 잠재적 순교자 그룹 모두에게 해당되는 것으로 볼 수 있는

309 Hoekema, *The Bible and the Future*, 244; 184.

310 Gordon D. Fee, *The First Epistle to the Corinthians*, rev. ed., NICNT (Grand Rapids: Eerdmans, 2014), 834-35.

311 Joseph A. Fitzmyer, *First Corinthians: A New Translation with Introduction and Commentary*, AB 32 (New Haven: Yale University Press, 2008), 571.

것이다.

이상에서 초림과 재림 사이에 이어지는 천년 왕국과 영적 부활 그리고 신자와 불신자의 육체 부활의 관계를 다음과 같이 도표로 표시할 수 있다.

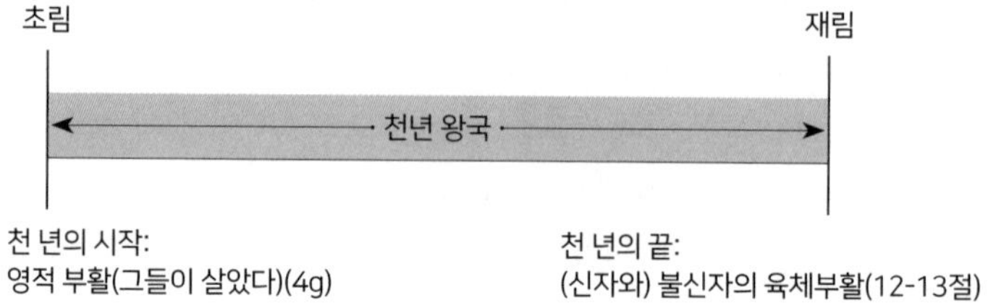

정리하면 4g절에서 "그들이 살아 있다"고 한 것은 바로 초림 때에 천 년이 시작하는 시점에서 그리스도의 십자가의 죽음과 부활로 말미암아 성도들에게 경험되는 영적 부활을 의미한다고 할 것이다. 그리고 천년 왕국이 끝나는 재림 때에 신자와 불신자의 육체 부활이 일어난다. 그리고 4g절의 "그들은 살아 있다"라는 문구는 5a절의 "그 나머지 곧 죽은 자들"과 대조를 이루고 있다.[312]

그리스도와 함께 천 년 동안 통치하다(4h절) 이 문구는 4절 전체의 결론이라고 볼 수 있다. 따라서 좀 더 정교하게 접근하는 것이 필요하다. 이를 위해서 먼저 이 문구와 관련된 본문을 중심으로 문맥을 먼저 살펴 보고 그리고 이 본문에 대한 내용을 분석하기로 한다.

(1)문맥 관찰

요한계시록에 통치 행위와 직간접적으로 관련된 본문들이 존재한다. 이러한 본문들을 살펴 보는 것이 4e절의 의미를 이해하는 데 필요하다. 문맥으로서 직전 본문인 1-3절과의 관계와 통치의 주제와 밀접한 1장 6절과 5장 9-10절을 중심으로 살펴 보고자 한다.

(ㄱ)1-3절에서 첫년 동안 결박 당한 용의 처지와의 대조적 평행 관계

성도들의 통치를 언급하는 4-6절은 17장부터 이어지는 최후의 심판을 집중

312 Koester, *Revelation*, 773.

적으로 기록하는 이 문맥과는 다른 이질적 내용을 담고 있다. 이러한 내용을 소개하는 이유는 1-3절과 대조적 평행 관계를 보여 주기 위함이다. 곧 1-3절에서 용은 현재 결박 당하여 무저갱에 천 년 동안 갇혀 있게 된 반면 4-6절에서 성도들은 현재 하늘의 보좌에 앉아 천년 동안 통치한다. 결박과 통치의 관계에서 보면 대조적 관계이지만 현재라는 측면에서는 평행 관계이다. 이러한 평행적 대조 관계는 매우 독특한 목회적 특징을 드러낸다. 곧 보좌에 앉아 있는 왕 같은 제사장으로서의 교회 공동체는 심판 아래 있는 사탄에게 무릎 꿇을 수 없는 존재들임을 확증하려는 것이다. 결국 요한은 이러한 대조적 평행 관계를 통해 현재 왕의 신분을 갖는 성도의 정체성을 극대화한다.

이 1-3절과 4-6을 비교하면 다음과 같다.

주제	보좌에 앉은 자들(4-6절)	용(1-3절)
상징적 의미	교회 공동체	사탄
장소	하늘의 보좌	무저갱
상태	통치	결박
기간	천년 동안=초림 부터 재림 사이=현재	

(ㄴ)1장 6a절: 나라와 제사장으로 삼으시다

20장 4e절의 통치의 주제는 요한계시록 전체에 걸쳐 퍼져 있다. 먼저 1장 6a절에서 '통치하다'라는 동사 형태는 아니지만 명사의 형태로 '바실레이안'(βασιλείαν>βασιλεία, 바실레이아)과 '히에레이스'(ἱερεῖς>ἱερεύς, 히에류스)가 함께 사용된다.[313] 이것은 중간에 접속사가 없어 동격 관계로 간주된다. 직역하면 '나라 곧 제사장들'이라고 할 수 있다.[314] 여기에서 '나라'(kingdom)는 "왕들에 대한 추상적 표현"(abstract)이라고 할 수 있다.[315] 이 문구는 출애굽기 19장 6절의

313 046. 1854. 2050. 2351등의 사본은 '왕'이라는 의미의 βασιλειον으로 기록하고, 2351 vgms 등의 사본에는 ἱερεῖς대신에 ἱερατευμα (priesthood: 제사장직)로 기록한다. 이러한 차이는 왕국과 제사장이 비대칭이기 때문에 '왕과 제사장'이거나 '나라와 제사장직'이라고 서로 대칭적으로 조절하려는 시도라고 읽혀진다. 실제로 NKJV은 046. 1854. 2050. 2351의 경우를 선택하여 "kings and priests"로 번역한다. 다만 ESV와 NRSV는 "Kingdom, priests"로 번역한다.

314 이 때 '나라'는 "하나님의 왕권 아래 있는 백성"(a people under the kingship of God)을 뜻한다(Zerwick and Grosvenor, *A Grammatical Analysis of the Greek New Testament*, 742).

315 앞의 책.

'מַמְלֶכֶת כֹּהֲנִים'(마멜레케트 코헤님, 제사장들의 나라)을 배경으로 한다.[316] 출애굽기 19장 6절의 70인역은 '바실레이온 히에라튜마'(βασίλειον ἱεράτευμα: 왕적 제사장직)이란 문구를 사용한다. 이러한 관계를 다음과 같이 도표로 표현할 수 있다.

요한계시록 1:6a	구약배경 (출 19:6)	
βασιλείαν ἱερεῖς 나라 곧 제사장	מַמְלֶכֶת כֹּהֲנִים MT 제사장들의 나라	70인역 βασίλειον ἱεράτευμα 왕적 제사장직(royal priesthood)

70인역의 '바실레이온'(βασιλειον)은 요한계시록 본문의 사본인 046. 1854. 2050. 2351에 잘 반영된다. 이 사본을 본문에 적용하면 '왕적 제사장들'(royal priests)이라고 번역할 수 있다. 그리고 P 𝔐A에는 '바실레이스 카이'(βασιλεις και)라는 문구가 있다[317]. 이 사본은 '나라'라는 추상적 표현보다는 좀 더 구체적으로 '왕들'이란 표현을 선호한다. 이 사본을 따르면 "왕들과 제사장들"이라고 번역할 수 있다.[318]

그러므로 1장 6a절의 우리말 번역에 "나라와 제사장들"을 칠십인역과 같이 "왕적 제사장"이나 P 𝔐A에 근거하여 "왕들과 제사장들" 등으로도 번역이 가능하다고 볼 수 있다. 여기에서 어떤 사본이 원문에 가까운 것인가를 결정하는 것은 별다른 의미가 없다. 왜냐하면 사본들 상의 의미 차이가 크지 않기 때문이다. 정리하면, 예수님의 피로 우리를 죄로부터 해방하시어 하나님을 위한 '왕적 제사장' 혹은 "왕들과 제사장들"로서 하나님의 대리통치자로 세워 주셨다는 것이다. 그렇다면 성도들의 통치의 역할과 기능이 예수님의 십자가 사역의 결과로 현재 이 땅에 사는 성도들에게 이미 주어졌다는 사실이 분명해진

316 Ford, *Revelation*, 378.

317 Nestle Aland 28 apparatus는 𝔐A 사본에 대해 다음과 같이 설명한다: "이 사본은 가이사랴의 안드레아스(Andreas of Caesarea)가 저술한 계시록 사본과 주석의 상당히 많은 부분을 포함하고 있다" (NA28 Apparatus, 66). 가이사랴의 안드레아스(A.D. 564-637)는 "그리스의 신학자이며 갑바도기아 가이사랴의 주교"였다(위키백과).

318 이 내용들을 다음과 같이 요약 정리해 볼 수 있다.

사본	variants	번역
본문(A ℵ)	βασιλείαν ἱερεῖς	나라 곧 제사장들(kingdom, priests)(ESV/NRSV)
046. 1854. 2050. 2351	βασιλειον (ἱερεῖς)	왕적 제사장(royal priests)
P 𝔐A	βασιλεις και (ἱερεῖς)	왕들과 제사장들(kings and priests)(NKJV)

다. 그리고 이 왕권은 1장 5cd절에서 "죽은 자들의 처음 나신 이"이시며 "땅의 왕들의 통치자"로서 삶과 죽음에 대한 주권자이시며 이 세상의 권세자들의 주관자이신 예수님의 왕권을 그의 위임을 통해 대리하는 특징을 갖는다. 이것은 아담과 이스라엘을 계승하는 교회 공동체의 종말적 성취의 특징이다.

(ㄷ)5장 9-10절: 통치하다

"통치하다"라는 동사는 5장 9-10절에서도 동일하게 등장한다. 그러므로 이 본문과의 비교를 통해 통치의 의미에 대해 좀 더 잘 이해할 수 있다.

> [9]그리고 그들은 (다음과 같이) 말하면서 새 노래를 노래한다: "당신은 그 책을 취하고 그것의 인들을 열기에 합당하십니다. 왜냐하면 당신은 죽임을 당하셨고 모든 족속과 언어와 백성과 나라로부터 (사람들을) 하나님께 속하도록 당신의 피로 사셔서 [10]그들을 우리의 하나님께 나라와 제사장으로 만드시고 그래서 그들이 땅에서 통치하기 때문입니다."

이 본문은 1장 5-6절의 내용을 자세하게 풀어서 설명하고 있는 것으로 이해할 수 있다. 곧 1장 5절에서 "… 그의 피로 우리들의 죄로부터 우리를 해방시키신 분에게"라는 문구는 5장 9d절에서 "(사람들을) 하나님께 속하도록 당신의 피로 사셔서"라는 문구로 반복되고 그리고 1장 6a절의 '우리 하나님 앞에서 나라와 제사장들을 삼으셨다'는 것은 5장 10절에서 "그들을 우리의 하나님께 나라와 제사장으로 만드시고(삼으시고) 그래서 그들이 땅에서 통치하기 때문입니다"라는 문구에서 반복되면서 "통치하다"가 덧붙여진다. 이 "통치하다"라는 동사는 1장 6a절의 "왕적 제사장" 신분의 동사적 행위이며 20장 4h절의 "통치하다"와 동일한 단어이다.

여기에서 "통치"하는 행위는 바로 직전에 언급되고 있는 것처럼, 죽임을 당하다(ἐσφάγης, 에스파게스)→ 사람들을 피로 사다(ἠγόρασας, 에고라사스)→나라와 제사장으로 삼다(ἐποίησας, 에포이에사스)라는 세 단계의 결과로 주어진다. 곧 예수님의 십자가에서 흘리신 피로 죄의 종이었던 자들을 대속하여 하나님께 나라와 제사장으로 만들어 주셨다. 그 당연한 결과로 성도들은 통치하게 된다. 따라서 5장 10절의 어린 양의 피로 대속함을 받은 자들의 통치 행위는 십자가 사역의 결과로 여기 (here) 땅에서 현재(now)에 발생한다. 그런데 문제는 NA 28판이나 UBS 4판이 모두 "통치하다"에 해당하는 동사를 시내산 사본(א)의 지지를 받는 미래 시제 형태의 동사(βασιλεύσουσιν, 바실류수신)를 선택하고 있다는 점이다.[319] 이것은 5장 10절에서 통치의 현재적 의미와 모순된다. 그러나 현재 시제(βασιλευουσιν, 바실류우신)를 지지하는 사본도 이에 못지 않게 유력하다. 밴스트라는 현재 시제 동사를 지지하는 알렉산드리아 사본(A)을 요한계시록에 관한한 "유일하게 가장 최선의 문서"(the single best manuscript)이라고 주장한다.[320] 알렉산드리아 사본의 우위는 메츠거가 시내산 사본을 요한계시록과 관련하여 "덜 좋은 것"(less good)이라고 표현한 데서 잘 드러난다.[321] 현재 시제는 이러한 외증 외에 내증의 지지도 받는다. 곧 어린 양의 대속 사역의 결과로 구속받음으로 하나님의 나라요 제사장으로 인정받은 자들의 통치는 땅에서 즉각적으로 시작되고 영원히 지속된다. 그러므로 만일 문맥에 의해 사본을 선택해야 한다면 여기에서는 알렉산드리아 사본의 지지를 받는 현재 시제 동사인 '바실류우신'(βασιλευουσιν)을 택하는 것이 적절하다.[322]

이처럼 1장 5-6절의 경우도 그렇고 5장 9-10절에서 왕의 신분과 왕으로서의 행위를 분리할 수 없다. 왕과 제사장의 신분을 가지고는 있지만 그 신분에 맞는 행위는 연기된다는 것이 가능할 수 없다. 왕의 신분과 통치는 시간적으로 분리되지 않는다. 에덴에서 아담은 하나님의 형상대로 지음 받은 아들로서 왕의 신분을 부여 받고, '다스리고 정복하라'는 왕적 행위를 하도록 위임 받음과 동시에(창 1:26, 28) 에덴 정원을 경작하며 지키고(창 2:15) 짐승의 이름을 짓는 왕적 행위를 실행하였다(창 2:19). 또한 시내산에서 하나님은 이스라엘 백성과 언약을 맺으시면서 "제사장 나라"요 "거룩한 백성"이라는 신분을 허락하셨다(출 19:6) 이러한 신분은 이방 나라를 향한 하나님의 왕권을 대리하는 그들의 제사장적이며 왕적 행위를 동반한다. 그러므로 5장 9-10절에서 왕의 신분만을 취득하고 20장 4, 6절의 천년왕국에서 그 통치가 실행되는 것으로 보는 것은 적절치 않다.[323]

---

319 시내산 사본 외에 P 205 209 1854. 2050. 2053. 2344. 2351 𝔐^A lat co; Hipp Cy 이 미래 시제를 지지한다.

320 A. J. Bandstra, "'A Kingship and Priests': Inaugurated Eschatology in the Apocalypse," *CTJ.* 27.1 (1992): 18.

321 Metzger, *A Textual Commentary on the Greek New Testament, Second Edition a Companion Volume to the United Bible Societies' Greek New Testament*, xxviii.

322 Bandstra, "A Kingship and Priests," 18. Bandstra에 의하면 "편집 위원회가 5:10에서 문맥이 미래 시제에 좀 더 적절하다고 제안하는 것 같다. 그러나 5:10b는 5:9에서와 5:10a에서 부정 과거 시제와 연결되기 때문에 현재시제가 문맥의 의미에 좀 더 적절해 보인다"(같은 자료, 19, n. 26).

323 Krodel은 5:9-10에서 이미 성취된 것으로 보고 20:4-6에서 완성되는 것으로 간주하기도 한다(Krodel, *Revelation*, 167).

이러한 사실은 '통치하다'를 현재 시제로 읽는 것과 잘 조화를 이룬다. 캠벨은 적절하게도 현재 시제가 "진행"(progressive), "존재의 상태"(stative), "반복"(iterative) 등의 동작을 나타낸다고 주장한다.[324] 이러한 현재 시제 동사의 용법은 5장 10절에서 "통치하다"라는 동사의 특징을 잘 설명해 준다. 곧 5장 10절의 통치하는 행위는 진행 중이고 성도의 존재의 상태를 알려 주며, 한 번에 끝나는 것이 아니라 지속적으로 반복되는 특징을 보여준다는 것이다.

(ㄹ)정리

문맥 관찰과 관련하여 정리하면, 1장 5-6절에서 성도들은 예수님의 죽음과 부활로 인하여 이 세상에서 이미 왕적 제사장으로서 대리통치자로 세움을 입었다. 그리고 5장 9-10절에서 피로 값을 주고 대속 받은 성도들은 하나님께 나라와 제사장들이 되어 통치하는 권세를 가지게 된다. 이러한 통치 기능은 첫 창조 때에 에덴에서 아담에게 최초로 주어진 왕적 지위의 회복을 보여준다. 이 두 본문에서 공통적으로 얻은 결론은 성도들의 통치가 예수 그리스도의 죽음과 부활의 결과로 이미 시작된 종말적 사건이라는 것이다. 이런 맥락에서 5장 10절의 "통치하다"라는 동사는 외적이며 내적 증거에 의해 알렉산드리아 사본의 지지를 받는 현재 시제로 보는 것이 타당해 보인다. 따라서 통치 행위는 현재에 진행되는 특징을 드러낸다.

(2)그리스도와 함께 천년 동안 통치하다.

다음에서 본문을 이해하기 위한 몇 가지 질문에 대해 답변하는 형식으로 이 본문의 의미를 살펴 보고자 한다.

(ㄱ)누가 통치하는가?

앞서 문맥에서 살펴 본 것처럼, 1-3절과 4-6절은 서로 대조적이면서 평행 관계를 갖는다. 4a절에서 요한은 보좌들과 그 보좌들 위에 앉은 자들을 본다. 4b절에서 그 보좌에 앉은 자들은 통치하는 심판의 권세를 부여 받는다. 앞서서 이처럼 통치하는 권세를 부여 받은 보좌에 앉은 자들은 4장 4절에서 동일

324 C. R. Campbell, *Basics of Verbal Aspect in Biblical Greek* (Grand Rapids: Zondervan, 2008), 62-64.

하게 보좌에 앉아 있는 24장로에 의해 상징되는 교회 공동체라는 것을 밝힌 바 있다. 여기에서 보좌에 앉아 통치하는 자들은 24 보좌들에 앉아 있는 24 장로가 상징하는 교회 공동체라고 할 수 있다. 그들은 심판하는 권세를 부여 받으며(4c절) 또한 예수의 증거 때문에 그리고 하나님의 말씀 때문에 참수 당한 자들의 영혼들(4d절)과 "짐승과 그의 형상을 경배하지 않은 모든 자들"(4e절) 곧 "이마와 그들의 손에 표를 받지 않은 자들"(4f절)로 구성된다. 그들은 무저갱에 갇혀 심판 받은 용이 상징하는 사탄의 처지와는 대조적으로 하늘 보좌에 앉아 통치의 주체로 등장한다.

그런데 여기에서 주목해야할 것은 그들이 "그리스도와 함께" 통치한다는 사실이다. 이들의 통치 행위는 철저하게 그리스도께서 시작하신 통치를 공유하는 것이다. 왜냐하면 이 통치의 환경을 만들어 주신 분이 바로 그리스도이시기 때문이다. 이미 14장 1절에서 교회 공동체를 상징하는 144,000은 어린 양과 함께 시온 산에 서있고 14장 4절에서는 "어린 양이 가시는 곳마다 그를 따라가는 자들"로 표현되기도 한다. 그곳이 고난의 장소일 수도 있고 통치의 자리일 수도 있는 것이다.

(ㄴ)언제 통치하는 것인가?

먼저 4f절에서 "통치하다"는 동사는 부정 과거 시제로 사용되는데, 번역에서 살펴본 것처럼, 이 부정 과거 시제는 1-3절에서 이어지는 내러티브의 기본적인 골격을 이루는 기능을 하기에 통치 행위의 시점을 결정하는데 결정적 요인이 되지 않는다. 대신에 문맥에서 살펴 본 바대로 1-3절과의 관계와 1장 5-6절과 5장 9-10절과의 문맥적 관계를 통해 천 년 동안 통치의 시점을 정확하게 파악할 수 있다.

보좌에 앉은 자들은 그리스도와 함께 천년 동안 통치한다. 여기에서 천년의 통치 기간은 1-3절에서 용이 결박되어 아뷔소스에 갇혀 있는 기간과 동일하다. 이 천년의 기간은 전천년주의자들이 말하는 것처럼 19장 11-21절의 재림 사건과 시간적으로 연속되는 관계가 아니라,[325] 초림부터 재림까지의 기간

325 고얼스(Gourgues)는 전천년주의자로서 19장 11-21절과 20장 1-6절을 시간적 연속으로 보는 견해를 가지고 있다(Michel Gourgues, "The Thousand-Year Reign [Rev 20: 1-6]: Terrestrial or Celestial?," CBQ. 47.4 [1985]: 676).

을 상징적으로 표현한 것이다. 그 천 년의 상징적 의미를 4h절에도 동일하게 적용할 수 있다. 이 동일한 천 년의 기간 동안 사탄은 결박 당해 있지만 보좌에 앉아 있는 성도들은 왕적 지위를 가지고 그리스도와 함께 통치한다. 여기에서 통치와 결박은 대조적이며 동시적 사건이다. 앞서 언급한 것처럼 천년의 기간이 초림부터 재림까지의 기간이라면 통치 행위 역시 이 기간에 이루어지는 사건으로 볼 수 있다. 이러한 맥락에서 성도들의 통치는, 1장 6절에서 하나님은 성도들을 하나님의 대리 통치자로서 이미 "나라와 제사장"으로 삼아 주셨고, 5장 9-10절에서 그리스도의 대속 사역의 결과로 초래되는 성도들의 통치와 동일하게 초림부터 재림 사이에 존재하는 모든 교회 공동체가 현재적으로 경험할 수 있는 사건으로 이해할 수 있다.[326]

위에 언급한 입장은 천년이 현재에 존재한다는 사실에 근거하여 "현천년설"(present Millenium)이라고 칭할 수 있다.[327] 이것과 관련하여 "무천년설"(amillenium)이란 용어가 사용되는데 이것은 적절한 표현이 아니다. 왜냐하면 현천년설은 천년이 없다고 주장하는 것이 아니로 그 천년이 문자적인 것이 아닌 상징적인 천년이라고 보는 입장이기 때문이다. 따라서 5장 9-10절의 통치를 미래적 사건에 대한 예견으로 보고 20장 4절의 천 년 동안의 통치를 그 미래적 성취로 간주하는 것으로 보는 관점은 성립될 수 없다.[328]

또한 문맥 관찰에서 1장 5-6절과 5장 9-10절을 통해 성도들의 왕적 지위와 그들의 통치 행위는 미래가 아니라 현재에 누리게 된다는 것을 살펴 본 바 있다. 이런 문맥적 배경에 의해서 20장 4e절의 "천년 동안 통치하다"는 현재적 사건인 것이 더욱 분명하다.

(ㄷ)어디에서 통치하는가?

이 통치가 하늘에서 진행되는가 아니면 땅에서 진행되는가는 중요한 쟁점 중

---

326 Beale, *The Book of Revelation*, 996. 크로델은 5장 10절을 "실현된 종말"로, 20장 4절은 미래적 사건으로 이해한다(Krodel, *Revelation*, 328).

327 이 명칭은 아직 학계에서 공식적으로 사용되고 있는 것은 아니다. 대신 "무천년설"(amillenium)이란 명칭이 사용되는데 이 명칭은 "천년 왕국이 없다"는 뜻이다. 이러한 의미는 본래의 의미를 왜곡한다. 무천년설은 천년 왕국이 없다는 뜻이 아니라 천년 왕국이 현재에 존재한다는 뜻이기 때문이다. 이 명칭은 전천년주의자들이 자신들이 주장하는 천년 왕국이 없다고 하여 붙인 이름이라고 할 수 있다. 다시 한 번 천년 왕국은 없지 않으며 현재가 천년 왕국의 기간이다. 따라서 "현천년 왕국"이라고 말하는 것이 정확하다.

328 왈부어드와 토마스는 20장 4절의 천년 통치를 미래적 사건으로 간주한다(Walvoord, *The Revelation of Jesus Christ*, 297; Thomas, *Revelation 8-22*, 413-14).

하나이다.[329] 전천년주의자들은 이 본문을 문자적으로 해석하여 재림 이후 천 년 동안 땅에서 통치가 "실제적인 방법으로"(in realistic way) 구현된다고 주장한다.[330] 현재가 천 년이라고 생각하는 현천년주의자들은 천년 동안의 통치가 초림부터 재림 사이에 땅에 영향을 미치는 하늘에서 "영적인 방법으로"(spiritual way) 이루어지게 된다고 주장한다.[331] 앞선 논증에서 1-3절의 천년과 4절의 천년이 동일하게 초림에서 재림 사이의 기간에 대한 상징적 표현이라는 사실을 확인한 바 있으므로 이것을 이 쟁점에 적용하면 후자의 경우가 적절하다는 것이 자명하다.

흥미로운 것은 5장 10절에서는 "땅에서" 통치한다고 한 반면 20장 4절의 보좌에 앉은 자들은 보좌가 있는 하늘에서 통치하는 것으로 간주된다.[332] 그러나 이런 차이가 이 두 그룹을 동일시하는 것에 방해가 될 수 없다. 왜냐하면 요한계시록에서 지상의 교회 공동체는 동시에 하늘에 존재하는 것으로 간주되기 때문이다.[333] 요한계시록 내에서 "보좌"라는 단어가 46회 등장하는데 그 중에서 44회가 하늘에 존재하는 것으로 사용되기 때문에 보좌에 앉은 자들이 하늘에 존재하는 것으로 볼 수 있다.[334] 그러므로 20장 4절의 보좌에 앉은 자들은 4장의 24장로와 동일하며, 5장 10절에서 땅에서 통치 하는 자들의 천상적 대응체이다. 요한계시록에서 하늘과 땅은 서로 배타적 성격으로 존재하는 것이 아니라 서로 유기적으로 상통하는 역동적 관계이다. 7장 1-8절의 144,000과 7장 9-17절의 "아무도 능히 셀 수 없는 큰 무리" 는 모두 동일하게 교회 공동체를 상징하는 동시에 지상에서 전투하는 교회와 하늘에서 승리한 교회를 의미한다. 이 두 개의 대상은 시차를 두고 존재하지 않으며 동시에 교회의 정체성을 규정해 준다. 여기에서 하늘과 땅은 서로 유기적 관계를 가지

329 이 이슈에 대해서는 Michel Gourgues, "The Thousand-Year Reign (Rev 20:1-6)," 676-682를 참고하라.

330 앞의 책, 677.

331 앞의 책, 677-78.

332 토마스는 20장 4절의 보좌가 하늘에 존재하여 보좌에 앉은 자들이 하늘에 존재한다는 것을 부정하며 5장 10절에서 "땅"에서 통치한다는 사실에 근거하여 20장 4절 역시 보좌에 앉은 자들이 땅에서 통치한다고 주장한다(Thomas, *Revelation 8-22*, 417).

333 이러한 사실은 7장에서 잘 나타나고 있다. 7장 1-8절의 144,000이 지상에서 전투하는 교회요 7장 9-17절의 "아무도 셀 수 없는 큰 무리"는 천상에서 승리한 교회 공동체를 의미하는 것으로 교회의 지상과 천상의 동시적 존재에 대한 대표적 예증이다.

334 나머지 2회는 22장 1, 3절에서 새창조에 존재하는 것으로 사용된다(Beale, *The Book of Revelation*, 999).

고 있음을 알 수 있다. 따라서 보좌는 하늘에 존재하기에 보좌에 앉은 자들도 하늘에 존재한다고 봐야 하지만 동시에 하늘은 역동적으로 땅에 영향을 준다. 하나님의 뜻(통치)은 하늘에서 이루어진 것처럼 땅에서도 이루어져야 하는 것이다.

그렇다면 이 문맥에서 보좌에 앉은 교회 공동체의 통치 행위는 어떻게 드러나고 있는가? 이런 통치 행위는 4b절에서 하나님으로부터 부여 받은 "심판하는 권세"를 통해 진행된다. 보좌에 앉은 교회 공동체의 심판하는 권세는 1-3절에서 용이 상징하는 사탄을 향하여 행사된다고 볼 수 있다.

(ㄹ)"살아 있다"와 "통치하다"의 관계

4g절의 "살아 있다"(ἔζησαν, 에제산>ζάω, 자오)라는 동사는 영적 부활을 가리키며, 4h절에서는 그리스도와 함께 천 년 동안 통치하다"라는 문구가 이어진다. 이 두 본문 사이에 '카이'(καί) 접속사를 등위적 관계가 아니라 인과 관계로 판단하여 "그래서"라고 번역하였다. 이것은 4g절에서 영적 부활을 경험한 자들만이 4h절에서 그리스도와 함께 통치의 권세를 공유할 수 있다는 것을 의미한다. 곧 살아 있는 자들만이 천 년의 통치에 참여할 수 있는 것이다. 천년 왕국은 산 자들의 왕국이기 때문이다. 그들이 바로 보좌에 앉아 있는 자들과 동일한 무리이다.[335] 따라서 "살아 있다"와 "통치하다"는 매우 밀접한 관계를 가진다.

(3)정리

4절에서 믿는 신자들은 무저갱에 결박되어 있는 용의 처지와 죽은 불신자들과 대조적으로, 살아 있으며 천 년 동안 그리스도와 함께 하나님의 통치에 참여하는 권세와 지위를 부여 받는다. 이 통치 행위는 본질적으로 심판이라는 특징을 가지며 그들이 갖는 생명은 바로 영적 부활을 시사한다. 그 통치의 영역은 하늘 보좌에 앉은 자들에 의해 하늘을 중심으로 지상을 포함하여 온 우주에 편만하게 펼쳐진다. 특별히 5장 9-10절과의 관계에서 보면 그 통치는 이 땅에서 교회 공동체의 통치 행위를 통해 구체적으로 구현된다. 그리고 그 통치는 초림부터 재림까지 포함하는 천 년 동안 이어지는데 이 천 년 동안의

335 Boxall, *The Revelation of Saint John*, 283.

통치가 소위 천년 왕국이라 불린다.

첫째 부활과 통치(5-6절) 이 본문의 내용은 네 개의 주제로 요약할 수 있다: "그 나머지 곧 죽은 자들"(5a절)과 "첫째 부활"(5b, 6a절) 그리고 "둘째 사망"(6b절)과 "하나님과 그리스도의 제사장이 되어 통치"(6c절). 이 주제들을 순서대로 살펴 보고자 한다.

(1)그 나머지 곧 죽은 자들은 살지 않다(5a절)[336]

5a절은 "그 나머지 곧 죽은 자들"이란 문구로 시작한다. 여기에서 "그 나머지"는, 앞에서 신자의 그룹으로 규명한 바 있는 4d절의 "참수당한 자들의 영혼들"과 4ef절의 "짐승과 그의 형상을 경배하지 않은 모든 자들" 곧 "그들의 이마와 그들의 손에 표를 받지 않은 자들"을 제외한 나머지를 가리킨다. 그렇다면 그 나머지는 "죽은 자들"로서 불신자의 범주에 속하는 것이 자명하다. 그들은 육체적으로 "죽은 자들"일 뿐만 아니라 영적으로도 "죽은 자들"이다. 그들은, 앞에서 열거한 두 종류의 신자들이 영적 부활의 생명을 얻게 된 것과는 대조적으로, 살지 못하고 이 첫째 부활에[337] 참여하지 못한 자들이다. 20장 12-13절에서 그 나머지 곧 죽은 자들이 심판의 부활을 통해 흰 보좌 앞에 심판을 받기 위해 서게 된다.[338] 특별히 그 나머지 중에서 육체적으로 죽은 자들은 천년 동안 바다, 사망 혹은 하데스 가운데 갇혀 있다가(20:13) 마지막 심판 때에 심판 받기 위해 부활(참조 요 5:29)한 후에 다시 불과 유황이 타는 못에 던져져서 영원한 심판을 받게 된다(20:14-15).

(2)첫째 부활(5b)

5b절의 "이것은 첫째 부활이다"의 "이것"(Αὕτη, 하후테)이라는 지시대명사는 무엇을 가리키는 것일까? 이 지시대명사는 이 문맥 속에서 바로 직전 본문인 5a절을 건너뛰고 부활 주제와 관련된 4gh절의 "그들은 살아 있다. 그래서 그리스도와 함께 천 년 동안 통치했다"라는 내용에서 "살아 있다"는 정황을 지시

336 이 문구의 번역에 대해서는 번역에 대한 논의를 참고하라.
337 첫째 부활에 대해서는 다음 5b절 주해에서 다루게 될 것이다.
338 Aune, *Revelation 17-22*, 1090.

하는 것으로 볼 수 있다. 왜냐하면 5b절의 직전에 위치한 5a의 천년 동안 살지 못하는 "죽은 자들의 나머지"는 부활과는 관계 없는 내용이기 때문이고 4g절의 "살아 있다"라는 단어는 부활의 의미를 함축하고 있으며 그 결과로 "천년 동안 통치했다"는 것 역시 부활의 주제를 함의하기 때문이다. 그렇다면 첫째 부활은 천 년 동안 살아서 통치 하는 보좌에 앉은 자들의 상태를 가리키고 있음이 분명하다. 직전에 논의했던 "그 나머지 곧 죽은 자들"은 A그룹의 참수당해 "죽은 자들"의 나머지라고 할 수 있고, 또한 B그룹의 짐승의 우상에게 경배하지 않은 자들과 짐승의 표를 받지 않은 자들을 제외한 나머지를 가리킨다. 그렇다면 첫째 부활은 초림과 재림 사이에 그리스도를 믿는 모든 성도들에게 해당되는 사건으로 간주하는 것이 타당하다. 이 첫째 부활을 성도들의 육체의 부활로 보는 것은 적절하지 않다.[339] 벌코프는 첫째 부활을 "죽을 때에 성도들의 영혼이 그리스도와 하는 영광스런 삶의 상태로 들어가는 것"이라고 정의하고,[340] 왓슨은 "첫째 부활은 회개를 통해 죄의 무덤으로부터 일어나는 것"이라고 정의한다.[341]

여기에서 첫째 부활이라는 표현은 둘째 부활이라는 개념을 전제한다. 첫째 부활을 영적인 부활이라고 한다면 둘째 부활은 육체의 부활이라고 할 수 있다.[342] 이와 관련하여 왓슨은 "당신의 영혼이 영적으로 부활한다면, 당신의 몸은 영광스럽게 부활할 것이다"고 주장한다.[343] 한편 전천년설은 두 개의 육체 부활을 주장한다. 곧 첫번째 육체 부활은 5b절의 "첫째 부활"이고 천년 왕국 후에 두 번째 육체 부활이 일어난다. 여기에서 두 번째 부활은 5a절의 "그 나머지 곧 죽은 자들"의 부활로서 20장 13a절의 "그 때 바다가 그것 안에 있는

339 세대주의를 따르는 왈부어드는 첫째 부활을 재림 직후에 천년 왕국의 시작 시점에서 신자들에게 일어나는 육체의 부활이라고 주장한다(Walvoord, *The Revelation of Jesus Christ*, 297-98). 또한 천년 왕국은 신자의 육체 부활과 악인들의 육체 부활을 분리시켜 준다고 주장한다(앞의 책).

340 Berkhof, *Systematic Theology*, 727.

341 Thomas Watson, *The Body of Destiny: Teaching on the Westminster Catechism* (London: Rassmore and Alabaster, 1898), 215. 첫째 부활의 증거는 바로 성령의 임재라고 주장한다(앞의 책).

342 왈부어드는 '부활'이란 단어는 "거의 항상 육체적 부활에 대해 사용된다고 주장한다(Walvoord, *The Revelation of Jesus Christ*, 298). 그러나 여기에서 다른 본문과는 다르게 첫째라는 단어를 사용하여 그러한 보편적 이해와는 다르게 접근해야 함을 암시한다. 또한 요 5:24은 예수님을 믿는 자는 이미 '사망에서 생명으로 옮겼다'고 말하고, 요 5:25의 '죽은 자들이 하나님의 아들의 음성을 들을 때가 오나니 곧 이 때라 듣는 자는 살아나리라'에서는 부활의 시점을 '이 때라'라는 현재적 시점으로 적시한다. 따라서 여기서의 부활은 현재적으로 발생하는 첫째 부활로서 영적 부활을 의미하는 것으로 간주할 수 있다. 그리고 요 5:28-29에서는 재림 때에 일어나는 육체의 부활에 대해 언급한다.

343 Watson, *The Body of Destiny*, 215.

죽은 자들을 주었다"와 13b절의 "사망과 하데스도 그것들 안에 있는 죽은 자들을 주었다"에서 보여주는 악인들의 부활이라는 것이다.[344] 그러나 그것이 둘째 부활에 해당한다면 6절의 둘째 사망의 표현과 같이 둘째 부활이라는 표현을 사용했을 법한데 그러한 표현이 사용되지 않았다. 육체의 부활로서 둘째 부활까지는 이 문맥에서 저자와 주된 관심사가 아니므로 언급이 안되었을 가능성이 크다.[345]

5b절의 '이것'이라는 지시 대명사가 4gh절의 "살아 있다. 그래서 그리스도와 함께 천 년 동안 통치 한다"는 것을 가리키고 있다면 첫째 부활은 4g절의 "살아 있다"와 밀접한 관련을 가지고 있다고 할 수 있다. 죽은 자들은 통치할 수 없다. 산 자들만이 통치하는 지위를 누릴 수 있다. 곧 첫째 부활에 동참한 자들만이 통치에 참여할 수 있다는 것이다. 이것은 5장 9-10절에서 죄의 종이었다가 십자가에서 흘리신 피로 값 주고 사신 바 되어 살아난 자들이 통치하게 되어 있는 것과 동일한 패턴이다.

(3)첫째 부활 안에 몫을 가진 자는 복되고 거룩하다(6a절)

여기에서 첫째 부활 안에 몫을 가진 자의 복을 언급한다. 원문에는 "복되고 거룩하다"라는 문구가 문장의 맨 앞에 위치하여 강조되고 있다. 여기에서 "복되다"는 요한계시록에서 나타난 일곱 개의 복 중에서 다섯 번째이다((1:3; 14:13; 16:15; 19:9; 22:6; 22:7, 14).[346] 첫째 부활이 영적 부활이고 영적 부활이 하나님의 생명을 얻게 되는 것이라면 그것은 진정한 복이 아닐 수 없다. 그런데 여기에서 "복되다"라는 단어와 "거룩하다"(ἅγιος, 하기오스)라는 단어가 함께 사용된 것이 특이하다. 이것은 6c절에서 "그리스도의 제사장이 될 것이다"라는 문구에서 "제사장직"의 특징을 반영한 것이라고 볼 수 있다.[347]

그리고 첫째 부활 안에서 가지게 되는 "몫"은 요한복음 13장 8절, "내가 너를 씻어 주지 아니하면 네가 나와 상관 없느니라"라는 본문에서 "상관"이란

---

344 Waymeyer, "The First Resurrection in Revelation 20," 5; Walvoord, *The Revelation of Jesus Christ*, 298. 벅스얼은 세대주의자는 아니지만 왈부어드와 유사한 주장을 한다. 그는 5a절의 "나머지 곧 죽은 자들" 곧 악인들의 부활을 "둘째 부활"로 추정한다(Bxoall, *Revelation of St. John*, 284-85).

345 바울은 고전 15:35이하에서 요한계시록에서는 언급하지 않는 육체의 부활에 대한 논증을 전개하고 있고 요한복음 5:28-29에서도 생명의 부활이라는 표현을 통해 육체의 부활에 대한 개념을 제시한다.

346 Aune, *Revelation 17-22*, 1091.

347 Charles, *A Critical and Exegetical Commentary on Revelation*, 2:186.

단어가 바로 "몫"이라는 단어와 동일한 단어이다.[348] 이 요한복음 본문을 직역하면 "… 나와 함께 몫을 가질 수 없다"라고 할 수 있다. 여기에서 예수님과 함께 하는 "몫"은 "상속"(inheritance)과 관련하여 사용되고(눅 15:12) 유대 사상에서는 "종말적 축복"에 참여하는 것을 의미한다.[349] 또한 예수님께 속하여 예수님과의 생명을 공유하고 있거나[350] 예수님의 고난의 은혜를 얻지 못하고 하나님의 백성에 속하지 않게 된다는 것을 의미할 수도 있다.[351] 이런 의미를 요한계시록 본문에 적용할 수 있을 것이다.

(4)둘째 사망(6b절)

먼저 6a절에서 "첫째 부활 안에 몫을 가진 자는 복되다"고 하고 이어서 6b절에서는 그 이유를 말한다. 둘째 사망의 권세가 "이들에 대한"(ἐπὶ τούτων) 영향을 줄 수 없기 때문이다. 6a절에서는 단수였던 것이 6b절에서는 복수로 바뀌는 것에 주목할 필요가 있다. 전자가 집합적으로 표현했다면 후자는 이것을 집합적 집단에 속한 개인들에게 개별적으로 적용할 목적으로 복수로 사용한 것일 수 있다.

그리고 둘째 사망이란 문구는 요한계시록에서만 모두 4회 등장할 뿐(2:11; 20:14; 21:8), 신약의 나머지에서나 2세기 기독교 문헌과 기독교 이전 헬라 문헌에는 전혀 사용되지 않는다.[352] 다만 요한계시록과 비슷한 시기에 기록된 헬라 문헌에 두 개의 사망과 관련된 기록들이 존재한다. 먼저 이집트 신화와 제의에 매우 익숙했던 플루타크 (Plutarch)의 De facie 942F에서 "둘째 사망"(ὁ δεύτερος θάνατος, 호 듀테로스 다나토스)이란 문구가 육체(σῶμα, 소마)의 죽음 후에 따라오는 영혼의 죽음을 가리키는 용어로, 요한계시록과는 다르게 긍정적 의미로 사용된다.[353] 그리고 둘째 사망 곧 두 개의 죽음의 개념은 여러가지 철학 문헌

---

348 앞의 책.

349 D. A. Carson, *The Gospel According to John*, PNTC (Grand Rapids: Eerdmans, 2000), 464.

350 Marianne M. Thompson, *John: A Commentary*, NTL (Louisville: Westminster John Knox, 2015), 287.

351 C. K. Barrett, *The Gospel According to St John: An Introduction with Commentary and Notes on the Greek Text*, 2nd ed. (London: SPCK, 1978), 441.

352 Aune, *Revelation 17-22*, 1091.

353 J. Hani, *La religion égyptienne dans la pensée de Plutarque* (Paris: Société d'édition "Les belles lettres," 1976). Aune, 1091에서 재인용. 플루타크와 이집트 신화의 관련성에 대해서는 *La religion Égyptienne dans la pensée de Plutarque* (Paris: Société d'Édition "Les belles lettres," 1976)을 참고하라(Aune, *Revelation 17-22*, 1091에서 재인용). 플루타크는, 육체의 죽음은 지상에서 일어나고 영혼

들을 통해 전해지고 있다. 예를 들면 맥로비우스(Macrobius)의 *Commentarius ex Cicerone in Somnium Scipionis* 1.11.1에서 "피타고라스와 플라톤의 후계자들은 두개의 죽음이 있다고 단언했다. 하나는 영혼의 죽음이고 다른 하나는 생물(creature)의 죽음이다. 생물은 영혼이 몸을 떠날 때 죽음을 확인한다. 그러나 영혼 자체는 그것의 원천의 유일하고 개별적인… 출처를 떠날 때 죽게 된다"고 기록한다.[354] 그리고 고대 그리스 스토아 학파의 대표적 철학자 에픽테투스(Epictetus, Discourse 1.5.4)는 많은 사람들이 "육체의 죽음"(deadening)에 대해서는 두려워하면서 "영혼의 죽음"(τῆς ψυχῆς δ' ἀπονεκρουμένης)에 대해서는 무감각하다고 설파한 바 있고, 호메로스 (Odyssea 12.22)에서는 "δισθανής"(디스다네스)라는 용어를 사용하여 두 번째 죽음 곧 오디세우스(Odysseus)가 당할 미래의 육체적 죽음과 함께 떠나는 하데스 여행에 대해 언급한 바 있다.[355]

이상에서 두 개의 죽음에 대한 헬라적 사고 방식을 간단하게 살펴 보았는데 똑같이 두 개의 죽음을 말하고 있다는 점에서 공통점이 있지만, 요한계시록에서 말하는 심판의 의미가 헬라 배경에는 결여되어 있는 것을 또한 확인할 수 있다.

요한계시록 본문에서 둘째 사망이 단순히 사망이란 말로 표현되지 않고 "둘째"라는 단어가 붙은 것은 첫째 사망을 전제하고 있기 때문이다. 그렇다면 이 두 가지 종류의 사망의 관계는 무엇일까? 첫째 사망은 육체의 사망을 의미하며 이러한 육체의 사망은 4절과 5절에서 각각 '참수당한 자들'이나 '죽은 자들'이란 문구와 관계된다고 볼 수 있다. 이처럼 첫째 사망은 신자이든 불신자이든 모두가 경험하는 사건이다. 그러나 둘째 사망은 첫째 사망 후에 첫째 부활에 참여하지 않은 자들에게 임하는 영원한 심판을 의미한다. 20장 14-15절에서 생명 책에 이름이 기록되지 않은 자들이 던져지는 불의 호수 심판을 "둘째 사망"으로 표현한다. 이 불의 호수는 19장 20절에서 두 짐승과 20장 10절에서 용이 던져지는 영원한 심판의 장소로 표현된다.

의 죽음은 "달에서"(on the moon) 일어나는데 이러한 과정은 마음을 자유롭게 하여 "태양 위에(on the sun) 있는 축복된 존재"로 올라가게 한다고 주장함으로써 둘째 죽음의 긍정적 의미를 강조한다(Guy Soury, *La démonologie de Plutarque: essai sur les idées religieuses et les mythes d'un platonicien éclectique* [Paris: Société d'édition "Les belles lettres," 1942], 196-203; Aune, *Revelation 17-22*, 1091에서 재인용).

354 Macrobius, *Commentary on the Dream of Scipio*, trans. W. H. Stahl (New York: Columbia University Press, 1990). Aune, *Revelation 17-22*, 1091에서 재인용.

355 Aune, *Revelation 17-22*, 1092.

첫째 부활인 영적 부활이 하나님의 생명을 공유하게 되는 것이라면 그 첫째 부활 안에 그 몫을 가진 자들에게 영원한 심판의 권세가 영향을 미치지 못하게 된다는 것은 당연한 것이다. 그리고 그것이 그들에게 "복되다"고 말할 수 있는 충분한 근거가 된다.

(5)하나님과 그리스도의 제사장이 되다(6c절)

6c절은 "그러나"(ἀλλά, 알라)라는 접속사로 시작한다. 6b절에서 둘째 사망의 권세의 언급에 대한 반전으로서 첫째 부활에 참여한 자들이 하나님과 그리스도의 제사장들이 된다는 내용이다. 6a절에서 첫째 부활과 둘째 사망을 언급한 후에 6c절에서는 "하나님과 그리스도의 제사장이 될 것이다"라는 내용을 소개한다. 여기에서 '되다'라는 동사는 미래 시제인 '에손타이'(ἔσονται>εἰμί, 에이미)이다. 그러나 이 미래 시제는 반드시 미래의 시점으로 생각할 이유가 없다.[356] 미래 시제의 용법 중에서 "의지의 표현"(expression of will)을 나타내 주는 "의지적 미래"(volitive future) 용법으로 생각할 수 있다.[357] 이러한 의지적 미래는 화자의 의지가 반영되기에 "명령적"(imperative)인 의미를 내포하기도 한다.[358] 이 미래적 용법을 본문에 적용하면 첫째 부활에 참여하는 자들은 "하나님과 그리스도의 제사장이 되어야 한다'"라는 의미로 이해할 수 있다. 이러한 미래적 시제의 용법 외에도 "격언적 미래"(gnomic future) 용법으로도 설명이 가능하다. 이 용법에 의하면 미래 시제는 "어떤 상황 아래에서 기대되는 것을 표현"하는 것이다.[359] 이 용법을 적용하면 첫째 부활에 참여하는 자들은 "하나님과 그리스도의 제사장이 되는 것"이 기정사실로 기대되는 결과라고 할 수 있다. 이러한 사실은 첫째 부활이 "하나님과 그리스도의 제사장"이 되는 사실에 필요 충분한 환경을 조성해 주었다는 것을 시사한다. 이것은 첫째 부활이 영적 부활을 의미하는 것이라면 하나님과 그리스도의 제사장 됨은 이미 현실이 되었다는 사실을 확증해 준다.

---

356 Robertson는 미래형 동사를 시제 뿐만 아니라 법(mood)으로서도 고려해야 한다고 지적한다(Robertson, *A Grammar of the Greek New Testament in the Light of Historical Research*, 872).

357 앞의 책, 874.

358 앞의 책.

359 BDF §349. 요 8:31-32에서(31)ἐὰν ὑμεῖς μείνητε ἐν τῷ λόγῳ τῷ ἐμῷ, ἀληθῶς μαθηταί μού ἐστε 32) καὶ γνώσεσθε τὴν ἀλήθειαν, καὶ ἡ ἀλήθεια ἐλευθερώσει ὑμᾶς) 진리를 안다는 것과 진리가 자유케 한다는 것에 미래형 동사가 사용되었는데 이 경우 그것이 단순히 미래 시제라기 보다는 언제나 그 행위가 진실로 받아들여지는 격언적 미래로 간주할 수 있다.

이 문맥에서 하나님과 그리스도의 제사장이 된다는 것은 무엇을 의미하는가? 이것은 5장 9–10절에서 그 힌트를 얻을 수 있다. 이 본문에 의하면, 죄 아래 팔렸다가 어린 양 그리스도의 피로 값 주고 사신 바 된 자들은 필연적으로 하나님께 속한 자가 되어 제사장으로 대리 통치자의 지위를 얻게 된다는 내용이다. 제사장은 하나님을 대신해서 세상으로 나아가서 하나님의 통치를 드러내고, 세상을 대표해서 세상의 죄를 가지고 하나님께 나아와 하나님의 자비와 긍휼을 구하는 역할을 감당한다. 6c절의 본문에서 첫째 부활의 결과로서 하나님과 그리스도의 제사장이 될 것이라는 말은 1장 5–6절과 5장 9–10절의 의미들을 반영한 것이라 볼 수 있다.[360] 특별히 여기에서 "하나님의 제사장" 뿐만 아니라 "그리스도의 제사장"이 될 것이라고 한 것은 구약의 프레임을 넘어서서 성취의 시대에 하나님과 동등한 그리스도의 통치를 대리하는 역할을 첫째 부활 안에 그 몫을 가진 자들이 감당해야 하는 일임을 드러낸다.

따라서 이런 제사장적 직책은 본질적으로 왕적 통치의 특징을 내포한다. 그리고 이런 지위는 최초로 에덴에서 아담에게 주어진 것이다.

(6)천년 동안 통치하다(6d절)

6d절에 4h절과 동일하게 "그리스도와 함께 천 년 동안 통치하다"라는 문구가 반복해서 등장한다. 다만 4h절에서는 동사가 부정 과거 시제로 사용된 반면, 6d절에서는 미래 시제로 사용된다. 전자는 번역에서 논의했던 것처럼, 내러티브의 기본 골격이나 서신적 부정 과거 용법으로 간주할 수 있고 후자는 번역하는 과정에서 충분히 논의한 것처럼, 사본적 다툼에 의해서 현재 시제로 간주하는 것이 적절하다고 판단한 바 있다. 여기에서는 주해적 관점에서 논의를 좀 더 덧붙이고자 한다. 곧 6d절에서 "통치하다"가 현재 시제일 경우에 미래 시제일 경우와 비교하여 무엇이 달라질 수 있을까? 그것은 천 년 동안의 통치가 미래적 사건이라고 보는 전천년설보다는 현재 진행 중에 있다는 현천년설을 더욱 강하게 지지해 준다고 볼 수 있다.

한가지 흥미로운 것은 AD 4세기에 알렉산드리아 사본이 생성되기 직전인 AD 3세기에 알렉산드리아의 오리게누스(Origen)와 디오니시우스(Dionysius)

---

360 이와 같은 맥락에서 스웨테는 그리스도에 의한 대속과 첫째 부활 그리고 제사장적 기능의 연결 고리를 잘 엮어주고 있다(Swete, *The Apocalypse of St. John*, 260).

는 전천년설을 의미하는 "물리적 천년 왕국설"(materialistic chiliasm)을 강하게 비판한 바 있다.[361] 오리겐은 "영적 부활"(Spiritual resurrection)에 대한 사도의 가르침을 따르지 않고 천년 왕국 안에서 육체적 탐닉을 즐길 것을 기대하는 자들과 새예루살렘의 물리적 재건을 기대하는 것에 대해서도 강하게 비판한다.[362] 그리고 현천년설을 강조하는 이러한 신학적 풍조는 AD 5세기에 어거스틴에 의해 크게 발전한다. 이러한 일련의 현천년설의 발전이 어떻게 이루어질 수 있었을까? 그것은 바로 4세기 이전에 '통치하다'의 현재 시제를 지지하는 알렉산드리아 사본의 전통이 존재했을 가능성과 그 이후에 어거스틴 시대와 같은 경우에 이러한 알렉산드리아 사본의 영향이 현천년설을 정립하는 데 적지 않은 기여를 했을 것으로 추정할 수 있다.

4h절에서 "천 년 동안 통치하다"를 5장 10절과의 문맥적 관계에서 살펴 본 바 있다. 다음 단락에서 살펴 볼 것이지만 4h절과 6d절이 평행 관계이기 때문에 5장 10절과의 관계 역시 동일하게 생각해 볼 수 있을 것이다. 다만 5장 10절과 공통점은 "통치하다"라는 동사가 동일하게 현재 시제로 사용되었다는 것이다. 이 두 본문에서 동일하게 "통치하다"라는 동사가 현재형으로 사용되어 천년 왕국을 미래 시제에 묶어 두지 않고 그것의 현재적 의미를 더욱 공고하게 지지해 주고 있다는 점이 주목된다.

5장의 문맥은 어린 양이 책의 인을 떼는 내용이다. 책의 인을 뗀다는 것은 하나님 나라의 도래를 의미한다. 이러한 문맥 가운데 책의 인을 떼실 수 있는 분으로 어린 양 예수님을 등장시키고, 그 이유로 십자가에서 흘리신 피로 사람들을 피로 사서 하나님께 드리시어 나라와 제사장을 삼으셨다는 사실을 소개한다. 성도들의 통치는 어린 양 예수님의 대속의 결과로 현재적 지속성을 갖는다. 초림 이후부터 시작하여 재림 때까지 존재하는 모든 시대의 성도들이 이러한 통치의 주체가 되는 것이다. 이런 내용은 알렉산드리아 사본이 가지고 있는 "통치하다"라는 동사의 현재 시제와 잘 조화를 이룬다.

20장에서는 5장과는 달리 악의 세력에 대한 심판의 문맥에서 "천 년"이라

361 위의 책, 262.

362 Origen, *De principiis* 2.11.2 (Roberts, Alexander, James Donaldson, and A. Cleveland Coxe, eds. *Fathers of the Third Century: Tertullian, Part Fourth; Minucius Felix; Commodian; Origen, Parts First and Second*. Vol. 4. The Ante-Nicene Fathers. Buffalo, (NY: Christian Literature Company, 1885), 297.

는 기간과 "첫째 부활"이라는 주제와 함께 "통치하다"라는 동사가 등장한다. 이 본문에서 천 년 동안 통치라는 문구 때문에 이러한 통치 행위가 천년 왕국이라는 별명을 얻게 된다. 그런데 5장과 동일하게 '통치하다'라는 동사와 동일한 현재 시제에 의해 동일한 내용이라는 사실을 확인할 수 있다. 이 둘의 관계는 예언과 성취의 관계가 아니라 동일한 대상이 다소 차이 나는 문맥 안에서 약간의 단어와 문구들이 덧붙여져 표현될 뿐이다.

(7)4절과 5절 그리고 6절의 비교

이 세 본문은 A(4gh절)-B(5b절)-A′(6cd절)의 구조를 이루고 있다. 곧 4gh절과 6cd절이 서로 평행 관계이며 그 사이에 5b절이 삽입되어 있는 구조이다. 이 세 본문을 비교해 보면 다음과 같다.

A(4gh절)	B(5b절)	A′(6cd절)
g) καὶ ἔζησαν (카이 에제산) 그리고 그들은 살아 있다 h) καὶ ἐβασίλευσαν μετὰ τοῦ Χριστοῦ χίλια ἔτη. (카이 에바실류산 메타 투 크리스투 킬리아 에테) 그래서 그리스도와 함께 천 년 동안 통치했다.	이것이 첫째 부활이다.	c) ἔσονται ἱερεῖς τοῦ θεοῦ καὶ τοῦ Χριστοῦ (에손타이 헤에레이스 투 데우 카이 투 크리스투) 그러나 그들은 하나님과 그리스도의 제사장들이 될 것이다. d) καὶ βασιλεύουσιν μετ' αὐτοῦ [τὰ] χίλια ἔτη. (카이 바실류우신 메타우투 [타] 킬리아 에테) 그리고 그들은 그와 함께 천 년 동안 통치한다.

4h절의 '그리스도와 함께(μετὰ τοῦ Χριστοῦ, 메타 투 크리스투) 라는 문구는 6d절의 '그와 함께'(μετ' αὐτοῦ, 메타우투)와 평행 되고, 4h절의 "천 년 동안"은 6d절의 "천 년 동안"(χίλια ἔτη, 킬리아 에테)이란 문구 앞에 정관사(τά, 타)가 붙어 있어 4절의 "천년 동안"이란 문구를 이어 받아 표현하고 있음을 시사한다.[363] 이러한 관계에 의해 6절은 4절을 보충 설명하는 관계임을 알 수 있다. 이 밀접한 관계에 근거해 4g절의 "살아 있다"라는 동사와 6c절의 "하나님과 그리스도의 제사장이 될 것이다"라는 문구도 서로 평행 관계로 간주할 수 있다. 그렇다면 4g절의 "살아 있다"는 것은 단순히 존재론적 의미 보다는 "하나님과 그리스도의 제사장"으로서 역동적인 역할을 한다는 뜻으로 볼 수 있다. 이런 역할에는 첫

363 이 정관사는 시내산 사본에는 존재하지 않고 알렉산드리아 사본에 존재한다.

째 부활이 결정적 요인이 된다. 4절과 6절 사이에 5절의 "첫째 부활"이란 문구가 사용되었다는 사실은 이런 견해를 뒷받침해준다.

마지막으로 4h절과 6d절에 모두 "통치하다"라는 동사가 사용되는데, 앞에서 언급한 것처럼, 4h절에서는 부정 과거 시제인 반면에 6d절에서는 현재형으로 사용된다.[364] 이러한 시제의 변화는 그 행위의 시차를 전제하는 것이 아니라 동일한 행위를 나타내고 있는 것이다. 4절에서의 '통치하다'라는 동사의 부정 과거 시제는 환상 속에서 진행되는 네러티브 진행과정에서 1-4절의 모든 동사들이 일관성 있게 부정 과거 시제로 사용된 흐름과 무관하지 않다. 그러나 6d절에서 현재 시제로 사용된 "통치하다"는 1-4절의 환상의 세계 속에서 진행된 내러티브의 흐름에서 벗어나 있고 저자 요한이 처한 상황에 집중하여 지속적인 행위로서 통치의 본질을 표현하는 것이라고 할 수 있다. 통치는 왕과 제사장의 신분의 본질적이고 구체적 표현이다. 4절에 이어 6절에서도 통치에 대한 이중적 언급은 이 주제의 중요성을 분명하게 보여준다.

(8)4-6절정리

4-6절을 정리하면 다음과 같다.

(ㄱ) 4-6절은 1-3절과 대조 관계이다: 4-6절은 성도들이 천 년 동안 통치하는 내용이고 1-3절은 천 년 동안 용으로 상징되는 사탄이 심판 받은 내용이다.

(ㄴ) 4절의 "통치하다"라는 동사의 부정 과거 시제가 내러티브의 전개 방법의 일환으로 사용되었다면, 6절의 "통치하다"라는 동사의 현재 시제는 외증과 내증의 지지를 받고 있으며 내러티브의 흐름에서 벗어나 사실의 본질로서 하나님의 통치를 대리하는 통치행위의 현재적 지속성을 표현하기 위한 목적으로 사용된다.

(ㄷ)그러므로 천년 왕국은 초림부터 재림까지의 기간 동안 첫째 부활에 참여한 자들이 제사장들이 되어 통치하는 정황을 의미한다.

(ㄹ) 첫째 부활은 영적인 부활이고 둘째 사망은 영적인 부활을 통한 하나님의 생명을 갖지 못한 자들이 겪게 되는 영원한 심판이다.

---

364 6d절의 "통치하다"가 사본적으로 미래형이 아니라 현재형이라는 사실에 대해 번역과 직전 단락에서 충분히 논의한 바 있다.

3. 용의 추종자들에 대한 심판(20:11-15)

11-15절은 악의 세력에 대한 마지막 순서로 사탄을 상징하는 용을 추종했던 자들에 대한 심판을 기록하고 있다.

구문 분석 및 번역

11절 a) Καὶ εἶδον θρόνον μέγαν λευκὸν καὶ τὸν καθήμενον ἐπ' αὐτόν,
그리고 나는 큰 흰보좌와 그것 위에 앉으신 이를 보았다.

b) οὗ ἀπὸ τοῦ προσώπου ἔφυγεν ἡ γῆ καὶ ὁ οὐρανὸς
땅과 하늘이 그의 존재로부터 사라졌다.

c) καὶ τόπος οὐχ εὑρέθη αὐτοῖς.
그리고 어떤 장소도 그들을 위해 발견되지 않았다.

12절 a) καὶ εἶδον τοὺς νεκρούς,
그리고 나는 죽은 자들을 보았다.

b) τοὺς μεγάλους καὶ τοὺς μικρούς,
큰 자들과 작은 자들을

c) ἑστῶτας ἐνώπιον τοῦ θρόνου.
보좌 앞에 서 있는

d) καὶ βιβλία ἠνοίχθησαν,
그리고 책들이 열려졌다.

e) καὶ ἄλλο βιβλίον ἠνοίχθη,
그리고 다른 책도 열려졌다.

f) ὅ ἐστιν τῆς ζωῆς,
생명의 책인

g) καὶ ἐκρίθησαν οἱ νεκροὶ
그 때 죽은 자들이 심판받았다.

h) ἐκ τῶν γεγραμμένων ἐν τοῖς βιβλίοις
책들에 기록된 것들에 의해서

i) κατὰ τὰ ἔργα αὐτῶν.
그들의 행위들에 따라

13절 a) καὶ ἔδωκεν ἡ θάλασσα τοὺς νεκροὺς τοὺς ἐν αὐτῇ
그리고 바다가 그것 안에 있는 죽은 자들을 주었다.

b) καὶ ὁ θάνατος καὶ ὁ ᾅδης ἔδωκαν τοὺς νεκροὺς τοὺς ἐν αὐτοῖς,
그리고 사망과 하데스도 그것들 안에 있는 죽은 자들을 주었다.

c) καὶ ἐκρίθησαν ἕκαστος κατὰ τὰ ἔργα αὐτῶν.
그리고 그들은 각자가 그들의 행위들에 따라 심판받았다.

14절 a) καὶ ὁ θάνατος καὶ ὁ ᾅδης ἐβλήθησαν εἰς τὴν λίμνην τοῦ πυρός.
그리고 사망과 하데스는 불의 호수로 던져졌다.

b) οὗτος ὁ θάνατος ὁ δεύτερός ἐστιν, ἡ λίμνη τοῦ πυρός.
이것은 둘째 사망, 불의 호수이다.

15절 a) καὶ εἴ τις οὐχ εὑρέθη ἐν τῇ βίβλῳ τῆς ζωῆς γεγραμμένος,
그리고 누구든지 생명의 책에 (그의 이름이) 기록된 것으로 발견되지 않는다면

b) ἐβλήθη εἰς τὴν λίμνην τοῦ πυρός.
그는 불의 호수로 던져졌다.

11-15절에서 대부분의 동사는 부정 과거 시제이다. 미래적 사건임에도 불구하고 부정 과거 시제를 사용하여 표현하는 것은 내러티브적 특징을 가지고 부정 과거 시제를 기본적 골격으로 구성하고 있기 때문일 수도 있고 환상을 본 시점과 이 본문을 기록한 시점의 차이가 있어서 기록한 시점은 환상을 본 시점의 내용들이 과거 시제이기 때문일 수도 있다. 따라서 번역할 때 이 시제를 그대로 반영하고 과거 시제로 번역한다.

11a절에서 보좌를 수식해 주는 두 개의 형용사 '메간 류콘'(μέγαν λευκὸν)이 사용된다. 그런데 흥미로운 것은 이 두 형용사 사이에 접속사 '카이'(καί)가 사용되지 않는다는 점이다. 번역할 때 이런 문형을 잘 고려할 필요가 있다. 먼저 보좌에 가까운 "흰"이란 형용사와 함께 "흰 보좌"라고 한다. 그리고 "큰"이란 형용사는 이 "흰 보좌"를 통째로 수식해 주는 것으로 볼 수 있다. 따라서 "흰 보좌"는 "큰 흰 보좌"인 것이다. 여기에서 "큰"의 수식을 받은 "흰 보좌"를 하나의 단위로 간주하여 "흰"과 "보좌"를 띠어 쓰지 않고 붙여서 "큰 흰보좌"로 번역하기로 한다.

11b절은 'οὗ'(우)로 시작하는 관계대명사절이다. 그 선행사는 11a절의 "그것(보좌) 위에 앉으신 이"(τὸν καθήμενον ἐπ' αὐτόν, 톤 카데메논 에파우톤)이다. 그런데 이 관계대명사절이 선행사를 수식하기 때문에 번역하면 우리말의 문형상 어색하게 되어서 11a절을 먼저 번역하고 이어서 11b절을 번역하는 방법을 사용한다.

그리고 11a절의 '프로소푸'(προσώπου>πρόσωπον, 프로소폰)는 본래 "얼굴"이란 의미를 갖지만 비유적으로는 "인격적 존재"를 의미할 때도 있다.[365] 이 본문에서도 비유적으로 사용되어 "존재"라는 의미를 드러낸다. 그리고 1b절에

365 BDAG, 887(1b).

서 '에퓌겐'(ἔφυγεν>φεύγω, 퓨고)은 대체로 "도망가다"라는 의미를 갖지만 이 문맥에서는 "가시적이기를 멈추다"라는 의미로서 "사라지다"(disappear)라는 의미이다.[366] 11c절에서 인칭대명사인 '아우토이스'(αὐτοῖς)는 "이익의 여격"(dative of advantage) 용법으로 사용된다고 볼 수 있다.[367] 이 용법을 적용하여 번역하면 "그들을 위해"(for them)라고 할 수 있다.

12a절에서 동사의 목적어인 "죽은 자들을"(τοὺς νεκρούς, 투스 네크루스)는 12b절의 "큰 자들과 작은 자들"(τοὺς μεγάλους καὶ τοὺς μικρούς, 투스 메갈루스 카이 투스 미크루스)과 동격을 이룬다. 후자는 전자를 좀 더 구체적으로 설명해주는 역할을 한다. 이러한 관계를 잘 반영하여 "곧"이라는 단어를 첨가하여 번역할 필요가 있다. 그리고 12c절의 분사 '에스토타스'(ἑστῶτας) 은 12b절의 "큰 자들과 작은 자들"보다는 12a절의 "죽은 자들"을 수식하는 관계로 보고 번역하는 것이 자연스럽다.

12f절은 관계대명사절로서 11e절의 "다른 책"을 설명해 주는 내용이다. 이 관계대명사절에 '조에스'(ζωῆς>ζωή, 조에)라는 소유적 명사로만 되어 있는데 이 단어 앞에 "책"이 생략된 것으로 보고 "생명의 책"이라고 번역한다. 왜냐하면 요한계시록 내에서 "생명의 책"이라는 문구가 이미 사용되고 있기 때문이다(3:5; 13:8; 17:8; 20:12, 15; 21:17).[368] 따라서 "다른 책"은 곧 "생명의 책"이라고 할 수 있다. 그리고 12g절은 12d절에서 "책들이 열려진 것"에 대한 결과를 나타내는 것으로 보고 접속사 "그리고"(καί)를 "그 때"라고 번역한다.[369] 그리고 12h절에서 전치사 '에크'(ἐκ)는 "수단"의 용법으로 보는 것 외에 달리 방법이 없다.[370] 이 용법을 반영하여 번역하면 "… 의해서"가 된다. 영어 번역본의 ESV와 NKJV이 이 문구를 "by what was written in the books"(ESV)이나 "by the things which were written in the books"(NKJV)로 번역하여 이러한 번역을 지지한다.

그리고 올바른 번역을 위해서 12h절의 "책들에 기록된 것들에 의해서"와 12i절의 "그들의 행위들에 따라" 사이의 관계에 대한 논의가 필요하다. 먼저

366 BDAG, 1052(4).

367 Wallace, *Greek Grammar beyond the Basics*, 142-43.

368 Aune, *Revelation 17-22*, 1102.

369 BDAG, 495(1bζ). 정확하게 표현하면 "그리고 그 때"(and then)라고 할 수 있으나 번거로움을 피하기 위해 "그리고"는 생략하고 "그 때"만을 사용한다.

370 Wallace, *Greek Grammar beyond the Basics*, 371.

찰스는 이 두 문구에서 12i절의 "그들의 행위들에 따라"는 13c절에서 가져와서 삽입된 "반복"(tautology)이어서 무시해야 하는 문구이고, 12h절의 "책들에 기록된 것들에 의해서"라는 문구가 주된 내용이라는 것이다.[371] 그러나 찰스의 의견에 동의할 수 없다. 먼저 존재하는 본문의 일부에 대해 삽입된 것으로 간주하여 불필요한 것으로 간주하는 것은 적절하지 않다. 오늘날 우리에게 주어진 본문들 중에서 사본적 다툼이 없는 것들은 그대로 인정하는 것이 필요하다. 12h절의 "책들"은 12d절의 "책들"을 이어받고 있다. 심판 받는 근거로 책들에 기록한 것들이 먼저 제시된다. 그리고 12i절은 그 기록한 것들이 바로 "그들의 행위들"이라고 구체적으로 설명하는 구조이다.[372] 이런 구조에 근거해서, 두 부분을 섞지 않고 독립적으로 번역하되 12i절이 12h절을 보완해 주는 관계라는 것을 기억할 필요가 있다. 이런 보완의 관계를 잘 드러내기 위해 12h절을 먼저 번역하고 12i절을 그 다음에 번역하도록 한다.

13b절과 14a절에서 '하데스'(ᾅδης)는 개역 개정 성경에서 "음부"라고 번역했는데 '아뷔소스'의 경우처럼 우리말로 번역하기 애매한 경우에 해당된다. 따라서 이것을 "음부"라고 번역하여 본래의 의미를 혼란케 하는 것보다는 이것을 음역하여 '하데스'라고 번역하고 그 의미를 함께 기억해 두는 것이 의미의 왜곡을 피할 수 있는 방법이라고 본다. 대부분의 영어 번역에서도 이 단어를 음역하여 "Hades"라고 번역한다.[373] 끝으로 13a절과 15a절에서 '카이' 접속사는 "그리고"로 읽지 않고 생략하는 것이 내용의 흐름에 있어서 자연스럽기 때문에 이 접속사를 괄호 안에 넣어 표시했다.

이상의 내용을 근거로 우리말 어순에 맞추어 번역하면 다음과 같다.

11a 그리고 나는 큰 흰보좌와 그것 위에 앉으신 이를 보았다.
11b 땅과 하늘이 그의 존재로부터 사라졌다.
11c 그리고 어떤 장소도 그들을 위해 발견되지 않았다.
12a 그리고 나는
12c 보좌 앞에 서 있는
12a 죽은 자들,

371 Charles, *A Critical and Exegetical Commentary on Revelation*, 2:194.

372 Beale, *The Book of Revelation*, 1033. 비일은 "책들에 기록된 그들의 악한 행위들"라는 문구로 이 두 본문을 정리한다(앞의 책).

373 6장 8절에서는 "사망과 음부"로 번역했는데 이것을 수정하여 20장 13b절에서는 "사망과 하데스"로 번역한다.

12b 곧 큰 자들과 작은 자들을
12a 보았다.
12d 그리고 책들이 열려졌고
12f ┌── 생명의 책인
12e 다른 책들도 열려졌다.
12g 그리고 그때
12h ┌── 책들에 기록된 것들에 의해 ◄┐
12i └── 그들의 행위들에 따라 ──────┘
12g 죽은 자들이 심판 받았다.
13a (그리고) 바다가 그것 안에 있는 죽은 자들을 주었고
13b 사망과 하데스도 그것들 안에 있는 죽은 자들을 주었다.
13c 그리고 그들은 각자가 그들의 행위들에 따라 심판 받았다.
14a 그리고 사망과 하데스는 불의 호수로 던져졌다.
14b 이것은 둘째 사망, 불의 호수이다.
15a (그리고) 누구든지 생명의 책에 (그의 이름이) 기록된 것으로 발견되지 않는다면
15b 그는 불의 호수로 던져졌다.

본문 주해

큰 흰보좌와 그것(보좌) 위에 앉으신 이(11a절) 먼저 11a에 의하면 요한은 "큰 흰 보좌와 그 보좌 위에 앉으신 이를 보았다"고 한다. "보좌 위에 앉으신 이"는 요한계시록에서 하나님을 가리켜 사용된다(4:2 4:9, 5:1, 5:7, 5:13, 6:16, 7:10, 7:15, 19:4, 21:5).[374] 이 표현은 하나님이라는 신적 이름을 직접적으로 언급하는 것을 피하기 위한 "완곡 어법"(circumlocution)일 수도 있다.[375] 그러나 요한계시록에서 용/짐승과의 대립적 관계를 포함하여 그 악한 세력을 압도하는 하나님의 주권 사상을 강조하기 위한 것이라고 보는 것이 좀 더 적절해 보인다. 이러한 주권 사상은 이 문맥에서 보여주는 하나님의 심판을 통해 극명하게 드러난다. 이 보좌 이미지는 구약의 다니엘 7장 9-10절과 에스겔 1장 26-28절을 배경으로 한다.[376] 특별히 다니엘 7장 9절과 같은 문맥을 이루고 있는 다니엘 7장 10절에서 심판을 위해 "책"이 열려져 있다는 내용은 요한계시록의 본문과 평행 관계를 보여준다는 점에서 더욱 분명한 배경이 된다.[377] 심판의 주제가 보좌 이

374 Swete, *The Apocalypse of St. John*, 267.
375 Aune, *Revelation*, 1101.
376 Smalley, *The Revelation to John*, 515.
377 Blount, *Revelation*, 372.

미지를 통해 표현된다는 사실은 다니엘서의 영향이 크게 작용하고 있다는 것을 알려준다.[378]

그리고 이 본문에서 심판의 주로서 보좌에 앉으신 하나님에 대한 이미지는 복음서와 바울서신에서 빈번하게 언급된다(마 6:4; 7:22-23; 10:32-33; 18:35; 25:31-46; 막 8:38; 요 5:22, 30; 롬 14:10; 고후 5:10).[379] 그리고 하늘 환상을 소개하는 4장 2절에서 하나님은 "보좌에 앉으신 이"로 묘사되는데 여기에서도 역시 하나님은 역사를 주관하시는 심판주로서 6-16장에서 전개되는 인/나팔/대접 심판을 주관하는 분으로 등장한다. 이제 모든 심판의 절정의 순간을 소개하는 20장 11a절에서 하나님은 다시 한 번 보좌에 앉으신 분으로 등장한다. 4장 2절과 20장 11절의 이런 평행 관계 속에서 수미상관(인클루지오)의 구조를 엿볼 수 있다. 4장에서 시작된 인/나팔/대접 심판은 바로 최후의 심판의 시점에서 절정을 이루고 있는 것이다.

큰 흰보좌(11a절) 보좌는 여기에서 두 가지 특징을 보여준다. 첫째로, "크다"는 것이고 둘째로, "희다"는 것이다. 이 두 가지는 다른 문맥에서는 찾아 볼 수 없는 독특한 특징의 결합이다. 이 두 단어 사이에 접속사 '카이'가 없이 '메간 류콘'(μέγαν λευκὸν)라고 되어 있는데, 번역에서 밝힌 것처럼, 이 두 단어는 보좌와 함께 "큰 흰보좌"라는 문구를 구성한다. 보좌가 흰 색깔로 되어 있는 것은 "의와 승리"의 의미를 갖는다.[380] 또한 "흰색"은 "하늘의 영역"으로서 "신격"(Godhead)과 관련되며(1:14; 14:14) [381] "그리스도의 색깔"(19:11, 14)이기도 하다.[382] 이런 색깔의 의미는 심판의 문맥에서 "거룩함과 보응"과 조화를 이룬다.[383] 심판하시는 하나님의 위엄과 거룩함 앞에 인간을 비롯한 모든 피조물은 압도될 수 밖에 없다. 흥미로운 것은 바벨론이나 두 짐승과 용의 심판의 양상과는 다르게 인간을 심판하는 자리에서 하나님 자신이 직접 심판주로 등장하고 있다는 점이다. 이러한 장면의 연출은 하나님의 형상대로 지음 받은 인간들에 대한 심판이기 때문이라고 볼 수 있다.

---

378 앞의 책.
379 Osborne, *Revelation*, 720; Beasley-Murray, *The Book of Revelation*, 299.
380 Blount, *Revelation*, 372.
381 Smalley, *The Revelation to John*, 516.
382 Sweet, *Revelation*, 282, 294.
383 Smalley, *The Revelation to John*, 516.

땅과 하늘이 사라졌다(11bc절) 11bc절에 의하면 하나님의 크신 위엄으로 말미암아 마치 땅과 하늘이 하나님 앞에서 사라져서(ἔφυγεν, 에퓌겐>φεύγω, 퓨고; 11b절) 어떤 장소도 그들을 위해 발견될 수 없게 되었다(11c절). 이러한 정황은 16장 20절에서 "모든 섬이 도망갔다. 그리고 산이 발견되지 않았다"는 문구에서도 확인된다. 이러한 현상에 대한 표현은 "은유적인"(metaphorical) 것으로서 "우주의 멸망"을 의미하지 않으며[384] 하나님의 영광 앞에 압도되는 피조물의 반응을 보여주는 것 그 이상의 의미가 있다. 그것은 곧 "옛 질서의 경계들이 사라졌다"는 의미로서 그 결과 "인간과 하나님 사이에 아무것도 없다"는 것이다.[385] 곧 죄로 오염된 세상의 모든 질서가 사라지게 되어 하나님과 인간의 관계가 에덴에서 지향했던 상태를 온전히 이루게 되었다는 것이다. 이 문구에서는 유대 전통의 신현에서 발견되는 기본적인 두 가지 중요한 요소가 나타난다. 첫째로, "신성의 출현"(coming of deity)이며 둘째로 "자연의 반응"(reaction of nature)이다(구약 [삿 5:4-5; 시 18:7-15; 68:7-8; 암 1:2; Mic 1:3-4; 합 3:4-15]; 초기 유대 문헌 [시락 16:18-19; 43:16-17; 쥬디스 16:15; 모세의 유언 10:3-6; IQH 3:32-36; 레위의 유언 3:9; 시빌의 신탁 3.669-81]).[386]

보좌 앞에 서 있는 죽은 자들(12abc절) 다음 12절에서는 죽은 자들이 심판 받는 장면을 요한이 직접 보고 있는 내용을 소개한다. 먼저 12a에서 요한은 죽은 자들이 하나님의 보좌 앞에 서 있는 것을 본다. 여기에서 '죽은 자들을'(τοὺς νεκρούς)이란 문구를 하나님 앞에 심판을 받아야 하는 일반적인 인간 전체를 가리키는 것으로 해석하는 학자들이 적지 않다.[387] 이런 주장은 이 표현이 사용된 문맥을 정교하게 관찰하지 않은 결과라고 판단된다. 먼저 전체 문맥에서 보면 20장 12a절이 속한 20장 11-15절 전체가 17-20장에서 악의 세력에 대한 심판의 큰 흐름에 속해 있다는 사실을 잘 관찰할 필요가 있다. 17-20장의 내용을 좀 더 세분화해서 보면 17장 1-19:10절에서 바벨론에 대한 심판을 언

384 Aune, *Revelation 17-22*, 1101.
385 Sweet, *Revelation*, 294.
386 Aune, *Revelation 17-22*, 1101.
387 스웨테는 로마서 14장 10절에서 "우리가 다 하나님의 심판대 앞에 서리라"는 말씀을 이 본문에 적용하여 신자를 포함한 모든 인간의 심판을 의미하는 것으로 해석한다(Swete, *The Apocalypse of St. John*, 268). 쾨스터 역시 "인간이 심판을 위해 보좌 앞에 선다"라고 설명하여 이런 입장을 따르고 있다(Koester, *Revelation*, 779).

급하고 그리고 19장 11-21절에서는 짐승과 거짓 선지자에 대한 심판 그리고 20장 1-3절과 7-10절에서는 용에 대한 심판을 기록하고 있다. 이런 맥락에서 보면 20장 11-15절의 심판 장면에 신자를 포함시키는 것은 조화롭지 못하다. 따라서 20장 11-15절의 심판의 장면 역시 악의 세력에 속한 자로서 용과 짐승을 추종했던 불신자에 대한 심판으로 간주하는 것이 자연스런 해석이라고 할 수 있다.

또한 가까운 문맥에서 보면 5a절에서 천 년이 차기까지 살아나지 못했던 "그 나머지 곧 죽은 자들(οἱ λοιποὶ τῶν νεκρῶν, 호이 로이포이 톤 네크론)"이 등장하는데 여기에서 그들은 첫째 부활에 참여하지 못한 채 죽은 상태로 있게 된다. 따라서 5a절의 "그 나머지 곧 죽은 자들"은 믿지 않고 죽은 불신자들을 가리킨다. 해링톤은 12a절의 "죽은 자들"이 바로 이 "그 나머지 곧 죽은 자들"을 가리키고 있다고 적절하게 해석한다.[388] 4-6절에 의하면 신자들은 이미 심판의 대상이 될 수 없는 진실성이 입증되었으므로[389] 12a절에 신자들이 포함될 수 없는 것은 당연하다. 더 나아가서 이들이 이 심판의 자리에 서기 전에는 13b절에서 언급하고 있는 것처럼 "사망과 하데스"에 존재해 있다. 이것은 신자들과 관계 없다. 왜냐하면 신자들은 어린 양과 함께 하늘에 존재하는 것으로 묘사되기 때문이다(4:4의 24장로; 7장 9절의 아무도 셀 수 없는 큰 무리; 14장 1절의 144,000 등). 그렇다면 여기에서 "죽은 자들"은 신자가 포함되지 않은 악의 세력에 속한 심판받을 불신자를 가리키는 것으로 보는 것이 맞다. 이 본문은 바로 11장 18절의 "죽은 자들을 심판하시며 … 땅을 망하게 하는 자들을 망하게 하실 때가 왔습니다"와 불신자들에 대한 최후의 심판을 가리키고 있다는 점에서 동일한 의미를 나타낸다. 이 본문에서 "죽은 자들"은 "땅을 망하게 하는 자들"과 평행 관계라는 점에서 "죽은 자들"은 불신자임이 분명하다.

12c절에서 그들은 "보좌 앞에(ἐνώπιον τοῦ θρόνου, 에노피온 투 드로누) 서 있다"고 한다. 7장 9절에서 성도들을 의미하는 "아무도 셀 수 없는 큰 무리"도 보좌 앞에 서 있다. 12c절의 경우에 보좌는 "큰 흰보좌"로 묘사되어 심판을 암시한다. 반면 7장 9절에는 심판에 대한 어떤 암시도 없다. 대신 7장 10절에서는 하나님의 구원하심을 찬양하는 내용을 기록한다. 같은 보좌이지만 정반대의 정황

388 Harrington, *Revelation*, 203.
389 앞의 책.

을 연출하고 있다.[390] 심판과 구원은 동전의 양면과 같은 관계이기 때문이다.

12b절에 의하면 이런 "죽은 자들"은 "큰 자들"과 "작은 자들"을 포함한다. "큰 자들과 작은 자들"은 심판 받을 "죽은 자들"의 포괄적 의미를 나타내고 있다. 여기에서 "큰 자들"(τοὺς μεγάλους, 투스 메갈루스)과 "작은 자들"(τοὺς μικρούς, 투스 미크루스)은 일종의 은유적 표현으로서 이 세상에서 권세와 부귀와 영화를 누리던 자들 뿐만 아니라 그러한 것들로부터 소외된 자들까지 모두 망라하는 범위를 가리킨다. 이러한 자들은 20장 4절에서 이마와 그들의 손에 표를 받지 않고 짐승과 그의 형상을 경배하지 아니하며 예수의 증거와 하나님의 말씀 때문에 참수당한 자들과 구별된다. 이들과는 반대로 그들은 짐승을 좇고 바벨론이 제공하는 악의 굴레에 길들여진 자들이라는 것이다.

두 종류의 책: 책들(12d절)과 다른책(12e절) 다음 12de절에서는 펼쳐져 있는 두 종류의 책이 소개된다. 12d절에서는 복수 형태의 "책들"이고 12e절에서는 단순 형태의 "다른 책"이다. 12e절의 "다른 책"은 관계 대명사 절인 12f절에서 "생명의 책"으로 설명된다. "생명의 책"은 "하나님의 생명의 선물을 받은 백성들" 이름 목록이 기록된 책이다.[391] 요한계시록에서 이런 생명의 책이란 문구는 3장 5절, 13장 8절, 17장 8절과 20장 15절과 21장 27절에서 사용된다. '책들'은 12h절에 의하면 그 죽은 자들의 행위를 기록한 책이다.[392] 이 두 종류의 책이 열려져 있다는 것은 이 두 부류의 사람들이 최종적인 구원과 심판의 자리로 구분되고 그 구원과 심판이 진행되는 상황임을 시사한다.

이 장면은 바로 다니엘 7장 9-10절을 배경으로 하며, 그 해석적 전승으로는 에스라 4서 6장 18-20절과 바룩 2서 24장 1절이 있다.[393]

> [9]내가 보니 <u>왕좌(θρόνοι, 드로노이)가 놓이고</u> 옛적부터 항상 계신 이가 좌정하셨는데 그의 옷은 희기가 눈 같고 그의 머리털은 깨끗한 양의 털 같고 그의 <u>보좌(θρόνος, 드로노스)</u>는 불꽃이요 그의 바퀴는 타오르는 불이며 [10]불이 강처럼 흘러 그의 앞에서 나오며 그를 섬기는 자는 천천이요 그 앞에서 모셔 선 자는 만만이며 심판을 베푸는데 <u>책들이 펴 놓였더라</u>(ἠνεῴχθησαν, 에네오크데산〉ἀνοίγω, 아노이고)(단 7:9-10)

---

390 쾨스터도 이 두 보좌의 구속과 심판이라는 차이점에 주목한다(Koester, *Revelation*, 779).
391 앞의 책, 780.
392 롤로프도 이런 단수와 복수의 차이를 인지한다(Roloff, *The Revelation of John*, 291).
393 Charles, *A Critical and Exegetical Commentary on Revelation*, 2:194.

[20]그 때 나는 보좌가 아름다운 땅에 세워질 때까지 계속 쳐다보았다. 그리고 그는 (그 보좌에) 앉아서 … 모든 봉인된 책들을 취하고 그리고 양들의 주님 앞에서 그 바로 책들을 열었다… [24]그 때 심판이 일어났다. 먼저 별들 중에서 그들은 심판을 받았고 죄인으로 판명나서 정죄의 자리로 갔다; 그리고 그들은 불과 화염이 가득하고 불의 기둥이 충만한 지옥(abyss)으로 던져졌다(에녹 1서 90:24)[394]

[18]… 보라 그 날들이 오고 있다. 내가 땅의 거주민들을 방문하기 위해 가까이 올 때, [19]그리고 내가 악행자들로부터 그들의 악행의 처벌을 요구할 때, 그리고 시온의 능멸이 완성될 때 [20] … 그 때 나는 이 징조들을 보여줄 것이다: 그 책들이 궁창 앞에서 열려질 것이고 그리고 모든 자들이 그것을 함께 볼 것이다(에즈라 4서 6장 18-20절)[395]

보라 날들이 오고 있다. 그리고 죄를 지은 모든 자들의 죄들이 기록된 책들이 열려질 것이다. 그리고 더 나아가서 자신들이 의로운것으로 증명된 모든 의인들과 함께 가져온 보고들(treasuries)도 역시 열려지게 될 것이다(바룩2서 24장 1절)[396]

이 자료 중에서 다니엘서의 본문과 에즈라 4서 그리고 에녹 1서 90장 24절은 책의 주제에 초점을 맞추고 있으며 책들이 열린 목적은 심판을 위한 것임을 알 수 있다. 다니엘서의 경우에는 "보좌"와 "불" 그리고 "책들" 이미지가 동시에 사용된다. 이것은 요한계시록 20장 11-15절에서 "하나님의 큰 흰 보좌"와 "불의 호수" 그리고 "책들"과 정확하게 일치한다. 특별히 다니엘서 7장 10절의 "책들이 펴 놓였더라"에서 "펴놓였다"라는 동사는 '에네오크데산'(ἠνεῴχθησαν, >ἀνοίγω, 아노이고)으로서 요한계시록 본문에서 사용된 "열려졌다"와 동일한 동사가 사용된다. 요한계시록 본문은 다니엘서를 배경으로 구성되었다는 사실을 알 수 있다. 특별히 다니엘서와 요한계시록에서 심판을 위한 "책들"이 복수로 사용되는 것이 주목할 만하다.

다음 에녹 1서 90장 24절에서도 역시 "보좌"가 등장하고 "책들"이 열려지고 먼저 별들 중에서 "심판"이 진행되고 결국에는 "불과 화염과 불의 기둥"이 가득한 "지옥"(abyss)로 던져진다(참조 에녹 1서 18:11; 19:1; 21:7-10).[397] 여기에서도 요

394 이 번역은 *OTP* 1:70-71에서 아이작(Isaac)의 영어 번역을 우리말로 옮긴 것이다.
395 이번역은 *OTP* 1:535에서 메츠거(Metzger)의 영어 번역을 우리말로 옮긴 것이다.
396 이 번역은 *OTP* 1:629에서 클리진(Klijn)의 영어 번역을 우리말로 옮긴 것이다.
397 여기에서 심판 받는 첫번째 그룹으로서 별들은 "떨어진 별들"(fallen stars)로서 "파수꾼 반역자들"(rebel watchers)이고 두 번째 그룹은 "70 목자들"이다 (G. W. E. Nickelsburg and J. C. VanderKam, 1 Enoch 1: *A Commentary on the Book of 1 Enoch, Chapters 1—36; 81—108*, Hermeneia [Min-

한계시록 본문과 평행 관계가 드러난다. 보좌와 책들이 열려진 것 뿐만 아니라 요한계시록에서 "불의 호수"와 같은 모습이 에녹서에서는 "불과 화염이 가득하고 불의 기둥이 충만한 지옥"으로 나타나고 있다. 에녹서 역시 요한계시록의 본문을 구성하는 배경으로 인정할 수 있을 것이다. 그리고 에즈라 4서 6장 18-20절에서도 심판의 날에 죄인들의 악행을 처벌 할 때 역시 "책들"이 열려지는 모습이 연출된다. 이 "책들"이 열려진 것은 "보좌"가 아니라 "궁창"이다. 여기에서는 "보좌" 대신에 "궁창"이 사용된다.

끝으로 바룩 2서 24장 1절에서도 "책들"이 등장하는데 이 "책들"은 "죄를 지은 모든 자들의 죄들이 기록되었다"고 한다. 이를 통해 "책들"에는 죄인들의 모든 죄가 기록되었다는 것을 명확하게 알 수 있다. 이런 사실은 요한계시록 본문에서 "책들에 기록된 것들에 의해서"(12h절) "그들의 행위들에 따라"(12i절)라는 내용은 바로 죄인들의 모든 죄라는 사실을 추정할 수 있는 배경적 근거가 된다. 그리고 바룩 2서의 본문에서 죄인들의 죄들을 기록한 책들과는 대조적으로 의인들의 의로움을 증명해 주는 증거를 "보화들"(treasures)로 표현하고 있다. 이것은 요한계시록의 "생명의 책"에 해당된다.

이상의 내용을 다음과 같이 도표로 정리해 볼 수 있다.

요한계시록	다니엘 7:9-10	에녹1서 90:24	에즈라 4서 6:18-20	바룩2서 24:1
보좌	보좌	보좌		
책들이 열림	책들이 열림	책들을 열다	책들이 열림	책들이 열림
불의 호수	불과 불꽃; 불의 강	불의 화염; 불의 기둥		
죽은 자들의 심판	심판을 시행	죄인들의 심판	악행자들의 심판	죄인들의 심판

이 도표에 의하면 네 자료 중에서 요한계시록과 가장 유사한 것은 다니엘 7장 9-10절과 에녹 1서 90장 24절이라는 것을 알 수 있다. 이 두 본문은 "보좌", "열려진 책들", "불의 호수" 그리고 "죽은 자들의 심판"이라는 네 가지 주제에서 요한계시록과 일치한다. 따라서 다니엘서 본문이 요한계시록 본문의 구성

neapolis: Fortress, 2001], 403-4).

에 결정적인 영향을 주었고 해석적 전승으로서 에녹1서의 경우는 다니엘서와 요한계시록 사이에 다리를 놓는 역할을 했다고 볼 수 있다. 그리고 이 네 본문 의 공통점은 책이라는 단어가 모두 복수인 "책들"로 사용되었다는 것과 그 정황이 악인들에 대한 "심판"이라는 점이다. 이것은 요한계시록 본문에서 심판과 관련된 책은 복수 형태인 "책들"로 사용되고 있다는 점과 동일한 패턴이다.[398] 그러므로 요한계시록 본문에서 "보좌"와 "책들"과 "불의 호수"라는 문구들이 심판의 상황에서 등장하는 것은 당시의 통념으로 볼 때 자연스런 구성이다.

반면 12d절에서 열려져 있는 "책들"과 함께 12e절에서 열려져 있는 "다른 책"에 12f절의 관계대명사절에 의해 "생명의 책"이란 문구가 부연설명된다. 계시록에서 "생명의 책"은 항상 그 책에 기록된 "이름"과 밀접하게 연동된다. 3장 5절, 13장 8절, 17장 8절, 20장 12, 15절에서 생명의 책과 그 책에 기록된 이름이 동시에 등장한다. 이러한 관계로 생명의 책에 이름이 기록되었다는 것은 바로 구원받은 하나님의 백성에 속해 있다는 것을 의미한다.[399] 따라서 12f절에서 "다른 책도 열려졌다"는 것은 바로 그 구원에 속한 성도들의 최종적 구원이 확증되는 순간임을 시사한다.

또한 대조적으로 심판의 근거로 사용될 "책들"이 열려져 있다는 것은 구원에 속하지 않은 자들에 대한 심판이 진행되고 있다는 것을 의미한다. 특별히 복수 형태인 "책들"에는, 이름이 기록되어 있는 "다른 책" 곧 "생명책"과는 달리, 죽은 자들의 행위들이 기록되어 있다(12h절). 아마도 "생명책"은 이름만을 기록하였기 때문에 단수로 표현된 반면, "책들"은 행위들이 기록되었기 때문에 분량 면에서 많은 분량이 필요해서 복수로 표현되었을 가능성이 있다. 이런 구별에 의해 불신자들은 그들의 행위들에 근거하여 심판을 받지만, 신자들은 생명책에 기록된 이름에 근거하여 은혜로 주어진 하나님의 선물로서 구원을 얻는다.[400] 물론 요한계시록에서 하나님의 은혜가 값싸게 주어지는 것으로

---

398 여기에서 자료들 간의 시간적 차이에 의해 서로 영향을 주고 받은 관계를 추정해 보면, 가장 오래된 다니엘서의 자료를 두 번째로 오래된 에녹 1서에서 공유하고, 요한계시록과 비슷한 시기에 저술된 에즈라 4서와 바룩 2서의 자료들은 요한계시록과 함께 다니엘서와 에녹 1서의 자료를 배경으로 사용했을 가능성이 크다. 그 중에서 요한계시록은 다니엘서와 그 해석적 전통으로서 에녹 1서의 자료를 좀 더 충실하게 반영한 것이라고 볼 수 있다.

399 "생명의 책"에 대한 좀 더 자세한 내용에 대해서는 1권 360-362쪽을 참조하라.

400 Roloff, *The Revelation of John*, 231.

말하지 않는다. 황제 숭배를 거부함으로 목 베임 당할 뿐만 아니라 짐승의 표를 받지 않아 사고 팔 수 없게 되어 경제적으로 심대한 타격을 받을지라도 신실함을 잃지 않을 정도의 헌신된 자들에게 그 은혜가 효과를 발휘한다.

그 때 죽은 자들이 책들에 기록한 것들에 의해서 그들의 행위들을 따라 심판받다 (12ghi절) 12g절에서 "죽은 자들이 심판 받았다"고 한다. 이 문구는 20장 11-15절이 동일하게 최후의 심판을 말하는 11장 18절을 확대한 내용이라는 것을 시사한다.[401] 이 장면은 직전의 12f절에서 심판의 근거로서 "책들"이 열려지게 된 것의 결과로 볼 수 있다. 이런 상관 관계에 근거해서 번역에서도 지적했듯이 12g절에서 "그리고"라는 접속사를 "그 때"라고 번역했다. 12i절의 "그들의 행위들에 따라"는 12h절의 "책들에 기록된 것들에 의해서"를 좀 더 구체적으로 설명해 준다. 곧 후자(12h절)의 "책들에 기록된 것들"은 바로 전자(12i절)에서 말하는 "그들의 행위들"이라는 것이다.[402] 이 두 문구는 모두 각각의 기능을 가지고 심판의 근거를 제시하지만 동시에 서로 보완적 관계를 이루고 있다. 여기에서 "생명의 책"이나 "책들에 기록했다"는 것은 문자 그대로 "책들"의 존재를 상정하고 있는 것이 아니라 "하나님의 틀림이 없는 기억"(God's unfailing memory)을 은유적으로 표현하는 것이라고 할 수 있다.[403]

이러한 심판의 방식은 그것이 "임의적"이지 않다는 것을 보여준다.[404] 여기에서 심판의 근거를 제시하는 책은 단수인 "생명책"이 아니라 복수인 "책들"이라는 점을 주목할 만하다. 생명책에는 이름이 기록되어 있는 반면 "책들"에는 "죽은 자들"의 행위들이 기록되어 있다. 그들의 행위들에 따라 심판받는다고 했으므로, '생명책'에 그 이름이 기록된 자들은 심판의 근거를 삼을 수 있는 행위들이 없기에 심판의 대상이 되지 않는 것이 분명하다. 만일 '생명책'에 대한 언급이 없었다면 책들에 기록된 그 행위들은 믿은 자들이나 믿지 않은 자들 모두 포함될 수 있다고 추정할 가능성이 있지만, "생명책"을 언급함으로 말미암아 이 두 부류는 구원과 심판이라는 범주로 극명하게 갈린다.

---

401 Beale, *The Book of Revelation*, 1033.

402 여기에서 "그들의 행위들"은 일반적이고 개별적인 차원에서 생각해 볼 수 있지만 요한계시록의 문맥에서 좀 더 구체적으로 말하면 "짐승의 표"를 받거나 "황제 숭배"에 굴복한 행위들을 가리키는 것으로 간주할 수 있을 것이다. 이것이 그들에 대한 심판의 중요한 근거가 된다.

403 Beale, *The Book of Revelation*, 1033.

404 Swete, *The Apocalypse of St. John*, 268.

그러나 이 문맥에서 생명책에 그 이름이 기록된 자들의 구원 사건보다는 그들의 행위가 책들에 기록된 자들에 대한 심판 사건에 더욱 그 초점이 맞춰지고 있다. 왜냐하면 17장부터 20장까지 계속되는 문맥은 바벨론, 두 짐승 그리고 용(사탄)과 같은 악의 세력에 대한 심판의 메시지를 일관성 있게 담고 있기 때문이다.

여기에서 심판 받는 근거로서 "그들의 행위들"은 일반적이고 개별적인 차원에서 생각해 볼 수 있지만, 요한계시록의 문맥에 근거해서 말하면 13장 16-18절에서 "짐승의 표"를 받거나 "그의 형상"을 경배하는 황제 숭배 행위들을 가리키는 것으로 볼 수 있을 것이다. 이와 유사한 내용이 14장 9-11절에 나타나 있다.

9b 누구든지 그 짐승과 그의 형상을 숭배한다면
9c 그리고 그의 이마 혹은 그의 손에 표를 받는다면
10a 그러면
10c 그의 진노의 잔에
10b 부어진 섞지 않은 하나님의 분노의 포도주로부터
10a 그 자신이 마실 것이다.
10d 거룩한 천사들 앞과 어린 양 앞에서
10e 그리고 그는 불과 유황으로 고통받을 것이다.
11a 그리고 그들의 고통의 연기가 영원히 올라갈 것이다.
11b 그리고
11c 짐승과 그의 형상을 숭배한 자들은
11b 밤과 낮에 안식을 갖지 않는다.

위 본문에 의하면 "짐승과 그의 형상을 숭배한 자들"(9b절; 11c절)과 "그의 이마 혹은 그의 손에 표를 받은 자들"(9c절)은 누구도 예외 없이 "불과 유황으로 고통받을 것이다"(10e절)라고 한다. 여기에서 "불과 유황"은 20장 14a절의 "불의 호수"와 동일한 대상이라고 볼 수 있다.

바다, 사망과 하데스가 죽은 자들을 주다(13ab절) 다음 내용은 네 단락으로 나누어서 분석해 보기로 한다: (1)구조분석; (2)배경 연구; (3)바다; (4)사망과 하데스.

(1)구조분석

12gh절부터 시작하여 13c절까지 다음과 같이 A(12gh절)–B(13a절)–B′(13b절)–A′(13c절)의 구조로 나누어 볼 수 있다.

→ A (12gh절) 심판의 실행-책들에 기록된 것들에 의해서 그들의 행위들에 따라 죽은 자들이 심판받았다

B (13a절) 심판의 부활(1)- 바다가 그것 안에 있는 죽은 자들을 주었다.

B′ (13b절) 심판의 부활(2)- 사망과 하데스도 그것들 안에 있는 죽은 자들을 주었다.

→ A′ (13c절) 심판의 실행- 그들은 각자가 그들의 행위들에 따라 심판받았다.

위의 구조에서 A와 A′는 심판이 실행되는 내용을 기록한다. 이 두 본문에 동일하게 "(죽은 자들이) 심판 받았다"(ἐκρίθησαν, 에크리데산)는 문구가 사용되고 그 심판의 근거로서 "그들의 행위들을 따라"라는 문구가 덧붙여진다. 그리고 B와 B′는 심판의 부활 장면을 기록하고 있다. 먼저 B는 바다가 죽은 자들을 주었다고 하고 B′ 사망과 하데스가 죽은 자들을 주었다고 한다. 이 두 본문이 반복되는 것처럼 보이지만 단순하게 반복되지 않고 각각 A와 A′에 연결되고 있다. 따라서 AB와 A′B′로 묶일 수 있다. 따라서 B와 B′는 심판을 위한 부활이라는 사실이 더욱 분명해진다. 다만 A에서 "책들에 기록된 것들에 의해서 그들의 행위들에 따라 죽은 자들이 심판받았다"고 한 것을 A′에서는 "책들에 기록된 것들"은 생략되고 "그들의 행위에 따라"로 축약되어 표현된다. 그리고 B와 B′에서 "그것(들) 안에 죽은 자들을"과 "주다" 가 공통적으로 사용된다. 다만 13a절의 주어는 단수이고 13b절의 주어는 복수이므로 그에 따른 약간의 변화가 있을 뿐이다. 곧 13a절에서 주어는 "바다"이고 13b절에서는 그 주어가 "사망과 하데스"이다.

(2)배경 연구

B와 B′에서 공통적으로 사용되는 "주다"라는 동사의 용례들이 에녹 1서 51장 1-2절과 에즈라 4서 7장 31-34절 그리고 위(僞) –필론(Pseudo-Philo) 3장 10에 잘 나타나 있다.[405]

405 R. Bauckham, "Resurrection as Giving Back the Dead: A Traditional Image of Resurrection in the Pseudepigrapha and the Apocalypse of John," in *The Pseudepigrapha and Early Biblical Interpretation,* ed. J. H. Charlesworth and C. A. Evans, JSPSup. 14 (Sheffield: JSOT, 1993), 269-91. 보캄은

[1]저 날들에 땅(earth)이 그것에 맡겨진 것을 돌려 줄 것이다(give back). 그리고 스올(Sheol)도 역시 그것이 받은 것을 돌려 줄 것이다(give back). 그리고 멸망(destruction)(Abaddon)도 그것이 빚진 것을 돌려 줄 것이다(give back). [2]그리고 그는 그들 중에 의로운 자들과 거룩한 자들을 택할 것이다. 이는 그들이 택함 받고 구원받을 날이 도래했기 때문이다(에녹 1서 51장 1-2절)(나의 번역)[406]

[32]땅은 그것 안에 잠자는 자들을 넘겨줄 것이다(give up). 그리고 흙은 조용히 거기에서 쉬고 있는 자들을 (가게할 것이다)(let go); 그리고 저장소들은 그것들에 수용된 영혼들을 넘겨 줄 것이다(give up). [33]지극히 높으신 이는 심판 자리에 나타나실 것이다. 그 때 끝이 올것이다. 긍휼은 사라질 것이며 인내는 회수될 것이다 34)오직 심판만이 남을 것이고 진리가 설것이며 그리고 신실함은 힘을 다시 얻을 것이다(에즈라 4서 7:32-34)(나의 번역)[407]

… 그리고 나는 죽은 자들을 살릴 것이고 잠자고 있는 자들을 땅으로부터 일으킬 것이다. 스올이 그것이 빚진 것을 되갚을 것이요(pay back) 그리고 아바돈(Abaddon)이 그것의 맡긴 것을 내줄 것이다(render). 그래서 나는 각자에게 그의 행위들에 따라, 그리고 그 자신의 계획들의 열매에 따라 갚을 것이다(위 [僞]-필론 [Pseudo-Philo], 3:10)(나의 번역)[408]

흙이 불리움을 받아 듣게 될 것이다: 너에게 속하지 않은 것을 돌려 주라(give back). 그리고 네가 그것 자신의 시간(its own time)까지 간직했던 모든 것을 일으키라(바룩 2서 42:8)(나의 번역)[409]

위의 자료에 의하면 종말에 대한 전망으로서 "돌려 주다"(give back)라는 동사와 "넘겨주다"(give up), "되갚다"와 "되돌리다" 혹은 "내주다"(render)라는 동사들을 통해 죽은 자의 부활이라는 주제를 언급한다.[410] 먼저 에녹1서 51장 1절에서 "땅" 과 "스올"과 "멸망"이 가지고 있던 죽은 자들을 돌려 준다고 하여 죽

이 논문에서 부활에 대한 유대적 이해를 폭넓게 연구한다. 여기에서 소개한 네 본문 외에도 좀 더 다양한 자료를 제시했지만 그 중에서 중요한 네 본문만을 선정하였다.

406 이 자료는 George W. E. Nickelsburg, and James C. VanderKam, 1 Enoch 2: A *Commentary on the Book of 1 Enoch, Chapters* 37-82, Hermeneia (Minneapolis, MN: Fortress Press, 2012), 180에서 영어 번역을 우리말로 재번역한 것이다.

407 이 자료는 Jacob M. Myers, *I and II Esdras: Introduction, Translation and Commentary*, Vol. 42 (Anchor Yale Bible. New Haven; London: Yale University Press, 2008), 208에서 영어 번역을 우리말로 재번역한 것이다.

408 이 자료는 보쿰의 "Resurrection as Giving Back the Dead," 272에서 영어 번역을 우리말로 재번역한 것이다.

409 이 자료는 OTP 1:634의 클리진(Klijn)의 영어 번역을 우리말로 번역한 것이다.

410 Bauckham, "Resurrection as Giving Back the Dead," 278. "돌려주다"(give back)라는 동사 외에 다른 동사들은 이 동사와 다르지만 부활에 대한 동일한 개념을 가지고 있다고 볼 수 있다.

은 자의 부활을 암시한다. 여기에서 "멸망"(ḥagwal = ἀπώλεια)은 아람어의 "아바돈"(אבדון)을 반영하는데 이 '아바돈'이란 단어는 또한 히브리어의 "스올"과 동의어이다.[411] 욥기 26장 6절에서 "스올"과 "아바돈"은 죽은 자의 장소로서 동의어로 사용된다. 따라서 앞의 세 목록에서 "스올"과 "멸망"은 서로 동의어로 볼 수 있다. 여기에서 "땅"은 죽은 자의 몸이 묻히는 장소이고 스올/멸망은 죽은 자의 영혼이 내려가는 장소로 보는 경우도 있고,[412] 스올을 의인을 위한 장소로 아바돈을 악인을 위한 장소로 구분하는 경우도 있는데 이러한 구분은 아무런 근거가 없다.[413] 다만 죽은 자의 장소에 대해 사용되는 다양한 표현들은 구약 배경을 통해 볼 때 "스올"에 대한 동의어로 보는 것이 적절하다.[414] 특별히 사무엘상 28장 13절에서 "스올"과 "땅"이 동의어임을 잘 보여준다.[415] 이상에서 "땅과 스올과 하데스"는 동의어로 볼 수 있다.

그리고 에녹1서 51장의 5a절의 "나의 선택 받은 자(my Chosen One)가 일어날 것이다"라는 표현은 심판을 수행하는 메시아적 존재의 출현을 시사한다.[416] 그런데 2절에서 죽은 자들 중에 죄인들이 아니라 "의로운 자들" 곧 "거룩한 자들"을 택한다는 언급은 여기서 말하는 죽은 자의 부활이 의인의 부활과 죄인의 부활을 포함하는 "이중적 부활"을 의미한다는것을 알려준다.[417] 그러나 여기에서의 초점은 의인들이 부활을 통해 고난에 대한 보응을 받는 상황에 맞추어져 있다.[418] 이것은 요한계시록이 불신자들이 부활을 통해 심판 받는 정황에 초점을 맞추는 것과는 차이가 있다

반면 에즈라 4서 7장 31-34절에서는 "땅"과 "흙"이 "잠자는 자들"을 넘겨주어 지극히 높으신 이의 심판 앞에 서게 될 것이며 이 심판에는 긍휼이 사라지고 인내가 회수될 것이라고 한다. 이 자료는 불신자의 심판을 위한 부활을 언급하고 있다는 점에서 에녹 1서와 차이점이 있지만, 요한계시록 본문과 유사한 패턴을 보여준다. 세번째 자료인 위-필론 3장 10절은 죽은 자들이 존재

---

411 G.W. E. Nickelsburg and J. C. VanderKam, *1 Enoch 2: A Commentary on the Book of 1 Enoch, Chapters 37—82*, Hermeneia (Minneapolis: Fortress, 2001), 184.
412 앞의 책, 184.
413 Bauckham, "Resurrection as Giving Back the Dead," 280.
414 앞의 책.
415 앞의 책, 각주 25.
416 Nickelsburg and VanderKam, *1 Enoch 2*, 185.
417 앞의 책, 183.
418 앞의 책. 반면 악인들은 심판을 받아 새롭게 될 세상에서 "즐거운 삶"을 박탈당한다(앞의 책, 183).

하는 장소를 "땅"이나 "스올" 그리고 "아바돈"이라고 표현하여 앞의 두 자료에 비하면 좀 더 심판의 의미를 드러내 주는 부정적 언어를 사용한다. 바로 위 자료에서 죽은 자들이 존재하는 "흙"은 이사야 26장 19절에서 죽은 자가 존재하는 장소로 사용되고 있다.[419]

이상의 내용을 통해 볼 때 요한계시록에서 "바다, 사망과 하데스"는 죽은 자의 장소로 사용되고, 함께 사용된 "주다"라는 동사는 불신자로서 죽은 자의 부활을 나타내고 있음을 알 수 있다. 이런 죽은 자의 심판을 위한 부활은 20장 5a절에서 "나머지 곧 죽은 자들은 천 년이 차기까지 살지 않았다"고 한 것과 연결된다. 곧 천 년 동안 살아나지 않았던 죽은 자들은 이제 심판을 위해 살아나게 되는 것이다. 이것을 요한복음 5장 29절에서 말하는 "심판의 부활"이라고 할 수 있다. 전천년주의자인 웨이마이어는 이런 심판을 위한 불신자의 부활을 신자의 첫째 부활에 이은 둘째 부활이라고 주장한다.[420] 이런 주장은 첫째 부활을 신자의 육체 부활로 간주하는 것에 기초한다. 그러나 4-6절의 주해에서 밝힌 것처럼, 첫째 부활을 신자의 육체 부활로 볼 수 없기 때문에, 이 주장에 동의할 수 없다.

다음 단락에서는 죽은 자의 장소로 사용된 바다, 사망과 하데스에 대해 좀 더 자세하게 살펴 보고자 한다.

(3)바다(13a절)

여기에서 "바다"와 "사망과 하데스"는 서로 동일한 의미의 다른 표현으로서[421] "하나님의 참된 성품에 적대적인 죽음의 마귀적 영역"을 나타낸다.[422] 이런 특징은 바다/사망/하데스가 불신자의 죽은 자의 장소에 해당된다는 것을 보여준다. 특히 바다, 사망과 하데스는 "죽은 자들을 주다"라는 문구를 통해 의인화된다.[423] 먼저 "바다"는 창세기 1장 2절에서 창조 질서 이전의 무질서

---

419 Bauckham, "Resurrection as Giving Back the Dead," 281.

420 Waymeyer, "The First Resurrection in Revelation 20," 5.

421 쾨스터는 바다를 사망과 하데스와 구별하여 다른 범주로 간주한다. 이것에 대한 근거로서 아킬레스 타티우스(Achilles Tatius)의 *Leucippe et Clitophon* 라는 작품에 있는 "깊음에서 그들의 종말을 맞이하는 자들의 영혼들은 하데스로 결코 내려가지 않고 수면 위의 어떤 장소에서 떠돌아다닌다"는 내용을 제시한다(Koester, *Revelation,* 780). 그러나 이 자료는 "바다"를 문자적 의미로 사용하고 있어서 상징적 의미로 사용하는 요한계시록 본문과는 차이가 있다.

422 Smalley, *The Revelation to John*, 518.

423 이런 의인화는 욥기 24장 19절과 28장 22절 그리고 이사야 5장 14절과 같은 구약 말씀에 배경을 갖

한 상태를 나타내는 "깊음"(테홈)으로 표현되는 "원시적 바다"를 배경으로 한다.[424] 고대 근동의 가나안 신화에서 바알과, 바벨론 창조 신화인 에누마 엘리쉬(Enuma Elish)에서 마르둑(Marduk)은 "전사(戰士) 신"(warrior god)으로 이런 무질서한 바다를 길들이는 역할을 한다.[425] 이처럼 성경의 창조 이야기이나 고대 근동의 창조 신화에서 "바다"는 무질서와 혼돈에 대한 이미지로 공통적으로 사용되고 있다.[426] 바다는 구약 시편 93편 3-4절에서 이스라엘을 공격하는 "위험한 세력"으로 묘사되기도 한다.[427]

이처럼 죽은 자의 장소로서 바다는 요한계시록에서 혼돈과 무질서를 야기하는 악의 세력과 연동되어 부정적 의미로 사용된다. 곧 요한계시록 12장 17d절에서 용이 "바다의 모래 위에" 등장하고 13장 1a절에서 첫째 짐승이 "바다"로부터 올라온다. 특별히 21장 1절의 새 창조에서 무질서를 야기하며 죽은 자의 장소로 존재했던 "바다"는 더 이상 존재하지 않는다. 이런 점에서 "바다"를 불신자로서 죽은 자의 존재 장소에 대한 상징적 의미로 간주하기에 충분한 배경적 문맥적 근거가 존재한다.[428]

(4)사망과 하데스(13b절)

"사망"과 "하데스"라는 두 개의 단어는 요한계시록에서 하나의 짝을 이루어 모두 4회 사용된다(1:18; 6:8; 20:13, 14).[429] 여기에서 "하데스"(ᾅδης)는 히브리어 '스올'(שְׁאוֹל)을 70인역에서 헬라어로 번역한 단어이다. 따라서 헬라어 "하데스"와 히브리어 "스올"은 동일한 의미로 볼 수 있다. "사망"과 "하데스"의 관계에 있어서, 항상 "사망"이 먼저 나오고 "하데스"가 그 다음에 나오는 형식을 갖는데 이것은 "사망"이 "하데스"의 영역을 압도한다는 것을 암시한다.[430] 여기에서

는다(Bauckham, "Resurrection as Giving Back the Dead," 280).

424 W. J. Dumbrell, *The Search for Order: Biblical Eschatology in Focus* (Eugene, OR: Wipf & Stock, 2001), 16.

425 앞의 책.

426 바다와 관련해서 4장 6a절의 "유리바다"라는 주제(1권 500-503쪽)와 15장 2절에서 궁창과 바다의 관계에 대한 논의를 참조하라.

427 E. R. Follis, "Sea" in *ABD*, 5:1059.

428 블라운트는 이 "바다"에 대해 바다 사람들이 바다에 살다가 바다에서 죽게 되는 경우에 매장되어 지하 세계인 하데스로 가는 길을 발견하게 되는 것으로 설명한다(Blount, *Revelation*, 374). 그러나 이런 견해는 바다에 대한 배경적 설명 없이 문자적 이해에 머물러 있다는 점에서 한계가 있다.

429 Aune, *Revelation 17-22*, 1103.

430 앞의 책.

"바다"나 "사망과 하데스"는 악의 영역으로서 죽은 불신자가 존재하는 장소로서 지옥을 표현하는 환유법적 표현이다(여기에서 '환유법' [metonymy]이란 '왕'을 '왕관'으로 대신 표현하는 방법이다).

그런데 죽은 자들을 바다와 사망/하데스가 준다고 했는데 그것은 그 전에 죽은 자들이 바다/사망/음부에 존재하고 있다는 것을 의미한다. 그렇다면 그 죽은 자들은 바로 바다/사망/음부에 의해 환유적으로 표현된 지옥에서 이 최후 심판의 때를 기다리며 대기하고 있다고 볼 수 있다. 이런 상태를 "중간 상태"(intermediate state)라고 한다.[431] 후크마는 이런 "중간 상태"를 "죽음과 부활 사이에 죽은 자의 상태"를 의미하는 것으로 규정한다.[432] 이 중간 상태에서 불신자들은 바다/사망/하데스에 존재하여 심판의 부활 후에 최후의 심판을 기다리고 있지만, 신자들은 그리스도와 함께 영혼의 상태에서 하늘에 존재하여 육체의 부활 후에 영원한 새창조를 기다린다. 이런 사실에 의해 다시 한 번 죽은 자들이 불신자들을 가리키고 있다는 사실을 확인할 수 있다. 이제 죽은 자들은 최후의 심판을 위해 거기로부터 내어줌을 받는데 이것은 요한복음 5장 29절의 말씀대로 표현하면 '심판의 부활'을 의미한다.

각자가 그들의 행위들을 따라 심판 받다(13c절) 13c절에 의하면 바다/사망/음부로부터 내어줌을 받은 그 죽은 자들은 각자가 "그들의 행위들에 따라"(κατὰ τὰ ἔργα αὐτῶν, 카타 타 에르가 아우톤) 심판 받는다. 이것은 12ghi을 반복하는 내용이다.[433] 다만 13c절에서는 12h절의 "책들에 기록된 것들에 의해서" 라는 문구가 생략되어 있다. 이 두 본문 사이의 이러한 평행 관계에 의해 13c절에서 심판 받는 자들의 행위들은 바로 "책들"에 기록되어 있는 것으로 간주할 수 있다. "그들의 행위들을 따라"라는 문구는 행위 자체가 구원과 심판을 가늠하거나 그 정도를 결정하는 것이 아니라, 그들의 행위가 심판의 근거가 된다는 의미이다. 특별히 요한계시록의 문맥에서 심판 받을 근거로서의 행위는 "짐승의 표"를 받음으로 황제 숭배에 굴복하는 행위를 가리킨다. 그런 행위는 심판 받기에 충분한 근거가 된다. 특별히 "각자가"(ἕκαστος, 헤카스토스)라는 단어는 불신

---

431 Walvoord, *The Revelation of Jesus Christ*, 306.
432 Hoekema, *The Bible and the Future*, 92.
433 이 관계에 대해서는 구조분석을 참조하라.

자들 중 그 누구도 이 심판의 대상에서 예외일 수 없음을 강조해 줄 뿐만 아니라 누군가의 도움 없이 홀로 하나님의 심판대 앞에 서게 될 것을 말하고 있다.

다음 14-15절은 이 최후의 심판의 결과가 어떻게 나타나게 되는가를 설명해 준다.

사망과 하데스가 불의 호수로 던져졌다(14a절) 14a절에서 "사망과 하데스"가 "불의 호수로 던져졌다"고 말한다. 여기에서 "사망"과 "하데스"는 요한계시록에서 하나의 짝을 이루고 있다. 사망과 하데스가 던져진 "불의 호수"는 19장 20절에서 짐승과 거짓 선지자가 던져진 곳이고 20장 10절에서는 용이 상징하는 마귀 사탄이 던져진 곳이다. 이런 용례들을 종합하면 "불의 호수"란 모든 악의 세력이 최종적으로 영원히 심판 받는 장소에 대한 상징적 이미지로 사용되고 있는 것이다.[434] 그리고 "사망과 하데스"도 이러한 불의 호수로 던져졌다는 것은 일시적 대기 장소로서 "사망과 하데스"가 영원한 심판의 장소인 "불의 호수"에 통합됨으로써 더 이상 대기의 시간은 필요 없게 되었다는 것을 시사한다.[435] 이제 최종적인 심판의 시간이 온 것이다. 또한 이런 통합은 "사망과 하데스"가 "불의 호수"와 같은 악의 속성을 공유하고 있음을 시사한다. 이것은 "사망과 하데스"에 대기하고 있던 "죽은 자들"의 심판이 불신자의 심판이라는 사실을 다시 한 번 확증해준다.

또 한편으로 비즐리 머레이는 이 내용을 고린도전서 15장 26절 과 54절의 말씀을 참고해서 살펴 볼 필요가 있다는 것을 제안한다.[436]

> 맨 나중에 멸망 받을 원수는 사망(θάνατος, 다나토스)이니라(고전 15:26)
>
> 이 썩을 것이 썩지 아니함을 입고 이 죽을 것(θνητόν, 드네톤)이 죽지 아니함을 입을 때에는 사망(θάνατος, 다나토스)을 삼키고 이기리라고 기록된 말씀이 이루어지리라(고전 15:54)

이 고린도전서 본문에 의하면 "사망"은 멸망 받을 대상이며 "죽을 것"(θνητόν, 드네톤)과 "사망" (θάνατος, 다나토스)이 생명에 의해 삼킨 바 될 것을 말하고 있다. 요한계시록 20장 14a절의 내용은 바로 이런 고린도전서 말씀의 내용이 구체

---

434 이 주제에 대한 좀 더 자세한 내용은 19장 20절의 이 문구에 대한 주해를 참조하라.

435 비일은 "사망과 하데스"의 기능을 "일시적 속박"(temporary bond)으로 규정한다(Beale, *The Book of Revelation*, 1035).

436 Beasley-Murray, *The Book of Revelation*, 303.

적으로 실행되는 과정을 보여준다고 할 수 있다. 곧 옛 시대를 압도하던 사망이 인간을 지배하는 시대는 이제 막을 내리고 그 자리를 새창조의 생명에 내주게 되었다는 것이다.[437]

또한 비일에 의하면 "사망과 하데스"를 "사망과 하데스에 있는 자들"에 대한 환유적 표현으로 보고 전자가 "불의 호수"에 던져졌다는 것을 그것 안에 있는 자들이 "불의 호수"에 던져진 것으로 이해할 수 있다는 것이다.[438] 결국 그들은 "일시적 속박"(*temporary*[비일의 이탤릭] bonds)의 장소인 "사망과 하데스"에서 이제 "영원한 속박"(*pemanent*[비일의 이탤릭] bonds)의 장소로 넘겨지게 된 것이다.[439]

이것은 둘째 사망, 불의 호수이다(14b절) 14b절은 지시 대명사 "이것"(οὗτος, 후토스)로 시작한다. 이 지시대명사가 무엇을 지시하고 있는 것인지 결정하는 것이 쉽지 않고 14b절 자체도 전후 문맥과 자연스럽지 못한 관계이다. 이런 이유로 찰스는 14b절을 "난외"(欄外)(gloss)로 규정한다.[440] 또한 어떤 사본들(051 2053txt 2062txt 𝔐A a sin bo Aug)은 4b절을 생략하기도 하는데, 이것은 필사자들이 14b절의 "불의 호수"를 14a절의 "불의 호수"로 착각해서 14b절 전체를 모두 필사한 줄 알고 건너 뛰었을 가능성이 있다.[441] 그리고 이 본문이 생략되어 14a절이 15절과 연결되면 좀 더 자연스럽게 이어지는 것도 사실이다. 이런 이유들이 도리어 14b절의 존재의 신빙성을 더 높여주고 있으므로 이 본문의 존재를 부정하기는 힘들다.

먼저"이것"이란 지시대명사는 앞의 내용인 14a절 전체에서 "사망과 하데스"가 불의 호수로 던져지게 되는 상황을 가리키는 것으로 보는 것이 적절하다고 판단된다. 그러나 "사망과 하데스"가 불의 호수로 던져지는 것 자체를 둘째 사망이라고 말하는 것은 "사망과 하데스"가 첫째 사망을 비롯해서 둘째 사망을 경험할 수 없기 때문에 논리의 비약이 있다. 이 문제를 해결할 수 있는

---

437 앞의 책.

438 Beale, *The Book of Revelation*, 1035. 비일은 이러한 환유법을 "그릇"(container)(사망과 하데스)이 "그릇 안에 있는 내용물(contained)"(사망과 하데스에 있는 자들)을 대신한다는 말로 설명한다(앞의 책).

439 앞의 책.

440 Charles, *A Critical and Exegetical Commentary on Revelation*, 2:200. 이런 입장을 오우니도 지지한다(Aune, *Revelation 17-22*, 1103).

441 Beale, *The Book of Revelation*, 1037.

열쇠가 앞서 언급한 것처럼, “사망과 하데스”가 불의 호수로 던져졌다는 것을 환유적 표현으로 이해하여, “사망과 하데스에 있는 자들”이 불의 호수로 던져지게 된 것으로 이해하는 것이다.[442] 그렇다면 이것이 둘째 사망이라고 하는 것을 적절하게 이해될 수 있다. 그리고 이런 내용은 다음 15절에서 다시 자세하게 설명되고 있다.

그리고 “둘째 사망”과 “불의 호수”가 나란히 놓여 있는데 이런 두 문구의 관계에서 말하고자 하는 것은 바로 “불의 호수”는 “둘째 사망”이 일어나는 곳이라는 것이다. 왜 “불의 호수”가 “둘째 사망”일까? 먼저 “둘째 사망”은 첫째 사망을 전제한다. 첫째 사망은 육체적 사망을 의미한다. 그렇다면 “둘째 사망”이란 첫째 사망 후에 “사망과 하데스”에 존재해 있다가 그것으로부터 내어줌을 받아 “심판의 부활” 후에 하나님의 심판대 앞에서 서서 심판을 받은 후에 두번째로 죽음을 당하는 것을 의미한다고 볼 수 있다. 곧 첫째 사망에 이어지는 영원한 죽음을 의미한다. 첫째 사망이 믿는 자든 믿지 않는 자든 모든 인간들에게 동일하게 일어나는 것이라면, 둘째 사망은 오직 바다/사망/음부가 내어준 불신자들에게 일어나는 것이다. 20장 6절에서 이러한 둘째 사망은 첫째 부활을 경험한 그리스도인에게는 전혀 영향을 미치지 못한다는 것을 언급한 바 있다.

생명의 책에 기록되지 않은 자는 불의 호수로 던져지다(15절) 다음 15절은 14절을 좀 더 보충적으로 설명해 준다. 따라서 이 두 본문은 내용적으로 밀접한 관계를 가지면서 구조적으로도 정교하게 구성되어 있다. 이 두 본문의 구조는 A(14a절)–B(14b절)–A′(15ab절)로 조직되어 있다. 이것을 다음과 같이 표시할 수 있다.

A 14) a) 그리고 사망과 하데스는 불의 호수로 던져졌다.
B b) 이것은 둘째 사망, 불의 호수이다.
A′ 15) a) 그리고 누구든지 생명의 책에 (그의 이름이) 기록된 것으로 발견되지 않는다면
b) 그는 불의 호수로 던져졌다.

442 앞의 책, 1035.

A(14a절)와 A′는 "불의 호수로 던져졌다"(ἐβλήθησαν εἰς τὴν λίμνην τοῦ πυρός, 에블레데산 에이스 텐 림넨 투 퓌로스)와 평행 관계이다. 그리고 A에서 "사망과 하데스"를 "사망과 하데스에 있는 자들"로 볼 수 있다면 이것은 A′의 "생명의 책에 (그의 이름이) 기록되지 않은 자들"과 동일시 될 수 있다. 그리고 B는 "불의 호수"를 묘사해주는 A와 A′의 상태를 각각 "둘째 사망"으로 규정한다. 특별히 B에서 "둘째 사망"이란 문구는 A와 A′에서 동시에 언급하고 있는 "불의 호수"의 특징을 나타낸다.

이런 구조적 관계를 통해 볼 때 15a절의 "생명의 책에 그의 이름이 기록된 것으로 발견되지 않는 자"는 불신자들로서 죽은 후에 "사망과 하데스"에 있게 된 자들이다. 여기에서 "생명의 책에 (그의 이름이) 기록된 것으로 발견되지 않는 자"라는 문구는 13장 8절에서도 사용된다.

> 죽임 당한 어린 양의 생명의 책에 세상의 창조로부터 그의 이름이 기록되지 않은 땅에 사는 모든 자들이 그(짐승)를 경배할 것이다

이 말씀에서 "생명의 책"에 이름이 기록되지 않은 자들"은 짐승에게 속한 "땅에 사는 자들"로서 필연적으로 짐승을 경배하게 될 것이라는 당위성을 강조한다. 여기에서 태생적으로 "생명의 책"에 그 이름이 기록되지 않은 자들은 실제의 삶 속에서 짐승을 경배하는 행위로 그 증거가 드러나게 되어 있다고 볼 수 있다. 결국 이것이 심판받는 근거가 되어 불의 호수로 던져지게 되는 것이다. 이것이 바로 "책들에 기록된 것들에 의해서"(12h절) 곧 "그들의 행위들에 따라"(12i, 13c절) 죽은 자들이 심판 받는 이유이다.

여기에서 죽은 자들이 바다/사망/음부로부터 나와 "불의 호수"로 들어가게 되는 것은 첫째 사망 이후 심판의 부활(요 5:29)을 통해 심판 받고 다시 영원한 사망 곧 "둘째 사망"을 겪게 되는 단계를 말한다. "둘째 사망"은 생명의 책에 이름이 기록되지 않은 자들 곧 "불의 호수로 던져진 자들"의 "운명"(lot)인 것이다.[365] 앞서 언급했던 것처럼, 그들이 "책들에 기록된 것들에 의해서" "그들의 행위에 따라" 심판 받는 것은 심판의 양을 가늠하려는 목적이 아니라 심판의 근거를 제시하기 위해서이다. 공의로우신 하나님은 임의적으로 심판하는 법이 없기 때문이다. 그러므로 그들의 행위의 악한 정도가 크든 적든 그들

365 Charles, *A Critical and Exegetical Commentary on Revelation*, 2:200.

의 이름이 생명책에 기록되지 않은 자들은 그들의 행위에 근거해서 동일하게 불의 호수에 던져지게 되는 것이다.

그리고 14a절의 "사망과 하데스"와 15a절의 "생명의 책에 기록된 것으로 발견되지 않는 자"에서 모두 동일하게 "불의 호수로 던져졌다"(ἐβλήθη εἰς τὴν λίμνην τοῦ πυρός, 에브레데 에이스 림넨 투 퓌로스)라는 문구가 공통적으로 함께 사용된다는 점에 주목할 필요가 있다. 특별히 이 문구에서 "던져졌다"라는 동사의 사용은 19장 20절의 두 짐승의 경우와 20장 10절의 용/사탄의 경우와 동일하다. 이 동사는 신적 수동태로서 그들이 그러한 상태에 놓이게 된 것이 하나님의 뜻에 의해 이루어지고 있을 뿐만 아니라 또한 그들이 하나님에 의해 철저하게 패배한 자들로 취급 받고 있음을 시사하고 있다. 생명의 책에 이름이 기록된 신자는 여기에 포함될 수 없다. 생명의 책에 이름이 기록되지 않은 불신자들만이 여기에 해당된다.

[정리]

이상의 11-15절을 정리하면 이 본문은 불신자들을(특별히 죽은 자들을 대상으로) 향한 최후의 심판을 기록하고 있는 것으로서 이들은 바다/사망/음부에 대기하고 있다가 최후의 심판 때에 내어줌을 받아 작은 자든 큰 자든 하나님의 심판대에 서게 되고, 책들에 기록된 대로 그들의 행위에 따라 심판 받아 마땅한 자로 확증되어 "불의 호수"에 던져지게 된다. 이것이 둘째 사망이다. 여기에서 중요한 것은 이 심판의 대상에서 "생명의 책"에 기록된 자들은 제외된다는 점이다.

이러한 사실에 근거하여 믿는 자들의 경우를 추론해 볼 수 있다. 먼저 예수 믿고 소천한 성도들은 천국(낙원)에 가서 하나님 품에 안기게 된다. 이것은 중간 상태로서 불신자들이 머무는 바다/사망/음부에 대응되는 상태이다. 물론 이런 상태가 최종적인 것은 아니다. 그들에게 생명의 부활이 기다리고 있다. 그들은 '영혼'의 상태에 있기 때문에 육체의 부활이 필요하다(참조 6:9; 20:4). 생명의 부활(요 5:29)(혹은 둘째 부활)을 통해 천국에서 내어줌을 받고 예수님과 같은 신령한 몸을 입게 된다. 왜냐하면 예수님은 죽은 자들 가운데서 먼저 나시므로 성도들의 부활의 첫 열매가 되셨기 때문이다.

그리고 신실한 증인이시요 죽은 자들의 처음 나신 이시요… (계 1:5)

그러나 이제 그리스도께서 죽은 자 가운데서 다시 살아나사 잠자는 자들의 첫 열매가 되셨도다(고전 15:20)

그러나 각각 자기 차례대로 되리니 먼저는 첫 열매인 그리스도요 다음에는 그가 강림하실 때에 그리스도에게 속한 자요(고전 15:23)

그는 몸인 교회의 머리시라 그가 근본이시요 죽은 자들 가운데서 먼저 나신 이시니 이는 친히 만물의 으뜸이 되려 하심이요(골 1:18)

성도들은 이처럼 생명의 부활을 통해 예수님의 신령한 몸을 입고 그들을 기다리고 있는 새 하늘과 새 땅에 들어가게 된다. 천국이 바다/사망/음부에 의해 환유적으로 표현되는 지옥과 대조적인 곳이라고 한다면 새 창조는 불의 호수와 대조적인 곳이라고 할 수 있다. 불의 호수가 둘째 사망으로서 영원한 심판을 받는 곳이라면, 새 하늘과 새 땅(새창조; 이에 대해서는 다음 장에서 논의하게 된다)은 둘째 부활을 통해 두 번째 생명을 얻게 되어 영원한 구원의 상태를 경험하게 되는 곳이다. 이들은 심판의 부활을 하고 최후의 심판을 거쳐서 둘째 사망을 통해 영원한 심판을 겪게 되는 그러한 과정과는 달리, 천국에서 영혼의 상태에 존재하다가 생명의 부활을 하나 최후의 심판을 위한 것이 아니라 예수님의 부활의 몸을 입어 새 창조를 유업으로 받기 위한 목적으로 이러한 부활의 과정을 거치게 된다. 반면 죽지 않고 예수님의 재림을 맞이 하는 자들에게는 부활의 과정이 아니라 예수님의 부활의 신령한 몸으로 변화하는 과정을 겪는다(고전 15:51-52; 빌 3:21). 이러한 내용을 다음과 같이 도표로 나타낼 수 있을 것이다.

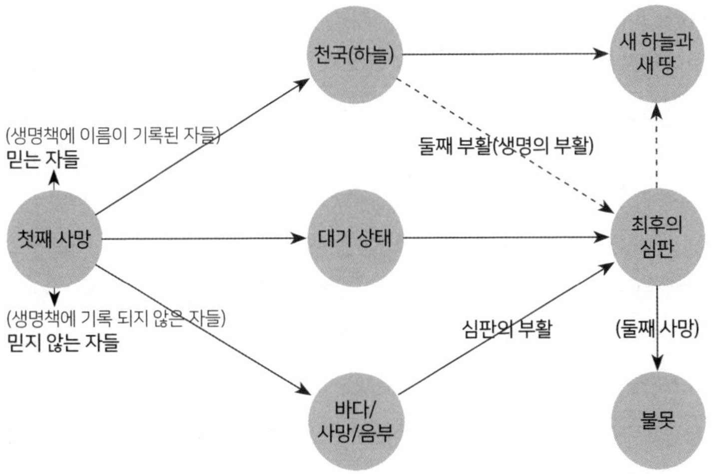

핵심 메시지

19장 11절-20장 15절은 17장 1절-19장 11절에 이어 악의 세력 곧 두 짐승과 용, 그리고 그들의 추종자들에 대한 최종적 심판과 멸망에 대한 내용을 일괄적으로 다루고 있다. 먼저 19:장 1-16절은 흰말 위에 앉으신 예수님을 묘사함으로써 앞으로 전개될 내용이 예수님에 의한 심판과 승리의 사건이 될 것을 암시한다. 그 백마 위에 앉으신 예수님은 전투적이며 법정적인 의미를 지니는 하나님의 말씀으로 대적들을 심판하실 것이며, 결국 심판의 결과로 두 짐승과 그 짐승들을 따랐던 열방들이 흘린 피로 적셔진 옷을 입으신 것이다. 그리하여 그리스도는 우주적 심판의 권세를 가지시고 말씀으로 심판하시며, 또한 모든 심판의 사역에 있어서 완전함을 이루시는 하나님의 맹렬한 진노의 포도주 틀을 밟으실 분이심을 말씀한다.

그리고 19장 17-21절은 이러한 예수님의 심판으로 인한 두 짐승의 멸망을 소개한다. 특히 두 짐승의 멸망은 에스겔 38-39장의 곡과 마곡의 전쟁을 배경으로 한다. 그런데 이 전쟁은 에스겔이 바라보는 종말적 전쟁으로서 역사적으로는 일어난 바 없으나, 예수님의 재림의 때에 일어나는 전쟁에 적용되고 있다. 이 전쟁은 16장 12-16절에서 소개된 하르마겟돈 전쟁과 동일한 시점에 일어나는 동일한 종말적 전쟁을 다른 방법으로 표현하고 있으며, 따라서 그것은 어느 역사적 시점에서 물리적으로 일어나는 전쟁을 의미하지 않는다.

다음으로 20장 1-10절은 용이 심판으로 말미암아 멸망에 이르게 된 사건을 소개한다. 즉 용이 천 년 동안 결박되어 아뷔소스에 갇혀 있는 동안 교회 공동체는 천 년 동안 통치하며, 천 년이 지난 후에는 용이 아뷔소스로부터 나와서 교회 공동체와의 전쟁에서 패하여 불의 호수에 던져지는 내용이다. 먼저 1-3절에서 사탄을 상징하는 용은 천 년 동안 결박 당하여 아뷔소스에 갇히게 된다. 이런 모든 내용이 상징적인 이미지로 표현된다. 용의 결박은 예수님의 사역과 죽음과 부활 사건에 의해 그 기력이 파괴되었음을 의미하며, 무저갱에 갇혀 있는 천 년의 기간은 예수님의 사역이 시작되는 초림에서부터 재림까지의 기간이라고 볼 수 있다. 이 천 년의 기간 동안에 용이 무저갱에 갇혀 있어 만국을 미혹하지 못하게 된다. 하지만 요한계시록의 전체적인 맥락에서 보면 사탄의 미혹은 초림과 재림 사이 동안에 만국을 향하여 이루어지고 있다. 이것은 사탄의 이중적 특징을 나타낸다. 1-3절은 이런 이중적 특징 중에 심판의 측면에 더욱 초점을 맞추고 있는 것이라고 할 수 있다.

그리고 7-10절에 용이 천 년의 기간이 다 찬 후에 무저갱에서 나와 땅의 사방에 있는 나라들 곧 곡과 마곡을 미혹하여 성도들의 진 곧 사랑받은 도시를 에워싸 공격한다. 용의 이런 시도는 하나님의 철저한 계획 속에서 이루어지고 있으며 그들의 심판에 대한 명분을 쌓고 있는 것이다. 결국 용 곧 사탄은 천 년이 다 찬 후에 무저갱에서 나와 교회 공동체를 향하여 전쟁을 일으키지만 그 전쟁에서 패하여 결국 불과 유황의 호수에 던져진다. 이곳은 앞서 하나님의 큰 잔치에서 짐승과 거짓 선지자가 던져진 불의 호수와 동일한 곳이다. 이 두 사건은 모두 동일한 시점에서 일어난 것이지만 논리적 순서에 의해 구분되어 기록되어 있다.

다음 4-6절은 1-3절과 7-10절 사이에 삽입되어서, 천 년 동안 사탄의 처지와 교회 공동체의 정황을 대조한다. 즉, 용 곧 사탄은 천 년 동안 결박되어 있는 반면에 순교자들을 비롯한 모든 그리스도인들은 살아서 천 년 동안 하나님의 왕권을 드러내는 통치에 동참하게 된다. 이것이 첫째 부활이다. 이것은 그리스도인들이 중생하여 생명을 얻는 상태를 가리키는 것으로도 볼 수 있다. 그리하여 첫째 부활에 참예한 이들은 영원한 심판을 의미하는 둘째 사망이 그들에 대한 권세를 행사하지 못한다.

끝으로 11-15절에서는 사탄이나 짐승을 추종했던 자들에 대한 최후의 심판이 소개된다. 크고 흰보좌 위에 앉아 계신 하나님의 위엄과 거룩함 앞에 믿지 않고 죽은 자들이 심판 받기 위해 서 있다. 여기에서 "책들"과 "생명의 책"이 펴져 있는데 이 두 종류의 책은 상징적인 이미지로서 심판과 구원이라는 두 측면을 보여준다. 즉, 생명의 책에는 구원 받을 자들의 이름이 기록되어 있는 반면에, 책들에는 불신자들의 행위가 기록되어 있어 심판의 근거를 제공한다. 불신자들은 죽어서 바다/사망/음부에 대기하고 있다가 최후의 심판의 때에 내어줌을 받아 모든 하나님의 심판대에 서게 되고 책들에 기록된 그들의 행위에 근거하여 심판을 받아 영원한 사망인 불의 호수에 던져져 영원한 심판을 받게 된다.

여기까지 최후 심판에 대한 기록은 마무리 된다.

설교 포인트

19장 11절–20장 15절을 설교한다는 것은 우리의 가슴을 벅차오르게 할 것이다. 왜냐하면 이 본문은 사탄의 결박과 멸망은 확정되었으며, 우리는 그리스도와 더불어 천 년 동안 통치하게 될 것을 보여주기 때문이다. 이 본문은 서로 잘 연결되는 세 개의 에피소드로 구성되어 있다: 1)흰말 위에 앉으신 예수님: 두 짐승의 멸망(19:11-21); 2)천 년 동안 사탄의 결박과 교회 공동체의 통치: 용의 멸망(20:1-10); 3)최후의 심판: 용의 추종자들의 멸망(20:11-15). 이 세 개의 에피소드는 각각 중요한 메시지를 담고 있다. 그러므로 세 개를 각각 독립된 설교 본문으로 삼을 수 있을 것이다. 여기에서 설교자가 강조해야 할 것은 이 세 개의 본문이 17–18장의 바벨론의 멸망과 함께 동일한 시점에 일어나는 동일한 사건을 다른 각도에서 접근하고 있다는 사실이다. 이러한 사실은 16장 12–21절과의 관계를 통해 쉽게 설명할 수 있을 것이다. 곧 16장 12–21절과 17–20장의 관계는 ABC–C′B′A′의 구조를 형성하며 후자는 전자를 좀 더 자세하게 설명해 주는 역할을 한다는 것이다. 설교자는 이러한 내용을 신학적 논쟁의 주제로 이끌어 가서는 안될 것이며 오직 본문의 문맥 관계를 통해 실타래를 풀듯이 하나씩 차근차근 풀어 나가야 할 것이다.

위의 세 개의 에피소드 중에 첫 번째 에피소드인 19장 11–21절 설교에서 설교자가 초점을 맞추어야 하는 것은 흰 말 위에 앉으신 예수님의 출현과 짐승과 거짓 선지자의 심판에 있다. 이러한 심판의 정황이 하나님의 큰 잔치라는 이미지를 통해 표현된다. 설교자는 이 본문을 설교하는 데 있어서 이 세 가지 점을 근간으로 진행해야 할 것이다. 그리고 문맥에 있어서 이 두 짐승에 대한 심판은 바로 16장 12–16절의 하르마겟돈 전쟁에서 두 짐승에 대한 심판과 평행 관계라는 점도 상기시킬 필요가 있다. 특별히 이 본문은 A(11-16절)–B(17-18절)–A′(19-21절)의 구조를 가진다. A와 A′ 는 메시야 예수님의 등장으로 인한 전쟁의 양상을 언급하고 B는 이 전하나님의 큰 잔치로 규정하여 표현한다.

그리고 설교자에게 가장 중심이 되는 본문은 20:1-10일 것이다. 그러므로 19장 11절-20장 15절을 설교하는 데 있어 설교자는 설교 본문을 천 년 동안 사탄의 처지와 교회 공동체의 정황을 대조적으로 보여주는 20장 1-10절로 정하는 것이 좋을 것이다. 그 나머지 부분은 악의 세력의 대표격인 사탄과 동일한 최후의 심판을 맞이할 자들에 대한 내용으로서 그 문맥을 형성해 준다고 볼 수 있다. 곧 20장의 정황은 19장 11-21절의 흰말 위에 앉으신 예수님의 심판과 승리의 배경 속에서 이루어진다고 할 수 있다. 그 이유는 천 년 동안 사탄이 결박되고(1-3절) 모든 성도들이 왕 노릇하게 되고(4-6절) 천 년 후에 사탄은 최종적으로 심판 받게 되며(7-10절) 그의 추종 세력들이 결정적인 패배와 함께 심판을 받게 되는 것이(11-15절) 모두 예수님의 초림과 재림에 의해 가능케 되었기 때문이다. 예수님의 초림은 사탄의 결박을 가져온 천 년의 시작임을 보여주고 또한 재림은 사탄과 그의 추종 세력들의 완전한 심판과 멸망을 가져온다. 예수님은 악의 세력과의 전쟁에서 승리하시고 심판하시는 만왕의 왕이요 만주의 주가 되신다. 여기에서 짐승과 함께한 땅의 임금들과 군대들이 흰 말 위에 앉으신 예수님과 더불어 벌이는 전쟁은 16장 12-16절의 아마겟돈 전쟁이나 20장 7-10절과 동일한 시점에 일어나는 종말론적 전쟁이라는 것과 또한 이 전쟁은 물리적으로 일어나는 것이 아니라 영적 전쟁을 상징적으로 표현하는 것이라는 사실을 설교자는 간과하지 말아야 할 것이다.

특별히 설교자는 1-3절에서 용이 천 년 동안 결박되고 무저갱에 갇히는 표현들이 상징적인 의미를 담고 있음을 설득력 있게 설명해 주어야 한다. 곧 이러한 용의 결박이 예수님의 사역과 죽음과 부활 사건을 통해 일어났음을 상징적으로 보여준다는 것이다. 바로 그러한 정황에 4-6절이 삽입됨으로 교회 공동체는 사탄의 권세에 의해 좌지우지 되는 것이 아님을 강력하게 밝히고 있는 것이다. 비록 교회 공동체가 사탄의 세력에 의해 목베임 당하게 되더라라도, 그들은 보좌에 앉아 살아서 그리스도로 더불어 천 년 동안 왕 노릇하는 영광에 참예케 된다. 이것은 1-3절의 결박된 용과 대조된적인 모습이다. 여기에서 설교자는 성도들로 하여금 이 땅에서 순교적 삶을 살아가지만, 우리는 지금 그리스도로 더불어 통치하는 존재들임을 확신하도록 설교할 수 있어야 한다. 따라서 설교자는 이 본문을 통해 청중들로 하여금 궁극적으로 두 짐승과 용과 그의 추종자들이 받게 될 영벌에 처하는 것이 아니라, 영원한 구원에 이르는 복 받은 존재들임을 인식하며 살아가도록 도울 수 있을 것이다.

설교 요약 1

◆ **제목**: 두 짐승의 심판

◆ **본문**: 요한계시록 19장 11-21절

◆ **서론**

요한계시록에서 중요한 악의 세력 중에 두 짐승이 있다. 첫째 짐승은 로마 제국 황제를 상징하고 둘째 짐승은 거짓 선지자로서 황제 숭제를 촉진시키는 역할을 한다. 한 마디로 두 짐승은 황제 숭배 사상을 나타내는 상징적 이미지로 사용된다. 오늘 본문은 바로 이런 악의 세력이 최종적으로 심판 받는 장면을 소개한다.

◆ **문맥 관찰**

먼 문맥: 16장 12-16절 하르마겟돈 전쟁에서 짐승과 거짓 선지자와의 평행 관계

19장 7-9절의 어린 양의 혼인 잔치와의 비교

◆ **구조분석**

1)11-16절(A) 흰 말 위에 앉으신 메시야 예수님의 장엄한 파루시아(오심)

2)17-18절(B) 하나님의 큰 자치에의 초대

3)19-21절(A') 두 짐승과 그의 군대들의 심판

◆ **본론**:

1) 11-16절(A) 흰 말 위에 앉으신 메시야 예수님의 장엄한 파루시아(오심)

(1) 하늘이 열려지다(11a절)

(2) 흰 말과 그 위에 앉으신 이(11b절)

(3) 신실과 참됨의 예수님(11b절)

(4) 공의로 심판하고 싸우시는 예수님(11c절)
(5) 불의 화염같은 눈을 가지신 예수님(12a절)
(6) 머리에 많은 면류관을 가지신 예수님(12b절)
(7) 자신 외에 아무도 알 수 없는 이름을 가지신 예수님(12c절)
(8) 피로 적셔진 옷을 입으신 예수님(13a절)
(9) 그의 이름은 하나님의 말씀(13b절)
(10) 날카로운 칼과 철 막대기로 나라들을 치시는 예수님(15abc절)
(11) 허벅지 부분에 기록된 이름(16a절)
(12) 왕들의 왕이요 주들의 주이신 예수님(16b절)
이런 예수님의 모습은 심판주로 최적화 되어 있다.

2) 17-18절(B) 하나님의 큰 잔치에의 초대
(1) 태양에 서 있는 한 천사(17a절)
(2) 중천에 나는 모든 새들(17c절)
(3) 하나님의 큰 잔치(17d-18절)
잔치는 심판에 대한 역설적 표현이다.

3) 19-21절(A') 두 짐승과 그의 군대들의 심판
(1) 짐승과 땅의 왕들과 그들의 군대들(19a절)
(2) 흰 말 위에 앉은 이를 대항하여 전쟁을 하다(19b절)
(3) 패배: 짐승과 거짓 선지자가 잡히다(20ab절)
(4) 거짓 선지자의 미혹하는 활동이 종말을 맞이하다(20c절)
(5) 짐승과 거짓 선지자가 유황이 타오르는 불의 호수에 던져진다 (20d절)
(6) 나머지는 백마 위에 앉으신 이의 입으로부터 나오는 칼로 죽임을 당하다(21절)-영적 전투에서 영적 심판을 받음

◆ **결론:**

사탄이 현재 아무리 강력한 힘을 가지고 있는 것처럼 보여도 궁극적으로는 예수님에 의해 심판을 받아 불의 호수로 던져지게 되는 운명이라는 사실을 오늘 본문을 통해 확인하였다. 이런 확인을 통해 오늘 우리가 직면하는 모든 악한 세력과의 영적 전투에서 승리를 확신한다.

설교 요약 2

◆ **제목**: 손자 병법

◆ **본문**: 요한계시록 20장 1-10절

◆ **서론**

우리는 의식하든지 의식하지 않든지 영적 전투의 현장에 살아 가고 있다. 그 영적 전투의 대상은 물론 사탄이다. 이러한 전투에서 중요한 것은 손자 병법에도 잘 나타나 있듯이 적을 잘 알고 나를 잘 아는 것이다. 오늘 본문은 바로 우리의 대적자인 사탄의 정체를 발가 벗기듯 환하게 보여 준다. 그러므로 오늘 본문을 통해 우리는 영적 전투 현장에서 좀 더 효과적인 전투를 치룰 수 있을 것이다.

◆ **구조 분석:**

1) 1–3절(A): 예수님의 초림부터 재림까지 천 년 동안 사탄은 결박 당해 있다

2) 4–6절(B): 교회 공동체는 통치 한다

3) 7–10절(A'): 사탄은 마침내 심판을 받아 영원한 형벌을 받게 된다.

◆ **본론**

1. 천년 동안 왕 노릇하게 된 정황: 예수님의 사역을 통해 용이 무저갱에 결박되어 갇힌다(1-3절)

1) 용의 잡힘: 천사가 무저갱 열쇠와 큰 쇠사슬을 가지고 하늘에서 내려와서 용을 잡는다(1-2a).

2) 용의 결박: 용의 결박은 예수님의 사역과 죽으심과 부활을 통해 일어난 사건이다(4b)(참조. 막 3:27; 마 12:29; 눅 10:17-19).

3) 용이 결박된 기간인 천년: 용이 결박되고 무저갱에 갇히게 된 천년은 예수님의 초림부터 재림까지의 기간을 의미한다(2b-3a)(참조. 사

24:21-22; 계 12:7-12; 12:13-17).

4) 용이 천년 후에 잠시 풀려나는 이유: 하나님의 계획 속에서 천 년이 다 찬 후에 잠깐 동안 사탄의 미혹 활동이 전개된다(3bc).

2. 천년이 다 찬 후에 교회 공동체를 향한 용의 활동과 마지막 운명 (7-10절)

1) 하나님의 정하신 시간이 도래: 사탄이 감옥에서 잠시 풀려나와 땅의 사방 나라들을 미혹하는 활동을 전개한다(7-8절).
2) 사탄이 땅의 사방 나라들을 미혹하여 교회 공동체와 전쟁을 벌이지만 패배한다(9절): 하늘에서 '불'이 내려 온 것은 하나님을 대적하는 행위에 대한 심판이다(참조. 겔 38:22; 39:6) ➜ 이러한 정황은 19:19에 백마 타고 오시는 예수님과 짐승과의 전쟁의 양상을 연상케 한다.
3) 사탄의 최후: 사탄이 땅의 사방 나라들을 미혹하여 교회 공동체를 향한 전쟁을 일으키지만 패하여 결국 불과 유황의 못에 던져지게 된다(10절).

3. 천년 동안의 통치에 동참하는 교회 공동체(4-6절)

1) 천상에 존재하는 교회 공동체(4ab): 보좌에 앉은 자들에게 심판하는 권세가 주어진다.
2) 교회 공동체를 순교 당한 자들을 통해 투영함(4cd): 예수의 증거와 하나님의 말씀을 지키기 위해 그들은 짐승과 그의 우상에게 절하지 않고 짐승의 표도 받지 않음으로 참수당해 죽임을 당한다.
3) 천상에서 교회 공동체의 천년 동안의 왕 노릇(4e-6절): 순교자들을 비롯한 모든 성도들은 천년 동안 하나님의 왕권을 드러내는 왕 노릇에 동참한다 ➜ 이들은 첫째 부활에 참예한 자들로 둘째 사망 즉, 영원한 심판을 받지 않는다.

◆ **결론: 적용**

사탄은 결박 당해 그의 활동에 결정적인 제한을 받고 있다. 더 나아가서 사탄은 종말에 심판을 받아 멸망을 당할 것이며 영원한 형벌에 처하게 될 것이다. 우리는 이러한 사탄의 정체에 대한 지식을 영적 전투의 현장에서 적절하게 사용할 필요가 있다. 이러한 진리를 적용할 우리의 영적 전투의 현장은 어디인가?

결론부2

새창조와 새예루살렘의 영광(21:1-22:5)

요한계시록은 이중적 결론을 가지고 있다. 첫 번째 결론은 17-20장이고 두 번째 결론은 21장 1절-22장 9절이다. 전자가 악의 세력에 대한 심판을 기록하고 있다면 후자는 새창조와 그것의 주인으로서 새예루살렘 교회 공동체의 영광스런 모습을 소개한다. 이 두 개의 결론은 서로 대조적이면서 그 내용에 있어서 서로 보완적이다. 앞 단락에서는 17-20장에 대해서 논의하였고 여기에서는 21장 1절-22장 9절의 내용을 논의하고자 한다.

두 번째 결론부인 21장 1절-22장 5절은 두 부분으로 나뉘어진다: 21장 1-8절과 21장 9절-22장 5절. 이 세 부분의 공통적인 주제는 새예루살렘이다. 먼저 21장 1-8절은 새창조를 중심으로 하여 새예루살렘을 함께 언급하고 21장 9절-22장 5절은 새예루살렘을 중심으로 새에덴에 대해 집중적으로 소개한다. 22장 6-9절의 위치가 매우 미묘하다. 왜냐하면 이 부분은 21장 1절-22장 5절까지의 새예루살렘의 내용의 마무리이면서 동시에 22장 10-21절까지의 에필로그 부분의 도입 부분이기 때문이다. 이것을 에필로그의 도입부분으로 간주하여 이 결론 부분에서는 이에 대한 논의를 생략하도록 한다.

21장 9절-22장 9절의 새예루살렘은 17장 1절-19장 10절의 음녀 바벨론과 대응되는 관계이다. 서로 대조되며 평행되는 이 바벨론과 새예루살렘 두 도시의 존재는 요한계시록 전체에 대한 이중적 결론을 형성한다. 요한계시록 전체는 바로 이러한 이중적 결론을 향해서 진행되고 있다. 바벨론은 사탄의 통치를 대행하고 새예루살렘은 하나님의 통치를 대행한다. 이 두 도시 중 어떤 것이 끝까지 살아 남는가? 그것이 바로 요한계시록의 중요한 관심사 중 하나이다. 왜냐하면 그것은 결국 누가 승리자인가를 결정짓는 것이기 때문이다. 요한계시록의 궁극적 관심은 하나님과 사탄 중 누가 진리이며 누가 영원한 승리자인가에 있다. 그래서 요한계시록에서 사탄은 자신이 진리이며 승리자라는 것을 입증하기 위해 만국을 미혹하여 하나님을 대항하여 싸우기 위해 온 힘을 기울인다. 그러나 하나님은 그의 싸움의 대상이 아니다. 그래서 그 싸움은 언제나 천사가 대리하며, 때로는 교회가, 그리고 아주 드물게 결정적인 순간에는 그리스도가 대신 나서게 된다. 결론적으로 말하면 사탄의 세력을 대표하는 바벨론은 순식간에 소멸할 것이며(17-19장) 하나님의 백성으로서 새예루살렘은 최고의 천상적 영광을 취하여 영원히 그 복락을 누리며 존재하게 될 것이다(21장 9절-22장 5절).

바로 이러한 이중적 결론의 중간에 19장 11절-21장 8절이 하나의 중간 단계로 삽입되어 있다. 이것은 다시 19장 11절-20장 15절과 21장 1-8절로 나눌 수 있는데 두 개의 결론 중간에서 그것들을 각각 보충 설명해 줌으로써 두 개의 결론을 무리 없이 연결지어 주는 역할을 한다. 먼저 19장 11절-21장 8절의 전반부인 19장 11절-20장 15절은 바벨론의 심판과 더불어서 악의 세력이 철저한 제거되는 과정을 언급하고 있다. 19:20에서 짐승과 거짓 선지자가 불 못에 던지우는 것을 필두로 21장 10절에서 미혹하던 마귀 사탄이, 20장 11-15절에서는 "사망과 하데스"가 불 못에 던져지며 생명 책에 기록되지 않은 자는 누구든지 불의 호수에 던져진다(20:14-15). 이것은 17장 1절-19장 10절에 기록되고 있는 모든 악의 총체로서의 바벨론의 멸망의 연장선상에서 이해되어야 할 것이다. 이와 같이 21장 1-8절은 19장 11절-20장 15절과 좀 더 넓게는 17장 1절-20장 15절에서 사탄에 의해 지배되고 있었던 악의 세력이 철저하게 소멸되는 것을 그 배경으로 한다. 이 우주를 더럽혔던 사탄이(11:18) 더 이상 존재하지 않게 된 것이다. 그러나 또한 21장 1-8절은 19장 11절-20장 15절이 17장 1절-19장 10절을 설명해주는 것처럼 21장 9절-22장 5절의 새예루살렘에 대한 총론적 설명을 제공한다. 다음의 도표로 이런 내용을 간략하게 정리해 볼 수 있다.

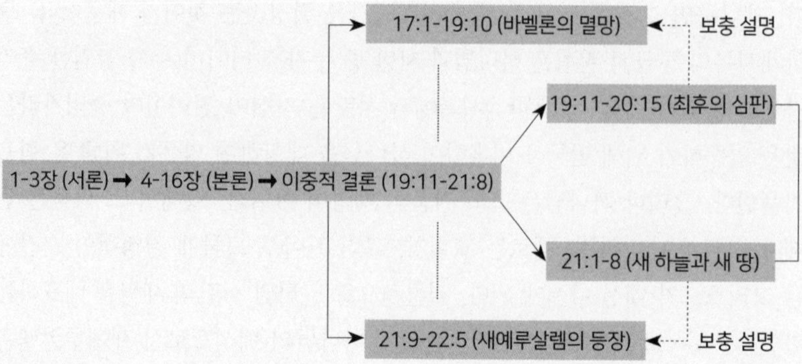

이 장에서 다루게 될 21장 1절-22장 5절은 이중적 결론의 두 번째이다. 이것은 21장 1-8절과 21장 9절-22장 5절로 나뉘는데 이중적 결론의 진정한 핵심은 바로 21장 9절-22장 5절의 "새예루살렘"에 대한 내용이고 21장 1-8절은 그 새예루살렘이 존재하게 되는 환경으로서 새창조에 대한 내용에 집중한다. 이런 점에서 이 본문은 "새예루살렘"에 대한 서론적이며 총론적인 언급이라고 할 수 있다.

I. 새창조(21:1-8)

21:1-8이 하나의 문맥을 형성하고 있지만 좀 더 세부적으로 보면 구조적 측면에서 새창조 1-5절이 하나의 단위를 이룬다.[1] 그럼에도 불구하고 1-5b절은 이어지는 5c절-8절과 밀접한 관계가 있다. 왜냐하면 5절과 6절이 "말하다"에 의해 연결되기 때문이다.[2] 좀 더 정확하게 말하면 5a절의 화자와 6a절의 화자가 동일하기 때문이다. 물론 이 두 부분이 강조하는 내용에는 차이가 있다. 전자는 만물을 새롭게 하는 새창조에 대한 내용을 집중적으로 소개하는 한편 후자는 전자의 내용을 바탕으로 구속사의 완성을 선포하는 내용을 기록한다. 전자를 먼저 관찰한 후 후자를 살펴보겠다.

1. 만물을 새롭게 하다(21:1-5b)

구문 분석 및 번역

1절 a) Καὶ εἶδον οὐρανὸν καινὸν καὶ γῆν καινήν.
그리고 나는 새 하늘과 새 땅을 보았다.

b) ὁ γὰρ πρῶτος οὐρανὸς καὶ ἡ πρώτη γῆ ἀπῆλθαν
이는 처음 하늘과 처음 땅이 사라졌기 때문이다.

c) καὶ ἡ θάλασσα οὐκ ἔστιν ἔτι.
그리고 바다는 다시 있지 않기 때문이다.

2절 a) καὶ τὴν πόλιν τὴν ἁγίαν Ἰερουσαλὴμ καινὴν εἶδον
그리고 나는 거룩한 도시, 새예루살렘을 보았다.

b) καταβαίνουσαν ἐκ τοῦ οὐρανοῦ ἀπὸ τοῦ θεοῦ
하늘로부터 하나님으로부터 내려오는

c) ἡτοιμασμένην ὡς νύμφην κεκοσμημένην τῷ ἀνδρὶ αὐτῆς.
그녀의 남편을 위해 단장한 신부처럼 준비된

3절 a) καὶ ἤκουσα φωνῆς μεγάλης ἐκ τοῦ θρόνου λεγούσης·
그리고 나는 보좌로부터 큰 음성이 말하는 것을 들었다:

b) ἰδοὺ ἡ σκηνὴ τοῦ θεοῦ μετὰ τῶν ἀνθρώπων,
보라 하나님의 장막이 사람들과 함께 있다.

c) καὶ σκηνώσει μετ' αὐτῶν,

1 이런 구조적 특징은 다음 단락에서 좀 더 자세하게 다뤄질 것이다.
2 이런 구조적 논점도 6절을 주해할 때에 함께 다루겠다.

그리고 그가 그들과 함께 거하실 것이다.

d) καὶ αὐτοὶ λαοὶ αὐτοῦ ἔσονται,
그리고 그들 자신은 그의 백성들이 될 것이다.

e) καὶ αὐτὸς ὁ θεὸς μετ' αὐτῶν ἔσται [αὐτῶν θεός],
그리고 하나님 자신이 그들과 함께 있을 것이다[그들의 하나님].

4절 a) καὶ ἐξαλείψει πᾶν δάκρυον ἐκ τῶν ὀφθαλμῶν αὐτῶν,
그리고 그는 그들의 눈들로부터 모든 눈물을 씻어 주실 것이다.

b) καὶ ὁ θάνατος οὐκ ἔσται ἔτι οὔτε πένθος οὔτε κραυγὴ οὔτε πόνος οὐκ ἔσται ἔτι,
그리고 사망이 다시 없고 슬픔도 다시 있지 않고 통곡도 다시 있지 않고 고통도 다시 있지 않을 것이다.

c) [ὅτι] τὰ πρῶτα ἀπῆλθαν.
[왜냐하면] 처음 것들은 사라졌기 때문이다.

5절 a) Καὶ εἶπεν ὁ καθήμενος ἐπὶ τῷ θρόνῳ·
그리고 보좌에 앉은 이가 말했다:

b) ἰδοὺ καινὰ ποιῶ πάντα
보라 나는 모든 것을 새롭게 한다.

먼저 1c절은 1b절과 연결되어 함께 1a절에 대한 이유를 말하는 것으로 볼 수 있다. 따라서 1b절과 연결하여 이유를 말하는 내용으로 번역한다.

3c절에서 '스케노세이'(σκηνώσει 스케노세이>σκηνόω, 스케노오)라는 동사는 7장 15c절에서도 동일하게 사용된 바 있다. 후자를 "장막을 펼치다"로 번역했다. 이 때 함께 사용된 부사구는 "그들 위에"라는 의미를 갖는 '에파우투스'(ἐπ' αὐτούς)이다. 이 부사구와 조화를 이루기 위해 이런 번역은 불가피하다. 그리고 이 번역은 하나님의 임재를 비유적으로 표현한 것이라고 할 수 있다. 반면 3c절에서는 "그들과 함께"라는 의미의 '메타우톤'(μετ' αὐτῶν)이란 부사구와 함께 사용된다. 이 차이는 '스케노세이'라는 동사를 번역하는 데 영향을 주어, 3c절을 7장 15c절처럼 "그들과 함께 장막을 펼치다"로 번역하면 어색하다. 따라서 3c절에서는 "그들과 함께"라는 부사구와의 자연스런 연결을 위해 "그들과 함께 거하다"로 번역한다. 이 번역은 '스케노오'라는 동사를, "장막을 펼치다"라는 비유적 표현이 아닌 실제적인 의미를 반영한 것이라고 볼 수 있다.

5b절의 '포이오'(ποιῶ>ποιέω, 포이에오)는 현재 시제이다. 이 현재 시제 동사는 단순히 현재의 시점을 묘사하는 것이 아니라 미래에 이루어질 새창조를 소개

하는 "미래적 현재" 용법이다.[3] 그러나 이 현재 시제 용법을 단순히 시점의 문제로 접근하기 보다는 동사의 상(aspect)의 이론으로 접근하고자 하는 흐름이 있다. 곧 미래 시제 동사는 "일어날 것으로 기대되는 것을 강조하는 것"이지만, 미래적 현재 시제 동사는 "미래의 과정을 발전하거나 드러나는 것으로 묘사하는" 방법이라고 할 수 있다.[4] 로버트슨에 의하면, 미래적 의미로 사용된 현재는 단순히 예언이 아니라 "관련된 기대의 확실성(certainty)"을 나타낸다.[5] 이와 같은 맥락에서 포터(Porter)는 미래 시제가 지배적인 문맥에서 현재 시제 동사의 사용과 관련하여 동사의 상 이론에 근거하여 말하기를 "화자(speaker)는 그 과정을 이미 진행 중인(in progress) 것으로 생각하며 이 진행은 그가 바라보는 미래로 순조롭게 이어질 것이다"라고 설명한다.[6] 이런 용법을 의식하면서 미래적 의미가 있지만 현재 시제로 번역하여 이런 의미들을 전달하도록 한다.

이상의 내용을 근거로 우리말 어순에 맞추어 본문을 번역하면 다음과 같다.

1a 그리고 나는 새하늘과 새 땅을 보았다.
1b 이는 처음 하늘과 처음 땅이 사라졌고
1c 바다도 다시 있지 않기 때문이다.
2a 그리고 나는
2b 하늘로부터 하나님으로부터 내려오는
2c 그녀의 남편을 위해 단장한 신부처럼 준비된
2a 거룩한 도시, 새예루살렘을 보았다.
3a 그리고 나는 보좌로부터 큰 음성이 말하는 것을 들었다:
3b 보라 하나님의 장막이 사람들과 함께 있다.
3c 그리고 그가 그들과 함께 거하실 것이다.
3d 그리고 그들 자신은 그의 백성들이 될 것이다.

3 이 표현은 Wallace, *Greek Grammar beyond the Basics,* 536의 것을 사용하였음; 비일은 이 용법을 히브리어의 "선지적 완료"(prophetic perfect)에 해당되는 "선지적 현재"(prophetic present)라고 칭한다(Beale, *The Book of Revelation,* 1053).

4 Matthewson, *Verbal Aspect in Revelation*, 73.

5 Robertson, *A Grammar of the Greek New Testament in the Light of Historical Research*, 869-70.

6 S. E. Porter, *Verbal Aspect in the Greek of the New Testament: With Reference to Tense and Mood,* Studies in Biblical Greek 1 (New York: Peter Lang, 1989), 231 (Matthewson, *Verbal Aspect in Revelation,* 69에서 재인용). 맥케이(Mckay)도 같은 맥락에서 미래 시제가 지배적인 문맥에서 사용된 현재 시제 동사는 "미래에 완성될 어떤 사건"이 현재 진행중인 것으로 묘사하는 목적이 있다고 주장한다(Kenneth L. McKay, *A New Syntax of the Verb in New Testament Greek: An Aspectual Approach,* Studies in Biblical Greek 5 [New York: Peter Lang, 1994], 41; *Matthewson, Verbal Aspect in Revelation,* 69에서 재인용).

3e 그리고 하나님 자신이 그들과 함께 있을 것이다[그들의 하나님].
4a 그리고 그는 그들의 눈들로부터 모든 눈물을 씻어 주실 것이다.
4b 그리고 사망이 다시 없고 슬픔도 다시 있지 않고 통곡도 다시 있지 않고 고통도 다시 있지 않을 것이다.
4c [왜냐하면] 처음것들은 사라졌기 때문이다.
5a 그리고 보좌에 앉은 이가 말했다:
5b 보라 나는 모든 것을 새롭게 한다.

본문 주해

1–5절은 정교한 구조를 이루고 있기에 1–5절을 주해하는 데 먼저 구조에 대한 정확한 이해가 필요하다. 다음과 같이 구조를 분석해 볼 수 있다.

1 → 그리고 나는 새 하늘과 새 땅을 보았다. A
→ 이는 처음 하늘과 처음 땅이 사라져버렸기 때문이다 B
→ 그리고 바다는 다시 없다. C
2 그리고 나는 그녀의 남편을 위해 단장한 신부처럼 준비된
거룩한 성 새예루살렘이
하늘로부터 하나님으로부터 내려오는 것을 보았다. D
3 그리고 나는 보좌로부터 큰 음성이 말하는 것을 들었다.
보라 하나님의 장막이 사람들과 함께 있다.
그리고 그가 그들과 함께 거하실 것이다.
그리고 그들 자신이 그의 백성들이 되고 하나님 자신이 그들과
함께 계실 것이다
4 그리고 그는 그들의 눈들로부터 모든 눈물을 씻어 주실 것이다.
→ 사망이 다시 있지 않고 슬픔도…통곡도.. 고통도 다시 있지 않을 것이다 C′
→ 왜냐하면 처음 것들이 다 지나갔기 때문이다. B′
5 보좌에 앉으신 이가 말했다
→ 보라 내가 모든 것들을 새롭게 한다. A′

이 도표에서 본문이 ABC–D–C′B′A′의 구조를 이루고 있음을 알 수 있다.[7] A와 A′는 새(롭게)(καινός, 카이노스)라는 형용사에 의해 평행된다. 그리고 A의 "하늘"과 "땅"은 A′에서 "모든 것들(πάντα, 판타)"과 평행 관계를 보여주고, B와 B′는 "처음"(πρῶτος, 프로토스)이란 단어와 "사라졌다"(ἀπέρχομαι, 아페르코마이)라는 동사에 의해 평행되며 C와 C′는 "다시 있지 않다"(οὐκ ἔστιν ἔτι, 우크 에스틴 에티)라는

7 Pilchan Lee, *The New Jerusalem in the Book of Revelation*, 267.

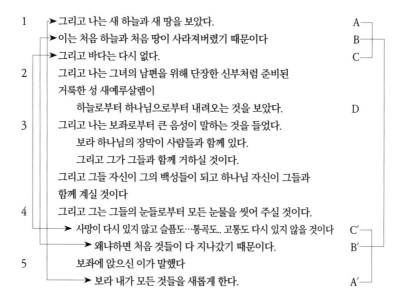

문구에 의해서 평행된다. 이러한 언어적 평행 (verbal parallelism)에 의해서 주제적 평행(thematic parallelism)이 또한 강조된다.

이상에서 ABC−D−C′B′A′의 구조는 동심원적(concentric) 구조 혹은 교차대구적 구조(chiastic structure)라고 말할 수 있다. 즉 D가 중심 부분이며 ABC는 C′B′A′에 의해서 설명된다. 저자는 이러한 구조를 통해 그가 말하고자 하는 의도를 좀 더 명확하게 드러내고 있는 것이다. 이 구조를 중심으로 다음 주해의 과정을 진행하고자 한다. 중심부에 있는 D는 새예루살렘이 하늘로부터 하님으로부터 내려오는 것을 요한이 보는 장면을 소개한다. 이 외에도 D 부분은 언약 형식을 통해 하나님과 그의 백성과의 관계를 다룬다.

[21:1a, 5b] 새 하늘과 새 땅 (A/A′): 재창조인가? 갱신인가?

나는 보았다(1a절) A(1a절)에서 요한은 새 하늘과 새 땅을 본다. 여기에서도 "나는 보았다"(εἶδον)라는 문구는 새로운 단락의 시작을 의미한다. 새창조를 말하는 21장은 심판의 내용을 말하는 20장과 비교할 때 확실히 새로운 단락이라고 할 수 있다.

본문의 쟁점 요한이 환상 중에 본 "새 하늘과 새 땅"을 줄여서 "새창조"라고 표현할 수 있다. 여기에서 중요한 쟁점은 이런 "새창조"가 재창조를 통해 이루어지는가 아니면 갱신을 통해 이루어지는가이다. 곧 이미 존재하는 피조물을 없애고 새로운 만물을 만드느냐(재창조) 아니면 존재하는 것을 없애지 않고 새롭게 하는 방식으로 "새창조"를 이루느냐(갱신)인 것이다.

A와 A′의 관계 "새 하늘과 새 땅"은 이 본문과 평행되는 A′에 의해 재해석된다. 따라서 A′에 의해 A의 새창조가 어떤 양상으로 존재하게 되었는지 정확하게 알 수 있다. A′는 "보라 내가 모든 것들을 새롭게 할 것이다"라고 말한다. 이 문장에서 "모든 것들"(πάντα, 판타)은 명사화 된 형용사이다. 이것은 A의 "하늘과 땅"에 대한 다른 표현으로서 동사 "만들다"(ποιῶ, 포이오>ποιέω, 포이에오)의 목적어이고 '새롭게'(καινά, 카이나)는 그 목적 보어로서 역할을 한다. 이러한 문장의 구조를 모든 영어 번역본(NKJV, NRSV, NIV, NJB)과 한글 번역본(개역, 새번역, 현대인의 성경 그리고 공동번역 등)이 지지한다. 그렇다면 이 문장의 의미는 새로운 만물

을 만드는 재창조가 아니라 이미 존재하는 만물을 새롭게 하는 갱신의 의미를 갖는다. 그러므로 이것은 재창조가 아니라 갱신의 의미를 담고 있음이 분명하다.

여기에서 한가지 주목할 것은 A는 단순히 요한이 보았던 것이지만(물론 이 환상도 하나님께서 주도하시는 것이다), A′는 하나님께서 직접 말씀하시는 내용이라는 것이다. 특별히 이를 말씀하시는 하나님을 "보좌에 앉으신 이"로 묘사하고 있는 것은 중요한 의미가 있다. 만물을 통치하시는 통치자 하나님께서 그 만물을 새롭게 하시겠다는 의지를 나타내 보였다는 점에서 이러한 사역의 중요성을 엿볼 수 있는 것이다. 만물을 새롭게 하시는 사역은 인류의 범죄로 인하여 실패했던 첫 창조의 목적을 예수님의 초림을 통해 성취하고 재림을 통해 완성하는 하나님의 완전성에 근거한다. 하나님은 완전하시기 때문에, 시작된 하나님의 계획은 반드시 완성되어야만 한다. 이 완성의 순간이 바로 종말이고 이 종말은 이미 창조 때부터 알려주신 것이다(참조 사 46:10). 여기에서 "보라"(ἰδού, 이두)라는 표현을 사용하는 것은 이런 새창조의 사건을 "특별한 선포"(special pronouncement)로 소개하면서 이 주제의 중요성을 더욱 부각시켜 주기 위해서라고 할 수 있다(참조 1:7; 21:3).[8]

갱신의 세가지 이유 이런 새창조의 갱신 입장을 지지하는 세 가지 이유가 있다.[9] 첫째로, 크라프트(Kraft)는 이 본문의 배경으로 사용되는 이사야 65장 17절의 70인역에서, 맛소라 본문의 "새 하늘과 새 땅을 만들다"라는 본문에서 "만들다"라는 의미의 동사인 "בּוֹרֵא"(보라)를 생략하고 대신 be 동사인 "ἔσται"(에스타이>εἰμί, 에이미)를 사용하고 있는 점에 주목한다. 그에 의하면 이것은 "옛 세계의 갱신"(Erneuerung der alten Welt)의 의도를 드러낸 것이고 요한이 바로 이런 70인역자의 사상을 그의 표현에 반영한 것이라고 한다.[10]

둘째로, 폴(Pohl)은 1a절과 5b절에 사용된 "새로운"(καινός, 카이노스)이라는 형

8 Thomas, *Revelation 8-22*, 446.

9 Pilchan Lee, *The New Jerusalem in the Book of Revelation*, 267-68.

10 H. Kraft, *Die Offenbarung des Johannes,* HNT 16a (Tübingen: Mohr Siebeck, 1974), 263. 크라프트는 다음과 같이 진술한다: "나는 창조할 것이다"는 히브리어 본문으로부터 70인역으로 넘어가지 않는다. 왜냐하면 (70인역) 번역가는 새로운 창조를 믿지 않고 옛 세계의 갱신을 믿었기 때문이다"(앞의 책).

용사의 용례에 근거하여 "갱신"의 입장을 지지한다.[11] 이 단어는 신약성경 뿐만 아니라(마 9:17; 13:52; 26:28-29; 막 1:27; 2:21, 22; 14:24, 25, 16:17; 눅 5:36, 38; 22:20; 요 13:34; 19:41; 행 17:19; 고전 11:25; 고후 3:6; 5:17; 갈 6:15; 엡 2:15, 4:24; 히 8:8; 8:13; 9:13; 벧후 3:13 등) 요한계시록(2:17)에서도 "신적 급진성"(göttliche Radikalität)이라는 의미로 사용되는데,[12] 특별히 "옛 시대로부터 새 시대로의 급진적 변화"를 시사한다.[13] 이 단어와 동의어로 사용되는 '네오스'(νέος)라는 단어(마 9:17; 막 2:22; 눅 5:37-39)는 "시간" 혹은 "기원"(origin)에 있어서 새로움을 의미하는 반면 "카이노스"는 "본질" 혹은 "질"적인 면에서 "새로움"을 의미한다.[14] 따라서 요한이 '네오스'라는 단어보다 '카이노스'라는 단어를 사용했을 때 의도한 것은 "그 기원 혹은 시간에 있어서 현 시대와는 전혀 다른 우주의 출현"이 아니라 "질과 본질"면에서 변화되었으면서도 "현시대와의 연속성"이 존재하는 세상의 출현을 묘사하기 위한 것이다.[15]

셋째로, 갱신의 사상은 성경 전체 내용에서 중심적이고 핵심적인 뼈대를 형성하는 "종말적 표어"(eschatological catchword)이다.[16] 곧 창조와 타락 후에 구속 역사에서 궁극적 지향점은 바로 창조(에덴) 회복을 향하여 나아가고 있다는 것이다. 따라서 역사의 정점이 되는 새 하늘과 새 땅은 "인간 역사의 종결"의 순간이나 "완전히 새로운 실체"(brand new reality)의 세상이 아닌 옛 질서가 완전하게 갱신되는 순간인 것이다.[17]

갱신 사상의 구약 및 유대 문헌 배경 이러한 갱신의 사상은 요한계시록에 갑자기 나타나게 된 것이 아니라 구약과 유대 문헌에서 잘 드러나 있다.

(1)이사야 43장 19절

구약 배경으로 가장 대표적인 구약 배경은 이사야 43장 19절 말씀이다.

---

11 A. Pohl, *Die Offenbarung des Johannes*, Wuppertaler Studienbibel (Wuppertal: Brockhaus, 1969), 302.
12 앞의 책.
13 Pilchan Lee, *The New Jerusalem in the Book of Revelation*, 268.
14 J. Behm, "καινός," TDNT 3:447-49.
15 Hoekema, *The Bible and the Future*, 280.
16 R. W. Wall, *Revelation*, Understanding the Bible Commentary Series (Grand Rapids: Baker, 2011), 247.
17 앞의 책.

> [19a)]보라 내가 새 일(들)을 행하리니(ποιῶ, 포이오) [b)]이제(νῦν) 나타낼 것이라 [c)]너희가 그것을 알지 못하겠느냐 반드시 내가 광야에 길을 사막에 강을 내리니(ποιήσω, 포이에소)

이 본문에서 “내가 새 일(들)을 행한다”의 70인역인 **ἰδοὺ ποιῶ καινὰ** (이두 포이오 카이나)라는 문구는 요한계시록 본문과 평행 관계이다.[18] 이 이사야 본문의 70인역에서 이 새 일을 행한다고 할 때 두 개의 동일한 동사가 사용되는데, 첫번째 동사는 19a절에서 현재 시제(ποιῶ, 포이오)를 사용하고 두 번째는 19c절에서 우리말로 “내리니”라고 번역된 동사로서 미래 시제(ποιήσω, 포이에소)를 사용한다. 이 문맥에 미래 시제가 지배적으로 사용되는데 첫번째 동사만이 현재 시제이다. 이런 시제의 변화는 시간적 관점에서 접근한다면 설명하기가 쉽지 않지만, 동사의 상(aspect)의 관점에서 접근하면 의외로 쉽게 해결될 수 있다. 매튜슨은 바로 이런 관점에서, 미래 시제가 지배적으로 사용되는 문맥에서 현재 시제를 사용한 것은 미래에 이루어질 사건의 “확실성”(certainty)을 강조하기 위한 목적이 있다고 주장한다.[19] 곧 “미래가 이미 시작되었다”고 할 수 있으므로 그 확실성은 더 확고해졌다고 볼 수 있다.[20]

이런 확실성은 그 새 일들이 19b절에서 “지금”(νῦν, 뉜) 이루어지고 있다는 언급으로 더욱 강화된다. 여기에서 “지금”이란 단어는 미래 시제의 동사 “나타나다”(ἀνατελεῖ, 아나텔레이> ἀνατέλλω, 아나텔로)와 함께 사용된다. 이 미래 시제 동사에 해당되는 히브리어 단어는 미완료 과거 시제로 사용된 ‘티쯔마’(תִּצְמָח)이다. 70인역은 이 미완료 과거 시제 동사를 미래 시제로 번역한다. 70인역 역자들은 히브리어의 미완료 과거를 미래적 사건으로 판단한 것이다. 동시에 “지금”이란 단어를 사용하여 현재적 사건에 초점을 맞추면서도 미래적 사건의 성취를 바라보고 있다고 할 수 있다.[21]

이사야 43장 19절을 배경으로 사용하는 요한계시록 21장 5c절에서도 현재 시제 동사인 ‘포이오’(ποιῶ)가 그대로 사용된다. 따라서 번역에서도 논의한 것처럼 이사야 본문에서의 패턴이 그대로 요한계시록 본문에 적용되고 있다고 볼 수 있다. 곧 요한계시록 본문에서도 미래 시제가 지배하는 문맥에서 현재

---

18 히브리어 본문에서 70인역의 “새 일들”(καινά, 카이나)에 해당하는 단어는 ‘하다샤’(חֲדָשָׁה)이다.

19 Matthewson, *Verbal Aspect in the Book of Revelation*, 74.

20 Klaus Baltzer, *Deutero-Isaiah: A Commentary on Isaiah 40-55*, Hermeneia (Minneapolis: Fortress, 2001), 173..

21 앞의 책,

시제가 사용되고 있어 새창조가 그리스도의 초림으로 성취되어 현재에 진행 중일 뿐만 아니라 미래에 완성될 새창조에 대한 확실성을 강조하고 있다.[22] 현재에 이미 진행 중이기 때문에 불확실할 수 있는 미래에 그 완성을 더 확실하게 담보할 수 있다.

이사야 43장 19절에서 "새 일(들)"은 "광야에 길"과 "사막에 강"을 만드는 것이다. 이것은 아무것도 없는 상태에서 만드시겠다는 것이 아니라 이미 존재하는 광야와 사막에서 "길"과 "강"을 만들어 에덴의 환경으로 갱신하시겠다는 의미로 볼 수 있다(사 41:17-20; 55:10, 12; 시 65:13 (12); 사 11:6-9; 요엘 1:20; 시 42:2 (1)).[23]

(2) 이사야 65장 15-25절

두 번째 구약 배경은 1a절이 배경으로 하는 이사야 65장 16-25이다.[24] 이 본문은 두 부분으로 나누어진다. 먼저 16-18절은 새창조와 새예루살렘에 대한 내용이고 19-25절은 새예루살렘에서 회복된 삶에 대한 내용이다. 여기에서 새창조와 새예루살렘은 서로 유기적으로 밀접한 관계를 가지고 있음을 알 수 있다. 먼저 16-18절에서 새창조와 새예루살렘과 관련하여 그 역사적 배경은 바로 바벨론 포로로부터 예루살렘의 회복 사건이다.

> [16]이러므로 땅에서 자기를 위하여 복을 구하는 자는 진리의 하나님을 향하여 복을 구할 것이요 땅에서 맹세하는 자는 진리의 하나님으로 맹세하리니 이는 이전 환난이 잊어졌고 내 눈 앞에 숨겨졌음이라 [17]보라 내가 새 하늘과 새 땅을 창조하나니 이전 것은 기억되거나 마음에 생각나지 아니할 것이라 [18]너희는 내가 창조하는 것으로 말미암아 영원히 기뻐하며 즐거워할지니라 보라 내가 예루살렘을 즐거운 성으로 창조하며 그 백성을 기쁨으로 삼고

이 본문의 16절에서 강조되는 것은 "땅에서" 진리의 하나님으로부터 주어지는 복이다. 특별히 여기에서 16절의 "이전 환란"이나 17절의 "이전 것"은 1-39장의 주제이기도 한 "포로 이전 이스라엘을 향한 심판들"을 의미하고[25] 또한 "저

---

22 Matthewson, *Verbal Aspect in the Book of Revelation*, 74.

23 Baltzer, *Deutero-Isaiah: A Commentary on Isaiah 40–55*, 174.

24 Pilchan Lee, *The New Jerusalem in the Book of Revelation,* 268. 비일은 요한계시록 21장 1-5절의 구약 사용을 세분화 하여 분류하기를, 1a절은 이사야 65장 17절과 66장 22절이 배경이고, 4b절은 이사야 65장 17절과 43장 18절이 배경이며, 5b절은 이사야 43장 19절이 배경이라고 한다(Beale, *The Book of Revelation,* 1052).

25 Watts, *Isaiah 34-66*, 917.

주와 심판 아래 있던 과거 이스라엘 왕국"을 가리킨다.[26] 이런 심판과 저주의 극치는 바로 바벨론 포로 사건이다. 이제 새 하늘과 새 땅은 그러한 심판과 저주로부터 이스라엘을 회복시켜 주겠다는 약속의 말씀이다. 이런 내용은 43장 18절 이하를 연상케 한다. 이와 같은 맥락에서 17절에 "창조하다"라는 의미를 갖는 히브리어 "바라"(ברא)라는 동사는 창세기 1장에서 하늘과 땅의 창조를 가리키는 것으로 사용되는 것이 아니라 이 세상에 "지속적인 유지와 보존"(continuous maintenance and preservation)을 나타내는 의미로 사용된다.[27]

이와 같이 이사야가 소개하는 새 하늘과 새 땅은 바로 이 땅에서의 삶의 정황이 배경이다. 그리고 이어지는 19-25절의 말씀은 저주와 심판으로부터 회복된 예루살렘의 환경을 창조 회복의 관점에서 묘사한다. 이 회복이라는 주제는 "장수"(longevity; 19-20절)와 "노동에 대한 정당한 대가"(21-22절), "임신과 출산에 있어서 생산성"(23절), "하나님의 백성의 기도에 대한 하나님의 즉각적인 응답"(24절) 그리고 에덴 회복의 삶(25절)으로 요약할 수 있다.[28] 특별히 25절은 메시아 왕국을 통해 에덴 회복 메시지를 선포하는 이사야 11장 6-9절의 "축소판"이다.[29]

이상에서 새 하늘과 새 땅은 창세기 1장으로 돌아가서 창조 사건을 다시 반복해서 일으키거나 현세상과 완전히 동떨어진 세상의 창조에 관한 이야기가 아니라 현 세상과 유기적으로 연결된 세상으로서 현세상의 "삶의 방식의 변혁(transformation)에 대한 이미지"를 보여주고 있다.[30] 곧 "역사 안에 있는 예루살렘의 완전한 변혁에 대한 강력한 은유"인 것이다.[31] 그리고 새예루살렘은 바로 이런 새창조의 중심이 된다. 앞에서 언급된 새창조의 배경으로서 두 개의 이사야 본문과 요한계시록 5b절과의 차이는 후자에서 "모든 것"(πάντα, 판타)이라는 말이 덧붙여졌다는 것이다.[32] 이것은 갱신의 우주적 성격을 분명하게 드러냄으로써 이사야를 비롯해서 구약의 구속역사가 지향했던 모든 약속들의 "완전한 성취"(complete fulfullment)를 보여 줄 뿐만 아니라 "완전한 구속-역사적

26 앞의 책, 924.
27 Childs, *Isaiah: A Commentary*, 537.
28 Pilchan Lee, *The New Jerualem in the Book of Revelation*, 21-23.
29 R. N. Whybray, *Isaiah 40-66*, NCB (Grand Rapids: Eerdmans, 1981), 531.
30 Goldingay, *A Critical and Exegetical Commentary on Isaiah 56–66*, 467.
31 앞의 책, 468.
32 Smalley, *The Revelation to John*, 540.

성취"(the consummate redemptive-historical fulfillment)를 강조하고 있다.[33]

(3)에스겔 28장 25-26절; 34장 25-30절 등

이런 이사야의 회복에 대한 종말적 축복의 말씀은 에스겔 28장 25-26절과 34장 25-30 그리고 스가랴 1장 17절, 8장 11-12절 등에도 동일하게 나타나고 있다.[34]

> [25]주 여호와께서 이같이 말씀하셨느니라 내가 여러 민족 가운데에 흩어져 있는 이스라엘 족속을 모으고 그들로 말미암아 여러 나라의 눈 앞에서 내 거룩함을 나타낼 때에 그들이 고국 땅 곧 내 종 야곱에게 준 땅에 거주할지라 [26]그들이 그 가운데에 평안히 살면서 집을 건축하며 포도원을 만들고 그들의 사방에서 멸시하던 모든 자를 내가 심판할 때에 그들이 평안히 살며 내가 그 하나님 여호와인 줄을 그들이 알리라(겔 28장 25-26)
>
> [25]내가 또 그들과 화평의 언약을 맺고 악한 짐승을 그 땅에서 그치게 하리니 그들이 빈 들에 평안히 거하며 수풀 가운데에서 잘지라 [26]내가 그들에게 복을 내리고 내 산 사방에 복을 내리며 때를 따라 소낙비를 내리되 복된 소낙비를 내리리라 [27]그리한즉 밭에 나무가 열매를 맺으며 땅이 그 소산을 내리니 그들이 그 땅에서 평안할지라 내가 그들의 멍에의 나무를 꺾고 그들을 종으로 삼은 자의 손에서 그들을 건져낸 후에 내가 여호와인 줄을 그들이 알겠고 … [29]내가 그들을 위하여 파종할 좋은 땅을 일으키리니 그들이 다시는 그 땅에서 기근으로 멸망하지 아니할지며 다시는 여러 나라의 수치를 받지 아니할지라… (겔 34:25-30)
>
> 그가 다시 외쳐 이르기를 만군의 여호와의 말씀에 나의 성읍들이 넘치도록 다시 풍부할 것이라 여호와가 다시 시온을 위로하며 다시 예루살렘을 택하리라 하라 하니라(슥 1:17)
>
> [11]만군의 여호와의 말씀이니라 이제는 내가 이 남은 백성을 대하기를 옛날과 같이 아니할 것인즉 [12]곧 평강의 씨앗을 얻을 것이라 포도나무가 열매를 맺으며 땅이 산물을 내며 하늘은 이슬을 내리리니 내가 이 남은 백성으로 이 모든 것을 누리게 하리라(8:11-12)

위 본문들의 공통된 특징은 이스라엘의 종말적 회복을 위한 말씀으로서 철저하게 "땅에서" 그들의 일상적 삶의 회복에 초점을 맞추고 있다는 점이다.

---

33 Beale, *The Book of Revelation*, 1052.
34 Pilchan Lee, *The New Jerualem in the Book of Revelation*, 268.

(4)에녹 1서 10장 16-22절; 에녹 1서 10장 21절

이런 패턴은 유대 문헌에도 동일하게 나타난다. 먼저 에녹 1서 10장 16-22절에서는 새창조를 기쁨으로 의로운 행위를 하는 삶(16절)과 "안전과 자손의 다산과 장수"(longevity)의 삶(17절), 온 땅이 "올리브 나무와 포도나무"와 같은 나무들과 그 열매들로 가득 차고(18-19절), 모든 오염과 불결함으로부터 자유롭게 되어 모든 땅이 정결케 될 뿐만 아니라 의로 충만하고 이방인들이 회심하게 되는 상황으로 묘사한다.[35] 이런 사항들은 노아 언약에서 "안전과 자손의 다산과 장수"(창 8:17; 9:1, 7)와 "온 땅이 나무와 축복으로 풍성함(fruitfulness)"(9:3) 그리고 홍수로 인한 "온 땅의 정결함"과 평행된다.[36] 이런 평행 관계는 "새창조가 노아 언약의 종말적 성취"라는 것을 시사한다.[37]

특별히 이런 새창조의 주제는 필연적으로 "승리하신 우주적 왕을 향한 경배"로 귀결된다.[38] 이러한 사실이 에녹 1서 10장 21절에 잘 나타나 있다.[39]

> 그리고 백성의 모든 자녀들이 의로워질 것이고 모든 나라들이 나를 경배하고 축복할 것이다; 그리고 그들은 모두 나에게 엎드릴 것이다(에녹 1서 10:21)

이상에서 새창조의 본질과 목적은 바로 타락에서 비롯된 모든 악을 제거함으로써 하나님께 영광을 돌려 드리는 환경을 만드는 것임을 알 수 있다.[40] 이것은 바로 새창조는 본래 에덴에서 시작된 창조의 목적을 성취하고 완성하는 것이기 때문이다. 이 외에도 에녹2서 65:2, 8-11; 4Q285 4-9; LAB 13:7, 10a와 같은 곳에서도 이런 갱신의 의미를 지지하고 있다.[41]

[21:1b, 4c] 처음 하늘과 처음 땅/처음 것들이 사라졌다(B/B′)

처음 하늘과 처음 땅/처음 것들 B(1b절)과 B′(4c절)에 흥미롭게도 1a절의 "새 하늘과 새 땅" 대신 "처음 하늘과 처음 땅"에 대한 언급이 있다. 1b절에서는 "처음 하늘과 처음 땅"이라고 하는 것을 4c절에서는 "처음 것들"(τὰ πρῶτα, 타 프로타)이

---

35 앞의 책, 56.
36 앞의 책.
37 앞의 책. 이 내용은 P. D. Hanson, "Rebellion in Heaven, Azazel, and Euhemeristic Heroes in 1 Enoch 6-11," *JBL* 96 (1977), 202에서 가져 온 것이다.
38 Hanson, "Rebellion in Heaven, Azazel, and Euhemeristic Heroes in 1 Enoch 6-11," 201.
39 Pilchan Lee, *The New Jerusalem in the Book of Revelation*, 56.
40 앞의 책.
41 앞의 책.

라고 중성 복수형으로 축약해서 표현한다. 이는 만물 전체를 좀 더 추상적이지만 포괄적으로 표현하는 것으로 보인다. 하나님께서 새롭게 하시는 범위는 하늘과 땅에 있는 모든 만물을 포함하는 것으로서 "첫 창조에 존재했던 사물들의 전체 질서"를 가리키는 것으로 볼 수 있다.[42] 이 문구는 이사야 65장 17b절에서 저주와 심판을 겪은 이스라엘의 역사, 특별히 바벨론 포로 생활 중에 겪은 고통으로서의 "이전 것들(προτέρων, 프로테론)을 배경으로 한다.[43] 이사야 65장 17절에서 새창조는 땅에서의 삶을 유지하면서 바로 이런 "이전 것들"의 질서를 변혁하는 특징이 있다. 이것은 고린도후서 5장 17절의 "이전 것들이 지나갔다"(τὰ ἀρχαῖα παρῆλθεν, 타 아르카이아 파렐덴)는 문구가 새것들이 도래하는 새창조로 말미암은 변혁의 결과라는 사실과 같은 패턴으로 볼 수 있다.[44] 이런 패턴은 요한계시록에서 갱신으로서의 새창조와 조화를 이루고 있다.

사라지다 이런 패턴에 대한 이해는 "처음 하늘과 처음 땅"(B) 혹은 "처음 것들"(B')이 "사라졌다"는 것을 이해하는 데 도움을 준다. B(1b절)과 B′(4c절)절에서 모두 "사라지다"(ἀπῆλθαν, 아펠단>ἀπέρχομαι, 아페르코마이)라는 동사가 사용된다. 이 문구 역시 이사야 65장 17b절에서 "이전 것들(προτέρων, 프로테론)은 기억되거나 마음에 생각나지 않을 것이다"라는 문구를 그 배경으로 한다.[45] 이렇게 볼 때 요한계시록 본문에서는 첫 창조의 옛 질서가 사라졌다는 것을 의미한다. 특별히 1b절은 '가르'(γάρ) 접속사로 시작하므로 앞의 내용에 대한 이유를 제시하는 관계로 볼 수 있다.[46] 곧 "새 하늘과 새 땅"이 도래한 것은 바로 "처음 하늘과 처음 땅"이 사라졌기 때문이라는 것이다. 여기에서 B와 B′는 지금 존재하는 만물이 모두 사라져 버린다는 의미로 읽힐 수가 있어 갱신이 아닌 재창조의 의미로 오해할 수 있는 가능성이 있다. 여기에서 약간의 모순이 발생한다. 앞의 단락에서 "새 하늘과 새 땅" 곧 새창조는 완전히 다른 세상의 도래가 아니

---

42 Swete, *The Apocalypse of St. John*, 275.

43 Aune, *Revelation*, 1124.

44 Koester, *Revelation,* 794, 798. 마이너(Minor)는 라이트(Wright)의 견해를 빌려 고린도후서 5장 17절과 관련하여 개인적 차원에서 해석하는 것을 지양하고, "하나님의 백성이 마침내 하나님의 샬롬 안에서 살 수 있는 창조세계를 갱신한다"고 믿는 유대 묵시 사상에 근거하여 "철저하게 새로운 질서가 우주 안에서 새워지고 있다"고 주장한다(M. Minor, *2 Corinthians*, SHBC [Macon, GA: Smyth & Helwys, 2009], 113).

45 Aune, *Revelation*, 1124.

46 BDAG, 189(1).

라 이 세상이 갱신되는 상태를 의미한다고 했는데 이 본문에서 새창조가 도래한 것이 "처음 하늘과 처음 땅"이 사라진 결과라고 하니 모순처럼 보이지 않겠는가?

이런 모순을 어떻게 해결할 수 있을까? 두 가지 방법으로 접근할 수 있다. 첫번째 방법은 A/A′와 B/B′ 중 어느 것이 논리적 우선권을 가지고 있는가를 결정하는 것이다. 이것을 결정하는 것은 어렵지 않다. 그것은 어느 것을 근거로 설명할 때 논리가 성립되느냐에 의해 결정될 수 있다. 결론적으로 말하면 A/A′가 B/B′보다 더 논리적 우선권을 갖는다. 왜냐하면 후자(B/B′)를 근거로 전자(A/A′)를 설명하는 것은 불가능하지만, 전자를 근거로 후자를 설명하는 것은 가능하기 때문이다. 곧 B/B′의 만물이 다 사라졌다는 사실을 근거로 만물을 새롭게 한다는 사실을 설명하는 것은 불가능하다. 만물이 없어졌는데 어떻게 새롭게 되었는가를 설명하는 것이 불가능하다는 얘기다.

그렇다면 어떻게 전자(A/A′)를 근거로 후자를 설명할 수 있는가? A/A′의 내용에서 하나님께서 새롭게 하신 그 정도가 완전하고 완벽해서 B/B′의 내용처럼 처음 하늘과 처음 땅이 사라져 버린 것처럼 모습을 띠는 것이다. A/A′에 의하면 처음 하늘과 처음 땅은 사라져 버리는 것이 아니라 새롭게 되어 온전한 상태에 머물게 된다. 그러나 처음 하늘과 땅 곧 만물이 하나님의 완전성에 근거해서 완전하게 새롭게 됨으로써 B/B′에서 말하고 있는 것처럼 완전히 사라져 버리고 없어져 버린 것과 같은 모습을 갖게 된다는 것으로 이해할 수 있는 것이다. 그러므로 B/B′는 A/A′가 말하는 갱신으로 인한 새롭게 됨의 정도를 더욱 강조하여 말해 준다는 것이다.

두번째 방법은 "사라지다"라는 동사를 비유적이며 은유적인 표현으로 간주하는 것이다. 이와 유사한 표현이 20장 11b절의 "땅과 하늘이 그의 존재로부터 사라졌다"에 사용된다. 여기에서 "사라지다"라는 동사는 '에휘겐'(ἔφυγεν>φεύγω, 휴고)으로서 1b절이나 4c절과는 다른 동사이지만, 이 본문에 쓰인 동사는 "은유적인"(metaphorical) 것으로서 "우주의 멸망"을 의미하지 않으며 [47] 하나님의 영광 앞에 압도되는 피조물의 반응을 보여주는 것이라고 주석한 바 있다. 본문도 이와 동일한 해석 원리를 적용할 수 있다. 곧 1b절과 4c절

47 Aune, *Revelation 17-22*, 1101.

에서 "사라지다"라는 동사는 실제로 가시적으로 처음 하늘과 처음 땅이 사라졌다는 의미가 아니라 은유적 표현으로서 새 하늘과 새 땅의 새로워진 정도가 너무 완벽하여 마치 처음 하늘과 처음 땅이 없어져 버린 것 같은 상태가 되었다는 것을 의도한 것이라다. 따라서 이 표현은 갱신으로서 새창조의 의미와 모순되는 것이 아니라 도리어 그것을 더 강조하는 기능을 한다.

[21:1c, 4b] 다시 있지 않다 (C/C′)

C(1c절)와 C′(4b절)의 관계 C에서 "바다는 다시 있지 않다"라는 문구가 등장한다. 이 문구는 마치 사족처럼 보이지만 새창조를 설명하고 이해하는 데 중요한 부분이다. C(1c절)와 C′(4ab절)는 "다시 있지 않다"(οὐκ ἔστιν ἔτι, 우크 에스틴 에티)라는 문구로 평행 관계를 이룬다. 이런 평행 관계에 의해 C의 내용은 C′에서 좀 더 자세하게 설명되고 있다. 곧 C에서 '바다는 다시 있지 않다'는 것을 C′에서는 "사망", "슬픔", "통곡" 그리고 "고통"이 더 이상 존재하지 않게 되었다고 좀 더 구체적으로 표현한다. 그리고 C는 B와 함께 A에 대한 이유를 말하고 있다. 곧 요한이 새 하늘과 새 땅을 본 것은 처음 하늘과 처음 땅이 없어졌고 바다도 다시 없기 때문에 일어날 수 있는 것이다. 동시에 C는 새창조의 완벽한 갱신의 상태로서 "처음 하늘과 처음 땅"이 사라져 버린 결과이기도 하다.

바다 그렇다면 C의 "바다가 다시 있지 않다"고 한 것에서 "바다"가 의미하는 것은 무엇일까? 그 의미를 파악하기 위해 먼저 바다에 대한 구약 배경을 살펴보자.[48] 다니엘 7장 3절, 하나님의 백성을 핍박하는 악의 세력에 대한 이미지로서 네 마리의 짐승들이 바다로부터 올라온다. 이사야 57장 20절에서는 악의 세력들을, 끊임없이 물결을 일으켜 진흙과 더러운 것을 솟구쳐 오르게 하는 "요동하는 바다"(tossing sea)에 비유한다.[49] 이런 구약 배경을 바탕으로 요한계시록에서 "바다"는 악의 세력을 상징하는 이미지로 사용된다.

요한계시록 내에서도 여러 본문에서 "바다"가 등장한다. 따라서 이 바다에 대한 의미를 이해하기 위해 이 용례들을 살펴 볼 필요가 있다. 최초 용례는

---

48 바다에 대한 구약 배경 역시 1권 500-504쪽의 4장 6a절에 대한 주해와 13장 1a절과 15장 2-5절의 주해를 참조하라.
49 Mounce, *The Book of Revelation*, 381.

4장 6a절의 "보좌 앞에 수정 같은 유리 바다"이다. 이 "유리 바다"는 15장 2절에서 "불로 섞인 유리 바다"라는 표현으로 다시 등장하여 어린 양 출애굽 사건에서 용사이신 하나님의 정복 대상인 홍해 바다를 연상케 한다.[50] 곧 어린 양의 구원의 노래가 울려 퍼지는 이 유리 바다는 모세의 노래가 울려 퍼진 홍해 바다에 대응되는 관계인 것이다. 이 경우에 홍해 바다와 유리 바다는 정복 혹은 심판 대상으로서의 바다라는 의미이지만 구원 사건이 발생한 장소를 의미하기도 한다.[51]

또한 13장 1절에 의하면 "바다"는 짐승이 나오는 악의 근원이다.[52] 그 짐승은 "바다로부터" 올라와 사탄을 상징하는 용으로부터 그 권세를 위임 받아, 죽은 것처럼 되었다가 기사회생하여 땅에 거하는 모든 사람들의 마음을 사로잡아 자신을 경배하게 한다(13:1-8). 바다와 하나의 짝을 이루는 "땅으로부터" 올라온 둘째 짐승은 거짓 선지자로 불리우기도 하는데 사람들로 그 손과 이마에 첫째 짐승의 표를 받고 그 짐승의 형상을 숭배하도록 거짓으로 미혹한다(13:11-17). 이처럼 13장에 의하면 "바다"는 악의 세력으로서 짐승의 활동을 가능케 한 근원이다. 짐승의 존재의 근원이 되는 바다가 새창조에서 더 이상 존재할 수 없게 된 것은 필연이라고 할 수 있다. 이것은 17-20장에서 바벨론과 두 짐승 그리고 용과 그의 추종자들이 불과 유황이 타오르는 호수에 던져 진 최후 심판의 결과라고 할 수 있다.

더 나아가서 이 "바다"라는 단어는 요한계시록 20장 13에서도 동일하게 사용된다. 여기에서 바다는 사망과 하데스와 함께 믿지 않고 죽은 자들이 최후의 심판을 대기하는 장소로 묘사된다. 곧 "바다"는 사망과 하데스에 대한 다른 표현으로서 그 동일한 속성을 가지고 있음을 알 수 있다. 20장 14절에서 바다/사망/하데스는 불의 호수에 던져진다. 그러므로 만물이 새롭게 된 새창조에서 바다가 존재하지 않는 것은 당연하다.

이상에서 살펴 본 "바다"의 의미를 통해 "바다가 다시 있지 않다"는 것은 단순히 바다가 존재하지 않은 세상이거나 현 세계가 사라지는 것을 의미하는 것이 아니라 악한 세력의 근원이 완전히 제거됨으로써 사악한 현 질서로부터

---

50 이 바다 주제에 대한 자세한 내용은 1권 500-504쪽의 4장 6a절에 대한 주해와 15장 2절에 대한 주해를 참조하라.

51 바울은 고린도전서 10장 1-2절에서 홍해 바다를 신약의 세례에 비유하기도 한다.

52 13장 1a절에서 "바다"에 대한 자세한 논의를 참조하라.

완전히 변화한 상태를 의미한다.[53]

악의 목록들 C와 평행 관계에 있는 C′는 이런 "바다"가 가지고 있는 악의 근원에 의한 현상들의 목록으로서 "사망", "슬픔", "통곡" 그리고 "고통"을 구체적으로 열거한다. 이 목록에서 최고 상위 개념은 "사망"이고 그 "사망"의 하위 개념으로 "슬픔과 통곡 그리고 고통"이 있다고 볼 수 있다. 다시 말하면 "사망"으로 말미암아 "슬픔과 통곡과 고통"이 발생하게 된다는 것이다. "사망"은 이사야 65장 19-20절의 "조기 사망"(untimely death)이 더 이상 없을 것을 말하는 내용을 배경으로 한다.[54] 이런 배경적 관계에도 불구하고 요한계시록에서는 "조기 사망" 정도가 아니라 "사망" 자체가 없다는 점에서 차이가 있다.[55] 이런 차이는 구속사적 절정으로서 에덴 회복이 완성되어 살리는 영인 성령이 생명을 불어 넣는 새창조의 환경 때문에 발생한 것으로 볼 수 있다.

또한 이사야 25장 8절에서 "사망을 영원히 멸하실 것이라 주 여호와께서 모든 얼굴에서 눈물을 씻기시며"라고 하여 "사망"의 제거와 "눈물을 씻기심"이라는 주제가 서로 결합되어 있는 것도 C와 같은 패턴이라고 볼 수 있다.[56] 그리고 이사야 35장 10절과 51절 11절에서 "… 슬픔과 탄식이 사라지리로다"[57]라고 한 것도 C의 "슬픔과 통곡"이란 문구의 배경으로 볼 수 있다(참조 사 51:11; 65:19; 렘 31:16; 에스라 4서 8:54; 아브라함의 유언 20:14).[58]

그리고 사망과 고통의 상관관계와 관련하여 고대 그리스인들과 로마인들은 "사망이 고통을 끝내 주기 때문에 두려워하지 말아야 한다"고 생각했다(Euripides, *Orestes* 1522; Lucretius, *De rerum natura* 3.905; Dio Chrysostom, *Discourses*, 642;

53 비즐리 머레이는 "바다가 다시 있지 않다"는 것을 "새롭게 창조된 것으로서(as newly created) 새 하늘과 새 땅"을 의미하는 것으로 이해하면서 그 새창조를 "존재하기를 중단한 창조를 대신한다"고 이해한다(Beasley-Murray, *The Book of Revelation,* 307). 그러나 비즈리 머레이의 이런 의견에 동의할 수 없다.

54 Koester, *Revelation*, 798.

55 앞의 책.

56 "눈물 씻기심"의 주제를 말하는 4a절을 4b절과 연결시키는 대신에 3절과 연결시키는 이유는 주어가 "하나님"으로 일치되기 때문이다.

57 이 이사야 본문의 문구에서 맛소라 본문의 "슬픔과 탄식"이라는 두 개의 목록을 70인역에서는 "슬픔, 근심, 탄식"(ὀδύνη καὶ λύπη καὶ στεναγμός, 오뒤네 카이 뤼페 카이 스테나그모스)이라는 세 개의 목록으로 확대되어 표현된다. 이것은 요한계시록에서 단어는 다르지만 사망 외에 언급되는 세개의 목록인 "슬픔, 통곡, 고통"과 평행 관계를 보이고 있다(Charles, *A Critical and Exegetical Commentary on Revelation,* 2:209).

58 Koester, *Revelation*, 798.

Plutarch, *Moralia* 611C). 곧 사망이 고통을 피할 수 있는 유일한 도피처라고 생각한 것이다. 그러나 성경은 사망이 모든 인간 고통의 원인이라고 판단한다. 요한계시록에서는 고대 그리스인이나 로마인과는 달리, 아담의 타락으로 인해 창조 세계에 불러 들인 사망 자체를 퇴출시켜야 할 대적으로 보면서 부활로 말미암아 승리하고 새창조로 사망과 그 사망으로 인한 고통의 종말을 선포한다 (참조 1:5).[59]

[21:2abc] 하늘로부터 내려오는 신부처럼 단장한 새예루살렘(D)

2a절은 1a절과 구조적으로 긴밀한 관계가 있다. 따라서 1a절과 2a절의 관계를 분석하고 그리고 요한계시록 전체에서 새예루살렘 모티브가 어떻게 사용되었는가를 대해 살펴 보고 그 전체 문맥 속에서 이 본문이 어떤 의미를 가지고 있는지를 규명해야한다. 그리고 끝으로 새예루살렘 주제의 배경으로서 초기 유대 문헌을 살펴 보고 그 배경의 맥락들을 정리해 보고자 한다.

2a절과 1a절의 관계 이 두 본문의 관계를 다음과 같이 구조를 분석하여 살펴 볼 수 있다.[60]

A	1 a)	Καὶ εἶδον 나는 보았다	
B			οὐρανὸν καινὸν καὶ γῆν καινήν. 새 하늘과 새 땅을
B′	2 b)	και	τὴν πόλιν τὴν ἁγίαν Ἰερουσαλὴμ καινὴν 거룩한 도시 새예루살렘을
A′		εἶδον 나는 보았다	

이 구조 분석에서 보듯이 1a절과 2b절은 A-B- B′-A′의 교차 대구적 구조이다. 두 개의 "보았다"(εἶδον, 에이돈)라는 동사를 중심으로 평행 관계가 형성된다. 곧 새 하늘과 새 땅을 보았다는 것과 새예루살렘을 보았다는 것이 서로 평행 관계를 보여주고 있다. 이런 평행 관계에 의해 새창조와 새예루살렘의 밀접한 관계를 엿볼 수 있다. 필연적으로 새창조는 새예루살렘의 출현을 초래하고 새예루살렘의 출현은 새창조의 존재를 전제한다.

그런데 여기에서 새예루살렘은 구약에서처럼 어떤 영역이나 건물을 가리

59 앞의 책.
60 Pilchan Lee, *The New Jerusalem in the Book of Revelation*, 269.

키는 것이 아니라 "남편을 위해 단장한 신부처럼 준비된" 것으로 간주하여 그것이 교회 공동체라는 것을 암시한다. 이런 사실은 21장 9-10절에서 더욱 분명해진다. 이처럼 새롭게 된 새창조의 축복된 환경을 누리게 될 주인공은 바로 2c절에서 그리스도의 신부라 불리우는 새예루살렘이다(21:2, 9-10절 참조). 그렇다면 새예루살렘 교회 공동체는 이 문맥의 우주 갱신 과정에서 어떠한 변화를 겪는가? 그것을 보여주고 있는 것이 바로 2-4a절(D)이다. 이 본문을 2절과 3-4a절 두 부분으로 나누어 살펴 보겠다. 이 단락에서는 전자에 집중하여 살펴본다.

요한계시록 전체에서 새예루살렘 2ab절의 새예루살렘에 대한 의미를 정확하게 이해하기 위해 요한계시록 전체에서 언급된 새예루살렘 주제에 대해 먼저 살펴 보기로 한다. 새예루살렘 모티브는 요한계시록 전체에서 다섯 번 등장한다. 첫 번째는 3장 12절이다. 여기에서 요한계시록의 초두이지만 하늘로부터 내려올 새예루살렘의 이름이 영적 전투의 승리자에게 주어질 종말론적 약속으로 주어진다. 이것은 새예루살렘의 열두 문에 열 두 지파의 이름과 열두 기초석에 열두 사도의 이름이 기록되어 있는 것과 관련된다. 이는 영적 전투의 승리자는 바로 새예루살렘(곧 교회 공동체)에 속하게 된다는 약속이다. 이런 종말적 약속이 성취되는 순간을 21장의 새예루살렘에서 확인하고 있는 것이다.

두 번째는 11장 2절이다. 측량된 성전은 잘 보존되지만 이 "거룩한 도시"는 이방인들에 의해 마흔 두 달 동안 무참히 짓밟히는 것으로 묘사된다. 여기에서 "도시"는 "예루살렘"을 가리키는데 단순히 지역으로서의 의미가 아니라 교회 공동체를 가리키고 있다.[61] 이런 점에서 새예루살렘 모티브와 관련된다고 볼 수 있다. 또한 이것은 새예루살렘 모티브가 지상에서 핍박 받지만 영적으로는 안전한 성도의 모습을 나타낸다.[62]

세 번째는 20장 9절의 "사랑받는 도시"이다. 여기에 "도시"라는 단어도 예루살렘을 의미하는 것으로서 새예루살렘 주제와 관련된다. 여기에서도 역시 이 단어와 동격으로 사용된 "성도들의 진"이란 문구 때문에 이 도시가 교회 공동체를 가리키는 것으로 볼 수 있다. 바로 이 도시를 용과 그의 군대가 에워싸

61 이에 대한 자세한 내용은 1권 929-932쪽을 참조하라.
62 Bauckham, *The Theology of the Book of Revelation*, 127.

고 있다. 여기에서 그 사랑 받는 도시 곧 성도들의 진은 지상에서 사탄과의 영적 전투 현장에서 최종적으로 승리하게 된다. 11장 2절에서 이 도시 모티브는 지상에서 성도의 핍박 받는 모습을 묘사하기도 하지만 동시에 영적 전투의 현장에서 승리한 모습을 묘사하기도 한다.

이상에서 새예루살렘 모티브는 요한계시록 전체에서 미래 종말적 약속으로 주어질 뿐만 아니라 지상에서 고난에 직면해 있으면서 하나님의 철저한 보호 상태에 있다는 것을 보여주고 있다. 교회 공동체는 이와 같은 과정을 거치면서 가장 완벽한 존재로 준비된다. 특별히 19장 7-9절과 21장 2c절에서 공통적으로 말하고 있는 것은 그리스도의 신부인 교회가 자신을 단장시키고 준비했다는 것이다. 여기에서 "단장하다" "준비했다"라는 말은 신부의 아름다움을 암시하고 있으며 그런 아름다운 모습은 황제 숭배에 굴복하지 않음으로 당하는 고난 중에도 신앙의 순결을 지켜 나가는 과정에서 축적된 것이라고 할 수 있다.[63)]

새예루살렘이 하늘로부터 내려오다(2b절) 2b절(D)에서 새예루살렘은 하늘로부터, 하나님의 보좌로부터 내려 온다. 이러한 이동은 새예루살렘이 하늘로부터 땅으로 내려 오기 전까지는 하늘의 예루살렘(heavenly Jerusalem)으로 존재했다는 것을 의미한다. 이것은 교회 공동체가 하늘에 존재했다는 사실과 같은 의미이다. 여기에서 이 시점에 이르기 전에 하늘의 예루살렘은 한 가지 중요한 특징을 가지고 있다. 그것은 하늘에 존재하면서 동시에 이 땅에서 사탄의 공격의 대상이 되는 이중적 성격을 가지고 있다는 점이다. 이러한 이중적 특징은 교회 공동체에 대한 여러 다양한 상징적 표현을 통해 입증될 수 있다. 먼저 2-3장에서 일곱 교회는 지상에서 전투하는 교회로 등장하고 4장의 24장로는 천상적 존재로서 교회 공동체를 상징하는 이미지이며, 7장 1-8절에서 144,000은 지상에서 전투하는 교회로, 동시에 9-17절에서는 "셀 수 없는 큰 무리"를 하늘에서 승리한 교회로 소개한다. 그리고 다시 14:1-5의 144,000은 하늘의 승리한 교회로 등장한다. 그리고 13장 6절에서는 짐승이 "하늘에 거하는 자

---

63 마카베오 3서 6장 1절에 의하면 엘레아잘(Eleazar)은 "모든 덕목으로 단장되었다(κεκοσμημένος, 케코스메메노스)"라고 하여 이런 단장이 도덕적 의미를 가지고 있다는 사실을 시사한다(Swete, *The Apocalypse of St. John,* 274). 이런 도덕적 의미는 고난 가운데 준비되어가는 과정에서 얻어질 수 있는 것이다.

들"을 공격하는 장면을 보여주고 있다.

이상에서 요한계시록의 전체 문맥에서 살펴 볼 때 새예루살렘이 상징하는 교회 공동체는 여러 가지 다양한 상징적 이미지를 통해 하늘에서 승리한 공동체로 그리고 지상에서 전투하는 공동체로 동시에 존재하고 있는 것으로 묘사되고 있음을 알 수 있다. 이것은 새예루살렘 교회 공동체가 하늘과 땅에서 동시에 존재하는 이중적 특징을 가지고 있음을 보여준다. 이렇게 이중적 성격을 갖게 되는 이유는 무엇인가? 타락 이후에 하나님께서는 에덴(창조) 회복을 진행해 가는 구속 역사의 과정에서 에덴처럼 하늘과 땅이 상통하는 환경을 구성하기 위한 여러 가지 다양한 시도를 감행하신다.[64] 그 중에 대표적인 것이 성전이다.[65] 성전은 하늘에 계신 하나님이 지상에 임재해 계시다는 것을 보여주는 기능을 한다. 따라서 성전은 하늘과 땅이 접촉하는 유일한 공간이고 에덴이 회복되는 영역이며 표징이다. 이제 성전의 성취로서 예수님이 오셔서 지상에 진정한 성전을 세워주셨고 창조의 회복 곧 새창조를 이루어 주셨다. 따라서 누구든지 새창조를 이루신 그리스도 안에 있으면 새로운 피조물이 되는 것이다(고후 5:17). 이 새창조는 이 세상에 천상의 환경을 이루어주었다. 그러나 아직 새창조는 완성되지 않았고 이 세상에 잔존하는 악의 세력은 여전히 그 영향력을 드러내고 있다. 성도들도 여전히 그런 환경 속에 발을 딛고 살고 있다. 이것이 교회 공동체가 이중적 특징을 갖는 이유이다.

그런데 D(2b절)에서 그 새예루살렘이 하늘로부터 내려 오고 있다고 한다. 이러한 정황을 어떻게 이해할 수 있는가? 바로 이 새예루살렘의 강하(降下)는 앞서 언급한 이러한 이중적 특징에 의한 긴장이 에덴 회복 완성의 순간에 사라지는 것을 시각적으로 표현해 주고 있는 것이다. 곧 새예루살렘 강하는 최후의 심판으로 지상의 모든 악한 대적들은 사라지고 하늘과 땅은 새롭게 되므로 새창조가 도래하여 지상과 천상의 차이가 없어졌다는 것을 의미한다.[66] 이것은 에덴의 상태를 회복하되 더 온전한 상태를 이루게 된다. 이와 같이 하나님에 의한 새창조 사역은 지상과 천상의 차이를 제거한다. 그러므로 이제 더 이상

64 이 주제에 대한 자세한 내용은 Dumbrell, *The Search for Order*를참고하라.

65 이 주제에 대해서 G. K Beale, *The Temple and the Church's Mission: A Biblical Theology of the Dwelling Place of God,* ed. D. A. Carson, NSBT 17 (Downers Grove, IL: InterVarsity Press, 2004)은 매우 탁월한 연구서이다.

66 롤랜드(Rowland)는 "새창조 안에서 하늘과 땅의 대조가 사라진다"라고 지적한다(Christopher Rowland, *Revelation* [London: Epworth, 1993], 153).

교회 공동체가 지상에 전투하는 공동체로 존재할 이유가 없다. 그리고 지상에서도 천상의 정황이 구현되게 된다. 따라서 3 절에서 "하나님의 장막이 사람들과 함께 있다"는 것과 3c절에서 "하나님 자신이 그들과 함께 있을 것이다"라는 내용과 일맥상통한다. 이러한 환경을 D(2b절)에서는 "새예루살렘이 하늘로부터 내려 온다"는 방식으로 표현하고 있는 것이다. 이것은 하늘의 예루살렘이 지상에서 새예루살렘이 되는 순간이다. 이런 결과는 하늘과 땅의 통일을 지향하는 구속사의 핵심적 특징을 충실하게 반영하는 매우 중요한 사실이다.

새예루살렘 강하의 유대 배경적 고찰 이러한 특징은 유대 사상을 배경으로 한다. 곧 유대 사상에 의하면 하늘의 예루살렘(Heavenly Jerusalem)과 새예루살렘(New Jerusalem)은 "역동적인 상호 연결" 관계를 갖는다.[67] 이런 관계는 하늘과 땅이 분리되는 이원론적 세계관이 아니라 하늘과 땅이 하나되는 통합된 세계관에 근거한다. 다음에서 상당히 많은 양의 유대 문헌 자료가 있으나 지면 상의 한계로 에녹 1서와 쿰란 문헌 일부와 그리고 에스라 4서 등을 중심으로 살펴 보고자 한다.[68]

(1)에녹1서

먼저 14장 8-25절은 하늘 성전(예루살렘)을 묘사하고 있다. 여기에서 하늘 성전은 하늘 예루살렘의 존재를 전제한다. 왜냐하면 성전은 예루살렘 안에 존재하기 때문이다. 따라서 성전에 대한 논의는 예루살렘을 포함한다. 에녹1서 14장은 하늘 성전에 대해 매우 자세하게 묘사하고 있다. 먼저 8-14절에서는 하늘 성전의 첫 번째 집(성소)을 기록하고, 15-17절에서는 하늘 성전의 두 번째 집(지성소)을 언급하며 그리고 마지막으로 18-23절에서는 두 번째 집에 있는 하나님의 보좌를 소개한다. 특별히 첫번째 부분에서 하늘 성전의 벽(wall)과 문(gate)과 같은 건축적 구조물과 그 구조물이 보석으로 장식되어 있는 것으로 묘사하고 있다. 그리고 두 번째 집은 그 바닥과 지붕이 하나님의 영광을 드러내주는 불로 지어졌다(15, 17절). 당연하게도 이 두 번째 집은 지상 성전의 지성소에 해당하는 것으로서 영광스런 하나님의 보좌를 묘사하는 데 집중한다(14:18-

67 Pilchan Lee, *The New Jerusalem in the Book of Revelation*, 270.
68 이 연구에 대해서는 앞의 책 53-229에서 자세하게 논의한 바 있다.

23). 보좌에 앉으신 하나님의 옷은 흰색으로서 눈보다 더 희고 태양보다 더 밝게 빛나고 있다. 에녹1서 14장 8-25절에서는 하늘 성전의 존재를 이렇게 소개하고 있다.

다음 에녹 1서 18장 6-10절과 24-27장에서는 하늘 성전에 대응되고 미래 종말적 성전의 원천으로서 에덴 정원의 "동산 보좌"(mountain throne)를 소개한다.[69] 여기에서 하늘 성전과 미래의 종말적 성전 그리고 에덴 정원의 관계를 다음과 같이 도표로 표시할 수 있다.

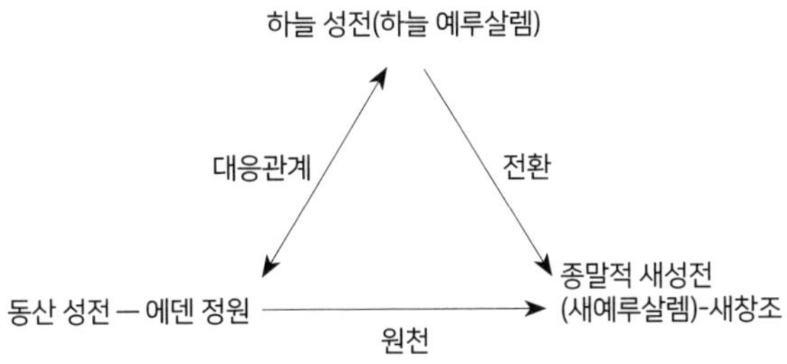

이 내용이 중요한 것은 하늘과 땅의 유기적이며 역동적인 상호관계에 대한 근거를 제시하기 때문이다. 여기에서 18장 6-10절과 24장 1-5절을 함께 살펴볼 필요가 있다. 이 두 본문에서 공통점은 보석 모티브와 불 모티브가 함께 사용되고 있다는 점이다. 이 두 모티브는 14장에서도 동일하게 사용되고 있다. 이런 점에서 14장과 18장 그리고 24장이 일관성 있게 이 두 가지 모티브를 통해 평행 관계를 활용하고 있음을 알 수 있다. 그런데 각 본문이 소개하는 대상은 다소 차이가 있다. 앞에서 살펴 본 바대로 14장은 하늘 성전을, 18장과 24장은 "동산 보좌"(18:6; 24:1)를 언급한다.[70] 이 "동산 보좌"는 지상에 세워진 성전으로 간주된다. 왜냐하면 18장은 지상과 관련된 내용들을 서술하고 있기 때문이다. 이런 "동산 보좌"는 고대 근동의 세계관에서 신이 동산 위에 거주한다는 오랜 생각과 밀접하게 관련된다.[71]

한편 18장 5절에서 "땅의 가장 끝부분에서 천사들의 길을 보고 그리고 위

---

69 앞의 책, 59.

70 여기에서 "동산 보좌"라는 명칭은 18장 6절에서 "일곱 산들"을 18장 8절에서 "하나님의 보좌 같은" 이라고 하고 24장 1절에서 "불의 산들"을 "보좌의 자리같은"(like a seat of throne)이라고 표현한 것에 근거한다.

71 Nickelsburg, *1 Enoch 1*, 285.

에서 하늘의 궁창을 보았다"고 하여 지상과 하늘과의 연결점을 암시한다. 이런 이유로 18장과 24장의 지상 성전으로서 "동산 보좌"는 14장의 하늘 성전과 상응되는 관계를 가지는 것으로 볼 수 있다.

그런데 24장 2, 4-5절에 의하면 지상 성전으로서 "동산 보좌"에는 에덴 정원의 특징들도 가득하다. 먼저 2절은 "동산 보좌"가 귀하고 아름다운 돌들로 장식되어 있다고 묘사하고, 4-5절에서는 한 나무를 소개하는데 그 향기가 압도적이며 그것의 잎과 꽃들이 영원히 시들지 않고 그 열매가 아름답다고 소개한다. 이것은 에덴 정원에 있는 생명나무를 연상케 한다.[72] 그리고 25장 6절에서는 미래의 종말적 삶에 대해 서술하면서 하나님께서 의인들을 위해 예비하신 이러한 생명나무로부터 큰 기쁨을 얻고 장수(long life)와 같은 풍요로운 삶이 주어질 것을 확증한다.[73] 여기에서 에덴 정원에 있는 "동산 보좌"는 하늘 성전과 평행 관계를 이루고 있을 뿐만 아니라 동시에 미래 종말적 새성전(새예루살렘)과 새에덴 곧 새창조 안에서의 삶의 원천이 되고 있다는 사실을 알 수 있다. 곧 에덴 정원에 있는 "동산 보좌"(mountain throne)는 하늘 성전의 보좌와 평행되는 것으로서 지상에 존재하는 성전일 뿐만 아니라 미래 종말적 새예루살렘 새성전의 원천이기도 한 것이다.[74] 더 나아가서 에덴의 "동산 보좌"는 하늘 성전(하늘 예루살렘)과 새성전(새예루살렘)의 관계를 이어주고 있는 것이다.[75] 특별히 에녹 1서 38장 1-2절과 39장 4-5절에서[76] 현재 천상적 거주 장소로서 하늘 예루살렘은 "의인들의 종말적 거주 장소"로서 새예루살렘으로 전환된다.[77]

이상에서 에녹서의 내용은 요한계시록에서 하늘 예루살렘이 미래적 종말의 시점에서 에덴 회복이 완성된 새창조 안으로 내려와 새예루살렘으로 존재하게 되는 과정에 대한 매우 중요한 배경적 자료를 제공해 주고 있음을 알 수 있다.

---

72 Nickelsburg, *1 Enoch 1*, 313-14.
73 Pilchan Lee, *The New Jerusalem in the Book of Revelation*, 60.
74 앞의 책.
75 앞의 책.
76 이 문헌에 대한 자세한 논의 내용은 앞의 책 61-63쪽을 참조하라.
77 Pilchan Lee, *The New Jerusalem in the Book of Revelation*, 60.

(2)쿰란 문헌[78]

쿰란 문헌에서도 하늘 성전(하늘 예루살렘)과 지상에 존재하는 새성전(새예루살렘)이 상호 연결되는 패턴이 나타난다. 이런 연결은 "공동체 성전"(Community Temple) 개념에 의해 더욱 강화되고 있다. 쿰란 공동체는 자신들을 성전 공동체로 간주하여(CD 15:15-17; 1Qsa 1:8-9; 2:5-9; 1QS 3:7-9; 8:1-7 등) 하늘 성전 예배에 천사 그룹과 함께 동참하여 하늘 성전에 동화된다.[79] 그리고 이러한 동화의 과정에서 새성전(새예루살렘)의 종말적 축복들을 경험하며 새성전(새예루살렘)의 종말적 출현을 기대한다(4Q427; 1QH 14).[80] 여기에서 하늘 성전(하늘 예루살렘)은 공동체 성전을 통해 종말적 새성전(새예루살렘)의 "배아"(embryo) 역할을 하고 있다고 볼 수 있다.[81] 이상에서 쿰란 공통체의 성전 사상을 통해 다시 한 번 하늘과 땅의 통합적 사고와 함께 하늘 성전(예루살렘)이 하늘에만 머물러 있는 것이 아니라 지상에서 성전 공동체가 참여하여 동화되는 공간이고, 더 나아가서 미래의 종말적 새성전이 배태되어 마침내 지상에 실제적으로 세워지게 되는 믿음을 가질 수 있게 한다. 이것은 하늘 예루살렘이 교회 공동체로서 하늘에 존재하면서 미래에 새예루살렘으로서 새창조에 출현하게 되는 요한계시록의 시나리오와 매우 유사한 패턴을 보여준다.

(3)에즈라 4서[82]

먼저 에즈라 4서 7장 26절에 의하면 "때가 올 것이다"라고 한 뒤에 그 때에 대해 설명하기를 "지금 보이지 않는 도시가 나타나게 될 것"이며 "지금 숨겨진 땅이 드러나게 될 것이다"고 말하며, 7장 27절에서는 "내가 미리 말했던 악으로부터 구원받은 모든 자가 나의 놀라운 일들을 보게 될 것이다"고 한다. 7장 26절에서 "도시"는 예루살렘을 가리키고, 그것이 "지금 보이지 않다가 나타나게 될 것이다"는 말은 종말적 출현을 가리킨다. 그리고 7장 27절에서 이 사건을 "나(하나님)의 놀라운 일"이로 규정하는 것은 상당한 기대감을 함축하고 있는 것으로 보인다. 이런 일련의 과정은, 하늘에 있어 보이지 않던 새예루살렘

78 쿰란 문헌과 관련된 충분한 논의에 대해서는 Pilchan Lee, *The New Jerusalem in the Book of Revelation,* 86-128을 참조하라. 지면의 한계로 여기에서는 매우 요약된 내용을 언급할 것이다.
79 Pilchan Lee, *The New Jerusalem in the Book of Revelation*, 60.
80 앞의 책.
81 앞의 책.
82 에즈라 4서 본문은 *OTP* 1:525-59의 메츠거의 영어 번역을 사용한다.

이 그 하늘로부터 내려 오면서 그 모습을 보여주게 되는 것과 같은 패턴으로 이뤄진다.

8장 52절은 "너를 위해 낙원(paradise)이 열리기 때문에 생명 나무가 심겨지고 오는 세대가 준비되고 풍성함이 제공되며 도시가 세워지고 안식이 지정되며 선함이 세워지고 그리고 완벽한 지혜도 미리 세워졌다"고 서술한다. 여기에서 "오는 세대"(the age to come)는 종말적 시점을 나타내며, "도시"는 당연히 새예루살렘을 의미하고, "낙원"은 에덴 정원을 의미한다. 그리고 지혜는 잠언 8장 23절 이하에서 창조가 이루어지기 전에 세움을 받은 것으로 언급한다.[83] 이렇게 볼 때 종말적 성취의 시대에 새에덴과 새예루살렘이 결합되어 나타나고 있다.

다음은 10장 27절에서 "그리고 나는 올려보았다. 그리고 보라, 그 여인은 더 이상 나에게 보이지 않았으나, 그러나 한 세워진 도시(an established city)가 있다. 그리고 거대한 기초들의 장소가 자신을 보여주었다"고 기록한다. 여기에서 "여인"은 "도시"를 의인화하여 표현한 것이고 이 "세워진 도시"는 "새예루살렘" 혹은 "하늘의 예루살렘"을 가리킨다.[84] 그런데 이 "여인"으로 의인화된 "도시"가 처음에는 보이지 않다가 나타나게 되는 과정은 바로 하늘의 예루살렘이 미래 종말적 새예루살렘으로 변환되는 상황을 보여준다. 이런 패턴은 42-44절에 동일하게 나타난다. 이 부분에서 주목할 것은 "여인"을 "세워진 도시"로서 "시온"이라고 해석한다는 점이다. 그리고 53-55절에서는 "들판"(field)으로 나가는 장면이 언급되는데 이 "들판"은 9장 26절에 의하면 에덴 정원을 상징한다.[85] 그리고 10장 53-55절에서 "지극히 높으신 이의 도시가 나타나게 되었다"고 하고 에스라가 그 건물의 "장엄함과 거대함"을 보게 될 것이라고 한다. 이것은 하늘에 선재해 있던 하늘의 예루살렘이 종말의 시점에 새예루살렘의 형태로 그 모습을 나타내는 것을 의미한다.[86]

그리고 13장 6절에서 "시온이 올 것이다. 그리고 모든 백성들에게 나타나게 될 것이다. 그리고 네가 그 산이 손 없이 깎여진 것을 본 것처럼, 준비되고 세워질 것이다"고 한다. 이것도 역시 시온 곧 하늘의 예루살렘이 새예루살렘

83 J. M. Myers, *I and II Esdras*, AB 42 (Garden City, NY: Doubleday, 1986), 246-47.
84 앞의 책, 274.
85 앞의 책, 135.
86 Pilchan Lee, *The New Jerusalem in the Book of Revelation*, 136.

으로 변환되어 나타나게 될 것을 말한다.

(4)정리
이상의 유대 문헌에 대한 관찰을 정리하면 하늘의 성전/예루살렘이 감추어져 있다가 미래적 종말의 시점에서 새창조 곧 새에덴 안에서 새예루살렘으로 나타나게 된다는 것이다. 여기에서 새창조와 새에덴 그리고 새예루살렘은 공존하는 관계이다. 흥미롭게도 하늘의 예루살렘이 새예루살렘으로 변환되는 이런 패턴은 구약에는 나타나지 않고 유대 문헌에만 나타난다. 이것은 요한계시록에서 새예루살렘이 하늘로부터 하나님으로부터 내려오게 되는 것에 대한 배경이 구약이 아닌 유대 문헌이라는 사실을 알려주고 있다.

신부처럼 준비되다(ἡτοιμασμένην ὡς νύμφην, 2c절) 교회 공동체는 짐승과 바벨론의 핍박을 받으면서 가장 완벽한 존재로 준비된다. 특별히 19장 7-9절과 21장 2절에서 공통적으로 말하고 있는 것은 그리스도의 신부인 교회가 자신을 단장 시키고 준비했다는 것이다. 여기에서 "단장하다" "준비했다"라는 표현은 신부로서의 아름다움을 암시하고 있으며 그런 아름다운 모습은 황제 숭배에 굴복하지 않음으로 직면하게 되는 고난 중에 신앙의 순결을 지켜 나가는 과정에서 축적되는 것이라고 할 수 있다.

이것은 이사야 49장 18절 그리고 61장 10절을 배경으로 한다.[87]

> 네 눈을 들어 사방을 보라 그들이 다 모여 네게로 오느니라 나 여호와가 이르노라 내가 나의 삶으로 맹세하노니 네가 반드시 그 모든 무리를 장식처럼 몸에 차며 그것을 띠기를 신부처럼 할 것이라(사 49:18)
>
> 내가 여호와로 말미암아 크게 기뻐하며 내 영혼이 나의 하나님으로 말미암아 즐거워하리니 이는 그가 구원의 옷을 내게 입히시며 공의의 겉옷을 내게 더하심이 신랑이 사모를 쓰며 신부가 자기 보석으로 단장함 같게 하셨음이라(사 61:10)

먼저 이사야 49장 18절에서 여호와 하나님은 이스라엘이 사방에서 예루살렘으로 몰려 오게 될 것을 말하면서 몰려 오는 그 모든 무리를 "장식" 혹은 "신부"로 비유하여 말한다. 특별히 70인역에서는 "신부의 장식처럼"(ὡς κόσμον

87 Charles, *A Critical and Exegetical Commentary on Revelation*, 2:205; Koester, *Revelation*, 796-797.

νύμφης, 호스 코스몬 뉨페스)이라고 이 두 비유를 결합시켜 표현한다. 여기에서 "장식"과 "신부"는 모두 예루살렘으로 돌아오는 이스라엘을 비유적으로 표현한다는 점을 주목할 필요가 있다.[88] 이런 문구가 바로 요한계시록의 새예루살렘을 신부로 비유한 것과 같은 패턴임을 알 수 있다.

두 번째 배경으로서 이사야 61장 10절에서 화자는 자신을 시온과 동일시하여 말한다.[89] 따라서 "그가 구원의 옷을 내게 입히셨다"는 것은 "시온"에게 그렇게 하신 것을 의미한다. 곧 하나님은 그의 신부 시온에게 "구원과 공의"로 옷을 입히시고[90] "신부가 자기 보석으로 단장함 같이" 해주신다.

이사야의 배경에서 아름답게 꾸며지는 신부가 이스라엘과 동일시되는 예루살렘을 가리키는 것처럼, 요한계시록에서 단장한 신부는 새예루살렘으로서 교회 공동체를 가리킨다.

[21:3-4a] 새 언약의 절정(D)

19장 7-9절이 어린 양 그리스도와 그의 신부된 교회 공동체와의 온전한 결합을 혼인 잔치를 통해 나타내는 반면, 위의 본문의 D부분에서는 하나님으로부터 하늘에서 새창조의 주인이 되기 위해 내려온 그 새예루살렘과 언약적 관점에서 완전한 임재, 결합을 나타내 보여 주신다. 몇 가지 주제를 중심으로 본문을 살펴 보고자 한다.

보좌로부터 큰 음성(φωνῆς μεγάλης ἐκ τοῦ θρόνου, 3a절) 먼저 이런 사실을 "보좌로부터 큰 음성"이 선포한다. 이 보좌로부터 큰 음성은 16장 17b절의 경우와 유사하다. 이 본문은 "큰 음성이 성전으로부터 보좌로부터 나와 말했다"고 한다. 이 경우에 그 음성의 주체는 하나님으로 볼 수 있다.[91] 그러나 19장 5절에서도 역시 보좌로부터 음성이 나오는데 그 음성의 주체를 결정하는 것이 쉽지 않다. 21장 3a절에서는 "성전으로부터"라는 문구가 생략되고 "보좌로부터 큰 음성"이라고 표현된다. 이 음성은 16장 17b절과는 달리 하나님의 음성이

---

88 왓츠는 이 본문이 이스라엘의 일부가 먼저 시온으로 돌아왔고 이제 그 나머지가 돌아오게 되는 장면을 묘사하는 내용이라고 해석한다(Watts, *Isaiah 34-66*, 744).

89 Oswalt, *The Book of Isaiah, Chapters 40–66*, 574.

90 앞의 책.

91 좀 더 자세한 내용은 16장 17b에 대한 주해를 참조하라.

아니고 천사의 음성으로 볼 수 있다.[92] 왜냐하면 이어지는 내용에서 하나님을 1인칭이 아닌 3인칭으로 표현하고 있기 때문이다.[93]

하나님의 장막(ἡ σκηνὴ τοῦ θεοῦ, 3bc절) 그 보좌로부터 큰 음성이 첫번째로 선포하는 새 언약의 내용은 바로 3b절에서 "보라 하나님의 장막이 사람들과 함께 있다"는 것이다. 그리고 3c절에서 "장막"(σκηνή)의 동사형인 '스케노세이'(σκηνώσει 스케노세이>σκηνόω, 스케노오)가 사용되어 "그들과 함께 거하실 것이다"라고 선포한다(요 1:14 참조).[94] 이것은 새예루살렘이 하늘로부터 하나님으로부터 새창조 가운데 내려오게 되어 하늘과 땅이 통합된 결과라고 볼 수 있다.[95] 찰스는 여기에 사용된 "장막"이 구약의 "장막"(tabernacle) (מִשְׁכָּן, 미슈칸)과 다른 것이라고 주장한다. 왜냐하면 유대 문헌에서 하늘의 예루살렘에서 "장막"의 회복에 대한 기대가 존재하지 않기 때문이다.[96] 대신에 그것은 13장 6절의 경우처럼 "하나님의 거처"(God's dwelling) 곧 "하늘" 혹은 "쉐키나"(Shekinah)를 의미하는 것으로 보아야 한다고 주장한다.[97] 같은 맥락에서 그는 "장막"이란 단어가 사용된 15장 5절의 "증거의 장막 곧 성전"(ὁ ναὸς τῆς σκηνῆς τοῦ μαρτυρίου ἐν τῷ οὐρανῷ, 호 나오스 테스 스케네스 투 마르튀리우 엔 토 우라노)이란 문구는 오염되어서 인정할 수 없다고 한다.[98]

이같은 찰스의 주장은 하나는 맞고 하나는 틀렸다. 먼저 3b절의 "장막"의 등장이 구약에서의 "장막" 자체를 회복한다는 의미가 아니라는 점에서 찰스의 지적은 적절하다. 그러나 요한계시록 전체에서 그렇듯이 여기에서 "장막"은 구약의 언어를 통해 약속과 성취의 프레임을 가지고 접근해야 한다. 따라서 구약의 "장막"에 대한 배경적 인식은 필요하고 중요하다. 구약에서 "장막"은 성막으로서 출애굽한 이스라엘 백성에게 하나님이 그들과 함께 임재해 주

92 Swete, *The Apocalypse of St. John,* 274. 스웨테는 이 천사를 정확하게 "임재의 천사들 중 하나"(one of the Angels of the Presence)라고 표현한다(앞의 책). 그리고 스웨테는 16장 17b절의 "음성"도 역시 하나님의 음성이라는 사실을 부정하고 천사의 음성으로 간주한다(앞의 책).

93 Koester, *Revelation*, 797.

94 번역과 관련된 논점은 이 단어의 번역에 대한 논의를 참조하라.

95 Pilchan Lee, *The New Jerusalem in the Book of Revelation*, 272.

96 Charles, *A Critical and Exegetical Commentary on Revelation*, 2:205-206.

97 앞의 책.

98 앞의 책.

시겠다는 약속의 물리적 표시이다.[99] 이 약속은 구약 역사에서 가나안 정복 후 다윗과 솔로몬을 통해 성전 건축에 의해 구체적으로 좀 더 발전해 간다. 그리고 신약 시대에 와서 임마누엘 예수님을 통해 성막과 성전은 성취를 이루게 된다. 그리고 승천하신 예수님께서 보내신 예수의 영이신 성령을 받은 교회 공동체가 바로 하나님이 임재하시는 장소가 된다. 그리고 재림 때에 새창조 안에서 이러한 임재의 절정으로서 "하나님의 장막"이 사람들과 함께 있게 된 것이다.

이상에서 3b절의 "하나님의 장막"은 찰스가 지적한 대로 "장막" 자체를 재현한다는 의미가 아니라 "하나님의 거처"를 의미하는 것은 당연하다. 하지만 여기에서 "장막"이란 단어를 사용한 것은 구약에 등장했던 "장막"의 본질을 성취한 것이라는 사실을 보여주고자 하는 목적이 있다. 특별히 15장 5절에서 "증거의 장막"은 대접 심판의 문맥에서 하늘에 존재하지만 3b절의 "하나님의 장막"은 새창조가 이루어진 지상에 세워진다. 이것은 하늘의 예루살렘이 새창조의 새예루살렘으로 전환되는 것과 동일한 패턴이다.

더 나아가서 "하나님의 장막"은 레 26:11-12을 배경으로 주어진다.[100]

> [11]내가 내 성막(장막)을 <u>너희 중에</u> 세우리니 내 마음이 너희를 싫어하지 아니할 것이며 [12]나는 <u>너희 중에 (동)행하여</u> 너희 하나님이 되고 너희는 내 백성이 될 것이니라(레 26:11-12)

이 레위기 본문에서 하나님은 "내 성막(장막)을 너희 중에 세울 것이다"라고 말씀하신다. 이 약속의 말씀은 하나님께서 "그곳에서 이스라엘 백성과 만나시고 그의 존재가 내재할 것(immanent; 출 29:24-56)"이라는 의미로서 "초월성을 부정하지 않고, 여호와의 그의 백성에 대한 친근감(nearness)"을 드러내려는 의도를 고표현한 것이다. [101] 여기에서 "세울 것이다"에 해당되는 히브리어 단어는 "나탄"(נתן>וְנָתַתִּי, 나탄)이다. 이 단어는 "주다"(give)라는 의미가 있지만 "세우다"(set, place)라는 뜻도 있다.[102] 이처럼 성막 혹은 장막이라는 건축물을 실제적으로 세우는 작업은 출애굽기 26, 36장에 기록되어 있다. 그런데 흥미로운 것은 레위기 본문의 "세우다"라는 동사가 요한계시록 본문에서는 생략된다는 점이다.

---

99 Blount, *Revelation*, 380.

100 Swete, *The Apocalypse of St. John*, 274.

101 J. E. Hartley, *Leviticus*, WBC 4 (Waco, TX: Word, 1992), 463.

102 *HALOT*, 734(12).

그 이유는 무엇일까? 그것은 바로 요한계시록 본문에서는 레위기 본문과는 달리 물리적 건물로서 성막(장막)이 아니라 구약의 건물로서 성막(장막)이 가지는 본질적 의미를 성취하는 하나님의 임재 자체에 초점을 맞추고 있기 때문이다.

그리고 레위기 본문의 70인역에서 "성막(장막)을 세우다"라는 문구에서 "성막"(장막)에 해당되는 단어를 '디아데켄'(διαθήκην>διαθήκη, 디아데케)이란 단어를 사용한다.[103] 이 단어는 "언약"을 의미한다.[104] 따라서 이 문구는 70인역에 근거하여 번역하면 "언약을 세우다"라고 할 수 있다. 이것은 70인역자가 번역을 진행하면서 "성막(장막)을 세우다"를 언약적 개념으로 이해했음을 보여준다. 레위기에서는 이 장막(성막)이 "너희 중에"라고 하여 그 대상이 이스라엘 백성에 한정되지만 요한계시록에서는 "사람들과 함께"(μετὰ τῶν ἀνθρώπων, 메타 톤 안드로폰)라는 보편적 표현으로 그 대상의 우주적 특징을 나타낸다. 이러한 70인역의 언약적 특징은 다음 본문에 다시 나타난다.

레위기 26장 12절에 언약의 언어가 사용된다. "나는 너희 하나님이 되고 너희는 내 백성이 될 것이다"라고 하여 하나님과 이스라엘 백성 사이의 언약 관계를 확증한다.[105] 이 문구는 "구속력 있는 언약의 형식"(the binding formula of the covenant)이다.[106] 이런 언약 관계는 "나는 너희 중에 행하여"라는 문구로 더욱 확증된다. 여기에서 우리말의 "행하다"라는 동사에 해당하는 히브리어는 '할락'(הלך)으로서 칼(Qal) 형태는 "어느 특정한 방향을 향해" "걷다"(walk)라는 의미이다.[107] 그런데 이 본문에서는 히트파엘(Hitpa'el)을 취한다. 밀그롬(Milgrom)에 의하면, 이 히트파엘 형의 선택은 신학적으로 의미가 있다고 한다. 그것은 바로 "하나님께서 그의 백성과 함께 걸을 것이다"라는 의미를 함축한다는 것이다.[108] 하틀리(Hartley)는 이런 단어의 신학적 의미를 좀 더 발전시켜 "앞 뒤로 그리고 위 아래로 걷는다"라고 설명한다.[109] 이런 점에서 이 동사를 "동행

---

103 탈굼은 이 본문을 다음과 같이 풀어서 번역한다: "나는 너희 중에 나의 영광의 쉐키나(Shekinah)를 세울 것이다(ואיתן שכינת יקרי בניכון)"(Charles, *A Critical and Exegetical Commentary on Revelation,* 2:206).

104 BDAG, 228(2).

105 Hartley, Leviticus, 463. 레위기의 이 언약 공식은 선지자들에 의해 계승되어 사용된다(렘 31:1, 33; 겔 37:27 등; Swete, *The Apocalypse of St. John,* 274).

106 Milgrom, *Leviticus 23–27*, 3:2302.

107 앞의 책.

108 앞의 책.

109 Hartley, *Leviticus*, 463.

하다"로 번역하면 적절할 것이다. 이것은 단순히 함께 걷는 행위만을 가리키는 것이 아니라 "여호와께서 모든 가족을 살펴주시고, 돌봐 주시고 그리고 축복해주신다"는 의미가 된다.[110] 이런 동행은 마치 에덴 정원에서 하나님께서 아담과 이브와 거니셨던 모습을 연상케 한다(창 3장 8절; 참조 신 23:15).[111] 이런 관계는 레위기에서 하나님의 이스라엘 중에 동행이 "에덴적 환경"(paradisaical conditions)을 재현하는 것으로 볼 수 있는 정황적 근거를 제공한다.[112]

> 또한 에녹과 노아 그리고 아브라함과 같은 족장들도 하나님과 함께 걷는 동행의 삶을 산다(창 5:22, 24; 6:9; 17:1).
>
> 에녹이 하나님과 <u>동행하더니</u>(וַיִּתְהַלֵּךְ, 바이트할렉〉הלך, 할락) 하나님이 그를 데려가시므로 세상에 있지 아니하였더라(창 5:24)
>
> 이것이 노아의 족보니라 노아는 의인이요 당대에 완전한 자라 그는 하나님과 <u>동행하였으며</u>(הִתְהַלֶּךְ, 히트할렉〉הלך, 할락)(창 6:9)
>
> 아브람이 구십구 세 때에 여호와께서 아브람에게 나타나서 그에게 이르시되 나는 전능한 하나님이라 너는 내 앞에서 행하여(הִתְהַלֵּךְ, 히트할렉〉הלך, 할락) 완전하라(창 17:1)

위 본문에서 에녹과 노아와 아브라함이 하나님과 동행하는 행위를 묘사하는데 일관성 있게 히트파엘 형의 동사를 사용한다. 이들 역시 하나님과의 동행을 통해 에덴적 환경의 재현을 경험한다.[113] 레위기 본문에서는 창세기에서 족장들의 동행과는 달리 하나님이 이스라엘과 동행하시기를 약속하신다.[114]

이상에서 레위기 26장 11-12절의 성막과 동행 그리고 언약 수립의 패턴은 요한계시록 본문에 그대로 적용된다. 먼저 요한계시록 본문의 3b절에서 "하나님의 장막"이 함께 있다고 하면서 3c절에서는 "그가 그들과 함께 거하실 것이다"라고 한다. 여기에서 "거할 것이다"라는 동사는 '스케노세이'(σκηνώσει>σκηνόω, 스케노오)란 헬라어 동사를 사용한다. 이 동일한 동사가 요한복음 1장 14절에서 "말씀이 육신이 되어 우리 가운데 거하셨다"고 하여 말

110 앞의 책.
111 Milgrom, Leviticus 23-27, 3:2302. 창세기 3장 8절에서도 동일한 동사인 '할락'(הלך)의 히트파엘 분사형(מִתְהַלֵּךְ)이 사용된다. 70인역도 동일한 어근을 가진 '페리파툰토스'(περιπατοῦντος>περιπατέω, 페리파테오)가 사용된다. 레위기 26장 12절에서 "걷다"라는 동사를 70인역은 '(ἐμπεριπατήσω>ἐμπεριπατέω, 엠페리파테오)'라는 동사로 번역한다.
112 앞의 책.
113 앞의 책. 밀그롬은 이것을 "낙원이 되찾아졌다"(Paradise has been regained)라고 설명한다(앞의 책).
114 Hartley, *Leviticus*, 463.

씀을 통한 하나님의 임재를 나타낼 때 사용된 바 있다.[115] 요한계시록 본문의 3c절에서 "거하실 것이다"라는 동사는 레위기 26장 12절의 "너희 중에 동행하신다"는 문구와 평행되는 것으로 볼 수 있다. 왜냐하면 요한계시록 본문의 "거하다"라는 동사와 레위기 본문의 "너희 중에 동행하신다"는 실제적인 내용에 있어서 거의 동일한 의미를 가지고 있기 때문이다.

7장 15c절에서도 "그들 위에 장막을 펼치신다"(σκηνώσει, 스케노세이>σκηνόω, 스케노오)라는 문구가 사용된다. 이 본문 역시 동일한 동사인 '스케노오'라는 동사가 사용된다. 다만 번역에서 언급한 것처럼 이 본문에서는 비유적으로 표현되어 있다.[116] 그리고 하늘 성전의 정황에서 새출애굽의 성취를 드러내 준다. 반면 21장 3bc절에서는 하늘과 땅이 통합된 새창조 안에서 언약의 절정으로서 새 출애굽의 완성을 그리고 있다.

언약 공식(3de절)[117] 그리고 3d절에서 "그들 자신은 그의 백성들이 될 것이다"라고 하여 레위기 본문처럼 언약 공식 문구가 등장한다. 이 언약 공식은 레위기 26장 12절과 예레미야 31장 33절과 에스겔 37장 27절을 배경으로 한다. 여기에서 3d절과 구약 배경인 레위기 26장 12절, 예레미야 31장 33절 그리고 에스겔 37장 27절을 비교할 때 언약의 형식에 변화가 있다. 첫번째 변화는 레위기와 예레미야 그리고 에스겔 본문에서는 일관성 있게 "백성"(λαός, 라오스)이 단수로 사용되는데 요한계시록 본문에서는 이 단어가 복수인 '백성들'(λαοί, 라오이)이 사용된다는 점이다. 이러한 변화는 구약에서 이스라엘 백성만을 언약 상대로 한정한 것의 한계를 뛰어 넘는 성취와 완성의 시대에 세상에 존재하는 모든 백성들을 언약 대상으로 삼은 우주적 의미를 부여하기 위해서이다.[118] 이것은 3b절에서 "사람들"이 사용된 것과 같은 맥락이라고 볼 수 있으며 새 언

115 Charles, *A Critical and Exegetical Commentary on Revelation*, 2:206.

116 이 내용에 대한 좀 더 자세한 설명은 1권의 743-749쪽을 참조하라.

117 언약 공식과 관련하여 로벗슨(Robertson)은 언약의 통일성을 형성하는 언약 공식으로서 "나는 너의 하나님이 될 것이고 너는 나의 백성이 될 것이다"라는 문구가 언약의 핵심 요소로 사용된다고 주장한다(O. P. Robertson, *The Christ of the Covenants* [Phillipsburg, NJ: Presbyterian and Reformed, 1980], 45).

118 Swete, *The Apocalypse of St. John,* 274. 찰스는 '라오스'(λαός)가 더 신빙성이 있는 것으로 간주한다(Charles, *A Critical and Exegetical Commentary on Revelation,* 2:207). 이 단어를 P 051^{s}. 1006. 1611. 1841. 1854. 2062^{com} 𝔐K lat sy 와 같은 사본들이 지지한다. 비일은 이 단어를 쓴 것은 구약에서 반복해서 단수로 사용된 것과 "조화"(harmonize)시키기 위한 것이라고 한다(Beale, *The Book of Revelation,* 1048). 반면 '라오이'(λαοί)는 ℵ A 046. 등이 지지한다. 외증에 있어서는 후자가 더 우월하다.

약의 공동체로서 새예루살렘 교회 공동체는 단일 백성으로 구성되는 것이 아니라 온 세상 만국으로부터 나온 자들로 구성될 것을 의미한다. 이것은 7장 9-17절에서 천상의 관점에서 "모든 나라와 족속들과 백성들과 언어들"로부터 구성된 "아무도 셀 수 없는 무리"와 동일한 하나님의 백성의 우주적 특성을 반영하고 있다.

두 번째 변화는 정상적인 언약 공식을 기대한다면 3e절에서 레위기 26장 12절의 말씀처럼 "나는 그들의 하나님이 될 것이다"라는 문구가 등장해야 하나[119] 이 대신에 "하나님 자신이 그들과 함께 계실 것이다" 문구가 등장한다는 점이다. 이 문구는 레위기 본문에서 "너희 중에 (동)행하여"라는 문구를 반영하며, 이 문구도 언약의 핵심으로 볼 수 있기 때문에[120] 언약 공식은 유지된다. 한편 알렉산드리아 사본(A)을 비롯한 2030 2050 2053 등과 같은 사본들에는 "그들의 하나님"(αὐτῶν θεός)이 존재하여 "그는 그들의 하나님이 될 것이다"라는 문장이 성립될 수 있으나,[121] 시내산 사본(א) $\mathfrak{M}^K$ al gig sin Aug과 같은 경우에는 "문법적인 어색함"(grammatical awkwardness)과 더불어 배경 되는 구약 본문에서 이 문구가 존재하지 않기 때문에 이 본문에서 생략한 것으로 추정된다.[122] 그럼에도 불구하고 좀 더 어려운 문장을 구성하고 있기 때문에 알렉산드리아 사본이 좀 더 신빙성이 있는 것으로 볼 수 있다.[123] 그렇다면 레위기 본문과 차이 없이 언약 공식이 온전히 유지되는 셈이다. 따라서 두 번째 변화는 엄밀하게 말하면 변화가 아니라고 볼 수 있다.

여기에 이러한 언약의 완성을 보여주는 문구가 존재한다는 것은 완성된 새창조의 도래와 함께 이 새창조를 차지할 새예루살렘 교회 공동체가 하늘로부터 땅으로 내려오는 정황을 통해 새창조 안에서 하나님과의 언약 관계가 절정에 이르게 될 것을 뜻한다. 이런 언약 관계의 완성은 다시 첫 창조의 에덴 정원에서 하나님과 아담과의 언약 관계를 연상케 한다.

---

119 A 2030 2050 2053 등과 같은 사본은 이 문구를 지지한다. 비일은 이 문구의 신빙성을 지지한다 (Beale, *The Book of Revelation,* 1048).

120 Robertson, *The Christ of the Covenants*, 54.

121 Beale, *The Book of Revelation*, 1048.

122 앞의 책. 메츠거의 위원회는 사본적 다툼이 있는 것을 인정하여 심사숙고 끝에 αὐτῶν θεός (아우톤 데오스)을 공식 문헌에서 제거하고 괄호 처리하기로 결정하였다(Metzger, *A Textual Commentary on the Greek New Testament,* 689).

123 Beale, *The Book of Revelation*, 1048.

그들의 눈들로부터 모든 눈물을 씻어 주실 것이다(4a절) 이 본문은 직전의 3절에 속한 것인지 4b절에 속한 것인지 결정하기가 쉽지 않다. 그러나 3인칭이 주어인 4b절과는 달리 3절에서 하나님을 가리키는 "그"라는 주어가 연속적으로 4a절에서도 사용된다는 점에서 3절과 연결되는 보는 것이 적절하다.

이 문구는 이사야 25장 8절을 배경으로 한다.[124)]

> 사망을 영원히 멸하실 것이라 주 여호와께서 모든 얼굴에서 눈물을 씻기시며 자기 백성의 수치를 온 천하에서 제하시리라 여호와께서 이같이 말씀하셨느니라(사 25:8)

이 이사야 본문은 바벨론 포로 하에서 경험한 사망으로부터 회복을 약속하는 내용이다. 따라서 눈물을 씻기신다는 것은 포로 시대로 말미암은 고통으로부터 온전한 위로를 허락해 주시겠다는 하나님의 의지를 보여주는 말씀이다.[125)] 요한계시록 본문에서 이러한 내용이 사용되는 것은, 새창조가 새예루살렘 교회 공동체가 짐승의 세상으로부터 구원이 새 출애굽의 완성이라는 것을 보여주기 위함이다. 이 이사야 본문은 요한계시록 7장 17c절에서도 배경으로 사용되는데 이것은 "아무도 셀 수 없는 큰 무리"가 하늘에서 새 출애굽의 성취를 경험하고 있는 것을 묘사한다. 새창조에서 새 출애굽의 완성의 단계를 보여주는 21장 4a절과 비교하면 이것은 아직 완성되지 않은 성취의 단계이다. 따라서 새 출애굽의 성취와 완성은 예수님의 승천과 재림의 과정을 통해 단계적으로 진행되고 있음을 알 수 있다.

동시에 4a절이 이어지는 4b절의 내용과 무관하다고 볼 수 없다. 왜냐하면 곧 이어 나오는 문구가 "사망이 다시 없다"는 내용인데 이러한 조합은 이사야 25장 8절의 "사망을 영원히 멸하실 것이라 … 모든 눈물을 씻기시며…"에서 "눈물을 씻기심"과 "사망의 영원한 멸망"의 결합과 일치되기 때문이다. 여기에서 사망은 육체적 죽음을 가리킬 수도 있지만 하나님의 심판 받은 상태를 가리킬 수도 있다. 구약 이사야의 문맥에서 사망은 언약의 저주로서 바벨론 포로의 상태를 가리킬 수 있지만, 요한계시록의 문맥에서는 짐승의 나라의 특징과 그 짐승에 의한 핍박의 결과를 가리킬 수 있다. 4bc절에 대한 주해는 앞서 C′와 B′에 대한 주해에서 충분히 다루었기 때문에 여기에서는 생략한다.

---

124 Swete, *The Apocalypse of St. John*, 275.
125 Beale, *The Book of Revelation*, 1049.

보좌에 앉으신 이(5a절) 5a절에서 A′(5b절)의 내용을 말씀하신 분을 "보좌에 앉으신 이"라고 묘사하고 있는 점은 매우 주목할 만하다. 왜냐하면 1장 8절 외에 요한계시록 그 어디에도 말씀하는 주체를 하나님이라고 구체적으로 명시한 경우가 한 번도 없기 때문이다. 대부분은 "보좌" 혹은 "하늘로부터 한 음성"이라고 묘사할 뿐이다(참조 10:4; 14:3; 16:1; 16:17; 18:4). 이러한 맥락에서 "보좌에 앉으신 이"가 말씀하시는 내용은 그 직후에 나오는 A′의 내용과 직결되는 것으로 간주할 수 있을 뿐만 아니라 A′가 나머지 A/B/B′/C/C′/D 전체와 관련되므로 이 모든 내용을 포함하는 것으로도 간주할 수 있다. 이러한 내용을 말씀하시는 분을 이처럼 분명하게 "보좌에 앉으신 이"로서 하나님으로 명시하고 있는 것은 이러한 내용이 반드시 이루어져야 한다는 하나님의 의지를 드러내는 것이라고 할 수 있다. 이 본문에서 묘사하는 새창조의 역사는 하나님의 구속 역사에 있어서 가장 중요한 정점을 이루고 있는 것이므로 하나님 자신의 이러한 의지의 표명은 필연적이라고 할 수 있다.

2. 구속사의 완성을 선포하다(21:5c-8)

구문 분석 및 번역

5절 c) καὶ λέγει·
그리고 그는 말한다:

d) γράψον,
기록하라.

e) ὅτι οὗτοι οἱ λόγοι πιστοὶ καὶ ἀληθινοί εἰσιν.
왜냐하면 이 말씀들은 신실하고 참되기 때문이다.

6절 a) καὶ εἶπέν μοι·
그리고 그는 나에게 말했다.

b) γέγοναν.
이루어졌다.

c) ἐγώ [εἰμι]¹ τὸ ἄλφα καὶ τὸ ὦ,
나는 알파와 오메가이다.

d) ἡ ἀρχὴ καὶ τὸ τέλος.
시작과 끝이다.

e) ἐγὼ τῷ διψῶντι δώσω
나는 목마른 자에게 줄 것이다.

f) ἐκ τῆς πηγῆς τοῦ ὕδατος τῆς ζωῆς δωρεάν.
생명의 물의 샘으로부터 (생명의 물을) 선물로

7절 a) ὁ νικῶν κληρονομήσει ταῦτα
이기는 자는 이것들을 상속할 것이다.

b) καὶ ἔσομαι αὐτῷ θεὸς καὶ αὐτὸς ἔσται μοι υἱός.
그리고 나는 그에게 하나님이 될 것이고 그는 나에게 아들이다.

8절 a) τοῖς δὲ δειλοῖς καὶ ἀπίστοις καὶ ἐβδελυγμένοις καὶ φονεῦσιν καὶ πόρνοις
그러나 겁쟁이들과 불신실한 자들과 가증스런 자들과 살인자들과 행음자들과
καὶ φαρμάκοις καὶ εἰδωλολάτραις καὶ πᾶσιν τοῖς ψευδέσιν
점술가들과 우상숭배자들과 그리고 모든 거짓말쟁이들에게

b) τὸ μέρος αὐτῶν ἐν τῇ λίμνῃ τῇ καιομένῃ πυρὶ καὶ θείῳ,
그들의 몫은 불과 유황으로 말미암아 타오르는 호수 안에 있다.

c) ὅ ἐστιν ὁ θάνατος ὁ δεύτερος.
둘째 사망이다.

5c절에서 '레게이'(λέγει)는 현재 시제 동사로서 "말하다"라는 의미이다. 5a절과 6a절에서 "말하다"에 해당하는 동일한 동사가 부정 과거 시제로 사용된다. 여

기에서 동일한 "말하다"라는 동사의 시제가 바뀐 이유가 무엇일까? 영어 번역본으로서 ESV, NKJV, NIV 그리고 NRSV까지 이 두 동사의 시제 변화를 번역에 반영하지 않은 채 모두 과거 시제인 "he said"로 번역한다. 이처럼 모두 과거 시제로 통일하여 번역하는 것이 최선일까? 이 문제에 대한 논의가 진행된 바 있다. 스웨테는 화자(speaker)의 차이를 표시하기 위해 시제의 차이를 두었다고 하고[125] 매튜슨은 동사의 상(aspect)의 관점에서, 부정과거 시제 동사 사이에 현재 시제 동사가 사용된 것은 그 내용을 "강조"하기 위한 것이라고 주장한다.[126] 전자의 경우 과거시제 동사의 주어는 보좌에 앉으신 이로 보는 반면 현재 시제 동사의 주어는 천사로 간주하지만,[127] 후자의 경우는 화자를 일관성 있게 "보좌에 앉으신 이"로 간주하여 화자로서의 하나님이 강조 된다.[128] 이 두 경우의 공통점은 5c절의 "말하다"를 영어 번역본처럼 과거시제로 번역할 필요 없이 그대로 현재 시제로 번역하는 것이 가능하다는 점이다. 이 두 입장 중에 어느 것이 옳은지는 주해 과정에서 논의하기로 하고 여기에서는 앞에서 언급한 두 견해의 공통점을 반영하여 '레게이'는 현재 시제로 "그는 말한다"라고 번역해야 한다는 것을 확인하는 것으로 만족한다.

5d절의 '그라프손'(γράψον)은 본문을 포함하여 1장 11b절과 19a절 그리고 14장 13b절과 19장 9b절에서 모두 5회 사용된다. 1장 11b절과 19a절에서는 이 단어를 "쓰라"고 번역한 바 있다. 그러나 14장 13b절과 19장 9b절처럼 이 본문에서는 "기록하라"라고 표현하는 것이 자연스러워서 1장 11b절과 19a절과는 다르게 이 표현을 번역에 사용한다.

6b절에서 '게고난'(γέγοναν> γίνομαι, 기노마이)은 16장 17c절에서도 3인칭 단수 형태로 동일하게 사용된 바 있다. 16장 17c절의 번역에서 논의한 것처럼 이 동사는 "이루어졌다"로 번역하기로 했으며 완료 시제로 사용되어 동사의 상(aspect) 이론에 근거하여 강조하기 위한 목적을 갖는다고 할 수 있다.[129]

6f절에 ἐκ τῆς πηγῆς τοῦ ὕδατος τῆς ζωῆς(에크 테스 페게스 투 휘다토스 테스 조에스, 생명의 물의 샘으로부터)라는 문구가 등장한다. 이 문구는 직역하면 "생명의 물

125 Swete, *The Apocalypse of St. John,* 275. 마운스는 이런 이류로 시제의 변화가 되었다는 것에 대해 동의하지 않는다(Mounce, *The Book of Revelation,* 385).
126 Matthewson, *Verbal Aspect in Revelation*, 78.
127 Swete, *The Apocalypse of St. John*, 275.
128 Matthewson, *Verbal Aspect in Revelation*, 78.
129 앞의 책, 104.

의 샘으로부터"라고 번역할 수 있다. 그런데 이 문구가 있는 전치사구는 목적어를 생략한 채 "줄 것이다"(δώσω, 도소)라는 동사와 직접 연결된다. 이처럼 목적어를 생략한 것은 이 전치사구로부터 그 목적어를 충분히 유추할 수 있기 때문이고 그 주는 것의 원천에 좀 더 관심을 가지고 있기 때문이다. 그 목적어는 "생명의 물의 샘으로부터" 주는 것이므로 "생명의 물"이라고 할 수 있고 그 "생명의 물"은 "생명의 물의 샘으로부터" 나오게 되는 것이다. 따라서 그 "샘"으로부터 흘러나오는 "생명의 물"은 영속적으로 제공될 수 있는 것이다.

그리고 '도레안'(δωρεάν)은 "선물로"(as a gift) 혹은 "값없이"(without payment)라는 의미이다.[130] 이 두 의미는 결국에는 동일하다고 할 수 있다. 왜냐하면 선물은 값없이 받는 것이기 때문이다. 이 두 의미 중에 NRSV는 전자를 사용하고 NIV, ESV 그리고 ESV는 후자를 사용한다. 두 경우 모두 동일한 의미를 가지고 있지만, 전자는 긍정적 방식으로, 후자는 부정적 방식으로 표현한다는 점이 다르다. 여기에서는 긍정적 표현 방식으로서 "선물로"라는 의미를 번역에 반영하기로 한다.

8a절에서 '데'(δέ)는 "그리고", "그 때"(then) 등 다양한 의미를 가지고 있는데[131] 이 문맥에서는 서로 대조적인 내용을 서술하고 있는 것으로 보아서 "그러나"로 번역하는 것이 적절하다. 그리고 8a절에서 ἐβδελυγμένοις (에브델뤼그메노이스)라는 단어는 이 목록의 그룹에 있는 명사로 사용된 다른 단어들과는 달리 βδελύσσομαι(브델뤼소마이)라는 동사의 분사형태이다. 이 단어가 분사로 사용되었지만 명사적 용법으로 사용된 것으로 볼 수 있다. 따라서 이 단어는 "가증스런 자들에게"로 번역할 수 있다.

8c절은 관계대명사 '호'(ὅ)로 시작한다. 이 관계대명사는 중성 단수인데 그 일치되는 것은 8b절의 '토 메로스'(τὸ μέρος, 몫)이다. 바로 이 관계대명사의 선행사가 '토 메로스'라는 것을 알 수 있다. 그렇다면 8c절의 번역을 "그 몫은 둘째 사망이다"라고 해야 할 것이다. 곧 "불과 유황으로 말미암아 타오르는 호수 안에" 그들의 몫을 갖는 것이 바로 둘째 사망인 것이다.

이상의 내용을 근거로 우리말 어순에 맞추어 본문을 번역하면 다음과 같다.

130 BADG, 266(1).
131 BDAG, 213.

5c 그리고 그는 말한다:
5d 기록하라.
5e 왜냐하면 이 말씀들은 신실하고 참되기 때문이다.
6a 그리고 그는 나에게 말했다.
6b 이루어졌다.
6c 나는 알파와 오메가요
6d 시작과 끝이다.
6e 나는
6f 생명의 물의 샘으로부터 (생명의 물을) 선물로
6e 목마른 자에게 줄 것이다.
7a 이기는 자는 이것들을 상속할 것이다.
7b 그리고 나는 그에게 하나님이 될 것이고 그는 나에게 아들이다.
8a 그러나 겁쟁이들과 신실치않은자들과 가증스런자들과 살인자들과 행음자들과
8b 점술가들과 우상숭배자들과 그리고 모든 거짓말쟁이들에게
8c 그들의 몫은 불과 유황으로 말미암아 타오르는 호수 안에 있다.
8d 그 몫은 둘째 사망이다.

본문 주해

그는 말한다(5c절) 5c절의 "그는 말한다"(λέγει, 레게이)는 현재시제이다. 5a절과 6a절에서는 모두 "그는 말했다"(εἶπεν, 에이펜)라고 하여 부정과거 시제 동사가 사용되었다. 이런 시제의 변화에 대한 이유로, 번역에서 논의했던 것처럼, 두 가지 견해가 있다. 첫 번째 견해는 화자의 변화가 발생했음을 보여주기 위함이라고 하는 것이다.[132] 스웨테에 의하면 5a절과 6a절에서 부정 과거로 말한 경우는 "보좌에 앉으신 이"가 말하는 경우이고 현재 시제는 천사가 말하는 것으로 볼 수 있다고 한다.[133] 스웨테는 14장 13절과 19장 9절 이하의 경우에도 "기록하라"는 명령은 천사가 하고 있다는 사실을 근거로 제시한다.[134] 여기에서 14장 13절은 그 하늘로부터 음성의 출처가 불분명하지만, 19장 9절은 천

132 이러한 패턴이 구약에서도 나타난다.

133 Swete, *The Apocalypse of St. John,* 275. 이런 스웨테의 주장을 토마스(Thomas)와 알포드(Alford)도 지지한다(Thomas, *Revelation 8-22,* 447; H. Alford, *Alford's Greek Testament: An Exegetical and Critical Commentary* [Grand Rapids: Guardian, 1976], 4:737). 알포드는 그 화자를 천사에 덧붙여서 "하늘로부터의 음성"으로 간주할 수 있는 가능성을 제시한다(Alford, Alford's Greek Testament, 4:737). 여기에 덧붙여서 알포드는 "나는"(ἐγώ, 에고)이라는 주어가 5b절과 6c절 두 문장에는 사용되지만, 이 두 본문 사이에 있는 5cde절에 사용되지 않는 것은 화자의 차이를 어느 정도 암시하고 있다고 주장한다(앞의 책).

134 앞의 책.

사가 말하는 것이 분명하다. 그러나 1장 11절과 19절에서 "기록하라"는 말씀의 화자는 예수 그리스도이기 때문에,[135] "기록하라"는 명령은 반드시 천사가 하는 것이라는 원칙은 존재하지 않는다. 마운스는 이런 스웨테의 주장에 의문을 제기하면서 두 번째 동사의 시제가 바뀌었다고 하여 그것이 하나님이 말씀하신 것이 아니라고 단정할 수 없다고 말한다.[136]

두 번째 견해는 부정과거 시제 동사 사이에 현재 시제 동사의 사용은 강조하기 위함이라는 것이다.[137] 기본적으로 이 견해는 화자가 하나님이든 천사이든 상관 없다. 그러나 화자를 천사로 볼 경우에, 하나님과 비교해서 천사의 낮은 지위로 인하여 강조의 의도가 희석될 수 있는 가능성이 있어 하나님을 화자로 보는 것이 선호될 수 있다. 그러나 5c절에서 말하는 화자가 하나님일 경우에 자신의 말을 제 삼자가 아닌 본인 스스로 "신실하고 진실되다"라고 말하는 것은 어색한 부분이 없지 않다. 그러나 하나님께서 스스로 "신실하고 진실되다"라고 하신 것은 구약에서 수없이 반복되는 하나님의 자기 계시로 간주할 수 있기 때문에 별 문제가 없다.

이상의 논의를 다음과 같이 정리할 수 있다. 첫째, 동사 시제의 변화는 독자들의 시선을 이끌고 있어 강조를 위한 목적이라는 것을 의심할 필요는 없다.[138] 둘째, 강조의 목적이 드러나기만 한다면 화자가 하나님이든 천사이든 상관 없다. 세째, 5a절과 6a절에서 "보좌에 앉으신 이"가 말씀하신 것으로 말하기 때문에 5c절의 화자도 동일인으로 보는 것이 좀 더 자연스럽다. 그렇다면 동일한 "보좌에 앉으신 이"가 "기록하라"는 명령을 더 주목을 끌고 강조하여 말씀하고 있는 것으로 볼 수 있다.

기록하라(5d절) 그리고 5c절에서 "보좌에 앉으신 이"가 5a절에 이어 다시 말씀하신다. 하나님이 여기에서 최초로 직접 "기록하라"고 말씀하시는 장면이다.[139] 구약 선지자들이 "가서 말하라"는 부르심을 받은 것처럼(사 6:9; 렘 2:2; 겔

135 이 두 본문에 대한 논의는 1권145-146쪽과 181-182쪽을 참조하라.
136 Mounce, *The Book of Revelation*, 385.
137 Matthewson, *Verbal Aspect in Revelation*, 78.
138 앞의 책.
139 1장 11절과 19절은 예수 그리스도께서 말씀하시는 장면이고 14장 13절은 식별하기 힘든 "신적 음성"(divine voice)이며 19장 9절은 천사의 음성이다.

3:4), 요한은 "기록하라"는 요청을 받고 있다.[140] 이런 관계에 의해 "기록하라"는 선지적 부르심이요 그 행위라고 볼 수 있다. 이 동사는 일곱 교회에게 선포하는 메시지로서 2-3장을 제외하고 1장 11b절과 19a절 그리고 14장 13b절과 19장 9b절에서 모두 5회 사용되는데, 그 마지막이 21장 5d절이다. 1장 11b절과 19a절은 요한계시록 전체를 가리키는 것이 자명하다.[141] 그리고 14장 13b절은 직후의 13c절 내용과 관련되고 19장 9b절은 직후의 9c절 내용과 연결되며,[142] 21장 5d절은 직전에 1-5절을 가리킨다.[143] 이 세 경우에서 "기록하라"는 명령은 각 관련된 내용을 강조하는 수사적 기능을 갖는다.[144] 동시에 이 세 본문의 경우도 요한계시록 전체를 의도할 수도 있다.[145] 따라서 "기록하라"는 명령은 그 주변의 내용을 강조하거나 요한계시록 전체를 포함하는 이중적 의미를 갖는다. 이런 이중적 특징에 대해서는 14장 13b절과 19장 9b절에서도 자세하게 논의한 바 있다.

다음은 5회 사용된 모든 경우들을 간단하게 표로 정리하여 비교해 보고자 한다.

성경본문	1:11b	1:19a	14:13b	19:9b	21:5d
동사	기록하라(γράψον, 그라푸손)				
화자	예수 그리스도		정체 불명	천사	보좌에 앉으신 이
기록 범위	요한계시록 전체		지금부터 주 안에서 죽은 자들은 복이 있다(13c절)	어린 양의 혼인 잔치에 초대받은 자들은 복있다(9c절)	새창조
			요한계시록 전체		
문맥	요한의 선지적 부르심		심판	어린 양 혼인 잔치	새창조

이상에서 "기록하라"는 명령은 관련된 내용을 도입하거나 강조하는 수사적 기능을 가질 뿐만 아니라 요한계시록 전체를 조망하는 의도를 가지기도 한다.

---

140 Koester, *Revelation*, 799.
141 이에 대한 자세한 내용은 1장 11b절과 19a을 각각 참조하라.
142 14장 13b절과 19장 9b절에서 이 주제를 자세하게 논의한 바 있다.
143 Beckwith, *The Apocalypse of John*, 447; Thomas, *Revelation 8-22*, 447.
144 참조. Thomas, *Revelation* 8-22, 214.
145 Aune, *Revelation 17-22*, 1126.

다음 5e절에서는 5d절의 기록해야 하는 이유를 소개한다.

이 말씀들은 신실하고 참되다(πιστοὶ καὶ ἀληθινοί, 5e절) 5e절은 "왜냐하면"(ὅτι, 호티)이란 접속사로 시작한다. 이것은 명백하게 5d절의 "기록하라"라는 명령에 대한 이유를 제시하고 있는 것으로 볼 수 있다. 그 이유는 바로 "이 말씀들은 신실하고 진실되기 때문"이라는 것이다. 여기에서 "이 말씀들"은 바로 앞의 1-5절에서 언급했던 새창조에 대한 내용들을 가리킬 뿐만 아니라[146] 요한계시록 전체를 가리키는 것으로도 볼 수 있다. 왜냐하면 요한계시록 전체가 그 절정으로서 21장 1-5절의 새창조와 새예루살렘의 종말적 도래를 향하여 진행되는 것으로서 이 두 부분이 유기적으로 연결되는 관계이기 때문이다. 이것은 "기록하라"는 대상으로서 "기록하라"가 이 두 가지를 모두 포함하는 것과 같은 패턴이다.

이 말씀들이 "신실하고 참되다"는 것은 "중언법"(hendiadys)로서 두 개의 다른 단어로 하나의 개념을 표현한다.[147] 이것은 6장 10절과 15장 3절에서 "참되신 하나님"의 속성과 일치하고 3장 14절과 19장 11절에서 그리스도께서 "신실하고 참된 증인"이시라는 속성과 일치한다.[148] 곧 그러한 속성은 언약에 신실하시다는 사실을 확증하며 동시에 신실하신 하나님의 말씀들은 필연적으로 반드시 이루어지도록 되어 있다는 점을 드러낸다. 곧 언약에 신실하신 진리 되신 하나님께서 역사의 완성을 반드시 이루실 것이라는 것이다. 더욱이 이것을 말씀하신 분을, 통치의 특징을 부각시켜 주는 "보좌에 앉으신 이"라는 명칭으로 명시함으로써 이러한 의지를 더욱 부각시켜 주고 있다. 이것이 바로 "기록하라"고 말씀하신 이유이다. 그러므로 그것은 반드시 기록되어 하나님의 백성들에게 알려야 할 것이고 증거 되어 하나님의 말씀을 거부한 자들에게는 훗날에 핑계거리가 없도록 해야 할 것이다.

그가 말했다(6a절) 다음 6a절은 5a절처럼 다시 "그가 말했다"라는 부정 과거 시제의 동사가 사용된다. 6b절은 5b절처럼 "보좌에 앉으신 이"가 직접 말씀

146 Beckwith, *The Apocalypse of John*, 752; Beale, *The Book of Revelation*, 1053.
147 Aune, *Revelation 17-22*, 1126.
148 Koester, *Revelation*, 799.

하시는 내용을 이어 가고 있다. 6a절에서 "나에게 말씀하셨다"라고 하여 5b에 이어 하나님과 요한의 직접적인 소통을 보여준다.

이루어졌다(γέγοναν, 6b절) 6b절에서 말씀하시는 내용으로서 "이루어졌다"(γέγοναν, 게고난>γίνομαι, 기노마이)라고 하신다. 여기에서 "이루어졌다"라는 것은 16장 17c절의 "이루어졌다"(γέγονεν, 게고넨>γίνομαι, 기노마이)라는 단어와 동일한 단어로 평행 관계이다.[149] 16장 17c절에서 이 단어에 대해 충분히 논의했으므로 중복된 부분은 생략하고 이 문맥에 필요한 부분만을 언급하기로 한다.

이 두 본문이 평행 관계이지만 차이점도 있는데 전자는 복수로 사용되고 후자는 단수로 사용되었다는 점이다. 그런데 이 두 단어가 사용되는 시점이 동일하게 종말적 상황이라는 점이 주목할 만하다.[150] 곧 16장 17절은 바벨론에 대한 심판의 절정의 순간이고(이 경우는 17-19장에서 다시 자세하게 설명된다), 21장 6b절은 구원의 절정으로서 새예루살렘과 새창조가 이루어진 순간이다.[151] 처음 창조 때에 하나님께서 말씀하시자 모든 것들이 이루어진 것처럼(창 1:3, 6, 9, 11; 요 1:3), 새창조에서도 하나님께서 말씀하셨을 때 처음 하늘과 처음 땅이 새롭게 "이루어졌다".[152]

이 두 경우 모두 완료 시제를 사용함으로써 이런 절정의 순간을 강조하고 있다. 그리고 전자에서 단수로 사용된 것은 그 종말적 사건을 통합적으로 바라보고 있는 것이요, 후자에서 복수로 사용된 것은 종말적 사건을 개별적으로 취급하고 있는 것이다. 이 두 경우를 종합해 볼 때 "이루어졌다"라는 것은 하나님께서 자신의 구속 계획을 마침내 완성하셨음을 선포하시는 것이라고 할 수 있다. 그리고 16장 17c절의 경우처럼 요한복음 19장 30절에서 예수님께서 십자가에서 "이루어졌다"라고[153] 하신 것과도 관련된다. 곧 요한계시록 16장 17c절과 21장 6b절에서 각각 심판과 구원의 절정은 요한복음 19장 30절에서

149 Aune, *Revelation 17-22*, 1126; Smalley, *The Revelation to John*, 540.
150 해링톤은 '게고난'이 "최종적"(final) 의미를 갖는 특징이 있다고 한다(Harrington, *Revelation.* 208).
151 Matthewson, *Verbal Aspect in the Book of Revelation*, 104.
152 Koester, *Revelation*, 799.
153 테테리스타이'(τετέλεσται〉 τελέω, 텔레오)라는 동사를 개역개정에서는 "이루었다"라고 번역했는데 이 동사가 완료 수동태로 사용되었기 때문에 이것을 반영하여 번역하면 '게고난'과 동일하게 "이루어졌다"(it is accmplished)라고 할 수 있다(참조 Carson, *The Gospel according to John,* 621). 여기에서도 완료 시제로 사용된 이 동사의 상(aspect) 이론이 적용될 수 있다(참조 Beasley-Murray, *John,* 352).

예수님께서 십자가에서 "이루어졌다"고 하신 성취의 말씀에서 출발한다.

알파와 오메가요 시작과 끝(τὸ ἄλφα καὶ τὸ ὦ, 6c절) 이어서 6c의 "나는 알파와 오메가요 시작과 끝"이라는 문구가 등장한다. 이것은 1장 8절에서 '알파와 오메가'라고 단순하게 표현된 바 있고 22장 13절에서 "알파와 오메가요 처음과 마지막이요 시작과 끝"이라고 확대되어 표현되기도 한다.[154] 1장 8절에서 이 주제에 대해 충분히 논의했기 때문에 여기에서는 이 문맥에 필요한 내용을 중심으로 살펴보기로 한다. 먼저 이 세 문구를 비교하면 다음과 같다.

1:8a	1:17e	21:6c	22:13a
알파와 오메가 (τὸ ἄλφα καὶ τὸ ὦ)		알파와 오메가 (τὸ ἄλφα καὶ τὸ ὦ)	알파와 오메가 (τὸ ἄλφα καὶ τὸ ὦ)
	처음과 마지막 (ὁ πρῶτος καὶ ὁ ἔσχατος)		처음과 마지막 (ὁ πρῶτος καὶ ὁ ἔσχατος)
		시작과 끝 (ἡ ἀρχὴ καὶ τὸ τέλος)	시작과 끝 (ἡ ἀρχὴ καὶ τὸ τέλος)
하나님	예수님	하나님	예수님

이 비교에서 뒷 부분으로 갈수록 새로운 문구가 점층적으로 덧붙여지고 있다. 이 문구가 1장 8절과 22장 13절은 예수님에 대한 호칭으로, 21장 6c절은 하나님에 대한 호칭으로 사용된다. 이처럼 같은 이름을 공유하는 것은 계시록이 예수님을 하나님과 동등한 분으로 인식하고 있음을 보여준다.

이 호칭의 사용은 예수님과 하나님의 속성을 매우 집약적으로 표현해 준다. 그것은 바로 예수님과 하나님께서 역사의 주관자로서 그것을 시작하기도 하셨지만 또한 완성하여 마무리하시는 분이라는 것이다. "알파"나 "처음" 그리고 "시작"과 같은 단어들은 모두 역사의 시작 곧 창조를 의미하고 "오메가," "마지막" 그리고 "끝"은 역사 완성의 순간을 가리키고 있다. 1장 8절에서는 하나님을 "알파와 오메가"라고 하고 1장 17절에서는 예수님을 "처음과 마지막"이라고 한다. 21장 6절에서는 "알파와 오메가"에 "시작과 끝"이 덧붙여져 하나님 자신에게 적용되고, 22장 13절에서는 앞에서 언급된 세 가지 표현이 모

154 1권의 1장 8a절 주해에서 이 문구에 대해 충분히 논의하였으므로 중복된 내용은 생략하기로 한다.

두 예수님에게 적용된다. 이러한 용례들을 정리하면 예수님과 하나님은 동일하게 창조를 시작하신 분으로서 또한 완성을 이루신다는 사실을 강조하고 있다. 또 종말에서 창조의 목적을 마침내 이루시는 하나님의 속성과 의지를 나타낸다. 새창조를 말하는 문맥에서 이 호칭들이 등장하는 것은 이런 점에서 중요한 의미가 있다고 볼 수 있다.

생명의 물의 샘으로부터(ἐκ τῆς πηγῆς τοῦ ὕδατος τῆς ζωῆς, 6ef절) 6ef절에의 "내가 생명의 물의 샘으로부터 목마른 자에게 값없이 줄 것이다"라는 말씀은 이 문맥에서 다소 돌출된 내용처럼 보일 수 있다. 그러나 이 문구는 이 문맥에서 매우 중요한 의미를 지닌다. 그것은 바로 "선물로"(δωρεάν, 도레안)라는 단어 때문이다. '알파와 오메가"요 "시작과 끝"이신 하나님께서 이루신 새창조의 역사는 바로 하나님의 언약 백성들에게 "선물로" 값없이 주어질 것이라는 것이다. 그런데 6d절에서 이러한 "선물로" 주시는 대상을 "목마른 자"(τῷ διψῶντι, 토 디프손티)로 설정하고 그 내용을 "생명의 물의 샘으로부터" 나오는 "생명의 물"이라고 한다. 그 "생명의 물"을 "생명의 물의 샘으로부터" 주신다는 것은 "샘"의 특성상 영속적인 공급을 전제한다. 그리고 요한계시록 문맥에서 보면 "목마른 자에게 선물로 생명의 샘으로부터 생명의 물을 준다"는 것은 문자적이 아니라 상징적 이미지로 이해해야 할 것이다.

이러한 상징적 이미지는 바로 이사야 49장 10절과 55장 11절의 조합을 통해 형성되고 있다.[155]

> 그들이 주리거나 목마르지 아니할 것이며 더위와 볕이 그들을 상하지 아니하리니 이는 그들을 긍휼히 여기는 자가 그들을 이끌되 <u>샘물 근원</u>으로 인도할 것임이니라(사 49:10)

> 오호라 너희 목마른 자들아 물로 나아오라 돈 없는 자도 오라 너희는 와서 사 먹되 돈 없이, 값 없이 와서 포도주와 젖을 사라(사 55:1)

먼저 이사야 49장 10절에서 "샘물 근원"은 정확하게 번역하면 "물(들)의 샘"(70인역, πηγῶν ὑδάτων, 페곤 휘다톤)이 된다. 이 문구는 요한계시록 본문과 정확하게 일치한다. 다만 이 두 문구의 차이는 요한계시록에서는 원천의 의미를 갖는 전치사, '에크'(ἐκ)가 사용되지만, 이사야 본문에서는 전치사가 히브리어로는 방

155 Beale, *The Book of Revelation*, 1056; Osborne, *Revelation*, *738*.

향을 나타내는 '알'(אֶל, … 으로)이 사용되고, 70인역에서는 '디아'(διά)가 사용된다는 점이다. 그리고 요한계시록 본문에는 구약 배경에서 사용되지 않은 "생명의"(ζωῆς, 조에스>ζωή, 조에)라는 단어가 덧붙여져서 물의 특징을 구체적으로 묘사하고 있다. 이런 차이는 성취와 완성의 환경에서 구약을 재해석한 결과로 발생한다. 곧 이사야 본문에서는 물의 샘으로 인도한다고 말하는 반면 요한계시록 본문에서는 "생명의 물의 샘으로부터" "생명의 물"을 주실 것이라고 한다. 여기에서 생명의 속성과 영속성이 강조되고 있다. 따라서 이사야 본문에서의 "물"이 목마름을 해결해 주는데 초점이 맞추어져 있다면 요한계시록 본문은 구원을 갈급하게 바라는 자에게 생명을 주시는 구원의 은혜에 초점을 맞추고 있다고 할 수 있다.

4a절이 7장 17c절과 함께 이사야 25장 8절을 배경으로 사용하고 있는 것처럼, 6ef절도 7장 17b절과 공통적으로 이사야 49장 10절을 배경으로 사용한다. 7장 15-17절과 21-22장의 이런 관계는 7장 15-17절의 하늘이 잠정적인 성취의 상태이고 21장의 새창조는 그것의 완성의 상태라는 것을 보여준다. 왜냐하면 요한계시록에서 하늘과 땅이 구별되는 상태는 완성의 상태가 아니고, 완성의 상태로서 새창조는 하늘과 땅이 통일되는 순간이기 때문이다.

그리고 이사야 55장 1절에 의하면 하나님께서 목마른 자들에게 주시는 물은 값 없이, 돈 없이 마실 수 있는 특징을 가지고 있음을 밝혀준다. 이런 표현은 요한계시록 본문에서 "선물로"라는 표현에 대한 배경이 된다.

이사야 두 본문 외에 계 21장 6d절과 교감이 가는 매우 다양한 구약 본문이 있는데 몇 구절을 소개하면 다음과 같다.

> 그러므로 너희가 기쁨으로 구원의 우물들에서 물을 길으리로다(사 12:3)
>
> 내가 헐벗은 산에 강을 내며 골짜기 가운데에 샘이 나게 하며 광야가 못이 되게 하며 마른 땅이 샘 근원이 되게 할 것이며(사 41:17)
>
> 나는 목마른 자에게 물을 주며 마른 땅에 시내가 흐르게 하며 나의 영을 네 자손에게, 나의 복을 네 후손에게 부어 주리니(사 44:3)
>
> 그들이 주의 집에 있는 살진 것으로 풍족할 것이라 주께서 주의 복락의 강물을 마시게 하시리이다(시 36:8)
>
> 한 시내가 있어 나뉘어 흘러 하나님의 성 곧 지존하신 이의 성소를 기쁘게 하도다(시 46:4)

사 49장 10절과 55장 10절을 비롯한 이상의 구약 구절에서 "물"은 새 출애굽 모티브 구원에 대한 이미지로 사용되고 있으며 이러한 '물'의 용례는 요한계시록 21장 6d절에서 '생명의 물의 샘"이라는 좀 더 발전된 형태로 표현된다.

여기에서 "생명의 물"이란 표현은 앞에서 소개한 구약 본문을 배경으로 본다면 구원의 의미를 포함하며, 그것에 '샘'이라는 명사와 함께 근원을 나타내 주는 전치사 '에크'(ἐκ, … 으로부터) 가 함께 사용되어 "샘으로부터"라는 문구를 형성함으로써 지속적으로 제공되고 유지되며 쇠하지 않는 구원의 풍성한 은혜의 근원을 강조하고 있다. 이러한 생명수 샘물을 마시게 되는 자들은 '목마른 자들'이다. 그 '목마른 자들'은 하나님께 나아 오는 신실한 자들을 제유적으로 표현한 것이다. 그렇다면 요한계시록 21장의 문맥에서 구원이 주어지는 구체적 환경을 새창조로 규정하고, 목마른 자에게 "생명의 물의 샘으로부터" 값없이 주시겠다는 것은 곧 구원 받은 자들만이 상속받을 수 있는 새창조의 은혜를 값없이 베푸시겠다는 것을 의미하는 것으로 이해할 수 있다.

한편 요한복음 4장 13절과 7장 37-39절에서도 물이라는 주제가 등장하는데 요한계시록과 차이가 있다. 특별히 요한복음 7장 37-39절에서는 물이라는 주제를 생명과 구원의 원천으로서 성령과 관련시키지만, 요한계시록에서는 구원의 환경으로서 새창조와 관련시키고 있다.

이기는 자(ὁ νικῶν, 7절) 다음 7-8절은 6절과 마찬가지로 앞의 1-5절에서 소개된 새창조에 대한 내용의 연속이다. "이기는 자"와 "지는 자"의 관점에서 새창조의 상속을 소개한다. 먼저 7절은 이기는 자의 경우를 언급한다. "이기는 자"의 주제는 2-3장에서 후렴처럼 언급된 바 있는데 이제 일곱 개의 이기는 자에 대한 약속을 완성하며 여덟 번째로 주어진다고 볼 수 있다.[156]

(1)이것들을 상속할 것이다(7a절)

먼저 7a절에서 '이것들'(ταῦτα)이란 1-5절에서 말하는 새창조에 대한 모든 내용을 통칭하는 지시 대명사이다.[157] 이 본문에 의하면 "이기는 자"가 바로 이러한 "새창조"를 상속할 것이라고 한다. 여기에서 "상속하다"(κληρονομήσει, 클레

156 Swete, *The Apocalypse of St. John*, 277.
157 앞의 책.

로노메세이>κληρονομέω, 클레로노메오)라는 동사는 아브라함의 약속을 연상시킨다. 이러한 관련성은 로마서와 갈라디아서를 중심으로 잘 나타나 있다.

> [13]아브라함이나 그 후손에게 세상의 상속자(κληρονόμον)가 되리라고 하신 언약은 율법으로 말미암은 것이 아니요 오직 믿음의 의로 말미암은 것이니라 [14]만일 율법에 속한 자들이 상속자이면 믿음은 헛것이 되고 약속은 파기되었느니라(롬 4:13-14)(개역 개정)
>
> 만일 그 유업(κληρονομία)이 율법에서 난 것이면 약속에서 난 것이 아니리라 그러나 하나님이 약속으로 말미암아 아브라함에게 주신 것이라(갈 3:18)(개역 개정)
>
> 너희가 그리스도께 속한 자면 곧 아브라함의 자손이요 약속대로 유업을 이을 자(들)(κληρονόμοι)니라(갈 3:29)

이 말씀에서 "상속자", "유업" 그리고 "유업을 이을 자"라는 단어들은 모두 같은 어근(κληρονομ-)이다. 요한계시록 본문에는 이 명사들의 동사형인 "상속하다"라는 단어가 사용된다. 그리고 앞서 언급한 바울 서신에 의하면 하나님께서 아브라함에게 주신 약속은 세상의 상속자가 되는 것이다. 율법이 아닌 믿음으로 말미암아 그리스도께 속한 자들은, 하나님이 아브라함에게 주셨던 약속의 성취로서 세상을 상속받게 된다. 요한계시록의 저자도 아브라함의 상속의 주제를 공유하는데 바울의 경우와는 결이 다른 방식으로 접근한다. 바울은 율법이 아니라 믿음으로 말미암아 약속대로 세상을 상속받게 된다는 점에 초점을 맞춘다면, 요한은 짐승과 바벨론과 같은 세상 세력과 싸워서 이기는 자가 새창조를 상속할 것이라고 한다. 여기에서 "믿음"과 "이김"의 주제는 본질적으로 동일한 것으로 간주할 수 있다. 진정한 믿음을 가진 신자라면 짐승과 바벨론의 도전 앞에 굴복하지 않고 이기는 자가 될 것이기 때문이다.

(2)새언약과 상속(7b절)

7b절에서 다시 한 번 "나는 그에게 하나님이 될 것이고 그는 나에게 아들이다"라는 언약 공식이 3절에 이어서 재현된다. 이런 언약 공식은 3d절에서 사용된 바 있는데 3d절에서는 "백성들"이라고 한 것을 7b절에서는 "아들"로 바꾸어 표현하고 있다. 이 변화에서 3d절은 레위기 26장 12절과 예레미야 31장 33절 그리고 에스겔 37장 27절을 배경으로 한 반면, 7b절은 사무엘하 7장 14

절과 역대상 17장 13절을 배경으로 한다는 것을 알 수 있다.[158] 유대 전승에서 사무엘하 7장 14절의 "아들"은 메시아로 재해석 되었고(4Q174 1-3 i 11) 동시에 그것이 "이스라엘 백성들"을 의미하는 것으로 확대되었다(희년서 1:24; 유다의 유언 24:3).[159] 이러한 확대는 이스라엘 백성이 하나님의 "아들"로서 지위를 가지고 있기 때문에 당연하다고 볼 수 있다(참조 출 4:22). 7a절의 "이기는 자"는 바로 하나님의 아들로 인정되어 새 언약 백성의 지위를 최종적으로 영광스럽게 획득하여 새창조를 상속받게 된다.

여기에서 7a의 상속의 주제와 7b절의 언약의 주제가 결합되고 있음을 알 수 있다. 구약에서부터 상속의 주제와 언약의 주제는 밀접한 관계를 가지고 진행되어 왔다. 최초로 에덴에서 하나님은 자신의 형상대로 지으신 아담과 언약 관계를 맺으시고 모든 피조물을 상속할 수 있는 지위를 허락해 주시고 그에 대한 통치권을 위임하셨다. 타락 후에는 아브라함과 언약을 맺으시고 아브라함 자신을 비롯하여 이삭과 야곱 그리고 이스라엘 자손에게 아담에게 부여한 만물의 상속자로서의 지위를 계속 어어갈 수 있는 토대를 만들어 주었다. 따라서 "상속"의 주제는 아브라함 이야기의 핵심 요소라고 해도 과언이 아니다. 모세를 통해서는 시내산에서 이스라엘과 하나님 사이에 공식적 언약 관계를 시작하게 된다. 그리고 에덴을 회복하기 위해 주어지는 가나안 땅의 상속을 약속 받는다. 그리고 사무엘하 7장 13-14절에서 보여주는 것처럼 다윗 언약을 통해 다윗 왕국과 이스라엘의 상속적 지위의 영속성을 확증해준다. 이런 구약의 언약들은 신약에 와서 그리스도 안에서 온전한 성취를 보게 된다. 마지막(둘째) 아담이요 새이스라엘로 오신 예수께서 아담과 이스라엘에 언약된 상속자의 신분을 온전히 회복 성취하셨다. 이제 새 언약의 절정의 순간에 짐승과 바벨론을 이긴 승리자는 새 언약의 당사자로서, 그리스도께서 회복하신 상속자의 신분에 동참하게 되는 것이다.

(3)이기는 자와 목마른 자

그리고 7a절에서 '이기는 자'는 6e절에서 언급되었던 "목마른 자"와 동일한 대

158 Koester, *Revelation*, 800.
159 앞의 책.

상을 가리키고 있다고 볼 수 있다.[160] 그렇다면 "이기는 자들"은 참으로 "목마른 자"가 시냇물을 찾듯이 하나님을 찾고 하나님께 나아오는 가난하고 겸손한 자들이다. 그들은 또한 어린 양의 피와 그들의 증거하는 말을 인하여 승리한 자들이다(12:11).[161] 11장의 '두 증인'을 통해 보면 그들은 짐승에게 그들의 생명을 빼앗기지만 결국 승리를 쟁취한 자들이다.[162] 그들은 새창조를 값없이 선물로 상속한다.

패배한 자(8절) 다음 8절은 "그러나"(δέ, 데)로[163] 시작하며, "이기는 자"를 말하는 7절과는 대조적으로 "지는 자"에게 해당하는 내용을 소개하고 있다. 본문에서 직접적으로 "패배한 자"라는 표현은 없지만 앞의 "이기는 자"에 대한 대조적 내용이라는 것을 감안할 때 "패배한 자"에 대해 기록하고 있다고 추정할 수 있다.

먼저 8a절에서 "패배한 자"의 목록이 열거되고 있다: 겁쟁이들, 불신실한 자들, 혐오스런 자들, 살인자들, 행음자들, 점술가들, 우상숭배자들, 모든 거짓말쟁이들. 이런 자들은 "이기는 자"를 말하는 7절과 비교해 볼 때 "지는 자들"이다. 이 "패배한 자"의 범주에는 물론 믿지 않는 자들도 있겠지만 믿음을 가지고 있다가 황제 숭배의 위협에 굴복하였거나 이방 우상들을 섬길 때 주어지는 경제적 이익에 대한 달콤한 유혹에 넘어가는 자들이 포함될 수 있다. 이러한 이해를 뒷받침해주는 것은 바로 이 목록의 처음에 "겁쟁이들"이라는 표현과 마지막에 "모든 거짓말쟁이들"이라는 문구이다.

당시에 "겁쟁이"가 된다는 것은 "부끄럽고 부패한 것"으로 인식되었지만(시락 2:12; 마카베오 4서 6:20-21; Philo, *On the Virtues,* 26; Epictetus, *Diatribai* 1.9.33) 그렇다고 처벌해야 하는 것은 아니었다.[164] 그러나 예외적으로 처벌을 받을 경우가 있다. 그것은 전쟁에서 겁을 내는 경우이다(Polybius, *Histories* 6.38. 1-3; Josephus, *Jewish War* 5.482-83).[165] 이런 패턴을 "유추해서"(by analogy) 요한계시록 본문에 적용하면 요한계시록에서 겁쟁이는 그리스도인으로서 짐승과 바벨론 그리고 용과 같은

160 Osborne, *Revelation*, 739.
161 앞의 책.
162 앞의 책.
163 이 번역에 대해서는 구문 분석 및 번역 부분을 참조하라.
164 Koester, *Revelation*, 800.
165 앞의 책.

악의 세력과 맞서서 싸우게 될 때, 고난 당하는 것을 두려워 하여 핍박당하는 동안에 자신의 믿음을 "포기하는 것"을 의미한다.[166] 겁을 내는 것은 배교의 길로 가게되는 첩경이며 불의 호수에서 그 몫을 가지게 될 것이다. 이런 비겁함을 해결할 수 있는 방법은 "믿음"이다.[167]

또한 "불신실한 자들"(ἀπίστοις, 아피스토이스>ἄπιστος, 아피스토스)은 앞의 겁쟁이와 밀접한 관계가 있다. 이 단어는 "불신앙"(ἀπίστις, 아피스티스)이라는 명사와는 다른 '불신실한'이라는 형용사의 명사적 용법으로 사용되었다. 그래서 "불신실한 자들"이란 의미를 갖는다. 바울 서신에서 이 단어는 전적으로 불신자들을 의미하는 것으로 사용되지만(고전 6:6, 7:12 이하, 10:27, 14:22 이하, 고후 6:14) 이 문맥에서는 겁쟁이들의 경우처럼 신실치 못한 그리스도인들을 가리킨다.[168] 통상적으로 겁쟁이는 신실치 못한 모습을 보여주기 때문이다. 2장 13절에서 버가모 교회의 신실한 증인인 안디바는 불신실한 자들과 정확하게 반대되는 삶을 살았다.[169] 안디바는 죽음의 순간에도 예수님의 신실함을 부정하지 않는 신실한 모습을 보여준 바 있다. 그가 겁쟁이이거나 불신실했다면 죽음을 피하려고 했을 것이다. 이런 내용은 다섯 번째와 일곱 번째 목록이 중복된다는 것을 보여준다.

그리고 세 번째로, "가증스런 자들"(ἐβδελυγμένοις, 에브델뤼그메노이스 >βδελύσσομαι, 브델뤼소마이)은 신명기 7장 25-26절에서 우상 숭배를 표현하는 데 사용한 '브델뤼그마'(βδέλυγμα)라는 단어와 같은 어근을 사용한다. 따라서 "가증스런 자들"은 우상 숭배하는 자들을 가리키는 것으로 볼 수 있다(참조 왕상 21:26; 호 9:10).[170] 그리고 레위기 18장 24-25절에서는 가나안에서 횡행했던 여러 다양한 음행을 따르지 말 것을 명령하고 26-30절에서 그 음행을 '브델뤼그마'(βδέλυγμα, 브델뤼그마)라는 단어로 표현하면서 하나님의 법도를 지킴으로 그 음행들을 멀리할 것을 권면한다.[171] 이런 관계에 의해 요한계시록에서 "가증

---

166 C. Spicq and J. D. Ernest, *Theological Lexicon of the New Testament* (Peabody, MA: Hendrickson, 1994), 1:301. 필론은, "겁을 내는 것은 질병이다. 심지어는 몸을 상하게 하는 것들 중 어떤 것보다 더 심각한 질병이다. 왜냐하면 그것은 영혼의 기능을 파괴하기 때문이다"라고 지적한다(Philo, *On the Virtues,* 26; Spicq, *Theological Lexicon of the New Testament,* 1:301-302 로부터 자료를 얻음).

167 Swete, *The Apocalypse of St. John*, 278.

168 앞의 책.

169 Koester, *Revelation*, 801.

170 앞의 책.

171 Hartley, *Leviticus*, 298.

스런자들"이란 음행을 행하는 자들로 볼 수 있다.[172] 여기에서 "가증스런 자들"은 다섯 번째 목록의 "행음자들"과 일곱번째인 "우상숭배자들"을 내포하고 있음을 알려준다. "가증스런 자들"이 포괄적인 의미를 표현하고 있다면 "행음자들"과 "우상숭배자들"은 그것을 구체적으로 설명하는 것이라고 볼 수 있다. 두 번째 목록인 "불신실한 자들"의 경우도 다른 목록과 겹치는 부분이 있다.

그리고 네 번째부터 일곱 번째인 살인자들과[173] 행음자들 그리고 점술가들과 우상 숭배자들은 9장 20-21절의 죄의 목록(우상숭배[20절]; 살인들, 점술들, 음행들[이상 21절])과 일치한다. 9장 20-21절에서 죄의 목록은 세상에 속한 자들의 심판 받을 근거로 제시되기에, 21장 8a절에서 언급된 목록이 그리스도인으로서 영적 전투에서 패배한 자들을 나타내는 것이라면 그 패배는 그리스도인으로서 용과 짐승이 지배하는 세상에 속한 자들의 풍습을 그대로 좇은 결과라고 볼 수 있다. 이것은 당시에도 그리스도인으로 부르심을 받은 자들이 세속적인 가치관에 의해 얼마든지 무너질 수 있었다는 사실을 잘 보여주고 있다. 특별히 여기에서 "우상 숭배자들"의 경우는 그리스-로마 시대적 환경에서 "다신론적 사상"(polytheism)과 "황제 숭배"를 특정해서 생각해 볼 수 있다.[174]

끝으로 "모든 거짓말쟁이들"란 목록은 매우 이례적이다. 여기에서 통상적으로 거짓말이 이처럼 치명적인 심판을 초래할 수 있다는 것을 상상하기 어렵다. 왜 이 항목을 그리스도인들이 직면할 수 있는 치명적인 심판 목록에 포함시켰을까? 이 항목은 처음에 등장하는 "겁쟁이들"과 상통한다. 따라서 "겁쟁이들"의 경우처럼 "거짓말쟁이들"도 당시의 특정한 정황 속에서 이해될 필요가 있다. 곧 기존의 신자들이 그들을 압박하는 황제 숭배를 거부함으로써 초래될 수 있는 결과들을 두려워하여 진실을 말하지 않고 거짓말을 하게 되는 정황을 상정할 수 있다. 이것은 죽음을 두려워하여 폭력 앞에서 하나님의 주권을 부정하고 황제를 주권자로 인정하여[175] 영적 전투의 현장에서 치열하게 싸우기를 포기하는 자들과 다름이 아니다.[176] 이러한 의미를 내포하는 두 개의 문구를 인클루지오 형식으로 처음과 마지막에 위치시키고 있는 것은 이 목

172 Koester, *Revelation*, 801.

173 블라운트는 이 살인자를 하나님의 증인들을 죽인 자들이라고 주장한다(6:9-11; 13:15; 20:4; Blount, *Revelation*, 383).

174 Koester, *Revelation*, 801.

175 Boxall, *The Revelation of Saint John*, 297.

176 Beale, *The Book of Revelation*, 1060.

록을 기록할 때 이미 그리스도인의 상태에 있는 일곱 교회 성도들을 의식하여 그들을 경계하려고 의도했음을 보여준다.

다음 8b절에서는 이러한 자들에게 어떠한 결과가 주어질 것인가를 제시하고 있다. 8b절은 "그들의 몫"이란 문구로 시작한다. 여기에서 "몫"이란 단어는 20장 6절에서 "첫째 부활"과 관련하여 사용된 바 있다.[177] 곧 "첫째 부활 안에 몫을 가진 자는 복되고 거룩하다"고 했는데 이것은 하나님의 생명에 동참한 자의 복을 말하고 있다. 반면에 8b절의 "그들의 몫"은 바로 용(사탄)과 두 짐승이 던져진 바 있는 "불과 유황으로 말미암아 타오르는 호수 안"이라고 할 수 있다. 이 호수는 심판의 장소로서 모든 악의 세력이 심판 받아 던져지게 되는 영원한 죽음의 상태에 대한 상징적 이미지이다.[178] 21장의 문맥에서 지는 자들이 차지하게 될 "몫"이란 표현은 바로 이기는 자들이 상속받게 될 몫으로서 새창조라는 구원의 공간과 대조된다.[179]

그들의 몫인 "불과 유황으로 말미암아 타오르는 호수"는 19장 20절, 20장 10절 그리고 20장 14절에서 사용된 바 있다. 이 문구들을 모두 비교하면 다음과 같다.

성경본문	19:20	20:10	20:14	21:8
문구	εἰς τὴν λίμνην τοῦ πυρὸς τῆς καιομένης ἐν θείῳ 유황으로 말미암아 타오르는 불의 호수(로)	εἰς τὴν λίμνην τοῦ πυρὸς καὶ θείου 불과 유황의 호수(로)	εἰς τὴν λίμνην τοῦ πυρός 불의 호수(로)	ἐν τῇ λίμνῃ τῇ καιομένῃ πυρὶ καὶ θείῳ 불과 유황으로 말미암아 타오르는 호수 (안에)
문맥	두 짐승의 심판	용의 심판	죽은 자의 심판	새창조와 이기는 자/지는 자

이 표에서 "호수"라는 단어를 중심으로 "불의 호수"(20:14)에서 "불과 유황의 호수"(20:10) 그리고 "유황으로 말미암아 타오르는 불의 호수"(19:20)에서 "불과 유황으로 말미암아 타오르는 불의 호수"라는 문구로 발전한다는 것을 알 수 있

177 "몫"의 의미에 대한 좀 더 자세한 내용은 20장 6절에 대한 주해를 참조하라.
178 이에 대한 좀 더 자세한 내용은 19장 20절에 대한 주해를 참조하라.
179 쾨스터는 "상속"(inheritance)의 반대인 "상속권 박탈"(disinheritance)이라는 표현으로 대조적인 관계를 제시한다(Koester, *Revelation,* 809). 그는, "상속"이란 말을 그들에게 적용한다면 "징벌의 상속"이라고 할 수 있다고 주장한다(앞의 책).

다. 약간의 표현의 차이는 있지만 당연히 동일한 대상을 가리킨다.

8c절에서 관계대명사의 선행사는 앞서 구문 분석 및 번역에서 언급한 것처럼 성과 수의 일치에 의해 "몫"(τὸ μέρος, 토 메로스)이 된다. 따라서 "불과 유황으로 말미암아 타오르는 호수 안에" "몫"을 갖게 되는 것이 바로 둘째 사망이다. 이 "둘째 사망"이라는 문구는 20장 14-15절에서도 사용된 바 있다. 20장 14-15절은 믿지 않고 죽은 자들의 경우를 말하고 있지만, 8c절에서는 짐승과 바벨론의 억압 앞에 승리하지 못하고 패배한 자들이 직면하게 되는 새창조의 "상속권 박탈"(disinheritance)에[180] 초점을 맞춘다. 이것은 영원한 심판의 상태에 있다는 것을 의미한다.

[정리]

21장 1-8절은 전체가 하나의 문맥을 이루고 있다. 1-5절에서는 갱신을 통해 이루어지는 새창조를 소개하고 있고 6b절에서는 "이루어졌다"라는 선언을 함으로써 새창조를 통해 하나님의 구속 역사가 완성될 것이라는 사실을 천명한다. 다음 7-8절에서는 이러한 새창조를 누가 상속받을 것이고 누가 상속 받지 못할 것인가를 분명하게 제시함으로써 독자들로 하여금 소망과 경계심을 동시에 유발시킨다. 특별히 이기는 자에게 주어지는 상속의 약속은 2-3장에서 약속된 것의 성취로 나타나며 패배한 자에게 주어지는 결과(7)는 2-3장에서 이미 경고가 되었던 것들의 결말을 보여준다. 이것은 2-3장과 21-22장이 서로 약속과 성취, 경고와 그 분명한 결과를 보여주는 것으로서 요한의 문학적 기교 혹은 서사적 전개 방식을 잘 보여주고 있는 것이다.[181]

---

180 앞의 책.
181 2-3장과 21-22장의 약속과 성취의 관계에 대해서는 1권의 203쪽을 참조하라.

II. 새예루살렘(21:9-22:5)

21장 9절-22장 5절은 새예루살렘에 대한 기록이다. 많은 경우에 이 부분을 하늘의 천국으로 이해하고 있다. 그래서 천국을 보고 왔다는 간증을 들어 보면 이 본문에 근거하여 "내가 본 천국"은 황금 길이 있고 열두 진주문과 열두 보석을 가진 열두 기둥을 가지고 있다고 말하는 경우가 종종 있다. 그러나 과연 이 본문이 하늘에 존재하는 그러한 천국을 말하고 있는 것일까? 한마디로 그렇지 않다. 그렇다면 이 본문은 무엇을 말하고 있는 것일까? 이 본문이 말하고 있는 것을 알기 위해 먼저 기억해야 할 것은 이 본문이 새예루살렘에 대한 묘사라는 것과 그리고 그 새예루살렘은 그리스도의 신부로 묘사되고 있다는 것이다. 따라서 새예루살렘이 그리스도의 신부로서 교회 공동체에 대한 상징적 표현이라는 것을 인식하는 것이 이 본문을 해석하는 데 기본적인 원칙이다.

21장 9절-22장 5절은 다음과 같이 구조를 나눌 수 있다: 1)9-10절: 도입; 2)11-21절: 성벽, 기초석 그리고 성문과 같은 건축적 구조물에 대해 묘사; 3)22-27절: 새예루살렘의 내부의 특징; 4)22장 1-5절: 새예루살렘에 구현되는 새에덴의 삶. 다음에서 이 순서로 살펴 보기로 한다.

1. 도입(21:9-10)

먼저 9-10절은 새예루살렘에 대한 환상적 계시에 도입 부분이다. 여기에서는 하늘로부터 내려온 새예루살렘의 정체가 무엇인지 밝힌다. 도입부분에서의 이런 기능이 이어지는 나머지 본문을 해석하는 방향을 제시해 주기도 한다.

구조 분석 및 번역

9절 a) Καὶ ἦλθεν εἷς ἐκ τῶν ἑπτὰ ἀγγέλων
그리고 일곱 천사 중 하나가 왔다.

b) τῶν ἐχόντων τὰς ἑπτὰ φιάλας
일곱 대접을 가진

c) τῶν γεμόντων τῶν ἑπτὰ πληγῶν τῶν ἐσχάτων

마지막 일곱 재앙으로 가득찬

d) καὶ ἐλάλησεν μετ' ἐμοῦ λέγων
그리고 그는 나와 함께 다음과 같이 말했다.

e) δεῦρο,
오라,

f) δείξω σοι τὴν νύμφην τὴν γυναῖκα τοῦ ἀρνίου.
내가 너에게 신부 곧 어린 양의 아내를 보여줄 것이다.

10절 a) καὶ ἀπήνεγκέν με ἐν πνεύματι ἐπὶ ὄρος μέγα καὶ ὑψηλόν,
그리고 그는 나를 성령 안에서 크고 높은 산으로 데리고 갔다.

b) καὶ ἔδειξέν μοι τὴν πόλιν τὴν ἁγίαν Ἰερουσαλὴμ
그리고 그는 나에게 거룩한 도시, 예루살렘을 보여주었다.

c) καταβαίνουσαν ἐκ τοῦ οὐρανοῦ ἀπὸ τοῦ θεοῦ
하늘로부터 하나님으로부터 내려오는

10a절의 '엔 프뉴마티'(ἐν πνεύματι)는 "수단적" 용법으로 사용되는 것으로 보고[182] 이것을 번역에 반영하면 "성령으로" 해야 할 것이나 1장 10a절과 4장 2a절 그리고 17장 3a절에서 동일하게 사용된 '엔 프뉴마티'를 "성령 안에(서)"라고 번역하였기 때문에 일관성의 원칙에 따라 20장 10a절에서도 "성령 안에서"라고 번역하기로 한다.

이상의 내용을 바탕으로 우리말 어순에 맞추어 본문을 번역하면 다음과 같다.

9a 그리고
9c ┌── 마지막 일곱 재앙으로 가득찬
9b ↓── 일곱 대접 가진
9a 일곱 천사 중 하나가 왔다.
9d 그리고 그는 나와 함께 다음과 같이 말했다.
9e 오라,
9f 내가 너에게 신부 곧 어린 양의 아내를 보여줄 것이다.
10a 그리고 그는 나를 성령 안에서 크고 높은 산으로 데리고 갔다.
10b 그리고 그는 나에게
10c ┌── 하늘로부터 하나님으로부터 내려오는
10b 거룩한 도시, 예루살렘을 보여주었다.

182 Bauckham, *The Climax of Prophecy*, 158.

본문 주해

[21:9] 일곱 대접을 가진 일곱 천사 중 하나의 등장

여기에서 일곱 대접을 가진 일곱 천사 중 하나가 새예루살렘과 어떤 관계를 가지는가를 규명할 필요가 있다.

일곱 대접을 가진 일곱 천사 중 하나(9abc절) 먼저 9절은 "요한의 해석자 천사"(John's *angelus interpres*)를 소개한다.[183] 9ab절에 의하면 그 천사는 바로 "마지막 일곱 재앙으로 가득 찬 일곱 대접을 가진 일곱 천사들 중 하나"이다. 이와 동일한 문구가 17장 1절에서도 바벨론의 심판을 해석해 주는 천사를 묘사하기 위해 사용된다. 이런 평행 관계 때문에 이 두 본문에 등장한 천사는 동일한 대상일 수 있다.[184] 16장 12-21절에 의하면 이 일곱 천사는 대접 심판의 다섯 번째와 여섯 번째 그리고 일곱 번째의 하르마겟돈 전쟁에서 용과 두 짐승 그리고 바벨론과 같은 악의 세력을 제거하는 최후의 심판을 주도한다. 그리고 9c절에서는 그 일곱 대접이 일곱 재앙으로 가득 차 있다고 한다. 이것은 심판의 절정으로서 대접 심판의 의미를 부각시키기 위한 목적이 있다. 이런 대접 심판을 대리하여 시행하는 천사가 동시에 새예루살렘을 소개하는 역할을 하는 것은 새예루살렘의 등장이 심판의 절정으로서 대접 심판에 상응하는 구속의 절정이라는 사실을 드러내기 위해서이다. 따라서 심판의 절정으로서 대접 심판과 구속의 절정으로서 새예루살렘의 출현은 동전의 양면처럼 예수님의 재림 때에 동시에 일어나는 사건임을 알 수 있다.

신부 곧 어린 양의 아내(τὴν νύμφην τὴν γυναῖκα τοῦ ἀρνίου, 9def절) 먼저 9d절에서 일곱 대접을 가진 일곱 천사 중 하나가 요한과 함께 대화를 나누기 시작한다. 여기에서 그 천사는 하나님의 계시 전달과 해석의 통로로 쓰임 받는다. 그리고 9e절에서 δεῦρο(듀로)라는 단어가 사용된다. 이 단어는 일종의 "감탄사"(interjection)이다.[185] 여기에서 감탄사가 사용되고 있는 것은 이어지는 내용이 범상치 않음을 짐작하게 한다. 그 내용이 무엇일까? 9f절에 의하면 천사

183 Boxall, *The Revelation of Saint John*, 300.
184 Aune, *Revelation 17-22*, 1150.
185 BDAG, 220.

는 요한에게 “신부 곧 어린 양의 아내”를 보여 줄 것이라고 한다. 이것은 마치 에스겔 40장 4절에서 천사가 선지자 에스겔에게 환상을 통해 새성전과 새예루살렘을 보여주겠다고 한 것과 같은 패턴이다.[186] 통상적으로 신약 성경에서 “신부 곧 어린 양의 아내”는 교회 공동체를 의미한다. 이 본문에서도 예외는 아니다. 19장 7-8절의 어린 양 혼인 잔치의 주제와 21장 2절의 새창조에서 새예루살렘이 신부처럼 준비된 장면에서 이미 “신부”의 주제가 언급된 바 있다.

[21:10] 새예루살렘을 보여주다

21장 9절에서 신부 곧 어린 양의 아내를 보여준다고 했는데 10절에서 그 보여 줄 대상을 밝힌다. 그 대상은 바로 하늘로부터 내려오는 새예루살렘이다. 따라서 2절에 이어서 9-10절에서 새예루살렘이 의미하는 바가 무엇인지 분명하게 알 수 있다.

성령 안에서(10a절) 10a절에 천사는 “성령 안에서” 요한을 “크고 높은 산으로” 데리고 간다.[187] 이 문구는 1장 10절 4장 2절 그리고 17장 3절에 이어서 네 번째로 사용되는 문단의 구분 표시이다.[188] 1장 10절은 서론의 시작이고 4장 2절은 본론의 시작 부분이다. 그리고 17장 3절은 두 개의 결론 중 첫 번째 결론의 시적이고 21장 10a절은 두 번째 결론의 시작 부분에 위치한다. 특별히 바벨론 심판을 도입하는 17장 1-3절과 새예루살렘을 도입하는 21장 9-10절은 대조적 평행을 이루고 있다. 이런 관계를 다음과 같이 도표로 정리해 볼 수 있다.

17:1-3		21:9-10	
1절	그리고 일곱 대접을 가진 일곱 천사들 중 하나가 왔다(ἦλθεν, 엘덴). 그리고 그가 나와 함께 다음과 같이 말했다: 오라, 내가 너에게 큰 음녀의 심판을 보여줄 것이다(δείξω, 데익크소) …	9절	그리고 일곱 대접을 가진 일곱 천사들 중 하나가 왔다(ἦλθεν, 엘덴). 그리고 나와 함께 다음과 같이 말했다: 오라, 내가 너에게 신부 곧 어린 양의 아내를 보여줄 것이다(δείξω, 데익크소)

186 Koester, *Revelation*, 811.

187 “환상적 이동”(visionary transportation)은 “유대 묵시적 신비주의(Jewish apocalyptic mysticism)와 이교도의 종교적 경험에서” 일반적이다(Bauckham, *The Climax of Prophecy*, 159).

188 이에 대한 자세한 내용은 1권 140-142쪽을 참조하라.

3절	그리고 그(천사)는 나를 성령 안에서(ἐν πνεύματι, 엔 프뉴마티) 광야로 데리고 갔다(ἀπήνεγκέν, 아페네그켄).	10절	그리고 그(천사)는 나를 성령 안에서(ἐν πνεύματι, 엔프뉴마티) 크고 높은 산으로 데리고 갔다(ἀπήνεγκέν, 아페네그켄)

이 도표에 의하면 21장 9-10절은 17장 1-3절과 매우 긴밀하게 평행되는 것을 알 수 있다. 먼저 "일곱 대접을 가진 일곱 천사들 중 하나"가 나타나 17장 1-3절에서는 심판 받을 바벨론을 보여주고 21장 9-10절에서는 새예루살렘을 보여준다. 그리고 양쪽 모두 "성령 안에서" 요한을 데리고 가서 각각 심판받을 음녀 바벨론과 영광스런 어린 양의 아내 새예루살렘을 보여준다. 결국 17장 3절과 21장 10은 "성령 안에서"라는 문구에 의해 바벨론과 새예루살렘 사이의 대조적 평행 관계를 강조한다.[189] 따라서 17장 3절과 21장 10절의 "성령 안에서"라는 문구의 기능은 1장 10절과 4장 2절과 비교해서 좀 더 다양하다는 것을 알 수 있다.

이 "성령 안에서'라는 문구는 문단의 구분 표시 그 이상의 기능을 갖는다. 21장 10절에서 이 문구는 "환상적 이동(visionary transportation)에 대한 통상적인 용어"로서 "수단적"(instrumental) 의미로 사용된다.[190] 곧 이 문맥에서 성령은 환상을 보는 동안 이동의 수단으로서 계시적 통로 역할을 하고 있다[191] 요한은 성령을 통해 크고 높은 산으로 옮겨 가게 된 것이다. 이런 패턴은 에스겔 37장 1절,[192] 40장 1-2절과 43장 5절에서도 나타나고 있다.[193]

> [1]여호와께서 권능으로 내게 임재하시고 그의 영으로(ἐν πνεύματι, 엔 프뉴마티) 나를 데리고 가서(ἐξήγαγέν, 에크세가겐>ἐξάγω, 에크사고) 골짜기 가운데 두셨는데 거기 뼈가 가득하더라(겔 37:1)

> [1]우리가 사로잡힌 지 스물 다섯째 해, 성이 함락된 후 열넷째 해 첫째 달 열째 날에 곧 그 날에 여호와의 권능이 내게 임하여 나를 데리고(ἤγαγέν, 에가겐>ἄγω, 아고) 이스라엘 땅으로 가시되 [2]하나님의 이상 중에 (하나님이) 나를 데리고 이스라엘 땅에 이르러 나를 매우 높은 산 위에 내려놓으시는데 거기에서 남으로 향하여 성읍 형상 같은 것이 있더라(겔 40:1-2)

---

189 Bauckham, *The Climax of Prophecy*, 158.

190 Bauckham, *The Climax of Prophecy*, 157.

191 여기에서 스웨테는 "영"을 "요한의 영"으로 이해하면서도 에베소서 1장 17절에서 언급하고 있는 "계시의 영"이 계시적 활동의 과정을 주관하고 있다는 사실을 언급한다(Swete, *The Apocalypse of St. John,* 280). 이 "영"을 "요한의 영"으로 보는 것은 동의하기 힘들다.

192 이 배경은 보큼이 제안한다(Bauckham, *The Climax of Prophecy,* 157)

193 Charles, *A Critical and Exegetical Commentary on Revelation*, 2:156.

영이 나를 들어 데리고 안뜰에 들어가시기로(εἰσήγαγέν, 에이세가겐 >εἰσάγω, 에이사고) 내가 보니 여호와의 영광이 성전에 가득하더라(겔 43:5)

에스겔 37장 1절에서 "여호와께서 … 그의 영으로(ἐν πνεύματι, 엔 프뉴마티) 나를 데리고 가서"라는 문구는 요한계시록 본문의 "엔 프뉴마티"와 정확하게 일치한다. 이 본문에서 "엔 프뉴마티"는 수단적 의미로 사용된다. 하나님의 영이 에스겔을 이동시키는 수단의 기능을 하는 것처럼, 요한계시록에서 동일하게 성령이 요한을 이동시키는 역할을 한다.

그리고 에스겔 40장 2절의 "하나님의 이상 중에 (하나님이) 나를 데리고 이스라엘 땅에 이르러 나를 매우 높은 산 위에 내려놓으시는데"라는 문구에서 "매우 높은 산 위에 내려 놓으시다"라는 문구가 요한계시록과 일치하는 반면 요한은 에스겔서의 "하나님의 이상 중에"보다 "엔 프뉴마티"(성령 안에서)라는 문구를 더 선호하여 사용한다.[194] 이 문구를 사용하는 것으로 보아 요한이 유대 묵시 문헌에서보다 "성령의 대리권(agency)"을 좀 더 강조한다는 것을 알 수 있다.[195] 이런 이유로 요한의 환상적 경험은 신적 권위를 가지게 된다.[196]

또한 40장 1절의 "여호와의 권능이 나를 데리고"와 2절에서 "(하나님이) 나를 데리고" 그리고 43장 5절의 "영이 나를 들어 데리고 … 들어가시기로"라는 문구에서 하나님의 영이 요한을 이동시키는 주체라는 사실을 분명하게 보여준다. 요한계시록에서는 천사가 성령 안에서 요한을 데리고 간다. 요한계시록 본문에서 천사는 하나님을 대리하는 역할을 하므로 하나님에 의한 행동으로 간주할 수 있다. 천사가 하나님을 대리하는 모습은 요한계시록에서 통상적인 경우라고 볼 수 있다. 대표적인 경우가 10장 1절에서 하늘로부터 내려온 힘센 천사이다. 이 천사는 하나님의 영광스런 신적 임재와 그리스도 승천의 영광스런 모습이 조합을 이룬다. 천사의 이런 특징은 그 천사가 하나님을 대리하는 역할을 한다는 것을 보여준다.[197] 따라서 에스겔서 본문과 요한계시록 본문과의 차이는 크지 않다고 볼 수 있다.

이상에서 요한계시록 21장 10절의 "성령 안에서 나를 크고 높은 산으로 데

194 Bauckham, *The Climax of Prophecy*, 158.
195 앞의 책, 157-58.
196 앞의 책, 159.
197 이에 대한 자세한 내용은 1권의 869-873쪽을 참조하라.

리고 갔다(ἀπήνεγκέν, 아페네그켄>ἀποφέρω, 아포훼로)"는 에스겔 37장 1절의 "성령으로"(ἐν πνεύματι, 엔 프뉴마티)와 에스겔 40장 1-2절의 "매우 높은 산 위에 내려 놓다" 그리고 에스겔 43장 5절, 환상적 이동 수단으로서 하나님의 "영"의 기능 등이 배경으로 잘 조합되어 구성된 것이라고 볼 수 있다. 다만 요한계시록 본문에서는 "성령"의 역할이 강조되고 있다.

크고 높은 산(10a절) 그 천사는 성령 안에서 "거룩한 도시, 예루살렘"을 보여주기 전에 먼저 요한을 "크고 높은 산"으로 인도한다. 17장 3절에서 음녀 바벨론이 광야에서 계시된 반면, 10a절에서 신부 곧 어린 양의 아내 새예루살렘은 "산으로부터"(from a mountain) 나타난다.[198] 이것은 출애굽기 24장 15절-25장 10절에서 모세가 시내산에 더 높은 곳으로 올라가서[199] 성막에 대한 청사진을 지시 받은 것과 같은 패턴을 보여준다.[200] 다만 하나님의 지시에 의해 성막을 건축하도록 부름 받은 모세와는 달리, 요한계시록에서 요한은 새예루살렘을 직접 건축하도록 요구 받는 것은 아니고 새예루살렘에 대한 상징적 이미지를 통한 계시를 환상 중에 받게 된다.

또한 에스겔 40장 2절에서 하나님께서 에스겔을 이상 중에 "높은 산"에 내려 놓으신 것을 연상케 한다. 에스겔서에 등장하는 "높은 산"은 단순히 지정학적 의미보다 "신학적 지형"(theological geography) 곧 "여호와의 주권(supremacy)"을 나타낸다.[201] 이와 동일한 의미를 요한계시록에 적용할 수 있다. 곧 천사가 성령 안에서 요한을 데려간 "크고 높은 산"은 신학적 의미를 갖는 지형으로서 전개될 계시의 내용이 하나님의 주권을 드러내는 것이라는 사실을 시사한다.

또한 에스겔 40장 2절에서 "높은 산"은 이사야 2장 2절의 "산 꼭대기"를 연상케 한다.[202]

> [2]말일에 여호와의 전의 산이 모든 산 꼭대기에 굳게 설 것이요 모든 작은 산 위에 뛰어나리니 만방이 그리로 모여 들 것이라(사 2:2)

---

198 Swete, *The Apocalypse of St. John*, 280.

199 모세가 시내산의 더 높은 곳으로 올라갔다는 것은 Allen, L. C. *Ezekiel 20-48*, 346에서 정보를 얻었다.

200 Koester, *Revelation*, 812.

201 Allen, *Ezekiel 20-48*, 229.

202 앞의 책.

이 이사야 본문은 종말에 여호와의 전이 모든 산 꼭대기에 굳게 설 것과 이곳으로 많은 백성이 몰려 오게 될 것을 말한다. 그리고 이어지는 2장 3절에서는 종말적 예루살렘 성전 회복을 언급하고 있다.

> [3]많은 백성이 가며 이르기를 오라 우리가 여호와의 산에 오르며 야곱의 하나님의 전에 이르자 그가 그 도로 우리에게 가르치실 것이라 우리가 그 길로 행하리라 하리니 이는 율법이 시온에서부터 나올 것이요 여호와의 말씀이 예루살렘에서부터 나올 것임이니라(사 2:3)

이사야 2장 2절의 "산 꼭대기"와 2장 3절의 종말적 예루살렘과 성전 회복의 메시지가 유기적으로 연결되어 있음을 알 수 있다. 이러한 패턴은 요한계시록에서 "크고 높은 산"과 새예루살렘이 결합하여 등장하는 것과 평행 관계를 나타낸다. 따라서 요한계시록의 "크고 높은 산"은 이사야 말씀 성취의 완성 단계라고 볼 수 있다. 곧 요한계시록에서 요한이 크고 높은 산에 있는 것은 이어지는 내용에서 거룩한 도시 예루살렘의 등장을 예고함으로써 이사야를 배경으로 하는 종말적인 성취/완성의 상태를 연출하고 있는 것이다.

더 나아가서 에녹 1서 24장 3-4절 그리고 희년서 4장 26절에 의하면 "높은 산"은 에덴 정원과 관련된다는 것을 알려준다.[203]

> [3]일곱 산들이 놓여져 있고 … 그것들의 꼭대기에 모든 것들은 향기나는 나무들로 둘러싸여 있는 보좌의 자리를 닮았다. [4]그것들 중에 내가 한 번도 냄새 맡아 보지 않았던 한 나무가 있다 … 모든 향기들 중에 아무것도 그렇게 향기롭지 않다; 그것의 잎사귀들과 꽃들과 그리고 그것의 나무는 영원히 결코 시들지 않는다; 그것의 열매는 아름답고 종려나무 열매 다발 같다(에녹 1서 24장 3-4절)[204]

> 주께서 네 개의 거룩한 장소들을 땅 위에 가지신다: 에덴 정원 그리고 동쪽의 산과 네가 지금 그 위에 있는 산인 시내 산 그리고 땅의 성화를 위해 새창조 안에서 거룩하게 될 시온 산. 이것 때문에 땅은 모든 죄로부터 그리고 영원한 세대를 거친 오염으로부터 거룩하게 될 것이다(희년서 4:26)

이 두 본문에 의하면 에덴 정원과 산은 매우 밀접한 관계를 가지고 존재하고 있음을 알 수 있다.

그렇다면 여기에서 "높은 산"은 새예루살렘의 주제와 에덴 모티브를 연결

203 Koester, *Revelation*, 812.
204 이것은 *OPT* 1:26에서 E. Isaac의 영문 번역을 우리말로 번역한 것이다.

시켜주고 있음을 알 수 있다. 이것을 다음과 같이 도표로 만들 수 있다.

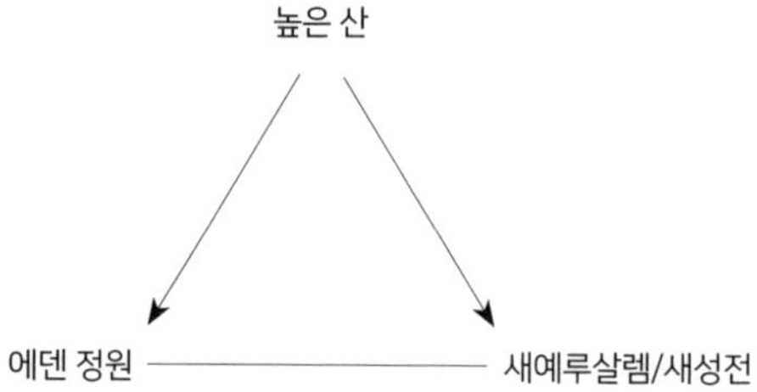

높은 산으로 상호간에 연결되는 에덴 정원과 새예루살렘/성전의 관계는 새예루살렘/성전에서 에덴 정원이 재현되는 것으로 볼 수 있다. 이런 패턴은 요한계시록에서도 잘 나타난다. 21장 11-27절에서 새예루살렘에 대한 언급이 있고 난 후에 22장 1-5절에서 에덴 회복의 장면이 등장한다.

거룩한 도시 예루살렘(10b절) 10a절에서 천사가 성령으로 요한을 "크고 높은 산"으로 데리고 간 후에 그 천사는 요한에게 거룩한 도시, 새예루살렘을 보여준다. 배경인 이사야 2장 2-3절에서 언급한 것처럼, 이 두 주제는 밀접한 관계를 가지고 있으므로, 천사가 요한을 그 "크고 높은 산"으로 데리고 간 것에 의해 거룩한 도시 새예루살렘의 등장은 예고된 것이었다. 10c절에서 그 새예루살렘을 하늘로부터 하나님으로부터 내려 오는 것으로 묘사하는 것은 21장 2절의 문구를 그대로 재사용한 것이다. 이런 관계에 의해 21장 9-10절을 도입부분으로 하고 11절 이후부터 언급되는 새예루살렘이 바로 1-5절에서 새창조와 함께 언급된 바로 그 새예루살렘을 따로 집중적으로 소개하려는 것임을 알 수 있다.

그리고 더 나아가서 9절에서 신부 곧 어린 양의 아내를 보여주겠다고 약속했는데 그 약속대로 보여준 것은 다름 아닌 "거룩한 도시 새예루살렘"이다. 그렇다면 이 새예루살렘은 단순히 내가 본 천국이 아니라 "그리스도의 신부 곧 어린 양의 아내"이며, 또한 그 "어린 양의 아내"는 교회 공동체를 의미하는 것 외에 다른 것을 생각할 수 없다. 그렇다면 천사가 보여준 "새예루살렘"은 교회 공동체를 가리키는 것이 틀림없다. 이런 내용을 도표를 통해 좀 더 알기 쉽게 표현할 수 있다.

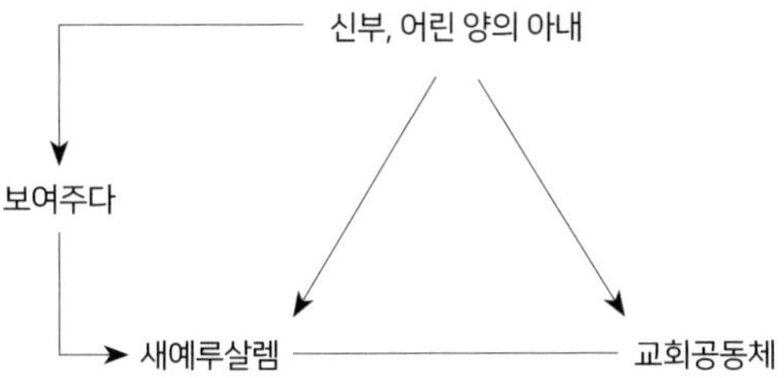

이상에서 하늘로부터 내려오는 거룩한 도시 새예루살렘은 17-18장에서 언급된 심판 받는 바벨론(로마)에 대한 "대안적 도시"(alternative city)로 등장한다.[205] 곧 "크고 높은 산"에서 보여진 새예루살렘은, "일곱 산" 위에 세워진 심판 받아 멸망할 바벨론(로마)을 대체한다.[206] 이런 이유로 새예루살렘과 바벨론에 대한 환상의 내용 사이에 "평행들"과 "대조들"이 매우 정교하게 엮여 있다.[207]

이제 다음 11절부터 어린 양의 아내로서 새예루살렘을 소개하기 시작한다.

[정리]

9-10절은 새예루살렘 공동체를 소개하는 도입부분이다. 9절에서 일곱 대접을 가진 천사 중 하나가 요한에게 신부 곧 어린 양의 아내를 보여주겠다고 약속하면서 요한을 크고 높은 산으로 데리고 왔다. 그리고 10절에서 그 천사가 크고 높은 산에서 보여준 것은 바로 새예루살렘이다. 따라서 새예루살렘이 신부 곧 어린 양의 아내로서 교회 공동체를 상징하는 것으로 보는 것이 당연하다. 이런 사실은 이어지는 내용을 상징적으로 해석해야 할 해석의 원칙을 제시한다.

---

205 Bauckham, *The Theology of Book of Revelation*, 129.

206 앞의 책, 130. .

207 이런 다양한 "평행들"과 "대조들"에 대해서는 Bauckham, *The Theology of Book of Revelation,* 131을 참조하라.

2. 새예루살렘의 건축 구조물(21:11-21)

해석의 원리

9-10절에서 새예루살렘은 그리스도의 신부요 어린 양의 아내로서 교회 공동체를 의미한다는 것을 살펴 본 바 있다. 그리고 이어지는 11-21절에서는 성벽과 열 두 문 그리고 기초석과 같은 새예루살렘의 건축적 구조물들에 대해 소개한다. 이 두 부분의 밀접한 관계를 통해 11-21절에 대한 중요한 해석의 원리를 추출할 수 있다. 그것은 9-10절의 새예루살렘이 그리스도의 신부요 어린 양의 아내로서 교회 공동체를 상징하고 있다면, 새예루살렘을 묘사하는 내용들은 문자 그대로 "장소"(place)가 아니라[208] 교회 공동체에 대한 다양한 상징으로 해석해야 한다는 것이다. 이와 더불어서 특별히 새예루살렘에 대한 묘사들이 구약을 배경으로 한다는 점을 기억할 필요가 있다. 이처럼 구약을 배경으로 사용하는 것은 새예루살렘을 구약 약속의 절정으로 이해하기 때문이다. 정리하면 새예루살렘의 건축 구조물을 해석할 때 두 가지를 기억하는 것이 필요하다. 첫째로, 새예루살렘은 교회 공동체를 상징한다. 둘째로, 새예루살렘은 구약을 배경으로 구속 역사의 절정을 나타내고 있다. 이런 해석 원리를 새예루살렘을 해석하는 데 기억할 필요가 있다.

구문 분석 및 번역

11절 a) <u>ἔχουσαν</u> τὴν δόξαν τοῦ θεοῦ,
하나님의 영광을 가지고 있는

b) ὁ φωστὴρ αὐτῆς ὅμοιος λίθῳ τιμιωτάτῳ ὡς λίθῳ ἰάσπιδι κρυσταλλίζοντι.
그것의 빛은 수정같이 빛나는 벽옥같이 지극히 귀한 보석같다.

12절 a) <u>ἔχουσα</u> τεῖχος μέγα καὶ ὑψηλόν,
그것은 크고 높은 성벽을 가지고 있다.

b) ἔχουσα πυλῶνας δώδεκα
열 두 문을 가지고 있다.

c) καὶ ἐπὶ τοῖς πυλῶσιν ἀγγέλους δώδεκα
그리고 그 문들 위에 열 두 천사들과

---

208 보캄은 새예루살렘을 하나님의 백성인 교회 공동체 뿐만 아니라 "장소"로도 해석해야 한다고 주장한다(Bauckham, *The Theology of the Book of Revelation,* 132-36). 그러나 이런 건축적 구조물들에 근거할 때 새예루살렘을 장소로 해석하는 것에는 동의할 수 없다.

d) καὶ ὀνόματα ἐπιγεγραμμένα,
그리고 새겨진 이름들을

e) ἅ ἐστιν [τὰ ὀνόματα] τῶν δώδεκα φυλῶν υἱῶν Ἰσραήλ·
이스라엘 아들들의 열 두 지파의 [이름들]

13절 a) ἀπὸ ἀνατολῆς πυλῶνες τρεῖς
동쪽으로부터 세 개의 문이 있고

b) καὶ ἀπὸ βορρᾶ πυλῶνες τρεῖς
그리고 북쪽으로부터 세 개의 문이 있고

c) καὶ ἀπὸ νότου πυλῶνες τρεῖς
그리고 서쪽으로부터 세 개의 문이 있고

d) καὶ ἀπὸ δυσμῶν πυλῶνες τρεῖς.
그리고 남쪽으로부터 세 개의 문이 있다.

14절 a) καὶ τὸ τεῖχος τῆς πόλεως ἔχων θεμελίους δώδεκα
그리고 도시의 성벽은 열 두 기초석을 가지고 있다.

b) καὶ ἐπ' αὐτῶν δώδεκα ὀνόματα τῶν δώδεκα ἀποστόλων τοῦ ἀρνίου.
그리고 그것들 위해 어린 양의 열 두 사도의 열 두 이름을

15절 a) Καὶ ὁ λαλῶν μετ' ἐμοῦ εἶχεν μέτρον κάλαμον χρυσοῦν,
그리고 나와 함께 말하는 자는 금 갈대 자를 가지고 있다.

b) ἵνα μετρήσῃ τὴν πόλιν καὶ τοὺς πυλῶνας αὐτῆς καὶ τὸ τεῖχος αὐτῆς.
그 도시와 그것의 문들과 그리고 그것의 성벽을 측량하기 위하여

16절 a) καὶ ἡ πόλις τετράγωνος κεῖται
그리고 그 도시는 정사각형으로서 놓여있고

b) καὶ τὸ μῆκος αὐτῆς ὅσον [καὶ] τὸ πλάτος.
그리고 그것의 길이는 넓이와 동일하다.

c) καὶ ἐμέτρησεν τὴν πόλιν τῷ καλάμῳ ἐπὶ σταδίων δώδεκα χιλιάδων,
그리고 그는 그 도시를 갈대로 만이천 스타디온에 걸쳐서 측량했다.

d) τὸ μῆκος καὶ τὸ πλάτος καὶ τὸ ὕψος αὐτῆς ἴσα ἐστίν.
그 길이와 그 넓이와 그것의 높이가 동일하다.

17절 a) καὶ ἐμέτρησεν τὸ τεῖχος αὐτῆς ἑκατὸν τεσσεράκοντα τεσσάρων πηχῶν μέτρον ἀνθρώπου,
그리고 그는 그것의 성벽을 사람의 측량으로 144 큐빗만큼 측량했다.

b) ὅ ἐστιν ἀγγέλου.
그것은 천사의 측량이다.

18절 a) καὶ ἡ ἐνδώμησις τοῦ τείχους αὐτῆς ἴασπις
그리고 그것의 성벽의 건축은 벽옥이다.

b) καὶ ἡ πόλις χρυσίον καθαρὸν ὅμοιον ὑάλῳ καθαρῷ.
그리고 그 도시는 맑은 유리같은 정금이다.

19절 a) οἱ θεμέλιοι τοῦ τείχους τῆς πόλεως παντὶ λίθῳ τιμίῳ κεκοσμημένοι·
그 도시의 성벽의 기초들은 모든 보석들로 장식되어 있다.

b) ὁ θεμέλιος ὁ πρῶτος ἴασπις, ὁ δεύτερος σάπφιρος, ὁ τρίτος χαλκηδών, ὁ τέταρτος σμάραγδος,
첫째 기초석은 벽옥이고 둘째는 남보석이요 세째는 옥수요 넷째는 녹보석이고

20절 a) ὁ πέμπτος σαρδόνυξ, ὁ ἕκτος σάρδιον,
다섯째는 홍마노요 여섯째는 홍보석이요

b) ὁ ἕβδομος χρυσόλιθος, ὁ ὄγδοος βήρυλλος, ὁ ἔνατος τοπάζιον,
일곱째는 황옥이요 여덟째는 녹옥이요 아홉째는 담황옥이요

c) ὁ δέκατος χρυσόπρασος, ὁ ἑνδέκατος ὑάκινθος, ὁ δωδέκατος ἀμέθυστος,
열째는 비취옥이요 열한째는 청옥이요 열두째는 자수정이다.

21절 a) καὶ οἱ δώδεκα πυλῶνες δώδεκα μαργαρῖται,
그리고 그 열 두 문(들)은 열두 진주(들)이다.

b) ἀνὰ εἷς ἕκαστος τῶν πυλώνων ἦν ἐξ ἑνὸς μαργαρίτου.
각각의 문은 하나의 진주로 존재했다.

c) καὶ ἡ πλατεῖα τῆς πόλεως χρυσίον καθαρὸν ὡς ὕαλος διαυγής.
그리고 그 도시의 길은 맑은 유리같은 정금이다.

11a절은 분사인 ἔχουσαν (에쿠산>ἔχω, 에코)으로 시작한다. 이 분사가 수식하는 선행사는 10b절의 새예루살렘이다. 그렇다면 바로 새예루살렘이 하나님의 영광을 가지고 있는 것이다. 이 분사 형태는 12a절과 12b절에서도 사용되는데 이 두 경우에서는 11a절처럼 목적격이 아니라 주격으로 사용된다. 만일 11a의 ἔχουσαν(에쿠산)처럼 10b절의 새예루살렘과 연결된 분사라면 목적격으로 사용하는 것이 마땅하다. 그런데 왜 주격으로 격변화가 일어났을까? 이와 관련하여 스웨테는 흥미로운 해석을 제시한다. 그에 의하면 "금방 사라지는 그림(transient picture)에 각 자세한 내용을 적어두려는 열정으로 예언자(Seer)는 11절에서 ἔχουσαν(에쿠산)이라고 적은 것을 잊어버렸다"라고 한다.[209] 곧 요한의 단순 실수라는 것이다.

반면 오즈번도 이런 문제점을 인식하는데 그는 이것을 요한계시록에서 빈번하게 나타나는 "문법적 변칙"(grammatical anomalies)으로 간주한다.[210] 따라서 이런 변칙을 단순 실수로 보기 보다는 일종의 습관으로 보는 것도 가능하다. 여기에서 이런 변칙의 습관은 나름의 의도가 있는 것으로 보인다. 11a절에서 목적격 분사 형태인 '에쿠산'은 바로 직전의 10b절의 새예루살렘과 연결된다

209 스웨테는 이것을 "transient picture"이라고 표현하였다(Swete, *The Apocalypse of St. John,* 282).
210 Osborne, *Revelation,* 749, 각주 2번.

는 것을 강하게 인식하고 격의 일치를 보여주고 있지만 조금 지나면서 12a절과 12b절에서는 그것을 주격으로 간편하게 표현하고자 하였을 수 있다. 이것은 찰스가 12a절의 '에쿠사'를 직설법 동사인 '에케이'(ἔχει)로 간주하는 것과 같은 맥락이라고 볼 수 있다.[211]

또한 찰스는 첫번째 '에쿠사'를 직설법 동사와 동일시 한 것과는 다르게 두 번째 '에쿠사'는 "보통의 분사"(ordinary participle)로서 12a절의 "성벽"을 수식하는 것으로 보는 것이 적절하다고 생각한다.[212] 그러나 '에쿠사'는 여성으로 되어 있으나 "성벽"은 중성이라 성(性)의 불일치가 일어난다. 따라서 두 번째 분사 역시 첫번째의 경우처럼 성이 일치하는 새예루살렘과 연결되며 그것을 주어로 번역하는 것이 적절하다.[213] 따라서 "성벽이 열 두 문을 가지고 있다"는 것이 아니라[214] "새예루살렘이 열 두 문을 가지고 있다"고 번역해야 할 것이다.

13절은 열 두 문을 동서남북 네 방향으로 나누어서 각 방향마다 세 개의 문을 할당한다. 그런데 여기에서 각각 사용된 "세 개의 문"(πυλῶνες τρεῖς, 퓌로네스 트레이스)은 모두 목적격이 아니라 주격으로서 사용된다. 따라서 이런 구성을 반영하여 동사가 생략된 독립된 문장으로 번역하도록 한다. 이 내용은 바로 12b절의 열두 문에 대한 보충 설명이라고 볼 수 있다. 12절까지 목적격 지배적이었던 문장이 13절부터는 주격으로 전환된다. 14a절의 분사 '에콘'(ἔχων)도 주격을 취하고 있다.

16a절에서 **ἡ πόλις τετράγωνος κεῖται**(헤 폴리스 테트라고노스 케이타이)라는 문구를 BDAG에서 "정사각형으로서 놓여있다"(*is laid out as a square*)로 번역하고 있으므로,[215] 이것을 번역에 반영한다. 16b절에서 전치사 **ἐπί**(에피)는 "한 지점으로부터 다른 지점까지"(from one point to another)라는 의미로 사용되기도 한다.[216] 이런 의미를 반영하여 "… 걸쳐서"로 번역한다.

17a절에서 '**ἑκατὸν τεσσεράκοντα τεσσάρων πηχῶν**'(헤카톤 테세라콘타 테사론 페콘)은 "144 큐빗"이란 의미로 소유격으로 사용되었다. 왜 이런 수치를 소유

---

211 Charles, *A Critical and Exegetical Commentary on Revelation*, 2:162.

212 앞의 책.

213 비일도 이 분사는 모두 새예루살렘과 관련되고 새예루살렘을 주어로 보아야 한다고 주장한다(Beale, *The Book of Revelation,* 1068).

214 대부분의 영어 번역본은 "high wall with twelve gates"라고 번역하여 성벽이 열두 문을 가지고 있는 것처럼 번역한다.

215 BDAG, 537(2).

216 BDAG, 364(4bβ)

격으로 표현하고 있는 것일까? 그것은 소유격의 용법 중에 "가격(price)이나 가치(value) 혹은 양(quantity)"을 표현할 때 사용하는 경우가 있기 때문이다.[217] 바로 17a절에서 "144큐빗"을 나타내주는 수치가 바로 이 용법에 해당된다고 볼 수 있다. 이 용법의 경우에 소유격은 "부사적 소유격"으로 볼 수 있다.[218] "양"의 의미를 적용하여 이 문구를 "144큐빗 만큼"으로 번역한다.

그리고 17a절에서 "측량이란 의미를 갖는[219] '메트론'(μέτρον)이란 단어는 목적격으로 사용되는데 이 목적격 명사는 "부사적 목적격"(adverbial accusative) 용법 중 "방법의 목적격"(accusative of manner) 용법으로[220] 사용되었다고 보는 것이 본문을 해석하는 것이 적절하다고 본다. 이런 용법을 반영하여 이 단어를 부사적으로 번역하면 "측량으로"라고 할 수 있다. 이것은 위에 나오는 "사람의"(ἀνθρώπου)를 붙여서 읽으면 "사람의 측량의 방법으로" 측량했더니 144 큐빗으로 측량의 결과가 나오게 되었다는 것이다.

18a절은 직역하면 "그 성벽의 건축은 벽옥이다"가 된다. 이 문장은 어색해 보인다. 이 저서에서 원문 번역은 직역을 원칙으로 하지만 의미가 정확하게 전달되지 않는 경우는 직역을 풀어서 번역하여 의미를 잘 드러낼 수 있도록 해야 한다. 따라서 이 직역 문장은 헬라어 원문과 함께 할 때는 직역으로 하지만, 우리말 어순에 맞추어 번역할 때는 "그 성벽은 벽옥으로 건축되었다"로 할 수 있다.

18b절도 18a절과 정확하게 일치되는 것은 아니지만, 서술어가 각각 "… 벽옥이다"(18a절)라고 한 것과 "… 정금이다"(18b절)라고 한 것에서 유사한 유형을 보여준다. 그러나 전자는 "건축"(ἐνδώμησις, 엔도메시스)이란 단어가 주어로 사용되어 "건축되었다"로 의역할 수 있는 근거가 있으나 후자는 단순히 "도시"라는 단어가 주어로 사용되어 그런 근거가 없다는 점이 차이가 있다. 그러나 이 두 문장의 평행 관계에 의해, 18a절처럼 "건축"이란 단어를 사용하여 18b절을 "그 도시는 … 정금으로 건축되었다"라고 번역할 수 있다. 18b절에서 χρυσίον(크뤼시온)은 "불로 단련된 금"이란 의미이기도 하고(계 3:18), καθαρόν(카다론)과

217 Wallace, *Greek Grammar beyond the Basics*, 122.
218 앞의 책, 121.
219 BDAG, 644(1).
220 Wallace, *Greek Grammar beyond the Basics*, 200.

같이 사용되면 "정금"(pure gold)라는 의미도 된다.[221] 따라서 χρυσίον καθαρόν (크뤼시온 카다론)을 함께 "정금"이라고 번역한다.

이와 동일한 패턴이 21a절에도 나타난다. 이 문장에서 주어는 "열두 문"이고 서술어는 "열두 진주"이다. 18b절의 "그 도시는 … 정금이다"와 21a절의 "열두 문은 열두 진주이다"는 같은 문형을 보여 준다. 이 경우에 열두 문은 열두 진주로 만들어졌다는 것을 함의한다. 따라서 이 문장도 18b절의 경우처럼 "열두 문은 열두 진주로 만들어졌다"라고 번역한다.[222]

21b절의 전치사 '엑스'(ἐξ>ἐκ, 에크)는 "근원"(source) 혹은 "수단"(means)의 용법으로 볼 수 있다.[223] 이 용법을 적용하여 번역하면 "각각의 문은 하나의 진주로 만들어졌다"라고 할 수 있다. 21a절은 열두 문 전체에 대한 묘사라면, 21b절은 열두 문들 하나 하나의 특징에 대한 묘사이다.

이상의 내용을 근거로 우리말 어순에 맞추어 본문을 번역하면 다음과 같다.

11a 새예루살렘은 하나님의 영광을 가지고 있다.
11b 그것의 빛은 수정같이 빛나는 벽옥같이 지극히 귀한 보석같다.
12a 그것은 크고 높은 성벽을 가지고 있고
12b 열 두 문을 가지고 있다.
12c 그리고 그것은 그 문들 위에 열 두 천사들과
12e ↓— 이스라엘의 아들들의 열 두 지파의
12d 새겨진 이름들을 가지고 있다.
13a 동쪽으로부터 세 개의 문이 있고
13b 그리고 북쪽으로부터 세 개의 문이 있고
13c 그리고 서쪽으로부터 세 개의 문이 있고
13d 그리고 남쪽으로부터 세 개의 문이 있다.
14a 그리고 도시의 성벽은 열 두 기초석을 가지고 있고
14b 그것들 위에 어린 양의 열 두 사도의 열 두 이름을 가지고 있다.

---

221 BDAG, 1092(1)

222 21a절에 기록된 "열두 문"과 "열두 진주"의 헬라어 원문을 직역하면 "열두 문들"과 "열두 진주들"이다. 그러나 우리말 어법상 "열둘"이라는 숫자에 이미 복수의 의미가 담겨 있으므로 이렇게 숫자로 수식되는 명사에서는 "들"이라는 조사를 생략하는 것이 우리말 어법에서는 훨씬 더 자연스럽다. 다만 헬라어 복수가 단수 표현과 달리 특별한 의미를 나타내는 경우에 한하여, 우리말로는 다소 어색하더라도 복수형 번역어를 그냥 살려서 번역할 수도 있다.

223 이 용법에 대한 정보는 Wallace, *Greek Grammar beyond the Basics,* 371로부터 가져온 것이다.

15a 그리고 나와 함께 말하는 자는
15b 그 도시와 그것의 문들과 그리고 그것의 성벽을 측량하기 위하여
15a 금 갈대 자를 가지고 있다.
16a 그리고 그 도시는 정사각형으로 놓여있고
16b 그리고 그것의 길이와 넓이가 동일하다.
16c 그리고 그는 그 도시를 갈대로 만이천 스타디온에 걸쳐서 측량했다.
16d 그 길이와 그 넓이와 그것의 높이가 동일하다.
17a 그리고 그는 그것의 성벽을 사람의 측량으로 144 큐빗만큼 측량했다.
18a 그 성벽은 벽옥으로 건축되었다.
18b 그리고 그 도시는 맑은 유리같은 정금으로 건축되었다.
19a 그 도시의 성벽의 기초들은 모든 보석으로 장식되어 있다.
19b 첫째 기초석은 벽옥이고 둘째는 남보석이요 세째는 옥수요 넷째는 녹보석이고
20a 다섯째는 홍마노요 여섯째는 홍보석이요
20b 일곱째는 황옥이요 여덟째는 녹옥이요 아홉째는 담황옥이요
20c 열째는 비취옥이요 열한째는 청옥이요 열두째는 자수정이다.
21a 그리고 그 열 두 문은 열두 진주로 만들어졌고
21b 각각의 문은 하나의 진주로 만들어졌다.
21c 그리고 그 도시의 길은 맑은 유리같은 정금이다.

본문 주해

하나님의 영광(11a절) 먼저 11절은 이 새예루살렘 가운데 가장 중요한 점을 기록하고 있다. 11a절에 의하면 새예루살렘은 하나님의 영광을 가지고 있다. 여기에서 10a절의 "새예루살렘"에 연결되는 '가지다'라는 동사의 분사형(ἔχουσαν, 에쿠산>ἔχω, 에코)이 사용된다. 그러므로 11a절는 10절과 연결되고 있다. 따라서 10절과 11절을 연결하여 번역하면 "거룩한 도시 새예루살렘은 하나님의 영광을 가지고 있다"가 된다. 여기에서 새예루살렘이 하나님의 영광을 가지고 있는 것은 지극히 당연한 일이다. 왜냐하면 하나님께서 새창조에 하늘로부터 내려오는 새예루살렘 가운데 함께 계시기 때문이다(12:3).

그것의 빛은 벽옥같이 지극히 귀한 보석 같다(11b절) 그리고 11b절에서는 그러한 새예루살렘에 있는 영광의 모습을 좀 더 구체적으로 표현한다. 11b절은 "그것의 빛"이라는 문구로 시작하는데 "그것의"는 새예루살렘을 가리키는 인칭 대명사이다. 따라서 "그것의 빛"은 바로 "새예루살렘의 빛"이며 그것은 바로 직전에 언급한 하나님의 영광의 빛으로 이해할 수 있다. 왜냐하면 21장 23b절에

서 "하나님의 영광이 그것을 비추다"라고 하기 때문이다.[224] 여기에서 "빛"이라는 단어는 '포스테르'(φωστήρ)로서 '포스'(φῶς)와 구별된다. 이런 구별은 창세기 1장 3절과 14절에서 잘 나타나고 있다.[225] 전자에서는 빛의 존재 자체를 나타내는 것으로서 '포스'가 사용되고 후자에서는 광명체들을 가리키는 것으로서 '포스테르'의 복수형인 '포스테레스'(φωστῆρες)가 사용된다.[226] 여기에서 '포스테르'는 빛 자체가 아니고 "빛이 집중되는 어떤 것"으로서 빛을 받아 빛을 발하는 발광체이다.[227] 요한복음 9장 5절에서 예수님은 "나는 세상의 빛이다"라고 하셨을 때 그 빛은 바로 '포스'(φῶς)이다. 예수님 자신이 빛이시라는 것이다. 이런 의미에서 '포스테르'로서 새예루살렘은 그 자체가 빛이 아니라 하나님 혹은 예수님의 영광의 빛을 받아 발광하는 발광체와 같은 존재라고 할 수 있다.

이 영광의 빛은 "지극히 귀한 보석"에 비유된다. 더 나아가서 이 "지극히 귀한 보석"은 또한 "수정 같이 맑은 벽옥과 같은 것"이라고 한다. 여기에서 "벽옥"은 4장 3절에서 하나님에 대한 묘사에서 사용된 바 있다.[228] 이 말씀에 의하면 보좌에 앉으신 하나님은 "벽옥(λίθῳ ἰάσπιδι, 리도 이아스피디)… 같다"고 한다. 여기에서 "벽옥"을 통해 하나님과 새예루살렘의 동질성을 발견할 수 있다. 곧 새예루살렘의 "중요한 특징은 하나님의 영광 곧 그의 속성의 존재이다."[229] 이러한 동질성은, 21장 3절에서 언급하고 있는 것처럼, 하나님께서 새창조 안에서 새예루살렘 공동체와 함께 하신다는 점에서, 그리고 그 새예루살렘이 하나님의 영광을 가지고 있다는 점에서 당연한 일이다. 이런 새예루살렘의 모습을 통해 종말에 교회 공동체는 하나님의 영광에 함께 동참한 자들로서 하나님의 거룩함과 의로움에 완벽하게 부합하는 모습을 지니게 될 것이다.

크고 높은 성벽(12a절) 다음 12a절에서는 새예루살렘의 가장 기본적인 건축 구조물로서 크고 높은 성벽을 소개한다. 이것은 11절에서 "하나님의 영광"의 경우와 동일하게 12a와 12b에서 각각 "가지다"라는 동사의 분사형(ἔχουσα, 에쿠사>

224 Charles, *A Critical and Exegetical Commentary on Revelation*, 2:162.
225 Swete, *The Apocalypse of St. John*, 281.
226 히브리어는 창세기 1장 3절은 '오르'(אוֹר)를, 1장 14절은 '마오르'(בְּאוֹר)를 사용하여 서로 구별한다.
227 Swete, *The Apocalypse of St. John*, 281.
228 Charles, *A Critical and Exegetical Commentary on Revelation*, 2:161.
229 Krodel, *Revelation*, 357.

ἔχω, 에코)의 목적격으로 사용된다. 번역에서 밝힌 것처럼 그 주어는 10절의 "새 예루살렘"이 되어 "새예루살렘이 성벽을 가지고 있다"라고 할 수 있다. 여기에서 새예루살렘의 건축적 구조물로서 성벽을 최초로 소개하는 이유는 고대 사회에서 한 도시를 묘사할 때 성벽이 도시를 대표하는 "전통적인 특징"을 가지고 있기 때문이다.[230] 곧 고대 사회에서 성벽을 빼 놓고 도시의 존재를 상상하기 힘들다. 에녹 2서 65장 10절에서 새예루살렘에는 "파괴될 수 없는 성벽"(indestructible wall)이 있다고 묘사하고 있다.[231]

여기에서 성벽의 대표적 특징은 "크고 높다"라는 것이다(12a절). 이런 특징은 어린 양의 아내를 상징하는 새예루살렘처럼 문자적이라기 보다는 상징적으로 이해하는 것이 좋다. 이러한 상징성은 17a절에서 그 성벽의 높이를 나타내주는 144규빗이라는 치수로 잘 나타난다. 이는 약 216 피트(65.8 미터 정도) 되는 높이다.[232] 이 치수는 객관적으로 보면 크고 높은 것이지만 그러나 도시의 길이와 높이와 넓이가 12,000 스타디온 (1,500 마일=2414 km)과 비교해 보면 상대적으로 상당히 작은 치수이다.[233] 그렇다면 왜 이러한 수치로 성벽이 높고 크다고 했는가? 그것은 바로 도시가 완전하고 완성된 것이며 완전한 안전과 장엄함을 가지고 있음을 드러내기 위함이다.[234] 이와 같은 맥락에서 크고 높은 성벽은 하나님의 백성의 "파괴될 수 없는 하나님과의 교제"를 상징하는 것이라고 할 수 있다.[235]이런 표현의 상징적 특징은 성벽의 높이와 새예루살렘 규모의 부조화라는 문제를 잘 해결해 주고 있다.

크고 높은 성벽의 상징성은 그 치수인 144라는 숫자가 12x12로서 7장 1-8절의 144,000처럼, 약속으로서의 구약의 이스라엘 백성과, 그 성취로서의 신약의 교회가 하나 되는 하나님 백성의 공동체성을 보여준다는 점에서 더욱 두드러진다. 저자는 이 성벽의 수치를 통해 새예루살렘이 하나님의 온전한 백성으로 구성되어 있음을 알리고 싶은 것이다. 이러한 의도는 성벽에 함께 붙어 있는 열 두 기초석에 새겨진 열 두 사도의 이름(14b절)과 열두 진주 문에 쓰여

230 Swete, *The Apocalypse of St. John*, 282.
231 Charles, *A Critical and Exegetical Commentary on Revelation*, 2:162.
232 Swete, *The Apocalypse of St. John*, 286.
233 스웨테도 새예루살렘의 규모에 비해서 성벽이 상대적으로 크고 높은 것이 아니라는 사실을 인지한다(Swete, *The Apocalypse of St. John,* 286).
234 마운스는 이사야 26장 1절과 스가랴 2장 5절과 같은 구약 말씀에서도 성벽이 "안전함의 은유(metaphor)"로 사용되고 있다는 점을 지적하고 있다(Mounce, *The Book of Revelation,* 390, 각주 13번).
235 Beale, *The Book of Revelation*, 1068.

진 열두 지파의 이름(12e절)을 통해서 더욱 확증 된다.[236]

그리고 안전함과 관련하여 성벽이 밖에 외부인의 존재를 전제하고 그 외부인으로부터 보호하기 위해 존재한다는 의미는 아니다.[237] 왜냐하면 성벽 밖에 그 어떤 대적들도 존재하지 않기 때문이다.[238] 이러한 사실은 16장 12-16절, 17-18장 그리고 19장 19-21절과 20장 10-15절의 종말적 전쟁과 최후의 심판에서 사탄/짐승/거짓 선지자와 그들을 따르던 모든 자들이 심판 받아 불과 유황이 타는 호수로 던져졌다는 사실로 확증된다. 다만 성벽에 대한 묘사가 외부인이 존재한다는 인상을 주고 있는 것은 외부인의 존재를 당연히 전제하고 예루살렘의 회복이라는 종말적 메시지에 관심을 가졌던 구약과[239] 유대 배경(에녹 2서 65:10; 2Q 43, 3; 토빗 13:16b)을 사용하고 있기 때문이다.

그러나 구약 배경이 문자 그대로 신약에 적용될 수는 없다. 구약 메시지의 궁극적 성취와 완성의 메시지를 선포하고 있는 요한은 구약 배경을 사용함으로써 새예루살렘이 그러한 구약의 궁극적 완성이라는 것을 강조하고 그 상징화를 통해 핵심(새예루살렘의 안전성)을 살리면서 동시에 그것과의 질적인 차이(외부인은 더 이상 없다)를 둔다. 그러므로 성벽은 강력한 외부 벽의 안전성에 익숙해 있는 고대인들이 인식하고 있는 이상적인 도시에 대한 묘사의 일부분일 뿐이다. 이러한 원리는 성벽 뿐만 아니라 다음에 설명할 "열두 문"에도 적용된다.

열두 문(πυλῶνας δώδεκα, 12b-13절) 또한 크고 높은 성벽을 가진 새예루살렘은 열두 문을 가지고 있다. 이처럼 성벽과 문들이 함께 등장하는 것은 에스겔 40장 5-6절에서 성벽과 문이 함께 등장하는 것과 같은 패턴으로 볼 수 있다.[240] 통상적으로 예루살렘은 다섯 개의 문을 가지고 있는 것으로 알려져 있다: 에센파의 문(Essene gate), 물의 문(water gate), 금 문(golden gate), 양의 문(sheep

---

236 이 주제에 대한 논의는 해당되는 본문에서 자세하게 다루기로 한다.

237 Roloff, *The Revelation of John,* 242. 반면 리시(Rissi)에 의하면, 성벽이 로마서 9-11장에 근거하여 새예루살렘을 "안과 밖"(within and without)으로 구분하는 기능을 갖는 것으로 보고 성벽 안에는 구원 받은 모든 이스라엘과 일부 이방인이 존재한다고 주장한다(M. Rissi, *Time and History: A Study on the Revelation, trans.* G. C. Winsor [Richmond, VA: John Knox, 1966], 132-33).

238 Osborne, *Revelation*, 749.

239 구약에서 예루살렘 성벽의 중요성은 느헤미야가 바벨론 포로 귀환 후에 예루살렘 성벽을 재건하는 장면에서 두드러지게 나타나고 있다.

240 Beale, *The Book of Revelation*, 1068.

gate), 물고기의 문(fish gate).[241] 그럼에도 불구하고 요한계시록에서 새예루살렘이 열두 문을 가지고 있는 것으로 묘사하는 이유는 무엇일까? 그것은 12라는 숫자가 "온전함(wholeness)과 완성(completeness)"의 의미를 갖는다는 것에 그 해답을 얻을 수 있다.[242] 곧 완성의 정황이라는 관점에서 보면 종말적 새예루살렘을 소개하는 문맥에서 "온전함"과 "완성"의 의미를 가지는 12라는 숫자의 사용은 당연하다.

13절에서 이러한 열두 문은 동서남북 각 방향마다 세 개의 문씩 골고루 존재한다. 여기에서 열두 문은 성벽의 경우처럼 문자 그대로 이해하여 외부로부터 계속적인 출입을 위한 입구로 간주할 수 없다. 성벽의 경우에서 설명한 것처럼 이 건축적 구조물은 상징적 의미를 가지고 있다. 이러한 상징적 의미를 추적하기 위해 구약 배경에 대한 이해가 필요하다. 새예루살렘에서 열두 문과 그 열두 문에 새겨진 열두 지파의 이름은 에스겔 48장 30-35절을 그 배경으로 하고 있다.[243]

> [30]그 성읍의 출입구는 이러하니라 북쪽의 너비가 사천 오백 척이라 [31]그 성읍의 문들은 이스라엘 지파들의 이름을 따를 것인데 북쪽으로 문이 셋이라 하나는 르우벤 문이요 하나는 유다 문이요 하나는 레위 문이며 [32]동쪽의 너비는 사천 오백 척이니 또한 문이 셋이라 하나는 요셉 문이요 하나는 베냐민 문이요 하나는 단 문이며 [33]남쪽의 너비는 사천 오백 척이니 또한 문이 셋이라 하나는 시므온 문이요 하나는 잇사갈 문이요 하나는 스불론 문이며 [34]서쪽도 사천 오백 척이니 또한 문이 셋이라 하나는 갓 문이요 하나는 아셀 문이요 하나는 납달리 문이며 [35]그 사방의 합계는 만 팔천 척이라 그 날 후로는 그 성읍의 이름을 여호와삼마라 하리라

이 본문에서 각 방향마다 세 지파씩 한 쌍으로 하여 각 지파마다 문들이 하나씩 할당 된다. 그래서 그 지파의 이름을 따라 그 문의 이름이 명명되고 있다. 여기에서 각 방향마다 세개의 문씩 향하고 있다는 것과 각 문마다 각 지파의 이름이 붙어 있는 점이 바로 요한계시록 21장 12-13절에 그대로 반영되어 있다. 다만 에스겔의 본문은 '북편'부터 시작하는데 요한계시록 본문은 동편부터 시작하고 있다는 점이 차이가 있다. 이것은 천사가 문을 측정할 때 동편 문부터 시작한 것으로 기록하는 에스겔 42장 16-19절의 영향을 받은 것으로 볼

241 Osborne, *Revelation*, 750.

242 Blount, *Revelation*, 387.

243 Koester, *Revelation*, 814. 쾨스터는 구약 외에 쿰란 문서인 4Q365a 2 II, 1-4; 4Q554 1 I, 13 to II, 10; 11Q19 XXXIX, 12-13을 참고 자료로 제시한다.

수 있다.[244]

에스겔 48장 30-35절에서 이 문들이 각 지파에 할당되기 전, 48장 1-29절에서 열 두 지파는 매우 공정하게 땅을 분배 받는다. 이처럼 공정하게 땅을 분배 받고 각 지파의 이름으로 할당된 문에 의해 하나님의 백성 전체가 하나님의 임재의 자리로서 종말적 예루살렘에 들어갈 동등한 권리와 하나님의 축복을 누릴 동등한 권리에 대한 확신을 갖는다. 따라서 에스겔 48장 35절에서 하나님은 종말적으로 회복될 예루살렘을 "여호와 삼마"(יְהוָה שָׁמָּה)로 규정하신다. 이 이름의 히브리어 의미는 "여호와께서 거기 계시다"이다. 따라서 이 이름에 의해서, 에스겔이 그리는 종말적 예루살렘은 "여호와와의 온전한 교제의 향유"(enjoyment of full fellowship with Yahweh)를 누리는 곳이며 하나님과 "모든 백성"(the whole people)과의 "언약적 결속"(covenant bond)을 나타내는 공간임을 알려주고 있다.[245]

이러한 에스겔의 열두 문의 특징은 요한계시록의 열두 문에 그대로 적용될 수 있다. 곧 요한계시록에서 열두 문은 완성될 새 하늘과 새 땅에 서 있는 요한의 시점에서 이러한 영광스럽고 놀라운 하나님과의 완전한 교제로 들어갈 풍성한 기회가 새예루살렘 공동체 누구에게나 주어지게 되었다는 것을 시사하고 있다. 이런 사실은 21장 3절에서 새예루살렘 가운데 하나님의 임재에 대한 언급과 21장 6절에서 목마른 모든 자에게 "생명의 물의 샘으로부터" 선물로 주시는 은혜와 관련된다. 그리고 21장 25절에 "열두 문이 항상 열려 있다"는 묘사 역시 외부로부터의 출입을 의미하는 것이 아니라 하나님의 임재의 자리에 참여할 수 있는 동등한 권리를 공동체에 속한 누구나 누릴 수 있다는 가장 실제적인 사실을 더욱 강화시켜 준다.

이상에서 성벽과 열두 문은 완전한 안전과 완전한 교제라는 두 가지 특징을 새예루살렘에 부여한다.

열두 문 위에 있는 열두 천사(12c절) 그리고 12c절에서 열두 문에 열두 천사가 있다고 한다. 이것이 의미하는 바는 무엇일까? 에스겔서 본문에는 이런 천사

244 Caird, *Revelation,* 271- 72. 케어드는 요한이 에스겔 42장 16-19절을 배경으로 선택한 이유는 독자들로 하여금 "조디악 사이클"(zodiacal cycle) 같은 이교적 사상과의 관계를 차단하기 위한 의도가 있음을 지적한다(앞의 책).

245 Allen, *Ezekiel 20-48*, 285.

에 대한 언급이 존재하지 않는다. 그 힌트를 이사야 62장 6절에서 발견할 수 있다.[246)]

> 예루살렘이여 내가 너의 성벽 위에 파수꾼을 세우고 그들로 하여금 주야로 계속 잠잠하지 않게 하였느니라 너희 여호와를 기억하시게 하는 자들아 너희는 쉬지 말며(사 62:6)

이 본문에 의하면 성벽 위에 "파수꾼"이 있다. 이 성벽 위의 파수꾼은 선지자들의 말씀의 사역을 은유적으로 표현하는 것이지만 유대 문헌은 이것을 예루살렘을 수호하는 "천사"로 해석한다.[247)] 특별히 랍비 문헌(*Exod. Rab.* 18.5; *Pesiq. Rab Kah.* 6.2)에서는 이 수호 천사를 미가엘과 가브리엘로 간주한다.[248)] 역대상 23장 5절과 26장 1-9절은 각각 솔로몬 성전을 지키는 사천 명의 문지기와 93명의 문지기를 각각 언급한다. 그리고 창세기 3장 24절에서는 그룹이 에덴 정원을 지키고 에스겔 28장 14절에서는 스랍들이 성전을 지킨다.[249)] 이러한 일련의 구약과 랍비 전승의 배경에 의해 요한계시록에서 열두 문 위에 있는 열두 천사는 새예루살렘을 수호하는 상징적 이미지를 나타낸다. 이런 이미지를 통해 새예루살렘 공동체의 안전성을 더욱 강조해 준다.

한편 요한계시록에서 열두 문 위에 있는 천사들을 다른 관점에서 접근할 수 있다. 곧 2-3장에서 일곱 교회와 일곱 천사와의 관계를 통해 추론할 수 있다. 오즈번은 열두 문 위에 있는 열두 천사를, 직전에 논의한 구약과 랍비 문헌의 수호 천사를 배경으로 보기보다는 2-3장에 등장한 천사와 관계있다고 본다. 왜냐하면 외부에 대적이 없기 때문에 수호 천사는 필요 없다고 판단하기 때문이다.[250)] 그러나 구약과 랍비 문헌의 수호 천사는 요한계시록에서 문자적 의미가 아니라 상징적 이미지로 사용되기 때문에 외부 대적의 존재 여부와 상관이 없다. 따라서 이 두 가지 견해는 서로 배타적인 견해가 아니라 서로 조화를 이룰 수 있는 것으로 볼 수 있다.

2-3장에서 일곱 교회의 천사는 지상에 있는 일곱 교회의 천상적 대응체이다. 달리 말하면 일곱 교회의 천사를 통해 지상에 존재하는 일곱 교회의 천

246 Charles, *A Critical and Exegetical Commentary on Revelation*, 2:162; Koester, *Revelation*, 814.
247 Osborne, *Revelation*, 750.
248 Aune, *Revelation 17-22*, 1154.
249 앞의 책, 1155.
250 Osborne, *Revelation*, 750.

상적 존재를 확증하고 있다.[251] 이런 천사 그룹과 교회의 관계는 성취는 되었지만 완성되지 않는 상태에서 나타나는 필연적 결과이다. 그런데 완성의 시점에서 열두 문에 천사의 존재는 단순히 천상적 대응체로서가 아니라 하늘로부터 내려온 새예루살렘 공동체가 새창조 안에서 하늘과 땅을 통합하는 완전한 천상적 존재의 모습을 구현하고 있다는 사실을 보여준다. 결국 열두 문 위에 있는 열두 천사의 존재에 의해 21-22장의 새예루살렘 공동체는 2-3장의 일곱 교회가 승리한 존재로 완성된 모습을 가지고 있는 것으로 이해할 수 있다.

열두 문 위에 새겨진 열두 지파의 이름(12de) 새예루살렘은 열두 문 위에 "이스라엘 아들들의 열 두 지파의 새겨진 이름들"을 가지고 있다. 이것은 앞서 언급한 에스겔 48장 30-35절에서 열두 개의 문이 각 지파의 이름과 함께 등장하는 배경이 반영된 결과라고 볼 수 있다.[252] 그리고 유대 문헌 역시 열두 지파의 이름을 열두 문에 연결짓는 패턴을 보여주고 있다(4Q365a 2 II, 1-4; 4Q554 1 I, 13 to II, 10; 11Q19 XXXIX, 12-13; XL, 11 to XLI, 11).[253] 특별히 12e절에서 "이스라엘의 아들들의 열 두 지파"라는 표현은 7장 4절에서 "이스라엘 아들들의 모든 지파"라는 문구와 동일한데, 다만 "모든"을 "열둘"이라는 숫자로 변경한다. 열두 진주 문에 새겨진 이 열두 지파의 이름은 열두 기초석에 새겨진 열두 사도의 이름과 함께 조합을 이루어 새예루살렘이 약속으로서 구약 백성과 그 성취로서 신약 교회 공동체를 포함한 모든 하나님의 백성을 나타내고 있다. 이런 사실은 4장 4절의 24장로의 12+12와 7장 1-8절 144,000의 12x12x1000에서 두 개의 12를 포함하고 있는 것과 같은 경우이다.

열두 기초석(θεμελίους δώδεκα, 14절) 14a절에서 새예루살렘은 건축적 요소로서 성벽과 열두 문에 이어 열두 기초석을 가지고 있다. 기초석은 그 어느 건축물에도 존재하는 것이지만 여기에서 특이한 것은 그것이 열두 개 존재한다는 점이다. 이것은 열두 개의 진주 문과 함께 새예루살렘의 특징을 나타내는 매우 중요한 요소이다. 열두 문에 이스라엘 백성 전체를 대표하는 열두 지파의

251 이 주제에 대한 자세한 내용은 1권의 189-192, 218을 참조하라.
252 Roloff, *The Revelation of John*, 242.
253 Koester, *Revelation*, 815.

이름이 새겨져 있고(12de절), 성벽의 열두 기초석에는 신약 교회의 기초인 열두 사도의 이름이 새겨져 있다(14b절). 이는 새예루살렘이 약속으로서의 구약 백성과 그 성취로서의 신약 백성으로 구성되어 있는 교회 공동체를 상징한다는 사실을 확증해준다. 그들은 두 백성이 아니며 하나의 백성이다.

그리고 쿰란 공동체의 공동체 회의(community council)에는 진리를 실행하기 위해 모든 율법에 있어서 완전한 열두 사람이 있다(1QS 8:1).[254] 이 본문에서 진리와 열두 사람과의 관계에 근거하여 1QS 8:5의 "공동체가 진리 위에 세워진다"(נכונה {{ה}}עצת היחד באמת)는 것은 바로 이 진리를 실행하는데 완전한 열두 사람 위에 기초한다는 것을 의미한다고 볼 수 있다. 또한 이 열두 사람은 "새예루살렘의 보석 같은 기초석들과 동일시된다"(4Q154 1 I, 1–2).[255] 신약 에베소서 2장 20절에서 열두 사도는 교회의 기초(θεμέλιος, 데멜리오스)로 묘사된다.[256] 이런 내용들은 요한계시록에서 기초석이나 문들을 표현할 때 12라는 숫자를 사용한 것에 대한 배경을 제공해 준다.

나와 함께 말하는 자(15a절) 여기에서 요한과 말하는 천사는 9절에서 일곱 대접을 가진 일곱 천사 중 하나이다. 그런데 이 본문의 문맥에서 이 천사가 말하는 내용은 기록되어 있지 않다. "나와 함께 말하는 자"라는 문구는 9–10절에서 처음으로 천사가 대화에 요한을 초청한 내용을 가리키는 것이라고 볼 수 있다.[257]

새예루살렘의 측량(15-17절) 11–14절에서 새예루살렘의 기본적인 건축 구조물에 대한 소개 후에 15–17절에서는 그 건축물에 대해 측량하는 모습을 보여준다. 이런 측량의 주제는 에스겔 40–41장이 그 배경이다(참조 슥 2:1-5).[258] 이 본문에서 측량의 행위는 11장 1–2절의 측량과 다른 목적을 갖는다.[259] 곧 11장 1–2절에서 측량은 보호의 의미이지만 21장 15–17절에서 측량은 환상의 내

254 Koester, *Revelation*, 815.
255 앞의 책.
256 Swete, *The Apocalypse of St. John,* 283.
257 Aune, *Revelation 17-22*, 1158.
258 Mounce, *The Book of Revelation*, 391.
259 Charles, *A Critical and Exegetical Commentary on Revelation*, 2:163.

용을 좀 더 명확하게 밝혀 주기 위한 목적을 갖는다.[260] 곧 요한은 측량에 의해 그가 환상을 통해 본 새예루살렘의 "엄청난 크기"와 "완전한 대칭(perfect symmetry)" 그리고 성벽의 높이 등을 구체적으로 독자들에게 전달한다.[261] 측량의 대상은 성벽과 새예루살렘 전체이다. 측량 결과로서 성벽은 144 큐빗이고 새예루살렘 전체는 12000 스타디온이다. 여기에서 큐빗과 스타디온의 치수를 오늘날의 센티미터나 킬로미터의 개념으로 이해하려고 하지 말아야 한다. 왜냐하면 그러한 시도가 그 치수가 내포하는 상징적 의미를 왜곡할 수 있기 때문이다.[262] 곧 이 두 치수에서 지배적인 기본 숫자는 12이다. 이 숫자는 구약에서 열두 지파와 신약에서 열두 사도를 의미하면서 하나님의 백성에 있어서 완전한 숫자이다. 새예루살렘이 교회 공동체를 의미한다는 점에서 이런 숫자를 사용한 것은 의도적이라고 할 수 있다.

금 갈대 자(μέτρον κάλαμον χρυσοῦν, 15a절) 15a절에 의하면 '요한에게 말하는 자' 곧 일곱 대접을 가진 천사 중 하나가 "금 갈대 자"를 가지고 있는데 이것은 바로 새예루살렘의 구조물 곧 문들과 그 성벽을 측량하기 위한 도구이다(15b절). 이러한 측량을 위한 갈대(κάλαμος, 칼라모스)의 사용은 에스겔 40장 3절에서 예루살렘 성전을 측량하기 위한 도구로 동일하게 사용되기도 한다. 이런 점에서 다시 한 번 측량의 관점에서 요한계시록 21-22장의 새예루살렘은 겔 40-48장을 배경으로 하고 있음을 알 수 있다. 다만 여기에서 "금 갈대 자"라고 한 것은 에스겔의 본문과는 차이가 있는데 "금 갈대 자"의 "금"은 요한계시록 21장 18b절에서 "그 도시는 맑은 유리같은 정금으로 건축 되었다"고 한 것처럼 정금으로 장식된 새예루살렘의 특징과 조화를 이루고 있다.[263]

정사각형(τετράγωνος, 16ab절) 16a에 의하면 새예루살렘의 전체적인 모습을 매우 간단하게 묘사하고 있는데 "금 갈대 자"로 측정한 결과, 새예루살렘은 그 가로와 세로가 동일한 "정사각형"(τετράγωνος, 테트라고노스)의 형태를 가지

---

260 앞의 책.
261 Mounce, *The Book of Revelation*, 391.
262 Beale, *The Book of Revelation,* 1077. 성벽과 새예루살렘의 대략적인 크기를 추정하기 위한 단순한 목적으로 현대적인 치수로 환산해 볼 수 있다.
263 Osborne, *Revelation*, 752.

고 있다는 것이다. 이것은 에스겔 45장 2-3절에서 "그 중에서 성소에 속할 땅은 길이가 오백 척이요 너비가 오백 척이니 네모가 반듯하며…"라는 것과 비교될 수 있다.[264] 그리고 16b절에서는 "금 갈대 자"로 측량한 새예루살렘의 구체적인 크기를 소개하는데 그 크기가 만 이천 스다디온이다. 만 이천 스다디온은 약 천 오백 마일의 길이로 환산할 수 있다. 그런데 여기에서 특이한 것은 그 가로와 세로의 크기를 동일하게 '만 이천'이란 숫자로 정사각형의 모습으로 표현하고 있다는 것이다. 더 나아가서 16d절에서는 "그 길이와 그 넓이와 그것의 높이가 동일하다"고 하여 16a처럼 단순히 정사각형의 형태보다 한 단계 더 나아간 정방형의 형태를 갖추고 있는 것으로 묘사한다. 이러한 정방형은 완전함의 상징으로서 솔로몬 성전의 지성소의 형태를 따른 것이다(왕상 6:20).[265] 여기에서 새예루살렘 자체가 성전의 속성을 가지고 있음을 알 수 있다. 이것은 새예루살렘이 상징하는 교회 공동체가 하나님의 임재로 충만하게 될 것을 의미하며 동시에 21장 3절에서 하나님께서 당신의 백성들과 함께 임재하시겠다는 약속의 구체적인 시연으로 이해될 수 있을 것이다.

하나님의 백성의 숫자 17a절에서는 '성벽'을 측량하는데 그 길이가 144 큐빗이라고 한다. 이 수치에 대해서는 12절에서 하나님의 백성의 수로 설명한 바 있다. 이 수치는 16절에서 새예루살렘의 가로, 세로 그리고 높이가 동일하게 12,000 스다디온이라고 한 것과 함께 하나님의 백성을 의미하는 숫자가 지배적으로 사용되고 있다는 것을 보여준다.[266] 12,000이란 숫자는 12x1000의 구성으로서 12라는 하나님의 백성의 수를 포함하고 있다는 점에서 의도적이라고 할 수 있을 것이다. 이런 숫자의 의미는 7장 1-8절과 14장 1절의 144,000과 같은 패턴이다.[267] 이러한 현상은 새예루살렘이 교회 공동체를 의미하는 것과 조화를 이룬다.

사람의 측량, 천사의 측량(17ab절) 17ab절에 의하면 새예루살렘의 성벽을 "사람의 측량"으로 측량했다고 말하고 그 "사람의 측량"을 다시 "천사의 측량"이

264 Beale, *The Book of Revelation*, 1073.
265 Harrington, *Revelation*, 214.
266 Bauckham, *The Climax of Prophecy*, 399.
267 앞의 책.

라고 해석한다. 여기에서 "사람의 측량"과 "천사의 측량"이란 문구는 각각 무엇을 의미하는 것일까? 이 의미를 규정하는 방법은 두 가지가 있다. 첫째로, 이 두 문구는 천사가 측량한 것은 사실인데 사람의 수치를 사용하여 측량했다는 것을 분명히 말해주고 있다는 것이다.[268] 통상적으로 "큐빗"(πῆχυς, 페퀴스)은 사람의 팔꿈치에서 손가락 끝부분까지 길이를 나타내는데 보통 사람보다 더 큰 존재로 인식되어온 초자연적 존재인 천사(겔 10:2, 5; 에녹2서 1:4; 18:1; 에녹3서 9:2-3; 21:1; 22:3; 25:4; 26:4; 48C:5)가 측량했다면 그 큐빗의 길이는 달라질 수 있고, 독자들은 사람의 치수를 사용할 것으로 기대하기 때문에, 혼돈을 피하기 위해 천사에 의해 측량되었지만 사람의 측량 기준으로 측량했다는 것을 분명하게 밝혀 주고 있는 것이다.[269]

둘째로, 사람의 측량 기준과 천사의 측량 기준이 서로 다르기 때문에 사람의 측량과 천사의 측량 사이에 서로 모순될 수 있는데, 이 두 측정이 가지고 있는 "2단식 환상의 속성"(bilevel visionary nature)을 통해 이 모순을 해결할 수 있다는 것이다.[270] 곧 사람의 측량은 "지상적 이미지"(earthly images) 혹은 "문자적 그림"(literal picture)이고 천사의 측량은 그것이 상징하는 "천상적이거나 영적인 진리의 더 깊은 의미"이다. 따라서 사람의 측량의 관점에서 보면 성벽과 새예루살렘의 치수의 불균형 때문에 전체 그림이 부자연스러워 보일 수 있는 것을, 천사의 측량의 관점에서 상징적 의미를 부여하면 그 불균형에 의한 부자연스런 모습이 해소될 수 있다는 것이다.[271]

위의 두 가지 해석 중에 어느 것이 적절한지 결정하기는 쉽지 않다. 따라서 이 두 해석의 경우를 모두 참고할 필요가 있다.

보석 모티브(18-21절) 다음 18-21절에서는 보석들이 새예루살렘을 장식하고 있다는 사실에 집중하여 기록한다. 보석 모티브를 해석하는 데 가장 기본적인 원칙에 대해 혹시마(Hoeksema)는 다음과 같이 제시한다.[272]

---

268 Osborne, *Revelation*, 754.
269 Aune, *Revelation 17-22*, 1162.
270 Beale, *The Book of Revelation*, 1077.
271 위의 책.
272 H. Hoeksema, *Behold, He Cometh; an Exposition of the Book of Revelation* (Grand Rapids: Reformed Free, 1969), 699.

> 우리는 여기에서 모든 세세한 것들을 풍유적으로 해석하려고 하지 말아야 한다. 그것은 그 환상의 전체적인 개념과 상충되고 절망적인 어려움에 우리를 빠뜨릴 것이다.

이와 같은 해석 원칙으로 보석 모티브를 이해하려고 하는 것이 필요하다. 또한 보석 모티브는 고대 근동에서 하늘의 속성을 나타내는 것으로 알려져 있다.[273] 이런 배경을 통해 볼 때, 최초로 보석이 공유된 에덴과 그리고 성전은 늘 하늘과의 접촉이 있어 온 것이 사실이다. 이러한 사실은 21장 18-21절의 보석 모티브에도 그대로 적용할 수 있다. 곧 완성된 구속사 시점으로서 하늘과 땅이 통합된 새창조에서 새예루살렘의 보석 모티브에 의해, 새예루살렘과 하늘의 통합적 관계가 절정에 이르게 되는 것을 보여준다.

먼저 18a절에서 성벽은 벽옥으로 건축되었다고 한다. 11a절에서 새예루살렘의 영광의 빛이 "수정 같이 빛나는 벽옥 같다"고 한 바 있다. 여기에서 새예루살렘에 임재하는 하나님의 영광을 벽옥과 같이 빛나는 그 도시의 빛과 동일시한다. 그리고 다시 한 번 18a절에서 좀 더 구체적으로 성벽과 관련하여 벽옥이 등장한다. 이는 종말에 새예루살렘이 상징하는 교회 공동체가 4장 3절에서 벽옥 같은 하나님의 속성을 공유하게 되어 하나님의 영광스러움과 임재로 충만할 것임을 나타낸다.[274] 이상에서 새예루살렘의 성벽을 장식하는 벽옥은 하나님의 영광을 반영하며 그것을 새예루살렘 곧 교회 공동체가 공유하고 것으로 이해할 수 있다. 따라서 11a절과 18-19절에서 벽옥으로 말미암아 새예루살렘 교회 공동체는 "모든 부분에서 하나님의 속성을 반영하며 하나님의 영광으로 작열하는 것"으로 볼 수 있다.[275] 이것은 에덴에서 아담과 하와가 공동체로서 하나님의 영광을 공유하고 반영하는 역할을 감당하도록 세움 받은 것을 온전히 완성하는 상태라고 할 수 있다.

벽옥 외에도 여러 다양한 보석의 종류들이 새예루살렘의 중요한 부분을 장식하는 것으로 묘사된다. 18b절에 의하면 새예루살렘이 "맑은 유리 같은 정금으로 건축되었다"고 하고 19a절에서는 "그 도시의 성벽의 기초들은 모든 보석들로 장식되어 있다"고 한다. 그리고 21a절에서 "그 열 두 문은 열두 진주로

---

273 이런 내용의 보석 모티브에 대한 논의는 1권 466-473쪽의 4장 3ab절에 대한 주해에서 아주 충분하게 한 바 있다. 여기에서는 그 결론 부분만을 사용하여 논의하고자 한다.

274 Charles, *A Critical and Exegetical Commentary on Revelation*, 2:164.

275 Beasley-Murray, *The Book of Revelation*, 319.

만들어졌다"고 하고 21b절에서는 "각각의 문들은 하나의 진주로 만들어졌다"고 하며 21c절에서는 "그리고 그 도시의 길은 맑은 유리같은 정금이다"라고 한다. 앞서 해석의 원칙에서 밝힌 것처럼 여기에서 주의할 것은 보석 하나 하나마다 의미를 부여하여 풍유화 하여 해석하지 말아야 한다. 그것은 환상 전체의 내용과 상충된다. 보석의 의미는 전체적으로 이해해야 한다. 보석은 전체적으로 "이 위대하고 거룩한 도시의 영광과 순결함, 아름다움 그리고 소중함"을 나타낸다.[276] 19장 7절과 21장 2절과 관련해서 이러한 보석의 기능은 남편을 위해 단장한 신부의 아름다움을 더욱 강화시켜 준다.

이사야 54장은 이런 개념을 구약적 맥락에서 보여준다. 이사야 54장 4-6절에서 하나님은 이스라엘의 남편으로 묘사되고, 이사야 54장 9-10절에서느 하나님의 아내인 이스라엘의 회복이 새예루살렘의 재건을 통해 표현되며, 이사야 54장 11-12절에서는 이러한 예루살렘의 재건이 예루살렘을 장식하는 여러 가지 종류의 보석들을 통해 묘사된다.[277]

> 너 곤고하며 광풍에 요동하여 안위를 받지 못한 자여 보라 내가 화려한 채색으로 네 돌 사이에 더하며 청옥으로 네 기초를 쌓으며 홍보석으로 네 성벽을 지으며 석류석으로 네 성문을 만들고 네 지경을 다 보석으로 꾸밀 것이며(사 54:11-12)

이 본문에서 하나님은 이스라엘의 남편으로서 아내 된 이스라엘의 회복을 보석으로 단장한 모습을 통해 약속하신다. 따라서 보석 모티브는 회복의 메시지를 함축한다. 이 회복은 바벨론 포로 상태로부터의 회복을 의미할 뿐만 아니라 에덴 회복을 의미하기도 한다. 이 말씀을 배경으로 할 때, 요한계시록에서 새예루살렘이 여러 종류의 보석으로 장식된 것은 어린 양 예수의 신부로서의 새예루살렘을 순결과 아름다움으로 단장하여 구속사적 맥락에서 회복의 완성을 보여주기 위함이라는 사실이 더욱 분명해진다.

흥미롭게도 쿰란 공동체 또한 이사야 54장 11-12절이 보석 모티브와 관련하여 자신의 공동체에서 성취되는 것으로 해석했다.[278] 곧 쿰란 문서인 4Q Isaiah Pesher[d] Frag. 1, 2절에서 쿰란 공동체는 12인으로 구성된 공동체 협의회(council of the Community)를 세울 것인데 그 협의회를 "청옥(sapphire)같

---

276 Hoeksema, *Behold He Cometh*, 699.

277 Pilchan Lee, *The New Jerusalem in the Book of Revelation*, 285.

278 앞의 책.

다”(כאבן הספיר)고 한다. 이것은 이사야 54장 11절에서 새예루살렘을 “청옥으로(בספירים) 네 기초를 쌓으며”라고 한 것에 대한 해석이다. 곧 쿰란 공동체는 자신들을 이사야 54장 11-12절에서 보석으로 장식된 새예루살렘의 성취로 간주한다.[279] 여기에서 이사야의 새예루살렘과 쿰란 공동체는 보석 모티브를 통해 약속과 성취의 관계를 이루고 있다.

더 나아가서 구약에서 보석에 대한 언급들을 배경으로 할 때 보석의 구속사적 의미를 파악 할 수 있다. 성전 모티브를 포함하는 출애굽기 28장 17-20절은 대제사장의 가슴에 있는 보석들의 이름을 나열한다. 이 보석들의 종류는 요한계시록 21장 19-20절과 거의 비슷하다. 그리고 에덴 모티브를 내포하는 에스겔 28장 13절은 출애굽기 28장 17-20절과 비슷한 보석의 종류를 나열하고 있다. 이사야 54장 11-12절 또한 출애굽기 28장 17-20절 과 에스겔 28장 13절과 비슷한 종류의 보석을 기록하고 있는데 이는 새예루살렘 모티브를 담고 있다.[280] 요한계시록 21장 19-20절, 출애굽기 28장 17-20절, 에스겔 28장 13절 그리고 이사야 54장 11-12절에 나오는 보석들을 비교해 보자.

계 21:19-20	출 28:17-20	겔 28:13	사 54:11-12
벽옥	홍보석	홍보석	청옥
남보석	황옥	황보석	홍보석
옥수	녹주옥	금강석	석류석
녹보석	석류석	황옥	보석
홍마노	남보석	홍마노	
홍보석	홍마노	창옥	
황옥	호박	청보석	
녹옥	백마노	남보석	
담황옥	자수정	홍옥	
비취옥	녹보석	황금	
청옥	호마노		
자수정	벽옥		
새예루살렘	대제사장(성전)	에덴 정원	새예루살렘

여기에서 보석 모티브는 새예루살렘과 성전과 에덴을 서로 밀접하게 관련시키고 있음을 알 수 있다.[281] 이러한 관련성은 모든 구속사에 있어서 핵심적으

279 앞의 책.
280 이 성경 본문들에 대한 정보는 앞의 책, 286에서 가져왔음
281 앞의 책.

로 기대되어 왔던 성전과 에덴의 궁극적 실체가 새예루살렘에서 완성되어 나타난다는 것을 시사한다. 바로 이러한 목적을 위해 보석을 새예루살렘의 건축적 구조물에 장식되어 있는 것으로 묘사한다고 보아야 할 것이다. 그러므로 새예루살렘으로 상징되는 교회 공동체는 새창조로서 에덴 회복의 삶을 누리게 될 것이며 성전 되신 하나님께서 그들과 함께 거하게 될 것은 당연하다.

위의 도표를 다음과 같은 그림으로 간단하게 표현할 수 있다.

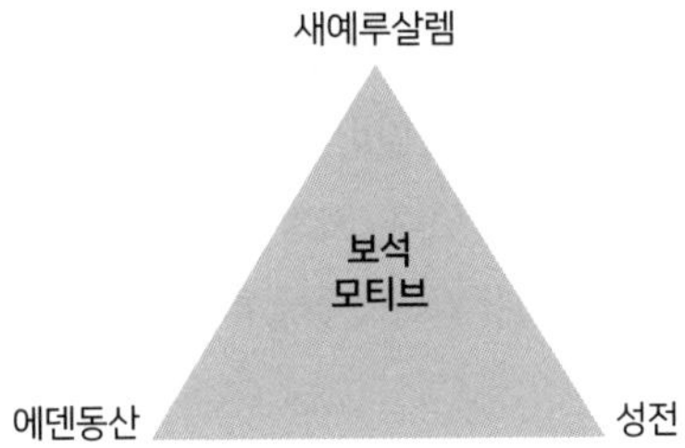

이 도형이 보여주고 있는 것은 보석 모티브에 의해서 세 개의 모티브(새예루살렘, 에덴동산, 성전)가 함께 연결되고 있다는 것이다. 이것은 세 개의 모티브들이 보석 모티브를 통해 서로의 개념 혹은 내용을 공유하고 있다는 것을 의미한다. 이러한 결론은 중요한 구속사적 의미를 제공한다. 요한 계시록에서의 새예루살렘은 이미 창세기의 에덴 정원에서 그 출처를 찾아 볼 수 있다. 또한 구약의 성전을 통해 상실되었던 창세기의 에덴 정원이 회복되었으며 새예루살렘에서 창세기의 에덴 동산과 성전이 완전한 모습으로 회복되고 완성된다. 따라서 새예루살렘에는 에덴적 요소와 성전적 요소가 필연적으로 공존하게 되는 것이다. 앞의 내용에서도 이러한 두 요소가 언급되었을 뿐만 아니라 계속 이어지는 내용에서 이 두 가지의 요소에 주목할 필요가 있다. 특별히 이런 패턴은 22장 1-5절에서 에덴 모티브를 새예루살렘의 연속으로 언급하고 있는 것에서도 잘 나타난다. 새창조와 함께 새예루살렘은 하나님의 구속 역사에서 최고의 정점으로서 그 동안 예비적으로 제시된 모든 요소들이 새예루살렘에서 그 완성의 결과로서 모두 수렴된다.

[정리]

11-21절은 성벽, 열두 개의 문 그리고 열두 개의 기초석과 같은 새예루살렘의

건축적 구조물에 초점을 맞추고 있다. 이런 건축 구조물들에서 중요한 특징 중 하나는 측량의 결과로서 144큐빗과 12,000 스타디온 뿐만 아니라 열 두개의 문과 열두 개의 기초석과 같이 하나님의 백성의 수인 12라는 숫자가 지배적이라는 사실이다. 이것은 어린 양의 아내로서 새예루살렘이 교회 공동체를 의미한다는 사실을 더욱 확증하고 있다. 또한 이런 새예루살렘의 건축적 구조물과 관련하여 중요한 주제는 벽옥과 같은 보석 모티브에 의해 하나님의 속성을 공유하고 있다는 사실이다. 고대 근동 사회에서 보석은 하늘의 속성을 반영한다. 이런 배경적 요소를 고려한다면 요한계시록의 새예루살렘은 하나님의 속성을 온전히 공유하는 상태가 된다. 이것은 에덴에서의 아담 공동체의 재현이고 그 완성의 단계로 볼 수 있다. 보석 모티브에 의해 에덴과 성전 그리고 새예루살렘이 유기적으로 연동된다. 새예루살렘은 에덴 회복의 완성이다.

3. 새예루살렘 내부의 특징들(21:22-27)

11-21절에서 새예루살렘의 건축적 요소에 대해 기록한 후에 다음 22-27절에서는 새예루살렘의 내부적 특징들을 소개한다. 여기에서 두 가지 주제를 다루게 될 것이다: ⑴성전이 없다; ⑵순례 모티브. 이 두 주제 역시 앞서 언급한 건축적 구조물의 경우처럼 문자적 의미가 아니라 상징적 의미를 부여할 필요가 있다. 더 나아가서 이 두 주제는 모두 구약과 유대 문헌을 배경으로 새예루살렘이 구속 역사에서 그 구속의 절정이라는 사실을 보여주고자 한다. 따라서 이 본문을 해석하려고 할 때 이런 사실을 염두에 두어야 할 것이다.

구문 분석 및 번역

22절 a) Καὶ ναὸν οὐκ εἶδον ἐν αὐτῇ,
그리고 나는 그것 안에 성전을 보지 았았다.
b) ὁ γὰρ κύριος ὁ θεὸς ὁ παντοκράτωρ ναὸς αὐτῆς ἐστιν καὶ τὸ ἀρνίον.
이는 전능자 주 하나님과 어린 양이 그것의 성전이기 때문이다.
23절 a) καὶ ἡ πόλις οὐ χρείαν ἔχει τοῦ ἡλίου οὐδὲ τῆς σελήνης ἵνα φαίνωσιν αὐτῇ,
그리고 그 도시는 그것을 비추도록 해와 달의 필요를 갖지 않는다.
b) ἡ γὰρ δόξα τοῦ θεοῦ ἐφώτισεν αὐτήν,
이는 하나님의 영광이 그것을 비추기 때문이다.
c) καὶ ὁ λύχνος αὐτῆς τὸ ἀρνίον.
그리고 그것의 등불은 어린 양이기 때문이다.
24절 a) καὶ περιπατήσουσιν τὰ ἔθνη διὰ τοῦ φωτὸς αὐτῆς,
그리고 나라들이 그것의 빛을 통하여 걷는다.
b) καὶ οἱ βασιλεῖς τῆς γῆς φέρουσιν τὴν δόξαν αὐτῶν εἰς αὐτήν,
그리고 땅의 왕들은 그들의 영광을 그것으로 가져 온다.
25절 a) καὶ οἱ πυλῶνες αὐτῆς οὐ μὴ κλεισθῶσιν ἡμέρας,
그리고 그것의 문들은 결코 낮에 닫히지 않는다.
b) νὺξ γὰρ οὐκ ἔσται ἐκεῖ,
왜냐하면 그곳에는 밤이 없기 때문이다.
26절 καὶ οἴσουσιν τὴν δόξαν καὶ τὴν τιμὴν τῶν ἐθνῶν εἰς αὐτήν
그리고 그들은 나라들의 영광과 존귀를 그것으로 가져올 것이다.
27절 a) καὶ οὐ μὴ εἰσέλθῃ εἰς αὐτὴν πᾶν κοινὸν καὶ [ὁ] ποιῶν βδέλυγμα καὶ ψεῦδος
그리고 모든 부정한 것과 혐오스런 것들과 거짓을 행하는 자는 그것으로 결코 들어오지 않을 것이다.

b) εἰ μὴ οἱ γεγραμμένοι ἐν τῷ βιβλίῳ τῆς ζωῆς τοῦ ἀρνίου.
어린 양의 생명의 책에 기록된 자들 외에

25a절의 '헤메라스'(ἡμέρας)는 시간의 소유격 용법으로서 "시간의 성격"을 나타낸다.[282] 이 용법을 반영하여 이 단어는 "낮에"라고 번역한다. 그리고 26절은 주어를 따로 사용하지 않고 동사에 포함시켜 사용한다. 그러므로 26절의 주어는 "그들이 … 가져 올 것이다"로 하는 것이 적절하다. 그들이 누구를 가리키는가에 대한 문제는 주해 과정에서 밝혀지게 될 것이다. 27a절의 '카이'는 26절과의 대조적 관계이기 때문에 단순히 "그리고"가 아니라 "그러나"로 번역하도록 한다.

이상의 내용을 근거로 우리말 어순에 맞추어 번역하면 다음과 같다.

22a 그리고 나는 그것 안에 성전을 보지 않았다.
22b 이는 전능자 주 하나님과 어린 양이 그것의 성전이기 때문이다.
23a 그리고 그 도시는 그것을 비추도록 해와 달의 필요를 갖지 않는다.
23b 이는 하나님의 영광이 그것을 비추기 때문이고
23c 그것의 등불은 어린 양이기 때문이다.
24a 그리고 나라들이 그것의 빛을 통하여 걷고
24b 땅의 왕들은 그들의 영광을 그것으로 가져 온다.
25a 그리고 그것의 문들은 결코 낮에 닫히지 않는다.
25b 왜냐하면 그곳에는 밤이 없기 때문이다.
26 그리고 그들은 나라들의 영광과 존귀를 그것으로 가져올 것이다.
27a 그러나
27b 어린 양의 생명의 책에 기록된 자들 외에
27a 모든 부정한 것과 가증한 것들과 거짓을 행하는 자는 그것으로 결코 들어오지 않을 것이다.

본문 주해

22-27절에서는 두 개의 중요한 주제를 언급하고 있다. 첫째로 새예루살렘에 성전이 존재하지 않는다는 주제이고(22-23절) 둘째는 왕들의 순례 모티브이다(24-27절). 본문 주해는 이 두 부분으로 나누어 진행하도록 한다.

282 Wallace, *Greek Grammar beyond the Basics*, 122.

[21:22-23] 새예루살렘에 성전이 없다

22-23절은 22a절에서 "성전을 보지 않았다"라는 진술에 대해 22b절에서 이유를 말하고 23a절에서 "해와 달의 필요를 갖지 않는다"고 하고 23bc절에서 그 이유를 말하고 있다. 따라서 이 본문은 A(22a절)–B(22b절)–A′(23a절)–B′(23bc절)의 구조를 구성하고 있다. 이런 구조적 특징을 잘 살펴서 본문을 이해할 필요가 있다.

성전이 없다(ναός, 22a절) 22a에서 요한이 환상 중에 새예루살렘 안에서 성전을 보지 않았다 한다. 이 때 요한이 가리키는 대상은 바로 전통적인 의미에서 건물 성전이다. 구약의 전통을 볼 때 새예루살렘에 성전이 없다는 것은 매우 이례적이다. 왜냐하면 성전 없는 예루살렘은 상상도 할 수 없기 때문이다. 성전과 예루살렘은 한 몸과 같다. 이런 이유로 "성전을 보지 않았다"고 하면서 즉각적으로 대안 성전을 제시한다. 22b절에서 성전 건물이 없는 대신 하나님과 어린 양이 새예루살렘의 성전이라고 진술한다. 22b절은 '가르'(γάρ)가 사용되는데 이 단어는 이유를 의미하는 접속사이다. 따라서 22b절은 22a절에 대한 이유를 제시하고 있다. 곧 요한이 성전을 볼 수 없었던 것은 가시적인 건물이 아닌 하나님과 어린 양이 성전이시기 때문이다. 결국 새예루살렘에 성전이 없는 것이 아니었다. 요한에게 보이지 않은 것은 건물로서의 성전일 뿐이고 진정한 의미의 새성전은 새예루살렘에 존재하고 있다.

새예루살렘이 지정학적 의미의 예루살렘이 아니라 어린 양의 아내인 교회를 의미하는 것처럼, 성전도 건물로서의 성전이 아니라 성전의 본질이라고 할 수 있는 하나님과 어린 양 예수님의 임재로 대신하고 있다. 새예루살렘은 어린 양의 아내라는 해석을 통해 새예루살렘의 본질적 의미를 제시하고 있는 것처럼, 성전의 경우도 "성전을 보았다"고 하면서 그 성전이 바로 하나님과 어린 양이라고 해석하면 충분할 수 있다. 그러나 굳이 "성전을 보지 않았다"라는 사족일 수 있는 진술을 덧붙이는 것은 매우 돌출적인 발언이 아닐 수 없다. 왜 "성전"의 주제와 관련하여 이런 언급을 덧붙이고 있는 것일까? 이것은 요한계시록이 기록될 당시의 상황과 밀접하게 연동되어 있는 매우 논쟁적인 발언이라고 추정할 수 있다. 요한계시록이 기록된 당시에 요한계시록의 독자들을 비롯해 유대인들은 AD 70년에 발생했던 성전의 파괴 사건을 경험하였을 것이다. 성전 파괴 후에 초기 그리스도인들이 속해 있던 유대 사회는 커다란 혼란을 겪으면서 성전의 부재에 따른 대안을 찾는 데 치열한 논쟁이 발생했다.

그 논쟁의 핵심은 성전을 다시 재건해야 하는가? 아니면 성전 재건 대신 토라 연구와 선행과 같은 성전을 대신할 수 있는 행위를 고양시켜 나갈 것인가?이다. 강경파들은 성전을 재건하자고 주장한다. 로마 제국에 의해 성전이 파괴되었는데 그 성전을 다시 재건하겠다고 하는 것은 로마 제국에 대한 도전으로 받아들여질 수 있기 때문에 무력 충돌이 예상되는 매우 위험한 도발이다. 반면 온건파들은 성전 재건은 로마 제국에 대한 도전이므로 무고한 생명을 무모하게 희생시킬 수 있기 때문에 적절치 않은 것으로 판단하여 성전 재건보다는 성전을 대신할 수 있는 대안을 제시하였다.

이 후자의 경우에 해당되는 인물이 바로 요하난 벤 자카이(Yohanan ben Zakkai)이다. 그는 성전이 파괴된 후에 성전에서 희생 제사가 불가능하게 되었을 때, 새성전의 재건에 대한 언급 없이 성전 제사의 대안으로서 토라의 구체적인 조항에 대한 순종을 강조한다거나(미쉬나 *Sheqalim* 1:4) 새로운 규칙을 정하여 시행한다(참조 Mishna *Menahot* 10.5).[283] 뿐만 아니라 요하난 벤 자카이는 미쉬나 *Rosh Hashshanah* 4:3에 의하면 성전이 파괴된 후에 레위기 23장 40절에서 초막절 첫째 날에 시행하는 제의적 행위를 예루살렘에서 뿐만이 아니라 "지방들"(provinces)에서도 시행할 수 있는 새로운 규칙을 제정한다.[284] 그리고 성전 파괴에 대해 슬퍼하는 랍비 여호수아를 위로하며 호세아 6장 6절의 "나는 인애를 원하고 제사를 원하지 아니하며 번제보다 하나님을 아는 것을 원하노라"라는 말씀을 근거로 "인애"(lovingkindness)의 행위를 성전에서 드리는 대속 제사와 동일한 효과가 있음을 선언한다.[285] 이런 그의 태도는 성전 재건에 대한 미온적 태도를 가질 수 밖에 없다.

반면 엘리에제르 벤 힐카누스(Eliezer ben Hyrcanus)는 성전 파괴를 전제로 대안을 제시하는 것이 아니라 성전의 존재를 전제로 "유월절 예물"(미쉬나 *Yadayim* 4:2)과 "거제"(heave-offering: *Tosefta Terumot* 3:18; 미쉬나 *Terumot* 2:1; 4:4-7, 10-11), "반죽 예물"(dough offering: *Tosefta Hallah* 1:10; 미쉬나 *Hallah* 2:6) 그리고 "나실인의 감사 예

283 Pilchan Lee, *The New Jerusalem*, 210.

284 앞의 책. 레위기의 이런 제의적 행위를 뉴스너(Neusner)는 미쉬나 영어 번역에서 lulab 이라고 표현한다(J. Neusner, *The Mishna: A New Translation* (New Haven: Yale University Press, 1988]).

285 *Abot deRabbi Nathan* 4장(Pilchan Lee, *The New Jerusalem*, 212).

물”(*Tosefta Terumot* 1:6; 미쉬나 *Hallah* 1:6)과 같은 성전 희생 제사 제도의 규정을 제시한다.[286] 이런 제의적 조항들은 당연히 제 3성전 재건 후에 지켜져야 할 것이지만 동시에 그 이전이라 하더라도 준행되어야 하는 것으로 인식한다(미쉬나 *Eduyyot* 8:6).[287] 또한 그는 속죄제에 대한 엄격한 규율을 중시한다(미쉬나 *Keritot* 4:2, 10). 이런 그의 태도는 성전 재건에 대한 강력한 의지를 엿보이고 있다. 이러한 성전 재건 운동의 최고 절정은 AD 135년에 일어났던 바르 코크바(Bar Kokhba)에 의해 주도된 로마에 대한 저항 전쟁 때이다.[288] 이 전쟁에 대해 오펜하이머(Oppenheimer)는 다음과 같이 설명한다.[289]

> 바르 코크바 저항 전쟁에서 국가의 연대감과 그 저항 전쟁의 군사적 정치적 위력은 그 진행 과정에서 최고 절정에 있었다. 그리고 그것은 제2성전 파괴 후에 즉각적인 세대들의 국가적 활력을 반영해 주고 있었다.

이 내용에 의해 성전 파괴 직후에 성전 재건에 대한 의지가 국가적으로 상당히 고조되었음을 알 수 있다. 이러한 의지는 바르 코크바가 저항 전쟁을 상당히 치밀하게 준비했다는 점에서 잘 확인된다.[290]

이상에서 본 것처럼 로마 제국에 의해 파괴된 성전을 재건하고자 하는 강경파와 성전 재건은 로마 제국에 대한 도전이기 때문에 무모한 시도라고 생각하는 온건파들 사이에 상당한 간극이 있다. 결국 바르 코크바 저항 전쟁은 실패하게 된다. 그 이후에 성전을 재건하겠다는 의지가 많이 쇠락하게 되고, 따라서 앞서 언급한 두 사람 중에 요하난 벤 자카이의 성전 대안론이 좀 더 강하게 대두되기 시작했다는 것은 자명하다. 요한계시록은 성전 파괴 후, 바르 코크바 저항 운동 이전에 기록된 것이므로 성전 재건에 대한 열정이 상당히 고조된 정황 속에서 기록되었다고 볼 수 있다.

이런 시대적 정황 속에서 그리고 이런 유대적 요구를 의식하여, 요한은 “성전을 보지 않았다”는 선언을 하고 있는 것이다. 곧 제2 성전에 이은 건물로

---

286 Pilchan Lee, *The New Jerusalem*, 213.

287 앞의 책, 214.

288 앞의 책 216-20. 이 전쟁에 대해 보통 “반란”이란 의미의 “revolt”란 부정적인 단어를 사용하는데 사실 이것은 긍정적 의미의 저항 전쟁이다. 따라서 여기에서는 “저항 전쟁”이라는 문구를 사용한다.

289 A. Oppenheimer, “The Bar Kokhba Revolt,” *Immanuel*.14 (1982): 59.

290 1978년에 데이빗 앨론(Allon)에 의해 소위 “동굴 단지”(cave complex)가 발견되었다(Amos Kloner, “Underground Hiding Complexes from the Bar Kokhba War in the Judean Shephelah,” *BA* 46.4 (1983): 211). 이 동굴 단지는 70개의 지역에 150개의 동굴이 존재했는데 이 모든 것들이 매우 유기적으로 네트워킹을 형성하고 있었으며 내부적으로는 공기 순환 장치나 방어 진지 그리고 물 저장 장치나 공급 루트 등이 있었다(앞의 책, 211-212). 이런 시설들은 모두 저항 전쟁을 위해 갖춘 것들이다.

서 제 3성전을 건축하는 것은 의미가 없다는 것이다. 왜냐하면 이제 건물 성전이 제의적 기능을 갖는 시대는 지나갔고 참 성전이신 하나님과 어린 양이 새예루살렘 공동체와 함께 임재하여 성전으로 기능하는 시대가 도래했기 때문이다.

그리스도께서 성전이 되신다는 사실은 이 당시 신약 성경 저자들에게 매우 보편화된 신학이다. 그리스도께서 이미 요한복음 2장 19-21절에서 자신이 성전임을 말씀하신 바 있다.

> [19]예수께서 대답하여 이르시되 너희가 이 성전을 헐라 내가 사흘 동안에 일으키리라 … [21]그러나 예수는 성전된 자기 육체를 가리켜 말씀하신 것이라(요 2:19-21)

예수께서는 손으로 지은 성전 건물을 무효화시키고 죽음으로부터 부활하심으로써 자기 손으로 짓지 않은 성전(막 14:58)을 지으셨다. 이제 새창조 안에서 예수 자신의 몸을 통해 완전한 성전을 새창조에 도래케 함으로서 하나님의 임재를 이 새창조에 충만케 하셨다. 그리고 마지막 날에 성전이 되셔서 예수님 자신뿐만이 아니라 하나님과 교회와 완전한 결합을 이루게 된다. 이런 점에서 예배당을 성전이라 부르는 것은 성경에 대한 올바른 이해가 아니며 그리스도의 구속 사역을 무효화시키는 것이므로 삼가해야 할 것이다.

해와 달이 필요 없다(23절) 23a절은 해와 달이 필요 없다고 하고 23bc절은 그 이유를 말한다. 이런 패턴은 직전의 22절의 패턴과 동일하다. 곧 22절에서도 22a절에서는 성전을 보지 않았다고 하고 22b절에서는 그 이유에 대해 말한다. 새예루살렘은 빛을 내는 해와 달이 필요하지 않는데(23a절) 그 이유는 하나님의 영광이 빛처럼 비추고 있기 때문이며(23b절), 어린 양이 그것을 비추는 등불이기 때문이다(23c절). 물론 여기에서 물론 해와 달이 필요 없다고 말하는 것은 실제로 그것들이 존재하지 않는다는 것을 의미하지는 않는다. 21장 1-5절의 새창조는 우주적 골격의 보존을 약속하는 노아 언약의 완성이다.[291] 따라서 새예루살렘 공동체가 존재하게 되는 새창조에서 해와 달이 존재하지 않는

---

291 보존의 언약으로서 노아 언약의 특징에 대한 자세한 내용은 Palmer Robertson, *The Christ of the Covenants,* 118-132을 참조하라.

것은 상상할 수 없다.[292] 이 표현은 일종의 과장법으로서 해와 달이 필요 없을 정도로 23a절의 "하나님의 영광"의 빛과 23b절의 어린 양의 빛이 각각 새예루살렘을 가득 채우고 있다는 사실을 강조하고 있다.

이런 점에서 23절에서 하나님의 영광과 어린 양의 빛이 새창조 안의 새예루살렘을 환하게 비추고 있다는 것은 22절에서 새 예루살렘에 성전이 없고 대신 하나님과 어린 양이 그것의 성전이라는 내용과 같은 맥락으로 볼 수 있다. 특별히 22절의 하나님과 어린 양은 23절에서도 동일하게 한 짝을 이루어 사용된다. 그리고 23절에서 23b와 23c도 서로 평행이 된다. 전자에서 '영광'은 후자에서 "등불"(λύχνος, 뤼크노스)과 평행 관계이다. 곧 하나님의 영광이 새예루살렘을 비추고 있는 것처럼(23b), 어린 양이 등불로서 새예루살렘을 비추고 있다(23c). 그러므로 성전으로서 하나님과 어린 양의 존재는 마치 해와 달의 비췸이 불필요할 정도로 새예루살렘을 영광의 빛으로 충만하게 채우고 있는 것이다.

이 본문의 배경은 구약 이사야 60장 19절의 말씀이다.[293]

> 다시는 낮에 해가 네 빛이 되지 아니하며 달도 네게 빛을 비추지 않을 것이요 오직 여호와가 네게 영원한 빛이 되며 네 하나님이 네 영광이 되리니(사 60:19)

이 이사야 본문에서 구약의 환경 속에서 "성전이나 토라와 같이 이차적인 수단"을 통해서가 아니라 하나님 자신이 직접 예루살렘과 그의 백성들에게 영광이 되어 영원히 자신을 드러내신다는 것이다.[294] 이런 패턴이 요한계시록 본문의 23b절에도 나타나고 있다. 이런 관계에 의해 이사야에서의 종말적 기대가 요한계시록에서 성취되고 완성되는 것으로 볼 수 있다.

그리고 23c절에서 어린 양이 새예루살렘의 등불이라고 한 것은 바로 시편 132편 17절을 연상시킨다.

> 내가 거기서 다윗에게 뿔이 나게 할 것이라 내가 내 기름 부음 받은 자를 위하여 등(불)을 준비하였도다

이 본문에서 하나님은 기름 부음 받은 자를 위해 "등(불)"(λύχνος, 뤼크노스)을 준

---

292 Pilchan Lee, *The New Jerusalem in the Book of Revelation*, 293.
293 Koester, *Revelation*, 821.
294 Watts, *Isaiah 34-66*, 867.

비하신다. 여기에서 "등(불)"이란 단어는 요한계시록 본문의 "등불"과 동일하다는 점에서 이 두 본문의 관계는 더욱 긴밀해진다. 또한 11Q5 27, 2와 에녹 1서 48장 4절 그리고 누가복음 2장 32절과 요한복음 8장 12절등에서 빛은 메시아적 이미지로 사용된다.[295] 이런 배경을 살펴 볼 때 요한계시록 본문에서 어린 양이 새예루살렘을 비추는 등불이라는 것은 메시아로서 어린 양의 기능을 나타내는 것이라고 볼 수 있다.

[21:24-27] 순례 모티브

24-27절은 24-26절과 27절로 나누어진다. 전자는 새 예루살렘에 들어오는 대상을 언급하고 후자는 들어 올 수 없는 대상을 열거한다. 앞서 언급한 것처럼 새예루살렘과 그 새예루살렘의 건축 구조물이 그렇듯이 이 순례 모티브도 역시 구약을 배경으로 새예루살렘이 구속의 절정을 뜻한다는 것을 보여주고자 하는 데 초점을 맞추고 있다.

나라들과 왕들이 들어오다(24-26절) 24-26절은 A(24절)-B(25절)-A′(26절)의 구조를 가지고 있다. A와 A′는 왕과 나라의 새예루살렘 출입을 말하고 B는 출입을 원활하게 해주도록 밤낮 문이 닫히지 않게 되었다고 한다. 이런 24-26절은 이사야 60장 3-5절, 11절을 풀어서 재해석하는 것으로도 볼 수 있다.[296] 이 배경에 대해서는 본문을 파악한 후에 집중적으로 다루도록 할 것이다.

먼저 24a절에서는 "나라들이 그것(새예루살렘)의 빛을 통해 걷는다"고 하고 24b절에서는 "땅의 왕들은 그들의 영광을 그것(새예루살렘)으로 가져 온다"고 한다. 먼저 이 문구를 해석하는 데 주목할 것은 앞서 언급한 것처럼 새예루살렘은 어린 양의 아내로서 교회 공동체를 상징한다는 것이고 그리고 여기에 덧붙여서 새예루살렘은 구속역사의 절정을 뜻한다는 것이다. 이것은 교회 공동체가 바로 구속 역사의 절정을 나타내는 핵심 요소라는 것이다. 이런 사실은 21-22장의 새예루살렘을 해석할 때 반드시 함께 고려해야 할 사항이다.

다음에서 24절(A)과 26절(A′)와 25절(B)로 나누어서 살펴 보고자 한다.

---

295 Koester, *Revelation*, 821.
296 Aune, *Revelation 17-22*, 1170.

(1)나라들과 땅의 왕들(24, 26절)(A/A′)

24a절과 24b절에서 보여주는 것은 나라와 왕들의 권력 구조가 새예루살렘을 중심으로 재편된다는 사실이다. 이러한 정황은 바로 23절에서 언급하고 있는 것처럼, 새예루살렘에 하나님의 영광이 비취고 어린 양이 등불이 되기 때문이다. 이 두 문구는 동일한 내용을 반복하지만 다소 다른 방법으로 서술한다. 24a절의 "나라들"(ἔθνη, 에드네)을 24b절에서는 "땅의 왕들"(οἱ βασιλεῖς τῆς γῆς, 호이 바실레이스 테스 게스)로 바꾸어 사용한다. 오우니는 "왕"과 "나라"가 동의어임을 지적한다.[297] 실제로 18장 3절과 21장 24절에서 이 두 단어는 평행 관계로 동의어처럼 사용된다. 24a절에서는 그 나라들이 새예루살렘에 있는 영광의 빛 가운데로 들어 오지만 24b절에서는 "땅의 왕들"이 "그들의 영광"(δόξαν αὐτῶν)을 가지고 들어 온다. 이것은 "송영의 의미"(doxological sense)를 갖는 것으로 해석될 수 있다.[298] 곧 나라들은 자신의 영광과 존귀를 하나님과는 관계 없이 짐승과 용과 자신들을 위해 사용했지만 이제 그것들을 하나님을 예배하기 위해 사용하게 되었다는 것이다.[299]

이 문구는 이사야 60장 3절 말씀을 배경으로 사용한다.[300]

> a) 나라들은 네 빛으로,
>
> b) 왕들은 비치는 네 광명으로 나아오리라

이 이사야 본문에서 3a절의 "네 빛"과 3b절의 "네 광명"이 서로 평행 관계이고 "나라들"과 "왕들"이 또한 평행 관계를 이루고 있음을 알 수 있다. 곧 나라들과 왕들이 예루살렘으로 몰려와 세계의 세력이 하나님의 통치의 근원인 예루살렘 중심으로 재편될 것을 전망한다. 이것은 창조 때에 에덴 정원을 중심으로 하나님의 통치가 발현된 것에서 그 근원적 모델을 찾을 수 있다. 따라서 이사야 본문에서 예루살렘 중심의 세상 세력 재편은 창조 회복 곧 에덴 회복을 목적으로 한다. 이런 패턴이 그대로 요한계시록 본문에 적용된다. 특별히 요한은 "게제라 사와"(gezērâ šāwâ)의 해석 방법을[301] 사용하여 이사야 60장 3

297 앞의 책.
298 Bauckham, *The Climax of Prophecy*, 315.
299 앞의 책.
300 Swete, *The Apocalypse of St. John*, 292.
301 "게제라 사와"(gezērâ šāwâ)란 랍비의 미드라쉬에서 사용된 "주해 기법(exegetical techniques)"이다. 이 주해 방법에 의하면 "동일한 어근"을 가진 단어들이 "본문들"(texts)을 함께 묶기 위해 사용되고

절에 히브리어 본문의 וְהָלְכוּ ... לְאוֹרֵךְ(베할르쿠 ... 레오레크, 빛으로 걷다)를 언어적 평행 관계를 갖는 이사야 2장 5절의 וְנֵלְכָה בְּאוֹר(베네레카 베오르, 빛 가운데 걷다)을 근거로, 24a절에서 사용된 διὰ τοῦ φωτὸς(디아 투 포토스, 빛을 통하여)라는 헬라어 문구를 창의적으로 만들어 냄으로써[302] 이사야 배경의 의미를 요한계시록 본문에 반영한다.[303] 곧 요한은 이사야 60장 3절의 לְאוֹרֵךְ(레오레크, 빛으로)를 이사야 2장 5절의 בְּאוֹר(베오르, 빛 가운데)로 재해석하여 이 문구를 사용하여 διὰ τοῦ φωτὸς(디아 투 포토스, 빛을 통하여)라는 문구를 만들어 내고 있는 것이다. 결국 이런 과정을 거쳐 요한은 이사야에서 약속한 예루살렘의 종말적 회복으로서 에덴 회복의 말씀이 구속 역사의 절정으로서 새예루살렘에서 완성되고 있다는 사실을 보여준다.

흥미로운 것은 요한계시록 본문에서 "왕들" 앞에 "땅의"라는 관용어가 덧붙여진다는 점이다. "땅의 왕"이란 문구는 요한계시록에서 8회(1:5; 6:15; 17:2, 18; 18:3, 9; 19:19; 21:24) 사용되는데, 그 중에서 1장 5절과 21장 24절 두 경우만 긍정적 의미로 사용된다.[304] 특별히 21장 24절에서 "땅의 왕들"이 긍정적인 의미를 가질 수 밖에 없는 이유는 17-20장에서 모든 악의 세력이 심판 받은 후에 이루어진 새창조의 문맥 속에 있기 때문이다. 이런 문맥 가운데 사탄에게 종속되어 도구로 사용되었던 땅의 왕들이 새롭게 되어 하나님의 영광을 드높이는 도구가 됨으로써, 이사야 등에서 약속한 에덴 회복을 초래하는 종말적 예루살렘 회복에 대한 약속의 완성을 보여주고 있다. 이것은 11장 15절에서 "세상의 나라가 우리 주와 그의 그리스도의 나라가 되었다"고 한 것과 같은 패턴이라고 할 수 있다.

"땅의 왕들"과 마찬가지로 "나라들" 역시 요한계시록에서 "하나님의 대적들로 혹은 하나님께 불순종하는 자들"로 등장한다(16:2, 12, 17:2, 19:9).[305] 더 나아가서 그 나라들은 "외부인들이고 불의한 자들이며 심판 받을 악한 세계 질서에 속한 자들"이다(2:26, 10:11, 11:2, 9, 18, 12:5, 13:7, 14:6-8, 15:19, 17:15, 18:3, 23, 19:12, 20:3,

---

"한 본문"(a text)을 해석하는 데 이런 본문들의 연결에 근거하여 진행한다(ABD, 3:1099).

302 여기에서 히브리어 전치사 '베'(בְּ)를 헬라어 전치사 '디아'(διά)로 번역한 것이라고 볼 수 있다.

303 Bauckham, *The Climax of Prophecy*, 314. 보큼은 이사야 2장 5절의 "בְּאוֹר"(베오르, 빛 가운데)가 60장 3절의 "לְאוֹרֵךְ"(레오다크, 빛으로)보다 요한계시록 본문에 더 적절하다고 보고 이사야 2장 5절과 결합된 것으로 본다.

304 Aune, *Revelation 17-22*, 1171.

305 Pilchan Lee, *The New Jerusalem in the Book of Revelation*, 287.

8).[306] 그렇다면 그 나라들이 어떻게 새예루살렘으로 들어오는 것으로 묘사되고 있는가? 이런 주제와 관련하여 요한계시록 내에서 언급하는 본문들이 있다. 5장 9-10절에서 "모든 족속과 언어와 백성과 나라로부터 (사람들을) 하나님께 속하도록 당신의 피로 사셨다"고 하고, 7장 9절에서는 "모든 나라와 족속들과 백성들과 언어들로부터 아무도 셀 수 없는 큰 무리"가 구속함을 받는다.[307] 그리고 10장 11절에서 요한은 "많은 백성들과 나라들과 언어들과 왕들을 대적하여 예언하도록 부르심 받는다고 하고 15장 3-4절에서 하나님은 나라들의 왕이시고 모든 나라들이 와서 하나님을 경배할 것이라고 한다.[308] 이상에서 세상에 속한 왕들과 나라들이 어린 양의 피로 혹은 요한과 같은 증인들의 예언의 사역을 통해 회개하여 구속 받게 되는 경우들을 확인할 수 있다. 이런 내용들이 바로 21장 24-26절에서 땅의 왕들과 나라들이 어떻게 자신들의 영광과 존귀를 하나님의 통치가 발현하는 새예루살렘으로 가져와 하나님의 영광을 드러내는 역할을 하게 되었는가에 대한 배경을 잘 보여주고 있다.

26절은 이와 같은 내용을 다시 언급한다. 여기에서는 주어를 따로 사용하지 않고 동사에 포함시켜 사용한다. 따라서 번역에서 언급한 것처럼 "그들은 나라들의 영광과 존귀를 그것으로 가져올 것이다"라고 하는 것이 적절하다. 그렇다면 여기에서 "그들은" 누구를 가리키겠는가? 이 본문의 가장 가까운 문맥에서 찾아 본다면 두 가지의 가능성이 있다. 그것은 24절의 "나라들"이나 아니면 "땅의 왕들"이다.[309] 먼저 26절에서 "나라들의 영광과 존귀"라는 문구에서 "나라들"이 이미 사용되어 중복되고 있으므로 "그들"을 "나라들"로 보기에는 다소 무리가 있다고 할 수 있다. 그렇다면 그들은 24b절의 "땅의 왕들"을 이어 받는 것으로 간주할 수 있다. 곧 "땅의 왕들"이 "나라들의 영광과 존귀"를 가지고 새예루살렘으로 들어 오는 것이다. 이러한 26절의 내용은 바로 24a와 24b를 조합한 것이라고 할 수 있다.

306 J. M. Vogelgesang, "The Interpretation of Ezekiel in the Book of Revelation" (Harvard University Press, PhD diss., 1985), 103.

307 Pilchan Lee, *The New Jerusalem in the Book of Revelation*, 287.

308 앞의 책.

309 이 두 문구는 호환적 관계이기 때문에 이 둘중에 어느 것을 결정하는 것이 무의미할 수 있으나 문장의 구성을 명확하게 하기 위해 필요하다.

(2)예루살렘 문들은 낮에 닫히지 않는다(25a절)-그곳에는 밤이 없다(25b절)(B)
이와 같이 24절과 26절은 언어적으로나 내용에 있어서 평행 관계이다. 그러므로 A와 A′의 구조를 가진다. 그런데 그 사이에 25절이 삽입된다. 25절의 내용은 24절과 26절의 내용을 좀 더 강조하는 역할을 하고 있다. 25a절에서 문들은 낮에 결코 닫히지 않는다고 하고 25b절에서는 그 이유로서 새예루살렘에 "밤이 없기 때문이다"라고 한다. 이 두 본문 사이에 인과 관계가 다소 부자연스런스럽다. 왜냐하면 25a절에서 낮에 문들이 닫히지 않는 이유가 25b절에서 "밤이 없다"고 하기 때문이다. 그래서 찰스는 25a절에서 '헤메라스'(ἡμέρας)에 '카이 뉘크토스'(καὶ νυκτός)를 덧붙여서 ἡμέρας καὶ νυκτός(헤메라스 카이 뉘크토스, 낮과 밤에)라는 문구가 되어야 한다고 제안한다.[310] 이런 찰스의 주장은 아마도 이 본문이 배경으로 하는 이사야 60장 11a절에서 "네 성문이 항상 열려 주야로 닫히지 아니하리니"의 "주야"(ἡμέρας καὶ νυκτὸς, 헤메라스 카이 뉘크토스)라는 문구에 근거했다고 추정할 수 있다. 요한이 이 이사야 본문을 충분히 인식했을 가능성이 있는 것은 사실이다. 따라서 25a절을 해석할 때 이사야 본문을 충분히 고려할 필요가 있다. 그러나 그렇다고 어떤 사본적 근거도 없이 요한계시록의 본문을 수정하는 것은 동의하기 어렵다. 그렇다면 25a절과 25b절 사이의 인과 관계를 어떻게 규정할 수 있을까?

먼저 25a절은 이사야 60장 11a절의 "예루살렘의 문이 주야로 닫히지 않는다"라는 말씀을 배경으로 한다. 그리고 25b절은 스가랴 14장 7절(여호와께서 아시는 한 날이 있으리니 낮도 아니요 밤도 아니라 어두워 갈 때에 빛이 있으리로다)에서 어두워 갈 때에 빛이 있을 것이기 때문에 "계속적인 낮" (continuous day)이 있을 것이라는 말씀을 배경으로 한다.[311] 이 배경에 의하면 예루살렘 문은 밤이 되면 닫히게 되는데 계속적으로 낮이 지속되기 때문에 그 문이 닫힐 시간이 없다는 것이다. 따라서 밤이 없는 것은 예루살렘의 문이 계속 열려 있는 원인이 된다. 이런 패턴을 25a절과 25b절의 인과 관계에 적용할 수 있다. 25b절에서 밤이 없고 지속적으로 낮이기 때문에 25a절에서 낮에 문이 닫히지 않을 것이다. 여기에서 '우메'(οὐ μή)라는 이중 부정에 의해 닫히지 않게 된다는 사실이 강조된다.

---

310 Charles, *A Critical and Exegetical Commentary on Revelation*, 2:173.
311 Aune, *Revelation 17-22*, 1172.

(3)순례 구약 배경: 이사야 60장 1-16절을 중심으로

이상에서 24-26절의 내용은 나라들이 새예루살렘으로 순례의 길을 걸을 것임을 말해주고 있다. 이러한 새예루살렘으로 나라들의 순례 주제는 이사야 60장의 종말적 약속에 대한 완성으로서 이해할 수 있다고 언급한 바 있다.[312] 여기에서 요한계시록 21장 24b에 대한 배경으로 60장 3절을 살펴 본 바 있지만, 24-26절 전체의 배경으로서 이사야 60장 1-15절을 좀 더 자세하게 살펴 볼 필요가 있다. 이 본문의 중요한 부분으로 1-6절, 11절 그리고 15-16절을 중심으로 예루살렘으로 순례의 주제에 초점을 맞추어서 관찰해 보고자 한다.[313]

> [1]일어나라 빛을 발하라 이는 네 빛이 이르렀고 여호와의 영광이 네 위에 임하였음이니라 [2]보라 어둠이 땅을 덮을 것이며 캄캄함이 만민을 가리려니와 오직 여호와께서 네 위에 임하실 것이며 그의 영광이 네 위에 나타나리니
>
> [3]나라들은 네 빛으로, 왕들은 비치는 네 광명으로 나아오리라 [4]네 눈을 들어 사방을 보라 무리가 다 모여 네게로 오느니라 네 아들들은 먼 곳에서 오겠고 네 딸들은 안기어 올 것이라 [5]그 때에 네가 보고 기쁜 빛을 내며 네 마음이 놀라고 또 화창하리니 이는 바다의 부가 네게로 돌아오며 이방 나라들의 재물이 네게로 옴이라 [6]허다한 낙타, 미디안과 에바의 어린 낙타가 네 가운데에 가득할 것이며 스바 사람들은 다 금과 유향을 가지고 와서 여호와의 찬송을 전파할 것이며
>
> [11]네 성문이 항상 열려 주야로 닫히지 아니하리니 이는 사람들이 네게로 이방 나라들의 재물을 가져오며 그들의 왕들을 포로로 이끌어 옴이라
>
> [15]전에는 네가 버림을 당하며 미움을 당하였으므로 네게로 가는 자가 없었으나 이제는 내가 너를 영원한 아름다움과 대대의 기쁨이 되게 하리니 [16]네가 이방 나라들의 젖을 빨며 뭇 왕의 젖을 빨고 나 여호와는 네 구원자, 네 구속자, 야곱의 전능자인 줄 알리라(사 60:15-16)

이 이사야 본문 중 60장 1-2절에 의하면 예루살렘을 향하여 하나님의 영광의 빛이 그 위에 머물게 되므로 그들이 빛을 발하게 될 수 있는 영광스런 위치에 있게 될 것을 선포하고 3-6절에서는 열방과 왕들이 그 빛으로 나아오게

312 Pilchan Lee, *The New Jerusalem in the Book of Revelation,* 286. 이 외에도 구약 배경으로는 사 2:2-3; 60:1-4; 슥 2:11; 14:16와 같은 자료가 사용되고 유대적 배경으로는 쿰란 문서의 새 예루살렘(*DNJ*)과 에녹1서 90장 37-38절 그리고 토빗 13장 9-17절과 14장 5-7절등과 같은 유대 문헌에서에서도 이런 순례 주제가 기록되고 있다(앞의 책, 287).

313 60장 1-7절에서 대명사가 여성으로 사용되어 그 발언의 대상이 예루살렘이라는 사실을 확증해 준다(Watts, Isaiah 34-66, 865).

될 것을 말한다. 특별히 여기에서 나라들과 왕들이 예루살렘으로 들어오는 것은 필연적으로 그들의 풍부함이 동반됨을 의미한다. 그 풍부함은 구체적으로 5절에서 "바다의 부"와 "이방 나라들의 재물" 그리고 6절에서는 "허다한 낙타, 미디안과 에바의 어린 낙타"와 스바 사람들의 "금과 유향"을 예루살렘으로 가져 올 것을 말하고 있다. 이러한 물품들의 풍부함은 앞의 요한계시록 본문인 24b에서 땅의 왕들이 새예루살렘으로 가져 오는 "그들의 영광"이나 26절의 "나라들의 영광과 존귀"라는 문구에서 함축적으로 표현된다.

그리고 이사야 60장 11절은 이사야 60장 2-6절과 같은 문맥 속에 놓여 있는데 여기에서는 도시의 문이 항상 열려 있다고 하여 나라들의 재물이 끊임 없이 유입되고 있음을 강조한다. 이러한 광경은 요한계시록 본문의 25절이 24절과 26절 사이에 위치하고 있는 것에서 잘 드러난다. 더 나아가서 이사야 60장 1-6절의 계속되는 문맥인 이사야 60장 15-16절에서 해와 달의 비췸이 필요하지 않고 오직 여호와 하나님의 영광의 빛이 새예루살렘을 영원히 비추게 될 것이라는 것도 역시 요한계시록의 본문인 23절에서 열방들의 순례를 말하는 문맥과 관련되어 언급된다. 이와 같이 새예루살렘으로 열방들의 순례는 성문이 주야로 열려 있는 것과 해와 달을 대신하는 하나님 영광의 비췸이라는 주제가 함께 사용되고 있음을 알 수 있다. 요한계시록 24-26절 본문의 순례의 주제에서도 역시 하나님 영광의 비췸 주제가 결합되어 나타나고 있다.

특별히 이사야 60장을 통해서 관찰한 순례의 특징은 세 가지 중요한 성격을 갖는다. 첫째로, 구속적 성격으로서 세상에서 하나님의 백성을 구원하시려는 하나님의 목적의 완성을 의미한다. 두 번째로, 중심성(centrality)으로서 새예루살렘이 우주의 중심임을 의미한다. 세 번째로, 자발성의 특징을 갖는다. 곧 이사야 본문에서는 철저하게 하나님의 영광에 의해 이끌림을 받은 왕들이 자발적으로 자신의 권세과 영광을 나타내는 부요한 재산들을 가지고 예루살렘으로 들어 오고 있음을 보여주고 있다. 이 세 가지 특징 모두 요한계시록의 새예루살렘에서 적용될 수 있다. 중심성에 관한 한 나라들이 도시의 빛으로 걷고 그리고 땅의 왕들이 그들의 영광을 그것 안으로 가지고 온다(21:24-26). 이러한 중심성에 대한 언급은 새예루살렘에서 구약의 종말론적 약속의 성취가 궁극적으로 완성되었다는 것을 보여준다. 또한 그들은 어린 양의 피로 구속 받은 자들이라는 점에서 구속적 특징을 갖는다. 그래서 27절에서 언급될 예루살렘에 들어올 수 없는 자들과 구별된다. 그리고 자발성과 관련해서 요한계시록 18장 11-13절에서 바벨론으로 상인들이 판매를 위해 가져왔던 풍부한 물품의 목록들은 바벨론에 의한 속박과 착취의 흔적을 남겨 놓고 있지만, 이 본문에서 나라들과 땅의 왕들은 이사야의 경우처럼 자발적인 의지로 새예루살렘으로 가져오고 있는 것이다. 이런 자발성의 동기는 바로 하나님의 통치에 의한 이끌림이 있다. 마치 시바 여왕이 자발적으로 하나님의 통치와 영광의 화신이라 할 수 있는 솔로몬을 찾아 온 것과 같은 패턴이라 할 수 있다.

새예루살렘에 들어오지 못하는 자들(27절) 다음 27절에서 24-26절과는 대조적으로 새예루살렘에 들어 올 수 있는 자들과 그렇지 못한 것을 구별하여 대조적으로 묘사한다. 이런 내용은 앞서 24-26절에서 나라들과 땅의 왕들이 그들의 영광을 가지고 닫히지 않는 문들로 출입하는 정황에 대해 보조적으로 설명하는 것으로 볼 수 있다. 따라서 이 본문을 읽을 때 24-26절과의 관계 속에서 관찰할 필요가 있다.

여기에서 27a절의 "들어오다"(entering-in: εἰσέλθῃ εἰς, 에이셀데 에이스)는 "하나님의 나라로 "들어오기"(entering into)에 상응하는 "공간적 은유"(spatial metaphor)로서 "구원"의 의미를 내포한다.[314] 먼저 새예루살렘에 들어 올 수 있는 자들은 바로 어린 양의 생명 책에 그 이름이 기록된 자들이다(27b절). 새예루살렘에는 아무나 들어와 속할 수 없다. 오직 생명 책에 그 이름이 기록된 자들로서 하나님의 택하심을 받은 자들 만이 가능하다. 이것은 자기 의지와는 상관 없이 하나님의 주권적 선택에 의한 것이다. 24-26절에서 말하는 "땅의 왕들"과 "나라들"은 바로 이런 범주에 속한 자들로 볼 수 있다. 반면 13장 8절에 의하면 어린 양의 생명 책에 그의 이름이 기록되지 않은 자들은 짐승을 경배하게 되어 새예루살렘 공동체와는 관계 없는 자들이 되어 버리고 만다.

한편 "모든 부정한 것과 그리고 가증한 것들과 거짓을 행하는 자"는 결코 그리로 들어 오지 못할 것이다(27a절). 여기에서 "모든 부정한 것"(πᾶν κοινὸν, 판 코이논)에서 "부정한 것"이란 "제의적으로 정결치 않은 것"이란 의미로서 제의적

---

314 Aune, *Revelation 17-22,* 1174. 오우니에 의하면 이런 은유가 예수님의 가르침에 빈번하게 등장한다고 한다(마 5:20; 7:21; 18:3; 19:23-24; 23:13; 막 9:47; 요 3:5; 행 14:22)(앞의 책).

용어이다.[315] 이처럼 제의적으로 불결한 것은 정결한 것을 중요시 하는 구약과 유대적 전통에서 매우 중요한 경계 대상이다(레 10:10; 11:24-28; 마카베오 4서 7:6 등).[316] 에스겔서에서 이런 부정함은 "이스라엘의 우상 숭배 행위"와 연결된다(겔 14:6-11, 특별히. 11; 18:31; 20:7; 37:23).[317] 여기에서 "모든 부정한 것들"은 단순히 사물을 가리키지 않고 사람을 포함하는데 사람과 사물 이 두 대상은 서로 분리될 수 없는 관계이다.[318] 왜냐하면 부정한 사물은 결국 사람에 의해 통제되기 때문이다.

이어서 나오는 "혐오스런 것들"(βδέλυγμα, 브델뤼그마)과 "거짓"(ψεῦδος, 프쉬도스)란 단어는 각각 8절의 패배하는 자의 목록에서 분사 형태인 ἐβδελυγμένοις (에브델뤼그메노이스>βδελύσσομαι, 브델뤼쏘마이)와 ψευδέσιν(프쉬데신>ψευδής, 프쉬데스)와 동일한 어근을 가지고 있다. 이런 관계로 이 본문은 7-8절과 밀접한 관계가 있다. 바로 "혐오스런 것들과 거짓을 행하는 자"는 새예루살렘으로 결코 들어올 수 없다. 이러한 규정은 마치 거룩한 성막이나 성전에 대한 제의적 규정을 연상케 한다.[319] 이것은 새예루살렘 전체가 성전으로서의 특징을 가지고 있기 때문이고 22절에서 말하고 있는 것처럼 새예루살렘에 하나님과 어린 양이 성전이 되시어 함께 하시기 때문이다.

이것은 또한 7-8절에서 이기는 자와 패배하는 자의 대조적 관계와 유사한 패턴이다. 곧 이기는 자는 새창조를 상속할 것이고 패배하는 자는 둘째 사망의 불 호수의 몫을 차지하게 될 것이다. 다만 차이점은 27절의 경우에는 생명 책에 이름이 기록된 자들이 새예루살렘에 속하게 된다고 하여 성도들의 의지와는 상관 없이 하나님의 주권에 의해 결정되는 것처럼 보이지만, 7-8절의 경우에는 당사자들의 의지가 상당히 좌우하는 특징을 보여준다. 그러나 이것은 서로 모순된 것이 아니다. 하나님의 주권과 인간의 책임은 항상 동전의 양면처럼 연동되기 때문이다.

그리고 이 본문은 이사야 35장 8절과 52장 1절을 연상케 한다.[320]

---

315 Smalley, *The Revelation to John*, 560.
316 앞의 책.
317 앞의 책.
318 앞의 책.
319 앞의 책.
320 Swete, *The Apocalypse of St. John*, 293; Koester, *Revelation*, 822.

> 거기에 대로가 있어 그 길을 거룩한 길이라 일컫는 바 되리니 깨끗하지 못한 자는 지나가지 못하겠고 오직 구속함을 입은 자들을 위하여 있게 될 것이라 우매한 행인은 그 길로 다니지 못할 것이며(사 35:8)
>
> 시온이여 깰지어다 깰지어다 네 힘을 낼지어다 거룩한 성 예루살렘이여 네 아름다운 옷을 입을지어다 이제부터 할례 받지 아니한 자와 부정한 자가 다시는 네게로 들어옴이 없을 것임이라(사 52:1)

이사야 35장 8절에서 "깨끗하지 못한 자" 혹은 "우매한 행인"은 이스라엘의 대로로 지나가지 못하고 오직 구속함을 입은 자들만 그 길을 걸을 수 있다고 한다. 그리고 이사야 52장 1절에서 거룩한 도시, 아름다운 옷을 입은 예루살렘에 "할례 받지 아니한 자와 부정한 자가 다시는 네게로 들어옴이 없을 것임이라"고 한다. 여기에서 이스라엘의 대로 혹은 거룩한 도시 예루살렘에 들어오거나 다니는 것은 제의적 의미와 함께 구속적 의미를 가지고 있음을 알 수 있다.[321] 이러한 사실에 의해 이사야 본문은 요한계시록 본문과 평행 관계이며 아울러 그 배경으로 사용되고 있다고 볼 수 있다.

[정리]

11-21절의 건축 구조물에 대한 기록에 이어 22-27절은 새예루살렘의 내부 특징을 소개한다. 물론 이 내부 특징을 자세하게 열거하는 것이 이 본문의 목적은 아니다. 요한의 신학에 초점을 맞추어 선별적으로 집중한다. 먼저 그 특징 가운데 가장 중요한 것은 22-23절에서 "성전이 없다"는 것이다. 그러나 엄밀하게 성전이 없는 것은 아니다. 하나님과 어린 양이 성전이라고 분명하게 언급한다. 이것은 새예루살렘이 구속 역사의 절정이라는 사실을 보여주려는 의도이다. 성전의 실체를 밝혀주고 있는 것이다. 그리고 두번째 특징은 24-26절에서 나라들과 땅의 왕들이 자신들의 영광을 가지고 새예루살렘으로 몰려 들어 오는 순례의 주제이다. 이것 역시 구약에서 약속한 예루살렘의 회복의 장면을 보여주는 내용이다. 이런 특징에 의해서 새예루살렘은 구속 역사의 절정을 나타내준다. 요한은 창세기부터 시작된 하나님의 창조 목적과 그 회복이 구속 역사의 과정을 통해 이 절정의 순간에 이르게 되었다는 사실을

321 이사야 52장 1절에서 구속적 의미를 규정할 수 있는 것은 이 본문이 "아름다운 옷을 입을지어다"라는 문구에 의해 "하나님에 의해 주어진 이스라엘의 새로운 신분"을 이스라엘에게 각성시켜 주는 내용을 보여주고 있기 때문이다(Watts, *Isaiah 34-66*, 772).

자신의 목회 현장에서 치열하게 사고하며 제시한다. 끝으로 이처럼 구속 역사의 절정으로서 새예루살렘은 거룩한 공동체로서 부정한 자들은 속할 수 없는 특징을 갖는다.

4. 새예루살렘과 새에덴(22:1-5)

다음 22:1-5에서는 새예루살렘을 에덴이라는 주제와 관련시켜 묘사한다.[322] 이 두 주제는 분리해서 생각할 수 없다.[323] 이 본문 역시 앞의 내용과 마찬가지로 문자적이고 물리적으로 해석하는 것을 경계해야 한다. 이 본문에 대한 해석의 원리로서 먼저 주목해야 할 것은 구속 역사의 절정으로서 새예루살렘은 창조 회복으로서 22절에서 새성전 뿐만 아니라, 에덴 정원의 회복을 필연적으로 동반할 수 밖에 없다는 사실이다. 따라서 이 문단의 에덴 주제는 새예루살렘을 통한 구속 역사의 완성의 단계를 완벽하게 마무리해 준다. 따라서 22장 1-5절을 해석할 때 이런 해석의 원리를 잘 적용할 필요가 있다.

구문 분석 및 번역

1절 a) Καὶ ἔδειξέν μοι ποταμὸν ὕδατος ζωῆς λαμπρὸν ὡς κρύσταλλον,
그리고 그는 나에게 수정같이 빛나는 생명수의 강을 보여주었다.

b) ἐκπορευόμενον ἐκ τοῦ θρόνου τοῦ θεοῦ καὶ τοῦ ἀρνίου.
하나님 보좌와 어린 양으로부터 나오는

2절 a) ἐν μέσῳ τῆς πλατείας αὐτῆς
그것의 길 한가운데

b) καὶ τοῦ ποταμοῦ ἐντεῦθεν καὶ ἐκεῖθεν ξύλον ζωῆς ποιοῦν καρποὺς δώδεκα,
그리고 그 강 양쪽에 생명의 나무는 열두 열매를 맺는다.

c) κατὰ μῆνα ἕκαστον ἀποδιδοῦν τὸν καρπὸν αὐτοῦ,
(생명의 나무는) 달마다 그것의 열매를 내놓는다.

d) καὶ τὰ φύλλα τοῦ ξύλου εἰς θεραπείαν τῶν ἐθνῶν.
그리고 그 나무의 잎사귀는 나라들의 치료를 위한 것이다.

3절 a) καὶ πᾶν κατάθεμα οὐκ ἔσται ἔτι.
그리고 모든 저주가 다시는 없을 것이다.

b) καὶ ὁ θρόνος τοῦ θεοῦ καὶ τοῦ ἀρνίου ἐν αὐτῇ ἔσται,
그리고 하나님과 어린 양의 보좌가 그 가운데 있을 것이다.

c) καὶ οἱ δοῦλοι αὐτοῦ λατρεύσουσιν αὐτῷ

---

322 Aune, *Revelation 17-22*, 1175.

323 유대 문헌에서도 새예루살렘/성전은 에덴 주제와 함께 결합되어 나타난다. 예를 들면 에녹 2서 11장의 네째 하늘과 19장의 여섯째 하늘에서 우주적이며 계절적 질서가 통제되고, 8-9장과 42장의 셋째 하늘에서는 하늘의 에덴이 소개되고, 일곱 번째 하늘(20장)과 열번째 하늘(22장)에서 하늘의 성전/예루살렘을 기록한다 (Pilchan Lee, *The New Jerusalem in the Book of Revelation*, 289-290, 각주 98번). 여기에서 하늘이라는 공간에서 에덴과 성전/예루살렘이 공조하고 있음을 알 수 있다

그리고 그의 종들은 그를 예배할 것이다.

4절 a) καὶ ὄψονται τὸ πρόσωπον αὐτοῦ,
그리고 그들은 그의 얼굴을 볼 것이다.

b) καὶ τὸ ὄνομα αὐτοῦ ἐπὶ τῶν μετώπων αὐτῶν.
그리고 그의 이름이 그들의 이마 위에 있다.

5절 a) καὶ νὺξ οὐκ ἔσται ἔτι
그리고 밤이 다시는 없을 것이다.

b) καὶ οὐκ ἔχουσιν χρείαν φωτὸς λύχνου καὶ φωτὸς ἡλίου,
그리고 그들은 등불의 빛과 해의 빛의 필요를 갖지 않을 것이다.

c) ὅτι κύριος ὁ θεὸς φωτίσει ἐπ' αὐτούς,
왜냐하면 주 하나님이 그들에게 비추실 것이기 때문이다.

d) καὶ βασιλεύσουσιν εἰς τοὺς αἰῶνας τῶν αἰώνων.
그리고 그들은 영원히 통치할 것이다.

1a절의 ποταμὸν ὕδατος ζωῆς(포타몬 휘다토스 조에스)는 직역하면 "생명의 물의 강"이라고 할 수 있다. 그러나 이 직역은 어색하기 때문에 "생명의 물"을 "생명수"로 줄여 표현하고, 전체적으로는 "생명수의 강"으로 좀 더 자연스럽게 번역한다. 1b절에서 ἐκ τοῦ θρόνου τοῦ θεοῦ καὶ τοῦ ἀρνίου(에크 투 드로누 투 데우 카이 투 아르니우)라는 문구에서 "어린 양의"라는 소유격은 소유격을 지배하는 전치사 '에크'(ἐκ)와의 관계가 아니라 앞의 "보좌"와 관계하는 소유격이다. "어린 양의 보좌"라는 문구가 생소하지만 3b절에서 "어린 양의"가 전치사 '에크' 없이 "보좌"와 관계하여 "어린 양의 보좌"라는 문구를 구성한 것을 통해 1b절에서도 "어린 양의 보좌"라고 하는 것이 정당하다.

2a절의 ἐν μέσῳ τῆς πλατείας αὐτῆς(엔 메소 테스 플라테이아스 아우테스)가 1절과 연결되는지 아니면 2b절 연결되는지 논란이 되고 있다. 찰스는 두 경우 모두 가능하다는 식으로 주장하는 듯 하나 결국에는 전자를 지지하고[324] 스웨테는 분명하게 후자를 지지한다.[325] 본서에서는 찰스의 의견을 지지한다. 그 이유는 요한계시록에서 문장은 '카이'(καί) 접속사로 시작하지 전치사로 시작하는 경우는 아주 드물게 나타나기 때문이다(4:1; 7:15; 9:18; 22:15).[326] 따라서 2a절은

324 그 근거와 이유에 대한 좀더 자세한 내용에 대해서는 다음 자료를 참조하라: Charles, *A Critical and Exegetical Commentary on Revelation,* 2:176. NRSV와 ESV는 찰스의 입장을 지지하여 번역하다.

325 이 근거와 이유에 대한 좀 더 자세한 내용은 Swete, *The Apocalypse of St. John,* 296를 참조하라. NKJV이 스웨테의 입장을 지지한다.

326 Koester, *Revelation*, 823.

1절에서 시작된 문장의 끝이고 새로운 문장은 2b절에서 시작한다.[327] 이것은 번역에 반영한다.

2bc절의 구문을 분석하면, 2b절과 2c절은 동일한 내용을 반복하되 약간 강조점을 달리한다. 이 두 문장에서 동일하게 사용된 단어는 "열매"라는 표현인데, 2b절에서는 "열두 열매"란 문구가 사용되고 2c절에서는 "달마다"(κατὰ μῆνα, 카타 메나)라는 문구로 달리 표현한다. 왜냐하면 "달마다" 열린다는 것은 열두 열매를 맺는 것과 다르지 않기 때문이다. 그리고 2b절에 사용된 동사는 ποιοῦν(포이운)으로서 이 동사는 본래 "만들다"(make) 혹은 "행하다"(do)라는 의미이다. 이 본문에서는 열매 관련되어 있으므로 이와 조화로운 우리말 동사를 "맺는다"라고 번역한다. 그리고 2c절에서 사용된 동사는 ἀποδιδοῦν(아포디둔)으로서 이 단어는 "내놓는다"(give out, yield)라는 의미이다.[328] 이 경우에는 이 의미를 번역에 그대로 반영하기로 한다. 그리고 이 두 단어는 모두 분사 형태인데 이것을 형용사적이나 부사적 용법보다는 직설법 동사처럼 사용된 것으로 간주하여 번역한다.[329]

3c절에서 λατρεύσουσιν(라트류우신>λατρεύω, 라트류오)은 7장 15b절에서도 동일한 단어가 사용되어 "예배하다"라고 번역한 바 있다. 이렇게 번역한 것은 이 단어가 이 문맥에서 "성전"이란 단어와 함께 사용되어 제의적 의미를 가지고 있기 때문이다. 3c절에서도 이런 제의적 의미를 부여하여 "예배하다"로 번역한다.[330] 이와 더불어서 여격으로 사용된 인칭 대명사 '아우토'(αὐτῷ)를 "예배하다'와 조화를 이루도록 목적격으로 번역한다.

이상의 내용을 근거로 우리말 어순에 맞추어 번역하면 다음과 같다.

1a 그리고 그는 나에게
1b 하나님 보좌와 어린 양으로부터 나오는
2a 그것(새예루살렘)의 길 한가운데
1a 수정같이 빛나는 생명수의 강을 보여주었다

327 앞의 책.
328 BDAG, 109(1).
329 분사는 독립적으로 직설법 동사로 사용되기도 한다(계 1:6; 4:7; 10:2; 11:1; 12:2; 17:5; 19:12; 21:12, 14, 19 롬 5:11 12:6; 고후 4:8; 5:6; 9:11; 계; Wallace, *Greek Grammar byond the Basics,* 653).
330 쾨스터는 이 단어를 "worship"이라고 번역하여 이것을 "예배하다"라는 의미로 이해하고 있다(Koester, *Revelation,* 824). NRSV와 ESV는 "worship"(예배하다)로 번역하고 NIV와 NKJV는 "serve"(섬기다)로 번역한다.

2b 그리고 그 강 양쪽에 생명의 나무는 열두 열매를 맺고
2c (생명의 나무는) 달마다 그것의 열매를 내놓는다.
2d 그리고 그 나무의 잎사귀는 나라들의 치료를 위한 것이다.
3a 그리고 모든 저주가 다시는 없을 것이다.
3b 그리고 하나님과 어린 양의 보좌가 그 가운데 있을 것이다.
3c 그리고 그의 종들은 그를 예배할 것이다.
4a 그리고 그들은 그의 얼굴을 볼 것이다.
4b 그리고 그의 이름이 그들의 이마 위에 있다.
5a 그리고 밤이 다시는 없을 것이다.
5b 그리고 그들은 등불의 빛과 해의 빛이 필요없을 것이다.
5c 왜냐하면 주 하나님이 그들에게 비추실 것이기 때문이다.
5d 그리고 그들은 영원히 통치할 것이다.

본문 주해

그는 나에게 보여주었다(1a절) 여기에서 요한에게 보여주는 주체는 21장 9절에서 요한에게 새예루살렘을 보여주겠다고 한 "일곱 천사 중 하나"라고 보는 것이 가장 타당하다.[331] 이런 연속성에 의해 이어지는 새에덴의 주제는 새예루살렘과 밀접한 관계를 가지고 있다고 추정할 수 있다.

생명수의 강(1ab절) 먼저 1a절에서 천사가 요한에게 "수정같이 빛나는 생명수의 강"을 보여 주었다. 그리고 이 물은 단순히 "생명수"가 아니라 "생명수의 강"이라고 하여 "생명수"의 지속적이고 풍성한 공급을 시사해 준다. 이것은 6f절의 "생명수의 샘"과 비교하여 더 대규모의 공급원이라는 사실을 내포한다. 그리고 이러한 "생명수의 강"은 "수정 같이 빛나는"(λαμπρὸν ὡς κρύσταλλον)이라고 묘사된다. 이것은 "생명수"의 정결함을 보여 주는 대목이다. 이러한 정결함은 거룩한 성전과 같은 새예루살렘의 속성과 매우 잘 조화된다. 21장 11b절에서 새예루살렘의 빛을 "수정같이 빛나는(κρυσταλλίζοντι)"이라고 표현한 바 있다. 이 표현은 새예루살렘과 새에덴과의 밀접한 관계를 엿보게 해준다.

이 본문에서 "생명수의 강"은 구약을 배경으로 이해할 때 가장 정확하게 해석할 수 있다. 먼저 "생명수의 강"은 구약에서 창세기 2장 10-14절과 에스겔 47장 1-12절을 결합시켜 묘사한 모습이다.[332] 에스겔 47장 1-12절 자체가

331 Swete, *The Apocalypse of St. John*, 294.
332 Swete, *The Apocalypse of St. John*, 294.

창세기 2장 10-14절을 회복하는 본문이다. 창세기 2장에 등장하는 에덴의 영향을 받은 것은 에스겔서만이 아니다. 이 외에도 선지자들은 회복된 예루살렘으로부터 강물이 흘러 나오는 환상을 보았다(사 33:20-21; 겔 47:1; 슥 13:1; 14:8; 욜 3:18; 참조 에녹1서 53:6-7; 4Q554 4 1-2).[333] 먼저 에덴 정원에서 강물이 하나님과 어린 양의 보좌로부터 흘러 나온다. 이러한 생명수의 강의 원천은 바로 창 2장 10-14절에서 소개되는 에덴에서 강의 흐름과 비교된다.

> [10]강이 에덴에서 흘러 나와 동산(정원)을 적시고 거기서부터 갈라져 네 근원이 되었으니 [11]첫째의 이름은 비손이라 금이 있는 하윌라 온 땅을 둘렀으며 [12]그 땅의 금은 순금이요 그 곳에는 베델리엄과 호마노도 있으며 [13]둘째 강의 이름은 기혼이라 구스 온 땅을 둘렀고 [14]셋째 강의 이름은 힛데겔이라 앗수르 동쪽으로 흘렀으며 넷째 강은 유브라데더라

10절에서 사용된 분사인 יֹצֵא(요째)는 "무시제"(tenseless)로서 지속적인 상태를 나타낸다.[334] 그리고 웬함에 의하면 이 창세기 본문의 어법상 강이 에덴으로 올라와 거기에서 정원으로 흘러가게 된다는 것이다.[335] 에덴에서 흘러 나오는 강물은 정원을 적시고 사방으로 흐르는 네 강의 근원이 되어 온 땅을 적시는 풍성함의 근원이 된다. 그래서 에덴 정원은 생명으로 충만하여 보기에 아름답고 먹기에 좋은 나무들이 풍성하게 자랄 수 있게 되었다. 이러한 강물의 기능은 다시 겔 47장에서 회복의 형태로 재현된다.

에덴에서의 생명의 물이었던 강의 존재는 타락 후에 광야 여행 중에 이스라엘을 살리기 위해 반석으로부터 흘러나오는 것을 통해 재현된다. 대표적인 사건은 바로 민수기 20장 2-11절의 므리바 사건이다. 특별히 20장 11절에서 "모세가 그의 손을 들어 그의 지팡이로 반석을 두 번 치니 물이 많이 솟아나오므로 회중과 그들의 짐승이 마시니라"라고 한 말씀에서, 반석으로부터 물이 나온 것을 확인할 수 있다. 바울은 고린도전서 10장 4절에서 "신령한 반석으로부터" "신령한 음료를 마셨다"라고 하면서 이 반석을 "그리스도"로 해석한다.

에스겔 47장에서 생명수 강물은 성전에서 흘러 나온다.[336] 성전에서 흘러

333 Koester, *Revelation*, 823.

334 G. J. Wenham, *Genesis 1-15, Volume 1*, WBC 1 (Grand Rapids: Zondervan, 1987), 64.

335 앞의 책.

336 스몰리는 요한계시록 22장 1절의 "생명의 물의 강"에 대한 구약 배경으로서 에스겔 본문과 함께 스가랴 14장 8-11절과 이사야 35장 5-7절 그리고 요엘서 3장 18절 말씀도 함께 제시한다(Smalley, *The Revelation to John*, 561). 그러나 여기에서는 에스겔 47장 본문에 집중한다.

나오는 생명수 강물은 죽어 있는 모든 것들을 살려 낸다. 먼저 1-5절에서는 물이 성전으로부터 흘러나오는 과정을 소개한다.

> [1]그가 나를 데리고 성전 문에 이르시니 성전의 앞면이 동쪽을 향하였는데 그 문지방 밑에서 물이 나와 동쪽으로 흐르다가 성전 오른쪽 제단 남쪽으로 흘러 내리더라 … [5]다시 천 척을 측량하시니 물이 내가 건너지 못할 강이 된지라 그 물이 가득하여 헤엄칠 만한 물이요 사람이 능히 건너지 못할 강이더라(겔 47:1-5)

먼저 이 본문에서는 창일한 강물이 성전의 문으로부터 흘러 나오고 있음을 보여 주고 있다. 그리고 이어지는 7-12절에서는 이 강물이 어떠한 변화를 가져오는가에 대해 소개하고 있다.

> [7]내가 돌아가니 강 좌우편에 나무가 심히 많더라 [8]그가 내게 이르시되 이 물이 동쪽으로 향하여 흘러 아라바로 내려가서 바다에 이르리니 이 흘러 내리는 물로 그 바다의 물이 되살아나리라 [9]이 강물이 이르는 곳마다 번성하는 모든 생물이 살고 또 고기가 심히 많으리니 이 물이 흘러 들어가므로 바닷물이 되살아나겠고 이 강이 이르는 각처에 모든 것이 살 것이며 [10]또 이 강 가에 어부가 설 것이니 엔게디에서부터 에네글라임까지 그물 치는 곳이 될 것이라 그 고기가 각기 종류를 따라 큰 바다의 고기 같이 심히 많으려니와 … [12]강 좌우 가에는 각종 먹을 과실나무가 자라서 그 잎이 시들지 아니하며 열매가 끊이지 아니하고 달마다 새 열매를 맺으리니 그 물이 성소를 통하여 나옴이라 그 열매는 먹을 만하고 그 잎사귀는 약 재료가 되리라

이 말씀에 의하면 성전에서 나온 물이 이르는 곳마다 모든 생물이 소성함을 얻는다. 이러한 기능 때문에 이 물을 "생명을 주는 물"(life-giving water)라고 칭할 수 있다.[337] 이러한 소성을 가능케 한 물이, 바로 1-5절에서 보여 주고 있는 것처럼, 성전에서 나온 것이라는 점을 주목할 필요가 있다. 이것은 곧 에덴에서 정원으로 흘러나오는 강물이 정원으로 흘러 정원의 모든 식물을 촉촉하게 적시므로 그 생명의 싱싱함을 유지할 수 있도록 한 것과 동일한 패턴을 가지고 있다. 더 나아가서 에스겔 47장 6-8절에서 소성케 된 여러 정황들은 에덴 동산의 모습을 연상케 한다. 그렇다면 성전에서 나온 물에 의해 에덴 회복이 이루어 지고 있음을 알 수 있다. 특별히 12절에서 강 좌우에 각종 과실 나무가 자라서 그 잎이 시들지 아니하고 과실이 끊이지 않으며 달마다 새 열매를 맺을 것이라는 것은 다음 단락에서 다루게 될 요한계시록 22장 2bcd절의 배경

---

337 Boxall, *The Revelation of Saint John*, 310.

이 된다.

이러한 물의 역할에 있어서 신약적 성취는 바로 요한복음 7장 37-39절에서 성령의 사역과 관련하여 이루어지고 있는 것으로 볼 수 있다.

> [37]명절 끝날 곧 큰날에 예수께서 서서 외쳐 가라사대 누구든지 목마르거든 내게로 와서 마시라 [38]나를 믿는 자는 성경에 이름과 같이 그 배에서 생수의 강이 흘러나리라 하시니 [39]이는 그를 믿는 자의 받을 성령을 가리켜 말씀하신 것이라 (예수께서 아직 영광을 받지 못하신 고로 성령이 아직 저희에게 계시지 아니하시더라)(요 7:37-39)

이 요한 복음 본문의 38절에서 "생명수의 강"은[338] 예수님께의 배 속으로부터 흘러 나온다.[339] 이 예수님의 배로부터 나오는 "생수의 강"은 요한복음 7장 39절에 의하면 믿는 자들이 받을 "성령"을 의미하는 것으로 해석하고 있다. 이러한 "생명수의 강"은 요한 복음 4장에서 수가 성 여인에게 제공된 바 있다.[340] 이러한 생수의 강을 체험한 수가 성 여인은 그 삶에 있어서 완벽한 회복의 삶을 살게 된다. 이런 일련의 내용들이 요한계시록의 "생명수의 강"과 관련된 것이라면[341] 이러한 패턴은 요한계시록 22장 1절의 "생명수의 강"에도 적용될 수 있다. 요한복음에서 생수의 강의 예수님의 배에서 흘러 나오는 것처럼 요한계시록에서도 "어린 양으로부터" 흘러 나온다.[342] 일관된 원리는 이러한 "생명수의 강"에 의해 에덴의 회복이 이루어지고 있다는 것이다. 특별히 신약적 맥락에서 "회복"의 핵심에는 성령이 있다는 사실을 요한복음 본문으로부터 알 수 있다.

이상에서 22장 1절의 "생명수의 강"은 창세기 2장 10-14절에서 에덴 정원

---

338 여기에서 "생수의 강"은 헬라어로 ποταμοὶ ὕδατος ζῶντος(포타모이 휘다토스 존토스)으로서 요한계시록 본문과 비교하면 소유격 명사인 "ζωῆς"(조에스, 생명의)가 분사형인 ζῶντος(존테스, 살아 있는)로 사용된다. 따라서 이 문구를 직역하면 "살아 있는 물의 강"이라고 할 수 있다.

339 38절의 "그의 배로부터"(ἐκ τῆς κοιλίας αὐτοῦ, 에크 테스 코이리아스 아우투)라는 문구에서 "그의 배"는 "예수님의 배"인지 아니면 "신자의 배"인지에 대한 논쟁이 있다. 레이몬드 브라운(Raymond E. Brown, *The Gospel According to John (I-XII)*, 2nd ed., AB 29 [Garden City, NY: Doubleday, 1986], 320)은 전자를 주장하고 카슨(Carson, *The Gospel according to John*, 324)은 후자를 주장한다. 여기에서는 브라운이 주장하는 것처럼 "그의 배"를 "예수님의 배"로 해석하는 것을 지지한다. 요한복음 19장 34절에서 실제로 예수님의 배에서 생수의 강이 흘러 나오는 장면을 은유적으로 연출하고 있다(Brown, *The Gospel according to John [I–XII]*, 320).

340 오즈번과 토마스는 요한복음 4장의 수가성 여인이 마신 물을 7장 38절과 연결시키고, 이것이 요한계시록 21장 1절과도 관련되고 있음을 지적한다(Osborne, *Revelation,769; Thomas, Revelation 8-22*, 481).

341 브라운(Brown)은 요한복음 7장 37-39절의 생수의 강을 요한계시록 22장 1절의 "생명의 물의 강"과 연결짓는 것을 지지한다(Brown, *The Gospel according to John [I–XII]*, 320).

342 앞의 책.

에 흐르는 강물과 에스겔 47장 1-12절에서 성전으로부터 흘러 나온 강물의 성취이며 완성으로서 구속사적 의미를 갖는다. 그리고 요한복음 7장 37-39절에서 "살아 있는 물(생수)의 강(들)"(ποταμοὶ ... ὕδατος ζῶντος, 포타모이 ... 휘다토스 존토스)은 성령으로 해석된다.[343] 이러한 성령을 통한 회복으로 생명의 충만함이 넘치는 그림은 종말에 교회 공동체에게 완벽하게 이루어질 모습을 보여준다.

새예루살렘에서 이 "생명의 물의 강"은 두 가지 특징을 갖는다. 첫째로, 이것은 "하나님과 어린 양의 보좌로부터" 흘러나온다는 사실이다(1b절). 여기에서 "하나님의 보좌"는 요한계시록에서 통상적인 표현이지만 "어린 양의 보좌"라는 표현은 이전에 언급된 바 없는 매우 "놀랄만한 표현"(startling expression)이다.[344] 5장 6절에서 어린 양은 "보좌와 네 생물 중에와 장로들 중에" 서 있고 7장 17절에서는 "보좌 가운데 계신 어린 양"으로 묘사된다. 이런 구성에서 어린 양의 위치는 하나님의 보좌와 구별되어 있는 것이 사실이나 3장 21절에서 이 보좌는 하나님과 어린 양 예수님이 공유하고 있는 것을 보여준다.[345]

이 "하나님과 어린 양의 보좌로부터" 흘러 나온 "생명수의 강"은 에덴으로부터 강물이 흘러 나와 정원을 적신 것이나 광야 여행 중에 반석에서 물이 나와 이스라엘 백성들에게 물을 공급해 준 것과(민 20:2-11) 그리고 에스겔 47장에서 성전으로부터 물이 나와 모든 죽은 것들을 살린 것들의 절정을 보여준다. 그리고 요한복음 7장 37-39절에서 예수님의 배로부터 흘러 나온 이런 "생명의 물의 강"은 살리는 영으로서 성령의 활동과 밀접한 관계를 가지고 있다. 이것은 바나바 6장 13절에서 "보라 나는 마지막 것들을 첫음 것처럼 만든다"라고 한 것처럼 역사의 완성의 단계에서 역사의 시작 단계를 마무리함으로써 하나님의 목적을 온전히 이루는 모습을 보여준다.[346]

둘째로, 새예루살렘에서 "생명의 물의 강"은 새예루살렘의 큰 길 한 가운데를 가로지른다(2a). 번역에서 2a절은 2b절이 아니라 1절과 연결되는 것으로 논의한 바 있다. 따라서 2a절의 "그것의 길 한가운데"는 1a절의 "생명의 물

343 요한복음 7장 38절에서 사용된 "생수의 강(들)"이란 문구는 요한계시록의 "생명수의 강"과 약간의 차이가 있다. 전자의 "생수"는 "살아 있는 물"(ὕδατος ζῶντος, 휘다토스 존토스)이란 의미이고 후자는 "생명의 물"(ὕδατος ζωῆς)이라는 의미이다. 그러나 "생명"의 의미가 두 경우에 모두 공유된다는 점에서 공통점이 있다.

344 Swete, *The Apocalypse of St. John*, 295.

345 앞의 책.

346 Beasley-Murray, *The Book of Revelation*, 330.

의 강"이 흐르는 경로를 나타내 주고 있다. 여기에서 "길"에 해당되는 단어인 '플라테이아'(πλατεῖα)는 "넓은 길"(wide road)이란 뜻이다.[347] 이것은 예루살렘의 "주요 광장"(main square)을 떠올리게 한다.[348] 에덴에서는 강물이 에덴으로 올라와 거기에서 정원으로 흘러 가지만, 새에덴에서 "생명의 물의 강"은 새예루살렘의 길 한가운데를 관통한다. 에덴에서는 물의 종착지가 정원인 반면 새에덴에서는 새예루살렘이다. 이것은 교회 공동체 가운데 생명의 충만함이 있을 것을 시사해준다.

또한 도시 한 가운데로 강물이 흐르는 이런 구조는 이례적이다. 보통 고대 사회에서 도시 한 가운데로 강물이 흐르는 것은 홍수 등의 위험 때문에 도시 건설을 할 때 피하는 것이 상식이다.[349] 따라서 로마, 에베소, 서머나 그리고 다른 도시들의 경우에 강물이 그 도시의 옆에 위치해 있다.[350] 도시 건설의 기본적 상식에 상충됨에도 불구하고 생명의 물의 강이 도시를 관통하는 큰 길가 한 가운데 흐르고 있는 것으로 묘사하는 것은 새예루살렘이 생명을 지속적으로 충만하게 공급받게 되었다는 것을 강조하기 위한 신학적 의도에서 비롯된 것이 분명하다. 먼저 이것은 에덴에서 강물이 네 방향으로 흐르면서 정원을 부족함 없이 촉촉하게 유지시켜 주었던 상황을 연상케 하며, 에스겔 47장에서 성전으로부터 흘러 나온 물들이 죽은 것들을 살리는 장면을 떠 올리게 한다. 더 나아가서 이런 에덴 회복의 절정으로서 새예루살렘 공동체 가운데 성령을 통한 생명의 충만함이 전혀 부족함 없이 나타나게 될 것을 강조하고 있는 것이라고 할 수 있다.

끝으로 이런 "생명수의 강"은 하늘에 있는 "셀 수 없는 큰 무리"가 누리는 축복을 설명하는 7장 17절에서 "생명수의 샘"과 평행 관계이다.[351] 하늘과 땅이 통합된 새창조 안에서 새예루살렘 공동체가 누리는 축복에서 그 절정을 보게 되는 것이다. 21장 6절에서도 "생명의 물의 샘으로부터 선물로 목마른 자에게 줄 것이다"라고 하신 바 있다.

이상에서 첫 에덴에서는 물이 에덴으로 올라와 거기에서 정원으로 흘러

---

347 BDAG, 823.

348 Smalley, *The Revelation to John,* 562. 요한계시록 11장 8절에서 두 증인의 시체가 이 "도시의 넓은 길"(ἐπὶ τῆς πλατείας τῆς πόλεως 에피 테스 플라테이아스 테스 폴레오스플라테이아)에 있다고 기록한다.

349 Koester, *Revelation*, 823.

350 앞의 책.

351 Osborne, *Revelation*, 769.

간다고 한다. 새에덴에서는 이 강을 "생명수의 강"이라고 규정하고 그것이 새 예루살렘의 길 한가운데를 관통하는 것으로 묘사한다. 에덴에서는 물의 종착지가 정원인 반면 새에덴에서는 새예루살렘이다. 이것은 교회 공동체 가운데 생명의 충만함이 있을 것을 시사한다.

강 양쪽에 있는 생명 나무와 열두 열매(2bc절) 생명의 물의 강에 이어서 2bcd절에서는 창 2장 9절의 "생명 나무"와 에스겔 47장 12절의 "과실 나무"의 결합을 배경으로 생명 나무와 그 열두 열매에 대해 언급한다.[352] 창세기 2장 9절에서 모든 나무가 "보기에 아름답고 먹기에 좋다"고 하면서 정원 가운데에 "생명나무"가 하나 있다고 한다. 그리고 에스겔 47장 12절은 앞에서도 언급했던 것처럼 성전에서 흘러 나온 물로 말미암아 조성된 환경을 기록하고 있다.[353]

> 강 좌우 가에는 각종 먹을 과실나무가 자라서 그 잎이 시들지 아니하며 열매가 끊이지 아니하고 달마다 새 열매를 맺으리니 그 물이 성소를 통하여 나옴이라 그 열매는 먹을 만하고 그 잎사귀는 약 재료가 되리라 위의 에스겔 본문과 요한계시록 본문을 비교하면 다음과 같다(겔 47:12)

창세기 본문과 에스겔 본문을 요한계시록 22장 2b절과 비교하면 다음과 같다.

창세기 2:9	에스겔 47:12	요한계시록 22:2bcd
정원 가운데에 "생명나무"가 하나 있다	강 좌우(ἔνθεν καὶ ἔνθεν) 가에는 각종 먹을 (과실) 나무가 자라다	b)강 양쪽에(ἐντεῦθεν καὶ ἐκεῖθεν) 생명나무가 있어 열두 열매를 맺는다
모든 나무가 "보기에 아름답고 먹기에 좋다	달마다 새 열매를 맺으리니	c)달마다 그것의 열매를내놓음
먹고 영생(3:22)	그 잎사귀는 약 재료가 되리라	d)그 나무 잎사귀들은 나라들의 치료를 위한 것이다

위의 요한계시록 본문은 창세기 2장 9절과 에스겔 47장 12절을 사용하는데 있어서 아주 중요한 변화와 공통점을 볼 수 있다.

첫째로, 에스겔의 "강 좌우 가에는 각종 과실 나무"를 "강 양 쪽에 생명나무"로 바꾸어 표현한다.[354] 이것은 에스겔 본문의 변경일수도 있지만 창 2장

352 Reddish, *Revelation*, 419.
353 Swete, *The Apocalypse of St. John*, 295.
354 Reddish, *Revelation*, 419.

9절의 에덴의 생명나무와의 결합을 시도하고 있는 것이라고 볼 수도 있다. 어쨌든 생명나무의 존재는 요한이 구속 역사의 절정의 순간을 새예루살렘을 통해 드러내기 위해 에덴 정원의 이미지를 의도적으로 강화하려 하기 때문에 발생한다. 그런데 에덴에서 아담과 이브가 생명 나무를 먹었다는 기록이 없고 타락 후에는 그들이 영원히 살지 않도록 그 생명 나무에 접근하는 것을 금지시킨 바 있지만(창 3:22), 새예루살렘에서 생명 나무는 더 이상 금지된 과일이 아니며 매우 자유롭고 풍성하게 먹도록 허락된다.[355]

여기에서 흥미로운 것은 에스겔 본문이든 요한계시록 본문이든 모두 현상적으로는 복수인데 표현은 단수로 되어 있다는 점이다. 곧 에스겔 본문의 "강 좌우"(ἔνθεν καὶ ἔνθεν, 엔덴 카이 엔덴)이나 요한계시록 본문의 "양쪽에"(ἐντεῦθεν καὶ ἐκεῖθεν, 엔튜덴 카이 에케이덴)라는 문구는 나무의 위치를 표현한다. 이 표현에서 "좌우"(ἔνθεν καὶ ἔνθεν, 엔덴 카이 엔덴) 혹은 "양 쪽"(ἐντεῦθεν καὶ ἐκεῖθεν, 엔튜덴 카이 에케이덴)은 하나 이상의 나무의 존재를 전제한다. 그리고 강 좌우 혹은 양쪽이란 표현에서 또한 할 수 있는 것은 강과 생명나무가 조화롭게 결합된 모습으로서 강에서 공급되는 물로 생명나무가 풍요롭게 존재하게 되는 그림을 그려주고 있다.

그렇다면 에스겔 본문에서 과실 나무는 다양한 종류의 나무들이 있는 것처럼, 요한계시록 본문에서도 생명나무는 수많은 나무들로 구성되어 있는 것으로 볼 수 있다. 따라서 에스겔서와 요한계시록 본문 모두에서 공통적으로 사용된 단수 명사인 "나무"(ξύλον, 크쉴론)는 "집합 명사"(collective)로 간주할 수 있다.[356] 요한계시록에서 사용된 단수 명사 '크쉴론'은 에스겔서에서 집합 명사로 사용된 용례를 그대로 채용한 것으로 볼 수도 있다. 반면 창세기에서 생명나무는 하나이며 단수로 사용된다. 이 경우는 집합 명사로 볼 수 없다.

둘째로, 에스겔서에서는 "달마다 새 열매를 맺는다"고 한 것을 요한계시록에서는 2b절에서 "열두 열매를 맺는다"고 하고 또한 2c절에서 "달마다 그것(생명나무)의 열매를 내놓는다"고 하여 에스겔서의 "달마다"는 그대로 유지하면서 "열둘"이라는 숫자를 좀 더 분명하게 드러내고 있다. "열둘"이라는 숫자는 요한계시록에서 하나님의 백성의 수를 나타내는 용례로 빈번하게 사용된다. 예

---

355 앞의 책.
356 Aune, *Revelation 17-22*, 1177.

를 들면 4장 4절의 24장로나 7장 1-8절의 144,000 그리고 21장에서 열두 진주 문들과 열두 기초석 그리고 성벽 높이로서 144규빗과 새예루살렘의 가로, 세로 그리고 높이로서 144,000 스타디온과 같은 숫자에서 12 라는 숫자가 기본적 단위로 사용되고 있고 이 숫자가 사용된 경우 모두 하나님 백성의 의미와 관련되어 사용된다. 동시에 일년을 열두 달로 볼 때 달마다 열매가 열리게 됨으로써 일년 중 한달도 공백 기간 없이 지속적이고 규칙적으로 생명나무 열매가 열리게 된다는 것을 시사한다.[357)]

이런 의미를 달마다 열리는 생명 나무의 열두 열매에 적용하면 에덴에서 아담에게 영원한 생명을 주기 위해 예비되었던 생명 나무 열매가 바로 새예루살렘 공동체 모두에게 예외 없이 지속적으로 주어지게 될 것임을 알수 있다. 이것은 생명의 충만함을 통한 에덴 회복의 완성을 보여주는 것이기도 하다. 처음 에덴에서 생명나무를 먹기도 전에 선악과를 먹고 저주받은 것과는 대조적으로 이제 새에덴에서는 생명 나무의 열두 열매를 먹고 저주로부터 회복되고 생명을 얻는 반전이 일어난다.[358)]

셋째로, 나무들의 열매에 이어 잎사귀에 대한 내용과 관련하여 에스겔 47장 12절의 우리말 성경에서 "그 잎사귀는 약 재료가 되리라"라고 되어 있는데 이 문구를 직역하면 "그 잎사귀는 치료를 위한 것이다"라고 할 수 있다. 에스겔 본문에서 히브리어 본문(MT)과 70인역에서 단어 사용에 있어서 미세한 뉘앙스의 차이가 발생한다. 히브리어 본문은 לִתְרוּפָה(레테루파)으로서 "치료를 위하여"라는 의미를 갖는다. 70인역은 εἰς ὑγίειαν (에이스 휘게이안)으로서 "건강(health)을 위하여"라는 의미이다.[359)] 여기에서 "치료"와 "건강"은 전혀 이질적인 것은 아니지만 약간의 뉘앙스의 차이를 보여준다.

요한계시록 2d절의 "그 나무의 잎사귀는 … 치료를 위한 것이다"(εἰς θεραπείαν τῶν ἐθνῶν, 에이스 데라페이안 톤 에드논)라는 문구는 에스겔서의 70인역보다는 히브리어 본문을 사용한 것으로 볼 수 있다. 여기에서 에스겔서의 내용이 요한계시록 본문에 적용되어 생명나무의 잎사귀가 치료를 위해 사용되는 것으로 묘사된다. 여기에서 생명나무 잎사귀에 의한 치료는 "물리적이며 영적인

357 스몰리는 이런 달마다 12가지 다양한 열매를 맺는 특징에 대해 "풍성함과 신선함"의 의미를 부여한다(Smalley, *The Revelation to John*, 563).
358 Mounce, *The Book of Revelation*, 399.
359 BDAG, 1023.

결핍의 완전한 부재"(the complete absence of physical and spiritual want)의 상태를 의미한다.[360] 이런 상태는 하나님과의 관계가 온전히 회복될 때에만 가능하다.[361] 이것은 에덴에서 아담이 누렸던 복이고 타락하지 않았다면 생명나무를 먹고 영원히 누렸을 복이었다. 이제 이런 상태를 언급하고 있는 것은 에덴 회복이 완성되었다는 사실을 나타낸다. 이것은 생명나무의 열두 열매의 효과와 동일하다. 그렇다면 여기에서 왜 굳이 잎사귀를 언급하고 있을까? 여기에 두 가지를 지적할 수 있다.

첫째로, 에즈라 4서 7장 123절에 의하면 종말에 회복될 새에덴에는 생명나무 열매와 함께 "치료"(healing)가 동반된다고 한다.[362] 여기에서 종말적 에덴에서 "치료"는 필연적이라는 것을 알 수 있다. 둘째로, 이런 치료의 이미지를 효과적으로 보여주기 위해 고대 사회에서(혹은 현대에서도 민간 요법으로) 통상적으로 상처를 치료하기 위해 사용되는 나무의 잎사귀를 활용하고 있는 것이다.[363] 타락 이후에 인간은 죄로 오염되어 영적으로 뿐만 아니라 육체적으로도 심각한 결핍 상태에 있게 되었으므로 이런 죄의 오염을 씻어내기 위한 치료 과정이 필연적으로 필요하게 된 것이다. 이제 마침내 생명나무의 열매와 잎사귀 이미지를 통한 회복의 완성이 이루어지게 되었다는 것을 분명하게 보여주고 있다.

또한 요한계시록은 에스겔 본문과는 달리 치료라는 단어 앞에 "나라들의"(τῶν ἐθνῶν, 톤 에드논)라는 소유격 명사를 덧붙여 그 치료의 대상을 "나라들"로 적시한다. 물론 이것은 문자 그대로 해석하여 새예루살렘 외부에 치료받지 못한 나라들이 존재한다는 뜻이 아니다.[364] 이것은 21장 24-26절의 경우처럼 구약이나 현재의 상태로부터 이미지를 사용하여 완성될 종말의 상태를 묘사하고 있는 것이다.[365] 곧 나라들이 생명의 나무의 잎사귀로 치료되어 "물리적이며 영적인 결핍의 완전한 부재"의 상태를 획득하게 된다는 것이다. 이것은 11장 15c절의 일곱 번째 나팔 심판에서 "세상의 나라가 우리의 주와 그의 그리스도의 나라가 되었다"고 한 것과 동일한 의미로 볼 수 있다. 요한계시록에서

360 Mounce, *The Book of Revelation*, 400.
361 Koester, *Revelation*, 824.
362 Aune, *Revelation 17-22*, 1178.
363 Koester, *Revelation*, 824.
364 Mounce, *The Book of Revelation*, 399
365 앞의 책, 400.

악의 세력에 속해 있는 "나라들"은 아브라함 언약의 성취로서 하나님께 속하도록 하는 대상이 되기도 한다.[366] 이와 관련하여 보쿰은 "요한계시록의 주제는 온 세상의 주권이 용과 짐승으로부터 하나님께로 전환(transfer)되는 것이다"라고 주장한다. 여기에서 회복의 우주적 성격이 강조되고 있다. 곧 교회 공동체는 모든 나라들으로부터 택함 받은 자들로 구성되어 있다.

모든 저주가 다시 없다(3a절) 다음 3절은 1-2절에 이어 새예루살렘 교회 공동체가 누리게 될 에덴적 삶의 정황에 대한 기록을 이어 가고 있다. 먼저 3a절에서 "모든 저주가 다시는 없을 것이다"라고 한다. 이것은 문맥 관계에 의해 에덴 모티브를 언급하고 있는 1-2절의 맥락에서 해석하는 것이 자연스럽다. 특별히 직전의 2d절에서 "나라들의 치료"에 대한 언급은 이런 저주의 상태가 전제된다는 것을 앞서 언급한 바 있다. 그렇다면 3a절의 "저주"는 막연한 의미로 접근하기 보다는 에덴에서 범죄한 아담과 하와를 비롯한 모든 인간에게 내려진 심판(창 3:16-19)으로서의 저주로 이해하는 것이 타당하다.[367] 이 때 창세기 3장 17절에 사용된 "저주"(ἐπικατάρατος, 에피카타라토스)라는 단어는 요한계시록 본문(3a절)의 "저주"(κατάθεμα, 카타데마)와 동의어이다. 이와 같은 맥락에서 이스라엘 백성들이 가나안에서 율법을 범하므로 심판의 저주가 그들에게 내려졌다는 역사적 사실도 또한 배경으로 한다고 볼 수 있다. 이런 점에서 "저주"라는 단어는 인간의 죄악 때문에 초래되는 결과를 의미하여 사용된 것이다.[368]

하나님의 구속 역사를 거스리는 반동으로 존재했던 저주의 동력에 완벽한 반전이 일어난다. 예수님의 십자가의 공로로 선악과나 율법의 요구를 더 이상 받지 않을 새예루살렘 공동체에 생명 나무와 같이 생명의 충만함만이 존재할 뿐, 더 이상의 어떠한 저주도 그들에게 내려지지 않을 것임을 천명하고 있다. 이미 예수님께서 십자가에서 모든 저주를 감당하셨을 뿐만 아니라 모든 선악과의 시험을 마지막 아담으로 오셔서 최종적으로 통과하셨기 때문에 믿는 자들에게 다시 이런 시험과 저주가 주어지지 않을 것이다. 이러한 사실은 생명나무의 열두 열매와 잎사귀에 의한 에덴의 완벽한 회복을 경험한 새예루살렘

366 Bauckham, *The Climax of Prophecy*, 242.
367 쾨스터는 이 저주의 구체적 내용으로서 노동의 고통과 출산의 고통 그리고 아담과 이브가 에덴 정원으로부터 쫓겨나 다시 들어 올 수 없게 된 상황을 포함시키고 있다(Koester, *Revelation*, 824).
368 Blount, *Revelation*, 398.

공동체에게 현실화되어 나타난다.[369] 이것은 21장 27절의 "모든 부정한 것과 가증한 것들과 거짓을 행하는 자는 그것으로 결코 들어오지 않을 것이다"라는 본문에서 보여주고 있는 것처럼 새예루살렘의 거룩성과도 관련된다.[370]

한편 3a절은 유사한 문구를 사용하고 있는 스가랴 14장 11절을 연상시킨다.[371]

> 사람이 그 가운데 살며 다시는 저주가 있지 아니하리니 예루살렘이 평안히 서리로다(슥 14:11)

이 스가랴 본문의 "다시는 저주가 있지 아니하리니"(ἀνάθεμα ἔτι, 아나데마 에티)라는 문구는 3a절의 '다시 저주가 없으며'(κατάθεμα … ἔτι, 카타데마 … 에티)라는 문구와 매우 유사하다. 그런데 히브리어의 חֵרֶם(헤렘)에 대한 70인역은 '아나데마'이지만 요한은 70인역의 '아나데마'가 아닌 '카타데마'라는 단어를 채택하여 "헤렘"과 의도적으로 연결지으려고 한다.[372] 구약에서 "헤렘"은 대적들을 철저하게 파괴할 것을 요구하면서, 여호와에 의해 그 대적들에게 부과된 "거룩한 금지"(the sacred ban)를 의미한다.[373] 이런 "헤렘"은 가나안 땅의 정복의 과정에서 멸절되어야 하는 원수들로서 가나안 족속과 그 전리품들을 가리켜 사용된다(수 2:10; 6:18, 21; 10:1, 28, 35, 37, 39; 11:11, 12, 20, 21). 여호수아 7장 10-13절의 아이성 사건에서 이 "헤렘"은 멸망받도록 되어 있는, 여호와께 "온전히 바쳐진 것"으로 묘사된다. 그런데 아이성 정복 과정에서 아간이 이 금지된 "헤렘"을 잘못 건드려서 심판받는다. 바로 요한은 이런 의미의 "헤렘"을 새예루살렘에서 생명 나무의 열매와 이파리로 치료받은 나라들에게 적용하여 그 나라들은 심판의 빌미가 될 수 있는 이런 헤렘 자체가 존재하지 않게 될 것이라고 천명하고 있다.[374] 스가랴 본문과는 달리 요한계시록에서는 "모든"(πᾶν, 판)이라는 단

---

369 보쿰은 22장 3절에서 "모든 저주가 다시 있지 않게 될 것이다"라는 것과 바로 직전의 2d절의 "생명나무 잎사귀에 의한 나라들의 치료"는 서로 밀접한 관계가 있음을 지적한다(Bauckham, *The Climax of Prophecy*, 316).

370 앞의 책. 블라운트는 이 논거의 근거 구절로 21장 2절을 제시하지만 이 주제와 관련해서는 21장 27절이 더 적절하다고 판단된다.

371 Charles, *A Critical and Exegetical Commentary on Revelation*, 2:209. 찰스는 스가랴 14장 11절의 70인역보다는 히브리어 본문(וְחֵרֶם לֹא יִהְיֶה־עוֹד,베헤렘 로 이헤야 오드)을 사용했다고 주장한다(앞의 책).

372 "저주"에 해당되는 70인역의 헬라어 단어인 '아나데마'는 요한계시록 본문의 단어인 '카타데마'와 다르지만 어근이 동일하다. 이 두 단어는 동의어로 간주할 수도 있다.

373 Bauckham, *The Climax of Prophecy*, 316.

374 앞의 책, 317.

어가 덧붙여 지고 있어 저주가 없는 상태가 좀 더 강조되고 있다.[375)]

스가랴 14장 11절의 후반부에서 "예루살렘이 평안히 서리로다"라고 하여 예루살렘이 안전하게 존재하게 될 것을 말하고 있다. 이것은 "헤렘"이 더 이상 존재하지 않게 된 결과이다. 따라서 "헤렘"의 제거는 예루살렘의 안전을 보장한다. 곧 심판에 의해 예루살렘이 멸망하는 일이 없이 안전하게 거하게 될 것이라는 의미를 갖는다. 이러한 의미를 요한계시록의 본문에 적용한다면 새예루살렘 공동체는 다시는 그 어떠한 이유에 의해서도 멸망 당하는 일이 없이 안전하게 새창조 안에 거할 수 있게 될 것이다. 그러므로 다시 저주가 없다는 것은 전쟁이나 핍박의 완벽한 제거를 의미하거나[376)] 요한계시록의 새예루살렘 공동체는 외부의 적이 존재하지 않게 되었으므로 그 존재 자체로 그 어떤 심판에 의한 저주로부터 해방된 완전히 안전한 상태라는 것을 보여준다.[377)] 이런 점에서 "저주"는 사람을 대상으로 가리키기 보다는 어떤 사물이나 사건을 가리키는 것으로 볼 수 있다.[378)]

하나님과 어린 양의 보좌(3bc절) 더 나아가서 3b절와 3c절에서 하나님과 어린 양의 통치와 그 통치에 순응하는 하나님 백성들의 모습을 보여 주고 있다. 먼저 3b절에서는 하나님과 어린 양의 보좌가 새에덴 가운데 있다는 것을 말한다. 4장 2bc절에서 하늘 성전에 하나님의 보좌와 그 보좌에 앉으신 이를 본다. 그리고 7장 15a절에서 "그들은 하나님의 보좌 앞에 있다"고 하여 하늘에서 "셀 수 없는 큰 무리"가 하나님의 보좌 앞에 있는 것을 연출한다. 그런데 이제 그 보좌는 새예루살렘이 하늘로부터 내려온 새창조 곧 새에덴 가운데 존재하게 되었다.[379)] 보좌는 하늘에만 머물러 있지 않고 하늘과 땅이 통합된 새창조 안에 위치한다. 왜냐하면 구속 역사는 하나님의 보좌가 피조물 가운데 있었던 에덴의 회복을 완성하기 위해 진행해 가기 때문이다. 이러한 모습은 21장 22절에서 새예루살렘 공동체 가운데 전능하신 주 하나님과 어린 양께서 성전 되

375 스웨테는 '판'(πᾶν)이라는 단어에 의해 부정의 의미가 더욱 강화된다고 해석한다(Swete, *The Apocalypse of St. John,* 296.

376 Aune, *Revelation 17-22*, 1179.

377 쾨스터도 이런 입장을 지지하며 "새예루살렘에서 악과의 하나님의 전쟁은 끝났다. 바벨론, 짐승 그리고 사탄은 정복되고 말았다(17:16; 19:20; 20:10)"고 주장한다(Koester, *Revelation,* 824).

378 Charles, *A Critical and Exegetical Commentary on Revelation,* 2:209. 물론 찰스는 이 단어가 인간과 관련하여 사용되는 것을 부정하지 않는다(앞의 책).

379 Swete, *The Apocalypse of St. John*, 297.

신다는 진술과 완벽한 조화를 이룬다.

그리고 3b절에서 "보좌"는 하나이지만 그것을 차지하고 있는 주인은 하나님과 어린 양 예수님이시다. 보좌가 하나라는 사실은 3b절의 ὁ θρόνος τοῦ θεοῦ καὶ τοῦ ἀρνίου (호 드로노스 투 데우 카이 투 아르니우)라는 문구에서 단수로 사용된 ὁ θρόνος(호 드로노스)를 통해 잘 나타난다. 보좌는 하나이기에 하나님과 어린 양의 보좌라는 표현은 그 보좌를 공유하고 있다는 의미로 이해할 수 있다. 이것을 잘 보여주는 본문이 3장 21b절이다. 3장 21b절의 "내가… 나의 아버지와 함께 그의 보좌에 앉은 것과 같이…"에서 이런 보좌의 공유를 잘 나타내 주고 있다. 보좌를 공유하고 있다는 것은 하나님과 어린 양 예수님이 동등하게 만물을 통치하는 분이심을 시사한다. 이처럼 보좌의 공유에 의한 하나님과 어린 양 예수님의 동등한 권세의 지위는 요한계시록에서 일관되게 나타나는 내용이다.[380]

이와 연결되는 주제로서 3c절에서는 하나님의 종들이 하나님을 예배하는 것으로 언급되고 있다. 먼저 "그의 종들"이란 1장 1절과 7장 3절에서도 사용된 바 있는데 요한계시록에서 통상적으로 "모든 그리스도인들"을 가리켜 사용된다.[381] 여기에서 예배의 대상으로서 "그에게"(αὐτῷ, 아우토)에 해당되는 인칭 대명사가 단수로 사용되고 있는데 이는 3b절에서 보좌와 함께 언급된 하나님과 어린 양 예수님 중 그 누구든지 지칭해도 무관하기 때문이다.[382] 이런 사실은 4장에서 하나님을 예배하고 5장에서는 어린 양 예수님을 예배의 대상으로 언급하는 것을 통해서도 입증된다. 바로 여기에서 하나님/어린 양의 보좌와 그의 종들의 섬김은 적절하게 조화되는 관계이다. 하나님의 종들이 하나님의 보좌 앞에서 섬긴다는 것은 자연스러운 모습이기 때문이다.

여기에서 λατρεύσουσιν(라트류수신>λατρεύω, 라트류오)라는 단어는 "봉사하다"라는 것과 "예배하다"라는 두 가지 의미를 갖는다.[383] 특별히 이 단어는 "두려움, 사랑, 순종 그리고 기도로 하나님을 섬기는 모든 행위"를 가리켜 사용된다(신 10:12-13; 수 24:24; 눅 1:74-75; 2:37; 롬 1:9-10; 딤후 1:3).[384] 여기에서는 7장 15b절의

380 이런 동등한 권세에 대한 가장 대표적인 예는 4장에서 하나님을 찬양하는 것처럼, 5장에서 어린 양 예수님을 찬양하는 내용이다.

381 Thomas, *Revelation 8-22*, 486.

382 토마스는 이런 관계를 "아버지와 아들의 일체성(unity)"이라고 규정한다(앞의 책, 486-87).

383 Osborne, *Revelation*, 773.

384 Koester, *Revelation*, 824.

경우처럼 제의적 의미를 부여하여 "예배하다"라는 의미로 사용된 것으로 간주한다.[385] 이런 예배적 행위는 에덴에서 하나님을 향한 아담의 태도에서 시작하여 이스라엘 백성과 하나님간의 언약 관계로 이어지고, 그리고 7장 15b절에서 하늘의 셀 수 없는 큰 무리가 상징하는 교회 공동체 안에 나타난다. 이제 이 모든 것들의 절정으로서 새에덴에서 생명 나무 잎사귀로 치료 받은 나라들이 하나님을 향하여 예배의 행위를 하는 것이다. 에덴 회복이 완성되는 정황에서 당연하다고 볼 수 있다.

그의 얼굴을 보다(4a절) 4절은 3절에서의 하나님의 보좌 앞에서 하나님의 종들이 섬기는 관계의 연장선상에서 서술하고 있다. 하나님/어린 양의 보좌 앞에서 섬기는 그들이 하나님의 얼굴을 보게 되는 것은 당연하다. 여기에서 "하나님의 얼굴을 보다"는 "누군가에 의해 중개되지 않은(unmediated: 직접적인, 나의 말) 하나님과의 교제"를 의미한다.[386] 또한 "하나님의 얼굴을 본다"는 문구는 유대적 사상과 초기 기독교에서 "하나님의 존재와 능력의 온전한 인식"일 뿐만 아니라(욥 33:25; 시 10:11; 17:15; 요삼 11) "성전에서 하나님을 예배"하거나(시 42:2), 선지자들이 환상을 볼 때 하나님을 본다고 하는 경우도 있다(사 6:1).[387] 특별히 하나님의 얼굴을 보는 경험은 "종말적 축복"으로 여겨졌다(민 6:25; 시 84:7; 마 5:8; 요일 3:2; 히 12:14 등).[388]

하나님의 얼굴을 보는 것은 성경 역사에서 네 단계를 통해 나타난다. 첫 번째 단계는 에덴에서 아담과 이브가 하나님의 얼굴을 본 경우이다. 물론 본문에는 그들이 하나님의 얼굴을 보았다는 표현이 나오지 않지만, 창세기 2장 15-19절과 3장 8절에서 아담과 이브가 에덴 정원을 거니시는 하나님과 막힘없이 대화를 나누는 장면을 통해 그들이 하나님의 얼굴을 보았다는 정황을 충분히 추정할 수 있다. 이처럼 하나님의 얼굴을 보게 되는 최초의 공간이 바로 에덴이다. 따라서 하나님의 얼굴을 보게 된다는 것은 곧 에덴을 회복하는 사건인 것이다.

385 요한계시록에서 "예배하다"라는 의미로 사용된 또 다른 단어로서 '프로스퀴네오'(προσκυνέω)가 있다(4:10; 5:14; 7:11).

386 Koester, *Revelation*, 824.

387 Aune, *Revelation 17-22*, 1179.

388 앞의 책, 1180.

그러나 타락한 이후에 에덴이 패쇄되고 하나님은 그 거처를 피조 세계에서 다시 하늘로 거두어 들이셨다. 그리고 하늘에 계신 하나님이 자신을 일방적으로 계시하지 않으면 인간은 하나님을 볼 수도 만날 수도 없게 되었다. 예를 들면 창세기 4장 14절에서 가인에 대한 하나님의 저주로서 가인은 하나님의 얼굴을 뵙지 못하게 되었다. 출애굽기 33장 20절에서는 친구와도 같았던 모세 조차도 하나님의 얼굴을 볼 수 없었다. 출애굽기 33장 20절에 의하면 "또 이르시되 네가 내 얼굴을 보지 못하리니 나를 보고 살 자가 없음이니라" 라고 하여 하나님의 얼굴을 보는 자는 죽을 수 밖에 없는 처지가 되어 버린 것이다. 그만큼 하나님과 인간 사이의 관계는 벌어져 있었다. 그래서 더욱 하나님의 얼굴을 보는 것이 인간에게는 "종말론적 갈망"(eschatological loinging)이 되었던 것이다.[389] 시편 저자는 시편 17편 15절에서 하나님의 얼굴을 보고 만족하게 될 종말의 순간을 상상한다(참조 시 11:7). 이는 두 번째 단계로서 하나님의 얼굴을 인간으로부터 감추신 암흑의 시기임과 동시에 그 얼굴을 보게 될 종말의 시점을 갈망하는 시기이기도 하다.

세 번째 단계에서 하나님은 예수님을 통해 자신의 얼굴을 인간들에게 나타내신다. 요한복음 1장 18절에서 "본래 하나님을 본 사람이 없으되 아버지 품 속에 있는 독생하신 하나님이 나타내셨느니라"고 하여 예수님께서 하나님의 얼굴을 나타내 보이신 것으로 묘사하고 있다. 예수님은 바로 성육신 하신 하나님의 장막이시다(요 1:14).

마지막 네 번째 단계는 첫번째 단계인 에덴에서의 직면이 회복되는 최종적인 단계이다. 이것은 요한계시록 22장 4a절에 나타난 것처럼 하나님의 종들이 "하나님의 얼굴"을 보게 될 것을 가리킨다. 이 단계는 결국 에덴 회복의 완성으로 볼 수 있다. 왜냐하면 이 본문의 문맥인 22장 1절부터 에덴 모티브가 중요한 화두로 등장하고 있으며, 하나님의 얼굴을 보게 된 최초의 순간이 바로 에덴에서 아담과 이브에게 일어났기 때문이다. 에덴에서 아무런 장애 없이 하나님의 얼굴을 맞대고 대화할 수 있었던 그러한 상태가 새예루살렘의 새 에덴에서 마침내 다시 재현될 것이다. 곧 하나님과의 막힘 없는 교제가 이루어지게 될 것이다.

---

389 Blount, *Revelation*, 399.

하나님/어린 양의 이름(4b절) 4a에절에서 하나님의 얼굴을 보게 될 것을 말하고 4b절에서는 하나님의 이름이 그의 종들의 이마에 있게 될 것을 말한다. 이것은 그들이 하나님의 소유로서 하나님과 긴밀한 교제의 관계를 가지고 있음을 확증하는 표현이다.[390] 이것은 7장 3-4절에서 이마에 하나님의 인침받은 144,000이 하나님의 소유된 자들이라는 것을 확증하는 것과 같은 패턴이다.[391] 다시 14장 1절에서 이마에 인침을 어린 양의 이름과 하나님의 이름으로 재해석한다. 144,000의 이마에 있는 하나님의 인 혹은 하나님/어린 양의 이름은 13장 16-18절에서 짐승에게 속해 있는 것을 표시해 주는 "짐승의 표"에 대응되는 것으로서 하나님께 속한 자들이라는 것을 인증하는 기능을 갖는다. 4b절은 이런 기능의 최종적이며 절정의 상태를 나타낸다.[392] 여기에서 그 이름이 하나님과 어린 양 모두의 소유로서 복수로 등장한다. 그런데 22장 4b절에서는 이 "이름"이 3b절의 "보좌"의 경우처럼 단수로 사용된다. 그러나 이름이 단수로 사용되기는 하였으나 14장 1절에 근거해서 하나님과 어린 양 모두에게 공유되는 것으로 볼 수 있다.[393] 그리고 4b절의 내용은 3장 12절에서 이기는 자에게 "하나님의 이름"을 그 위에 새겨 줄 것이라는 것과 관련해서 보면 4b절은 바로 3장 12절에서 주어진 종말적 약속의 성취로서 간주할 수 있다.[394]

그리고 이 내용은 구약 배경으로 통해 볼 때 또 다른 측면의 의미를 파악할 수 있다. 4b절에서 종들의 이마에 하나님의 이름을 있게 한 이러한 모습은 출애굽기 28장 36-38절을 배경으로 한다.[395]

> [36]너는 또 순금으로 패를 만들어 도장을 새기는 법으로 그 위에 새기되 '여호와께 성결'이라 하고 [37]그 패를 청색 끈으로 관 위에 매되 곧 관 전면에 있게 하라 [38]이 패를 아론의 이마에 두어 그가 이스라엘 자손이 거룩하게 드리는 성물과 관련된 죄책을 담당하게 하라 그 패가 아론의 이마에 늘 있으므로 그 성물을 여호와께서 받으시게 되리라

위에서 아론의 이마에 '여호와께 성결'이라고 새긴 패를 있도록 하여 아론으로

390 Beale, *The Book of Revelation*, 1114.
391 이 주제에 대한 자세한 내용은 1권 710쪽을 참조하라.
392 앞의 책.
393 Koester, *Revelation*, 825.
394 Boxall, *The Revelation of Saint John*, 312.
395 Osborne, *Revelation*, 775.

하여금 제사장으로서 사역을 담당하는 표시로서 사용하도록 하고 있다. 이러한 내용이 그 배경이라면 4b절의 하나님의 종들의 이마에 있는 하나님의 이름은 단순히 하나님께 소속해 있다는 의미를 넘어 좀 더 적극적으로 그들이 제사장적 직분을 감당하고 있음을 시사한다. 이러한 점에서 3b와 3c에서 그들이 성전 되신 하나님과 어린 양을 섬기는 모습과 매우 밀접하게 연결되고 또한 그들은 하나님의 얼굴을 보게 될 것이 틀림 없다(4a절).

밤이 다시 없을 것이다(5abc절) 다음 5절은 새예루살렘의 정황을 다시 한 번 소개한다. 5a절에서 새예루살렘에 "밤이 다시는 없을 것이다"라고 하고 5b절에서 "등불의 빛과 해의 빛"이 필요 없다고 말하고 있다. 그리고 5c절에서는 그 이유에 대해 말한다: 왜냐하면 주 하나님이 그들에게 비추실 것이기 때문이다. 이것은 당연히 창조 질서로서 밤과 낮의 싸이클이 와해된다는 것이 아니다. 이런 사실에 대해서는 동일한 내용을 반복하는 21장 23, 25절에 대한 해석에서 분명하고 자세하게 설명한 바 있다. 21장 23, 25절에서는 새예루살렘에 하나님과 어린 양이 빛이 되어 비추어 주시므로 새예루살렘이 항상 낮처럼 밝게 되어 나라들과 땅의 왕들이 영광을 가지고 새예루살렘으로 끊임 없이 들어 오기에 용이하게 될 것을 강조하기 위해 사용된다.

그러나 22장 5ab절에서는 이러한 목적과는 다르게 사용된다. 곧 1-4절이 에덴 모티브와 밀접하게 관련되어 전개되고 있는 것이라면 5abc절도 역시 이러한 맥락에서 이해하는 것이 타당하다. 그렇다면 5abc절의 내용이 어떻게 에덴 모티브와 관련된다고 말할 수 있는가? 그 해답을 5b절에 대한 이유를 말하는 '호티'(ὅτι)절로 시작하는 5c절에서 주 하나님께서 "비추신다"(φωτίσει, 포티세이>φωτίζω, 포티조)는 사실에서 찾을 수 있다. 곧 하나님께서 "비추신다"는 것은 하나님의 영광으로 빛나는 임재를 시각적으로 표현하고 있다고 할 수 있다. 그렇다면 이것은 3b절에서 "하나님과 어린 양의 보좌가 그 가운데 있다"는 것과 4절에서 "하나님의 얼굴을 보게 되는 것"과 밀접하게 연결되고, 에덴에서 아담과 이브에게 그 영광스런 임재를 나타냈던 경우를 연상케 된다. 타락한 이후에 이스라엘 백성들은 바로 이러한 하나님의 빛을 그들에게 비추어 주시기를 간절히 소망하였다(민 6:25-26; 시 4:6; 31:16; 67:1; 80:3, 7, 19; 119:135). 그런데 여기에서 이러한 소망이 온전히 이루어지게 된 것이다.

이 내용은 이사야 60장 19절을 배경으로 한다.[396)]

> [19)]다시는 낮에 해가 네 빛이 되지 아니하며 달도 네게 빛을 비추지 않을 것이요 오직 여호와가 네게 영원한 빛이 되며 네 하나님이 네 영광이 되리니

이 이사야 본문에서 창조주 하나님의 빛이 비추어 진다면 창조된 빛들인 해와 달의 빛은 필요없게 된 것은 당연하다.[397)] 1세기에 유대인들은 빛을 메시아와 관련시켰으며 요한복음에서는 예수님을 메시아로 오신 세상의 빛으로 소개하기도 한다(1:5, 9; 3:19; 8:12; 12:35-36).[398)] 이런 배경들이 요한계시록 본문에 반영되고 있다고 볼 수 있다.

구약에서 하나님의 빛나는 얼굴은 "신적 호의에 대한 은유"이다(시 4:6; 31:16; 67:1; 119:135).[399)] 민수기 6장 24-26절에서 이런 내용을 좀 더 구체적으로 나타내고 있다.[400)]

> [24)]여호와는 네게 복을 주시고 너를 지키시기를 원하며 [25)] [a)]여호와는 그의 얼굴을 네게 비추사 [b)]은혜 베푸시기를 원하며 [26)] [a)]여호와는 그 얼굴을 네게로 향하여 드사 [b)]평강 주시기를 원하노라 할지니라 하라

이 본문의 25a절의 "여호와의 얼굴을 비춘다"와 26a절의 "얼굴을 네게로 향하다"는 평행 관계이다. 그렇다면 25b절의 "은혜 베푸시다"와 26b절의 "평강 주시다"도 필연적으로 평행 관계이다. 이 내용은 24절에서 "네게 복을 주시고 너를 지키신다"는 것과도 관련된다. 정리하면 여호와의 얼굴을 이스라엘에게 비추시며 그들에게 향하는 것은 은혜를 베푸시고 평강을 주시며 복을 베푸시고 지켜주시겠다는 의지의 표현인 것이다. 밤이 없다는 것은 바로 이런 은혜와 평강과 복의 상태가 지속적으로 이루어지게 될 것이라는 의미를 갖는다.

영원토록 통치하다(5d절) 다음으로 5d절은 하나님의 종들 곧 교회 공동체가 영원히 통치할 것이라고 한다. 이 본문은 21장 9절부터 시작된 새예루살렘에 대한 기록의 마무리에 해당된다. 여기에서 "통치하다"(βασιλεύσουσιν>βασιλεύω, 바

---

396 Aune, *Revelation 17-22*, 1181.
397 Oswalt, *The Book of Isaiah, Chpaters 40-66*, 557.
398 앞의 책.
399 Smalley, *The Revelation to John*, 566.
400 앞의 책.

실류오)라는 것은 교회 공동체가 불신자를 향하여 하는 행위이거나 성도가 성도를 향한 행위도 아니다. 그것은 에덴 정원에서 아담과 하와에게 주어진 만물을 통치하도록 위탁 받았던 창조 목적의 회복으로서 새창조, 곧 새롭게 된 만물에 대한 통치사역을 의미한다. 따라서 22장 1-5절은 새창조의 주인공인 교회 공동체가 에덴 정원에서 첫 창조의 목적에 대한 완전한 회복을 경험하는 현장을 시청각적으로 연출하여 보여준다. 이러한 통치 행위는 5장 9-10절에서 죽임을 당하신 어린 양으로 말미암아 모든 족속과 방언과 백성과 나라 가운데서 구속함을 받은 자들이 이 땅에서 누리도록 주어진 특권이다. 20장 4-6절에서 첫째 부활에 동참한 자들이 천년 동안 누리게 될 통치 행위도 역시 초림과 재림 사이에 이루어진다. 그러나 이러한 통치 행위가 초림과 재림 사이에 세상에서 실행되는 것인 반면, 22장 5c절의 통치 행위는 재림 이후에 완성된 새창조에서 이루어지는 것으로서 그 통치의 절정을 보여준다.

[정리]

이상에서 22:1-5은 새예루살렘 주제의 연속으로서 에덴 회복의 완성에 초점을 맞추어 기록한다. 에덴 회복과 관련하여 첫 번째로 등장하는 것은 생명의 물의 강이다. 두 번째는 생명 나무이다. 이 생명 나무는 생명 나무의 열두 열매와 잎사귀를 통해 그 효능이 나타난다. 열둘이란 숫자에 의해 그 효능의 특징과 대상을 가늠할 수 있다. 그 특징은 달마다 열매가 열리기 때문에 지속적이라는 것이고 대상은 하나님의 모든 백성이다. 그 효능의 핵심은 바로 치유와 회복이다. 새에덴은 다시 저주 곧 헤렘이 없어 심판의 대상으로 멸망당하는 일이 없다. 새에덴에는 하나님과 어린 양의 보좌가 있고 하나님의 종들이 하나님을 예배하는 관계가 완전히 회복된다. 그리고 그들은 하나님의 통치를 대리하는 대리자로서 영원히 통치하게 된다. 이것은 아담의 왕적 지위를 가장 완벽하게 회복하는 것을 의미한다. 이런 일련의 내용들은 창조의 목적이 완성되는 순간을 보여준다. 곧 종말은 창조를 완성하고 창조는 종말을 전망한다 (Eschatology is Protology; Protology is Eschatology).[401]

401 J. D. Levenson, "The Temple and the World," *JR* 64.3 (1984): 298.

핵심 메시지

21장 1절-22장 5절을 세 부분으로 나누어질 수 있다: 21장 1-8절; 21장 9-27절; 22장 1-5절. 먼저 21장 1-8절은 새예루살렘과 새창조를 함께 언급하고 21장 9절-22장 5절은 새 예루살렘에 대해서만 소개한다. 특히 여기에서 새예루살렘은 17장 1절-19장 10절에 언급된 음녀 바벨론과 대응되는 도시로 등장한다. 이러한 맥락에서 요한계시록 전체는 두 도시의 운명을 통해 이중적 결론으로 전개되면서, 궁극적으로 하나님과 사탄 중에 누가 진리이며 누가 영원한 승리자인가를 보여준다.

21장 1-8절에서 요한은 창세기에 나타난 첫 창조의 패턴을 따라 먼저 우주를 새롭게 하고 그 새창조의 주인으로 교회 공동체가 등장하는 형식을 취하고 있다. 이것은 새창조를 통해 첫 창조에서 아담에 통한 하나님의 창조 목적이 이루어져야 하기 때문이다. 특히 1절에 나타난 새창조는 5a절에 의하면 새로운 만물을 만드는 것이 아니라 이미 존재하는 만물을 새롭게 하는 갱신의 의미가 분명하다. 따라서 하나님의 완전성에 근거한 만물을 새롭게 하시는 사역은 인류의 범죄로 인하여 상실되었던 첫창조의 목적을 완성하는 것으로 볼 수 있다.

이처럼 새롭게 된 새창조의 축복된 환경을 누리게 될 존재는 그리스도의 신부로서 새예루살렘이 상징하는 교회 공동체이다(2절). 특히 요한계시록 전체의 문맥에서 보면 새예루살렘 교회 공동체는 하늘과 땅에 동시적으로 존재하는데, 2절에서는 새예루살렘이 하늘로부터 내려온다. 이것은 하늘과 땅의 통합을 의미한다. 이런 통합은 심판으로 말미암아 지상의 모든 대적들이 사라지고 만물이 새롭게 됨으로 지상과 천상의 차이가 없어졌기 때문에 가능해졌다. 이러한 사실은 어린 양 그리스도께서 새예루살렘이 상징하는 교회와 혼인을 통해(19:7-9), 하나님으로부터 하늘에서 새창조의 주인으로 내려 온 그 새예루살렘과의 완전한 임재와 연합을 이루시는 것과 밀접하게 관련된다. 그리하여 하나님은 에덴 정원에서 아담과 이브를 통해 이루시고자 했던 창조의 목적을 새 하늘과 새 땅에 신부로서 완벽하게 단장된 교회 공동체를 통해 이루시게 된다.

다음으로 21장 9절-27절은 그리스도의 신부인 새예루살렘에 대한 내용이다. 먼저 9-10절은 도입 부분으로서 새예루살렘은 그리스도의 신부요 어린 양의 아내라는 것을 명백히 밝히고 있다. 여기에서 거룩한 도시 예루살렘은 어린 양의 아내로서 교회 공동체를 상징하는 이미지로 사용된다. 이 새예루살렘은 이미 2절에서 신부가 남편을 위해 단장하여 준비한 것과 같은 아름다운 모습으로 묘사된 바 있다. 그리고 11-14절은 성벽과 열두 진주 문 그리고 기초석과 같은 새예루살렘의 건축 구조물들에 대해 소개한다. 다음 15-17절에서는 새예루살렘을 측량함으로써 새예루살렘의 특징을 구체적으로 제시한다. 그리고 18-21절에 새예루살렘을 장식하고 있는 보석들은 전체적으로 거룩한 도시, 새예루살렘의 영광, 순결성, 아름다움, 소중성을 나타내는데, 이러한 보석의 기능은 남편을 위해 단장한 신부의 아름다움을 더욱 강화시켜 준다. 여기에 덧붙여서 보석은 교회가 모든 부분에서 하나님의 속성을 반영하면서 하나님의 영광을 충만히 나타내는 기능을 한다. 더 나아가서 이 보석 모티브는 구속사적 의미를 갖는다. 곧 각종 보석으로 장식되어 있는 새예루살렘은 에덴 회복의 성취요 완성의 의미를 갖는다. 왜냐하면 에덴이야말로 보석으로 가득한 곳이기 때문이다.

새예루살렘에 대한 기록의 끝자락인 22장 1-5절에서는 새예루살렘을 새에덴 주제와 관련하여 묘사한다. 새에덴에서 생명의 물의 강과 생명 나무와 그 나무의 12 열매와 이파리 등은 회복과 치유의 이미지로 사용된다. 여기에서 제시된 에덴 주제는 새예루살렘 교회 공동체가 종말적 완성을 이루는 에덴적 삶의 회복을 완성하고 누리게 될 것을 약속한다. 이것은 하나님의 구속 역사의 완성을 이루는 절정의 상태이다. 하나님은 창조하시고 그 창조의 회복을 완성하시는 알파와 오메가 이시다.

설교 포인트

21장 1절-22장 5절에 언급된 새창조와 새예루살렘의 영광스런 이미지를 설교자의 입을 통해 전달할 수 있다는 것은 매우 감격스럽고 영광스러운 일이다. 이 본문은 너무 길기 때문에 21장 1-8절과 21장 9절-27절 그리고 22장 1-5절, 세 부분으로 나누어 설교하는 것이 필요하다. 먼저 21장 1-8절을 설교할 때는 새창조가 재 창조가 아니라 갱신을 통해 이루어질 것이라는 사실에 초점을 맞추어 설교하는 것이 중요하다. 설교자는 이 본문이 성도들의 기독교 세계관을 형성하는데 매우 유용하다는 것을 기억할 필요가 있다. 아마도 청중들은 갱신의 의미에 대해 그리고 그러한 사실에 대해 매우 생소할 수 있다. 이것을 청중들에게 선포하고 설득하는 것은 목회의 본질을 활성화하는데 결정적인 사안이기 때문에 이런 내용을 설교함에 있어서 설교자는 정교한 전략이 필요하다. 가장 중요한 전략은 창조(에덴)의 회복이 하나님이 경영하시는 구속 역사의 과정이고 목표라는 것을 간단하게 설명하는 것이다. 더 나아가서 21장 1-5절이 ABC-D-C′B′A′의 구조로 구성되어 있다는 사실을 잘 활용하면 이 본문을 효과적으로 전달하는 데 매우 유용할 것이다.

그리고 21장 9-27절을 설교할 때는 문맥 관찰로서 17장 1절-19장 10절의 음녀 바벨론과의 대조적 관계를 간단하게 언급해 주는 것이 전체적인 흐름을 파악하는데 필요하다. 이 대조적 관계에서 바벨론은 사단이 통치하는 대상이요 새예루살렘은 하나님의 통치의 대상으로서 하나님과 사단 중에 누가 진정한 승리자인가를 보여준다. 그리고 21장 9-27절에 묘사된 새예루살렘을 하늘의 천국으로 이해하는 경우가 많다. 설교자는 청중들이 이런 생각을 가지고 있다는 것을 인식하는 것이 중요하다. 이러한 상황에서 설교자는 9-10절을 근거로 새예루살렘은 하늘의 천국이 아니라 그리스도의 신부로서 교회 공동체를 가리키고 있다는 사실을 분명하게 설명할 수 있어야 한다. 이와 같은 맥락에서 설교자는 새예루살렘에 대한 묘사들도 구약을 배경으로 구성된 상징적 이미지로서 교회 공동체의 종말적 영광스런 모습을 표현하고 있다는 사실을 청중들에게 설득력 있게 제시하는 것이 필요하다. 그리고 여기에서 덧붙여서 생각할 것은 이런 구약 배경을 통해 새예루살렘을 구속사적 절정의 상태를 나타내는 것으로 소개하고 있다는 사실이다.

다음 22장 1-5절은 에덴의 주제를 집중적으로 기록하고 있다. 설교자는 이 본문이 앞서 언급된 새예루살렘과 구속사의 절정이라는 점에서 분리되는 것이 아니라 서로 연결되는 긴밀한 관계를 가지고 있다는 것을 기억할 필요가 있다. 설교자는 이 본문을 통해 성경 전체가 에덴으로 시작하여 새에덴으로 마무리 된다는 점을 청중들에게 부각시켜 전달하도록 힘써야 할것이다. 그리고 문자적 해석을 경계하고 구속사적 의미를 규명하는 데 집중해야 할 것이다.

설교 요약 1

◆ **제목**: 만물을 새롭게 하노라
◆ **본문**: 요한계시록 21장 1-5절

◆ **서론**

이 세상의 끝은 어떠할 것인가? 만물은 어떤 모습으로 나타나게 될 것인가? 이런 질문은 인간이라면 본능적으로 갖게 되는 관심사가 아닐 수 없다. 이 질문을 좀 더 세부적으로 하면, 만물은 사라져 버리고 전혀 새로운 제 삼의 장소에서 살게 될 것인가? 아니면 이 만물은 보존될 것인가? 이 질문에 대해 어떤 대안을 제시하느냐에 따라 세계관이 결정된다. 오늘 본문을 통해 이런 인간의 본능적 질문에 대한 적절한 답변을 모색해 보고자 한다.

◆ **본론**

본문은 A(1a)B(1b)C(1c)– D(2-4b)–C′(4b)B′(4c)A′(5b)의 구조를 이룬다. 이 구조에 근거하여 말씀을 정리해 보고자 한다.

1. 새창조(1a, 5b절)

   1a절(A)에 요한은 새 하늘과 새 땅 곧 새창조를 본다. 5b절(A′)에서는 이것을 해석하기를 "만물을 새롭게 한다"고 한다. 여기에서 새창조는 새롭게 된 만물 곧 갱신을 통해 이루어짐을 알 수 있다. 창조의 목적을 이 세상에서 시작하셨기 때문에 이 세상에서 그 창조의 목적을 이루어야 하므로 이 세상의 만물을 새롭게 하시는 갱신을 통해 새창조를 이루시게 되는 것이다.

2. 지나가 버린 첫창조의 망가진 흔적들

   1b(B)절에서 "처음 하늘과 처음 땅이 사라졌다"고 하고 4c절(B′)에서 "처음 것들이 사라졌다"고 한다. 하나님은 완전하시기 때문에 만물

을 새롭게 하시는 데도 완전하시다. 그러므로 만물을 완전하게 새롭게 하셨기 때문에 처음 하늘과 처음 땅 곧 첫창조가 완전히 없어져 버린 것과 같은 모습을 갖추게 된다는 것이다. 이 표현은 하나님께서 만물을 새롭게 하신 사역의 완전성을 강조한다.

3. 다시 없다

다음 1c(C)절에서는 "바다도 다시 없다"고 하고 4b절(C')에서 "사망이 다시 없고 슬픔도 다시 있지 않고 통곡도 다시 있지 않고 고통도 다시 있지 않다"고 한다. 여기에서 공통적으로 사용되는 패턴은 "다시 없다"라는 문구이다. 이런 모습은 타락으로 인하여 죄와 사망의 굴레에 빠져있는 첫 창조 상태로부터의 반전이라 할 수 있다.

4. 새예루살렘이 하늘에서 땅(새창조)로 내려오다(2-4b절)

이 본문은 이 구조의 중간 부분에 있어서 가장 핵심적인 내용이라고 할 수 있다. 바로 새예루살렘 교회 공동체의 등장이다. 이 등장은 새창조에서 하늘과 땅의 통합되었다는 사실 뿐만 아니라 뿐만 아니라 새창조의 주인의 출현을 보여주고 있다.

◆ 결론: 적용

만물을 새롭게 한다는 갱신의 입장은 현재 세상에 대한 적극적 세계관을 상정한다. 이런 적극적 세계관은 현재 이 세상을 어떻게 살아 갈 것인지에 대한 방향성을 제시한다. 하나님은 첫 창조 때에 에덴에서 아담을 통해 만물을 향하여 하나님의 영광을 나타내도록 하는 계획을 가지고 계셨다. 그리고 완성의 때에 이것을 마침내 이루실 것이다. 그렇다면 성취와 완성 사이에 살아가고 있는 우리는 이 세상에서 어떻게 살아야 하는지가 자명해진다. 세상에서 만물을 통해 하나님께 영광을 돌리며 살도록 해야 할 것이다. 오늘 나의 삶의 영역에서 하나님께 영광을 돌려 드려야 할 영역과 방법은 무엇인가?

설교 요약 2

◆ **제목**: 새예루살렘의 영광

◆ **본문**: 요한계시록 21:9-27

◆ **서론**

그리스도인이라면 누구든지 천국이 어떻게 생겼는지 한번쯤 보고 싶다는 생각을 했을 것이다. 이러한 천국에 대한 궁금증을 해소하고자 아마도 천국을 보고 왔다는 사람들의 간증을 한 번 정도 들어 본적이 있을 것이다. 그런데 천국에 갔다 온 사람들의 간증에 자주 등장하는 본문이 바로 계 21장 9-27절에 언급된 새예루살렘에 대한 묘사이다. 그러나 과연 이 본문에 나타난 새예루살렘은 내가 본 천국을 묘사하는 것인가? 이런 문제 의식을 갖고 본문을 살펴 보고자 한다.

◆ **본론**

1. 문맥 관찰

 17장 1절-19장 10절의 음녀 바벨론과 대조적 관계를 갖는다. 이런 대조적 관계에서 새예루살렘은 바벨론 심판에 대응되는 구원 사건이라는 사실을 명백하게 보여준다.

2. 새예루살렘은 무엇을 의미하는가?(9-10절).

1) 일곱 대접 심판을 주도했던 천사 중에 마지막 일곱 재앙을 담은 천사가 새예루살렘을 소개한다(9a): 악의 세력을 제거하는 작업과 새예루살렘의 등장은 그 의미와 성격에 있어서 연속성을 갖는다(16:12-21).

2) 그리스도의 신부 곧 어린 양의 아내(9b): 교회 공동체를 상징한다.

3) 하나님께로부터 하늘에서 내려와 크고 높은 산에 있는 거룩한 성(10b): 종말적인 성취/완성의 상태를 보여 준다(참조. 사 2:2-3; 겔 43:1-2).

2. 새예루살렘의 건축 구조물(11-21절): 성벽; 열두 문; 열두 기초석

1) 하나님의 영광이 있고 그 영광의 빛이 귀한 보석 같고 벽옥과 수정 같이 맑다(11절): 하나님에 대한 묘사와 유사하다(참조. 4:3).

2) 새예루살렘의 기본 건축물 구조(12-14절)

(1) 크고 높은 성벽(12a): 성벽이 크고 높다는 것은 도시가 완전하고 완성된 것이며 완전한 안전과 장엄함을 의미한다.

(2) 열두 문(12b-13): 이스라엘 백성 전체를 대표하는 열 두 지파의 이름이 새겨져 있다(12c; 겔 48:30-35) ➜ 각 지파의 이름으로 할당된 문들에 의해 하나님의 백성 전체가 하나님의 임재 장소인 새예루살렘에 들어갈 동등한 권리와 하나님의 축복을 누릴 동등한 권리에 대한 확신이다 ➜ 영광스러운 하나님과의 완전한 교제로 들어갈 풍성한 기회가 있다는 것을 보여 준다.

(3) 열두 기초석(14a): 신약 교회의 기초인 열두 사도의 이름이 새겨져 있다(14b; 참조. 엡 2:20) ➜ 그러므로 열두 문과 열두 기초석은 새예루살렘이 약속으로서의 구약 백성과 그 성취로서의 신약 백성으로 구성되어 있음을 의미함

3. 새예루살렘의 건축 구조물의 측량(15-17절)

1) 측량하는 도구: 금 갈대(15절) ➜ 겔 40:3에 예루살렘을 측량하기 위해 사용된 도구이지만 약간의 차이가 있다 ➜ 그러나 이 본문에서 '금 갈대'라고 표현된 것은 21:18에 정금으로 장식된 새예루살렘과의 조화를 목적으로 하고 있다.

2) 정사각형의 형태(16a; 참조. 겔 45:2-3): 가로 세로의 크기가 12,000 스다디온(16b) ➜ 12×1000의 숫자로 표현해 보면 '열 둘'이라는 하나님의 백성의 수를 포함하고 있다.

3) 정방형의 형태(16c): 크기는 144 규빗(17a) ➜ 이는 12×12의 숫자로 표현해 보면 구약의 교회와 성취로서의 신약의 교회를 상징하며, 이는 새예루살렘이 하나님의 온전한 백성으로 구성됨을 의미한다.

4) 측량의 수치: 사람의 측량 곧 천사의 측량(17b) ➔ 천사가 사람의 수치를 사용하여 측량했거나 또한 상징적이며 천상적이거나 혹은 천사적인 의미이다.

4. 보석 모티브(18-21절)

1) 성벽은 벽옥으로 장식되어 있다18a): 종말에 교회 공동체가 하나님의 영광스러움과 하나님의 임재로 충만할 것임을 상징한다(참조. 4:3).
2) 각종 보석으로 장식되어 있다(18b-21): 보석에 대한 의미는 전체적으로 '거룩한 도시, 새예루살렘의 영광, 순결성, 아름다움, 소중성'을 나타내 주고 있다. 이러한 보석의 기능은 남편을 위해 단장한 신부의 아름다움을 더욱 강화시켜 준다(참조. 19:7; 21:2; 사 54:4-12).
3) 에덴과 성전을 성취하고 완성하는 구속사적 의미를 갖는다.

5. 새예루살렘에 성전이 없다(22-23절)

1) 교회 공동체를 상징하는 새예루살렘 안에 건물로서의 성전이 없다는 것은 당연하다.
2) 하나님과 어린 양이 성전이다(22b): 성전의 본질의 완성
3) 새예루살렘 성은 해나 달의 비춤이 쓸데 없다(23a): 하나님의 영광이 비취고 어린 양이 그 등이 되시기 때문이다(23bc) ➔ 새예루살렘을 하나님과 어린 양의 임재로 충만하게 채우는 것을 의미한다.

6. 순례 모티브(24-26절): 새 예루살렘으로 만국이 순례의 길을 걷는다(24-26절)

1) 구약 배경: 사 60장에 대한 성취로 이해할 수 있다(참조. 사 2:2-3; 60:1-4; 슥 2:11; 14:16) ➔ 순례의 특징은 새예루살렘이 우주의 중심임을 의미한다. 이는 나라들이 도시의 빛으로 걷고 땅의 왕들이 그들의 영광을 그것 안으로 가지고 온다는 것이다. 이러한 중심성은 새예루살렘에서 구약의 종말론적 약속의 성취가 궁극적으로 완성되었다는

것을 보여주려는 목적을 갖고 있다.

2) 새예루살렘 안으로 들어 올 수 있는 것과 없는 것(27절): 부정한 것이 존재할 수 없는 거룩한 곳임을 강조하고 있다. 이러한 규정은 거룩한 성막이나 성전에 대한 규정을 연상케 한다.

◆ 결론

새예루살렘은 그리스도의 신부요 어린 양의 아내로 표현된 교회 공동체를 의미하고 있다. 그 교회 공동체는 비록 초림과 재림 사이에 짐승과 바벨론에 의해 많은 고난을 당하지만 결국에는 영광스러운 모습을 가지게 된다. 오늘날 교회에 대한 실망이 크지만 하나님은 마침내 가장 완벽한 교회의 모습을 이루어 주실 것이다. 이러한 소망 가운데 우리는 매일 승리하며 살아갈 수 있다.

설교 요약 3

◆ **제목**: 새에덴

◆ **본문**: 요한계시록 22장 1-5절

◆ **서론**

오늘 본문을 통해 성경은 에덴으로 시작하여 이른바 새에덴으로 마무리되고 있다는 사실을 확인할 수 있다. 이것은 성경이 에덴 회복의 완성을 향해 나아가고 있다는 사실을 보여준다. 그렇다면 새에덴은 첫 에덴을 어떻게 재해석하여 제시하고 있는가? 여기에서 재해석된 에덴의 모습을 살펴 보고자 한다.

◆ **본론**

1. 생명의 물의 강: 에덴에서는 물이 에덴으로 올라와 거기에서 정원으로 흘러 간다고 한다. 새에덴에서는 이 강을 "생명의 물의 강"이라고 규정하고 그것이 새예루살렘의 길 한 가운데를 관통하는 것으로 묘사된다. 에덴에서는 물의 종착지가 정원인 반면 새에덴에서는 새예루살렘이다. 이것은 교회 공동체 가운데 생명의 충만함이 있을 것을 시사해준다.
2. 생명 나무: 에덴에서는 생명 나무가 동산 중앙에 하나만 존재했지만 새에덴에서는 생명나무가 강 양쪽에 있다고 하여 복수로 존재한다. 그리고 그 복수로 존재하는 생명나무들이 달마다 열두 열매를 맺는다고 하여 열매들이 지속적으로 온전하게 생명을 공급하게 되는 것을 보여준다. 더 나아가서 이 생명 나무는 열매 뿐만 아니라 그 잎사귀가 나라들을 치료하는 기능을 통해 회복 효과가 극대화되고 있음을 보여준다. 이 부분은 첫 에덴에는 존재하지 않고 새에덴에서만 존재함으로 회복의 절정을 보여준다.
3. 다시 저주(헤렘)가 없다(3a절): 이 내용 역시 첫 에덴을 의식해서 사

용된다. 첫 에덴에서는 선악과가 있어서 저주의 가능성이 설정되어 결국에는 저주를 받을 수 밖에 없는 처지가 되었지만 새에덴에서는 아예 그 저주의 원인을 완전히 제거하여 다시 저주 받을 가능성을 배제해 버렸다. 특별히 히브리어의 헤렘에 해당하는 헬라어 단어인 '카타데마'란 단어를 사용하여 심판 받을 근거를 없애 버린 것이다. 이제 다시 타락으로 심판받아 저주 가운데로 되돌릴 수 없는 시대에 접어들게 될 것이다.

4. 하나님의 얼굴을 보다(4a절): 첫 에덴에서는 하나님의 얼굴을 본다는 직접적인 표현이 사용되지 않고 창세기 2장 15-19절과 3장 18절에서 간접적인 표현이 사용된다. 반면 요한계시록에서는 이런 직접적인 표현을 통해 에덴 회복의 절정의 현장을 실감나게 표현해 주고 있다.
5. 영원토록 통치하다(5d절): 이런 통치의 시작은 에덴에서 하나님의 왕권을 위임받은 아담을 통해서 시작되었다. 그러나 아담은 불순종으로 말미암아 그 통치권을 상실했다. 이제 새에덴에서 새예루살렘 공동체는 아담에게 최초로 주어진 통치권을 영원토록 행사하게 된다.

◆ 결론

우리는 22장 1-5절 말씀을 통해 새에덴에서 이루어질 회복의 완성된 모습을 살펴 보았다. 그런데 이 완성의 상태는 이미 그리스도의 사역을 통해서 역사 속에서 시작되었다. 그러므로 그것은 단순히 소망에 그치지 않고 우리에게 실재가 된 것이다. 따라서 새에덴 회복의 모습을 확인하면서 소망의 기쁨을 누릴 수 있지만 동시에 현실 속에서 이미 그런 회복을 경험할 수 있다는 것이다. 생명의 물의 강과 생명 나무의 열매와 잎사귀의 이미지가 제공해 주는 생명의 충만함을 성령을 통해 경험할 수 있다. 오늘 우리가 체험하는 성령은 바로 생명 체험의 증거이다. 또한 우리는 예수님의 이름으로 기도를 통해 하나님의 얼굴을 볼 수 있다. 끝으로 우리는 용서와 전도를 통해 아담에게 위임된 통치 회복에 동참하고 있다. 우리는 매일 이런 에덴 회복의 완성을 소망하면서 동시에 성취된 축복을 누리도록 힘써야 할 것이다.

에필로그

마라나타(22:6-21)

에필로그

마라나타(22:6-21)

22장 6-21절은 요한계시록을 마무리하는 에필로그이다.[1] 이 본문은 논리적이지 않고 다소 산만한 구성처럼 보인다. 그러나 내용을 잘 정리해 보면 두 개의 중요한 주제로 요약된다. 첫째로, 예언으로서 요한계시록 말씀의 권위를 확증하는 것이요(22:6, 8, 16, 18-19) 둘째로, 예수님의 신속한 오심을 강조하는 것이다(22:7, 12, 20). 이 에필로그의 내용은 크게 세 문단으로 나눌 수 있다. 첫 번째 문단은 6-9절이다. 이 본문은 21장 1-22장 5절의 새 예루살렘에 대한 말씀의 결론이자 에필로그의 도입 부분이다. 그리고 두 번째 문단으로서 10-20절은 에필로그의 중심 내용으로서 요한계시록을 마무리 하는 내용이다. 여기에는 천사의 말로 시작하여 예수님 자신의 말씀과 성령의 말씀 그리고 그리고 신부의 말 등이 서로 어우러져 있다. 이렇게 오케스트라의 조화로운 선율처럼, 여러 다양한 목소리를 등장시키는 것은 마무리로서의 분위기를 자아내도록 의도하는 듯 하다. 마지막으로 세 번째 문단은 21절이다. 이 본문은 요한계시록 전체를 마무리하는 인사말이다.

1 스웨테와 보쿰을 비롯한 대부분의 학자들이 이 부분이 "에필로그"라는 것에 동의한다(Swete, *The Apocalypse of St. John*, 298; Bauckham, *The Climax of Prophecy*, 22).

1. 에필로그의 도입(22:6-9)

특별히 에필로그의 특징으로서 프롤로그와 평행 관계를 간과할 수 없다. 이것을 다음과 같이 도표로 표시할 수 있다.

프롤로그	에필로그
반드시 신속하게 되어져야만 하는 것들(1:1d)	반드시 신속하게 되어져야만 하는 것들(22:6d)
그 예언의 말씀들을 읽는 자와 … 지키는 자들은 복있다(1:3ab)	이 책의 예언의 말씀들을 지키는 자는 복있다(22:8a)
보라 그가 구름과 함께 온다(1:7)	보라 내가 신속하게 온다(22:7a)
나는 알파와 오메가이다(1:8a)	나는 알파와 오메가이고 시작과 끝이요 처음과 마지막이다(22:13)

이런 평행 관계에 의해 6-9절은 프롤로그와의 밀접한 관계를 보여준다. 이를 통해 요한계시록 전체가 인클루지오 구조를 이루고 있으며 하나의 메시지를 구성하고 있음을 알 수 있다. 그리고 6-9절은 요한계시록 전체를 마무리하는 에필로그의 도입 부분이라고 볼 수 있는 근거가 충분하다. 이에 대한 설명은 주해 과정에서 할 것이다.

반면 에필로그의 도입 부분이라 할 수 있는 22장 6-9절은 19장 6-10절과 서로 평행되는 관계라는 것을 고려하는 것도 필요하다. 이 두 본문의 평행 관계는 다음 도표에 잘 나타나 있다.[2]

19:6-10	22:6-9
6)… 9) a)그리고 그가 나에게 말한다. b)기록하라: c)어린 양의 혼인 잔치에 초대받은 자들은 복있다 … d)이것들은 하나님의 참된 말씀(들)이다. 10) a)그리고 나는 그를 예배하기 위해 그의 발(들) 앞에 엎드렸다. b)그리고 그는 나에게 말한다: c)조심하라. 그렇게 하지 마라. d)나는 너와 그리고 예수의 증거를 가지고 있는 너의 형제들의 동료 종이다. e)너는 하나님께 경배하라. f)곧 예수의 증거는 예언의 영이다.	6) a)그리고 그는 내게 말했다: b)이 말씀들은 신실하고 참되다. c)주 곧 선지자들의 영의 하나님이 그의 천사를 보내셨다. 8) a)나 요한은 이것들을 보고 들은 자이다. b)내가 듣고 보았을 때 c)이것들을 내게 보이던 천사의 발 앞에 경배하기 위해 엎드렸다. 9) a)그는 나에게 말했다. b)조심하라. 그렇게 하지 말라. c)나는 너와 d)너의 형제들 선지자들과 그리고 이 책의 말씀들을 지키는 자들의 c)동료 종이다. e)너희는 하나님께 경배하라.

2 Bauckham, *The Climax of Prophecy*, 4.

이 도표에서 밑줄 친 부분을 비교해 보면 평행 관계를 관찰할 수 있다. 이러한 평행 관계는 19장 6-9절이 바벨론과 그 멸망에 대한 기록의 마지막 부분인 것처럼 22장 6-9절은 21장 9절부터 소개되는 새 예루살렘에 대한 마지막 부분임을 보여준다. 이 평행 관계는 이 두 부분의 초두 부분이라 할 수 있는 17장 1-3절과 21장 9-10절이 서로 평행되고 있다는 점에서 더욱 분명하게 드러난다.[3] 이러한 평행 관계는 다음의 도표를 통해 알 수 있다.

(서론)17:1-3	(서론)21:9-10
1) a)그리고 일곱 대접을 가진 일곱 천사들 중 하나가 왔다. b)그리고 그가 나와 함께 다음과 같이 말했다. c)오라, 내가 너에게 큰 음녀의 심판을 보여줄 것이다. … 3) a)그리고 그(천사)는 나를 성령 안에서 광야로 데리고 갔다. b)그리고 나는 붉은 짐승 위에 앉아 있는 여자를 보았다.	9) a)마지막 일곱 재앙으로 가득찬 b)일곱 대접 가진 a)일곱 천사 중 하나가 왔다. D) 그리고 그는 나와 함께 다음과 같이 말했다. 9e)오라, f)내가 너에게 신부 곧 어린 양의 아내를 보여줄 것이다. 10) a)그리고 그는 나를 성령 안에서 크고 높은 산으로 데리고 갔다. b)그리고 그는 나에게 c)하늘로부터 하나님으로부터 내려오는 b)거룩한 도시, 예루살렘을 보여주었다.

이 비교에서 바벨론 심판의 도입 부분과 새 예루살렘의 영광을 소개하는 도입 부분이 밑줄 친 부분을 중심으로 비교해 보면 서로 밀접하게 평행되고 있음을 알 수 있다.

그렇다면 6-9절은 에필로그에 포함될 수도 있지만 새 예루살렘에 대한 기록의 마지막 마무리 부분을 형성하기도 한다. 바로 22장 6-9절은 21장 9절-22장 5절의 새 예루살렘에 대한 내용의 결론일 뿐만 아니라 이어서 나오는 내용의 도입 부분으로서 이중적 기능을 갖는 것으로 볼 수 있다.[4] 이것은 일종의 겹치기 구조(overlapping and interweaving)로서 요한계시록에서 일반적으로 사용되는 문학적 기교이다(참조: 8장 2절의 일곱 나팔 심판에 대한 언급은 8장 1절과 8장 3-5절의 사이에 삽입되어 있다).[5] 저자는 에필로그와 요한계시록의 전체 내용과의 유기적 관계를 위해 이러한 두 가지 역할을 의도적으로 22장 6-9절에 동시에 부여하고 있다. 이 본문을 읽을 때 이런 구조적 특징을 기억할 필요가 있다.

3 앞의 책, 4.

4 Osborne, *Revelation*, 778. 이런 이유로 보캄은 그의 구조 분석에서 22장 6-9절을 21장 9절부터 시작되는 신부 새 예루살렘과 연결시키기도 하지만 동시에 에필로그인 22장 6-21절에 속한 것으로 간주한다(Bauckham, *The Climax of Prophecy*, 22).

5 Bauckham, *The Climax of Prophecy*, 5.

구문분석 및 번역

6절 a) Καὶ εἶπέν μοι·
그리고 그는 나에게 말했다:

b) οὗτοι οἱ λόγοι πιστοὶ καὶ ἀληθινοί,
이 말씀들은 신실하고 참되다.

c) καὶ ὁ κύριος ὁ θεὸς τῶν πνευμάτων τῶν προφητῶν ἀπέστειλεν τὸν ἄγγελον αὐτοῦ
주 곧 선지자들의 영들의 하나님이 그의 천사를 보내셨다.

d) δεῖξαι τοῖς δούλοις αὐτοῦ ἃ δεῖ γενέσθαι ἐν τάχει.
그의 종들에게 반드시 신속하게 되어져야만 하는 것들을 보이시기 위하여

7절 a) καὶ δοὺ ἔρχομαι ταχύ.
그리고 보라 내가 신속하게 온다.

b) μακάριος ὁ τηρῶν τοὺς λόγους τῆς προφητείας τοῦ βιβλίου τούτου.
이 책의 예언의 말씀들을 지키는 자는 복있다.

8절 a) Κἀγὼ Ἰωάννης ὁ ἀκούων καὶ βλέπων ταῦτα.
그리고 나 요한은 이것들을 보고 들은 자이다.

b) καὶ ὅτε ἤκουσα καὶ ἔβλεψα,
내가 듣고 보았을 때

c) ἔπεσα προσκυνῆσαι ἔμπροσθεν τῶν ποδῶν τοῦ ἀγγέλου τοῦ δεικνύοντός μοι ταῦτα.
이것들을 내게 보이던 천사의 발 앞에 경배하기 위해 엎드렸다.

9절 a) καὶ λέγει μοι·
그리고 그는 나에게 말한다.

b) ὅρα μή·
조심하라. 그렇게 하지 말라.

c) σύνδουλός σού εἰμι
나는 너의 동료종이다.

d) καὶ τῶν ἀδελφῶν σου τῶν προφητῶν καὶ τῶν τηρούντων τοὺς λόγους τοῦ βιβλίου τούτου·
그리고 너의 형제들 선지자들과 그리고 이 책의 말씀들을 지키는 자들의

e) τῷ θεῷ προσκύνησον.
너희는 하나님께 경배하라.

6d절의 '엔 타케이'(ἐν τάχει)는 1장 1d절에서 동일한 문구가 사용되는데 번역도 동일하게 "신속하게"라고 한다. 또한 7a절의 '타퀴'(ταχύ>ταχύς, 타퀴스)는 '엔 타케이'와 동의어로서 동일하게 "신속하게"라고 번역한다. 그리고 9b절의 ὅρα μή (오라 메)는 19장 10c절의 동일한 문구이므로 이 문구에 대한 번역과 동일하게

“조심하라. 그렇게 하지 말라”고 번역한다. 여기에서 사용되는 단어로서 ‘ὅρα’라는 동사는 부정어인 ‘μή,’와 함께 강력한 부정적 반응을 보이는 것 뿐만 아니라 요한으로 하여금 경배 행위에 대한 경계의 메시지를 표현하고 있다.

6a절에서 “말했다”(εἶπέν, 에이펜)라는 동사는 부정 과거 시제로 사용되었다. 반면 9a절의 “말하다”(λέγει, 레게이)는 현재 시제로 사용된다. 이와 더불어서 6-8절은 부정 과거가 지배적인 반면 9절은 현재 시제가 지배적이다. 이처럼 부정 과거 시제에서 현재 시제로의 변화는 21장 5-6절에서도 발생한 바 있다. 곧 21장 5a절과 6a절은 부정 과거 시제인 반면 21장 5c절은 현재 시제로 사용되고 있다. 이런 변화에 대해 매튜슨은 “동사의 상”(aspect)의 관점에서, 부정과거 시제 동사 사이에 현재 시제 동사가 사용된 것은 그 내용을 “강조”하기 위한 것이라고 주장한다.[6] 이런 맥락에서 9절 전체에서 현재형이 사용되고 있는 것은 독자들의 주목을 집중하여 강조하기 위한 의도라고 볼 수 있다. 이런 의도를 드러내기 위해 현재 시제를 그대로 반영하도록 한다.

이상의 내용을 근거로 우리말 어순에 맞추어 본문을 번역하면 다음과 같다.

6a 그리고 그는 나에게 말했다:
6b 이 말씀들은 신실하고 참되다
6c 주 곧 선지자들의 영들의 하나님이
6d 그의 종들에게 반드시 신속하게 되어져야만 하는 것들을 보이시기 위하여
6c 그의 천사를 보내셨다.
7a 그리고 보라 내가 신속하게 온다.
7b 이 책의 예언의 말씀들을 지키는 자는 복있다.
8a 그리고 나 요한은 이것들을 보고 들은 자이다.
8b 내가 듣고 보았을 때
8c 이것들을 내게 보이던 천사의 발 앞에 경배하기 위해 엎드렸다.
9a 그는 나에게 말한다.
9b 조심하라. 그렇게 하지 말라.
9c 나는 너와
9d 너의 형제들 선지자들과 그리고 이 책의 말씀들을 지키는 자들의
9c 동료종이다.
9e 너희는 하나님께 경배하라.

6 Matthewson, *Verbal Aspect in Revelation*, 78.

그는 나에게 말했다(6a절) 먼저 6a절에서 말하는 주체는 명확하게 나타나지 않는다. 이런 문장 구조는 앞 문장의 화자가 계속해서 말하고 있다는 사실을 암시한다. 그렇다면 가장 가까운 위치에서 말하는 화자를 추적할 필요가 있다. 21장 9절에서는 일곱 대접을 가진 일곱 천사들 중 하나가 요한에게 새 예루살렘을 보여 준다고 말하였고, 이 천사는 다시 21장 15절에서 "나(요한)와 함께 말하는 자"로 등장한다. 그리고 22장 1절에서 요한에게 새에덴을 보여준 천사 역시 21장 9절의 "일곱 천사 중 하나"로 볼 수 있다. 이 세 구절에서 계시 전달자는 일관성 있게 21장 9절의 일곱 천사 중 하나로 보는 것이 가능하다. 이런 맥락에서 22장 6a절의 화자 역시 이 세 구절의 연속선상에서 일곱 천사 중 하나로 보는 것이 타당하다.[7]

이 말씀들은 신실하고 참되다(6b절) 6b절에서 "이 말씀들은 신실하고 참되다"라고 한다. 먼저 6b절의 "이 말씀들"이 가리키는 것은 두 가지 가능성이 있다. 첫째로, 가깝게는 21장 1절–22장 5절의 새 창조와 새 예루살렘에 대한 내용을 가리킨다고 할 수 있다. 이 경우에는 6–9절 말씀을 22장 5절의 연속으로 보는 것이다. 6b절의 "이 말씀들은 신실하고 참되다"라는 문구가 새창조를 말하는 21장 1–5절의 마지막 부분인 21장 5e절에서도 동일하게 사용된다는 점에서 이 두 본문 사이에 연속성이 있다. 이러한 평행 관계에 의해 21장 5e절이 21장 1–5절의 새창조에 대한 확실한 실현을 인증하는 것이라면, 6b절은 21장 9절–22장 5절의 새 예루살렘 교회 공동체의 영광스런 모습에 대한 확증을 제시하는 것이라고 볼 수 있다. 두 번째로, 좀 더 넓은 범위로 말하면 '이 말씀들'은 요한계시록 전체를 가리킨다고 볼 수도 있다. 이 경우에 6–9절의 말씀은 요한계시록 전체 내용에 대한 에필로그의 도입 부분으로서 역할을 한다.

그리고 "신실하고 참되다"라는 문구에서 "신실하다"(πιστοί, 피스토이)고 한 것은 신뢰하기에 부족함이 없음을 말하는 것이요, "참되다"(ἀληθινοί, 알레디노이)고

7 Swete, *The Apocalypse of St. John,* 299. 화자를 그리스도라고 주장하는 학자들도 있다(Charles, *A Critical and Exegetical Commentary on Revelation,* 2:217). 찰스는 "그리스도께서 이 책의 예언의 말씀을 인증해 주고 있다"고 주장한다.

한 것은 거짓되지 않고 진실되다는 뜻이다. 이런 말씀의 특징은 미혹하기 위해 거짓을 말하는 용과 짐승과는 대조적인 모습이다. 말씀이 "신실하고 참되다"는 두 가지 특을 통해 이 말씀들이 반드시 이루어지게 될 것임을 확증한다. 비일은, 이 문구가 다니엘 2장 45b절의 데오도티온(Theodotion)을 배경으로 사용되고 있다는 것을 지적한다.[8] 다니엘 2장 45b절(Theod)은 "그 꿈은 참되고(ἀληθινόν, 알레디논) 그리고 그것의 해석은 신실하다(πιστή, 피스테)"라고 한다.[9] 하나님께서 느부갓네살 왕의 꿈을 통해 계시하신 것이 "참되고 신실하다"는 것이다. 이 문구가 하나님의 계시를 특징 짓는 속성을 나타낸다는 것을 알 수 있다.

선지자들의 영들의 하나님(τῶν πνευμάτων τῶν προφητῶν, 6c절) 6c절에서 "선지자들의 영들(복수로 사용되고 있음)의 하나님"이란 문구가 사용된다. 먼저 "선지자들의 영들"에서 "영들"(πνευμάτων, 프뉴마톤)은 복수로 사용되었기 때문에 성령을 가리키는 것이 아니라 "예언을 불러 일으키는 하나님의 영에 대한 매개체"로 볼 수 있다(욜 2:28; 눅 1:67; 행 11:27-28).[10] 그렇다면 "선지자들의 영들"이란 무엇을 의미하는 것일까? 이것은 "사람으로 하여금 예언하도록 하는 사람 안에 있는 기능"을 가리킨다.[11] 이런 기능을 가진 자들은 성령에 의해 감동된 선지자들의 특별한 계층으로서 구약과 신약의 선지자들을 가리키는 것으로 이해할 수 있다.[12]

그리고 "선지자들의 영들의"라는 소유격 문구는 목적격적 소유격으로 볼 수 있다.[13] 이러한 맥락에서 NEB(New English Bible)는 이 문구를 "선지자들을 감동하셨던 하나님"으로 번역한다. 이 문구는 "하나님께서 주권적으로 그의 선지적 종들의 발언을 결정하고 통제하여 그들이 말하고 기록하는 것이 신뢰할 만하고 진실되다"는 것을 의미한다.[14] 바로 이런 하나님의 신적 계시 활동은 보내시는 천사를 통해 진행된다. 따라서 하나님 ➔ 천사 ➔ 선지자의 관계가

---

8 Beale, *The Book of Revelation*, 1124.
9 앞의 책.
10 Koester, *Revelation*, 838.
11 앞의 책.
12 앞의 책.
13 Smalley, *The Revelation to John*, 567.
14 Aune, *Revelation 17-22*, 1182.

성립된다.[15] 21장 9절의 일곱 대접을 가진 일곱 천사 중 하나가 바로 이런 역할을 감당하고 있는 것이라고 할 수 있다. 요한계시록에는 이 천사 외에도 여러 다양한 역할의 천사들이 등장한다.

반드시 신속하게 되어져야만 하는 것들(6d절) 또한 6d절의 "반드시 신속하게 되어져야만 하는 것들"이라는 문구는 동일한 형태로 1장 1cd절에서 사용된 바 있다. 이 두 본문을 비교하면 다음과 같다.

1:1cd	22:6d
그의 종들에게 신속하게(ἐν τάχει, 엔 타케이) 반드시 되어져야만 하는 것들을 보이시기 위하여	그의 종들에게 신속하게(ἐν τάχει, 엔 타케이) 반드시 되어져야만 하는 것들을 보이시기 위하여
δεῖξαι τοῖς δούλοις αὐτοῦ ἃ δεῖ γενέσθαι ἐν τάχει (데이크사이 토이스 둘로이스 아우투 하 데이 게네스다이 엔 타케이)	

1장 1cd절에서 이 문구는 다니엘 2장 28-29절을 배경으로 예수님의 십자가 구속 사역에 의해 이미 성취된 종말적 사건을 의미하는 것으로 사용되었다.[16] 6d절에서 동일하게 사용된 이 문구 역시 이러한 의미를 가지고 사용된다고 이해하는 것이 당연하다. 특별히 1장 1cd절의 "신속하게"(ἐν τάχει, 엔 타케이)라는 문구는 아직 이루어지지 않은 "사건들의 단순히 성급한 완성"을 예상하는 것이 아니라 "신적인 목적의 확실한 성취"를 나타낸다.[17] 그리고 메츠거(Metzger)는 이 문구에 대해 "요한은 자신의 메시지를 그의 세대를 위해 의도하고 있다"고 설명한다.[18] 이것을 22장 6d절에도 적용할 수 있다. 그러나 6d절이 새 창조와 새 예루살렘과 같은 구속사적 완성을 기록한 후에 마무리하고 있는 문맥에 놓여 있는 것을 볼 때 이러한 미래적 종말과 관련하여 사용되고 있다고 보는 것도 가능하다. 성취된 초림과 완성될 재림 사건을 동일한 문구로 표현한

15 1장 1efg절에서 하나님→예수님→천사→요한→종들로 이어지는 계시의 경로를 보여준 바 있다(1권 42쪽 참조).

16 이 문구에 대한 자세한 논의는 1권 37-42쪽을 참조하라.

17 Charles, *A Critical and Exegetical Commentary on the Revelation of St. John,* 1:6. 최근에는 스몰리가 이 견해를 지지한다(Smalley, *The Revelation to John,* 27).

18 Metzger, *Breaking the Code*, 21.

다는 것은 이 두 사건이 밀접하게 연동되어 있다는 사실을 확증한다.

앞에서 6b절의 "이 말씀들"(οὗτοι οἱ λόγοι, 후토이 호이 로고이)은 6–9절이 21장 9절–22장 5절의 마무리 부분이면 21장 9–22장 5절을 가리키고, 6–9절이 에필로그의 도입 부분이면 요한계시록 전체를 가리킬 수도 있다고 언급한 바 있다. 이와 같은 맥락에서 전자의 경우에 그의 종들에게 보이시고자 하는 "반드시 신속하게 되어져야만 하는 것들"은 직전의 내용인 새예루살렘의 도래와 같은 미래적 종말의 사건을 가리킨다고 할 수 있다. 반면 후자의 경우에, 이 문구는 1장 1cd절에서 보여주는 것처럼, 예수님의 십자가 사건과 같은 이미 시작된 종말 사건을 가리킨다고 할 수도 있다.[19] 이 두 가지 가능성 모두 고려할 수 있다. 곧 "반드시 신속하게 되어져야만 하는 것들"은 실현된 종말로서의 초림과 완성될 종말로서의 재림에 모두 적용될 수 있다는 것이다. 요한계시록의 종말론은 이처럼 이미 실현된 것과 아직 실현되지 않고 완성을 남겨 놓은 것들이 서로 조화롭게 어우러져 있는 것이 특징이다. 위더링톤은 이를 "이중적 종말론"(double eschatology)이라고 칭한다.[20] 이것을 도표로 표시하면 다음과 같다.

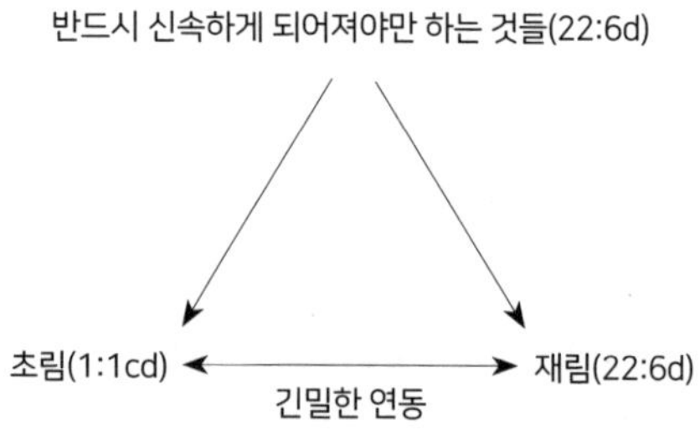

여기에서 한 가지 덧붙일 것은 "반드시 신속하게 되어져야만 하는 것들"에 의해 초림과 재림이 긴밀하게 연동되고 있다는 것이다. 이런 긴밀한 연동 관계를 가장 잘 표현해 줄 수 있는 단어는 "선취"(先就)라는 것이다.[21] 초림 이후에 성도들은 재림을 이미 경험하는 것으로 볼 수 있다.

19 한편 6d절의 "이 말씀들"이 21장 9절-22장 5절을 가리킨다고 하더라도, 6d절은 요한계시록 전체에 대한 일반적 결론으로 간주할 수도 있다.

20 Witherington III, *Revelation*, 280.

21 여기에서 "선취"라는 단어는 신동욱, "요한계시록은 임박한 종말을 말하고 있는가?" 신약논단 17권 4호(2010, 겨울), 1142에서 가져 왔다.

이상의 내용을 정리하면 하나님은 그의 백성들에게 성취되고 선취(先就)되는 그리스도의 구속 사역으로서 "반드시 신속하게 되어져야만 하는 것들"을 계시하여 드러내기 위해 천사를 통해 요한으로 하여금 기록하게 하셨다.

보라 내가 신속하게 온다(7a절) 7a절에서 예수님께서 신속하게 오심을 언급하고 있다. 이처럼 "신속하게 오심"은 요한계시록 전체에서 5회(2:16; 3:11; 22:7, 12, 20) 사용된다.

2:5　내가 네게 온다(ἔρχομαί σοι)
2:16　내가 네게 신속하게 온다(ἔρχομαί σοι ταχύ)
3:11　a)내가 신속하게 온다(ἔρχομαι ταχύ·) 네가 가진 것을 굳게 잡으라
22:7a　보라 내가 신속하게 온다(δοὺ ἔρχομαι ταχύ)
22:12a　보라 내가 신속하게 온다(Ἰδοὺ ἔρχομαι ταχύ)
22:20b　확실히 내가 신속하게 온다(Ναί, ἔρχομαι ταχύ)

위의 다섯 개의 본문에서 "오심"은 단순히 재림 만을 가리키고 있지 않다. 처음 두 개(2:5, 16)는 회개하지 않으면 언제든 오시는 조건적이며 상시적 오심이다.[22] 특별히 3장 11절은 재림이 아니라 "고통의 시간"으로부터 지켜 주시기 위해 오시는 것일 뿐만 아니라 성만찬의 현장으로 오시는 것도 상정할 수 있다.[23] 22장 12a절과 20b절 20절은 7a절과 동일한 문구가 사용되고 같은 문맥 안에 속해 있어 같은 의미로 볼 수 있다. 이 세 본문 모두 역시 성만찬의 정황에서 오심과 함께 그 오심의 절정으로서 마지막 때의 "오심"을 나타낸다.[24] 이런 경우들을 볼 때 "오심"이 항상 재림을 나타내고 있지 않다는 것을 알 수 있다.

이처럼 "오심"이 항상 재림만을 나타내고 있지 않은 또 다른 예는 바로 1장 7a절의 "보라 그가 구름과 함께 오신다"라는 말씀이다. 이 본문은 재림이 아니라 승천을 가리키고 있다고 주해한 바 있다.[25] 이런 승천으로서 "오심"이 다른 오심과 어떤 관계가 있는가? 매우 밀접한 관계가 있다는 사실을 상정할 수 있다. 곧 예수님의 구름과 함께 하늘로 오셨기 때문에 예수님은 언제나 다

22　여기에 3장 3절은 '에르코마이'(ἔρχομαι)라는 동사가 아닌 '헤크소'(ἥξω>ἥκω, 헤코)라는 동사를 사용하여 조건적 오심을 표현한다.
23　이에 대한 자세한 내용은 1권 389-390을 참조하라.
24　이에 대한 구체적인 논의는 이 본문의 주해에서 진행될 것이다.
25　이에 대한 자세한 내용은 1권 85-113쪽을 참조하라.

양한 상황에서 이 세상으로 오실 수 있는 것이다.

따라서 22장 7a절 역시 단순히 "재림"으로 해석하는 것을 신중하게 해야 할 것이다. 먼저 7a절에서 사용된 "신속하게"(ταχύ, 타퀴)는 12a절과 20b절에서도 예수님의 오심과 관련하여 사용된다. 특별히 이 문구는 1장 1cd절과 22장 6d절의 '엔 타케이'(ἐν τάχει)의 영향을 받은 것으로 볼 수 있다. 그렇다면 7a절의 "신속하게"의 의미를 1장 1cd절을 참고해서 해석하는 것이 필요하다. 1장 1cd절의 "신속하게"는 "사건들의 단순히 성급한 완성"을 예상하는 것이 아니라 "신적인 목적의 확실한 성취"를 나타낸다.[26] 이런 의미를 22장 7a절의 "내가 오다"에 적용하면 예수님의 오심은 "신적인 목적의 확실한 성취"를 위해 오는 것으로서 그 오심에 대한 예수님의 결연한 의지를 엿보이게 한다. 이것은 6d절의 경우와 동일하게 예수님의 초림과 재림에 모두 적용될 수 있다. 어떻게 이 두 경우에 모두 적용할 수 있을까?

만일 6-9절이 프롤로그인 1장 1-8절과의 평행 관계에 초점이 맞추어 진다면 이 오심은 초림으로 간주되거나 2장 5절과 16절의 조건적 오심으로 간주될 수 있다. 그리고 17장 1-19장 10절과 평행 관계에 초점을 맞춘다면 이 오심은 재림과 관련된다고 볼 수 있다. 이와 같은 맥락에서 비일은 요한계시록 1-3장에서 "이미 시작된"(inaugurated) "이전의 오심들"(earlier comings)[27] 곧 "축복과 심판"을 가져오는 "일련의 오심들"(a series of comings)이 있다고 주장하면서 7a절의 오심은 이 본문이 위치한 문맥이 재림의 시점을 지배적으로 다루고 있으므로 예수님의 오심의 절정으로서 재림을 가리키는 것으로 볼 수 있다고 주장한다.[28] 이런 패턴은 앞서 논의한 바 있는 6d절의 "반드시 신속하게 되어져야만 하는 것들"과 같은 것이라고 볼 수 있다. 반면 신동욱 교수는 7a에서 예수님의 신속한 오심이 재림이 아니라 재림을 "선취"하는 것이라고 주장한다.[29] 이것을 다음 도표로 표시할 수 있을 것이다.

---

26 Charles, *A Critical and Exegetical Commentary on Revelation*, 1:6.
27 Beale, *The Book of Revelation*, 1127.
28 앞의 책.
29 신동욱, "요한계시록은 임박한 종말을 말하고 있는가?," 1142.

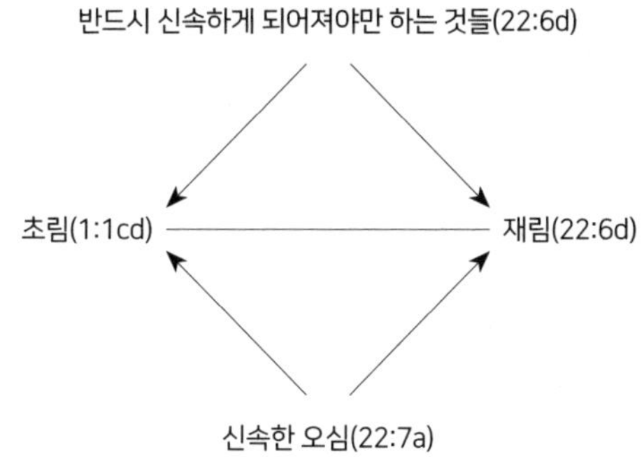

이 도표를 통해 알 수 있는 것은 승천하여 하늘에 계신 예수님은 신속한 오심을 통해 초림부터 재림까지의 기간 동안 끊임 없이 이 땅에 대한 통치와 이 땅과의 소통을 진행하고 있다는 사실이다. 이것은 하늘과 땅의 구별이 없었던 에덴 정원을 생각나게 한다. 에덴에서 하늘에 계신 하나님이 에덴 정원에 임재하시어 아담과 함께 거니시는 모습을 보여주신 바 있다(참조 창 3:8). 이제 예수님께서 초림과 승천 이후에 상시적으로 이 세상에 신속하게 나타나셔서 성도들을 격려하시고 회복하시며, 그 오심의 절정으로서 재림 때에는 이 모든 것들의 완성을 이루게 된다.

이 책의 예언의 말씀을 지키는 자는 복있다(7b절) 다음 7b절은 7a절의 "오심"의 결과를 소개해 준다. 곧 예수님께서 속히 오신다. 그 결과 "예언의 말씀을 지켜 행하는 자는 복있다"는 것이다. 바꾸어 말하면 7b절의 복있는 이유는 바로 7a절에서 예수님께서 신속하게 오시기 때문이다. 승천하시어 하늘에 계신 예수님께서 이 세상에 상시적으로 오시는 것은 말씀을 순종하는 자들에게는 커다란 위로와 격려가 되지 않을 수 없으며, 예수님의 임재와 통치를 온전히 경험할 수 있게 된다. 이러한 사실로 인하여 "이 책의 예언의 말씀을 키지는 자는 복있다"고 할 수 있는 것이다.

이런 내용의 7b절은 요한계시록 서두 부분인 1장 3ab절의 말씀과 평행을 이룬다. 이와 함께 7a절과 1장 3c절도 평행이 된다. 이를 다음과 같이 비교해 볼 수 있다.

1:3	22:7
b)그 예언의 말씀을 읽는 자와 듣고 그 안에 기록한 것들을 지키는 자들은 a)복있다	b)이 책의 예언의 말씀을 지키는 자는 복있다.
c)왜냐하면 때가 가깝기 때문이다.	a)보라 내가 신속하게 온다(ἔρχομαι ταχύ)

22장 7b절의 "이 책의 예언의 말씀을 지키는 자는 복있다"는 1장 3ab절의 "그 예언의 말씀을 … 지키는 자들은 복있다'라는 말씀과 평행을 이룬다. 다만 22장 7b절에서 1장 3b절의 "읽는 자와 듣는 자들"이라는 문구를 생략하고 1장 3b절의 "예언의 말씀"이나 "그 안에 기록한 것들"을 22장 7b절에서는 "이 책의 예언의 말씀"이라고 표현한다. 여기에서 "이 책의 예언의 말씀"라는 문구는 "이 책 안에 있는 예언의 말씀"이란 의미가 아니다. "이 책의"라는 소유격은 주격적 소유격이거나 동격의 소유격 용법으로 볼 수 있다. 따라서 이 문구를 풀어 말하면 "이 책은 예언의 말씀이다"라고 하거나 "이 책 곧 예언의 말씀"이라고 할 수 있다. 따라서 "이 책의 예언의 말씀"은 요한계시록 전체를 가리킨다. 1장 3a절에서 복있는 이유는 3c절의 "때가 가깝기 때문"이고, 22장 7절에서 복있는 이유는 7a절의 "내가 신속하게 오기 때문"이다. 이 두 개의 이유 모두 예수님의 "오심"과 관련된다. 전자는 예수님의 초림 사건을 나타내고 후자는 초림 뿐만 아니라 상시적 오심의 절정으로서 재림도 관련된다.

이러한 두 본문의 평행 관계를 통해 22장 7b절에 대한 의미를 좀 더 잘 파악할 수 있다. 이 두 본문의 평행 관계는 요한계시록의 말씀이 본질적으로 윤리적 실천을 강조하고 있음을 알게 해준다. 특별히 두 본문에 모두 사용된 "예언의 말씀"이란 문구는 이런 성격을 더욱 분명하게 보여 준다. 이것은 선지자들에 의해 선포되었던 예언의 말씀이 공평과 정의를 구현하기 위한 순종을 요청했던 것과 같은 맥락에서 이해될 수 있다.[30] 그러므로 1장 3절과 22장 7b절에서 "지키는" 행위를 반복해서 강조하고 있는 것은 이런 예언의 말씀의 특징을 반영하고 있는 것이다. 따라서 요한계시록의 말씀은 단순히 미래에 대한 호기심을 충족시키기 위해 읽혀져서는 안되며 그 말씀이 요구하는 삶의 실천을 목표로 읽혀져야 할 것이다.

30 쾨스터는 구약에서 참된 예언의 말씀의 기준이 "하나님에 대한 순종"을 촉진하느냐 아니면 "거짓 예배와 비윤리적 행위"를 장려하느냐에 달려 있음을 지적한다(참조 신 13:1-3; 마 7:15-20; 요일 4:1-3; 고전 12:1-3; 디다케 11-12; Koester, *Revelation*, 839).

그리고 22장 7b절과 1장 3ab절의 평행 관계인 것처럼 22장 7a절의 "예수님께서 신속하게 오심"과 1장 3c절의 "때가 가깝다"도 평행 관계를 이루고 있다. 먼저 1장 3c절의 '때가 가깝다'라는 것은 이미 시작된 종말론의 맥락에서 "때가 이미 왔다"는 것을 의미한다.[31] 반면 22장 6d절의 '반드시 신속하게 되어져야만 하는 것들"과 함께 22장 7a절의 "예수님의 신속한 오심'은 1장 3c절의 "때의 가깝다"와 함께 시작된 종말의 의미를 함축하고 있지만 문맥에 근거하여, 미래에 완성될 종말도 포함한다. 곧 요한계시록에서 많이 사용되는 "이중적 종말론"(double eschatology)을 이 본문에도 적용할 수 있을 것이다. 그러므로 22장 7a절에서 예수님의 "신속한 오심"은, 이미 도래한 상태를 바탕으로, 미래에 이루어지는 완성의 상태를 전망하는 것으로 해석할 수 있다.

이상의 논의를 근거로 22장 7b절의 의미를 정리하면 예수님께서 신속하게 오시기 때문에 (초림이든, 상시적 오심이든, 재림이든), 요한계시록에 기록된 예언의 말씀을 현재의 삶에서 지키는 자들에게 큰 복이 아닐 수 없다. 그러나 동시에 그 예언의 말씀을 순종해야 하는 책임도 있다.

나 요한은 이것들을 보고 들은 자이다(8a절) 다음 8-9절은 6-7절의 내용과 연결된다. 왜냐하면 8-9절은 6-7절과 함께 19장 7-10절와 팽행 관계로서 하나의 단위를 형성하기 때문이다. 특별히 8-9절에서는 6-7절에서 나눈 대화에 대한 요한의 반응을 통해 그 말씀의 경이로움을 극적으로 드러내려고 한다.

먼저 8a절에서 요한이 "보고 들었다"고 하는 것은 예레미야 23장 18절에서처럼 "하나님의 말씀을 보고 듣는 선지자들의 전통"에 부합한다.[32] 이러한 형식은 민수기 24장 15-17절에서 발람의 선지적 행위의 도입부분에서 주어진 바 있고 그리고 유대적 전승에도 나타난다(에녹 1서 1:2; 에즈라 4서 3:1; 바룩 2서 13:1; 바룩 3서 4:1 등).[33] 요한계시록에서도 요한은 "그가 본 것"(계 1:12; 7:9; 13:1; 19:11; 21:1)과 "들은 것"(1:10; 6:1; 12:10; 19:1; 21:3)에 대해 언급하고 있다.[34] 여기에서 "보고 듣다"는 선지적 발언의 정당성을 확증해 주는 "법적 증거에 대한 근거"로 볼

31 자세한 내용은 1권의 56-60쪽을 참조하라.
32 Koester, *Revelation*, 839.
33 앞의 책.
34 앞의 책.

수 있다(참조 요일 1:1-2).[35] 따라서 요한이 자신이 기록한 말씀이 "보고 들은" 결과라고 말하는 것은 그가 기록한 말씀이 법적 증거에 대한 충분한 근거를 가지고 있다는 사실을 시사한다. 이런 측면에서 8a절의 이 문구는 요한계시록 말씀의 증인으로서[36] 요한이 선포한 말씀이 "엄중한 진리"(solemn truth)라는 사실을 강조하고자 하는 목적이 있는 것이다.[37]

또한 여기에서 요한이 자신의 이름을 이처럼 밝히고 있는 것은, 공식 문서나 증언을 위한 문헌에서 자신의 이름을 밝힘으로서 그 문서의 공신력을 높이려는 것과 같은 의도라고 볼 수 있다(P.Ryl 172.27–28; P.Fay 93.19–20; P.Lond. 332.27).[38]

요한이 보고 들은 "이것들"(ταῦτα, 타우타)은 무엇을 가리키는 것인가? 8a절에서 "이것들"은 요한 자신이 보고 들은 것으로 묘사되고 있고, 8c절에서 "이것들"은 천사가 요한에게 보여준 것으로 묘사된다. 이 두 본문의 "이것들"은 동일한 대상으로서 요한계시록 전체의 메시지를 가리키는 것으로 볼 수 있다.[39] 이것은 1장 2c절에서 요한이 본 모든 요한계시록의 말씀(하나님의 말씀과 예수 그리스도의 증거)이 1장 1f절에서 하나님으로부터 보냄받은 "천사를 통하여"(διὰ τοῦ ἀγγέλου, 디아 투 앙겔루) 요한에게 알려지게 된 것이라는 사실에 근거한다.

반면 19장 9–10절과 평행되는 22장 6–9절을 21장 1절–22장 5절에 속한 것으로 본다면 "이것들"은 요한계시록 전체의 메시지라기 보다는 21–22장에서 소개된 새창조와 새예루살렘의 메시지를 가리키는 것으로 이해할 수 있을 것이다.[40] 21장 9절에서 천사가 새예루살렘 환상을 보여 주고 해석해 주는 "해석하는 천사"(angelus interpres)와 22장 8c절의 요한이 경배하려고 그 앞에 엎드렸던 천사와 동일시 될 수 있다는 점에서 이러한 이해가 가능하다.

이 두 가지 다 가능성이 있다. 요한은 그 의미를 모호하게 놓아 독자들로 하여금 이 두 가지 가능성을 모두 생각할 수 있도록 배려하고 있다. 이런 구성은 21장 5e절에서 "이 말씀들"이 가리키는 것이 가깝게는 21장 1–5절 뿐만 아니라 멀게는 요한계시록 전체를 가리키는 것과 같은 패턴으로 볼 수 있다.

---

35 Beale, *The Book of Revelation*, 1128.

36 앞의 책, 1127.

37 Koester, *Revelation*, 839. 오우니는 "보고 들음"이 고대 사회에서 "과거와 현재 사건들에 대한 지식에 유일하게 신뢰할만한 접근"을 가능하게 하는 방법이라고 언급한다(Aune, *Revelation 17-22,* 1185).

38 Koester, *Revelation*, 839.

39 Aune, *Revelation 17-22*, 1186.

40 Swete, *The Apocalypse of St. John*, 300.

천사의 발 앞에 경배하기 위해 엎드리다(8bc절) 이 말씀들이 요한계시록 전체의 메시지든 아니면 21-22장의 내용이든, 요한은 그것들을 듣고 보았을 때(8b), 그것들을 전달해 준 천사의 발 앞에 경배하려고 엎드렸다(8c). 먼저 여기에서 요한이 경배하기 위해 엎드렸던 대상으로서 천사는 21장 9절부터 요한에게 새 예루살렘을 보여주고 해석해 주었던 "해석하는 천사"(angelus interpres)로 보는 것이 적절하다.[41] 이런 장면은 19장 10a절에서 동일하게 나타난 바 있다. 여기에서 '엎드리다' (ἔπεσα, 에페사>πίπτω, 피프토)와 '경배하다'(προσκυνῆσαι, 프로스퀴네사이>προσκυνέω, 프로스퀴네오)라는 동사는 4장 10절에서 유일하신 하나님께만 보였던 행동을 표현하기 위해 사용된다. 왜 요한은 그 천사 앞에 하나님께만 보여드려야 하는 그러한 행동을 하고 있는 것일까? 그것은 바로 계시 전달자로서 천사 자신이 위대해서가 아니라 그 천사가 전달해 준 계시의 엄청난 내용에 압도되었기 때문일 것이다. 따라서 요한은 경배할 수 있는 대상으로서 그리스도와 경배할 수 없는 대상으로서 천사를 혼돈한 것으로 보기 어렵다.[42] 왜냐하면 요한은 4장과 5장에서 경배받아야 할 대상이 누구인지에 대해 분명하게 언급하고 있기 때문이다. 다만 요한은 이런 반응을 통해 요한계시록의 메시지가 얼마나 한 개인을 이처럼 감동시켜 압도할 수 있는가를 단적으로 보여 주고 있다.

조심하라. 그렇게 하지 말라 … 하나님께 경배하라(9bcde절) 이 문구는 19장 10c절과 동일하다. 이 문구는 요한의 행위에 대한 천사의 경계감과 거부감을 강조하여 표현하고 있다. 그리고 이어서 22장 9cd절에서 "나는 너와 너의 형제들 선지자들과 그리고 이 책의 말씀들을 지키는 자들의 동료 종이다"라고 한다. 이 문구 역시 19장 10d절의 "나는 너와 그리고 예수의 증거를 가지고 있는 너의 형제들의 동료 종이다"와 평행되고 있다. 이 문구와 비교해 보면 19장 10d절의 "예수의 증거를 가지고 있는 너의 형제들의 동료 종"이란 문구가 22장 9cd절에서는 "이 책의 말씀들을 지키는 자들의 동료 종"이라는 문구로 대체된다.[43] 이런 관계에 의해 "예수의 증거를 가지고 있다"는 것은 그것을 지키

41 Aune, *Revelation 17-22*, 1186.
42 Koester, *Revelation*, 840.
43 "동료종"(σύνδουλός)이란 문구에 대해서는 19장 10d절에 대한 주해를 참조하라.

는 것을 포함한다고 할 수 있다. 그리고 전자에는 없는 "선지자들" 그룹이 후자에 덧붙여지고 있다.

여기에서 천사는 하나님의 종으로서 그 동등성을 삼중적으로 표현한다. 첫째는 "너"(요한)이고(9c절), 두 번째는 "너(요한)의 형제들, 선지자들"이고(9d절), 세 번째는 "이 책의 말씀들을 지키는 자들"이다(9d절). 19장 10d절에서는 "요한"과 "예수의 증거를 가지고 있는 요한의 형제들"과의 동등성을 이중적으로 언급한 바 있다. 이처럼 천사는 세 부류와 동등한 종이라는 사실을 강조한다.

끝으로 9e절에서 천사는 요한에게 "하나님께 경배하라"고 요청한다. 이 문구에 대해서는 평행 관계인 19장 10절에서 충분히 논의했기 때문에 여기에서는 생략하도록 한다.

[정리]

6-9절은 21장 9절부터 이어지는 새 예루살렘과 22장 1-5절의 새에덴의 주제를 결론짓는 역할을 하는 것과 동시에 22장 10절부터 시작되는 에필로그의 도입 부분이 될 수도 있다. 전자의 근거는 바벨론 심판을 말하는 17장 1-19장 10절의 결론 부분인 19장 6-10절과 평행 관계를 가지고 있다는 점이다. 반면 에필로그의 도입 부분으로 보는 후자의 근거는 6-9절이 프롤로그와 평행 관계를 이루고 있다는 점이다. 6-9절의 내용을 정리하면 다음과 같다. 첫째로, 하나님의 말씀이 신실하고 참되다. 둘째로, 신속하게 되어져야만 하는 것들이 천사를 통해 증거된다. 셋째로, 예수님은 신속하게 오신다. 네째로, 예언의 말씀은 순종을 요구한다. 다섯째로, 오직 하나님께만 예배드리라.

2. 내가 신속하게 온다(22:10-20)

10-20절에서 다양한 화자가 등장한다. 그 화자가 누구인가에 의해 내용이 구분된다. 먼저 10-11절은 천사가 말하는 내용이다. 그리고 12-16절은 예수님이 말씀하시는 내용이며 17절에서는 성령과 신부가 말씀하는 내용을 소개한다. 그리고 18-19절은 예수님께서 말씀하신다. 그리고 20절은 예수님과 성도의 발언이 상호적으로 주고 받는 내용을 기록한다.

구문 분석 및 번역

10절 a) Καὶ λέγει μοι,
그리고 그는 나에게 말한다,

b) Μὴ σφραγίσῃς τοὺς λόγους τῆς προφητείας τοῦ βιβλίου τούτου
이 책의 예언의 말씀들을 인봉하지 말라

c) ὁ γὰρ καιρὸς ἐγγύς ἐστιν.
왜냐하면 때가 가깝기 때문이다.

11절 a) ὁ ἀδικῶν ἀδικησάτω ἔτι·
악을 행하는 자는 그대로 악을 행하게 하라.

b) καὶ ὁ ῥυπαρὸς ῥυπανθήτω ἔτι·
더러운 자는 그대로 더럽도록 하라

c) καὶ ὁ δίκαιος δικαιοσύνην ποιησάτω ἔτι·
의로운 자는 그대로 의를 행하게 하라.

d) καὶ ὁ ἅγιος ἁγιασθήτω ἔτι·
거룩한 자는 그대로 거룩하게 하라

12절 a) καὶ ἰδού, ἔρχομαι ταχύ,
그리고 보라 내가 신속하게 온다.

b) καὶ ὁ μισθός μου μετ᾽ ἐμοῦ,
그리고 나의 상이 나와 함께 있다.

c) ἀποδοῦναι ἑκάστῳ ὡς τὸ ἔργον ἐστὶν αὐτοῦ.
각자에게 그의 행위대로 갚아 줄

13절 ἐγώ εἰμι τὸ Α καὶ τὸ Ω, ἀρχὴ καὶ τέλος, ὁ πρῶτος καὶ ὁ ἔσχατος,
나는 알파와 오메가이고 시작과 끝이요 처음과 마지막이다.

14절 a) μακάριοι οἱ πλύνοντες τὰς στολὰς αὐτῶν,
그들의 겉옷들을 빠는 자들은 복있다.

b) ἵνα ἔσται ἡ ἐξουσία αὐτῶν ἐπὶ τὸ ξύλον τῆς ζωῆς,
그들의 권세가 생명의 나무에 있도록

c) καὶ τοῖς πυλῶσιν εἰσέλθωσιν εἰς τὴν πόλιν.

그리고 그들이 문들을 통해 그 도시로 오도록

15절 a) ἔξω
(도시) 밖에 있다.

b) οἱ κύνες καὶ οἱ φαρμακοὶ καὶ οἱ πόρνοι καὶ οἱ φονεῖς καὶ οἱ εἰδωλολάτραι,
개들과 점술가들과 행음자들과 살인자들과 우상 숭배자들과

c) καὶ πᾶς ὁ φιλῶν καὶ ποιῶν ψεῦδος.
거짓말을 좋아하며 만들어내는 모든자는

16절 a) Ἐγὼ Ἰησοῦς ἔπεμψα τὸν ἄγγελόν μου
나 예수는 나의 천사를 보냈다.

b) ↑— μαρτυρῆσαι ὑμῖν ταῦτα ἐπὶ ταῖς ἐκκλησίαις.
교회들을 위하여 이것들을 너희에게 증거하기 위해

c) ἐγώ εἰμι ἡ ῥίζα καὶ τὸ γένος τοῦ Δαβίδ,
나는 다윗의 뿌리요 자손이다.

d) ὁ ἀστὴρ ὁ λαμπρὸς ὁ πρωϊνός.
빛나는 새벽별

17절 a) Καὶ τὸ Πνεῦμα καὶ ἡ νύμφη λέγουσιν,
그리고 성령과 신부가 말씀하신다.

b) ἔρχου.
오라.

c) καὶ ὁ ἀκούων εἰπάτω· ἔρχου.
그리고 듣는 자로 말하게 하라: 오라.

d) καὶ ὁ διψῶν ἐρχέσθω,
그리고 목마른 자로 오게 하라.

e) καὶ ὁ θέλων λαβέτω τὸ ὕδωρ ζωῆς δωρεάν.
그리고 원하는 자로 생명의 물을 자유롭게 취하게 하라.

18절 a) Μαρτυρῶ ἐγὼ παντὶ τῷ ἀκούοντι τοὺς λόγους τῆς προφητείας τοῦ βιβλίου τούτου·
나는 이 책의 예언의 말씀들을 듣는 모든 자에게 증거한다.

b) ἐάν τις ἐπιθῇ ἐπ' αὐτά
만일 누구든지 그것들에 더하면

c) ἐπιθήσει ὁ Θεὸς ἐπ' αὐτὸν τὰς πληγὰς τὰς γεγραμμένας ἐν βιβλίῳ τούτῳ·
하나님이 이 책에 기록된 재앙들을 그에게 더하실 것이다.

19절 a) καὶ ἐάν τις ἀφέλῃ ἀπὸ τῶν λόγων βίβλου τῆς προφητείας ταύτης,
만일 누구든지 이 예언의 책의 말씀으로부터 제하면

b) ἀφελεῖ ὁ θεὸς τὸ μέρος αὐτοῦ ἀπὸ τοῦ ξύλου τῆς ζωῆς καὶ ἐκ τῆς πόλεως τῆς ἁγίας
하나님이 생명 나무로부터 그리고 거룩한 도시로부터 그의 몫을 제할 것이다.

c) τῶν γεγραμμένων ἐν τῷ βιβλίῳ τούτῳ.
이 책에 기록된

20절 a) Λέγει ὁ μαρτυρῶν ταῦτα,
이것들을 증거하는 자가 말한다.
b) Ναί, ἔρχομαι ταχύ.
확실히 내가 신속하게 온다.
c) Ἀμήν, ἔρχου κύριε Ἰησοῦ
아멘, 주 예수여 오시옵소서.
21절 Ἡ χάρις τοῦ κυρίου Ἰησοῦ μετὰ πάντων.
주 예수의 은혜가 모두와 함께 있기를.

먼저 12c절의 ὡς τὸ ἔργον ἐστὶν αὐτοῦ (호스 토 에르곤 에스틴 아우투)는 직역하면 "그의 행위가 있는 대로"라고 할 수 있다. 이것을 자연스럽고 간결하게 "그의 행위대로"라고 번역한다.

14b절의 '히나'(ἵνα) 절에서 '에스타이'(ἔσται>εἰμί, 에이미)라는 미래시제 동사가 사용된다. 문법적으로는 가정법 동사가 사용되는 것이 정상인데 미래형이 사용되는 것은 이례적이다. 그럼에도 불구하고 요한계시록에서는 6장 4절, 6장 11절, 9장 5절, 9장 20절, 13장 12절 그리고 14장 13절에서 이런 이례적 용례들이 등장한다.[44] 이 경우 가정법이 사용된 것과는 의미에 있어서 구별이 되는데, 가정법은 "먼저 성취되어야 하는 조건들이 있다"는 것을 시사하지만, 미래형의 경우는 "그 결과의 확실성(certainty) 곧 실재성(actuality)"을 나타내는데 목적이 있다.[45] 이러한 내용을 우리말로 번역하여 표현하는 것이 쉽지 않다. 다만 독자들은 이런 용법의 의도를 인식하는 것이 중요하다. 이런 용법은 주해 과정에서 본문의 의미를 드러내기 위해 다시 한 번 언급하게 될 것이다.

14b절의 전치사 '에피'(ἐπί)는 "능력과 권세의 표시(marker)"로 사용된다.[46] 따라서 14b처럼 이 전치사는 "권세"라는 의미의 '에크수시아'(ἐξουσία)단어와 함께 사용될 때 그 의미가 더 두드러진다. 14c절의 '퓔로신'(πυλῶσιν>πυλών, 퓔론)은 여격으로서 "수단"(instrumental)의 용법으로 "출입을 위한 수단"으로 사용된다.[47] 이런 의미를 반영하여 "문들을 통하여"라고 번역한다.

16b절의 '에클레시아' 앞에 사용된 전치사는 사본적 다툼이 있다. '에피'는 시내산 사본(א)을 비롯한 일부 사본들(051 2030 2050 241)이 지지하지만, 알렉산드

44 Swete, *The Apocalypse of St. John*, 304.
45 앞의 책.
46 BDAG, 365(9c).
47 Swete, *The Apocalypse of St. John*, 304.

리아 사본(A)을 비롯한 몇 사본들(1006. 1841. 2329 ¦ - 051^{S} $\mathfrak{M}^{A}$; Prim)은 '에피'(ἐπί) 대신에 '엔'(ἐν)을 지지한다. '엔'이란 전치사를 지지하는 사본이 알렉산드리아 사본이라는 점에서 무시할 수 없으나, 시내산 사본이 지지하는 '에피' 전치사는 "가장 어려운 독법"(the most difficult reading)을 나타내기 때문에 '에피'를 원본으로 간주하는 것이 타당할 수 있다.[48] 따라서 번역할 때 이 사본을 반영하는 것이 필요하다. '에피' 전치사는 여격과 함께 사용되어 "어떤 것이 누군가를 위해 이루어지게 된다"는 것을 표현하는데 사용된다.[49] 이런 의미를 반영하여 번역하면 "교회들을 위하여 너희에게 이것들을 증거하기 위해"라고 할 수 있다. "너희"와 "교회들"과의 관계에 대한 구체적 논의는 주해 과정에서 진행될 것이다.

17e절에서 '도레안'(δωρεάν)을 21장 6절에서는 "선물로"라고 번역한 반면 이 본문에서는 "자유롭게"로 번역하였다. 왜냐하면 "선물로"라고 번역하면 이 본문의 문맥에 자연스럽지 않기 때문이다. NRSV와 NIV는 이것을 "선물로"라고 번역하고 ESV는 "값없이"라고 하고 NKJV는 "자유롭게"(frreely)라고 번역하였다.

20b절의 '나이'(Ναί)는 "확실히"(certainly), "참으로"(indeed)라는 의미를 가지고 있는데[50] 이 본문이 "오심"의 진실성 보다는 화자의 의지를 반영하는 확실성에 무게를 두고 있다고 판단되기 때문에 이 둘 중에서 "확실히"라는 의미로 번역한다.

이상의 내용을 근거로 우리말 어순에 맞추어 본문을 번역하면 다음과 같다.

10a 그리고 그는 나에게 말한다,
10b 이 책의 예언의 말씀들을 인봉하지 말라
10c 왜냐하면 때가 가깝기 때문이다.
11a. 악을 행하는 자는 그대로 악을 행하게 하라.
11b 더러운 자는 그대로 더럽도록 하라
11c. 의로운 자는 그대로 의를 행하게 하라.
11d 거룩한 자는 그대로 거룩하게 하라
12a 그리고

48 Koester, *Revelation*, 843.
49 BDAG, 366(14a).
50 BDAG, 665.

12a 보라 내가 신속하게 온다.
12c ┌ 각자에게 그의 행위대로 갚아 줄
12b 나의 상이 나와 함께 있다.
13 나는 알파와 오메가이고 시작과 끝이요 처음과 마지막이다.
14) b) ┌ 그들의 권세가 생명의 나무에 있도록
c) └ 그리고 그들이 문들을 통해 그 도시로 오도록
a) 그들의 겉옷들을 빠는 자들은 복있다.
15) b) 개들과 점술가들과 행음자들과 살인자들과 우상 숭배자들과
c) 거짓말을 좋아하며 만들어내는 모든자는
a) (도시) 밖에 있다.
16) a) 나 예수는
b) ┌ 교회들을 위하여 이것들을 너희에게 증거하기 위해
c) 나의 천사를 보냈다.
17) a) 그리고 성령과 신부가 말씀하신다.
b) 오라
c) 그리고 듣는 자로 말하게 하라: 오라.
d) 그리고 목마른 자로 오게 하라.
e) 그리고 원하는 자로 생명의 물을 자유롭게 취하게 하라.
18) a) 나는 이 책의 예언의 말씀들을 듣는 모든 자에게 증거한다.
b) 만일 누구든지 그것들에 더하면
c) 하나님이 이 책에 기록된 재앙들을 그에게 더하실 것이다.
19) a) 만일 누구든지 이 예언의 책의 말씀으로부터 제하면
b) 하나님이 생명 나무로부터 그리고 거룩한 도시로부터 그의 몫을 제할 것이다.
20) a) 이것들을 증거하는 자가 말한다.
b) 확실히 내가 신속하게 온다.
21) 주 예수의 은혜가 모두와 함께 있기를.

본문 주해

그는 나에게 말한다(10a절) 10절은 9절에서 시작된 "해석하는 천사"(angelus interpres, "the interpreting angel")의 말이 계속되는 내용이다.[51] 이는 10a절의 "그리고 그는 나에게 말했다"라는 문구에서 천사의 계속되는 발언을 시사하기 때문이다.

이 책의 예언의 말씀들을 인봉하지 말라(10b절). 10b절에서 천사가 요한에게 말하는 내용이 소개된다. 그것은 바로 "이 책의 예언의 말씀을 인봉하지 말라"

51 Aune, *Revelation 17-22*, 1216; Swete, *The Apocalypse of St. John*, 301; Koester, *Revelation*, 840.

는 것이다. 이것은 다니엘 8장 26절 12장 4, 9절에서 마지막 때까지 책을 인봉하고 간수하라고 한 것과, 5장 2b절에서 힘센 천사가 "누가 그 책을 열며 그것의 인들을 떼기에 합당한가?"라고 외친 것과는 정반대의 내용이다.[52] 그리고 10c절은 그 이유에 대해 진술한다. 곧 "왜냐하면 때가 가깝기 때문이다"라고 한다. 여기에서 10b절의 "이 책의 예언의 말씀을 인봉하지 말라"는 것은 무엇을 의미하고 그리고 10c절의 "때가 가깝다"는 것과는 어떠한 관계를 가지는가? 먼저 여기에서 "이 책의 예언의 말씀"은 "이 책의"라는 소유격은 주격적 소유격으로서 "이 책은 에언의 말씀"이라고 풀어 말할 수 있고 이 경우에 "이 책"과 "예언의 말""은 동격 관계로 볼 수도 있다. 따라서 "이 책의 예언의 말씀"은 요한계시록 전체를 가리키는 것일 가능성이 있다.

그리고 "이 책의 예언의 말씀을 인봉하지 말라"는 5장에서 죽임 당하신 어린 양 예수님께서 인봉된 책을 열게 된 사건과 관련된다. 책이 인봉되었다는 것은 종말의 때에 책의 인을 떼게 될 것을 전망하는 다니엘 12장 4절을 배경으로 볼 때 아직 종말이 도래하지 않았다는 것을 의미한다. 이것을 반대로 말하면 5장에서 말하고 있는 것처럼, 어린 양이 책의 인을 떼고 책을 열게 되었다는 것은 어린 양의 대속적 죽음으로 종말이 도래하고 하나님의 나라가 임하게 되는 때가 되었다는 것을 의미한다.[53] 요한계시록은 바로 이런 사실을 증거하는 예언의 말씀이다. 이 예언의 말씀은 다니엘서에 말하는 인봉된 책과는 달리 열려져 있게 되었다. 이런 결과는 예수님의 십자가 사건을 되돌릴 수 없듯이, 되돌릴 수 없는 상태가 되고 말았다. 이런 내용을 바탕으로 "이 책의 예언의 말씀들을 인봉하지 말라"는 것을 이해할 수 있다. 곧 이 문구는 어린 양 예수의 구속 사역이 반복될 수 없는 것처럼 그 결과로서 종말적 사건도 되돌릴 수 없고 그리고 되돌리지도 말아야 한다는 사실에 대한 상징적 의미이다.[54] 이와같은 맥락에서 스몰리는, 다니엘 12장 4절 뿐만 아니라 이사야 8장 16절; 단 8장 26절과 12장 9절 그리고 에녹 1서 1장 2절과 에즈라 4서 12장 37절과 14장 5-6절 등에서 "불의한 나라들의 패퇴와 하나님의 백성과 함께 영원한 통치의 수립에 대한 다니엘서의 예언의 의미들이 그 당시에는 충분히 이

52 Koester, *Revelation*, 840.
53 이 주제에 대해서는 1권 531-546쪽을 참조하라.
54 Smalley, *The Revelation to John*, 570.

해되지 않았다. 그러나 그것들은 그리스도 안에서 성취되었고 (성취로 말미암아: 나의 주석) 그것들이 가리켰던 가능성들이 유효하게 되었다"고 주장한다.[55]

때가 가깝기 때문이다(10c절) 다음 10c절에서는 10b절에 대한 이유를 말한다: "왜냐하면 때가 가깝기 때문이다". 이것은 1장 3c절에서 사용된 문구와 동일하다. 흥미로운 것은 22장 7b절과 22장 10c절을 합해 놓으면 1장 3절과 동일한 내용이 된다.

22장	1장 3ab절
이 책의 예언의 말씀을 지키는 자는 복있다(22:7b)	그 예언의 말씀들을 읽는 자와 … 지키는 자들은 복있다(1:3ab)
왜냐하면 때가 가깝기 때문이다(22:10c)	왜냐하면 때가 가깝기 때문이다(1:3c)

두 본문 사이의 평행 관계를 통해 볼 때, 1장 3절에서 시작된 종말의 의미는 22장 7b절과 22장 10c절의 "때가 가깝다"의 의미를 해석하는 해석의 근거가 될 수 있다. 곧 22장 10c절의 "때가 가깝다"는 1장 3c절의 그것 처럼[56] "때가 왔다"를 뜻하는 시작된 종말의 의미로 이해할 수 있다.

이 문맥에서 10b절과의 관계에서 볼 때 "때가 가깝다"는 것은 단순히 미래적 시점을 말하는 것이 아니라 성취된 것과 완성될 것을 이중적으로 포함한다. 다시 말하면 그 문구는 곧 종말이 시작되었다는 것을 의미할 뿐만 아니라 그 시작된 종말의 완성에 대한 기대를 또한 내포하고 있다. 그렇다면 요한계시록의 말씀은 당연히 인봉되지 않은 채 열려 있어야 하는 것이다. 종말의 때가 되어 그 모든 예언의 말씀들이 성취되고 마침내 완성 될 것이며 들을 귀를 가진 모든 자들에게 선포되고 이해되어 받아들여지게 될 것이다. 그러므로 10c절은 10b절에 대한 이유를 말하는 것으로 이해할 수 있는데 이러한 관계는 10c절에서 '왜냐하면'(γάρ)이라는 접속사로 인하여 더욱 확고하게 드러난다.[57]

한편 10b절에서 언급하고 있는 "이 책의 예언의 말씀"은 5장에서 언급하

55 앞의 책.
56 1장 3c절에 대한 자세한 내용은 1권 56-60쪽을 참조하라.
57 어떤 사본(2377 𝔐ᴬ; Cyp Tyc Prim)은 접속사 '호티'(ὅτι)를 사용하여 더 분명하게 이유의 의미를 나타내주고 있다.

고 있는 "책"과 동일한 것은 아니다. 왜냐하면 5장에서의 "책"은 다니엘서를 배경으로 사용된 상징적 이미지인 반면, 22장의 "책"은 "예언의 말씀"으로서 요한계시록 메시지 자체를 가리키기 때문이다. 그러나 이 두 종류의 책의 용례가 전혀 다른 의미를 가지는 것은 아니다. 왜냐하면 요한계시록에 담겨진 메시지가 바로 다니엘서의 '책'의 이미지를 통해 전달하려는 종말적 성취와 완성의 내용을 기록하고 있기 때문이다. 저자는 다니엘서의 "책" 이미지를 사용하여 요한계시록에 기록된 예언의 말씀의 속성을 설명하고 있다.

그대로 하게 하라(11절) 다음 11절의 말씀은 10절에서 소개한 이 책의 예언의 말씀에 대한 악인과 의인의 이중적 반응을 소개한다.[58] 11ab는 예언의 말씀에 부정적인 반응을 보이는 악인들을 소개하고 11cd는 긍정적 반응을 보이는 의인들을 소개한다. 그런데 여기에서 특이한 것은 이러한 반응을 표현하는 방식이다. 이 본문에서 사용된 동사들은 하나 같이 3인칭 명령형이고 그리고 "그대로"(ἔτι, 에티)라는 부사가 사용된다. 그리고 11a절과 11b절은 각각 "악을 행하는 자"와 "더러운 자"를 언급하고 이와는 대조적으로 11c절과 11d절은 각각 "의로운 자"와 "거룩한 자"를 언급하면서 그대로 행할 것을 3인칭 명령형태로 묘사한다.

이 문구의 형태는 이사야 6장 9-10절과 이것의 발전된 형태인 에스겔 3장 27절을 배경으로 주어진다.[59]

> 9여호와께서 이르시되 가서 이 백성에게 이르기를 너희가 듣기는 들어도 깨닫지 못할 것이요 보기는 보아도 알지 못하리라 하여 10이 백성의 마음을 둔하게 하며 그들의 귀가 막히고 그들의 눈이 감기게 하라 염려하건대 그들이 눈으로 보고 귀로 듣고 마음으로 깨닫고 다시 돌아와 고침을 받을까 하노라 하시기로(사 6:9~10)
>
> 그러나 내가 너와 말할 때에 네 입을 열리니 너는 그들에게 이르기를 주 여호와의 말씀이 이러하시다 하라 들을 자는 들을 것이요 듣기 싫은 자는 듣지 아니하리니 그들은 반역하는 족속임이니라(겔 3:27)

먼저 이사야 본문에서 듣기 싫은 자는 듣지 않게 되어 결국은 심판을 받을 수 밖에 없는 상황에 빠지고 만다. 에스겔 본문은 이런 이사야 본문을 좀 더 구체

58 Smalley, *The Revelation to John*, 571.
59 Beale, *The Book of Revelation*, 1132-33.

적으로 표현한다. 곧 백성의 마음이 둔하게 되어 귀가 막히고 눈이 감겨서 들어도 깨닫지 못하고 보아도 알지 못하게 됨으로 말미암아, 깨닫게 되어 회복이 불가능한 상태가 되게 하신다는 내용이다. 여기에서 이런 상태에 이르게 하는 것이 하나님의 결정된 뜻이라는 것이 분명하다.

11절의 이중적 반응은 또 다른 구약 배경으로서 다니엘 12장 9-10절의 "선지적 패턴"(prophetic pattern)을 따르고 있다.[60]

> [9]그가 이르되 다니엘아 갈지어다 이 말은 마지막 때까지 간수하고 봉함할 것임이니라 [10]많은 사람이 연단을 받아 스스로 정결하게 하며 희게 할 것이나 악한 사람은 악을 행하리니 악한 자는 아무것도 깨닫지 못하되 오직 지혜 있는 자는 깨달으리라(단 12:10)

이 다니엘서 말씀은 9절에서 마지막 때에 대한 상황을 말하고 10절에서 이 마지막 때에 "역사의 압박의 정황에서 신실한 자들은 (역사를 바꾸지는 못하지만) 그런 가운데 그들 자신을 정결하게 지킬 것"이라는 사실을 진술한다.[61] 이와는 대조적으로 악인들은 악을 해하고 아무것도 깨닫지 못한다. 이것은 다니엘이 바라보는 종말적 상황에서 일어나는 사람들의 모습이다. 이 다니엘서의 본문에서는 요한계시록의 본문과는 달리 명령형이 사용되지 않고 직설법 동사를 사용하여 표현하고 있다.

11절의 내용에 대해 몇 가지 해석이 가능하다. 먼저 마운스는 마지막 때가 너무 가깝기 때문에 회개할 기회가 주어질 수 없고 그 동안 살아 왔던 습관을 바꾸는 것이 불가능하기 때문에 마침내 그 결과를 거두게 되는 것으로 해석한다.[62] 두 번째로, 블라운트는 11절의 내용들이 이미 결정된 상태를 말하고 있는 것이 아니라 독자들로 하여금 현재 어떤 상태인가에 관계 없이 심판받지 않도록 충격을 주기 위한 경고의 기법으로 기록되었다는 것이다.[63] 이 경우는 이러한 경고를 받고 현재의 상태로부터 변화되어 심판을 피할 수 있을 것을 기대한다. 세 번째로, 비일은 11절의 내용은 일어날 것으로 "결정되었거

---

60 앞의 책, 1133.

61 Goldingay, *Daniel*, 309.

62 Mounce, *The Book of Revelation*, 406. 이와 같은 맥락에서 스웨테는 이 본문을 "변화가 불가능할 때 곧 회개할 더 이상의 기회가 주어지지 않을 때"를 가리키고 있다고 해석한다(Swete, *The Apocalypse of St. John*, 301).

63 Blount, *Revelation*, 406. 비즐리 머레이도 이 본문이 "모든 독자에 대한 엄숙한 경고"라고 함으로써 이런 입장을 지지한다(Beasley-Murray, *The Book of Revelation*, 338).

나"(determined) 혹은 "예정된 것"(predestined)이라고 주장한다.[64] 이 세 가지 입장은 각각 나름대로 근거를 갖는다.

다니엘서 본문을 비롯한 이사야와 에스겔 본문을 배경으로 하는 요한계시록의 본문은 3인칭 명령형을 사용한다. 이러한 문장의 형태는 명령의 형태이지만 어떤 행동의 실행을 촉구하는 2인칭 명령형과는 달리 예언의 말씀에 대한 반응을 결정론적으로 표현하는 데 최적화 된 표현이다. 곧 예언의 말씀이 선포되었음에도 불구하고 악을 행하는 자들은 여전히 악을 행하게 되고(11a) 더러운 자들은 계속해서 더럽게 될 것이다(11b). 그러나 의로운 자들은 계속해서 의를 행하게 될 것이고(11c) 거룩한 자들은 그대로 계속해서 거룩하게 될 것이다(11d). 전자의 경우는 악인들에 대한 방임이요 후자의 경우는 의인들의 선한 행위에 대한 독려로 다가 온다. 여기에서 두 집단의 교차 가능성은 없다. 따라서 이 본문에 관한 한 앞의 세 가지 견해 중에서 세 번째인 비일의 주장이 설득력을 얻는다.[65]

내가 신속하게 온다(12a절) 다음 12-13절은 주어가 1인칭 단수로 사용되어 예수님께서 직접 하시는 말씀을 기록하고 있다. 먼저 12a절은 "보라 내가 신속하게 온다"라고 한다. 이 문구는 7a절과 동일하다. 동일한 문구이므로 그 의미도 동일하다고 볼 수 있으므로 여기에서 자세한 논의는 생략한다. 다만 여기에서 문맥의 차이에 주목할 필요가 있다. 7a절의 경우는 7b절의 "이 책의 예언의 말씀을 지키는 자는 복있다"와 관련된다. 7b절의 복있는 이유를 7a절(보라 내가 신속하게 온다)에서 제공한다. 12a절은 12b절의 "나의 상이 나와 함께 있다"와 관련된다. 전자는 "복"의 주제이지만 후자는 "상"의 주제이다. 이것을 다음 도표로 비교해서 표시할 수 있다.

22:7ab	22:12ab
보라 내가 속히 온다(7a)	보라 내가 속히 온다(12a)
이 책의 예언의 말씀을 지키는 자는 복있다(7b)	나의 상이 나와 함께 있다(12b)

64 Beale, *The Book of Revelation*, 1133.

65 11절을 경고의 의미로 이해하는 블라운트의 견해는 독자들에게 경각심을 일깨우기 위한 요한계시록의 다른 본문들에 적용될 수 있다. 예를 들면 2-3장에서 회개하라는 명령과 이기는 자에게 주시는 축복의 패턴 그리고 21장 7-8절의 이기는 자와 지는 자의 목록 등이 있다.

이런 평행 관계에 의해 12b절의 "나의 상"은 7b절의 "복"에 대한 다른 표현일 수 있다. 다음 단락에서 이런 "나의 상"에 대해 대해 계속 논의한다.

나의 상(12b절) 12b에서 "나의 상이 나와 함께 있다"고 한다. 여기에서 "상"(μισθός, 미스도스)이란 단어는 11장 18e절에서도 "상을 주실 때"(ὁ καιρὸς … δοῦναι τὸν μισθὸν, 호 카이로스 … 듀나이 톤 미스돈)라는 문구로 사용된다. 여기에서 "상"은 심판과 대조적인 것으로서 "하나님의 종들 곧 선지자들과 성도들에게" 주어진 구원을 의미한다. 2-3장에서 "이기는 자들"에게 주어지는 "상"들도 구원을 의미하는 것으로 해석한 바 있다.[66] 이런 의미를 12b절에 적용하는 것이 적절할 수 있다. 이런 전체적인 흐름을 볼 때 12b절의 "나의 상"을 구원으로 이해하는 것이 타당해 보인다. 따라서 이 "상"은 12a절의 예수님의 신속한 오심의 결과로 주어지게 될 "구원"을 가리킨다.

행위대로 갚아줄 나의 상(μισθός, 미스도스)(12bc절) 그리고 12c절의 "그의 행한 대로 갚아주다"라는 문구의 "갚아주다"라는 동사는 12b절의 "나의 상"을 수식하는 부정사(ἀποδοῦναι, 아포두나이>ἀποδίδωμι, 아포디도미)로 사용된다. 그렇다면 두 문구를 연결하면 "그의 행한 대로 갚아줄 나의 상"이라고 할 수 있다. 여기에서 "행위대로 갚아 줄 나의 상"은 무엇인가? 그것은 바로 구원이다. 그렇다면 그 "구원"이라는 상은 "행위"에 근거하여 주어지는 것으로 볼 수 있다. 반대로 20장 13절에 의하면 심판도 "(죽은 자들의) 행위들에 따라" 결정된다. 여기에서 행위는 구원과 심판을 결정하는 중요한 근거가 된다.[67] 2장 23절(나는 너희들의 행위들에 따라 너희들 각자에게 줄것이다)에서도 이와 유사한 패턴을 보여준다(참조 고후 5:10; 롬 2:26).[68]

여기에서 "행위"의 성격을 규정하는 것이 필요하다. 먼저 이 "행위"(ἔργον, 에르곤)라는 단어가 단수로 사용된 것은 "전체 인생"을 "하나의 계속되는 행위"(one continuous work)로 본다는 것을 의미한다.[69] 그 행위의 구체적 내용은 가

66 이 주제에 대한 자세한 논의는 1권의 요한계시록 2-3장의 종말적 약속에 대한 주해 부분을 참조하라.
67 Thomas, *Revelation 8-22*, 505.
68 앞의 책.
69 앞의 책.

까운 문맥인 11절에서 찾을 수 있다. 11절에 의하면 악을 행하는 자와 더러운 자 그리고 의로운 자와 거룩한 자로 구별되는 행위가 제시된다. 이런 행위에 의해서 그들의 현재와 미래가 결정된다. 이것은 21장 27절의 "모든 부정한 것과 혐오스런 것들과 거짓을 행하는 자는 그것(새예루살렘)으로 결코 들어오지 않을 것이다"와 같은 상황이라고 할 수 있다. 이 행위를 좀 더 넓은 문맥에서 보면 황제 숭배 여부로 생각할 수 있다. 요한계시록에서 황제 숭배 행위 여부가 성도로서의 신분을 결정하는 중요한 증거가 되기 때문이다.

이러한 두 가지 종류의 삶의 모습은 예수님에 대한 믿음의 유무에 의해 결정된다. 그러므로 그러한 믿음에 의해 미래의 구원과 심판에 대한 불확실성은 사라진다. 그 믿음의 진실성은 필연적으로 행위로 증명된다.[70] 사과 나무는 당연히 사과 나무 열매를 맺듯이 신실한 믿음은 그 믿음의 열매로서 믿음에 합당한 행위를 드러내게 되어 있는 것이다. 그렇지 않으면 그 믿음은 거짓된 것이다. 이러한 추론은 믿음과 행위의 불가분의 관계를 보여준다. 따라서 "행위대로 갚아줄 (나의) 상"을 소위 행위 구원을 의미하는 것으로 보는 것은 적절하지 않다. 실제로 요한계시록 5장 9-10절에서 사람들이 어린 양의 피로 구속받은 사실은 행위 구원을 전면적으로 반대한다.[71]

이런 12절의 말씀은 이사야 40장 10절을 배경으로 한다.[72] 요한계시록 본문과 비교해 보면 다음과 같다.

이사야 40장 10절	요한계시록 22장 12절
a)보라 주 여호와께서 장차 강한 자로 임하실 것이요 친히 그의 팔로 다스리실 것이라	a)보라 내가 신속하게 온다.
b)보라 상급(μισθός, 미스도스)이 그에게 있고 보응(행위, 70인역)이 그의 앞에 있으며	c)…그의 행위대로 갚아줄 b)나의 상(μισθός, 미스도스)이 나와 함께 있다.

이 비교에서 두 본문 사이에 평행 관계를 엿볼 수 있다. 먼저 12a절의 "신속한 오심"은 이사야 40장 10a절의 "임하심"과 평행 관계이며, 12bc절의 "행위대로 상을 갚아 주심"은 이사야 40장 10b절의 "상(급)"과 "보응"(행위, 70인역)과 평행

70 이러한 원리는 바울의 가르침과 매우 유사하다(Smalley, *The Revelation to John*, 572).
71 Beale, *The Book of Revelation*, 1137.
72 Smalley, *The Revelation to John*, 572.

관계이다.

이 이사야 본문은 두 부분으로 나누어지는데 전반부(10a절)는 하나님의 "임하심과 통치"를 말하고 후반부(10b절)는 오심의 결과로서 "상(급)과 보응"을 말한다. 곧 10b절의 "상(급)"과 "보응"이라는 두 단어는 동격으로서 하나님께서 "승리한 전사"(triumphant warrior)로서[73] 임하실 때(10a절) 하나님의 백성들에게 주어지는 구원의 은혜를 가리킨다.[74] 여기에서 "보응"에 해당되는 히브리어 단어(פְּעֻלָּה, 페울라)는 70인역에서는 "행위"라는 의미를 갖는 '에르곤' (ἔργον)으로 번역한다.[75] 그래서 이사야 40장 10절의 70인역을 번역하면 "보라 상(급)이 그와 함께 있고, 그 행위가 그 앞에 있다"라고 할 수 있다.[76] 여기에서 "상(급)"과 "행위"가 평행 관계로서 "행위"는 "상(급)"을 받기에 합당하다는 의미로 볼 수 있다.

요한이 12c절에서 "행위"라는 단어를 사용한 것은 70인역의 "행위"를 배경으로 하고 있는 것으로 볼 수 있다. 요한이 이사야의 말씀을 사용할 때 "행위"와 "상(급)"을 서로 원인과 결과의 관계로 명확하게 설정한다. 곧 12bc절의 "행위대로 상을 갚아 주심"은 행위에 근거하여 상을 주신다는 의미인 것이다. 여기에서 12bc절을 12a절과 연결해서 읽으면, 요한계시록에서 예수님의 신속한 오심은 행위에 따라 구원의 상을 주시기 위한 것임을 알 수 있다. 그러나 구원은 언제나 그 이면에 심판을 포함하고 있으므로 예수님의 오심의 의미에 심판을 함께 포함시켜야 할 것이다. 예수님의 오심으로 말미암아 초래되는 구원은 바로 2-3장에서 이기는 자에게 주어지는 종말적인 약속들과 직결된다.

또한 요한은 이사야 40장 10절 뿐만 아니라 이와 함께 이사야 62장 11절을 자유롭게 번역하여 사용하고 신약의 마태복음 16장 27절을 반영하고 있는 것으로 간주된다.[77] 이사야 40장 10절과는 앞에서 비교한 바 있으므로 이사야 62장 11절과 마태복음 16장 27절 두 구절과 요한계시록 22장 12절의 말씀을 비교해 보면 다음과 같다.

---

73 Watts. *Isaiah 34-66*, 612.

74 Smalley, *The Revelation to John*, 572.

75 BDAG, 391.

76 NKJ이 이 번역을 따른다

77 Beale, *The Book of Revelation*, 1136. 비일은 마태복음 16장 17절을 언급하고 있지 않지만 요한계시록에 복음서의 영향이 없지 않다고 판단되므로 이를 함께 고려하였다. 실제로 보스(Vos)는 "요한계시록 22장 12절이 마태복음 16장 27절에서 예수님의 발언을 반영하고 있다(allude)"고 주장한다(L. A. Vos, *The Synoptic Traditions in the Apocalypse* [Kampen: J. H. Kok, 1965], 176).

이사야 62장 11절	마태복음 16장 27절	요한계시록 22장 12절
a)여호와께서 땅 끝까지 반포하시되 너희는 딸 시온에게 이르라 보라 네 구원이 이르렀느니라	인자가 아버지의 영광으로 그 천사들과 함께 오리니	a)보라 내가 신속하게 온다.
b)보라 상급이 그에게 있고 보응(행위, 70인역)이 그 앞에 있느니라 하셨느니라	그 때에 각 사람의 행한 대로 갚으리라	c)…그의 행위대로 갚아줄 b)나의 상(μισθός, 미스도스)이 나와 함께 있다.

먼저 이사야 62장 11절은 11a와 11b로 나누어 생각해 볼 수 있다. 전자(11a절)에서 하나님의 구원이 시온에게 임할 것을 말씀하신다. 70인역은 "구원"을 "구원자"(σωτήρ, 소테르)로 번역한다.[78] 그리고 후자(11b절)에서는 상급과 보응을 말한다. 이 본문은 "상(급)"과 "보응"(행위, 70인역)을 사용함에 있어서 이사야 40장 10b절과 매우 유사하다. 이러한 관계로 이사야 62장 11절은 시온에게 임하는 구원이 상급과 보응으로 달리 설명되고 있다. 이것은 종말적 전망으로 제시하는 이사야 40장 10절과 밀접한 관계를 가진다. 곧 이사야 40장 10절과 62장 11절 모두 종말적 약속으로서의 구원을 이스라엘 백성들에게 주어지는 상급이요 보응으로 규정한다. 그렇다면 요한계시록 22장 12절에서 행위대로 주어지는 "상"을 이사야 40장 10절과 62장 11절에서 종말적 전망으로 내다보는 구원의 성취로 이해하는 것이 타당하다.

더 나아가서 22장 12a절은 시 62편 12절에 대한 재해석으로서도 간주할 수 있다.[79]

> 주여 인자함은 주께 속하오니 주께서 각 사람이 행한 대로 갚으심이니이다(시 62:12)

이 시편 말씀에서 "각 사람이 행한 대로 갚으시다"라는 문구는 분명하게 요한계시록 22장 12절의 말씀과 평행됨을 쉽게 알 수 있다.[80] 이 외에도 한 개인의

---

78 이런 번역에 대해 쾨스터도 인지하고 있다(Koester, *Revelation,* 841).

79 Swete, *The Apocalypse of St. John,* 302. 스웨테는 시편 62편 12절을 맛소라(히브리어 구약 성경) 본문의 표기대로 61편 13절로 표현한다.

80 이 시편 말씀이 속해 있는 62편의 어느 특정한 내용들은 계 22장의 11절과 15절 말씀과 유사성이 있다. 특별히 15절에 사용된 악인들의 목록 중 두 가지를 시 62편의 악인들의 목록에서 사용한다. 첫 번째가 "살인자들"이고, 두 번째가 "거짓말을 지어내며 좋아 하는 자들"이다. 여기에서 "살인자들"이라는 단어는 시편 62편 3절(70인역은 61:4; MT는 62:4)의 "너희가 (사람을) 죽이다"(φονεύετε, 포뉴에테)라는 동사와 동일한 어근을 가지며 그리고 15b절의 '거짓말'(ψεῦδος)이라는 용어는 시 62:4의 "거짓을 즐겨하다"(ἐν ψεύδει)의 '거짓말'이라는 단어와 그 어근이 동일하다.

행위에 의해 그 결과가 다양하게 나타나게 된다는 사상은 성경 전체에 걸쳐 표현된다(욥 34:11 이하, 사 40:14, 42:11 (70인역), 미가 13:34, 롬 2:5, 계 2:23, 20:12 이하).[81] 다른 곳에서는 각 개인의 행위에 근거해서 주어지는 결과가 구원이든 심판이든 그것을 결정하는 분은 하나님으로 표현하지만(시 28:4; 62:12; 잠 24:12; 렘 17:10; 솔로몬의 시편 2:16, 34; 17:8; 롬 2:6; 딤후 4:14; 참조 클레멘트 1서 34:3; 에즈라 4서 7:35), 요한계시록에서는 그것을 예수님께서 결정하시는 것으로 표현하고 있다.[82]

알파와 오메가이고 시작과 끝이요 처음과 마지막(13절) 다음 13절은 12절에서 신속하게 오시는 예수님께서 행사하시는 통치권에 대한 좀 더 자세한 설명을 제시한다. 이 말씀에서 '알파와 오메가', '처음과 나중' 그리고 '시작과 끝'은 예수님께서 하나님과 동등한 분으로서 모든 역사의 시작부터 끝까지를 주관하는 분이시라는 것을 삼중적으로 강조하여 말하고 있다. 그리고 이러한 강조는 바로 앞의 12절에서 언급되는 내용과 적절하게 연결된다. 곧 알파와 오메가요 처음과 마지막이요 시작과 끝이신 분으로서 창조와 그 완성의 역사를 주관하시는 분이신 예수님은 넉넉하게 그 행위대로 상을 주시는 구원과 심판의 주가 되신다.

이러한 표현은 요한계시록의 처음부터 지속적으로 등장한다. 다음 도표가 이러한 표현의 사용 의도를 잘 나타내 주고 있다.[83]

A(1:8)	B(1:17)	B′(21:6)	A′(22:13)
서언의 끝 부분	환상의 시작 부분	환상의 끝 부분	끝맺음 말의 시작 부분
하나님	그리스도	하나님	그리스도
알파와 오메가		알파와 오메가	알파와 오메가
	처음과 나중		처음과 나중
		시작과 끝	시작과 끝
그리스도의 오심(초림/승천) 과 관련(1:7)	새 생명과 관련(1:18)	새 생명과 관련 (21:5-6)	그리스도의 오심과 관련(22:12)

이 도표에서 보여 주는 몇 가지 사실이 있다. 첫째로, "알파와 오메가," "처음

81 Swete, *The Apocalypse of St. John*, 302-303.
82 Koester, *Revelation*, 841.
83 Bauckham, *The Theology of the Book of Revelation*, 57. 1장 8절에서도 이 도표를 사용한 바 있다. 이 주제에 대한 논의는 1권 116-117을 참조하라. 1장 8절에서 사용한 도표에서는 A-B-A′-B′라고 하여 하나님과 그리스도를 중심으로 구분했다면 22장 13절에서는 문맥과 관련하여 A-B-B′-A′의 구조로 나눈다. A와 A′는 그리스도의 오심과 관련되고 B와 B는 새 생명과 관련된 주제를 내포한다.

과 마지막" 그리고 "시작과 끝"은 서로 동일한 의미로서 "창조"(protological aspect)와 "완성"(eschatological aspect)을 나타낸다.[84] 둘째로, 이러한 칭호의 사용을 통해 그리스도와 하나님이 동등하시다는 것을 보여 준다.[85] 셋째로, 이러한 칭호들 모두 일곱 번 사용되었다는 것이다. 이러한 칭호의 사용 횟수는 곧 이러한 칭호가 가리키는 신적 존재의 충만함을 가리키고 있다. 넷째로, 이 칭호가 처음 부분과 마지막 부분에 걸쳐 사용됨으로써 요한계시록 전체를 포괄하고 있으며 문학적 기교의 역할도 한다. 특별히 A−B−B′−A′의 교차대구적(chiastic) 구조를 이루고 있다.[86] 처음 1장 8절(A)은 승천으로서 그리스도의 오심(초림/승천)을 함의하고 마지막으로 22장 13절(A′)은 역시 그리스도의 다시 오심(재림)으로 마무리된다.[87] 승천과 재림의 이런 구도는 마치 사도행전 1장 11절에서 승천하시는 예수님을 보며 천사가 제자들에게 "하늘로 올려지신 이 예수는 하늘로 가심을 본 그대로 오시리라"는 말씀을 연상케 한다. 예수님은 초림으로 이 땅에 오셨을 때는 섬기고 죽기 위해 오셨으나(막 10:45) 승천하시어 우주의 왕으로 좌정하시고 이제 재림 때는 초림 때와는 다른 만왕의 왕으로 오시게 되어 있다.

끝으로, 22장 13절의 마지막 부분에서 앞에서 사용되었던 칭호들을 모두 모아 그리스도에게 적용하는 것은 시사하는 바가 크다. 이것을 두 가지로 나누어 볼 수 있다. 첫째로, 넓은 문맥에서 보면 요한계시록을 마무리하는 길목에서 그리스도의 주권을 온전히 드러냄으로써 예수 그리스도의 계시인 요한계시록 말씀의 권위를 더욱 고조시켜 준다. 둘째로, 좁은 문맥에서 보면 알파와 오메가요 처음과 나중이요 시작과 끝이신 예수님은 사람들의 행위대로 상을 결정하시기에 충분히 주권적인 분이심을 확증해 준다.

겉옷을 빠는 자들은 복있다(14a절) 이어서 다음 14a절에서 "복"의 주제가 언급된다. 곧 "그들의 겉 옷들을 빠는 자들은 복있다"는 것이다. 여기에서 옷을 빠는 것은 더러운 것들을 제거하는 행위로서 "도덕적이며 영적 청결에 대한 은유"라고 할 수 있다.[88] 이것은 7장 14e절에서 "셀 수 없는 큰 무리"가 자신들

84 앞의 책, 58.
85 앞의 책.
86 앞의 책, 57.
87 보쿰은 1장 8절을 재림으로 간주하는데(Bauckham, *The Theology of the Book of Revelation*, 57) 이에 동의하지 않는다.
88 Aune, *Revelation 17-22*, 1219.

의 "옷들을 씻었다"고 한다. 이 두 본문에서 "옷"(στολή)과 "씻다"(πλύνω)는 표현에 동일한 단어가 사용된다. 7장 14f절에서 옷을 어린 양의 피로 씻어 "옷들을 희게 했다"라고 하여 씻는 행위의 구속적 의미를 부여한다.[89] 이런 점에서 요한계시록에서 "흰옷"은 그리스도인의 표지로 사용된다(3:4, 5, 18; 4:4; 7:9, 13; 19:14). 그리고 3장 4절에서는 "옷을 빠는 것"의 반대되는 것으로 "옷을 더럽히다"의 부정문인 "옷을 더럽히지 않다"는 문구가 사용된다. 이것은 예수님의 가르침에 대한 "지속적 신실함에 대한 은유"라고 할 수 있다.[90] 이상을 정리하면 "옷을 빤다"는 것은 구속받은 그리스도인으로서 지속적으로 청결하고 신실하다는 것을 의미한다. 이것이 복있다고 하는 것은 당연하다.

특별히 14a절의 "복있다"(μακάριοι, 마카리오이)는 것은 요한계시록 전체에 있어서 모두 일곱 번 사용되고 있다.

> 그 예언의 말씀들을 읽는 자와 듣고 그 안에 기록된 것들을 지키는 자들은 복있다. 왜냐하면 때가 가깝기 때문이다(1:3)
>
> 지금부터 주 안에서 죽은 자들은 복있다(14:13)
>
> 보라, 내가 도적같이 온다. 그가 벌거벗고 다니지 않고 그리고 그의 부끄러움을 보이지 않도록 깨어 있고 그의 옷을 지키는 자는 복있다(16:15)
>
> 어린 양의 혼인 잔치에 초대받은 자들은 복있다(19:9)
>
> 첫째 부활 안에 몫을 가진 자는 복되고 거룩하다(20:6)
>
> 그리고 보라 내가 신속하게 온다. 이 책의 예언의 말씀들을 지키는 자는 복있다(22:7)
>
> 그들의 겉옷들을 빠는 자들은 복있다(22:14)

이러한 문구를 일곱 번 사용한다. 일곱이라는 숫자가 "완전의 수"(number of completeness)를 의미하므로 이것은 "축복의 충만함"(fullness of blessing)을 시사한다.[91] 보쿰에 의하면, "복 있다"를 7회 사용하는 것의 신학적 의미와 하나님의 "신적 이름"(divine title)을 7회 사용하는 것의 신학적 의미를 동일시 하면서, 전자는 "복의 충만함"(fullness of blessing)을 의미하고 후자는 "신적 존재의 충만함"(fullness of divine being)을 의미한다고 설명한다.[92] 이와 같이 요한의 정교한 문

89 앞의 책, 1220.
90 앞의 책.
91 Bauckham, *The Theology of the Book of Revelation*, 26-27.
92 앞의 책.

학적 구성의 세세한 부분에서 심오한 신학적 의미가 드러난다.

생명나무에 대한 권세(14b절) 14bc절은 '히나'(ἵνα)절로 시작한다. 이 '히나' 절은 14a절과 연결된다. 특별히 번역에서 언급한 것처럼, 14b절의 히나절에서 사용된 동사가 가정법이 아닌 미래 시제로 사용되고 있다는 점을 주목할 필요가 있다. 이 경우에 그 미래 시제의 사용에 의해 "그 결과의 확실성(certainty) 곧 실재성(actuality)"이 강조되고 있다는 것을 지적한 바 있다.[93] 그렇다면 무엇에 대한 "확실성과 실재성"을 강조하려고 하는 것일까? 바로 겉옷을 빠는 자들은 "생명 나무에 대한 권세"를 가진다는 것이다. 그 "생명 나무에 대한 권세"를 갖는다는 것은 생명 나무 열매를 먹을 수 있는 자격과 특권이 주어졌다는 것을 의미한다. 특별히 이 문맥에서 "생명 나무 열매를 먹는 것"은 무엇을 의미하는가? 생명 나무와 그 열매는 에덴의 핵심적 요소이다. 여기에서 생명 나무를 소환하고 있는 것은 에덴 회복의 완성을 의미한다. 생명을 얻음으로써 에덴 회복에 주인공으로 동참하게 된다는 것을 의미한다. 생명 나무에 대한 자세한 내용은 22장 2bc절에서 충분히 논의했기 때문에 반복하지 않고 이 문맥에 맞추어 정리해서 말하면, 옷을 빠는 자는 복이 있는데 그 근거는 일년 열두 달 동안 열림으로 충만하고 영속적인 생명의 존재를 나타내는 생명 나무의 열매들을 먹을 수 있게 되었다는 것을 의미한다.

문들을 통해 그 도시로 들어간다(14c절) 다음 14c절의 "새예루살렘에 문을 통해 들어간다"는 것은 '히나'절 의 연속으로서 14b절의 "생명 나무에 대한 권세"를 갖게 된다는 것과 평행 관계이다. 이런 평행 관계는 22장 2bc절에서 생명 나무가 생명의 물의 강과 함께 새 예루살렘의 심장부에 있는 점에서 더욱 분명하게 드러난다. 이런 평행 관계에 의해 "생명 나무에 대한 권세"를 가진다는 것은 문들을 통해 도시 곧 "새 예루살렘으로 들어가는 것"과 동일한 의미로 볼 수 있다. 곧 생명 나무 열매를 먹을 수 있다는 것은 당연히 새 예루살렘에 출입했다는 것을 의미한다. 이것은 뒤에 있어야 할 내용을 앞에 두고 앞에 있어야 할 내용을 뒤 부분에 위치시키는 "도치법"(hysteron-proteron)이라고 할 수

93 Swete, *The Apocalypse of St. John*, 304.

있다.[94] 곧 논리적으로 본다면, 21장 9-27절에서 새 예루살렘을 말하고 곧이어 22장 1-2절에서는 에덴의 생명 나무 열매를 언급하는 것을 근거로, 새 예루살렘 출입의 주제가 먼저 언급되고 그리고 나서 생명 나무 주제를 언급해야 하는 것이 자연스럽다. 그런데 14b절과 14c절에서는 그 순서를 바꾸어 언급하고 있다. 그 이유는 무엇일까? 그것은 "생명 나무"의 의미를 이 문맥에서 강조하고자 하는 목적이 있기 때문이라고 할 수 있다.

특별히 후자의 경우에 "문들을 통하여"(τοῖς πυλῶσιν, 토이스 퓔로신)라는 표현은 그들에게 새 예루살렘에 들어가는 합법적 자격이 주어졌음을 보여 준다. 이것은 요한복음 10장 1-2절의 말씀을 연상케 한다.

> [1]내가 진실로 진실로 너희에게 이르노니 문을 통하여 양의 우리에 들어가지 아니하고 다른 데로 넘어가는 자는 절도며 강도요 [2]문으로 들어가는 이는 양의 목자라

이 본문에서 우리의 문으로 들어가느냐의 여부가 그 출입의 합법성과 함께 절도며 강도인가, 아니면 양의 목자인가를 결정하는 조건이 되고 있음을 볼 수 있다. 여기에서 생명나무를 먹는 것과 새 예루살렘 도시에 들어가는 것은 21장 9절-22장 5절까지의 내용을 요약하는 것으로서 하나님의 백성 곧 교회 공동체에 속하는 것을 의미한다. 이들은 또한 11cd의 의로운 자들이며 거룩한 자들이다.

새 예루살렘 밖에 있는 자들(15절) 다음 15절은 14절과는 정반대의 내용을 소개한다. 곧 14절은 겉옷을 깨끗이 빠는 자들로서 새 예루살렘 도시 안에 있는 자들을 말하지만, 15절은 그 밖에 있는 자들을 가리켜 말한다. 곧 15절의 목록이 14절의 경우와 대조적인 관계라는 것은 "밖에"(ἔξω, 에크소)라는 표현을 통해 알 수 있다. 원문에 '밖에'(ἔξω)라는 단어만이 사용되고 있는데 이것은 새 예루살렘 밖을 가리키고 있는 것으로 추정할 수 있다. 곧 그 밖에 있는 자들은 하나님의 백성에 속하지 않는다는 것을 의미한다. 그들의 구체적 목록은 "개들과 점술가들과 행음자들과 살인자들과 우상 숭배자들 들과 거짓말을 좋아하며 만들어내는 모든 자들"이다.

이것은 11ab절의 "악을 행하는 자/더러운 자" 혹은 "의로운 자/거룩한 자"

94 Aune, *Revelation 17-22*, 1222.

의 구분을 좀 더 발전시키고 있는 내용이다. 그리고 21장 8절의 영적 전투에서 패배한 자들의 목록과 거의 일치한다: 겁쟁이들과 불신실한 자들과 가증스런 자들과 살인자들과 행음자들과 점술가들과 우상숭배자들과 그리고 모든 거짓말쟁이들. 이 목록에서 "겁쟁이들과 불신실한 자들과 가증스런 자들" 대신 15절에서는 "개들"로 대신하는 것 외에는 동일하다. 유대 전승에서 "개들"은 "불결한 것"을 먹는 것으로 알려져 있다(출 22:15; Pseudo-Phocylides, 185).[95] 따라서 개들이라고 불리우는 것은 "경멸"의 의미를 갖는다(삼상 17:43; 왕하 8:13; Homer, Illiad 11.360; Homer, Odyssey 17.248).[96] 또한 신명기 23장 17-18절에서 남창과 여자 창기를 "개"로 표현하기도 한다.[97] 요한계시록에서 성적 타락에 빠진 자들을 가리키기 위해 "개"라는 표현을 채택했을 가능성도 있다.[98]

21장 8절에 의하면 그들은 새 창조의 유업을 받지 못하며, 그들의 몫은 불과 유황으로 타오르는 호수 안에 있으며, 그들을 기다리고 있는 것은 둘째 사망이다. 물론 15절에서 예루살렘 밖 사람들의 존재를 문자 그대로 이해될 수 있는 성격이 아니다. 21장 8절의 경우처럼, 악에 속한 세력은 심판을 받아 불의 호수에 던져지게 된다. 따라서 새 예루살렘 밖에 존재하는 자들은 그리스도의 신부요 어린 양의 아내로서 새 예루살렘으로 상징되는 교회 공동체에 속하지 못하게 되었다는 것을 의미한다.

나 예수는 나의 천사를 보내다(16a절) 다음 16a절에서 예수님은 "나의 천사를 보냈다"라고 한다. 여기에서 예수님께서 직접 천사를 보내셨다고 한 것은 매우 이례적이다. 통상적으로 천사를 보내는 것은 하나님의 일이었기 때문이다. 실제로 22장 6c절에서 "선지자들의 영들의 하나님이 그의 천사를 보내셨다"라고 하기도 한다. 따라서 예수님이 "천사를 보내셨다"는 것은 예수님께서 하나님과 동등되심을 노골적으로 보여주는 것이다. 이런 동등한 관계는 요한계시록 전체에서 빈번하게 등장한다. 가장 대표적인 것은 4장과 5장에서 나타난다. 4장에서는 창조주 하나님을 찬양하고 5장에서는 구속주 예수님을 동등

95 Koester, *Revelation*, 842.

96 앞의 책.

97 Aune, *Revelation 17-22*, 1223.

98 앞의 책; Koester, *Revelation*, 842. 이 외에도 "개"는 "어리석은 자들"(잠 26:11), "탐욕스런 통치자들"(사 56:10), "이방인들"(막 7:27), "복음을 얕잡아보는 자들"(마 7:6), "거짓 교사들"(빌 3:2) 그리고 "이교도들"(벧후 2:21-22) 등을 가리켜 사용된다(앞의 책).

하게 찬양의 대상으로 삼고있다. 이처럼 요한계시록은 하나님과 예수님께서 동등한 분이심을 기본 사상으로 가지고 있다. 1장 1b절에 의하면, 하나님과 동등한 분으로서 예수님은 하나님과 계시적 공유 관계를 갖는다.[99] 이런 맥락에서 요한계시록은 "예수 그리스도의 계시"라고 하고 "승귀하신 주'(glorified Lord)이신 예수님은 천사를 통해 계시 사역을 진행하신다.[100] 이것은 곧 천사가 말하는 것은 예수님의 뜻이고 예수님께서 말씀하시고자 하는 것이라는 의미이다.[101] 요한계시록 처음과 마지막 부분에서 이 계시의 말씀이 예수 그리스도에 그 원천을 두고 있다는 사실을 보여준다.

교회들을 위하여 이것들을 너희에게 증거하기 위하여(16b절) 다음 16b절의 '마르튀레사이'(μαρτυρῆσαι)는 "증거하기 위하여"라는 목적 용법의 부정사로서 천사를 보내신 목적을 알려준다. 그것은 번역에서 논의한 바대로 "교회들을 위하여 이것들을 너희에게 증거하기 위하여"이다. 여기에서 "이것들"(ταῦτα, 타우타)은 무엇을 가리키는가? 이것은 요한계시록 전체를 가리킨다.[102] 왜냐하면 1장 1절에서 예수 그리스도의 계시는 천사들을 통하여 종 요한에게 전달된 것으로 기록하고 있고 1장 2절에서 요한은 "예수 그리스도의 증거"를 기록한 것으로 묘사하고 있기 때문이다. 여기에서 증거의 내용은 "이것들" 곧 "요한계시록 전체"이고 그 증거의 대상은 "너희"이고 이 증거의 목적은 "교회들을 위한 것", 좀 더 풀어서 말하면 "교회들의 유익을 위한 것"(for the benefit of the churches)이다.[103]

여기에서 해결해야 할 문제는 "너희"와 "교회들"의 관계이다. 번역에서 보여주고 있는 것처럼 이 두 대상은 서로 다른 대상이다. 그렇다면 "너희"는 구체적으로 누구를 가리키는 것인가? 스위트는 "너희"가 직접적인 청중들로서 일곱 교회 성도들을 가리킨다고 규정하면서 요한의 증거는 그 청중들 뿐만 아니라 일곱 교회 성도들이 대표하는 "모든 교회"를 포함하는 것으로 해석한다.[104] 그러나 쾨스터는 대상이 "교회"로서 중복되어 부자연스럽다는 것을 지

---

99 이 주제에 대해서는 1권 34-36쪽을 참조하라.
100 Swete, *The Apocalypse of St. John*, 305.
101 앞의 책.
102 앞의 책.
103 Smalley, *The Revelation to John*, 576.
104 Sweet, *Revelation*, 317.

적하면서 스위트의 해석에 동의하지 않는다.[105] 쾨스터는 "너희"를 당시 교회 공동체 안에 "선지자 그룹"을 가리키는 것으로 해석한다.[106] 이럴 경우 "교회들"은 일곱 교회 성도들을 가리키고 궁극적으로는 모든 교회를 의미하는 것으로 볼 수 있다고 한다.[107] 보쿰도 요한이 그의 "동료 선지자들"에게 예언을 전달하고 그리고 후에 그 동료 선지자들이 교회들에게 전하는 과정을 밟게 되었다고 주장한다.[108] 그런데 이런 해석과 관련하여 오우니는 "선지자 그룹"에 대한 정확한 정의를 규정하기 어려운 문제가 있다는 것을 지적한다.[109] 따라서 쾨스터와 보쿰의 주장에 동의하는 데 신중해야만 한다.

그렇다면 다시 스위트의 주장으로 돌아 온다. 일단 쾨스터의 비판은 적절하지 않다. 스위트의 주장은 "너희"는 요한의 "청중들"(hearers)로서 일곱 교회 성도들을 가리키고 "교회들"은 "일곱 교회가 대표하는 모든 교회들" 곧 우주적 교회를 의미한다는 것이다. 여기에서 중복은 없다. 스웨테도 이런 스위트의 주장을 지지한다. 그에 의하면 "너희"는 아시아의 일곱 교회들을 가리키고 "교회들을 위하여"라는 문구는 "일반적으로 그리스도인들의 필요에 대한 언급"을 나타내고 있는 것으로 이해할 수 있다.[110] 이런 패턴은 2-3장의 일곱 교회에게 보내는 메시지에서도 나타난다. 예를 들면 에베소 교회에게 보내는 메시지의 시작 부분(1a절)에서 "에베소에 있는 교회의 천사에게 쓰라"로 시작해서 마지막 부분(7a절)에서 "귀를 가진 자로 성령이 교회들에게 말씀하시는 것을 듣게 하라"라고 한다. 여기에서 예수님께서는 천사를 통해 에베소 교회 성도들에게 증거하신다. 그리고 마지막 부분에서 이 증거는 복수로 사용된 "교회들에게"라는 단어에 의해 에베소 교회 뿐만 아니라 지상에 존재하는 모든 교회들을 위한 것임을 보여주고 있다. 에베소 교회에게 주어진 메시지는 결국 모든 우주적 교회들의 유익을 위한 증거의 메시지인 것이다. 이런 패턴을 22장 16b절에서 "너희"와 "교회들을 위해"라는 문구에 적용할 수 있다. 요한은 일곱 교회에게 요한계시록 말씀을 통해 증거했는데 그것은 바로 모든 교회들의

105 Koester, *Revelation*, 843; 스몰리도 쾨스터의 비판을 지지한다(Smalley, *The Revelation to John*, 575).
106 Koester, *Revelation*, 843.
107 Beckwith, *The Apocalypse of John*, 777.
108 Bauckham, *The Climax of Prophecy*, 90.
109 Aune, *Revelation 17-22*, 1226.
110 Swete, *The Apocalypse of St. John*, 305.

유익을 위한 목적을 갖는다.

다윗의 뿌리요 자손이다(16c절) 16c절은 16ab절에서 천사를 보내어 증거하시는 예수님께서 어떤 분이신가를 밝혀 준다. 16c절의 '나는 … 이다'라는 형식은 메시야 공식으로서 요한계시록에서 다섯 번 사용된다(1:8, 17; 2:23; 21:6; 22:13).[111] 16c절은 '에고'(ἐγώ)라는 주어의 사용에 의해 이런 메시아적 공식이 더욱 강조되고 있다.[112] 특별히 16b에서 다윗의 뿌리, 다윗의 자손 그리고 광명한 새벽별이라는 용어가 사용되는데 이 용들에서 먼저 "다윗의 뿌리"와 "다윗의 자손"은 서로 동격 관계로 간주할 수 있다. 5장 5절에서는 "유다 지파의 사자, 다윗의 뿌리"라는 문구가 사용된 바 있다. 여기에서 "다윗의 뿌리"는 다윗을 존재케 한 "기원에 대한 은유"가 아니라(not a metaphor of origin) 다윗의 계보를 따라 존재하게 되었다는 "후손에 대한 은유적 동의어"(a metaphorical synonym for descendant)이다.[113] 그러므로 '다윗의 뿌리'는 '다윗으로부터 난 뿌리'라고 할 수 있다.[114] 그렇다면 다윗의 뿌리란 동격으로서 그 다음에 이어지는 다윗의 후손(다윗으로부터의 후손)에 의해 다시 설명되고 있는 것이다.

이러한 용어들은 이사야 11장 1절, 10절을 배경으로 한다. 이 두 개의 이사야 말씀들에서 이 용어는 메시아적 인물을 가리키기 위해 사용된다.

> 이새의 줄기에서 한 싹이 나며 그 뿌리에서 한 가지가 나서 결실할 것이요(사 11:1)
>
> 그 날에 이새의 뿌리에서 한 싹이 나서 만민의 기치로 설 것이요 열방이 그에게로 돌아오리니 그가 거한 곳이 영화로우리라(사 11:10)

이 본문에서 "이새의 줄기에서 한 싹이 나다"라고 하고 "그 뿌리에서 한 가지가 나다"라고 하는데 요한계시록 본문은 단순하게 "다윗의 뿌리"라고 호칭하면서 메시야로서 예수님을 다윗으로부터 온 "뿌리"로서 표현한다.

빛나는 새벽별(16d절) 16d절의 "빛나는 새벽별"(ὁ ἀστὴρ ὁ λαμπρὸς ὁ πρωϊνός, 호 아스

---

111 Aune, *Revelation 17-22*, 1226.

112 Thomas, *Revelation 8-22*, 510.

113 Beale, *The Book of Revelation,* 1146. 토마스는 이 문구를 "다윗의 조상(ancestor)"의 의미로 이해한다(Thomas, *Revelation 8-22*, 510).

114 Beale, *The Book of Revelation*, 1146.

테르 호 람프로스 호 프로이노스)이란 표현은 전반부인 "다윗의 뿌리"와 "다윗의 자손"의 동격으로서 역시 메시아 표현 공식 중 하나로 사용된다.[115] 이 문구는 2장 28절의 이긴 자에게 주어지는 약속으로 주어지는 "새벽 별"(τὸν ἀστέρα τὸν πρωϊνόν, 톤 아스테라 톤 프로이논)에 "빛나는"(λαμπρός, 람프로스)이란 관용어가 덧붙여진 형태이다. 여기에서 "빛나는 새벽 별"이란 문구는 2장 28절의 '새벽 별'과 같이 메시아적 전망을 담고 있는 민수기 24장 17절을 배경으로 한다.[116]

> 한 별이 야곱에게서 나오며 한 규가 이스라엘에게서 일어나서 모압을 이쪽에서 저쪽까지 쳐서 무찌르고 또 셋의 아들들을 다 멸하리로다(민 24:17)

이 민수기 본문에서 "한 별"은 레위의 유언 18:3; 유다의 유언 24:1; 4Q175.12; 1QM 11. 6-7; CD 7.18-21과 같은 유대 문헌에서 "메시아적 인물"로 재해석된다.[117] 이런 점에서 민수기 본문의 "한 별"의 성취로 등장하는 16b절의 "빛나는 새벽별"은 메시아적 인물을 가리키고 있는 것으로 보는 것이 당연하다. 16b절의 "빛나는 새벽별"을 민수기 24장 17절의 "한 별"과 비교하면 "별"이라는 공통점을 발견할 수 있으며, 동시에 "빛나는"이란 형용사가 덧붙여져서 별의 이미지를 더욱 강조하고 있다.

성령과 신부(17절) 16cd절에서 예수님께서 자신을 메시아로 계시하신 직후 다음 17절에서는 성령과 신부가 말하는 내용을 소개한다. 먼저 17a절에서 '프뉴마'(Πνεῦμα)는 "성령"(the Holy Spirit)을 가리키고[118] 함께 등장하는 "신부"는 구속 역사의 절정의 시점에서 하늘로부터 내려온 새 예루살렘으로서(21:2) 종말적 관점에서 본 교회 공동체 전체를 가리킨다.[119] 이 교회 공동체는 흠이 많은 2-3장의 소아시아 일곱 교회와는 전적으로 다른 완전히 새로워진 공동체이다.[120] 여기에서 "성령"의 성격을 규정하는 것이 필요하다. 성령을 좀 더 구체적으로 표현하여 일곱 교회에 있는 요한과 그의 동료 선지자들에게 주어진

---

115 Reddish, *Revelation*, 428.
116 Smalley, *The Revelation to John*, 577; Osborne, *Revelation*, 793.
117 Koester, *Revelation*, 843; Reddish, *Revelation*, 428.
118 Bauckham, *The Climax of Prophecy*, 167-68; Beale, *The Book of Revelation*, 1148.
119 Bauckham, *The Climax of Prophecy*, 167.
120 앞의 책. 그러나 이러한 완성의 상태가 아직 이루어지지 않은 상태에서도 이미 교회 공동체는 그리스도의 신부로서 존재한다(Beale, *The Book of Revelation*, 1148).

"예언의 영"(the Spirit of prophecy)이라고 할 수 있다.[121] 이런 점에서 성령은 "선지적 영감"(prophetic inspiration)과 밀접하게 연결되어 있다.[122] 이런 "성령"과 "신부"가 함께 말씀의 주체로 등장하는 것은 성령께서 신부−교회 공동체−를 통해 17bcde절의 내용을 말씀하시는 것을 의미한다고 볼 수 있다. 바꾸어 말하면 "성령에 의해 권능을 받은" 신부−교회가 증거하는 것을 의미한다.[123]

오라(17b절) 성령과 신부는 17b절에서 "오라"(ἔρχου, 에르쿠)라고 말한다. 그런데 이 요청은 누구를 향하여 하는 것일까? 여기에도 두 가지 견해로 나뉘어진다. 첫째로, 7절과 12절에서 예수님께서 속히 오신다는 것에 대한 응답으로서 "예수님"을 향하여 말하는 것으로 이해하는 경우와[124] 두 번째로 독자들을 향하여 말하고 있다고 하는 경우이다.[125] 전자의 경우는 매우 자연스럽게 여겨질 수 있으나 문제는 17c절과 17d절과의 조화이다. 왜냐하면 17c절과 17d절은 예수님의 오심에 대해 말하는 내용이 아니기 때문이다.[126] 후자의 경우에는 17c절과의 조화의 문제는 해결되고 있으나 말하는 주체(신부=교회 공동체=독자들)와 그 대상(독자들)이 서로 겹쳐지기 때문에 자연스럽지 못하다.

그러나 이러한 문제에 두 가지 대안이 있다. 첫째로, 마운스는 그 대상을 좀 더 확대하여 "세상"이라고 제안한다.[127] 이럴 경우 화자와 청중이 중복되지 않을 수 있다. 이 제안도 충분히 고려할 가치가 있다. 둘째로, 묵시 문헌으로서 요한계시록의 문학적 성격을 고려할 때 어느 정도 해결될 수 있다. 곧 상징적 이미지로서 사용된 신부가 얼마든지 실질적 대상인 독자들에게 이러한 요청을 할 수 있는 문학적 표현의 자유로움을 갖는다. 이것은 24장로의 경우도 마찬가지이다. 그것이 교회 공동체를 상징하는 이미지로서 사용되었지만 그러나 동시에 교회 공동체에 대한 질문을 던지기도 한다(참조 7:13). 그러므로 교회 공동체를 상징하는 신부 곧 새 예루살렘의 축복스런 표현을 통해 이미 그 영적 매력을 피력한 바 있는 어린 양의 신부로서 교회 공동체에 속하도록 독

121 Smalley, *The Revelation to John*, 578.
122 Aune, *Revelation 17-22*, 1227.
123 Mounce, *The Book of Revelation*, 409.
124 Smalley, *The Revelation to John*, 577; Aune, *Revelation 17-22*, 1228.
125 Beale, *The Book of Revelation*, 1148; Osborne, *Revelation*, 793.
126 오우니는 전자를 지지하고 있으나 이런 문제 의식을 가지고 있다(Aune, *Revelation 17-22,* 1227).
127 Mounce, *The Book of Revelation*, 409.

자들에게 요청하는 것으로 이해하는 것은 얼마든지 가능하다.

듣는 자로 말하게 하라: 오라(17c절) 17c절에서는 듣는 자로 "오라"라고 말하게 하라고 한다. 먼저 이 본문에서 "듣는 자"는 누구를 가리키는가? 1장 3b절에서 복수("듣는 자들")로 사용되어 요한계시록 전체 말씀을 듣는 자들을 가리키는 경우가 있고 22장 17c절에서는 단수로 "이 책의 예언의 말씀을 듣는 모든 자"라는 문구가 사용되기도 한다. 1장 3b절과 22장 17c절 은 각각 복수와 단수로 사용되었는데, 이 두 경우 모두 동일하게 예배의 정황에서 요한계시록의 말씀을 듣는 1차 독자들을 대상으로 하고 있다.[128] 그렇게 "듣는 자"로 하여금 "오라"라고 "말하게 하라"고 한다. 여기에서 "오라"고 하는 대상은 17b절의 "오라"처럼 "세상"을 향하고 있는 것이라고 할 수 있다. 17b절에서 한마디로 외친 "오라"를 좀 더 구체적 정황 속에서 말씀을 들은 자로 하여금 세상을 향하여 "오라"라고 말하라고 하는 것이다. 요한계시록의 말씀을 들은 자는 필연적으로 세상을 향하여 "오라"고 외칠 것이다.

목마른 자로 오게 하라(17d절) 다음 17d절은 17b절과 17c절의 "오라"를 3인칭 명령형으로 변형하고 3인칭 명령의 주어를 "목마른 자"로 적시한다. 이런 관계에 의해 17de절은 17bc절을 해석하는 내용으로 볼 수 있다.[129] 이 본문은 구약 이사야 55장 1절의 말씀을 배경으로 한다.[130]

> 오호라 너희 목마른 자들아 물로 나아오라 돈 없는 자도 오라 너희는 와서 사 먹되 돈 없이, 값 없이 와서 포도주와 젖을 사라(사 55:1)

이 이사야 본문은 하나님의 섭리와 언약에 참여할 것을 초청하는 내용을 담고 있는 55장 1-5절의 시작 부분이다.[131] 여기에서 "물"은 이사야 32장 15절과 44장 13절에서 "죄와 불순종으로 말미암아 말라버린 땅에 부어지는 하나님의 영"에 대한 은유로 사용된다.[132] 이런 내용을 요한계시록 본문에 반영하면, 죄와 불순종으로 말미암아 말라 버린 땅과 같은 세상에 있는 사람들이 성령을

---

128 Aune, *Revelation 17-22*, 1228.
129 Mounce, *The Book of Revelation*, 409.
130 Aune, *Revelation 17-22*, 1228.
131 Smith, *Isaiah 40-66*, 493.
132 Oswalt, *The Book of Isaiah 40-66*, 435.

받고 새 사람이 되도록 초청하는 내용이라고 할 수 있다.

그렇다면 이사야 말씀을 배경으로 사용하고 있는 17d절은 예수님의 재림 이전에 구원에 동참할 것을 요청하는 메시지로 이해하는 것이 적절하다. 이러한 초청의 대상은 아직 믿지 않는 자들 모두에게 적용될 수 있다. 믿지 않은 자들에게 이러한 요청은 구체적으로 구원을 위한 실제적인 행동을 취할 것을 의미한다고 간주할 수 있다. 그러므로 이러한 메시지는 11절의 결정론적인 성격과는 또 다른 각도에서 이해하여야 할 것이다. 하나님의 백성에 속하게 되는 것이 이미 결정된 것이라는 것도 성경적이지만 또한 아직 결정되지 않은 것처럼 간주하여 믿지 않는 자들에게 구원에로의 초청을 게을리하지 않는 것도 성경적인 자세인 것이다. 이 두 가지 관점을 조화시키려고 하는 것보다는 이 두 개의 관점을 문맥에 따라 있는 그대로 인정할 필요가 있다.

원하는 자로 생명의 물을 자유롭게 취하게 하라(17e절) 17e절은 다시 17d절을 좀 더 자세하게 설명하고 있다. 곧 17d절의 "목마른 자"는 "물"의 필요를 상상케 하는데 17e절에서는 이런 상상을 글로 표현해준다. 곧 17d절의 "목마른 자"를 17e절의 "원하는 자"로 바꾸고 여기에 "생명의 물"과 함께 "자유롭게 취하게 하라"는 문구를 덧붙인다. 결국 목마른 자가 하나님과의 언약 관계를 회복하기만 하면 "생명의 물"이 자유롭게 주어지게 된다는 것이다. 여기에서 "목마른 자"와 "원하는 자"는 평행 관계를 가진다. 왜냐하면 목마른 자들은 당연히 간절히 원하는 것이 있기 때문이다. 그리고 "자유롭게"(δωρεάν, 도레안)는 두 가지 의미로 생각해 볼 수 있다. 첫째로, "값 없이"라는 의미이고(ESV가 이런 의미로 번역), 둘째로, 제한 없이 무한대로 취할 수 있다는 것이다. 이 문맥에서 이 두 가지 의미가 모두 포함된다고 볼 수 있다.

17e절은 21장 6절과 22장 2-3절에서도 유사한 내용이 기록된 바 있다.

> 나는 생명의 물의 샘으로부터 (생명의 물을) 선물로 목마른 자에게 줄 것이다(21:6)
>
> 그리고 그는 나에게 하나님 보좌와 어린 양으로부터 나오는 그것(새 예루살렘)의 길 한가운데 수정같이 빛나는 생명의 물의 강을 보여주었다(22:2-3)

먼저 21장 6절은 17de절과 거의 유사한 의미를 갖는다. "자유롭게"와 "선물로"는 같은 단어인 '도레안'을 문맥에 맞게 변경하여 번역한 것이다. 차이는 전자는 주어가 "하나님"으로서 생명의 물을 주시는 것의 주도권이 하나님께 있다. 반면 후자는 3인칭 명령형 문장에서 "원하는 자"가 주어로 사용되어 주도권이 "원하는 자"에게 있다. 왜냐하면 "원하는 자"로 생명의 물을 취하도록 하기 때문이다. 그러나 이런 차이에도 불구하고 두 본문에서 생명의 물을 마시게 되는 결과는 동일하다. 왜냐하면 그 "원하는 자"에게 "생명의 물"을 주시는 분은 하나님이시기 때문이다. 22장 6절에서는 하나님께서 "생명의 물"을 선물로 주시겠다는 것이고 22장 17e절에서는 그 생명의 물을 마시기를 원하는 자로 하여금 와서 자유롭게 마시라고 초청하는 내용이다.

한편 22장 2-3절에서는 "생명의 물의 강"이라고 하여 앞의 두 본문의 "생명의 물"이라는 표현에 "강"의 이미지를 덧붙여 강조의 효과를 의도하고 있다. 뿐만 아니라 그 생명수의 강이 하나님과 어린 양의 보좌로부터 새 예루살렘의 중앙로를 가로 질러 흐르는 것으로 기록되고 있다. 이러한 이미지는 새 예루살렘 교회 공동체가 구원으로 말미암아 초래되는 생명으로 충만함을 보여 주려는 목적으로 사용된다.

나는 증거한다(18a절) 다음 18-19절에서는 예언의 말씀으로서 요한계시록의 중요성을 강조하여 말한다. 먼저 18a절은 헬라어 원문에서 "내가 증거한다"(Μαρτυρῶ ἐγὼ, 마르튀로 에고)라는 문구로 시작한다.[133] 여기에서 "증거한다"는 것은 강력한 법적 의미로서 "선지적 선포를 도입하거나 결론짓기 위해 사용된 몇몇 맹세 형식들(oath formulas) 가운데 하나"이다.[134] 이 표현의 목적은 "예언의 진실성을 더욱 강조하기 위한 것"이다.[135] 이런 설명에 근거하여 "내가 증거한다"는 것은 이어지는 내용에 대한 화자의 결연한 자세를 암시한다. 특별히 이러한 맹세 공식은 구약에서는 오직 하나님에 의해서만 사용 되었고, 그리스도 로마 시대의 자료들과 초기 유대 문헌에서는 신적인 존재가 아닌 선지자들에 의해서만 사용되고, 요한계시록에서는 승귀하신 예수님에 의해 사용되고 있다.[136]

---

133 우리 말로 번역할 때는 우리 말의 특성상 맨 앞에 놓을 수 없고 문장의 끝에 위치하게 된다.
134 Aune, *Revelation 17-22*, 1229.
135 Osborne, *Revelation*, 795.
136 Aune, *Revelation 17-22*, 1230.

18-19절에서 중요한 이슈는 증거한다는 말의 화자가 요한인가 아니면 예수님이신가에 대한 것이다. 먼저 18a의 "내(ἐγώ)가 … 증거한다"라는 문구는 22장 16절의 "나(ἐγώ) 예수는 … 증거하기 위해 나의 천사를 보냈다"라는 문구와 평행을 이루고 있다. 이런 평행 관계에서 특별히 주목할 것은 '나'(ἐγώ)라는 주어가 동일하게 사용되어 강조되고, 22장 16절에서 "나"는 예수님과 동격으로 사용된다는 점이다. 그러므로 18a절의 "나"는 예수 그리스도로 볼 수 있다.[137]

예언의 말씀들(18a절) 그리고 18a절의 "이 책의 예언의 말씀들"이란 문구는 요한계시록이 "예언의 말씀들"이라는 것을 의미한다. 이 문구는 1장 3절과 22장 7절, 10절에서 이미 요한계시록을 "예언의 말씀들"이라고 규정한 바 있어 새로운 것은 아니다. 이 세 본문(1:3; 22: 7, 10)에서 언급된 "예언의 말씀들"은 그것들을 지켜 행하는 것이 중요하게 취급된다. 그러나 22장 18-19절에서 언급되는 "예언의 말씀들"은 그것을 지켜 행하는 문제보다는 그것들을 어떻게 취급하느냐 하는 문제를 언급하고 있다. 이 주제는 다음 단락에서 논의할 것이다. 그리고 18a절의 "이 책의 예언의 말씀들을 듣는 모든 자"라는 문구에서 "듣는 모든 자"라는 표현은 이 예언의 말씀이 예배 중에 읽혀지는 정황을 상정하고 "모든 자"라는 표현은 각 개인이 책임을 가지고 있음을 시사해 준다.[138]

예언의 말씀을 가감하지 말라(18bc-19절) 다음 18b절 이하는 18a절에서 말하는 예언의 말씀에 대한 예수님의 증거 내용을 구체적으로 소개하기 시작한다. 18bc절과 19절은 각각 두 개의 조건절과 서술절로 구성되어 있다. 이 문장에서 지배적으로 사용되는 단어는 "더하다"(ἐπιθῇ, 에피데[18b]; ἐπιθήσει, 에피데세이[18c]>ἐπιτίθημι, 에피티데미)와 "제하다"(ἀφέλῃ, 아펠레[19a]; ἀφελεῖ, 아펠레이[19b]>ἀφαιρέω, 아파이레오)이다. 예언의 말씀들에 무엇인가를 더할 경우(18b절), 그 예언의 말씀에 기록된 재앙들을 더하게 될 것이라(18c절)고 하고, 책의 예언의 말씀에서 제하면(19a절) 요한계시록의 말씀에 기록된(19c절) 생명 나무와 거룩한 도시 새 예

137 Swete, *The Apocalypse of St. John,* 307; Charles, *A Critical and Exegetical Commentary on Revelation,* 2:218; Osborne, *Revelation,* 794; Aune, *Revelation 17-22,* 1229. 그러나 이 화자가 요한이라고 주장하는 경우도 있다(Smalley, *The Revelation to John,* 583).

138 Aune, *Revelation 17-22,* 1230.

루살렘에 참예함을 제하여 버린다(19b절)고 한다. 여기에서 조건절인 18b절과 19a절은 서로 대조적 평행이면서 그 결과절인 18c절과 19b절은 하나님의 구원의 은총으로부터 멀어지게 될 것이라는 동일한 내용을 말하고 있다.

특별히 18b절과 19a절에서 "제하다"와 "더하다"라는 행위는 단순히 하나님의 말씀에 대한 "일반적 불순종"이 아니고 "존재하는 말씀에 덧붙여진 말에(inscripturated word)에 대한 잘못된 가르침에의 집착"을 가리킨다.[139] 이에 상응하는 징벌은 언어 유희를 활용하여 각각 재앙을 "더하고"(18c절) 생명나무와 새 예루살렘으로부터 "제하여진다"(19b절)고 한다. 19b절의 "생명 나무"는 22장 2절에서 언급된 "강 양쪽에 생명 나무"와 동일한 것이고 "거룩한 도시"는 21장 9절-22장 5절에서 소개된 어린 양의 신부로서 교회 공동체를 상징하는 새 예루살렘을 가리킨다. 이러한 것에 참예하지 못할 때 구원의 상급을 얻지 못하게 되는 것은 당연하다.

이 내용은 구약 배경을 가지고 기록되고 있다. 먼저 직접적인 인용으로서 분명하게 신명기 4장 2절과 신명기 12장 32절이 사용된다.[140]

> 내가 너희에게 명령하는 말을 너희는 가감하지 말고 내가 너희에게 내리는 너희 하나님 여호와의 명령을 지키라(신 4:2)
>
> 내가 너희에게 명령하는 이 모든 말을 너희는 지켜 행하고 그것에 가감하지 말지니라(신 12:32)
>
> [19]이 저주의 말을 듣고도 심중에 스스로 복을 빌어 이르기를 내가 내 마음이 완악하여 젖은 것과 마른 것이 멸망할지라도 내게는 평안이 있으리라 할까 함이라 [20]여호와는 이런 자를 사하지 않으실 뿐 아니라 그 위에 여호와의 분노와 질투의 불을 부으시며 또 이 책에 기록된 모든 저주를 그에게 더하실 것이라 여호와께서 그의 이름을 천하에서 지워버리시되(신 29:19-20)

위의 신명기 말씀이 위치한 문맥을 자세히 관찰하면 어떤 의도로 요한이 18-19절을 사용했는지를 정리할 수 있을 것이다. 먼저 요한계시록 본문에서 "더하다"와 "제하다"라는 단어들의 사용은 신명기 4장 2절과 신 12장 32절에서 "가감하지 말라"는 표현을 배경으로 하고 있다. 위의 신명기 말씀 중 첫번

139 Beale, *The Book of Revelation*, 1151.

140 Osborne, *Revelation,* 795. 비일은 신명기 말씀과 요한계시록 말씀의 유사성을 다음 세 가지로 요약한다: (1)두 본문 모두 우상 숭배에 대해 경고한다(계 21:8, 27; 22:15); (2)이 경고에 대한 긍정적 반응은 생명나무를 보장받는다(신 4:1; 12:28-29; 계 22:14와 함께 21:1-225); (3)불신실한 자들에 대한 심판으로서 "재앙"을 사용한다(Beale, *The Book of Revelation,* 1151).

째인 신명기 4장 2절에서 이어지는 내용은 거짓 선지자 발람으로 인하여 우상인 바알 브올을 따르게 하여 하나님의 백성들을 욕되게 했던 경우를 언급한다. 이 신명기 말씀이 강조하는 것은 하나님의 율법은 임의적으로 "보충되거나 축소되어서는 안 된다"는 것이다.[141] 그리고 여기에서 초점은 "율법의 자구"(letter of the law)가 아니라 "율법의 본질"(the essence of the law)에 맞추어져 있다는 것이다.[142] 이것의 대표적인 실례를, 신명기 5장 호렙산의 십계명과 출애굽기 20장 시내산의 십계명이 자구적인 면에서는 많은 차이를 보이지만 그 본질이 일치하는 것에서 찾아 볼 수 있다.[143] 즉, 자구의 삭제와 첨가를 의미하는 것이 아닌 것이다.

그리고 앞에서 언급한 두 번째 신명기 말씀인 신명기 12장 32절은 하나님의 백성들을 미혹케 하는 거짓 선지자에 대해 경계하는 내용이다. 발람을 비롯한 거짓 선지자들이 하나님의 심판을 면할 수 없는 것은 자기들의 유익과 목적을 위하거나 이방신 곧 우상을 숭배하도록 자신의 말들을 하나님의 말씀으로 가장하거나 왜곡했기 때문이다. 이러한 경우가 에베소 교회의 니골라당이나(2:6), 버가모 교회의 니골라당과 같은 발람의 교훈을 지키는 자들이나(2:14-15), 두아디라 교회의 거짓 여선지자 이세벨(2:20)과 같은 자들에게서 나타난다.

18c-19절의 의도는 바로 여기에 있다. 곧 요한계시록 본문의 자구의 가감이 아니라 요한계시록의 말씀의 본질을 자신의 욕심을 좇아 임의적으로 왜곡하여 교회 공동체를 해롭게 하는 것을 경계하고 있는 것이다. 그러므로 18-19절의 말씀으로 인하여 요한계시록을 해석하는 작업을 위축시키거나 중단하게 할 필요는 없다. 만일 진정한 의도를 가지고 있다면 비록 요한계시록 본문을 해석하는 데 있어서 자신의 생각을 덧붙이는 것은 적어도 이 본문에서 언급하는 심판의 대상은 될 수 없다.

이것들을 증거하신 이(20a절) 다음 20절에서는 18a절에 이어서 예수님의 증거가 다시 등장한다. 20a절의 "이것들을 증거하신 이"라는 문구에서 '이것들'은 8a절과 16b절의 경우처럼 요한계시록 전체를 가리킨다.[144] 왜냐하면 1장 2절

141 P. C. Craigie, *The Book of Deuteronomy*, NICOT (Grand Rapids: Eerdmans, 1976), 130.
142 앞의 책, 각주 7번.
143 앞의 책, 각주 7번.
144 Smalley, *The Revelation to John*, 585.

에서 요한계시록의 말씀을 "예수 그리스도의 증거"(μαρτυρίαν Ἰησοῦ Χριστοῦ, 마르튀리안 예수 크리스투)라고 칭하고 있기 때문이다. 19장 10절에서도 "예수의 증거"를 요한계시록 전체를 가리키는 말로 사용하고 있고 22장 16절에서도 예수님께서 천사들을 보내 요한계시록의 말씀을 증거한 것으로서 언급하고 있는데 여기에서도 요한계시록 전체를 "이것들"이라고 표현하고 있다.

확실히 신속하게 내가 온다(20b절) 요한계시록의 말씀을 증거하신 예수님께서 증거하고 있는 내용을 20b절에서 소개한다. 그것은 바로 "확실히 신속하게 오신다"는 것이다. 여기에서 '나이'(Ναί)라는 단어는 "확실히"(certainly)라는 의미를[145] 갖는 "강조의 불변화사"(intensive particle)로서 예수님의 오심에 대한 결연한 의지를 표현해준다.[146] 22장에서만 예수님 자신의 신속한 오심에 대한 언급은 20b절을 포함해서 7a절과 12a절에서 세 번 반복되고 있다. 이 세 번 모두에서 첫 번째(7절)는 1장 3절과의 관계에서 상시적 오심과 그 오심의 절정으로서 재림의 의미를 내포한다. 그리고 두 번째와 세 번째도 이런 맥락에서 이해할 수 있다. 곧 예수님의 재림은 상시적 오심의 절정이다. 2-3장에서도 이러한 상시적 오심(2:5, 16; 3:20)은 예수님의 오심에 대한 변형된 묘사와 미래 종말적 오심(2:25; 3:3, 11)이 혼재되어 있는 것을 관찰한 바 있다. 이런 혼재는 마지막 때에 예수님의 오심과 "승귀하신 그리스도"(exalted Christ)의 상시적 오심이 서로 긴밀하게 연계되어 있기 때문이다.[147] 요한은 이런 오심의 의미의 차이를 문맥을 통해 구분하도록 하고 있다. 그러므로 요한계시록에서 언급되는 예수님의 오심에 있어서 상시적 오심과 미래 종말적 오심(재림)은 서로 모순되는 것이 아니며 상호 보완적으로 이해하여야 할 것이다.

20b절의 오심도 이런 맥락에서 이해해야 할 것이다. 결국 이러한 오심은 의인에 대한 구원의 상급을 주시기 위함일 뿐만이 아니라 악인에 대한 심판을 내리시기 위한 목적이 있다. 이 심판과 구원은 종말적 오심 뿐만 아니라 초림 이후 상시적 오심에서도 일어난다. 여기에서 구원과 심판은 에덴에서 아담과 하와가 범죄한 이후 시작된 죄와 불순종의 역사를 마무리하는 특징을 갖는다.

145 BDAG, 665.
146 Smalley, *The Revelation to John*, 585.
147 앞의 책.

심판의 절정은 17-20장에서 바벨론/두 짐승/용/용의 추종자들의 심판에 대한 일련의 기록을 통해서 매우 자세하게 주어진 바 있다. 다만 요한계시록 전체를 마무리하는 22장의 에필로그에서 요한은 예수님의 직접적인 말씀을 통해 이 역사의 완성을 확실하게 드러내고 있다. 그렇다면 예수님의 신속한 오심에 대한 반복된 언급은 어떤 주어진 시간의 단축을 의미하기 보다는 초림 이후에 상시적 오심과 그 오심의 절정으로서 악인들에 대한 심판과 사랑하시는 의인들의 구원에 대한 예수님의 단호한 의지를 반영하는 것으로 이해할 필요가 있다.

아멘 주 예수여 오시옵소서(20c절) 20c절은 20b절에서 신랑되신 예수님의 속히 오심의 선포에 대한 신부인 청중들의 정겨운 화답이다.[148] 예수님의 신속한 오심은 그것이 상시적 오심이든 아니면 재림이든, 신실한 성도들이라면 간절히 바라는 바이다. 왜냐하면 그 오심의 사건은 현재의 시점에서 임재와 함께 회복의 역사를 일으키는 결과를 가져 올 뿐만 아니라 완성의 시점에서 모든 역사가 마무리 되는 새로운 시대를 여는 결정적 계기가 되기 때문이다. 그러므로 20c절에서 요한이 성도들을 대표하여 "아멘 주 예수여 오시옵소서"라고 요청하는 것은 예수님의 속히 오심으로 말미암는 하나님의 임재를 소망하는 모든 성도들의 마음을 반영한다.

여기에서 "아멘 주 예수여 오시옵소서"는 대체로 예수님의 재림을 요청하는 의미로 해석되어 온 것이 사실이다.[149] 이 문구에 대한 올바른 이해를 위해서 아람어 기원의 기도인 '마라나 다'(μαράνα θά)와 관련되어 있다는 것을 유념하는 것이 필요하다.[150] 곧 이러한 아람어와 같은 언어적 전통의 배경을 가지고 이 본문을 이해할 필요가 있다. "주여 오시옵소서"에 해당되는 헬라어 '에르쿠 퀴리에'(ἔρχου κύριε)는 아람어인 '마라나 타'(מָרַנָא תָא)를 번역한 것이고 고린도전서 16장 22절의 '마라나 다'(μαράνα θά)는 이 아람어를 음역한 것이다.[151] 따라서 요한계시록 22장 20c절의 '에크쿠 퀴리에'는 고린도전서 16장 22절의

148 오우니는 이 문구를 단순히 "기도"로 보기 보다는 7a절의 예수님의 "말씀에 대한 화답"으로서 "대화의 부분"으로 간주한다(Aune, *Revelation 17-22,* 1234).

149 대표적인 학자 중의 하나가 오즈번이다(Osborne, *Revelation,* 797).

150 Sweet, *Revelation*, 319.

151 Charles, *A Critical and Exegetical Commentary on Revelation*, 2:226.

'마라나 다'와 같은 의미로 볼 수 있다. 한편 스위트는 디다케(Didache) 10장 6절과의 유사성에 주목하여 20c절의 문구는 디다케를 연상시킨다고 주장한다.[152] 이 문구를 헬라어 원문과 우리말 번역을 비교하면 다음과 같다.

헬라어	한글 번역
εἴ τις ἅγιος ἐστιν, ἐρχέσθω· εἴ τις οὐκ ἔστι, μετανοείτω· μαραναθά. Ἀμήν.[153]	누구든지 거룩하다면 그로 오게 하라. 누구든지 그렇지 않다면 그로 회개하게 하라 마라나 다, 아멘 (나의 번역)

이 디다케의 문구는 "성만찬의 대화"(eucharistic dialogue) 중에 등장한다.[154] 이 성만찬의 현장에서 "마라나 다"라는 문구가 언급되는 것은 재림을 기대하며 주님의 오심을 요청하는 것일 수도 있으나 성만찬의 현장이라는 현재의 공간에 주님의 오심을 요청하는 것으로도 볼 수 있다. 이런 점에서 스위트가 성만찬을 "주님의 마지막 오심에 대한 기대" 가운데 진행되는 것으로 보는 것은 부분적으로만 정확하다고 볼 수 있다.[155] 고린도전서 16장 22절에서 "마라나 다"(μαράνα θά)라는 문구가 사용되는데 여기에서도 동일하게 "성만찬의 모임"(eucharistic gathering)에서 읽혀지도록 의도되었고[156] 역시 성만찬 가운데 임하시도록 요청하는 의도가 있다고 볼 수 있다.

오우니는 성만찬 모임에서 이러한 "오심"의 요청이 단순히 재림에 대한 기대만을 표출하는 것이 아니고 성만찬 현장에 현재적 오심을 간구하는 목적임을 밝히고 있다.[157] 오우니는 "마라나 다"에 대해 다음과 같이 세 가지 견해를 소개한다: (1)"예수님의 제의적 오심"(cultic coming of Jesus)인데 이것은 이 문구를 성만찬시에 예수님의 임재를 요청하는 경우라고 할 수 있다; (2)"종말적 오심"(eschatological coming)을 요청하는 것으로 예수님의 재림을 기대하는 경우이다; (3)"제의적 오심"과 "종말적 오심"을 동시에 요청하는 것이다. 여기에서

152 Sweet, *Revelation*, 319; Charles, *A Critical and Exegetical Commentary on Revelation*, 226.

153 이 문구는 Charles, A Critical and Exegetical Commentary on Revelation, 226 에서 가져 옴.

154 앞의 책.

155 스위트는 디다케 10장 6절의 내용을 예수님의 재림에 대한 기대와 함께 심판 주로 오시는 예수님 앞에서 자신을 돌아보는 의미로 이해한다(Sweet, *Revelation*, 319). 이런 스위트의 지적은 성만찬의 현장에서 현재적 임재를 간구하는 의미를 간과했다고 판단된다.

156 Sweet, *Revelation*, 319.

157 Aune, *Revelation 17-22*, 1235.

"종말적 기대"가 성만찬의 "현재적 경험에서 실현되는 차원"을 갖는다.[158]

이 세 가지 중에서 "제의적 오심"을 배제하고 "종말적 오심"과만 관련짓는 두 번째는 동의하기가 어렵다. 왜냐하면 이 문구는 분명히 제의적 의미를 가지고 있는 것이 분명하기 때문이다. 남은 것은 첫 번째와 세 번째의 경우인데 이 두 개의 차이는 종말적 오심을 포함하느냐 않느냐에 있다. 이 둘의 차이는 적절하게 조화를 이루게 될 수 있다고 볼 수 있다. 왜냐하면 스몰리의 의견처럼, 성만찬 동안 승귀하신 그리스도의 제의적 오심은 종말적 오심을 기대할 수 있기 때문이다.[159] 이것을 좀 더 적극적으로 표현하면 성만찬에서 제의적 오심을 통해 종말적 오심의 "선취"(先就)를 경험할 수 있다는 것이다.[160] 이런 의미로 20c절에서 예수님의 오심을 초청하는 것은 20a절에서 "내가 신속하게 온다"고 하신 것에 대한 완벽한 화답인 것이다. 이와 관련한 신동욱 교수의 의견은 매우 적절하다.[161]

> 요한계시록의 결말 부분에서 교회가 예수 그리스도의 오심을 간구하면서, '에르쿠'(ἔρχου)를 사용함으로써 지금 여기서 예수 그리스도의 재림이 선취되는 것을 경험할 수 있기를 기대한 것으로 볼 수 있다. 따라서 여기에서도 "그리스도의 오심"은 교회의 예배와 성례전을 통한 임재를 나타낸다.

이와 같은 맥락에서 다음 비일의 글은 성만찬 중에 "제의적 오심"에 대한 적절한 이해를 제공한 다. [162]

> … (예수님의, 나의 주석) "오심"에 대한 시작된 이해(inaugurated understanding)는 주의 만찬의 제의적 프레임 안에서 해석될 수 있다. 주의 만찬에서 그리스도는 축복과 심판을 가지고 모든 시대에 걸쳐서 역사의 마지막까지 반복해서 오신다. 그래서 에필로그가 제의적 의미로 결론짓는 것은 적절하다. 왜냐하면 프롤로그는 메시야의 오심을 포함하여 예언의 선취(initial fulfillment) 개념과 관련된 의미로 시작했기 때문이다.

---

158 앞의 책.

159 Smalley, *The Revelation to John*, 585.

160 신동욱, "요한계시록은 임박한 종말을 말하고 있는가?," 1142. 이 주제에 대해서는 22장 7a절의 주해에서 간단하게 논의한 바 있다.

161 앞의 책. 신동욱 교수는 요한계시록에서 하나님의 오심과 관련하여 매우 의미 있는 해석을 제시한다: "하나님의 오심은 창조 질서가 파괴된 세상 안으로 찾아오셔서 자신의 나라를 세워가는 창조주이면서 역사의 주관자이신 하나님의 모습을 강조한다. 하나님은 자신의 미래를 역사/현재 안으로 가져오시는 분이시며, 세상은 하나님의 오심을 통해서 자신의 미래를 역사/현실 속에서 경험하게 된다. 따라서 현재 '하나님의 오심'은 우주의 파멸을 뜻하는 것이 아니라, 종말적인 것들이 역사 속에서 경험됨을 의미한다"(앞의 책, 1141-1142).

162 Beale, *The Book of Revelation*, 1155.

비일에 의하면 요한계시록의 시작 부분(프롤로그)은 메시아의 오심에 대한 약속의 "선취"에[163] 초점을 맞추어서 기록하고 마지막 부분(에필로그)은 그것에 근거하여 제의적 정황에서 예수님의 임재를 강조하는 것이라고 한다. 여기에서 예수님의 초림이 제의적 오심을 가능케 한 출발 시점이 되었다고 볼 수 있다. 따라서 예수님의 오심은 초림부터 시작하여 재림 때까지 반복되는데 특별히 성만찬의 정황에서 발생한다. 따라서 이 본문의 마라나타 기도에 의해 요한계시록 전체가 성만찬의 정황에서 "공적으로(publicly) 읽혀지도록 의도되었다"고 할 수 있다.[164] 이러한 제의적 오심은 라오디게아 교회의 정황 가운데서 부정적 측면에서 언급되고 있다. 곧 3장 20절의 라오디게아 성도들에게 하시는 말씀에서 "함께 먹는다"는 행위는 성만찬의 제의적 정황을 상정한다.[165] 이것은 라오디게아 성도들이 로마 제국의 황제 숭배를 거부하고 하나님을 예배하는 삶을 살게 된다면, 문 밖에 서 계신 예수님이 들어와 함께 식탁을 나누는 예수님의 제의적 임재를 경험할 수 있게 될 것을 약속하는 내용이라고 할 수 있다.[166]

결국 예배와 성만찬의 현장에서 청중들을 대표하는 예언의 말씀을 읽는 자가 신속하게 오신다는 예수님의 약속의 말씀에 화답하여, "아멘 주 예수여 오시옵소서"라고 외칠 때, 청중들은 예수님의 종말적 임재를 선취하기를 기대한다. 특별히 이러한 외침이 예배와 성만찬 중에 이루어 질 때, 현장의 공동체는 예수님의 임재 가운데 압도되었을 것이다. 그리고 그러한 임재 가운데서 예수님의 구속 사역의 기쁨과 천상적 존재로서의 정체성을 만끽할 수 있었을 것이다.

[정리]

10-20절은 다양한 화자가 집중되었다: 천사(10-11절), 예수님(12-16절), 성령과 신부(17절), 예수님(18-19절) 그리고 예수님과 성도(20절). 이 본문에서 특이한 점은 예수님 자신이 직접 말씀하시는 내용이 빈번하게 기록되어 있다는 점이다. 직

---

163 여기에서 비일의 "선취" 개념은 신동욱 교수의 "선취" 개념과 다소 차이가 있다. 전자는 초림을 통해 이미 성취된 것을 의미한 반면, 후자는 성만찬 현장에서 재림을 미리 경험했다는 의미이다.

164 Boxall, *Revelation of Saint John*, 318-19.

165 이에 대한 자세한 논의는 3장 20절에 대한 주해를 제시하는 1권 423-26 쪽을 참조하라.

166 Blount, *Revelation*, 416.

접 말씀하시는 내용으로서 핵심적인 것은 "신속하게 온다"(12a절)는 것과 "확실하게 온다"(20b절)는 말씀이다. 이런 오심은 승천 이후로 상시적으로 오실 뿐만 아니라 그 절정으로서 재림 때에 오신다. 특별히 성만찬의 현장에서 제의적 임재 가운데 재림의 선취를 경험한다는 것은 주목할 만하다. 성도들은 이런 오심을 기대하며 예수님의 오심을 요청한다. 천사의 발언 중에서 10b절은 "이 책의 예언의 말씀을 인봉하지 말라"고 하면서 "때가 가깝다"고 한 것은 시작된 종말의 결과라고 볼 수 있다. 이처럼 시작된 종말의 정황과 제의적 오심을 통한 재림의 선취는 서로 긴밀하게 연동되어 있다.

3. 마지막 인사말(22:21)

다음 내용은 요한계시록 전체를 마무리 하는 인사말로서 기록되고 있다.

> Ἡ χάρις τοῦ κυρίου Ἰησοῦ μετὰ πάντων.
> 주 예수의 은혜가 모든 자들과 함께하기를

이러한 인사말은 요한계시록 서두의 1장 4-6절에서 기록된 서신의 인사말에 대응되는 마무리 인사말로 이해될 수 있다. 이 본문에서 "주 예수의 은혜"란 서신에서 의례적으로 사용되는 일반적 의미의 은혜로서 이해할 수도 있지만 요한계시록의 맥락에서 이해한다면 요한계시록의 메시지를 받는 독자들을 향한 독특한 의미로서 사용된다고 볼 수도 있다. 왜냐하면 요한계시록에 기록된 바대로 용과 짐승 바벨론의 집중적인 공격의 대상이 되고 있는 교회 공동체에게 주 예수님의 은혜는 매우 간절하게 요청되고 있기 때문이다. 그러므로 2-3장의 일곱 교회 독자들은 이러한 마지막 인사말을 남다르게 받아들였을 것이라고 짐작할 수 있을 것이다.

핵심 메시지

22장 6-21절은 요한계시록을 마무리하는 에필로그로서 크게 세 문단으로 나눌 수 있다. 먼저 6-9절은 에필로그의 도입이며 10-20절은 에필로그의 중심 내용이고, 마지막 21절의 인사말로 구성되어 있다. 6b절에서는 지금까지의 하나님의 말씀들이 신실하고 참되다는 사실을 인증함으로 시작하고 있다. 또한 구약과 신약의 선지자들을 감동하셨던 하나님께서 그의 종들에게 "반드시 신속하게 되어져야만 하는 것들을 보이시기 위하여" 천사를 보내셨다는 것이다(6c절). 특히 6b절의 "이 말씀들"이 21장 9절-22장 5절을 가리키는 경우라면 미래적 종말 사건을 의미할 수 있지만, 또한 요한계시록 전체를 가리키는 경우라면 예수님의 초림으로 말미암아 이미 시작된 종말 사건을 가리키는 것일 수도 있다. 다시 말해서 하나님은 그의 백성들에게 성취되고 완성될 그리스도의 구속 사역을 전달하는 메신저로 천사를 요한에게 보내신 것이다(6c절). 그리하여 7a절에서는 그 예수님께서 신속하게 오시게 되어 있기 때문에(상시적 오심이든 재림이든) 요한계시록에 기록된 예언의 말씀을 지키는 삶이 요구될 뿐 아니라 그러한 자들에게 복이 있을 것이라고 천명한다. 그리고 8-9절은 6-7절에 언급된 대화에 대한 요한의 반응이 나타나 있다. 이는 요한이 천사의 발 앞에 엎드려 경배하려고 한 것은 계시의 엄청난 내용에 압도되었기 때문일 것이다. 하지만 천사는 오직 하나님께만 경배할 것을 강력하게 권면하고 있다.

다음 단락인 10-20절을 관통하는 주제는 바로 예수님의 신속한 오심이다. 이런 신속한 오심의 바탕에는 10절에서 요한계시록의 말씀을 인봉하지 말라는 요청이 있다. 이는 종말의 때가 되어 이 모든 예언의 말씀들이 성취되고 마침내 완성될 것이라는 메시지의 선포가 모든 자들의 귀에 들려지게 될 것을 의미한다. 그러나 이 예언의 말씀이 선포되었음에도 불구하고 불의를 행하는 자들은 여전히 불의를 행하게 되고(11a) 더러운 자들은 계속해서 더럽게 된다(11b). 반면 의로운 자들은 계속해서 의를 행하게 될 것이고(11c) 거룩한 자들은 계속해서 거룩하게 될 것이다(11d). 이러한 반응에 대해 12-13절은 예수님께서 신속하게 오실 때 각자의 행위에 따라 구원의 상으로 갚아 주시겠다고 말씀하신다.

특별히 12절에서 예수님께서 언급하신 행위대로 주어지는 상은 이사야 40장 10절과 62장 11절에 종말적 전망으로서 내다보는 구원의 성취로 이해할 수 있다. 더 나아가서 이러한 상을 결정하시기에 충분하신 예수님의 절대적 주권이 12절에서 "신속하게 오심"을 통해 드러난다. 계속해서 14-15절은 그 일한 대로 갚아 주시는 상으로서의 구원과 심판의 기준에 대한 구체적인 설명이 제시한다. 하지만 여기에서 새예루살렘이 그리스도의 신부요 어린 양의 아내로서 상징적인 의미로 표현된 것이라면, 14-15절의 구분은 곧 교회 공동체에 속하게 되느냐 아니면 바벨론에 속하느냐의 의미로 이해할 수 있다. 그리고 16절에서는 예수님께서 친히 자신의 계시의 말씀에 신적 권위를 부여하시는데 이는 메시아적 권위로부터 출발함을 언급하고 있다.

다음으로 17ab절은 성령이 신부 곧 교회 공동체를 통해 세상을 향하여 그리스도의 신부된 교회 공동체에 속하도록 이러한 맥락에서 17cd는 구원에 대한 초청의 의미로 이해된다. 이것은 이사야 55장 1절의 배경을 근거로 한다. 이는 예수님의 재림 이전에 구원에 동참할 것을 요청하는 메시지로 이해할 수 있다. 그리고 18-19절에서는 예수님께서 친히 예언의 말씀으로서 요한계시록의 말씀을 가감하지 말 것을 강조한다. 20절은 "오심"의 주제를 중심으로 예수님과 청중 사이에 화답이 이루어진다. 예수님은 신속하게 오신다고 하시고 청중은 "아멘 주 예수여 오시옵소서"라고 화답한다. 특별히 이 "오심"은 성만찬의 현장에서 상시적으로 이루어지는 "제의적 오심"을 의미하며 이런 제의적 오심은 또한 재림의 선취를 경험한다. 마지막으로 21절에 "주 예수의 은혜가 모두와 함께 있기를"이라는 인사말은 요한계시록을 마무리하는 것으로서 용과 바벨론의 집중적인 공격의 대상인 교회 공동체에게 하나님의 은혜가 임하기를 바라는 마음을 전달하고 있다.

설교 포인트

요한계시록의 에필로그에 해당하는 22장 6-21절의 내용을 설교한다는 것은 설교자에게 쉽지 않은 일이다. 왜냐하면 내용이 산발적으로 전개되기 때문이다. 따라서 이 부분을 효과적으로 설교하려면 설교자는 이 부분의 중심 메시지로서 두 가지 주제에 집중하는 것이 필요하다. 첫 번째는 7a절과 12b절 그리고 20bc절에서 언급되는 그리스도의 "오심"의 주제이고 두 번째는 22장 10-16절을 중심으로 "상"이라는 주제이다. 전자를 설교할 때 설교자는 그 오심이 단순히 재림을 나타내고 있지 않다는 점을 유의하는 것이 필요하다. 이 오심이 초림과 승천과 그리고 상시적 오심과 재림의 선취를 모두 포함하고 있음을 유념하고 청중들에게 잘 전달할 수 있다면 매우 의미있는 설교가 될 수 있을 것이다. 후자의 주제를 가지고 설교할 때에 "상"의 개념이 무엇인지 잘 설명할 필요가 있다. 요한계시록에서 "상"은 구원을 의미한다. 좀 더 구체적으로 말하면 새 창조를 기업으로 받는 것이요 새 예루살렘에 속하게 되는 것이다. 설교자는 이런 내용을 본문을 근거로 잘 전달하도록 해야 할 것이다. 더 나아가서 많은 경우에 성도들은 예수님이 주시는 상급에 대한 개념을 구원에 덧붙여지는 것으로 오해하고 있는데 설교자는 22:10-16의 본문을 통해 성도들에게 상급에 대한 올바른 이해를 도모할 수 있는 기회를 제공해 줄 수 있을 것이다.

설교 요약 1

◆ **제목:** 내가 신속하게 온다.

◆ **본문:** 요한계시록 22장 7절, 12절, 20절

◆ **서론**

모든 그리스도인들은 예수님의 오심을 열망한다. 그런데 그 오심에 대한 오해가 있는 것 같다. 시한부 종말론으로 말미암아 인위적으로 그 오심을 조작하려고 하는 자들이 있다. 그러나 요한계시록에서 예수님의 오심은 단순히 미래적 사건으로만 발생하지 않는다. 오늘 본문을 통해 그 오심에 대한 올바른 이해를 도모해 보도록 할 것이다.

◆ **본론**

1) 7a에서 예수님의 신속한 오심은 초림으로 시작하여 승천하시어 상시적으로 오실 뿐만 아니라 오심의 절정으로서 재림으로 완성된다. 이것은 초림과 재림이 매우 긴밀하게 연동되어 있다는 것을 의미한다. 특별히 7b절은 이 오심을 "복"의 주제와 연결시킨다. 곧 "이 예언의 말씀을 지키는 자가 복있다"는 것이다. 승천하신 예수님께서 재림을 포함하여 이 땅으로 언제든지 오실 수 있는 이런 상황은 예언의 말씀을 순종하는 자가 복이 될 수 있는 충분한 이유가 된다. 왜냐하면 예수님은 승천하시어 하늘에 계시지만 이 세상을 외면하지 않으시고 말씀을 순종하는 자를 끝까지 돌보시기 때문이다.
2) 12a절의 오심은 역시 7a절의 경우와 동일한 의미를 갖는다. 그러나 그 초점이 "복"이라는 주제에 초점이 맞추어져 있는 것과는 달리 12bc절에서 행위대로 갚아 줄 구원의 "상"에 맞추어져 있다. 예수님의 오심은 각자의 행위대로 갚아 주시는 구원의 상을 주시기 위함이다.
3) 20절의 오심은 특별히 성만찬의 정황에서 제의적 오심을 의미한다.

20절에서 신랑 예수님과 신부 교회 성도는 "오심"을 주제로 서로 화답한다. 신랑 예수님은 오심에 대한 강력한 의지를 표명하고 신부로서 청중들은 그 오심에 대한 강력한 기대감을 표현한다. 이러한 화답의 불꽃은 예배와 성만찬의 현장에서 발생한다.

◆ 결론: 적용

이상에서 예수님의 오심은 초림을 시작으로 상시적인 오심이며 그 오심의 절정으로서 재림까지 포함된다. 이 오심은 축복과 책임이라는 두 가지 측면을 갖는다. 예수님의 신속한 오심은 말씀을 순종하는 자들에게 큰 위로가 되기 때문에 축복이다. 또한 그 신속한 오심은 그 말씀을 순종해야 하는 책임이 동시에 주어지게 된다. 오늘도 우리에게 오시기를 원하시는 예수님을 우리의 예배의 삶 가운데 기쁨 마음으로 초청하자. 그 분이 오시기에 합당하도록 말씀을 순종하는 우리가 되어보도록 하자.

설교 요약 2

◆ **제목**: 누가 상을 받게 될 것인가?

◆ **본문**: 요한계시록 22:10-16

◆ **서론**

사람들은 누구나 상 받는 것을 좋아하고 기뻐한다. 그래서인지 예수님을 믿고 열심히 봉사하고 헌신하면 하늘에 상급이 쌓인다는 말에 귀가 솔깃해지는 것도 당연한 것 같다. 예전에는 나의 상급에 따라 천국에서 내가 살 집이 초가집일 수도 있고, 기와집일 수도 있고, 금으로 만들어진 집일 수도 있고, 다이아몬드로 만들어진 집일 수도 있다고 들어왔다. 지금도 많은 경우에 상급에 대한 개념이 너무 현세적이고 물질적인 의미로만 전달되고 있는 실정이다. 그렇다면 예수님이 우리의 행한 대로 갚아 주시겠다는 상은 무엇을 의미하는 것일까? 오늘 본문은 우리에게 상의 개념을 분명히 확인할 수 있는 근거를 제시해 줄 것이다.

◆ **본론**

1. 상을 주시는 분은 누구신가?(13, 16절)

1) 알파와 오메가요 처음과 나중이요 시작과 끝이신 분(13절): 예수님은 하나님과 동등된 분으로서 모든 역사의 시작과 끝을 주관하시는 분이시다 ➔ 예수님은 사람들의 행위대로 상을 결정하시기에 충분히 주권적이신 분이시다.

2) 예수님은 교회들을 위하여 천사들을 보내시고 증거하신 분이시다(16ab).

3) 다윗의 뿌리요 자손이다(16c): 다윗으로부터 난 뿌리와 다윗으로부터의 후손이라는 표현들은 사 11:1, 10을 배경으로 주어지고 있으며, 이 용어는 메시야적 인물을 가리키기 위해 사용된다.

4) 빛나는 새벽별(16b): 메시야적 전망을 담고 있는 민 24:17을 배경으로 주어지고 있으며, 이는 메시야적 표현의 한 방법이다.

2. 상을 받는 기준(10-12절)

1) 예언의 말씀 선포: 이 책의 예언의 말씀을 인봉하지 말라(10절) ➔ 이미 종말의 때가 되어 그 모든 예언의 말씀들이 성취되고 완성된다.

2) 예언의 말씀에 대한 반응(11절)

(1) 예언의 말씀을 받아들이지 못함(11ab): 악인들에 대한 방임이다.

(2)예언의 말씀을 받아들임(11cd): 의인들의 선한 행위에 대한 독려이다.

3) 각자 일한 대로 받음(12절): 예언의 말씀에 적절하게 반응하여 받아들이는 믿음의 행위에 따라 상을 받는다. 이것은 11절에서 불의한 자와 의로운 자로 구분 되는 것과 관련이 있다.

3. 상을 받는 대상(14-15절)

1) 새 예루살렘 안에 있는 자(14절): 이는 상징적인 의미로 교회 공동체 안에 속하는 것을 의미한다.

2) 새 예루살렘 밖에 있는 자는 교회 공동체 안에 속하지 못한다(15절).

4. 상의 의미(12, 14절)

1) 구원을 의미한다(12절): 12절에 '일한 대로 갚아 준다'는 것은 11cd와의 관계를 고려해 볼 때 의롭고 거룩한 자들에게 그러한 믿음의 삶의 행위에 근거하여 상을 주시겠다는 의미이다 ➔ 여기에서 상은 '구원'을 의미한다(참조. 11:18)

2) 새 예루살렘 안으로 들어가는 것을 의미한다(14절): 이는 하나님의 백성 곧 교회 공동체에 속하는 것을 의미한다; 이들도 또한 11cd의 의로운 자이며 거룩한 자들이다.

◆ **결론**

우리가 일한 대로 상을 받는다는 것은 의로우며 거룩한 자들에게 허락된 '구원'을 의미한다. 이 구원은 상을 덤으로 받아야 할 정도로 결코 가벼운 것이 아니다. 우리에게 주어지는 상은 예수님의 선포된 예언의 말씀을 그대로 받아들이고 그 증거하는 말씀을 인하여 자기 생명을 아끼지 않는 자들에게 주어지는 구원인 것이다. 이것을 거꾸로 말하면 구원 받은 자들에게 당연히 드러나게 되는 삶의 모습이 상으로서의 구원의 증거가 된다는 것이다. 그러므로 이것은 행위를 통해 구원 받는다는 단순한 논리와는 거리가 멀다. 그러나 다만 구원받(은)을 자들에게 그에 합당한 행위를 요구하고 있는 것이다. 우리가 이 땅에 살면서 예수님의 복음을 위해 모든 수치와 멸시와 고난을 기꺼이 참아낼 수 있는 이유가 바로 이미 우리가 구원을 받았을 뿐만 아니라 영원한 구원의 상을 받을 소망 때문이 아니겠는가? 그러므로 현세적이고 물질적인 상급으로서가 아니라 영원한 구원의 상에 대한 소망을 바라보면서 현재의 삶을 이겨 나가야 할 것이다. 요한계시록의 일차 독자들 곧 2-3장의 일곱 교회 공동체들은 바로 이러한 구원이라는 상을 바라 보며 그들의 열악한 환경을 이겨나갈 수 있었던 것이다.

참고 문헌

Abbott, E. A. *Johannine Grammar.* London: Adam and Charles Black, 1906.

Abegg, Martin G., Jr. "Qumran Sectarian Manuscripts." Bellingham, WA: Logos Bible Software, 2003.

Augustine of Hippo. *St. Augustin's City of God and Christian Doctrine.* Edited by Philip Schaff. Translated by Marcus Dods. Vol. 2 of *A Select Library of the Nicene and Post-Nicene Fathers of the Christian Church.* Buffalo, NY: Christian Literature, 1887.

Aland, Barbara, Kurt Aland, Johannes Karavidopoulos, Carlo M. Martini, and Bruce Metzger, eds. *The Greek New Testament: Apparatus.* Fifth Revised Edition. Deutsche Bibelgesellschaft; American Bible Society; United Bible Societies, 2014.

Alford, H. *Alford's Greek Testament: An Exegetical and Critical Commentary.* Grand Rapids: Guardian, 1976.

Allen, L. C. *Ezekiel 1-19.* WBC 28. Dallas: Word, 1990.

Aune, D. E. *Prophecy in Early Christianity and the Ancient Mediterranean World.* Grand Rapids: Eerdmans, 1983.

———. *Revelation 1-5.* WBC 52A. Dallas: Word, 1997.

———. *Revelation 6-16.* WBC 52B. Dallas: Word, 1998.

———. *Revelation 17-22.* WBC 52C. Dallas: Word, 1998.

Baldwin, J. G. *Daniel: An Introduction and Commentary.* TOTC 23. Downers Grove, IL: InterVarsity Press, 1978.

Bandstra, A. J. "'A Kingship and Priests': Inaugurated Eschatology in the Apocalypse." *CTJ* 27.1 (1992): 10–25.

Baltzer, Klaus. *Deutero-Isaiah: A Commentary on Isaiah 40–55.* Edited by Peter Machinist. Hermeneia. Minneapolis: Fortress, 2001.

Barrett, C. K. *Gospel according to St John: An Introduction with Commentary and Notes on the Greek Text.* Second Edition. London: SPCK, 1978.

Barrett, C. K. *A Critical and Exegetical Commentary on the Acts of the Apostles.* ICC. Edinburgh: T&T Clark., 2004.

Bratcher, R. G., and Howard Hatton. *A Handbook on the Revelation to John.* New York: United Bible Societies, 1993.

Bauckham, R. "The List of the Tribes in Revelation 7 Again," *JSNT* 42 (1991): 99-115.

———. *The Theology of the Book of Revelation.* Cambridge: Cambridge University Press, 1993.

———. *The Climax of Prophecy.* Edinburgh: T&T Clark, 1993.

———. "The Lord's Day." Pages. 221–50 in *From Sabbath to Lord's Day.* Edited by D. A. Carson. Grand Rapids: Zondervan, 1986

———. *Jude and 2 Peter.* WBC 50. Waco, TX: Word, 1983.

———. "Resurrection as Giving Back the Dead: A Traditional Image of Resurrection in the Pseudepigrapha and the Apocalypse of John." Pages 269–91 in *The Pseudepigrapha and Early Biblical Interpretation.* Edited by James H. Charlesworth and Craig A. Evans. JSPSup. 14. Sheffield: JSOT, 1993.

Beale. G. K. *The Use of Daniel in Jewish Apocalyptic Literature and in the Revelation of St. John.* Lanham, MD: University Press of America, 1984.

———. *The Book of Revelation: A Commentary on the Greek Text.* NIGTC. Grand Rapids: Eerdmans, 1999.

———. *The Temple and the Church's Mission: A Biblical Theology of the Dwelling Place of God.* Edited by D. A. Carson. NSBT 17. Downers Grove, IL: InterVarsity Press, 2004.

Beale, G. K., and M. Kim. *God Dwells among Us Expanding Eden to the Ends of the Earth.* Downers Grove, IL: InterVarsity, 2014.

Beasley-Murray, G. R. *Revelation.* Rev. ed. NCB. Grand Rapids: Eerdmans, 1987.

———. *John.* WBC 36. 2nd ed. Nashville: Nelson, 1999.

Becking, B. "Expectations about the End of Time in the Hebrew Bible: Do They Exist?" Pages 44–59 in *Apocalyptic in History and Tradition.* Edited by Christopher Rowland and John Barton. JSPSup 43. Sheffield: Sheffield Academic, 2002.

Beckwith, I. T. *The Apocalypse of John: Studies in Introduction with a Critical and Exegetical Commentary.* New York: Macmillan, 1919.

Berkhof, L. *Systematic Theology.* Grand Rapids: Eerdmans, 1939.

Blenkinsopp, J. *Isaiah 40-55: A New Translation with Introduction and Commentary.* AB 19A. New Haven: Yale University Press, 2008.

———. *Isaiah 56-66: A New Translation with Introduction and Commentary.* AB 19A. New Haven: Yale University Press, 2008.

Block, D. I. *The Book of Ezekiel 25-48.* NICOT. Grand Rapids: Eerdmans, 1997.

Blount, B. K. *Revelation.* NTL. Louisville: Westminster John Knox, 2013.

Bock, D. L. *Acts.* BECNT. Grand Rapids: Baker Academic, 2007.

———. *Luke: 9:51–24:53.* Vol. 2. BECNT. Grand Rapids: Baker Academic, 1996.

Boring, M. E. *Revelation.* Interpretation. Louisville: Westminster John Knox, 1989.

Bovon, F. *Luke 2: A Commentary on the Gospel of Luke 9:51–19:27.* Hermeneia. Edited by H. Koester. Translated by D. S. Deer. Minneapolis: Fortress, 2013.

Boxall, I. *Revelation of Saint John.* BNTC. 19. Peabody, MA: Hendrickson, 2009.

———. *Patmos in the Reception History of the Apocalypse.* Oxford: Oxford University Press, 2013.

Boyer, J. L. "Are There Seven Letters of Revelation 2-3 Prophetic?" *Grace Theological Journal.* 6 (1985): 267-73.

Bracke, J. M. *Jeremiah 30-52 and Lamentations.* Edited by Patrick D. Miller and David L. Bartlett. Westminster Bible Companion. Louisville: Westminster John Knox, 2000.

Briggs, C. A. *A Critical and Exegetical Commentary on the Book of Psalms.* ICC 14. Edinburgh: T & T Clark, 1906.

Bratcher, R. G. and H. Hatton. *A Handbook on the Revelation to John.* UBSHS. New York: United Bible Societies, 1993.

Brown, D., A. R. Fausset, and R. Jamieson. *A Commentary, Critical, Experimental, and Practical, on the Old and New Testaments: Acts–Revelation.* Vol. VI. London; Glasgow: William Collins, Sons, & Company, Limited, n.d.

Brown, R. E. *The Gospel According to John (I-XII).* 2nd ed. AB 29. Garden City, NY: Doubleday, 1986.

Brueggemann, W. *Isaiah 1–39.* Edited by Patrick D. Miller and David L. Bartlett. Westminster Bible Companion. Louisville: Westminster John Knox, 2000.

Brueggemann, W. *Isaiah 40–66.* Edited by P. D. Miller and D. L. Bartlett. Louisville: Westminster John Knox, 1998.

Bruce, F. F. *The Book of the Acts.* NICNT. Grand Rapids: Eerdmans, 1988.

Caird, G. B. *The Revelation of Saint John.* BNTC. Peabody, MA: Hendrickson, 1999.

Calkins, Raymond. *The Social Message of the Book of Revelation.* New York: The Womans Press, 1920.

Carroll, J. T. *Luke: A Commentary.* Edited by C. C. Black and M. E. Boring. 1st ed. NTL. Louisville: Westminster John Knox, 2012.

Carson, D. *A. The Gospel according to John.* PNTC. Grand Rapids: Eerdmans, 2000.

Casson, L. *Ancient Trade and Society.* Detroit: Wayne State University Press, 1984.

Cerfaux, L. "L'Évangile Éternel (Apoc., XIV, 6)." *BETL 39* (1963): 672–81.

Charles, R. H. *A Critical and Exegtical Commentary on the Revelation of St. John.* 2 vols. Edinburgh: T&T Clark, 1920.

Charles, R. H., ed. *Pseudepigrapha of the Old Testament.* 4 vols. Oxford: Clarendon Press, 1913.

Childs, B. S. *Isaiah: A Commentary.* Edited by W. P. Brown, C. A. Newsom, and B. A. Strawn. OTL. Louisville: Westminster John Knox, 2001.

Collins, J. J. "Current Issues in the Study of Daniel." Pages 1-15 in vol. 1 of *The Book of Daniel: Composition and Reception.* Edited by J. J. Collins and P. W. Flint. Leiden: Brill, 2002.

Collins, J. J. and A. Yabro Collins. *Daniel: A Commentary on the Book of Daniel.* Hermeneia. Edited by F. M. Cross. Minneapolis: Fortress, 1993.

Craigie, P. *Psalms 1-5.* WBC 19. 2nd ed. Waco, TX: Thomas Nelson, 2005.

———. *Jeremiah 1-25.* WBC 26. Dallas; Word, 1999.

———. *The Book of Deuteronomy.* NICOT. Grand Rapids: Eerdmans, 1976.

Dahood, M. *J. Psalms II: 51-100: Introduction, Translation, and Notes.* AB 17. New York: Doubleday, 1970.———. *Psalms III: 101-150: Introduction, Translation, and Notes with an Appendix: The Grammar of the Psalter.* AB 17A. New York: Doubleday, 1970.

Davis, C. A. *Revelation.* CPNC. Joplin, MO: College Press, 2000.

Day, J. "Origin of Armageddon: Revelation 16:16 as an Interpretation of Zechariah 12:11." Pages 315-26 in *Crossing the Boundaries: Essays in Biblical Interpretation in Honour of Michael D. Goulder.* Edited by S. E. Porter, P. Joyce, and D. D. Orton. Leiden: Brill, 1994.

DeClaissé-Walford, N. L., R. A. Jacobson, and B. L. Tanner. *The Book of Psalms.* NICOT. Grand Rapids: Eerdmans, 2014.

Deissmann, A. *Light from the Ancient East: The New Testament Illustrated by Recently Descovered Texts of the Graeco-Roman World.* Translated by Lionel R. M

Strachan. Rev. ed. Grand Rapids: Baker, 1966.

Dempster, S. G. *Dominion and Dynasty: A Biblical Theology of the Hebrew Bible.* NSBT 15. Edited by D. A. Carson. Downers Grove, IL: InterVarsity Press, 2003.

deSilva, D. A. "The 'Image of the Beast' and the Christians in Asia Minor: Escalation of Sectarian Tension in Revelation 13." *TJ* 12.2 (1991):185–208.

———. "A Sociorhetorical Interpretation of Revelation 14:6–13: A Call to Act Justly toward the Just and Judging God." *BBR* 9.1 (1999): 65–117.

Dmitriev, S. *City Government in Hellenistic and Roman Asia Minor.* Oxford: Oxford University Press, 2005.

Düsterdieck, F. *Critical and Exegetical Handbook to the Revelation of John.* KEK. Translated by H. E. Jacobs. New York: Funk & Wagnalls, 1887.

Dumbrell, W. J. *The Search for Order: Biblical Eschatology in Focus.* Eugene, OR: Wipf and Stock, 2001.

Easley, K. H. *Revelation.* HNTC 12. Nashville: Broadman & Holman, 1999.

Eichrodt, Walther. *Ezekiel: A Commentary.* Edited by G. Ernest Wright, John Bright, James Barr, and Peter Ackroyd. Translated by Cosslett Quin. OTL. Philadelphia: Westminster, 1970.

Fanning, B. M. *Revelation.* ZECNT 20. Grand Rapids: Zondervan, 2020.

———. *Verbal Aspect in New Testament Greek.* Oxford: Clarendon, 1990.

Farrer, A. M. *The Revelation of St John the Divine.* Oxford: Clarendon, 1964.

Fee, G. D. *Revelation.* NCCS 18. Eugene, Or: Cascade, 2011.

———. *The First Epistle to the Corinthians.* Edited by Ned B. Stonehouse, F. F. Bruce, Gordon D. Fee, and Joel B. Green. Revised Edition. NICNT. Grand Rapids: Eerdmans, 2014.

———. *The First and Second Letters to the Thessalonians.* NICNT. Grand Rapids: Eerdmans, 2009.

Fekkes, J. *Isaiah and Prophetic Traditions in the Book of Revelation.* JSNTsup 93. Sheffield: Sheffield Academic, 1994.

Fiorenza, E. S. *Revelation: Vision of A Just World.* Minneapolis: Fortress, 1991.

Fitzmyer, J. A. *First Corinthians: A New Translation with Introduction and Commentary.* AB 32. New Haven: Yale University Press, 2008.

Flusser, D. "The Four Empires in the Fourth Sibyl and in the Book of Daniel." *IOS* 2 (1972): 148–75.

Ford, J. M. *Revelation: Introduction, Translation, and Commentary.* AB 38. New Haven: Yale University Press, 2008.

———. "The Christological Function of the Hymns in the Apocalypse of John." *AUSS.* 36 (1998): 207–29.

France, R. T. *The Gospel of Matthew.* NICNT. Grand Rapids: Eerdmans, 2007.

———. *The Gospel of Mark: A Commentary on the Greek Text.* NIGTC. Grand Rapids: Eerdmans, 2002.

García Martínez, Florentino, and Eibert J. C. Tigchelaar. "The Dead Sea Scrolls Study Edition (translations)." Leiden; New York: Brill, 1997–1998.

Giblin, C. H. *The Book of Revelation: The Open Book of Prophecy.* Collegeville, MN: Liturgical, 1991.

Giesen, H. "Das Gottesbild in der Johannesoffenbarung." Pages 162–92 in *Der Gott Israels im Zeugnis des Neuen Testaments.* Edited by Ulrich Busse. Freiburg: Herder, 2003.

Gilbertson, M. *God and History in the Book of Revelation.* SNTS 124. Cambridge: CPU, 2003.

Goldingay, J. *A Critical and Exegetical Commentary on Isaiah 56–66.* Edited by G. I. Davies and C. M. Tuckett. ICC. London: Bloomsbury, 2014.

Goldingay, John. *Daniel.* WBC 30. Dallas: Word, 1989.

Gourgues, M. "The Thousand-Year Reign (Rev 20: 1-6): Terrestrial or Celestial?" *CBQ* 47.4 (1985): 676–81.

Greenberg, M. *Ezekiel 1-20: A New Translation with Introduction and Commentary.* AB 22. Garden City, NY: Doubleday, 1983.

Gundry, R. H. *Church and Tribulation.* Grand Rapids: Zondervan, 1973.

Gunkel, H. *Schöpfung und Chaos in Urzeit und Endzeit: Eine Religionsgeschichtliche Untersuchung über Gen 1 und Ap Joh 12.* Göttingen: Vandenhoeck und Ruprecht, 1895.

Guthrie, D. *New Testament Introduction.* 3rd ed. rev. Downers Grove, IL: InterVarsity Press, 1970.

Hagner, D. A. *Matthew 1-13.* WBC 33A. Grand Rapids: Zondervan, 2000.

———. *Matthew 14-28.* WBC 33B. Grand Rapids: Zondervan, 2000.

Hall, G. H. *Deuteronomy.* The College Press NIV Commentary. Joplin, MO: College Press, 2000.

Hamilton, V. P. *The Book of Genesis, Chapters 1-17.* NICOT. Grand Rapids: Eerdmans, 1995.

Hamstra, Sam. "An Idealist View of Revelation." Pages 93–131 in *Four Views on the Book of Revelation. Edited* by C. M. Pate. Grand Rapids: Zondervan, 1998.

Hani, J. *La religion égyptienne dans la pensée de Plutarque.* Paris: Société d'édition "Les belles lettres," 1976.

Hanson, P. D. "Rebellion in Heaven, Azazel, and Euhemeristic Heroes in 1 Enoch 6-11." *JBL* 96.2 (1977): 195–233.

Harrington, W. J. *Revelation.* SP. Collegeville: Liturgical Press, 1993.

Hartley, J. E. *Leviticus.* WBC 4. Waco, TX: Word, 1992.

Hartley, J. E. *The Book of Job.* NICOT. Grand Rapids: Eerdmans, 1988.

Harman, A. M. *A Study Commentary on Daniel. EPSC.* Darlington, England: Evangelical Press, 2007.

Hartman, L. F., and A. A. Di Lella. *The Book of Daniel.* AB 23. Garden City, NY: Doubleday, 1978.

Hendriksen, W. *More than Conquerors.* Grand Rapids: Baker, 1967.

Hemer, C. J. *The Letters to the Seven Churches of Asia in Their Local Setting.* Grand Rapids: Eerdmans, 2001.

Hoekema, A. A. *The Bible and the Future.* Grand Rapids: Eerdmans, 1979.

Hoeksema, H. *Behold He Cometh: an Exposition of the Book of Revelation.* Grand Rapids: Reformed Free, 1969.

Holladay, W. L. *Jeremiah 1: A Commentary on the Book of the Prophet Jeremiah, Chapters 1–25.* Edited by P. D. Hanson. Hermeneia. Philadelphia: Fortress, 1986.

Holwerda, D. "The Church and the Little Scroll (Revelation 10, 11)." *CTJ 34* (1999):148-61.

Horowitz, W. *Mesopotamian Cosmic Geography.* Winona Lake, IN: Eisenbrauns, 1998.

Hossfeld, F., and E. Zenger. *Psalms 2: A Commentary on Psalms 51-100.* Edited by

Baltzer, K. Translated by L. M. Maloney. Hermeneia. Minneapolis: Fortress, 2011.

———. *Psalms 3: A Commentary on Psalms 101-150.* Edited by Baltzer, K. Translated by L. M. Maloney. Hermeneia. Minneapolis: Fortress, 2011.

Huges, J. A. "Revelation 20:4-6 and The Question of the Millennium." *WTJ 35* (1973) 281-302.

Hurtado, L. W. *Mark.* UBC. Grand Rapids: Baker, 2011.

Jamieson, R., A. R. Fausset, and D. Brown. *A Commentary, Critical, Experimental and Practical, on the Old and New Testaments: Acts-Revelation.* Grand Rapids: Eerdmans, 1945.

Johnson, A. F. "Revelation." Pages 397-603 in vol. 12 of *The Expositor's Bible Commentary: Hebrews through Revelation.* Edited by F. E. Gaebelein. Grand Rapids: Zondervan, 1982.

Jörns, K. *Das Hymnische Evangelium: Untersuchungen Zu Aufbau, Funktion Und Herkunft Der Hymnischen Stücke in Der Johannesoffenbarung*. SNT 5. Gutersloh: Gerd Mohn, 1971.

Josephus, F. *The Works of Josephus: Complete and Unabridged.* Translated by W. Whiston. Peabody: Hendrickson, 1987.

Josephus, Flavius, and Benedikt Niese. *Flavii Iosephi opera.* Berolini: Apud Weidmannos, 1888.

Justin Martyr. "Dialogue of Justin with Trypho, a Jew." In *The Apostolic Fathers with Justin Martyr and Irenaeus,* edited by Alexander Roberts, James Donaldson, and A. Cleveland Coxe, Vol. 1. The Ante-Nicene Fathers. Buffalo, NY: Christian Literature Company, 1885.

Kaufman, S. A. et al. *The Comprehensive Aramaic Lexicon.* http://cal.huc.edu.

Kim, Kyoung-Shik. "God Will Judge Each One According to His Works: The Investigation into the Use of Psalm 62:13 in Early Jewish Literature and the New Testament." Ph.D. diss., University of Aberdeen, 2005.

Keener, C. S. *Revelation.* NIVAC. Grand Rapids: Zondervan, 2000.

Keown, G. L., Pamela J. Scalise, and Thomas G. Smothers. *Jeremiah. 26-52.* WBC 27. Waco, TX: Word, 1995.

Klein, G. L. *Zechariah.* NAC 21B. Nashville: Broadman & Holman, 2008.

Klein, R. W. *1 Chronicles: A Commentary.* Hermeneia. Edited by T. Krüger. Minneapolis: Fortress, 2006.

Kloner, A. "Underground Hiding Complexes from the Bar Kokhba War in the Judean Shephelah." BA 46.4 (1983): 210–21.

Kiddle, M. *The Revelation of St John.* MNTC. New York: Harper & Brothers, 1940.

Koester, C. R. *Revelation: A New Translation with Introduction and Commentary.* AB 38A. Edited by J. J. Collins. New Haven: Yale University Press, 2014.

Kraft, H. *Die Offenbarung des Johannes.* HNT 16a. Tübingen: Mohr Siebeck, 1974. Kraus, H. *Psalms 1-59: A Commetary.* Translated by H. C. Oswald. Minneapolis: Fortress, 1993.

———. *Psalms 60-150: A Commentary.* Translated by H. C. Oswald. Minneapolis: Fortress, 1993.

Kraybill, J. N. *Imperial Cult and Commerce in John's Apocalypse.* JSNTSup 132. Sheffield: Sheffield Academic Press, 1996.

Krodel, G. A. *Revelation.* ACNT. Minneapolis: Augsburg, 1989.

Lacocque, A. *The Book of Daniel. Translated by David Pellauer.* Atlanta: John Knox Press, 1979.

———. "Allusions to Creation in Daniel 7." Pages 114-31 in *The Book of Daniel: Composition and Reception I.* Edited by J. J. Collins and P. W. Flint. Leiden: Brill, 2002.

Ladd, G. E. *A Commentary on the Revelation of John.* Grand Rapids: Eerdmans, 1972.

Lambdin, T. O. *Introduction to Biblical Hebrew.* New York: Charles Scribner's Sons, 1971.

Lee, Pilchan. *The New Jerusalem in the Book of Revelation: A Study of Revelation 21-22 in the Light of its Background in Jewish Tradtion.* WUNT 2.129. Tübingen: Mohr Siebeck, 2001.

Leithart, P. J. *Revelation.* 2 vols. ITC. Edited by M. Allen and S. R. Swain. London: Bloomsbury, 2018.

Lenski, R. C. H. *The Interpretation of St. John's Revelation.* Columbus, OH: Lutheran Book Concern, 1935.

Levenson, J. D. "The Temple and the World." *JR* 64.3 (1984): 275–98.

Lewis, N., and M. Reinhold, eds. *Roman Civilization: Selected Readings.* New York:

Columbia University Press, 2004.

Lightfoot, J. B., and J. R. Harmer. *The Apostolic Fathers*. London: Macmillan, 1891.

Lindars, B. *Jesus, Son of Man: A Fresh Examination of the Son of Man Sayings in the Gospels in the Light of Recent Research*. Grand Rapids: Eerdmans, 1984.

Lindsey, H. *There's a New World Coming: A Prophetic Odyssey*. Santa Ana, CA: Vision House Publishers, 1973.

Lohmeyer, E. *Die Offenbarung des Johannes*. HNT 16. Tübingen: Mohr Siebeck, 1970.

Lohse, E. *Die Offenbarung des Johannes*. Göttingen: Vandenhoeck & Ruprecht, 1971.

Longenecker, R. N. *Galatians*. WBC 41. Dallas: Word, 1990.

Longman III, T. *Daniel*. NIVAC. Grand Rapids: Zondervan, 1999.

———. *Psalms: An Introduction and Commentary*. Edited by David G. Firth. Vol. 15–16. TOTC. Downers Grove, IL: IVP Academic, 2014.

Lukaszewski, A. L. *The Lexham Syntactic Greek New Testament Glossary*. Bellingham, WA: Lexham, 2007.

Lundbom, J. R. *Jeremiah 1–20: A New Translation with Introduction and Commentary*. AB 21A. New Haven: Yale University Press, 2009.

Luz, Ulrich. *Matthew 21–28: A Commentary*. Edited by Helmut Koester. Hermeneia. Minneapolis: Augsburg, 2005.

Mathewson, D. L. *Verbal Aspect in the Book of Revelation: The Function of Greek Verb Tenses in John's Apocalypse*. Linguistic Biblical Studies 4. Leiden: Brill, 2010.

McCarter, P. Kyle, Jr. II *Samuel: A New Translation with Introduction, Notes, and Commentary*. AB 9. New Haven: Yale University Press, 2008.

Mcdonough, S. *YHWH at Patmos: Rev 1:4 in its Hellenistic and Early Jewish Setting*. WUNT 2.107. Tübingen: Mohr Siebeck, 1999.

McKane, W. *A Critical and Exegetical Commentary on Jeremiah*. ICC. Edinburgh: T&T Clark,1986.

McKenzie, J. L. *Second Isaiah: Introduction, Translation, and Notes*. AB 20. New Haven; London: Yale University Press, 2008.

Metzger, B. M. *Breaking the Code: Understanding the Book of Revelation*. Nashville: Abingdon, 1993.

———. *Metzger, B. M. A Textual Commentary on the Greek New Testament.* Stuttgart: Deutsche Biblegesellschaft, 1994.

Meyers, C. L., and E. M. Meyers. *Haggai, Zechariah 1–8: A New Translation with Introduction and Commentary.* AB 25. New Haven: Yale University Press, 2008.

Michaels, J. R. *Revelation.* IVPNTC 20. Downers Grove, IL: InterVarsity Press, 1997.

———. *Interpreting the Book of Revelation.* Grand Rapids: Baker, 1992.

Milgrom, J. *Leviticus 23–27: A New Translation with Introduction and Commentary.* AB 3B. New Haven; London: Yale University Press, 2008.

Miller, S. R. *Daniel.* NAC 18. Nashville: Broadman & Holman, 1994.

Minor, M. *2 Corinthians.* Edited by R. Alan Culpepper. SHBC. Macon, GA: Smyth & Helwys, 2009.

Mitchell, H. G. *A Critical and Exegetical Commentary on Haggai, Zechariah, Malachi and Jonah.* ICC. New York: Charles Scribner's Sons, 1912.

Moffat, J. "The Revelation of St. John the Divine." *The Expositor's Greek Testament.* Edited by W. Robertson Nicoll. Vol. 5. London: Hodder & Stoughton, 1912.

Montgomery, J. A. *A Critical and Exegetical Commentary on the Book of Daniel.* ICC. New York: Charles Scribner's Sons, 1927.

Morris, L. *Revelation: An Introduction and Commentary.* TNTC 20. Downers Grove, IL: InterVarsity Press, 1987.

Mounce, R. H. *The Book of Revelation.* NICNT. Grand Rapids: Eerdmans, 1997.

Morris, L. *Revelation: An Introduction and Commentary.* TNTC 20. Downers Grove, IL: InterVarsity Press, 1987.

Moyise, S. *The Old Testament in the Book of Revelation.* JSNTSup 115. Sheffield: Sheffield Academic, 1995.

Myers, J. M. *I and II Esdras: Introduction, Translation and Commentary.* AB 42. Garden City, NY: Doubleday, 1986.

Nelson, R. D. *Deuteronomy: A Commentary.* OTL. Louisville: Westminster John Knox, 2004.

Neusner, J. *The Mishna: A New Translation.* New Haven: Yale University Press, 1988.

Newport, K. G. C. *Apocalypse & Millennium: Studies in Biblical Eisegesis.* Cambridge:

Cambridge University Press, 2000.

Newsom, C. A. *Daniel: A Commentary.* OTL. Louisville: Westminster John Knox, 2014.

Nickelsburg, G. W. E. *1 Enoch 1: A Commentary on the Book of 1 Enoch, Chapters 1–36; 81–108.* Edited by Klaus Baltzer. Hermeneia. Minneapolis: Fortress, 2001.

Nickelsburg, G. W. E., and J. C. VanderKam. 1 Enoch 2: *A Commentary on the Book of 1 Enoch, Chapters 37—82.* Edited by Klaus Baltzer. Hermeneia. Minneapolis: Fortress, 2001.

Nogalski, J. D. *The Book of the Twelve: Hosea–Malachi.* SHBC. Edited by L. Andres and S. E. Balentine. Macon, GA: Smyth & Helwys, 2011.

Nolland, J. *The Gospel of Matthew: A Commentary on the Greek Text.* NIGTC. Grand Rapids: Eerdmans, 2005.

Oakman, D. E. "The Ancient Economy and St. John's Apocalypse." *Listening.* 28 (1993):200-214.

O'Brien, P. T. *Colossians.* WBC 44. Nashville: Thomas Nelson, 2006.

Oppenheimer, A. "The Bar Kokhba Revolt." *Immanuel* 14 (1982): 58–76.

Osborne, G. R. *Revelation.* BECNT. Grand Rapids: Baker Academic, 2002.

Oswalt, J. N. *The Book of Isaiah, Chapters 1–39.* NICOT. Grand Rapids: Eerdmans, 1998.

———. *The Book of Isaiah, Chapters 40–66.* NICOT. Grand Rapids: Eerdmans, 1998.

Pace, S. *Daniel.* SHBC. Macon, GA: Smyth & Helwys, 2008.

Patterson, P. *Revelation.* NAC 39. Nashville: Broadman & Holman, 2012.

Perry, P. S. *The Rhetoric of Digression: Revelation 7:1-17 and 10:1-11:13 and Ancient Communication.* WUNT 2.268. Tübingen: Mohr Siebeck, 2009.

Pohl, A. *Die Offenbarung des Johannes.* Wuppertaler Studienbibel. Wuppertal: Brockhaus, 1969.

Porter, S. E. *Idioms of the Greek New Testament.* Sheffield: JSOT, 1999.

———. *Verbal Aspect in the Greek of the New Testament, with Reference to Tense and Mood.* Studies in Biblical Greek 1. New York: Peter Lang, 1989.

Powell, C. E. "Progression versus Recapitulation in Revelation 20:1-6." *BSac* 163.649 (2006): 94–109.

Preston, R., and A. T. Hanson. *The Revelation of St. John the Divine.* London: SCM, 1949.

Ramsay, W. M. *The Letters to the Seven Churches of Asia and Their Place in the Plan of the Apocalypse.* London: Hodder & Stoughton, 1904.

Ramsey, M. J. *Revelation.* Vol. 20. IVPNTC. Downers Grove, IL: InterVarsity Press, 1997.

Reddish, M. G. *Revelation.* SHBC. Macon, GA: Smyth and Helwys, 2001.

Rissi, M. *Time and History: A Study on the Revelation.* Translated by G. C. Winsor. Richmond, VA: John Knox, 1966.

Roberts, A., J. Donaldson, and A. C. Coxe, eds. *The Ante-Nicene Fathers: Volume I.* New York: Cosimo Classics, 2007.

Roberts, J. J. M. *First Isaiah: A Commentary.* Hermeneia. Edited by P. Machinist. Minneapolis: Fortress, 2015.

———. *Nahum, Habakkuk, and Zephaniah: A Commentary.* First edition. OTL. Louisville, KY: Westminster John Knox, 1991.

Robertson, O. P. *The Christ of the Covenants.* Phillipsburg, NJ: Presbyterian and Reformed, 1980.

Roloff, J. *The Revelation of John.* CC. Minneapolis: Fortress, 1993.

Rowland, C. "The Apocalypse in History: The Place of the Book of Revelation in Christian Theology and Life." Pages 151-71 in *Apocalyptic in History and Tradition.* Edited by C. Rowland and J. Barton. Sheffield: Sheffield Academic, 2002.

———. *Christian Origins: An Account of the Setting and Character of the Most Important Messianic Sect of Judaism.* 2nd ed. London: SPCK, 2002.

———. Revelation. London: Epworth, 1993.

Ruiz, J. *Ezekiel in the Apocalypse: The Transformation of Prophetic Language in Revelation 16,17 - 19,10.* Frankfurt: Peter Lang, 1989.

Schaff, P., and H. Wace, eds. *Eusebius: Church History, Life of Constantine the Great, and Oration in Praise of Constantine.* Vol. 1. of A Select Library of the Nicene and Post-Nicene Fathers of the Christian Church 2. New York: Christian Literature, 1890.

Schick, E. *The Revelation of St. John.* New Testament for Spiritual Reading. New York:

Herder and Herder, 1971.

Smalley, S. S. *The Revelation to John: A Commentary on the Greek Text of the Apocalypse.* Downers Grove, IL: InterVarsity Press, 2005.

Smith, G. V. *Isaiah 40-66.* NAC 15B. Nashville: Broadman & Holman, 2009.

Smith, R. L. *Micah/Nahum/Habakkuk/Zephaniah/Haggai/Zechariah/Malachi.* WBC 32. Waco, TX: Thomas Nelson, 1984.

Soury, G. *La démonologie de Plutarque: essai sur les idées religieuses et les mythes d'un platonicien éclectique.* Paris: Société d'édition "Les belles lettres," 1942.

Stott, W. "Note on the Word Kyriakos in Rev 1:10." *NTS.* 12.1 (1965): 70–75.

Strelan, J. G. *Where Earth meets Heaven.* Eugene, OR: Wipf & Stock, 2007.

Strimple, R. B. "Amillenialism." Pages 83–129 in *Three Views on the Millennium and Beyond.* Edited by Darrell L. Bock. Grand Rapids: Zondervan, 1999.

———. "An Amillenial Response to Craig A. Blaising." Pages 256–76 in *Three Views on the Millennium and Beyond.* Edited by D. L. Bock. Grand Rapids: Zondervan, 1999.

Suetonius C. Tranquillus. *Suetonius: The Lives of the Twelve Caesars; An English Translation, Augmented with the Biographies of Contemporary Statesmen, Orators, Poets, and Other Associates.* Edited by Alexander Thomson. Medford, MA: Gebbie & Co., 1889.

Sweet. J. P. M. *Revelation.* Philadelphia: Westminster, 1979.

Swete, H. B. *The Apocalypse of St John: The Greek Text with Introduction Notes and Indices.* CCGNT. New York: Macmillan, 1906.

Talbert, C. H. *The Apocalypse: A Reading of the Revelation of John.* Louisville: Westminster John Knox, 1994.

Tate, M. E. *Psalms 51-100.* WBC 20. Grand Rapids: Zondervan, 2015.

Thomas, R. L. *Revelation 1-7: An Exegetical Commentary.* Chicago: Moody, 1992.

Thomas, R. L. *Revelation 8-22: An Exegetical Commentary.* Chicago: Moody, 1995.

Thompson, J. A. *The Book of Jeremiah. NICOT.* Grand Rapids: Eerdmans, 1980.

Thompson, L. L. *Revelation. ANTC.* Nashiville: Abingdon, 1998.

Thompson, M. M.. *John: A Commentary.* First edition. NTL. Louisville: Westminster John Knox, 2015.

Thompson, S. *The Apocalypse and Semitic Syntax.* SNTSMS 52. Cambridge: Cambridge University Press, 1985.

Thompson, S. "The End of Satan." *AUSS* 37.2 (1999): 257–68.

Townsend, J. L. "Is the Present Age the Millennium?" *BSac* 140.559 (1983): 206–24.

Tranquillus, C. Suetonius. *The Lives of the Twelve Caesars: To Which Are Added His Lives of the Grammarians, Rhetoricians and Poets.* Translated by A. Thomson. London: G. Bell, 1911.

Turner, D. L. *Matthew.* BECNT. Grand Rapid: Baker Academic, 2008.

Turner, M. *The Holy Spirit and Spiritual Gifts: In the New Testament Church and Today.* Rev. ed. Peabody, MA: Hendrickson, 1998.

Vogelgesang, J. M. "The Interpretation of Ezekiel in the Book of Revelation." PhD diss., Harvard University Press, 1985.

Vos, L. A. *The Synoptic Traditions in the Apocalypse.* Kampen: J. H. Kok N.V., 1965.

Wall, R. W. *Revelation.* Understanding the Bible Commentary Series. Grand Rapids: Baker, 2011.

Walton, J. H. *Genesis.* The NIVAC. Grand Rapids: Zondervan, 2001.

———. *The Lost World of Genesis One: Ancient Cosmology and the Origins Debate.* Downers Grove, IL: InterVarsity Press, 2009.

———. *The Lost World of Adam and Eve: Genesis 2–3 and the Human Origins Debate.* Downers Grove: InterVarsity Press, 2015.

Walvoord, J. F. *The Revelation of Jesus Christ.* Chicago: Moody, 1966.

Watkins, W. L. *The Preacher's Complete Homiletic Commentary: On the Books of Psalms.* Vol. 1. New York: Funk & Wagnalls, 1899.

Warfield, B. B. *The Works of Benjamin B. Warfield: Biblical Doctrines.* Vol. 2. Grand Rapids: Baker, 1991.

Watson, T. *The Body of Destiny: Teaching on the Westminster Catechism* (London: Rassmore and Alabaster, 1898), 215.

Watts, J. D. W. *Isaiah 1-33.* Rev. ed. WBC 24. Nashville: Nelson, 2005.

Watts, J. D. W. *Isaiah 34-66.* WBC 25. Nashville: Nelson, 2005.

Waymeyr, M. "The First Resurrection in Revelation 20." MSJ 27 (Spring 2016): 3-32.

Weber, F. *Jüdische Theologie auf Grund des Talmud und verwandter Schriften.* 2nd rev. ed. Leipzig: Dörffling & Franke, 1897.

Weiser, A. *The Psalms: A Commentary.* Edited by Peter Ackroyd, James Barr, Bernhard W. Anderson, and James L. Mays. OTL. Philadelphia: The Westminster Press, 1998.

Wenham, G. J. *Genesis 1-15, Volume 1.* WBC 1. Grand Rapids: Zondervan, 1987.

Westermann, C. *Isaiah 40–66: A Commentary.* Edited by Peter Ackroyd, James Barr, Bernhard W. Anderson, and James L. Mays. Translated by David M. G. Stalker. OTL. Philadelphia: Westminster, 1969.

White, R. F. "Reexamining the Evidence for Recapitulation in Rev 20 : 1-10." *WTJ* 51.2 (1989): 319–44.

Whybray, R. N. *Isaiah 40-66.* NCB. Grand Rapids: Eerdmans, 1981.

Witherington III, B. *Revelation.* NCBC. Cambridge: Cambridge University Press, 2003.

Wright, N. T. *New Testament and the People of God,* Christian Origins and the Question of God 1. Minneapolis: Fortress, 1922.

Yabro Collins, *A. The Combat Myth in the Book of Revelation.* Missoula, Montana: Scholars Press, 1976.

———. "Revelation 18: Taunt-Song or Dirge?" in *L' Apocalypse johannique et l' Apocalyptique dans le Nouveau Testament, ed. J. Lambrecht.* BETL 53; Leuven: University Press, 1980, 185–204.

Philo of Alexandria. *The Works of Philo: Complete and Unabridged.* Translated by C. D. Yonge. Peabody, MA: Hendrickson, 1995.

김철손, 『요한계시록 신학』. 서울. 교보문고. 1989.

신동욱, "요한계시록은 임박한 종말을 말하고 있는가?" *신약논단* 17권 4호(2010, 겨울): 1113–1149

이필찬. *요한 계시록 어떻게 읽을 것인가?* 서울: 성서 유니온 선교회, 2019 (개정 2판).

이필찬, "요한계시록에서 하늘의 개념과 그 기능: 4:1–8을 중심으로," *성경과 신학*. 50 (2009): 121–154.

헬라어, 히브리어 문법서

Blass, F. *Grammar of New Testament Greek.* Translated by Henry J. Thackery. Rev. and enl. London: Macmillan, 1911.

Burton, E. D. *Syntax of the Moods and Tenses in New Testament Greek.* 3rd ed. Edinburg: T&T Clark, 1898.

Campbell, C. R. *Basics of Verbal Aspect in Biblical Greek.* Grand Rapids: Zondervan, 2008.

Gesenius, F. W. *Gesenius' Hebrew Grammar. 2nd English edition.* Edited by E. Kautzsch and Sir A. E. Cowley. Oxford: Clarendon, 1910.

Lambdin, T. O. *Introduction to Biblical Hebrew.* New York: Charles Scribner's Sons, 1971.

McKay, K. L. *A New Syntax of the Verb in New Testament Greek: An Aspectual Approach.* Studies in Biblical Greek 5. New York: Peter Lang, 1994.

Moulton, J. H. *A Grammar of New Testament Greek: Prolegomena.* Vol. 1. Edinburgh: T & T Clark, 1908.

Moulton, J. H., and W. F. Howard. *A Grammar of New Testament Greek: Accidence and Word-Formation.* Vol. 2. Edinburgh: T & T Clark, 1919.

Moulton, J. H., and N. Turner. *A Grammar of New Testament Greek: Syntax.* Vol. 3. Edinburgh: T & T Clark, 1963.

Moulton, J. H., and N. *Turner. A Grammar of New Testament Greek: Style.* vol. 4. Edinburgh: T & T Clark, 1976.

Mussies, G. *The Morphology of Koine Greek: As Used in the Apocalypse of St. John A Study in Bilingualism.* NovTSup. Leiden: Brill, 1971.

Robertson, A. T. *A Grammar of the Greek New Testament in the Light of Historical Research.* 5th ed. Nashville: Broadman, 1934.

Silva, M. *Biblical Words and their Meaning; An Introduction to Lexical Semantic.* Grand Rapids: Zondervan, 1994. Kindle edition.

Wallace, D. B. *Greek Grammar Beyond the Basics: An Exegetical Syntax of the New Testament with Scripture, Subject, and Greek Word Indexes.* Grand Rapids: Zondervan, 1996.

Williams, P. R. *Grammar Notes on the Noun and the Verb and Certain Other Items.* Rev. Tacoma, WA: Northwest Baptists Seminary, 1988.

Winer, G. B. *A Treatise on the Grammar of New Testament Greek: Regarded as a Sure Basis for New Testament Exegesis.* 3d ed. Edinburgh: T&T Clark, 1882.

Zerwick, M. and M. Grosvenor. *A Grammatical Analysis of the Greek New Testament.* Rome: Biblical Institute Press, 1963.

Zerwick, M. *Biblical Greek: Illustrated by Examples.* Translated by J. Smith. Scripta Pontificii Instituti Biblici 114. Rome: Pontificio Instituto Bíblico, 1963.

사전 및 어휘 사전

Alexander, T. D., and B. S. Rosner eds. *New Dictionary of Biblical Theology.* Downers Grove, IL: InterVarsity Press, 2000.

Arndt, W., F. W. Danker, and W. Bauer. *A Greek-English Lexicon of the New Testament and Other Early Christian Literature.* Chicago: University of Chicago Press, 2000.

Balz, Horst Robert, and Gerhard Schneider. *Exegetical Dictionary of the New Testament.* Grand Rapids, Mich.: Eerdmans, 1990–.

Brenton, Lancelot Charles Lee. *The Septuagint Version of the Old Testament: English Translation.* London: Samuel Bagster and Sons, 1870.

Bromiley, G. W. ed. *The International Standard Bible Encyclopedia.* Rev. ed. Grand Rapids: Eerdmans, 1979–1988.

Freedman, D. N. ed. *The Anchor Yale Bible Dictionary.* 6 vols. New York: Doubleday, 1992.

Geoffrey, W. B. ed. *The International Standard Bible Encyclopedia.* vol. 2. Grand Rapids: Eerdmans, 1995.

Kittel, G., G. W. Bromiley, and G. Friedrich eds. *Theological Dictionary of the New Testament,* Grand Rapids: Eerdmans, 1964.

Kittel, Gerhard, Gerhard Friedrich, and Geoffrey William Bromiley. *Theological Dictionary of the New Testament Abridged in One Volume.* Grand Rapids, MI: W.B. Eerdmans, 1985.

Louw, J. P., and E. A. Nida, eds. *Greek-English Lexicon of the New Testament Based on Semantic Domains.* 2vols. New York: United Bible Societies, 1996(electronic ed. of the 2nd edition).

Moulton, James H., and George Milligan. *The Vocabulary of the Greek Testament.* London, 1930. Repr. Peabody, MA: Hendrickson, 1997

Mounce, W. D., and R. D. Bennett, Jr. eds., *Mounce Concise Greek-English Dictionary of the New Testament.* Accordance edition, 2011.

Orr, J., J. L. Nuelsen, E. Y. Mullins, and M. O. Evans, eds. *The International Standard Bible Encyclopaedia.* Chicago: The Howard-Severance, 1915.

Spicq, C., and J. D. Ernest. *Theological Lexicon of the New Testament.* 3 vols. Peabody, MA: Hendrickson, 1994.

VanGemeren, W. A. ed. *The New International Dictionary of Old Testament Theology and Exegesis.* 5 vols. Grand Rapids: Zondervan, 1997.

성경

Brenton, L. C. L. *The Septuagint Version of the Old Testament: English Translation.* London: Samuel Bagster and Sons, 1870.

Rahlf, A. *Septuaginta: With Morphology.* Electronic ed. Stuttgart: Deutsche Bibelgesellschaft, 1979.

Hebrew Masoretic Text with Westminster Hebrew Morphology (HMT-W4)

Tan, R. K., D. A. deSilva, and I. Hoogendyk. *The Lexham GreekEnglish Interlinear Septuagint: H.B. Swete Edition.* Bellingham, WA: Lexham Press, 2012.